АННА КАРЕНИНА

ЛЕВ НИКОЛАЕВИЧ ТОЛСТОЙ

Лев Толстой

1828—1910

АННА КАРЕНИНА

АННА КАРЕНИНА
ЛЕВ НИКОЛАЕВИЧ ТОЛСТОЙ

«Анна Каренина» – это сложное, психологически утонченное, остропроблемное произведение, насыщенное приметами времени. Л.Н. Толстой на страницах произведения показывает, как рушатся остатки патриархального уклада жизни в России под натиском буржуазного прогресса, как падают нравы, ослабевают семейные устои, вырождается аристократия. Роман во многом автобиографичен. Работая над ним, Толстой уяснял взгляд на современность и свою собственную жизнь.

ISBN: 978-1-7637479-6-8

Мне отмщение, и Аз воздам[1]

ЧАСТЬ ПЕРВАЯ

I

Все счастливые семьи похожи друг на друга, каждая несчастливая семья несчастлива по-своему.

Все смешалось в доме Облонских. Жена узнала, что муж был в связи с бывшею в их доме француженкою-гувернанткой, и объявила мужу, что не может жить с ним в одном доме. Положение это продолжалось уже третий день и мучительно чувствовалось и самими супругами, и всеми членами семьи, и домочадцами. Все члены семьи и домочадцы чувствовали, что нет смысла в их сожительстве и что на каждом постоялом дворе случайно сошедшиеся люди более связаны между собой, чем они, члены семьи и домочадцы Облонских. Жена не выходила из своих комнат, мужа третий день не было дома. Дети бегали по всему дому, как потерянные; англичанка поссорилась с экономкой и написала записку приятельнице, прося приискать ей новое место; повар ушел вчера со двора, во время самого обеда; черная кухарка и кучер просили расчета.

На третий день после ссоры князь Степан Аркадьич Облонский – Стива, как его звали в свете, – в обычный час, то есть в восемь часов утра,

---

1 *«Мне отмщение, и Аз воздам».* – Эпиграф взят из Библии: «У меня отмщение и воздаяние, когда поколеблется нога их; ибо близок день погибели их, скоро наступит уготованное для них» (Второзаконие, гл. 32, 35). Эти слова были повторены и в «Послании к Римлянам» апостола Павла: «Не мстите за себя, возлюбленные, но дайте место гневу *Божию*. Ибо написано: «Мне отмщение, Я воздам, говорит Господь» (гл. 12, 19).

проснулся не в спальне жены, а в своем кабинете, на сафьянном диване. Он повернул свое полное, выхоленное тело на пружинах дивана, как бы желая опять заснуть надолго, с другой стороны крепко обнял подушку и прижался к ней щекой; но вдруг вскочил, сел на диван и открыл глаза.

«Да, да, как это было? – думал он, вспоминая сон. – Да, как это было? Да! Алабин давал обед в Дармштадте; нет, не в Дармштадте, а что-то американское. Да, но там Дармштадт был в Америке. Да, Алабин давал обед на стеклянных столах, да, – и столы пели: Il mio tesoro[1], и не Il mio tesoro, а что-то лучше, и какие-то маленькие графинчики, и они же женщины», – вспоминал он.

Глаза Степана Аркадьича весело заблестели, и он задумался, улыбаясь. «Да, хорошо было, очень хорошо. Много еще что-то там было отличного, да не скажешь словами и мыслями даже наяву не выразишь». И, заметив полосу света, пробившуюся сбоку одной из суконных стор, он весело скинул ноги с дивана, отыскал ими шитые женой (подарок ко дню рождения в прошлом году), обделанные в золотистый сафьян туфли и по старой, девятилетней привычке, не вставая, потянулся рукой к тому месту, где в спальне у него висел халат. И тут он вспомнил вдруг, как и почему он спит не в спальне жены, а в кабинете; улыбка исчезла с его лица, он сморщил лоб.

«Ах. ах, ах! Ааа!..» – замычал он, вспоминая все, что было. И его воображению представились опять все подробности ссоры с женою, вся безвыходность его положения и мучительнее всего собственная вина его.

«Да! она не простит и не может простить. И всего ужаснее то, что виной всему я, виной я, а не виноват. В этом-то вся драма, – думал он. – Ах, ах, ах!» – приговаривал он с отчаянием, вспоминая самые тяжелые для себя впечатления из этой ссоры.

Неприятнее всего была та первая минута, когда он, вернувшись из театра, веселым и довольным, с огромною грушей для жены в руке, не нашел жены в гостиной; к удивлению, не нашел ее и в кабинете и, наконец, увидал ее в спальне с несчастною, открывшею все, запиской в руке.

Она, эта вечно озабоченная, и хлопотливая, и недалекая, какою он считал ее, Долли, неподвижно сидела с запиской в руке и с выражением ужаса, отчаяния и гнева смотрела на него.

– Что это? это? – спрашивала она, указывая на записку.

И при этом воспоминании, как это часто бывает, мучало Степана Аркадьича не столько самое событие, сколько то, как он ответил на эти слова жены.

---

[1] Мое сокровище (ит.).

С ним случилось в эту минуту то, что случается с людьми, когда они неожиданно уличены в чем-нибудь слишком постыдном. Он не сумел приготовить свое лицо к тому положению, в которое он становился пред женой после открытия его вины. Вместо того чтобы оскорбиться, отрекаться, оправдываться, просить прощения, оставаться даже равнодушным – все было бы лучше того, что он сделал! – его лицо совершенно невольно («рефлексы головного мозга», – подумал Степан Аркадьич, который любил физиологию[1]), совершенно невольно вдруг улыбнулось привычною, доброю и потому глупою улыбкой.

Эту глупую улыбку он не мог простить себе. Увидав эту улыбку, Долли вздрогнула, как от физической боли, разразилась, со свойственною ей горячностью, потоком жестоких слов и выбежала из комнаты. С тех пор она не хотела видеть мужа.

– «Всему виной эта глупая улыбка», – думал Степан Аркадьич.

«Но что ж делать? что ж делать?» – с отчаянием говорил он себе и не находил ответа.

II

Степан Аркадьич был человек правдивый в отношении к себе самому. Он не мог обманывать себя и уверять себя, что он раскаивается в своем поступке. Он не мог раскаиваться теперь в том, в чем он раскаивался когда-то лет шесть тому назад, когда он сделал первую неверность жене. Он не мог раскаиваться в том, что он, тридцатичетырехлетний, красивый, влюбчивый человек, не был влюблен в жену, мать пяти живых и двух умерших детей, бывшую только годом моложе его. Он раскаивался только в том, что не умел лучше скрыть от жены. Но он чувствовал всю тяжесть своего положения и жалел жену, детей и себя. Может быть, он сумел бы

---

1 *«...рефлексы головного мозга», – подумал Степан Аркадьич, который любил физиологию...* – Облонский имеет в виду работу «Рефлексы головного мозга» И. М. Сеченова (1829–1905), опубликованную в 1863 г. Сеченов утверждал в ней, что все акты сознательной и бессознательной жизни по способу происхождения рефлексы. В 1873 г. он опубликовал «Психологические этюды». Материалистическая физиология тогда увлекала многих современников. На «Рефлексы» ссылались, о них говорили и спорили всюду, даже те, кто знал о них хотя бы понаслышке (об этом см.: Л. Ф. Пантелеев. «Воспоминания». М., 1958, с. 526).

лучше скрыть свои грехи от жены, если б ожидал, что это известие так на нее подействует. Ясно он никогда не обдумывал этого вопроса, но смутно ему представлялось, что жена давно догадывается, что он не верен ей, и смотрит на это сквозь пальцы. Ему даже казалось, что она, истощенная, состарившаяся, уже некрасивая женщина и ничем не замечательная, простая, только добрая мать семейства, по чувству справедливости должна быть снисходительна. Оказалось совсем противное.

«Ах, ужасно! ай, ай, ай! ужасно! – твердил себе Степан Аркадьич и ничего не мог придумать. – И как хорошо все это было до этого, как мы хорошо жили! Она была довольна, счастлива детьми, я не мешал ей ни в чем, предоставлял ей возиться с детьми, с хозяйством, как она хотела. Правда, нехорошо, что *она* была гувернанткой у нас в доме. Нехорошо! Есть что-то тривиальное, пошлое в ухаживанье за своею гувернанткой. Но какая гувернантка! (Он живо вспомнил черные плутовские глаза m-lle Roland и ее улыбку.) Но ведь пока она была у нас в доме, я не позволял себе ничего. И хуже всего то, что она уже… Надо же это все как нарочно. Ай, ай, ай! Аяяй! Но что же, что же делать?»

Ответа не было, кроме того общего ответа, который дает жизнь на все самые сложные и неразрешимые вопросы. Ответ этот: надо жить потребностями дня, то есть забыться. Забыться сном уже нельзя, по крайней мере до ночи, нельзя уже вернуться к той музыке, которую пели графинчики-женщины; стало быть, надо забыться сном жизни.

«Там видно будет», – сказал себе Степан Аркадьич и, встав, надел серый халат на голубой шелковой подкладке, закинул кисти узлом и, вдоволь забрав воздуха в свой широкий грудной ящик, привычным бодрым шагом вывернутых ног, так легко носивших его полное тело, подошел к окну, поднял стору и громко позвонил. На звонок тотчас же вошел старый друг, камердинер Матвей, неся платье, сапоги и телеграмму. Вслед за Матвеем вошел и цирюльник с припасами для бритья.

– Из присутствия есть бумаги? – спросил Степан Аркадьич, взяв телеграмму и садясь к зеркалу.

– На столе, – отвечал Матвей, взглянул вопросительно, с участием, на барина и, подождав немного, прибавил с хитрою улыбкой: – От хозяина извозчика приходили.

Степан Аркадьич ничего не ответил и только в зеркало взглянул на Матвея; во взгляде, которым они встретились в зеркале, видно было, как они понимают друг друга. Взгляд Степана Аркадьича как будто спрашивал: «Это зачем ты говоришь? разве ты не знаешь?»

Матвей положил руки в карманы своей жакетки, отставил ногу и молча, добродушно, чуть-чуть улыбаясь, посмотрел па своего барина.

– Я приказал прийти в то воскресенье, а до тех пор чтоб не беспокоили вас и себя понапрасну, – сказал он, видимо, приготовленную фразу.

Степан Аркадьич понял, что Матвей хотел пошутить и обратить на себя внимание. Разорвав телеграмму, он прочел ее, догадкой поправляя перевранные, как всегда, слова, и лицо его просияло.

– Матвей, сестра Анна Аркадьевна будет завтра, – сказал он, остановив на минуту глянцевитую, пухлую ручку цирюльника, расчищавшую розовую дорогу между длинными кудрявыми бакенбардами.

– Слава богу, – сказал Матвей, этим ответом показывая, что он понимает так же, как и барин, значение этого приезда, то есть что Анна Аркадьевна, любимая сестра Степана Аркадьича, может содействовать примирению мужа с женой.

– Одни или с супругом? – спросил Матвей.

Степан Аркадьич не мог говорить, так как цирюльник занят был верхней губой, и поднял один палец. Матвей в зеркало кивнул головой.

– Одни, Наверху приготовить?

– Дарье Александровне доложи, где прикажут.

– Дарье Александровне? – как бы с сомнением повторил Матвей.

– Да, доложи. И вот возьми телеграмму, передай, что они скажут.

«Попробовать хотите», – понял Матвей, но он сказал только:

– Слушаю-с.

Степан Аркадьич уже был умыт и расчесан и сбирался одеваться, когда Матвей, медленно ступая поскрипывающими сапогами по мягкому ковру, с телеграммой в руке, вернулся в комнату. Цирюльника уже не было.

– Дарья Александровна приказали доложить, что они уезжают. Пускай делают, как им, вам то есть, угодно, сказал он, смеясь только глазами, и, положив руки в карманы и склонив голову набок, уставился на барина.

Степан Аркадьич помолчал. Потом добрая и несколько жалкая улыбка показалась на его красивом лице.

– А? Матвей? – сказал он, покачивая головой.

– Ничего, сударь, образуется, – сказал Матвей.

– Образуется?

– Так точно-с.

– Ты думаешь? Это кто там? – спросил Степан Аркадьич, услыхав за дверью шум женского платья.

– Это я-с, – сказал твердый и приятный женский голос, и из-за двери высунулось строгое рябое лицо Матрены Филимоновны, нянюшки.

– Ну что, Матреша? – спросил Степан Аркадьич, выходя к ней в дверь.

Несмотря на то, что Степан Аркадьич был кругом виноват пред женой и сам чувствовал это, почти все в доме, даже нянюшка, главный друг Дарьи Александровны, были на его стороне.

– Ну что? – сказал он уныло.

– Вы сходите, сударь, повинитесь еще. Авось бог даст. Очень мучаются, и смотреть жалости, да и все в доме навынтаратэ пошло. Детей, сударь, пожалеть надо. Повинитесь, сударь. Что делать! Люби кататься…

– Да ведь не примет…

– А вы свое сделайте. Бог милостив, богу молитесь, сударь, богу молитесь.

– Ну, хорошо, ступай, – сказал Степан Аркадьич, вдруг покраснев. – Ну, так давай одеваться, – обратился он к Матвею и решительно скинул халат.

Матвей уже держал, сдувая что-то невидимое, хомутом приготовленную рубашку и с очевидным удовольствием облек в нее холеное тело барина.

III

Одевшись, Степан Аркадьич прыснул на себя духами, вытянул рукава рубашки, привычным движением рассовал по карманам папиросы, бумажник, спички, часы с двумя цепочками и брелоками н, встряхнув платок, чувствуя себя чистым, душистым, здоровым и физически веселым, несмотря на свое несчастье, вышел, слегка подрагивая на каждой ноге, в столовую, где уже ждал его кофей и, рядом с кофеем, письма и бумаги из присутствия.

Степан Аркадьич сел, прочел письма. Одно было очень неприятное – от купца, покупавшего лес в имении жены. Лес этот необходимо было продать; но теперь, до примирения с женой, не могло быть о том речи. Всего же неприятнее тут было то, что этим подмешивался денежный интерес в предстоящее дело его примирения с женою. И мысль, что он может руководиться этим интересом, что он для продажи этого леса будет искать примирения с женой, – эта мысль оскорбляла его.

Окончив письма, Степан Аркадьич придвинул к себе бумаги из присутствия, быстро перелистовал два дела, большим карандашом сделал несколько отметок и, отодвинув дела, взялся за кофе; за кофеем он развернул еще сырую утреннюю газету и стал читать ее.

Степан Аркадьич получал и читал либеральную газету, не крайнюю, но того направления, которого держалось большинство.[1] И, несмотря на то, что ни наука, ни искусство, ни политика, собственно, не интересовали его, он твердо держался тех взглядов на все эти предметы, каких держалось большинство и его газета, и изменял их, только когда большинство изменяло их, или, лучше сказать, не изменял их, а они сами в нем незаметно изменялись.

Степан Аркадьич не избирал ни направления, ни взглядов, а эти направления и взгляды сами приходили к нему, точно так же, как он не выбирал формы шляпы или сюртука, а брал те, которые носят. А иметь взгляды ему, жившему в известном обществе, при потребности некоторой деятельности мысли, развивающейся обыкновенно в лета зрелости, было так же необходимо, как иметь шляпу. Если и была причина, почему он предпочитал либеральное направление консервативному, какого держались тоже многие из его круга, то это произошло не оттого, чтоб он находил либеральное направление более разумным, но потому, что оно подходило ближе к его образу жизни. Либеральная партия говорила, что в России все скверно, и действительно, у Степана Аркадьича долгов было много, а денег решительно недоставало. Либеральная партия говорила, что брак есть отжившее учреждение и что необходимо перестроить его, и действительно, семейная жизнь доставляла мало удовольствия Степану Аркадьичу и принуждала его лгать и притворяться, что было так противно его натуре. Либеральная партия говорила, или, лучше, подразумевала, что религия есть только узда для варварской части населения, и действительно, Степан Аркадьич не мог вынести без боли в ногах даже короткого молебна и не мог понять, к чему все эти страшные и высокопарные слова о том свете, когда и на этом жить было бы очень весело. Вместе с этим Степану Аркадьичу, любившему веселую шутку, было приятно иногда озадачить смирного человека тем, что если уже гордиться породой, то не следует останавливаться на Рюрике и отрекаться от первого родоначальника - обезьяны. Итак, либеральное направление сделалось привычкой Степана Аркадьича, и он любил свою газету, как сигару после обеда, за легкий туман, который она производила в его голове. Он прочел руководящую статью, в которой объяснялось, что в наше время совершенно напрасно поднимается вопль о том, будто бы радикализм угрожает поглотить все консервативные

---

1 *Степан Аркадьич получал и читал либеральную газету, не крайнюю, но того направления, которого держалось большинство.* - Облонский читает газету А. Краевского «Голос» - орган либерального чиновничества, которую называли «барометром общественного мнения». Мысль об «упорной традиционности, тормозящей прогресс», выражена в «Листке» газеты «Голос» (1873, № 21). Там же говорится о «пугливых охранителях», которым всюду мерещится «красный призрак... или гидра об 18 000 головах». Возможно, перед Толстым был именно этот номер газеты, когда он писал сцену утреннего чтения Облонского.

элементы и будто бы правительство обязано принять меры для подавления революционной гидры, что, напротив, «по нашему мнению, опасность лежит не в мнимой революционной гидре, а в упорстве традиционности, тормозящей прогресс», и т. д. Он прочел и другую статью, финансовую, в которой упоминалось о Бентаме и Милле и подпускались тонкие шпильки министерству. Со свойственною ему быстротою соображения он понимал значение всякой шпильки: от кого и на кого и по какому случаю она была направлена, и это, как всегда, доставляло ему некоторое удовольствие. Но сегодня удовольствие это отравлялось воспоминанием о советах Матрены Филимоновны и о том, что в доме так неблагополучно. Он прочел и о том, что граф Бейст, как слышно, проехал в Висбаден[1], и о том, что нет более седых волос, и о продаже легкой кареты, и предложение молодой особы; но эти сведения не доставляли ему, как прежде, тихого иронического удовольствия.

Окончив газету, вторую чашку кофе и калач с маслом, он встал, стряхнул крошки калача с жилета и, расправив широкую грудь, радостно улыбнулся, не оттого, чтоб у него на душе было что-нибудь особенно приятное, – радостную улыбку вызвало хорошее пищеварение.

Но эта радостная улыбка сейчас же напомнила ему все, и он задумался.

Два детские голоса (Степан Аркадьич узнал голоса Гриши, меньшого мальчика, и Тани, старшей девочки) послышались за дверьми. Они что-то везли и уронили.

– Я говорила, что на крышу нельзя сажать пассажиров, – кричала по-английски девочка, – вот подбирай!

«Все смешалось, – подумал Степан Аркадьич, – вон дети одни бегают». И, подойдя к двери, он кликнул их. Они бросили шкатулку, представлявшую поезд, и вошли к отцу.

Девочка, любимица отца, вбежала смело, обняла его и, смеясь, повисла у него на шее, как всегда, радуясь на знакомый запах духов, распространявшийся от его бакенбард. Поцеловав его, наконец, в покрасневшее от наклоненного положения и сияющее нежностью лицо, девочка разняла руки и хотела бежать назад; но отец удержал ее.

– Что мама? – сказал отец, водя рукой по гладкой нежной шейке дочери. – Здравствуй, – сказал он, улыбаясь здоровавшемуся мальчику.

---

1 *Он прочел и о том, что граф Бейст, как слышно, проехал в Висбаден...* – Фридрих Фердинанд фон Бейст (1809–1886) – канцлер Австро-Венгрии, политический противник Бисмарка. Его имя постоянно упоминается в политических газетных хрониках тех лет. Висбаден – курортный город. Бейст и Бисмарк имели значительное влияние на развитие военного конфликта на Балканах. Событий, связанных с войной славянских народов против владычества Турции, Толстой касается в последней части романа.

Он сознавал, что меньше любил мальчика, и всегда старался быть ровен; но мальчик чувствовал это и не ответил улыбкой на холодную улыбку отца.

– Мама? Встала, – отвечала девочка.

Степан Аркадьич вздохнул. «Значит, опять не спала всю ночь», – подумал он.

– Что, она весела?

Девочка знала, что между отцом и матерью была ссора, и что мать не могла быть весела, и что отец должен знать это, и что он притворяется, спрашивая об этом так легко. И она покраснела за отца. Он тотчас же понял это и также покраснел.

– Не знаю, – сказала она. – Она не велела учиться, а велела идти гулять с мисс Гуль к бабушке.

– Ну, иди, Танчурочка моя. Ах да, постой, – сказал он, все-таки удерживая ее и гладя ее нежную ручку.

Он достал с камина, где вчера поставил, коробочку конфет и дал ей две, выбрав ее любимые, шоколадную и помадную.

– Грише? – сказала девочка, указывая на шоколадную.

– Да, да. – И еще раз погладив ее плечико, он поцеловал ее в корни волос, в шею и отпустил ее.

– Карета готова, – сказал Матвей. – Да просительница, – прибавил он.

– Давно тут? – спросил Степан Аркадьич.

– С полчасика.

– Сколько раз тебе приказано сейчас же докладывать!

– Надо же вам дать хоть кофею откушать, – сказал Матвей тем дружески грубым тоном, на который нельзя было сердиться.

– Ну, проси же скорее, – сказал Облонский, морщась от досады.

Просительница, штабс-капитанша Калинина, просила о невозможном и бестолковом; но Степан Аркадьич, по своему обыкновению, усадил ее, внимательно, не перебивая, выслушал ее и дал ей подробный совет, к кому и как обратиться, и даже бойко и складно своим крупным, растянутым, красивым и четким почерком написал ей записочку к лицу, которое могло ей пособить. Отпустив штабс-капитаншу, Степан Аркадьич взял шляпу и остановился, припоминая, не забыл ли чего. Оказалось, что он ничего не забыл, кроме того, что хотел забыть, – жену.

«Ах да!» Он опустил голову, и красивое лицо его приняло тоскливое выражение. «Пойти или не пойти?» – говорил он себе. И внутренний голос говорил ему, что ходить не надобно, что, кроме фальши, тут ничего быть не может, что поправить, починить их отношения невозможно, потому что невозможно сделать ее опять привлекательною и возбуждающею любовь или его сделать стариком, не способным любить. Кроме фальши и лжи, ничего не могло выйти теперь; а фальшь и ложь были противны его натуре.

«Однако когда-нибудь нужно; ведь не может же это так остаться», – сказал он, стараясь придать себе смелости. Он выпрямил грудь, вынул папироску, закурил, пыхнул два раза, бросил ее в перламутровую раковину-пепельницу, быстрыми шагами прошел мрачную гостиную и отворил другую дверь, в спальню жены.

IV

Дарья Александровна, в кофточке и с пришпиленными на затылке косами уже редких, когда-то густых и прекрасных волос, с осунувшимся, худым лицом и большими, выдававшимися от худобы лица, испуганными глазами, стояла среди разбросанных по комнате вещей пред открытою шифоньеркой, из которой она выбирала что-то. Услыхав шаги мужа, она остановилась, глядя на дверь и тщетно пытаясь придать своему лицу строгое и презрительное выражение. Она чувствовала, что боится его и боится предстоящего свидания. Она только что пыталась сделать то, что пыталась сделать уже десятый раз в эти три дня: отобрать детские и свои вещи, которые она увезет к матери, – и опять не могла на это решиться; но и теперь, как в прежние раза, она говорила себе, что это не может так остаться, что она должна предпринять что-нибудь, наказать, осрамить его, отомстить ему хоть малою частью той боли, которую он ей сделал. Она все еще говорила, что уедет от него, но чувствовала, что это невозможно; это было невозможно потому, что она не могла отвыкнуть считать его своим мужем и любить его. Кроме того, она чувствовала, что если здесь, в своем доме, она едва успевала ухаживать за своими пятью детьми, то им будет еще хуже там, куда она поедет со всеми ими. И то в эти три дня меньшой заболел оттого, что его накормили дурным бульоном, а остальные были вчера почти без обеда. Она чувствовала, что уехать невозможно; но, обманывая себя, она все-таки отбирала вещи и притворялась, что уедет.

Увидав мужа, она опустила руки в ящик шифоньерки, будто отыскивая что-то, и оглянулась на него, только когда он совсем вплоть подошел к ней. Но лицо ее, которому она хотела придать строгое и решительное выражение, выражало потерянность и страдание.

– Долли! – сказал он тихим, робким голосом. Он втянул голову в плечи и хотел иметь жалкий и покорный вид, но он все-таки сиял свежестью и здоровьем.

Она быстрым взглядом оглядела с головы до ног его сияющую свежестью и здоровьем фигуру. «Да, он счастлив и доволен! – подумала она, – а я?!. И эта доброта противная, за которую все так любят его и хвалят; я ненавижу эту его доброту», – думала она. Рот ее сжался, мускул щеки затрясся на правой стороне бледного, нервного лица.

– Что вам нужно? – сказала она быстрым, не своим, грудным голосом.

– Долли! – повторил он с дрожанием голоса. – Анна приедет нынче.

– Ну что же мне? Я не могу ее принять! – вскрикнула она.

– Но надо же, однако, Долли…

– Уйдите, уйдите, уйдите! – не глядя на него, вскрикнула она, как будто крик этот был вызван физическою болью.

Степан Аркадьич мог быть спокоен, когда он думал о жене, мог надеяться, что все *образуется,* по выражению Матвея, и мог спокойно читать газету и пить кофе; но когда он увидал ее измученное, страдальческое лицо, услыхал этот звук голоса, покорный и отчаянный, ему захватило дыхание, что-то подступило к горлу, и глаза его заблестели слезами.

– Боже мой, что я сделал! Долли! Ради бога!.. Ведь… – он не мог продолжать, рыдание остановилось у него в горле.

Она захлопнула шифоньерку и взглянула на него.

– Долли, что я могу сказать?.. Одно: прости, прости… Вспомни, разве девять лет жизни не могут искупить минуты, минуты…

Она стояла, опустив глаза, и слушала, ожидая, что он скажет, как будто умоляя его о том, чтобы он как-нибудь разуверил ее.

– Минуты… минуты увлеченья… – выговорил он и хотел продолжать, но при этом слове, будто от физической боли, опять поджались ее губы и опять запрыгал мускул щеки на правой стороне лица.

– Уйдите, уйдите отсюда! – закричала она еще пронзительнее, – и не говорите мне про ваши увлечения, про ваши мерзости!

Она хотела уйти, по пошатнулась и взялась за спинку стула, чтоб опереться. Лицо его расширилось, губы распухли, глаза налились слезами.

– Долли! – проговорил он, уже всхлипывая. – Ради бога, подумай о детях, они не виноваты. Я виноват, и накажи меня, вели мне искупить свою вину. Чем я могу, я все готов! Я виноват, нет слов сказать, как я виноват! Но, Долли, прости!

Она села. Он слышал ее тяжелое, громкое дыхание, и ему было невыразимо жалко ее. Она несколько раз хотела начать говорить, но не могла. Он ждал.

– Ты помнишь детей, чтоб играть с ними, а я помню и знаю, что они погибли теперь, – сказала она, видимо, одну из фраз, которые она за эти три дня не раз говорила себе.

Она сказала ему «ты», и он с благодарностью взглянул на нее и тронулся, чтобы взять ее руку, но она с отвращением отстранилась от него.

– Я помню про детей и поэтому все в мире сделала бы, чтобы спасти их; но я сама не знаю, чем я спасу их: тем ли, что увезу от отца, или тем, что оставлю с развратным отцом, – да, с развратным отцом… Ну, скажите, после того… что было, разве возможно нам жить вместе? Разве это возможно? Скажите же, разве это возможно? – повторяла она, возвышая голос. – После того, как мой муж, отец моих детей, входит в любовную связь с гувернанткой своих детей…

– Ну что ж… Ну что ж делать? – говорил он жалким голосом, сам не зная, что он говорит, и все ниже и ниже опуская голову.

– Вы мне гадки, отвратительны! – закричала она, горячась все более и более. – Ваши слезы – вода! Вы никогда не любили меня; в вас нет ни сердца, ни благородства! Вы мне мерзки, гадки, чужой, да, чужой! – с болью и злобой произносила она это ужасное для себя слово *чужой*.

Он поглядел на нее, и злоба, выразившаяся в ее лице, испугала и удивила его. Он не понимал того, что его жалость к ней раздражала ее. Она видела в нем к себе сожаленье, но не любовь. «Нет, она ненавидит меня. Она не простит», – подумал он.

– Это ужасно! Ужасно! – проговорил он.

В это время в другой комнате, вероятно упавши, закричал ребенок; Дарья Александровна прислушалась, и лицо ее вдруг смягчилось.

Она, видимо, опомнилась несколько секунд, как бы не зная, где она и что ей делать, и, быстро вставши, тронулась к двери.

«Ведь любит же она моего ребенка, – подумал он, заметив изменение ее лица при крике ребенка, – *моего* ребенка; как же она может ненавидеть меня?»

– Долли, еще одно слово, – проговорил он, идя за нею.

– Если вы пойдете за мной, я позову людей, детей! Пускай все знают, что вы подлец! Я уезжаю нынче, а вы живите здесь с своею любовницей!

И она вышла, хлопнув дверью.

Степан Аркадьич вздохнул, отер лицо и тихими шагами пошел из комнаты. «Матвей говорит: образуется; но как? Я не вижу даже возможности. Ах, ах, какой ужас! И как тривиально она кричала, – говорил он сам себе, вспоминая ее крик и слова: подлец и любовница. – И, может быть, девушки слышали! Ужасно тривиально, ужасно». Степан Аркадьич постоял несколько секунд один, отер глаза, вздохнул и, выпрямив грудь, вышел из комнаты.

Была пятница, и в столовой часовщик-немец заводил часы. Степан Аркадьич вспомнил свою шутку об этом аккуратном плешивом часовщике, что немец «сам был заведен на всю жизнь, чтобы заводить часы», – и улыбнулся. Степан Аркадьич любил хорошую шутку. «А может быть, и образуется! Хорошо словечко: *образуется,* – подумал он. – Это надо рассказать».

– Матвей! – крикнул он, – так устрой же все там с Марьей в диванной для Анны Аркадьевны, – сказал он явившемуся Матвею.

– Слушаю-с.

Степан Аркадьич надел шубу и вымел на крыльцо.

– Кушать дома не будете? – сказал провожавший Матвей.

– Как придется. Да вот возьми на расходы, – сказал он, подавая десять рублей из бумажника. – Довольно будет?

– Довольно ли, не довольно, видно, обойтись надо, – сказал Матвей, захлопывая дверку и отступая на крыльцо.

Дарья Александровна между тем, успокоив ребенка и по звуку кареты поняв, что он уехал, вернулась опять в спальню. Это было единственное убежище ее от домашних забот, которые обступали ее, как только она выходила. Уже и теперь, в то короткое время, когда она выходила в детскую, англичанка и Матрена Филимоновна успели сделать ей несколько вопросов, не терпевших отлагательства и на которые она одна могла ответить: что надеть детям на гулянье? давать ли молоко? не послать ли за другим поваром?

– Ах, оставьте, оставьте меня! – сказала она и, вернувшись в спальню, села опять на то же место, где она говорила с мужем, сжав исхудавшие руки с кольцами, спускавшимися с костлявых пальцев, и принялась перебирать в воспоминании весь бывший разговор. «Уехал! Но чем же кончил он *с нею?* – думала она. – Неужели он видает ее? Зачем я не спросила его? Нет, нет, сойтись нельзя. Если мы и останемся в одном доме – мы чужие. Навсегда чужие!» – повторила она опять с особенным значением это страшное для нее слово. «А как я любила, боже мой, как я любила его!.. Как я любила! И теперь разве я не люблю его? Не больше ли, чем прежде, я люблю его? Ужасно, главное, то...» – начала она, но не докончила своей мысли, потому что Матрена Филимоновна высунулась из двери.

– Уж прикажите за братом послать, – сказала она, – все он изготовит обед; а то, по-вчерашнему, до шести часов дети не евши.

– Ну, хорошо, я сейчас выйду и распоряжусь. Да послали ли за свежим молоком?

И Дарья Александровна погрузилась в заботы дня и потопила в них на время свое горе.

V

Степан Аркадьич в школе учился хорошо благодаря своим хорошим способностям, но был ленив и шалун и потому вышел из последних, но, несмотря на свою всегда разгульную жизнь, небольшие чины и нестарые годы, занимал почетное и с хорошим жалованьем место начальника в одном из московских присутствий. Место это он получил чрез мужа сестры Анны, Алексея Александровича Каренина, занимавшего одно из важнейших мест в министерстве, к которому принадлежало присутствие; но если бы Каренин не назначил своего шурина на это место, то чрез сотню других лиц, братьев, сестер, родных, двоюродных, дядей, теток, Стива Облонский получил бы это место или другое подобное, тысяч в шесть жалованья, которые ему были нужны, так как дела его, несмотря на достаточное состояние жены, были расстроены.

Половина Москвы и Петербурга была родня и приятели Степана Аркадьича. Он родился в среде тех людей, которые были и стали сильными мира сего. Одна треть государственных людей, стариков, были приятелями его отца и знали его в рубашечке; другая треть были с ним на «ты», а третья треть были хорошие знакомые; следовательно, раздаватели земных благ в виде мест, аренд, концессий и тому подобного все были ему приятели и не могли обойти своего; и Облонскому не нужно было особенно стараться, чтобы получить выгодное место; нужно было только не отказываться, не завидовать, не ссориться, не обижаться, чего он, по свойственной ему доброте, никогда и не делал. Ему бы смешно показалось, если б ему сказали, что он не получит места с тем жалованьем, которое ему нужно, тем более что он и не требовал чего-нибудь чрезвычайного; он хотел только того, что получали его сверстники, а исполнять такого рода должность мог он не хуже всякого другого.

Степана Аркадьича не только любили все знавшие его за его добрый, веселый нрав и несомненную честность, но в нем, в его красивой, светлой наружности, блестящих глазах, черных бровях, волосах, белизне и румянце лица, было что-то, физически действовавшее дружелюбно и весело на людей, встречавшихся с ним. «Ага! Стива! Облонский! Вот и он!» – почти всегда с радостною улыбкой говорили, встречаясь с ним. Если и случалось иногда, что после разговора с ним оказывалось, что ничего особенно радостного не случилось, – на другой день, на трети опять точно так же все радовались при встрече с ним.

Занимая третий год место начальника одного из присутственных мест в Москве, Степан Аркадьич приобрел, кроме любви, и уважение сослуживцев, подчиненных, начальников и всех, кто имел до него дело. Главные качества Степана Аркадьича, заслужившие ему это общее уважение по службе, состояли, во-первых, в чрезвычайной снисходительности к людям, основанной в нем на сознании своих недостатков; во-вторых, в совершенной либеральности, не той, про которую он вычитал в газетах, но той, что у него была в крови и с которою Он совершенно равно и одинаково относился ко всем людям, какого бы состояния и звания они ни были, и, в третьих, – главное – в совершенном равнодушии к тому делу, которым он занимался, вследствие чего он никогда не увлекался и не делал ошибок.

Приехав к месту своего служения, Степан Аркадьич, провожаемый почтительным швейцаром, с портфелем прошел в свой маленький кабинет, надел мундир и вошел в присутствие. Писцы и служащие все встали, весело и почтительно кланяясь. Степан Аркадьич поспешно, как всегда, прошел к своему месту, пожал руки членам и сел. Он пошутил и поговорил, ровно сколько это было прилично, и начал занятия. Никто вернее Степана Аркадьича не умел найти ту границу свободы, простоты и официальности, которая нужна для приятного занятия делами. Секретарь весело и почтительно, как и все в присутствии Степана Аркадьича, подошел с бумагами и проговорил тем фамильярно-либеральным тоном, который введен был Степаном Аркадьичем:

– Мы таки добились сведения из Пензенского губернского правления. Вот, не угодно ли…

– Получили наконец? – проговорил Степан Аркадьич, закладывая пальцем бумагу. – Ну-с, господа… – И присутствие началось.

«Если бы они знали, – думал он, с значительным видом склонив голову при слушании доклада, – каким виноватым мальчиком полчаса тому назад был их председатель!» – И глаза его смеялись при чтении доклада. До двух часов занятия должны были идти не прерываясь, а в два часа – перерыв и завтрак.

Еще не было двух часов, когда большие стеклянные двери залы присутствия вдруг отворились и кто-то вошел. Все члены из-под портрета и из-за зерцала, обрадовавшись развлечению, оглянулись на дверь; но сторож, стоявший у двери, тотчас же изгнал вошедшего и затворил за ним стеклянную дверь.

Когда дело было прочтено, Степан Аркадьич встал, потянувшись, и, отдавая дань либеральности времени, в присутствии достал папироску и пошел в свой кабинет. Два товарища его, старый служака Никитин и камер-юнкер Гриневич, вышли с ним.

– После завтрака успеем кончить, – сказал Степан Аркадьич.

– Как еще успеем! – сказал Никитин.

– А плут порядочный должен быть этот Фомин, – сказал Гриневич об одном из лиц, участвовавших в деле, которое они разбирали.

Степан Аркадьич поморщился на слова Гриневича, давая этим чувствовать, что неприлично преждевременно составлять суждение, и ничего ему не ответил.

– Кто это входил? – спросил он у сторожа.

– Какой-то, ваше превосходительство, без упроса влез, только я отвернулся. Вас спрашивали. Я говорю: когда выйдут члены, тогда…

– Где он?

– Нешто вышел в сени, а то все тут ходил. Этот самый, – сказал сторож, указывая на сильно сложенного широкоплечего человека с курчавою бородой, который, не снимая бараньей шапки, быстро и легко взбегал наверх по стертым ступенькам каменной лестницы. Один из сходивших вниз с портфелем худощавый чиновник, приостановившись, неодобрительно посмотрел на ноги бегущего и потом вопросительно взглянул на Облонского.

Степан Аркадьич стоял над лестницей. Добродушно сияющее лицо его из-за шитого воротника мундира просияло еще более, когда он узнал вбегавшего.

– Так и есть! Левин, наконец! – проговорил он с дружескою, насмешливою улыбкой, оглядывая подходившего к нему Левина. – Как это ты не побрезгал найти меня в этом *вертепе*? – сказал Степан Аркадьич, не довольствуясь пожатием руки и целуя своего приятеля. – Давно ли?

– Я сейчас приехал, и очень хотелось тебя видеть, – отвечал Левин, застенчиво и вместе с тем сердито и беспокойно оглядываясь вокруг.

– Ну, пойдем в кабинет, – сказал Степан Аркадьич, знавший самолюбивую и озлобленную застенчивость своего приятеля; и, схватив его за руку, он повлек его за собой, как будто проведя между опасностями.

Степан Аркадьич был на «ты» со всеми почти своими знакомыми: со стариками шестидесяти лет, с мальчиками двадцати лет, с актерами, с министрами, с купцами и с генерал-адъютантами, так что очень многие из бывших с ним на «ты» находились на двух крайних пунктах общественной лестницы и очень бы удивились, узнав, что имеют через Облонского что-нибудь общее. Он был на «ты» со всеми, с кем пил шампанское, а пил он шампанское со всеми, и поэтому, в присутствии своих подчиненных встречаясь с своими *постыдными* «ты», как он называл шутя многих из своих приятелей, он, со свойственным ему тактом, умел уменьшать неприятность этого впечатления для подчиненных. Левин не был постыдный «ты», но Облонский с своим тактом почувствовал, что Левин думает, что он пред подчиненными может не желать выказать свою близость с ним, и потому поторопился увести его в кабинет.

Левин был почти одних лет с Облонским и с ним на «ты» не по одному шампанскому. Левин был его товарищем и другом первой молодости. Они любили друг друга, несмотря на различие характеров и вкусов, как любят друг друга приятели, сошедшиеся в первой молодости. Но, несмотря на это, как часто бывает между людьми, избравшими различные роды деятельности, каждый из них, хотя, рассуждая, и оправдывал деятельность другого, в душе презирал ее. Каждому казалось, что та жизнь, которую он сам ведет, есть одна настоящая жизнь, а которую ведет приятель – есть только призрак. Облонский не мог удержать легкой насмешливой улыбки при Виде Левина. Уж который раз он видел его приезжавшим в Москву из деревни, где он что-то делал, но что именно, того Степан Аркадьич никогда не мог понять хорошенько, да и не интересовался. Левин приезжал в Москву всегда взволнованный, торопливый, немножко стесненный и раздраженный этою стесненностью и большею частью с совершенно новым, неожиданным взглядом на веши. Степан Аркадьич смеялся над этим и любил это. Точно так же и Левин в душе презирал и городской обрез жизни своего приятеля, и его службу, которую считал пустяками, и смеялся над этим. Но разница была в том, что Облонский, делая, что все делают, смеялся самоуверенно и добродушно, а Левин не самоуверенно и иногда сердито.

– Мы тебя давно ждали, – сказал Степан Аркадьич, войдя в кабинет и выпустив руку Левина, как бы этим показывая, что тут опасности кончились. – Очень, очень рад тебя видеть, – продолжал он. – Ну, что ты? Как? Когда приехал?

Левин молчал, поглядывая на незнакомые ему лица двух товарищей Облонского и в особенности на руку элегантного Гриневича, с такими белыми тонкими пальцами, с такими длинными желтыми, загибавшимися в конце ногтями и такими огромными блестящими запонками на рубашке, что эти руки, видимо, поглощали все его внимание и не давали ему свободы мысли. Облонский тотчас заметил это и улыбнулся.

– Ах да, позвольте вас познакомить, – сказал он. – Мои товарищи: Филипп Иваныч Никитин, Михаил Станиславич Гриневич, – и обратившись к Левину: – Земский деятель, новый земский человек, гимнаст, поднимающий одною рукой пять пудов, скотовод и охотник и мой друг, Константин Дмитрич Левин, брат Сергея Иваныча Кознышева.

– Очень приятно, – сказал старичок.

– Имею честь знать вашего брата, Сергея Иваныча, – сказал Гриневич, подавая свою тонкую руку с длинными ногтями.

Левин нахмурился, холодно пожал руку и тотчас же обратился к Облонскому. Хотя он имел большое уважение к своему, известному всей России, одноутробному брату писателю, однако он терпеть не мог, когда к нему обращались не как к Константину Левину, а как к брату знаменитого Кознышева.

– Нет, я уже не земский деятель. Я со всеми разбранился и не езжу больше на собрания, – сказал он, обращаясь к Облонскому.

– Скоро же! – с улыбкой сказал Облонский. – Но как? отчего?

— Длинная история. Я расскажу когда-нибудь, — сказал Левин, но сейчас же стал рассказывать. — Ну, коротко сказать, я убедился, что никакой земской деятельности нет и быть не может, — заговорил он, как будто кто-то сейчас обидел его — с одной стороны, игрушка, играют в парламент, а я ни достаточно молод, ни достаточно стар, чтобы забавляться игрушками; а с другой (он заикнулся) стороны, это — средство для уездной coterie[1] наживать деньжонки.[2] Прежде опеки, суды, а теперь земство… не в виде взяток, а в виде незаслуженного жалованья, — говорил он так горячо, как будто кто-нибудь из присутствовавших оспаривал его мнение.

— Эге-ге! Да ты, я вижу, опять в новой фазе, в консервативной, — сказал Степан Аркадьич. — Но, впрочем, после об этом.

— Да, после. Но мне нужно было тебя видеть, — сказал Левин, с ненавистью вглядываясь в руку Гриневича.

Степан Аркадьич чуть заметно улыбнулся.

— Как же ты говорил, что никогда больше не наденешь европейского платья? — сказал он, оглядывая его новое, очевидно от французского портного, платье. — Так! я вижу: новая фаза.

Левин вдруг покраснел, но не так, как краснеют взрослые люди, — слегка, сами того не замечая, но так, как краснеют мальчики, — чувствуя, что они смешны своей застенчивостью, и вследствие того стыдясь и краснея еще больше, почти до слез. И так странно было видеть это умное, мужественное лицо в таком детском состоянии, что Облонский перестал смотреть на него.

— Да, где ж увидимся? Ведь мне очень, очень нужно поговорить с тобою, — сказал Левин.

Облонский как будто задумался.

— Вот что: поедем к Гурину завтракать и там поговорим. До трех я свободен.

— Нет, — подумав, ответил Левин, — мне еще надо съездить.

— Ну, хорошо, так обедать вместе.

---

[1] Здесь: шайки (фр.).

[2] …с другой (он заикнулся) стороны, это – средство для уездной coterie наживать деньжонки. – Левин высказывает идеи, весьма распространенные в демократической публицистике 70-х годов. Например, в журнале «Отечественные записки» в 1875 г. печаталась статья «Десятилетие русского земства», в которой, между прочим, говорилось: «…Безотрадная черта в деятельности некоторых земств… это страсть к земской спекуляции, страсть к наживе, замечаемая в наиболее богатых и интеллигентных центрах русской земли. В этих центрах акции, облигации, чеки, закладные листы, полисы и варранты закрывают собою скромный лапоть и серый зипун…» («Отечественные записки», 1875, № 10, с. 437).

– Обедать? Да мне ведь ничего особенного, только два слова сказать, спросить, а после потолкуем.

– Так сейчас и скажи два слова, а беседовать за обедом.

– Два слова вот какие, – сказал Левин, – впрочем, ничего особенного.

Лицо его вдруг приняло злое выражение, происходившее от усилия преодолеть свою застенчивость.

– Что Щербацкие делают? Все по-старому? – сказал он.

Степан Аркадьич, знавший уже давно, что Левин был влюблен в его свояченицу Кити, чуть заметно улыбнулся, и глаза его весело заблестели.

– Ты сказал два слова, а я в двух словах ответить не могу, потому что... Извини на минутку...

Вошел секретарь с фамильярною почтительностью и некоторым, общим всем секретарям, скромным сознанием своего превосходства пред начальником в знании дел, подошел с бумагами к Облонскому и стал, под видом вопроса, объяснять какое-то затруднение. Степан Аркадьич, не дослушав, положил ласково свою руку на рукав секретаря.

– Нет, вы уж так сделайте, как я говорил, – сказал он, улыбкой смягчая замечание, и, кратко объяснив ему, как он понимает дело, отодвинул бумаги и сказал: – Так и сделайте, пожалуйста. Пожалуйста, так, Захар Никитич.

Сконфуженный секретарь удалился. Левин, во время совещания с секретарем совершенно оправившись от своего смущения, стоял, облокотившись обеими руками на стул, и на лице его было насмешливое внимание.

– Не понимаю, не понимаю, – сказал он.

– Чего ты не понимаешь? – так же весело улыбаясь и доставая папиросу, сказал Облонский. Он ждал от Левина какой-нибудь странной выходки.

– Не понимаю, что вы делаете, – сказал Левин, пожимая плечами. – Как ты можешь это серьезно делать?

– Отчего?

– Да оттого, что нечего делать.

– Ты так думаешь, но мы завалены делом.

– Бумажным. Ну да, у тебя дар к этому, – прибавил Левин.

– То есть, ты думаешь, что у меня есть недостаток чего-то?

– Может быть, и да, – сказал Левин. – Но все-таки я любуюсь на твое величие и горжусь, что у меня друг такой великий человек. Однако ты мне не ответил на мой вопрос, – прибавил он, с отчаянным усилием прямо глядя в глаза Облонскому.

– Ну, хорошо, хорошо. Погоди еще, и ты придешь к этому. Хорошо, как у тебя три тысячи десятин в Каразинском уезде, да такие мускулы, да свежесть, как у двенадцатилетней девочки, – а придешь и ты к нам. Да, так о том, что ты спрашивал: перемены нет, но жаль, что ты так давно не был.

– А что? – испуганно спросил Левин.

– Да ничего, – отвечал Облонский. – Мы поговорим. Да ты зачем, собственно, приехал?

– Ах, об этом тоже поговорим после, – опять до ушей покраснев, сказал Левин.

– Ну хорошо. Понятно, – сказал Степан Аркадьич. – Ты видишь ли: я бы позвал к себе, но жена не совсем здорова. А вот что: если ты хочешь их видеть, они, наверное, нынче в Зоологическом саду от четырех до пяти. Кити на коньках катается. Ты поезжай туда, а я заеду, и вместе куда-нибудь обедать.

– Прекрасно. Ну, до свидания.

– Смотри же, ты ведь, я тебя знаю, забудешь или вдруг уедешь в деревню! – смеясь, прокричал Степан Аркадьич.

– Нет, верно.

И, вспомнив о том, что он забыл поклониться товарищам Облонского, только когда он был уже в дверях, Левин вышел из кабинета.

– Должно быть, очень энергический господин, – сказал Гриневич, когда Левин вышел.

– Да, батюшка, – сказал Степан Аркадьич, покачивая головой, – вот счастливец! Три тысячи десятин в Каразинском уезде[1], все впереди, и свежести сколько! Не то что наш брат.

– Что ж вы-то жалуетесь, Степан Аркадьич?

– Да скверно, плохо, – сказал Степан Аркадьич, тяжело вздохнув.

VI

Когда Облонский спросил у Левина, зачем он, собственно, приехал, Левин покраснел и рассердился на себя за то, что покраснел, потому что он

---

[1] *...три тысячи десятин в Каразинском уезде...* – У Толстого в начале 70-х годов было около 750 десятин в Ясной Поляне и около 1200 десятин при селе Никольском-Вяземском. Ясно-полянские владения Толстого находились в Крапивенском уезде Тульской губернии (см.: С. Л. Толстой. Об отражении жизни в «Анне Карениной». – «Литературное наследство», т. 37/38. М., 1939, с. 572).

не мог ответить ему: «Я приехал сделать предложение твоей свояченице», хотя он приехал только за этим.

Дома́ Левиных и Щербацких были старые дворянские московские дома и всегда были между собою в близких и дружеских отношениях. Связь эта утвердилась еще больше во время студенчества Левина. Он вместе готовился и вместе поступил в университет с молодым князем Щербацким, братом Долли и Кити. В это время Левин часто бывал в доме Щербацких и влюбился в дом Щербацких. Как это ни странно может показаться, но Константин Левин был влюблен именно в дом, в семью, в особенности в женскую половину семьи Щербацких. Сам Левин не помнил своей матери, и единственная сестра его была старше его, так что в доме Щербацких он в первый раз увидал ту самую среду старого дворянского, образованного и честного семейства, которой он был лишен смертью отца и матери. Все члены этой семьи, в особенности женская половина, представлялись ему покрытыми какою-то таинственною, поэтическою завесой, и он не только не видел в них никаких недостатков, но под этой поэтическою, покрывавшею их завесой предполагал самые возвышенные чувства и всевозможные совершенства. Для чего этим трем барышням нужно было говорить через день по-французски и по-английски; для чего они в известные часы играли попеременкам на фортепиано, звуки которого всегда слышались у брата наверху, где занимались студенты; для чего ездили эти учителя французской литературы, музыки, рисованья, танцев; для чего в известные часы все три барышни с m-lle Linon подъезжали в коляске к Тверскому бульвару в своих атласных шубках – Долли в длинной, Натали в полудлинной, а Кити совершенно в короткой, так что статные ножки ее в туго натянутых красных чулках были на всем виду; для чего им, в сопровождении лакея с золотою кокардой на шляпе, нужно было ходить по Тверскому бульвару, – всего этого и многого другого, что делалось в их таинственном мире, он не понимал, но знал, что все, что там делалось, было прекрасно, и был влюблен именно в эту таинственность совершавшегося.

Во время своего студенчества он чуть было не влюбился в старшую, Долли, но ее вскоре выдали замуж за Облонского. Потом он начал было влюбляться во вторую. Он как будто чувствовал, что ему надо влюбиться в одну из сестер, только не мог разобрать, в какую именно. Но и Натали, только что показалась в свет, вышла замуж за дипломата Львова. Кити еще была ребенок, когда Левин вышел из университета. Молодой Щербацкий, поступив в моряки, утонул в Балтийском море, и сношения Левина с Щербацкими, несмотря на дружбу его с Облонским, стали более редки. Но когда в нынешнем году, в начале зимы, Левин приехал в Москву после года в деревне и увидал Щербацких, он понял, в кого из трех ему действительно суждено было влюбиться.

Казалось бы, ничего не могло быть проще того, чтобы ему, хорошей породы, скорее богатому, чем бедному человеку, тридцати двух лет, сделать предложение княжне Щербацкой; по всем вероятиям, его тотчас признали бы хорошею партией. Но Левин был влюблен, и поэтому ему казалось, что Кити была такое совершенство во всех отношениях, такое существо превыше всего земного, а он такое земное низменное существо, что не могло быть и мысли о том, чтобы другие и она сама признали его достойным ее.

Пробыв в Москве, как в чаду, два месяца, почти каждый день видаясь с Кити в свете, куда он стал ездить, чтобы встречаться с нею, Левин внезапно решил, что этого не может быть, и уехал в деревню.

Убеждение Левина в том, что этого не может быть, основывалось на том, что в глазах родных он невыгодная, недостойная партия для прелестной Кити, а сама Кити не может любить его. В глазах родных он не имел никакой привычной, определенной деятельности и положения в свете, тогда как его товарищи теперь, когда ему было тридцать два года, были уже – который полковник и флигель-адъютант, который профессор, который почтенный предводитель – директор банка и железных дорог или председатель присутствия, как Облонский; он же (он знал очень хорошо, каким он должен был казаться для других) был помещик, занимающийся разведением коров, стрелянием дупелей и постройками, то есть бездарный малый, из которого ничего не вышло, и делающий, по понятиям общества, то самое, что делают никуда не годившиеся люди.

Сама же таинственная прелестная Кити не могла любить такого некрасивого, каким он считал себя, человека, и, главное, такого простого, ничем не выдающегося человека. Кроме того, его прежние отношения к Кити – отношения взрослого к ребенку, вследствие дружбы с ее братом, – казались ему еще новою преградой для любви. Некрасивого, доброго человека, каким он себя считал, можно, полагал он, любить как приятеля, но чтобы быть любимым тою любовью, какою он любил Кити, нужно было быть красавцем, а главное – особенным человеком.

Слыхал он, что женщины любят часто некрасивых, простых людей, но не верил этому, потому что судил по себе, так как сам он мог любить только красивых, таинственных и особенных женщин.

Но, пробыв два месяца один в деревне, он убедился, что это не было одно из тех влюблений, которые он испытывал в первой молодости; что чувство это не давало ему минуты покоя; что он не мог жить, не решив вопроса: будет или не будет она его женой; и что его отчаяние происходило только от его воображения, что он не имеет никаких доказательств в том, что ему будет отказано. И он приехал теперь в Москву с твердым решением сделать предложение и жениться, если его примут. Или... он не мог думать о том, что с ним будет, если ему откажут.

VII

Приехав с утренним поездом в Москву, Левин остановился у своего старшего брата по матери Кознышева и, переодевшись, вошел к нему в кабинет, намереваясь тотчас же рассказать ему, для чего он приехал, и просить его совета: но брат был не один. У него сидел известный профессор философии, приехавший из Харькова, собственно, затем, чтобы разъяснить недоразумение, возникшее между ними по весьма важному философскому вопросу. Профессор вел жаркую полемику против материалистов, а Сергей Кознышев с интересом следил за этою полемикой и, прочтя последнюю статью профессора, написал ему в письме свои возражения; он упрекал профессора за слишком большие уступки материалистам. И профессор тотчас же приехал, чтобы столковаться. Речь шла о модном вопросе: есть ли граница между психическими и физиологическими явлениями в деятельности человека и где она?[1]

Сергей Иванович встретил брата своего обычною для всех ласково-холодною улыбкой и, познакомив его с профессором, продолжал разговор.

Маленький желтый человечек в очках, с узким лбом, на мгновение отвлекся от разговора, чтобы поздороваться, и продолжал речь, не обращая внимания па Левина. Левин сел в ожидании, когда уедет профессор, но скоро заинтересовался предметом разговора.

Левин встречал в журналах статьи, о которых шла речь, и читал их, интересуясь ими, как развитием знакомых ему, как естественнику, по университету основ естествознания, но никогда не сближал этих научных

---

1 *Речь шла о модном вопросе: есть ли граница между психическими и физиологическими явлениями в деятельности человека и где она?* – Толстой имеет в виду «жаркую полемику», которая началась на страницах журнала «Вестник Европы», где К. Д. Кавелин (1818–1885) напечатал работу «Задачи психологии» (1872), а И. М. Сеченов ответил ему статьей «Кому и как разрабатывать психологию» (1873). К. Д. Кавелин утверждал, что «непосредственной связи между психическими и материальными явлениями мы не знаем». И. М. Сеченов доказывал, что «все психические акты», совершающиеся «по тину рефлексов», должны подлежать «физиологическому исследованию». Кавелин так же, как «харьковский профессор» в романе, придерживался идеи «параллелизма», то есть тем самым признавал связь психических и физиологических явлений. Именно за эту «большую уступку материалистам» Кавелина упрекал Ю. Ф. Самарин: «Вы стоите на острие ножа и должны непременно склониться на ту или другую сторону, то есть окончательно усвоить себе материалистическое воззрение или взять назад многие из сделанных вами ему уступок» («Вестник Европы», 1875, V, с. 370). Толстой так же, как Левин, занимал в этом споре своеобразную, «личную» позицию: «Если бы мы могли слиться с верующими христианами или с отрицающими матерьялистами, мы и не обязаны были бы уяснять свое личное воззрение. А теперь я с радостью чувствую, что это и мой долг и мое влечение сердца…». (Л. Н. Толстой. Полн. собр. соч. в 90-та томах, т. 62, с. 211) (В дальнейшем ссылки на это издание даются с указанием лишь тома и страницы.)

выводов о происхождении человека как животного [1], о рефлексах, о биологии и социологии с теми вопросами о значении жизни и смерти для себя самого, которые в последнее время чаще и чаще приходили ему на ум.

Слушая разговор брата с профессором, он замечал, что они связывали научные вопросы с задушевными, несколько раз почти подходили к этим вопросам, но каждый раз, как только они подходили близко к самому главному, как ему казалось, они тотчас же поспешно отдалялись и опять углублялись в область тонких подразделений, оговорок, цитат, намеков, ссылок на авторитеты, и он с трудом понимал, о чем речь.

– Я не могу допустить, – сказал Сергей Иванович с обычною ему ясностью и отчетливостью выражения и изяществом дикции, – я не могу ни в каком случае согласиться с Кейсом, чтобы все мое представление о внешнем мире вытекало из впечатлений. Самое основное понятие *бытия* получено мною не чрез ощущение, ибо нет и специального органа для передачи этого понятия.

– Да, но они, Вурст, и Кнауст, и Припасов[2], ответят вам, что ваше сознание бытия вытекает из совокупности всех ощущений, что это сознание бытия есть результат ощущений. Вурст даже прямо говорит, что, коль скоро нет ощущения, нет и понятия бытия.

– Я скажу наоборот, – начал Сергей Иванович…

Но тут Левину опять показалось, что они, подойдя к самому главному, опять отходят, и решился предложить профессору вопрос.

– Стало быть, если чувства мои уничтожены, если тело мое умрет, существования никакого уж не может быть? – спросил он.

Профессор с досадой и как будто умственною болью от перерыва оглянулся на странного вопрошателя, похожего более на бурлака, чем на

---

[1] *Левин встречал в журналах статьи... о происхождении человека как животного...* – Книга Чарльза Дарвина (1809–1882) «Происхождение человека и подбор по отношению к полу» в русском переводе вышла в свет в 1871 г. (в 2-х томах, перевод с английского под ред. И. М. Сеченова. СПб., 1871). Пространные статьи о теории Дарвина, о «борьбе за существование», печатались в «Отечественных записках», «Вестнике Европы» и «Русском вестнике». В журнале «Заря» Н. Н. Страхов поместил критическую статью о Дарвине «Переворот в науке» («Заря», 1872, с. 1-18). Так же, как Левин, он искал ответы на «вопросы сердца» и не находил их в дарвинизме. Поэтому он и проходит мимо собственного научного смысла дарвинизма или же относится к нему резко отрицательно. Толстой читал Дарвина по-своему. К 70-м годам относится его запись на отдельном листе: «Отступления человека от добра-закона – наследственно. (Дарвин прав.)» (т. 48, с. 350). В романе «Анна Каренина» дарвинизмом интересуется и либеральный барин Облонский, который говорит: «...если уж гордиться породой, то не следует останавливаться на Рюрике и отрекаться от первого родоначальника – обезьяны».

[2] *Кейс, Вурст, Кнаус и Припасов* – имена вымышленные и пародийные.

философа, и перенес глаза на Сергея Ивановича, как бы спрашивая: что ж тут говорить? Но Сергей Иванович, который далеко не с тем усилием и односторонностью говорил, как профессор, и у которого в голове оставался простор для того, чтоб и отвечать профессору, и вместе понимать ту простую и естественную точку зрения, с которой был сделан вопрос, улыбнулся и сказал:

— Этот вопрос мы не имеем еще права решать...

— Не имеем данных, — подтвердил профессор и продолжал свои доводы. — Нет, — говорил он, — я указываю на то, что если, как прямо говорит Припасов, ощущение и имеет своим основанием впечатление, то мы должны строго различать эти два понятия.

Левин не слушал больше и ждал, когда уедет профессор.

VIII

Когда профессор уехал, Сергей Иванович обратился к брату:

— Очень рад, что ты приехал. Надолго? Что хозяйство.

Левин знал, что хозяйство мало интересует старшего брата и что он, только делая ему уступку, спросил его об этом, и потому ответил только о продаже пшеницы и деньгах.

Левин хотел сказать брату о своем намерении жениться и спросить его совета, он даже твердо решился на это; но когда он увидел брата, послушал его разговора с профессором, когда услыхал потом этот невольно покровительственный тон, с которым брат расспрашивал его о хозяйственных делах (материнское имение их было неделенное, и Левин заведовал обеими частями), Левин почувствовал, что не может почему-то начать говорить с братом о своем решении жениться. Он чувствовал, что брат его не так, как ему бы хотелось, посмотрит на это.

— Ну, что у вас земство, как? — спросил Сергей Иванович, который очень интересовался земством и приписывал ему большое значение.

— А, право, не знаю...

— Как? Ведь ты член управы?

— Нет, уже не член; я вышел, — отвечал Константин Левин, — и не езжу больше на собрания.

— Жалко! — промолвил Сергей Иванович, нахмурившись.

Левин в оправдание стал рассказывать, что делалось на собраниях в его уезде.

— Вот это всегда так! — перебил его Сергей Иванович, — Мы, русские, всегда так. Может быть, это и хорошая наша черта — способность видеть свои недостатки, но мы пересаливаем, мы утешаемся иронией, которая у нас всегда готова на языке. Я скажу тебе только, что дай эти же права, как наши земские учреждения, другому европейскому народу, — немцы и англичане выработали бы из них свободу, а мы вот только смеемся.

— Но что же делать? — виновато сказал Левин. — Это был мой последний опыт. И я от всей души пытался. Не могу. Неспособен.

— Не неспособен, — сказал Сергей Иванович, — ты не так смотришь на дело.

— Может быть, — уныло отвечал Левин.

— А ты знаешь, брат Николай опять тут.

Брат Николай был родной и старший брат Константина Левина и одноутробный брат Сергея Ивановича, погибший человек, промотавший бо́льшую долю своего состояния, вращавшийся в самом странном и дурном обществе и поссорившийся с братьями.

— Что ты говоришь? — с ужасом вскрикнул Левин. — Почем ты знаешь?

— Прокофий видел его на улице.

— Здесь, в Москве? Где он? Ты знаешь? — Левин встал со стула, как бы собираясь тотчас же идти.

— Я жалею, что сказал тебе это, — сказал Сергей Иваныч, покачивая головой на волнение меньшого брата. — Я посылал узнать, где он живет, и послал ему вексель его Трубину, по которому я заплатил. Вот что он мне ответил.

И Сергей Иванович подал брату записку из-под пресс-папье.

Левин прочел написанное странным, родным ему почерком: «Прошу покорно оставить меня в покое. Это одно, чего я требую от своих любезных братцев. Николай Левин.

Левин прочел это и, не поднимая головы, с запиской в руках стоял пред Сергеем Ивановичем.

В душе его боролись желание забыть теперь о несчастном брате и сознание того, что это будет дурно.

— Он, очевидно, хочет оскорбить меня, — продолжал Сергей Иванович, — но оскорбить меня он не может, и я всей душой желал бы помочь ему, но знаю, что этого нельзя сделать.

— Да, да, — повторял Левин. — Я понимаю и ценю твое отношение к нему; но я поеду к нему.

- Если тебе хочется, съезди, но я не советую, - сказал Сергей Иванович. - То есть в отношении ко мне я этого не боюсь, он тебя не поссорит со мной; но для тебя, я советую тебе лучше не ездить. Помочь нельзя. Впрочем, делай как хочешь.

- Может быть, и нельзя помочь, но я чувствую, особенно в эту минуту - ну да это другое - я чувствую, что я не могу быть спокоен.

- Ну, этого я не понимаю, - сказал Сергей Иванович. - Одно я понимаю, - прибавил он, - это урок смирения. Я иначе и снисходительнее стал смотреть на то, что называется подлостью, после того как брат Николай стал тем, что он есть... Ты знаешь, что он сделал...

- Ах, это ужасно, ужасно! - повторял Левин.

Получив от лакея Сергея Ивановича адрес брата, Левин тотчас же собрался ехать к нему, но, обдумав, решил отложить свою поездку до вечера. Прежде всего, для того чтобы иметь душевное спокойствие, надо было решить то дело, для которого он приехал в Москву. От брата Левин поехал в присутствие Облонского и, узнав о Щербацких, поехал туда, где ему сказали, что он может застать Кити.

IX

В 4 часа, чувствуя свое бьющееся сердце, Левин слез с извозчика у Зоологического сада и пошел дорожкой к горам и катку, наверное зная, что найдет ее там, потому что видел карету Щербацких у подъезда.

Был ясный морозный день. У подъезда рядами стояли кареты, сани, ваньки, жандармы. Чистый народ, блестя на ярком солнце шляпами, кишел у входа и по расчищенным дорожкам, между русскими домиками с резными князьками; старые кудрявые березы сада, обвисшие всеми ветвями от снега, казалось, были разубраны в новые торжественные ризы.

Он шел по дорожке к катку и говорил себе: «Надо не волноваться, надо успокоиться. О чем ты? Чего ты? Молчи, глупое», - обращался он к своему сердцу. И чем больше он старался себя успокоить, тем все хуже захватывало ему дыхание. Знакомый встретился и окликнул его, но Левин даже не узнал, кто это был. Он подошел к горам, на которых гремели цепи спускаемых и поднимаемых салазок, грохотали катившиеся салазки и звучали веселые голоса. Он прошел еще несколько шагов, и пред ним открылся каток, и тотчас же среди всех катавшихся он узнал ее.

Он узнал, что она тут, по радости и страху, охватившим его сердце. Она стояла, разговаривая с дамой, на противоположном конце катка. Ничего, казалось, но было особенного ни в ее одежде, ни в ее позе; но для Левина так же легко было узнать ее в этой толпе, как розан в крапиве. Все освещалось ею. Она была улыбка, озарявшая все вокруг. «Неужели я могу сойти туда, на лед, подойти к ней?» - подумал он. Место, где она была, показалось ему недоступною святыней, и была минута, что он чуть не ушел: так страшно ему стало. Ему нужно было сделать усилие над собой и рассудить, что около нее ходят всякого рода люди, что и сам он мог прийти туда кататься на коньках. Он сошел вниз, избегая подолгу смотреть на нее, как на солнце, но он видел ее, как солнце, и не глядя.

На льду собирались в этот день недели и в эту пору дня люди одного кружка, все знакомые между собою. Были тут и мастера кататься, щеголявшие искусством, и учившиеся за креслами, с робкими неловкими движениями, и мальчики, и старые люди, катавшиеся для гигиенических целей; все казались Левину избранными счастливцами, потому что они были тут, вблизи от нее. Все катавшиеся, казалось, совершенно равнодушно обгоняли, догоняли ее, даже говорили с ней и совершенно независимо от нее веселились, пользуясь отличным льдом и хорошею погодой.

Николай Щербацкий, двоюродный брат Кити, в коротенькой жакетке и узких панталонах, сидел с коньками на ногах на скамейке и, увидав Левина, закричал ему:

- А, первый русский конькобежец! Давно ли? Отличный лед, надевайте же коньки.

- У меня и коньков нет, - отвечал Левин, удивляясь этой смелости и развязности в ее присутствии и ни на секунду не теряя ее из вида, хотя и не глядел на нее. Он чувствовал, что солнце приближалось к нему. Она была на угле и, тупо поставив узкие ножки в высоких ботинках, видимо робея, катилась к нему. Отчаянно махавший руками и пригибавшийся к земле мальчик в русском платье обгонял ее. Она катилась не совсем твердо; вынув руки из маленькой муфты, висевшей на снурке, она держала их наготове и, глядя на Левина, которого она узнала, улыбалась ему и своему страху. Когда поворот кончился, она дала себе толчок упругою ножкой и подкатилась прямо к Щербацкому; и, ухватившись за него рукой, улыбаясь, кивнула Левину. Она была прекраснее, чем он воображал ее.

Когда он думал о ней, он мог себе живо представить ее всю, в особенности прелесть этой, с выражением детской ясности и доброты, небольшой белокурой головки, так свободно поставленной на статных девичьих плечах. Детскость выражения ее лица в соединении с тонкой красотою стана составляли ее особенную прелесть, которую он хорошо помнил; но что всегда, как неожиданность, поражало в ней, это было выражение ее глаз, кротких, спокойных и правдивых, и в особенности ее улыбка, всегда переносившая Левина в волшебный мир, где он чувствовал себя умиленным и смягченным, каким он мог запомнить себя в редкие дни своего раннего детства.

— Давно ли вы здесь? — сказала она, подавая ему руку. — Благодарствуйте, — прибавила она, когда он поднял платок, выпавший из ее муфты.

— Я? я недавно, я вчера… нынче то есть… приехал, — отвечал Левин, не вдруг от волнения поняв ее вопрос. — Я хотел к вам ехать, — сказал он и тотчас же, вспомнив, с каким намерением он искал ее, смутился и покраснел. — Я не знал, что вы катаетесь на коньках, и прекрасно катаетесь.

Она внимательно посмотрела на него, как бы желая понять причину его смущения.

— Вашу похвалу надо ценить. Здесь сохранились предания, что вы лучший конькобежец, — сказала она, стряхивая маленькою ручкой в черной перчатке иглы инея, упавшие на муфту.

— Да, я когда-то со страстью катался; мне хотелось дойти до совершенства.

— Вы все, кажется, делаете со страстью, — сказала она, улыбаясь. — Мне так хочется посмотреть, как вы катаетесь. Надевайте же коньки, и давайте кататься вместе.

«Кататься вместе! Неужели это возможно?» — думал Левин, глядя на нее.

— Сейчас надену, — сказал он.

И он пошел надевать коньки.

— Давно не бывали у нас, сударь, — говорил катальщик, поддерживая ногу и навинчивая каблук. — После вас никого из господ мастеров нету. Хорошо ли так будет? — говорил он, натягивая ремень.

— Хорошо, хорошо, поскорей, пожалуйста, — отвечал Левин, с трудом удерживая улыбку счастья, выступавшую невольно на его лице. «Да, — думал он, — вот это жизнь, вот это счастье! *Вместе,* сказала она, *давайте кататься вместе.* Сказать ей теперь? Но ведь я оттого и боюсь сказать, что теперь я счастлив, счастлив хоть надеждой… А тогда?.. Но надо же! надо, надо! Прочь слабость!»

Левин стал на ноги, снял пальто и, разбежавшись по шершавому у домика льду, выбежал на гладкий лед и покатился без усилия, как будто одною своею волей убыстряя, укорачивая и направляя бег. Он приблизился к ней с робостью, но опять ее улыбка успокоила его.

Она подала ему руку, и они пошли рядом, прибавляя хода, и чем быстрее, тем крепче она сжимала его руку.

— С вами я бы скорее выучилась, я почему-то уверена в вас, — сказала она ему.

— И я уверен в себе, когда вы опираетесь на меня, — сказал он, но тотчас же испугался того, что сказал, и покраснел. И действительно, как только он произнес эти слова, вдруг, как солнце зашло за тучи, лицо ее утратило всю свою ласковость, и Левин узнал знакомую игру ее лица, означавшую усилие мысли: на гладком лбу ее вспухла морщинка.

— У вас нет ничего неприятного? Впрочем, я не имею права спрашивать, — быстро проговорил он.

— Отчего же?.. Нет, у меня ничего нет неприятного, — отвечала она холодно и тотчас же прибавила: — Вы не видели mademoiselle Linon?

— Нет еще.

— Подите к ней, она так вас любит.

«Что это? Я огорчил ее. Господи, помоги мне!» — подумал Левин и побежал к старой француженке с седыми букольками, сидевшей на скамейке. Улыбаясь и выставляя свои фальшивые зубы, она встретила его, как старого друга.

— Да, вот растем, — сказала она ему, указывая глазами на Кити, — и стареем. Tiny bear[1] уже стал большой! — продолжала француженка, смеясь, и напомнила ему его шутку о трех барышнях, которых он называл тремя медведями из английской сказки. — Помните, вы, бывало, так говорили?

Он решительно не помнил этого, но она уже лет десять смеялась этой шутке и любила ее.

— Ну, идите, идите кататься. А хорошо стала кататься наша Кити, не правда ли?

Когда Левин опять подбежал к Кити, лицо ее уже было не строго, глаза смотрели так же правдиво и ласково, но Левину показалось, что в ласковости ее был особенный, умышленно спокойный тон. И ему стало грустно. Поговорив о своей старой гувернантке, о ее странностях, она спросила его о его жизни.

— Неужели вам не скучно зимою в деревне? — сказала она.

---

[1] Медвежонок (англ.).

– Нет, не скучно, я очень занят, – сказал он, чувствуя, что она подчиняет его своему спокойному тону, из которого он не в силах будет выйти, так же как это было в начале зимы.

– Вы надолго приехали? – спросила его Кити.

– Я не знаю, – отвечал он, не думая о том, что говорит. Мысль о том, что если он поддастся этому ее тону спокойной дружбы, то он опять уедет, ничего не решив, пришла ему, и он решился возмутиться.

– Как не знаете?

– Не знаю. Это от вас зависит, – сказал он и тотчас же ужаснулся своим словам.

Не слыхала ли она его слов или не хотела слышать, но она как бы споткнулась, два раза стукнув ножкой, и поспешно покатилась прочь от него. Она подкатилась к m-lle Linon, что-то сказала ей и направилась к домику, где дамы снимали коньки.

«Боже мой, что я сделал! Господи боже мой! помоги мне, научи меня», – говорил Левин, молясь и вместе с тем чувствуя потребность сильного движения, разбегаясь и выписывая внешние и внутренние круги.

В это время один из молодых людей, лучший из новых конькобежцев, с папироской во рту, в коньках, вышел из кофейной и, разбежавшись, пустился на коньках вниз по ступеням, громыхая и подпрыгивая. Он влетел вниз и, не изменив даже свободного положения рук, покатился по льду.

– Ах, это новая штука! – сказал Левин и тотчас же побежал наверх, чтобы сделать эту новую штуку.

– Не убейтесь, надо привычку! – крикнул ему Николай Щербацкий.

Левин вошел на приступки, разбежался сверху сколько мог и пустился вниз, удерживая в непривычном движении равновесие руками. На последней ступени он зацепился, но, чуть дотронувшись до льда рукой, сделал сильное движение, справился и, смеясь, покатился дальше.

«Славный, милый», – подумала Кити в это время, выходя из домика с m-lle Linon и глядя на него с улыбкою тихой ласки, как на любимого брата. «И неужели я виновата, неужели я сделала что-нибудь дурное? Они говорят: кокетство. Я знаю, что я люблю не его; но мне все-таки весело с ним, и он такой славный. Только зачем он это сказал?..» – думала она.

Увидав уходившую Кити и мать, встречавшую ее на ступеньках, Левин, раскрасневшийся после быстрого движения, остановился и задумался. Он снял коньки и догнал у выхода сада мать с дочерью.

– Очень рада вас видеть, – сказала княгиня. – Четверги, как всегда, мы принимаем.

– Стало быть, нынче?

– Очень рады будем видеть вас, – сухо сказала княгиня.

Сухость эта огорчила Кити, и она не могла удержаться от желания загладить холодность матери. Она повернула голову и с улыбкой проговорила:

– До свидания.

В это время Степан Аркадьич, со шляпой набоку, блестя лицом и глазами, веселым победителем входил в сад. Но, подойдя к теще, он с грустным виноватым лицом отвечал на ее вопросы о здоровье Долли. Поговорив тихо и уныло с тещей, он выпрямил грудь и взял под руку Левина.

– Ну что ж, едем? – спросил он. – Я все о тебе думал, и я очень, очень рад, что ты приехал, – сказал он, с значительным видом глядя ему в глаза.

– Едем, едем, – отвечал счастливый Левин, не перестававший слышать звук голоса, сказавший: «До свидания», и видеть улыбку, с которою это было сказано.

– В «Англию» или в «Эрмитаж»?

– Мне все равно.

– Ну, в «Англию»[1], – сказал Степан Аркадьич, выбрав «Англию» потому, что там он, в «Англии», был более должен, чем в «Эрмитаже». Онпотому считал нехорошим избегать эту гостиницу. – У тебя есть извозчик? Ну и прекрасно, а то я отпустил карету.

Всю дорогу приятели молчали. Левин думал о том, что означала эта перемена выражения на лице Кити, и то уверял себя, что есть надежда, то приходил в отчаяние и ясно видел, что его надежда безумна, а между тем чувствовал себя совсем другим человеком, не похожим на того, каким он был до ее улыбки и слова *до свидания*.

Степан Аркадьич дорогой сочинял *меню*.

– Ты ведь любишь тюрбо?[2] – сказал он Левину, подъезжая.

– Что? – переспросил Левин. – Тюрбо? Да, я *ужасно* люблю тюрбо.

---

[1] *Ну, в «Англию»...* – Московская гостиница «Англия» помещалась на Петровке. Эта гостиница пользовалась дурной репутацией (см.: А. Ф. Тютчева. При дворе двух императоров. Дневник 1855–1882. М., 1929, с. 233).

[2] *Ты ведь любишь тюрбо?* – Тюрбо – блюдо французской кухни, особым образом приготовленная рыба (франц. turbot), ценившаяся гурманами. «Тюрбо, братец, привезли!» – восклицают щедринские жуиры (М. Е. Салтыков-Щедрин. Собр. соч., т. XII. М., 1938, с. 412).

X

Когда Левин вошел с Облонским в гостиницу, он не мог не заметить некоторой особенности выражения, как бы сдержанного сияния, на лице и во всей фигуре Степана Аркадьича. Облонский снял пальто и в шляпе набекрень прошел в столовую, отдавая приказания липнувшим к нему татарам во фраках и с салфетками. Кланяясь направо и налево нашедшимся и тут, как везде, радостно встречавшим его знакомым, он подошел к буфету, закусил водку рыбкой и что-то такое сказал раскрашенной, в ленточках, кружевах и завитушках француженке, сидевшей за конторкой, что даже эта француженка искренно засмеялась. Левин же только оттого не выпил водки, что ему оскорбительна была эта француженка, вся составленная, казалось, из чужих волос, poudre de riz и vinaigre de toilette[1]. Он, как от грязного места, поспешно отошел от нее. Вся душа его была переполнена воспоминанием о Кити, и в глазах его светилась улыбка торжества и счастия.

– Сюда, ваше сиятельство, пожалуйте, здесь не обеспокоят, ваше сиятельство, – говорил особенно липнувший старый белесый татарин с широким тазом и расходившимися над ним фалдами фрака. – Пожалуйте шляпу, ваше сиятельство, – говорил он Левину, в знак почтения к Степану Аркадьичу ухаживая и за его гостем.

Мгновенно расстелив свежую скатерть на покрытый уже скатертью круглый стол под бронзовым бра, он пододвинул бархатные стулья и остановился пред Степаном Аркадьичем с салфеткой и карточкой в руках, ожидая приказаний.

– Если прикажете, ваше сиятельство, отдельный кабинет сейчас опростается: князь Голицын с дамой. Устрицы свежие получены.

– А! устрицы.

Степан Аркадьич задумался.

– Не изменить ли план, Левин? – сказал он, остановив палец на карте. И лицо его выражало серьезное недоумение. – Хороши ли устрицы? Ты смотри!

– Фленсбургские, ваше сиятельство, остендских нет.

– Фленсбургские-то фленсбургские, да свежи ли?

– Вчера получены-с.

– Так что ж, не начать ли с устриц, а потом уж и весь план изменить? А?

– Мне все равно. Мне лучше всего щи и каша; но ведь здесь этого нет.

---

[1] Рисовой пудры и туалетного уксуса *(фр.)*.

— Каша а ла рюсс, прикажете? — сказал татарин, как няня над ребенком, нагибаясь над Левиным.

— Нет, без шуток; что ты выберешь, то и хорошо. Я побегал на коньках, и есть хочется. И не думай, — прибавил он, заметив на лице Облонского недовольное выражение, — чтоб я не оценил твоего выбора. Я с удовольствием поем хорошо.

— Еще бы! Что ни говори, это одно из удовольствий жизни, — сказал Степан Аркадьич. — Ну, так дай ты нам, братец ты мой, устриц два, или мало — три десятка, суп с кореньями…

— Прентаньер, — подхватил татарин. Но Степан Аркадьич, видно, не хотел ему доставлять удовольствие называть по-французски кушанья.

— С кореньями, знаешь? Потом тюрбо под густым соусом, потом… ростбифу; да смотри, чтобы хорош был. Да каплунов, что ли, ну и консервов.

Татарин, вспомнив манеру Степана Аркадьича не называть кушанья по французской карте, не повторял за им, но доставил себе удовольствие повторить весь заказ по карте: «Суп прентаньер, тюрбо сос Бомарше, пулард а лестрагон, маседуан де фрюи…» — и тотчас, как на пружинах, положив одну переплетенную карту и подхватив другую, карту вин, поднес ее Степану Аркадьичу.

— Что же пить будем?

— А что хочешь, только немного, шампанское, — сказал Левин.

— Как? сначала? А впрочем, правда, пожалуй. Ты любишь с белою печатью?

— Каше блан, — подхватил татарин.

— Ну, так этой марки к устрицам подай, а там видно будет.

— Слушаю-с. Столового какого прикажете?

— Нюи подай. Нет, уж лучше классический шабли.

— Слушаю-с. Сыру *вашего* прикажете?

— Ну да, пармезан. Или ты другой любишь?

— Нет, мне все равно, — не в силах удерживать улыбки, говорил Левин.

И татарин с развевающимися фалдами над широким тазом побежал и чрез пять минут влетел с блюдом открытых на перламутровых раковинах устриц и с бутылкой между пальцами.

Степан Аркадьич смял накрахмаленную салфетку, засунул ее себе за жилет и, положив покойно руки, взялся за устрицы.

— А недурны, — говорил он, сдирая серебряною вилочкой с перламутровой раковины шлюпающих устриц и проглатывая их одну за другой. Недурны, — повторял он, вскидывая влажные и блестящие глаза то на Левина, то на татарина.

Левин ел и устрицы, хотя белый хлеб с сыром был ему приятнее. Но он любовался на Облонского. Даже татарин, отвинтивший пробку и разливавший игристое вино по разлатым тонким рюмкам[1], с заметною улыбкой удовольствия, поправляя свой белый галстук, поглядывал на Степана Аркадьича.

 - А ты не очень любишь устрицы? - сказал Степан Аркадьич, выпивая свой бокал, - или ты озабочен? А?

Ему хотелось, чтобы Левин был весел. Но Левин не то что был не весел, он был стеснен. С тем, что было у него в душе, ему жутко и неловко было в трактире, между кабинетами, где обедали с дамами, среди этой беготни и суетни; эта обстановка бронз, зеркал, газа, татар - все это было ему оскорбительно. Он боялся запачкать то, что переполняло его душу.

 - Я? Да, я озабочен; но, кроме того, меня это все стесняет, - сказал он. - Ты не можешь представить себе, как для меня, деревенского жителя, все это дико, как ногти того господина, которого я видел у тебя...

 - Да, я видел, что ногти бедного Гриневича тебя очень заинтересовали, - смеясь, сказал Степан Аркадьич.

 - Не могу, - отвечал Левин. - Ты постарайся, войди в меня, стань на точку зрения деревенского жителя. Мы в деревне стараемся привести свои руки в такое положение, чтоб удобно было ими работать; для этого обстригаем ногти, засучиваем иногда рукава. А тут люди нарочно отпускают ногти, насколько они могут держаться, и прицепляют в виде запонок блюдечки, чтоб уж ничего нельзя было делать руками.

Степан Аркадьич весело улыбался.

 - Да, это признак того, что грубый труд ему не нужен. У него работает ум...

 - Может быть. Но все-таки мне дико, так же как мне дико теперь то, что мы, деревенские жители, стараемся поскорее наесться, чтобы быть в состоянии делать свое дело, а мы с тобой стараемся как можно дольше не наесться и для этого едим устрицы...

 - Ну, разумеется, - подхватил Степан Аркадьич. - Но в этом-то и цель образования: изо всего сделать наслаждение.

 - Ну, если это цель, то я желал бы быть диким.

 - Ты и так дик. Вы все, Левины, дики.[2]

---

[1] *...вино по разлатым тонким рюмкам...* - Разлатые рюмки - высокие и плоские рюмки для шампанского.

[2] *Вы все, Левины, дики.* - «Дикость» в смысле оригинальности поступков и мнений, независимости от общепринятых правил была характерной чертой и «всех Толстых»: «В вас есть общая нам толстовская дикость», - писал Л. Н. Толстой в письме к А. А. Толстой, которая, со своей стороны, называла его «рыкающим Львом»

Левин вздохнул. Он вспомнил о брате Николае, и ему стало совестно и больно, и он нахмурился; но Облонский заговорил о таком предмете, который тотчас же отвлек его.

– Ну что ж, поедешь нынче вечером к нашим, к Щербацким то есть? – сказал он, отодвигая пустые шершавые раковины, придвигая сыр и значительно блестя глазами.

– Да, я непременно поеду, – отвечал Левин. – Хотя мне показалось, что княгиня неохотно звала меня.

– Что ты! Вздор какой! Это ее манера… Ну давай же, братец, суп!.. Это ее манера, grande dame[1], – сказал Степан Аркадьич. – Я тоже приеду, но мне на спевку к графине Баниной надо. Ну как же ты не дик? Чем же объяснить то, что ты вдруг исчез из Москвы? Щербацкие меня спрашивали о тебе беспрестанно, как будто я должен знать. А я знаю только одно: ты делаешь всегда то, чего никто не делает.

– Да, – сказал Левин медленно и взволнованно. – Ты прав, я дик. Но только дикость моя не в том, что я уехал, а в том, что я теперь приехал. Теперь я приехал…

– О, какой ты счастливец! – подхватил Степан Аркадьич, глядя в глаза Левину.

– Отчего?

– Узнаю коней ретивых по каким-то их таврам[2], юношей влюбленных узнаю по их глазам, – продекламировал Степан Аркадьич. – У тебя все впереди.

– А у тебя разве уж назади?

– Нет, хоть не назади, но у тебя будущее, а у меня настоящее, и настоящее так, в пересыпочку.

– А что?

– Да нехорошо. Ну, да я о себе не хочу говорить, и к тому же объяснить всего нельзя, – сказал Степан Аркадьич. – Так ты зачем же приехал в Москву?.. Эй, принимай! – крикнул он татарину.

– Ты догадываешься? – отвечал Левин, не спуская со Степана Аркадьича своих в глубине светящихся глаз.

(«Переписка Л. Н. Толстого с А. А. Толстой». СПб., 1911, с. 44, с. 217).

[1] Важной дамы *(фр.)*.

[2] *Узнаю коней ретивых по каким-то их таврам…* («Узнаю коней ретивых по их выжженным таврам…») – Облонский дважды (и оба раза неточно) цитирует Пушкина («Из Анакреона»), сначала в разговоре с Левиным (гл. X), а потом при встрече с Вронским (гл. XVII).

– Догадываюсь, но не могу начать говорить об этом. Уж по этому ты можешь видеть, верно или не верно я догадываюсь, – сказал Степан Аркадьич, с тонкою улыбкой глядя на Левина.

– Ну что же ты скажешь мне? – сказал Левин дрожащим голосом и чувствуя, что на лице его дрожат все мускулы. – Как ты смотришь на это?

Степан Аркадьич медленно выпил свой стакан шабли, не спуская глаз с Левина.

– Я? – сказал Степан Аркадьич, – я ничего так не желал бы, как этого, ничего. Это лучшее, что могло бы быть.

– Но ты не ошибаешься? Ты знаешь, о чем мы говорим? – проговорил Левин, впиваясь глазами в своего собеседника. – Ты думаешь, что это возможно?

– Думаю, что возможно. Отчего же невозможно?

– Нет, ты точно думаешь, что это возможно? Нет, ты скажи все, что ты думаешь! Ну, а если, если меня ждет отказ?.. И я даже уверен…

– Отчего же ты это думаешь? – улыбаясь на его волнение, сказал Степан Аркадьич.

– Так мне иногда кажется. Ведь это будет ужасно и для меня и для нее.

– Ну, во всяком случае, для девушки тут ничего ужасного нет. Всякая девушка гордится предложением.

– Да, всякая девушка, но не она.

Степан Аркадьич улыбнулся. Он так знал это чувство Левина, знал, что для него все девушки в мире разделяются на два сорта: один сорт – это все девушки в мире, кроме ее, и эти имеют все человеческие слабости, и девушки очень обыкновенные; другой сорт – она одна, не имеющая никаких слабостей и превыше всего человеческого.

– Постой, соуса возьми, – сказал он, удерживая руку Левина, который отталкивал от себя соус.

Левин покорно положил себе соуса, но не дал есть Степану Аркадьичу.

– Нет, ты постой, постой, – сказал он. – Ты пойми, что это для меня вопрос жизни и смерти. Я никогда ни с кем не говорил об этом. И ни с кем я не могу говорить об этом, как с тобою. Ведь вот мы с тобой по всему чужие: другие вкусы, взгляды, все; но я знаю, что ты меня любишь и понимаешь, и от этого я тебя ужасно люблю. Но ради бога, будь вполне откровенен.

– Я тебе говорю, что я думаю, – сказал Степан Аркадьич, улыбаясь. – Но я тебе больше скажу; моя жена – удивительнейшая женщина… – Степан Аркадьич вздохнул, вспомнив о своих отношениях с женою, и, помолчав с минутку, продолжал: – У нее есть дар предвидения. Она насквозь видит людей; но этого мало, – она знает, что будет, особенно по части браков. Она, например, предсказала, что Шаховская выйдет за

Брентельна. Никто этому верить не хотел, а так вышло. И она – на твоей стороне.

– То есть как?

– Так, что она мало того что любит тебя, – она говорит, что Кити будет твоею женой непременно.

При этих словах лицо Левина вдруг просияло улыбкой, тою, которая близка к слезам умиления.

– Она это говорит! – вскликнул Левин. – Я всегда говорил, что она прелесть, твоя жена. Ну и довольно, довольно об этом говорить, – сказал он, вставая с места.

– Хорошо, но садись же, вот и суп.

Но Левин не мог сидеть. Он прошелся два раза своими твердыми шагами по клеточке-комнате, помигал глазами, чтобы не видно было слез, и тогда только сел опять за стол.

– Ты пойми, – сказал он, – что это не любовь. Я был влюблен, но это не то. Это не мое чувство, а какая-то сила внешняя завладела мной. Ведь я уехал, потому что решил, что этого не может быть, понимаешь, как счастья, которого не бывает на земле; но я бился с собой и вижу, что без этого нет жизни. И надо решить…

– Для чего же ты уезжал?

– Ах, постой! Ах, сколько мыслей! Сколько надо спросить! Послушай. Ты ведь не можешь представить себе, что ты сделал для меня тем, что сказал. Я так счастлив, что даже гадок стал; я все забыл… Я нынче узнал, что брат Николай… знаешь, он тут… я и про него забыл, Мне кажется, что и он счастлив. Это вроде сумасшествия. Но одно ужасно… Вот ты женился, ты знаешь это чувство… Ужасно то, что мы – старые, уже с прошедшим… не любви, а грехов… вдруг сближаемся с существом чистым, невинным; это отвратительно, и поэтому нельзя не чувствовать себя недостойным.

– Ну, у тебя грехов немного.

– Ах, все-таки, – сказал Левин, – все-таки, «с отвращением читая жизнь мою, я трепещу и проклинаю[1], горько жалуюсь…» Да.

– Что ж делать, так мир устроен, – сказал Степан Аркадьич.

– Одно утешение, как в этой молитве, которую я всегда любил, что не по заслугам прости меня, а по милосердию. Так и она только простить может.

---

1 *…с отвращением читая жизнь мою, я трепещу и проклинаю…* – Левин цитирует стихотворение Пушкина «Воспоминание», любимое Толстым. «Это стихи, – сказал он, – и таких стихов пять, много десять на всем свете» («Сборник воспоминаний о Л. Н. Толстом». М., 1911, с. 167).

XI

Левин выпил свой бокал, и они помолчали.

- Одно еще я тебе должен сказать. Ты знаешь Вронского? - спросил Степан Аркадьич Левина.

- Нет, не знаю. Зачем ты спрашиваешь?

- Подай другую, - обратился Степан Аркадьич к татарину, доливавшему бокалы и вертевшемуся около них, именно когда его не нужно было.

- Зачем мне знать Вронского?

- А затем тебе знать Вронского, что это один из твоих конкурентов.

- Что такое Вронский? - сказал Левин, и лицо его из того детски-восторженного выражения, которым только что любовался Облонский, вдруг перешло в злое и неприятнее.

- Вронский - это один из сыновей графа Кирилла Ивановича Вронского и один из самых лучших образцов золоченой молодежи петербургской. Я его узнал в Твери, когда я там служил, а он приезжал на рекрутский набор. Страшно богат, красив, большие связи, флигель-адъютант и вместе с тем - очень милый, добрый малый. Но более, чем просто добрый малый. Как я его узнал здесь, он и образован и очень умен; это человек, который далеко пойдет.

Левин хмурился и молчал.

- Ну-с, он появился здесь вскоре после тебя, и, как я понимаю, он по уши влюблен в Кити, и ты понимаешь, что мать...

- Извини меня, но я не понимаю ничего, - сказал Левин, мрачно насупливаясь. И тотчас же он вспомнил о брате Николае и о том, как он гадок, что мог забыть о нем.

- Ты постой, постой, - сказал Степан Аркадьич, улыбаясь и трогая его руку. - Я тебе сказал то, что я знаю, и повторяю, что в этом тонком, нежном деле, сколько можно догадываться, мне кажется, шансы на твоей стороне.

Левин откинулся назад на стул, лицо его было бледно.

- Но я бы советовал тебе решить дело как можно скорее, - продолжал Облонский, доливая ему бокал.

- Нет, благодарствуй, я больше не могу пить, - сказал Левин, отодвигая свой бокал. - Я буду пьян... Ну, ты как поживаешь? - продолжал он, видимо желая переменить разговор.

– Еще слово: во всяком случае, советую решить вопрос скорее. Нынче не советую говорить, – сказал Степан Аркадьич. – Поезжай завтра утром, классически, делать предложение, и да благословит тебя бог…

– Что ж ты все хотел на охоту ко мне приехать? Вот приезжай весной на тягу, – сказал Левин.

Теперь он всею душой раскаивался, что начал этот разговор со Степаном Аркадьичем. Его *особенное* чувство было осквернено разговором о конкуренции какого-то петербургского офицера, предположениями и советами Степана Аркадьича.

Степан Аркадьич улыбнулся. Он понимал, что делалось в душе Левина.

– Приеду когда-нибудь, – сказал он. – Да, брат, женщины – это винт, на котором все вертится. Вот и мое дело плохо, очень плохо. И все от женщин. Ты мне скажи откровенно, – продолжал он, достав сигару и держась одною рукой за бокал, – ты мне дай совет.

– Но в чем же?

– Вот в чем. Положим, ты женат, ты любишь жену, но ты увлекся другою женщиной…

– Извини, но я решительно не понимаю этого, как бы… все равно как не понимаю, как бы я теперь, наевшись, тут же пошел мимо калачной и украл бы калач.

Глаза Степана Аркадьича блестели больше обыкновенного.

– Отчего же? Калач иногда так пахнет, что не удержишься.

> *Himmlisch ist's wenn ich bezwungen*
> *Moine irdische Begier;*
> *Aber doch wenn's nicht gelungen,*
> *Hatt' ich auch recht hubsch Plaisir[1].*

Говоря это, Степан Аркадьич тонко улыбался. Левин тоже не мог не улыбнуться.

– Да, но без шуток, – продолжал Облонский. – Ты пойми, что женщина, милое, кроткое, любящее существо, бедная, одинокая и всем пожертвовала. Теперь, когда уже дело сделано, – ты пойми, – неужели бросить ее? Положим: расстаться, чтобы не разрушить семейную жизнь; но неужели не пожалеть ее, не устроить, не смягчить?

– Ну, уж извини меня. Ты знаешь, для меня все женщины делятся на два сорта… то есть нет… вернее: есть женщины, и есть… Я прелестных

---

[1] *Hemmlisch ist's, wenn ieh bezwungen.* – Облонский декламирует куплет из оперетты Иоганна Штрауса «Летучая мышь».

падших созданий не видал [1] и не увижу, а такие, как та крашеная француженка у конторки, с завитками, – это для меня гадины, и все падшие – такие же.

– А евангельская?

– Ах, перестань! Христос никогда бы не сказал этих слов, если бы знал, как будут злоупотреблять ими. Изо всего Евангелия только и помнят эти слова. Впрочем, я говорю не то, что думаю, а то, что чувствую. Я имею отвращение к падшим женщинам. Ты пауков боишься, а я этих гадин. Ты ведь, наверно, не изучал пауков и не знаешь их нравов: так и я.

– Хорошо тебе так говорить; это все равно, как этот диккенсовский господин, который перебрасывает левою рукой через правое плечо, все затруднительные вопросы.[2] Но отрицание факта – не ответ. Что ж делать, ты мне скажи, что делать? Жена стареется, а ты полон жизни. Ты не успеешь оглянуться, как ты уже чувствуешь, что ты не можешь любить любовью жену, как бы ты ни уважал ее. А тут вдруг подвернется любовь, и ты пропал, пропал! – с унылым отчаянием проговорил Степан Аркадьич.

Левин усмехнулся.

– Да, и пропал, – продолжал Облонский. – Но что же делать?

– Не красть калачей.

Степан Аркадьич рассмеялся.

– О моралист! Но ты пойми, есть две женщины: одна настаивает только на своих правах, и права эти твоя любовь, которой ты не можешь ей дать; а другая жертвует тебе всем и ничего не требует. Что тебе делать? Как поступить? Тут страшная драма.

– Если ты хочешь мою исповедь относительно этого, то я скажу тебе, что не верю, чтобы тут была драма. И вот почему. По-моему, любовь... обе любви, которые, помнишь, Платон определяет в своем «Пире»[3], обе любви

---

[1] *Я прелестных падших созданий не видал...* – «Прелестное, но падшее созданье» – перефразированная строка из Пушкинского «Пира во время чумы», слова Вальсингама: «погибшее, но милое созданье».

[2] *...это все равно, как этот диккенсовский господин, который перебрасывает левою рукой через правое плечо все затруднительные вопросы.* – «Диккенсовский господин» – это мистер Подснеп («Наш общий друг»). «Мистер Подснеп даже выработал себе особый жест: правой рукой он отмахивался от самых сложных мировых вопросов (и тем совершенно их устранял) – с этими самыми словами и краской возмущения в лице. Ибо все это его оскорбляло» (Ч. Диккенс. Собр. соч. в 30-ти томах, т. 24. М., 1962, с. 158).

[3] *...обе любви, которые, помнишь, Платон определяет в своем «Пире»...* – Платон (428 или 427–348 или 347 гг. до н. э.) в своем «Симпозионе» или «Пире» утверждает, что есть два рода любви, как есть две Афродиты: любовь земная, чувственная (Афродита-Пандемос), и любовь небесная, свободная от чувственных желаний (Афродита Урания). «Ведь одна-то старшая, но имеющая матери, дочь Урана

служат пробным камнем для людей. Одни люди понимают только одну, другие другую. И те, что понимают только неплатоническую любовь, напрасно говорят о драме. При такой любви не может быть никакой драмы. «Покорно вас благодарю за удовольствие, мое почтенье», вот и вся драма. А для платонической любви не может быть драмы, потому что в такой любви все ясно и чисто, потому что...

В эту минуту Левин вспомнил о своих грехах и о внутренней борьбе, которую он пережил. И он неожиданно прибавил:

– А впрочем, может быть, ты и прав. Очень может быть... Но я не знаю, решительно не знаю.

– Вот видишь ли, – сказал Степан Аркадьич, – ты очень цельный человек. Это твое качество и твой недостаток. Ты сам цельный характер и хочешь, чтобы вся жизнь слагалась из цельных явлений, а этого не бывает. Ты вот презираешь общественную служебную деятельность, потому что тебе хочется, чтобы дело постоянно соответствовало цели, а этого не бывает. Ты хочешь тоже, чтобы деятельность одного человека всегда имела цель, чтобы любовь и семейная жизнь всегда были одно. А этого не бывает. Все разнообразие, вся прелесть, вся красота жизни слагается из тени и света.

Левин вздохнул и ничего не ответил. Он думал о своем и не слушал Облонского.

И вдруг они оба почувствовали, что хотя они и друзья, хотя они обедали вместе и пили вино, которое должно было бы еще более сблизить их, но что каждый думает только о своем и одному до другого нет дела. Облонский уже не раз испытывал это случающееся после обеда крайнее раздвоение вместо сближения и знал, что надо делать в этих случаях.

– Счет! – крикнул он и вышел в соседнюю залу, где тотчас же встретил знакомого адъютанта и вступил с ним в разговор об актрисе и ее содержателе. И тотчас же в разговоре с адъютантом Облонский почувствовал облегчение и отдохновение от разговора с Левиным, который вызывал его всегда на слишком большое умственное и душевное напряжение.

Когда татарин явился со счетом в двадцать шесть рублей с копейками и с дополнением на водку, Левин, которого в другое время, как деревенского жителя, привел бы в ужас счет на его долю в четырнадцать рублей, теперь не обратил внимания на это, расплатился и отправился домой, чтобы переодеться и ехать к Щербацким, где решится его судьба.

(Неба), которую и называют небесною; а другая – младшая, дочь Зевса и Дионы...» («Сочинения Платона», ч. IV. СПб., 1863, с. 102). «Чистая любовь» получила название платонической.

XII

Княжне Кити Щербацкой было восьмнадцать лет. Она выезжала первую зиму. Успехи ее в свете были больше, чем обеих ее старших сестер, и больше, чем даже ожидала княгиня. Мало того, что юноши, танцующие на московских балах, почти все были влюблены в Кити, уже в первую зиму представились две серьезные партии: Левин и, тотчас же после его отъезда, граф Вронский.

Появление Левина в начале зимы, его частые посещения и явная любовь к Кити были поводом к первым серьезным разговорам между родителями Кити о ее будущности и к спорам между князем и княгинею. Князь был на стороне Левина, говорнл, что он ничего не желает лучшего для Кити. Княгиня же, со свойственною женщинам привычкой обходить вопрос, говорила, что Кити слишком молода, что Левин ничем не показывает, что имеет серьезные намерения, что Кити не имеет к нему привязанности, и другие доводы; но не говорила главного, того, что она ждет лучшей партии для дочери, и что Левин несимпатичен ей, и что она не понимает его. Когда же Левин внезапно уехал, княгиня была рада и с торжеством говорила мужу: «Видишь, я была права». Когда же появился Вронский, она еще более была рада, утвердившись в своем мнении, что Кити должна сделать не просто хорошую, но блестящую партию.

Для матери не могло быть никакого сравнения между Вронским и Левиным. Матери не нравились в Левине и его странные и резкие суждения, и его неловкость в свете, основанная, как она полагала, на гордости, и его, по ее понятиям, дикая какая-то жизнь в деревне, с занятиями скотиной и мужиками; не нравилось очень и то, что он, влюбленный в ее дочь, ездил в дом полтора месяца, чего-то как будто ждал, высматривал, как будто боялся, не велика ли будет честь, если он сделает предложение, и не понимал, что, ездя в дом, где девушка невеста, надо было объясниться. И вдруг, не объяснившись, уехал. «Хорошо, что он так непривлекателен, что Кити не влюбилась в него», – думала мать.

Вронский удовлетворял всем желаниям матери. Очень богат, умен, знатен, на пути блестящей военно-придворной карьеры и обворожительный человек. Нельзя было ничего лучшего желать.

Вронский на балах явно ухаживал за Кити, танцевал с нею и ездил в дом, стало быть, нельзя было сомневаться в серьезности его намерений. Но, несмотря на то, мать всю эту зиму находилась в страшном беспокойстве и волнении.

Сама княгиня вышла замуж тридцать лет тому назад, по сватовству тетки. Жених, о котором было все уже вперед известно, приехал, увидал невесту, и его увидали; сваха тетка узнала и передала взаимно произведенное впечатление; впечатление было хорошее; потом в назначенный день было сделано родителям и принято ожидаемое предложение. Все произошло очень легко и просто. По крайней мере так казалось княгине. Но на своих дочерях она испытала, как не легко и не просто это, кажущееся обыкновенным, дело – выдавать дочерей замуж. Сколько страхов было пережито, сколько мыслей передумано, сколько денег потрачено, сколько столкновений с мужем при выдаче замуж старших двух, Дарьи и Натальи! Теперь, при вывозе меньшой, переживались те же страхи, те же сомнения и еще бо́льшие, чем из-за старших, ссоры с мужем. Старый князь, как и все отцы, был особенно щепетилен насчет чести и чистоты своих дочерей; он был неблагоразумно ревнив к дочерям, и особенно к Кити, которая была его любимица, и на каждом шагу делал сцены княгине за то, что она компрометирует дочь. Княгиня привыкла к этому еще с первыми дочерьми, но теперь она чувствовала, что щепетильность князя имеет больше оснований. Она видела, что в последнее время многое изменилось в приемах общества, что обязанности матери стали еще труднее. Она видела, что сверстницы Кити составляли какие-то общества, отправлялись на какие-то курсы[1], свободно обращались с мужчинами, ездили одни по улицам, многие не приседали и, главное, были все твердо уверены, что выбрать себе мужа есть их дело, а не родителей. «Нынче уж так не выдают замуж, как прежде», – думали и говорили все эти молодые девушки и все даже старые люди. Но как же нынче выдают замуж, княгиня ни от кого не могла узнать. Французский обычай – родителям решать судьбу детей – был не принят, осуждался. Английский обычай – совершенной свободы девушки – был тоже не принят и невозможен в русском обществе. Русский обычай сватовства считался чем-то безобразным, над ним смеялись все и сама княгиня. Но как надо выходить и выдавать замуж, никто не знал. Все, с кем княгине случалось толковать об этом, говорили ей одно: «Помилуйте, в наше время уж пора оставить эту старину. Ведь молодым людям в брак вступать, а не родителям; стало быть, и надо оставить молодых людей устраиваться, как они знают». Но хорошо было говорить так тем, у кого не было дочерей; а княгиня понимала, что при сближении дочь могла влюбиться, и влюбиться в того, кто не захочет жениться, или в того, кто не годится в мужья. И сколько бы ни внушали княгине, что в наше время молодые люди сами должны устраивать свою судьбу, она не могла верить этому, как не могла бы верить тому, что в какое бы то ни было время для пятилетних

---

[1] *…сверстницы Кити составляли какие-то общества, отправлялись на какие-то курсы…* – 1 ноября 1872 г. в Москве открылись Высшие женские курсы профессора В. И. Герье (1837–1919), имевшие целью «дать девицам, окончившим гимназический или институтский курс, возможность продолжать образование». На курсах Герье они изучали русскую и всеобщую литературу, русскую и всеобщую историю, историю искусства и цивилизации, физику, иностранные языки, математику и гигиену («Голос», 1873, № 119, 1 мая).

детей самыми лучшими игрушками должны быть заряженные пистолеты. И потому княгиня беспокоилась с Кити больше, чем со старшими дочерьми.

Теперь она боялась, чтобы Вронский не ограничился одним ухаживанием за ее дочерью. Она видела, что дочь уже влюблена в него, но утешала себя тем, что он честный человек и потому не сделает этого. Но вместе с тем она знала, как с нынешнею свободой обращения легко вскружить голову девушки и как вообще мужчины легко смотрят на эту вину. На прошлой неделе Кити рассказала матери свой разговор во время мазурки с Вронским. Разговор этот отчасти успокоил княгиню; но совершенно спокойною она не могла быть. Вронский сказал Кити, что они, оба брата, так привыкли во всем подчиняться своей матери, что никогда не решатся предпринять что-нибудь важное, не посоветовавшись с нею. «И теперь я жду, как особенного счастья, приезда матушки из Петербурга», – сказал он.

Кити рассказала это, не придавая никакого значения этим словам. Но мать поняла это иначе. Она знала, что старуху ждут со дня на день, знала, что старуха будет рада выбору сына, и ей странно было, что он, боясь оскорбить мать, не делает предложения: однако ей так хотелось и самого брака и, более всего, успокоения от своих тревог, что она верила этому. Как ни горько было теперь княгине видеть несчастье старшей дочери Долли, сбиравшейся оставить мужа, волнение о решавшейся судьбе меньшой дочери поглощало все ее чувства. Нынешний день, с появлением Левина, ей прибавилось еще новое беспокойство. Она боялась, чтобы дочь, имевшая, как ей казалось, одно время чувство к Левину, из излишней честности не отказала бы Вронскому и вообще чтобы приезд Левина не запутал, не задержал дела, столь близкого к окончанию.

– Что он, давно ли приехал? – сказала княгиня про Левина, когда они вернулись домой.

– Нынче, maman.

– Я одно хочу сказать... – начала княгиня, и по серьезно-оживленному лицу ее Кити угадала, о чем будет речь.

– Мама, – сказала она, вспыхнув и быстро поворачиваясь к ней, – пожалуйста, пожалуйста, не говорите ничего про это. Я знаю, я все знаю.

Она желала того же, чего желала и мать, но мотивы желания матери оскорбляли ее.

– Я только хочу сказать, что, подав надежду одному...

– Мама, голубчик, ради бога, не говорите. Так страшно говорить про это.

– Не буду, не буду, – сказала мать, увидав слезы на глазах дочери, – но одно, моя душа: ты мне обещала, что у тебя не будет от меня тайны. Не будет?

– Никогда, мама, никакой, – отвечала Кити, покраснев и взглянув прямо в лицо матери. – Но мне нечего говорить теперь. Я… я… если бы хотела, я не знаю, что сказать и как… я не знаю…

«Нет, неправду не может она сказать с этими глазами», – подумала мать, улыбаясь на ее волнение и счастие. Княгиня улыбалась тому, как огромно и значительно кажется ей, бедняжке, то, что происходит теперь в ее душе.

XIII

Кити испытывала после обеда до начала вечера чувство, подобное тому, какое испытывает юноша пред битвою. Сердце ее билось сильно, и мысли не могли ни на чем остановиться.

Она чувствовала, что нынешний вечер, когда они оба в первый раз встречаются, должен быть решительный в ее судьбе. И она беспрестанно представляла себе их, то каждого порознь, то вместе обоих. Когда она думала о прошедшем, она с удовольствием, с нежностью останавливалась на воспоминаниях своих отношений к Левину. Воспоминания детства и воспоминания о дружбе Левина с ее умершим братом придавали особенную поэтическую прелесть ее отношениям с ним. Его любовь к ней, в которой она была уверена, была лестна и радостна ей. И ей легко было вспоминать о Левине. К воспоминаниям о Вронском, напротив, примешивалось что-то неловкое, хотя он был в высшей степени светский и спокойный человек; как будто фальшь какая-то была, – но в нем, он был очень прост и мил, – но в ней самой, тогда как с Левиным она чувствовала себя совершенно простою и ясною. Но зато, как только она думала о будущем с Вронским, пред ней вставала перспектива блестяще-счастливая; с Левиным же будущность представлялась туманною.

Взойдя наверх одеться для вечера и взглянув в зеркало, она с радостью заметила, что она в одном из своих хороших дней и в полном обладании всеми своими силами, а это ей так нужно было для предстоящего: она чувствовала в себе внешнюю тишину и свободную грацию движений.

В половине восьмого, только что она сошла в гостиную, лакей доложил: «Константин Дмитрич Левин». Княгиня была еще в своей комнате, и князь не выходил. «Так и есть», – подумала Кити, и вся кровь прилила ей к сердцу. Она ужаснулась своей бледности, взглянув в зеркало.

Теперь она верно знала, что он затем и приехал раньше, чтобы застать ее одну и сделать предложение. И тут только в первый раз все дело представилось ей совсем с другой, новой стороны. Тут только она поняла, что вопрос касается не ее одной, – с кем она будет счастлива и кого она любит, – но что сию минуту она должна оскорбить человека, которого она любит. И оскорбить жестоко… За что? За то, что он, милый, любит ее, влюблен в нее. Но, делать нечего, так нужно, так должно.

«Боже мой, неужели это я должна сама сказать ему? – подумала она. – Ну что я скажу ему? Неужели я скажу ему, что я его не люблю? Это будет неправда. Что ж я скажу ему? Скажу, что люблю другого? Нет, это невозможно. Я уйду, уйду».

Она уже подходила к дверям, когда услыхала его шаги. «Нет! нечестно. Чего мне бояться? Я ничего дурного не сделала. Что будет, то будет! Скажу правду. Да с ним не может быть неловко. Вон он», – сказала она себе, увидав всю его сильную и робкую фигуру с блестящими, устремленными на себя глазами. Она прямо взглянула ему в лицо, как бы умоляя его о пощаде, и подала руку.

– Я не вовремя, кажется, слишком рано, – сказал он, оглянув пустую гостиную. Когда он увидал, что его ожидания сбылись, что ничто не мешает ему высказаться, лицо его сделалось мрачно.

– О, нет, – сказала Кити и села к столу.

– Но я только того и хотел, чтобы застать вас одну, – начал он, не садясь и не глядя на нее, чтобы не потерять смелости.

– Мама сейчас выйдет. Она вчера очень устала. Вчера…

Она говорила, сама не зная, что говорят ее губы, и не спуская с него умоляющего и ласкающего взгляда. Он взглянул на нее; она покраснела и замолчала.

– Я сказал вам, что не знаю, надолго ли я приехал… что это от вас зависит…

Она все ниже и ниже склоняла голову, не зная сама, что будет отвечать на приближавшееся.

– Что это от вас зависит, – повторил он. – Я хотел сказать… я хотел сказать… Я за этим приехал… что… быть моею женой! – проговорил он, не зная сам, что говорил; по, почувствовав, что самое страшное сказано, остановился и посмотрел на нее.

Она тяжело дышала, не глядя на него. Она испытывала восторг. Душа ее была переполнена счастьем. Она никак не ожидала, что высказанная любовь его произведет на нее такое сильное впечатление. Но это продолжалось только одно мгновение. Она вспомнила Вронского. Она подняла на Левина свои светлые правдивые глаза и, увидав его отчаянное лицо, поспешно ответила:

– Этого не может быть… простите меня…

Как за минуту тому назад она была близка ему, как важна для его жизни! И как теперь она стала чужда и далека ему!

— Это не могло быть иначе, — сказал он, не глядя на нее.

Он поклонился и хотел уйти.

XIV

Но в это самое время вышла княгиня. На лице ее изобразился ужас, когда она увидела их одних и их расстроенные лица. Левин поклонился ей и ничего не сказал. Кити молчала, не поднимая глаз. «Слава богу, отказала», — подумала мать, и лицо ее просияло обычною улыбкой, с которою она встречала по четвергам гостей. Она села и начала расспрашивать Левина о его жизни в деревне. Он сел опять, ожидая приезда гостей, чтоб уехать незаметно.

Через пять минут вошла подруга Кити, прошлую зиму вышедшая замуж, графиня Нордстон.

Это была сухая, желтая, с черными блестящими глазами, болезненная, нервная женщина. Она любила Кити, и любовь ее к ней, как и всегда любовь замужних к девушкам, выражалась в желании выдать Кити по своему идеалу счастья замуж, и потому желала выдать ее за Вронского. Левин, которого она в начале зимы часто у них встречала, был всегда неприятен ей. Ее постоянное и любимое занятие при встрече с ним состояло в том, чтобы шутить над ним.

— Я люблю, когда он с высоты своего величия смотрит на меня: или прекращает свой умный разговор со мной, потому что я глупа, или снисходит. Я это очень люблю: *снисходит* до меня! Я очень рада, что он меня терпеть не может, — говорила она о нем.

Она была права, потому что действительно Левин терпеть ее не мог и презирал за то, чем она гордилась и что ставила себе в достоинство, — за ее нервность, за ее утонченное презрение и равнодушие ко всему грубому и житейскому.

Между Нордстон и Левиным установилось то нередко встречающееся в свете отношение, что два человека, оставаясь по внешности в дружелюбных отношениях, презирают друг друга до такой степени, что не могут даже серьезно обращаться друг с другом и не могут даже быть оскорблены один другим.

Графиня Нордстон тотчас же накинулась на Левина.

— А! Константин Дмитрич! Опять приехали в наш развратный Вавилон, — сказала она, подавая ему крошечную желтую руку и вспоминая его слова, сказанные как-то в начале зимы, что Москва есть Вавилон. - Что, Вавилон исправился или вы испортились? - прибавила она, с усмешкой оглядываясь на Кити.

- Мне очень лестно, графиня, что вы так помните мои слова, - отвечал Левин, успевший оправиться и сейчас же по привычке входя в свое шуточно-враждебное отношение к графине Нордстон. - Верно, они на вас очень сильно действуют.

- Ах, как же! Я все записываю. Ну что, Кити, ты опять каталась на коньках?..

И она стала говорить с Кити. Как ни неловко было Левину уйти теперь, ему все-таки легче было сделать эту неловкость, чем остаться весь вечер и видеть Кити, которая изредка взглядывала на него и избегала его взгляда. Он хотел встать, но княгиня, заметив, что он молчит, обратилась к нему:

- Вы надолго приехали в Москву? Ведь вы, кажется, мировым земством занимаетесь, и вам нельзя надолго.

- Нет, княгиня, я не занимаюсь более земством, - сказал он. - Я приехал на несколько дней.

«Что-то с ним нынче особенное, - подумала графиня Нордстон, вглядываясь в его строгое, серьезное лицо, - что-то он не втягивается в свои рассуждения. Но я уж выведу его. Ужасно люблю сделать его дураком пред Кити, и сделаю».

- Константин Дмитрич, - сказала она ему, - растолкуйте мне, пожалуйста, что такое значит, - вы всё это знаете, - у нас в калужской деревне все мужики и все бабы все пропили, что у них было, и теперь ничего нам не платят. Что это значит? Вы так хвалите всегда мужиков.

В это время еще дама вошла в комнату, и Левин встал.

- Извините меня, графиня, но я, право, ничего этого не знаю и ничего не могу вам сказать, - сказал он и оглянулся на входившего вслед за дамой военного.

«Это должен быть Вронский», - подумал Левин и, чтоб убедиться в этом, взглянул на Кити. Она уже успела взглянуть на Вронского и оглянулась на Левина. И по одному этому взгляду невольно просиявших глаз ее Левин понял, что она любила этого человека, понял так же верно, как если б она сказала ему это словами. Но что же это за человек?

Теперь - хорошо ли это, дурно ли, - Левин не мог не остаться; ему нужно было узнать, что за человек был тот, кого она любила.

Есть люди, которые, встречая своего счастливого в чем бы то ни было соперника, готовы сейчас же отвернуться от всего хорошего, что есть в нем, и видеть в нем одно дурное; есть люди, которые, напротив, более всего желают найти в этом счастливом сопернике те качества, которыми он победил их, и ищут в нем со щемящею болью в сердце одного хорошего. Левин принадлежал к таким людям. Но ему нетрудно было отыскать хорошее и привлекательное во Вронском. Оно сразу бросилось ему в глаза. Вронский был невысокий, плотно сложенный брюнет, с добродушно-красивым, чрезвычайно спокойным и твердым лицом. В его лице и фигуре, от коротко обстриженных черных волос и свежевыбритого подбородка до широкого с иголочки нового мундира, все было просто и вместе изящно. Дав дорогу входившей даме, Вронский подошел к княгине и потом к Кити.

В то время как он подходил к ней, красивые глаза его особенно нежно заблестели, и с чуть заметною счастливою и скромно-торжествующею улыбкой (так показалось Левину), почтительно и осторожно наклонясь над нею, он протянул ей свою небольшую, но широкую руку.

Со всеми поздоровавшись и сказав несколько слов, он сел, ни разу не взглянув на не спускавшего с него глаз Левина.

– Позвольте вас познакомить, – сказала княгиня, указывая на Левина. – Константин Дмитрич Левин. Граф Алексей Кириллович Вронский.

Вронский встал и, дружелюбно глядя в глаза Левину, пожал ему руку.

– Я нынче зимой должен был, кажется, обедать с вами, – сказал он, улыбаясь своею простою и открытою улыбкой, – но вы неожиданно уехали в деревню.

– Константин Дмитрич презирает и ненавидит город и нас, горожан, – сказала графиня Нордстон.

– Должно быть, мои слова на вас сильно действуют, что вы их так помните, – сказал Левин и, вспомнив, что он уже сказал это прежде, покраснел.

Вронский взглянул на Левина и графиню Нордстон и улыбнулся.

– А вы всегда в деревне? – спросил он. – Я думаю, зимой скучно?

– Не скучно, если есть занятия, да и с самим собой не скучно, – резко отвечал Левин.

– Я люблю деревню, – сказал Вронский, замечая и делая вид, что не замечает тона Левина.

– Но надеюсь, граф, что вы бы не согласились жить всегда в деревне, – сказала графиня Нордстон.

– Не знаю, я не пробовал подолгу. Я испытал странное чувство, – продолжал он. – Я нигде так не скучал по деревне, русской деревне, с лаптями и мужиками, как прожив с матушкой зиму в Ницце. Ницца сама по себе скучна, вы знаете. Да и Неаполь, Сорренто хороши только на короткое время. И именно там особенно живо вспоминается Россия, и именно деревня. Они точно как…

Он говорил, обращаясь и к Кити и к Левину и переводя с одного на другого свой спокойный и дружелюбный взгляд, – говорил, очевидно, что приходило в голову.

Заметив, что графиня Нордстон хотела что-то сказать, он остановился, не досказав начатого, и стал внимательно слушать ее.

Разговор не умолкал ни на минуту, так что старой княгине, всегда имевшей про запас, на случай неимения темы, два тяжелые орудия: классическое и реальное образование и общую воинскую повинность, не пришлось выдвигать их, а графине Нордстон не пришлось подразнить Левина.

Левин хотел и не мог вступить в общий разговор; ежеминутно говоря себе: «теперь уйти», он не уходил, чего-то дожидаясь.

Разговор зашел о вертящихся столах и духах[1], и графиня Нордстон, верившая в спиритизм, стала рассказывать чудеса, которые она видела.

– Ах, графиня, непременно свезите, ради бога, свезите меня к ним! Я никогда ничего не видал необыкновенного, хотя везде отыскиваю, – улыбаясь, сказал Вронский.

– Хорошо, в будущую субботу, – отвечала графиня Нордстон. – Но вы, Константин Дмитрич, верите? – спросила она Левина.

– Зачем вы меня спрашиваете? Ведь вы знаете, что я скажу.

– Но я хочу слышать ваше мнение.

– Мое мнение только то, – отвечал Левин, – что эти вертящиеся столы доказывают, что так называемое образованное общество не выше мужиков. Они верят в глаз, и в порчу, и в привороты, а мы...

– Что ж, вы не верите?

– Не могу верить, графиня.

– Но если я сама видела?

– И бабы рассказывают, как они сами видели домовых.

– Так вы думаете, что я говорю неправду? И она невесело засмеялась.

– Да нет, Маша, Константин Дмитрич говорит, что он не может верить, – сказала Кити, краснея за Левина, и Левин понял это и, еще более раздражившись, хотел отвечать, но Вронский со своею открытою веселою

---

[1] *Разговор зашел о вертящихся столах и духах.* – В 1875 г. в журнале «Русский вестник» были напечатаны статьи о спиритизме: «Медиумизм» профессора И. П. Вагнера и «Медиумические явления» профессора А. М. Бутлерова. «Меня статьи в «Русском вестнике» страшно волновали», – признавался Толстой (т. 62, с. 235). Критику спиритизма, который стал модным «веянием» в светских кругах в 70-е годы, Толстой только начал в «Анне Карениной». Впоследствии он написал сатиру на спиритов в «Плодах просвещения» (1890).

улыбкой тотчас же пришел на помощь разговору, угрожавшему сделаться неприятным.

— Вы совсем не допускаете возможности? — спросил он. — Почему же мы допускаем существование электричества, которого мы не знаем; почему не может быть новая сила, еще нам неизвестная, которая...

— Когда найдено было электричество, — быстро перебил Левин, — то было только открыто явление, и неизвестно было, откуда оно происходит и что оно производит, и века прошли прежде, чем подумали о приложении его. Спириты же, напротив, начали с того, что столики им пишут и духи к ним приходят, а потом уже стали говорить, что это есть сила неизвестная.

Вронский внимательно слушал Левина, как он всегда слушал, очевидно, интересуясь его словами.

— Да, но спириты говорят: теперь мы не знаем, что это за сила, но сила есть, и вот при каких условиях она действует. А ученые пускай разбирают, в чем состоит эта сила. Нет, я не вижу, почему это не может быть новая сила, если она...

— А потому, — опять перебил Левин, — что при электричестве каждый раз, как вы потрете смолу о шерсть[1], обнаруживается известное явление, а здесь не каждый раз, стало быть, это не природное явление.

Вероятно, чувствуя, что разговор принимает слишком серьезный для гостиной характер, Вронский не возражал, а, стараясь переменить предмет разговора, весело улыбнулся и повернулся к дамам.

— Давайте сейчас попробуем, графиня, — начал он; но Левин хотел досказать то, что он думал.

— Я думаю, — продолжал он, — что эта попытка спиритов объяснять свои чудеса какою-то новою силой — самая неудачная. Они прямо говорят о силе духовной и хотят ее подвергать материальному опыту.

Все ждали, когда он кончит, и он чувствовал это.

---

[1] *При электричестве каждый раз, как вы потрете смолу о шерсть...* — Толстой так же, как Д. И. Менделеев, в 70-е годы резко отрицательно относился к «медиумизму» и был «на стороне науки». Левин в споре с Вронским повторяет аргументы Толстого: «Как это ученые (анализом занимающиеся) не знают, что, прежде чем что-нибудь подвергать опыту, знают, что́, какого рода явления могут выйти из их опыта. Астроном поверит, что может явиться комета величиною с солнце, и будет ее наблюдать...Но если астроном увидит, что мимо телескопа полетит сапог... он не станет наблюдать сапог». — «Как же они предлагают подвергнуть *научному* исследованию... стуки в столе» (т. 62, с. 235–236). В 1876 г. вышла в свет книга Менделеева «Спиритизм», содержавшая научную критику «медиумизма». Основные идеи ее автора весьма сходны с аргументами Толстого.

– А я думаю, что вы будете отличный медиум[1], – сказала графиня Нордстон, – в вас есть что-то восторженное.

Левин открыл рот, хотел сказать что-то, покраснел и ничего не сказал.

– Давайте сейчас, княжна, испытаем столы, пожалуйста, – сказал Вронский. – Княгиня, вы позволите?

И Вронский встал, отыскивая глазами столик.

Кити встала за столиком и, проходя мимо, встретилась глазами с Левиным. Ей всею душой было жалко его, тем более что она жалела его в несчастии, которого сама была причиною. «Если можно меня простить, то простите, – сказал ее взгляд, – я так счастлива».

«Всех ненавижу, и вас, и себя», – отвечал его взгляд, и он взялся за шляпу. Но ему не судьба была уйти. Только что хотели устраиваться около столика, а Левин уйти, как вошел старый князь и, поздоровавшись с дамами, обратился к Левину.

– А! – начал он радостно. – Давно ли? Я и не знал, что ты тут. Очень рад вас видеть.

Старый князь иногда «ты», иногда «вы» говорил Левину. Он обнял Левина и, говоря с ним, не замечал Вронского, который встал и спокойно дожидался, когда князь обратится к нему.

Кити чувствовала, как после того, что произошло, любезность отца была тяжела Левину. Она видела также как холодно отец ее, наконец, ответил на поклон Вронского и как Вронский с дружелюбным недоумением посмотрел на ее отца, стараясь понять и не пенимая, как и за что можно было быть к нему недружелюбно расположенным, и она покраснела.

– Князь, отпустите нам Константина Дмитрича, – сказала графиня Нордстон. – Мы хотим опыт делать.

– Какой опыт? столы вертеть? Ну, извините меня, дамы и господа, но, по-моему, в колечко веселее играть, – сказал старый князь, глядя на Вронского и догадываясь, что он затеял это. – В колечке еще есть смысл.

Вронский посмотрел с удивлением на князя своими твердыми глазами и, чуть улыбнувшись, тотчас же заговорил с графиней Нордстон о предстоящем на будущей неделе большом бале.

– Я надеюсь, что вы будете? – обратился он к Кити.

Как только старый князь отвернулся от него, Левин незаметно вышел, и последнее впечатление, вынесенное им с этого вечера, было улыбающееся, счастливое лицо Кити, отвечавшей Вронскому на его вопрос о бале.

---

[1] *...я думаю, что вы будете отличный медиум...* – Медиум – посредник (от лат. medium), человек, при помощи которого происходило на спиритических сеансах «общение с духами». В 60-70-х годах в Москве и Петербурге подвизались знаменитые медиумы – Дуглас Юм и Камил Бредиф.

XV

Когда вечер кончился, Кити рассказала матери о разговоре ее с Левиным, и, несмотря на всю жалость, которую она испытывала к Левину, ее радовала мысль, что ей было сделано *предложение.* У нее не было сомнения, что она поступила как следовало. Но в постели она долго не могла заснуть. Одно впечатление неотступно преследовало ее. Это было лицо Левина с насупленными бровями и мрачно-уныло смотрящими из-под них добрыми глазами, как он стоял, слушая отца и взглядывая на нее и на Вронского. И ей так жалко стало его, что слезы навернулись на глаза. Но тотчас же она подумала о том, на кого она променяла его. Она живо вспомнила это мужественное, твердое лицо, это благородное спокойствие и светящуюся во всем доброту ко всем; вспомнила любовь к себе того, кого она любила, и ей опять стало радостно на душе, и она с улыбкой счастия легла па подушку. «Жалко, жалко, но что же делать? Я не виновата», – говорила она себе; но внутренний голос говорил ей другое. В том ли она раскаивалась, что завлекла Левина, или в том, что отказала, – она не знала. Но счастье ее было отравлено сомнениями. «Господи помилуй, господи помилуй, господи помилуй!» – говорила она про себя, пока заснула.

В это время внизу, в маленьком кабинете князя, происходила одна из тех часто повторяющихся между родителями сцен за любимую дочь.

– Что? Вот что! – кричал князь, размахивая руками и тотчас же запахивая свой беличий халат. – То, что в вас нет гордости, достоинства, что вы срамите, губите дочь этим сватовством, подлым, дурацким!

– Да помилуй, ради самого бога, князь, что я сделала? – говорила княгиня, чуть не плача.

Она, счастливая, довольная после разговора с дочерью, пришла к князю проститься по обыкновению, и хотя она не намерена была говорить ему о предложении Левина и отказе Кити, но намекнула мужу на то, что ей кажется дело с Вронским совсем конченным, что оно решится, как только приедет его мать. И тут-то, на эти слова, князь вдруг вспылил и начал выкрикивать неприличные слова.

– Что вы сделали? А вот что: во-первых, вы заманиваете жениха, и вся Москва будет говорить, и резонно. Если вы делаете вечера, так зовите всех, а не избранных женишков. Позовите всех этих *тютьков* (так князь называл московских молодых людей), позовите тапера, и пускай пляшут, а не так, как нынче, – женишков, и сводить. Мне видеть мерзко, мерзко, и вы добились, вскружили голову девчонке. Левин в тысячу раз лучше человек. А это франтик петербургский, их на машине делают, они все на одну стать, и все дрянь. Да хоть бы он принц крови был, моя дочь ни в ком не нуждается!

— Да что же я сделала?

— А то… — с гневом вскрикнул князь.

— Знаю я, что если тебя слушать, — перебила княгиня, — то мы никогда не отдадим дочь замуж. Если так, то надо в деревню уехать.

— И лучше уехать.

— Да постой. Разве я заискиваю? Я нисколько не заискиваю. А молодой человек, и очень хороший, влюбился, и она, кажется…

— Да, вот вам кажется! А как она в самом деле влюбится, а он столько же думает жениться, как я?.. Ох! не смотрели бы мои глаза!.. «Ах, спиритизм, ах, Ницца, ах, на бале…» — И князь, воображая, что он представляет жену, приседал на каждом слове. — А вот, как сделаем несчастье Катеньки, как она в самом деле заберет в голову…

— Да почему же ты думаешь?

— Я не думаю, а знаю; на это глаза есть у нас, а не у баб. Я вижу человека, который имеет намерения серьезные, это Левин; и вижу перепела, как этот щелкопер, которому только повеселиться.

— Ну, уж ты заберешь в голову…

— А вот вспомнишь, да поздно, как с Дашенькой.

— Ну, хорошо, хорошо, не будем говорить, — остановила его княгиня, вспомнив про несчастную Долли.

— И прекрасно, и прощай!

И, перекрестив друг друга и поцеловавшись, но чувствуя, что каждый остался при своем мнении, супруги разошлись.

Княгиня была сперва твердо уверена, что нынешний вечер решил судьбу Кити и что не может быть сомнения в намерениях Вронского; но слова мужа смутили ее. И, вернувшись к себе, она, точно так же как и Кити, с ужасом пред неизвестностью будущего, несколько раз повторила в душе: «Господи помилуй, господи помилуй, господи помилуй!»

XVI

Вронский никогда не знал семейной жизни. Мать его была в молодости блестящая светская женщина, имевшая во время замужества, и в особенности после, много романов, известных всему свету. Отца своего он почти не помнил и был воспитан в Пажеском корпусе.

Выйдя очень молодым блестящим офицером из школы, он сразу попал в колею богатых петербургских военных. Хотя он и ездил изредка в петербургский свет, все любовные интересы его были вне света.

В Москве в первый раз он испытал, после роскошной и грубой петербургской жизни, прелесть сближения со светскою, милою и невинною девушкой, которая полюбила его. Ему и в голову не приходило, чтобы могло быть что-нибудь дурное в его отношениях к Кити. На балах он танцевал преимущественно с нею; он ездил к ним в дом. Он говорил с нею то, что обыкновенно говорят в свете, всякий вздор, но вздор, которому он невольно придавал особенный для нее смысл. Несмотря на то, что он ничего не сказал ей такого, чего не мог бы сказать при всех, он чувствовал, что она все более и более становилась в зависимость от него, и чем больше он это чувствовал, тем ему было приятнее и его чувство к ней становилось нежнее. Он не знал, что его образ действий относительно Кити имеет определенное название, что это есть заманиванье барышень без намерения жениться и что это заманиванье есть один из дурных поступков, обыкновенных между блестящими молодыми людьми, как он. Ему казалось, что он первый открыл это удовольствие, и наслаждался своим открытием.

Если б он мог слышать, что говорили ее родители в этот вечер, если б он мог перенестись на точку зрения семьи и узнать, что Кити будет несчастна, если он не женится на ней, он бы очень удивился и не поверил бы этому. Он не мог поверить тому, что то, что доставляло такое большое и хорошее удовольствие ему, а главное, ей, могло быть дурно. Еще меньше он мог бы поверить тому, что он должен жениться.

Женитьба для него никогда не представлялась возможностью. Он не только не любил семейной жизни, но в семье, и в особенности в муже, по тому общему взгляду холостого мира, в котором он жил, он представлял себе нечто чуждое, враждебное, а всего более – смешное. Но хотя Вронский и не подозревал того, что говорили родители, он, выйдя в этот вечер от Щербацких, почувствовал, что та духовная тайная связь, которая существовала между ним и Кити, утвердилась нынешний вечер так сильно, что надо предпринять что-то. Но что можно и что должно было предпринять, он не мог придумать.

«То и прелестно, – думал он, возвращаясь от Щербацких и вынося от них, как и всегда, приятное чувство чистоты и свежести, происходившее отчасти и оттого, что он не курил целый вечер, и вместе новое чувство умиления пред ее к себе любовью, – то и прелестно, что ничего не сказано ни мной, ни ею, но мы так понимали друг друга в этом невидимом разговоре взглядов и интонаций, что нынче яснее, чем когда-нибудь, она сказала мне, что любит. И как мило, просто и, главное, доверчиво! Я сам себя чувствую лучше, чище. Я чувствую, что у меня есть сердце и что есть во мне много хорошего. Эти милые влюбленные глаза! Когда она сказала: *и очень…*»

«Ну так что ж? Ну и ничего. Мне хорошо, и ей хорошо». И он задумался о том, где ему окончить нынешний вечер.

Он прикинул воображением места, куда он мог бы ехать. «Клуб? партия безика[1], шампанское с Игнатовым? Нет, не поеду. Château des fleurs[2], там найду Облонского, куплеты, cancan? Нет, надоело. Вот именно за то я люблю Щербацких, что сам лучше делаюсь. Поеду домой». Он прошел прямо в свой номер у Дюссо, велел подать себе ужинать и потом, раздевшись, только успел положить голову на подушку, заснул крепким и спокойным, как всегда, сном.

XVII

На другой день, в 11 часов утра, Вронский выехал на станцию Петербургской железной дороги встречать мать, и первое лицо, попавшееся ему на ступеньках большой лестницы, был Облонский, ожидавший с этим же поездом сестру.

— А! Ваше сиятельство! — крикнул Облонский. — Ты за кем?

— Я за матушкой, — улыбаясь, как и все, кто встречался с Облонским, отвечал Вронский, пожимая ему руку, и вместе с ним взошел на лестницу. — Она нынче должна быть из Петербурга.

— А я тебя ждал до двух часов. Куда же поехал от Щербацких?

— Домой, — отвечал Вронский. — Признаться, мне так было приятно вчера после Щербацких, что никуда не хотелось.

— Узнаю коней ретивых по каким-то их таврам, юношей влюбленных узнаю по их глазам, — продекламировал Степан Аркадьич точно так же, как прежде Левину.

Вронский улыбнулся с таким видом, что он не отрекается от этого, но тотчас же переменил разговор.

— А ты кого встречаешь? — спросил он.

— Я? я хорошенькую женщину, — сказал Облонский.

— Вот как!

---

[1] *...партия безика...* — Безик (франц. besique) — карточная игра XVII в., которая снова входила в моду в 70-е годs XIX в.

[2] *Château des fleurs* — «Шато де флер», название увеселительного заведения, устроенного по типу парижского кафешантана. На сцене выступали танцовщицы, куплетисты, гимнасты, велосипедистки. В Москве «Шато де флер» содержал антрепренер Беккер в Петровском парке.

– Honni soit qui mal y pense![1] Сестру Анну.

– Ах, это Каренину? – сказал Вронский.

– Ты ее, верно, знаешь?

– Кажется, знаю. Или нет… Право, не помню, – рассеянно отвечал Вронский, смутно представляя себе при имени Карениной что-то чопорное и скучное.

– Но Алексея Александровича, моего знаменитого зятя, верно, знаешь. Его весь мир знает.

– То есть знаю по репутации и по виду. Знаю, что он умный, ученый, божественный что-то… Но ты знаешь, это не в моей… not in my line[2], – сказал Вронский.

– Да, он очень замечательный человек; немножко консерватор, но славный человек, – заметил Степан Аркадьич, – славный человек.

– Ну, и тем лучше для него, – сказал Вронский, улыбаясь. – А, ты здесь, – обратился он к высокому старому лакею матери, стоявшему у двери, – войди сюда.

Вронский в это последнее время, кроме общей для всех приятности Степана Аркадьича, чувствовал себя привязанным к нему еще тем, что он в его воображении соединялся с Кити.

– Ну что ж, в воскресенье сделаем ужин для *дивы?* – сказал он ему, с улыбкой взяв его под руку.

– Непременно. Я сберу подписку. Ах, познакомился ты вчера с моим приятелем Левиным? – спросил Степан Аркадьич.

– Как же. Но он что-то скоро уехал.

– Он славный малый, – продолжал Облонский. – Не правда ли?

– Я не знаю, – отвечал Вронский, – отчего это во всех москвичах, разумеется исключая тех, с кем говорю, – шутливо вставил он, – есть что-то резкое. Что-то они всё на дыбы становятся, сердятся, как будто всё хотят дать почувствовать что-то…

– Есть это, правда, есть… – весело смеясь, сказал Степан Аркадьич.

– Что, скоро ли? – обратился Вронский к служащему.

– Поезд вышел, – отвечал служитель. Приближение поезда все более и более обозначалось движением приготовлений на станции, беганьем артельщиков, появлением жандармов и служащих и подъездом встречающих. Сквозь морозный пар виднелись рабочие в полушубках, в мягких валеных

---

[1] Стыдно тому, кто это дурно истолкует! *(фр.)*.

[2] Не в моей компетенции *(англ .)*.

сапогах, переходившие через рельсы загибающихся путей. Слышался свист паровика на дальних рельсах и передвижение чего-то тяжелого.

- Нет, - сказал Степан Аркадьич, которому очень хотелось рассказать Вронскому о намерениях Левина относительно Кити. - Нет, ты неверно оценил моего Левина. Он очень нервный человек и бывает неприятен, правда, но зато иногда он бывает очень мил. Это такая честная, правдивая натура, и сердце золотое. Но вчера были особенные причины, - с значительною улыбкой продолжал Степан Аркадьич, совершенно забывая то искреннее сочувствие, которое он вчера испытывал к своему приятелю, и теперь испытывая такое же, только к Вронскому. - Да, была причина, почему он мог быть или особенно счастлив, или особенно несчастлив.

Вронский остановился и прямо спросил:

- То есть что же? Или он вчера сделал предложение твоей belle soeur?..[1]

- Может быть, - сказал Степан Аркадьич. - Что-то мне показалось такое вчера. Да если он рано уехал и был еще не в духе, то это так… Он так давно влюблен, и мне его очень жаль.

- Вот как!.. Я думаю, впрочем, что она может рассчитывать на лучшую партию, - сказал Вронский и, выпрямив грудь, опять принялся ходить. - Впрочем, я его не знаю, - прибавил он. - Да, это тяжелое положение! От этого-то большинство и предпочитает знаться с Кларами. Там неудача доказывает только, что у тебя недостало денег, а здесь - твое достоинство на весах. Однако вот и поезд.

Действительно, вдали уже свистел паровоз. Через несколько минут платформа задрожала, и, пыхая сбиваемым книзу от мороза паром, прокатился паровоз с медленно и мерно насупливающимся и растягивающимся рычагом среднего колеса и с кланяющимся, обвязанным, заиндевелым машинистом; а за тендером, все медленнее и более потрясая платформу, стал проходить вагон с багажом и с визжавшею собакой; наконец, подрагивая пред остановкой, подошли пассажирские вагоны.

Молодцеватый кондуктор, на ходу давая свисток, соскочил, и вслед за ним стали по одному сходить нетерпеливые пассажиры: гвардейский офицер, держась прямо и строго оглядываясь; вертлявый купчик с сумкой, весело улыбаясь; мужик с мешком через плечо.

Вронский, стоя рядом с Облонским, оглядывал вагоны и выходивших и совершенно забыл о матери. То, что он сейчас узнал про Кити, возбуждало и радовало его. Грудь его невольно выпрямлялась и глаза блестели. Он чувствовал себя победителем.

---

[1] Свояченице? (фр.)

– Графиня Вронская в этом отделении, – сказал молодцеватый кондуктор, подходя к Вронскому.

Слова кондуктора разбудили его и заставили вспомнить о матери и предстоящем свидании с ней. Он в душе своей не уважал матери и, не отдавая себе в том отчета, не любил ее, хотя по понятиям того круга, в котором жил, по воспитанию своему, не мог себе представить других к матери отношений, как в высшей степени покорных и почтительных, и тем более внешне покорных и почтительных, чем менее в душе он уважал и любил ее.

XVIII

Вронский пошел за кондуктором в вагон и при входе в отделение остановился, чтобы дать дорогу выходившей даме. С привычным тактом светского человека, по одному взгляду на внешность этой дамы, Вронский определил ее принадлежность к высшему свету. Он извинился и пошел было в вагон, но почувствовал необходимость еще раз взглянуть на нее – не потому, что она была очень красива, не по тому изяществу и скромной грации, которые видны были во всей ее фигуре, но потому, что в выражении миловидного лица, когда она прошла мимо его, было что-то особенно ласковое и нежное. Когда он оглянулся, она тоже повернула голову. Блестящие, казавшиеся темными от густых ресниц, серые глаза дружелюбно, внимательно остановились на его лице, как будто она признавала его, и тотчас же перенеслись на подходившую толпу, как бы ища кого-то. В этом коротком взгляде Вронский успел заметить сдержанную оживленность, которая играла в ее лице и порхала между блестящими глазами и чуть заметной улыбкой, изгибавшею ее румяные губы. Как будто избыток чего-то так переполнял ее существо, что мимо ее воли выражался то в блеске взгляда, то в улыбке. Она потушила умышленно свет в глазах, но он светился против ее воли в чуть заметной улыбке.

Вронский вошел в вагон. Мать его, сухая старушка с черными глазами и букольками, щурилась, вглядываясь в сына, и слегка улыбалась тонкими губами. Поднявшись с диванчика и передав горничной мешочек, она подала маленькую сухую руку сыну и, подняв его голову от руки, поцеловала его в лицо.

– Получил телеграмму? Здоров? Слава богу.

– Хорошо доехали? – сказал сын, садясь подле нее и невольно прислушиваясь к женскому голосу из-за двери. Он знал, что это был голос той дамы, которая встретилась ему при входе.

– Я все-таки с вами не согласна, – говорил голос дамы.

– Петербургский взгляд, сударыня.

– Не петербургский, а просто женский, – отвечала она.

– Ну-с, позвольте поцеловать вашу ручку.

– До свиданья, Иван Петрович. Да посмотрите, не тут ли брат, и пошлите его ко мне, – сказала дама у самой двери и снова вошла в отделение.

– Что ж, нашли брата? – сказала Вронская, обращаясь к даме.

Вронский вспомнил теперь, что это была Каренина.

– Ваш брат здесь, – сказал он, вставая. – Извините меня, я не узнал вас, да и наше знакомство было так коротко, – сказал Вронский, кланяясь, – что вы, верно, не помните меня.

– О, нет, – сказала она, – я бы узнала вас, потому что мы с вашею матушкой, кажется, всю дорогу говорили только о вас, – сказала она, позволяя, наконец, просившемуся наружу оживлению выразиться в улыбке. – А брата моего все-таки нет.

– Позови же его, Алеша, – сказала старая графиня. Вронский вышел на платформу и крикнул:

– Облонский! Здесь!

Но Каренина не дождалась брата, а, увидав его, решительным легким шагом вышла из вагона. И, как только брат подошел к ней, она движением, поразившим Вронского своею решительностью и грацией, обхватила брата левою рукой за шею, быстро притянула к себе и крепко поцеловала. Вронский, не спуская глаз, смотрел на нее и, сам не зная чему, улыбался. Но, вспомнив, что мать ждала его, он опять вошел в вагон.

– Не правда ли, очень мила? – сказала графиня про Каренину. – Ее муж со мною посадил и я очень рада была. Всю дорогу мы с ней проговорили. Ну, а ты, говорят… vous filez le parfait amour. Tant mieux, mon cher, tant mieux[1].

– Я не знаю, на что вы намекаете, maman, – отвечал сын холодно. – Что ж, maman, идем.

Каренина опять вошла в вагон, чтобы проститься с графиней.

– Ну вот, вы, графиня, встретили сына, а я брата, – весело сказала она. – И все истории мои истощились; дальше нечего было бы рассказывать.

– Ну нет, милая, – сказала графиня, взяв ее за руку, – я бы с вами объехала вокруг света и не соскучилась бы. Вы одна из тех милых женщин, с которыми и поговорить и помолчать приятно. А о сыне вашем, пожалуйста, не думайте: нельзя же никогда не разлучаться.

---

[1] у тебя все еще тянется идеальная любовь. Тем лучше, мой милый, тем лучше (фр.).

Каренина стояла неподвижно, держась чрезвычайно прямо, и глаза ее улыбались.

– У Анны Аркадьевны, – сказала графиня, объясняя сыну, – есть сынок восьми лет, кажется, и она никогда с ним не разлучалась и все мучается, что оставила его.

– Да, мы все время с графиней говорили, я о своем, она о своем сыне, – сказала Каренина, и опять улыбка осветила ее лицо, улыбка ласковая, относившаяся к нему.

– Вероятно, это вам очень наскучило, – сказал он, сейчас, на лету, подхватывая этот мяч кокетства, который она бросила ему. Но она, видимо, не хотела продолжать разговора в этом тоне и обратилась к старой графине.

– Очень благодарю вас. Я и не видала, как провела вчерашний день. До свиданья, графиня.

– Прощайте, мой дружок, – отвечала графиня. – Дайте поцеловать ваше хорошенькое личико. Я просто, по-старушечьи, прямо говорю, что полюбила вас.

Как ни казенна была эта фраза, Каренина, видимо, от души поверила и порадовалась этому. Она покраснела, слегка нагнулась, подставила свое лицо губам графини, опять выпрямилась и с тою же улыбкой, волновавшеюся между губами и глазами, подала руку Вронскому. Он пожал маленькую ему поданную руку и, как чему-то особенному, обрадовался тому энергическому пожатию, с которым она крепко и смело тряхнула его руку. Она вышла быстрою походкой, так странно легко носившего ее довольно полное тело.

– Очень мила, – сказала старушка.

То же самое думал ее сын. Он провожал ее глазами до тех пор, пока не скрылась ее грациозная фигура, и улыбка остановилась на его лице. В окно он видел, как она подошла к брату, положила ему руку на руку и что-то оживленно начала говорить ему, очевидно о чем-то не имеющем ничего общего с ним, с Вронским, и ему это показалось досадным.

– Ну что, maman, вы совершенно здоровы? – повторил он, обращаясь к матери.

– Все хорошо, прекрасно. Alexandre очень был мил. И Marie очень хороша стала. Она очень интересна.

И опять начала рассказывать о том, что более всего интересовало ее, о крестинах внука, для которых она ездила в Петербург, и про особенную милость государя к старшему сыну.

– Вот и Лаврентий, – сказал Вронский, глядя в окно, – теперь пойдемте, если угодно.

Старый дворецкий, ехавший с графиней, явился в вагон доложить, что все готово, и графиня поднялась, чтоб идти.

– Пойдемте, теперь мало народа, – сказал Вронский.

Девушка взяла мешок и собачку, дворецкий и артельщик другие мешки. Вронский взял под руку мать; но когда они уже выходили из вагона, вдруг несколько человек с испуганными лицами пробежали мимо. Пробежал и начальник станции в своей необыкновенного цвета фуражке. Очевидно, что-то случилось необыкновенное. Народ от поезда бежал назад.

– Что?.. Что?.. Где?.. Бросился!.. задавило!.. – слышалось между проходившими.

Степан Аркадьич с сестрой под руку, тоже с испуганными лицами, вернулись и остановились, избегая народ, у входа в вагон.

Дамы вошли в вагон, а Вронский со Степаном Аркадьичем пошли за народом узнавать подробности несчастия.

Сторож, был ли он пьян или слишком закутан от сильного мороза, не слыхал отодвигаемого задом поезда, и его раздавили.

Еще прежде чем вернулись Вронский и Облонский, дамы узнали эти подробности от дворецкого.

Облонский и Вронский оба видели обезображенный труп. Облонский, видимо, страдал. Он морщился и, казалось, готов был плакать.

– Ах, какой ужас! Ах, Анна, если бы ты видела! Ах, какой ужас! – приговаривал он.

Вронский молчал, и красивое лицо его было серьезно, но совершенно спокойно.

– Ах, если бы вы видели, графиня, – говорил Степан Аркадьич. – И жена его тут… Ужасно видеть ее… Она бросилась на тело. Говорят, он один кормил огромное семейство.[1] Вот ужас!

– Нельзя ли что-нибудь сделать для нее? – взволнованным шепотом сказала Каренина.

Вронский взглянул на нее и тотчас же вышел из вагона.

– Я сейчас приду, maman, – прибавил он, обертываясь в дверях.

---

[1] *Говорят, он один кормил огромное семейство. Вот ужас!* – Крушения и несчастные случаи на железных дорогах производили ужасное впечатление, вызывали страх перед «чугункой»: «Что ни дорога, то душегубка», – говорилось во «Внутреннем обозрении» «Отечественных записок» (1875, VI, с. 262). «Железные дороги – душегубки», – писал Некрасов в поэме «Современники» («Отечественные записки», 1876, I., с. 17). Владельцы железных дорог никаких пособий рабочим, пострадавшим при несчастных случаях, не выплачивали. «Изувеченные на железных дорогах, семейства их, равно как и семейства убитых, остаются безо всяких средств пропитания» («Отечественные записки», 1875 № 6, с. 263).

Когда он возвратился через несколько минут, Степан Аркадьич уже разговаривал с графиней о новой певице, а графиня нетерпеливо оглядывалась на дверь, ожидая сына.

— Теперь пойдемте, — сказал Вронский, входя.

Они вместе вышли. Вронский шел впереди с матерью. Сзади шла Каренина с братом. У выхода к Вронскому подошел догнавший его начальник станции.

— Вы передали моему помощнику двести рублей. Потрудитесь обозначить, кому вы назначаете их?

— Вдове, — сказал Вронский, пожимая плечами. — Я не понимаю, о чем спрашивать.

— Вы дали? — крикнул сзади Облонский и, прижав руку сестры, прибавил: — Очень мило, очень мило! Не правда ли, славный малый? Мое почтение, графиня.

И он с сестрой остановились, отыскивая ее девушку.

Когда они вышли, карета Вронских уже отъехала. Выходившие люди все еще переговаривались о том, что случилось.

— Вот смерть-то ужасная! — сказал какой-то господин, проходя мимо. — Говорят, на два куска.

— Я думаю, напротив, самая легкая, мгновенная, — заметил другой.

— Как это не примут мер, — говорил третий.

Каренина села в карету, и Степан Аркадьич с удивлением увидал, что губы ее дрожат и она с трудом удерживает слезы.

— Что с тобой, Анна? — спросил он, когда они отъехали несколько сот сажен.

— Дурное предзнаменование, — сказала она.

— Какие пустяки! — сказал Степан Аркадьич. — Ты приехала, это главное. Ты не можешь представить себе, как я надеюсь на тебя.

— Ты давно знаешь Вронского? — спросила она.

— Да. Ты знаешь, мы надеемся, что он женится на Кити.

— Да? — тихо сказала Анна. — Ну, теперь давай говорить о тебе, — прибавила она, встряхивая головой, как будто хотела физически отогнать что-то лишнее и мешавшее ей. — Давай говорить о твоих делах. Я получила твое письмо и вот приехала.

— Да, вся надежда на тебя, — сказал Степан Аркадьич.

— Ну, расскажи мне все.

И Степан Аркадьич стал рассказывать. Подъехав к дому, Облонский высадил сестру, вздохнул, пожал ее руку и отправился в присутствие.

XIX

Когда Анна вошла в комнату, Долли сидела в маленькой гостиной с белоголовым пухлым мальчиком, уж теперь похожим на отца, и слушала его урок из французского чтения. Мальчик читал, вертя в руке и стараясь оторвать чуть державшуюся пуговицу курточки. Мать несколько раз отнимала руку, но пухлая ручонка опять бралась за пуговицу. Мать оторвала пуговицу и положила ее в карман.

- Успокой ты руки, Гриша, - сказала она и опять взялась за свое одеяло, давнишнюю работу, за которую она всегда бралась в тяжелые минуты, и теперь вязала нервно, закидывая пальцем и считая петли. Хотя она и велела вчера сказать мужу, что ей дела нет до того, приедет или не приедет его сестра, она все приготовила к ее приезду и с волнением ждала золовку.

Долли была убита своим горем, вся поглощена им. Однако она помнила, что Анна, золовка, была жена одного из важнейших лиц в Петербурге и петербургская grande dame. И благодаря этому обстоятельству она не исполнила сказанного мужу, то есть не забыла, что приедет золовка. «Да, наконец, Анна ни в чем не виновата, - думала Долли. - Я о ней ничего, кроме самого хорошего, не знаю, и в отношении к себе я видела от нее только ласку и дружбу». Правда, как она могла запомнить свое впечатление в Петербурге у Карениных, ей не нравился самый дом их; что-то было фальшивое во всем складе их семейного быта. «Но за что же я не приму ее? Только бы не вздумала она утешать меня! - думала Долли. - Все утешения и увещания, и прощения христианские - все это я уж тысячу раз передумала, и все это не годится».

Все эти дни Долли была одна с детьми. Говорить о своем горе она не хотела, а с этим горем на душе говорить о постороннем она не могла. Она знала, что, так или иначе, она Анне выскажет все, и то ее радовала мысль о том, как она выскажет, то злила необходимость говорить о своем унижении с ней, его сестрой, и слышать от нее готовые фразы увещания и утешения.

Она, как часто бывает, глядя на часы, ждала ее каждую минуту и пропустила именно ту, когда гостья приехала, так что не слыхала звонка.

Услыхав шум платья и легких шагов уже в дверях, она оглянулась, и на измученном лице ее невольно выразилось не радость, а удивление. Она встала и обняла золовку.

- Как, уж приехала? - сказала она, целуя ее.

- Долли, как я рада тебя видеть!

- И я рада, - слабо улыбаясь и стараясь по выражению лица Анны узнать, знает ли она, сказала Долли. «Верно, знает», - подумала она, заметив соболезнование на лице Анны. - Ну, пойдем, я тебя проведу в твою комнату, - продолжала она, стараясь отдалить сколько возможно минуту объяснения.

- Это Гриша? Боже мой, как он вырос! - сказала Анна и, поцеловав его, не спуская глаз с Долли, остановилась и покраснела. - Нет, позволь никуда не ходить.

Она сняла платок, шляпу и, зацепив ею за прядь своих черных, везде вьющихся волос, мотая головой, отцепляла волоса.

- А ты сияешь счастьем и здоровьем! - сказала Долли почти с завистью.

- Я?.. Да, - сказала Анна. - Боже мой, Таня! Ровесница Сереже моему, - прибавила она, обращаясь ко вбежавшей девочке. Она взяла ее на руки и поцеловала. - Прелестная девочка, прелесть! Покажи же мне всех.

Она называла их и припоминала не только имена, но года, месяцы, характеры, болезни всех детей, и Долли не могла не оценить этого.

- Ну, так пойдем к ним, - сказала она. - Вася спит теперь, жалко.

Осмотрев детей, они сели, уже одни, в гостиной, пред кофеем. Анна взялась за поднос и потом отодвинула его.

- Долли, - сказала она, - он говорил мне.

Долли холодно посмотрела на Анну. Она ждала теперь притворно-сочувственных фраз; но Анна ничего такого не сказала.

- Долли, милая! - сказала она, - я не хочу ни говорить тебе за него, ни утешать; это нельзя. Но, душенька, мне просто жалко, жалко тебя всею душой!

Из-за густых ресниц ее блестящих глаз вдруг показались слезы. Она пересела ближе к невестке и взяла ее руку своею энергическою маленькою рукой. Долли не отстранилась, но лицо ее не изменяло своего сухого выражения. Она сказала:

- Утешить меня нельзя. Все потеряно после того, что было, все пропало!

И как только она сказала это, выражение лица ее вдруг смягчилось. Анна подняла сухую, худую руку Долли, поцеловала ее и сказала:

- Но, Долли, что же делать, что же делать? Как лучше поступить в этом ужасном положении? - вот о чем надо подумать.

- Все кончено, и больше ничего, - сказала Долли. - И хуже всего то, ты пойми, что я не могу его бросить; дети, я связана. А с ним жить я не могу, мне мука видеть его.

- Долли, голубчик, он говорил мне, но я от тебя хочу слышать, скажи мне все.

Долли посмотрела на нее вопросительно.

Участие и любовь непритворные видны были на лице Анны.

- Изволь, - вдруг сказала она. - Но я скажу сначала. Ты знаешь, как я вышла замуж. Я с воспитанием maman не только была невинна, но я была глупа. Я ничего не знала. Говорят, я знаю, мужья рассказывают женам свою прежнюю жизнь, но Стива... - она поправилась, - Степан Аркадьич ничего не сказал мне. Ты не поверишь, но я до сей поры думала, что я одна женщина, которую он знал. Так я жила восемь лет. Ты пойми, что я не только не подозревала неверности, но что я считала это невозможным, и тут, представь себе, с такими понятиями узнать вдруг весь ужас, всю гадость... Ты пойми меня. Быть уверенной вполне в своем счастии, и вдруг... - продолжала Долли, удерживая рыданья, - и получить письмо... письмо его к своей любовнице, к моей гувернантке. Нет, это слишком ужасно! - Она поспешно вынула платок и закрыла им лицо. - Я понимаю еще увлечение, - продолжала она, помолчав, - но обдуманно, хитро обманывать меня... с кем же?.. Продолжать быть моим мужем вместе с нею... это ужасно! Ты не можешь понять...

- О, нет, я понимаю! Понимаю, милая Долли, понимаю, - говорила Анна, пожимая ее руку.

- И ты думаешь, что он понимает весь ужас моего положения? - продолжала Долли. - Нисколько! Он счастлив и доволен.

- О, нет! - быстро перебила Анна. - Он жалок, он убит раскаяньем...

- Способен ли он к раскаянью? - перебила Долли, внимательно вглядываясь в лицо золовки.

- Да, я его знаю. Я не могла без жалости смотреть на него. Мы его обе знаем. Он добр, но он горд, а теперь так унижен. Главное, что меня тронуло (и тут Анна угадала главное, что могло тронуть Долли) - его мучают две вещи: то, что ему стыдно детей, и то, что он, любя тебя... да, да, любя больше всего на свете, - поспешно перебила она хотевшую возражать Долли, - сделал тебе больно, убил тебя. «Нет, нет, она не простит», все говорит он.

Долли задумчиво смотрела мимо золовки, слушая ее слова.

- Да, я понимаю, что положение его ужасное; виноватому хуже, чем невинному, - сказала она, - если он чувствует, что от вины его все несчастие. Но как же простить, как мне опять быть его женою после нее? Мне жить с ним теперь будет мученье, именно потому, что я любила его, как любила, что я люблю свою прошедшую любовь к нему...

И рыдания прервали ее слова.

Но как будто нарочно, каждый раз, как она смягчалась, она начинала опять говорить о том, что раздражало ее.

- Она ведь молода, ведь она красива, - продолжала она. - Ты понимаешь ли, Анна, что у меня моя молодость, красота взяты кем? Им и его детьми. Я отслужила ему, и на этой службе ушло все мое, и ему теперь, разумеется, свежее пошлое существо приятнее. Они, верно, говорили между собою обо мне или, еще хуже, умалчивали, - ты понимаешь? - Опять ненавистью зажглись ее глаза. - И после этого он будет говорить мне... Что ж, я буду верить ему? Никогда. Нет, уж кончено все, все, что составляло утешенье, награду труда, мук... Ты поверишь ли? я сейчас учила Гришу: прежде это бывало радость, теперь мученье. Зачем я стараюсь, тружусь? Зачем дети? Ужасно то, что вдруг душа моя перевернулась, и вместо любви, нежности у меня к нему одна злоба, да, злоба. Я бы убила его и...

- Душенька, Долли, я понимаю, но не мучь себя. Ты так оскорблена, так возбуждена, что ты многое видишь не так.

Долли затихла, и они минуты две помолчали.

- Что делать, придумай, Анна, помоги. Я все передумала и ничего не вижу.

Анна ничего не могла придумать, но сердце ее прямо отзывалось на каждое слово, на каждое выражение лица невестки.

- Я одно скажу, - начала Анна, - я его сестра, я знаю его характер, эту способность все, все забыть (она сделала жест пред лбом), эту способность полного увлечения, но зато и полного раскаяния. Он не верит, не понимает теперь, как он мог сделать то, что сделал.

- Нет, он понимает, он понимал! - перебила Долли. - Но я... ты забываешь меня... разве мне легче?

- Постой. Когда он говорил мне, признаюсь тебе, я не понимала еще всего ужаса твоего положения. Я видела только его и то, что семья расстроена; мне его жалко было, но, поговорив с тобой, я, как женщина, вижу другое; я вижу твои страдания, и мне, не могу тебе сказать, как жаль тебя! Но, Долли, душенька, я понимаю твои страдания вполне, только одного я не знаю: я не знаю... я не знаю, насколько в душе твоей есть еще любви к нему. Это ты знаешь, - настолько ли есть, чтобы можно было простить. Если есть, то прости!

- Нет, - начала Долли, но Анна прервала ее, целуя еще раз ее руку.

- Я больше тебя знаю свет, - сказала она. - Я знаю этих людей, как Стива, как они смотрят на это. Ты говоришь, что он с *ней* говорил об тебе. Этого не было. Эти люди делают неверности, но свой домашний очаг и жена - это для них святыня. Как-то у них эти женщины остаются в презрении и не мешают семье. Они какую-то черту проводят непроходимую между семьей и этим. Я этого не понимаю, но это так.

- Да, но он целовал ее...

- Долли, постой, душенька. Я видела Стиву, когда он был влюблен в тебя. Я помню это время, когда он приезжал ко мне и плакал, говоря о тебе, и какая поэзия и высота была ты для него, и я знаю, что чем больше он с тобой жил, тем выше ты для пего становилась. Ведь мы смеялись, бывало, над ним, что он к каждому слову прибавлял: «Долли удивительная

женщина». Ты для него божество всегда была и осталась, а это увлечение не
души его...

— Но если это увлечение повторится?

— Оно не может, как я понимаю...

— Да, но ты простила бы?

— Не знаю. Я не могу судить... Нет, могу, — сказала Анна, подумав; и,
уловив мыслью положение и свесив его на внутренних весах, прибавила: —
Нет, могу, могу, могу. Да, я простила бы. Я не была бы тою же, да, но
простила бы, и так простила бы, как будто этого не было, совсем не было.

— Ну, разумеется, — быстро прервала Долли, как будто она говорила
то, что не раз думала, — иначе бы это не было прощение. Если простить, то
совсем, совсем. Ну пойдем, я тебя проведу в твою комнату, — сказала она,
вставая, и по дороге Долли обняла Анну. — Милая моя, как я рада, что ты
приехала, как я рада. Мне легче, гораздо легче стало.

XX

Весь день этот Анна провела дома, то есть у Облонских, и не
принимала никого, так как уж некоторые из ее знакомых, успев узнать о ее
прибытии, приезжали в этот же день. Анна все утро провела с Долли и с
детьми. Она только послала записочку к брату, чтоб он непременно обедал
дома. «Приезжай, бог милостив», писала она.

Облонский обедал дома; разговор был общий, и жена говорила с ним,
называя его «ты», чего прежде не было. В отношениях мужа с женой
оставалась та же отчужденность, но уже не было речи о разлуке, и Степан
Аркадьич видел возможность объяснения и примирения.

Тотчас после обеда приехала Кити. Она знала Анну Аркадьевну, но
очень мало, и ехала теперь к сестре не без страху пред тем, как ее примет
эта петербургская светская дама, которую все так хвалили. Но она
понравилась Анне Аркадьевне, — зто она увидела сейчас. Анна, очевидно,
любовалась ее красотою и молодостью, и не успела Кити опомниться, как
она уже чувствовала себя не только под ее влиянием, но чувствовала себя
влюбленною в нее, как способны влюбляться молодые девушки в замужних
и старших дам. Анна непохожа была на светскую даму или на мать
восьмилетнего сына, но скорее походила бы на двадцатилетнюю девушку по
гибкости движений, свежести и установившемуся на ее лице оживлению,
выбивавшемуся то в улыбку, то во взгляд, если бы не серьезное, иногда
грустное выражение ее глаз, которое поражало и притягивало к себе Кити.

Кити чувствовала, что Анна была совершенно проста и ничего не скрывала, но что в ней был другой какой-то высший мир недоступных для нее интересов, сложных и поэтических.

После обеда, когда Долли вышла в свою комнату, Анна быстро встала и подошла к брату, который закуривал сигару.

– Стива, – сказала она ему, весело подмигивая, крестя его и указывая глазами на дверь. – Иди, и помогай тебе бог.

Он бросил сигару, поняв ее, и скрылся за дверью.

Когда Степан Аркадьич ушел, она вернулась на диван, где сидела окруженная детьми. Оттого ли, что дети видели, что мама любила эту тетю, или оттого, что они сами чувствовали в ней особенную прелесть, но старшие два, а за ними и меньшие, как это часто бывает с детьми, еще до обеда прилипли к новой тете и не отходили от нее. И между ними составилось что-то вроде игры, состоящей в том, чтобы как можно ближе сидеть подле тети, дотрагиваться до нее, держать ее маленькую руку, целовать ее, играть с ее кольцом или хоть дотрагиваться до оборки ее платья.

– Ну, ну, как мы прежде сидели, – сказала Анна Аркадьевна, садясь на свое место.

И опять Гриша подсунул голову под ее руку и прислонился головой к ее платью и засиял гордостью и счастьем.

– Так теперь когда же бал? – обратилась она к Кити.

– На будущей неделе, и прекрасный бал. Один из тех балов, на которых всегда весело.

– А есть такие, где всегда весело? – с нежною насмешкой сказала Анна.

– Странно, но есть. У Бобрищевых всегда весело, у Никитиных тоже, а у Межковых всегда скучно. Вы разве не замечали?

– Нет, душа моя, для меня уж нет таких балов, где весело, – сказала Анна, и Кити увидела в ее глазах тот особенный мир, который ей не был открыт. – Для меня есть такие, на которых менее трудно и скучно…

– Как может быть *вам* скучно на бале?

– Отчего же *мне* не может быть скучно на бале? – спросила Анна.

Кити заметила, что Анна знала, какой последует ответ.

– Оттого, что вы всегда лучше всех.

Анна имела способность краснеть. Она покраснела и сказала:

– Во-первых, никогда; а во-вторых, если б это и было, то зачем мне это?

– Вы поедете на этот бал? – спросила Кити.

– Я думаю, что нельзя будет не ехать. Вот это возьми, – сказала она Тане, которая, стаскивала легко сходившее кольцо с ее белого, тонкого в конце пальца.

– Я очень рада буду, если вы поедете. Я бы так хотела вас видеть на бале.

– По крайней мере, если придется ехать, я буду утешаться мыслью, что это сделает вам удовольствие… Гриша, не тереби, пожалуйста, они и так все растрепались, – сказала она, поправляя выбившуюся прядь волос, которою играл Гриша.

– Я вас воображаю на бале в лиловом.

– Отчего же непременно в лиловом? – улыбаясь, спросила Анна. – Ну, дети, идите, идите. Слышите, мисс Гуль зовет чай пить, – сказала она, отрывая от себя детей и отправляя их в столовую.

– А я знаю, отчего вы зовете меня на бал. Вы ждете много от этого бала, и вам хочется, чтобы все тут были, все принимали участие.

– Почем вы знаете? Да.

– О! как хорошо ваше время, – продолжала Анна. – Помню и знаю этот голубой туман, вроде того, что на горах в Швейцарии. Этот туман, который покрывает все в блаженное то время, когда вот-вот кончится детство, и из этого огромного круга, счастливого, веселого, делается путь все у́же и у́же и весело и жутко входить в эту анфиладу, хотя она и светлая и прекрасная… Кто не прошел через это?

Кити молча улыбалась. «Но как же она прошла через это? Как бы я желала знать весь ее роман», – подумала Кити, вспоминая непоэтическую наружность Алексея Александровича, ее мужа.

– Я знаю кое-что. Стива мне говорил, и поздравляю вас, он мне очень нравится, – продолжала Анна, – я встретила Вронского на железной дороге.

– Ах, он был там? – спросила Кити, покраснев. – Что же Стива сказал вам?

– Стива мне все разболтал. И я очень была бы рада. Я ехала вчера с матерью Вронского, – продолжала она, – и мать, не умолкая, говорила мне про него; это ее любимец; я знаю, как матери пристрастны, но…

– Что ж мать рассказывала вам?

– Ах, много! И я знаю, что он ее любимец, но все-таки видно, что это рыцарь… Ну, например, она рассказывала, что он хотел отдать все состояние брату, что он в детстве еще что-то необыкновенное сделал, спас женщину из воды. Словом, герой, – сказала Анна, улыбаясь и вспоминая про эти двести рублей, которые он дал на станции.

Но она не рассказала про эти двести рублей. Почему-то ей неприятно было вспоминать об этом. Она чувствовала, что в этом было что-то касающееся до нее и такое, чего не должно было быть.

— Она очень просила меня поехать к ней, — продолжала Анна, — и я рада повидать старушку и завтра поеду к ней. Однако, слава богу, Стива долго остается у Долли в кабинете, — прибавила Анна, переменяя разговор и вставая, как показалось Кити, чем-то недовольная.

— Нет, я прежде! нет, я! — кричали дети, окончив чай и выбегая к тете Анне.

— Все вместе! — сказала Анна и, смеясь, побежала им навстречу и обняла и повалила всю эту кучу копошащихся и визжащих от восторга детей.

XXI

К чаю больших Долли вышла из своей комнаты. Степан Аркадьич не выходил. Он, должно быть, вышел из комнаты жены задним ходом.

— Я боюсь, что тебе холодно будет наверху, — заметила Долли, обращаясь к Анне, — мне хочется перевести тебя вниз, и мы ближе будем.

— Ах, уж, пожалуйста, обо мне не заботьтесь, — отвечала Анна, вглядываясь в лицо Долли и стараясь понять, было или не было примирения.

— Тебе светло будет здесь, — отвечала невестка.

— Я тебе говорю, что я сплю везде и всегда как сурок.

— Об чем это? — сказал Степан Аркадьич, выходя из кабинета и обращаясь к жене.

По тону его и Кити и Анна сейчас поняли, что примирение состоялось.

— Я Анну хочу перевести вниз, но надо гардины перевесить. Никто не сумеет сделать, надо самой, — отвечала Долли, обращаясь к нему.

«Бог знает, вполне ли помирились?» — подумала Анна, услышав ее тон, холодный и спокойный.

— Ах, полно, Долли, все делать трудности, — сказал муж. — Ну, хочешь, я все сделаю…

«Да, должно быть, помирились», — подумала Анна.

— Знаю, как ты все сделаешь, — отвечала Долли, — скажешь Матвею сделать то, чего нельзя сделать, сам уедешь, а он все перепутает, — и привычная насмешливая улыбка морщила концы губ Долли, когда она говорила это.

«Полное, полное примиренье, полное, — подумала Анна, — слава богу!» — и, радуясь тому, что она была причиной этого, она подошла к Долли и поцеловала ее.

— Совсем нет, отчего ты так презираешь нас с Матвеем? — сказал Степан Аркадьич, улыбаясь чуть заметно и обращаясь к жене.

Весь вечер, как всегда, Долли была слегка насмешлива по отношению к мужу, а Степан Аркадьич доволен и весел, но настолько, чтобы не показать, что он, будучи прощен, забыл свою вину.

В половине десятого особенно радостная и приятная вечерняя семейная беседа за чайным столом у Облонских была нарушена самым, по-видимому, простым событием, но это простое событие почему-то всем показалось странным. Разговорившись об общих петербургских знакомых, Анна быстро встала.

— Она у меня есть в альбоме, — сказала она, — да и кстати я покажу моего Сережу, — прибавила она с гордою материнскою улыбкой.

К десяти часам, когда она обыкновенно прощалась с сыном и часто сама, пред тем как ехать на бал, укладывала его, ей стало грустно, что она так далеко от него; и о чем бы ни говорили, она нет-нет и возвращалась мыслью к своему кудрявому Сереже. Ей захотелось посмотреть на его карточку и поговорить о нем. Воспользовавшись первым предлогом, она встала и своею легкою, решительною походкой пошла за альбомом. Лестница наверх, в ее комнату, выходила на площадку большой входной теплой лестницы.

В то время, как она выходила из гостиной, в передней послышался звонок.

— Кто это может быть? — сказала Долли.

— За мной рано, а кому-нибудь поздно, — заметила Кити.

— Верно, с бумагами, — прибавил Степан Аркадьич, и, когда Анна проходила мимо лестницы, слуга взбегал наверх, чтобы доложить о приехавшем, а сам приехавший стоял у лампы. Анна, взглянув вниз, узнала тотчас же Вронского, и странное чувство удовольствия и вместе страха чего-то вдруг шевельнулось у нее в сердце. Он стоял, не снимая пальто, и что-то доставал из кармана. В ту минуту как она поравнялась с серединой лестницы, он поднял глаза, увидал ее, и в выражении его лица сделалось что-то пристыженное и испуганное. Она, слегка наклонив голову, прошла, а вслед за ней послышался громкий голос Степана Аркадьича, звавшего его войти, и негромкий, мягкий и спокойный голос отказывавшегося Вронского.

Когда Анна вернулась с альбомом, его уже не было, и Степан Аркадьич рассказывал, что он заезжал узнать об обеде, который они завтра давали приезжей знаменитости.

— Он ни за что не хотел войти. Какой-то он странный, — прибавил Степан Аркадьич.

Кити покраснела. Она думала, что она одна поняла, зачем он приезжал и отчего не вошел. «Он был у нас, — думала она, — и не застал и подумал, я здесь; но не вошел, оттого что думал — поздно, и Анна здесь».

Все переглянулись, ничего не сказав, и стали смотреть альбом Анны.

Ничего не было ни необыкновенного, ни странного в том, что человек заехал к приятелю в половине десятого узнать подробности затеваемого обеда и не вошел; но всем это показалось странно. Более всех странно и нехорошо это показалось Анне.

XXII

Бал только что начался, когда Кити с матерью входила на большую, уставленную цветами и лакеями в пудре и красных кафтанах, залитую светом лестницу. Из зал несся стоявший в них равномерный, как в улье, шорох движенья, и, пока они на площадке между деревьями оправляли перед зеркалом прически, из залы послышались осторожно-отчетливые звуки скрипок оркестра, начавшего первый вальс. Штатский старичок, оправлявший свои седые височки у другого зеркала и изливавший от себя запах духов, столкнулся с ними на лестнице и посторонился, видимо любуясь незнакомою ему Кити. Безбородый юноша, один из тех светских юношей, которых старый князь Щербацкий называл *тютьками,* в чрезвычайно открытом жилете, оправляя на ходу белый галстук, поклонился им и, пробежав мимо, вернулся, приглашая Кити на кадриль. Первая кадриль была уж отдана Вронскому, она должна была отдать этому юноше вторую. Военный, застегивая перчатку, сторонился у двери и, поглаживая усы, любовался на розовую Кити.

Несмотря на то, что туалет, прическа и все приготовления к балу стоили Кити больших трудов и соображений, она теперь, в своем сложном тюлевом платье на розовом чехле, вступала на бал так свободно и просто, как будто все эти розетки, кружева, все подробности туалета не стоили ей и ее домашним ни минуты внимания, как будто она родилась в этом тюле, кружевах, с этою высокою прической, с розой и двумя листками наверху.

Когда старая княгиня пред входом в залу хотела оправить на ней завернувшуюся ленту пояса, Кити слегка отклонилась. Она чувствовала, что все само собою должно быть хорошо и грациозно на ней и что поправлять ничего не нужно.

Кити была в одном из своих счастливых дней. Платье не теснило нигде, нигде не спускалась кружевная берта, розетки не смялись и не оторвались; розовые туфли на высоких выгнутых каблуках не жали, а веселили ножку. Густые косы белокурых волос держались как свои на маленькой головке. Пуговицы все три застегнулись, не порвавшись, на высокой перчатке, которая обвила ее руку, не изменив ее формы. Черная бархатка медальона особенно нежно окружила шею. Бархатка эта была прелесть, и дома, глядя в зеркало на свою шею, Кити чувствовала, что эта бархатка говорила. Во всем другом могло еще быть сомненье, но бархатка была прелесть. Кити улыбнулась и здесь на бале, взглянув на нее в зеркало. В обнаженных плечах и руках Кити чувствовала холодную мраморность, чувство, которое она особенно любила. Глаза блестели, и румяные губы не могли не улыбаться от сознания своей привлекательности. Не успела она войти в залу и дойти до тюлево-ленто-кружевно-цветной толпы дам, ожидавших приглашения танцевать (Кити никогда не стаивала в этой толпе), как уж ее пригласили на вальс, и пригласил лучший кавалер, главный кавалер по бальной иерархии, знаменитый дирижер балов, церемониймейстер, женатый, красивый и статный мужчина Егорушка Корсунский. Только что оставив графиню Банину, с которою он протанцевал первый тур вальса, он, оглядывая свое хозяйство, то есть пустившихся танцевать несколько пар, увидел входившую Кити и подбежал к ней тою особенною, свойственною только дирижерам балов развязною иноходью и, поклонившись, даже не спрашивая, желает ли она, занес руку, чтоб обнять ее тонкую талию. Она оглянулась, кому передать веер, и хозяйка, улыбаясь ей, взяла его.

– Как хорошо, что вы приехали вовремя, – сказал он, обнимая ее талию, – а то, что за манера опаздывать.

Она положила, согнувши, левую руку на его плечо, и маленькие ножки в розовых ботинках быстро, легко и мерно задвигались в такт музыки по скользкому паркету.

– Отдыхаешь, вальсируя с вами, – сказал он ей, пускаясь в первые небыстрые шаги вальса. – Прелесть, какая легкость, précision[1], говорил он ей то, что говорил почти всем хорошим знакомым.

Она улыбнулась на его похвалу и через его плечо продолжала разглядывать залу. Она была не вновь выезжающая, у которой на бале все лица сливаются в одно волшебное впечатление; она и не была затасканная по балам девушка, которой все лица бала так знакомы, что наскучили; но она была на середине этих двух, – она была возбуждена, а вместе с тем обладала собой настолько, что могла наблюдать. В левом углу залы, она видела, сгруппировался цвет общества. Там была до невозможного обнаженная красавица Лиди, жена Корсунского, там была хозяйка, там сиял своею лысиной Кривин, всегда бывший там, где цвет общества; туда смотрели юноши, не смея подойти; и там она нашла глазами Стиву и потом увидала прелестную фигуру и голову Анны в черном бархатном платье. И *он* был тут. Кити не видала его с того вечера, когда она отказала Левину. Кити

---

[1] Точность *(фр.)*.

своими дальнозоркими глазами тотчас узнала его и даже заметила, что он смотрит на нее.

— Что ж, еще тур? Вы не устали? — сказал Корсунский, слегка запыхавшись.

— Нет, благодарствуйте.

— Куда же отвести вас?

— Каренина тут, кажется… отведите меня к ней.

— Куда прикажете.

И Корсунский завальсировал, умеряя шаг, прямо на толпу в левом углу залы, приговаривая: «Pardon, mesdames, pardon, pardon, mesdames», и, лавируя между морем кружев, тюля и лент и не зацепив ни за перышко, повернул круто свою даму, так что открылись ее тонкие ножки в ажурных чулках, а шлейф разнесло опахалом и закрыло им колени Кривину. Корсунский поклонился, выпрямил открытую грудь и подал руку, чтобы провести ее до Анны Аркадьевны. Кити, раскрасневшись, сняла шлейф с колен Кривина и, закруженная немного, оглянулась, отыскивая Анну. Анна стояла, окруженная дамами и мужчинами, разговаривая. Анна была не в лиловом, как того непременно хотела Кити, но в черном, низко срезанном бархатном платье, открывавшем ее точеные, как старой слоновой кости, полные плечи и грудь и округлые руки с тонкою крошечною кистью. Все платье было обшито венецианским гипюром. На голове у нее, в черных волосах, своих без примеси, была маленькая гирлянда анютиных глазок и такая же на черной ленте пояса между белыми кружевами. Прическа ее была незаметна. Заметны были только, украшая ее, эти своевольные короткие колечки курчавых волос, всегда выбивавшиеся на затылке и висках. На точеной крепкой шее была нитка жемчугу.

Кити видела каждый день Анну, была влюблена в нее и представляла себе ее непременно в лиловом. Но теперь, увидав ее в черном, она почувствовала, что не понимала всей ее прелести. Она теперь увидала ее совершенно новою и неожиданною для себя. Теперь она поняла, что Анна не могла быть в лиловом и что ее прелесть состояла именно в том, что она всегда выступала из своего туалета, что туалет никогда не мог быть виден на ней. И черное платье с пышными кружевами не было видно на ней; это была только рамка, и была видна только она, простая, естественная, изящная и вместе веселая и оживленная.

Она стояла, как и всегда, чрезвычайно прямо держась, и, когда Кити подошла к этой кучке, говорила с хозяином дома, слегка поворотив к нему голову.

— Нет, я не брошу камня, — отвечала она ему на что-то, — хотя я не понимаю, — продолжала она, пожав плечами, и тотчас же с нежною улыбкой покровительства обратилась к Кити. Беглым женским взглядом окинув ее туалет, она сделала чуть заметное, но понятное для Кити, одобрительное ее туалету и красоте движенье головой. - Вы и в залу входите танцуя, - прибавила она.

- Это одна из моих вернейших помощниц, - сказал Корсунский, кланяясь Анне Аркадьевне, которой он не видал еще. - Княжна помогает сделать бал веселым и прекрасным. Анна Аркадьевна, тур вальса, - сказал он, нагибаясь.

- А вы знакомы? - спросил хозяин.

- С кем мы не знакомы? Мы с женой как белые волки, нас все знают, - отвечал Корсунский. - Тур вальса, Анна Аркадьевна.

- Я не танцую, когда можно не танцевать, - сказала она.

- Но нынче нельзя, - отвечал Корсунский. В это время подходил Вронский.

- Ну, если нынче нельзя не танцевать, так пойдемте, - сказала она, не замечая поклона Вронского, и быстро подняла руку на плечо Корсунского.

«За что она недовольна им?» - подумала Кити, заметив, что Анна умышленно не ответила на поклон Вронского. Вронский подошел к Кити, напоминая ей о первой кадрили и сожалея, что все это время не имел удовольствия ее видеть. Кити смотрела, любуясь, на вальсировавшую Анну и слушала его. Она ждала, что он пригласит ее на вальс, но он не пригласил, и она удивленно взглянула на него. Он покраснел и поспешно пригласил вальсировать, но только что он обнял ее тонкую талию и сделал первый шаг, как вдруг музыка остановилась. Кити посмотрела на его лицо, которое было на таком близком от нее расстоянии, и долго потом, чрез несколько лет, этот взгляд, полный любви, которым она тогда взглянула на него и на который он не ответил ей, мучительным стыдом резал ее сердце.

- Pardon, pardon! Вальс, вальс! - закричал с другой стороны залы Корсунский и, подхватив первую попавшуюся барышню, стал сам танцевать.

XXIII

Вронский с Кити прошел несколько туров вальса. После вальса Кити подошла к матери и едва успела сказать несколько слов с Нордстон, как Вронский уже пришел за ней для первой кадрили. Во время кадрили ничего значительного не было сказано, шел прерывистый разговор то о Корсунских, муже и жене, которых он очень забавно описывал, как милых сорокалетних детей, то о будущем общественном театре[1], и только один раз разговор затронул ее за живое, когда он спросил о Левине, тут ли он, и прибавил, что он очень понравился ему. Но Кити и не ожидала большего от кадрили. Она ждала с замиранием сердца мазурки. Ей казалось, что в мазурке все должно решиться. То, что он во время кадрили не пригласил ее на мазурку, не тревожило ее. Она была уверена, что она танцует мазурку с ним, как и на прежних балах, и пятерым отказала мазурку, говоря, что танцует. Весь бал до последней кадрили был для Кити волшебным сновидением радостных цветов, звуков и движений. Она не танцевала, только когда чувствовала себя слишком усталою и просила отдыха. Но, танцуя последнюю кадриль с одним из скучных юношей, которому нельзя было отказать, ей случилось быть vis-à-vis[2] с Вронским и Анной. Она не сходилась с Анной с самого приезда и тут вдруг увидала ее опять совершенно новою и неожиданною. Она увидала в ней столь знакомую ей самой черту возбуждения от успеха. Она видела, что Анна пьяна вином возбуждаемого ею восхищения. Она знала это чувство и знала его признаки и видела их на Анне – видела дрожащий, вспыхивающий блеск в глазах и улыбку счастья и возбуждения, невольно изгибающую губы, и отчетливую грацию, верность и легкость движений.

«Кто? – спросила она себя. – Все или один?» И, не помогая мучившемуся юноше, с которым она танцевала, в разговоре, нить которого он упустил и не мог поднять, и наружно подчиняясь весело-громким повелительным крикам Корсунского, то бросающего всех в grand rond[3], то в chaîne[4], она наблюдала, и сердце ее сжималось больше и больше. «Нет, это не любованье толпы опьянило ее, а восхищение одного. И этот один? неужели это он?» Каждый раз, как он говорил с Анной, в глазах ее вспыхивал радостный блеск, и улыбка счастья изгибала ее румяные губы. Она как будто делала усилие над собой, чтобы не выказывать этих признаков радости, но

---

[1] ...шел... разговор... о будущем общественном театре... – Общественный театр был открыт в 1873 г. в Москве. Это новшество встретили как шаг к освобождению столичных театров от «монополии». До той поры все сцены столиц находились во власти канцелярии императорских театров. Но новый театр не соответствовал своему названию и назначению. «Что такое общедоступный театр? – писал обозреватель газеты «Голос». – Увеселительное место, куда всем доступен вход, по недороговизне входных билетов. В московский *общедоступный* театр между тем могли попасть только те, которые были в состоянии платить относительно высокие цены. Народу же он был совершенно почти недоступен» («Голос», 1873, № 163).

[2] Напротив *(фр.)*.

[3] Большой круг *(фр.)*.

[4] Цепь *(фр.)*.

они сами собой выступали на ее лице. «Но что он?» Кити посмотрела на него и ужаснулась. То, что Кити так ясно представлялось в зеркале ее лица, она увидела на нем. Куда делась его всегда спокойная, твердая манера и беспечно спокойное выражение лица? Нет, он теперь каждый раз, как обращался к ней, немного сгибал голову, как бы желая пасть пред ней, и во взгляде его было одно выражение покорности и страха. «Я не оскорбить хочу, – каждый раз как будто говорил его взгляд, – но спасти себя хочу, и не знаю как». На лице его было такое выражение, которого она никогда не видала прежде.

Они говорили об общих знакомых, вели самый ничтожный разговор, но Кити казалось, что всякое сказанное ими слово решало их и ее судьбу. И странно то, что хотя они действительно говорили о том, как смешон Иван Иванович своим французским языком, и о том, что для Елецкой можно было бы найти лучше партию, а между тем эти слова имели для них значение, и они чувствовали это так же, как и Кити. Весь бал, весь свет, все закрылось туманом в душе Кити. Только пройденная ею строгая школа воспитания поддерживала ее и заставляла делать то, чего от нее требовали, то есть танцевать, отвечать на вопросы, говорить, даже улыбаться. Но пред началом мазурки, когда уже стали расставлять стулья и некоторые пары двинулись из маленьких в большую залу, на Кити нашла минута отчаяния и ужаса. Она отказала пятерым и теперь не танцевала мазурки. Даже не было надежды, чтоб ее пригласили, именно потому, что она имела слишком большой успех в свете, и никому в голову не могло прийти, чтоб она не была приглашена до сих пор. Надо было сказать матери, что она больна, и уехать домой, но на это у нее не было силы. Она чувствовала себя убитою.

Она зашла в глубь маленькой гостиной и опустилась на кресло. Воздушная юбка платья поднялась облаком вокруг ее тонкого стана; одна обнаженная, худая, нежная девичья рука, бессильно опущенная, утонула в складках розового тюника; в другой она держала веер и быстрыми, короткими движениями обмахивала свое разгоряченное лицо. Но, вопреки этому виду бабочки, только что уцепившейся за травку и готовой, вот-вот вспорхнув, развернуть радужные крылья, страшное отчаяние щемило ей сердце.

«А может быть, я ошибаюсь, может быть, этого не было?»

И она опять вспоминала все, что она видела.

– Кити, что ж это такое? – сказала графиня Нордстон, по ковру неслышно подойдя к ней. – Я не понимаю этого.

У Кити дрогнула нижняя губа; она быстро встала.

– Кити, ты не танцуешь мазурку?

– Нет, нет, – сказала Кити дрожащим от слез голосом.

– Он при мне звал ее на мазурку, – сказала Нордстон, зная, что Кити поймет, кто он и она. – Она сказала: разве вы не танцуете с княжной Щербацкой?

– Ах, мне все равно! – отвечала Кити.

Никто, кроме ее самой, не понимал ее положения, никто не знал того, что она вчера отказала человеку, которого она, может быть, любила, и отказала потому, что верила в другого.

Графиня Нордстон нашла Корсунского, с которым она танцевала мазурку, и велела ему пригласить Кити.

Кити танцевала в первой паре, и, к ее счастью, ей не надо было говорить, потому что Корсунский все время бегал, распоряжаясь по своему хозяйству. Вронский с Анной сидели почти против нее. Она видела их своими дальнозоркими глазами, видела их и вблизи, когда они сталкивались в парах, и чем больше она видела их, тем больше убеждалась, что несчастье ее свершилось. Она видела, что они чувствовали себя наедине в этой полной зале. И на лице Вронского, всегда столь твердом и независимом, она видела то поразившее ее выражение потерянности и покорности, похожее на выражение умной собаки, когда она виновата.

Анна улыбалась, и улыбка передавалась ему. Она задумывалась, и он становился серьезен. Какая-то сверхъестественная сила притягивала глаза Кити к лицу Анны. Она была прелестна в своем простом черном платье, прелестны были ее полные руки с браслетами, прелестна твердая шея с ниткой жемчуга, прелестны вьющиеся волосы расстроившейся прически, прелестны грациозные легкие движения маленьких ног и рук, прелестно это красивое лицо в своем оживлении; но было что-то ужасное и жестокое в ее прелести.

Кити любовалась ею еще более, чем прежде, и все больше и больше страдала. Кити чувствовала себя раздавленною, и лицо ее выражало это. Когда Вронский увидал ее, столкнувшись с ней в мазурке, он не вдруг узнал ее – так она изменилась.

– Прекрасный бал! – сказал он ей, чтобы сказать что-нибудь.

– Да, – отвечала она.

В середине мазурки, повторяя сложную фигуру, вновь выдуманную Корсунским, Анна вышла на середину круга, взяла двух кавалеров и подозвала к себе одну даму и Кити. Кити испуганно смотрела на нее, подходя. Анна, прищурившись, смотрела на нее и улыбнулась, пожав ей руку. Но, заметив, что лицо Кити только выражением отчаяния и удивления ответило на ее улыбку, она отвернулась от нее и весело заговорила с другою дамой.

«Да, что-то чуждое, бесовское и прелестное есть в ней», – сказала себе Кити.

Анна не хотела оставаться ужинать, но хозяин стал просить ее.

– Полно, Анна Аркадьевна, – заговорил Корсунский, забирая ее обнаженную руку под рукав своего фрака. – Какая у меня идея котильона! Un bijou![1]

И он понемножку двигался, стараясь увлечь ее. Хозяин улыбался одобрительно.

– Нет, я не останусь, – ответила Анна, улыбаясь; но, несмотря на улыбку, и Корсунский и хозяин поняли по решительному тону, с каким она отвечала, что она не останется.

– Нет, я и так в Москве танцевала больше на вашем одном бале, чем всю зиму в Петербурге, – сказала Анна, оглядываясь на подле нее стоявшего Вронского. – Надо отдохнуть перед дорогой.

– А вы решительно едете завтра? – спросил Вронский.

– Да, я думаю, – отвечала Анна, как бы удивляясь смелости его вопроса; но неудержимый дрожащий блеск глаз и улыбки обжег его, когда она говорила это.

Анна Аркадьевна не осталась ужинать и уехала.

XXIV

«Да, что-то есть во мне противное, отталкивающее, – думал Левин, вышедши от Щербацких и пешком направляясь к брату. – И не гожусь я для других людей. Гордость, говорят. Нет, у меня нет и гордости. Если бы была гордость, я не поставил бы себя в такое положение». И он представлял себе Вронского, счастливого, доброго, умного и спокойного, никогда, наверное, не бывавшего в том ужасном положении, в котором он был нынче вечером. «Да, она должна была выбрать его. Так надо, и жаловаться мне не на кого и не за что. Виноват я сам. Какое право имел я думать, что она захочет соединить свою жизнь с моею? Кто я? И что я? Ничтожный человек, никому и ни для кого не нужный». И он вспомнил о брате Николае и с радостью остановился на этом воспоминании. «Не прав ли он, что все на свете дурно и гадко? И едва ли мы справедливо судим и судили о брате Николае. Разумеется, с точки зрения Прокофья, видевшего его в оборванной шубе и пьяного, он презренный человек; но я знаю его иначе. Я знаю его душу и знаю, что мы похожи с ним. А я, вместо того чтобы ехать отыскать его, поехал обедать и сюда». Левин подошел к фонарю, прочел адрес брата, который у него был в бумажнике, и подозвал извозчика. Всю длинную дорогу до брата Левин живо припоминал себе все известные ему события из жизни брата Николая. Вспоминал он, как брат в университете и год после

---

[1] Прелесть! *(фр.)*.

университета, несмотря на насмешки товарищей, жил как монах, в строгости исполняя все обряды религии, службы, посты и избегая всяких удовольствий, в особенности женщин; и потом как вдруг его прорвало, он сблизился с самыми гадкими людьми и пустился в самый беспутный разгул. Вспоминал потом про историю с мальчиком, которого он взял из деревни, чтобы воспитывать, и в припадке злости так избил, что началось дело по обвинению в причинении увечья. Вспоминал потом историю с шулером, которому он проиграл деньги, дал вексель и на которого сам подал жалобу, доказывая, что тот его обманул. (Это были те деньги, которые заплатил Сергей Иваныч.) Потом вспоминал, как он ночевал ночь в части за буйство. Вспоминал затеянный им постыдный процесс с братом Сергеем Иванычем за то, что тот будто бы не выплатил ему долю из материнского имения; и последнее дело, когда он уехал служить в Западный край и там попал под суд за побои, нанесенные старшине… Все это было ужасно гадко, но Левину это представлялось совсем не так гадко, как это должно было представляться тем, которые не знали Николая Левина, не знали всей его истории, не знали его сердца.

Левин помнил, как в то время, когда Николай был в периоде набожности, постов, монахов, служб церковных, тогда он искал в религии помощи, узды на свою страстную натуру, никто не только не поддержал его, но все, и он сам, смеялись над ним. Его дразнили, звали его Ноем, монахом; а когда его прорвало, никто не помог ему, а все с ужасом и омерзением отвернулись.

Левин чувствовал, что брат Николай в душе своей, в самой основе своей души, несмотря на все безобразие своей жизни, не был более неправ, чем те люди, которые презирали его. Он не был виноват в том, что родился с своим неудержимым характером и стесненным чем-то умом. Но он всегда хотел быть хорошим. «Все выскажу ему, все заставлю его высказать и покажу ему, что я люблю и потому понимаю его», – решил сам с собою Левин, подъезжая в одиннадцатом часу к гостинице, указанной на адресе.

– Наверху 12-й и 13-й, – ответил швейцар на вопрос Левина.

– Дома?

– Должно, дома.

Дверь 12-го нумера была полуотворена, и оттуда, в полосе света, выходил густой дым дурного и слабого табаку и слышался незнакомый Левину голос; но Левин тотчас же узнал, что брат тут; он услыхал его покашливанье.

Когда он вошел в дверь, незнакомый голос говорил:

– Все зависит от того, насколько разумно и сознательно поведется дело.

Константин Левин заглянул в дверь и увидел, что говорит с огромной шапкой волос молодой человек в поддевке, а молодая рябоватая женщина, в шерстяном платье без рукавчиков и воротничков, сидит на диване. Брата не видно было. У Константина больно сжалось сердце при мысли о том, в среде каких чужих людей живет его брат. Никто не услыхал его, и Константин, снимая калоши, прислушивался к тому, что говорил господин в поддевке. Он говорил о каком-то предприятии.

– Ну, черт их дери, привилегированные классы, – прокашливаясь, проговорил голос брата. – Маша! Добудь ты нам поужинать и дай вина, если осталось, а то пошли.

Женщина встала, вышла за перегородку и увидала Константина.

– Какой-то барин, Николай Дмитрич, – сказала она.

– Кого нужно? – сердито сказал голос Николая Левина.

– Это я, – отвечал Константин Левин, выходя на свет.

– Кто *я?* – еще сердитее повторил голос Николая. Слышно было, как он быстро встал, зацепив за что-то, и Левин увидал перед собою в дверях столь знакомую и все-таки поражающую своею дикостью и болезненностью огромную, худую, сутуловатую фигуру брата, с его большими испуганными глазами.

Он был еще худее, чем три года тому назад, когда Константин Левин видел его в последний раз. На нем был короткий сюртук. И руки и широкие кости казались еще огромнее. Волосы стали реже, те же прямые усы висели на губы, те же глаза странно и наивно смотрели на вошедшего.

– А, Костя! – вдруг проговорил он, узнав брата, и глаза его засветились радостью. Но в ту же секунду он оглянулся на молодого человека и сделал столь знакомое Константину судорожное движение головой и шеей, как будто галстук жал его; и совсем другое, дикое, страдальческое и жестокое выражение остановилось на его исхудалом лице.

– Я писал и вам и Сергею Иванычу, что я вас не знаю и не хочу знать. Что тебе, что вам нужно?

Он был совсем не такой, каким воображал его Константин. Самое тяжелое и дурное в его характере, то, что делало столь трудным общение с ним, было позабыто Константином Левиным, когда он думал о нем; и теперь, когда увидел его лицо, в особенности это судорожное поворачиванье головы, он вспомнил все это.

– Мне ни для чего не нужно видеть тебя, – робко отвечал он. – Я просто приехал тебя видеть.

Робость брата, видимо, смягчила Николая. Он дернулся губами.

– А, ты так? – сказал он. – Ну, входи, садись. Хочешь ужинать? Маша, три порции принеси. Нет, постой. Ты знаешь, кто это? – обратился он к брату, указывая на господина в поддевке, – это господин Крицкий, мой друг еще из Киева, очень замечательный человек. Его, разумеется, преследует полиция, потому что он не подлец.

И он оглянулся по своей привычке на всех бывших в комнате. Увидав, что женщина, стоявшая в дверях, двинулась было идти, он крикнул ей: «Постой, я сказал». И с тем неуменьем, с тою нескладностью разговора, которые так знал Константин, он, опять оглядывая всех, стал рассказывать брату историю Крицкого: как его выгнали из университета за то, что он завел общество вспоможения бедным студентам и воскресные школы[1], и как потом он поступил в народную школу учителем, и как его оттуда также выгнали, и как потом судили за что-то.

– Вы Киевского университета? – сказал Константин Левин Крицкому, чтобы прервать установившееся неловкое молчание.

– Да, Киевского был, – насупившись, сердито говорил Крицкий.

– А эта женщина, – перебил его Николай Левин, указывая на нее, – моя подруга жизни, Марья Николаевна. Я взял ее из дома, – и он дернулся шеей, говоря это. – Но люблю ее и уважаю и всех, кто меня хочет знать, – прибавил он, возвышая голос и хмурясь, – прошу любить и уважать ее. Она все равно что моя жена, все равно. Так вот, ты знаешь, с кем имеешь дело. И если думаешь, что ты унизишься, так вот бог, а вот порог.

И опять глаза его вопросительно обежали всех.

– Отчего же я унижусь, я не понимаю.

– Так вели, Маша, принести ужинать: три порции, водки и вина… Нет, постой… Нет, не надо… Иди.

XXV

– Так видишь, – продолжал Николай Левин, с усилием морща лоб и подергиваясь. Ему, видимо, трудно было сообразить, что сказать и сделать. – Вот видишь ли… – Он указал в углу комнаты какие-то железные бруски, завязанные бечевками. – Видишь ли это? Это начало нового дела, к которому мы приступаем. Дело это есть производительная артель…

---

1 *...его выгнали из университета за то, что он завел... воскресные школы...* – Воскресные школы устраивались для рабочих на заводах и фабриках. Поэтому революционеры 70-х годов рассматривали работу в воскресных школах как одну из форм «хождения в народ». В 1874 г. министр юстиции граф К. Н. Пален представил Александру II доклад «Успехи революционной пропаганды в России». Воскресные школы были взяты под строгий контроль. Многих студентов за участие в работе этих школ исключали из университетов. «Им готовит провиденье // Одиночество, забвенье // И изгнанье без конца», – писал о них Некрасов в поэме «Современники» («Были вы вчера студенты»).

Константин почти не слушал. Он вглядывался в его болезненное, чахоточное лицо, и все больше и больше ему жалко было его, и он не мог заставить себя слушать то, что брат рассказывал ему про артель. Он видел, что эта артель есть только якорь спасения от презрения к самому себе. Николай Левин продолжал говорить:

- Ты знаешь, что капитал давит работника, - работники у нас, мужики, несут всю тягость труда и поставлены так, что, сколько бы они ни трудились, они не могут выйти из своего скотского положения. Все барыши заработной платы, на которые они бы могли улучшить свое положение, доставить себе досуг и вследствие этого образование, все излишки платы - отнимаются у них капиталистами. И так сложилось общество, что чем больше они будут работать, тем больше будут наживаться купцы, землевладельцы, а они будут скоты рабочие всегда. И этот порядок нужно изменить, - кончил он и вопросительно посмотрел на брата.

- Да, разумеется, - сказал Константин, вглядываясь в румянец, выступивший под выдающимися костями щек брата.

- И мы вот устраиваем артель слесарную, где все производство, и барыш, и, главное, орудия производства, все будет общее.

- Где же будет артель? - спросил Константин Левин.

- В селе Воздреме Казанской губернии.

- Да отчего же в селе? В селах, мне кажется, и так дела много. Зачем в селе слесарная артель?

- А затем, что мужики теперь такие же рабы, какими были прежде, и от этого-то вам с Сергеем Иванычем и неприятно, что их хотят вывести из этого рабства, - сказал Николай Левин, раздраженный возражением.

Константин Левин вздохнул, оглядывая в это время комнату, мрачную и грязную. Этот вздох, казалось, еще более раздражил Николая.

- Знаю ваши с Сергеем Иванычем аристократические воззрения. Знаю, что он все силы ума употребляет на то, чтобы оправдать существующее зло.

- Нет, да к чему ты говоришь о Сергее Иваныче? - проговорил, улыбаясь, Левин.

- Сергей Иваныч? А вот к чему! - вдруг при имени Сергея Ивановича вскрикнул Николай Левин, - вот к чему... Да что говорить? Только одно... Для чего ты приехал ко мне? Ты презираешь это, и прекрасно, и ступай с богом, ступай! - кричал он, вставая со стула, - и ступай, и ступай!

- Я не сколько не презираю, - робко сказал Константин Левин. - Я даже и не спорю.

В это время вернулась Марья Николаевна. Николай Левин сердито оглянулся на нее. Она быстро подошла к нему и что-то прошептала.

– Я нездоров, я раздражителен стал, – проговорил, успокаиваясь и тяжело дыша, Николай Левин, – и потом ты мне говоришь о Сергей Иваныче и его статье. Это такой вздор, такая фальшь, такое самообманыванье. Что может писать о справедливости человек, который ее не знает? Вы читали его статью? – обратился он к Крицкому, опять садясь к столу и сдвигая с него до половины насыпанные папиросы, чтоб опростать место.

– Я не читал, – мрачно сказал Крицкий, очевидно не хотевший вступать в разговор.

– Отчего? – с раздражением обратился теперь к Крицкому Николай Левин.

– Потому что не считаю нужным терять на это время.

– То есть, позвольте, почему ж вы знаете, что вы потеряете время? Многим статья эта недоступна, то есть выше их. Но я, другое дело, я вижу насквозь его мысли и знаю, почему это слабо.

Все замолчали. Крицкий медленно встал и взялся за шапку.

– Не хотите ужинать? Ну, прощайте. Завтра приходите со слесарем.

Только что Крицкий вышел, Николай Левин улыбнулся и подмигнул.

– Тоже плох, – проговорил он. – Ведь я вижу…

Но в это время Крицкий в дверях позвал его.

– Что еще нужно? – сказал он и вышел к нему в коридор. Оставшись один с Марьей Николаевной, Левин обратился к ней:

– А вы давно с братом? – сказал он ей.

– Да вот уж второй год. Здоровье их очень плохо стало. Пьют много, – сказала она.

– То есть как пьет?

– Водку пьют, а им вредно.

– А разве много? – прошептал Левин.

– Да, – сказала она, робко оглядываясь на дверь, в которой показался Николай Левин.

– О чем вы говорили? – сказал он, хмурясь и переводя испуганные глаза с одного на другого. – О чем?

– Ни о чем, – смутясь, отвечал Константин.

– А не хотите говорить, как хотите. Только нечего тебе с ней говорить. Она девка, а ты барин, – проговорил он, подергиваясь шеей.

– Ты, я ведь вижу, все понял и оценил и с сожалением относишься к моим заблуждениям, – заговорил он опять, возвышая голос.

– Николай Дмитрич, Николай Дмитрич, – прошептала опять Марья Николаевна, приближаясь к нему.

- Ну, хорошо, хорошо!.. Да что ж ужин? А, вот и он, - проговорил он, увидав лакея с подносом. - Сюда, сюда ставь, - проговорил он сердито и тотчас же взял водку, налил рюмку и жадно выпил. - Выпей, хочешь? - обратился он к брату, тотчас же повеселев. - Ну, будет о Сергее Иваныче. Я все-таки рад тебя видеть. Что там ни толкуй, а все не чужие. Ну, выпей же. Расскажи, что ты делаешь? - продолжал он, жадно пережевывая кусок хлеба и наливая другую рюмку. - Как ты живешь?

- Живу один в деревне, как жил прежде, занимаюсь хозяйством, - отвечал Константин, с ужасом вглядываясь в жадность, с которою брат его пил и ел, и стараясь скрыть свое внимание.

- Отчего ты не женишься?

- Не пришлось, - покраснев, отвечал Константин.

- Отчего? Мне - кончено! Я свою жизнь испортил. Это я сказал и скажу, что, если бы мне дали тогда мою часть, когда мне она нужна была, вся жизнь моя была бы другая.

lКонстантин Дмитрич поспешил отвести разговор.

- А ты знаешь, что твой Ванюшка у меня в Покровском конторщиком? - сказал он.

Николай дернул шеей и задумался.

- Да расскажи мне, что делается в Покровском? Что, дом все стоит, и березы, и наша классная? А Филипп-садовник, неужели жив? Как я помню беседку и диван! Да смотри же, ничего не переменяй в доме, но скорее женись и опять заведи то же, что было. Я тогда приеду к тебе, если твоя жена будет хорошая.

- Да приезжай теперь ко мне, - сказал Левин. - Как бы мы хорошо устроились!

- Я бы приехал к тебе, если бы знал, что не найду Сергея Иваныча.

- Ты его не найдешь. Я живу совершенно независимо от него.

- Да, но, как ни говори, ты должен выбрать между мною и им, - сказал он, робко глядя в глаза брату. Эта робость тронула Константина.

- Если хочешь знать всю мою исповедь в этом отношении, я скажу тебе, что в вашей ссоре с Сергеем Иванычем я не беру ни той, ни другой стороны. Вы оба неправы. Ты неправ более внешним образом, а он более внутренно.

- А, а! Ты понял это, ты понял это? - радостно закричал Николай.

- Но я, лично, если ты хочешь знать, больше дорожу дружбой с тобой, потому что...

- Почему, почему?

Константин не мог сказать, что он дорожит потому, что Николай несчастен и ему нужна дружба. Но Николай понял, что он хотел сказать именно это, и, нахмурившись, взялся опять за водку.

— Будет, Николай Дмитрич! — сказала Марья Николаевна, протягивая пухлую обнаженную руку к графинчику.

— Пусти! Не приставай! Прибью! — крикнул он. Марья Николаевна улыбнулась кроткою и доброю улыбкой, которая сообщилась и Николаю, и приняла водку.

— Да ты думаешь, она ничего не понимает? — сказал Николай. — Она все это понимает лучше всех нас. Правда, что есть в ней что-то хорошее, милое?

— Вы никогда прежде не были в Москве? — сказал ей Константин, чтобы сказать что-нибудь.

— Да не говори ей *вы.* Она этого боится. Ей никто, кроме мирового судьи, когда ее судили за то, что она хотела уйти из дома разврата, никто не говорил *вы.* Боже мой, что это за бессмыслица на свете! — вдруг вскрикнул он. — Эти новые учреждения, эти мировые судьи, земство, что это за безобразие!

И он начал рассказывать свои столкновения с новыми учреждениями.

Константин Левин слушал его, и то отрицание смысла во всех общественных учреждениях, которое он разделял с ним и часто высказывал, было ему неприятно теперь из уст брата.

— На том свете поймем все это, — сказал он шутя.

— На том свете? Ох, не люблю я тот свет! Не люблю, — сказал он, остановив испуганные дикие глаза на лице брата. — И ведь вот кажется, что уйти изо всей мерзости, путаницы, и чужой и своей, хорошо бы было, а я боюсь смерти, ужасно боюсь смерти. — Он содрогнулся. — Да выпей что-нибудь. Хочешь шампанского? Или поедем куда-нибудь. Поедем к цыганам! Знаешь, я очень полюбил цыган и русские песни.

Язык его стал мешаться, и он пошел перескакивать с одного предмета на другой. Константин с помощью Маши уговорил его никуда не ездить и уложил спать совершенно пьяного.

Маша обещала писать Константину в случае нужды и уговаривать Николая Левина приехать жить к брату.

XXVI

Утром Константин Левин выехал из Москвы и к вечеру приехал домой. Дорогой, в вагоне, он разговаривал с соседями о политике, о новых железных дорогах, и, так же как в Москве, его одолевала путаница понятий, недовольство собой, стыд пред чем-то; но когда он вышел на своей станции, узнал кривого кучера Игната с поднятым воротником кафтана, когда увидал в неярком свете, падающем из окон станции, свои ковровые сани, своих лошадей с подвязанными хвостами, в сбруе с кольцами и махрами, когда кучер Игнат, еще в то время как укладывались, рассказал ему деревенские новости, о приходе рядчика и о том, что отелилась Пава, — он почувствовал, что понемногу путаница разъясняется и стыд и недовольство собой проходят. Это он почувствовал при одном виде Игната и лошадей; но когда он надел привезенный ему тулуп, сел, закутавшись, в сани и поехал, раздумывая о предстоящих распоряжениях в деревне и поглядывая на пристяжную, бывшую верховою, донскую, надорванную, но лихую лошадь, он совершенно иначе стал понимать то, что с ним случилось. Он чувствовал себя собой и другим не хотел быть. Он хотел теперь быть только лучше, чем он был прежде. Во-первых, с этого дня он решил, что не будет больше надеяться на необыкновенное счастье, какое ему должна была дать женитьба, и вследствие этого не будет так пренебрегать настоящим. Во-вторых, он уж никогда не позволит себе увлечься гадкою страстью, воспоминанье о которой так мучало его, когда он собирался сделать предложение. Потом, вспоминая брата Николая, он решил сам с собою, что никогда уже он не позволит себе забыть его, будет следить за ним и не выпустит его из виду, чтобы быть готовым на помощь, когда ему придется плохо. А это будет скоро, он это чувствовал. Потом и разговор брата о коммунизме, к которому тогда он так легко отнесся, теперь заставил его задуматься. Он считал переделку экономических условий вздором, но он всегда чувствовал несправедливость своего избытка в сравнении с бедностью народа и теперь решил про себя, что, для того чтобы чувствовать себя вполне правым, он, хотя прежде много работал и не роскошно жил, теперь будет еще больше работать и еще меньше будет позволять себе роскоши. И все это казалось ему так легко сделать над собой, что всю дорогу он провел в самых приятных мечтаниях. С бодрым чувством надежды на новую, лучшую жизнь он в девятом часу ночи подъехал к своему дому.

Из окон комнаты Агафьи Михайловны, старой нянюшки, исполнявшей в его доме роль экономки, падал свет на снег площадки пред домом. Она не спала еще. Кузьма, разбуженный ею, сонный и босиком выбежал на крыльцо. Легавая сука Ласка, чуть не сбив с ног Кузьму, выскочила тоже и визжала, терлась об его колени, поднималась и хотела и не смела положить передние лапы ему на грудь.

— Скоро ж, батюшка, вернулись, — сказала Агафья Михайловна.

— Соскучился, Агафья Михайловна. В гостях хорошо, а дома лучше, — отвечал он ей и прошел в кабинет.

Кабинет медленно осветился внесенной свечой. Выступили знакомые подробности: оленьи рога, полки с книгами, зеркало печи с отдушником, который давно надо было починить, отцовский диван, большой стол, на столе открытая книга, сломанная пепельница, тетрадь с его почерком. Когда он увидал все это, на него нашло на минуту сомнение в возможности устроить ту новую жизнь, о которой он мечтал дорогой. Все эти следы его жизни как будто охватили его и говорили ему: «Нет, ты не уйдешь от нас и не будешь другим, а будешь такой же, каков был: с сомнениями, вечным недовольством собой, напрасными попытками исправления и падениями и вечным ожиданием счастья, которое не далось и невозможно тебе».

Но это говорили его вещи, другой же голос в душе говорил, что не надо подчиняться прошедшему и что с собой сделать все возможно. И, слушаясь этого голоса, он подошел к углу, где у него стояли две пудовые гири, и стал гимнастически поднимать их, стараясь привести себя в состояние бодрости. За дверью заскрипели шаги. Он поспешно поставил гири.

Вошел приказчик и сказал, что все, слава богу, благополучно, но сообщил, что греча в новой сушилке подгорела. Известие это раздражило Левина. Новая сушилка была выстроена и частью придумана Левиным. Приказчик был всегда против этой сушилки и теперь со скрытым торжеством объявлял, что греча подгорела. Левин же был твердо убежден, что если она подгорела, то потому только, что не были приняты те меры, о которых он сотни раз приказывал. Ему стало досадно, и он сделал выговор приказчику. Но было одно важное и радостное событие: отелилась Пава, лучшая, дорогая, купленная с выставки корова.

– Кузьма, дай тулуп. А вы велите-ка взять фонарь, я пойду взгляну, – сказал он приказчику.

Скотная для дорогих коров была сейчас за домом. Пройдя через двор мимо сугроба у сирени, он подошел к скотной. Пахнуло навозным теплым паром, когда отворилась примерзшая дверь, и коровы, удивленные непривычным светом фонаря, зашевелились на свежей соломе. Мелькнула гладкая черно-пегая широкая спина голландки. Беркут, бык, лежал с своим кольцом в губе и хотел было встать, но раздумал и только пыхнул раза два, когда проходили мимо. Красная красавица, громадная, как гиппопотам, Пава, повернувшись задом, заслоняла от входивших теленка и обнюхивала его.

Левин вошел в денник, оглядел Паву и поднял красно-пегого теленка на его шаткие длинные ноги. Взволнованная Пава замычала было, но успокоилась, когда Левин подвинул к ней телку, и, тяжело вздохнув, стала лизать ее шершавым языком. Телка, отыскивая, подталкивала носом под пах свою мать и крутила хвостиком.

– Да сюда посвети, Федор, сюда фонарь, – говорил Левин, оглядывая телку. – В мать! Даром что мастью в отца. Очень хороша. Длинна и пашиста.

Василий Федорович, ведь хороша? - обращался он к приказчику, совершенно примирившись с ним за гречу под влиянием радости за телку.

- В кого же дурной быть? А Семен рядчик на другой день вашего отъезда пришел. Надо будет порядиться с ним, Константин Дмитрич, - сказал приказчик. - Я вам прежде докладывал про машину.

Один этот вопрос ввел Левина во все подробности хозяйства, которое было большое и сложное, и он прямо из коровника пошел в контору и, поговорив с приказчиком и с Семеном рядчиком, вернулся домой и прямо прошел наверх в гостиную.

XXVII

Дом был большой, старинный, и Левин хотя жил один, но топил и занимал весь дом. Он знал, что это было глупо, знал, что это даже нехорошо и противно его теперешним новым планам, но дом этот был целый мир для Левина. Это был мир, в котором жили и умерли его отец и мать. Они жили тою жизнью, которая для Левина казалась идеалом всякого совершенства и которую он мечтал возобновить с своею женой, с своею семьей.

Левин едва помнил свою мать. Понятие о ней было для него священным воспоминанием, и будущая жена его должна быть в его воображении повторением того прелестного, святого идеала женщины, каким была для него мать.

Любовь к женщине он не только не мог себе представить без брака, но он прежде представлял себе семью, а потом уже ту женщину, которая даст ему семью. Его понятия о женитьбе поэтому не были похожи на понятия большинства его знакомых, для которых женитьба была одним из многих общежитейских дел; для Левина это было главным делом жизни, от которого зависело все ее счастье. И теперь от этого нужно было отказаться!

Когда он вошел в маленькую гостиную, где всегда пил чай, и уселся в своем кресле с книгою, а Агафья Михайловна принесла ему чаю и со своим обычным: «А я сяду, батюшка», - села на стул у окна, он почувствовал, что, как ни странно это было, он не расстался с своими мечтами и что он без них жить не может. С ней ли, с другою ли, но это будет. Он читал книгу, думал о том, что читал, останавливаясь, чтобы слушать Агафью Михайловну, которая без устали болтала; и вместе с тем разные картины хозяйства и будущей семейной жизни без связи представлялись его воображению. Он чувствовал, что в глубине его души что-то устанавливалось, умерялось и укладывалось.

Он слушал разговор Агафьи Михайловны о том, как Прохор бога забыл и на те деньги, что ему подарил Левин, чтобы лошадь купить, пьет без просыпу и жену избил до смерти; он слушал и читал книгу и вспоминал весь ход своих мыслей, возбужденных чтением. Это была книга Тиндаля о теплоте.[1] Он вспоминал свои осуждения Тиндалю за его самодовольство в ловкости производства опытов и за то, что ему недостает философского взгляда. И вдруг всплывала радостная мысль: «Через два года будут у меня в стаде две голландки, сама Пава еще может быть жива, двенадцать молодых Беркутовых дочерей, да подсыпать к ним на казовый конец этих трех – чудо!» Он опять взялся за книгу.

«Ну хорошо, электричество и теплота одно и то же; но возможно ли в уравнении для решения вопроса поставить одну величину вместо другой? Нет. Ну так что же? Связь между всеми силами природы и так чувствуется инстинктом… Особенно приятно, как Павина дочь будет уже красно-пегою коровой, и все стадо, в которое подсыпать этих трех… Отлично! Выйти с женой и гостями встречать стадо… Жена скажет: мы с Костей, как ребенка, выхаживали эту телку. Как это может вас так интересовать? скажет гость. Все, что его интересует, интересует меня. Но кто она?» И он вспоминал то, что произошло в Москве… «Ну что же делать?.. Я не виноват. Но теперь все пойдет по-новому. Это вздор, что не допустит жизнь, что прошедшее не допустит. Надо биться, чтобы лучше, гораздо лучше жить…» Он приподнял голову и задумался. Старая Ласка, еще не совсем переварившая радость его приезда и бегавшая, чтобы полаять на дворе, вернулась, махая хвостом и внося с собой запах воздуха, подошла к нему, подсунула голову под его руку, жалобно подвизгивая и требуя, чтоб он поласкал.

– Только не говорит, – сказала Агафья Михайловна. – А пес… Ведь понимает же, что хозяин приехал и ему скучно.

– Отчего же скучно?

– Да разве я не вижу, батюшка? Пора мне господ знать. Сызмальства в господах выросла. Ничего, батюшка. Было бы здоровье да совесть чиста.

Левин пристально смотрел на нее, удивляясь тому, как она поняла его мысли.

– Что ж, принесть еще чайку? – сказала она и, взяв чашку, вышла.

Ласка все подсовывала голову под его руку. Он погладил ее, и она тут же у ног его свернулась кольцом, положив голову на высунувшуюся заднюю лапу. И в знак того, что теперь все хорошо и благополучно, она, слегка раскрыв рот, почмокала, лучше уложив около старых зуб липкие губы, затихла в блаженном спокойствии. Левин внимательно следил за этими последними ее движениями.

---

[1] *Это была книга Тиндаля о теплоте.* – Джон Тиндаль (1820–1893) – английский физик. В 1872 г. Толстой читал его книгу «Теплота, рассматриваемая как род движения», изданную в Петербурге в 1864 г. Размышления о природе физических явлений сохранились в Дневнике Толстого (см. т. 48, с. 148, 155).

«Так-то и я! – сказал он себе, – так-то и я! Ничего... Все хорошо».

XXVIII

После бала, рано утром, Анна Аркадьевна послала мужу телеграмму о своем выезде из Москвы в тот же день.

– Нет, мне надо, надо ехать, – объясняла она невестке перемену своего намерения таким тоном, как будто она вспомнила столько дел, что не перечтешь, – нет, уж лучше нынче!

Степан Аркадьич не обедал дома, но обещал приехать проводить сестру в семь часов.

Кити тоже не приехала, прислав записку, что у нее голова болит. Долли с Анной обедали одни с детьми и англичанкой. Потому ли, что дети непостоянны или очень чутки и почувствовали, что Анна в этот день совсем не такая, как в тот, когда они так полюбили ее, что она уже не занята ими, – но только они вдруг прекратили свою игру с тетей и любовь к ней, и их совершенно не занимало то, что она уезжает. Анна все утро была занята приготовлениями к отъезду. Она писала записки к московским знакомым, записывала свои счеты и укладывалась. Вообще Долли казалось, что она не в спокойном духе, а в том духе заботы, который Долли хорошо знала за собой и который находит не без причины и большею частью прикрывает недовольство собою. После обеда Анна пошла одеваться в свою комнату, и Долли пошла за ней.

– Какая ты нынче странная! – сказала ей Долли.

– Я? ты находишь? Я не странная, но я дурная. Это бывает со мной. Мне все хочется плакать. Это очень глупо, но это проходит, – сказала быстро Анна и нагнула покрасневшее лицо к игрушечному мешочку, в который она укладывала ночной чепчик и батистовые платки. Глаза ее особенно блестели и беспрестанно подергивались слезами. – Так мне из Петербурга не хотелось уезжать, а теперь отсюда не хочется.

– Ты приехала сюда и сделала доброе дело, – сказала Долли, внимательно высматривая ее.

Анна посмотрела на нее мокрыми от слез глазами.

– Не говори этого, Долли. Я ничего не сделала и не могла сделать. Я часто удивляюсь, зачем люди сговорились портить меня. Что я сделала и что могла сделать? У тебя в сердце нашлось столько любви, чтобы простить...

– Без тебя бог знает что бы было! Какая ты счастливая, Анна! – сказала Долли. – У тебя все в душе ясно и хорошо.

– У каждого есть в душе свои skeletons[1], как говорят англичане.

– Какие же у тебя skeletons? У тебя все так ясно.

– Есть! – вдруг сказала Анна, и неожиданно после слез хитрая, смешливая улыбка сморщила ее губы.

– Ну, так они смешные, твои skeletons, а не мрачные, – улыбаясь, сказала Долли.

– Нет, мрачные. Ты знаешь, отчего я еду нынче, а не завтра? Это признание, которое меня давило, я хочу тебе его сделать, – сказала Анна, решительно откидываясь на кресле и глядя прямо в глаза Долли.

И, к удивлению своему, Долли увидала, что Анна покраснела до ушей, до вьющихся черных колец волос на шее.

– Да, – продолжала Анна. – Ты знаешь, отчего Кити не приехала обедать? Она ревнует ко мне. Я испортила… я была причиной того, что бал этот был для нее мученьем, а не радостью. Но, право, право, я не виновата, или виновата немножко, – сказала она, тонким голосом протянув слово «немножко».

– О, как ты это похоже сказала на Стиву! – смеясь, сказала Долли.

Анна оскорбилась.

– О нет, о нет! Я не Стива, – сказала она, хмурясь. – Я оттого говорю тебе, что я ни на минуту даже не позволяю себе сомневаться в себе, – сказала Анна.

Но в ту минуту, когда она выговаривала эти слова, она чувствовала, что они несправедливы; она не только сомневалась в себе, она чувствовала волнение при мысли о Вронском и уезжала скорее, чем хотела, только для того, чтобы больше не встречаться с ним.

– Да, Стива мне говорил, что ты с ним танцевала мазурку и что он…

– Ты не можешь себе представить, как это смешно вышло. Я только думала сватать, и вдруг совсем другое. Может быть, я против воли…

Она покраснела и остановилась.

– О, они это сейчас чувствуют! – сказала Долли.

– Но я бы была в отчаянии, если бы тут было что-нибудь серьезное с его стороны, – перебила ее Анна. – И я уверена, что это все забудется и Кити перестанет меня ненавидеть.

– Впрочем, Анна, по правде тебе сказать, я не очень желаю для Кити этого брака. И лучше, чтоб это разошлось, если он, Вронский, мог влюбиться в тебя в один день.

---

[1] Здесь: тайны (англ.).

— Ах, боже мой, это было бы так глупо! — сказала Анна, и опять густая краска удовольствия выступила на ее лице, когда она услыхала занимавшую ее мысль, выговоренную словами. — Так вот, я и уезжаю, сделав себе врага в Кити, которую я так полюбила. Ах, какая она милая! Но ты поправишь это, Долли? Да?

Долли едва могла удерживать улыбку. Она любила Анну, но ей приятно было видеть, что и у ней есть слабости.

— Врага? Это не может быть.

— Я так бы желала, чтобы вы меня любили, как я вас люблю; а теперь я еще больше полюбила вас, — сказала Анна со слезами на глазах. — Ах, как я нынче глупа!

Она провела платком по лицу и стала одеваться.

Уже пред самым отъездом приехал опоздавший Степан Аркадьич, с красным, веселым лицом и запахом вина и сигары.

Чувствительность Анны сообщилась и Долли, и, когда она в последний раз обняла золовку, она прошептала:

— Помни, Анна: что ты для меня сделала, я никогда не забуду. И помни, что я люблю и всегда буду любить тебя, как лучшего друга!

— Я не понимаю, за что, — проговорила Анна, целуя ее и скрывая слезы.

— Ты меня поняла и понимаешь. Прощай, моя прелесть!

XXIX

«Ну, все копчено, и слава богу!» — была первая мысль, пришедшая Анне Аркадьевне, когда она простилась в последний раз с братом, который до третьего звонка загораживал собою дорогу в вагоне. Она села на свой диванчик, рядом с Аннушкой, и огляделась в полусвете спального вагона. «Слава богу, завтра увижу Сережу и Алексея Александровича, и пойдет моя жизнь, хорошая и привычная, по-старому».

Все в том же духе озабоченности, в котором она находилась весь этот день, Анна с удовольствием и отчетливостью устроилась в дорогу; своими маленькими ловкими руками она отперла и заперла красный мешочек, достала подушечку, положила себе на колени и, аккуратно закутав ноги, спокойно уселась. Больная дама укладывалась уже спать. Две другие дамы заговаривали с ней, и толстая старуха укутывала ноги и выражала замечания о топке. Анна ответила несколько слов дамам, но, не предвидя интереса от разговора, попросила Аннушку достать фонарик, прицепила его к ручке кресла и взяла из своей сумочки разрезной ножик и английский роман. Первое время ей не читалось. Сначала мешала возня и ходьба; потом, когда тронулся поезд, нельзя было не прислушаться к звукам; потом снег, бивший в левое окно и налипавший на стекло, и вид закутанного, мимо прошедшего кондуктора, занесенного снегом с одной стороны, и разговоры о том, какая теперь страшная метель на дворе, развлекали ее внимание. Далее все было то же и то же; та же тряска с постукиваньем, тот же снег в окно, те же быстрые переходы от парового жара к холоду и опять к жару, то же мелькание тех же лиц в полумраке и те же голоса, и Анна стала читать и понимать читаемое. Аннушка уже дремала, держа красный мешочек на коленях широкими руками в перчатках, из которых одна была прорвана. Анна Аркадьевна читала и понимала, но ей неприятно было читать, то есть следить за отражением жизни других людей. Ей слишком самой хотелось жить. Читала ли она, как героиня романа ухаживала за больным, ей хотелось ходить неслышными шагами по комнате больного; читала ли она о том, как член парламента говорил речь, ей хотелось говорить эту речь; читала ли она о том, как леди Мери ехала верхом за стаей и дразнила невестку и удивляла всех своею смелостью, ей хотелось это делать самой. Но делать нечего было, и она, перебирая своими маленькими руками гладкий ножичек, усиливалась читать.

Герой романа уже начинал достигать своего английского счастия, баронетства и имения, и Анна желала с ним вместе ехать в это имение, как вдруг она почувствовала, что ему должно быть стыдно и что ей стыдно этого самого. Но чего же ему стыдно? «Чего же мне стыдно?» – спросила она себя с оскорбленным удивлением. Она оставила книгу и откинулась на спинку кресла, крепко сжав в обеих руках разрезной ножик. Стыдного ничего не было. Она перебрала все свои московские воспоминания. Все были хорошие, приятные. Вспомнила бал, вспомнила Вронского и его влюбленное покорное лицо, вспомнила все свои отношения с ним: ничего не было стыдного. А вместе с тем на этом самом месте воспоминаний чувство стыда усиливалось, как будто какой-то внутренний голос именно тут, когда она вспомнила о Вронском, говорил ей: «Тепло, очень тепло, горячо». «Ну что же? – сказала она себе решительно, пересаживаясь в кресле. – Что же это значит? Разве я боюсь взглянуть прямо на это? Ну что же? Неужели между мной и этим офицером-мальчиком существуют и могут существовать какие-нибудь другие отношения, кроме тех, что бывают с каждым знакомым?» Она презрительно усмехнулась и опять взялась за книгу, но уже решительно не могла понимать того, что читала. Она провела разрезным ножом по стеклу, потом приложила его гладкую и холодную поверхность к щеке и чуть вслух не засмеялась от радости, вдруг беспричинно овладевшей ею. Она чувствовала, что нервы ее, как струны, натягиваются все туже и туже на какие-то завинчивающиеся колышки. Она чувствовала, что глаза ее раскрываются больше и больше, что пальцы на руках и ногах нервно движутся, что в груди что-то давит дыханье и что все образы и звуки в этом колеблющемся полумраке с необычайною яркостью поражают ее. На нее беспрестанно находили минуты сомнения, вперед ли едет вагон, или назад, или вовсе стоит. Аннушка ли подле нее или чужая? «Что там, на ручке, шуба ли это или зверь? И что сама я тут? Я сама или другая?» Ей страшно было отдаваться этому забытью. Но что-то втягивало в него, и она по произволу могла отдаваться ему и воздерживаться. Она поднялась, чтоб опомниться, откинула плед и сняла пелерину теплого платья. На минуту она опомнилась и поняла, что вошедший худой мужик в длинном нанковом пальто, на котором недоставало пуговицы, был истопник, что он смотрел на термометр, что ветер и снег ворвались за ним в дверь; но потом опять все смешалось… Мужик этот с длинною талией принялся грызть что-то в стене, старушка стала протягивать ноги во всю длину вагона и наполнила его черным облаком; потом что-то страшно заскрипело и застучало, как будто раздирали кого-то; потом красный огонь ослепил глаза, и потом все закрылось стеной. Анна почувствовала, что она провалилась. Но все это было не страшно, а весело. Голос окутанного и занесенного снегом человека прокричал что-то ей над ухом. Она поднялась и опомнилась; она поняла, что подъехали к станции и что это был кондуктор. Она попросила Аннушку подать ей опять снятую пелерину и платок, надела их и направилась к двери.

– Выходить изволите? – спросила Аннушка.

– Да, мне подышать хочется. Тут очень жарко.

И она отворила дверь. Метель и ветер рванулись ей навстречу и заспорили с ней о двери. И это ей показалось весело. Она отворила дверь и вышла. Ветер как будто только ждал ее, радостно засвистал и хотел подхватить и унести ее, но она сильной рукой взялась за холодный столбик и, придерживая платье, спустилась на платформу и зашла за вагон. Ветер был силен на крылечке, на платформе за вагонами было затишье. С наслаждением, полной грудью, она вдыхала в себя снежный, морозный воздух и, стоя подле вагона, оглядывала платформу и освещенную станцию.

XXX

Страшная буря рвалась и свистела между колесами вагонов по столбам из-за угла станции. Вагоны, столбы, люди, все, что было видно, – было занесено с одной стороны снегом и заносилось все больше и больше. На мгновенье буря затихала, но потом опять налетала такими порывами, что, казалось, нельзя было противостоять ей. Между тем какие-то люди бегали, весело переговариваясь, скрипя по доскам платформы и беспрестанно отворяя и затворяя большие двери. Согнутая тень человека проскользнула под ее ногами, и послышались стуки молотка по железу. «Депешу дай!» – раздался сердитый голос с другой стороны из бурного мрака. «Сюда пожалуйте! № 28!» – кричали еще разные голоса, и, занесенные снегом пробегали обвязанные люди. Какие-то два господина с огнем папирос во рту прошли мимо ее. Она вздохнула еще раз, чтобы надышаться, и уже вынула руку из муфты, чтобы взяться за столбик и войти в вагон, как еще человек в военном пальто подле нее самой заслонил ей колеблющийся свет фонаря. Она оглянулась и в ту же минуту узнала лицо Вронского. Приложив руку к козырьку, он наклонился пред ней и спросил, не нужно ли ей чего-нибудь, не может ли он служить ей? Она довольно долго, ничего не отвечая, вглядывалась в него и, несмотря на тень, в которой он стоял, видела, или ей казалось, что видела, и выражение его лица и глаз. Это было опять то выражение почтительного восхищения, которое так подействовало на нее вчера. Не раз говорила она себе эти последние дни и сейчас только, что Вронский для нее один из сотен вечно одних и тех же, повсюду встречаемых молодых людей, что она никогда не позволит себе и думать о нем; но теперь, в первое мгновенье встречи с ним, ее охватило чувство радостной гордости. Ей не нужно было спрашивать, зачем он тут. Она знала это так же верно, как если б он сказал ей, что он тут для того, чтобы быть там, где она.

– Я не знала, что вы едете. Зачем вы едете? – сказала она, опустив руку, которою взялась было за столбик. И неудержимая радость и оживление сияли на ее лице.

– Зачем я еду? – повторил он, глядя ей прямо в глаза. – Вы знаете, я еду для того, чтобы быть там, где вы, – сказал он, – я не могу иначе.

И в это же время, как бы одолев препятствия, ветер засыпал снег с крыши вагона, затрепал каким-то железным оторванным листом, и впереди плачевно и мрачно заревел густой свисток паровоза. Весь ужас метели показался ей еще более прекрасен теперь. Он сказал то самое, чего желала ее душа, но чего она боялась рассудком. Она ничего не отвечала, и на лице ее он видел борьбу.

– Простите меня, если вам неприятно то, что я сказал, – заговорил он покорно.

Он говорил учтиво, почтительно, но так твердо и упорно, что она долго не могла ничего ответить.

– Это дурно, чтó вы говорите, и я прошу вас, если вы хороший человек, забудьте, что вы сказали, как и я забуду, – сказала она наконец.

– Ни одного слова вашего, ни одного движения вашего я не забуду никогда и не могу…

– Довольно, довольно! – вскрикнула она, тщетно стараясь придать строгое выражение своему лицу, в которое он жадно всматривался. И, взявшись рукой за холодный столбик, она поднялась на ступеньки и быстро вошла в сени вагона. Но в этих маленьких сенях она остановилась, обдумывая в своем воображении то, что было. Не вспоминая ни своих, ни его слов, она чувством поняла, что этот минутный разговор страшно сблизил их; и она была испугана и счастлива этим. Постояв несколько секунд, она вошла в вагон и села на свое место. То волшебное напряженное состояние, которое ее мучало сначала, не только возобновилось, но усилилось и дошло до того, что она боялась, что всякую минуту порвется в ней что-то слишком натянутое. Она не спала всю ночь. Но в том напряжении и тех грезах, которые наполняли ее воображение, не было ничего неприятного и мрачного; напротив, было что-то радостное, жгучее и возбуждающее. К утру Анна задремала, сидя в кресле, и когда проснулась, то уже было бело, светло и поезд подходил к Петербургу. Тотчас же мысли о доме, о муже, о сыне и заботы предстоящего дня и следующих обступили ее.

В Петербурге, только что остановился поезд и она вышла, первое лицо, обратившее ее внимание, было лицо мужа. «Ах, боже мой! отчего у него стали такие уши?» - подумала она, глядя на его холодную и представительную фигуру и особенно на поразившие ее теперь хрящи ушей, подпиравшие поля круглой шляпы. Увидав ее, он пошел к ней навстречу, сложив губы в привычную ему насмешливую улыбку и прямо глядя на нее большими усталыми глазами. Какое-то неприятное чувство щемило ей сердце, когда она встретила его упорный и усталый взгляд, как будто она ожидала увидеть его другим. В особенности поразило ее чувство недовольства собой, которое она испытала при встрече с ним. Чувство то было давнишнее, знакомое чувство, похожее на состояние притворства, которое она испытывала в отношениях к мужу; но прежде она не замечала этого чувства, теперь она ясно и больно сознала его.

- Да, как видишь, нежный муж, нежный, как на другой год женитьбы, сгорал желанием увидеть тебя, - сказал он своим медлительным тонким голосом и тем тоном, который он всегда почти употреблял с ней, тоном насмешки над тем, кто бы в самом деле так говорил.

- Сережа здоров? - спросила она.

- И это вся награда, - сказал он, - за мою пылкость? Здоров, здоров…

XXXI

Вронский и не пытался заснуть всю эту ночь. Он сидел на своем кресле, то прямо устремив глаза вперед себя, то оглядывая входивших и выходивших, и если и прежде он поражал и волновал незнакомых ему людей своим видом непоколебимого спокойствия, то теперь он еще более казался горд и самодовлеющ. Он смотрел на людей, как на вещи. Молодой нервный человек, служащий в окружном суде, сидевший против него, возненавидел его за этот вид. Молодой человек и закуривал у него, и заговаривал с ним, и даже толкал его, чтобы дать ему почувствовать, что он не вещь, а человек, но Вронский смотрел на него все так же, как на фонарь, и молодой человек гримасничал, чувствуя, что он теряет самообладание под давлением этого непризнавания его человеком, и не мог от этого заснуть.

Вронский ничего и никого не видал. Он чувствовал себя царем не потому, чтоб он верил, что произвел впечатление на Анну, он еще не верил этому, — по потому, что впечатление, которое она произвела на него, давало ему счастье и гордость.

Что из этого всего выйдет, он не знал и даже не думал. Он чувствовал, что все его доселе распущенные, разбросанные силы были собраны в одно и с страшною энергией были направлены к одной блаженной цели. И он был счастлив этим. Он знал только, что сказал ей правду, что он ехал туда, где была она, что все счастье жизни, единственный смысл жизни он находил теперь в том, чтобы видеть и слышать ее. И когда он вышел из вагона в Бологове, чтобы выпить сельтерской воды, и увидал Анну, невольно первое слово его сказало ей то самое, что он думал. И он рад был, что сказал ей это, что она знает теперь это и думает об этом. Он не спал всю ночь. Вернувшись в свой вагон, он не переставая перебирал все положения, в которых ее видел, все ее слова, и в его воображении, заставляя замирать сердце, носились картины возможного будущего.

Когда в Петербурге он вышел из вагона, он чувствовал себя после бессонной ночи оживленным и свежим, как после холодной ванны. Он остановился у своего вагона, ожидая ее выхода. «Еще раз увижу, — говорил он себе, невольно улыбаясь, — увижу ее походку, ее лицо; скажет что-нибудь, поворотит голову, взглянет, улыбнется, может быть». Но прежде еще, чем он увидал ее, он увидал ее мужа, которого начальник станции учтиво проводил между толпою. «Ах, да! муж!» Теперь только в первый раз Вронский ясно понял то, что муж было связанное с нею лицо. Он знал, что у ней есть муж, но не верил в существование его и поверил в него вполне, только когда увидел его, с его головой, плечами и ногами в черных панталонах; в особенности когда он увидал, как этот муж с чувством собственности спокойно взял ее руку.

Увидев Алексея Александровича с его петербургски-свежим лицом и строго самоуверенною фигурой, в круглой шляпе, с немного выдающеюся спиной, он поверил в него и испытал неприятное чувство, подобное тому, какое испытал бы человек, мучимый жаждою и добравшийся до источника и находящий в этом источнике собаку, овцу или свинью, которая и выпила и взмутила воду. Походка Алексея Александровича, ворочавшая всем тазом и тупыми ногами, особенно оскорбляла Вронского. Он только за собой считал несомненное право любить ее. Но она была все та же; и вид ее все так же, физически оживляя, возбуждая и наполняя счастием его душу, подействовал на него. Он приказал подбежавшему к нему из второго класса немцу-лакею взять вещи и ехать, а сам подошел к ней. Он видел первую встречу мужа с женою и заметил с проницательностью влюбленного признак легкого стеснения, с которым она говорила с мужем. «Нет, она не любит и не может любить его», – решил он сам с собою.

Еще в то время, как он подходил к Анне Аркадьевне сзади, он заметил с радостью, что она чувствовала его приближение и оглянулась было и, узнав его, опять обратилась к мужу.

– Хорошо ли вы провели ночь? – сказал он, наклоняясь пред нею и пред мужем вместе и предоставляя Алексею Александровичу принять этот поклон на свой счет и узнать его или не узнать, как ему будет угодно.

– Благодарю вас, очень хорошо, – отвечала она.

Лицо ее, казалось, устало, и не было на нем той игры просившегося то в улыбку, то в глаза оживления; но на одно мгновение при взгляде на него что-то мелькнуло в ее глазах, и, несмотря на то, что огонь этот сейчас же потух, он был счастлив этим мгновением. Она взглянула на мужа, чтоб узнать, знает ли он Вронского. Алексей Александрович смотрел на Вронского с неудовольствием, рассеянно вспоминая, кто это. Спокойствие и самоуверенность Вронского здесь, как коса на камень, наткнулись на холодную самоуверенность Алексея Александровича.

– Граф Вронский, – сказала Анна.

– А! Мы знакомы, кажется, – равнодушно сказал Алексей Александрович, подавая руку. – Туда ехала с матерью, а назад с сыном, – сказал он, отчетливо выговаривая, как рублем даря каждым словом. – Вы, верно, из отпуска? – сказал он и, не дожидаясь ответа, обратился к жене своим шуточным тоном: – Что ж, много слез было пролито в Москве при разлуке?

Обращением этим к жене он давал чувствовать Вронскому, что желает остаться один, и, повернувшись к нему, коснулся шляпы; но Вронский обратился к Анне Аркадьевне:

– Надеюсь иметь честь быть у вас, – сказал он. Алексей Александрович усталыми глазами взглянул на Вронского.

– Очень рад, – сказал он холодно, – по понедельникам мы принимаем. – Затем, отпустив совсем Вронского, он сказал жене: – И как хорошо, что у меня именно было полчаса времени, чтобы встретить тебя, и что я мог показать тебе свою нежность, – продолжал он тем же шуточным тоном.

– Ты слишком уже подчеркиваешь свою нежность, чтоб я очень ценила, – сказала она тем же шуточным топом, невольно прислушиваясь к звукам шагов Вронского, шедшего за ними. «Но что мне за дело?» – подумала она и стала спрашивать у мужа, как без нее проводил время Сережа.

– О, прекрасно! Mariette говорит, что он был мил очень и... я должен тебя огорчить... не скучал о тебе, не так, как твой муж. Но еще раз mersi, мой друг, что подарила мне день. Наш милый самовар будет в восторге. (Самоваром он называл знаменитую графиню Лидию Ивановну за то, что она всегда и обо всем волновалась и горячилась.) Она о тебе спрашивала. И знаешь, если я смею советовать, ты бы съездила к ней нынче. Ведь у ней обо всем болит сердце. Теперь она, кроме всех своих хлопот, занята примирением Облонских.

Графиня Лидия Ивановна была друг ее мужа и центр одного из тех кружков петербургского света, с которым по мужу ближе всех была связана Анна.

– Да ведь я писала ей.

– Но ей все нужно подробно. Съезди, если не устала, мой друг. Ну, тебе карету подаст Кондратий, а я еду в комитет. Опять буду обедать не один, – продолжал Алексей Александрович уже не шуточным тоном. – Ты не поверишь, как я привык...

И он, долго сжимая ей руку, с особенною улыбкой посадил ее в карету.

XXXII

Первое лицо, встретившее Анну дома, был сын. Он выскочил к ней по лестнице, несмотря на крик гувернантки, и с отчаянным восторгом кричал: «Мама, мама!» Добежав до нее, он повис ей на шее.

– Я говорил вам, что мама! – кричал он гувернантке. – Я знал!

И сын, так же как и муж, произвел в Анне чувство, похожее на разочарованье. Она воображала его лучше, чем он был в действительности. Она была должна опуститься до действительности, чтобы наслаждаться им таким, каков он был. Но и такой, каков он был, он был прелестен с своими белокурыми кудрями, голубыми глазами и полными стройными ножками в туго натянутых чулках. Анна испытывала почти физическое наслаждение в ощущении его близости и ласки и нравственное успокоение, когда встречала его простодушный, доверчивый и любящий взгляд и слышала его наивные вопросы. Анна достала подарки, которые посылали дети Долли, и рассказала сыну, какая в Москве есть девочка Таня и как Таня эта умеет читать и учит даже других детей.

– Что же, я хуже ее? – спросил Сережа.

– Для меня лучше всех на свете.

– Я это знаю, – сказал Сережа, улыбаясь.

Еще Анна не успела напиться кофе, как доложили про графиню Лидию Ивановну. Графиня Лидия Ивановна была высокая полная женщина с нездорово-желтым цветом лица и прекрасными задумчивыми черными глазами. Анна любила ее, но нынче она как будто в первый раз увидела ее со всеми ее недостатками.

– Ну что, мой друг, снесли оливковую ветвь? – спросила графиня Лидия Ивановна, только что вошла в комнату.

– Да, все это кончилось, но все это и было не так важно, как мы думали, – отвечала Анна. – Вообще моя belle sœur слишком решительна.

Но графиня Лидия Ивановна, всем до нее не касавшимся интересовавшаяся, имела привычку никогда не слушать того, что ее интересовало; она перебила Анну:

– Да, много горя и зла на свете, а я так измучена нынче.

– А что? – спросила Анна, стараясь удержать улыбку.

– Я начинаю уставать от напрасного ломания копий за правду и иногда совсем развинчиваюсь. Дело сестричек (это было филантропическое, религиозно-патриотическое учреждение) пошло было прекрасно, но с этими господами ничего невозможно сделать, – прибавила графиня Лидия Ивановна с насмешливою покорностью судьбе. – Они ухватились за мысль, изуродовали ее и потом обсуждают так мелко и ничтожно. Два-три человека, ваш муж в том числе, понимают все значение этого дела, а другие только роняют. Вчера мне пишет Правдин…

Правдин был известный панславист за границей, и графиня Лидия Ивановна рассказала содержание его письма.

Затем графиня рассказала еще неприятности и козни против дела соединения церквей и уехала торопясь, так как ей в этот день приходилось быть еще на заседании одного общества и в Славянском комитете.

«Ведь все это было и прежде; но отчего я не замечала этого прежде? – сказала себе Анна. – Или она очень раздражена нынче? А в самом деле, смешно: ее цель добродетель, она христианка, а она все сердится, и всё у нее враги, и всё враги по христианству и добродетели».

После графини Лидии Ивановны приехала приятельница, жена директора, и рассказала все городские новости. В три часа и она уехала, обещаясь приехать к обеду. Алексей Александрович был в министерстве. Оставшись одна, Анна дообеденное время употребила на то, чтобы присутствовать при обеде сына (он обедал отдельно) и чтобы привести в порядок свои вещи, прочесть и ответить на записки и письма, которые у нее скопились на столе.

Чувство беспричинного стыда, которое она испытывала дорогой, и волнение совершенно исчезли. В привычных условиях жизни она чувствовала себя опять твердою и безупречною.

Она с удивлением вспомнила свое вчерашнее состояние. «Что же было? Ничего. Вронский сказал глупость, которой легко положить конец, и я ответила так, как нужно было. Говорить об этом мужу не надо и нельзя. Говорить об этом – значит придавать важность тому, что ее не имеет». Она вспомнила, как она рассказала почти признание, которое ей сделал в Петербурге молодой подчиненный ее мужа, и как Алексей Александрович ответил, что, живя в свете, всякая женщина может подвергнуться этому, но что он доверяется вполне ее такту и никогда не позволит себе унизить ее и себя до ревности. «Стало быть, незачем говорить? Да, слава богу, и нечего говорить», – сказала она себе.

XXXIII

Алексей Александрович вернулся из министерства в четыре часа, но, как это часто бывало, не успел войти к ней. Он прошел в кабинет принимать дожидавшихся просителей и подписать некоторые бумаги, принесенные правителем дел. К обеду (всегда человека три обедали у Карениных) приехали: старая кузина Алексея Александровича, директор департамента с женой и один молодой человек, рекомендованный Алексею Александровичу на службу. Анна вышла в гостиную, чтобы занимать их. Ровно в пять часов бронзовые часы Петра I не успели добить пятого удара, как вышел Алексей Александрович в белом галстуке и во фраке с двумя звездами, так как сейчас после обеда ему надо было ехать. Каждая минута жизни Алексея Александровича была занята и распределена. И для того, чтоб успевать сделать то, что ему предстояло каждый день, он держался строжайшей аккуратности. «Без поспешности и без отдыха» – было его девизом. Он вошел, потирая лоб, в залу, раскланялся со всеми и поспешно сел, улыбаясь жене.

– Да, кончилось мое уединение. Ты не поверишь, как неловко (он ударил на слове *неловко)* обедать одному.

За обедом он поговорил с женой о московских делах, с насмешливою улыбкой спрашивал о Степане Аркадьиче; но разговор шел преимущественно общий, о петербургских служебных и общественных делах. После обеда он провел полчаса с гостями и, опять с улыбкой пожав руку жене, вышел и уехал в совет. Анна не поехала в этот раз ни к княгине Бетси Тверской, которая, узнав о ее приезде, звала ее вечером, ни в театр, где нынче была у нее ложа. Она не поехала преимущественно потому, что платье, на которое она рассчитывала, было не готово. Вообще, занявшись после отъезда гостей своим туалетом, Анна была очень раздосадована. Пред отъездом в Москву она, вообще мастерица одеваться не очень дорого, отдала модистке для переделки три платья. Платья нужно было так переделать, чтоб их нельзя было узнать, и они должны боли быть готовы уже три дня тому назад. Оказалось, что два платья были совсем не готовы, а одно переделано не так, как того хотела Анна. Модистка приехала объясняться, утверждая, что так будет лучше, и Анна разгорячилась так, что ей потом совестно было вспоминать. Чтобы совершенно успокоиться, она пошла в детскую и весь вечер провела с сыном, сама уложила его спать, перекрестила и покрыла его одеялом. Она рада была, что не поехала никуда и так хорошо провела этот вечер. Ей так легко и спокойно было, так ясно она видела, что все, что ей на железной дороге представлялось столь значительным, был только один из обычных ничтожных случаев светской жизни и что ей ни пред кем, ни пред собой стыдиться нечего. Анна села у камина с английским романом и ждала мужа. Ровно в половине десятого послышался его звонок, и он вошел в комнату.

— Наконец-то ты! — сказала она, протягивая ему руку.

Он поцеловал ее руку и подсел к ней.

— Вообще я вижу, что поездка твоя удалась, — сказал он ей.

— Да, очень, — отвечала она и стала рассказывать ему все сначала: свое путешествие с Вронскою, свой приезд, случай на железной дороге. Потом рассказала свое впечатление жалости к брату сначала, потом к Долли.

— Я не полагаю, чтобы можно было извинять такого человека, хотя он и твой брат, — сказал Алексей Александрович строго.

Анна улыбнулась. Она поняла, что он сказал это именно затем, чтобы показать, что соображения родства не могут остановить его в высказывании своего искреннего мнения. Она знала эту черту в своем муже и любила ее.

— Я рад, что все кончилось благополучно и что ты приехала, — продолжал он. — Ну, что говорят там про новое положение, которое я провел в совете?

Анна ничего не слышала об этом положении, и ей стало совестно, что она так легко могла забыть о том, что для него было так важно.

— Здесь, напротив, это наделало много шума, — сказал он с самодовольною улыбкой.

Она видела, что Алексей Александрович хотел что-то сообщить ей приятное для себя об этом деле, и она вопросами навела его на рассказ. Он с тою же самодовольною улыбкой рассказал об овациях, которые были сделаны ему вследствие этого проведенного положения.

— Я очень, очень был рад. Это доказывает, что, наконец, у нас начинает устанавливаться разумный и твердый взгляд на это дело.

Допив со сливками и хлебом свой второй стакан чая, Алексей Александрович встал и пошел в свой кабинет.

— А ты никуда не поехала; тебе, верно, скучно было? — сказал он.

– О нет! – отвечала она, встав за ним и провожая его чрез залу в кабинет. – Что же ты читаешь теперь? – спросила она.

– Теперь я читаю Duc de Lille, «Poésie des enfers»[1][2], – отвечал он. – Очень замечательная книга.

Анна улыбнулась, как улыбаются слабостям любимых людей, и, положив свою руку под его, проводила его до дверей кабинета. Она знала его привычку, сделавшуюся необходимостью, вечером читать. Она знала, что, несмотря на поглощавшие почти все его время служебные обязанности, он считал своим долгом следить за всем замечательным, появлявшимся в умственной сфере. Она знала тоже, что действительно его интересовали книги политические, философские, богословские, что искусство было по его натуре совершенно чуждо ему, но что, несмотря на это, или лучше вследствие этого, Алексей Александрович не пропускал ничего из того, что делало шум в этой области, и считал своим долгом все читать. Она знала, что в области политики, философии, богословия Алексей Александрович сомневался или отыскивал; но в вопросах искусства и поэзии, в особенности музыки, понимания которой он был совершенно лишен, у него были самые определенные и твердые мнения. Он любил говорить о Шекспире, Рафаэле, Бетховене, о значении новых школ поэзии и музыки, которые все были у него распределены с очень ясною последовательностью.

– Ну, и бог с тобой, – сказала она у двери кабинета, где уже были приготовлены ему абажур на свече и графин воды у кресла. – А я напишу в Москву.

Он пожал ей руку и опять поцеловал ее.

«Все-таки он хороший человек, правдивый, добрый и замечательный в своей сфере, – говорила себе Анна, вернувшись к себе, как будто защищая его пред кем-то, кто обвинял его и говорил, что его нельзя любить. – Но что это уши у него так странно выдаются! Или он обстригся?»

Ровно в двенадцать, когда Анна еще сидела за письменным столом, дописывая письмо к Долли, послышались ровные шаги в туфлях, и Алексей Александрович, вымытый, причесанный, с книгою под мышкой, подошел к ней.

– Пора, пора, – сказал он, особенно улыбаясь, и прошел в спальню.

«И какое право имел он так смотреть на него?» – подумала Анна, вспоминая взгляд Вронского на Алексея Александровича.

---

[1] *Duc de Lille, «Poésie des enfers».* – Дюк де Лиль – вымышленное имя, которое отдаленно напоминает имя Леконт де Лиля (1818–1894) (Duc de Lille – Leconte de Lisle). Название книги («Поэзия ада») имеет пародийный характер.

[2] Герцога де Лиля, «Поэзия ада» *(фр.).*

Раздевшись, она вошла в спальню, но на лице ее не только не было того оживления, которое в бытность ее в Москве так и брызгало из ее глаз и улыбки: напротив: теперь огонь казался потушенным в ней или где-то далеко припрятанным.

XXXIV

Уезжая из Петербурга, Вронский оставил свою большую квартиру на Морской приятелю и любимому товарищу Петрицкому.

Петрицкий был молодой поручик, не особенно знатный и не только не богатый, но кругом в долгах, к вечеру всегда пьяный и часто за разные и смешные и грязные истории попадавший на гауптвахту, но любимый и товарищами и начальством. Подъезжая в двенадцатом часу с железной дороги к своей квартире, Вронский увидал у подъезда знакомую ему извозчичью карету. Из-за двери еще на свой звонок он услыхал хохот мужчин и французский лепет женского голоса и крик Петрицкого: «Если кто из злодеев, то не пускать!» Вронский не велел денщику говорить о себе и потихоньку вошел в первую комнату. Баронесса Шильтон, приятельница Петрицкого, блестя лиловым атласом платья и румяным белокурым личиком и, как канарейка, наполняя всю комнату своим парижским говором, сидела пред круглым столом, варя кофе. Петрицкий в пальто и ротмистр Кемеровский в полной форме, вероятно со службы, сидели вокруг нее.

— Браво! Вронский! — закричал Петрицкий, вскакивая и гремя стулом. — Сам хозяин! Баронесса, кофею ему из нового кофейника. Вот не ждали! Надеюсь, ты доволен украшением твоего кабинета, — сказал он, указывая на баронессу. — Вы ведь знакомы?

— Еще бы! — сказал Вронский, весело улыбаясь и пожимая маленькую ручку баронессы. — Как же! старый друг.

— Вы домой с дороги, — сказала баронесса, — так я бегу. Ах, я уеду сию минуту, если я мешаю.

— Вы дома там, где вы, баронесса, — сказал Вронский. — Здравствуй, Камеровский, — прибавил он, холодно пожимая руку Камеровского.

— Вот вы никогда не умеете говорить такие хорошенькие вещи, — обратилась баронесса к Петрицкому.

— Нет, отчего же? После обеда и я скажу не хуже.

— Да после обеда нет заслуги! Ну, так я вам дам кофею, идите мойтесь и убирайтесь, — сказала баронесса, опять садясь и заботливо поворачивая винтик в новом кофейнике. — Пьер, дайте кофе, — обратилась она к Петрицкому, которого она называла Пьер, по его фамилии Петрицкий, не скрывая своих отношений с ним. — Я прибавлю.

– Испортите.

– Нет, не испорчу! Ну, а ваша жена? – сказала вдруг баронесса, перебивая разговор Вронского с товарищем. – Вы не привезли вашу жену? Мы здесь женили вас.

– Нет, баронесса. Я рожден цыганом и умру цыганом.

– Тем лучше, тем лучше. Давайте руку.

И баронесса, не отпуская Вронского, стала ему рассказывать, пересыпая шутками, свои последние планы жизни и спрашивать его совета.

– Он все не хочет давать мне развода! Ну что же мне делать? (*Он* был муж ее.) Я теперь хочу процесс начинать. Как вы мне посоветуете? Камеровский, смотрите же за кофеем – ушел; вы видите, я занята делами! Я хочу процесс, потому что состояние мне нужно мое. Вы понимаете ли эту глупость, что я ему будто бы неверна, – с презрением сказала она, – и от этого он хочет пользоваться моим имением.

Вронский слушал с удовольствием этот веселый лепет хорошенькой женщины, поддакивал ей, давал полушутливые советы и вообще тотчас же принял свой привычный тон обращения с этого рода женщинами. В его петербургском мире все люди разделялись на два совершенно противоположные сорта. Один низший сорт: пошлые, глупые и, главное, смешные люди, которые веруют в то, что одному мужу надо жить с одною женой, с которою он обвенчан, что девушке надо быть невинною, женщине стыдливою, мужчине мужественным, воздержным и твердым, что надо воспитывать детей, зарабатывать свой хлеб, платить долги, – и разные тому подобные глупости. Это был сорт людей старомодных и смешных. Но был другой сорт людей, настоящих, к которому они все принадлежали, в котором надо быть, главное, элегантным, красивым, великодушным, смелым, веселым, отдаваться всякой страсти не краснея и над всем остальным смеяться.

Вронский только в первую минуту был ошеломлен после впечатлений совсем другого мира, привезенных им из Москвы; но тотчас же, как будто всунул ноги в старые туфли, он вошел в свой прежний веселый и приятный мир.

Кофе так и не сварился, а обрызгал всех и ушел и произвел именно то самое, что было нужно, то есть подал повод к шуму и смеху и залил дорогой ковер и платье баронессы.

– Ну, теперь прощайте, а то вы никогда не умоетесь, и на моей совести будет главное преступление порядочного человека, нечистоплотность. Так вы советуете нож к горлу?

– Непременно, и так, чтобы ваша ручка была поближе от его губ. Он поцелует вашу ручку, и все кончится благополучно, – отвечал Вронский.

– Так нынче во Французском! – И, зашумев платьем, она исчезла.

Камеровский поднялся тоже, а Вронский, не дожидаясь его ухода, подал ему руку и отправился в уборную. Пока он умывался, Петрицкий описал ему в кратких чертах свое положение, насколько оно изменилось после отъезда Вронского. Денег нет ничего. Отец сказал, что не даст и не заплатит долгов. Портной хочет посадить, и другой тоже непременно грозит посадить. Полковой командир объявил, что если эти скандалы не прекратятся, то надо выходить. Баронесса надоела, как горькая редька, особенно тем, что все хочет давать деньги; а есть одна, он ее покажет Вронскому, чудо, прелесть, в восточном строгом стиле, «genre рабыни Ребекки[1], понимаешь». С Беркошевым тоже вчера разбранился, и он хотел прислать секундантов, но, разумеется, ничего не выйдет. Вообще же все превосходно и чрезвычайно весело. И, не давая товарищу углубляться в подробности своего положения, Петрицкий пустился рассказывать ему все интересные новости. Слушая столь знакомые рассказы Петрицкого в столь знакомой обстановке своей трехлетней квартиры, Вронский испытывал приятное чувство возвращения к привычной и беззаботной петербургской жизни.

- Не может быть! - закричал он, отпустив педаль умывальника, которым он обливал свою красную здоровую шею. - Не может быть! - закричал он при известии о том, что Лора сошлась с Милеевым и бросила Фертингофа. - И он все так же глуп и доволен? Ну, а Бузулуков что?

- Ах, с Бузулуковым была история - прелесть! - закричал Петрицкий. - Ведь его страсть - балы, и он ни одного придворного бала не пропускает. Отправился он на большой бал в новой каске. Ты видел новые каски? Очень хороши, легче. Только стоит он... Нет, ты слушай.

- Да я слушаю, - растираясь мохнатым полотенцем, отвечал Вронский.

- Проходит великая княгиня с каким-то послом, и на его беду зашел у них разговор о новых касках. Великая княгиня и хотела показать новую каску... Видят, наш голубчик стоит. (Петрицкий представил, как он стоит с каской.) Великая княгиня попросила себе подать каску, - он не дает. Что такое? Только ему мигают, кивают, хмурятся. Подай. Не дает. Замер. Можешь себе представить!.. Только этот... как его... хочет уже взять у него каску... не дает!.. Он вырвал, подает великой княгине. «Вот эта новая», - говорит великая княгиня. Повернула каску, и, можешь себе представить, оттуда бух! груша, конфеты, два фунта конфет!.. Он это набрал, голубчик!

---

1 *...в восточном строгом стиле, «genre рабыни Ребекки...»* - Имеется в виду библейский тип Ревекки (Ребекки), которую привел из Месопотамии раб Авраама (Бытие, гл. 24).

Вронский покатился со смеху. И долго потом, говоря уже о другом, закатывался своим здоровым смехом, выставляя свои крепкие сплошные зубы, когда вспоминал о каске.

Узнав все новости, Вронский с помощию лакея оделся в мундир и поехал являться. Явившись, он намерен был съездить к брату, к Бетси и сделать несколько визитов с тем, чтоб начать ездить в тот свет, где бы он мог встречать Каренину. Как и всегда в Петербурге, он выехал из дома с тем, чтобы не возвращаться до поздней ночи.

ЧАСТЬ ВТОРАЯ

I

В конце зимы в доме Щербацких происходил консилиум, долженствовавший решить, в каком положении находится здоровье Кити и что нужно предпринять для восстановления ее ослабевающих сил. Она была больна, и с приближением весны здоровье ее становилось хуже. Домашний доктор давал ей рыбий жир, потом железо, потом лапис, но так как ни то, ни другое, ни третье не помогало и так как он советовал от весны уехать за границу, то приглашен был знаменитый доктор. Знаменитый доктор, не старый еще, весьма красивый мужчина, потребовал осмотра больной. Он с особенным удовольствием, казалось, настаивал на том, что девичья стыдливость есть только остаток варварства и что нет ничего естественнее, как то, чтоб еще не старый мужчина ощупывал молодую обнаженную девушку. Он находил это естественным, потому что делал это каждый день и при этом ничего не чувствовал и не думал, как ему казалось, дурного, и поэтому стыдливость в девушке он считал не только остатком варварства, но и оскорблением себе.

Надо было покориться, так как, несмотря на то, что все доктора учились в одной школе, по одним и тем же книгам, знали одну науку, и несмотря на то, что некоторые говорили, что этот знаменитый доктор был дурной доктор, в доме княгини и в ее кругу было признано почему-то, что этот знаменитый доктор один знает что-то особенное и один может спасти Кити. После внимательного осмотра и постукиванья растерянной и ошеломленной от стыда больной знаменитый доктор, старательно вымыв свои руки, стоял в гостиной и говорил с князем. Князь хмурился, покашливая, слушая доктора. Он, как поживший, не глупый и не больной человек, не верил в медицину и в душе злился на всю эту комедию, тем более что едва ли не он один вполне понимал причину болезни Кити. «То-то пустобрех», – думал он, применяя в мыслях это название из охотничьего словаря к знаменитому доктору и слушая его болтовню о признаках болезни дочери. Доктор между тем с трудом удерживал выражение презрения к этому старому баричу и с трудом спускался до низменности его понимания. Он понимал, что с стариком говорить нечего и что глава в этом доме – мать. Пред нею-то он намеревался рассыпать свой бисер. В это время княгиня вошла в гостиную с домашним доктором. Князь отошел, стараясь не дать заметить, как ему смешна была вся эта комедия. Княгиня была растерянна и не знала, что делать. Она чувствовала себя виноватою пред Кити.

– Ну, доктор, решайте нашу судьбу, – сказала княгиня. – Говорите мне всё. – «Есть ли надежда?» – хотела она сказать, но губы ее задрожали, и она не могла выговорить этот вопрос. – Ну что, доктор?..

– Сейчас, княгиня, переговорю с коллегой и тогда буду иметь честь доложить вам свое мнение.

– Так нам вас оставить?

– Как вам будет угодно.

Княгиня, вздохнув, вышла.

Когда доктора остались одни, домашний врач робко стал излагать свое мнение, состоящее в том, что есть начало туберкулезного процесса, но… и т. д. Знаменитый доктор слушал его и в середине его речи посмотрел на свои крупные золотые часы.

– Так, – сказал он. – Но…

Домашний врач замолк почтительно на середине речи.

– Определить, как вы знаете, начало туберкулезного процесса мы не можем; до появления каверн нет ничего определенного. Но подозревать мы можем. И указания есть: дурное питание, нервное возбуждение и прочее. Вопрос стоит так: при подозрении туберкулезного процесса что нужно сделать, чтобы поддержать питание?

– Но, ведь вы знаете, тут всегда скрываются нравственные, духовные причины, – с тонкою улыбкой позволил себе вставить домашний доктор.

– Да, это само собой разумеется, – отвечал знаменитый доктор, опять взглянув на часы. – Виноват; что, поставлен ли Яузский мост или надо все еще кругом объезжать? – спросил он. – А! поставлен. Да, ну так я в двадцать минут могу быть. Так мы говорили, что вопрос так поставлен: поддержать питание и исправить нервы. Одно в связи с другим, надо действовать на обе стороны круга.

– Но поездка за границу? – спросил домашний доктор.

– Я враг поездок за границу. И изволите видеть: если есть начало туберкулезного процесса, чего мы знать не можем, то поездка за границу не поможет. Необходимо такое средство, которое бы поддерживало питание и не вредило.

И знаменитый доктор изложил свой план лечения водами Соденскими, при назначении которых главная цель, очевидно, состояла в том, что они повредить не могут.

Домашний доктор внимательно и почтительно выслушал.

– Но в пользу поездки за границу я бы выставил перемену привычек, удаление от условий, вызывающих воспоминания. И потом матери хочется, – сказал он.

– А! Ну, в этом случае, что ж, пускай едут; только повредят эти немецкие шарлатаны... Надо, чтобы слушались... Ну, так пускай едут.

Он опять взглянул на часы.

– О! уже пора, – и пошел к двери.

Знаменитый доктор объявил княгине (чувство приличия подсказало это), что ему нужно видеть еще раз больную.

– Как! еще раз осматривать! – с ужасом воскликнула мать.

– О нет, мне некоторые подробности, княгиня.

– Милости просим.

И мать, сопутствуемая доктором, вошла в гостиную к Кити. Исхудавшая и румяная, с особенным блеском в глазах вследствие перенесенного стыда, Кити стояла посреди комнаты. Когда доктор вошел, она вспыхнула, и глаза ее наполнились слезами. Вся ее болезнь и леченье представлялись ей такою глупою, даже смешною вещью! Лечение ее представлялось ей столь же смешным, как составление кусков разбитой вазы. Сердце ее было разбито. Что же они хотят лечить ее пилюлями и порошками? Но нельзя было оскорблять мать, тем более что мать считала себя виноватою.

– Потрудитесь присесть, княжна, – сказал знаменитый доктор.

Он с улыбкой сел против нее, взял пульс и опять стал делать скучные вопросы. Она отвечала ему и вдруг, рассердившись, встала.

– Извините меня, доктор, но это, право, ни к чему не поведет, и вы у меня по три раза то же самое спрашиваете.

Знаменитый доктор не обиделся.

– Болезненное раздражение, – сказал он княгине, когда Кити вышла. – Впрочем, я кончил...

И доктор пред княгиней, как пред исключительно умною женщиной, научно определил положение княжны и заключил наставлением о том, как пить те воды, которые были не нужны. На вопрос, ехать ли за границу, доктор углубился в размышления, как бы разрешая трудный вопрос. Решение, наконец, было изложено: ехать и не верить шарлатанам, а во всем обращаться к нему.

Как будто что-то веселое случилось после отъезда доктора. Мать повеселела, вернувшись к дочери, и Кити притворилась, что она повеселела. Ей часто, почти всегда, приходилось теперь притворяться.

- Право, я здорова, maman. Но если вы хотите ехать, поедемте! - сказала она и, стараясь показать, что интересуется предстоящею поездкой, стала говорить о приготовлениях к отъезду.

II

Вслед за доктором приехала Долли. Она знала, что в этот день должен быть консилиум, и, несмотря на то, что недавно поднялась от родов (она родила девочку в конце зимы), несмотря на то, что у ней было много своего горя и забот, оставив грудного ребенка и заболевшую девочку, она заехала узнать об участи Кити, которая решалась нынче.

- Ну, что? - сказала она, входя в гостиную и не снимая шляпы. - Вы все веселые. Верно, хорошо?

Ей попробовали рассказывать, что говорил доктор, но оказалось, что, хотя доктор и говорил очень складно и долго, никак нельзя было передать того, что он сказал. Интересно было только то, что решено ехать за границу.

Долли невольно вздохнула. Лучший друг ее, сестра, уезжала. А жизнь ее была не весела. Отношения к Степану Аркадьичу после примирения сделались унизительны. Спайка, сделанная Анной, оказалась непрочна, и семейное согласие надломилось опять в том же месте. Определенного ничего не было, но Степана Аркадьича никогда почти не было дома, денег тоже никогда почти не было дома, и подозрения неверностей постоянно мучали Долли, и она уже отгоняла их от себя, боясь испытанных страданий ревности. Первый взрыв ревности, раз пережитый, уже не мог возвратиться, и даже открытие неверности не могло бы уже так подействовать на нее, как в первый раз. Такое открытие теперь только лишило бы ее семейных привычек, и она позволяла себя обманывать, презирая его и больше всего себя за эту слабость. Сверх того, заботы большого семейства беспрестанно мучали ее: то кормление грудного ребенка не шло, то нянька ушла, то, как теперь, заболел один из детей.

– Что, как твои? – спросила мать.

– Ах, maman, у вас своего горя много. Лили заболела, и я боюсь, что скарлатина. Я вот теперь выехала, чтоб узнать, а то засяду уже безвыездно, если, избави бог, скарлатина.

Старый князь после отъезда доктора тоже вышел из своего кабинета и, подставив свою щеку Долли и поговорив с ней, обратился к жене:

– Как же решаете, едете? Ну, а со мной что хотите делать?

– Я думаю, тебе остаться, Александр Андреич, – сказала жена.

– Как хотите.

– Maman, отчего же папа не ехать с нами? – сказала Кити. – И ему веселей и нам.

Старый князь встал и погладил рукой волосы Кити. Она подняла лицо и, насильно улыбаясь, смотрела на него. Ей всегда казалось, что он лучше всех в семье понимает ее, хотя он мало говорил с ней. Она была, как меньшая, любимица отца, и ей казалось, что любовь его к ней делала его проницательным. Теперь, встретившись с его голубыми, добрыми глазами, пристально смотревшими на нее с его сморщенного лица, ей казалось, что он насквозь видит ее и понимает все то нехорошее, что в ней делается. Она, краснея, потянулась к нему, ожидая поцелуя, но он только потрепал ее по волосам и проговорил:

– Эти глупые шиньоны! До настоящей дочери и не доберешься, а ласкаешь волосы дохлых баб. Ну что, Долинька, – обратился он к старшей дочери, – твой козырь что поделывает?

– Ничего, папа, – отвечала Долли, понимая, что речь идет о муже. – Все ездит, я его почти не вижу, – не могла она не прибавить с насмешливою улыбкой.

– Что ж, он не уехал еще в деревню лес продавать?

– Нет, все собирается.

– Вот как! – проговорил князь. – Так и мне собираться? Слушаю-с, – обратился он к жене, садясь. – А ты вот что, Катя, – прибавил он к меньшой дочери, – ты когда-нибудь, в один прекрасный день, проснись и скажи себе: да ведь я совсем здорова и весела, и пойдем с папа опять рано утром по морозцу гулять. А?

Казалось, очень просто то, что сказал отец, но Кити при этих словах смешалась и растерялась, как уличенный преступник. «Да, он все знает, все понимает и этими словами говорит мне, что хотя и стыдно, а надо пережить свой стыд». Она не могла собраться с духом ответить что-нибудь. Начала было и вдруг расплакалась и выбежала из комнаты.

– Вот твои шутки! – напустилась княгиня на мужа. – Ты всегда... – начала она свою укоризненную речь.

Князь слушал довольно долго упреки княгини и молчал, но лицо его все более и более хмурилось.

– Она так жалка, бедняжка, так жалка, а ты не чувствуешь, что ей больно от всякого намека на то, что причиной. Ах! так ошибаться в людях! – сказала княгиня, и по перемене ее тона Долли и князь поняли, что она говорила о Вронском. – Я не понимаю, как нет законов против таких гадких, неблагородных людей.

– Ах, не слушал бы! – мрачно проговорил князь, вставая с кресла и как бы желая уйти, но останавливаясь в дверях. – Законы есть, матушка, и если ты уж вызвала меня на это, то я тебе скажу, кто виноват во всем: ты и ты, одна ты. Законы против таких молодчиков всегда были и есть! Да-с, если бы не было того, чего не должно было быть, я – старик, но я бы поставил его на барьер, этого франта. Да, а теперь и лечите, возите к себе этих шарлатанов.

Князь, казалось, имел сказать еще многое, но как только княгиня услыхала его тон, она, как это всегда бывало в серьезных вопросах, тотчас же смирилась и раскаялась.

– Alexandre, Alexandre, – шептала она, подвигаясь, и расплакалась.

Как только она заплакала, князь тоже затих. Он подошел к ней.

– Ну, будет, будет! И тебе тяжело, я знаю. Что делать? Беды большой нет. Бог милостив… благодарствуй… – говорил он, уже сам не зная, что говорит, и отвечая на мокрый поцелуй княгини, который он почувствовал на своей руке, и вышел из комнаты.

Еще как только Кити в слезах вышла из комнаты, Долли с своею материнскою, семейною привычкой тотчас же увидала, что тут предстоит женское дело, и приготовилась сделать его. Она сняла шляпку и, нравственно засучив рукава, приготовилась действовать. Во время нападения матери на отца она пыталась удерживать мать, насколько позволяла дочерняя почтительность. Во время взрыва князя она молчала; она чувствовала стыд за мать и нежность к отцу за его сейчас же вернувшуюся доброту; но когда отец ушел, она собралась сделать главное, что было нужно, – идти к Кити и успокоить ее.

– Я вам давно хотела сказать, maman: вы знаете ли, что Левин хотел сделать предложение Кити, когда он был здесь в последний раз? Он говорил Стиве.

– Ну что ж? Я не понимаю…

– Так, может быть, Кити отказала ему?.. Она вам не говорила?

– Нет, она ничего не говорила ни про того, ни про другого; она слишком горда. Но я знаю, что все от этого…

– Да, вы представьте себе, если она отказала Левину, – а она бы не отказала ему, если б не было того, я знаю… И потом этот так ужасно обманул ее.

Княгине слишком страшно было думать, как много она виновата пред дочерью, и она рассердилась.

– Ах, я уж ничего не понимаю! Нынче всё хотят своим умом жить, матери ничего не говорят, а потом вот и…

– Maman, я пойду к ней.

– Поди. Разве я тебе запрещаю? – сказала мать.

III

Войдя в маленький кабинет Кити, хорошенькую, розовенькую, с куколками vieux saxe[1], комнатку, такую же молоденькую, розовенькую и веселую, какою была сама Кити еще два месяца тому назад, Долли вспомнила, как убирали они вместе прошлого года эту комнатку, с каким весельем и любовью. У ней похолодело сердце, когда она увидала Кити, сидевшую на низеньком, ближайшем от двери стуле и устремившую неподвижные глаза на угол ковра. Кити взглянула на сестру, и холодное, несколько суровое выражение ее лица не изменилось.

– Я теперь уеду и засяду дома, и тебе нельзя будет ко мне, – сказала Дарья Александровна, садясь подле нее. – Мне хочется поговорить с тобой.

– О чем? – испуганно подняв голову, быстро спроста Кити.

– О чем, как не о твоем горе?

– У меня нет горя.

– Полно, Кити. Неужели ты думаешь, что я могу не знать? Я все знаю. И поверь мне, это так ничтожно… Мы все прошли через это.

Кити молчала, и лицо ее имело строгое выражение.

– Он не стоит того, чтобы ты страдала из-за него, – продолжала Дарья Александровна, прямо приступая к делу.

– Да, потому что он мною пренебрег, – дребезжащим голосом проговорила Кити. – Не говори! Пожалуйста, не говори!

---

[1] Старого саксонского фарфора *(фр.)*.

- Да кто же тебе это сказал? Никто этого не говорил. Я уверена, что он был влюблен в тебя и остался влюблен, но...

- Ах, ужаснее всего мне эти соболезнованья! - вскрикнула Кити, вдруг рассердившись. Она повернулась на стуле, покраснела и быстро зашевелила пальцами, сжимая то тою, то другою рукой пряжку пояса, которую она держала. Долли знала эту манеру сестры перехватывать руками, когда она приходила в горячность; она знала, как Кити способна была в минуту горячности забыться и наговорить много лишнего и неприятного, и Долли хотела успокоить ее; но было уже поздно.

- Что, что ты хочешь мне дать почувствовать, что? - говорила Кити быстро. - То, что я была влюблена в человека, который меня знать не хотел, и что я умираю от любви к нему? И это мне говорит сестра, которая думает, что... что... что она соболезнует!.. Не хочу я этих сожалений и притворств!

- Кити, ты несправедлива.

- Зачем ты мучаешь меня?

- Да я, напротив... Я вижу, что огорчена...

Но Кити в своей горячке не слышала ее.

- Мне не о чем сокрушаться и утешаться. Я настолько горда, что никогда не позволю себе любить человека, который меня не любит.

- Да я и не говорю... Одно - скажи мне правду, - проговорила, взяв ее за руку, Дарья Александровна, - скажи мне, Левин говорил тебе?..

Упоминание о Левине, казалось, лишило Кити последнего самообладания; она вскочила со стула и, бросив пряжку о землю и делая быстрые жесты руками, заговорила:

- К чему тут еще Левин? Не понимаю, зачем тебе нужно мучить меня? Я сказала и повторяю, что я горда и никогда, *никогда* я не сделаю то, что ты делаешь, - чтобы вернуться к человеку, который тебе изменил, который полюбил другую женщину. Я не понимаю, не понимаю этого! Ты можешь, а я не могу!

И, сказав эти слова, она взглянула на сестру, и, увидев, что Долли молчит, грустно опустив голову, Кити, вместо того чтобы выйти из комнаты, как намеревалась, села у двери и, закрыв лицо платком, опустила голову.

Молчание продолжалось минуты две. Долли думала о себе. То свое унижение, которое она всегда чувствовала, особенно больно отозвалось в ней, когда о нем напомнила ей сестра. Она не ожидала такой жестокости от сестры и сердилась на нее. Но вдруг она услыхала шум платья и вместе звук разразившегося сдержанного рыданья, и чьи-то руки снизу обняли ее шею. Кити на коленях стояла пред ней.

- Долинька, я так, так несчастна! - виновато прошептала она.

И покрытое слезами милое лицо спряталось в юбке платья Дарьи Александровны.

Как будто слезы были та необходимая мазь, без которой не могла идти успешно машина взаимного общения между двумя сестрами, – сестры после слез разговорились не о том, что занимало их; но, и говоря о постороннем, они поняли друг друга. Кити поняла, что сказанное ею в сердцах слово о неверности мужа и об унижении до глубины сердца поразило бедную сестру, но что она прощала ей. Долли, с своей стороны, поняла все, что она хотела знать; она убедилась, что догадки ее были верны, что горе, неизлечимое горе Кити состояло именно в том, что Левин делал предложение и что она отказала ему, а Вронский обманул ее, и что она готова была любить Левина и ненавидеть Вронского. Кити ни слова не сказала об этом; она говорила только о своем душевном состоянии.

– У меня нет никакого горя, – говорила она, успокоившись, – но ты можешь ли понять, что мне все стало гадко, противно, грубо, и прежде всего я сама. Ты не можешь себе представить, какие у меня гадкие мысли обо всем.

– Да какие же могут быть у тебя гадкие мысли? – спросила Долли, улыбаясь.

– Самые, самые гадкие и грубые; не могу тебе сказать. Это не тоска, не скука, а гораздо хуже. Как будто все, что было хорошего во мне, все спряталось, а осталось одно самое гадкое. Ну, как тебе сказать? – продолжала она, видя недоуменье в глазах сестры. – Папа сейчас мне начал говорить… мне кажется, он думает только, что мне нужно выйти замуж. Мама везет меня на бал: мне кажется, что она только затем везет меня, чтобы поскорее выдать замуж и избавиться от меня. Я знаю, что это неправда, но не могу отогнать этих мыслей. Женихов так называемых я видеть не могу. Мне кажется, что они с меня мерку снимают. Прежде ехать куда-нибудь в бальном платье для меня было просто удовольствие, я собой любовалась; теперь мне стыдно, неловко. Ну, что хочешь! Доктор… Ну…

Кити замялась; она хотела далее сказать, что с тех пор, как с ней сделалась эта перемена, Степан Аркадьич ей стал невыносимо неприятен и что она не может видеть его без представлений самых грубых и безобразных.

– Ну да, все мне представляется в самом грубом, гадком виде, – продолжала она. – Это моя болезнь. Может быть, это пройдет…

– А ты не думай…

– Не могу. Только с детьми мне хорошо, только у тебя.

– Жаль, что нельзя тебе бывать у меня.

– Нет, я приеду. У меня была скарлатина, и я упрошу maman.

Кити настояла на своем и переехала к сестре и всю скарлатину, которая действительно пришла, ухаживала за детьми. Обе сестры благополучно выходили всех шестерых детей, но здоровье Кити не поправилось, и великим постом Щербацкие уехали за границу.

IV

Петербургский высший круг, собственно, один; все знают друг друга, даже ездят друг к другу. Но в этом большом круге есть свои подразделения. Анна Аркадьевна Каренина имела друзей и тесные связи в трех различных кругах. Один круг был служебный, официальный круг ее мужа, состоявший из его сослуживцев и подчиненных, самым разнообразным и прихотливым образом связанных и разъединенных в общественных условиях. Анна теперь с трудом могла вспомнить то чувство почти набожного уважения, которое она в первое время имела к этим лицам. Теперь она знала всех их, как знают друг друга в уездном городе; знала, у кого какие привычки и слабости, у кого какой сапог жмет ногу; знала их отношения друг к другу и к главному центру; знала, кто за кого и как и чем держится и кто с кем и в чем сходятся и расходятся; но этот круг правительственных, мужских интересов никогда, несмотря на внушение графини Лидии Ивановны, не мог интересовать ее, и она избегала его.

Другой близкий Анне кружок – это был тот, через который Алексей Александрович сделал свою карьеру. Центром этого кружка была графиня Лидия Ивановна. Это был кружок старых, некрасивых, добродетельных и набожных женщин и умных, ученых, честолюбивых мужчин. Один из умных людей, принадлежащих к этому кружку, называл его «совестью петербургского общества». Алексей Александрович очень дорожил этим кружком, и Анна, так умевшая сживаться со всеми, нашла себе в первое время своей петербургской жизни друзей и в этом круге. Теперь же, по возвращении из Москвы, кружок этот ей стал невыносим. Ей показалось, что и она и все они притворяются, и ей стало так скучно и неловко в этом обществе, что она сколько возможно менее ездила к графине Лидии Ивановне.

Третий круг, наконец, где она имела связи, был собственно свет, – свет балов, обедов, блестящих туалетов, свет, державшийся одною рукой за двор, чтобы не спуститься до полусвета, который члены этого круга думали, что презирали, но с которым вкусы у него были не только сходные, но одни и те же. Связь ее с этим кругом держалась чрез княгиню Бетси Тверскую, жену ее двоюродного брата, у которой было сто двадцать тысяч дохода и которая с самого появления Анны в свет особенно полюбила ее, ухаживала за ней и втягивала в свой круг, смеясь над кругом графини Лидии Ивановны.

– Когда стара буду и дурна, я сделаюсь такая же, – говорила Бетси, – но для вас, для молодой, хорошенькой женщины, еще рано в эту богадельню.

Анна первое время избегала, сколько могла, этого света княгини Тверской, так как он требовал расходов выше ее средств, да и по душе она предпочитала первый; но после поездки в Москву сделалось наоборот. Она избегала нравственных друзей своих и ездила в большой свет. Там она встречала Вронского и испытывала волнующую радость при этих встречах. Особенно часто встречала она Вронского у Бетси, которая была урожденная Вронская и ему двоюродная. Вронский был везде, где только мог встречать Анну, и говорил ей, когда мог, о своей любви. Она ему не подавала никакого повода, во каждый раз, как она встречалась с ним, в душе ее загоралось то самое чувство оживления, которое нашло на нее в тот день в вагоне, когда она в первый раз увидела его. Она сама чувствовала, что при виде его радость светилась в ее глазах и морщила ее губы в улыбку, и она не могла затушить выражение этой радости.

Первое время Анна искренно верила, что она недовольна им за то, что он позволяет себе преследовать ее; но скоро по возвращении своем из Москвы, приехав на вечер, где она думала встретить его, а его не было, она по овладевшей ею грусти ясно поняла, что она обманывала себя, что это преследование не только не неприятно ей, но что оно составляет весь интерес ее жизни.

Знаменитая певица пела второй раз[1], и весь большой свет был в театре. Увидав из своего кресла в первом ряду кузину, Вронский, не дождавшись антракта, вошел к ней в ложу.

- Что ж вы не приехали обедать? - сказала она ему. - Удивляюсь этому ясновиденью влюбленных, - прибавила она с улыбкой, так, чтоб он один слышал: - *Она не была.* Но приезжайте после оперы.

Вронский вопросительно взглянул на нее. Она нагнула голову. Он улыбкой поблагодарил ее и сел подле нее.

- А как я вспоминаю ваши насмешки! - продолжала княгиня Бетси, находившая особенное удовольствие в следовании за успехом этой страсти. - Куда это все делось! Вы пойманы, мой милый.

- Я только того и желаю, чтобы быть пойманным, - отвечал Вронский с своею спокойною добродушною улыбкой. - Если я жалуюсь, то на то только, что слишком мало пойман, если говорить правду. Я начинаю терять надежду.

- Какую ж вы можете иметь надежду? - сказала Бетси, оскорбившись за своего друга, - *entendons nous…*[2] - Но в глазах ее бегали

---

[1] *Знаменитая певица пела второй раз…* - «Знаменитая певица» - Кристиан Нильсон (1843-1921), в 1872-1885 гг. с большим успехом пела на сцене Большого и Мариинского театров. В ее репертуаре были партии Миньон («Миньон» Тома), Офелии («Гамлет» Тома), Дездемоны («Отелло» Верди, Маргариты («Фауст» Гуно). Кристиан Нильсон разделила успех с Карлоттой Патти, выступавшей в те же годы в Москве и в Петербурге. «Г-жа Нильсон - певица певиц для доброй половины нашей публики; для другой половины певица певиц - г-жа Патти…» («Голос», 1873, № 38).

[2] Поймем друг друга… *(фр.).*

огоньки, говорившие, что она очень хорошо, и точно так же, как и он, понимает, какую он мог иметь надежду.

- Никакой, - смеясь и выставляя свои сплошные зубы, сказал Вронский. - Виноват, - прибавил он, взяв из ее руки бинокль и принявшись оглядывать чрез ее обнаженное плечо противоположный ряд лож. - Я боюсь, что становлюсь смешон.

Он знал очень хорошо, что в глазах Бетси и всех светских людей он не рисковал быть смешным. Он знал очень хорошо, что в глазах этих лиц роль несчастного любовника девушки и вообще свободной женщины может быть, смешна: но роль человека, приставшего к замужней женщине и во что бы то ни стало положившего свою жизнь на то, чтобы вовлечь ее в прелюбодеянье, что роль эта имеет что-то красивое, величественное и никогда не может быть смешна, и поэтому он с гордою и веселою, игравшею под его усами улыбкой, опустил бинокль и посмотрел на кузину.

- А отчего вы не приехали обедать? - сказала она, любуясь им.

- Это надо рассказать вам. Я был занят, и чем? Даю вам это из ста, из тысячи... не угадаете. Я мирил мужа с оскорбителем его жены. Да, право!

- Что ж, и помирили?

- Почти.

- Надо, чтобы вы мне это рассказали, - сказала она, вставая. - Приходите в тот антракт.

- Нельзя; я еду во Французский театр.

- От Нильсон? - с ужасом спросила Бетси, которая ни за что бы не распознала Нильсон от всякой хористки.

- Что ж делать? Мне там свиданье, все по этому делу моего миротворства.

- Блаженны миротворцы, они спасутся, - сказала Бетси, вспоминая что-то подобное, слышанное ею от кого-то. - Ну, так садитесь, расскажите, что такое?

И она опять села.

V

- Это немножко нескромно, но так мило, что ужасно хочется рассказать, - сказал Вронский, глядя на нее смеющимися глазами. - Я не буду называть фамилий.

- Но я буду угадывать, тем лучше.

– Слушайте же: едут два веселые молодые человека…[1]

– Разумеется, офицеры вашего полка?

– Я не говорю офицеры, просто два позавтракавшие молодые человека…

– Переводите: выпившие.

– Может быть. Едут на обед к товарищу, в самом веселом расположении духа. И видят, хорошенькая женщина обгоняет их на извозчике, оглядывается и, им по крайней мере кажется, кивает им и смеется. Они, разумеется, за ней. Скачут во весь дух. К удивлению их, красавица останавливается у подъезда того самого дома, куда они едут. Красавица взбегает на верхний этаж. Они видят только румяные губки из-под короткого вуаля и прекрасные маленькие ножки.

– Вы с таким чувством это рассказываете, что мне кажется, вы сами один из этих двух.

– А сейчас вы мне что говорили? Ну, молодые люди входят к товарищу, у него обед прощальный. Тут, точно, они выпивают, может быть, лишнее, как всегда на прощальных обедах. И за обедом расспрашивают, кто живет наверху в этом доме. Никто не знает, и только лакей хозяина на их вопрос: живут ли наверху *мамзели,* отвечает, что их тут очень много. После обеда молодые люди отправляются в кабинет к хозяину и пишут письмо к неизвестной. Написали страстное письмо, признание, и сами несут письмо наверх, чтобы разъяснить то, что в письме оказалось бы не совсем попятным.

– Зачем вы мне такие гадости рассказываете? Ну?

– Звонят. Выходит девушка, они дают письмо и уверяют девушку, что оба так влюблены, что сейчас умрут тут у двери. Девушка в недоумении ведет переговоры. Вдруг является господин с бакенбардами колбасиками, красный, как рак, объявляет, что в доме никто не живет, кроме его жены, и выгоняет обоих.

– Почему же вы знаете, что у него бакенбарды, как вы говорите, колбасиками?

– А вот слушайте. Нынче я ездил мирить их.

– Ну, и что же?

– Тут-то самое интересное. Оказывается, что это счастливая чета титулярного советника и титулярной советницы. Титулярный советник

---

[1] *Едут два веселые молодые человека.* – Анекдотический эпизод с офицерами, принявшими жену титулярного советника за «мамзель», Толстому рассказал А. Берс. «Спроси у Саши брата, – писал Толстой Т. А. Кузминской, – можно ли мне в романе, который я пишу, поместить историю, которую он мне рассказывал, об офицерах, разлетевшихся к мужней жене вместо мамзели, и как муж вытолкнул и потом они извинялись… История эта прелестна сама по себе, да и мне необходима» (т. 62, с. 74).

подает жалобу, и я делаюсь примирителем, и каким! Уверяю вас, Талейран ничто в сравнении со мной.

– В чем же трудность?

– Да вот послушайте… Мы извинились как следует: «Мы в отчаянии, мы просим простить за несчастное недоразумение». Титулярный советник с колбасиками начинает таять, но желает тоже выразить свои чувства, и как только он начинает выражать их, так начинает горячиться и говорить грубости, и опять я должен пускать в ход все свои дипломатические таланты. «Я согласен, что поступок их нехорош, но прошу вас принять во внимание недоразумение, молодость; потом, молодые люди только позавтракали. Вы понимаете. Они раскаиваются от всей души, просят простить их вину». Титулярный советник опять смягчается: «Я согласен, граф, и я готов простить, но понимаете, что моя жена, моя жена, честная женщина, подвергается преследованиям, грубостям и дерзостям каких-нибудь мальчишек, мерз…» А вы понимаете, мальчишка этот тут, и мне надо примирять их. Опять я пускаю в ход дипломацию, и опять, как только надо заключить все дело, мой титулярный советник горячится, краснеет, колбасики поднимаются, и опять я разливаюсь в дипломатических тонкостях.

– Ах, это надо рассказать вам! – смеясь, обратилась Бетси к входившей в ее ложу даме. – Он так насмешил меня.

– Ну, bonne chance[1], – прибавила она, подавая Вронскому палец, свободный от держания веера, и движением плеч опуская поднявшийся лиф платья, с тем чтобы, как следует, быть вполне голою, когда выйдет вперед, к рампе, на свет газа и на все глаза.

Вронский поехал во Французский театр, где ему действительно нужно было видеть полкового командира, но пропускавшего ни одного представления во Французском театре, с тем чтобы переговорить с ним о своем миротворстве, которое занимало и забавляло его уже третий день. В деле этом был замешан Петрицкий, которого он любил, и другой, недавно поступивший, славный малый, отличный товарищ, молодой князь Кедров. А главное, тут были замешаны интересы полка.

Оба были в эскадроне Вронского. К полковому командиру приезжал чиновник, титулярный советник Венден, с жалобой на его офицеров, которые оскорбили его жену. Молодая жена его, как рассказывал Венден, – он был женат полгода, – была в церкви с матушкой и, вдруг почувствовав нездоровье, происходящее от известного положения, не могла больше стоять и поехала домой на первом попавшемся ей лихаче-извозчике. Тут за ней погнались офицеры, она испугалась и, еще более разболевшись,

---

[1] Желаю удачи (фр.).

взбежала по лестнице домой. Сам Венден, вернувшись из присутствия, услыхал звонок и какие-то голоса, вышел и, увидав пьяных офицеров с письмом, вытолкал их. Он просил строгого наказания.

— Нет, как хотите, — сказал полковой командир Вронскому, пригласив его к себе, — Петрицкий становится невозможным. Не проходит недели без истории. Этот чиновник не оставит дела, он пойдет дальше.

Вронский видел всю неблаговидность этого дела и что тут дуэли быть не может, что надо все сделать, чтобы смягчить этого титулярного советника и замять дело. Полковой командир призвал Вронского именно потому, что знал его за благородного и умного человека и, главное, за человека, дорожащего честью полка. Они потолковали и решили, что надо ехать Петрицкому и Кедрову с Вронским к этому титулярному советнику извиняться. Полковой командир и Вронский оба понимали, что имя Вронского и флигель-адъютантский вензель должны много содействовать смягчению титулярного советника. И действительно, эти два средства оказались отчасти действительны; но результат примирения остался сомнительным, как и рассказывал Вронский.

Приехав во Французский театр, Вронский удалился с полковым командиром в фойе и рассказал ему свой успех или неуспех. Обдумав все, полковой командир решил оставить дело без последствий, но потом ради удовольствия стал расспрашивать Вронского о подробностях его свиданья и долго не мог удержаться от смеха, слушая рассказ Вронского о том, как затихавший титулярный советник вдруг опять разгорался, вспоминая подробности дела, и как Вронский, лавируя при последнем полуслове примирения, ретировался, толкая вперед себя Петрицкого.

— Скверная история, но уморительная. Не может же Кедров драться с этим господином! Так ужасно горячился? — смеясь, переспросил он. — А какова нынче Клер? Чудо! — сказал он про новую французскую актрису. — Сколько ни смотри, каждый день новая. Только одни французы могут это.

VI

Княгиня Бетси, не дождавшись конца последнего акта, уехала из театра. Только что успела она войти в свою уборную, обсыпать свое длинное бледное лицо пудрой, стереть ее, оправить прическу и приказать чай в большой гостиной, как уж одна за другою стали подъезжать кареты к ее огромному дому на Большой Морской. Гости выходили на широкий подъезд, и тучный швейцар, читающий по утрам, для назидания прохожих, за стеклянною дверью газеты, беззвучно отворял эту огромную дверь, пропуская мимо себя приезжавших.

Почти в одно и то же время вошли: хозяйка с освеженною прической и освеженным лицом из одной двери и гости из другой в большую гостиную с темными стелами, пушистыми коврами и ярко освещенным столом, блестевшим под огнями свеч белизною скатерти, серебром самовара и прозрачным фарфором чайного прибора.

Хозяйка села за самовар и сняла перчатки. Передвигая стулья и кресла с помощью незаметных лакеев, общество разместилось, разделившись на две части, – у самовара с хозяйкой и на противоположном конце гостиной – около красивой жены посланника в черном бархате и с черными резкими бровями. Разговор в обоих центрах, как и всегда в первые минуты, колебался, перебиваемый встречами, приветствиями, предложениями чая, как бы отыскивая, на чем остановиться.

– Она необыкновенно хороша как актриса; видно, что она изучала Каульбаха[1], – говорил дипломат в кружке жены посланника, – вы заметили, как она упала…

– Ах, пожалуйста, не будем говорить про Нильсон! Про нее нельзя ничего сказать нового, – сказала толстая, красная, без бровей и без шиньона, белокурая дама в старом шелковом платье. Это была княгиня Мягкая, известная своею простотой, грубостью обращения и прозванная enfant terrible[2]. Княгиня Мягкая сидела посередине между обоими кружками и, прислушиваясь, принимала участие то в том, то в другом. – Мне нынче три человека сказали эту самую фразу про Каульбаха, точно сговорились. И фраза, не знаю чем, так понравилась им.

Разговор был прерван этим замечанием, и надо было придумывать опять новую тему.

– Расскажите нам что-нибудь забавное, но не злое, – сказала жена посланника, великая мастерица изящного разговора, называемого по-английски small-talk, обращаясь к дипломату, тоже не знавшему, что теперь начать.

– Говорят, что это очень трудно, что только злое смешно, – начал Он с улыбкою. – Но я попробую. Дайте тему. Все дело в теме. Если тема дана,

---

[1] *Она необыкновенно хороша как актриса; видно, что она изучала Каульбаха…* – Вильгельм Каульбах (1805–1874) – немецкий художник, директор Мюнхенской Академии искусств, увенчанный золотым лавровым венком, «высший и едва ли не последний представитель идеализма», как его называли тогда. Слава Каульбаха была связана с монументальными, помпезными композициями: «Столпотворение Вавилона», «Расцвет классической Греции», «Разрушение Иерусалима», «Битва гуннов» и др. Актеры, в том числе и оперные, изучали произведения художников и скульпторов, чтобы овладеть пластикой сценического движения. В театрах неизменным успехом пользовались так называемые «живые картины». Сопоставление живописи и театра было общим местом театральной критики 70-х годов.

[2] Озорницей *(фр.)*.

то вышивать по ней уже легко. Я часто думаю, что знаменитые говоруны прошлого века были бы теперь в затруднении говорить умно. Все умное так надоело...

– Давно уж сказано, – смеясь, перебила его жена посланника.

Разговор начался мило, но именно потому, что он был слишком уж мил, он опять остановился. Надо было прибегнуть к верному, никогда не изменяющему средству – злословию.

– Вы не находите, что в Тушкевиче есть что-то Louis XV? – сказал он, указывая глазами на красивого белокурого молодого человека, стоявшего у стола.

– О да! Он в одном вкусе с гостиной, от этого он так часто и бывает здесь.

Этот разговор поддержался, так как говорилось намеками именно о том, чего нельзя было говорить в этой гостиной, то есть об отношениях Тушкевича к хозяйке.

Около самовара и хозяйки разговор между тем, точно так же поколебавшись несколько времени между тремя неизбежными темами: последнею общественною новостью, театром и осуждением ближнего, тоже установился, попав на последнюю тему, то есть на злословие.

– Вы слышали, и Мальтищева, – не дочь, а мать, – шьет себе костюм diable rose[12].

– Не может быть! Нет, это прелестно!

– Я удивляюсь, как с ее умом, – она ведь не глупа, – не видеть, как она смешна.

Каждый имел что сказать в осуждение и осмеяние несчастной Мальтищевой, и разговор весело затрещал, как разгоревшийся костер.

Муж княгини Бетси, добродушный толстяк, страстный собиратель гравюр, узнав, что у жены гости, зашел пред клубом в гостиную. Неслышно, по мягкому ковру, он подошел к княгине Мягкой.

– Как вам поправилась Нильсон, княгиня? – сказал он.

– Ах, батюшка, можно ли так подкрадываться? Как вы меня испугали, – отвечала она. – Не говорите, пожалуйста, со мной про оперу, вы ничего не понимаете в музыке. Лучше я спущусь до вас и буду говорить с вами про ваши майолики и гравюры. Ну, какое там сокровище вы купили недавно на толкучке?

---

1 *...костюм diable rose...* – В 1874 г. на сцене французского театра шла комедия Е. Гранжа и Л. Тибу «Les diables roses» («Розовые дьяволы»).

2 Крикливо-розовый *(фр.)*.

– Хотите, я вам покажу? Но вы не знаете толку.

– Покажите. Я выучилась у этих, как их зовут... банкиры... у них прекрасные есть гравюры. Они нам показывали.

– Как, вы были у Шюцбург? – спросила хозяйка от самовара.

– Были, ma chère. Они нас звали с мужем обедать, и мне сказывали, что соус на этом обеде стоил тысячу рублей, – громко говорила княгиня Мягкая, чувствуя, что все ее слушают, – и очень гадкий соус, что-то зеленое. Надо было их позвать, и я сделала соус на восемьдесят пять копеек, и все были очень довольны. Я не могу делать тысячерублевых соусов.

– Она единственна! – сказала жена посланника.

– Удивительна! – сказал кто-то.

Эффект, производимый речами княгини Мягкой, всегда был одинаков, и секрет производимого ею эффекта состоял в том, что она говорила хотя и не совсем кстати, как теперь, но простые вещи, имеющие смысл. В обществе, где она жила, такие слова производили действие самой остроумной шутки. Княгиня Мягкая не могла понять, отчего это так действовало, но знала, что это так действовало, и пользовалась этим.

Так как во время речи княгини Мягкой все ее слушали и разговор около жены посланника прекратился, хозяйка хотела связать все общество воедино и обратилась к жене посланника:

– Решительно вы не хотите чаю? Вы бы перешли к нам.

– Нет, нам очень хорошо здесь, – с улыбкой отвечала жена посланника и продолжала начатый разговор.

Разговор был очень приятный. Осуждали Карениных, жену и мужа.

– Анна очень переменилась с своей московской поездки. В ней есть что-то странное, – говорила ее приятельница.

– Перемена главная та, что она привезла с собою тень Алексея Вронского, – сказала жена посланника.

– Да что же? У Гримма есть басня: человек без тени[1], человек лишен тени. И это ему наказанье за что-то. Я никогда не мог понять, в чем наказанье. Но женщине должно быть неприятно без тени.

– Да, но женщины с тенью обыкновенно дурно кончают, – сказала приятельница Анны.

---

[1] *У Гримма есть басня: человек без тени...* – Сказка о человеке, потерявшем тень, принадлежит немецкому писателю-романтику Адельберту Шамиссо (1781–1838) – «Необычайные приключения Петера Шлемиля» (1814). В 1870 г. в переводе на русский язык были переизданы сказки Г.-Х. Андерсена (1805–1875) – «Лучшие сказки» (СПб., 1870), в том числе и его сказка «Тень». Братья Гримм в разговоре упомянуты по ошибке. В их сборниках нет сказки о человеке, потерявшем тень.

– Типун вам на язык, – сказала вдруг княгиня Мягкая, услыхав эти слова. – Каренина прекрасная женщина. Мужа ее я не люблю, а ее очень люблю.

– Отчего же вы не любите мужа? Он такой замечательный человек, – сказала жена посланника. – Муж говорит, что таких государственных людей мало в Европе.

– И мне то же говорит муж, но я не верю, – сказала княгиня Мягкая. – Если бы мужья наши не говорили, мы бы видели то, что есть, а Алексей Александрович, по-моему, просто глуп. Я шепотом говорю это... Не правда ли, как все ясно делается? Прежде, когда мне велели находить его умным, я все искала и находила, что я сама глупа, не видя его ума; а как только я сказала: он *глуп,* но шепотом, – все так ясно стало, не правда ли?

– Как вы злы нынче!

– Нисколько. У меня нет другого выхода. Кто-нибудь из нас двух глуп. Ну, а вы знаете, про себя нельзя этого никогда сказать.

– Никто не доволен своим состоянием, и всякий доволен своим умом, – сказал дипломат французский стих.[1]

– Вот-вот именно, – поспешно обратилась к нему княгиня Мягкая. – Но дело в том, что Анну я вам не отдам. Она такая славная, милая. Что же ей делать, если все влюблены в нее и, как тени, ходят за ней?

– Да я и не думаю осуждать, – оправдывалась приятельница Анны.

– Если за нами никто не ходит, как тень, то это не доказывает, что мы имеем право осуждать.

И, отделав, как следовало, приятельницу Анны, княгиня Мягкая встала и вместе с женой посланника присоединилась к столу, где шел общий разговор о прусском короле.

– О чем вы там злословили? – спросила Бетси.

– О Карениных. Княгиня делала характеристику Алексея Александровича, – отвечала жена посланника, с улыбкой садясь к столу.

– Жалко, что мы не слыхали, – сказала хозяйка, взглядывая на входную дверь. – А, вот и вы наконец! – обратилась она с улыбкой к входившему Вронскому.

---

[1] *Никто не доволен своим состоянием, и всякий доволен своим умом,* – сказал *дипломат французский стих.* – Неточная цитата из Ларошфуко (№ 89): «Все жалуются на свою память, но никто не жалуется на свой разум» (Франсуа де Ларошфуко. Мемуары. Максимы. Л., 1971, с. 157). Tout le monde se plaint de sa mémoire, et personne ne se plaint de son jugement» (La Rochefoucaud. Maxime et reflexions morales, Paris. 1866).

Вронский был не только знаком со всеми, но видал каждый день всех, кого он тут встретил, и потому он вошел с теми спокойными приемами, с какими входят в комнату к людям, от которых только что вышли.

- Откуда я? - отвечал он на вопрос жены посланника. - Что же делать, надо признаться. Из Буфф. Кажется, в сотый раз, и все с новым удовольствием. Прелесть! Я знаю, что это стыдно; но в опере я сплю, а в Буффах досиживаю до последнего конца[1], и весело. Нынче...

Он назвал французскую актрису и хотел что-то рассказать про нее; но жена посланника с шутливым ужасом перебила его:

- Пожалуйста, не рассказывайте про этот ужас.

- Ну, не буду, тем более что все знают эти ужасы.

- И все бы поехали туда, если б это было так же принято, как опера, - подхватила княгиня Мягкая.

VII

У входной двери послышались шаги, и княгиня Бетси, зная, что это Каренина, взглянула на Вронского. Он смотрел на дверь, и лицо его имело странное новое выражение. Он радостно, пристально и вместе робко смотрел на входившую и медленно приподнимался. В гостиную входила Анна. Как всегда, держась чрезвычайно прямо, своим быстрым, твердым и легким шагом, отличавшим ее от походки других светских женщин, и не изменяя направления взгляда, она сделала те несколько шагов, которые отделяли ее от хозяйки, пожала ей руку, улыбнулась и с этою улыбкой оглянулась на Вронского. Вронский низко поклонился и подвинул ей стул.

Она отвечала только наклонением головы, покраснела и нахмурилась. Но тотчас же, быстро кивая знакомым и пожимая протягиваемые руки, она обратилась к хозяйке:

- Я была у графини Лидии и хотела раньше приехать, но засиделась. У ней был сэр Джон. Очень интересный.

- Ах, это миссионер этот?

- Да, он рассказывал про индейскую жизнь очень интересно.

Разговор, перебитый приездом, опять замотался, как огонь задуваемой лампы.

---

1 *...в Буффах досиживаю до последнего конца...* - В 1855-1877 гг. «опера-буфф» в Париже была антрепризой Жака Оффенбаха. В 1870 г. в Петербурге (угол Александрийской площади и Толмазова переулка) открылся французский театр - Опера-буфф. «Мы выбивались из сил, - замечает фельетонист газеты «Голос», - чтобы сделать из Петербурга «уголок Парижа»...» («Голос», 1873, № 6).

– Сэр Джон! Да, сэр Джон. Я его видела. Он хорошо говорит. Власьева совсем влюблена в него.

– А правда, что Власьева меньшая выходит за Топова?

– Да, говорят, что это совсем решено.

– Я удивляюсь родителям. Говорят, это брак по страсти.

– По страсти? Какие у вас антидилювиальные мысли! Кто нынче говорит про страсти? – сказала жена посланника.

– Что делать? Эта глупая старая мода все еще не выводится, – сказал Вронский.

– Тем хуже для тех, кто держится этой моды. Я знаю счастливые браки только по рассудку.

– Да, но зато как часто счастье браков по рассудку разлетается, как пыль, именно оттого, что появляется та самая страсть, которую не признавали, – сказал Вронский.

– Но браками по рассудку мы называем те, когда уже оба перебесились. Это как скарлатина, чрез это надо пройти.

– Тогда надо выучиться искусственно прививать любовь, как оспу.

– Я была в молодости влюблена в дьячка, – сказала княгиня Мягкая. – Не знаю, помогло ли мне это.

– Нет, я думаю, без шуток, что для того, чтоб узнать любовь, надо ошибиться и потом поправиться, – сказала княгиня Бетси.

– Даже после брака? – шутливо сказала жена посланника.

– Никогда не поздно раскаяться, – сказал дипломат английскую пословицу.

– Вот именно, – подхватила Бетси, – надо ошибиться и поправиться. Как вы об этом думаете? – обратилась она к Анне, которая с чуть заметною твердою улыбкой на губах молча слушала этот разговор.

– Я думаю, – сказала Анна, играя снятою перчаткой, – я думаю… если сколько голов, столько умов, то и сколько сердец, столько родов любви.

Вронский смотрел на Анну и с замиранием сердца ждал, что она скажет. Он вздохнул как бы после опасности, когда она выговорила эти слова.

Анна вдруг обратилась к нему:

– А я получила письмо из Москвы. Мне пишут, что Кити Щербацкая совсем больна.

– Неужели? – нахмурившись, сказал Вронский. Анна строго посмотрела на него.

– Вас не интересует это?

– Напротив, очень. Что именно вам пишут, если можно узнать? – спросил он.

Анна встала и подошла к Бетси.

— Дайте мне чашку чая, — сказала она, останавливаясь за ее стулом.

Пока княгиня Бетси наливала ей чай, Вронский подошел к Анне.

— Что же вам пишут? — повторил он.

— Я часто думаю, что мужчины не понимают того, что благородно и неблагородно, а всегда говорят об этом, — сказала Анна, не отвечая ему. — Я давно хотела сказать вам, — прибавила она и, перейдя несколько шагов, села у углового стола с альбомами.

— Я не совсем понимаю значение ваших слов, — сказал он, подавая ей чашку.

Она взглянула на диван подле себя, и он тотчас же сел.

— Да, я хотела сказать вам, — сказала она, не глядя на него. — Вы дурно поступили, дурно, очень дурно.

— Разве я не знаю, что я дурно поступил? Но кто причиной, что я поступил так?

— Зачем вы говорите мне это? — сказала она, строго взглядывая на него.

— Вы знаете зачем, — отвечал он смело и радостно, встречая ее взгляд и не спуская глаз.

Не он, а она смутилась.

— Это доказывает только то, что у вас нет сердца, — сказала она. Но взгляд ее говорил, что она знает, что у него есть сердце, и от этого-то боится его.

— То, о чем вы сейчас говорили, была ошибка, а не любовь.

— Вы помните, что я запретила вам произносить это слово, это гадкое слово, — вздрогнув, сказала Анна; но тут же она почувствовала, что одним этим словом: *запретила* она показывала, что признавала за собой известные права на него и этим самым поощряла его говорить про любовь. — Я вам давно это хотела сказать, — продолжала она, решительно глядя ему в глаза и вся пылая жегшим ее лицо румянцем, — а нынче я нарочно приехала, зная, что я вас встречу. Я приехала сказать вам, что это должно кончиться. Я никогда ни пред кем не краснела, а вы заставляете меня чувствовать себя виновною в чем-то.

Он смотрел на нее и был поражен новою, духовною красотой ее лица.

— Чего вы хотите от меня? — сказал он просто и серьезно.

— Я хочу, чтобы вы поехали в Москву и просили прощенья у Кити, — сказала она, и огонек замигал в ее глазах.

— Вы не хотите этого, — сказал он.

Он видел, что она говорила то, что принуждает себя сказать, но не то, чего хочет.

– Если вы любите меня, как вы говорите, – прошептала она, – то сделайте, чтоб я была спокойна.

Лицо его просияло.

– Разве вы не знаете, что вы для меня вся жизнь; но спокойствия я не знаю и не могу вам дать. Всего себя, любовь... да. Я не могу думать о вас и о себе отдельно. Вы и я для меня одно. И я не вижу впереди возможности спокойствия ни для себя, ни для вас. Я вижу возможность отчаяния, несчастия... или я вижу возможность счастья, какого счастья!.. Разве оно не возможно? – прибавил он одними губами; но она слышала.

Она все силы ума своего напрягла на то, чтобы сказать то, что должно; но вместо того она остановила на нем свой взгляд, полный любви, и ничего не ответила.

«Вот оно! – с восторгом думал он. – Тогда, когда я уже отчаивался и когда, казалось, не будет конца, – вот оно! Она любит меня. Она признается в этом».

– Так сделайте это для меня, никогда не говорите мне этих слов, и будем добрыми друзьями, – сказала она словами; но совсем другое говорил ее взгляд.

– Друзьями мы не будем, вы это сами знаете. А будем ли мы счастливейшими или несчастнейшими из людей – это в вашей власти.

Она хотела сказать что-то, но он перебил ее.

– Ведь я прошу одного, прошу права надеяться, мучаться, как теперь; но если и этого нельзя, велите мне исчезнуть, и я исчезну. Вы не будете видеть меня, если мое присутствие тяжело вам.

– Я не хочу никуда прогонять вас.

– Только не изменяйте ничего. Оставьте все как есть, – сказал он дрожащим голосом. – Вот ваш муж.

Действительно, в эту минуту Алексей Александрович своею спокойною, неуклюжею походкой входил в гостиную.

Оглянув жену и Вронского, он подошел к хозяйке и, усевшись за чашкой чая, стал говорить своим неторопливым, всегда слышным голосом, в своем обычном шуточном тоне, подтрунивая над кем-то.

– Ваш Рамбулье в полном составе[1] , – сказал он, оглядывая все общество, – грации и музы.

---

[1] *Ваш Рамбулье в полном составе...* – Парижский литературный салон маркизы Рамбулье (1588–1685) объединял политиков, писателей, поэтов, претендовавших на роль «законодателей вкуса». Салон Рамбулье сатирически изображен Мольером в комедиях «Смешные жеманницы» и «Ученые женщины».

Но княгиня Бетси терпеть не могла этого тона его, sneering[1], как она называла это, и, как умная хозяйка, тотчас же навела его на серьезный разговор об общей воинской повинности.[2] Алексей Александрович тотчас же увлекся разговором и стал защищать уже серьезно новый указ пред княгиней Бетси, которая нападала на него.

Вронский и Анна продолжали сидеть у маленького стола.

- Это становится неприлично, - шепнула одна дама, указывая глазами на Каренину, Вронского и ее мужа.

- Что я вам говорила? - отвечала приятельница Анны.

Но не одни эти дамы, почти все бывшие в гостиной, даже княгиня Мягкая и сама Бетси, по нескольку раз взглядывали на удалившихся от общего кружка, как будто это мешало им. Только один Алексей Александрович ни разу не взглянул в ту сторону и не был отвлечен от интереса начатого разговора.

Заметив производимое на всех неприятное впечатление, княгиня Бетси подсунула на свое место для слушания Алексея Александровича другое лицо и подошла к Анне.

- Я всегда удивляюсь ясности и точности выражений вашего мужа, - сказала она. - Самые трансцендентные понятия[3] становятся мне доступны, когда он говорит.

- О да! - сказала Анна, сияя улыбкой счастья и не понимая ни одного слова из того, что говорила ей Бетси. Она перешла к большому столу и приняла участие в общем разговоре.

Алексей Александрович, просидев полчаса, подошел к жене и предложил ей ехать вместе домой; но она, но глядя на него, отвечала, что останется ужинать. Алексей Александрович раскланялся и вышел.

Старый толстый татарин, кучер Карениной, в глянцевом кожане, с трудом удерживал левого прозябшего серого, взвивавшегося у подъезда. Лакей стоял, отворив дверцу. Швейцар стоял, держа наружную дверь. Анна

---

[1] Насмешливого *(англ.)*.

[2] *...разговор об общей воинской повинности.* - По новому военному уставу, «высочайше утвержденному» 1 января 1874 г., двадцатипятилетняя солдатчина заменялась краткосрочной службой в армии (до шести лет). Дворянство теряло свою привилегию - свободу от военной службы. Проект устава обсуждался в печати и в обществе в течение трех лет, начиная с 1870 г. Воинскую реформу проводил военный министр Д. А. Милютин (1816-1912).

[3] *Трансцендентные понятия* - в философии понятия, выходящие за пределы непосредственного опыта.

Аркадьевна отцепляла маленькою быстрою рукой кружева рукава от крючка шубки и, нагнувши голову, слушала с восхищением, что говорил, провожая ее, Вронский.

— Вы ничего не сказали; положим, я ничего не требую, — говорил он, — но вы знаете, что не дружба мне нужна, мне возможно одно счастье в жизни, это слово, которого вы так не любите... да, любовь...

— Любовь... — повторила она медленно, внутренним голосом, и вдруг, в то же время, как она отцепила кружево, прибавила: — Я оттого и не люблю этого слова, что оно для меня слишком много значит, больше гораздо, чем вы можете понять, — и она взглянула ему в лицо. — До свиданья!

Она подала руку и быстрым, упругим шагом прошла мимо швейцара и скрылась в карете.

Ее взгляд, прикосновение руки прожгли его. Он поцеловал свою ладонь в том месте, где она тронула его, и поехал домой, счастливый сознанием того, что в нынешний вечер он приблизился к достижению своей цели более, чем в два последние месяца.

VIII

Алексей Александрович ничего особенного и неприличного не нашел в том, что жена его сидела с Вронским у особого стола и о чем-то оживленно разговаривала; но он заметил, что другим в гостиной это показалось чем-то особенным и неприличным, и потому это показалось неприличным и ему. Он решил, что нужно сказать об этом жене.

Вернувшись домой, Алексей Александрович прошел к себе в кабинет, как он это делал обыкновенно, и сел в кресло, развернув на заложенном разрезным ножом месте книгу о папизме, и читал до часу, как обыкновенно делал; только изредка он потирал себе высокий лоб и встряхивал голову, как бы отгоняя что-то. В обычный час он встал и сделал свой ночной туалет. Анны Аркадьевны еще не было. С книгой под мышкой он пришел наверх; но в нынешний вечер, вместо обычных мыслей и соображений о служебных делах, мысли его были наполнены женою и чем-то неприятным, случившимся с нею. Он, противно своей привычке, не лег в постель, а, заложив за спину сцепившиеся руки, принялся ходить взад и вперед по комнатам. Он не мог лечь, чувствуя, что ему прежде необходимо обдумать вновь возникшее обстоятельство.

Когда Алексей Александрович решил сам с собою, что нужно переговорить с женою, ему казалось это очень легко и просто; но теперь, когда он стал обдумывать это вновь возникшее обстоятельство, оно показалось ему очень сложным и затруднительным.

Алексей Александрович был не ревнив. Ревность, по его убеждению, оскорбляет жену, и к жене должно иметь доверие. Почему должно иметь доверие, то есть полную уверенность в том, что его молодая жена всегда будет его любить, он себя не спрашивал; но он не испытывал недоверия, потому имел доверие и говорил себе, что надо его иметь. Теперь же, хотя убеждение его о том, что ревность есть постыдное чувство и что нужно иметь доверие, и не было разрушено, он чувствовал, что стоит лицом к лицу пред чем-то нелогичным и бестолковым, и не знал, что надо делать. Алексей Александрович стоял лицом к лицу пред жизнью, пред возможностью любви в его жене к кому-нибудь, кроме его, и это-то казалось ему очень бестолковым и непонятным, потому что это была сама жизнь. Всю жизнь свою Алексей Александрович прожил и проработал в сферах служебных, имеющих дело с отражениями жизни. И каждый раз, когда он сталкивался с самою жизнью, он отстранялся от нее. Теперь он испытывал чувство, подобное тому, какое испытал бы человек, спокойно прошедший над пропастью по мосту и вдруг увидавший, что этот мост разобран и что там пучина. Пучина эта была – сама жизнь, мост – та искусственная жизнь, которую прожил Алексей Александрович. Ему в первый раз пришли вопросы о возможности для его жены полюбить кого-нибудь, и он ужаснулся пред этим.

Он, не раздеваясь, ходил своим ровным шагом взад н вперед по звучному паркету освещенной одною лампой столовой, по ковру темной гостиной, в которой свет отражался только на большом, недавно сделанном портрете его, висевшем над диваном, и чрез ее кабинет, где горели две свечи, освещая портреты ее родных и приятельниц и красивые, давно близко знакомые ему безделушки ее письменного стола. Чрез ее комнату он доходил до двери спальни и опять поворачивался.

На каждом протяжении своей прогулки, и большею частью на паркете светлой столовой, он останавливался и говорил себе: «Да, это необходимо решить и прекратить, высказать свой взгляд на это и свое решение». И он поворачивался назад. «Но высказать что же? какое решение?» – говорил он себе в гостиной и не находил ответа. «Да наконец, – спрашивал он себя пред поворотом в кабинет, – что же случилось? Ничего. Она долго говорила с ним. Ну что же? Мало ли женщина в свете с кем может говорить? И потом, ревновать – значит унижать и себя и ее», – говорил он себе, входя в ее кабинет; но рассуждение это, прежде имевшее такой вес для него, теперь ничего не весило и не значило. И он от двери спальной поворачивался опять к зале; но, как только он входил назад в темную гостиную, ему какой-то голос говорил, что это не так и что если другие заметили это, то значит, что есть что-нибудь. И он опять говорил себе в столовой: «Да, это необходимо решить и прекратить и высказать свой взгляд...» И опять в гостиной пред поворотом он спрашивал себя: как решить? И потом спрашивал себя, что случилось? И отвечал: ничего, и вспоминал о том, что ревность есть чувство, унижающее жену, но опять в гостиной убеждался, что случилось что-то. Мысли его, как и тело, совершали полный круг, не нападая ни на что новое. Он заметил это, потер себе лоб и сел в ее кабинете.

Тут, глядя на ее стол с лежащим наверху малахитовым бюваром и начатою запиской, мысли его вдруг изменились. Он стал думать о ней, о том, что она думает и чувствует. Он впервые живо представил себе ее личную жизнь, ее мысли, ее желания, и мысль, что у нее может и должна быть своя особенная жизнь, показалась ему так страшна, что он поспешил отогнать ее. Это была та пучина, куда ему страшно было заглянуть. Переноситься мыслью и чувством в другое существо было душевное действие, чуждое Алексею Александровичу. Он считал это душевное действие вредным и опасным фантазерством.

«И ужаснее всего то, – думал он, – что теперь именно, когда подходит к концу мое дело (он думал о проекте, который он проводил теперь), когда мне нужно все спокойствие и все силы души, теперь на меня сваливается эта бессмысленная тревога. Но что же делать? Я не из таких людей, которые переносят беспокойство и тревоги и не имеют силы взглянуть им в лицо».

– Я должен обдумать, решить и отбросить, – проговорил он вслух.

«Вопросы о ее чувствах, о том, что делалось и может делаться в ее душе, это не мое дело, это дело ее совести и подлежит религии», – сказал он себе, чувствуя облегчение при сознании, что найден тот пункт узаконений, которому подлежало возникшее обстоятельство.

«Итак, – сказал себе Алексей Александрович, – вопросы о ее чувствах и так далее – суть вопросы ее совести, до которой мне не может быть дела. Моя же обязанность ясно определяется. Как глава семьи, я лицо, обязанное руководить ею, и потому отчасти лицо ответственное: я должен указать опасность, которую я вижу, предостеречь и даже употребить власть. Я должен ей высказать».

И в голове Алексея Александровича сложилось ясно все, что он теперь скажет жене. Обдумывая, что он скажет, он пожалел о том, что для домашнего употребления, так незаметно, он должен употребить свое время и силы ума; но, несмотря на то, в голове его ясно и отчетливо, как доклад, составилась форма и последовательность предстоящей речи. «Я должен сказать и высказать следующее: во-первых, объяснение значения общественного мнения и приличия; во-вторых, религиозное объяснение значения брака; в-третьих, если нужно, указание на могущее произойти несчастье для сына; в-четвертых, указание на ее собственное несчастье». И, заложив пальцы за пальцы, ладонями книзу, Алексей Александрович потянул, и пальцы затрещали в суставах.

Этот жест, дурная привычка - соединение рук и трещанье пальцев - всегда успокаивал его и приводил в аккуратность, которая теперь так нужна была ему. У подъезда послышался звук подъехавшей кареты. Алексей Александрович остановился посреди залы.

На лестницу всходили женские шаги. Алексей Александрович, готовый к своей речи, стоял, пожимая свои скрещенные пальцы и ожидая, не треснет ли еще где. Один сустав треснул.

Еще по звуку легких шагов на лестнице он почувствовал ее приближение, и, хотя он был доволен своею речью, ему стало страшно за предстоящее объяснение...

IX

Анна шла, опустив голову и играя кистями башлыка. Лицо ее блестело ярким блеском; но блеск этот был не веселый - он напоминал страшный блеск пожара среди темной ночи. Увидав мужа, Анна подняла голову и, как будто просыпаясь, улыбнулась.

- Ты не в постели? Вот чудо! - сказала она, скинула башлык и, не останавливаясь, пошла дальше, в уборную. - Пора, Алексей Александрович, - проговорила она из-за двери.

- Анна, мне нужно поговорить с тобой.

- Со мной? - сказала она удивленно, вышла из двери и посмотрела на него.

- Да.

- Что же это такое? О чем это? - спросила она, садясь. - Ну, давай переговорим, если так нужно. А лучше бы спать.

Анна говорила, что приходило ей на уста, и сама удивлялась, слушая себя, своей способности лжи. Как просты, естественны были ее слова и как похоже было, что ей просто хочется спать! Она чувствовала себя одетою в непроницаемую броню лжи. Она чувствовала, что какая-то невидимая сила помогала ей и поддерживала ее.

- Анна, я должен предостеречь тебя, - сказал он.

- Предостеречь? - сказала она. - В чем?

Она смотрела так просто, так весело, что кто не знал ее как знал муж, не мог бы заметить ничего неестественного ни в звуках, ни в смысле ее слов. Но для него, знавшего ее, знавшего, что, когда он ложился пятью минутами позже, она замечала и спрашивала о причине, для него, знавшего, что всякую свою радость, веселье, горе она тотчас сообщала ему, - для него теперь видеть, что она не хотела замечать его состояния, что не хотела ни слова сказать о себе, означало многое. Он видел, что та глубина ее души, всегда прежде открытая пред ним, была закрыта от него. Мало того, по тону ее он видел, что она и не смущалась этим, а прямо как бы говорила ему: да, закрыта, и это так должно быть и будет вперед. Теперь он испытывал чувство, подобное тому, какое испытал бы человек, возвратившийся домой и находящий дом свой запертым. «Но, может быть, ключ еще найдется», – думал Алексей Александрович.

– Я хочу предостеречь тебя в том, – сказал он тихим голосом, – что по неосмотрительности и легкомыслию ты можешь подать в свете повод говорить о тебе. Твой слишком оживленный разговор сегодня с графом Вронским (он твердо и с спокойною расстановкой выговорил это имя) обратил на себя внимание.

Он говорил и смотрел на ее смеющиеся, страшные теперь для него своею непроницаемостью глаза и, говоря, чувствовал всю бесполезность и праздность своих слов.

– Ты всегда так, – отвечала она, как будто совершенно не понимая его и изо всего того, что он сказал, умышленно понимая только последнее. – То тебе неприятно, что я скучна, то тебе неприятно, что я весела. Мне не скучно было. Это тебя оскорбляет?

Алексей Александрович вздрогнул и загнул руки, чтобы трещать ими.

– Ах, пожалуйста, не трещи, я так не люблю, – сказала она.

– Анна, ты ли это? – сказал Алексей Александрович тихо, сделав усилие над собою и удержав движение рук.

– Да что же это такое? – сказала она с таким искренним и комическим удивлением. – Что тебе от меня надо?

Алексей Александрович помолчал и потер рукою лоб и глаза. Он увидел, что вместо того, что он хотел сделать, то есть предостеречь свою жену от ошибки в глазах света, он волновался невольно о том, что касалось ее совести, и боролся с воображаемою им какою-то стеной.

– Я вот что намерен сказать, – продолжал он холодно и спокойно, – и я прошу тебя выслушать меня. Я признаю, как ты знаешь, ревность чувством оскорбительным и унизительным и никогда не позволю себе руководиться этим чувством; но есть известные законы приличия, которые нельзя преступать безнаказанно. Нынче не я заметил, но, судя по впечатлению, какое было произведено на общество, все заметили, что ты вела и держала себя не совсем так, как можно было желать.

– Решительно ничего не понимаю, – сказала Анна, пожимая плечами. «Ему все равно, – подумала она. – Но в обществе заметили, и это тревожит его». – Ты нездоров, Алексей Александрович, – прибавила она, встала и хотела уйти в дверь; он он двинулся вперед, как бы желая остановить ее.

Лицо его было некрасиво и мрачно, каким никогда не видала его Анна. Она остановилась и, отклонив голову назад, набок, начала своею быстрою рукой выбирать шпильки.

- Ну-с, я слушаю, что будет, - проговорила она спокойно и насмешливо. - И даже с интересом слушаю, потому что желала бы понять, в чем дело.

Она говорила и удивлялась тому натурально-спокойному верному тону, которым она говорила, и выбору слов, которые она употребляла.

- Входить во все подробности твоих чувств я не имею права и вообще считаю это бесполезным и даже вредным, - начал Алексей Александрович. - Копаясь в своей душе, мы часто выкапываем такое, что там лежало бы незаметно. Твои чувства - это дело твоей совести; но я обязан пред тобою, пред собой, пред богом указать тебе твои обязанности. Жизнь наша связана, и связана не людьми, а богом. Разорвать эту связь может только преступление, и преступление этого рода влечет за собой тяжелую кару.

- Ничего не понимаю. Ах, боже мой, и как мне на беду спать хочется! - сказала она, быстро перебирая рукой волосы и отыскивая оставшиеся шпильки.

- Анна, ради бога, не говори так, - сказал он кротко. - Может быть, я ошибаюсь, но поверь, что то, что я говорю, я говорю столько же за себя, как и за тебя. Я муж твой и люблю тебя.

На мгновенье лицо ее опустилось, и потухла насмешливая искра во взгляде; но слово «люблю» опять возмутило ее. Она подумала: «Любит? Разве он может любить? Если б он не слыхал, что бывает любовь, он никогда и не употреблял бы этого слова. Он и не знает, что такое любовь».

- Алексей Александрович, право, я не понимаю, - сказала она. - Определи, что ты находишь...

- Позволь, дай договорить мне. Я люблю тебя. Но я говорю не о себе; главные лица тут - наш сын и ты сама. Очень может быть, повторяю, тебе покажутся совершенно напрасными и неуместными мои слова; может быть, они вызваны моим заблуждением. В таком случае я прошу тебя извинить меня. Но если ты сама чувствуешь, что есть хоть малейшие основания, то я тебя прошу подумать и, если сердце тебе говорит, высказать мне...

Алексей Александрович, сам не замечая того, говорил совершенно не то, что приготовил.

- Мне нечего говорить. Да и... - вдруг быстро сказала она с трудом удерживая улыбку, - право, пора спать.

Алексей Александрович вздохнул и, не сказав больше ничего, отправился в спальню.

Когда она вошла в спальню, он уже лежал. Губы его были строго сжаты, и глаза не смотрели на нее. Анна легла на свою постель и ждала каждую минуту, что он еще раз заговорит с нею. Она и боялась того, что он заговорит, и ей хотелось этого. Но он молчал. Она долго ждала неподвижно и уже забыла о нем. Она думала о другом, она видела его и чувствовала, как ее сердце при этой мысли наполнялось волнением и преступною радостью. Вдруг она услыхала ровный и спокойный носовой свист. В первую минуту Алексей Александрович как будто испугался своего свиста и остановился; но, переждав два дыхания, свист раздался с новою, спокойною ровностью.

– Поздно, поздно, уж поздно, – прошептала она с улыбкой. Она долго лежала неподвижно с открытыми глазами, блеск которых, ей казалось, она сама в темною видела.

X

С этого вечера началась новая жизнь для Алексея Александровича и для его жены. Ничего особенного не случилось. Анна, как всегда, ездила в свет, особенно часто бывала у княгини Бетси и встречалась везде с Вронским. Алексей Александрович видел это, но ничего не мог сделать. На все попытки его вызвать ее на объяснение она противопоставляла ему непроницаемую стену какого-то веселого недоумения. Снаружи было то же, но внутренние отношения их совершенно изменились. Алексей Александрович, столь сильный человек в государственной деятельности, тут чувствовал себя бессильным. Как бык, покорно опустив голову, он ждал обуха, который, он чувствовал, был над ним поднят. Каждый раз, как он начинал думать об этом, он чувствовал, что нужно попытаться еще раз, что добротою, нежностью, убеждением еще есть надежда спасти ее, заставить опомниться, и он каждый день сбирался говорить с ней. Но каждый раз, как он начинал говорить с ней, он чувствовал, что тот дух зла и обмана, который владел ею, овладевал и им, и он говорил с ней совсем не то и не тем тоном, каким хотел говорить. Он говорил с ней невольно своим привычным тоном подшучиванья над тем, кто бы так говорил. А в этом тоне нельзя было сказать того, что требовалось сказать ей.

. . . .
. . . .

XI

То, что почти целый год для Вронского составляло исключительно одно желанье его жизни, заменившее ему все прежние желания; то, что для Анны было невозможною, ужасною и тем более обворожительною мечтою счастия, – это желание было удовлетворено. Бледный, с дрожащею нижнею челюстью, он стоял над нею и умолял успокоиться, сам не зная, в чем и чем.

– Анна! Анна! – говорил он дрожащим голосом. – Анна, ради бога!..

Но чем громче он говорил, тем ниже она опускала свою когда-то гордую, веселую, теперь же постыдную голову, и она вся сгибалась и падала с дивана, на котором сидела, на пол, к его ногам; она упала бы на ковер, если б он не держал ее.

– Боже мой! Прости меня! – всхлипывая, говорила она, прижимая к своей груди его руки.

Она чувствовала себя столь преступною и виноватою, что ей оставалось только унижаться и просить прощения; а в жизни теперь, кроме его, у ней никого не было, так что она и к нему обращала свою мольбу о прощении. Она, глядя на него, физически чувствовала свое унижение и ничего больше не могла говорить. Он же чувствовал то, что должен чувствовать убийца, когда видит тело, лишенное им жизни. Это тело, лишенное им жизни, была их любовь, первый период их любви. Было что-то ужасное и отвратительное в воспоминаниях о том, за что было заплачено этою страшною ценой стыда. Стыд пред духовною наготою своей давил ее и сообщался ему. Но, несмотря на весь ужас убийцы пред телом убитого, надо резать на куски, прятать это тело, надо пользоваться тем, что убийца приобрел убийством.

И с озлоблением, как будто со страстью, бросается убийца на это тело, и тащит, и режет его; так и он покрывал поцелуями ее лицо и плечи. Она держала его руку и не шевелилась. Да, эти поцелуи – то, что куплено этим стыдом. Да, и эта одна рука, которая будет всегда моею, – рука моего сообщника. Она подняла эту руку и поцеловала ее. Он опустился на колена и хотел видеть ее лицо; но она прятала его и ничего не говорила. Наконец, как бы сделав усилие над собой, она поднялась и оттолкнула его. Лицо ее было все так же красиво, но тем более было оно жалко.

– Все кончено, – сказала она. – У меня ничего нет, кроме тебя. Помни это.

– Я не могу не помнить того, что есть моя жизнь. За минуту этого счастья...

- Какое счастье! - с отвращением и ужасом сказала она, и ужас невольно сообщился ему. - Ради бога, ни слова, ни слова больше.

Она быстро встала и отстранилась от него.

- Ни слова больше, - повторила она, и с странным для него выражением холодного отчаяния на лице она рассталась с ним. Она чувствовала, что в эту минуту не могла выразить словами того чувства стыда, радости и ужаса пред этим вступлением в новую жизнь и не хотела говорить об этом, опошливать это чувство неточными словами. Но и после, ни на другой, ни на третий день, она не только не нашла слов, которыми бы она могла выразить всю сложность этих чувств, но не находила и мыслей, которыми бы она сама с собой могла обдумать все, что было в ее душе.

Она говорила себе: «Нет, теперь я не могу об этом думать; после, когда я буду спокойнее». Но это спокойствие для мыслей никогда не наступало; каждый раз, как являлась ей мысль о том, что она сделала, и что с ней будет, и что она должна сделать, на нее находил ужас и она отгоняла от себя эти мысли.

- После, после - говорила она, - когда я буду спокойнее.

Зато во сне, когда она не имела власти над своими мыслями, ее положение представлялось ей во всей безобразной наготе своей. Одно сновиденье почти каждую ночь посещало ее. Ей снилось, что оба вместе были ее мужья, что оба расточали ей свои ласки. Алексей Александрович плакал, целуя ее руки, и говорил: как хорошо теперь! И Алексей Вронский был тут же, и он был также ее муж. И она, удивляясь тому, что прежде ей казалось это невозможным, объясняла им, смеясь, что это гораздо проще и что они оба теперь довольны и счастливы. Но это сновидение, как кошмар, давило ее, и она просыпалась с ужасом.

XII

Еще в первое время по возвращении из Москвы, когда Левин каждый раз вздрагивал и краснел, вспоминая позор отказа, он говорил себе: «Так же краснел и вздрагивал я, считая все погибшим, когда получил единицу за физику и остался на втором курсе; так же считал себя погибшим после того, как испортил порученное мне дело сестры. И что ж? - теперь, когда прошли года, я вспоминаю и удивляюсь, как это могло огорчать меня. То же будет и с этим горем. Пройдет время, и я буду к этому равнодушен».

Но прошло три месяца, и он не стал к этому равнодушен, и ему так же, как и в первые дни, было больно вспоминать об этом. Он не мог успокоиться, потому что он, так долго мечтавший о семейной жизни, так чувствовавший себя созревшим для нее, все-таки не был женат и был дальше, чем когда-нибудь, от женитьбы. Он болезненно чувствовал сам, как чувствовали все его окружающие, что нехорошо в его года человеку единому быти. Он помнил, как он пред отъездом в Москву сказал раз своему скотнику Николаю, наивному мужику, с которым он любил поговорить: «Что, Николай! хочу жениться», – и как Николай поспешно отвечал, как о деле, в котором не может быть никакого сомнения: «И давно пора, Константин Дмитрич». Но женитьба теперь стала от него дальше, чем когда-либо. Место было занято, и, когда он теперь в воображении ставил на это место кого-нибудь из своих знакомых девушек, он чувствовал, что это было совершенно невозможно. Кроме того, воспоминание об отказе и о роли, которую он играл при этом, мучало его стыдом. Сколько он ни говорил себе, что он тут ни в чем не виноват, воспоминание это, наравне с другими такого же рода стыдными воспоминаниями, заставляло его вздрагивать и краснеть. Были в его прошедшем, как у всякого человека, сознанные им дурные поступки, за которые совесть должна была бы мучать его; но воспоминание о дурных поступках далеко не так мучало его, как эти ничтожные, но стыдные воспоминания. Эти раны никогда не затягивались. И наравне с этими воспоминаниями стояли теперь отказ и то жалкое положение, в котором он должен был представляться другим в этот вечер. Но время и работа делали свое. Тяжелые воспоминания более и более застилались для него невидными, но значительными событиями деревенской жизни. С каждою неделей он все реже вспоминал о Кити. Он ждал с нетерпением известия, что она уже вышла или выходит на днях замуж, надеясь, что такое известие, как выдергиванье зуба, совсем вылечит его.

Между тем пришла весна, прекрасная, дружная, без ожидания и обманов весны, одна из тех редких весен, которым вместе радуются растения, животные и люди. Эта прекрасная весна еще более возбудила Левина и утвердила его в намерении отречься от всего прежнего, с тем чтоб устроить твердо и независимо свою одинокую жизнь. Хотя многое из тех планов, с которыми он вернулся в деревню, и не было им исполнено, однако самое главное, чистота жизни была соблюдена им. Он не испытывал того стыда, который обыкновенно мучал его после падения, и он мог смело смотреть в глаза людям. Еще в феврале он получил письмо от Марьи Николаевны, о том, что здоровье брата Николая становится хуже, но что он не хочет лечиться, и вследствие этого письма Левин ездил в Москву к брату и успел уговорить его посоветоваться с доктором и ехать на воды за границу. Ему так хорошо удалось уговорить брата и дать ему взаймы денег на поездку, не раздражая его, что в этом отношении он был собой доволен. Кроме хозяйства, требовавшего особенного внимания весною, кроме чтения, Левин начал этою зимой еще сочинение о хозяйстве, план которого состоял в том, чтобы характер рабочего в хозяйстве был принимаем за абсолютное данное, как климат и почва, и чтобы, следовательно, все положения науки о хозяйстве выводились не из одних данных почвы и климата, но из данных почвы, климата и известного неизменного характера рабочего. Так что, несмотря на уединение или вследствие уединения, жизнь его была чрезвычайно наполнена, и только изредка он испытывал неудовлетворенное желание сообщения бродящих у него в голове мыслей кому-нибудь, кроме Агафьи Михайловны, хотя и с нею ему случалось нередко рассуждать о физике, теории хозяйства и в особенности о философии; философия составляла любимый предмет Агафьи Михайловны.

Весна долго не открывалась. Последние недели поста стояла ясная, морозная погода. Днем таяло на солнце, а ночью доходило до семи градусов; наст был такой, что на возах ездили без дороги. Пасха была на снегу. Потом вдруг, на второй день святой, понесло теплым ветром, надвинулись тучи, и три дня и три ночи лил бурный и теплый дождь. В четверг ветер затих, и надвинулся густой серый туман, как бы скрывая тайны совершавшихся в природе перемен. В тумане полились воды, затрещали и сдвинулись льдины, быстрее двинулись мутные, вспенившиеся потоки и на самую Красную Горку, с вечера, разорвался туман, тучи разбежались барашками, прояснело, и открылась настоящая весна. Наутро поднявшееся яркое солнце быстро съело тонкий ледок, подернувший воды, и весь теплый воздух задрожал от наполнивших его испарений отжившей земли. Зазеленела старая и вылезающая иглами молодая трава, надулись почки калины, смородины и липкой спиртовой березы, и на обсыпанной золотым цветом лозине загудела выставленная облетавшаяся пчела. Залились невидимые жаворонки над бархатом зеленей и обледеневшим жнивьем, заплакали чибисы над налившимися бурою неубравшеюся водой низами и болотами, и высоко пролетели с весенним гоготаньем журавли и гуси. Заревела на выгонах облезшая, только местами еще не перелинявшая скотина, заиграли кривоногие ягнята вокруг теряющих волну блеющих матерей, побежали быстроногие ребята по просыхающим, с отпечатками босых ног тропинкам, затрещали на пруду веселые голоса баб с холстами, и застучали по дворам топоры мужиков, налаживающих сохи и бороны. Пришла настоящая весна.

XIII

Левин надел большие сапоги и в первый раз не шубу, а суконную поддевку, и пошел по хозяйству, шагая через ручьи, режущие глаза своим блеском на солнце, ступая то на ледок, то в липкую грязь.

Весна – время планов и предположений. И, выйдя на двор, Левин, как дерево весною, еще не знающее, куда и как разрастутся эти молодые побеги и ветви, заключенные в налитых почках, сам не знал хорошенько, за какие предприятия в любимом его хозяйстве он примется теперь, но чувствовал, что он полон планов и предположений самых хороших. Прежде всего он прошел к скотине. Коровы были выпущены на варок[1] и, сияя перелинявшею гладкою шерстью, пригревшись на солнце, мычали, просясь в поле. Полюбовавшись знакомыми ему до малейших подробностей коровами, Левин велел выгнать их в поле, а на варок выпустить телят. Пастух весело побежал собираться в поле. Бабы-скотницы, подбирая поневы[2], босыми, еще белыми, не загоревшими ногами шлепая по грязи, с хворостинами бегали за мычавшими, ошалевшими от весенней радости телятами, загоняя их на двор.

Полюбовавшись на приплод нынешнего года, который был необыкновенно хорош, - ранние телята были с мужицкую корову, Павина дочь, трех месяцев, была ростом с годовых, - Левин велел вынести им наружу корыто и задать сено за решетки. Но оказалось, что на не употребляемом зимой варке сделанные с осени решетки были поломаны. Он послал за плотником, который по наряду должен был работать молотилку. Но оказалось, что плотник чинил бороны, которые должны были быть починены еще с масленицы. Это было очень досадно Левину. Досадно было, что повторялось это вечное неряшество хозяйства, против которого он столько лет боролся всеми своими силами. Решетки, как он узнал, ненужные зимой, были перенесены в рабочую конюшню и там поломаны, так как они и были сделаны легко, для телят. Кроме того, из этого же оказывалось, что бороны и все земледельческие орудия, которые велено было осмотреть и починить еще зимой и для которых нарочно взяты были три плотника, были непочинены, и бороны все-таки чинили, когда надо было ехать скородить[3]. Левин послал за приказчиком, но тотчас и сам пошел отыскивать его. Приказчик, сияя так же, как и всё в этот день, в обшитом мерлушкой тулупчике шел с гумна, ломая в руках соломинку.

- Отчего плотник не на молотилке?

- Да я хотел вчера доложить: бороны починить надо. Ведь вот пахать.

- Да зимой-то что ж?

- Да вам насчет чего угодно плотника?

- Где решетки с телячьего двора?

- Приказал снести на места. Что прикажете с этим народом! - сказал приказчик, махая рукой.

- Не с этим народом, а с этим приказчиком! - сказал Левин, вспыхнув. - Ну для чего я вас держу! - закричал он. Но, вспомнив, что этим

---

[1] *Варок* - конский двор, навес.

[2] *Понёва* - крестьянская шерстяная юбка.

[3] *Скородить* - обрабатывать пашню бороной.

не поможешь, остановился на половине речи и только вздохнул. – Ну что, сеять можно? – спросил он, помолчав.

– За Туркиным завтра или послезавтра можно будет.

– А клевер?

– Послал Василия с Мишкой, рассевают. Не знаю только, пролезут ли, топко.

– На сколько десятин?

– На шесть.

– Отчего же не все! – вскрикнул Левин.

Что клевер сеяли только на шесть, а не на двадцать десятин, это было еще досаднее. Посев клевера, и по теории и по собственному его опыту, бывал только тогда хорош, когда сделан как можно раньше, почти по снегу. И никогда Левин не мог добиться этого.

– Народу нет. Что прикажете с этим народцом делать? Трое не приходили. Вот и Семен.

– Ну, вы бы отставили от соломы.

– Да я и то отставил.

– Где же народ?

– Пятеро компот делают (это значило компост). Четверо овес пересыпают; как бы не тронулся, Константин Дмитрич.

Левин очень хорошо знал, что «как бы не тронулся» значило, что семенной английский овес уже испортили, – опять не сделали того, что он приказывал.

– Да ведь я говорил еще постом, трубы!.. – вскрикнул он.

– Не беспокойтесь, все сделаем вовремя.

Левин сердито махнул рукой, пошел к амбарам взглянуть овес и вернулся к конюшне. Овес еще не испортился. Но рабочие пересыпали его лопатами, тогда как можно было спустить его прямо в нижний амбар, и, распорядившись этим и оторвав отсюда двух рабочих для посева клевера, Левин успокоился от досады на приказчика. Да и день был так хорош, что нельзя было сердиться.

– Игнат! – крикнул он кучеру, который с засученными рукавами у колодца обмывал коляску. – Оседлай мне…

– Кого прикажете?

– Ну, хоть Колпика.

– Слушаю-с.

Пока седлали лошадь, Левин опять подозвал вертевшегося на виду приказчика, чтобы помириться с ним, и стал говорить ему о предстоящих весенних работах и хозяйственных планах.

Возку навоза начать раньше, чтобы до раннего покоса все кончено было. А плугами пахать без отрыву дальнее поле, так, чтобы продержать его черным паром. Покосы все убрать не исполу, а работниками[1].

Приказчик слушал внимательно и, видимо, делал усилия, чтоб одобрять предположения хозяина; но он все-таки имел столь знакомый Левину и всегда раздражающий его безнадежный и унылый вид. Вид этот говорил: все это хорошо, да как бог даст.

Ничто так не огорчало Левина, как этот тон. Но такой тон был общий у всех приказчиков, сколько их у него ни перебывало. У всех было то же отношение к его предположениям, и потому он теперь уже не сердился, но огорчался и чувствовал себя еще более возбужденным для борьбы с этою какою-то стихийною силой, которую он иначе не умел назвать, как «что бог даст», и которая постоянно противопоставлялась ему.

– Как успеем, Константин Дмитрич, – сказал приказчик.

– Отчего же не успеете?

– Рабочих надо непременно нанять еще человек пятнадцать. Вот не приходят. Нынче были, по семидесяти рублей на лето просят.

Левин замолчал. Опять противопоставлялась эта сила. Он знал, что, сколько они ни пытались, они не могли нанять больше сорока, тридцати семи, тридцати восьми рабочих за настоящую цену; сорок нанимались, а больше нет. Но все-таки он не мог не бороться.

– Пошлите в Суры, в Чефировку, если не придут. Надо искать.

– Послать пошлю, – уныло сказал Василий Федорович. – Да вот и лошади слабы стали.

– Прикупим. Да ведь я знаю, – прибавил он, смеясь, – вы все поменьше да похуже; но я нынешний год уж не дам вам по-своему делать. Все буду сам.

– Да вы и то, кажется, мало спите. Нам веселей, как у хозяина на глазах...

– Так за Березовым Долом рассевают клевер? Поеду посмотрю, – сказал он, садясь на маленького буланого Колпика, подведенного кучером.

– Через ручей не проедете, Константин Дмитрич, – крикнул кучер.

– Ну, так лесом.

И бойкою иноходью доброй застоявшейся лошадки, похрапывающей над лужами и попрашивающей поводья, Левин поехал по грязи двора за ворота и в поле.

---

[1] *Покосы все убрать не исполу, а работниками.* – Убрать исполу – т. е. половина убранного сена шла в пользу того, кто убирал. Левин имеет в виду уборку покосов не за сено, а за денежную плату – наемными работниками.

Если Левину весело было на скотном и житном дворах, то ему еще стало веселее в поле. Мерно покачиваясь на иноходи доброго конька, впивая теплый со свежестью запах снега и воздуха при проезде через лес по оставшемуся кое-где праховому, осовывавшемуся снегу с расплывшими следами, он радовался на каждое свое дерево с оживавшим на коре его мохом и с напухшими почками. Когда он выехал за лес, пред ним на огромном пространстве раскинулись ровным бархатным ковром зелена, без одной плешины и вымочки, только кое-где в лощинах запятнанные остатками тающего снега. Его не рассердили ни вид крестьянской лошади и стригуна, топтавших его зелена (он велел согнать их встретившемуся мужику), ни насмешливый и глупый ответ мужика Ипата, которого он встретил и спросил: «Что, Ипат, скоро сеять?» – «Надо прежде вспахать, Константин Дмитрич», – отвечал Ипат. Чем дальше он ехал, тем веселее ему становилось, и хозяйственные планы один лучше другого представлялись ему: обсадить все поля лозинами по полуденным линиям, так чтобы не залеживался снег под ними; перерезать на шесть полей навозных и три запасных с травосеянием, выстроить скотный двор на дальнем конце поля и вырыть пруд, а для удобрения устроить переносные загороды для скота. И тогда триста десятин пшеницы, сто картофеля и сто пятьдесят клевера и ни одной истощенной десятины.

С такими мечтами, осторожно поворачивая лошадь межами, чтобы не топтать свои зелена, он подъехал к работникам, рассевавшим клевер. Телега с семенами стояла не на рубеже, а на пашне, и пшеничная озимь была изрыта колесами и ископана лошадью. Оба работника сидели на меже, вероятно раскуривая общую трубку. Земля в телеге, с которою смешаны были семена, была не размята, а слежалась или смерзлась комьями. Увидав хозяина, Василий-работник пошел к телеге, а Мишка принялся рассевать. Это было нехорошо, но на рабочих Левин редко сердился. Когда Василий подошел, Левин велел ему отвести лошадь на рубеж.

– Ничего, сударь, затянет, – отвечал Василий.

– Пожалуйста, не рассуждай, – сказал Левин, – а делай, что говорят.

– Слушаю-с, – ответил Василий и взялся за голову лошади. – А уж сев, Константин Дмитрич, – сказал он, заискивая, – первый сорт. Только ходить страсть! По пудовику на лапте волочишь.

– А отчего у вас земля непросеянная? – сказал Левин.

– Да мы разминаем, – отвечал Василий, набирая семян и в ладонях растирая землю.

Василий не был виноват, что ему насыпали непросеянной земли, но все-таки было досадно.

Уже не раз испытав с пользою известное ему средство заглушать свою досаду и все, кажущееся дурным, сделать опять хорошим, Левин и теперь употребил это средство. Он посмотрел, как шагал Мишка, ворочая огромные комья земли, налипавшей на каждой ноге, слез с лошади, взял у Василья севалку и пошел рассевать.

– Где ты остановился?

Василий указал на метку ногой, и Левин пошел, как умел, высевать землю с семенами. Ходить было трудно, как по болоту, и Левин, пройдя леху[1], запотел и, остановившись, отдал севалку.

– Ну, барин, на лето чур меня не ругать за эту леху, – сказал Василий.

– А что? – весело сказал Левин, чувствуя уже действительность употребленного средства.

– Да вот посмотрите на лето. Отличится. Вы гляньте-ка, где я сеял прошлую весну. Как рассадил! Ведь я, Константин Дмитрич, кажется, вот как отцу родному стараюсь. Я и сам не люблю дурно делать и другим не велю. Хозяину хорошо, и нам хорошо. Как глянешь вон, – сказал Василий, указывая на поле, – сердце радуется.

– А хороша весна, Василий.

– Да уж такая весна, старики не запомнят. Я вот дома был, там у нас старик тоже пшеницы три осминника[2] посеял. Так сказывает, ото ржей не отличишь.

– А вы давно стали сеять пшеницу?

– Да вы ж научили позалетошный год; вы же мне две меры пожертвовали. Четверть продали да три осминника посеяли.

– Ну, смотри же, растирай комья-то, – сказал Левин, подходя к лошади, – да за Мишкой смотри. А хороший будет всход, тебе по пятидесяти копеек за десятину.

– Благодарим покорно. Мы вами, кажется, и так много довольны.

Левин сел на лошадь и поехал на поле, где был прошлогодний клевер, и на то, которое плугом было приготовлено под яровую пшеницу.

Всход клевера по жнивью был чудесный. Он уж весь отжил и твердо зеленел из-за посломанных прошлогодних стеблей пшеницы. Лошадь вязла по ступицу, и каждая нога ее чмокала, вырываясь из полуоттаявшей земли. По плужной пахоте и вовсе нельзя было проехать: только там и держало, где был ледок, а в оттаявших бороздах нога вязла выше ступицы. Пахота была превосходная; через два дня можно будет бороновать и сеять. Все было прекрасно, все было весело. Назад Левин поехал через ручей, надеясь, что

---

[1] *Леха* - борозда, межа.

[2] *Осминник* - русская единица измерения веса зерна, равная 2 четвертям, или 48 пудам. (Ср.: 1 пуд = 16,3 кг, мера = 6 пудов, четверть = 4 меры или 24 пуда). Также используется в значении поземельной меры, равной $^1/_8$ десятины.

вода сбыла. И действительно, он переехал и вспугнул двух уток. «Должны быть и вальдшнепы», – подумал он и как раз у поворота к дому встретил лесного караульщика, который подтвердил его предположение о вальдшнепах.

Левин поехал рысью домой, чтоб успеть пообедать и приготовить ружье к вечеру.

XIV

Подъезжая домой в самом веселом расположении духа, Левин услыхал колокольчик со стороны главного подъезда к дому.

«Да, это с железной дороги, – подумал он, – самое время московского поезда… Кто бы это? Что, если это брат Николай? Он ведь сказал: может быть, уеду на воды, а может быть, к тебе приеду». Ему страшно и неприятно стало в первую минуту, что присутствие брата Николая расстроит это его счастливое весеннее расположение. Но ему стало стыдно за это чувство, и тотчас же он как бы раскрыл свои душевные объятия и с умиленною радостью ожидал и желал теперь всею душой, чтоб это был брат. Он тронул лошадь и, выехав за акацию, увидал подъезжавшую ямскую тройку с железнодорожной станции и господина в шубе. Это не был брат. «Ах, если бы кто-нибудь приятный человек, с кем бы поговорить», – подумал он.

– А! – радостно прокричал Левин, поднимая обе руки кверху. – Вот радостный-то гость! Ах, как я рад тебе! – вскрикнул он, узнав Степана Аркадьича.

«Узна́ю верно, вышла ли, или когда выходит замуж», – подумал он.

И в этот прекрасный весенний день он почувствовал, что воспоминанье о ней совсем не больно ему.

– Что, не ждал? – сказал Степан Аркадьич, вылезая из саней, с комком грязи на переносице, на щеке и брови, но сияющий весельем и здоровьем. – Приехал тебя видеть – раз, – сказал он, обнимая и целуя его, – на тяге постоять – два и лес в Ергушове продать – три.

– Прекрасно! А какова весна? Как это ты на санях доехал?

– В телеге еще хуже, Константин Дмитрич, – отвечал знакомый ямщик.

– Ну, я очень, очень рад тебе, – искренно улыбаясь детски-радостною улыбкою, сказал Левин.

Левин провел своего гостя в комнату для приезжих, куда и были внесены вещи Степана Аркадьича: мешок, ружье в чехле, сумка для сигар, и, оставив его умываться и переодеваться, сам пока прошел в контору сказать о пахоте и клевере. Агафья Михайловна, всегда очень озабоченная честью дома, встретила его в передней вопросами насчет обеда.

– Как хотите делайте, только поскорей, – сказал он и пошел к приказчику.

Когда он вернулся, Степан Аркадьич, вымытый, расчесанный и сияя улыбкой, выходил из своей двери, и они вместе пошли наверх.

– Ну, как я рад, что добрался до тебя! Теперь я пойму, в чем состоят те таинства, которые ты тут совершаешь. Но нет, право, я завидую тебе. Какой дом, как славно все! Светло, весело! – говорил Степан Аркадьич, забывая, что не всегда бывает весна и ясные дни, как нынче. – И твоя нянюшка какая прелесть! Желательнее было бы хорошенькую горничную в фартучке; но с твоим монашеством и строгим стилем – это очень хорошо.

Степан Аркадьич рассказал много интересных новостей и в особенности интересную для Левина новость, что брат его Сергей Иванович собирался на нынешнее лето к нему в деревню.

Ни одного слова Степан Аркадьич не сказал про Кити и вообще Щербацких; только передал поклон жены. Левин был ему благодарен за его деликатность и был очень рад гостю. Как всегда, у него за время его уединения набралось пропасть мыслей и чувств, которых он не мог передать окружающим, и теперь он изливал в Степана Аркадьича и поэтическую радость весны, и неудачи и планы хозяйства, и мысли и замечания о книгах, которые он читал, и в особенности идею своего сочинения, основу которого, хотя он сам не замечал этого, составляла критика всех старых сочинений о хозяйстве. Степан Аркадьич, всегда милый, понимающий все с намека, в этот приезд был особенно мил, и Левин заметил в нем еще новую, польстившую ему черту уважения и как будто нежности к себе.

Старания Агафьи Михайловны и повара, чтоб обед был особенно хорош, имели своим последствием только то, что оба проголодавшиеся приятеля, подсев к закуске, наелись хлеба с маслом, полотка[1] и соленых грибов, и еще то, что Левин велел подавать суп без пирожков, которыми повар хотел особенно удивить гостя. Но Степан Аркадьич, хотя и привыкший к другим обедам, все находил превосходным; и травник, и хлеб, и масло, и особенно полоток, и грибки, и крапивные щи, и курица под белым соусом, и белое крымское вино – все было превосходно и чудесно.

– Отлично, отлично, – говорил он, закуривая толстую папиросу после жаркого. – Я к тебе точно с парохода после шума и тряски на тихий берег вышел. Так ты говоришь, что самый элемент рабочего должен быть

---

1 *Полоток* – половина распластанной птицы или рыбы (соленой, копченой, вяленой).

изучаем и руководить в выборе приемов хозяйства. Я ведь в этом профан; но мне кажется, что теория и приложение ее будет иметь влияние и на рабочего.

– Да, но постой: я говорю не о политической экономии, я говорю о науке хозяйства. Она должна быть как естественные науки и наблюдать данные явления и рабочего с его экономическим, этнографическим...

В это время вошла Агафья Михайловна с вареньем.

– Ну, Агафья Михайловна, – сказал ей Степан Аркадьич, целуя кончики своих пухлых пальцев, – какой полоток у вас, какой травничок!.. А что, не пора ли, Костя? – прибавил он.

Левин взглянул в окно на спускавшееся за оголенные макуши леса солнце.

– Пора, пора, – сказал он. – Кузьма, закладывать линейку! – и побежал вниз.

Степан Аркадьич, сойдя вниз, сам аккуратно снял парусинный чехол с лакированного ящика и, отворив его, стал собирать свое дорогое, нового фасона ружье. Кузьма, уже чуявший большую дачу на водку, не отходил от Степана Аркадьича и надевал ему и чулки и сапоги, что Степан Аркадьич охотно предоставлял ему делать.

– Прикажи, Костя, если приедет Рябинин-купец – я ему велел нынче приехать, – принять и подождать...

– А ты разве Рябинину продаешь лес?

– Да. Ты разве знаешь его?

– Как же, знаю. Я с ним имел дела «положительно и окончательно».

Степан Аркадьич засмеялся. «Окончательно и положительно» были любимые слова купца.

– Да, он удивительно смешно говорит. Поняла, куда хозяин идет! – прибавил он, потрепав рукой Ласку, которая, подвизгивая, вилась около Левина и лизала то его руку, то его сапоги и ружье.

Долгуша[1] стояла уже у крыльца, когда они вышли.

– Я велел заложить, хотя недалеко; а то пешком пройдем?

– Нет, лучше поедем, – сказал Степан Аркадьич, подходя к долгуше. Он сел, обвернул себе ноги тигровым пледом и закурил сигару. – Как это ты не куришь! Сигара – это такое не то что удовольствие, а венец и признак удовольствия. Вот это жизнь! Как хорошо! Вот бы как я желал жить!

– Да кто же тебе мешает? – улыбаясь, сказал Левин.

---

[1] *Долгуша* – повозка на длинном ходу, тарантас.

– Нет, ты счастливый человек. Все, что ты любишь, у тебя есть. Лошадей любишь – есть, собаки – есть, охота – есть, хозяйство – есть.

– Может быть, оттого, что я радуюсь тому, что у меня есть, и не тужу о том, чего нету, – сказал Левин, вспомнив о Кити.

Степан Аркадьич понял, поглядел на него, но ничего не сказал.

Левин был благодарен Облонскому за то, что тот со своим всегдашним тактом, заметив, что Левин боялся разговора о Щербацких, ничего не говорил о них; но теперь Левину уже хотелось узнать то, что его так мучало, но он не смел заговорить.

– Ну что, твои дела как? – сказал Левин, подумав о том, как нехорошо с его стороны думать только о себе.

Глаза Степана Аркадьича весело заблестели.

– Ты ведь не признаешь, чтобы можно было любить калачи, когда есть отсыпной паек[1], – по-твоему, это преступление; а я не признаю жизни без любви, – сказал он, поняв по-своему вопрос Левина. – Что ж делать, я так сотворен. И право, так мало делается этим кому-нибудь зла, а себе столько удовольствия…

– Что ж, или новое что-нибудь? – спросил Левин.

– Есть, брат! Вот видишь ли, ты знаешь тип женщин оссиановских…[2] женщин, которых видишь во сне… Вот эти женщины бывают наяву… и эти женщины ужасны. Женщина, видишь ли, это такой предмет, что, сколько ты ни изучай ее, все будет совершенно новое.

– Так уж лучше не изучать.

– Нет. Какой-то математик сказал, что наслаждение не в открытии истины, но в искании ее.

Левин слушал молча, и, несмотря на все усилия, которые он делал над собой, он никак не мог перенестись в душу своего приятеля и понять его чувства и прелести изучения таких женщин.

---

[1] *Отсыпной паек* – хлеб, выделяемый на содержание.

[2] *...тип женщин оссиановских...* – то есть героинь романтических «Песен Оссиана» (1765) Дж. Макферсона (1738–1796). Оссиан воспевал женщин, непоколебимо верных и самоотверженных. «Пустыню с милым протекает, пленившим сердце красотой» – вот что такое «тип женщин Оссиановских» (Пушкин. Кольна).

XV

Место тяги было недалеко над речкой в мелком осиннике. Подъехав к лесу, Левин слез и провел Облонского на угол мшистой и топкой полянки, уже освободившейся от снега. Сам он вернулся на другой край к двойняшке-березе и, прислонив ружье к развилине сухого нижнего сучка, снял кафтан, перепоясался и попробовал свободы движений рук.

Старая, седая Ласка, ходившая за ними следом, села осторожно против него и насторожила уши. Солнце спускалось за крупный лес; и на свете зари березки, рассыпанные по осиннику, отчетливо рисовались своими висящими ветвями с надутыми, готовыми лопнуть почками.

Из частого лесу, где оставался еще снег, чуть слышно текла еще извилистыми узкими ручейками вода. Мелкие птицы щебетали и изредка пролетали с дерева на дерево.

В промежутках совершенной тишины слышен был шорох прошлогодних листьев, шевелившихся от таянья земли и от росту трав.

«Каково! Слышно и видно, как трава растет!» - сказал себе Левин, заметив двинувшийся грифельного цвета мокрый осиновый лист подле иглы молодой травы. Он стоял, слушал и глядел вниз, то на мокрую мшистую землю, то на прислушивающуюся Ласку, то на расстилавшееся пред ним под горою море оголенных макуш леса, то на подернутое белыми полосками туч тускневшее небо. Ястреб, неспешно махая крыльями, пролетел высоко над дальним лесом; другой точно так же пролетел в том же направлении и скрылся. Птицы все громче и хлопотливее щебетали в чаще. Недалеко заухал филин, и Ласка, вздрогнув, переступила осторожно несколько шагов и, склонив набок голову, стала прислушиваться. Из-за речки послышалась кукушка. Она два раза прокуковала обычным криком, а потом захрипела, заторопилась и запуталась.

- Каково! уж кукушка! - сказал Степан Аркадьич, выходя из-за куста.

- Да, я слышу, - отвечал Левин, с неудовольствием нарушая тишину леса своим неприятным самому себе голосом. - Теперь скоро.

Фигура Степана Аркадьича опять зашла за куст, и Левин видел только яркий огонек спички, вслед за тем заменившийся красным углем папиросы и синим дымком.

Чик! Чик! - щелкнули взводимые Степаном Аркадьичем курки.

- А это что кричит? - спросил Облонский, обращая внимание Левина на протяжное гуканье, как будто тонким голоском, шаля, ржал жеребенок.

- А, это не знаешь? Это заяц-самец. Да будет говорить! Слушай, летит! - почти вскрикнул Левин, взводя курки.

Послышался дальний, тонкий свисток и, ровно в тот обычный такт, столь знакомый охотнику, через две секунды, – другой, третий, и за третьим свистком уже слышно стало хорканье.

Левин кинул глазами направо, налево, и вот пред ним на мутно-голубом небе, над сливающимися нежными побегами макушек осин показалась летящая птица. Она летела прямо на него: близкие звуки хорканья, похожие на равномерное наддирание тугой ткани, раздались над самым ухом; уже виден стал длинный нос и шея птицы, и в ту минуту, как Левин приложился, из-за куста, где стоял Облонский, блеснула красная молния; птица, как стрела, спустилась и взмыла опять кверху. Опять блеснула молния, и послышался удар; и, трепля крыльями, как бы стараясь удержаться на воздухе, птица остановилась, постояла мгновенье и тяжело шлепнулась о топкую землю.

– Неужели промах? – крикнул Степан Аркадьич, которому из-за дыму не видно было.

– Вот он! – сказал Левин, указывая на Ласку, которая, подняв одно ухо и высоко махая кончиком пушистого хвоста, тихим шагом, как бы желая продлить удовольствие и как бы улыбаясь, подносила убитую птицу к хозяину. – Ну, я рад, что тебе удалось, – сказал Левин, вместе с тем уже испытывая чувство зависти, что не ему удалось убить этого вальдшнепа.

– Скверный промах из правого ствола, – отвечал Степан Аркадьич, заряжая ружье. – Шш… летит.

Действительно, послышались пронзительные, быстро следовавшие один за другим свистки. Два вальдшнепа, играя и догоняя друг друга и только свистя, а не хоркая, налетели на самые головы охотников. Раздались четыре выстрела, и, как ласточки, вальдшнепы дали быстрый заворот и исчезли из виду.

. . . .

Тяга была прекрасная. Степан Аркадьич убил еще две штуки, и Левин двух, из которых одного не нашел. Стало темнеть. Ясная серебряная Венера низко на западе уже сияла из-за березок своим нежным блеском, и высоко на востоке уже переливался своими красными огнями мрачный Арктурус. Над головой у себя Левин ловил и терял звезды Медведицы. Вальдшнепы уже перестали летать: но Левин решил подождать еще, пока видная ему ниже сучка березы Венера перейдет выше его и когда ясны будут везде звезды Медведицы. Венера перешла уже выше сучка, колесница Медведицы с своим дышлом была уже вся видна на темно-синем небе, но он все еще ждал.

– Не пора ли? – сказал Степан Аркадьич.

В лесу уже было тихо, и ни одна птичка не шевелилась.

– Постоим еще, – отвечал Левин.

– Как хочешь.

Они стояли теперь шагах в пятнадцати друг от друга.

– Стива! – вдруг неожиданно сказал Левин, – что ж ты мне не скажешь, вышла твоя свояченица замуж или когда выходит?

Левин чувствовал себя столь твердым и спокойным, что никакой ответ, он думал, не мог бы взволновать его. Но он никак не ожидал того, что отвечал Степан Аркадьич.

– И не думала и не думает выходить замуж, а она очень больна, и доктора послали ее за границу. Даже боятся за ее жизнь.

– Что ты! – вскрикнул Левин. – Очень больна? Что же с ней? Как она…

В то время, как они говорили это, Ласка, насторожив уши, оглядывалась и вверх на небо и укоризненно на них.

«Вот нашли время разговаривать, – думала она. – Летит… Вот он, так и есть. Прозевают…» – думала Ласка.

Но в это самое мгновенье оба вдруг услыхали пронзительный свист, который как будто стегнул их по уху, и оба вдруг схватились за ружья, и две молнии блеснули, и два удара раздались в одно и то же мгновение. Высоко летевший вальдшнеп мгновенно сложил крылья и упал в чащу, пригибая тонкие побеги.

– Вот отлично! Общий! – вскрикнул Левин и побежал с Лаской в чащу отыскивать вальдшнепа. «Ах да, о чем это неприятно было? – вспоминал он. – Да, больна Кити… Что ж делать, очень жаль», – думал он.

– А, нашла! Вот умница, – сказал он, вынимая изо рта Ласки теплую птицу и кладя ее в полный почти ягдташ. – Нашел, Стива! – крикнул он.

XVI

Возвращаясь домой, Левин расспросил все подробности о болезни Кити и планах Щербацких, и, хотя ему совестно бы было признаться в этом, то, что он узнал, было приятно ему. Приятно и поэтому, что была еще надежда, и еще более приятно потому, что больно было ей, той, которая сделала ему так больно. Но когда Степан Аркадьич начал говорить о причинах болезни Кити и упомянул имя Вронского, Левин перебил его:

– Я не имею никакого права знать семейные подробности, по правде сказать, и никакого интереса.

Степан Аркадьич чуть заметно улыбнулся, уловив мгновенную и столь знакомую ему перемену в лице Левина, сделавшегося столь же мрачным, сколько он был весел минуту тому назад.

– Ты уже совсем кончил о лесе с Рябининым? – спросил Левин.

– Да, кончил. Цена прекрасная, тридцать восемь тысяч. Восемь вперед, а остальные на шесть лет. Я долго с этим возился. Никто больше не давал.

– Это значит, ты даром отдал лес, – мрачно сказал Левин.

– То есть почему же даром? – с добродушною улыбкой сказал Степан Аркадьич, зная, что теперь все будет нехорошо для Левина.

– Потому, что лес стоит по крайней мере пятьсот рублей за десятину, – отвечал Левин.

– Ах, эти мне сельские хозяева! – шутливо сказал Степан Аркадьич. – Этот ваш тон презрения к нашему брату городским!.. А как дело сделать, так мы лучше всегда сделаем. Поверь, что я все расчел, – сказал он, – и лес очень выгодно продан, так что я боюсь, как бы тот не отказался даже. Ведь это не обидной лес[1], – сказал Степан Аркадьич, желая этим словом *обидной* совсем убедить Левина в несправедливости его сомнений, – а дровяной больше. И станет не больше тридцати сажен на десятину, а он дал мне по двести рублей.

Левин презрительно улыбнулся. «Знаю, – подумал он, – эту манеру не одного его, но и всех городских жителей, которые, побывав раза два в десять лет в деревне и заметив два-три слова деревенские, употребляют их кстати и некстати, твердо уверенные, что они уже все знают. *Обидной, станет тридцать сажен.* Говорит слова, а сам ничего не понимает».

– Я не стану тебя учить тому, что ты там такое пишешь в своем присутствии, – сказал он, – а если мне нужно, то спрошу у тебя. А ты так уверен, что ты понимаешь всю эту грамоту о лесе. Она трудная. Счел ли ты деревья?

---

[1] *Ведь это не обидной лес...* – Обидно́й лес – молодой лес, годный только на мелкие поделки (ободья, оглобли, полозья). Обидной лес – низкорослый, и ценится он дешевле дровяного, более старого и рослого (см. коммент. В. Саводника к «Анне Карениной» в кн.: «Л. Н. Толстой, Анна Каренина», т. 1. М. – Л., 1928, с. 383). Кроме того, в тульском говоре слово «обида» (или «обижда») означает «убыток», «поношение», а также «лишение имущества» (В. Даль. Толковый словарь, т. II, с. 583). Обидной – плохой, обидная цена – убыточная цена. Лес Облонского «не обидной», а цена, назначенная Рябининым, «обидна́я».

– Как счесть деревья? – смеясь, сказал Степан Аркадьич, все желая вывести приятеля из его дурного расположения духа. – Сочесть пески, лучи планет[1] хотя и мог бы ум высокий…

– Ну да, а ум высокий Рябинина может. И ни один купец не купит не считая, если ему не отдают даром, как ты. Твой лес я знаю. Я каждый год там бываю на охоте, и твой лес стоит пятьсот рублей чистыми деньгами, а он тебе дал двести в рассрочку. Значит, ты ему подарил тысяч тридцать.

– Ну, полно увлекаться, – жалостно сказал Степан Аркадьич, – отчего же никто не давал?

– Оттого, что у него стачки с купцами: он дал отступного. Я со всеми ими имел дела, я их знаю. Ведь это не купцы, а барышники. Он и не пойдет на дело, где ему предстоит десять, пятнадцать процентов, а он ждет, чтобы купить за двадцать копеек рубль.

– Ну, полно! Ты не в духе.

– Нисколько, – мрачно сказал Левин, когда они подъезжали к дому.

У крыльца уже стояла туго обтянутая железом и кожей тележка с туго запряженною широкими гужами сытою лошадью. В тележке сидел туго налитой кровью и туго подпоясанный приказчик, служивший кучером Рябинину. Сам Рябинин был уже в доме и встретил приятелей в передней. Рябинин был высокий, худощавый человек средних лет, с усами и бритым выдающимся подбородком и выпуклыми мутными глазами. Он был одет в длиннополый синий сюртук с пуговицами ниже зада и в высоких, сморщенных на щиколках и прямых на икрах сапогах, сверх которых были надеты большие калоши. Он округло вытер платком свое лицо и, запахнув сюртук, который и без того держался очень хорошо, с улыбкой приветствовал вошедших, протягивая Степану Аркадьичу руку, как бы желая поймать что-то.

– А вот и вы приехали, – сказал Степан Аркадьич, подавая ему руку. – Прекрасно.

– Не осмелился ослушаться приказаний вашего сиятельства, хоть слишком дурна дорога. Положительно всю дорогу пешком шел, но явился в срок. Константину Дмитричу мое почтение, – обратился он к Левину, стараясь поймать и его руку. Но Левин, нахмурившись, делал вид, что не замечает его руки, и вынимал вальдшнепов. – Изволили потешаться охотой? Это какие, значит, птицы будут? – прибавил Рябинин, презрительно глядя на вальдшнепов, – вкус, значит, имеют. – И он неодобрительно покачал головой, как бы сильно сомневаясь в том, чтоб эта овчинка стоила выделки.

---

1 *Сочесть пески, лучи планет…* – Облонский цитирует знаменитую оду Державина «Бог»: Измерить океан глубокий, // Сочесть пески, лучи планет, // Хотя и мог бы ум высокий, // Тебе числа и меры нет!»

– Хочешь в кабинет? – мрачно хмурясь, сказал Левин по-французски Степану Аркадьичу. – Пройдите в кабинет, вы там переговорите.

– Очень можно, куда угодно-с, – с презрительным достоинством сказал Рябинин, как бы желая дать почувствовать, что для других могут быть затруднения, как и с кем обойтись, но для него никогда и ни в чем не может быть затруднений.

Войдя в кабинет, Рябинин осмотрелся по привычке, как бы отыскивая образ, но, найдя его, не перекрестился. Он оглядел шкафы и полки с книгами и с тем же сомнением, как и насчет вальдшнепов, презрительно улыбнулся и неодобрительно покачал головой, никак уже не допуская, чтоб эта овчинка могла стоить выделки.

– Что ж, привезли деньги? – спросил Облонский. – Садитесь.

– Мы за деньгами не постоим. Повидаться, переговорить приехал.

– О чем же переговорить? Да вы садитесь.

– Это можно, – сказал Рябинин, садясь и самым мучительным для себя образом облокачиваясь на спинку кресла. – Уступить надо, князь. Грех будет. А деньги готовы окончательно, до одной копейки. За деньгами остановки не бывает.

Левин, ставивший между тем ружье в шкаф, уже выходил из двери, но, услыхав слова купца, остановился.

– Задаром лес взяли, – сказал он. – Поздно он ко мне приехал, а то я бы цену назначил.

Рябинин встал и молча с улыбкой поглядел снизу вверх на Левина.

– Оченно скупы Константин Дмитрич, – сказал он с улыбкой, обращаясь к Степану Аркадьичу, – окончательно ничего не укупишь. Торговал пшеницу, хорошие деньги давал.

– Зачем мне вам свое даром давать? Я ведь не на земле нашел и не украл.

– Помилуйте, по нынешнему времю воровать положительно невозможно. Все окончательно по нынешнему времю гласное судопроизводство, все нынче благородно; а не то что воровать. Мы говорили по чести. Дорого кладут за лес, расчетов не сведешь. Прошу уступить хоть малость.

– Да кончено у вас дело или нет? Если кончено, нечего торговаться, а если не кончено, – сказал Левин, – я покупаю лес.

Улыбка вдруг исчезла с лица Рябинина. Ястребиное, хищное и жесткое выражение установилось на нем. Он быстрыми костлявыми пальцами расстегнул сюртук, открыв рубаху навыпуск, медные пуговицы жилета и цепочку часов, и быстро достал толстый старый бумажник.

— Пожалуйте, лес мой, — проговорил он, быстро перекрестившись и протягивая руку. — Возьми деньги, мой лес. Вот как Рябинин торгует, а не гроши считать, — заговорил он, хмурясь и размахивая бумажником.

— Я бы на твоем месте не торопился, — сказал Левин.

— Помилуй, — с удивлением сказал Облонский, — ведь я слово дал.

Левин вышел из комнаты, хлопнув дверью. Рябинин, глядя на дверь, с улыбкой покачал головой.

— Все молодость, окончательно ребячество одно. Ведь покупаю, верьте чести, так, значит, для славы одной, что вот Рябинин, а не кто другой у Облонского рощу купил. А еще как бог даст расчеты найти. Верьте богу. Пожалуйте. Условьице написать…

Через час купец, аккуратно запахнув свой халат и застегнув крючки сюртука, с условием в кармане сел в свою туго окованную тележку и поехал домой.

— Ох, эти господа! — сказал он приказчику, — один предмет.

— Это как есть, — отвечал приказчик, передавая ему вожжи и застегивая кожаный фартук. — А с покупочкой, Михаил Игнатьич?

— Ну, ну…

XVII

Степан Аркадьич с оттопыренным карманом серий, которые за три месяца вперед отдал ему купец, вошел наверх.[1] Дело с лесом было кончено, деньги в кармане, тяга была прекрасная, и Степан Аркадьич находился в самом веселом расположении духа, а потому ему особенно хотелось рассеять дурное настроение, нашедшее на Левина. Ему хотелось окончить день за ужином так же приятно, как он был начат.

Действительно, Левин был не в духе и, несмотря на все свое желание быть ласковым и любезным со своим милым гостем, не мог преодолеть себя. Хмель известия о том, что Кити не вышла замуж, понемногу начинал разбирать его.

---

[1] *Степан Аркадьич с оттопыренным карманом серий, которые за три месяца вперед отдал ему купец, вошел наверх.* — Серии — государственные казначейские билеты стоимостью в пятьдесят рублей были выпущены «для увеличения оборотных средств и для ускоренного получения государственного дохода». Серии выпускались разрядами и приносили процент, «представляя нечто вроде вклада на текущий счет, делаемого владельцем серий в государственном казначействе» («Вестник Европы», 1874, № 3, с. 297). Рябинин заплатил Облонскому сериями за три месяца вперед, то есть «реализовал» проценты на три месяца раньше срока уплаты по купонам.

Кити не замужем и больна, больна от любви к человеку, который пренебрег ею. Это оскорбление как будто падало на него. Вронский пренебрег ею, а она пренебрегла им, Левиным. Следовательно, Вронский имел право презирать Левина и потому был его враг. Но этого всего не думал Левин. Он смутно чувствовал, что в этом что-то есть оскорбительное для него, и сердился теперь не на то, что расстроило его, а придирался ко всему, что представлялось ему. Глупая продажа леса, обман, на который попался Облонский и который совершился у него в доме, раздражал его.

— Ну, кончил? — сказал он, встречая наверху Степана Аркадьича. — Хочешь ужинать?

— Да, не откажусь. Какой аппетит у меня в деревне, чудо! Что ж ты Рябинину не предложил поесть?

— А, черт с ним!

— Однако как ты обходишься с ним! — сказал Облонский. — Ты и руки ему не подал. Отчего же не подать ему руки?

— Оттого, что я лакею не подам руку, а лакей во сто раз лучше.

— Какой ты, однако, ретроград! А слияние сословий? — сказал Облонский.

— Кому приятно сливаться — на здоровье, а мне противно.

— Ты, я вижу, решительно ретроград.

— Право, я никогда не думал, кто я. Я — Константин Левин, больше ничего.

— И Константин Левин, который очень не в духе, — улыбаясь, сказал Степан Аркадьич.

— Да, я не в духе, и знаешь отчего? От, извини меня, твоей глупой продажи…

Степан Аркадьич добродушно сморщился, как человек, которого безвинно обижают и расстраивают.

— Ну, полно! — сказал он. — Когда бывало, чтобы кто-нибудь что-нибудь продал и ему бы не сказали сейчас же после продажи: «Это гораздо дороже стоит»? А покуда продают, никто не дает… Нет, я вижу, у тебя есть *зуб* против этого несчастного Рябинина.

— Может быть, и есть. А ты знаешь за что? Ты скажешь опять, что я ретроград, или еще какое страшное слово; но все-таки мне досадно и обидно видеть это со всех сторон совершающееся обеднение дворянства, к которому я принадлежу, и, несмотря на слияние сословий, очень рад, что принадлежу. И обеднение не вследствие роскоши — это бы ничего; прожить по-барски — это дворянское дело, это только дворяне умеют. Теперь мужики около нас скупают земли, — мне не обидно. Барин ничего не делает, мужик работает и вытесняет праздного человека. Так должно быть. И я очень рад мужику. Но мне обидно смотреть на это обеднение по какой-то, не знаю как назвать, невинности. Тут арендатор-поляк купил за полцены у барыни, которая живет в Ницце, чудесное имение. Тут отдают купцу в аренду за рубль десятину земли, которая стоит десять рублей. Тут ты безо всякой причины подарил этому плуту тридцать тысяч.

– Так что же? считать каждое дерево?

– Непременно считать. А вот ты не считал, а Рябинин считал. У детей Рябинина будут средства к жизни и образованию, а у твоих, пожалуй, не будет!

– Ну, уж извини меня, но есть что-то мизерное в этом считанье. У нас свои занятия, у них свои, и им надо барыши. Ну, впрочем, дело сделано, и конец. А вот и глазунья, самая моя любимая яичница. И Агафья Михайловна даст нам этого травничку чудесного…

Степан Аркадьич сел к столу и начал шутить с Агафьей Михайловной, уверяя ее, что такого обеда и ужина он давно не ел.

– Вот вы хоть похва́лите, – сказала Агафья Михайловна, – а Константин Дмитрич, что ему ни подай, хоть хлеба корку, – поел и пошел.

Как ни старался Левин преодолеть себя, он был мрачен и молчалив. Ему нужно было сделать один вопрос Степану Аркадьичу, но он не мог решиться и не находил ни формы, ни времени, как и когда его сделать. Степан Аркадьич уже сошел к себе вниз, разделся, опять умылся, облекся в гофрированную ночную рубашку и лег, а Левин все медлил у него в комнате, говоря о разных пустяках и не будучи в силах спросить, что хотел.

– Как это удивительно делают мыло, – сказал он, оглядывая и развертывая душистый кусок мыла, который для гостя приготовила Агафья Михайловна, но который Облонский не употреблял. – Ты посмотри, ведь это произведение искусства.

– Да, до всего дошло теперь всякое усовершенствование, – сказал Степан Аркадьич, влажно и блаженно зевая. – Театры, например, и эти увеселительные… а-а-а! – зевал он. – Электрический свет везде…[1] а-а!

– Да, электрический свет, – сказал Левин. – Да. Ну, а где Вронский теперь? – спросил он вдруг, положив мыло.

– Вронский? – сказал Степан Аркадьич, остановив зевоту, – он в Петербурге. Уехал вскоре после тебя и затем ни разу не был в Москве. И

---

[1] *…эти увеселительные… Электрический свет везде…* – В начале 70-х годов электрический свет был еще большой редкостью. «Практические неудобства электрического освещения, – говорилось в газете «Голос», – оказались так велики, что его употребляют лишь в исключительных случаях» («Голос», 1873, № 131). Но содержатели увеселительных заведений все же обзавелись новинкой техники как зрелищной приманкой. Уже в 1873 г. «Шато де флер» в Москве было освещено «электрическим солнцем» («Голос», 1873, № 133).

знаешь, Костя, я тебе правду скажу, - продолжал он, облокотившись на стол и положив на руку свое красивое румяное лицо, из которого светились, как звезды, масленые, добрые и сонные глаза. - Ты сам был виноват. Ты испугался соперника. А я, как и тогда тебе говорил, - я не знаю, на чьей стороне было более шансов. Отчего ты не шел напролом? Я тебе говорил тогда, что... - Он зевнул одними челюстями, не раскрывая рта.

«Знает он или не знает, что я делал предложение? - подумал Левин, глядя на него. - Да, что-то есть хитрое, дипломатическое в нем», - и, чувствуя, что краснеет, он молча смотрел прямо в глаза Степана Аркадьича.

- Если было с ее стороны что-нибудь тогда, то это было увлеченье внешностью, - продолжал Облонский. - Этот, знаешь, совершенный аристократизм и будущее положение в свете подействовали не на нее, а на мать.

Левин нахмурился. Оскорбление отказа, через которое он перешел, как будто свежею, только что полученною раной зажгло его в сердце. Он был дома, а дома стены помогают.

- Постой, постой, - заговорил он, перебивая Облонского, - ты говоришь: аристократизм. А позволь тебя спросить, в чем это состоит аристократизм Вронского или кого бы то ни было, - такой аристократизм, чтобы можно пренебречь мною? Ты считаешь Вронского аристократом, но я нет. Человек, отец которого вылез из ничего пронырством, мать которого бог знает с кем не была в связи... Нет, уж извини, но я считаю аристократом себя и людей, подобных мне, которые в прошедшем могут указать на три-четыре честные поколения семей, находившихся на высшей степени образования (дарованье и ум - это другое дело), и которые никогда ни пред кем не подличали, никогда ни в ком не нуждались, как жили мой отец, мой дед. И я знаю много таких. Тебе низко кажется, что я считаю деревья в лесу, а ты даришь тридцать тысяч Рябинину, но ты получишь аренду и не знаю еще что, а я не получу и потому дорожу родовым и трудовым... Мы аристократы, а не те, которые могут существовать только подачками от сильных мира сего и кого купить можно за двугривенный.

- На кого ты? Я с тобой согласен, - говорил Степан Аркадьич искренно и весело, хотя чувствовал, что Левин под именем тех, кого можно купить за двугривенный, разумел и его. Оживление Левина ему искренно нравилось. - На кого ты? Хотя многое и неправда, что ты говоришь про Вронского, но я не про то говорю. Я говорю тебе прямо, я на твоем месте поехал бы со мной в Москву и...

- Нет, я не знаю, знаешь ли ты или нет, но мне все равно. И я скажу тебе, - я сделал предложение и получил отказ, и Катерина Александровна для меня теперь только тяжелое, постыдное воспоминанье.

- Отчего? Вот вздор!

– Но не будем говорить. Извини меня, пожалуйста, если я был груб с тобой, – сказал Левин. Теперь, высказав все, он опять стал тем, каким был поутру. – Ты не сердишься на меня, Стива? Пожалуйста, не сердись, – сказал он и, улыбаясь, взял его за руку.

– Да нет, нисколько, и не за что. Я рад, что мы объяснились. А знаешь, утренняя тяга бывает хороша. Не поехать ли? Я бы так и не спал, а прямо с тяги и на станцию.

– И прекрасно.

XVIII

Несмотря на то, что вся внутренняя жизнь Вронского была наполнена его страстью, внешняя жизнь его неизменно и неудержимо катилась по прежним, привычным рельсам светских и полковых связей и интересов. Полковые интересы занимали важное место в жизни Вронского и потому, что он любил полк, и еще более потому, что его любили в полку. В полку не только любили Вронского, но его уважали и гордились им, гордились тем, что этот человек, огромно богатый, с прекрасным образованием и способностями, с открытою дорогой ко всякого рода успеху и честолюбия и тщеславия, пренебрегая этим всем и из всех жизненных интересов ближе всего принимал к сердцу интересы полка и товарищества. Вронский сознавал этот взгляд на себя товарищей и, кроме того, что любил эту жизнь, чувствовал себя обязанным поддерживать установившийся на него взгляд.

Само собою разумеется, что он не говорил ни с кем из товарищей о своей любви, не проговаривался и в самых сильных попойках (впрочем, он никогда не бывал так пьян, чтобы терять власть над собой) и затыкал рот тем из легкомысленных товарищей, которые пытались намекать ему на его связь. Но, несмотря на то, что его любовь была известна всему городу – все более или менее верно догадывались об его отношениях к Карениной, – большинство молодых людей завидовали ему именно в том, что было самое тяжелое в его любви, – в высоком положении Каренина и потому в выставленности этой связи для света.

Большинство молодых женщин, завидовавших Анне, которым уже давно наскучило то, что ее *называют справедливою,* радовались тому, что они предполагали, и ждали только подтверждения оборота общественного мнения, чтоб обрушиться на нее всею тяжестью своего презрения. Они приготавливали уже те комки грязи, которыми Они бросят в нее, когда придет время. Большинство пожилых людей и люди высокопоставленные были недовольны этим готовящимся общественным скандалом.

Мать Вронского, узнав о его связи, сначала была довольна – и потому, что ничто, по ее понятиям, не давало последней отделки блестящему молодому человеку, как связь в высшем свете, и потому, что столь понравившаяся ей Каренина, так много говорившая о своем сыне, была все-таки такая же, как и все красивые и порядочные женщины, по понятиям графини Вронской. Но в последнее время она узнала, что сын отказался от предложенного ему, важного для карьеры, положения, только с тем, чтоб оставаться в полку, где он мог видеться с Карениной, узнана, что им недовольны за это высокопоставленные лица, и она переменила свое мнение. Не нравилось ей тоже то, что по всему, что она узнала про эту связь, это не была та блестящая, грациозная светская связь, какую она бы одобрила, но какая-то вертеровская, отчаянная страсть, как ей рассказывали, которая могла вовлечь его в глупости. Она не видала его со времени его неожиданного отъезда из Москвы и через старшего сына требовала, чтоб он приехал к ней.

Старший брат был также недоволен меньшим. Он не разбирал, какая то была любовь, большая или маленькая, страстная или не страстная, порочная или не порочная (он сам, имея детей, содержал танцовщицу и потому был снисходителен на это); но он знал, что это любовь, не нравящаяся тем, кому нужно нравиться, и потому не одобрял поведения брата.

Кроме занятий службы и света, у Вронского было еще занятие – лошади, до которых он был страстный охотник.

В нынешнем же году назначены были офицерские скачки с препятствиями. Вронский записался на скачки, купил английскую кровную кобылу и, несмотря на свою любовь, был страстно, хотя и сдержанно, увлечен предстоящими скачками…

Две страсти эти не мешали одна другой. Напротив, ему нужно было занятие и увлечение, не зависимое от его любви, на котором он освежался и отдыхал от слишком волновавших его впечатлений.

XIX

В день красносельских скачек Вронский раньше обыкновенного пришел съесть бифстек в общую залу артели полка. Ему не нужно было очень строго выдерживать себя, так как вес его как раз равнялся положенным четырем пудам с половиною; но надо было и не потолстеть, и потому он избегал мучного и сладкого. Он сидел в расстегнутом над белым жилетом сюртуке, облокотившись обеими руками на стол, и, ожидая заказанного бифстека, смотрел в книгу французского романа, лежавшую на тарелке. Он смотрел в книгу только затем, чтобы не разговаривать с входившими и выходившими офицерами, и думал.

Он думал о том, что Анна обещала ему дать свиданье нынче после скачек. Но он не видал ее три дня, и, вследствие возвращения мужа из-за границы, не знал, возможно ли это нынче или нет, и не знал, как узнать это. Он виделся с ней в последний раз на даче у кузины Бетси. На дачу же Карениных он ездил как можно реже. Теперь он хотел ехать туда и обдумывал вопрос, как это сделать.

«Разумеется, я скажу, что Бетси прислала меня спросить, приедет ли она на скачки. Разумеется, поеду», – решил он сам с собой, поднимая голову от книги. И, живо представив себе счастье увидать ее, он просиял лицом.

– Пошли ко мне на дом, чтобы закладывали поскорей коляску тройкой, – сказал он слуге, подававшему ему бифстек на серебряном горячем блюде, и, придвинув блюдо, стал есть.

В соседней бильярдной слышались удары шаров, говор и смех. Из входной двери появились два офицера: один молоденький, с слабым, тонким лицом, недавно поступивший из Пажеского корпуса в их полк; другой пухлый, старый офицер с браслетом на руке и заплывшими маленькими глазами.

Вронский взглянул на них, нахмурился и, как будто не заметив их, косясь на книгу, стал есть и читать вместе.

– Что? подкрепляешься на работу? – сказал пухлый офицер, садясь подле него.

– Видишь, – отвечал Вронский, хмурясь, отирая рот и не глядя на него.

– А не боишься потолстеть? – сказал тот, поворачивая стул для молоденького офицера.

– Что? – сердито сказал Вронский, делая гримасу отвращения и показывая свои сплошные зубы.

– Не боишься потолстеть?

– Человек, хересу! – сказал Вронский, не отвечая, и, переложив книгу на другую сторону, продолжал читать.

Пухлый офицер взял карту вин и обратился к молоденькому офицеру.

– Ты сам выбери, что будем пить, – сказал он, подавая ему карту и глядя на него.

– Пожалуй, рейнвейну, – сказал молодой офицер, робко косясь на Вронского и стараясь поймать пальцами чуть отросшие усики. Видя, что Вронский не оборачивается, молодой офицер встал.

– Пойдем в бильярдную, – сказал он.

Пухлый офицер покорно встал, и они направились к двери.

В это время в комнату вошел высокий и статный ротмистр Яшвин и, кверху, презрительно кивнув головой двум офицерам, подошел ко Вронскому.

– А! вот он! – крикнул он, крепко ударив его своею большою рукой по погону. Вронский оглянулся сердито, но тотчас же лицо его просияло свойственною ему спокойною и твердою лаской.

– Умно, Алеша, – сказал ротмистр громким баритоном. – Теперь поешь и выпей одну рюмочку.

– Да не хочется есть.

– Вот неразлучные, – прибавил Яшвин, насмешливо глядя на двух офицеров, которые выходили в это время из комнаты. И он сел подле Вронского, согнув острыми углами свои слишком длинные по высоте стульев стегна и голени в узких рейтузах. – Что ж ты вчера не заехал в красненский театр? Нумерова совсем недурна была. Где ты был?

– Я у Тверских засиделся, – отвечал Вронский.

– А! – отозвался Яшвин.

Яшвин, игрок, кутила и не только человек без всяких правил, но с безнравственными правилами, – Яшвин был в полку лучший приятель Вронского. Вронский любил его и за его необычайную физическую силу, которую он большею частью выказывал тем, что мог пить, как бочка, не спать и быть все таким же и за большую нравственную силу, которую он выказывал в отношениях к начальникам и товарищам, вызывая к себе страх и уважение, и в игре, которую он вел на десятки тысяч и всегда, несмотря на выпитое вино, так тонко и твердо, что считался первым игроком в Английском клубе. Вронский уважал и любил его в особенности за то, что чувствовал, что Яшвин любит его не за его имя и богатство, а за него самого. И из всех людей с ним одним Вронский хотел бы говорить про свою любовь. Он чувствовал, что Яшвин один, несмотря на то, что, казалось, презирал всякое чувство, – один, казалось Вронскому, мог понимать ту сильную страсть, которая теперь наполнила всю его жизнь. Кроме того, он был уверен, что Яшвин уже наверное не находит удовольствия в сплетне и скандале, а понимает это чувство как должно, то есть знает и верит, что любовь эта – не шутка, не забава, а что-то серьезнее и важнее.

Вронский не говорил с ним о своей любви, но знал, что он все знает, все понимает как должно, и ему приятно было видеть это по его глазам.

– А, да! – сказал он на то, что Вронский был у Тверских, и, блеснув своими черными глазами, взялся за левый ус и стал заправлять его в рот по своей дурной привычке.

– Ну, а ты вчера что сделал? Выиграл? – спросил Вронский.

– Восемь тысяч. Да три не хороши, едва ли отдаст.

– Ну, так можешь за меня и проиграть, – сказал Вронский, смеясь. (Яшвин держал большое пари за Вронского.)

– Ни за что не проиграю.

– Один Махотин опасен.

И разговор перешел на ожидания нынешней скачки, о которой только и мог думать теперь Вронский.

– Пойдем, я кончил, – сказал Вронский и, встав, пошел к двери. Яшвин встал тоже, растянув свои огромные ноги и длинную спину.

– Мне обедать еще рано, а выпить надо. Я приду сейчас. Ей, вина! – крикнул он своим знаменитым в командовании, густым и заставлявшим дрожать стекла голосом. – Нет, не надо, – тотчас же опять крикнул он. – Ты домой, так я с тобой пойду.

И они пошли с Вронским.

XX

Вронский стоял в просторной и чистой, разгороженной надвое чухонской избе. Петрицкий жил с ним вместе и в лагерях. Петрицкий спал, когда Вронский с Яшвиным вошли в избу.

– Вставай, будет спать, – сказал Яшвин, заходя за перегородку и толкая за плечо уткнувшегося носом в подушку взлохмаченного Петрицкого.

Петрицкий вдруг вскочил на коленки и оглянулся.

– Твой брат был здесь, – сказал он Вронскому. – Разбудил меня, черт его возьми, сказал, что придет опять. – И он опять, натягивая одеяло, бросился на подушку. – Да оставь же, Яшвин, – говорил он, сердясь на Яшвина, тащившего с него одеяло. – Оставь! – Он повернулся и открыл глаза. – Ты лучше скажи, *что* выпить; такая гадость во рту, что…

– Водки лучше всего, – пробасил Яшвин. – Терещенко! водки барину и огурец, – крикнул он, видимо любя слушать свой голос.

– Водки, ты думаешь? А? – спросил Петрицкий, морщась и протирая глаза. – А ты выпьешь? Вместе, так выпьем! Вронский, выпьешь? – сказал Петрицкий, вставая и закутываясь под руками в тигровое одеяло.

Он вышел в дверь перегородки, поднял руки и запел по-французски: «Был король в Ту-у-ле».[1] – Вронский, выпьешь?

---

[1] *«Был король в Ту-у-ле...»* – Туле (или Фуле) – сказочный северный остров в немецких народных преданиях. «Был король в Туле» – строка из «Фауста» Гете.

- Убирайся, - сказал Вронский, надевавший подаваемый лакеем сюртук.

- Это куда? - спросил его Яшвин. - Вот и тройка, - прибавил он, увидев подъезжавшую коляску.

- В конюшню, да еще мне нужно к Брянскому об лошадях, - сказал Вронский.

Вронский действительно обещал быть у Брянского, в десяти верстах от Петергофа, и привезти ему за лошадей деньги; и он хотел успеть побывать и там. Но товарищи тотчас же поняли, что он не туда только едет.

Петрицкий, продолжая петь, подмигнул глазом и надул губы, как бы говоря: знаем, какой это Брянский.

- Смотри не опоздай! - сказал только Яшвин и, чтобы переменить разговор: - Что мой саврасый, служит хорошо? - спросил он, глядя в окно, про коренного, которого он продал.

- Стой! - закричал Петрицкий уже уходившему Вронскому. - Брат твой оставил письмо тебе и записку. Постой, где они?

Вронский остановился.

- Ну, где же они?

- Где они? Вот в чем вопрос! - проговорил торжественно Петрицкий, проводя кверху от носа указательным пальцем.

- Да говори же, это глупо! - улыбаясь, сказал Вронский.

- Камина я не топил. Здесь где-нибудь.

- Ну, полно врать! Где же письмо?

- Нет, право забыл. Или я во сне видел? Постой, постой! Да что ж сердиться! Если бы ты, как я вчера, выпил четыре бутылочки на брата, ты бы и забыл, где ты лежишь. Постой, сейчас вспомню!

Петрицкий пошел за перегородку и лег на свою кровать.

- Стой! Так я лежал, так он стоял. Да-да-да-да... Вот оно! - И Петрицкий вынул письмо из-под матраца, куда он запрятал его.

Вронский взял письмо и записку брата. Это было то самое, что он ожидал, - письмо от матери с упреками за то, что он не приезжал, и записка от брата, в которой говорилось, что нужно переговорить. Вронский знал, что это все о том же. «Что им за дело!» - подумал Вронский и, смяв письма, сунул их между пуговиц сюртука, чтобы внимательно прочесть дорогой. В сенях избы ему встретились два офицера: один их, а другой другого полка.

Квартира Вронского всегда была притоном всех офицеров.

- Куда?

- Нужно, в Петергоф.

- А лошадь пришла из Царского?

- Пришла, да я не видал еще.

– Говорят, Махотина Гладиатор захромал.

– Вздор! Только как вы по этой грязи поскачете? – сказал другой.

– Вот мои спасители! – закричал, увидав вошедших, Петрицкий, пред которым стоял денщик с водкой и огурцом на подносе. – Вот Яшвин велит пить, чтоб освежиться.

– Ну, уж вы нам задали вчера, – сказал один из пришедших, – всю ночь не давали спать.

– Нет, каково мы окончили! – рассказывал Петрицкий. – Волков залез на крышу и говорит, что ему грустно. Я говорю: давай музыку, погребальный марш! Он так на крыше и заснул под погребальный марш.

– Так что ж пить? – говорил он, держа рюмку и морщась.

– Выпей, выпей водки непременно, а потом сельтерской воды и много лимона, – говорил Яшвин, стоя над Петрицким, как мать, заставляющая ребенка принимать лекарство, – а потом уж шампанского немножечко, – так, бутылочку.

– Вот это умно. Постой, Вронский, выпьем.

– Нет, прощайте, господа, нынче я не пью.

– Что ж, потяжелеешь? Ну, так мы одни. Давай сельтерской воды и лимон.

– Вронский! – закричал кто-то, когда он уж выходил в сени.

– Что?

– Ты бы волоса обстриг, а то они у тебя тяжелы, особенно на лысине.

Вронский действительно преждевременно начинал плешиветь. Он весело засмеялся, показывая свои сплошные зубы, и, надвинув фуражку на лысину, вышел и сел в коляску.

– В конюшню! – сказал он и достал было письма, чтобы прочесть их, но потом раздумал, чтобы не развлекаться до осмотра лошади – «Потом…»

XXI

Временная конюшня, балаган из досок, была построена подле самого гипподрома, и туда вчера должна была быть приведена его лошадь. Он еще не видал ее. В эти последние дни он сам не ездил на проездку, а поручил тренеру и теперь решительно не знал, в каком состоянии пришла и была его лошадь. Едва он вышел из коляски, как конюх его (грум), так называемый мальчик, узнав еще издалека его коляску, вызвал тренера. Сухой англичанин в высоких сапогах и в короткой жакетке, с клочком волос, оставленным только под подбородком, неумелою походкой жокеев, растопыривая локти и раскачиваясь, вошел навстречу.

– Ну, что Фру-Фру?[1] – спросил Вронский по английски.

– All right, sir, – все исправно, сударь, – где-то внутри горла проговорил голос англичанина. – Лучше не ходите, – прибавил он, поднимая шляпу. – Я надел намордник, и лошадь возбуждена. Лучше не ходить, это тревожит лошадь.

– Нет, уж войду. Мне хочется взглянуть.

– Пойдем, – все так же не открывая рта, нахмурившись, сказал англичанин и, размахивая локтями, пошел вперед своею развинченною походкой.

Они вошли в дворик пред бараком. Дежурный, в чистой куртке, нарядный молодцеватый мальчик, с метлой в руке, встретил входивших и пошел за ними. В бараке стояло пять лошадей по донникам, и Вронский знал, что тут же нынче должен быть приведен и стоит его главный соперник, рыжий пятивершковый Гладиатор Махотина. Еще более, чем свою лошадь, Вронскому хотелось видеть Гладиатора, которого он не видал; но Вронский знал, что, по законам приличия конской охоты, не только нельзя видеть его, но неприлично и расспрашивать про него. В то время когда он шел по коридору, мальчик отворил дверь во второй денник налево, и Вронский увидел рыжую крупную лошадь и белые ноги. Он знал, что это был Гладиатор, но с чувством человека, отворачивающегося от чужого раскрытого письма, он отвернулся и подошел к деннику Фру-Фру.

– Здесь лошадь Ма-к… Мак… никогда не могу выговорить это имя, – сказал англичанин через плечо, указывая большим, с грязным ногтем пальцем на денник Гладиатора.

– Махотина? Да, это мой один серьезный соперник, – сказал Вронский.

– Если бы вы ехали на нем, – сказал англичанин, – я бы за вас держал.

– Фру-Фру нервнее, он сильнее, – сказал Вронский, улыбаясь от похвалы своей езде.

– С препятствиями все дело в езде и в pluck, – сказал англичанин.

Pluck, то есть энергии и смелости, Вронский не только чувствовал в себе достаточно, но, что гораздо важнее, он был твердо убежден, что ни у кого в мире не могло быть этого pluck больше, чем у него.

– А вы верно знаете, что не нужно было *большего потнения?*

---

[1] *Ну, что Фру-Фру?..* – «Фру-Фру» – модная комедия Анри Мельяка (1831–1897) и Людовика Галеви (1834–1908) – шла в Петербурге в сезон 1872 г. Фру-Фру – прозвище героини пьесы – Жильберты. «Ведь в этом именно вся вы! Фру-Фру! <…> Капризничаете, смеетесь, поете, играете, танцуете, скачете и опять исчезаете. Фру-Фру, всегда Фру-Фру…» – говорится в пьесе (А. Мельяк и Л. Галеви. Фру-Фру. М., 1900, с. 4).

– Не нужно, – отвечал англичанин. – Пожалуйста, не говорите громко. Лошадь волнуется, – прибавил он, кивая головою на запертый денник, пред которым они стояли и где слышалась перестановка ног по соломе.

Он отворил дверь, и Вронский вошел в слабо освещенный из одного маленького окошечка денник. В деннике, перебирая ногами по свежей соломе, стояла караковая лошадь с намордником. Оглядевшись в полусвете денника, Вронский опять невольно обнял одним общим взглядом все стати своей любимой лошади. Фру-Фру была среднего роста лошадь и по статям не безукоризненная. Она была вся узка костью; ее грудина хотя и сильно выдавалась вперед, грудь была узка. Зад был немного свислый, и в ногах передних, и особенно задних, была значительная косолапина. Мышцы задних и передних ног не были особенно крупны; но зато в подпруге лошадь была необыкновенно широка, что особенно поражало теперь, при ее выдержке и поджаром животе. Кости ее ног ниже колен казались не толще пальца, глядя спереди, но зато были необыкновенно широки, глядя сбоку. Она вся, кроме ребер, как будто была сдавлена с боков и вытянута в глубину. Но у ней в высшей степени было качество, заставляющее забывать все недостатки; это качество была *кровь,* та кровь, которая *сказывается,* по английскому выражению. Резко выступающие мышцы из-под сетки жил, растянутой в тонкой, подвижной и гладкой, как атлас, коже, казались столь же крепкими, как кость. Сухая голова ее с выпуклыми блестящими, веселыми глазами расширялась у храпа в выдающиеся ноздри с налитою внутри кровью перепонкой. Во всей фигуре и в особенности в голове ее было определенное энергическое и вместе нежное выражение. Она была одно из тех животных, которые, кажется, не говорят только потому, что механическое устройство их рта не позволяет им этого.

Вронскому по крайней мере показалось, что она понята все, что он теперь, глядя на нее, чувствовал.

Как только Вронский вошел к ней, она глубоко втянула в себя воздух и, скашивая свой выпуклый глаз так, что белок палился кровью, с противоположной стороны глядела на вошедших, потряхивая намордником и упруго переступая с ноги на ногу.

– Ну, вот видите, как она взволнована, – сказал англичанин.

– О, милая! О! – говорил Вронский, подходя к лошади и уговаривая ее.

Но чем ближе он подходил, тем более она волновалась. Только когда он подошел к ее голове, она вдруг затихла, и мускулы ее затряслись под тонкою, нежною шерстью. Вронский погладил ее крепкую шею, поправил на остром загривке перекинувшуюся на другую сторону прядь гривы и придвинулся лицом к ее растянутым, тонким, как крыло летучей мыши, ноздрям. Она звучно втянула и выпустила воздух из напряженных ноздрей, вздрогнув, прижала острое ухо и вытянула крепкую черную губу ко Вронскому, как бы желая поймать его за рукав. Но, вспомнив о наморднике, она встряхнула им и опять начала переставлять одну за другою свои точеные ножки.

– Успокойся, милая, успокойся! – сказал он, погладив ее еще рукой по заду, и с радостным сознанием, что лошадь в самом хорошем состоянии, вышел из денника.

Волнение лошади сообщилось и Вронскому; он чувствовал, что кровь приливала ему к сердцу и что ему так же, как и лошади, хочется двигаться, кусаться; было и страшно и весело.

– Ну, так я на вас надеюсь, – сказал он англичанину, – в шесть с половиной на месте.

– Все исправно, – сказал англичанин. – А вы куда едете, милорд? – спросил он, неожиданно употребив это название my-Lord, которого он почти никогда не употреблял.

Вронский с удивлением приподнял голову и посмотрел, как он умел смотреть, не в глаза, а на лоб англичанина, удивляясь смелости его вопроса. Но поняв, что англичанин, делая этот вопрос, смотрел на него не как на хозяина, но как на жокея, ответил ему:

– Мне нужно к Брянскому, я через час буду дома.

«Который раз мне делают нынче этот вопрос!» – сказал он себе и покраснел, что с ним редко бывало. Англичанин внимательно посмотрел на него. И как будто он знал, куда едет Вронский, прибавил:

– Первое дело быть спокойным пред ездой, – сказал он, – не будьте не в духе и ничем не расстраивайтесь.

– All right, – улыбаясь, отвечал Вронский и, вскочив в коляску, велел ехать в Петергоф.

Едва он отъехал несколько шагов, как туча, с утра угрожавшая дождем, надвинулась, и хлынул ливень.

«Плохо! – подумал Вронский, поднимая коляску. – И то грязно было, а теперь совсем болото будет». Сидя в уединении закрытой коляски, он достал письмо матери и записку брата и прочел их.

Да, все это было то же и то же. Все, его мать, его брат, все находили нужным вмешиваться в его сердечные дела. Это вмешательство возбуждало в нем злобу – чувство, которое он редко испытывал. «Какое им дело? Почему всякий считает своим долгом заботиться обо мне? И отчего они пристают ко мне? Оттого, что они видят, что это что-то такое, чего они не могут понять. Если б это была обыкновенная пошлая светская связь, они бы оставили меня в покое. Они чувствуют, что это что-то другое, что это не игрушка, эта женщина дороже для меня жизни. И это-то непонятно и потому досадно им.

Какая ни есть и ни будет наша судьба, мы ее сделали, и мы на нее не. жалуемся, – говорил он, в слове *мы* соединяя себя с Анною. – Нет, им надо научить нас, как жить. Они и понятия не имеют о том, что такое счастье, они не знают, что без этой любви для нас ни счастья, ни несчастья – нет жизни» – думал он.

Он сердился на всех за вмешательство именно потому, что он чувствовал в душе, что они, эти все, были правы. Он чувствовал, что любовь, связывавшая его с Анной, не была минутное увлечение, которое пройдет, как проходят светские связи, не оставив других следов в жизни того и другого, кроме приятных или неприятных воспоминаний. Он чувствовал всю мучительность своего и ее положения, всю трудность при той выставленности для глаз всего света, в которой они находились, скрывать свою любовь, лгать и обманывать; и лгать, обманывать, хитрить и постоянно думать о других тогда, когда страсть, связывавшая их, была так сильна, что они оба забывали обо всем другом, кроме своей любви.

Он живо вспомнил все те часто повторявшиеся случаи необходимости лжи и обмана, которые были так противны его натуре; вспомнил особенно живо не раз замеченное в ней чувство стыда за эту необходимость обмана и лжи. И он испытал странное чувство, со времени его связи с Анною иногда находившее на него. Это было чувство омерзения к чему-то: к Алексею ли Александровичу, к себе ли, ко всему ли свету, – он не знал хорошенько. Но он всегда отгонял от себя это странное чувство. И теперь, встряхнувшись, продолжал ход своих мыслей.

«Да, она прежде была несчастлива, но горда и спокойна; а теперь она не может быть спокойна и достойна, хотя она и не показывает этого. Да, это нужно кончить», – решил он сам с собою.

И ему в первый раз пришла в голову ясная мысль о том, что необходимо прекратить эту ложь, и чем скорее, тем лучше. «Бросить все ей и мне и скрыться куда-нибудь одним с своею любовью», – сказал он себе.

XXII

Ливень был непродолжительный, и, когда Вронский подъезжал на всей рыси коренного вытягивавшего скакавших уже без вожжей по грязи пристяжных, солнце опять выглянуло, и крыши дач, старые липы садов по обеим сторонам главной улицы блестели мокрым блеском, и с ветвей весело капала, а с крыш бежала вода. Он не думал уже о том. как этот ливень испортит ипподром, по теперь радовался тому, что благодаря этому дождю наверное застанет ее дома и одну, так как он знал, что Алексей Александрович, недавно вернувшийся с вод, не переезжал из Петербурга.

Надеясь застать ее одну, Вронский, как он и всегда делал это, чтобы меньше обратить на себя внимание, слез, не переезжая мостика, и пошел пешком. Он не пошел на крыльцо с улицы, но вошел во двор.

– Барин приехал? – спросил он у садовника.

– Никак нет. Барыня дома. Да вы с крыльца пожалуйте: там люди есть, отопрут, – отвечал садовник.

– Нет, я из сада пройду.

И убедившись, что она одна, и желая застать ее врасплох, так как он не обещался быть нынче и она, верно, не думала, что он приедет пред скачками, он пошел, придерживая саблю и осторожно шагая по песку дорожки, обсаженной цветами, к террасе, выходившей в сад. Вронский теперь забыл все, что он думал дорогой о тяжести и трудности своего положения. Он думал об одном, что сейчас увидит ее не в одном воображении, но живую, всю, какая она есть в действительности. Он уже входил, ступая во всю ногу, чтобы не шуметь, по отлогим ступеням террасы, когда вдруг вспомнил то, что он всегда забывал, и то, что составляло самую мучительную сторону его отношения к ней, – ее сына с его вопрошающим, противным, как ему казалось, взглядом.

Мальчик этот чаще всех других был помехой их отношений. Когда он был тут, ни Вронский, ни Анна не только не позволяли себе говорить о чем-нибудь таком, чего бы они не могли повторить при всех, но они не позволяли себе даже и намеками говорить то, чего бы мальчик не понял. Они не сговаривались об этом, но это установилось само собою. Они считали бы оскорблением самих себя обманывать этого ребенка. При нем они говорили между собой как знакомые. Но, несмотря на эту осторожность, Вронский часто видел устремленный на него внимательный и недоумевающий взгляд ребенка и странную робость, неровность, то ласку, то холодность и застенчивость в отношении к себе этого мальчика. Как будто ребенок чувствовал, что между этим человеком и его матерью есть какое-то важное отношение, значения которого он понять не может.

Действительно, мальчик чувствовал, что он не может понять этого отношения, и силился и не мог уяснить себе то чувство, которое он должен иметь к этому человеку. С чуткостью ребенка к проявлению чувства он ясно видел, что отец, гувернантка, няня – все не только не любили, но с отвращением и страхом смотрели на Вронского, хотя и ничего не говорили про него, а что мать смотрела на него, как на лучшего друга.

«Что же это значит? Кто он такой? Как надо любить его? Если я не понимаю, я виноват, или я глупый, или дурной мальчик», – думал ребенок; и от этого происходило его испытующее, вопросительное, отчасти неприязненное выражение, и робость, и неровность, которые так стесняли

Вронского. Присутствие этого ребенка всегда н неизменно вызывало во Вронском то странное чувство беспричинного омерзения, которое он испытывал последнее время. Присутствие этого ребенка вызывало во Вронском и в Анне чувство, подобное чувству мореплавателя, видящего по компасу, что направление, по которому он быстро движется, далеко расходится с надлежащим, но что остановить движение не в его силах, что каждая минута удаляет его больше и больше от должного направления и что признаться себе в отступлении – все равно, что признаться в погибели.

Ребенок этот с своим наивным взглядом на жизнь был компас, который показывал им степень их отклонения от того, что они знали, но не хотели знать.

На этот раз Сережи не было дома, и она была совершенно одна и сидела на террасе, ожидая возвращения сына, ушедшего гулять и застигнутого дождем. Она послала человека и девушку искать его и сидела ожидая. Одетая в белое с широким шитьем платье, она сидела в углу террасы за цветами и не слыхала его. Склонив свою чернокурчавую голову, она прижала лоб к холодной лейке, стоявшей на перилах, и обеими своими прекрасными руками, со столь знакомыми ему кольцами, придерживала лейку. Красота всей ее фигуры, головы, шеи, рук каждый раз, как неожиданностью, поражала Вронского. Он остановился, с восхищением глядя на нее. Но только что он хотел ступить шаг, чтобы приблизиться к ней, она уже почувствовала его приближение, оттолкнула лейку и повернула к нему свое разгоряченное лицо.

– Что с вами? Вы нездоровы? – сказал он по-французски, подходя к ней. Он хотел подбежать к ней; но, вспомнив, что могли быть посторонние, оглянулся на балконную дверь и покраснел, как он всякий раз краснел, чувствуя, что должен бояться и оглядываться.

– Нет, я здорова, – сказала она, вставая и крепко пожимая его протянутую руку. – Я не ждала… тебя.

– Боже мой! какие холодные руки! – сказал он.

– Ты испугал меня, – сказала она. – Я одна и жду Сережу, он пошел гулять; они отсюда придут.

Но, несмотря на то, что она старалась быть спокойною, губы ее тряслись.

– Простите меня, что я приехал, но я не мог провести дня, не видав вас, – продолжал он по-французски, как он всегда говорил, избегая невозможно-холодного между ними *вы* и опасного *ты* по-русски.

– За что ж простить? Я так рада!

– Но вы нездоровы или огорчены, – продолжал он, не выпуская ее руки и нагибаясь над нею. – О чем вы думали?

– Все об одном, – сказала она с улыбкой.

Она говорила правду. Когда бы, в какую минуту ни спросили бы ее, о чем она думала, она без ошибки могла ответить: об одном, о своем счастье и о своем несчастье. Она думала теперь именно, когда он застал ее, вот о чем: она думала, почему для других, для Бетси например (она знала ее скрытую для света связь с Тушкевичем), все это было легко, а для нее так мучительно? Нынче эта мысль, по некоторым соображениям, особенно мучала ее. Она спросила его о скачках. Он отвечал ей и, видя, что она взволнована, стараясь развлечь ее, стал рассказывать ей самым простым тоном подробности приготовлений к скачкам.

«Сказать или не сказать? - думала она, глядя в его спокойные ласковые глаза. - Он так счастлив, так занят своими скачками, что не поймет этого как надо, не поймет всего значения для нас этого события».

- Но вы не сказали, о чем вы думали, когда я вошел, - сказал он, перервав свой рассказ, - пожалуйста, скажите!

Она не отвечала и, склонив немного голову, смотрела на него исподлобья вопросительно своими блестящими из-за длинных ресниц глазами. Рука ее, игравшая сорванным листом, дрожала. Он видел это, и лицо его выразило ту покорность, рабскую преданность, которая так подкупала ее.

- Я вижу, что случилось что-то. Разве я могу быть минуту спокоен, зная, что у вас есть горе, которого я не разделяю? Скажите, ради бога! - умоляюще повторил он.

«Да, я не прощу ему, если он не поймет всего значения этого. Лучше не говорить, зачем испытывать?» - думала она, все так же глядя на него и чувствуя, что рука ее с листком все больше и больше трясется.

- Ради бога! - повторил он, взяв ее руку.

- Сказать?

- Да, да, да...

- Я беременна, - сказала она тихо и медленно. - Листок в ее руке задрожал еще сильнее, но она не спускала с него глаз, чтобы видеть, как он примет это. Он побледнел, хотел что-то сказать, но остановился, выпустил ее руку и опустил голову. «Да, он понял все значение этого события», - подумала она и благодарно пожала ему руку.

Но она ошиблась в том, что он понял значение известия так, как она, женщина, его понимала. При этом известии он с удесятеренною силой почувствовал припадок этого странного, находившего на него чувства омерзения к кому-то; но вместе с тем он понял, что тот кризис, которого он желал, наступил теперь, что нельзя более скрывать от мужа, и необходимо так или иначе разорвать скорее это неестественное положение. Но, кроме того, ее волнение физически сообщалось ему. Он взглянул на нее умиленным, покорным взглядом, поцеловал ее руку, встал и молча прошелся по террасе.

– Да, – сказал он решительно, подходя к ней. – Ни я, ни вы не смотрели на наши отношения как на игрушку, а теперь наша судьба решена. Необходимо кончить, – сказал он, оглядываясь, – ту ложь, в которой мы живем.

– Кончить? Как же кончить, Алексей? – сказала она тихо.

Она успокоилась теперь, и лицо ее сияло нежною улыбкой.

– Оставить мужа и соединить нашу жизнь.

– Она соединена и так, – чуть слышно отвечала она. – Да, но совсем, совсем.

– Но как, Алексей, научи меня, как? – сказала она с грустною насмешкой над безвыходностью своего положения. – Разве есть выход из такого положения? Разве я не жена своего мужа?

– Из всякого положения есть выход. Нужно решиться, – сказал он. – Все лучше, чем то положение, в котором ты живешь. Я ведь вижу, как ты мучаешься всем, и светом, и сыном, и мужем.

– Ах, только не мужем, – с простою усмешкой сказала она. – Я не знаю, я не думаю о нем. Его нет.

– Ты говоришь неискренно. Я знаю тебя. Ты мучаешься и о нем.

– Да он и не знает, – сказала она, и вдруг яркая краска стала выступать на ее лицо; щеки, лоб, шея ее покраснели, и слезы стыда выступили ей на глаза. – Да и не будем говорить об нем.

XXIII

Вронский уже несколько раз пытался, хотя и не так решительно, как теперь, наводить ее на обсуждение своего положения и каждый раз сталкивался с тою поверхностностию и легкостью суждений, с которою она теперь отвечала на его вызов. Как будто было что-то в этом такое, чего она не могла или не хотела уяснить себе, как будто, как только она начинала говорить про это, она, настоящая Анна, уходила куда-то в себя и выступала другая, странная, чуждая ему женщина, которой он не любил и боялся и которая давала ему отпор. Но нынче он решился высказать все.

– Знает ли он, или нет, – сказал Вронский своим обычным твердым и спокойным тоном, – знает ли он, или нет, нам до этого дела нет. Мы не можем… вы не можете так оставаться, особенно теперь.

– Что ж делать, по-вашему? – спросила она с тою же легкой насмешливостью. Ей, которая так боялась, чтоб он не принял легко ее беременность, теперь было досадно за то, что он из этого выводил необходимость предпринять что-то.

– Объявить ему все и оставить его.

– Очень хорошо; положим, что я сделаю это, – сказала она. – Вы знаете, что из этого будет? Я вперед все расскажу, – и злой свет зажегся в ее за минуту пред этим нежных глазах. – «А, вы любите другого и вступили с ним в преступную связь? (Она, представляя мужа, сделала, точно так, как это делал Алексей Александрович, ударение на слове *преступную*.) Я предупреждал вас о последствиях в религиозном, гражданском и семейном отношениях. Вы не послушали меня. Теперь я не могу отдать позору свое имя... – и своего сына, – хотела она сказать, но сыном она не могла шутить... – позору свое имя», и еще что-нибудь в таком роде, – добавила она. – Вообще он скажет со своею государственною манерой и с ясностью и точностью, что он не может отпустить меня, но примет зависящие от него меры остановить скандал, И сделает спокойно, аккуратно то, что скажет. Вот что будет. это не человек, а машина, и злая машина, когда рассердится, – прибавила она, вспоминая при этом Алексея Александровича со всеми подробностями его фигуры, манеры говорить и его характера и в вину ставя ему все, что только могла она найти в нем нехорошего, не прощая ему ничего за ту страшную вину, которою она была пред ним виновата.

– Но, Анна, – сказал Вронский убедительным, мягким голосом, стараясь успокоить ее, – все-таки необходимо сказать ему, а потом уж руководиться тем, что он предпримет.

– Что ж, бежать?

– Отчего ж и не бежать? Я не вижу возможности продолжать это. И не для себя, – я вижу, что вы страдаете.

– Да, бежать, и мне сделаться вашею любовницей? – злобно сказала она.

– Анна! – укоризненно-нежно проговорил он.

– Да, – продолжала она, – сделаться вашею любовницей и погубить все...

Она опять хотела сказать: сына, но не могла выговорить этого слова.

Вронский не мог понять, как она, со своею сильною, честною натурой, могла переносить это положение обмана и не желать выйти из него; но он не догадывался, что главная причина этого было то слово *сын,* которого она не могла выговорить. Когда она думала о сыне и его будущих отношениях к бросившей его отца матери, ей так становилось страшно за то, что она сделала, это она не рассуждала, а, как женщина, старалась только успокоить себя лживыми рассуждениями и словами, с тем чтобы все оставалось по-старому и чтобы можно было забыть про страшный вопрос, что будет с сыном.

– Я прошу тебя, я умоляю тебя, – вдруг совсем другим, искренним и нежным тоном сказала она, взяв его за руку, – никогда не говори со мной об этом!

— Но, Анна…

— Никогда. Предоставь мне. Всю низость, весь ужас своего положения я знаю; но это не так легко решить, как ты думаешь. И предоставь мне, и слушайся меня. Никогда со мной не говори об этом. Обещаешь ты мне?.. Нет, нет, обещай!..

— Я все обещаю, но я не могу быть спокоен, особенно после того, что ты сказала. Я не могу быть спокоен, когда ты не можешь быть спокойна…

— Я? — повторила она. — Да, я мучаюсь иногда; но это пройдет, если ты никогда не будешь говорить со мной. Когда ты говоришь со мной об этом, тогда только это меня мучает.

— Я не понимаю, — сказал он.

— Я знаю, — перебила она его, — как тяжело твоей честной натуре лгать, и жалею тебя. Я часто думаю, как для меня ты мог погубить свою жизнь.

— Я то же самое сейчас думал, — сказал он, — как из-за меня ты могла пожертвовать всем? Я не могу простить себе то, что ты несчастлива.

— Я несчастлива? — сказала она, приближаясь к нему и с восторженною улыбкой любви глядя на него, — я — как голодный человек, которому дали есть. Может быть, ему холодно, и платье у него разорвано, и стыдно, но он не несчастлив. Я несчастлива? Нет, вот мое счастье…

Она услыхала голос возвращавшегося сына и, окинув быстрым взглядом террасу, порывисто встала. Взгляд ее зажегся знакомым ему огнем, она быстрым движением подняла свои красивые, покрытые кольцами руки, взяла его за голову, посмотрела на него долгим взглядом и, приблизив свое лицо с открытыми, улыбающимися губами, быстро поцеловала его рот и оба глаза и оттолкнула. Она хотела идти, но он удержал ее.

— Когда? — проговорил он шепотом, восторженно глядя на нее.

— Нынче, в час, — прошептала она и, тяжело вздохнув, пошла своим легким и быстрым шагом навстречу сыну.

Сережу дождь застал в большом саду, и они с няней просидели в беседке.

— Ну, до свиданья, — сказала она Вронскому. — Теперь скоро надо на скачки. Бетси обещала заехать за мной.

Вронский, взглянув на часы, поспешно уехал.

XXIV

Когда Вронский смотрел на часы на балконе Карениных, он был так растревожен и занят своими мыслями, что видел стрелки на циферблате, но не мог понять, который час. Он вышел на шоссе и направился, осторожно ступая по грязи, к своей коляске. Он был до такой степени переполнен чувством к Анне, что и не подумал о том, который час и есть ли ему еще время ехать к Брянскому. У него оставалась, как это часто бывает, только внешняя способность памяти, указывающая, что вслед за чем решено сделать. Он подошел к своему кучеру, задремавшему на козлах в косой уже тени густой липы, полюбовался переливающимися столбами толкачиков-мошек, вившихся над потными лошадьми, и, разбудив кучера, вскочил в коляску и велел ехать к Брянскому. Только отъехав верст семь, он настолько опомнился, что посмотрел на часы и понял, что было половина шестого и что он опоздал.

В этот день было несколько скачек: скачка конвойных, потом двухверстная офицерская, четырехверстная и та скачка, в которой он скакал. К своей скачке он мог поспеть, но если он поедет к Брянскому, то он только-только приедет, и приедет, когда уже будет весь двор. Это было нехорошо. По он дал Брянскому слово быть у него и потому решил ехать дальше, приказав кучеру не жалеть тройки.

Он приехал к Брянскому, пробыл у него пять минут и поскакал назад. Эта быстрая езда успокоила его. Все тяжелое, что было в его отношениях к Анне, вся неопределенность, оставшаяся после их разговора, все выскочило из его головы; он с наслаждением и волнением думал теперь о скачке, о том, что он все-таки поспеет, и изредка ожидание счастья свидания нынешней ночи вспыхивало ярким светом в его воображении.

Чувство предстоящей скачки все более и более охватывало его, по мере того как он въезжал дальше и дальше в атмосферу скачек, обгоняя экипажи ехавших с дач и из Петербурга на скачки.

На его квартире никого уже не было дома: все были на скачках, и лакей его дожидался у ворот. Пока он переодевался, лакей сообщил ему, что уже начались вторые скачки, что приходило много господ спрашивать про него и из конюшни два раза прибегал мальчик.

Переодевшись без торопливости (он никогда не торопился и не терял самообладания), Вронский велел ехать к баракам. От бараков ему уже были видны море экипажей, пешеходов, солдат, окружавших гипподром, и кипящие народом беседки. Шли, вероятно, вторые скачки, потому что в то время, как он входил в барак, он слышал звонок. Подходя к конюшне, он встретился с белоногим рыжим Гладиатором Махотина, которого в оранжевой с синим попоне, с кажущимися огромными, отороченными синим ушами, вели на гипподром.

— Где Корд? — спросил он у конюха.

— В конюшне, седлают.

В отворенном деннике Фру-Фру уже была оседлана. Ее собирались выводить.

– Не опоздал?

– All right! All right! Все исправно, все исправно, – проговорил
англичанин, – не будьте взволнованы.

Вронский еще раз окинул взглядом прелестные, любимые формы
лошади, дрожавшей всем телом, и, с трудом оторвавшись от этого зрелища,
вышел из барака. Он подъехал к беседкам в самое выгодное время для того,
чтобы не обратить на себя ничьего внимания. Только что кончилась
двухверстная скачка, и все глаза были Устремлены на кавалергарда впереди
и лейб-гусара сзади, из последних сил посылавших лошадей и подходивших
к столбу. Из середины и извне круга все теснились к столбу, и
кавалергардская группа солдат и офицеров громкими возгласами выражала
радость ожидаемого торжества своего офицера и товарища. Вронский
незаметно вошел в середину толпы почти в то самое время, как раздался
звонок, оканчивающий скачки, и высокий, забрызганный грязью
кавалергард, пришедший первым, опустившись на седло, стал спускать
поводья своему серому, потемневшему от поту, тяжело дышавшему жеребцу.

Жеребец, с усилием тыкаясь ногами, укоротил быстрый ход своего
большого тела, и кавалергардский офицер, как человек, проснувшийся от
тяжелого сна, оглянулся кругом и с трудом улыбнулся. Толпа своих и чужих
окружила его.

Вронский умышленно избегал той избранной, великосветской толпы,
которая сдержанно и свободно двигалась и переговаривалась пред
беседками. Он узнал, что там была и Каренина, и Бетси, и жена его брата, и
нарочно, чтобы не развлечься, не подходил к ним. Но беспрестанно
встречавшиеся знакомые останавливали его, рассказывая ему подробности
бывших скачек и расспрашивая его, почему он опоздал.

В то время как скакавшие были призваны в беседку для получения
призов и все обратились туда, старший брат Вронского, Александр,
полковник с аксельбантами, невысокий ростом, такой же коренастый, как и
Алексей, но более красивый и румяный, с красным носом и пьяным,
открытым лицом, подошел к нему.

– Ты получил мою записку? – сказал он. – Тебя никогда не найдешь.

Александр Вронский, несмотря на разгульную, в особенности пьяную
жизнь, которой он был известен, был вполне придворный человек.

Он теперь, говоря с братом о неприятной весьма для него вощи, зная,
что глаза многих могут быть устремлены на них, имел вид улыбающийся,
как будто он о чем-нибудь неважном шутил с братом.

– Я получил и, право, не понимаю, о чем *ты* заботишься, – сказал Алексей.

– Я о том забочусь, что сейчас мне было замечено, что тебя нет и что в понедельник тебя встретили в Петергофе.

– Есть дела, которые подлежат обсуждению только тех, кто прямо в них заинтересован, и то дело, о котором ты так заботишься, – такое...

– Да, но тогда не служат, не...

– Я тебя прошу не вмешиваться, и только.

Нахмуренное лицо Алексея Вронского побледнело, и выдающаяся нижняя челюсть его дрогнула, что с ним бывало редко. Он, как человек с очень добрым сердцем, сердился редко, но когда он сердился и когда у него дрожал подбородок, то, как и знал это Александр Вронский, он был опасен. Александр Вронский весело улыбнулся.

– Я только хотел передать письмо матушки. Отвечай ей и не расстраивайся пред ездой. Bonne chance[1], – прибавил он, улыбаясь, и отошел от него.

Но вслед за ним опять дружеское приветствие остановило Вронского.

– Не хочешь знать приятелей! Здравствуй, mon cher! – заговорил Степан Аркадьич, и здесь, среди этого петербургского блеска, не менее, чем в Москве, блистая своим румяным лицом и лоснящимися расчесанными бакенбардами. – Вчера приехал и очень рад, что увижу твое торжество. Когда увидимся?

– Заходи завтра в артель, – сказал Вронский и, пожав его, извиняясь, за рукав пальто, отошел в середину гипподрома, куда уже вводили лошадей для большой скачки с препятствиями.

Потные, измученные скакавшие лошади, проваживаемые конюхами, уводились домой, и одна за другой появлялись новые к предстоящей скачке, свежие, большею частью английские лошади, в капорах, со своими поддернутыми животами, похожие на странных огромных птиц. Направо водили поджарую красавицу Фру-Фру, которая, как на пружинах, переступала на своих эластичных и довольно длинных бабках. Недалеко от нее снимали попону с лопоухого Гладиатора. Крупные, прелестные, совершенно правильные формы жеребца с чудесным задом и необычайно короткими, над самыми копытами сидевшими бабками невольно останавливали на себе внимание Вронского. Он хотел подойти к своей лошади, но его опять задержал знакомый.

– А, вот Каренин! – сказал ему знакомый, с которым он разговаривал. – Ищет жену, а она в средней беседке. Вы не видали ее?

---

[1] Желаю удачи (*фр.*).

– Нет, не видал, – отвечал Вронский и, не оглянувшись даже на беседку, в которой ему указывали на Каренину, подошел к своей лошади.

Не успел Вронский посмотреть седло, о котором надо было сделать распоряжение, как скачущих позвали к беседке для вынимания нумеров и отправления. С серьезными, строгими, многие с бледными лицами, семнадцать человек офицеров сошлись к беседке и разобрали нумера, Вронскому достался седьмой нумер. Послышалось: «Садиться!»

Чувствуя, что он вместе с другими скачущими составляет центр, на который устремлены все глаза, Вронский в напряженном состоянии, в котором он обыкновенно делался медлителен и спокоен в движениях, подошел к своей лошади. Корд для торжества скачек оделся в свой парадный костюм: черный застегнутый сюртук, тугие воротнички, подпиравшие ему щеки, и в круглую черную шляпу и ботфорты. Он был, как и всегда, спокоен и важен и сам держал за оба повода лошадь, стоя пред нею. Фру-Фру продолжала дрожать как в лихорадке. Полный огня глаз ее косился на подходившего Вронского. Вронский подсунул палец под подпругу. Лошадь покосилась сильнее, оскалилась и прижала ухо. Англичанин поморщился губами, желая выразить улыбку над тем, что поверяли его седланье.

– Садитесь, меньше будете волноваться.

Вронский оглянулся в последний раз на своих соперников. Он знал, что на езде он уже не увидит их. Двое уже ехали вперед к месту, откуда должны были пускать. Гальцин, один из опасных соперников и приятель Вронского, вертелся вокруг гнедого жеребца, не дававшегося садиться. Маленький лейб-гусар в узких рейтузах ехал галопом, согнувшись, как кот, на крупу, из желания подражать англичанам. Князь Кузовлев сидел бледный на своей кровной, Грабовского завода, кобыле, и англичанин вел ее под уздцы. Вронский и все его товарищи знали Кузовлева и его особенность «слабых» нервов и страшного самолюбия. Они знали, что он боялся всего, боялся ездить на фронтовой лошади: но теперь, именно потому, что это было страшно, потому что люди ломали себе шеи и что у каждого препятствия стояли доктор, лазаретная фура с нашитым крестом и сестрою милосердия, он решился скакать. Они встретились глазами, и Вронский ласково и одобрительно подмигнул ему. Одного только он не видел, главного соперника, Махотина на Гладиаторе.

– Не торопитесь, – сказал Корд Вронскому, – и помните одно: не задерживайте у препятствий и не посылайте, давайте ей выбирать, как она хочет.

– Хорошо, хорошо, – сказал Вронский, взявшись за поводья.

– Если можно, ведите скачку; но не отчаивайтесь до последней минуты, если бы вы были и сзади.

Лошадь не успела двинуться, как Вронский гибким и сильным движением стал в стальное, зазубренное стремя и легко, твердо положил свое сбитое тело на скрипящее кожей седло. Взяв правою ногой стремя, он привычным жестом уравнял между пальцами двойные поводья, и Корд пустил руки. Как будто не зная, какою прежде ступить ногой, Фру-Фру, вытягивая длинною шеей поводья, тронулась, как на пружинах, покачивая седока на своей гибкой спине. Корд, прибавляя шага, шел за ним. Взволнованная лошадь то с той, то с другой стороны, стараясь обмануть седока, вытягивала поводья, и Вронский тщетно голосом и рукой старался успокоить ее.

Они уже подходили к запруженной реке, направляясь к тому месту, откуда должны были пускать их. Многие из скачущих были впереди, многие сзади, как вдруг Вронский услыхал сзади себя по грязи дороги звуки галопа лошади, и его обогнал Махотин на своем белоногом, лопоухом Гладиаторе. Махотин улыбнулся, выставляя свои длинные зубы, но Вронский сердито взглянул на него. Он не любил его вообще, теперь же считал его самым опасным соперником, и ему досадно стало на него, что он проскакал мимо, разгорячив его лошадь. Фру-Фру вскинула левую ногу на галоп и сделала два прыжка и, сердясь на натянутые поводья, перешла на тряскую рысь, вскидывавшую седока. Корд тоже нахмурился и почти бежал иноходью за Вронским.

XXV

Всех офицеров скакало семнадцать человек. Скачки должны были происходить на большом четырехверстном эллиптической формы кругу пред беседкой. На этом кругу были устроены девять препятствий: река, большой, в два аршина, глухой барьер пред самой беседкой, канава сухая, канава с водою, косогор, ирландская банкетка, состоящая (одно из самых трудных препятствий) из вала, утыканного хворостом, за которым, не видная для лошади, была еще канава, так что лошадь должна была перепрыгнуть оба препятствия или убиться; потом еще две канавы с водою и одна сухая, – и конец скачки был против беседки. Но начинались скачки не с круга, а за сто сажен в стороне от него, и на этом расстоянии было первое препятствие – запруженная река в три аршина шириною, которую ездоки по произволу могли перепрыгивать или переезжать вброд.

Раза три ездоки выравнивались, но каждый раз высовывалась чья-нибудь лошадь, и нужно было заезжать опять сначала. Знаток пускания, полковник Сестрин, начинал уже сердиться, когда, наконец, в четвертый раз крикнул: «Пошел!» – и ездоки тронулись.

Все глаза, все бинокли были обращены на пеструю кучку всадников, в то время как они выравнивались.

«Пустили! Скачут!» – послышалось со всех сторон после тишины ожидания.

И кучки и одинокие пешеходы стали перебегать с места на место, чтобы лучше видеть. В первую же минуту собранная кучка всадников растянулась, и видно было, как они по два, по три и один за другим близятся к реке. Для зрителей казалось, что они все поскакали вместе; но для ездоков были секунды разницы, имевшие для них большое значение.

Взволнованная и слишком нервная Фру-Фру потеряла первый момент, и несколько лошадей взяли с места прежде ее, но, еще не доскакивая реки, Вронский, изо всех сил сдерживая влегшую в поводья лошадь, легко обошел трех, и впереди его оставался только рыжий Гладиатор Махотина, ровно и легко отбивавший задом пред самим Вронским, и еще впереди всех прелестная Диана, несшая ни живого ни мертвого Кузовлева.

В первые минуты Вронский еще не владел ни собою, ни лошадью. Он до первого препятствия, реки, не мог руководить движениями лошади.

Гладиатор и Диана подходили вместе и почти в один и тот же момент: раз-раз, поднялись над рекой и перелетели на другую сторону; незаметно, как бы летя, взвилась за ними Фру-Фру, но в то самое время, как Вронский чувствовал себя на воздухе, он вдруг увидал, почти под ногами своей лошади, Кузовлева, который барахтался с Дианой на той стороне реки (Кузовлев пустил поводья после прыжка, и лошадь полетела с ним через голову). Подробности эти Вронский узнал уже после, теперь же он видел только то, что прямо под ноги, куда должна стать Фру-Фру, может попасть нога или голова Дианы. Но Фру-Фру, как падающая кошка, сделала на прыжке усилие ногами и спиной и, миновав лошадь, понеслась дальше.

«О, милая!» – подумал Вронский.

После реки Вронский овладел вполне лошадью и стал удерживать ее, намереваясь перейти большой барьер позади Махотина и уже на следующей, беспрепятственной дистанции саженей в двести попытаться обойти его.

Большой барьер стоял пред самой царскою беседкой. Государь, и весь двор, и толпы народа – все смотрели на них – на него и на шедшего на лошадь дистанции впереди Махотина, когда они подходили к черту (так назывался глухой барьер). Вронский чувствовал эти направленные на него со всех сторон глаза, но он ничего не видел, кроме ушей и шеи своей лошади, бежавшей ему навстречу земли и крупа и белых ног Гладиатора, быстро отбивавших такт впереди его и остававшихся все в одном и том же расстоянии. Гладиатор поднялся, не стукнув ничем, взмахнув коротким хвостом и исчез из глаз Вронского.

– Браво! – сказал чей-то один голос.

В то же мгновение пред глазами Вронского, пред ним самим, мелькнули доски барьера. Без малейшей перемены движения лошадь взвилась под ним; доски скрылись, и только сзади стукнуло что-то. Разгоряченная шедшим впереди Гладиатором, лошадь поднялась слишком рано пред барьером и стукнула о него задним копытом. Но ход ее не изменился, и Вронский, получив в лицо комок грязи, понял, что он стал опять в то же расстояние от Гладиатора. Он увидал опять впереди себя его круп, короткий хвост и опять те же неудаляющиеся, быстро движущиеся белые ноги.

В то самое мгновение, как Вронский подумал о том, что надо теперь обходить Махотина, сама Фру-Фру, поняв уже то, что он подумал, безо всякого поощрения, значительно наддала и стала приближаться к Махотину с самой выгодной стороны, со стороны веревки. Махотин не давал веревки. Вронский только подумал о том, что можно обойти и извне, как Фру-Фру переменила ногу и стала обходить именно таким образом. Начинавшее уже темнеть от пота плечо Фру-Фру поравнялось с крупом Гладиатора. Несколько скачков они прошли рядом. Но пред препятствием, к которому они подходили, Вронский, чтобы не идти большой круг, стал работать поводьями, и быстро, на самом косогоре, обошел Махотина. Он видел мельком его лицо, забрызганное грязью. Ему даже показалось, что он улыбнулся. Вронский обошел Махотина, но он чувствовал его сейчас же за собой и не переставая слышал за самою спиной ровный поскок и отрывистое, совсем еще свежее дыханье ноздрей Гладиатора.

Следующие два препятствия, канава и барьер, были перейдены легко, но Вронский стал слышать ближе сап и скок Гладиатора. Он послал лошадь и с радостью почувствовал, что она легко прибавила ходу, и звук копыт Гладиатора стал слышен опять в том же прежнем расстоянии.

Вронский вел скачку – то самое, что он хотел сделать и что ему советовал Корд, и теперь он был уверен в успехе. Волнение его, радость и нежность к Фру-Фру все усиливались. Ему хотелось оглянуться назад, но не смел этого сделать и старался успокоивать себя и не посылать лошади, чтобы приберечь в ней запас, равный тому, который, он чувствовал, оставался в Гладиаторе. Оставалось одно и самое трудное препятствие; если он перейдет его впереди других, то он придет первым. Он подскакивал к ирландской банкетке. Вместе с Фру-Фру он еще издалека видел эту банкетку, и вместе им обоим, ему и лошади, пришло мгновенное сомнение. Он заметил нерешимость в ушах лошади и поднял хлыст, но тотчас же почувствовал, что сомнение было неосновательно: лошадь знала, что нужно. Она наддала и мерно, так точно, как он предполагал, взвилась и, оттолкнувшись от земли, отдалась силе инерции, которая перенесла ее далеко за канаву; и в том же самом такте, без усилия, с той же ноги, Фру-Фру продолжала скачку.

– Браво, Вронский! – послышались ему голоса кучки людей – он знал, его полка и приятелей, – которые стояли у этого препятствия; он не мог не узнать голоса Яшвина, но он не видал его.

«О, прелесть моя!» – думал он на Фру-Фру, прислушиваясь к тому, что происходило сзади. «Перескочил!» – подумал он, услыхав сзади поскок Гладиатора. Оставалась одна последняя канавка в два аршина с водой, Вронский и не смотрел на нее, а, желая прийти далеко первым, стал работать поводьями кругообразно, в такт скока поднимая и опуская голову лошади. Он чувствовал, что лошадь шла из последнего запаса; не только шея и плечи ее были мокры, но на загривке, на голове, на острых ушах каплями выступал пот, и она дышала резко и коротко. Но он знал, что запаса этого с лишком достанет на остающиеся двести сажен. Только потому, что он чувствовал себя ближе к земле, и по особенной мягкости движенья Вронский знал, как много прибавила быстроты его лошадь. Канавку она перелетела, как бы не замечая. Она перелетела ее, как птица; но в это самое время Вронский, к ужасу своему, почувствовал, что, не поспев за движением лошади, он, сам не понимая как, сделал скверное, непростительное движение, опустившись на седло. Вдруг положение его изменилось, и он понял, что случилось что-то ужасное. Он не мог еще дать себе отчета о том, что случилось, как уже мелькнули подле самого его белые ноги рыжего жеребца, и Махотин на быстром скаку прошел мимо. Вронский касался одной ногой земли, и его лошадь валилась на эту ногу. Он едва успел выпростать ногу, как она упала на один бок, тяжело хрипя, и, делая, чтобы подняться, тщетные усилия своей тонкою потною шеей, она затрепыхалась на земле у его ног, как подстреленная птица. Неловкое движение, сделанное Вронским, сломало ей спину. Но это он понял гораздо после. Теперь же он видел только то, что Махотин быстро удалялся, а он, шатаясь, стоял один на грязной неподвижной земле, а пред ним, тяжело дыша, лежала Фру-Фру и, перегнув к нему голову, смотрела на него своим прелестным глазом. Все еще не понимая того, что случилось, Вронский тянул лошадь за повод. Она опять вся забилась, как рыбка, треща крыльями седла, выпростала передние ноги, но, не в силах поднять зада, тотчас же замоталась и опять упала на бок. С изуродованным страстью лицом, бледный и с трясущеюся нижнею челюстью, Вронский ударил ее каблуком в живот и опять стал тянуть за поводья. Но она не двигалась, а, уткнув храп в землю, только смотрела на хозяина своим говорящим взглядом.

– Ааа! – промычал Вронский, схватившись за голову. – Ааа! что я сделал! – прокричал он. – И проигранная скачка! И своя вина, постыдная,

непростительная! И эта несчастная, милая, погубленная лошадь! Ааа! что я
сделал!

Народ, доктор и фельдшер, офицеры его полка бежали к нему. К
своему несчастию, он чувствовал, что был цел и невредим. Лошадь сломала
себе спину, и решено было ее пристрелить. Вронский не мог отвечать на
вопросы, не мог говорить ни с кем. Он повернулся и, не подняв соскочившей
с головы фуражки, пошел прочь от гипподрома, сам не зная куда. Он
чувствовал себя несчастным. В первый раз в жизни он испытал самое
тяжелое несчастие, несчастие, неисправимое и такое, в котором виною сам.

Яшвин с фуражкой догнал его, проводил его до дома, и через полчаса
Вронский пришел в себя. Но воспоминание об этой скачке надолго осталось
в его душе самым тяжелым и мучительным воспоминанием в его жизни.

XXVI

Внешние отношения Алексея Александровича с женою были такие же,
как и прежде. Единственная разница состояла в том, что он еще более был
занят, чем прежде. Как и в прежние года, он с открытием весны поехал на
воды за границу поправлять свое расстраиваемое ежегодно усиленным
зимним трудом здоровье и, как обыкновенно, вернулся в июле и тотчас же
с увеличенною энергией взялся за свою обычную работу. Как и обыкновенно,
жена его переехала на дачу, а он остался в Петербурге.

Со времени того разговора после вечера у княгини Тверской он
никогда не говорил с Анною о своих подозрениях и ревности, и тот его
обычный тон представления кого-то был как нельзя более удобен для его
теперешних отношений к жене. Он был несколько холоднее к жене. Он
только как будто имел на нее маленькое неудовольствие за тот первый
ночной разговор, который она отклонила от себя. В его отношениях к ней
был оттенок досады, но не более. «Ты не хотела объясниться со мной, – как
будто говорил он, мысленно обращаясь к ней, – тем хуже для тебя. Теперь
уж ты будешь просить меня, а я не стану объясняться. Тем хуже для тебя», –
говорил он мысленно, как человек, который бы тщетно попытался потушить
пожар, рассердился бы на свои тщетные усилия и сказал бы: «Так на́ же тебе!
так сгоришь за это!»

Он, этот умный и тонкий в служебных делах человек, не понимал
всего безумия такого отношения к жене. Он не понимал этого, потому что
ему было слишком страшно понять свое настоящее положение, и он в душе
своей закрыл, запер и запечатал тот ящик, в котором у него находились его
чувства к семье, то есть к жене и сыну. Он, внимательный отец, с конца этой
зимы стал особенно холоден к сыну и имел к нему то же подтрунивающее
отношение, как и к жене. «А! молодой человек!» – обращался он к нему.

Алексей Александрович думал и говорил, что ни в какой год у него не было столько служебного дела, как в нынешний; но он не сознавал того, что он сам выдумывал себе в нынешнем году дела, что это было одно из средств не открывать того ящика, где лежали чувства к жене и семье и мысли о них и которые делались тем страшнее, чем дольше они там лежали. Если бы кто-нибудь имел право спросить Алексея Александровича, что он думает о поведении своей жены, то кроткий, смирный Алексей Александрович ничего не ответил бы, а очень бы рассердился на того человека, который у него спросил бы про это. От этого-то и было в выражении лица Алексея Александровича что-то гордое и строгое, когда у него спрашивали про здоровье его жены. Алексей Александрович ничего не хотел думать о поведении и чувствах своей жены, и действительно он об этом ничего не думал.

Постоянная дача Алексея Александровича была в Петергофе, и обыкновенно графиня Лидия Ивановна жила лето там же, в соседстве и постоянных сношениях с Анной. В нынешнем году графиня Лидия Ивановна отказалась жить в Петергофе, ни разу не была у Анны Аркадьевны и намекнула Алексею Александровичу на неудобство сближения Анны с Бетси и Вронским. Алексей Александрович строго остановил ее, высказав мысль, что жена его выше подозрения, и с тех пор стал избегать графини Лидии Ивановны. Он не хотел видеть и не видел, что в свете уже многие косо смотрят на его жену, не хотел понимать и не понимал, почему жена его особенно настаивала на том, чтобы переехать в Царское, где жила Бетси, откуда недалеко было до лагеря полка Вронского. Он не позволял себе думать об этом и не думал; но вместе с тем, он в глубине своей души, никогда не высказывая этого самому себе и не имея на то никаких не только доказательств, но и подозрений, знал несомненно, что он был обманутый муж, и был от этого глубоко несчастлив.

Сколько раз во время своей восьмилетней счастливой жизни с женой, глядя на чужих неверных жен и обманутых мужей, говорил себе Алексей Александрович: «Как допустить до этого? как не развязать этого безобразного положения?» Но теперь, когда беда пала на его голову, он не только не думал о том, как развязать это положение, но вовсе не хотел знать его, не хотел знать именно потому, что оно было слишком ужасно, слишком неестественно.

Со времени своего возвращения из-за границы Алексей Александрович два раза был на даче. Один раз обедал, другой раз провел вечер с гостями, но ни разу не ночевал, как он имел обыкновение делать это в прежние годы.

День скачек был очень занятой день для Алексея Александровича; но, с утра еще сделав себе расписание дня, он решил, что тотчас после раннего обеда он поедет на дачу к жене и оттуда на скачки, на которых будет весь двор и на которых ему надо быть. К жене же он заедет потому, что он решил себе бывать у нее в неделю раз для приличия. Кроме того, в этот день ему нужно было передать жене к пятнадцатому числу, по заведенному порядку, на расход деньги.

С обычною властью над своими мыслями, обдумав все это о жене, он не позволил своим мыслям распространяться далее о том, что касалось ее.

Утро это было очень занято у Алексея Александровича. Накануне графиня Лидия Ивановна прислала ему брошюру бывшего в Петербурге знаменитого путешественника в Китае [1] с письмом, прося его принять самого путешественника, человека, по разным соображениям, весьма интересного и нужного. Алексей Александрович не успел прочесть брошюру вечером и дочитал ее утром. Потом явились просители, начались доклады, приемы, назначения, удаления, распределения наград, пенсий, жалованья, переписки – то будничное дело, как называл его Алексей Александрович, отнимавшее так много времени. Потом было личное дело, посещение доктора и управляющего делами. Управляющий делами не занял много времени. Он только передал нужные для Алексея Александровича деньги и дал краткий отчет о состоянии дел, которые были не совсем хороши, так как случилось, что нынешний год вследствие частых выездов было прожито больше, и был дефицит. Но доктор, знаменитый петербургский доктор, находившийся в приятельских отношениях к Алексею Александровичу, занял много времени. Алексей Александрович и не ждал его нынче и был удивлен его приездом и еще более тем, что доктор очень внимательно расспросил Алексея Александровича про его состояние, прослушал его грудь, постукал и пощупал печень. Алексей Александрович не знал, что его друг Лидия Ивановна, заметив, что здоровье Алексея Александровича нынешний год нехорошо, просила доктора приехать и посмотреть больного. «Сделайте это для меня», - сказала ему графиня Лидия Ивановна.

– Я сделаю это для России, графиня, – отвечал доктор.

– Бесценный человек! - сказала графиня Лидия Ивановна.

Доктор остался очень недоволен Алексеем Александровичем. Он нашел печень значительно увеличенною, питание уменьшенным и действия вод никакого. Он предписал как можно больше движения физического и как

---

[1] *...Лидия Ивановна прислала ему брошюру бывшего в Петербурге знаменитого путешественника в Китае...* - Знаменитый путешественник - возможно П. Я. Пясецкий (1843-1905), В 1874 г. он принимал участие в качестве врача и художника в китайской экспедиции. Книга П. Я. Пясецкого «Путешествие в Китай» печаталась в 1874 и 1875 гг. Его записки выдержали несколько изданий, в том числе и в переводах на европейские языки. Еще вероятнее, что здесь имеется в виду И. П. Минаев (1840-1890), известный исследователь буддизма. Толстой очень интересовался философией и народной поэзией Востока в годы, предшествовавшие «Анне Карениной», когда он писал «Азбуку».

можно меньше умственного напряжения и, главное, никаких огорчений, то есть то самое, что было для Алексея Александровича так же невозможно, как не дышать; и уехал, оставив в Алексее Александровиче неприятное сознание того, что что-то в нем нехорошо и что исправить этого нельзя.

Выходя от Алексея Александровича, доктор столкнулся на крыльце с хорошо знакомым ему Слюдиным, правителем дел Алексея Александровича. Они были товарищами по университету и, хотя редко встречались, уважали друг друга и были хорошие приятели, и оттого никому, как Слюдину, доктор не высказал бы своего откровенного мнения о больном.

– Как я рад, что вы у него были, – сказал Слюдин. – Он нехорош, и мне кажется… Ну что?

– А вот что, – сказал доктор, махая через голову Слюдина своему кучеру, чтоб он подавал. – Вот что, – сказал доктор, взяв в свои белые руки палец лайковой перчатки и натянув его. – Не натягивайте струны и попробуйте перервать – очень трудно; но натяните до последней возможности и наляжьте тяжестью пальца на натянутую струну – она лопнет. А он по своей усидчивости, добросовестности к работе, – он натянут до последней степени; а давление постороннее есть, и тяжелое, – заключил доктор, значительно подняв брови. – Будете на скачках? – прибавил он, спускаясь к поданной карете. – Да, да, разумеется, берет много времени, – отвечал доктор что-то такое на сказанное Слюдиным и не расслышанное им.

Вслед за доктором, отнявшим так много времени, явился знаменитый путешественник, и Алексей Александрович, пользуясь только что прочитанной брошюрой и своим прежним знанием этого предмета, поразил путешественника глубиною своего знания предмета и широтою просвещенного взгляда.

Вместе с путешественником было доложено о приезде губернского предводителя, явившегося в Петербург и с которым нужно было переговорить. После его отъезда нужно было докончить занятия будничные с правителем дел и еще надо было съездить по серьезному и важному делу к одному значительному лицу. Алексей Александрович только успел вернуться к пяти часам, времени своего обеда, и, пообедав с правителем дел, пригласил его с собой вместе ехать на дачу и на скачки.

Не отдавая себе в том отчета, Алексей Александрович искал теперь случая иметь третье лицо при своих свиданиях с женою.

XXVII

Анна стояла наверху пред зеркалом, прикалывая с помощью Аннушки последний бант на платье, когда она услыхала у подъезда звук давящих щебень колес.

«Для Бетси еще рано», – подумала она и, взглянув в окно, увидела карету и высовывающуюся из нее черную шляпу и столь знакомые уши Алексея Александровича. «Вот некстати; неужели ночевать?» – подумала она. И ей так показалось ужасно и страшно все, что могло из этого выйти, что она, ни минуты не задумываясь, с веселым, сияющим лицом вышла к ним навстречу и, чувствуя в себе присутствие уже знакомого ей духа лжи и обмана, тотчас же отдалась этому духу и начала говорить, сама не зная, что скажет.

– А, как это мило! – сказала она, подавая руку мужу и улыбкой здороваясь с домашним человеком, Слюдиным. – Ты ночуешь, надеюсь? – было первое слово, которое подсказал ей дух обмана, – а теперь едем вместе. Только жаль, что я обещала Бетси. Она заедет за мной.

Алексей Александрович поморщился при имени Бетси.

– О, я не стану разлучать неразлучных, – сказал он своим обычным тоном шутки. – Мы поедем с Михаилом Васильевичем. Мне и доктора велят ходить. Я пройдусь дорогой и буду воображать, что я на водах.

– Торопиться некуда, – сказала Анна. – Хотите чаю? – Она позвонила.

– Подайте чаю да скажите Сереже, что Алексей Александрович приехал. Ну, что, как твое здоровье? Михаил Васильевич, вы у меня не были; посмотрите, как на балконе у меня хорошо, – говорила она, обращаясь то к тому, то к другому.

Она говорила очень просто и естественно, но слишком много и слишком скоро. Она сама чувствовала это, тем более что в любопытном взгляде, которым взглянул на нее Михаил Васильевич, она заметила, что он как будто наблюдал ее.

Михаил Васильевич тотчас же вышел на террасу.

Она села подле мужа.

– У тебя не совсем хороший вид, – сказала она.

– Да, – сказал он, – нынче доктор был у меня и отнял час времени. Я чувствую, что кто-нибудь из друзей моих прислал его: так драгоценно мое здоровье…

– Нет, что ж он сказал?

Она спрашивала его о здоровье и занятиях, уговаривала отдохнуть и переехать к ней.

Все это она говорила весело, быстро и с особенным блеском в глазах; но Алексей Александрович теперь не приписывал этому тону ее никакого значения. Он слышал только ее слова и придавал им только тот прямой смысл, который они имели. И он отвечал ей просто хотя и шутливо. Во всем разговоре этом не было ничего особенного, но никогда после без мучительной боли стыда Анна не могла вспоминать всей этой короткой сцены.

Вошел Сережа, предшествуемый гувернанткой. Если б Алексей Александрович позволил себе наблюдать, он заметил бы робкий, растерянный взгляд, с каким Сережа взглянул на отца, а потом на мать. Но он ничего не хотел видеть и не видал.

— А, молодой человек! Он вырос. Право, совсем мужчина делается. Здравствуй, молодой человек.

И он подал руку испуганному Сереже.

Сережа, и прежде робкий в отношении к отцу, теперь, после того как Алексей Александрович стал его звать молодым человеком и как ему зашла в голову загадка о том, друг или враг Вронский, чуждался отца. Он, как бы прося защиты, оглянулся на мать. С одною матерью ему было хорошо. Алексей Александрович между тем, заговорив с гувернанткой, держал сына за плечо, и Сереже было так мучительно неловко, что Анна видела, что он собирается плакать.

Анна, покрасневшая в ту минуту, как вошел сын, заметив, что Сереже неловко, быстро вскочила, подняла с плеч сына руку Алексея Александровича и, поцеловав сына, повела его на террасу и тотчас же вернулась.

— Однако пора уже, — сказала она, взглянув на свои часы, — что это Бетси не едет!..

— Да, — сказал Алексей Александрович и, встав, заложил руки и потрещал ими. — Я заехал еще привезть тебе денег, так как соловья баснями не кормят, — сказал он. — Тебе нужно, я думаю.

— Нет, не нужно… да, нужно, — сказала она, не глядя на него и краснея до корней волос. — Да ты, я думаю, заедешь сюда со скачек.

— О да! — отвечал Алексей Александрович. — Вот и краса Петергофа, княгиня Тверская, — прибавил оu, взглянув в окно на подъезжавший английский, в шорах, экипаж с чрезвычайно высоко поставленным крошечным кузовом коляски. — Какое щегольство! Прелесть! Ну, так поедемте и мы.

Княгиня Тверская не выходила из экипажа, а только ее в штиблетах, пелеринке и черной шляпе лакей соскочил у подъезда.

- Я иду, прощайте! - сказала Анна и, поцеловав сына, подошла к Алексею Александровичу и протянула ему руку. - Ты очень мил, что приехал.

Алексеи Александрович поцеловал ее руку.

- Ну, так до свиданья. Ты заедешь чай нить, и прекрасно! - сказала она и вышла, сияющая и веселая. Но, как только она перестала видеть его, она почувствовала то место на руке, к которому прикоснулись его губы, и с отвращением вздрогнула.

XXVIII

Когда Алексей Александрович появился на скачках, Анна уже сидела в беседке рядом с Бетси, в той беседке, где собиралось все высшее общество. Она увидала мужа еще издалека. Два человека, муж и любовник, были для нее двумя центрами жизни, и без помощи внешних чувств она чувствовала их близость. Она еще издалека почувствовала приближение мужа и невольно следила за ним в тех волнах толпы, между которыми он двигался Она видела, как он подходил к беседке, то снисходительно отвечая на заискивающие поклоны, то дружелюбно, рассеянно здороваясь с равными, то старательно выжидая взгляда сильных мира и снимая свою круглую большую шляпу, нажимавшую кончики его ушей. Она знала все эти приемы, и все они ей были отвратительны. «Одно честолюбие, одно желание успеть - вот все, что есть в его душе, - думала она, - а высокие соображения, любовь к просвещению, религия, все это - только орудия для того, чтоб успеть».

По его взглядам на дамскую беседку (он смотрел прямо на нее, но не узнавал жены в море кисеи, тюля, лент, волос и зонтиков) она поняла, что он искал ее, но она нарочно не замечала его.

- Алексей Александрович! - закричала ему княгиня Бетси, - вы, верно, не видите жену, вот она!

Он улыбнулся своею холодною улыбкой.

- Здесь столько блеска, что глаза разбежались, - сказал он и пошел в беседку. Он улыбнулся жене, как должен улыбнуться муж, встречая жену, с которою он только что виделся, и поздоровался с княгиней и другими знакомыми, воздав каждому должное, то есть пошутив с дамами и перекинувшись приветствиями с мужчинами. Внизу подле беседки стоял уважаемый Алексей Александровичем, известный своим умом и образованием генерал-адъютант. Алексей Александрович заговорил с ним.

Был промежуток между скачками, и потому ничто не мешало разговору. Генерал-адъютант осуждал скачки. Алексей Александрович возражал, защищая их. Анна слушала его тонкий, ровный голос, не пропуская ни одного слова, и каждое слово его казалось ей фальшиво и болью резало ее ухо.

Когда началась четырехверстная скачка с препятствиями, она нагнулась вперед и, не спуская глаз, смотрела на подходившего к лошади и садившегося Вронского и в то же время слышала этот отвратительный, неумолкающий голос мужа. Она мучалась страхом за Вронского, но еще более мучалась неумолкавшим, ей казалось, звуком тонкого голоса мужа с знакомыми интонациями.

«Я дурная женщина, я погибшая женщина, – думала она, – но я не люблю лгать, я не переношу лжи, а *его* (мужа) пища – это ложь. Он все знает, все видит; что же он чувствует, если может так спокойно говорить? Убей он меня, убей он Вронского, я бы уважала его. Но нет, ему нужны только ложь и приличие», – говорила себе Анна, не думая о том, чего именно она хотела от мужа, каким бы она хотела его видеть. Она не понимала и того, что эта нынешняя особенная словоохотливость Алексея Александровича, так раздражавшая ее, была только выражением его внутренней тревоги и беспокойства. Как убившийся ребенок, прыгая, приводит в движенье свои мускулы, чтобы заглушить боль, так для Алексея Александровича было необходимо умственное движение, чтобы заглушить те мысли о жене, которые в ее присутствии и в присутствии Вронского и при постоянном повторении его имени требовали к себе внимания. А как ребенку естественно прыгать, так ему было естественно хорошо и умно говорить. Он говорил;

– Опасность в скачках военных и кавалеристов есть необходимое условие скачек. Если Англия может указать в военной истории на самые блестящие кавалерийские дела, то только благодаря тому, что она исторически развивала в себе эту силу животных и людей. Спорт, по моему мнению, имеет большое значение, и, как всегда, мы видим только самое поверхностное.

– Не поверхностное, – сказала княгиня Тверская. – Один офицер, говорят, сломал два ребра.

Алексей Александрович улыбнулся своею улыбкой, только открывавшею зубы, но ничего более не говорившею.

– Положим, княгиня, что это не поверхностное, – сказал он, – но внутреннее. Но не в том дело, – и он опять обратился к генералу, с которым говорил серьезно, – не забудьте, что скачут военные, которые выбрали эту деятельность, и согласитесь, что каждое призвание имеет свою оборотную сторону медали. Это прямо входит в обязанности военного. Безобразный спорт кулачного боя или испанских тореадоров есть признак варварства. Но специализированный спорт есть признак развития.

– Нет, я не поеду в другой раз; это меня слишком волнует, – сказала княгиня Бетси. – Не правда ли, Анна?

– Волнует, но нельзя оторваться, – сказала другая дама. – Если б я была римлянка, я бы не пропустила ни одного цирка.

Анна ничего не говорила и, не спуская бинокля, смотрела в одно место.

В это время через беседку проходил высокий генерал. Прервав речь, Алексей Александрович поспешно, но достойно встал и низко поклонился проходившему военному.

– Вы не скачете? – пошутил ему военный.

– Моя скачка труднее, – почтительно отвечал Алексей Александрович.

И хотя ответ ничего не значил, военный сделал вид, что получил умное слово от умного человека и вполне понимает la pointe de la sauce[1].

– Есть две стороны, – продолжал, садясь, Алексей Александрович, – исполнителей и зрителей; и любовь к этим зрелищам есть вернейший признак низкого развития для зрителей, я согласен, но…

– Княгиня, пари! – послышался снизу голос Степана Аркадьича, обращавшегося к Бетси. – За кого вы держите?

– Мы с Анной за князя Кузовлева, – отвечала Бетси.

– Я за Вронского. Пара перчаток.

– Идет!

– А как красиво, не правда ли?

Алексей Александрович помолчал, пока говорили около него, но тотчас опять начал.

– Я согласен, но мужественные игры… – продолжал было он.

Но в это время пускали ездоков, и все разговоры прекратились. Алексей Александрович замолк, и все поднялись и обратились к реке. Алексей Александрович не интересовался скачками и потому не глядел на скакавших, а рассеянно стал обводить зрителей усталыми глазами. Взгляд его остановился на Анне.

Лицо ее было бледно и строго. Она, очевидно, ничего и никого не видела, кроме одного. Рука ее судорожно сжимала веер, и она не дышала. Он посмотрел на нее и поспешно отвернулся, оглядывая другие лица.

«Да вот и эта дама и другие тоже очень взволнованы; это очень натурально», – сказал себе Алексей Александрович. Он хотел не смотреть на нее, но взгляд его невольно притягивался к ней. Он опять вглядывался в

---

[1] В чем его острота *(фр.)*.

это лицо, стараясь не читать того, что так ясно было на нем написано, и против воли своей с ужасом читал на нем то, чего он не хотел знать.

Первое падение Кузовлева на реке взволновало всех, но Алексей Александрович видел ясно на бледном торжествующем лице Анны, что тот, на кого она смотрела, не упал. Когда, после того как Махотин и Вронский перескочили большой барьер, следующий офицер упал тут же на голову и разбился замертво и шорох ужаса пронесся по всей публике, Алексей Александрович видел, что Анна даже не заметила этого и с трудом поняла, о чем заговорили вокруг нее. Но он все чаще и чаще и с бо́льшим упорством вглядывался в нее. Анна, вся поглощенная зрелищем скакавшего Вронского, почувствовала сбоку устремленный на себя взгляд холодных глаз своего мужа.

Она оглянулась на мгновение, вопросительно посмотрела на него и, слегка нахмурившись, опять отвернулась.

«Ах, мне все равно», – как будто сказала она ему и уже более ни разу не взглядывала на него.

Скачки были несчастливы, и из семнадцати человек попадало и разбилось больше половины. К концу скачек все были в волнении, которое еще более увеличилось тем, что государь был недоволен.

XXIX

Все громко выражали свое неодобрение, все повторяли сказанную кем-то фразу: «Недостает только цирка с львами», и ужас чувствовался всеми, так что, когда Вронский упал и Анна громко ахнула, в этом не было ничего необыкновенного. Но вслед за тем в лице Анны произошла перемена, которая была уже положительно неприлична. Она совершенно потерялась. Она стала биться, как пойманная птица: то хотела встать и идти куда-то, то обращалась к Бетси.

– Поедем, поедем, – говорила она.

Но Бетси не слыхала ее. Она говорила, перегнувшись вниз, с подошедшим к ней генералом.

Алексей Александрович подошел к Анне и учтиво подал ей руку.

– Пойдемте, если вам угодно, – сказал он по-французски; но Анна прислушивалась к тому, что говорил генерал, и не заметила мужа.

– Тоже сломал ногу, говорят, – говорил генерал. – Это ни на что не похоже.

Анна, не отвечая мужу, подняла бинокль и смотрела на то место, где упал Вронский; но было так далеко и там столпилось столько народа, что ничего нельзя было разобрать. Она опустила бинокль и хотела идти; но в это время подскакал офицер и что-то докладывал государю. Анна высунулась вперед, слушая.

– Стива! Стива! – прокричала она брату.

Но брат не слыхал ее. Она опять хотела выходить.

– Я еще раз предлагаю вам свою руку, если вы хотите идти, – сказал Алексей Александрович, дотрагиваясь до ее руки.

Она с отвращением отстранилась от него и, не взглянув ему в лицо, отвечала:

– Нет, нет, оставьте меня, я останусь.

Она видела теперь, что от места падения Вронского через круг бежал офицер к беседке. Бетси махала ему платком.

Офицер принес известие, что ездок не убился, но лошадь сломала спину.

Услыхав это, Анна быстро села и закрыла лицо веером. Алексей Александрович видел, что она плакала и не могла удержать не только слез, но и рыданий, которые поднимали ее грудь. Алексей Александрович загородил ее собою, давая ей время оправиться.

– В третий раз предлагаю вам свою руку, – сказал он чрез несколько времени, обращаясь к ней. Анна смотрела на него и не знала, что сказать. Княгиня Бетси пришла ей на помощь.

– Нет, Алексей Александрович, я увезла Анну, и я обещалась отвезти ее, – вмешалась Бетси.

– Извините меня, княгиня, – сказал он, учтиво улыбаясь, но твердо глядя ей в глаза, – но я вижу, что Анна не совсем здорова, и желаю, чтоб она ехала со мною.

Анна испуганно оглянулась, покорно встала и положила руку на руку мужа.

– Я пошлю к нему, узнаю и пришлю сказать, – прошептала ей Бетси.

На выходе из беседки Алексей Александрович, так же как всегда, говорил со встречавшимися, и Анна должна была, как и всегда, отвечать и говорить; но она была сама не своя и как во сне шла под руку с мужем.

«Убился или нет? Правда ли? Придет или нет? Увижу ли я его нынче?» – думала она.

Она молча села в карету Алексея Александровича и молча выехала из толпы экипажей. Несмотря на все, что он видел, Алексей Александрович все-таки не позволял себе думать о настоящем положении своей жены. Он только видел внешние признаки. Он видел, что она вела себя неприлично, и считал своим долгом сказать ей это. Но ему очень трудно было не сказать более, а сказать только это. Он открыл рот, чтобы сказать ей, как она неприлично вела себя, но невольно сказал совершенно другое.

– Как, однако, мы все склонны к этим жестоким зрелищам, – сказал он. – Я замечаю…

– Что? я не понимаю, – презрительно сказала Анна.

Он оскорбился и тотчас же начал говорить то, что хотел.

– Я должен сказать вам, – проговорил он.

«Вот оно, объяснение», – подумала она, и ей стало страшно.

– Я должен сказать вам, что вы неприлично веди себя нынче, – сказал он ей по-французски.

– Чем я неприлично вела себя? – громко сказала она, быстро поворачивая к нему голову и глядя ему прямо в глаза, но совсем уже не с прежним скрывающим что-то весельем, а с решительным видом, под которым она с трудом скрывала испытываемый страх.

– Не забудьте, – сказал он ей, указывая на открытое окно против кучера.

Он приподнялся и поднял стекло.

– Что вы нашли неприличным? – повторила она.

– То отчаяние, которое вы не умели скрыть при падении одного из ездоков.

Он ждал, что она возразит; но она молчала, глядя перед собою.

– Я уже просил вас держать себя в свете так, чтоб и злые языки не могли ничего сказать против вас. Было время, когда я говорил о внутренних отношениях; я теперь не говорю про них. Теперь я говорю о внешних отношениях. Вы неприлично держали себя, и я желал бы, чтоб это не повторялось.

Она не слышала половины его слов, она испытывала страх к нему и думала о том, правда ли то, что Вронский не убился. О нем ли говорили, что он цел, а лошадь сломала спину? Она только притворно-насмешливо улыбнулась, когда он кончил, и ничего не отвечала, потому что не слыхала того, что он говорил. Алексей Александрович начал говорить смело, но, когда он ясно понял то, о чем он говорит, страх, который она испытывала, сообщился ему. Он увидел эту улыбку, и странное заблуждение нашло на него.

«Она улыбается над моими подозрениями. Да, она скажет сейчас то, что говорила мне тот раз: что нет оснований моим подозрениям, что это смешно».

Теперь, когда над ним висело открытие всего, он ничего так не желал, как того, чтоб она, так же как прежде, насмешливо ответила ему, что его подозрения смешны и не имеют основания. Так страшно было то, что он знал, что теперь он был готов поверить всему. Но выражение лица ее, испуганного и мрачного, теперь не обещало даже обмана.

– Может быть, я ошибаюсь, – сказал он. – В таком случае я прошу извинить меня.

– Нет, вы не ошиблись, – сказала она медленно, отчаянно взглянув на его холодное лицо. – Вы не ошиблись. Я была и не могу не быть в отчаянии. Я слушаю вас и думаю о нем. Я люблю его, я его любовница, я не могу переносить, я боюсь, я ненавижу вас… Делайте со мной, что хотите.

И, откинувшись в угол кареты, она зарыдала, закрываясь руками. Алексей Александрович не пошевелился и не изменил прямого направления взгляда. Но все лицо его вдруг приняло торжественную неподвижность мертвого, и выражение это не изменилось во все время езды до дачи. Подъезжая к дому, он повернул к ней голову все с тем же выражением.

– Так! Но я требую соблюдения внешних условий приличия до тех пор, – голос его задрожал, – пока я приму меры, обеспечивающие мою честь, и сообщу их вам.

Он вышел вперед и высадил ее. В виду прислуги он пожал ей молча руку, сел в карету и уехал в Петербург.

Вслед за ним пришел лакей от княгини Бетси и принес Анне записку:

«Я послала к Алексею узнать об его здоровье, и он мне пишет, что здоров и цел, но в отчаянии».

«Так *он* будет! – подумала Анна. – Как хорошо я сделала, что все сказала ему».

Она взглянула на часы. Еще оставалось три часа, и воспоминания подробностей последнего свидания зажгли ей кровь.

«Боже мои, как светло! Это страшно, но я люблю видеть его лицо и люблю этот фантастический свет… Муж! ах, да… Ну, н слава богу, что с ним все кончено».

XXX

Как и во всех местах, где собираются люди, так и на маленьких немецких водах, куда приехали Щербацкие, совершилась обычная как бы кристаллизация общества, определяющая каждому его члену определенное и неизменное место. Как определенно и неизменно частица воды на холоде получает известную форму снежного кристалла, так точно каждое новое лицо, приезжавшее на воды, тотчас же устанавливалось в свойственное ему место.

Фюрст Щербацкий *замт гемалин унд тохтэр* [1], и по квартире, которую заняли, и по имени, и по знакомым, которых они нашли, тотчас же кристаллизовались в свое определенное и предназначенное им место.

На водах была в этом году настоящая немецкая фюрстин, вследствие чего кристаллизация общества совершалась еще энергичнее. Княгиня непременно пожелала представить принцессе свою дочь и на второй же день совершила этот обряд. Кити низко и грациозно присела в своем выписанном из Парижа, *очень простом,* то есть очень нарядном летнем платье. Принцесса сказала: «Надеюсь, что розы скоро вернутся на это хорошенькое личико», – и для Щербацких тотчас же твердо установились определенные пути жизни, из которых нельзя уже было выйти. Щербацкие познакомились и с семейством английской леди, и с немецкою графиней, и с ее раненным в последней войне сыном, и со шведом-ученым, и с M. Canut и его сестрой. Но главное общество Щербацких невольно составилось из московской дамы, Марьи Евгеньевны Ртищевой с дочерью, которая была неприятна Кити потому, что заболела так же, как и она, от любви, и московского полковника, которого Кити с детства видела и знала в мундире и эполетах и который тут, со своими маленькими глазками и с открытою шеей в цветном галстучке, был необыкновенно смешон и скучен тем, что нельзя было от него отделаться. Когда все это так твердо установилось, Кити стало очень скучно, тем более что князь уехал в Карлсбад и она осталась одна с матерью. Она не интересовалась теми, кого знала, чувствуя, что от них ничего уже не будет нового. Главный же задушевный интерес ее на водах составляли теперь наблюдения и догадки о тех, которых она не знала. По свойству своего характера Кити всегда в людях предполагала все самое прекрасное, и в особенности в тех, кого она не знала. И теперь, делая догадки о том, кто – кто, какие между ними отношения и какие они люди, Кити воображала себе самые удивительные и прекрасные характеры и находила подтверждение в своих наблюдениях.

Из таких лиц в особенности занимала ее одна русская девушка, приехавшая на воды с больною русскою дамой, мадам Шталь, как ее все звали. Мадам Шталь принадлежала к высшему обществу, но она была так больна, что не могла ходить, и только в редкие хорошие дни появлялась на водах в колясочке. Но не столько по болезни, сколько по гордости, как объясняла княгиня, мадам Шталь не была знакома ни с кем из русских. Русская девушка ухаживала за мадам Шталь и, кроме того, как замечала Кити, сходилась со всеми тяжелобольными, которых было много на водах, и самым натуральным образом ухаживала за ними. Русская девушка эта, по наблюдениям Кити, не была родня мадам Шталь и вместе с тем не была

---

[1] Князь Щербацкий с женой и дочерью *(нем.).*

наемная помощница. Мадам Шталь звала ее Варенька, а другие звали «m-lle Варенька». Не говоря уже о том, что Кити интересовали наблюдения над отношениями этой девушки к г-же Шталь и к другим незнакомым ей лицам, Кити, как это часто бывает, испытывала необъяснимую симпатию к этой m-lle Вареньке и чувствовала по встречающимся взглядам, что и она нравится.

М-11е Варенька эта была не то что не первой молодости, но как бы существо без молодости: ей можно было дать и девятнадцать и тридцать лет. Если разбирать ее черты, она, несмотря на болезненный цвет лица, была скорее красива, чем дурна. Она была бы и хорошо сложена, если бы не слишком большая сухость тела и несоразмерная голова по среднему росту; но она не должна была быть привлекательна для мужчин. Она была похожа на прекрасный, хотя еще и полный лепестков, но уже отцветший, без запаха цветок. Кроме того, она не могла быть привлекательною для мужчин еще и потому, что ей недоставало того, чего слишком много было в Кити, – сдержанного огня жизни и сознания своей привлекательности.

Она всегда казалась занятою делом, в котором не могло быть сомнения, и потому, казалось, ничем посторонним не могла интересоваться. Этою противоположностью с собой она особенно привлекла к себе Кити. Кити чувствовала, что в ней, в ее складе жизни, она найдет образец того, чего теперь мучительно искала: интересов жизни, достоинства жизни – вне отвратительных для Кити светских отношений девушки к мужчинам, представлявшихся ей теперь позорною выставкой товара, ожидающего покупателей. Чем больше Кити наблюдала своего неизвестного друга, тем более убеждалась, что эта девушка есть то самое совершенное существо, каким она ее себе представляла, и тем более она желала познакомиться с ней.

Обе девушки встречались каждый день по нескольку раз, и при каждой встрече глаза Кити говорили: «Кто вы? что вы? Ведь правда, что вы то прелестное существо, каким я воображаю вас? Но ради бога не думайте, – прибавлял ее взгляд, – что я позволяю себе навязываться в знакомые. Я просто любуюсь вами и люблю вас». – «Я тоже люблю вас, и вы очень, очень милы. И еще больше любила бы вас, если б имела время», – отвечал взгляд неизвестной девушки. И действительно, Кити видела, что она всегда занята: или она уводит с вод детей русского семейства, или несет плед для больной и укутывает ее, или старается развлечь раздраженного больного, или выбирает и покупает печенье к кофею для кого-то.

Скоро после приезда Щербацких на утренних водах появились еще два лица, обратившие на себя общее недружелюбное внимание. Это были: очень высокий сутуловатый мужчина с огромными руками, в коротком, не по росту, и старом пальто, с черными, наивными и вместе страшными глазами, и рябоватая миловидная женщина, очень дурно и безвкусно одетая. Признав этих лиц за русских, Кити уже начала в своем воображении составлять о них прекрасный и трогательный роман. Но княгиня, узнав по

Kurliste[1], что это был Левин Николай и Марья Николаевна, объяснила Кити, какой дурной человек был этот Левин, и все мечты об этих двух лицах исчезли. Не столько потому, что мать сказала ей, сколько потому, что это был брат Константина, для Кити эти лица вдруг показались в высшей степени неприятны. Этот Левин возбуждал в ней теперь своею привычкой подергиваться головой непреодолимое чувство отвращения.

Ей казалось, что в его больших страшных глазах, которые упорно следили за ней, выражалось чувство ненависти и насмешки, и она старалась избегать встречи с ним.

XXXI

Был ненастный день, дождь шел все утро, и больные с зонтиками толпились в галерее.

Кити ходила с матерью и с московским полковником, весело щеголявшим в своем европейском, купленном готовым во Франкфурте сюртучке. Они ходили по одной стороне галереи, стараясь избегать Левина, ходившего по другой стороне. Варенька в своем темном платье, в черной, с отогнутыми вниз полями шляпе ходила со слепою француженкой во всю длину галереи, и каждый раз, как она встречалась с Кити, они перекидывались дружелюбным взглядом.

– Мама, можно мне заговорить с нею? – сказала Кити, следившая за своим незнакомым другом и заметившая, что она подходит к ключу и они могут сойтись у него.

– Да, если тебе так хочется, я узнаю прежде о ней и сама подойду, – отвечала мать. – Что ты в ней нашла особенною? Компаньонка, должно быть. Если хочешь, я познакомлюсь с мадам Шталь. Я знала ее belle-soeur[2], – прибавила княгиня, гордо поднимая голову.

Кити знала, что княгиня оскорблена тем, что г-жа Шталь как будто избегала знакомиться с нею. Кити не настаивала.

– Чудо, какая милая! – сказала она, глядя на Вареньку, в то время как та подавала стакан француженке. – Посмотрите, как все просто, мило.

---

[1] Курортному списку (нем.).

[2] Невестку (фр.).

– Уморительны мне твои engouements[1], – сказала княгиня, – нет, пойдем лучше назад, – прибавила она, заметив двигавшегося им навстречу Левина с своею дамой и с немецким доктором, с которым он что-то громко и сердито говорил.

Они поворачивались, чтоб идти назад, как вдруг услыхали уже не громкий говор, а крик. Левин, остановившись, кричал, и доктор тоже горячился. Толпа собиралась вокруг них. Княгиня с Кити поспешно удалились, а полковник присоединился к толпе, чтоб узнать, в чем дело.

Чрез несколько минут полковник нагнал их.

– Что это там было? – спросила княгиня.

– Позор и срам! – отвечал полковник. – Одного боишься – это встречаться с русскими за границей. Этот высокий господин побранился с доктором, наговорил ему дерзости за то, что тот его не так лечит, и замахнутся палкой. Срам просто!

– Ах, как неприятно! – сказала княгиня. – Ну, чем же кончилось?

– Спасибо, тут вмешалась эта... эта в шляпе грибом. Русская, кажется, – сказал полковник.

– Mademoiselle Варенька? – радостно спросила Кити.

– Да, да. Она нашлась скорее всех, она взяла этого господина под руку и увела.

– Вот, мама, – сказала Кити матери, – вы удивляетесь, что я восхищаюсь ею.

С следующего дня, наблюдая на водах своего неизвестного друга, Кити заметила, что m-lle Варенька и с Левиным и его женщиной уже находилась в тех же отношениях, как и с другими своими *protégés*. Она подходила к ним, разговаривала, служила переводчицей для женщины, не умевшей говорить ни на одном иностранном языке.

Кити еще более стала умолять мать позволить ей познакомиться с Варенькой. И, как ни неприятно было княгине как будто делать первый шаг в желании познакомиться с г-жою Шталь, позволявшею себе чем-то гордиться, она навела справки о Вареньке и, узнав о ней подробности, дававшие заключить, что не было ничего худого, хотя и хорошего мало, в этом знакомстве, сама первая подошла к Вареньке и познакомилась с нею.

Выбрав время, когда дочь ее пошла к ключу, а Варенька остановилась против булочника, княгиня подошла к ней.

– Позвольте мне познакомиться с вами, – сказала она с своею достойною улыбкой. – Моя дочь влюблена в вас, – сказала она. – Вы, может быть, не знаете меня. Я...

[1] Увлечения *(фр.)*.

– Это больше, чем взаимно, княгиня, – поспешно отвечала Варенька.

– Какое вы доброе дело сделали вчера нашему жалкому соотечественнику! – сказала княгиня.

Варенька покраснела.

– Я не помню, я, кажется, ничего не делала, – сказала она.

– Как же, вы спасли этого Левина от неприятности.

– Да, sa compagne[1] позвала меня, и я постаралась успокоить его: он очень болен и недоволен был доктором. А я имею привычку ходить за этими больными.

– Да, я слышала, что вы живете в Ментоне с вашею тетушкой, кажется, madame Шталь. Я знала ее belle-soeur.

– Нет, она мне не тетка. Я называю ее maman, но я ей не родня; я воспитана ею, – опять покраснев, отвечала Варенька.

Это было так просто сказано, так мило было правдивое и открытое выражение ее лица, что княгиня поняла, почему ее Кити полюбила эту Вареньку.

– Ну, что же этот Левин? – спросила княгиня.

– Он уезжает, – отвечала Варенька.

В это время, сияя радостью о том, что мать ее познакомилась с ее неизвестным другом, от ключа подходила Кити.

– Ну вот, Кити, твое сильное желание познакомиться с mademoiselle…

– Варенькой, – улыбаясь, подсказала Варенька, – так все меня зовут.

Кити покраснела от радости и молча долго жала руку своего нового друга, которая не отвечала на ее пожатие, но неподвижно лежала в ее руке. Рука не отвечала на пожатие, но лицо m-lle Вареньки просияло тихою, радостною, хотя и несколько грустною улыбкой, открывавшею большие, но прекрасные зубы.

– Я сама давно хотела этого, – сказала она.

– Но вы так заняты…

– Ах, напротив, я ничем не занята, – отвечала Варенька, но в ту же минуту должна была оставить своих новых знакомых, потому что две маленькие русские девочки, дочери больного, бежали к ней.

– Варенька, мама зовет! – кричали они.

И Варенька пошла за ними.

---

[1] Его спутница *(фр.)*.

XXXII

Подробности, которые узнала княгиня о прошедшем Вареньки и об отношениях ее к мадам Шталь и о самой мадам Шталь, были следующие.

Мадам Шталь, про которую одни говорили, что она замучала своего мужа, а другие говорили, что он замучал ее своим безнравственным поведением, была всегда болезненная и восторженная женщина. Когда она родила, уже разведясь с мужем, первого ребенка, ребенок этот тотчас же умер, и родные г-жи Шталь, зная ее чувствительность и боясь, чтоб это известие не убило ее, подменили ей ребенка, взяв родившуюся в ту же ночь и в том же доме в Петербурге дочь придворного повара. Это была Варенька. Мадам Шталь узнала впоследствии, что Варенька была не ее дочь, но продолжала ее воспитывать, тем более что очень скоро после этого родных у Вареньки никого не осталось.

Мадам Шталь уже более десяти лет безвыездно жила за границей на юге, никогда не вставая с постели. И одни говорили, что мадам Шталь сделала себе общественное положение добродетельной, высокорелигиозной женщины; другие говорили, что она была в душе то самое высоконравственное существо, жившее только для добра ближнего, каким она представлялась. Никто не знал, какой она религии – католической, протестантской или православной; но одно было несомненно – она находилась в дружеских связях с самыми высшими лицами всех церквей и исповеданий.

Варенька жила с нею постоянно за границей, и все, кто знали мадам Шталь, знали и любили m-lle Вареньку, как все ее звали.

Узнав все эти подробности, княгиня не нашла ничего предосудительного в сближении своей дочери с Варенькой, тем более что Варенька имела манеры и воспитание самые хорошие: отлично говорила по-французски и по-английски, а главное – передала от г-жи Шталь сожаление, что она по болезни лишена удовольствия познакомиться с княгиней.

Познакомившись с Варенькой, Кити все более и более прельщалась своим другом и с каждым днем находила в ней новые достоинства.

Княгиня, услыхав о том, что Варенька хорошо поет, попросила ее прийти к ним петь вечером.

– Кити играет, и у нас есть фортепьяно, нехорошее, правда, но вы нам доставите большое удовольствие, – сказала княгиня с своею притворною улыбкой, которая особенно неприятна была теперь Кити, потому что она заметила, что Вареньке не хотелось петь. Но Варенька, однако, пришла вечером и принесла с собой тетрадь нот. Княгиня пригласила Марью Евгеньевну с дочерью и полковника.

Варенька казалась совершенно равнодушною к тому, что тут были незнакомые ей лица, и тотчас же подошла к фортепьяно. Она не умела себе аккомпанировать, но прекрасно читала ноты голосом. Кити, хорошо игравшая, аккомпанировала ей.

— У вас необыкновенный талант, — сказала ей княгиня после того, как Варенька прекрасно спела первую пиесу.

Марья Евгеньевна с дочерью благодарили и хвалили ее.

— Посмотрите, — сказал полковник, глядя в окно, — какая публика собралась вас слушать. — Действительно, под окнами собралась довольно большая толпа.

— Я очень рада, что это доставляет вам удовольствие, — просто отвечала Варенька.

Кити с гордостью смотрела на своего друга. Она восхищалась и ее искусством, и ее голосом, и ее лицом, но более всего восхищалась ее манерой, тем, что Варенька, очевидно, ничего не думала о своем пении и была совершенно равнодушна к похвалам; она как будто спрашивала только: нужно ли еще петь, пли довольно?

«Если б это была я, — думала про себя Кити, — как бы я гордилась этим! Как бы я радовалась, глядя на эту толпу под окнами! А ей совершенно все равно. Ее побуждает только желание не отказать и сделать приятное *maman.* Что же в ней есть? Что дает ей эту силу пренебрегать всем, быть независимо спокойною? Как бы я желала это знать и научиться от нее этому», — вглядываясь в это спокойное лицо, думала Кити. Княгиня попросила Вареньку спеть еще, и Варенька спела другую пиесу так же ровно, отчетливо и хорошо, прямо стоя у фортепьяно и отбивая по ним такт своею худою смуглою рукой.

Следующая затем в тетради пиеса была итальянская песня. Кити сыграла прелюд, который ей очень понравился, и оглянулась на Вареньку.

— Пропустим эту, — сказала Варенька, покраснев. Кити испуганно и вопросительно остановила свои глаза на лице Вареньки.

— Ну, другое, — поспешно сказала она, перевертывая листы и тотчас же поняв, что с этою пиесой было соединено что-то.

— Нет, — отвечала Варенька, положив свою руку на ноты и улыбаясь, — нет, споемте это. — И она спела это так же спокойно, холодно и хорошо, как и прежде.

Когда она кончила, все опять благодарили ее и пошли пить чай. Кити с Варенькой вышли в садик, бывший подле дома.

— Правда, что у вас соединено какое-то воспоминание с этою песней? — сказала Кити. — Вы не говорите, — поспешно прибавила она, — только скажите — правда?

– Нет, отчего? Я скажу, – просто сказала Варенька и, не дожидаясь ответа, продолжала: – Да, это воспоминание, и было тяжелое когда-то. Я любила одного человека. Эту вещь я пела ему.

Кити с открытыми большими глазами молча, умиленно смотрела на Вареньку.

– Я любила его, и он любил меня; но его мать не хотела, и он женился на другой. Он теперь живет недалеко от нас, я вижу его. Вы не думали, что у меня тоже был роман? – сказала она, и в красивом лице ее чуть брезжил тот огонек, который Кити чувствовала, когда изнутри освещал ее всю.

– Как не думала? Если б я была мужчиной, я бы не могла любить никого, после того как узнала вас. Я только не понимаю, как он мог в угоду матери забыть вас и сделать вас несчастною; у него не было сердца.

– О нет, он очень хороший человек, и я не несчастна, напротив, я очень счастлива. Ну, так не будем больше петь нынче? – прибавила она, направляясь к дому.

– Как вы хороши, как вы хороши! – вскрикнула Кити и, остановив ее, поцеловала. – Если б я хоть немножко могла быть похожа на вас!

– Зачем вам быть на кого-нибудь похожей? Вы хороши, какие вы есть, – улыбаясь своею кроткою и усталою улыбкой, сказала Варенька.

– Нет, я совсем не хороша. Ну, скажите мне… Постойте, посидимте, – сказала Кити, усаживая ее опять на скамейку подле себя. – Скажите, неужели не оскорбительно думать, что человек пренебрег вашею любовью, что он не хотел?..

– Да он не пренебрег; я верю, что он любил меня, но он был покорный сын…

– Да, но если б он не по воле матери, а просто сам?.. – говорила Кити, чувствуя, что она выдала свою тайну и что лицо ее, горящее румянцем стыда, уже изобличило ее.

– Тогда бы он дурно поступил, и я бы не жалела его, – отвечала Варенька, очевидно поняв, что дело идет уже не о ней, а о Кити.

– Но оскорбление? – сказала Кити. – Оскорбления нельзя забыть, нельзя забыть, – говорила она, вспоминая свой взгляд на последнем бале, во время остановки музыки.

– В чем же оскорбление? Ведь вы не поступили дурно?

– Хуже, чем дурно, – стыдно.

Варенька покачала головой и положила свою руку на руку Кити.

– Да в чем же стыдно? – сказала она. – Ведь вы не могли сказать человеку, который равнодушен к вам, что вы его любите?

– Разумеется, нет; я никогда не сказала и одного слова, но он знал. Нет, нет, есть взгляды, есть манеры. Я буду сто лет жить, не забуду.

– Так что же? Я не понимаю. Дело в том, любите ли вы его теперь или нет, – сказала Варенька, называя все по имени.

– Я ненавижу его; я не могу простить себе.

– Так что ж?

– Стыд, оскорбление.

– Ах, если бы все так были, как вы, чувствительны, – сказала Варенька. – Нет девушки, которая бы не испытала этого. И все это так неважно.

– А что же важно? – спросила Кити, с любопытным удивлением вглядываясь в ее лицо.

– Ах, многое важно, – улыбаясь, сказала Варенька.

– Да что же?

– Ах, многое важнее, – отвечала Варенька, не зная, что сказать. Но в это время из окна послышался голос княгини:

– Кити, свежо! Или шаль возьми, или иди в комнаты.

– Правда, пора! – сказала Варенька, вставая. – Мне еще надо зайти к madame Berthe; она меня просила.

Кити держала ее за руку и с страстным любопытством и мольбой спрашивала ее взглядом: «Что же, что же это самое важное, что дает такое спокойствие? Вы знаете, скажите мне!» Но Варенька не понимала даже того, о чем спрашивал ее взгляд Кити. Она помнила только о том, что ей нынче нужно еще зайти к m-me Berthe и поспеть домой к чаю maman, к двенадцати часам. Она вошла в комнаты, собрала ноты и, простившись со всеми, собралась уходить.

– Позвольте, я провожу вас, – сказал полковник.

– Да как же одной идти теперь ночью? – подтвердила княгиня. – Я пошлю хоть Парашу.

Кити видела, что Варенька с трудом удерживала улыбку при словах, что ее нужно провожать.

– Нет, я всегда хожу одна, и никогда со мной ничего не бывает, – сказала она, взяв шляпу. И, поцеловав еще раз Кити и так и не сказав, что было важно, бодрым шагом, с нотами под мышкой, скрылась в полутьме летней ночи, унося с собой свою тайну о том, что важно и что дает ей это завидное спокойствие и достоинство.

XXXIII

Кити познакомилась и с г-жою Шталь, и знакомство это вместе с дружбою к Вареньке не только имело на нее сильное влияние, но утешало ее в ее горе. Она нашла это утешение в том, что ей благодаря этому знакомству открылся совершенно новый мир, не имеющий ничего общего с ее прошедшим, мир возвышенный, прекрасный, с высоты которого можно было спокойно смотреть на это прошедшее. Ей открылось то, что, кроме жизни инстинктивной, которой до сих пор отдавалась Кити, была жизнь духовная. Жизнь эта открывалась религией, но религией, не имеющею ничего общего с тою, которую с детства знала Кити, религией, выражавшейся в обедне и всенощной во Вдовьем Доме[1], где можно было встретить знакомых, и в изучении с батюшкой наизусть славянских текстов; это была религия возвышенная, таинственная, связанная с рядом прекрасных мыслей и чувств, в которую не только можно было верить, потому что так велено, но которую можно было любить.

Кити узнала все это не из слов. Мадам Шталь говорила с Кити, как с милым ребенком, на которого любуешься, как на воспоминание своей молодости, и только один раз упомянула о том, что во всех людских горестях утешение дает лишь любовь и вера и что для сострадания к нам Христа нет ничтожных горестей, и тотчас же перевела разговор на другое. Но Кити в каждом ее движении, в каждом слове в каждом небесном, как называла Кити, взгляде ее, в особенности во всей истории ее жизни, которую она узнала чрез Вареньку, во всем узнавала то, «что было важно» и чего она до сих пор не знала.

Но как ни возвышен был характер мадам Шталь, как ни трогательна вся ее история, как ни возвышенна и нежна ее речь, Кити невольно подметила в ней такие черты, которые смущали ее. Она заметила, что, расспрашивая про ее родных, мадам Шталь улыбнулась презрительно, что было противно христианской доброте Заметила еще, что, когда она застала у нее католического священника, мадам Шталь старательно держала свое лицо в тени абажура и особенно улыбалась. Как ни ничтожны были эти два замечания, они смущали ее, и она сомневалась в мадам Шталь. Но зато Варенька, одинокая, без родных, без друзей, с грустным разочарованием, ничего не желавшая, ничего не жалевшая, была тем самым совершенством, о котором только позволяла себе мечтать Кити. На Вареньке она поняла, что стоило только забыть себя и любить других, и будешь спокойна, счастлива и прекрасна. И такою хотела быть Кити. Поняв теперь ясно, что было *самое*

---

1 *...в обедне и всенощной во Вдовьем Доме...* – Вдовий Дом – благотворительное заведение, открытое в 1803 г. в Москве и Петербурге для неимущих, больных и престарелых вдов.

важное, Кити не удовольствовалась тем, чтобы восхищаться этим, но тотчас же всею душою отдалась этой новой, открывшейся ей жизни. По рассказам Вареньки о том, что делала мадам Шталь и другие, кого она называла, Кити уже составила себе счастливый план будущей жизни. Она так же, как и племянница г-жи Шталь, Aline, про которую ей много рассказывала Варенька, будет, где бы ни жила, отыскивать несчастных, помогать им сколько можно, раздавать Евангелие, читать Евангелие больным, преступникам, умирающим. Мысль чтения Евангелия преступникам, как это делала Aline, особенно прельщала Кити. Но все это были тайные мечты, которых Кити не высказывала ни матери, ни Вареньке.

Впрочем, в ожидании поры исполнять в больших размерах свои планы, Кити и теперь, на водах, где была столько больных и несчастных, легко нашла случай прилагать свои новые правила, подражая Вареньке.

Сначала княгиня замечала только, что Кити находится под сильным влиянием своего engouement, как она называла, к госпоже Шталь и в особенности к Вареньке. Она видела, что Кити не только подражает Вареньке в ее деятельности, но невольно подражает ей в ее манере ходить, говорить и мигать глазами. Но потом княгиня заметила, что в дочери, независимо от этого очарования, совершается какой-то серьезный душевный переворот.

Княгиня видела, что Кити читает по вечерам французское Евангелие, которое ей подарила госпожа Шталь, чего она прежде не делала; что она избегает светских знакомых и сходится с больными, находившимися под покровительством Вареньки, и в особенности с одним бедным семейством больного живописца Петрова. Кити, очевидно, гордилась тем, что исполняла в этом семействе обязанности сестры милосердия. Все это было хорошо, и княгиня ничего не имела против этого, тем более что жена Петрова была вполне порядочная женщина и что принцесса, заметившая деятельность Кити, хвалила ее, называя ангелом-утешителем. Все это было бы очень хорошо, если бы не было излишества. А княгиня видела, что дочь ее впадает в крайность, что она и говорила ей.

– Il ne faut jamais rien outrer[1], – говорила она ей.

Но дочь ничего ей не отвечала; она только думала в душе, что нельзя говорить об излишестве в деле христианства. Какое же может быть излишество в следовании учению, в котором велено подставить другую щеку, когда ударят по одной, и отдать рубашку, когда снимают кафтан? Но княгине не нравилось это излишество, и еще более не нравилось то, что, она чувствовала, Кити не хотела открыть ей всю свою душу. Действительно, Кити таила от матери свои новые взгляды и чувства. Она таила их не потому,

---

[1] Никогда ни в чем не следует впадать в крайность *(фр.).*

чтоб она не уважала, не любила свою мать, но только потому, что это была ее мать. Она всякому открыла бы их скорее, чем матери.

– Что-то давно Анна Павловна не была у нас, – сказала раз княгиня про Петрову. – Я звала ее. А она что-то как будто недовольна.

– Нет, я не заметила, maman, – вспыхнув, сказала Кити.

– Ты давно не была у них?

– Мы завтра собираемся сделать прогулку в горы, – отвечала Кити.

– Что же, поезжайте, – отвечала княгиня, вглядываясь в смущенное лицо дочери и стараясь угадать причину ее смущения.

В этот же день Варенька пришла обедать и сообщила, что Анна Павловна раздумала ехать завтра в горы. И княгиня заметила, что Кити опять покраснела.

– Кити, не было ли у тебя чего-нибудь неприятного с Петровыми? – сказала княгиня, когда они остались одни. – Отчего она перестала присылать детей и ходить к нам?

Кити отвечала, что ничего не было между ними и что она решительно не понимает, почему Анна Павловна как будто недовольна ею. Кити ответила совершенную правду. Она не знала причины перемены к себе Анны Павловны, но догадывалась. Она догадывалась в такой вещи, которую она не могла сказать матери, которой она не говорила и себе. Это была одна из тех вещей, которые знаешь, но которые нельзя сказать даже самой себе; так страшно и постыдно ошибиться.

Опять и опять перебирала она в своем воспоминании все отношения свои к этому семейству. Она вспоминала наивную радость, выражавшуюся на круглом добродушном лице Анны Павловны при их встречах; вспоминала их тайные переговоры о больном, заговоры о том, чтоб отвлечь его от работы, которая была ему запрещена, и увести его гулять; привязанность меньшого мальчика, называвшего ее «моя Кити», не хотевшего без нее ложиться спать. Как все было хорошо! Потом она вспомнила худую-худую фигуру Петрова с его длинною шеей, в его коричневом сюртуке; его редкие вьющиеся волосы, вопросительные, страшные в первое время для Кити голубые глаза и его болезненные старания казаться бодрым и оживленным в ее присутствии. Она вспоминала свое усилие в первое время, чтобы преодолеть отвращение, которое она испытывала к нему, как и ко всем чахоточным, и старания, с которыми она придумывала, что сказать ему. Она вспоминала этот робкий умиленный взгляд, которым он смотрел на нее, и странное чувство сострадания и неловкости и потом сознания своей добродетельности, которое она испытывала при этом. Как все это было хорошо! Но все это было первое время. Теперь же, несколько дней тому назад, все вдруг испортилось. Анна Павловна притворно встречала Кити и не переставая наблюдала ее и мужа.

Неужели эта трогательная радость его при ее приближении была причиной охлаждения Анны Павловны?

«Да, – вспоминала она, – что-то было ненатуральнее в Анне Павловне и совсем непохожее на ее доброту, когда она третьего дня с досадой сказала: «Вот, все дожидался вас, не хотел без вас пить кофе, хотя ослабел ужасно».

«Да, может быть, и это неприятно ей было, когда я подала ему плед. Все это так просто, но он так неловко это принял, так долго благодарил, что и мне стало неловко. И потом этот портрет мой, который он так. хорошо сделал. А главное – этот взгляд, смущенный и нежный! Да, да, это так! – с ужасом повторила себе Кити. – Нет, это не может, не должно быть! Он так жалок!» – говорила она себе вслед за этим.

Это сомнение отравляло прелесть ее новой жизни.

XXXIV

Уже перед концом курса вод князь Щербацкий, ездивший после Карлсбада в Баден и Киссинген к русским знакомым набраться русского духа, как он говорил, вернулся к своим.

Взгляды князя и княгини на заграничную жизнь были совершенно противоположные. Княгиня находила все прекрасным и, несмотря на свое твердое положение в русском обществе, старалась за границей походить на европейскую даму, чем она не была, – потому что она была русская барыня, – и потому притворялась, что ей было отчасти неловко. Князь же, напротив, находил за границей все скверным, тяготился европейской жизнью, держался своих русских привычек и нарочно старался выказывать себя за границей менее европейцем, чем он был в действительности.

Князь вернулся похудевший, с обвислыми мешками кожи на щеках, но в самом веселом расположении духа. Веселое расположение его еще усилилось, когда он увидал Кити совершенно поправившуюся. Известие о дружбе Кити с госпожой Шталь и Варенькой и переданные княгиней наблюдения над какой-то переменой, происшедшей в Кити, смутили князя и возбудили в нем обычное чувство ревности ко всему, что увлекало его дочь помимо его, и страх, чтобы дочь не ушла из-под его влияния в какие-нибудь недоступные ему области. Но эти неприятные известия потонули в том море добродушия и веселости, которые всегда были в нем и особенно усилились карлсбадскими водами.

На другой день по своем приезде князь в своем длинном пальто, со своими русскими морщинами и одутловатыми щеками, подпертыми крахмаленными воротничками, в самом веселом расположении духа пошел с дочерью на воды.

Утро было прекрасное; опрятные, веселые дома с садиками, вид краснолицых, красноруких, налитых пивом, весело работающих немецких служанок и яркое солнце веселили сердце; но чем ближе они подходили к водам, тем чаще встречались больные, и вид их казался еще плачевнее среди обычных условий благоустроенной немецкой жизни. Кити уже не поражала эта противоположность. Яркое солнце, веселый блеск зелени, звуки музыки были для нее естественною рамкой всех этих знакомых лиц и перемен к ухудшению или улучшению, за которыми она следила; но для князя свет и блеск июньского утра, и звуки оркестра, игравшего модный веселый вальс, и особенно вид здоровенных служанок казались чем-то неприличным и уродливым в соединении с этими собравшимися со всех концов Европы, уныло двигавшимися мертвецами.

Несмотря на испытываемое им чувство гордости и как бы возврата молодости, когда любимая дочь шла с ним под руку, ему теперь как будто неловко и совестно было за свою сильную походку, за свои крупные, облитые жиром члены. Он испытывал почти чувство человека, неодетого в обществе.

— Представь, представь меня своим новым друзьям, — говорил он дочери, пожимая локтем ее руку. — Я и этот твой гадкий Соден полюбил за то, что он тебя так справил. Только грустно, грустно у вас. Это кто?

Кити называла ему те знакомые и незнакомые лица, которые они встречали. У самого входа в сад они встретили слепую m-me Berthe с проводницей, и князь порадовался на умиленное выражение старой француженки, когда она услыхала голос Кити Она тотчас с французским излишеством любезности заговорила с ним, хваля его за то, что у него такая прекрасная дочь, и в глаза превознося до небес Кити и называя ее сокровищем, перлом и ангелом-утешителем.

— Ну, так она второй ангел, — сказал князь, улыбаясь — Она называет ангелом нумер первый mademoiselle Вареньку.

— Oh! Mademoiselle Варенька — это настоящий ангел, allez [1], — подхватила m-me Berthe.

В галерее они встретили и самую Вареньку. Она поспешно шла им навстречу, неся элегантную красную сумочку.

— Вот и папа приехал! — сказала ей Кити. Варенька сделала просто и естественно, как и все, что она делала, движение, среднее между поклоном и приседанием, и тотчас же заговорила с князем, как она говорила со всеми, нестесненно и просто.

---

[1] Что и толковать (фр.).

– Разумеется, я вас знаю, очень знаю, – сказал ей князь с улыбкой, по которой Кити с радостью узнала, что друг ее понравился отцу. – Куда же вы так торопитесь?

– Maman здесь, – сказала она, обращаясь к Кити. – Она не спала всю ночь, и доктор посоветовал ей выехать. Я несу ей работу.

– Так это ангел нумер первый! – сказал князь, когда Варенька ушла.

Кити видела, что ему хотелось посмеяться над Варенькой, но что он никак не мог этого сделать, потому что Варенька понравилась ему.

– Ну вот и всех увидим твоих друзей, – прибавил он, – и мадам Шталь, если она удостоит узнать меня.

– А ты разве ее знал, папа? – спросила Кити со страхом, замечая зажегшийся огонек насмешки в глазах князя при упоминании о мадам Шталь.

– Знал ее мужа и ее немножко, еще прежде, чем она в пиетистки записалась.[1]

– Что такое пиетистка, папа? – спросила Кити, уже испуганная тем, что то, что она так высоко ценила в госпоже Шталь, имело название.

– Я и сам не знаю хорошенько. Знаю только, что она за все благодарит бога, за всякое несчастие, и за то, что у ней умер муж, благодарит бога. Ну, и выходит смешно, потому что они дурно жили.

– Это кто? Какое жалкое лицо! – спросил он, заметив сидевшего на лавочке невысокого больного в коричневом пальто и белых панталонах, делавших странные складки на лишенных мяса костях его ног.

Господин этот приподнял свою соломенную шляпу над вьющимися редкими волосами, открывая высокий, болезненно покрасневший от шляпы лоб.

– Это Петров, живописец, – отвечала Кити, покраснев. – А это жена его, – прибавила она, указывая на Анну Павловну, которая, как будто нарочно, в то самое время, как они подходили, пошла за ребенком, отбежавшим по дорожке.

– Какой жалкий, и какое милое у него лицо! – сказал князь. – Что же ты не подошла? Он что-то хотел сказать тебе?

– Ну, так подойдем, – сказала Кити, решительно поворачиваясь. – Как ваше здоровье нынче? – спросила она у Петрова.

Петров встал, опираясь на палку, и робко посмотрел на князя.

---

[1] *...она в пиетистки записалась...* – Пиетизм – религиозное учение, отводившее первостепенную роль внутреннему благочестию, а не внешней церковной обрядности. В России пиетизм еще со времен Александра I был распространен в придворных кругах, где уживался с крайними проявлениями фанатичности, тиранства и «злонравия». Поэтому самое слово «пиетизм» становилось синонимом ханжества.

- Это моя дочь, - сказал князь. - Позвольте быть знакомым.

Живописец поклонился и улыбнулся, открывая странно блестящие белые зубы.

- Мы вас ждали вчера, княжна, - сказал он Кити.

Он пошатнулся, говоря это, и, повторяя это движение, старался показать, что он это сделал нарочно.

- Я хотела прийти, но Варенька сказала, что Анна Павловна присылала сказать, что вы не поедете.

- Как не поедем? - покраснев и тотчас же закашлявшись, сказал Петров, отыскивая глазами жену. - Анета, Анета! - проговорил он громко, и на тонкой белой шее его, как веревки, натянулись толстые жилы.

Анна Павловна подошла.

- Как же ты послала сказать княжне, что мы не поедем! - потеряв голос, раздражительно прошептал он ей.

- Здравствуйте, княжна! - сказала Анна Павловна с притворною улыбкой, столь непохожею на прежнее ее обращение. - Очень приятно познакомиться, - обратилась она к князю. - Вас давно ждали, князь.

- Как же ты послала сказать княжне, что мы не поедем? - хрипло прошептал еще раз живописец еще сердитее, очевидно раздражаясь еще более тем, что голос изменяет ему и он не может дать своей речи того выражения, какое бы хотел.

- Ах, боже мой! Я думала, что мы не поедем, - с досадою отвечала жена.

- Как же, когда... - он закашлялся и махнул рукой. Князь приподнял шляпу и отошел с дочерью.

- О, ох! - тяжело вздохнул он, - о, несчастные!

- Да, папа, - отвечала Кити. - Но надо знать, что у них трое детей, никого прислуги и почти никаких средств. Он что-то получает от Академии, - оживленно рассказывала она, стараясь заглушить поднявшееся волнение в ней вследствие странной в отношении к ней перемены Анны Павловны.

- А вот и мадам Шталь, - сказала Кити, указывая на колясочку, в которой, обложенное подушками, в чел-то голубом и сером, под зонтиком лежало что-то.

Это была г-жа Шталь. Сзади ее стоял мрачный здоровенный работник-немец, катавший ее. Подле стоял белокурый шведский граф, которого знала по имени Кити. Несколько человек больных медлили около колясочки, глядя на эту даму, как на что-то необыкновенное.

Князь подошел к ней. И тотчас же в глазах его Кити заметила смущавший ее огонек насмешки. Он подошел к мадам Шталь и заговорил на том отличном французском языке, на котором уже столь немногие говорили теперь, чрезвычайно учтиво и мило.

– Не знаю, вспомните ли вы меня, но я должен напомнить себя, чтобы поблагодарить за вашу доброту к моей дочери, – сказал он ей сняв шляпу и не надевая ее.

– Князь Александр Щербацкий, – сказала мадам Шталь, поднимая на него свои небесные глаза, в выражении которых Кити заметила неудовольствие. – Очень рада. Я так полюбила вашу дочь.

– Здоровье ваше все нехорошо?

– Да я уж привыкла, – сказала мадам Шталь и познакомила князя со шведским графом.

– А вы очень мало переменились, – сказал ей князь. – Я не имел чести видеть вас десять или одиннадцать лет.

– Да, бог дает крест и дает силу нести его. Часто удивляешься, к чему тянется эта жизнь… С той стороны! – с досадой обратилась она к Вареньке, не так завертывавшей ей пледом ноги.

– Чтобы делать добро, вероятно, – сказал князь, смеясь глазами.

– Это не нам судить, – сказала госпожа Шталь, заметив оттенок выражения на лице князя. – Так вы пришлете мне эту книгу, любезный граф? Очень благодарю вас, – обратилась она к молодому шведу.

– А! – вскрикнул князь, увидав московского полковника, стоявшего около, и, поклонившись госпоже Шталь, отошел с дочерью и с присоединившимся к ним московским полковником.

– Это наша аристократия, князь! – с желанием быть насмешливым сказал московский полковник, который был в претензии на госпожу Шталь за то, что она не была с ним знакома.

– Все такая же, – отвечал князь.

– А вы еще до болезни знали ее, князь, то есть прежде, чем она слегла?

– Да. Она при мне слегла, – сказал князь.

– Говорят, она десять лет не встает.

– Не встает, потому что коротконожка. Она очень дурно сложена…

– Папа, не может быть! – вскрикнула Кити.

– Дурные языки так говорят, мой дружок. А твоей Вареньке таки достается, – прибавил он. – Ох, эти больные барыни!

– О нет, папа! – горячо возразила Кити. – Варенька обожает ее. И потом она делает столько добра! У кого хочешь спроси! Ее и Aline Шталь все знают.

– Может быть, – сказал он, пожимая локтем ее руку. – Но лучше, когда делают так, что, у кого ни спроси, никто не знает.

Кити замолчала не потому, что ей нечего было говорить; но она и отцу не хотела открыть свои тайные мысли. Однако, странное дело, несмотря на то, что она так готовилась не подчиниться взгляду отца, не дать ему доступа в свою святыню, она почувствовала, что тот божественный образ госпожи Шталь, который она месяц целый носила в душе, безвозвратно исчез, как фигура, составившаяся из брошенного платья, исчезает, когда поймешь, как лежит это платье. Осталась одна коротконогая женщина, которая лежит потому, что дурно сложена, и мучает безответную Вареньку за то, что та не так подвертывает ей плед. И никакими усилиями воображения нельзя уже было возвратить прежнюю мадам Шталь.

XXXV

Князь передал свое веселое расположение духа и домашним своим, и знакомым, и даже немцу-хозяину, у которого стояли Щербацкие.

Вернувшись с Кити с вод и пригласив к себе к кофе и полковника, и Марью Евгеньевну, и Вареньку, князь велел вынести стол и кресла в садик, под каштан, и там накрыть завтрак. И хозяин и прислуга оживились под влиянием его веселости. Они знали его щедрость, и чрез полчаса больной гамбургский доктор, живший наверху, с завистью смотрел в окно на эту веселую русскую компанию здоровых людей, собравшуюся под каштаном. Под дрожащею кругами тенью листьев, у покрытого белою скатертью и уставленного кофейниками, хлебом, маслом, сыром, холодною дичью стола, сидела княгиня в наколке с лиловыми лентами, раздавая чашки и тартинки. На другом конце сидел князь, плотно кушая и громко и весело разговаривая. Князь разложил подле себя свои покупки – резные сундучки, бирюльки, разрезные ножики всех сортов, которых он накупил кучу на всех водах, и раздаривал их всем, в том числе Лисхен, служанке, и хозяину, с которым Он шутил на своем комическом дурном немецком языке, уверяя его, что не воды вылечили Кити, но его отличные кушанья, в особенности суп с черносливом. Княгиня подсмеивалась над мужем за его русские привычки, но была так оживлена и весела, как не была во все время жизни на водах. Полковник, как всегда, улыбался шуткам князя; но насчет Европы, которую он внимательно изучал, как он думал, он держал сторону княгини. Добродушная Марья Евгеньевна покатывалась со смеху от всего, что говорил смешного князь, и Варенька, чего еще Кити никогда не видала, раскисала от слабого, но сообщающегося смеха, который возбуждали в ней шутки князя.

Все это веселило Кити, но она не могла не быть озабоченною. Она не могла разрешить задачи, которую ей невольно задал отец своим веселым взглядом на ее друзей и на ту жизнь, которую она так полюбила. К задаче этой присоединилась еще перемена ее отношений к Петровым, которая нынче так очевидно и неприятно высказалась. Всем было весело, но Кити не могла быть веселою, и это еще более мучало ее. Она испытывала чувство вроде того, какое испытывала в детстве, когда под наказанием была заперта в своей комнате и слушала веселый смех сестер.

– Ну, на что ты накупил эту бездну? – говорила княгиня, улыбаясь и подавая мужу чашку с кофеем.

– Пойдешь ходить, ну, подойдешь к лавочке, просят купить: «Эрлаухт, эксцеленц, дурхлаухт»[1]. Ну, уж как скажут: «Дурхлаухт», уж я и не могу: десяти талеров и нет.

– Это только от скуки, – сказала княгиня.

– Разумеется, от скуки. Такая скука, матушка, что не знаешь, куда деться.

– Как можно скучать, князь? Так много интересного теперь в Германии, – сказала Марья Евгеньевна.

– Да я все интересное знаю: суп с черносливом знаю, гороховую колбасу знаю. Все знаю.

– Нет, но как хотите, князь, интересны их учреждения, – сказал полковник.

– Да что же интересного? Все они довольны, как медные гроши: всех победили. Ну, а мне-то чем же довольным быть? Я никого не победил, а только сапоги снимай сам, да еще за дверь их сам выставляй. Утром вставай, сейчас же одевайся, иди в салон чай скверный пить. То ли дело дома! Проснешься не торопясь, посердишься на что-нибудь, поворчишь, опомнишься хорошенько, все обдумаешь, не торопишься.

– А время – деньги, вы забываете это, – сказал полковник.

– Какое время! Другое время такое, что целый месяц за полтинник отдашь, а то так никаких денег за полчаса не возьмешь. Так ли, Катенька? Что ты, какая скучная?

– Я ничего.

– Куда же вы? Посидите еще, – обратился он к Вареньке.

– Мне надо домой, – сказала Варенька, вставая, и опять залилась смехом.

Оправившись, она простилась и пошла в дом, чтобы взять шляпу. Кити пошла за нею. Даже Варенька представлялась ей теперь другою. Она не была хуже, но она была другая, чем та, какою она прежде воображала ее себе.

---

[1] Ваше сиятельство, ваше превосходительство, ваша светлость (нем.).

– Ах, я давно так не смеялась! – сказала Варенька, собирая зонтик и мешочек. – Какой он милый, ваш папа!

Кити молчала.

– Когда же увидимся? – спросила Варенька.

– Maman хотела зайти к Петровым. Вы не будете там? – сказала Кити, испытывая Вареньку.

– Я буду, – отвечала Варенька. – Они собираются уезжать, так я обещалась помочь укладываться.

– Ну, и я приду.

– Нет, что вам?

– Отчего, отчего, отчего? – широко раскрывая глаза, заговорила Кити, чтобы не выпускать Вареньку, взявшись за ее зонтик. – Нет, постойте, отчего?

– Так; ваш папа приехал, и потом с вами они стесняются.

– Нет, вы мне скажите, отчего вы не хотите, чтоб я часто бывала у Петровых? Ведь вы не хотите? Отчего?

– Я не говорила этого, – спокойно сказала Варенька.

– Нет, пожалуйста, скажите!

– Все говорить? – спросила Варенька.

– Все, все! – подхватила Кити.

– Да особенного ничего нет, а только то, что Михаил Алексеевич (так звали живописца) прежде хотел ехать раньше, а теперь не хочет уезжать, – улыбаясь, сказала Варенька.

– Ну! Ну! – торопила Кити, мрачно глядя на Вареньку.

– Ну, и почему-то Анна Павловна сказала, что он не хочет оттого, что вы тут. Разумеется, это было некстати, но из-за этого, из-за вас вышла ссора. А вы знаете, как эти больные раздражительны.

Кити все более и более хмурилась, и Варенька говорила одна, стараясь смягчить и успокоить ее, видя собиравшийся взрыв, она не знала чего – слез или слов.

– Так лучше вам не ходить… И вы понимаете, вы не обижайтесь…

– И поделом мне, и поделом мне! – быстро заговорила Кити, схватывая зонтик из рук Вареньки и глядя мимо глаз своего друга.

Вареньке хотелось улыбнуться, глядя на детский гнев своего друга, но она боялась оскорбить се.

– Как поделом? Я не понимаю, – сказала она.

– Поделом за то, что все это было притворство, потому что это все выдуманное, а не от сердца. Какое мне дело было до чужого человека? И вот вышло, что я причиной ссоры и что я делала то, чего меня никто не просил. Оттого что все притворство! притворство! притворство!..

— Да с какою же целью притворяться? - тихо сказала Варенька.

— Ах, как глупо, гадко! Не было мне никакой нужды… Все притворство! - говорила она, открывая и закрывая зонтик.

— Да с какою же целью?

— Чтобы казаться лучше пред людьми, пред собой, пред богом, всех обмануть. Нет, теперь уж я не поддамся на это! Быть дурною, но по крайней мере не лживою, не обманщицей!

— Да кто же обманщица? - укоризненно сказала Варенька. - Вы говорите, как будто…

Но Кити была в своем припадке вспыльчивости. Она не дала ей договорить.

— Я не об вас, совсем не об вас говорю. Вы совершенство. Да, да, я знаю, что вы все совершенство; но что же делать, что я дурная? Этого бы не было, если б я не была дурная. Так пускай я буду какая есть, но не буду притворяться. Что мне за дело до Анны Павловны! Пускай они живут как хотят, и я как хочу. Я не могу быть другою… И все это не то, не то!..

— Да что же не то? - в недоумении говорила Варенька.

— Все не то. Я не могу иначе жить, как по сердцу, а вы живете по правилам. Я вас полюбила просто, а вы, верно, только затем, чтобы спасти меня, научить меня!

— Вы несправедливы, - сказал Варенька.

— Да я ничего не говорю про других, я говорю про себя.

— Кити! - послышался голос матери, - поди сюда, покажи папа свои коральки.

Кити с гордым видом, не помирившись с своим другом, взяла со стола коральки в коробочке и пошла к матери.

— Что с тобой? Что ты такая красная? - сказали ей мать и отец в один голос.

— Ничего, - отвечала она, - я сейчас приду, - и побежала назад.

«Она еще тут! - подумала она. - Что я скажу ей, боже мой! что я наделала, что я говорила! За что я обидела ее? Что мне делать? Что я скажу ей?» - думала Кити и остановилась у двери.

Варенька в шляпе и с зонтиком в руках сидела у стола, рассматривая пружину, которую сломала Кити. Она подняла голову.

— Варенька, простите меня, простите! - прошептала Кити, подходя к ней. - Я не помню, что я говорила. Я…

— Я, право, не хотела вас огорчать, - сказала Варенька, улыбаясь.

Мир был заключен. Но с приездом отца для Кити изменился весь тот мир, в котором она жила. Она не отреклась от всего того, что узнала, но поняла, что она себя обманывала, думая, что может быть тем, чем хотела быть. Она как будто очнулась; почувствовала всю трудность без притворства и хвастовства удержаться на той высоте, на которую она хотела подняться; кроме того, она почувствовала всю тяжесть этого мира горя, болезней, умирающих, в котором она жила; ей мучительны показались те усилия, которые она употребляла над собой, чтобы любить это, и поскорее захотелось на свежий воздух, в Россию, в Ергушово, куда, как она узнала из письма, переехала уже ее сестра Долли с детьми.

Но любовь ее к Вареньке не ослабела. Прощаясь, Кити упрашивала ее приехать к ним в Россию.

— Я приеду, когда вы выйдете замуж, — сказала Варенька.

— Я никогда не выйду.

— Ну, так я никогда не приеду.

— Ну, так я только для этого выйду замуж. Смотрите ж, помните обещание! — сказала Кити.

Предсказания доктора оправдались. Кити возвратилась домой, в Россию, излеченная. Она не была так беззаботна и весела, как прежде, но она была спокойна а московские горести ее стали воспоминанием.

ЧАСТЬ ТРЕТЬЯ

I

Сергей Иванович Кознышев хотел отдохнуть от умственной работы и, вместо того чтоб отправиться, по обыкновению, за границу, приехал в конце мая в деревню к брату. По его убеждениям, самая лучшая жизнь была деревенская. Он приехал теперь наслаждаться этою жизнию к брату. Константин Левин был очень рад, тем более что он не ждал уже в это лето брата Николая. Но, несмотря на свою любовь и уважение к Сергею Ивановичу, Константину Левину было в деревне неловко с братом. Ему неловко, даже неприятно было видеть отношение брата к деревне. Для Константина Левина деревня была место жизни, то есть радостей, страданий, труда; для Сергея Ивановича деревня была, с одной стороны, отдых от труда, с другой — полезное противоядие испорченности, которое он принимал с удовольствием и сознанием его пользы. Для Константина Левина деревня была чем хороша, что она представляла поприще для труда несомненно полезного; для Сергея Ивановича деревня была особенно хороша тем, что там можно и должно ничего не делать. Кроме того, и отношение Сергея Ивановича к народу несколько коробило Константина. Сергей Иванович говорил, что он любит и знает народ, и часто беседовал с мужиками, что он умел делать хорошо, не притворяясь и не ломаясь, и из каждой такой беседы выводил общие данные в пользу народа и в доказательство, что знал этот народ. Такое отношение к народу не нравилось Константину Левину. Для Константина народ был только главный участник в общем труде, и, несмотря на все уважение и какую то кровную любовь к мужику, всосанную им, как он сам говорил, вероятно, с молоком бабы-кормилицы, он, как участник с ним в общем деле, иногда приходивший в восхищенье от силы, кротости, справедливости этих людей, очень часто, когда в общем деле требовались другие качества, приходил в озлобление на народ за его беспечность, неряшливость, пьянство, ложь. Константин Левин, если б у него спросили, любит ли он народ, решительно не знал бы, как на это ответить. Он любил и не любил народ так же, как вообще людей. Разумеется, как добрый человек, он больше любил, чем не любил людей, а потому и народ. Но любить или не любить народ, как что-то особенное, он не мог, потому что не только жил с народом, не только все его интересы были связаны с народом, но он считал и самого себя частью народа, не видел в себе и народе никаких особенных качеств и недостатков и не мог противопоставлять себя народу. Кроме того, хотя он долго жил в самых близких отношениях к мужикам как хозяин и посредник, а главное, как советчик (мужики верили ему и ходили верст за сорок к нему советоваться), он не имел никакого определенного суждения о народе, и на вопрос, знает ли он народ, был бы в таком же затруднении ответить, как на вопрос, любит ли он народ. Сказать, что он знает народ, было бы для него то же самое, что сказать, что он знает людей. Он постоянно наблюдал и узнавал всякого рода людей и в том числе людей-мужиков, которых он считал хорошими и интересными людьми, и беспрестанно замечал в них новые черты, изменял о них прежние суждения и составлял новые. Сергей Иванович напротив. Точно так же, как он любил и хвалил деревенскую жизнь в противоположность той, которой он не любил, точно так же и народ любил он в противоположность тому классу людей, которого он не любил, и точно так же он знал народ как что-то противоположное вообще людям. В его методическом уме ясно сложились определенные формы народной жизни, выведенные отчасти из самой народной жизни, но преимущественно из противоположения. Он никогда не изменял своего мнения о народе и сочувственного к нему отношения.

В случавшихся между братьями разногласиях при суждении о народе Сергей Иванович всегда побеждал брата именно тем, что у Сергея Ивановича были определенные понятия о народе, его характере, свойствах и вкусах;

у Константина же Левина никакого определенного и неизменного понятия не было, так что в этих спорах Константин всегда был уличаем в противоречии самому себе.

Для Сергея Ивановича меньшой брат его был славный малый, с сердцем, *поставленным хорошо* (как он выражался по-французски), но с умом хотя и довольно быстрым, однако подчиненным впечатлениям минуты и потому исполненным противоречий. Со снисходительностью старшего брата он иногда объяснял ему значение вещей, по не мог находить удовольствия спорить с ним, потому что слишком легко разбивал его.

Константин Левин смотрел на брата, как на человека огромного ума и образования, благородного в самом высоком значении этого слова и одаренного способностью деятельности для общего блага. Но в глубине своей души, чем старше он становился и чем ближе узнавал своего брата, тем чаще и чаще ему приходило в голову, что эта способность деятельности для общего блага, которой он чувствовал себя совершенно лишенным, может быть, и не есть качество, а, напротив, недостаток чего-то – не недостаток добрых, честных, благородных желаний и вкусов, но недостаток силы жизни, того, что называют сердцем, того стремления, которое заставляет человека из всех бесчисленных представляющихся путей жизни выбрать один и желать этого одного. Чем больше он узнавал брата, тем более замечал, что и Сергей Иванович и многие другие деятели для общего блага не сердцем были приведены к этой любви к общему благу, но умом рассудили, что заниматься этим хорошо, и только потому занимались этим. В этом предположении утвердило Левина еще и то замечание, что брат его нисколько не больше принимал к сердцу вопросы об общем благе и о бессмертии души, чем о шахматной партии или об остроумном устройстве новой машины.

Кроме того, Константину Левину было в деревне неловко с братом еще и оттого, что в деревне, особенно летом, Левин бывал постоянно занят хозяйством, и ему недоставало длинного летнего дня, для того чтобы переделать все, что нужно, а Сергей Иванович отдыхал. Но хотя он и отдыхал теперь, то есть не работал над своим сочинением, он так привык к умственной деятельности, что любил высказывать в красивой сжатой форме приходившие ему мысли и любил, чтобы было кому слушать. Самый же обыкновенный и естественный слушатель его был брат. И потому, несмотря на дружескую простоту их отношений, Константину неловко было оставлять его одного. Сергей Иванович любил лечь в траву на солнце и лежать так, жарясь, и лениво болтать.

– Ты не поверишь, – говорил он брату, – какое для меня наслажденье эта хохлацкая лень. Ни одной мысли в голове, хоть шаром покати.

Но Константину Левину скучно было сидеть, слушая его, особенно потому, что он знал, без него возят навоз на неразлешенное поле и навалят бог знает как, если не посмотреть; и резцы в плугах не завинтят, а поснимают и потом скажут, что плуги выдумка пустая и то ли дело соха Андреевна, и т. п.

— Да будет тебе ходить по жаре, — говорил ему Сергей Иванович.

— Нет, мне только на минутку забежать в контору, — говорил Левин и убегал в поле.

II

В первых числах июня случилось, что няня и экономка Агафья Михайловна понесла в подвал баночку с только что посоленными ею грибками, поскользнулась, упала и свихнула руку в кисти. Приехал молодой болтливый, только что кончивший курс студент, земский врач. Он осмотрел руку, сказал, что она не вывихнута, наложил компрессы и, оставшись обедать, видимо наслаждался беседой со знаменитым Сергеем Ивановичем Кознышевым и рассказывал ему, чтобы выказать свой просвещенный взгляд на вещи, все уездные сплетни, жалуясь на дурное положение земского дела. Сергей Иванович внимательно слушал, расспрашивал и, возбуждаемый новым слушателем, разговорился и высказал несколько метких и веских замечаний, почтительно оцененных молодым доктором, и пришел в свое, знакомое брату, оживленное состояние духа, в которое он обыкновенно приходил после блестящего и оживленного разговора. После отъезда доктора Сергей Иванович пожелал ехать с удочкой на реку. Он любил удить рыбу и как будто гордился тем, что может любить такое глупое занятие.

Константин Левин, которому нужно было на пахоту и на луга, вызвался довезти брата в кабриолете.

Было то время года, перевал лета, когда урожай нынешнего года уже определился, когда начинаются заботы о посеве будущего года и подошли покосы, когда рожь вся выколосилась и, серо-зеленая, не налитым, еще легким колосом волнуется по ветру, когда зеленые овсы, с раскиданными по ним кустами желтой травы, неровно выкидываются по поздним посевам, когда ранняя гречиха уже лопушится, скрывая землю, когда убитые в камень скотиной пары с оставленными дорогами, которые не берет соха, вспаханы до половины; когда присохшие вывезенные кучи навоза пахнут по заряям вместе с медовыми травами, и на низах, ожидая косы, стоят сплошным морем береженые луга с чернеющимися кучами стеблей выполонного щавельника.

Было то время, когда в сельской работе наступает короткая передышка пред началом ежегодно повторяющейся и ежегодно вызывающей все силы народа уборки. Урожай был прекрасный, и стояли ясные, жаркие летние дни с росистыми короткими ночами.

Братья должны были проехать чрез лес, чтобы подъехать к лугам. Сергей Иванович любовался все время красотою заглохшего от листвы леса, указывая брату то на темную с тенистой стороны, пестреющую желтыми прилистниками, готовящуюся к цвету старую липу, то на изумрудом блестящие молодые побеги дерев нынешнего года. Константин Левин не любил говорить и слушать про красоты природы. Слова снимали для него красоту с того, что он видел. Он поддакивал брату, но невольно стал думать о другом. Когда они проехали лес, все внимание его поглотилось видом парового поля на бугре, где желтеющего травой, где сбитого и изрезанного клетками, где уваленного кучами, а где и вспаханного. По полю ехали вереницей телеги. Левин сосчитал телеги и остался довольным тем, что вывезется все, что нужно, и мысли его перешли при виде лугов на вопрос о покосе. Он всегда испытывал что-то особенно забирающее за живое в уборке сена. Подъехав к лугу, Левин остановил лошадь.

Утренняя роса еще оставалась внизу на густом подседе травы, и Сергей Иванович, чтобы не мочить ноги, попросил довезти себя по лугу в кабриолете до того ракитового куста, у которого брались окуни. Как ни жалко было Константину Левину мять свою траву, он въехал в луг. Высокая трава мягко обвивалась около колес и ног лошади, оставляя свои семена на мокрых спицах и ступицах.

Брат сел под кустом, разобрав удочки, а Левин отвел лошадь, привязал и вошел в не движимое ветром огромное серо-зеленое море луга. Шелковистая с выспевающими семенами трава была по пояс на заливном месте.

Перейдя луг поперек, Константин Левин вышел на дорогу и встретил старика с опухшим глазом, несшего роевню с пчелами.

– Что? или поймал, Фомич? – спросил он.

– Какое поймал, Константин Митрич! Только бы своих уберечь. Ушел вот второй раз другак… Спасибо, ребята доскакали. У вас пашут. Отпрягли лошадь, доскакали…

– Ну, что скажешь, Фомич, – косить или подождать?

– Да что ж! По-нашему, до Петрова дня подождать. А вы раньше всегда косите. Что ж, бог даст травы добрые. Скотине простор будет.

– А погода, как думаешь?

– Дело божье. Может, и погода будет.

Левин подошел к брату. Ничего не ловилось, но Сергей Иванович не скучал и казался в самом веселом расположении духа. Левин видел, что, раззадоренный разговором с доктором, он хотел поговорить. Левину же, напротив, хотелось скорее домой, чтобы распорядиться о вызове косцов к завтрему и решить сомнение насчет покоса, которое сильно занимало его.

– Что ж, поедем, – сказал он.

– Куда ж торопиться? Посидим. Как ты измок, однако! Хоть не ловится, но хорошо. Всякая охота тем хороша, что имеешь дело с природой. Ну что за прелесть эта стальная вода! – сказал он. – Эти берега луговые всегда напоминают мне загадку, – знаешь? Трава говорит воде: а мы пошатаемся, пошатаемся.

– Я не знаю этой загадки, – уныло отвечал Левин.

III

– А знаешь, я о тебе думал, – сказал Сергей Иванович. – Это ни на что не похоже, что у вас делается в уезде, как мне порассказал этот доктор; он очень неглупый малый. И я тебе говорил и говорю: нехорошо, что ты не ездишь на собрания и вообще устранился от земского дела. Если порядочные люди будут удаляться, разумеется, все пойдет бог знает как. Деньги мы платим, они идут на жалованье, а нет ни школ, ни фельдшеров, ни повивальных бабок, ни аптек, ничего нет.

– Ведь я пробовал, – тихо и неохотно отвечал Левин, – не могу! ну что ж делать!

– Да чего ты не можешь? Я, признаюсь, не понимаю. Равнодушия, неуменья я не допускаю; неужели просто лень?

– Ни то, ни другое, ни третье. Я пробовал и вижу, что ничего не могу сделать, – сказал Левин.

Он мало вникал в то, что говорил брат. Вглядываясь за реку на пашню, он различал что-то черное, но не мог разобрать, лошадь это или приказчик верхом.

– Отчего же ты не можешь ничего сделать? Ты сделал попытку, и не удалось по-твоему, и ты покоряешься. Как не иметь самолюбия?

– Самолюбия, – сказал Левин, задетый за живое словами брата, – я не понимаю. Когда бы в университете мне сказали, что другие понимают интегральное вычисление, а я не понимаю, – тут самолюбие. Но тут надо быть убежденным прежде, что нужно иметь известные способности для этих дел и, главное, в том, что все эти дела важны очень.

– Так что ж! это не важно? – сказал Сергей Иванович, задетый за живое и тем, что брат его находил неважным то, что его занимало, и в особенности тем, что он, очевидно, почти не слушал его.

– Мне не кажется важным, не забирает меня, что ж ты хочешь?.. – отвечал Левин, разобрав, что то, что он видел, был приказчик и что приказчик, вероятно, спустил мужиков с пахоты. Они перевертывали сохи. «Неужели уж отпахали?» – подумал он.

– Ну, послушай, однако, – нахмурив свое красивое умное лицо, сказал брат, – есть границы всему. Это очень хорошо быть чудаком и искренним человеком и не любить фальшь, – я все это знаю; но ведь то, что ты говоришь, или не имеет смысла, или имеет очень дурной смысл. Как ты находишь неважным, что тот народ, который ты любишь, как ты уверяешь...

«Я никогда не уверял», – подумал Константин Левин.

– ...мрет без помощи? Грубые бабки замаривают детей, и народ коснеет в невежестве и остается во власти всякого писаря, а тебе в руки дано средство помочь этому; и ты не помогаешь, потому что это не важно.

И Сергей Иванович поставил ему дилемму: или ты так неразвит, что не можешь видеть всего, что можешь сделать, или ты не хочешь поступиться своим спокойствием, тщеславием, я не знаю чем, чтоб это сделать.

Константин Левин чувствовал, что ему остается только покориться или признаться в недостатке любви к общему делу. И это его оскорбило и огорчило.

– И то и другое, – сказал он решительно. – Я не вижу, чтобы можно было...

– Как? Нельзя, хорошо разместив деньги, дать врачебную помощь?

– Нельзя, как мне кажется... На четыре тысячи квадратных верст нашего уезда, с нашими зажорами, метелями, рабочею порой, я не вижу возможности давать повсеместно врачебную помощь. Да и вообще не верю в медицину.

– Ну, позволь; это несправедливо... Я тебе тысячи примеров назову... Ну, а школы?

– Зачем школы?

– Что ты говоришь? Разве может быть сомнение в пользе образования? Если оно хорошо для тебя, то и для всякого.

Константин Левин чувствовал себя нравственно припертым к стене и потому разгорячился и высказал невольно главную причину своего равнодушия к общему делу.

– Может быть, все это хорошо; но мне-то зачем заботиться об учреждении пунктов медицинских, которыми я никогда не пользуюсь, и школ, куда я своих детей не буду посылать, куда и крестьяне не хотят посылать детей, и я еще не твердо верю, что нужно их посылать? – сказал он.

Сергея Ивановича на минуту удивило это неожиданное воззрение на дело; но он тотчас составил новый план атаки.

Он помолчал, вынул одну удочку, перекинул и, улыбаясь, обратился к брату.

– Ну, позволь… Во-первых, пункт медицинский понадобился. Вот мы для Агафьи Михайловны послали за земским доктором.

– Ну, я думаю, что рука останется кривою.

– Это еще вопрос… Потом грамотный мужик, работник тебе же нужнее и дороже.

– Нет, у кого хочешь спроси, – решительно отвечал Константин Левин, – грамотный как работник гораздо хуже. И дороги починить нельзя; а мосты как поставят, так и украдут.

– Впрочем, – нахмурившись, сказал Сергей Иванович, не любивший противоречий и в особенности таких, которые беспрестанно перескакивали с одного на другое и без всякой связи вводили новые доводы, так что нельзя было знать, на что отвечать, – впрочем, не в том дело. Позволь. Признаешь ли ты, что образование есть благо для народа?

– Признаю, – сказал Левин нечаянно и тотчас же подумал, что он сказал не то, что думает. Он чувствовал, что, если он призна́ет это, ему будет доказано, что он говорит пустяки, не имеющие никакого смысла. Как это будет ему доказано, он не знал, но знал, что это, несомненно, логически будет ему доказано, и он ждал этого доказательства.

Довод вышел гораздо проще, чем того ожидал Константин Левин.

– Если ты признаешь это благом, – сказал Сергей Иванович, – то ты, как честный человек, не можешь не любить и не сочувствовать такому делу и потому не желать работать для него.

– Но я еще не признаю этого дела хорошим, – покраснев, сказал Константин Левин.

– Как? Да ты сейчас сказал…

– То есть я не признаю его ни хорошим, ни возможным.

– Этого ты не можешь знать, не сделав усилий.

– Ну, положим, – сказал Левин, хотя вовсе не полагал этого, – положим, что это так; но я все-таки не вижу, Для чего я буду об этом заботиться.

– То есть как?

– Нет, уж если мы разговорились, то объясни мне с философской точки зрения, – сказал Левин.

– Я не понимаю, к чему тут философия, – сказал Сергей Иванович, как показалось Левину, таким тоном, как будто он не признавал права брата рассуждать о философии. И это раздражило Левина.

– Вот к чему! – горячась, заговорил он. – Я думаю, что двигатель всех наших действий есть все-таки личное счастье. Теперь в земских учреждениях я, как дворянин, не вижу ничего, что бы содействовало моему благосостоянию. Дороги не лучше и не могут быть лучше; лошади мои везут меня и по дурным. Доктора и пункта мне не нужно. Мировой судья мне не нужен, – я никогда не обращаюсь к нему и не обращусь. Школы мне не только не нужны, но даже вредны, как я тебе говорил. Для меня земские учреждения просто повинность платить восемнадцать копеек с десятины, ездить в город, ночевать с клопами и слушать всякий вздор и гадости, а личный интерес меня не побуждает.

– Позволь, – перебил с улыбкой Сергей Иванович, – личный интерес не побуждал нас работать для освобождения крестьян, а мы работали.

– Нет! – все более горячась, перебил Константин. – Освобождение крестьян было другое дело. Тут был личный интерес. Хотелось сбросить с себя это ярмо, которое давило нас, всех хороших людей. Но быть гласным[1], рассуждать о том, сколько золотарей нужно и как трубы провести в городе, где я не живу; быть присяжным и судить мужика, укравшего ветчину, и шесть часов слушать всякий вздор, который мелют защитники и прокуроры, и как председатель спрашивает у моего старика Алешки-дурачка: «Признаете ли вы, господин подсудимый, факт похищения ветчины?» – «Ась?»

Константин Левин уже отвлекся, стал представлять председателя и Алешку-дурачка; ему казалось, что это все идет к делу.

Но Сергей Иванович пожал плечами.

– Ну, так что ты хочешь сказать?

– Я только хочу сказать, что те права, которые меня... мой интерес затрагивают, я буду всегда защищать всеми силами; что когда у нас, у студентов, делали обыск и читали наши письма жандармы, я готов всеми силами защищать эти права, защищать мои права образования, свободы. Я понимаю военную повинность, которая затрагивает судьбу моих детей, братьев и меня самого; я готов обсуждать то, что меня касается; но судить, куда распределить сорок тысяч земских денег, или Алешку-дурачка судить, – я не понимаю и не могу.

Константин Левин говорил так, как будто прорвало плотину его слов. Сергей Иванович улыбнулся.

– А завтра ты будешь судиться: что же, тебе приятнее было бы, чтобы тебя судили в старой уголовной палате?

– Я не буду судиться. Я никого не зарежу, и мне этого не нужно. Ну уж! – продолжал он, опять перескакивая к совершенно нейдущему к делу, –

---

[1] *...быть гласным...* – Гласный – член земского собрания. Срок полномочия гласных – три года. Абсолютное большинство гласных в земских собраниях составляли дворяне. «Законодательство давало дворянству право везде председательствовать» («Отечественные записки», 1874, V, с. 65).

наши учреждения и все это – похоже на березки, которые мы натыкали, как в троицын день, для того чтобы было похоже на лес, который сам вырос в Европе, и не могу я от души поливать и верить в эти березки!

Сергей Иванович пожал только плечами, выражая этим жестом удивление тому, откуда теперь явились в их споре эти березки, хотя он тотчас же понял то, что хотел сказать этим его брат.

– Позволь, ведь этак нельзя рассуждать, – заметил он. Но Константину Левину хотелось оправдаться в том недостатке, который он знал за собой, в равнодушии к общему благу, и он продолжал.

– Я думаю, – сказал Константин, – что никакая деятельность не может быть прочна, если она не имеет основы в личном интересе. Это общая истина, философская, – сказал он, с решительностью повторяя слово *философская,* как будто желая показать, что он тоже имеет право, как и всякий, говорить о философии.

Сергей Иванович еще раз улыбнулся. «И у него там тоже какая-то своя философия есть на службу своих наклонностей», – подумал он.

– Ну уж об философии ты оставь, – сказал он. – Главная задача философии всех веков состоит именно в том, чтобы найти ту необходимую связь, которая существует между личным интересом и общим. Но это не к делу, а к делу то, что мне только нужно поправить твое сравнение. Березки не натыканы, а которые посажены, которые посеяны, и с ними надо обращаться осторожнее. Только те народы имеют будущность, только те народы можно назвать историческими, которые имеют чутье к тому, что важно и значительно в их учреждениях, и дорожат ими.

И Сергей Иванович перенес вопрос в область философски-историческую, недоступную для Константина Левина, и показал ему всю несправедливость его взгляда.

– Что же касается до того, что тебе это не нравится, то, извини меня, – это наша русская лень и барство, а я уверен, что у тебя это временное заблуждение, и пройдет.

Константин молчал. Он чувствовал, что он разбит со всех сторон, но он чувствовал вместе с тем, что то, что он хотел сказать, было не понято его братом. Он не знал только, почему это было не понято: потому ли, что он не умел сказать ясно то, что хотел, потому ли, что брат не хотел, или потому, что не мог его понять. Но он не стал углубляться в эти мысли и, не возражая брату, задумался о совершенно другом, личном своем деле.

– Ну, однако, поедем.

Сергей Иванович замотал последнюю удочку, Константин отвязал лошадь, и они поехали.

IV

Личное дело, занимавшее Левина во время разговора его с братом, было следующее: в прошлом году, приехав однажды на покос и рассердившись на приказчика, Левин употребил свое средство успокоения – взял у мужика косу и стал косить.

Работа эта так поправилась ему, что он несколько раз принимался косить; выкосил весь луг пред домом и нынешний год с самой весны составил себе план – косить с мужиками целые дни. Со времени приезда брата он был в раздумье: косить или нет? Ему совестно было оставлять брата одного по целым дням, и он боялся, чтобы брат не посмеялся над ним за это. Но, пройдясь по лугу, вспомнив впечатления косьбы, он уже почти решил, что будет косить. После же раздражительного разговора с братом он опять вспомнил это намерение.

«Нужно физическое движенье, а то мой характер решительно портится», – подумал он и решился косить, как ни неловко это будет ему перед братом и народом.

С вечера Константин Левин пошел в контору, сделал распоряжение о работах и послал по деревням вызывать на завтра косцов, с тем чтобы косить Калиновый луг, самый большой и лучший.

– Да мою косу пошлите, пожалуйста, к Титу, чтоб он отбил и вынес завтра; я, может быть, буду сам косить тоже, – сказал он, стараясь не конфузиться.

Приказчик улыбнулся и сказал:

– Слушаю-с.

Вечером за чаем Левин сказал и брату.

– Кажется, погода установилась, – сказал он. – Завтра я начинаю косить.

– Я очень люблю эту работу, – сказал Сергей Иванович.

– Я ужасно люблю. Я сам косил иногда с мужиками и завтра хочу целый день косить.

Сергей Иванович поднял голову и с любопытством посмотрел на брата.

– То есть как? Наравне с мужиками, целый день?

– Да, это очень приятно, – сказал Левин.

– Это прекрасно, как физическое упражнение, только едва ли можешь это выдержать, – без всякой насмешки сказал Сергей Иванович.

– Я пробовал. Сначала тяжело, потом втягиваешься. Я думаю, что не отстану…

– Вот как! Но скажи, как мужики смотрят на это? Должно быть, посмеиваются, что чудит барин.

– Нет, не думаю; но это такая вместе и веселая и трудная работа, что некогда думать.

– Ну, а как же ты обедать с ними будешь? Туда лафиту тебе прислать и индюшку жареную уж неловко.

– Нет, я только в одно время с их отдыхом приеду домой.

На другое утро Константин Левин встал раньше обыкновенного, но хозяйственные распоряжения задержали его, и когда он приехал на покос, косцы шли уже по второму ряду.

Еще с горы открылась ему под горою тенистая, уже скошенная часть луга, с сереющими рядами и черными кучками кафтанов, снятых косцами на том месте, откуда они зашли первый ряд.

По мере того как он подъезжал, ему открывались ведшие друг за другом растянутою вереницей и различно махавшие косами мужики, кто в кафтанах, кто в одних рубахах. Он насчитал их сорок два человека.

Они медленно двигались по неровному низу луга, где была старая запруда. Некоторых своих Левин узнал. Тут был старик Ермил в очень длинной белой рубахе, согнувшись махавший косой; тут был молодой малый Васька, бывший у Левина в кучерах, с размаха бравший каждый ряд. Тут был и Тит, по косьбе дядька Левина, маленький, худенький мужичок. Он, не сгибаясь, шел передом, как бы играя косой, срезывая свой широкий ряд.

Левин слез с лошади и, привязав ее у дороги, сошелся с Титом, который, достав из куста вторую косу, подал ее.

– Готова, барин; бреет, сама косит, – сказал Тит, с улыбкой снимая шапку и подавая ему косу.

Левин взял косу и стал примериваться. Кончившие свои ряды, потные и веселые косцы выходили один за другим на дорогу и, посмеиваясь, здоровались с барином. Они все глядели на него, но никто ничего не говорил до тех пор, пока вышедший на дорогу высокий старик со сморщенным и безбородым лицом, в овчинной куртке, не обратился к нему.

– Смотри, барин, взялся за гуж, не отставать! – сказал он, и Левин услыхал сдержанный смех между косцами.

– Постараюсь не отстать, – сказал он, становясь за Титом и выжидая времени начинать.

– Мотри, – повторил старик.

Тит освободил место, и Левин пошел за ним. Трава была низкая, придорожная, и Левин, давно не косивший и смущенный обращенными на себя взглядами, в первые минуты косил дурно, хотя и махал сильно. Сзади его послышались голоса:

- Насажена неладно, рукоятка высока, вишь, ему сгибаться как, - сказал один.

- Пяткой больше налягай, - сказал другой.

- Ничего, ладно, настрыкается, - продолжал старик. - Вишь, пошел... Широк ряд берешь, умаешься... Хозяин, нельзя, для себя старается! А вишь, подрядье-то! За это нашего брата по горбу, бывало.

Трава пошла мягче, и Левин, слушая, но не отвечая и стараясь косить как можно лучше, шел за Титом. Они прошли шагов сто, Тит все шел, не останавливаясь, не выказывая ни малейшей усталости; но Левину уже страшно становилось, что он не выдержит: так он устал.

Он чувствовал, что махает из последних сил, и решился просить Тита остановиться. Но в это самое время Тит сам остановился и, нагнувшись, взял травы, отер косу и стал точить. Левин расправился и, вздохнув, оглянулся. Сзади его шел мужик и, очевидно, также устал, потому что сейчас же, не доходя Левина, остановился и принялся точить. Тит наточил свою косу и косу Левина, и они пошли дальше.

На втором приеме было то же. Тит шел мах за махом, не останавливаясь и не уставая. Левин шел за ним, стараясь не отставать, и ему становилось все труднее и труднее: наступала минута, когда, он чувствовал, у него не остается более сил, но в это самое время Тит останавливался и точил.

Так они прошли первый ряд. И длинный ряд этот показался особенно труден Левину; но зато, когда ряд был дойден и Тит, вскинув на плечо косу, медленными шагами пошел заходить по следам, оставленным его каблуками по прокосу, и Левин точно так же пошел по своему прокосу, - несмотря на то, что пот катил градом по его лицу и капал с носа и вся спина его была мокра, как вымоченная в воде, - ему было очень хорошо. В особенности радовало его то, что он знал теперь, что выдержит.

Его удовольствие отравилось только тем, что ряд его был нехорош. «Буду меньше махать рукой, больше всем туловищем», - думал он, сравнивая как по нитке обрезанный ряд Тита со своим раскиданным и неровно лежащим рядом.

Первый ряд, как заметил Левин, Тит шел особенно быстро, вероятно желая попытать барина, и ряд попался длинен. Следующие ряды были уже легче, но Левин все-таки должен был напрягать все свои силы, чтобы не отставать от мужиков.

Он ничего не думал, ничего не желал, кроме того, чтобы не отстать от мужиков н как можно лучше сработать. Он слышал только лязг кос и видел пред собой удалявшуюся прямую фигуру Тита, выгнутый полукруг прокоса, медленно и волнисто склоняющиеся травы и головки цветов около лезвия своей косы и впереди себя конец ряда, у которого наступит отдых.

Не понимая, что это и откуда, в середине работы он вдруг испытал приятное ощущение холода по жарким вспотевшим плечам. Он взглянул на небо во время натачиванья косы. Набежала низкая, тяжелая туча, и шел крупный дождь. Одни мужики пошли к кафтанам и надели их; другие, точно так же как Левин, только радостно пожимали плечами под приятным освежением.

Прошли еще и еще ряд. Проходили длинные, короткие, с хорошею, с дурною травой ряды. Левин потерял всякое сознание времени и решительно не знал, поздно или рано теперь. В его работе стала происходить теперь перемена, доставлявшая ему огромное наслаждение. В середине его работы на него находили минуты, во время которых он забывал то, что делал, ему становилось легко, и в эти же самые минуты ряд его выходил почти так же ровен и хорош, как и у Тита. Но только что он вспоминал о том, что он делает, и начинал стараться сделать лучше, тотчас же он испытывал всю тяжесть труда и ряд выходил дурен.

Пройдя еще один ряд, он хотел опять заходить, но Тит остановился и, подойдя к старику, что-то тихо сказал ему. Они оба поглядели на солнце. «О чем это они говорят и отчего он не заходит ряд?» – подумал Левин, не догадываясь, что мужики не переставая косили уже не менее четырех часов и им пора завтракать.

– Завтракать, барин, – сказал старик.

– Разве пора? Ну, завтракать.

Левин отдал косу Титу и с мужиками, пошедшими к кафтанам за хлебом, чрез слегка побрызганные дождем ряды длинного скошенного пространства пошел к лошади. Тут только он понял, что не угадал погоду и дождь мочил его сено.

– Испортит сено, – сказал он.

– Ничего, барин, в дождь коси, в погоду греби! – сказал старик.

Левин отвязал лошадь и поехал домой пить кофе.

Сергей Иванович только что встал. Напившись кофею, Левин уехал опять на покос, прежде чем Сергей Иванович успел одеться и выйти в столовую.

V

После завтрака Левин попал в ряд уже не на прежнее место, а между шутником-стариком, который пригласил его в соседи, и молодым мужиком, с осени только женатым и пошедшим косить первое лето.

Старик, прямо держась, шел впереди, ровно и широко передвигая вывернутые ноги, и точным и ровным движеньем, не стоившим ему, по-видимому, более труда, чем маханье руками на ходьбе, как бы играя, откладывал одинаковый, высокий ряд. Точно не он, а одна острая коса сама вжикала по сочной траве.

Сзади Левина шел молодой Мишка. Миловидное молодое лицо его, обвязанное по волосам жгутом свежей травы, все работало от усилий; но как только взглядывали на него, он улыбался. Он, видимо, готов был умереть скорее, чем признаться, что ему трудно.

Левин шел между ними. В самый жар косьба показалась ему не так трудна. Обливавший его пот прохлаждал его, а солнце, жегшее спину, голову и засученную по локоть руку, придавало крепость и упорство в работе; и чаще и чаще приходили те минуты бессознательного состояния, когда можно было не думать о том, что делаешь. Коса резала сама собой. Это были счастливые минуты. Еще радостнее были минуты, когда, подходя к реке, в которую утыкались ряды, старик обтирал мокрою густою травой косу, полоскал ее сталь в свежей воде реки, зачерпывал брусницу и угощал Левина.

– Ну-ка, кваску моего! А, хорош! – говорил он, подмигивая.

И действительно, Левин никогда не пивал такого напитка, как эта теплая вода с плавающею зеленью и ржавым от жестяной брусницы вкусом. И тотчас после этого наступала блаженная медленная прогулка с рукой на косе, во время которой можно было отереть ливший пот, вздохнуть полною грудью и оглядеть всю тянущуюся вереницу косцов и то, что делалось вокруг, в лесу и в поле.

Чем долее Левин косил, тем чаще и чаще он чувствовал минуты забытья, при котором уже не руки махали косой, а сама коса двигала за собой все сознающее себя, полное жизни тело, и, как бы по волшебству, без мысли о ней, работа правильная и отчетливая делалась сама собой. Это были самые блаженные минуты.

Трудно было только тогда, когда надо было прекращать это сделавшееся бессознательным движенье и думать, когда надо было окашивать кочку или невыполонный щавельник. Старик делал это легко. Приходила кочка, он изменял движенье и где пяткой, где концом косы подбивал кочку с обеих сторон коротенькими ударами. И, делая это, он все рассматривал и наблюдал, что открывалось пред ним; то он срывал кочеток, съедал его или угощал Левина, то отбрасывал носком косы ветку, то оглядывал гнездышко перепелиное, с которого из-под самой косы вылетала самка, то ловил козюлю, попавшуюся на пути, и, как вилкой подняв ее косой, показывал Левину и отбрасывал.

И Левину и молодому малому сзади его эти перемены движений были трудны. Они оба, наладив одно напряженное движение, находились в азарте работы и не в силах были изменять движение и в то же время наблюдать, что было пред ними.

Левин не замечал, как проходило время. Если бы спросили его, сколько времени он косил, он сказал бы, что полчаса, – а уж время подошло к обеду. Заходя ряд, старик обратил внимание Левина на девочек и мальчиков, которые с разных сторон, чуть видные, по высокой траве и по дороге шли к косцам, неся оттягивавшие им ручонки узелки с хлебом и заткнутые тряпками кувшинчики с квасом.

– Вишь, козявки ползут! – сказал он, указывая на них, и из-под руки поглядел на солнце.

Прошли еще два ряда, старик остановился.

– Ну, барин, обедать! – сказал он решительно. И, дойдя до реки, косцы направились через ряды к кафтанам, у которых, дожидаясь их, сидели дети, принесшие обеды. Мужики собрались – дальние под телеги, ближние – под ракитовый куст, на который накидали травы.

Левин подсел к ним; ему не хотелось уезжать.

Всякое стеснение пред барином уже давно исчезло. Мужики приготавливались обедать. Одни мылись, молодые ребята купались в реке, другие прилаживали место для отдыха, развязывали мешочки с хлебом и оттыкали кувшинчики с квасом. Старик накрошил в чашку хлеба, размял его стеблем ложки, налил воды из брусницы, еще разрезал хлеба и, посыпав солью, стал на восток молиться.

– Ну-ка, барин, моей тюрьки, – сказал он, присаживаясь на колени перед чашкой.

Тюрька была так вкусна, что Левин раздумал ехать домой обедать. Он пообедал со стариком и разговорился с ним о его домашних делах, принимая в них живейшее участие, и сообщил ему все свои дела и все обстоятельства, которые могли интересовать старика. Он чувствовал себя более близким к нему, чем к брату, и невольно улыбался от нежности, которую он испытывал к этому человеку. Когда старик опять встал, помолился и лег тут же под кустом, положив себе под изголовье травы, Левин сделал то же и, несмотря на липких, упорных на солнце мух и козявок, щекотавших его потное лицо и тело, заснул тотчас же и проснулся, только когда солнце зашло на другую сторону куста и стало доставать его. Старик давно не спал и сидел, отбивая косы молодых ребят.

Левин оглянулся вокруг себя и не узнал места: так все переменилось. Огромное пространство луга было скошено и блестело особенным, новым блеском, со своими уже пахнущими рядами, на вечерних косых лучах солнца. И окошенные кусты у реки, и сама река, прежде не видная, а теперь блестящая сталью в своих извивах, и движущийся и поднимающийся народ, и крутая стена травы недокошенного места луга, и ястреба, вившиеся над оголенным лугом, – все это было совершенно ново. Очнувшись, Левин стал соображать, сколько скошено и сколько еще можно сделать нынче.

Сработано было чрезвычайно много на сорок два человека. Весь большой луг, который кашивали два дня при барщине в тридцать кос, был уже скошен. Нескошенными оставались углы с короткими рядами. Но Левину хотелось как можно больше скосить в этот день, и досадно было на солнце, которое так скоро спускалось. Он не чувствовал никакой усталости; ему только хотелось еще и еще поскорее и как можно больше сработать.

– А что, еще скосим, как думаешь, Машкин Верх? – сказал он старику.

– Как бог даст, солнце не высоко. Нечто водочки ребятам?

Во время полдника, когда опять сели и курящие закурили, старик объявил ребятам, что «Машкин Верх скосить – водка будет».

– Эка, не скосить! Заходи, Тит! Живо смахнем! Наешься ночью. Заходи! – послышались голоса, и, доедая хлеб, косцы пошли заходить.

– Ну, ребята, держись! – сказал Тит и почти рысью пошел передом.

– Иди, иди! – говорил старик, спея за ним и легко догоняя его, – срежу! Берегись!

И молодые и старые как бы наперегонку косили. Но, как они ни торопились, они не портили травы, и ряды откладывались так же чисто и отчетливо. Остававшийся в углу уголок был смахнут в пять минут. Еще последние косцы доходили ряды, как передние захватили кафтаны на плечи и пошли через дорогу к Машкину Верху.

Солнце уже спускалось к деревьям, когда они, побрякивая брусницами, вошли в лесной овражек Машкина Верха. Трава была по пояс в середине лощины, и нежная и мягкая, лопушистая, кое-где по лесу пестреющая иваном-да-марьей.

После короткого совещания – вдоль ли ходить или поперек – Прохор Ермилин, тоже известный косец, огромный черноватый мужик, пошел передом. Он прошел ряд вперед, повернулся назад и отвалил, и все стали выравниваться за ним, ходя под гору по лощине и на гору под самую опушку леса. Солнце зашло за лес. Роса уже пала, и косцы только на горке были на солнце, а в низу, по которому поднимался пар, и на той стороне шли в свежей, росистой тени. Работа кипела.

Подрезаемая с сочным звуком и пряно пахнущая трава ложилась высокими рядами. Теснившиеся по коротким рядам косцы со всех сторон, побрякивая брусницами и звуча то столкнувшимися косами, то свистом бруска по оттачиваемой косе, то веселыми криками, подгоняли друг друга.

Левин шел все так же между молодым малым и стариком. Старик, надевший свою овчинную куртку, был так же весел, шутлив и свободен в движениях. В лесу беспрестанно попадались березовые, разбухшие в сочной траве грибы, которые резались косами. Но старик, встречая гриб, каждый раз сгибался, подбирал и клал за пазуху. «Еще старухе гостинцу», – приговаривал он.

Как ни было легко косить мокрую и слабую траву, но трудно было спускаться и подниматься по крутым косогорам оврага. Но старика это не стесняло. Махая все так же косой, он маленьким, твердым шажком своих обутых в большие лапти ног влезал медленно на кручь и, хоть и трясся всем телом и отвисшими ниже рубахи портками, не пропускал на пути ни одной травинки, ни одного гриба и так же шутил с мужиками и Левиным. Левин шел за ним и часто думал, что он непременно упадет, поднимаясь с косою на такой крутой бугор, куда и без косы трудно влезть; но он взлезал и делал что надо. Он чувствовал, что какая-то внешняя сила двигала им.

VI

Машкин Верх скосили, доделали последние ряды, надели кафтаны и весело пошли к дому. Левин сел на лошадь и, с сожалением простившись с мужиками, поехал домой. С горы он оглянулся; их не видно было в поднимавшемся из низу тумане; были слышны только веселые грубые голоса, хохот и звук сталкивающихся кос.

Сергей Иванович давно уже отобедал и пил воду с лимоном и льдом в своей комнате, просматривая только что полученные с почты газеты и журналы, когда Левин, с прилипшими от пота ко лбу спутанными волосами и почерневшею, мокрою спиной и грудью, с веселым говором ворвался к нему в комнату.

– А мы сработали весь луг! Ах, как хорошо, удивительно! А ты как поживал? – говорил Левин, совершенно забыв вчерашний неприятный разговор.

– Батюшки! на что ты похож! – сказал Сергей Иванович, в первую минуту недовольно оглядываясь на брата, – Да дверь-то, дверь-то затворяй! – вскрикнул он. – Непременно впустил десяток целый.

Сергей Иванович терпеть не мог мух и в своей комнате отворял окна только ночью и старательно затворял двери.

– Ей-богу, ни одной. А если впустил, я поймаю. Ты не поверишь, какое наслаждение! Ты как провел день?

– Я хорошо. Но неужели ты целый день косил? Ты, я думаю, голоден, как волк. Кузьма тебе все приготовил.

– Нет, мне и есть не хочется. Я там поел. А вот пойду умоюсь.

– Ну, иди, иди, и я сейчас приду к тебе, – сказал Сергей Иванович, покачивая головой, глядя на брата. – Иди же, иди скорей, – прибавил он, улыбаясь, и, собрав свои книги, приготовился идти. Ему самому вдруг стало весело и не хотелось расставаться с братом. – Ну, а во время дождя где ты был?

– Какой же дождь? Чуть покрапал. Так я сейчас приду. Так ты хорошо провел день? Ну, и отлично. – И Левин ушел одеваться.

Через пять минут братья сошлись в столовой. Хотя Левину и казалось, что не хочется есть, и он сел за обед, только чтобы не обидеть Кузьму, но когда начал есть, то обед показался ему чрезвычайно вкусен. Сергей Иванович, улыбаясь, глядел на него.

– Ах да, тебе письмо, – сказал он. – Кузьма, принеси, пожалуйста, снизу. Да смотри, дверь затворяй.

Письмо было от Облонского. Левин вслух прочел его. Облонский писал из Петербурга: «Я получил письмо от Долли, она в Ергушове, и у ней что-то все не ладится. Съезди, пожалуйста, к ней, помоги советом, ты все знаешь. Она так рада будет тебя видеть. Она совсем одна, бедная. Теща со всеми еще за границей».

– Вот отлично! Непременно съезжу к ним, – сказал Левин. – А то поедем вместе. Она такая славная. Не правда ли?

– А они недалеко тут?

– Верст тридцать. Пожалуй, и сорок будет. Но отличная дорога. Отлично съездим.

– Очень рад, – все улыбаясь, сказал Сергей Иванович.

Вид меньшего брата непосредственно располагал его к веселости.

– Ну, аппетит у тебя! – сказал он, глядя на его склоненное над тарелкой буро-красно-загорелое лицо и шею.

– Отлично! Ты не поверишь, какой это режим полезный против всякой дури. Я хочу обогатить медицину новым термином: Arbeitscur[1].

– Ну, тебе-то это не нужно, кажется.

– Да, но разным нервным больным.

– Да, это надо испытать. А я ведь хотел было прийти на покос посмотреть на тебя, но жара была такая невыносимая, что я не пошел дальше леса. Я посидел и лесом прошел на слободу, встретил твою кормилицу и сондировал ее насчет взгляда мужиков на тебя. Как я понял, они не одобряют этого. Она сказала: «Не господское дело». Вообще мне кажется, что в понятии народном очень твердо определены требования на известную, как они называют, «господскую» деятельность. И они не допускают, чтобы господа выходили из определившейся в их понятии рамки.

---

[1] Лечение работой (нем.).

– Может быть; но ведь это такое удовольствие, какого я в жизнь свою не испытывал. И дурного ведь ничего нет. Не правда ли? – отвечал Левин. – Что же делать, если им не нравится. А впрочем, я думаю, что ничего. А?

– Вообще, – продолжал Сергей Иванович, – ты, как я вижу, доволен своим днем.

– Очень доволен. Мы скосили весь луг. И с каким стариком я там подружился! Это ты не можешь себе представить, что за прелесть!

– Ну, так доволен своим днем. И я тоже. Во-первых, я решил две шахматные задачи, и одна очень мила, – открывается пешкой. Я тебе покажу. А потом думал о нашем вчерашнем разговоре.

– Что? о вчерашнем разговоре? – сказал Левин, блаженно щурясь и отдуваясь после оконченного обеда и решительно не в силах вспомнить, какой это был вчерашний разговор.

– Я нахожу, что ты прав отчасти. Разногласие наше заключается в том, что ты ставишь двигателем личный интерес, а я полагаю, что интерес общего блага должен быть у всякого человека, стоящего на известной степени образования. Может быть, ты и прав, что желательнее была бы заинтересованная материально деятельность. Вообще ты натура слишком prime-sautière[1], как говорят французы; ты хочешь страстной, энергической деятельности или ничего.

Левин слушал брата и решительно ничего не понимал и не хотел понимать. Он только боялся, как бы брат не спросил его такой вопрос, по которому будет видно, что он ничего не слышал.

– Так-то, дружок, – сказал Сергей Иванович, трогая его по плечу.

– Да, разумеется. Да что же! Я не стою за свое, – отвечал Левин с детскою, виноватою улыбкой. «О чем бишь я спорил? – думал он. – Разумеется, и я прав, и он прав, и все прекрасно. Надо только пойти в контору распорядиться». Он встал, потягиваясь и улыбаясь.

Сергей Иванович тоже улыбнулся.

– Хочешь пройтись, пойдем вместе, – сказал он, не желая расставаться с братом, от которого так и веяло свежестью и бодростью. – Пойдем, зайдем и в контору, если тебе нужно.

– Ах, батюшки! – вскрикнул Левин так громко, что Сергей Иванович испугался.

– Что, что ты?

– Что рука Агафьи Михайловны? – сказал Левин, ударяя себя по голове. – Я и забыл про нее.

---

[1] Склонная действовать под влиянием первого порыва *(фр.)*.

– Лучше гораздо.

– Ну, все-таки я сбегаю к ней. Ты не успеешь шляпы надеть, я вернусь.

И он, как трещотка, загремел каблуками, сбегая с лестницы.

VII

В то время как Степан Аркадьич приехал в Петербург для исполнения самой естественной, известной всем служащим, хотя и не понятной для неслужащих, нужнейшей обязанности, без которой нет возможности служить, – напомнить о себе в министерстве, – и при исполнении этой обязанности, взяв почти все деньги из дому, весело и приятно проводил время и на скачках и на дачах, Долли с детьми переехала в деревню, чтоб уменьшить сколько возможно расходы. Она переехала в свою приданую деревню Ергушово, ту самую, где весной был продан лес и которая была в пятидесяти верстах от Покровского Левина.

В Ергушове большой старый дом был давно сломан, и еще князем был отделан и увеличен флигель. Флигель лет двадцать тому назад, когда Долли была ребенком, был поместителен и удобен, хоть и стоял, как все флигеля, боком к выездной аллее и к югу. Но теперь флигель этот был стар и гнил. Когда еще Степан Аркадьич ездил весной продавать лес, Долли просила его осмотреть дом и велеть поправить что нужно. Степан Аркадьич, как и все виноватые мужья, очень заботившийся об удобствах жены, сам осмотрел дом и сделал распоряжения обо всем, по его понятию, нужном. По его понятию, надо было перебить кретоном всю мебель, повесить гардины, расчистить сад, сделать мостик у пруда и посадить цветы; но он забыл много других необходимых вещей, недостаток которых потом измучал Дарью Александровну.

Как ни старался Степан Аркадьич быть заботливым отцом и мужем, он никак не мог помнить, что у него есть жена и дети. У него были холостые вкусы, и только с ними он соображался. Вернувшись в Москву, он с гордостью объявил жене, что все приготовлено, что дом будет игрушечка и что он ей очень советует ехать. Степану Аркадьичу отъезд жены в деревню был очень приятен во всех отношениях: и детям здорово, и расходов меньше, и ему свободнее. Дарья же Александровна считала переезд в деревню на лето необходимым для детей, в особенности для девочки, которая не могла поправиться после скарлатины, и, наконец, чтоб избавиться от мелких унижений, мелких долгов дровянику, рыбнику, башмачнику, которые измучали ее. Сверх того отъезд был ей приятен еще и потому, что она мечтала залучить к себе в деревню сестру Кити, которая должна была возвратиться из-за границы в середине лета, и ей предписано было купанье. Кити писала с вод, что ничто ей так не улыбается, как провести лето с Долли в Ергушове, полном детских воспоминаний для них обеих.

Первое время деревенской жизни было для Долли очень трудное. Она живала в деревне в детстве, и у ней осталось впечатление, что деревня есть спасенье от всех городских неприятностей, что жизнь там хотя и не красива (с этим Долли легко мирилась), зато дешева и удобна: все есть, все дешево, все можно достать, и детям хорошо. Но теперь, хозяйкой приехав в деревню, она увидела, что это все совсем не так, как она думала.

На другой день по их приезде пошел проливной дождь, и ночью потекло в коридоре и в детской, так что кроватки перенесли в гостиную. Кухарки людской но было; из девяти коров оказались, по словам скотницы, одни тельные, другие первым теленком, третьи стары, четвертые тугосиси; ни масла, ни молока даже детям недоставало. Яиц не было. Курицу нельзя было достать; жарили и варили старых, лиловых, жилистых петухов. Нельзя было достать баб, чтобы вымыть полы, – все были на картошках. Кататься нельзя было, потому что одна лошадь заминалась и рвала в дышле. Купаться было негде, – весь берег реки был истоптан скотиной и открыт с дороги: даже гулять нельзя было ходить, потому что скотина входила в сад через сломанный забор, и был один страшный бык, который ревел и потому, должно быть, бодался. Шкафов для платья не было. Какие были, те не закрывались и сами открывались, когда проходили мимо их. Чугунов и корчаг не было; котла для прачечной и даже гладильной доски для девичьей не было.

Первое время, вместо спокойствия и отдыха попав на эти страшные, с ее точки зрения, бедствия, Дарья Александровна была в отчаянии: хлопотала изо всех сил, чувствовала безвыходность положения и каждую минуту удерживала слезы, навертывавшиеся ей на глаза. Управляющий, бывший вахмистр, которого Степан Аркадьич полюбил и определил из швейцаров за его красивую и почтительную наружность, не принимал никакого участия в бедствиях Дарьи Александровны, говорил почтительно: «Никак невозможно, такой народ скверный», и ни в чем не помогал.

Положение казалось безвыходным. Но в доме Облонских, как и во всех семейных домах, было одно незаметное, но важнейшее и полезнейшее лицо – Матрена Филимоновна. Она успокоивала барыню, уверяла ее, что *образуется* (это было ее слово, и от нее перенял его Матвей), и сама, не торопясь и не волнуясь, действовала.

Она тотчас же сошлась с приказчицей и в первый же день пила с нею и с приказчиком чай под акациями и обсуждала все дела. Скоро под акациями учредился клуб Матрены Филимоновны, и тут, через этот клуб, состоявший из приказчицы, старосты и конторщика, стали понемногу уравниваться трудности жизни, и через неделю действительно все *образовалось*. Крышу починили, кухарку, куму Старостину, достали, кур купили, молока стало доставать и загородили жердями сад, каток сделал плотник, к шкафам приделали крючки, и они стали отворяться не произвольно, и гладильная доска, обернутая солдатским сукном, легла с ручки кресла на комод, и в девичьей запахло утюгом.

— Ну, вот! а всё отчаивались, — сказала Матрона Филимоновна, указывая на доску.

Даже построили из соломенных щитов купальню. Лили стала купаться, и для Дарьи Александровны сбылись хотя отчасти ее ожидания хотя не спокойной, но удобной деревенской жизни. Спокойною с шестью детьми Дарья Александровна не могла быть. Один заболевал, другой мог заболеть, третьему недоставало чего-нибудь, четвертый выказывал признаки дурного характера, н т. д. и т. д. Редко, редко выдавались короткие спокойные периоды. Но хлопоты и беспокойства эти были для Дарьи Александровны единственно возможным счастьем. Если бы не было этого, она бы оставалась одна со своими мыслями о муже, который не любит ее. Но кроме того, как ни тяжелы были для матери страх болезней, самые болезни и горе в виду признаков дурных наклонностей в детях, — сами дети выплачивали ей уж теперь мелкими радостями за ее горести. Радости эти были так мелки, что они незаметны были, как золото в песке, и в дурные минуты она видела одни горести, один песок; но были и хорошие минуты, когда она видела одни радости, одно золото.

Теперь, в уединении деревни, она чаще и чаще стала сознавать эти радости. Часто, глядя на них, она делала всевозможные усилия, чтобы убедить себя, что она заблуждается, что она, как мать, пристрастна к своим детям; все-таки она не могла не говорить себе, что у нее прелестные дети, все шестеро, все в разных родах, но такие, какие редко бывают, — и была счастлива ими и гордилась ими.

VIII

В конце мая, когда уже все более или менее устроилось, она получила от мужа ответ на свои жалобы о деревенских неустройствах. Он писал ей, прося прощения в том, что не обдумал всего, и обещал приехать при первой возможности. Возможность эта не представилась, и до начала июня Дарья Александровна жила одна в деревне.

Петровками, в воскресенье, Дарья Александровна ездила к обедне причащать всех своих детей. Дарья Александровна в своих задушевных, философских разговорах с сестрой, матерью, друзьями очень часто удивляла их своим вольнодумством относительно религии. У ней была своя странная религия метемпсихозы[1], в которую она твердо верила, мало заботясь о догматах церкви. Но в семье она – и не для того только, чтобы показывать пример, а от всей души – строго исполняла все церковные требования, и то, что дети около года не были у причастия, очень беспокоило ее, и, с полным одобрением и сочувствием Матрены Филимоновны, она решила совершить это теперь летом.

Дарья Александровна за несколько дней вперед обдумала, как одеть всех детей. Были сшиты, переделаны и вымыты платья, выпущены рубцы и сборки, пришиты пуговки и приготовлены ленты. Одно платье на Таню, которое взялась шить англичанка, испортило много крови Дарье Александровне. Англичанка, перешивая, сделала вытачки не на месте, слишком вынула рукава и совсем было испортила платье. Тане подхватило плечи так, что видеть было больно. Но Матрена Филимоновна догадалась вставить клинья и сделать пелеринку. Дело поправилось, но с англичанкой произошла было почти ссора. Наутро, однако, все устроилось, и к девяти часам – срок, до которого просили батюшку подождать с обедней, – сияющие радостью, разодетые дети стояли у крыльца пред коляской, дожидаясь матери.

В коляску, вместо заминающегося Ворона, запрягли, по протекции Матрены Филимоновны, приказчикова Бурого, и Дарья Александровна, задержанная заботами о своем туалете, одетая в белое кисейное платье, вышла садиться.

Дарья Александровна причесывалась и одевалась с заботой и волнением. Прежде она одевалась для себя, чтобы быть красивой и нравиться; потом, чем больше она старелась, тем неприятнее ей становилось одеваться; она видела, как она подурнела. Но теперь она опять одевалась с удовольствием и волнением. Теперь она одевалась не для себя, не для своей красоты, а для того, чтоб она, как мать этих прелестей, не испортила общего впечатления. И, посмотревшись в последний раз в зеркало, она осталась собой довольна. Она была хороша. Не так хороша, как она, бывало, хотела быть хороша на бале, но хороша для той цели, которую она теперь имела в виду.

В церкви никого, кроме мужиков и дворников и их баб, не было. Но Дарья Александровна видела, или ей казалось, что видела, восхищение, возбуждаемое ее детьми и ею. Дети не только были прекрасны собой в своих нарядных платьицах, но они были милы тем, как хорошо они себя держали. Алеша, правда, стоял не совсем хорошо: он все поворачивался и хотел видеть

---

[1] *У ней была своя странная религия метемпсихозы.* – Метемпсихоз - учение древних восточных религий (например, буддизма) о переселении душ, не исчезающих, а находящих новые воплощения в мире.

сзади свою курточку; но все-таки он был необыкновенно мил. Таня стояла как большая и смотрела за маленькими. Но меньшая, Лили, была прелестна своим наивным удивлением пред всем, и трудно было не улыбнуться, когда, причастившись, она сказала: «Please, some more»[1].

Возвращаясь домой, дети чувствовали, что что-то торжественное совершилось, и были очень смирны.

Все шло хорошо и дома; но за завтраком Гриша стал свистать и, что было хуже всего, не послушался англичанки и был оставлен без сладкого пирога. Дарья Александровна не допустила бы в такой день до наказания, если б она была тут; но надо было поддержать распоряжение англичанки, и она подтвердила ее решение, что Грише не будет сладкого пирога. Это испортило немного общую радость.

Гриша плакал, говоря, что и Николенька свистал, но что вот его не наказали, и что он не от пирога плачет, – ему все равно, – но о том, что несправедливы. Это было слишком уже грустно, и Дарья Александровна решилась, переговорив с англичанкой, простить Гришу и пошла к ней. Но тут, проходя чрез залу, она увидала сцену, наполнившую такою радостью ее сердце, что слезы выступили ей на глаза, и она сама простила преступника.

Наказанный сидел в зале на угловом окне; подле него стояла Таня с тарелкой. Под видом желания обеда для кукол, она попросила у англичанки позволения снести свою порцию пирога в детскую и вместо этого принесла ее брату. Продолжая плакать о несправедливости претерпенного им наказания, он ел принесенный пирог и сквозь рыдания говорил: «Ешь сама, вместе будем есть… вместе».

На Таню сначала подействовала жалость за Гришу, потом сознание своего добродетельного поступка, и слезы у ней тоже стояли в глазах; но она, не отказываясь, ела свою долю.

Увидав мать, они испугались, но, вглядевшись в ее лицо, поняли, что они делают хорошо, засмеялись и с полными пирогом ртами стали обтирать улыбающиеся губы руками и измазали все свои сияющие лица слезами и вареньем.

– Матушки!! Новое белое платье! Таня! Гриша! – говорила мать, стараясь спасти платье, но со слезами на глазах улыбаясь блаженною, восторженною улыбкой.

Новые платья сняли, велели надеть девочкам блузки, а мальчикам старые курточки и велели закладывать линейку – опять, к огорчению приказчика, – Бурого в дышло, чтоб ехать за грибами и на купальню. Стон восторженного визга поднялся в детской и не умолкал до самого отъезда на купальню.

---

[1] Пожалуйста, еще немножко (англ.).

Грибов набрали целую корзинку, даже Лили нашла березовый гриб. Прежде бывало так, что мисс Гуль найдет и покажет ей; но теперь она сама нашла большой березовый шлюпик, и был общий восторженный крик: «Лили нашла шлюпик!»

Потом подъехали к реке, поставили лошадей под березками и пошли в купальню. Кучер Терентий, привязав к дереву отмахивающихся от оводов лошадей, лег, приминая траву, в тени березы и курил тютюн, а из купальни доносился до него неумолкавший детский веселый визг.

Хотя и хлопотливо было смотреть за всеми детьми и останавливать их шалости, хотя и трудно было вспомнить и не перепутать все эти чулочки, панталончики, башмачки с разных ног и развязывать, расстегивать и завязывать тесемочки и пуговки, Дарья Александровна, сама для себя любившая всегда купанье, считавшая его полезным для детей, ничем так не наслаждалась, как этим купаньем со всеми детьми. Перебирать все эти пухленькие ножки, натягивая на них чулочки, брать в руки и окунать эти голенькие тельца и слышать то радостные, то испуганные визги; видеть эти задыхающиеся, с открытыми, испуганными и веселыми глазами лица, этих брызгающихся своих херувимчиков было для нее большое наслаждение.

Когда уже половина детей были одеты, к купальне подошли и робко остановились нарядные бабы, ходившие за сныткой и молочником. Матрена Филимоновна кликнула одну, чтобы дать ей высушить уроненную в воду простыню и рубашку, и Дарья Александровна разговорилась с бабами. Бабы, сначала смеявшиеся в руку и не понимавшие вопроса, скоро осмелились и разговорились, тотчас же подкупив Дарью Александровну искренним любованием детьми, которое они выказывали.

— Ишь ты красавица, беленькая, как сахар, — говорила одна, любуясь на Танечку и покачивая головой. — А худая…

— Да, больна была.

— Вишь ты, знать, тоже купали, — говорила другая на грудного.

— Нет, ему только три месяца, — отвечала с гордостью Дарья Александровна.

— Ишь ты!

— А у тебя есть дети?

— Было четверо, двое осталось: мальчик и девочка. Вот в прошлый мясоед отняла.

— А сколько ей?

— Да другой годок.

— Что же ты так долго кормила?

— Наше обыкновение: три поста…

И разговор стал самый интересный для Дарьи Александровны: как рожала? чем был болен? где муж? часто ли бывает?

Дарье Александровне не хотелось уходить от баб, так интересен ей был разговор с ними, так совершенно одни и те же были их интересы. Приятнее же всего Дарье Александровне было то, что она ясно видела, как все эти женщины любовались более всего тем, как много было у нее детей и как они хороши. Бабы и насмешили Дарью Александровну и обидели англичанку тем, что она была причиной этого непопятного для нее смеха. Одна из молодых баб приглядывалась к англичанке, одевавшейся после всех, и когда она надела на себя третью юбку, то не могла удержаться от замечания: «Ишь ты, крутила, крутила, все не накрутит!» - сказала она, и все разразились хохотом.

IX

Окруженная всеми выкупанными, с мокрыми головами, детьми, Дарья Александровна, с платком на голове, уже подъезжала к дому, когда кучер сказал:

- Барин какой-то идет, кажется, покровский.

Дарья Александровна выглянула вперед и обрадовалась, увидав в серой шляпе и сером пальто знакомую фигуру Левина, шедшего им навстречу. Она и всегда рада ему была, но теперь особенно рада была, что он видит ее во всей ее славе. Никто лучше Левина не мог понять ее величия, и в чем оно состояло.

Увидав ее, он очутился пред одною из картин своего когда-то воображаемого семейного быта.

- Вы точно наседка, Дарья Александровна.

- Ах, как я рада! - сказала она, протягивая ему руку.

- Рады, а не дали знать. У меня брат живет. Уж я от Стивы получил записочку, что вы тут.

- От Стивы? - с удивлением спросила Дарья Александровна.

- Да, он пишет, что вы переехали, и думает, что вы позволите мне помочь вам чем-нибудь, - сказал Левин и, сказав это, вдруг смутился и, прервав речь, молча продолжал идти подле линейки, срывая липовые побеги и перекусывая их. Он смутился вследствие предположения, что Дарье Александровне будет неприятна помощь постороннего человека в том деле, которое должно было быть сделано ее мужем. Дарье Александровне действительно не нравилась эта манера Степана Аркадьича навязывать свои семейные дела чужим. И она тотчас же поняла, что Левин понимает это. За эту-то тонкость понимания, за эту деликатность и любила Левина Дарья Александровна.

— Я понял, разумеется, — сказал Левин, — что это только значит то, что вы хотите меня видеть, и очень рад. Разумеется, я воображаю, что вам, городской хозяйке, здесь дико, и, если что нужно, я весь к вашим услугам.

— О нет! — сказала Долли. — Первое время было неудобно, а теперь все прекрасно устроилось благодаря моей старой няне, — сказала она, указывая на Матрену Филимоновну, понимавшую, что говорят о ней, и весело и дружелюбно улыбавшуюся Левину. Она знала его и знала, что это хороший жених барышне, и желала, чтобы дело сладилось.

— Извольте садиться, мы сюда потеснимся, — сказала она ему.

— Нет, я пройдусь. Дети, кто со мной наперегонки с лошадьми?

Дети знали Левина очень мало, не помнили, когда видали его, но не высказывали в отношении к нему того странного чувства застенчивости и отвращения, которое испытывают дети так часто к взрослым притворяющимся людям и за которое им так часто и больно достается. Притворство в чем бы то ни было может обмануть самого умного, проницательного человека: но самый ограниченный ребенок, как бы оно ни было искусно скрываемо, узнаёт его и отвращается. Какие бы ни были недостатки в Левине, притворства не было в нем и признака, и потому дети высказали ему дружелюбие такое же, какое они нашли на лице матери. На приглашение его два старшие тотчас же соскочили к нему и побежали с ним так же просто, как бы они побежали с няней, с мисс Гуль или с матерью. Лили тоже стала проситься к нему, и мать передала ее ему, он посадил ее на плечо и побежал с ней.

— Не бойтесь, не бойтесь, Дарья Александровна! — говорил он, весело улыбаясь матери, — невозможно, чтоб я ушиб или уронил.

И, глядя на его ловкие, сильные, осторожно заботливые и слишком напряженные движения, мать успокоилась и весело и одобрительно улыбалась, глядя на нею.

Здесь, в деревне, с детьми и с симпатичною ему Дарьей Александровной, Левин пришел в то часто находившее на него детски-веселое расположение духа, которое Дарья Александровна особенно любила в нем. Бегая с детьми, он учил их гимнастике, смешил мисс Гуль своим дурным английским языком и рассказывал Дарье Александровне свои занятия в деревне.

После обеда Дарья Александровна, сидя с ним одна на балконе, заговорила о Кити.

— Вы знаете? Кити приедет сюда и проведет со мною лето.

- Право? - сказал он, вспыхнув, и тотчас же, чтобы переменить разговор, сказал: - Так прислать вам двух коров? Если вы хотите считаться, то извольте заплатить мне по пяти рублей в месяц, если вам не совестно.

- Нет, благодарствуйте. У нас устроилось.

- Ну, так я ваших коров посмотрю, и, если позволите, я распоряжусь, как их кормить. Все дело в корме.

И Левин, чтобы только отвлечь разговор, изложил Дарье Александровне теорию молочного хозяйства, состоявшую в том, что корова есть только машина для переработки корма в молоко, и т. д.

Он говорил это и страстно желал услыхать подробности о Кити и вместе боялся этого. Ему страшно было, что расстроится приобретенное им с таким трудом спокойствие.

- Да, но, впрочем, за всем этим надо следить, а кто же будет? - неохотно отвечала Дарья Александровна.

Она так теперь наладила свое хозяйство через Матрену Филимоновну, что ей не хотелось ничего менять в нем; да она и не верила знанию Левина в сельском хозяйстве. Рассуждения о том, что корова есть машина для деланья молока, были ей подозрительны. Ей казалось, что такого рода рассуждения могут только мешать хозяйству. Ей казалось все это гораздо проще: что надо только, как объясняла Матрена Филимоновна, давать Пеструхе и Белопахой больше корму и пойла и чтобы повар не уносил помои из кухни для прачкиной коровы. Это было ясно. А рассуждения о мучном и травяном корме были сомнительны и неясны. Главное же, ей хотелось говорить о Кити.

X

- Кити пишет мне, что ничего так не желает, как уединения и спокойствия, - сказала Долли после наступившего молчания.

- А что, здоровье ее лучше? - с волнением спросил Левин.

- Слава богу, она совсем поправилась. Я никогда не верила, чтоб у нее была грудная болезнь.

- Ах, я очень рад! - сказал Левин, и что-то трогательнее, беспомощное показалось Долли в его лице в то время, как он сказал это и молча смотрел на нее.

- Послушайте, Константин Дмитрич, - сказала Дарья Александровна, улыбаясь своею доброю и несколько насмешливою улыбкой, - за что вы сердитесь на Кити?

– Я? Я не сержусь, – сказал Левин.

– Нет, вы сердитесь. Отчего вы не заехали ни к нам, ни к ним, когда были в Москве?

– Дарья Александровна, – сказал он, краснея до корней волос, – я удивляюсь даже, что вы, с вашею добротой, не чувствуете этого. Как вам просто не жалко меня, когда вы знаете…

– Что я знаю?

– Знаете, что я делал предложение и что мне отказано, – проговорил Левин, и вся та нежность, которую минуту тому назад он чувствовал к Кити, заменилась в душе его чувством злобы за оскорбление.

– Почему же вы думаете, что я знаю?

– Потому что все это знают.

– Вот уж в этом вы ошибаетесь; я не знала этого, хотя и догадывалась.

– А! ну так вы теперь знаете.

– Я знала только то, что что-то было, но что, я никогда не могла узнать от Кити. Я видела только, что было что-то, что ее ужасно мучало, и что она просила меня никогда не говорить об этом. А если она не сказала мне, то она никому не говорила. Но что же у вас было? Скажите мне.

– Я сам сказал, что было.

– Когда?

– Когда я был в последний раз у вас.

– А знаете, что я вам скажу, – сказала Дарья Александровна, – мне ее ужасно, ужасно жалко. Вы страдаете только от гордости…

– Может быть, – сказал Левин, – но…

Она перебила его:

– Но ее, бедняжку, мне ужасно в ужасно жалко. Теперь и все понимаю.

– Ну, Дарья Александровна, вы меня извините, – сказал он, вставая. – Прощайте! Дарья Александровна, до свиданья.

– Нет, постойте, – сказала она, схватывая его за рукав. – Постойте, садитесь.

– Пожалуйста, пожалуйста, не будем говорить об этом, – сказал он, садясь и вместе с тем чувствуя, что в сердце его поднимается и шевелится казавшаяся ему похороненною надежда.

– Если б я вас не любила, – сказала Дарья Александровна, и слезы выступили ей на глаза, – если б я вас не знала, как я вас знаю…

Казавшееся мертвым чувство оживало все более и более, поднималось и завладевало сердцем Левина.

– Да, я теперь все поняла, – продолжала Дарья Александровна. – Вы этого не можете понять; вам, мужчинам, свободным и выбирающим, всегда ясно, кого вы любите. Но девушка в положении ожидания, с этим женским, девичьим стыдом, девушка, которая видит вас, мужчин, издалека, принимает все на слово, – у девушки бывает и может быть такое чувство, что она не знает, кого она любит, и не знает, что сказать.

– Да, если сердце не говорит…

– Нет, сердце говорит, но вы подумайте: вы, мужчины, имеете виды на девушку, вы ездите в дом, вы сближаетесь, высматриваете, выжидаете, найдете ли вы то, что вы любите, и потом, когда вы убеждены, что любите, вы делаете предложение…

– Ну, это не совсем так.

– Все равно, вы делаете предложение, когда ваша любовь созрела или когда у вас между двумя выбираемыми совершился перевес. А девушку не спрашивают. Хотят, чтоб она сама выбирала, а она не может выбрать и только отвечает: да и нет.

«Да, выбор между мной и Вронским», – подумал Левин, и оживавший в душе его мертвец опять умер и только мучительно давил его сердце.

– Дарья Александровна, – сказал он, – так выбирают платье или не знаю какую покупку, а не любовь. Выбор сделан, и тем лучше… И повторенья быть но может.

– Ах, гордость и гордость! – сказала Дарья Александровна, как будто презирая его за низость этого чувства в сравнении с тем, другим чувством, которое знают одни женщины. – В то время как вы делали предложение Кити, она именно была в том положении, когда она не могла отвечать. В ней было колебание. Колебание: вы или Вронский. Его она видела каждый день, вас давно не видала. Положим, если б она была старше, – для меня например, на ее месте не могло бы быть колебанья. Он мне всегда противен был, и так и кончилось.

Левин вспомнил ответ Кити. Она сказала: *Нет, это не может быть…*

– Дарья Александровна, – сказал он сухо, – я ценю вашу доверенность ко мне; я думаю, что вы ошибаетесь. Но, прав я или не прав, эта гордость, которую вы так презираете, делает то, что для меня всякая мысль о Катерине Александровне невозможна, – вы понимаете, совершенно невозможна.

– Я только одно еще скажу, вы понимаете, что я говорю о сестре, которую я люблю, как своих детей. Я не говорю, чтоб она любила вас, но я только хотела сказать, что ее отказ в ту минуту ничего не доказывает.

– Я не знаю! – вскакивая, сказал Левин. – Если бы вы знали, как вы больно мне делаете! Все равно, как у вас бы умер ребенок, а вам бы говорили:

а вот он был бы такой, такой, и мог бы жить, и вы бы на него радовались. А он умер, умер, умер...

– Как вы смешны, – сказала Дарья Александровна с грустною усмешкой, несмотря на волненье Левина. – Да, я теперь все понимаю, – продолжала она задумчиво. – Так вы не приедете к нам, когда Кити будет?

– Нет, не приеду. Разумеется, я не буду избегать Катерины Александровны, но, где могу, постараюсь избавить ее от неприятности моего присутствия.

– Очень, очень вы смешны, – повторила Дарья Александровна, с нежностью вглядываясь в его лицо. – Ну, хорошо, так как будто мы ничего про это не говорили. Зачем ты пришла, Таня? – сказала Дарья Александровна по-французски вошедшей девочке.

– Где моя лопатка, мама?

– Я говорю по-французски, и ты так же скажи. Девочка хотела сказать, но забыла, как лопатка, мать подсказала ей и потом по-французски же сказала, где отыскать лопатку. И это показалось Левину неприятным.

Все теперь казалось ему в доме Дарьи Александровны и в ее детях совсем уже не так мило, как прежде.

«И для чего она говорит по-французски с детьми? – подумал он. – Как это неестественно и фальшиво! И дети чувствуют это. Выучить по-французски и отучить от искренности», – думал он сам с собой, не зная того, что Дарья Александровна все это двадцать раз уже передумала и все-таки, хотя и в ущерб искренности, нашла необходимым учить этим путем своих детей.

– Но куда же вам ехать? Посидите.

Левин остался до чая, но веселье его все исчезло, и ему было неловко.

После чая он вышел в переднюю велеть подавать лошадей и, когда вернулся, застал Дарью Александровну взволнованную, с расстроенным лицом и слезами на глазах. В то время как Левин выходил, случилось для Дарьи Александровны ужасное событие, разрушившее вдруг все ее сегодняшнее счастье и гордость детьми. Гриша и Таня подрались за мячик. Дарья Александровна, услышав крик в детской, выбежала и застала их в ужасном виде. Таня держала Гришу за волосы, а он, с изуродованным злобой лицом, бил ее кулаками куда попало. Что-то оборвалось в сердце Дарьи Александровны, когда она увидала это. Как будто мрак надвинулся на ее жизнь: она поняла, что те ее дети, которыми она так гордилась, были не только самые обыкновенные, но даже нехорошие, дурно воспитанные дети, с грубыми, зверскими наклонностями, злые дети.

Она ни о чем другом не могла говорить и думать и не могла не рассказать Левину своего несчастья.

Левин видел, что она несчастлива, и постарался утешить ее, говоря, что это ничего дурного не доказывает, что все дети дерутся; но, говоря это, в душе своей Левин думал: «Нет, я не буду ломаться и говорить по-французски со своими детьми, но у меня будут не такие дети: надо только не портить, не уродовать детей, и они будут прелестны. Да, у меня будут не такие дети».

Он простился и уехал, и она не удерживала его.

XI

В половине июля к Левину явился староста сестриной деревни, находившейся за двадцать верст от Покровского, с отчетом о ходе дел и о покосе. Главный доход с именья сестры получался за заливные луга. В прежние годы покосы разбирались мужиками по двадцати рублей за десятину. Когда Левин взял именье в управление, он, осмотрев покосы, нашел, что они стоят дороже, и назначил цену за десятину двадцать пять рублей. Мужики не дали этой цены и, как подозревал Левин, отбили других покупателей. Тогда Левин поехал туда сам и распорядился убирать луга частию наймом, частию из доли. Свои мужики препятствовали всеми средствами этому нововведению, но дело пошло, и в первый же год за луга было выручено почти вдвое. В третьем и прошлом году продолжалось то же противодействие мужиков, и уборка шла тем же порядком. В нынешнем году мужики ваяли все покосы из третьей доли, и теперь староста приехал объявить, что покосы убраны и что он, побоявшись дождя, пригласил Конторщика, при нем разделил и сметал уже одиннадцать господских стогов. По неопределенным ответам на вопрос о том, сколько было сена на главном лугу, по поспешности старосты, разделившего сено без спросу, по всему тому мужика Левин понял, что в этом дележе сена что-то нечисто, и решился съездить сам проверить дело.

Приехав в обед в деревню и оставив лошадь у приятеля-старика, мужа братниной кормилицы, Левин вошел к старику на пчельник, желая узнать от него подробности об уборке покоса. Говорливый благообразный старик Нарменыч радостно принял Левина, показал ему все свое хозяйство, рассказал все подробности о своих пчелах и о роевщине нынешнего года; но на вопросы Левина о покосе говорил неопределенно и неохотно. Это еще более утвердило Левина в его предположениях. Он пошел на покос и осмотрел стога. В стогах не могло быть по пятидесяти возов, и, чтоб уличить мужиков, Левин велел сейчас же вызвать возившие сено подводы, поднять один стог и перевезти в сарай. Из стога вышло только тридцать два воза. Несмотря на уверения старосты о пухлявости сена и о том, как оно улеглось в стогах, и на его божбу о том, что все было по-божески, Левин настаивал на своем, что сено делили без его приказа и что он потому не принимает этого сена за пятьдесят возов в стогу. После долгих споров дело решили тем, чтобы мужикам принять эти одиннадцать стогов, считая по пятидесяти возов, на свою долю, а на господскую долю выделить вновь. Переговоры эти и дележ копен продолжались до полдника. Когда последнее сено было разделено, Левин, поручив остальное наблюдение конторщику, присел на отмеченной тычинкой ракитника копне, любуясь на кипящий народом луг.

Пред ним, в загибе реки за болотцем, весело треща звонкими голосами, двигалась пестрая вереница баб, и из растрясенного сена быстро вытягивались по светлозеленой отаве серые извилистые валы. Следом за бабами шли мужики с вилами, и из валов вырастали широкие, высокие, пухлые копны. Слева по убранному уже лугу гремели телеги, и одна за другою, подаваемые огромными навилинами, исчезали копны, и на место их навивались нависающие на зады лошадей тяжелые воза душистого сена.

— За погодку убрать! Сено же будет! — сказал старик, присевший подле Левина. — Чай, не сено! Ровно утятам зерна рассыпь, как подбирают! — прибавил он, указывая на навиваемые копны. — С обеда половину добрую свезли.

— Последнюю, что ль? — крикнул он на малого, который, стоя на переду тележного ящика и помахивая концами пеньковых вожжей, ехал мимо.

— Последнюю, батюшка! — прокричал малый, придерживая лошадь, и, улыбаясь, оглянулся на веселую, тоже улыбавшуюся румяную бабу, сидевшую в тележном ящике, и погнал дальше.

— Это кто же? Сын? — спросил Левин.

— Мой меньшенький, — с ласковою улыбкой сказал старик.

— Какой молодец!

— Ничего малый.

— Уж женат?

— Да, третий год пошел в Филипповки.

— Что ж, и дети есть?

— Какие дети! Год целый не понимал ничего, да и стыдился, — отвечал старик. — Ну, сено! Чай настоящий! — повторил он, желая переменить разговор.

Левин внимательнее присмотрелся к Ваньке Парменову и его жене. Они недалеко от него навивали копну. Иван Парменов стоял на возу, принимая, разравнивая и отаптывая огромные навилины сена, которые сначала охапками, а потом вилами ловко подавала ему его молодая красавица хозяйка. Молодая баба работала легко, весело и ловко. Крупное, слежавшееся сено не бралось сразу на вилы. Она сначала расправляла его, всовывала вилы, потом упругим и быстрым движением налегала на них всею тяжестью своего тела и тотчас же, перегибая перетянутую красным кушаком спину, выпрямлялась и, выставляя полные груди из-под белой занавески, с ловкою ухваткой перехватывала руками вилы и вскидывала навилину высоко на воз. Иван поспешно, видимо стараясь избавить ее от всякой минуты лишнего труда, подхватывал, широко раскрывая руки, подаваемую охапку и расправлял ее на возу. Подав последнее сено граблями, баба отряхнула засыпавшуюся ей за шею труху и, оправив сбившийся над белым, незагорелым лбом красный платок, полезла под телегу увязывать воз. Иван учил ее, как цеплять за лисицу, и чему-то сказанному ею громко расхохотался. В выражениях обоих лиц была видна сильная, молодая, недавно проснувшаяся любовь.

XII

Воз был увязан. Иван спрыгнул и повел за повод добрую, сытую лошадь. Баба вскинула на воз грабли и бодрым шагом, размахивая руками, пошла к собравшимся хороводом бабам. Иван, выехав на дорогу, вступил в обоз с другими возами. Бабы с граблями на плечах, блестя яркими цветами и треща звонкими, веселыми голосами, шли позади возов. Один грубый, дикий бабий голос затянул песню и допел ее до повторенья, и дружно, враз, опять с начала подхватили ту же песню полсотни разных, грубых и тонких, здоровых голосов.

Бабы с песнью приближались к Левину, и ему казалось, что туча с громом веселья надвигалась на него. Туча надвинулась, захватила его, и копна, на которой он лежал, и другие копны и воза и весь луг с дальним полем – все заходило и заколыхалось под размеры этой дикой развеселой песни с вскриками, присвистами и ёканьями. Левину завидно стало за это здоровое веселье, хотелось принять участие в выражении этой радости жизни. Но он ничего не мог сделать и должен был лежать и смотреть и слушать. Когда народ с песнью скрылся из вида и слуха, тяжелое чувство тоски за свое одиночество, за свою телесную праздность, за свою враждебность к этому миру охватило Левина.

Некоторые из тех самых мужиков, которые больше всех с ним спорили за сено, те, которых он обидел, или те, которые хотели обмануть его, эти самые мужики весело кланялись ему и, очевидно, не имели и не могли иметь к нему никакого зла или никакого не только раскаяния, но и воспоминания о том, что они хотели обмануть его. Все это потонуло в море веселого общего труда. Бог дал день, бог дал силы. И день и силы посвящены труду, и в нем самом награда. А для кого труд? Какие будут плоды труда? Это соображения посторонние и ничтожные.

Левин часто любовался на эту жизнь, часто испытывал чувство зависти к людям, живущим этою жизнью, но нынче в первый раз, в особенности под впечатлением того, что он видел в отношениях Ивана Парменова к его молодой жене, Левину в первый раз ясно пришла мысль о том, что от него зависит переменить ту столь тягостную праздную, искусственную и личную жизнь, которою он жил, на эту трудовую, чистую и общую прелестную жизнь.

Старик, сидевший с ним, уже давно ушел домой; народ весь разобрался. Ближние уехали долой, а дальние собрались к ужину и ночлегу в лугу. Левин, не замечаемый народом, продолжал лежать на копне и смотреть, слушать и думать. Народ, оставшийся ночевать в лугу, не спал почти всю короткую летнюю ночь. Сначала слышался общий веселый говор и хохот за ужином, потом опять песни и смехи.

Весь длинный трудовой день не оставил в них другого следа, кроме веселости. Перед утреннею зарей все затихло. Слышались только ночные звуки неумолкаемых в болоте лягушек и лошадей, фыркавших по лугу в поднявшемся пред утром тумане. Очнувшись, Левин встал с копны и, оглядев звезды, понял, что прошла ночь.

«Ну, так что же я сделаю? Как я сделаю это?» – сказал он себе, стараясь выразить для самого себя все то, что он передумал и перечувствовал в эту короткую ночь. Все, что он передумал и перечувствовал, разделялось на три отдельные хода мысли. Один – это было отречение от своей старой жизни, от своих бесполезных знаний, от своего ни к чему не нужного образования. Это отреченье доставляло ему наслаждение и было для него легко и просто. Другие мысли и представления касались той жизни, которою он желал жить теперь. Простоту, чистоту, законность этой жизни он ясно чувствовал и был убежден, что он найдет в ней то удовлетворение, успокоение и достоинство, отсутствие которых он так болезненно чувствовал. Но третий ряд мыслей вертелся на вопросе о том, как сделать этот переход от старой жизни к новой. И тут ничего ясного ему не представлялось. «Иметь жену? Иметь работу и необходимость работы? Оставить Покровское? Купить землю? Приписаться в общество? Жениться накрестьянке? Как же я сделаю это? – опять спрашивал он себя и не находил ответа. – Впрочем, я не спал всю ночь, и я не могу дать себе ясного отчета, – сказал он себе. – Я уясню после. Одно верно, что эта ночь решила мою судьбу. Все мои прежние мечты семейной жизни вздор, не то, – сказал он себе. – Все это гораздо проще и лучше…»

«Как красиво! – подумал он, глядя на странную, точно перламутровую раковину из белых барашков-облачков, остановившуюся над самою головой его на середине неба. – Как все прелестно в эту прелестную ночь! И когда успела образоваться эта раковина? Недавно я смотрел на небо, и на нем ничего не было – только две белые полосы. Да, вот так-то незаметно изменились и мои взгляды на жизнь!»

Он вышел из луга и пошел по большой дороге к деревне. Поднимался ветерок, и стало серо, мрачно. Наступила пасмурная минута, предшествующая обыкновенно рассвету, полной победе света над тьмой.

Пожимаясь от холода, Левин быстро шел, глядя на землю. «Это что? кто-то едет», – подумал он, услыхав бубенцы, и поднял голову. В сорока шагах от него, ему навстречу, по той большой дороге-муравке, по которой он шел, ехала четверней карета с важами.[1] Дышловые лошади жались от колей на дышло, но ловкий ямщик, боком сидевший на козлах, держал дышлом по колее, так что колеса бежали по гладкому.

Только это заметил Левин и, не думая о том, кто это может ехать, рассеянно взглянул в карету.

В карете дремала в углу старушка, а у окна, видимо только что проснувшись, сидела молодая девушка, держась обеими руками за ленточки белого чепчика. Светлая и задумчивая, вся исполненная изящной и сложной внутренней, чуждой Левину жизни, она смотрела через него на зарю восхода.

В то самое мгновение, как виденье это уж исчезало, правдивые глаза взглянули на него. Она узнала его, и удивленная радость осветила ее лицо.

Он не мог ошибиться. Только одни на свете были эти глаза. Только одно было на свете существо, способное сосредоточивать для него весь свет и смысл жизни. Это была она. Это была Кити. Он понял, что она ехала в Ергушово со станции железной дороги. И все то, что волновало Левина в эту бессонную ночь, все те решения, которые были взяты им, все вдруг исчезло. Он с отвращением вспомнил свои мечты женитьбы на крестьянке. Там только, в этой быстро удалявшейся и переехавшей на другую сторону дороги карете, там только была возможность разрешения столь мучительно тяготившей его в последнее время загадки его жизни.

Она не выглянула больше. Звук рессор перестал быть слышен, чуть слышны стали бубенчики. Лай собак показал, что карета проехала и деревню, – и остались вокруг пустые поля, деревня впереди и он сам, одинокий и чужой всему, одиноко идущий по заброшенной большой дороге.

Он взглянул на небо, надеясь найти там ту раковину, которою он любовался и которая олицетворяла для него весь ход мыслей и чувств

---

[1] *...ехала четверней карета с важами.* – Важи – чемоданы из телячьей кожи (от франц. vache). Ср. у С. Л. Толстого: «На крыше кареты были приспособлены «важи» – род чемоданов» (С. Л. Толстой. Очерки былого. Тула. 1965, с. 35.).

нынешней ночи. На небе не было более ничего похожего на раковину. Там, в недосягаемой вышине, совершилась уже таинственная перемена. Не было и следа раковины, и был ровный, расстилавшийся по целой половине неба ковер все умельчающихся и умельчающихся барашков. Небо поголубело и просияло и с тою же нежностью, но и с тою же недосягаемостью отвечало на его вопрошающий взгляд.

«Нет, – сказал он себе, – как ни хороша эта жизнь, простая и трудовая, я не могу вернуться к ней. Я люблю *ее* ».

XIII

Никто, кроме самых близких людей к Алексею Александровичу, не знал, что этот с виду самый холодный и рассудительный человек имел одну, противоречившую общему складу своего характера, слабость. Алексей Александрович не мог равнодушно слышать и видеть слезы ребенка или женщины. Вид слез приводил его в растерянное состояние, и он терял совершенно способность соображения. Правитель его канцелярии и секретарь знали это и предуведомляли просительниц, чтоб отнюдь не плакали, если не хотят испортить свое дело. «Он рассердится и не станет вас слушать», – говорили они. И действительно, в этих случаях душевное расстройство, производимое на Алексея Александровича слезами, выражалось торопливым гневом. «Я не могу, не могу ничего сделать. Извольте идти вон!» – кричал он обыкновенно в этих случаях.

Когда, возвращаясь со скачек, Анна объявила ему о своих отношениях к Вронскому и тотчас же вслед за этим, закрыв лицо руками, заплакала, Алексей Александрович, несмотря на вызванную в нем злобу к ней, почувствовал в то же время прилив того душевного расстройства, которое на него всегда производили слезы. Зная это и зная, что выражение в эту минуту его чувств было бы несоответственно положению, он старался удержать в себе всякое проявление жизни и потому не шевелился и не смотрел на нее. От этого-то и происходило то странное выражение мертвенности на его лице, которое так поразило Анну.

Когда они подъехали к дому, он высадил ее из кареты и, сделав усилие над собой, с привычною учтивостью простился с ней и произнес те слова, которые ни к чему не обязывали его; он сказал, что завтра сообщит ей свое решение.

Слова жены, подтвердившие его худшие сомнения, произвели жестокую боль в сердце Алексея Александровича. Боль эта была усилена еще тем странным чувством физической жалости к ней, которую произвели на него ее слезы. Но, оставшись один в карете, Алексей Александрович, к удивлению своему и радости, почувствовал совершенное освобождение и от этой жалости и от мучивших его в последнее время сомнений и страданий ревности.

Он испытывал чувство человека, выдернувшего долго болевший зуб, когда после страшной боли и ощущения чего-то огромного, больше самой головы, вытягиваемого из челюсти, больной вдруг, не веря еще своему счастию, чувствует, что не существует более того, что так долго отравляло его жизнь, приковывало к себе все внимание, и что он опять может жить, думать и интересоваться не одним своим зубом. Это чувство испытал Алексей Александрович. Боль была странная и страшная, но теперь она прошла; он чувствовал, что может опять жить и думать не об одной жене.

«Без чести, без сердца, без религии, испорченная женщина! Это я всегда знал и всегда видел, хотя и старался, жалея ее, обманывать себя», – сказал он себе. И ему действительно казалось, что он всегда это видел; он припоминал подробности их прошедшей жизни, которые прежде не казались ему чем-либо дурным, – теперь эти подробности ясно показывали, что она всегда была испорченною. «Я ошибся, связав свою жизнь с нею; но в ошибке моей нет ничего дурного, и потому я не могу быть несчастлив. Виноват не я, – сказал он себе, – но она. Но мне нет дела до нее. Она не существует для меня…»

Все, что постигнет ее и сына, к которому, точно так же как и к ней, переменились его чувства, перестало занимать его. Одно, что занимало его теперь, это был вопрос о том, как наилучшим, наиприличнейшим, удобнейшим для себя и потому справедливейшим образом отряхнуться от той грязи, которою она забрызгала его в своем падении, и продолжать идти по своему пути деятельной, честной и полезной жизни.

«Я не могу быть несчастлив оттого, что презренная женщина сделала преступление; я только должен найти наилучший выход из того тяжелого положения, в которое она ставит меня. И я найду его, – говорил он себе, хмурясь больше и больше. – Не я первый, не я последний». И, не говоря об исторических примерах, начиная с освеженного в памяти всех *Прекрасною Еленою* Менелая [1], целый ряд случаев современных неверностей жен мужьям высшего света возник в воображении Алексея Александровича. «Дарьялов, Полтавский, князь Карибанов, граф Паскудин. Драм… Да, и Драм… такой честный, дельный человек… Семенов, Чагин, Сигонин, – вспоминал Алексей Александрович. – Положим, какой-то неразумный ridicule[2] надает на этих людей, но я никогда не видел в этом ничего, кроме

---

[1] *…освеженного в памяти всех Прекрасною Еленою Менелая…* – «Прекрасная Елена» (1864) – оперетта Жака Оффенбаха (1819–1880). Менелай в оперетте – комический образ обманутого мужа.

[2] Осмеяние *(фр.)*.

несчастия, и всегда сочувствовал ему», – сказал себе Алексей Александрович, хотя это и было неправда, и он никогда не сочувствовал несчастиям этого рода, а тем выше ценил себя, чем чаще были примеры жен, изменяющих своим мужьям. «Это несчастье, которое может постигнуть всякого. И это несчастие постигло меня. Дело только в том, как наилучшим образом перенести это положение». И он стал перебирать подробности образа действий людей, находившихся в таком же, как и он, положении.

«Дарьялов дрался на дуэли…»

Дуэль в юности особенно привлекала мысли Алексея Александровича именно потому, что он был физически робкий человек и хорошо знал это. Алексей Александрович без ужаса не мог подумать о пистолете, на него направленном, и никогда в жизни не употреблял никакого оружия. Этот ужас смолоду часто заставлял его думать о дуэли и примеривать себя к положению, в котором нужно было подвергать жизнь свою опасности. Достигнув успеха и твердого положения в жизни, он давно забыл об этом чувстве; но привычка чувства взяла свое, и страх за свою трусость и теперь оказался так силен, что Алексей Александрович долго и со всех сторон обдумывал и ласкал мыслью вопрос о дуэли, хотя и вперед знал, что он ни в каком случае не будет драться.

«Без сомнения, наше общество еще так дико (не то, что в Англии), что очень многие, – и в числе этих многих были те, мнением которых Алексей Александрович особенно дорожил, – посмотрят на дуэль с хорошей стороны; но какой результат будет достигнут? Положим, я вызову на дуэль, – продолжал про себя Алексей Александрович, и, живо представив себе ночь, которую он проведет после вызова, и пистолет, на него направленный, он содрогнулся и понял, что никогда он этого не сделает, – положим, я вызову его на дуэль. Положим, меня научат, – продолжал он думать, – поставят, я пожму гашетку, – говорил он себе, закрывая глаза, – и окажется, что я убил его, – сказал себе Алексей Александрович и потряс головой, чтоб отогнать эти глупые мысли. – Какой смысл имеет убийство человека для того, чтоб определить свое отношение к преступной жене и сыну? Точно так же я должен буду решать, что должен делать с ней. Но, что еще вероятнее и что несомненно будет, – я буду убит или ранен. Я, невиноватый человек, жертва, – убит или ранен. Еще бессмысленнее. Но мало этого; вызов на дуэль с моей стороны будет поступок нечестный. Разве я не знаю вперед, что мои друзья никогда не допустят меня до дуэли – не допустят того, чтобы жизнь государственного человека, нужного России, подверглась опасности? Что же будет? Будет то, что я, зная вперед то, что никогда дело не дойдет до опасности, захотел только придать себе этим вызовом некоторый ложный блеск. Это нечестно, это фальшиво, это обман других и самого себя. Дуэль немыслима, и никто не ждет ее от меня. Цель моя состоит в том, чтоб обеспечить свою репутацию, нужную мне для беспрепятственного продолжения своей деятельности». Служебная деятельность, и прежде в глазах Алексея Александровича имевшая большое значение, теперь представлялась ему особенно значительна.

Обсудив и отвергнув дуэль, Алексей Александрович обратился к разводу – другому выходу, избранному некоторыми из тех мужей, которых он вспомнил. Перебирая в воспоминании все известные случаи разводов (их было очень много в самом высшем, ему хорошо известном обществе), Алексей Александрович не нашел ни одного, где бы цель развода была та, которую он имел в виду. Во всех этих случаях муж уступал или продавал неверную жену, и та самая сторона, которая за вину не имела права на вступление в брак, вступала в вымышленные, мнимо узаконенные отношения с новым супругом. В своем же случае Алексей Александрович видел, что достижение законного, то есть такого развода, где была бы только отвергнута виновная жена, невозможно. Он видел, что сложные условия жизни, в которых он находился, не допускали возможности тех грубых доказательств, которых требовал закон для уличения преступности жены; видел то, что известная утонченность этой жизни не допускала и применения этих доказательств, если б они и были, что применение этих доказательств уронило бы его в общественном мнении более, чем ее.

Попытка развода могла привести только к скандальному процессу, который был бы находкой для врагов, для клеветы и унижения его высокого положения в свете. Главная же цель – определение положения с наименьшим расстройством – не достигалась и чрез развод. Кроме того, при разводе, даже при попытке развода, очевидно было, что жена разрывала сношения с мужем и соединялась с своим любовником. А в душе Алексея Александровича, несмотря на полное теперь, как ему казалось, презрительное равнодушие к жене, оставалось в отношении к ней одно чувство – нежелание того, чтоб она беспрепятственно могла соединиться с Вронским, чтобы преступление ее было для нее выгодно. Одна мысль эта так раздражала Алексея Александровича, что, только представив себе это, он замычал от внутренней боли и приподнялся и переменил место в карете и долго после того, нахмуренный, завертывал свои зябкие и костлявые ноги пушистым пледом.

«Кроме формального развода, можно было еще поступить, как Карибанов, Паскудин и этот добрый Драм, то есть разъехаться с женой», – продолжал он думать, успокоившись; но и эта мера представляла те же неудобства позора, как и при разводе, и главное – это, точно так же как и формальный развод, бросало его жену в объятия Вронского. «Нет, это невозможно, невозможно! – опять принимаясь перевертывать свой плед, громко заговорил он. – Я не могу быть несчастлив, но и она и он не должны быть счастливы».

Чувство ревности, которое мучало его во время неизвестности, прошло в ту минуту, когда ему с болью был выдернут зуб словами жены. Но чувство это заменилось другим: желанием, чтоб она не только не торжествовала, но получила возмездие за свое преступление. Он не признавал этого чувства, но в глубине души ему хотелось, чтоб она пострадала за нарушение его спокойствия и чести. И, вновь перебрав условия дуэли, развода, разлуки и вновь отвергнув их, Алексей Александрович убедился, что выход был только один – удержать ее при себе, скрыв от света случившееся и употребив все зависящие меры для прекращения связи и главное – в чем самому себе он не признавался – для наказания ее. «Я должен объявить свое решение, что, обдумав то тяжелое положение, в которое она поставила семью, все другие выходы будут хуже для обеих сторон, чем внешнее status quo[1], и что таковое я согласен соблюдать, но под строгим условием исполнения с ее стороны моей воли, то есть прекращения отношений с любовником». В подтверждение этого решения, когда оно уже было окончательно принято, Алексею Александровичу пришло еще одно важное соображение. «Только при таком решении я поступаю и сообразно с религией, – сказал он себе, – только при этом решении я не отвергаю от себя преступную жену, а даю ей возможность исправления и даже – как ни тяжело это мне будет – посвящаю часть своих сил на исправление и спасение ее». Хотя Алексей Александрович и знал, что он не может иметь на жену нравственного влияния, что из всей этой попытки исправления ничего не выйдет, кроме лжи; хотя, переживая эти тяжелые минуты, он и не подумал ни разу о том, чтоб искать руководства в религии, – теперь, когда его решение совпадало с требованиями, как ему казалось, религии, эта религиозная санкция его решения давала ему полное удовлетворение и отчасти успокоение. Ему было радостно думать, что и в столь важном жизненном деле никто не в состоянии будет сказать, что он не поступил сообразно с правилами той религии, которой знамя он всегда держал высоко среди общего охлаждения и равнодушия. Обдумывая дальнейшие подробности, Алексей Александрович не видел даже, почему его отношения к жене не могли оставаться такие же почти, как и прежде. Без сомнения, он никогда не будет в состоянии возвратить ей своего уважения; но не было и не могло быть никаких причин ему расстраивать свою жизнь и страдать вследствие того, что она была дурная и неверная жена. «Да, пройдет время, все устрояющее время, и отношения восстановятся прежние, – сказал себе Алексей Александрович, – то есть восстановятся в такой степени, что я не буду чувствовать расстройства в течении своей

---

[1] Прежнее положение (*лат.*).

жизни. Она должна быть несчастлива, но я не виноват и потому не могу быть несчастлив».

XIV

Подъезжая к Петербургу, Алексей Александрович не только вполне остановился на этом решении, но и составил в своей голове письмо, которое он напишет жене. Войдя в швейцарскую, Алексей Александрович взглянул на письма и бумаги, принесенные из министерства, и велел внести за собой в кабинет.

– Отложить и никого не принимать, – сказал он на вопрос швейцара, с некоторым удовольствием, служившим признаком его хорошего расположения духа, ударяя на слове «не принимать».

В кабинете Алексей Александрович прошелся два раза и остановился у огромного письменного стола, на котором уже были зажжены вперед вошедшим камердинером шесть свечей, потрещал пальцами и сел, разбирая письменные принадлежности. Положив локти на стол, он склонил набок голову, подумал с минуту и начал писать, ни одной секунды не останавливаясь. Он писал без обращения к ней и по-французски, употребляя местоимение «вы», не имеющее того характера холодности, который оно имеет на русском языке.

«При последнем разговоре нашем я выразил вам мое намерение сообщить свое решение относительно предмета этого разговора. Внимательно обдумав все, я пишу теперь с целью исполнить это обещание. Решение мое следующее: каковы бы ни были ваши поступки, я не считаю себя вправе разрывать тех уз, которыми мы связаны властью свыше. Семья не может быть разрушена по капризу, произволу или даже по преступлению одного из супругов, и наша жизнь должна идти, как она шла прежде. Это необходимо для меня, для вас, для нашего сына. Я вполне уверен, что вы раскаялись и раскаиваетесь в том, что служит поводом настоящего письма, и что вы будете содействовать мне в том, чтобы вырвать с корнем причину нашего раздора и забыть прошедшее. В противном случае вы сами можете предположить то, что ожидает вас и вашего сына. Обо всем этом более подробно надеюсь переговорить при личном свидании. Так как время дачного сезона кончается, я просил бы вас переехать в Петербург как можно скорее, не позже вторника. Все нужные распоряжения для вашего переезда будут сделаны. Прошу вас заметить, что я приписываю особенное значение исполнению этой моей просьбы.

А. Каренин.

PS. При этом письме деньги, которые могут понадобиться для ваших расходов».

Он прочел письмо и остался им доволен, особенно тем, что он вспомнил приложить деньги; не было ни жестокого слова, ни упрека, но не было и снисходительности. Главное же – был золотой мост для возвращения. Сложив письмо и загладив его большим массивным ножом слоновой кости и уложив в конверт с деньгами, он с удовольствием, которое всегда возбуждаемо было в нем обращением со своими хорошо устроенными письменными принадлежностями, позвонил.

– Передашь курьеру, чтобы завтра доставил Анне Аркадьевне на дачу, – сказал он и встал.

– Слушаю, ваше превосходительство; чай в кабинет прикажете?

Алексей Александрович велел подать чай в кабинет и, играя массивным ножом, пошел к креслу, у которого была приготовлена лампа и начатая французская книга о евгюбических надписях.[1] Над креслом висел овальный, в золотой раме, прекрасно сделанный знаменитым художником портрет Анны. Алексей Александрович взглянул на него. Непроницаемые глаза насмешливо и нагло смотрели на него, как в тот последний вечер их объяснения. Невыносимо нагло и вызывающе подействовал на Алексея Александровича вид отлично сделанного художником черного кружева на голове, черных волос и белой прекрасной руки с безымянным пальцем, покрытым перстнями. Поглядев на портрет с минуту, Алексей Александрович вздрогнул так, что губы затряслись и произвели звук «брр», и отвернулся. Поспешно сев в кресло, он раскрыл книгу. Он попробовал читать, но никак не мог восстановить в себе весьма живого прежде интереса к евгюбическим надписям. Он смотрел в книгу и думал о другом. Он думал не о жене, но об одном возникшем в последнее время усложнении в его государственной деятельности, которое в это время составляло главный интерес его службы. Он чувствовал, что он глубже, чем когда-нибудь, вникал теперь в это усложнение и что в голове его нарождалась – он без самообольщения мог сказать – капитальная мысль, долженствующая распутать все это дело, возвысить его в служебной карьере, уронить его врагов и потому принести величайшую пользу государству. Как только

---

1 *...французская книга о евгюбических надписях.* – «Евгюбические надписи» – таблицы на умбрийском диалекте, найденные в 1444 г. в городе Gubbio (Италия), который в средние века назывался Eugubbium. В 1874 г. в газете «Revue de deux Mondes» печаталась статья Мишеля Бреаля «Les tables Eugubies.).

человек, установив чай, вышел из комнаты, Алексей Александрович встал и пошел к письменному столу. Подвинув на середину портфель с текущими делами, он с чуть заметною улыбкой самодовольства вынул из стойки карандаш и погрузился в чтение вытребованного им сложного дела, относившегося до предстоящего усложнения. Усложнение было такое. Особенность Алексея Александровича, как государственного человека, та, ему одному свойственная, характерная черта, которую имеет каждый выдвигающийся чиновник, та, которая вместе с его упорным честолюбием, сдержанностью, честностью и самоуверенностью сделала его карьеру, состояла в пренебрежении к бумажной официальности, в сокращении переписки, в прямом, насколько возможно, отношении к живому делу и в экономности. Случилось же, что в знаменитой комиссии 2 июня было выставлено дело об орошении[1] полей Зарайской губернии, находившееся в министерстве Алексея Александровича и представлявшее резкий пример неплодотворности расходов и бумажного отношения к делу. Алексей Александрович знал, что это было справедливо. Дело орошения полей Зарайской губернии было начато предшественником предшественника Алексея Александровича. И действительно, на это дело было потрачено и тратилось очень много денег и совершенно непроизводительно, и все дело это, очевидно, ни к чему не могло привести. Алексей Александрович, вступив в должность тотчас же понял это и хотел было наложить руки на это дело; но в первое время, когда он чувствовал себя еще нетвердо, он знал, что это затрогивало слишком много интересов и было неблагоразумно; потом же он, занявшись другими делами, просто забыл про это дело. Оно, как и все дела, шло само собою, по силе инерции. (Много людей кормилось этим делом, в особенности одно очень нравственное и музыкальное семейство: все дочери играли на струнных инструментах. Алексей Александрович знал это семейство и был посаженым отцом у одной из старших дочерей.) Поднятие этого дела враждебным министерством было, по мнению Алексея Александровича, нечестно, потому что в каждом министерстве были и не такие дела, которых никто, по известным служебным приличиям, не поднимал. Теперь же, если уже ему бросали эту перчатку, то он смело поднимал ее и требовал назначения особой комиссии для изучения и поверки трудов комиссии орошения полей Зарайской губернии; но зато уже он не давал никакого спуску и тем господам. Он требовал и назначения еще

---

1 *...дело об орошении...* – После голода 1873 г. появились многочисленные проекты орошения степей Самарской губернии. «Спекуляция подоспела как раз к гигантским проектам орошения целой Новороссии, земли войска Донского, всех степей Самарской губернии» («Голос», 1875, № 32). Независимо от практического смысла проектов, они давали возможность получать субсидии и представляли способ легкого обогащения. Н. Некрасов включил в поэму «Современники» «Песню об орошении» («Дали денег: «Орошай!»).

особой комиссии по делу об устройстве инородцев.[1] Дело об устройстве инородцев было случайно поднято в комитете 2 июня и с энергиею поддерживаемо Алексеем Александровичем как не терпящее отлагательства по плачевному состоянию инородцев. В комитете дело это послужило поводом к пререканию нескольких министерств. Министерство, враждебное Алексею Александровичу, доказывало, что положение инородцев было весьма цветущее и что предполагаемое переустройство может погубить их процветание, а если что есть дурного, то это вытекает только из неисполнения министерством Алексея Александровича предписанных законом мер. Теперь Алексей Александрович намерен был требовать: во-первых, чтобы составлена была новая комиссия, которой поручено бы было исследовать на месте состояние инородцев; во-вторых, если окажется, что положение инородцев действительно таково, каким оно является из имеющихся в руках комитета официальных данных, то чтобы была назначена еще другая, новая ученая комиссия для исследования причин этого безотрадного положения инородцев с точек зрения: а) политической, б) административной, в) экономической, г) этнографической, д) материальной и е) религиозной; в-третьих, чтобы были затребованы от враждебного министерства сведения о тех мерах, которые были в последнее десятилетие приняты этим министерством для предотвращения тех невыгодных условий, в которых ныне находятся инородцы, и, в-четвертых, наконец, чтобы было потребовано от министерства объяснение о том, почему оно, как видно из доставленных в комитет сведений за №№ 17015 и 18308, от 5 декабря 1863 года и 7 июня 1864, действовало прямо противоположно смыслу коренного и органического закона, т..., ст. 18, и примечание к статье 36. Краска оживления покрыла лицо Алексея Александровича, когда он быстро писал себе конспект этих мыслей. Исписав лист бумаги, он встал, позвонил и передал записочку к правителю канцелярии о доставлении ему нужных справок. Встав и пройдясь по комнате, он опять взглянул на портрет, нахмурился и презрительно улыбнулся. Почитав еще книгу о евгюбических надписях и возобновив

---

[1] *Он требовал и назначения еще особой комиссии по делу об устройстве инородцев.* – «Дело об устройстве инородцев» началось еще в 60-х годах. В Уфимской и Оренбургской губерниях башкиры владели одиннадцатью миллионами десятин земли. В целях «обрусения края» правительство поощряло аренду башкирских земель переселенцами из центральных губерний России. Обычно арендованные участки обозначались условно, так что открывался простор для злоупотреблений. В 1871 г. были приняты особые правила о продаже свободных земель на льготных условиях. С этого времени началось хищническое использование башкирских и казенных земель. В спекуляции прямое участие принимали чиновники канцелярии Оренбургского генерал-губернатора. Когда «дело об устройстве инородцев» получило огласку, П. А. Валуев (1815–1890), министр государственных имуществ, должен был уйти в отставку. Как отмечал С. Л. Толстой «...в Каренине есть черты П. А. Валуева» («Литературное наследство», т. 37/38. М., 1939, с. 570).

интерес к ним, Алексей Александрович в одиннадцать часов пошел спать, и когда он, лежа в постели, вспомнил о событии с женой, оно ему представилось уже совсем не в таком мрачном виде.

XV

Хотя Анна упорно и с озлоблением противоречила Вронскому, когда он говорил ей, что положение ее невозможно, и уговаривал ее открыть все мужу, в глубине души она считала свое положение ложным, нечестным и всею душой желала изменить его. Возвращаясь с мужем со скачек, в минуту волнения она высказала ему все; несмотря на боль, испытанную ею при этом, она была рада этому. После того как муж оставил ее, она говорила себе, что она рада, что теперь все определится, и по крайней мере не будет лжи и обмана. Ей казалось несомненным, что теперь положение ее навсегда определится. Оно может быть дурно, это новое положение, но оно будет определенно, в нем не будет неясности и лжи. Та боль, которую она причинила себе и мужу, высказав эти слова, будет вознаграждена теперь тем, что все определится, думала она. В этот же вечер она увидалась с Вронским, но не сказала ему о том, что произошло между ею и мужей, хотя, для того чтобы положение определилось, надо было сказать ему.

Когда она проснулась на другое утро, первое, что представилось ей, были слова, которые она сказала мужу, и слова эти ей показались так ужасны, что она не могла понять теперь, как она могла решиться произнести эти странные грубые слова, и не могла представить себе того, что из этого выйдет. Но слова были сказаны, и Алексей Александрович уехал, ничего не сказав. «Я видела Вронского и не сказала ему. Еще в ту самую минуту, как он уходил, я хотела воротить его и сказать ему, но раздумала, потому что било странно, почему я не сказала ему в первую минуту. Отчего я хотела и не сказала ему?» И в ответ на этот вопрос горячая краска стыда разлилась по ее лицу. Она поняла то, что удерживало ее от этого; она поняла, что ей было стыдно. Ее положение, которое казалось уясненным вчера вечером, вдруг представилось ей теперь не только не уясненным, но безвыходным. Ей стало страшно за позор, о котором она прежде и не думала. Когда она только думала о том, что сделает ее муж, ей приходили самые страшные мысли. Ей приходило в голову, что сейчас приедет управляющий выгонять ее из дома, что позор ее будет объявлен всему миру. Она спрашивала себя, куда сна поедет, когда ее выгонят из дома, и не находила ответа.

Когда она думала о Вронском, ей представлялось, что он не любит ее, что он уже начинает тяготиться ею, что она не может предложить ему себя, и чувствовала враждебность к нему за это. Ей казалось, что те слова, которые она сказала мужу и которые она беспрестанно повторяла в своем воображении, что она их сказала всем и что все их слышали. Она не могла решиться взглянуть в глаза тем, с кем она жила. Она не могла решиться позвать девушку и еще меньше сойти вниз и увидать сына и гувернантку.

Девушка, уже давно прислушивавшаяся у ее двери, вошла сама к ней в комнату. Анна вопросительно взглянула ей в глаза и испуганно покраснела. Девушка извинилась, что вошла, сказав, что ей показалось, что позвонили. Она принесла платье и записку. Записка была от Бетси. Бетси напоминала ей, что нынче утром к ней съедутся Лиза Меркалова и баронесса Штольц с своими поклонниками, Калужским и стариком Стремовым, на партию крокета. «Приезжайте хоть посмотреть, как изучение нравов. Я вас жду», – кончала она.

Анна прочла записку и тяжело вздохнула.

– Ничего, ничего не нужно, – сказала она Аннушке, переставлявшей флаконы и щетки на уборном столике. – Поди, я сейчас оденусь и выйду. Ничего, ничего не нужно.

Аннушка вышла, но Анна не стала одеваться, а сидела в том же положении, опустив голову и руки, изредка содрогалась всем телом, желая как бы сделать какой-то жест, сказать что-то и опять замирая. Она беспрестанно повторяла: «Боже мой! Боже мой!» Но ни «боже», ни «мой» не имели для нее никакого смысла. Мысль искать своему положению помощи в религии была для нее, несмотря на то, что она никогда не сомневалась в религии, в которой была воспитана, так же чужда, как искать помощи у самого Алексея Александровича. Она знала вперед, что помощь религии возможна только под условием отречения от того, что составляло для нее весь смысл жизни. Ей не только было тяжело, но она начинала испытывать страх пред новым, никогда не испытанным ею душевным состоянием. Она чувствовала, что в душе ее все начинает двоиться, как двоятся иногда предметы в усталых глазах. Она не знала иногда, чего она боится, чего желает. Боится ли она и желает ли она того, что было, или того, что будет, и чего именно она желает, она не знала.

«Ах, что я делаю!» – сказала она себе, почувствовав вдруг боль в обеих сторонах головы. Когда она опомнилась, она увидала, что держит обеими руками свои волосы около висков и сжимает их. Она вскочила и стала ходить.

– Кофей готов, и мамзель с Сережей ждут, – сказала Аннушка, вернувшись опять и опять застав Анну в том же положении.

– Сережа? Что Сережа? – оживляясь вдруг, спросила Анна, вспомнив в первый раз за все утро о существовании своего сына.

– Он провинился, кажется, – отвечала, улыбаясь, Аннушка.

– Как провинился?

– Персики у вас лежали в угольной; так, кажется, они потихонечку одни скушали.

Напоминание о сыне вдруг вывело Анну из того безвыходного положения, в котором она находилась. Она вспомнила ту, отчасти искреннюю, хотя и много преувеличенную, роль матери, живущей для сына, которую она взяла на себя в последние годы, и с радостью почувствовала, что в том состоянии, в котором она находилась, у ней есть держава, независимая от положения, в которое она станет к мужу и к Вронскому. Эта держава – был сын. В какое бы положение она ни стала, она не может покинуть сына. Пускай муж опозорит и выгонит ее, пускай Вронский охладеет к ней и продолжает вести свою независимую жизнь (она опять с желчью и упреком подумала о нем), она не может оставить сына. У ней есть цель жизни. И ей надо действовать, действовать, чтоб обеспечить это положение с сыном, чтобы его не отняли у ней. Даже скорее, как можно скорее надо действовать, пока его не отняли у ней. Надо взять сына и уехать. Вот одно, что ей надо теперь делать. Ей нужно было успокоиться и выйти из этого мучительного положения. Мысль о прямом деле, связывавшемся с сыном, о том, чтобы сейчас же уехать с ним куда-нибудь, дала ей это успокоение.

Она быстро оделась, сошла вниз и решительными шагами вошла в гостиную, где, по обыкновению, ожидал ее кофе и Сережа с гувернанткой. Сережа, весь в белом, стоял у стола под зеркалом и, согнувшись спиной и головой, с выражением напряженного внимания, которое она знала в нем и которым он был похож на отца, что-то делал с цветами, которые он принес.

Гувернантка имела особенно строгий вид. Сережа пронзительно, как это часто бывало с ним, вскрикнул: «А, мама!» – и остановился в нерешительности: идти ли к матери здороваться и бросить цветы, или доделать венок и с цветами идти.

Гувернантка, поздоровавшись, длинно и определительно стала рассказывать проступок, сделанный Сережей, но Анна не слушала ее; она думала о том, возьмет ли она ее с собою. «Нет, не возьму, – решила она. – Я уеду одна, с сыном».

– Да, это очень дурно, – сказала Анна и, взяв сына за плечо, не строгим, а робким взглядом, смутившим и обрадовавшим мальчика, посмотрела на него и поцеловала. – Оставьте его со мной, – сказала она удивленной гувернантке и, не выпуская руки сына, села за приготовленный с кофеем стол.

– Мама! Я... я... не... – сказал он, стараясь понять по ее выражению, что ожидает его за персик.

– Сережа, – сказала она, как только гувернантка вышла из комнаты, – это дурно, но ты не будешь больше делать этого?.. Ты любишь меня?

Ока чувствовала, что слезы выступают ей на глаза. «Разве я могу не любить его? – говорила она себе, вникая в его испуганный и вместе обрадованный взгляд. – И неужели он будет заодно с отцом, чтобы казнить меня? Неужели не пожалеет меня?» Слезы уже текли по ее лицу, и, чтобы скрыть их, она порывисто встала и почти выбежала на террасу.

После грозовых дождей последних дней наступила холодная, ясная погода. При ярком солнце, сквозившем сквозь обмытые листья, в воздухе было холодно.

Она вздрогнула и от холода и от внутреннего ужаса, с новою силою охвативших ее на чистом воздухе.

– Поди, поди к Mariette, – сказала она Сереже, вышедшему было за ней, и стала ходить по соломенному ковру террасы. «Неужели они не простят меня, не поймут, как это все не могло быть иначе», – сказала она себе.

Остановившись и взглянув на колебавшиеся от ветра вершины осины с обмытыми, ярко блистающими на холодном солнце листьями, она поняла, что они не простят, что всё и все к ней теперь будут безжалостны, как это небо, как эта зелень. И опять она почувствовала, что в душе у ней начинало двоиться. «Не надо, не надо думать, – сказала она себе. – Надо собираться. Куда? Когда? Кого взять с собой? Да, в Москву, на вечернем поезде. Аннушка и Сережа, и только самые необходимые вещи. Но прежде надо написать им обоим». Она быстро пошла в дом, в свой кабинет, села к столу и написала мужу:

«После того, что произошло, я не могу более оставаться в вашем доме. Я уезжаю и беру с собою сына. Я не знаю законов и не знаю потому, с кем из родителей должен быть сын; но я беру его с собой, потому что без него я не могу жить. Будьте великодушны, оставьте мне его».

До сих пор она писала быстро и естественно, но призыв к его великодушию, которого она не признавала в нем, и необходимость заключить письмо чем-нибудь трогательным остановили ее.

«Говорить о своей вине и своем раскаянии я не могу, потому что...»

Опять она остановилась, не находя связи в своих мыслях. «Нет, – сказала она себе, – ничего не надо», – и, разорвав письмо, переписала его, исключив упоминание о великодушии, и запечатала.

Другое письмо надо было писать к Вронскому. «Я объявила мужу», – писала она и долго сидела, не в силах будучи писать далее. Это было так грубо, так неженственно. «Я потом, что же могу я писать ему?» – сказала она себе. Опять краска стыда покрыла ее лицо, вспомнилось его спокойствие, и чувство досады к нему заставило ее разорвать на мелкие клочки листок с написанною фразой. «Ничего не нужно», – сказала она себе и, сложив бювар, пошла наверх, объявила гувернантке и людям, что она едет нынче в Москву, и тотчас принялась за укладку вещей.

XVI

По всем комнатам дачного дома ходили дворники, садовники и лакеи, вынося вещи. Шкафы и комоды были раскрыты; два раза бегали в лавочку за бечевками; по полу валялась газетная бумага. Два сундука, мешки и увязанные пледы были снесены в переднюю. Карета и два извозчика стояли у крыльца. Анна, забывшая за работой укладки внутреннюю тревогу, укладывала, стоя пред столом в своем кабинете, свой дорожный мешок, когда Аннушка обратила ее внимание на стук подъезжающего экипажа. Анна взглянула в окно и увидала у крыльца курьера Алексея Александровича, который звонил у входной двери.

– Поди узнай, что такое, – сказала она и с спокойною готовностью на все, сложив руки на коленах, села на кресло. Лакей принес толстый пакет, надписанный рукою Алексея Александровича.

– Курьеру приказано привезти ответ, – сказал он.

– Хорошо, – сказала она и, как только человек вышел, трясущимися пальцами разорвала письмо. Пачка заклеенных в бандерольке неперегнутых ассигнаций выпала из него. Она высвободила письмо и стала читать с конца. «Я сделал приготовления для переезда, я приписываю значение исполнению моей просьбы», – прочла она. Она пробежала дальше, назад, прочла все и еще раз прочла письмо все сначала. Когда она кончила, она почувствовала, что ей холодно и что над ней обрушилось такое страшное несчастие, какого она не ожидала.

Она раскаивалась утром в том, что она сказала мужу, и желала только одного, чтоб эти слова были как бы не сказаны. И вот письмо это признавало слова несказанными и давало ей то, чего она желала. Но теперь это письмо представлялось ей ужаснее всего, что только она могла себе представить.

«Прав! прав! – проговорила она. – Разумеется, он всегда прав, он христианин, он великодушен! Да, низкий, гадкий человек! И этого никто, кроме меня, не понимает и не поймет; и я не могу растолковать. Они говорят: религиозный, нравственный, честный, умный человек; но они не видят, что я видела. Они не знают, как он восемь лет душил мою жизнь, душил все, что было во мне живого, что он ни разу и не подумал о том, что я живая женщина, которой нужна любовь. Не знают, как на каждом шагу он оскорблял меня и оставался доволен собой. Я ли не старалась, всеми силами старалась, найти оправдание своей жизни? Я ли не пыталась любить его, любить сына, когда уже нельзя было любить мужа? Но пришло время, я поняла, что я не могу больше себя обманывать, что я живая, что я не виновата, что бог меня сделал такою, что мне нужно любить и жить. И теперь что же? Убил бы он меня, убил бы его, я все бы перенесла, я все бы простила, но нет, он…»

«Как я не угадала того, что он сделает? Он сделает то, что свойственно его низкому характеру. Он останется прав, а меня, погибшую, еще хуже, еще ниже погубит…» «Вы сами можете предположить то, что ожидает вас и вашего сына», – вспомнила она слова из письма. «Это угроза, что он отнимет сына, и, вероятно, по их глупому закону это можно. По разве я не знаю, зачем он говорит это? Он не верит и в мою любовь к сыну или презирает (как он всегда и подсмеивался), презирает это мое чувство, но он знает, что я не брошу сына, не могу бросить сына, что без сына не может быть для меня жизни даже с тем, кого я люблю, но что, бросив сына и убежав от него, я поступлю, как самая позорная, гадкая женщина, он знает это и знает, что я не в силах буду сделать этого».

«Наша жизнь должна идти как прежде», – вспомнила она другую фразу письма. «Эта жизнь была мучительна еще прежде, она была ужасна в последнее время. Что же это будет теперь? И он знает все это, знает, что я не могу раскаиваться в том, что я дышу, что я люблю; знает, что, кроме лжи и обмана, из этого ничего не будет; но ему нужно продолжать мучать меня. Я знаю его! Я знаю, что он, как рыба в воде, плавает и наслаждается во лжи. Но нет, я не доставлю ему этого наслаждения, я разорву эту его паутину лжи, в которой он меня хочет опутать; пусть будет, что будет. Все лучше лжи и обмана!»

«Но как? Боже мой! Боже мой! Была ли когда-нибудь женщина так несчастна, как я?..»

– Нет, разорву, разорву! – вскрикнула она, вскакивая и удерживая слезы. И она подошла к письменному столу, чтобы написать ему другое письмо. Но она в глубине души своей уже чувствовала, что она не в силах будет ничего разорвать, не в силах будет выйти из этого прежнего положения, как оно ни ложно и ни бесчестно.

Она села к письменному столу, но, вместо того чтобы писать, сложив руки на стол, положила на них голову и заплакала, всхлипывая и колеблясь всей грудью, как плачут дети. Она плакала о том, что мечта ее об уяснении, определении своего положения разрушена навсегда. Она знала вперед, что все останется по-старому, и даже гораздо хуже, чем по-старому. Она чувствовала, что то положение в свете, которым она пользовалась и которое утром казалось ей столь ничтожным, что это положение дорого ей, что она не будет в силах променять его на позорное положение женщины, бросившей мужа и сына и соединившейся с любовником; что, сколько бы она ни старалась, она не будет силы ее самой себя. Она никогда не испытает свободы любви, а навсегда останется преступною женой, под угрозой ежеминутного обличения, обманывающею мужа для позорной связи с человеком чуждым, независимым, с которым она не может жить одною жизнью. Она знала, что это так и будет, и вместе с тем это было так ужасно, что она не могла представить себе даже, чем это кончится. И она плакала, не удерживаясь, как плачут наказанные дети.

Послышавшиеся шаги лакея заставили ее очнуться, и, скрыв от него свое лицо, она притворилась, что пишет.

– Курьер просит ответа, – доложил лакей.

– Ответа? Да, – сказала Анна, – пускай подождет. Я позвоню.

«Что я могу писать? – думала она. – Что я могу решить одна? Что я знаю? Чего я хочу? Что я люблю?» Опять она почувствовала, что в душе ее начинает двоиться. Она испугалась спять этого чувства и ухватилась за первый представившийся ее предлог деятельности, который мог бы отвлечь ее от мыслей о себе. «Я должна видеть Алексея (так она мысленно называла Вронского), он один может сказать мне, что я должна делать. Поеду к Бетси: может быть, там я увижу его», – сказала она себе, совершенно забыв о том, что вчера еще, когда она сказала ему, что не поедет к княгине Тверской, он сказал, что поэтому и он тоже не поедет. Она подошла к столу, написала мужу: «Я получила ваше письмо. А.» – и, позвонив, отдала лакею.

– Мы не едем, – сказала она вошедшей Аннушке.

– Совсем не едем?

– Нет, не раскладывайте до завтра, и карету оставить. Я поеду к княгине.

– Какое же платье приготовить?

XVII

Общество партии крокета[1], на которое княгиня Тверская приглашала Анну, должно было состоять из двух дам с их поклонниками. Две дамы эти были главные представительницы избранного нового петербургского кружка, в подражание подражанию чему-то, называвшиеся les sept

---

[1] *Общество партии крокета* – светские общества, составлявшие некое подобие «политических партий», были характерной приметой жизни 70-х годов. Д. Аверкиев в сатирической поэме «Тоска по родине» писал: «У нас есть партии и в вист, // И в банк, и в преферансик...» – «Ах! партий всех не перечтешь // В России своенравной» («Русский вестник», 1875, XII, с. 806).

merveilles du monde ^{12}. Дамы эти принадлежали к кружку, правда, высшему, но совершенно враждебному тому, который Анна посещала. Кроме того, старый Стремов, один из влиятельных людей Петербурга, поклонник Лизы Меркаловой, был по службе враг Алексея Александровича. По всем этим соображениям Анна не хотела ехать, и к этому ее отказу относились намеки записки княгини Тверской. Теперь же Анна, в надежде увидать Вронского, пожелала ехать.

Анна приехала к княгине Тверской раньше других гостей.

В то время как она входила, лакей Вронского с расчесанными бакенбардами, похожий на камер-юнкера, входил тоже. Он остановился у двери и, сняв фуражку, пропустил ее. Анна узнала его и тут только вспомнила, что Вронский вчера сказал, что не приедет. Вероятно, он об этом прислал записку.

Она слышала, снимая верхнее платье в передней, как лакей, выговаривавший даже *р,* как камер-юнкер, сказал: «от графа княгине» и передал записку.

Ей хотелось спросить, где его барин. Ей хотелось вернуться назад и послать ему письмо, чтобы он приехал к ней, или самой ехать к нему. Но ни того, ни другого, ни третьего нельзя было сделать: уже впереди слышались объявляющие о ее приезде звонки, и лакей княгини Тверской уже стал вполуоборот у отворенной двери, ожидая ее прохода во внутренние комнаты.

– Княгиня в саду, сейчас доложат. Не угодно ли пожаловать в сад? – доложил другой лакей в другой комнате.

Положение нерешительности, неясности было все то же, как и дома; еще хуже, потому что нельзя было ничего предпринять, нельзя было увидать Вронского, а надо было оставаться здесь, в чуждом и столь противоположном ее настроению обществе; но она была в туалете, который, она знала, шел к ней; она была не одна, вокруг была эта привычная торжественная обстановка праздности, и ей было легче, чем дома; она не должна была придумывать, что ей делать. Все делалось само собой. Встретив шедшую к ней Бетси в белом, поразившем ее своею элегантностью, туалете, Анна улыбнулась ей, как всегда. Княгиня Тверская шла с Тушкевичем и родственницей-барышней, к великому счастию провинциальных родителей проводившей лето у знаменитой княгини.

---

^{1} *...les sept merveilles du monde* – семь чудес света, знаменитые произведения древних архитекторов и скульпторов. Смысл этого выражения был утрачен. И представительницы избранного петербургского кружка назывались так «в подражание подражанию чему то»...

^{2} Семь чудес света *(фр.).*

Вероятно, в Анне было что-нибудь особенное, потому что Бетси тотчас заметила это.

– Я дурно спала, – отвечала Анна, вглядываясь в лакея, который шел им навстречу и, по ее соображениям, нес записку Вронского.

– Как я рада, что вы приехали, – сказала Бетси. – Я устала и только что хотела выпить чашку чая, пока они приедут. А вы бы пошли, – обратилась она к Тушкевичу, – с Машей попробовали бы крокет-граунд там, где подстригли. Мы с вами успеем по душе поговорить за чаем, we'll have a cosy chat[1], не правда ли? – обратилась она к Анне с улыбкой, пожимая ее руку, державшую зонтик.

– Тем более что я не могу пробыть у вас долго, мне необходимо к старой Вреде. Я уже сто лет обещала, – сказала Анна, для которой ложь, чуждая ее природе, сделалась не только проста и естественна в обществе, но даже доставляла удовольствие.

Для чего она сказала это, чего она за секунду не думала, она никак бы не могла объяснить. Она сказала это по тому только соображению, что так как Вронского не будет, то ей надо обеспечить свою свободу и попытаться как-нибудь увидать его. Но почему она именно сказала про старую фрейлину Вреде, к которой ей нужно было, как и ко многим другим, она не умела бы объяснить, а вместе с тем, как потом оказалось, она, придумывая самые хитрые средства для свидания с Вронским, не могла придумать ничего лучшего.

– Нет, я вас не пущу ни за что, – отвечала Бетси, внимательно вглядываясь в лицо Анны. – Право, я бы обиделась, если бы не любила вас. Точно вы боитесь, что мое общество может компрометировать вас так. Пожалуйста, нам чаю в маленькую гостиную, – сказала она, как всегда прищуривая глаза при обращении к лакею. Взяв от него записку, она прочла ее. – Алексей сделал нам ложный прыжок[2], – сказала она по-французски, – он пишет, что не может быть, – прибавила она таким естественным, простым тоном, как будто ей никогда и не могло приходить в голову, чтобы Вронский имел для Анны какое-нибудь другое значение, как игрока в крокет.

Анна знала, что Бетси все знает, но, слушая, как она при ней говорила о Вронском, она всегда убеждалась на минуту, что она ничего не знает.

– А! – равнодушно сказала Анна, как бы мало интересуясь этим, и продолжала, улыбаясь: – Как может ваше общество компрометировать кого-нибудь? – Эта игра словами, это скрывание тайны, как и для всех женщин,

---

[1] Приятно поболтаем (англ.).

[2] *Алексей сделал нам ложный прыжок* – Буквальный перевод французского выражения «faire faux bond» – дать ложное обещание, изменить слову.

имело большую прелесть для Анны. И не необходимость скрывать, не цель, для которой скрывалось, но самый процесс скрывания увлекал ее. – Я не могу быть католичнее папы, – сказала она. – Стремов и Лиза Меркулова – это сливки сливок общества. Потом они приняты везде, и *я,* – она особенно ударила на *я,* – никогда не была строга и нетерпима. Мне просто некогда.

– Нет, вы не хотите, может быть, встречаться со Стремовым? Пускай они с Алексеем Александровичем ломают копья в комитете, это нас не касается. Но в свете это самый любезный человек, какого только я знаю, и страстный игрок в крокет. Вот вы увидите. И, несмотря на смешное его положение старого влюбленного в Лизу, надо видеть, как он выпутывается из этого смешного положения! Он очень мил. Сафо Штольц вы не знаете? Это новый, совсем новый тон.

Бетси говорила все это, а между тем по веселому, умному взгляду ее Анна чувствовала, что она понимает отчасти ее положение и что-то затевает. Они были в маленьком кабинете.

– Однако надо написать Алексею, – и Бетси села за стол, написала несколько строк, вложила в конверт. – Я пишу, чтоб он приехал обедать. У меня одна дама к обеду остается без мужчины. Посмотрите, убедительно ли? Виновата, я на минутку вас оставлю. Вы, пожалуйста, запечатайте и отошлите, – сказала она от двери, – а мне надо сделать распоряжение.

Ни минуты не думая, Анна села с письмом Бетси к столу и, не читая, приписала внизу: «Мне необходимо вас видеть. Приезжайте к саду Вреде. Я буду там в 6 часов». Она запечатала, и Бетси, вернувшись, при ней отдала письмо.

Действительно, за чаем, который им принесли на столике-подносе в прохладную маленькую гостиную, между двумя женщинами завязался а cosy chat, какой и обещала княгиня Тверская до приезда гостей. Они пересуживали тех, кого ожидали, и разговор остановился на Лизе Меркаловой.

– Она очень мила и всегда мне была симпатична, – сказала Анна.

– Вы должны ее любить. Она бредит вами. Вчера она подошла ко мне после скачек и была в отчаянии, что не застала вас. Она говорит, что вы настоящая героиня романа и что, если б она была мужчиною, она бы наделала за вас тысячу глупостей. Стремов ей говорит, что она и так их делает.

– Но скажите, пожалуйста, я никогда не могла понять, – сказала Анна, помолчав несколько времени и таким тоном, который ясно показывал, что она делала не праздный вопрос, но что то, что она спрашивала, было для нее важнее, чем бы следовало. – Скажите, пожалуйста, что такое ее отношенье к князю Калужскому, так называемому Мишке? Я мало встречала их. Что это такое?

Бетси улыбнулась глазами и внимательно поглядела на Анну.

– Новая манера, – сказала она. – Они все избрали эту манеру. Они забросили чепцы за мельницы.[1] Но есть манера и манера, как их забросить.

– Да, но какие же ее отношения к Калужскому?

Бетси неожиданно весело и неудержимо засмеялась, что редко случалось с ней.

– Это вы захватываете область княгини Мягкой. Это вопрос ужасного ребенка, – и Бетси, видимо, хотела, но не могла удержаться и разразилась тем заразительным смехом, каким смеются редко смеющиеся люди. – Надо у них спросить, – проговорила она сквозь слезы смеха.

– Нет, вы смеетесь, – сказала Анна, тоже невольно заразившаяся смехом, – но я никогда не могла понять. Я не понимаю тут роли мужа.

– Муж? Муж Лизы Меркаловой носит за ней пледы и всегда готов к услугам. А что там дальше в самом деле, никто не хочет знать. Знаете, в хорошем обществе не говорят и не думают даже о некоторых подробностях туалета. Так и это.

– Вы будете на празднике Роландаки? – спросила Анна, чтоб переменить разговор.

– Не думаю, – отвечала Бетси и, не глядя на свою приятельницу, осторожно стала наливать маленькие прозрачные чашки душистым чаем. Подвинув чашку к Анне, она достала пахитоску и, вложив в серебряную ручку, закурила ее.

– Вот, видите ли, я в счастливом положении, – уже без смеха начала она, взяв в руку чашку. – Я понимаю вас и понимаю Лизу. Лиза – это одна из тех наивных натур, которые, как дети, не понимают, что хорошо и что дурно. По крайней мере, она не понимала, когда была очень молода. И теперь она знает, что это непонимание идет к ней. Теперь она, может быть, нарочно не понимает, – говорила Бетси с тонкою улыбкой. – Но все-таки это ей идет. Видите ли, на одну и ту же вещь можно смотреть трагически и сделать из нее мученье, и смотреть просто и даже весело. Может быть, вы склонны смотреть на вещи слишком трагически.

– Как бы я желала знать других так, как я себя знаю, – сказала Анна серьезно и задумчиво. – Хуже ли я других, или лучше? Я думаю, хуже.

– Ужасный ребенок, ужасный ребенок! – повторила Бетси. – Но вот и они.

---

[1] *Они забросили чепцы за мельницы* – Буквальный перевод французской пословицы «jeter son bonnet par-dessus les moulins» (гак говорят о женщинах, которые пренебрегают общественным мнением).

XVIII

Послышались шаги и мужской голос, потом женский голос и смех, и вслед за тем вошли ожидаемые гости: Сафо Штольц и сияющий преизбытком здоровья молодой человек, так называемый Васька. Видно было, что ему впрок пошло питание кровяною говядиной, трюфелями и бургонским. Васька поклонился дамам и взглянул на них, но только на одну секунду. Он вошел за Сафо в гостиную и по гостиной прошел за ней, как будто был к ней привязан, и не спускал с нее блестящих глаз, как будто хотел съесть ее. Сафо Штольц была блондинка с черными глазами. Она вошла маленькими, бойкими, на крутых каблучках туфель, шажками и крепко, по-мужски пожала дамам руки.

Анна ни разу не встречала еще этой новой знаменитости и была поражена ее красотою, и крайностью, до которой был доведен ее туалет, и смелостью ее манер. На голове ее из своих и чужих нежно-золотистого цвета волос был сделан такой эшафодаж прически, что голова ее равнялась по величине стройно выпуклому и очень открытому спереди бюсту. Стремительность же вперед была такова, что при каждом движении обозначались из-под платья формы колен и верхней части ноги, и невольно представлялся вопрос о том, где действительно сзади, в этой подстроенной колеблющейся горе, кончается ее настоящее, маленькое и стройное, столь обнаженное сверху и столь спрятанное сзади и внизу тело.

Бетси поспешила познакомить ее с Анной.

– Можете себе представить, мы чуть было не раздавили двух солдат, – тотчас же начала она рассказывать, подмигивая, улыбаясь и назад отдергивая свой хвост, который она сразу слишком перекинула в одну сторону. – Я ехала с Васькой… Ах да, вы незнакомы. – И она, назвав его фамилию, представила молодого человека и, покраснев, звучно засмеялась своей ошибке, то есть тому, что она незнакомой назвала его Васькой.

Васька еще раз поклонился Анне, но ничего не сказал ей. Он обратился к Сафо:

– Пари проиграно. Мы прежде приехали. Расплачивайтесь, – говорил он, улыбаясь.

Сафо еще веселее засмеялась.

– Не теперь же, – сказала она.

– Все равно, я получу после.

– Хорошо, хорошо. Ах да! – вдруг обратилась она к хозяйке, – хороша я… Я и забыла… Я вам привезла гостя. Вот и он.

Неожиданный молодой гость[1], которого привезла Сафо и которого она забыла, был, однако, такой важный гость, что, несмотря на его молодость, обе дамы встали, встречая его.

Это был новый поклонник Сафо. Он теперь, как и Васька, по пятам ходил за ней.

Вскоре приехал князь Калужский и Лиза Меркалова со Строковым. Лиза Меркалова была худая брюнетка с восточным ленивым типом лица и прелестными, неизъяснимыми, как все говорили, глазами. Характер ее темного туалета (Анна тотчас же заметила и оценила это) был совершенно соответствующий ее красоте. Насколько Сафо была крута и подбориста, настолько Лиза была мягка и распущенна.

Но Лиза, на вкус Анны, была гораздо привлекательнее. Бетси говорила про нее Анне, что она взяла на себя тон неведающего ребенка, но когда Анна увидала ее, она почувствовала, что это была неправда. Она, точно, была неведающая, испорченная, но милая и безответная женщина. Правда, что тон ее был такой же, как и тон Сафо; так же, как и за Сафо, за ней ходили, как пришитые, и пожирали ее глазами два поклонника, один молодой, другой старик; но в ней было что-то такое, что было выше того, что ее окружало, – в ней был блеск настоящей воды бриллианта среди стекол. Этот блеск светился из ее прелестных, действительно неизъяснимых глаз. Усталый и вместе страстный взгляд этих окруженных темным кругом глаз поражал своею совершенною искренностью. Взглянув в эти глаза, каждому казалось, что он узнал ее всю и, узнав, не мог не полюбить. При виде Анны все ее лицо вдруг осветилось радостною улыбкой.

– Ах, как я рада вас видеть! – сказала она, подходя к ней. – Я вчера на скачках только что хотела дойти до вас, а вы уехали. Мне так хотелось видеть вас именно вчера. Не правда ли, это было ужасно? – сказала она, глядя на Анну своим взглядом, открывавшим, казалось, всю душу.

– Да, я никак не ожидала, что это так волнует, – сказала Анна, краснея.

Общество поднялось в это время, чтоб идти в сад.

– Я не пойду, – сказала Лиза, улыбаясь и подсаживаясь к Анне. – Вы тоже не пойдете? что за охота играть в крокет!

– Нет, я люблю, – сказала Анна.

– Вот, вот как вы делаете, что вам не скучно? На вас взглянешь – весело. Вы живете, а я скучаю.

---

[1] *Неожиданный молодой гость* – «Этот гость, – отмечает С. Л. Толстой, – был, очевидно, одним из великих князей. В светском обществе, когда входил в комнату один из великих князей, было принято вставать всем, даже пожилым дамам» («Литературное наследство, т. 37/38. М., 1939, с. 579).

– Как скучаете? Да вы самое веселое общество Петербурга, – сказала Анна.

– Может быть, тем, которые не нашего общества, еще скучнее; но нам, мне наверно, не весело, а ужасно, ужасно скучно.

Сафо, закурив папиросу, ушла в сад с двумя молодыми людьми. Бетси и Стремов остались за чаем.

– Как, скучно? – сказала Бетси. – Сафо говорит, что они вчера очень веселились у вас.

– Ах, какая тоска была! – сказала Лиза Меркалова. – Мы поехали все ко мне после скачек. И всё те же, и всё то же! Всё одно и то же. Весь вечер провалялись по диванам. Что же тут веселого? Нет, как вы делаете, чтобы вам не было скучно? – опять обратилась она к Анне. – Стоит взглянуть на вас, и видишь – вот женщина, которая может быть счастлива, несчастна, но не скучает. Научите, как вы это делаете?

– Никак не делаю, – отвечала Анна, краснея от этих привязчивых вопросов.

– Вот это лучшая манера, – вмешался в разговор Стремов.

Стремов был человек лет пятидесяти, полуседой, еще свежий, очень некрасивый, но с характерным и умным лицом. Лиза Меркалова была племянница его жены, и он проводил все свои свободные часы с нею. Встретив Анну Каренину, он, по службе враг Алексея Александровича, как светский и умный человек, постарался быть с нею, женой своего врага, особенно любезным.

– «Никак», – подхватил он, тонко улыбаясь, – это лучшее средство. Я давно вам говорю, – обратился он к Лизе Меркаловой, – что для того, чтобы не было скучно, надо не думать, что будет скучно. Это все равно, как не надо бояться, что ие заснешь, если боишься бессонницы. Это самое и сказала вам Анна Аркадьевна.

– Я бы очень рада была, если бы сказала это, потому что это не только умно, это правда, – улыбаясь, сказала Анна.

– Нет, вы скажите, отчего нельзя заснуть и нельзя не скучать?

– Чтобы заснуть, надо поработать, и чтобы веселиться, надо тоже поработать.

– Зачем же я буду работать, когда моя работа никому не нужна? А нарочно и притворяться я не умою и не хочу.

– Вы неисправимы, – сказал Стремов, не глядя на нее, и опять обратился к Анне.

Редко встречая Анну, он не мог ничего ей сказать, кроме пошлостей, но он говорил эти пошлости, о том, когда она переезжает в Петербург, о том, как ее любит графиня Лидия Ивановна, с таким выражением, которое показывало, что он от всей души желает быть ей приятным и показать свое уважение и даже более.

Вошел Тушкевич, объявив, что все общество ждет игроков в крокет.

- Нет, не уезжайте, пожалуйста, - просила Лиза Меркалова, узнав, что Анна уезжает, Стремов присоединился к ней.

- Слишком большой контраст, - сказал он, - ехать после этого общества к старухе Вреде. И потом для нее вы будете случаем позлословить, а здесь вы только возбудите другие, самые хорошие и противоположные злословию чувства, - сказал он ей.

Анна на минуту задумалась в нерешительности. Лестные речи этого умного человека, наивная, детская симпатия, которую выражала к ней Лиза Меркалова, и вся эта привычная светская обстановка - все это было так легко, а ожидало ее такое трудное, что она с минуту была в нерешимости, не остаться ли, не отдалить ли еще тяжелую минуту объяснения. Но, вспомнив, что ожидает ее одну дома, если она не примет никакого решения, вспомнив этот страшный для нее и в воспоминании жест, когда она взялась обеими руками за волосы, она простилась и уехала.

XIX

Вронский, несмотря на свою легкомысленную с виду светскую жизнь, был человек, ненавидевший беспорядок. Еще смолоду, бывши в корпусе, он испытал унижение отказа, когда он, запутавшись, попросил взаймы денег, и с тех пор он ни разу не ставил себя в такое положение.

Для того чтобы всегда вести свои дела в порядке, он, смотря по обстоятельствам, чаще или реже, раз пять в год, уединялся и приводил в ясность все свои дела. Он называл это посчитаться, или faire la lessive[1].

Проснувшись поздно на другой день после скачек, Вронский, не бреясь и не купаясь, оделся в китель и, разложив на столе деньги, счеты, письма, принялся за работу. Петрицкий, зная, что в таком положении он бывал сердит, проснувшись и увидав товарища за письменным столом, тихо оделся и вышел, не мешая ему.

Всякий человек, зная до малейших подробностей всю сложность условий, его окружающих, невольно предполагает, что сложность этих условий и трудность их уяснения есть только его личная, случайная

---

[1] Сделать стирку *(фр.)*.

особенность, и никак не думает, что другие окружены такою же сложностью своих личных условий, как и он сам. Так и казалось Вронскому. И он не без внутренней гордости и не без основания думал, что всякий другой давно бы запутался и принужден был бы поступать нехорошо, если бы находился в таких же трудных условиях. Но Вронский чувствовал, что именно теперь ему необходимо учесться и уяснить свое положение, для того чтобы не запутаться.

Первое, за что, как за самое легкое, взялся Вронский, были денежные дела. Выписав своим мелким почерком на почтовом листке все, что он должен, он подвел итог и нашел, что он должен семнадцать тысяч с сотнями, которые он откинул для ясности. Сосчитав деньги и банковую книжку, он нашел, что у него остается тысяча восемьсот рублей, а получения до Нового года не предвидится. Перечтя список долгам, Вронский переписал его, подразделив на три разряда. К первому разряду относились долги, которые надо было сейчас же заплатить или, во всяком случае, для уплаты которых надо было иметь готовые деньги, чтобы при требовании не могло быть минуты замедления. Таких долгов было около четырех тысяч: тысяча пятьсот за лошадь и две тысячи пятьсот поручительство за молодого товарища Веневского, который при Вронском проиграл эти деньги шулеру. Вронский тогда же хотел отдать деньги (они были у него), но Веневский и Яшвин настаивали на том, что заплатят они, а не Вронский, который и не играл. Все это было прекрасно, но Вронский знал, что в этом грязном деле, в котором он хотя и принял участие только тем, что взял на словах ручательство за Веневского, ему необходимо иметь эти две тысячи пятьсот, чтоб их бросить мошеннику и не иметь с ним более никаких разговоров. Итак, по этому первому важнейшему отделу надо было иметь четыре тысячи. Во втором отделе, восемь тысяч, были менее важные долги. Это были долги преимущественно по скаковой конюшне, поставщику овса и сена, англичанину, шорнику и т. д. По этим долгам надо было тоже раздать тысячи две, для того чтобы быть совершенно спокойным. Последний отдел долгов – в магазины, в гостиницы и портному – были такие, о которых нечего думать. Так что нужно было по крайней мере 6000, а было 1800 только на текущие расходы. Для человека со ста тысячами дохода, как определяли все состояние Вронского, такие долги, казалось бы, не могли быть затруднительны; но дело в том, что у него далеко не было этих ста тысяч. Огромное отцовское состояние, приносившее одно до двухсот тысяч годового дохода, было нераздельно между братьями. В то время как старший брат женился, имея кучу долгов, на княжне Варе Чирковой, дочери декабриста, безо всякого состояния, Алексей уступил старшему брату весь доход с имений отца, выговорив себе только двадцать пять тысяч в год. Алексей сказал тогда брату, что этих денег ему будет достаточно, пока он не женится, чего, вероятно, никогда не будет. И брат, командуя одним из самых дорогих полков и только что женившись, не мог не принять этого подарка. Мать, имевшая свое отдельное состояние, кроме выговоренных двадцати пяти тысяч, давала ежегодно Алексею еще тысяч двадцать, и Алексей проживал их все. В последнее время мать, поссорившись с ним за его связь и отъезд из Москвы, перестала присылать ему деньги. И вследствие этого Вронский, уже сделав привычку жизни на сорок пять тысяч и получив в этом году только двадцать пять тысяч, находился теперь в затруднении. Чтобы выйти из этого затруднения, он не мог просить денег у матери. Последнее ее письмо, полученное им накануне, тем в особенности раздражило его, что в нем были намеки на то, что она готова была помогать ему для успеха в свете и на службе, а не для жизни, которая скандализировала все хорошее общество. Желание матери купить его оскорбило его до глубины души и еще более охладило к ней. Но он не мог отречься от сказанного великодушного слова, хотя и чувствовал теперь, смутно предвидя некоторые случайности его связи с Карениной, что великодушное слово это было сказано легкомысленно и что ему, неженатому, могут понадобиться все сто тысяч дохода. Но отречься нельзя было. Ему стоило только вспомнить братнину жену, вспомнить, как эта милая, славная Варя при всяком удобном случае напоминала ему, что она помнит его великодушие и ценит его, чтобы понять невозможность отнять назад данное. Это было так же невозможно, как прибить женщину, украсть или солгать. Было возможно и должно одно, на что Вронский и решился без минуты колебания: занять деньги у ростовщика, десять тысяч, в чем не может быть затруднения, урезать вообще свои расходы и продать скаковых лошадей. Решив это, он тотчас же написал записку Роландаки, посылавшему к нему не раз с предложением купить у него лошадей. Потом послал за англичанином и за ростовщиком и разложил по счетам те деньги, которые у него были. Окончив эти дела, он написал холодный и резкий ответ на письмо матери. Потом, достав из бумажника три записки Анны, он перечел их, сжег и, вспомнив свой вчерашний разговор с нею, задумался.

XX

Жизнь Вронского тем была особенно счастлива, что у него был свод правил, несомненно определяющих все, что до́лжно и не до́лжно делать. Свод этих правил обнимал очень малый круг условий, но зато правила были несомненны, и Вронский, никогда не выходя из этого круга, никогда ни на минуту не колебался в исполнении того, что должно. Правила эти несомненно определяли, – что нужно заплатить шулеру, а портному не нужно, – что лгать не надо мужчинам, но женщинам можно, – что обманывать нельзя никого, но мужа можно, – что нельзя прощать оскорблений, и можно оскорблять и т. д. Все эти правила могли быть неразумны, нехороши, но они были несомненны, и, исполняя их, Вронский чувствовал, что он спокоен и может высоко носить голову. Только в самое последнее время, по поводу своих отношений к Анне, Вронский начинал чувствовать, что свод его правил не вполне определял все условия, и в будущем представлялись трудности и сомнения, в которых Вронский уже не находил руководящей нити.

Теперешнее отношение его к Анне и к ее мужу было для него просто и ясно. Оно было ясно и точно определено в своде правил, которыми он руководствовался.

Она была порядочная женщина, подарившая ему свою любовь, и он любил ее, и потому она была для него женщина, достойная такого же и еще большего уважения, чем законная жена. Он дал бы отрубить себе руку прежде, чем позволить себе словом, намеком не только оскорбить ее, но не выказать ей того уважения, на какое только может рассчитывать женщина.

Отношения к обществу тоже были ясны. Все могли знать, подозревать это, но никто не должен был сметь говорить. В противном случае он готов был заставить говоривших молчать и уважать несуществующую честь женщины, которую он любил.

Отношения к мужу были яснее всего. С той минуты, как Анна полюбила Вронского, он считал одно свое право на нее неотъемлемым. Муж был только излишнее и мешающее лицо. Без сомнения, он был в жалком положении, но что же было делать? Одно, на что имел право муж, это было на то, чтобы потребовать удовлетворения с оружием в руках, и на это Вронский был готов с первой минуты.

Но в последнее время являлись новые, внутренние отношения между ним и ею, пугавшие Вронского своею неопределенностью. Вчера только она объявила ему, что она беременна. И он почувствовал, что это известие и то, чего она ждала от него, требовало чего-то такого, что не определено вполне кодексом тех правил, которыми он руководствовался в жизни. И действительно, он был взят врасплох, и в первую минуту, когда она объявила о своем положении, сердце его подсказало ему требование оставить мужа. Он сказал это, но теперь, обдумывая, он видел ясно, что лучше было бы обойтись без этого, и вместе с тем, говоря это себе, боялся – не дурно ли это?

«Если я сказал оставить мужа, то это значит соединиться со мной. Готов ли я на это? Как я увезу ее теперь, когда у меня нет денег? Положим, это я мог бы устроить… Но как я увезу ее, когда я на службе? Если я сказал это, то надо быть готовым на это, то есть иметь деньги и выйти в отставку».

И он задумался. Вопрос о том, выйти или не выйти в отставку, привел его к другому, тайному, ему одному известному, едва ли не главному, хотя и затаенному интересу всей его жизни.

Честолюбие была старинная мечта его детства и юности, мечта, в которой он и себе не признавался, но которая была так сильна, что и теперь эта страсть боролась с его любовью. Первые шаги его в свете и на службе были удачны, но два года тому назад он сделал грубую ошибку. Он, желая выказать свою независимость и подвинуться, отказался от предложенного ему положения, надеясь, что отказ этот придаст ему бо́льшую цену; но оказалось, что он был слишком смел, и его оставили; и, волей-неволей сделав себе положение человека независимого, он носил его, весьма тонко и умно держа себя, так, как будто он ни на кого не сердился, не считал себя никем обиженным и желает только того, чтоб его оставили в покое, потому что ему весело. В сущности же, ему еще с прошлого года, когда он уехал в Москву, перестало быть весело. Он чувствовал, что это независимое положение человека, который все бы мог, но ничего не хочет, уже начинает сглаживаться, что многие начинают думать, что он ничего бы и не мог, кроме того, как быть честным и добрым малым. Наделавшая столько шума и обратившая общее внимание связь его с Карениной, придав ему новый блеск, успокоила на время точившего его червя честолюбия, но неделю тому назад этот червь проснулся с новою силой. Его товарищ с детства, одного круга, одного богатства и товарищ по корпусу, Серпуховской, одного с ним выпуска, с которым он соперничал и в классе, и в гимнастике, и в шалостях, и в мечтах честолюбия, на днях вернулся из Средней Азии[1], получив там два чина и отличие, редко даваемое столь молодым генералам.

Как только он приехал в Петербург, заговорили о нем как о вновь поднимающейся звезде первой величины. Ровесник Вронскому и однокашник, он был генерал и ожидал назначения, которое могло иметь влияние на ход государственных дел, а Вронский был хоть и независимый, и блестящий, и любимый прелестною женщиной, но был только ротмистр в полку, которому предоставляли быть независимым сколько ему угодно. «Разумеется, я не завидую и не могу завидовать Серпуховскому, но его возвышение показывает мне, что сто́ит выждать время, и карьера человека, как я, может быть сделана очень скоро. Три года тому назад он был в том же положении, как и я. Выйдя в отставку, я сожгу свои корабли. Оставаясь

---

[1] *На днях вернулся из Средней Азии* – В 1873 г. было присоединено к России Хивинское ханство (экспедиция генерала Кауфмана) События в Средней Азии имели международный резонанс и в одинаковой степени интересовали «Петербург, Москву, Ташкент и Лондон» («Голос, 1873, № 72) Серпуховской в романе Толстого – весьма характерный тип туркестанского генерала 70-х годов В нем есть некоторые черты М. Д. Скобелева (1843–1882). Об отношении Толстого к генералу М. Д. Скобелеву см.: И. Н. Гусев. Лев Николаевич Толстой. Материалы к биографии с 1870 по 1881 год. М., Изд-во АН СССР, 1963, с 309.

на службе, я ничего не теряю. Она сама сказала, что не хочет изменять свое положение. А я, с ее любовью, не могу завидовать Серпуховскому». И, закручивая медленным движением усы, он встал от стола и прошелся по комнате. Глаза его блестели особенно ярко, и он чувствовал то твердое, спокойное и радостное состояние духа, которое находило на него всегда после уяснения своего положения. Все было, как и после прежних счетов, чисто и ясно. Он побрился, оделся, взял холодную ванну и вышел.

XXI

– А я за тобой. Твоя стирка нынче долго продолжалась, – сказал Петрицкий. – Что ж, кончилось?

– Кончилось, – отвечал Вронский, улыбаясь одними глазами и покручивая кончики усов так осторожно, как будто после того порядка, в который приведены его дела, всякое слишком смелое и быстрое движение может его разрушить.

– Ты всегда после этого точно из бани, – сказал Петрицкий. – Я от Грицки (так они звали полкового командира), тебя ждут.

Вронский, не отвечая, глядел на товарища, думая о другом.

– Да, это у него музыка? – сказал он, прислушиваясь к долетавшим до него знакомым звукам трубных басов полек и вальсов. – Что за праздник?

– Серпуховской приехал.

– Аа! – сказал Вронский, – я и не знал.

Улыбка его глаз заблестела еще ярче.

Раз решив сам с собою, что он счастлив своею любовью, пожертвовал ей своим честолюбием, – взяв по крайней мере на себя эту роль, – Вронский уже не мог чувствовать ни зависти к Серпуховскому, ни досады на него за то, что он, приехав в полк, пришел не к нему первому. Серпуховской был добрый приятель, и он был рад ему.

– А, я очень рад.

Полковой командир Демин занимал большой помещичий дом. Все общество было на просторном нижнем балконе. На дворе первое, что бросилось в глаза Вронскому, были песенники в кителях, стоявшие подле бочонка с водкой, и здоровая веселая фигура полкового командира, окруженного офицерами; выйдя на первую ступень балкона, он, громко перекрикивая музыку, игравшую оффенбаховскую кадриль, что-то приказывал и махал стоявшим в стороне солдатам. Кучка солдат, вахмистр и несколько унтер-офицеров подошли вместе с Вронским к балкону. Вернувшись к столу, полковой командир опять вышел с бокалом на крыльцо и провозгласил тост. «За здоровье нашего бывшего товарища и храброго генерала князя Серпуховского. Ура!»

За полковым командиром, с бокалом в руке, улыбаясь вышел и Серпуховской.

— Ты все молодеешь, Бондаренко, — обратился он к прямо пред ним стоявшему, служившему вторую службу молодцеватому краснощекому вахмистру.

Вронский три года не видал Серпуховского. Он возмужал, отпустив бакенбарды, но он был такой же стройный, не столько поражавший красотой, сколько нежностью и благородством лица и сложения. Одна перемена, которую заметил в нем Вронский, было то постоянное, тихое сияние, которое устанавливается на лицах людей, имеющих успех и уверенных в признании всеми этого успеха. Вронский знал это сияние и тотчас же заметил его на Серпуховском.

Сходя с лестницы, Серпуховской увидал Вронского. Улыбка радости осветила лицо Серпуховского. Он кивнул кверху головой, приподнял бокал, приветствуя Вронского и показывая этим жестом, что не может прежде не подойти к вахмистру, который, вытянувшись, уже складывал губы для поцелуя.

— Ну, вот и он! — вскрикнул полковой командир. — А мне сказал Яшвин, что ты в своем мрачном духе.

Серпуховской поцеловал во влажные и свежие губы молодца вахмистра и, обтирая рот платком, подошел к Вронскому.

— Ну, как я рад! — сказал он, пожимая ему руку и отводя его в сторону.

— Займитесь им! — крикнул Яшвину полковой командир, указывая на Вронского, и сошел вниз к солдатам.

— Отчего ты вчера не был на скачках? Я думал увидать там тебя, — сказал Вронский, оглядывая Серпуховского.

— Я приехал, но поздно. Виноват, — прибавил он и обратился к адъютанту, — пожалуйста, от меня прикажите раздать, сколько выйдет на человека.

И он торопливо достал из бумажника три сторублевые бумажки и покраснел.

— Вронский! Хочешь съесть что-нибудь или пить? — спросил Яшвин. — Эй, давай сюда графу поесть! А вот это пей.

Кутеж у полкового командира продолжался долго.

Пили очень много. Качали и подкидывали Серпуховского. Потом качали полкового командира. Потом пред песенниками плясал сам полковой командир с Петрицким. Потом подковой командир, уже несколько ослабевши, сел на дворе на лавку и начал доказывать Яшвину преимущество России пред Пруссией, особенно в кавалерийской атаке, и кутеж на минуту затих. Серпуховской вошел в дом, в уборную, чтоб умыть руки и нашел там Вронского; Вронский обливался водой. Он, сняв китель, подставив обросшую волосами красную шею под струю умывальника, растирал ее и голову руками. Окончив умывание, Вронский подсел к Серпуховскому. Они оба тут же сели на диванчик, и между ними начался разговор, очень интересный для обоих.

— Я о тебе все знал через жену, — сказал Серпуховской. — Я рад, что ты часто видал ее.

— Она дружна с Варей, и это единственные женщины петербургские, с которыми мне приятно, — улыбаясь, отвечал Вронский. Он улыбался тому, что предвидел тему, на которую обратится разговор, и это было ему приятно.

— Единственные? — улыбаясь, переспросил Серпуховской.

— Да и я о тебе знал, но не только чрез твою жену, — строгим выражением лица запрещая этот намек, сказал Вронский. — Я очень рад был твоему успеху, но нисколько не удивлен. Я ждал еще больше.

Серпуховской улыбнулся. Ему, очевидно, было приятно это мнение о нем, и он не находил нужным скрывать это.

— Я, напротив, признаюсь откровенно, ждал меньше. Но я рад, очень рад. Я честолюбив, это моя слабость, и я признаюсь в ней.

— Может быть, ты бы не признавался, если бы не имел успеха, — сказал Вронский.

— Не думаю, — опять улыбаясь, сказал Серпуховской. — Не скажу, чтобы не стоило жить без этого, но было бы скучно. Разумеется, я, может быть, ошибаюсь, но мне кажется, что я имею некоторые способности к той сфере деятельности, которую я избрал, и что в моих руках власть, какая бы она ни была, если будет, то будет лучше, чем в руках многих мне известных, — с сияющим сознанием успеха сказал Серпуховской. — И потому, чем ближе к этому, тем я больше доволен.

— Может быть, это так для тебя, но не для всех. Я то же думал, а вот живу и нахожу, что не стоит жить только для этого, — сказал Вронский.

— Вот оно! Вот оно! — смеясь, сказал Серпуховской. — Я же начал с того, что я слышал про тебя, про твой отказ... Разумеется, я тебя одобрил. Но на все есть манера. И я думаю, что самый поступок хорош, но ты его сделал не так, как надо.

— Что сделано, то сделано, и ты знаешь, я никогда не отрекаюсь от того, что сделал. И потом мне прекрасно.

— Прекрасно — на время. Но ты не удовлетворишься этим. Я твоему брату не говорю. Это милое дитя, так же как этот наш хозяин. Вон он! — прибавил он, прислушиваясь к крику «ура», — и ему весело, а тебя не это удовлетворяет.

– Я не говорю, чтобы удовлетворяло.

– Да не это одно. Такие люди, как ты, нужны.

– Кому?

– Кому? Обществу. России нужны люди, нужна партия, иначе все идет и пойдет к собакам.

– То есть что же? Партия Бертенева против русских коммунистов?

– Нет, – сморщившись от досады за то, что его подозревают в такой глупости, сказал Серпуховской. – Tout ça est une blague[1]. Это всегда было и будет. Никаких коммунистов нет. Но всегда людям интриги надо выдумать вредную, опасную партию. Это старая штука. Нет, нужна партия власти людей независимых, как ты и я.

– Но почему же? – Вронский назвал несколько имеющих власть людей. – Но почему же они не независимые люди?

– Только потому, что у них нет или не было от рождения независимости состояния, не было имени, не было той близости к солнцу, в которой мы родились. Их можно купить или деньгами, или лаской. И чтоб им держаться, им надо выдумывать направление. И они проводят какую-нибудь мысль, направление, в которое сами не верят, которое делает зло; и все это направление есть только средство иметь казенный дом и столько-то жалованья. Cela n'est pas plus fin que ça[2], когда поглядишь в их карты. Может быть, я хуже, глупее их, хотя я не вижу, почему я должен быть хуже их. Но у меня и у тебя есть уже наверное одно важное преимущество, то, что нас труднее купить. И такие люди более чем когда-нибудь нужны.

Вронский слушал внимательно, но не столько самое содержание его слов занимало его, сколько то отношение к делу Серпуховского, уже думающего бороться с властью и имеющего в этом мире уже свои симпатии и антипатии, тогда как для него были по службе только интересы эскадрона. Вронский понял тоже, как мог быть силен Серпуховской своею несомненною способностью обдумывать, понимать вещи, своим умом и даром слова, так редко встречающимся в той среде, в которой он жил. И, как ни совестно это было ему, ему было завидно.

– Все-таки мне недостает для этого одной главной вещи, – отвечал он, – недостает желания власти. Это было, но прошло.

– Извини меня, это неправда, – улыбаясь, сказал Серпуховской.

– Нет, правда, правда!.. теперь, – чтоб быть искренним, прибавил Вронский.

----

[1] Все это глупости (фр.).

[2] Все это не так уж хитро (фр.).

– Да, правда, *теперь* это другое дело; но это *теперь* будет не всегда.

– Может быть, – отвечал Вронский.

– Ты говоришь, *может быть,* – продолжал Серпуховской, как будто угадав его мысли, – а я тебе говорю *наверное.* И для этого я хотел тебя видеть. Ты поступил так, как должно было. Это я понимаю, но *персеверировать* [1] ты не должен. Я только прошу у тебя carte blanche[2]. Я не покровительствую тебе... Хотя отчего же мне и не покровительствовать тебе? Ты столько раз мне покровительствовал! Надеюсь, что наша дружба стоит выше этого. Да, – сказал он, нежно, как женщина, улыбаясь ему. – Дай мне carte blanche, выходи из полка, и я втяну тебя незаметно.

– Но ты пойми, мне ничего не нужно, – сказал Вронский, – как только то, чтобы все было, как было.

Серпуховской встал и стал против него.

– Ты сказал, чтобы все было, как было. Я понимаю, что это значит. Но послушай: мы ровесники; может быть, ты больше числом знал женщин, чем я. – Улыбка и жесты Серпуховского говорили, что Вронский не должен бояться, что он нежно и осторожно дотронется до больного моста. – Но я женат, и поверь, что, узнав одну свою жену (как кто-то писал), которую ты любишь, ты лучше узнаешь всех женщин, чем если бы ты знал их тысячи.

– Сейчас придем! – крикнул Вронский заглянувшему в комнату офицеру и звавшему их к полковому командиру.

Вронскому хотелось теперь дослушать и узнать, что он скажет ему.

– И вот тебе мое мнение. Женщины – это главный камень преткновения в деятельности человека. Трудно любить женщину и делать что-нибудь. Для этого есть только одно средство с удобством, без помехи любить – это женитьба. Как бы, как бы тебе сказать, что я думаю, – говорил Серпуховской, любивший сравнения, – постой, постой! Да, как нести fardeau[3] и делать что-нибудь руками можно только тогда, когда fardeau увязано на спину, – а это женитьба. И это я почувствовал, женившись. У меня вдруг опростались руки. Но без женитьбы тащить за собой этот fardeau – руки будут так полны, что ничего нельзя делать. Посмотри Мазанкова, Крупова. Они погубили свои карьеры из-за женщин.

– Какие женщины! – сказал Вронский, вспоминая француженку и актрису, с которыми были в связи два человека.

---

[1] *Персеверироватъ* — упорствовать (от франц. persèvèrer).

[2] Свободы действий *(фр.).*

[3] Груз *(фр.).*

– Тем хуже, чем прочнее положение женщины в свете, тем хуже. Это все равно, как уже не то что тащить fardeau руками, а вырывать его у другого.

– Ты никогда не любил, – тихо сказал Вронский, глядя пред собой и думая об Анне.

– Может быть. Но ты вспомни, что я сказал тебе. И еще: женщины все материальнее мужчин. Мы делаем из любви что-то огромное, а они всегда terre-à-terre[1].

– Сейчас, сейчас! – обратился он к вошедшему лакею. Но лакей не приходил их звать опять, как он думал. Лакей принес Вронскому записку.

– Вам человек принес от княгини Тверской. Вронский распечатал письмо и вспыхнул.

– У меня голова заболела, я пойду домой, – сказал он Серпуховскому.

– Ну, так прощай. Даешь carte blanche?

– После поговорим, я найду тебя в Петербурге.

XXII

Был уже шестой час, и потому, чтобы поспеть вовремя и вместе с тем не ехать на своих лошадях, которых все знали, Вронский сел в извозчичью карету Яшвина и велел ехать как можно скорее. Извозчичья старая четвероместная карета была просторна. Он сел в угол, вытянул ноги на переднее место и задумался.

Смутное сознание той ясности, в которую были приведены его дела, смутное воспоминание о дружбе и лести Серпуховского, считавшего его нужным человеком, и, главное, ожидание свидания – все соединялось в общее впечатление радостного чувства жизни. Чувство это было так сильно, что он невольно улыбался. Он спустил ноги, заложил одну на колено другой и, взяв ее в руку, ощупал упругую икру ноги, зашибленной вчера при падении, и, откинувшись назад, вздохнул несколько раз всею грудью.

«Хорошо, очень хорошо!» – сказал он сам себе. Он и прежде часто испытывал радостное сознание своего тела, но никогда он так не любил себя, своего тела, как теперь. Ему приятно было чувствовать эту легкую боль в сильной ноге, приятно было мышечное ощущение движений своей груди при дыхании. Тот самый ясный, холодный августовский день, который так безнадежно действовал на Анну, казался ему возбудительно оживляющим и освежал его разгоревшееся от обливания лицо и шею. Запах брильянтина от

---

[1] Будничны (фр.).

его усов казался ему особенно приятным на этом свежем воздухе. Все, что он видел в окно кареты, все в этом холодном чистом воздухе, на этом бледном свете заката было так же свежо, весело и сильно, как и он сам: и крыши домов, блестящие в лучах спускавшегося солнца, и резкие очертания заборов и углов построек, и фигуры изредка встречающихся пешеходов и экипажей, и неподвижная зелень дерев и травы и поля с правильно прорезанными бороздами картофеля, и косые тени, падавшие и от домов, и от дерев, и от кустов, и от, самых борозд картофеля. Все было красиво, как хорошенький пейзаж, только что оконченный и покрытый лаком.

– Пошел, пошел! – сказал он кучеру, высунувшись в окно, и, достав из кармана трехрублевую бумажку, сунул ее оглянувшемуся кучеру. Рука извозчика ощупала что-то у фонаря, послышался свист кнута, и карета быстро покатилась по ровному шоссе.

«Ничего, ничего мне не нужно, кроме этого счастия, – думал он, глядя на костяную шишечку звонка в промежуток между окнами и воображая себе Анну такою, какою он видел ее в последний раз. – И чем дальше, тем больше я люблю ее. Вот и сад казенной дачи Вреде. Где же она тут? Где? Как? Зачем она здесь назначила свидание и пишет в письме Бетси?» – подумал он теперь только; но думать было уже некогда. Он остановил кучера, не доезжая до аллеи, и, отворив дверцу, на ходу выскочил из кареты и пошел в аллею, ведущую к дому. В аллее никого не было; но, оглянувшись направо, он увидал ее. Лицо ее было закрыто вуалем, но он обхватил радостным взглядом особенное, ей одной свойственное движение походки, склона плеч и постанова головы, и тотчас же будто электрический ток пробежал по его телу. Он с новою силой почувствовал самого себя, от упругих движений ног до движения легких при дыхании, и что-то защекотало его губы.

Сойдясь с ним, она крепко пожала его руку.

– Ты не сердишься, что я вызвала тебя? Мне необходимо было тебя видеть, – сказала она; и тот серьезный и строгий склад губ, который он видел из-под вуаля, сразу изменил его душевное настроение.

– Я, сердиться! Но как ты приехала, куда?

– Все равно, – сказала она, кладя свою руку на его, – пойдем, мне нужно переговорить.

Он понял, что что-то случилось и что свидание это не будет радостное. В присутствии ее он не имел своей воли: не зная причины ее тревоги, он чувствовал уже, что та же тревога невольно сообщалась и ему.

– Что же? что? – спрашивал он, сжимая локтем ее руку и стараясь прочесть в ее лице ее мысли.

Она прошла молча несколько шагов, собираясь с духом, и вдруг остановилась.

– Я не сказала тебе вчера, – начала она, быстро и тяжело дыша, – что, возвращаясь домой с Алексеем Александровичем, я объявила ему все… сказала, что я не могу быть его женой, что… и все сказала.

Он слушал ее, невольно склоняясь всем станом, как бы желая этим смягчить для нее тяжесть ее положения. Но как только она сказала это, он вдруг выпрямился, и лицо его приняло гордое и строгое выражение.

– Да, да, это лучше, тысячу раз лучше! Я понимаю, как тяжело это было, – сказал он.

Но она не слушала его слов, она читала его мысли по выражению лица. Она не могла знать, что выражение его лица относилось к первой пришедшей Вронскому мысли – о неизбежности теперь дуэли. Ей никогда и в голову не приходила мысль о дуэли, и поэтому это мимолетное выражение строгости она объяснила иначе.

Получив письмо мужа, она знала уже в глубине души, что все останется по-старому, что она не в силах будет пренебречь своим положением, бросить сына и соединиться с любовником. Утро, проведенное у княгини Тверской, еще более утвердило ее в этом. Но свидание это все-таки было для нее чрезвычайно важно. Она надеялась, что это свидание изменит это положение и спасет ее. Если он при этом известии решительно, страстно, без минуты колебания скажет ей: «Брось все и беги со мной!» – она бросит сына и уйдет с ним. Но известие это не произвело в нем того, чего она ожидала: он только чем-то как будто оскорбился.

– Мне нисколько не тяжело было. Это сделалось само собой, – сказала она раздражительно, – и вот… – она достала письмо мужа из перчатки.

– Я понимаю, понимаю, – перебил он ее, взяв письмо, но не читая его и стараясь успокоить, – я одного желал, я одного просил – разорвать это положение, чтобы посвятить свою жизнь твоему счастию.

– Зачем ты говоришь мне это? – сказала она. – Разве я могу сомневаться в этом? Если б я сомневалась…

– Кто это идет? – сказал вдруг Вронский, указывая на шедших навстречу двух дам. – Может быть, знают нас, – и он поспешно направился, увлекая ее за собою, на боковую дорожку.

– Ах, мне все равно! – сказала она. Губы ее задрожали. И ему показалось, что глаза ее со странною злобой смотрели на него из-под вуаля. – Так я говорю, что не в этом дело, я не могу сомневаться в этом; но вот что он пишет мне. Прочти. – Она опять остановилась.

Опять, как и в первую минуту, при известии об ее разрыве с мужем, Вронский, читая письмо, невольно отдался тому естественному впечатлению, которое вызывало в нем отношение к оскорбленному мужу. Теперь, когда он держал в руках его письмо, он невольно представлял себе тот вызов, который, вероятно, нынче же или завтра он найдет у себя, и самую дуэль, во время которой он с тем самым холодным и гордым выражением, которое и теперь было на его лице, выстрелив в воздух, будет стоять под выстрелом оскорбленного мужа. И тут же в его голове мелькнула мысль о том, что ему только что говорил Серпуховской и что он сам утром думал – что лучше не связывать себя, – и он знал, что эту мысль он не может передать ей.

Прочтя письмо, он поднял на нее глаза, и во взгляде его не было твердости. Она поняла тотчас же, что он уже сам с собой прежде думал об этом. Она знала, что, что бы он ни сказал ей, он скажет не все, что он думает. И она поняла, что последняя надежда ее была обманута. Это было не то, чего она ожидала.

– Ты видишь, что это за человек, – сказала она дрожащим голосом, – он...

– Прости меня, но я радуюсь этому, – перебил Вронский. – Ради бога, дай мне договорить, – прибавил он, умоляя ее взглядом дать ему время объяснить свои слова. – Я радуюсь, потому что это не может, никак но может оставаться так, как он предполагает.

– Почему же не может? – сдерживая слезы, проговорила Анна, очевидно уже не приписывая никакого значения тому, что он скажет. Она чувствовала, что судьба ее была решена.

Вронский хотел сказать, что после неизбежной, по его мнению, дуэли это не могло продолжаться, но сказал другое.

– Не может продолжаться. Я надеюсь, что теперь ты оставишь его. Я надеюсь, – он смутился и покраснел, – что ты позволишь мне устроить и обдумать нашу жизнь. Завтра... – начал было он.

Она не дала договорить ему.

– А сын? – вскрикнула она. – Ты видишь, что он пишет? – надо оставить его, а я не могу и не хочу сделать это.

– Но ради бога, что же лучше? Оставить сына или продолжать это унизительное положение?

– Для кого унизительное положение?

– Для всех и больше всего для тебя.

– Ты говоришь унизительное... не говори этого. Эти слова не имеют для меня смысла, – сказала она дрожащим голосом. Ей не хотелось теперь, чтобы он говорил неправду. Ей оставалась одна его любовь, и она хотела любить его. – Ты пойми, что для меня с того дня, как я полюбила тебя, все, все переменилось. Для меня одно и одно – это твоя любовь. Если она моя, то я чувствую себя так высоко, так твердо, что ничто не может для меня быть унизительным. Я горда своим положением, потому что... горда тем...

горда… - Она не договорила, чем она была горда. Слезы стыда и отчаяния задушили ее голос. Она остановилась и зарыдала.

Он почувствовал тоже, что что-то поднимается к его горлу, щиплет ему в носу, и он в первый раз в жизни почувствовал себя готовым заплакать. Он не мог бы сказать, что именно так тронуло его; ему было жалко ее, и он чувствовал, что не может помочь ей, и вместе с тем знал, что он виною ее несчастья, что он сделал что-то нехорошее.

- Разве невозможен развод? - сказал он слабо. Она, не отвечая, покачала головой. - Разве нельзя взять сына и все-таки оставить его?

- Да; но это все от него зависит. Теперь я должна ехать к нему, - сказала она сухо. Ее предчувствие, что все останется по-старому, не обмануло ее.

- Во вторник я буду в Петербурге, и все решиться.

- Да, - сказала она. - Но не будем больше говорить про это.

Карета Анны, которую она отсылала и которой велела приехать к решетке сада Вреде, подъехала. Анна простилась с ним и уехала домой.

XXIII

В понедельник было обычное заседание комиссии 2-го июня. Алексей Александрович вошел в залу заседания, поздоровался с членами и председателем, как и обыкновенно, и сел на свое место, положив руку на приготовленные пред ним бумаги. В числе этих бумаг лежали и нужные ему справки и набросанный конспект того заявления, которое он намеревался сделать. Впрочем, ему и не нужны были справки. Он помнил все и не считал нужным повторять в своей памяти то, что он скажет. Он знал, что, когда наступит время и когда он увидит пред собой лицо противника, тщетно старающееся придать себе равнодушное выражение, речь его выльется сама собой лучше, чем он мог теперь приготовиться. Он чувствовал, что содержание его речи было так велико, что каждое слово будет иметь значение. Между тем, слушая обычный доклад, он имел самый невинный, безобидный вид. Никто не думал, глядя на его белые с напухшими жилами руки, так нежно длинными пальцами ощупывавшие оба края лежавшего пред ним листа белой бумаги, и на его с выражением усталости набок склоненную голову, что сейчас из его уст выльются такие речи, которые произведут страшную бурю, заставят членов кричать, перебивая друг друга, и председателя требовать соблюдения порядка. Когда доклад кончился, Алексей Александрович своим тихим тонким голосом объявил, что он имеет сообщить некоторые свои соображения по делу об устройстве инородцев. Внимание обратилось на него. Алексей Александрович откашлялся и, не глядя на своего противника, но избрав, как он это всегда делал при произнесении своих речей, первое сидевшее пред ним лицо - маленького смирного старичка, не имевшего никогда никакого мнения в комиссии, начал излагать свои соображения. Когда дело дошло до коренного и органического закона, противник вскочил и начал возражать. Стремов, тоже член комиссии и тоже задетый за живое, стал оправдываться, - и вообще произошло бурное заседание; но Алексей Александрович восторжествовал, и его предложение было принято; были назначены три новые комиссии, и на другой день в известном петербургском кругу только и было речи, что об этом заседании. Успех Алексея Александровича был даже больше, чем он ожидал.

На другое утро, во вторник, Алексей Александрович, проснувшись, с удовольствием вспомнил вчерашнюю победу и не мог не улыбнуться, хотя и желал казаться равнодушным, когда правитель канцелярии, желая польстить ему, сообщил о слухах, дошедших до него, о происшедшем в комиссии.

Занимаясь с правителем канцелярии, Алексей Александрович совершенно забыл о том, что нынче был вторник, день, назначенный им для приезда Анны Аркадьевны, и был удивлен и неприятие поражен, когда человек пришел доложить ему о ее приезде.

Анна приехала в Петербург рано утром; за ней была выслана карета по ее телеграмме, и потому Алексей Александрович мог знать о ее приезде. Но когда она приехала, он не встретил ее. Ей сказали, что он еще не выходил и занимается с правителем канцелярии. Она велела сказать мужу, что приехала, прошла в свой кабинет и занялась разбором своих вещей, ожидая, что он придет к ней. Но прошел час, он не приходил. Она вышла в столовую под предлогом распоряжения и нарочно громко говорила, ожидая, что он придет сюда; но он не вышел, хотя она слышала, что он выходил к дверям кабинета, провожая правителя канцелярии. Она знала, что он, по обыкновению, скоро уедет по службе, и ей хотелось до этого видеть его, чтоб отношения их были определены.

Она прошлась по зале и с решимостью направилась к нему. Когда она вошла в его кабинет, он в вицмундире, очевидно готовый к отъезду, сидел у маленького стола, на который облокотил руки, и уныло смотрел пред собой. Она увидала его прежде, чем он ее, и она поняла, что он думал о ней.

Увидав ее, он хотел встать, раздумал, потом лицо его вспыхнуло, чего никогда прежде не видала Анна, и он быстро встал и пошел ей навстречу, глядя не в глаза ей, а выше, на ее лоб и прическу. Он подошел к ней, взял ее за руку и попросил сесть.

- Я очень рад, что вы приехали - сказал он, садясь подле нее, и, очевидно желая сказать что-то, он запнулся. Несколько раз он хотел начать говорить, но останавливался. Несмотря на то, что, готовясь к этому свиданью, она учила себя презирать и обвинять его, она не знала, что сказать ему, и ей было жалко его. И так молчание продолжалось довольно долго. – Сережа здоров? – сказал он и, не дожидаясь ответа, прибавил: – Я не буду обедать дома нынче, и сейчас мне надо ехать.

– Я хотела уехать в Москву, – сказала она.

– Нет, вы очень, очень хорошо сделали, что приехали, – сказал он и опять умолк.

Видя, что он не в силах сам начать говорить, она начала сама.

– Алексей Александрович, – сказала она, взглядывая на него и не опуская глаз под его устремленным не ее прическу взором, – я преступная женщина, я дурная женщина, но я то же, что я была, что я сказала вам тогда, и приехала сказать вам, что я не могу ничего переменить.

– Я вас не спрашивал об этом, – сказал он вдруг, решительно и с ненавистью глядя ей прямо в глаза, – я так и предполагал. – Под влиянием гнева он, видимо, овладел опять вполне всеми своими способностями. – Но, как я вам говорил тогда и писал, – заговорил он резким, тонким голосом, – я теперь повторяю, что я не обязан этого знать. Я игнорирую это. Не все жены так добры, как вы, чтобы так спешить сообщать столь *приятное* известие мужьям. – Он особенно ударил на слове «приятное». – Я игнорирую это до тех пор, пока свет не знает этого, пока имя мое не опозорено. И поэтому я только предупреждаю вас, что наши отношения должны быть такие, какие они всегда были, и что только в том случае, если вы *компрометируете* себя, я должен буду принять меры, чтоб оградить свою честь.

– Но отношения наши не могут быть такими, как всегда, – робким голосом заговорила Анна, с испугом глядя на него.

Когда она увидала опять эти спокойные жесты, услыхала этот пронзительный, детский и насмешливый голос, отвращение к нему уничтожило в ней прежнюю жалость, и она только боялась, но во что бы то ни стало хотела уяснить свое положение.

– Я не могу быть вашею женой, когда я… – начала было она.

Он засмеялся злым и холодным смехом.

– Должно быть, тот род жизни, который вы избрали, отразился на ваших понятиях. Я настолько уважаю или презираю и то и другое… я уважаю прошедшее ваше и презираю настоящее… что я был далек от той интерпретации, которую вы дали моим словам.

Анна вздохнула и опустила голову.

– Впрочем, не понимаю, как, имея столько независимости, как вы, – продолжал он, разгорячаясь, – объявляя мужу прямо о своей неверности и не находя в этом ничего предосудительного, как кажется, вы находите предосудительным исполнение в отношении к мужу обязанности жены?

– Алексей Александрович! Что вам от меня нужно?

– Мне нужно, чтоб я не встречал здесь этого человека и чтобы вы вели себя так, чтобы ни *свет* , ни *прислуга* не могли обвинить вас… чтобы вы не видали его. Кажется, это не много. И за это вы будете пользоваться всеми правами честной жены, не исполняя ее обязанностей. Вот все, что я имею сказать вам. Теперь мое время ехать. Я не обедаю дома.

Он встал и направился к двери. Анна встала тоже. Он, молча поклонившись, пропустил ее.

XXIV

Ночь, проведенная Левиным на копне, не прошла для него даром: то хозяйство, которое он вел, опротивело ему и потеряло для него всякий интерес. Несмотря на превосходный урожай, никогда не было или по крайней мере никогда ему не казалось, чтобы было столько неудачи столько враждебных отношений между им и мужиками, как нынешний год, и причина неудач и этой враждебности была теперь совершенно понятна ему. Прелесть, которую он испытывал в самой работе, происшедшее вследствие того сближение с мужиками, зависть, которую он испытывал к ним, к их жизни, желание перейти в эту жизнь, которое в эту ночь было для него уже не мечтою, но намерением, подробности исполнения которого он обдумывал, – все это так изменило его взгляд на хозяйство, что он не мог уже никак находить в нем прежнего интереса и не мог не видеть того неприятного отношения его к работникам, которое было основой всего дела. Стада улучшенных коров, таких же, как Пава, вся удобренная, плугами вспаханная земля, девять равных полей, обсаженных лозинами, девяносто десятин глубоко запаханного навоза, рядовые сеялки и т. п. – все это было прекрасно, если б это делалось им самим или им с товарищами, людьми, сочувствующими ему. Но он ясно видел теперь (работа его над книгой о сельском хозяйстве, в котором главным элементом хозяйства должен был быть работник, много помогла ему в этом), – он ясно видел теперь, что то хозяйство, которое он вел, была только жестокая и упорная борьба между им и работниками, в которой на одной стороне, на его стороне, было постоянное напряженное стремление переделать все на считаемый лучшим образец, на другой же стороне, – естественный порядок вещей. И в этой борьбе он видел, что, при величайшем напряжении сил с его стороны и безо всякого усилия и даже намерения с другой, достигалось только то, что хозяйство шло ни в чью и совершенно напрасно портились прекрасные орудия, прекрасная скотина и земля. Главное же – не только совершенно даром пропадала направленная на это дело энергия, но он не мог не чувствовать теперь, когда смысл его хозяйства обнажился для него, что цель его энергии была самая недостойная. В сущности, в чем состояла борьба? Он стоял за каждый свой грош (и не мог не стоять, потому что стоило ему ослабить энергию, и ему бы недостало денег расплачиваться с рабочими), а они только стояли за то, чтобы работать спокойно и приятно, то есть так, как они привыкли. В его интересах было то, чтобы каждый работник сработал как можно больше, притом чтобы не забывался, чтобы старался не сломать веялки, конных граблей, молотилки, чтоб он обдумывал то, что он делает; работнику же хотелось работать как можно приятнее, с отдыхом, и главное – беззаботно и забывшись, не размышляя. В нынешнее лето на каждом шагу Левин видел это. Он посылал скосить клевер на сено, выбрав плохие десятины, проросшие травой и полынью, негодные на семена, – ему скашивали подряд лучшие семенные десятины, оправдываясь тем, что так приказал приказчик, и утешали его тем, что сено будет отличное; но он знал, что это происходило оттого, что эти десятины было косить легче. Он посылал сеноворошилку трясти сено, – ее ломали на первых рядах, потому что скучно было мужику сидеть на козлах под махающими над ним крыльями. И ему говорили: «Не извольте беспокоиться, бабы живо растрясут». Плуги оказывались негодящимися, потому что работнику не приходило в голову опустить поднятый резец, и, ворочая силом, он мучал лошадей и портил землю; и его просили быть покойным. Лошадей запускали в пшеницу, потому что ни один работник не хотел быть ночным сторожем, и, несмотря на приказание этого не делать, работники чередовались стеречь ночное, и Ванька, проработав весь день, заснул и каялся в своем грехе, говоря: «Воля ваша». Трех лучших телок окормили, потому что без водопоя выпустили на клеверную отаву, и никак не хотели верить, что их раздуло клевером, а рассказывали в утешение, как у соседа сто двенадцать голов в три дня выпало. Все это делалось не потому, что кто-нибудь желал зла Левину или его хозяйству; напротив, он знал, что его любили, считали простым барином (что есть высшая похвала); но делалось это только потому, что хотелось весело и беззаботно работать, и интересы его были им не только чужды и непонятны, но фатально противоположны их самым справедливым интересам. Уже давно Левин чувствовал недовольство своим отношением к хозяйству. Он видел, что лодка его течет, но он не находил и не искал течи, может быть нарочно обманывая себя. Но теперь он не мог более себя обманывать. То хозяйство, которое он вел, стало ему не только не интересно, но отвратительно, и он не мог больше им заниматься.

К этому еще присоединилось присутствие в тридцати верстах от него Кити Щербацкой, которую он хотел и не мог видеть. Дарья Александровна Облонская, когда он был у нее, звала его приехать: приехать с тем, чтобы возобновить предложение ее сестре, которая, как она давала чувствовать, теперь примет его. Сам Левин, увидав Кити Щербацкую, понял, что он не переставал любить ее; но он не мог ехать к Облонским, зная, что она там.

То, что он сделал ей предложение и она отказала ему, клало между им и ею непреодолимую преграду. «Я не могу просить ее быть моею женой потому только, что она не может быть женою того, кого она хотела», – говорил он сам себе. Мысль об этом делала его холодным и враждебным к ней. «Я не в силах буду говорить с нею без чувства упрека, смотреть на нее без злобы, и она только еще больше возненавидит меня, как и должно быть. И потом, как я могу теперь, после того, что мне сказала Дарья Александровна, ехать к ним? Разве я могу не показать, что я знаю то, что она сказала мне? И я приеду с великодушием – простить, помиловать ее. Я пред нею в роли прощающего и удостаивающего ее своей любви!.. Зачем мне Дарья Александровна сказала это? Случайно бы я мог увидать ее, и тогда все бы сделалось само собой, но теперь это невозможно, невозможно!»

Дарья Александровна прислала ему записку, прося у него дамское седло для Кити. «Мне сказали, что у вас есть седло, – писала она ему. – Надеюсь, что вы привезете его сами».

Этого уже он не мог переносить. Как умная, деликатная женщина могла так унижать сестру! Он написал десять записок и все разорвал и послал седло без всякого ответа. Написать, что он приедет, – нельзя, потому что он не может приехать; написать, что он не может приехать, потому что не может или уезжает, – это еще хуже. Он послал седло без ответа и с сознанием, что он сделал что-то стыдное, на другой день, передав все опостылевшее хозяйство приказчику, уехал в дальний уезд к приятелю своему Свияжскому, около которого были прекрасные дупелиные болота и который недавно писал ему, прося исполнить давнишнее намерение побывать у него. Дупелиные болота в Суровском уезде давно соблазняли Левина, но он за хозяйственными делами все откладывал эту поездку. Теперь же он рад был уехать и от соседства Щербацких и, главное, от хозяйства, именно на охоту, которая во всех горестях служила ему лучшим утешением.

XXV

В Суровский уезд не было ни железной, ни почтовой дороги, и Левин ехал на своих в тарантасе.

На половине дороги он остановился кормить у богатого мужика. Лысый свежий старик, с широкою рыжею бородой, седою у щек, отворил ворота, прижавшись к верее, чтобы пропустить тройку. Указав кучеру место под навесом на большом, чистом и прибранном новом дворе с обгоревшими сохами, старик попросил Левина в горницу. Чисто одетая молодайка, в калошках на босу ногу, согнувшись, подтирала пол в новых сенях. Она испугалась вбежавшей за Левиным собаки и вскрикнула, но тотчас же засмеялась своему испугу, узнав, что собака не тронет. Показав Левину засученною рукой на дверь в горницу, она спрятала, опять согнувшись, свое красивое лица и продолжала мыть.

– Самовар, что ли? – спросила она.

– Да, пожалуйста.

Горница была большая, с голландскою печью и перегородкой, Под образами стоял раскрашенный узорами стол, лавка и два стула. У входа был шкафчик с посудой. Ставни были закрыты, мух было мало, и так чисто, что Левин позаботился о том, чтобы Ласка, бежавшая дорогой и купавшаяся в лужах, не натоптала пол, и указал ей место в углу у двери. Оглядев горницу, Левин вышел на задний двор. Благовидная молодайка в калошках, качая пустыми ведрами на коромысле, сбежала впереди его за водой к колодцу.

– Живо у меня! – весело крикнул на нее старик и подошел к Левину. – Что, сударь, к Николаю Ивановичу Свияжскому едете? Тоже к нам заезжают, – словоохотно начал он, облокачиваясь на перила крыльца.

В середине рассказа старика об его знакомстве с Свияжским ворота опять заскрипели, и на двор въехали работники с поля с сохами и боронами. Запряженные в сохи и бороны лошади были сытые и крупные. Работники, очевидно, были семейные: двое были молодые, в ситцевых рубахах и картузах, другие двое были наемные, в посконных рубахах, – один старик, другой молодой малый. Отойдя от крыльца, старик подошел к лошадям и принялся распрягать.

– Что это пахали? – спросил Левин.

– Картошку пропахивали. Тоже землицу держим. Ты, Федот, мерина-то не пускай, а к колоде поставь, иную запряжем.

– Что, батюшка, сошники-то я приказывал взять, принес, что ли? – спросил большой ростом, здоровенный малый, очевидно сын старика.

– Во… в санях, – отвечал старик, сматывая кругом снятые вожжи и бросая их наземь. – Наладь, поколе пообедают.

Благовидная молодайка с полными, оттягивавшими ей плечи ведрами прошла в сени. Появились откуда-то еще бабы – молодые красивые, средние и старые некрасивые, с детьми и без детей.

Самовар загудел в трубе; рабочие и семейные, убравшись с лошадьми, пошли обедать. Левин, достав из коляски свою провизию, пригласил с собою старика напиться чаю.

– Да что, уже пили нынче, – сказал старик, очевидно с удовольствием принимая это предложение. – Нешто для компании.

За чаем Левин узнал всю историю старикова хозяйства. Старик снял десять лет тому назад у помещицы сто двадцать десятин, а в прошлом году купил их и снимал еще триста у соседнего помещика. Малую часть земли,

самую плохую, он раздавал внаймы, а десятин сорок в поле пахал сам своею
семьей и двумя наемными рабочими. Старик жаловался, что дело шло плохо.
Но Левин понимал, что он жаловался только из приличия, а что хозяйство
его процветало. Если бы было плохо, он не купил бы по ста пяти рублей
землю, не женил бы трех сыновей и племянника, не построился бы два раза
после пожаров, и все лучше и лучше. Несмотря на жалобы старика, видно
было, что он справедливо горд своим благосостоянием, горд своими
сыновьями, племянником, невестками, лошадьми, коровами и в особенности
тем, что держится все это хозяйство. Из разговора со стариком Левин узнал,
что он был и не прочь от нововведений. Он сеял много картофелю, и
картофель его, который Левин видел, подъезжая, уже отцветал и
завязывался, тогда как у Левина только зацветал. Он пахал под картофель
плугою, как он называл плуг, взятый у помещика. Он сеял пшеницу.
Маленькая подробность о том, что, пропалывая рожь, старик прополонною
рожью кормил лошадей, особенно поразила Левина. Сколько раз Левин, видя
этот пропадающий прекрасный корм, хотел собирать его; но всегда это
оказывалось невозможно. У мужика же это делалось, и он не мог
нахвалиться этим кормом.

– Чего же бабенкам делать? Вынесут кучки на дорогу, а телега
подъедет.

– А вот у нас, помещиков, все плохо идет с работниками, – сказал
Левин, подавая ему стакан с чаем.

– Благодарим, – отвечал старик, взял стакан, но отказался от сахара,
указав на оставшийся обгрызенный им комок. – Где же с работниками вести
дело? – сказал он. – Разор один. Вот хоть бы Свияжсков. Мы знаем, какая
земля, мак, и тоже не больно хвалятся урожаем. Все недосмотр!

– Да ведь вот ты же хозяйничаешь с работниками?

– Наше дело мужицкое. Мы до всего сами. Плох – и вон; и своими
управимся.

– Батюшка, Финоген велел дегтю достать, – сказала вошедшая баба
в калошках.

– Так-то, сударь! – сказал старик, вставая, перекрестился
продолжительно, поблагодарил Левина и вышел.

Когда Левин вошел в черную избу, чтобы вызвать своего кучера, он
увидал всю семью мужчин за столом. Бабы прислуживали стоя. Молодой
здоровенный сын, с полным ртом каши, что-то рассказывал смешное, и все
хохотали, и в особенности весело баба в калошках, подливавшая щи в чашку.

Очень может быть, что благовидное лицо бабы в калошках много
содействовало тому впечатлению благоустройства, которое произвел на
Левина этот крестьянский дом, но впечатление это было так сильно, что
Левин никак не мог отделаться от него. И всю дорогу от старика до

Свияжского нет-нет и опять вспоминал об этом хозяйстве, как будто что-то в этом впечатлении требовало его особенного внимания.

XXVI

Свияжский был предводитель в своем уезде. Он был пятью годами старше Левина и давно женат. В доме его жила молодая его свояченица, очень симпатичная Левину девушка. И Левин знал, что Свияжский и его жена очень желали выдать за него эту девушку. Он знал это несомненно, как знают это всегда молодые люди, так называемые женихи, хотя никогда никому не решился бы сказать этого, и знал тоже и то, что, несмотря на то, что он хотел жениться, несмотря на то, что по всем данным эта весьма привлекательная девушка должна была быть прекрасною женой, он так же мало мог жениться на ней, даже если б он и не был влюблен в Кити Щербацкую, как он не мог улететь на небо. И это знание отравляло ему то удовольствие, которое он надеялся иметь от поездки к Свияжскому.

Получив письмо Свияжского с приглашением на охоту, Левин тотчас же подумал об этом, но, несмотря на это, решил, что такие виды на него Свияжского есть только его ни на чем не основанное предположение, и потому он все-таки поедет. Кроме того, в глубине души ему хотелось испытать себя, примериться опять к этой девушке. Домашняя же жизнь Свияжских была в высшей степени приятна, и сам Свияжский, самый лучший тип земского деятеля, какой только знал Левин, был для Левина всегда чрезвычайно интересен.

Свияжский был один из тех, всегда удивительных для Левина людей, рассуждение которых, очень последовательное, хотя и никогда не самостоятельное, идет само по себе, а жизнь, чрезвычайно определенная и твердая в своем направлении, идет сама по себе, совершенно независимо и почти всегда вразрез рассуждениям. Свияжский был человек чрезвычайно либеральный. Он презирал дворянство и считал большинство дворян тайными, от робости только невыражавшимися, крепостниками. Он считал Россию погибшею страной, вроде Турции, и правительство России столь дурным, что никогда не позволял себе даже серьезно критиковать действия правительства, и вместе с тем служил и был образцовым дворянским предводителем и в дорогу всегда надевал с кокардой и с красным околышем фуражку. Он полагал, что жизнь человеческая возможна только за границей, куда он и уезжал жить при первой возможности, а вместе с тем вел в России очень сложное и усовершенствованное хозяйство и с чрезвычайным интересом следил за всем и знал все, что делалось в России. Он считал русского мужика стоящим по развитию на переходной ступени от обезьяны к человеку, а вместе с тем на земских выборах охотнее всех пожимая руку мужикам и выслушивал их мнения. Он не верил ни в чох, ни в смерть, но был очень озабочен вопросом улучшения быта духовенства и сокращения приходов, причем особенно хлопотал, чтобы церковь осталась в его селе.

В женском вопросе он был на стороне крайних сторонников полной свободы женщин и в особенности их права на труд, но жил с женою так, что все любовались их дружною бездетною семейною жизнью, и устроил жизнь своей жены так, что она ничего не делала и не могла делать, кроме общей с мужем заботы, как получше и повеселее провести время.

Если бы Левин не имел свойства объяснять себе людей с самой хорошей стороны, характер Свияжского не представлял бы для него никакого затруднения и вопроса; он бы сказал себе: дурак или дрянь, и все бы было ясно. Но он не мог сказать *дурак,* потому что Свияжский был несомненно не только очень умный, но очень образованный и необыкновенно просто носящий свое образование человек. Не было предмета, которого бы он не знал; но он показывал свое знание, только когда бывал вынуждаем к этому. Еще меньше мог Левин сказать, что он был дрянь, потому что Свияжский был несомненно честный, добрый, умный человек, который весело, оживленно, постоянно делал дело, высоко ценимое всеми его окружающими, и уже наверное никогда сознательно не делал а не мог сделать ничего дурного.

Левин старался понять и не понимал и всегда, как на живую загадку, смотрел на него и на его жизнь.

Они были дружны с Левиным, и поэтому Левин позволял себе допытывать Свияжского, добираться до самой основы его взгляда на жизнь; но всегда это было тщетно. Каждый раз, как Левин пытался проникнуть дальше открытых для всех дверец приемных комнат ума Свияжского, он замечал, что Свияжский слегка смущался; чуть заметный испуг выражался в его взгляде, как будто он боялся, что Левин поймет его, и он давал добродушный и веселый отпор.

Теперь, после своего разочарования в хозяйстве, Левину особенно приятно было побывать у Свияжского. Не говоря о том, что на него просто весело действовал вид этих счастливых, довольных собою и всеми голубков, их благоустроенного гнезда, ему хотелось теперь, чувствуя себя столь недовольным своею жизнью, добраться в Свияжском до того секрета, который давал ему такую ясность, определенность и веселость в жизни. Кроме того, Левин знал, что он увидит у Свияжского помещиков-соседей, и ему теперь особенно интересно было поговорить, послушать о хозяйстве те самые разговоры об урожае, найме рабочих и т. п., которые, Левин знал, принято считать чем-то очень низким, но которые теперь для Левина казались одними важными. «Это, может быть, не важно было при крепостном праве или не важно в Англии. В обоих случаях самые условия определены; но у нас теперь, когда все это переворотилось и только укладывается, вопрос о том, как улягутся эти условия, есть только один важный вопрос в России», – думал Левин.

Охота оказалась хуже, чем ожидал Левин. Болото высохло, и дупелей совсем не было. Он проходил целый день и принес только три штуки, но зато принес, как и всегда с охоты, отличный аппетит, отличное расположение духа и то возбужденное умственное состояние, которым всегда сопровождалось у него сильное физическое движение. И на охоте, в то время когда он, казалось, ни о чем не думал, нет-нет и опять ему вспоминался старик со своею семьей, и впечатление это как будто требовало к себе не только внимания, но и разрешения чего-то с ним связанного.

Вечером, за чаем, в присутствии двух помещиков, приехавших по каким-то делам опеки, завязался тот самый интересный разговор, какого и ожидал Левин.

Левин сидел подле хозяйки у чайного стола и должен был вести разговор с нею и свояченицей, сидевшею против него. Хозяйка была круглолицая, белокурая и невысокая женщина, вся сияющая ямочками и улыбками. Левин старался чрез нее выпытать решение той для него важной загадки, которую представлял ее муж; но он не имел полной свободы мыслей, потому что ему было мучительно неловко. Мучительно неловко ему было оттого, что против него сидела свояченица в особенном, для него, ему казалось, надетом платье, с особенным в виде трапеции вырезом на белой груди; этот четвероугольный вырез, несмотря на то, что грудь была очень белая, или особенно потому, что она была очень белая, лишал Левина свободы мысли. Он воображал себе, вероятно, ошибочно, что вырез этот сделан на его счет, и считал себя не вправе смотреть на него и старался не смотреть на него; но чувствовал, что он виноват уж за одно то, что вырез сделан. Левину казалось, что он кого-то обманывает, что ему следует объяснить что-то, но что объяснить этого никак нельзя, и потому он беспрестанно краснел, был беспокоен и неловок. Неловкость его сообщалась и хорошенькой свояченице. Но хозяйка, казалось, не замечала этого и нарочно втягивала ее в разговор.

– Вы говорите, – продолжала хозяйка начатый разговор, – что мужа не может интересовать все русское. Напротив, он весел бывает за границей, но никогда так, как здесь. Здесь он чувствует себя в своей сфере. Ему столько дела, и он имеет дар всем интересоваться. Ах, вы не были в нашей школе?

– Я видел… Это плющом обвитый домик?

– Да, это Настино дело, – сказала она, указывая на сестру.

– Вы сами учите? – спросил Левин, стараясь смотреть мимо выреза, но чувствуя, что куда бы он ни смотрел в ту сторону, он будет видеть вырез.

— Да, я сама учила и учу, но у нас прекрасная учительница. И гимнастику мы ввели.

— Нет, я благодарю, я не хочу больше чаю, — сказал Левин и, чувствуя, что он делает неучтивость, но не в силах более продолжать этот разговор, краснея, встал. — Я слышу очень интересный разговор, — прибавил он и подошел к другому концу стола, у которого сидел хозяин с двумя помещиками. Свияжский сидел боком к столу, облокоченною рукой поворачивая чашку, другою собирая в кулак свою бороду и поднося ее к носу и опять выпуская, как бы нюхая. Он блестящими черными глазами смотрел прямо на горячившегося помещика с седыми усами и, видимо, находил забаву в его речах. Помещик жаловался на народ. Левину ясно было, что Свияжский знает такой ответ на жалобы помещика, который сразу уничтожит весь смысл его речи, но что по своему положению он не может сказать этого ответа и слушает не без удовольствия комическую речь помещика.

Помещик с седыми усами был, очевидно, закоренелый крепостник и деревенский старожил, страстный сельский хозяин. Признаки эти Левин видел и в одежде — старомодном, потертом сюртуке, видимо непривычном помещику, и в его умных, нахмуренных глазах, и в складной русской речи, и в усвоенном, очевидно, долгим опытом повелительном тоне, и в решительных движениях больших, красивых, загорелых рук с одним старым обручальным кольцом на безыменке.

XXVII

— Только если бы не жалко бросить, что заведено… трудов положено много… махнул бы на все рукой, продал бы, поехал, как Николай Иваныч… *Елену* слушать, — сказал помещик с осветившею его умное старое лицо приятною улыбкой.

— Да вот не бросаете же, — сказал Николай Иванович Свияжский, — стало быть, расчеты есть.

— Расчет один, что дома живу, непокупное, ненанятое. Да еще все надеешься, что образумится народ. А то, верите ли, — это пьянство, распутство! Все переделились, ни лошаденки, ни коровенки. С голоду дохнет, а возьмите его в работники наймите — он вам норовит напортить, да еще к мировому судье.

— Зато и вы пожалуетесь мировому судье[1], — сказал Свияжский.

---

[1] *Пожалуетесь мировому судье* — Судебная реформа 1864 г. все местные спорные вопросы передала мировому суду. Суд был гласным, состязательным, устным и

- Я пожалуюсь? Да ни за что в свете! Разговоры такие пойдут, что и не рад жалобе! Вон на заводе - взяли задатки, ушли. Что ж мировой судья? Оправдал, только и держится все волостным судом да старшиной. Этот отпорет его по-старинному. А не будь этого - бросай все! Беги на край света!

Очевидно, помещик дразнил Свияжского, но Свияжский не только не сердился, но, видимо, забавлялся этим.

- Да вот ведь ведем же мы свои хозяйства без этих мер, - сказал он, улыбаясь, - я, Левин, они.

Он указал на другого помещика.

- Да, у Михаила Петровича идет, а спросите-ка как? Это разве рациональное хозяйство? - сказал помещик, очевидно щеголяя словом «рациональнее».

- У меня хозяйство простое, - сказал Михаил Петрович. - Благодарю бога. Мое хозяйство все, чтобы денежки к осенним податям были готовы. Приходят мужички: батюшка, отец, вызволь! Ну, свои всё соседи мужики, жалко. Ну, дашь на первую треть, только скажешь: помнить, ребята, я вам помог, и вы помогите, когда нужда - посев ли овсяный, уборка сена, жнитво, - ну и выговоришь, по скольку с тягла. Тоже есть бессовестные и из них, это правда.

Левин, зная давно эти патриархальные приемы, переглянулся с Свияжским и перебил Михаила Петровича, обращаясь опять к помещику с седыми усами.

- Так вы как же полагаете? - спросил он, - как же теперь надо вести хозяйство?

- Да так же и вести, как Михаил Петрович: или отдать исполу, или внаймы мужикам; это можно, но только этим самым уничтожается общее богатство государства. Где земля у меня при крепостном труде и хорошем хозяйстве приносила сам-девять, она исполу принесет сам-третей. Погубила Россию эмансипация!

Свияжский поглядел улыбающимися глазами на Левина и даже сделал ему чуть заметный насмешливый знак; но Левин не находил слов помещика смешными, - он понимал их больше, чем он понимал Свияжского. Многое же из того, что дальше говорил помещик, доказывая, почему Россия погублена эмансипацией, показалось ему даже очень верным, для него новым и неопровержимым. Помещик, очевидно, говорил свою собственную мысль, что так редко бывает, и мысль, к которой он приведен был не желанием занять чем-нибудь праздный ум, а мысль, которая выросла из

строился на основе равноправия сторон. Дворяне увидели в мировом суде свидетельство утраты своей прежней власти Жалобы на мирового и мировому были обычной темой разговоров помещиков тех лет. «Ты - добыча прокурора, // Мировой тебя заест», - говорит помещик в поэме Некрасова «Современники».

условий его жизни, которую он высидел в своем деревенском уединении и со всех сторон обдумал.

– Дело, изволите видеть, в том, что всякий прогресс совершается только властью, – говорил он, очевидно желая показать, что он не чужд образованию. – Возьмите реформы Петра, Екатерины, Александра. Возьмите европейскую историю. Тем более прогресс в земледельческом быту. Хоть картофель – и тот вводился у нас силой. Ведь сохой тоже не всегда пахали. Тоже ввели ее, может быть, при уделах, но, наверно, ввели силою. Теперь, в наше время, мы, помещики, при крепостном праве вели свое хозяйство с усовершенствованиями; и сушилки, и веялки, и возка навоза, и все орудия – всё мы вводили своею властью, и мужики сначала противились, а потом подражали нам. Теперь-с, при уничтожении крепостного права, у нас отняли власть, и хозяйство наше, то, где оно поднято на высокий уровень, должно опуститься к самому дикому, первобытному состоянию. Так я понимаю.

– Да почему же? Если оно рационально, то вы можете наймом вести его, – сказал Свияжский.

– Власти нет-с. Кем я его буду вести? позвольте спросить.

«Вот она – рабочая сила, главный элемент хозяйства», – подумал Левин.

– Рабочими.

– Рабочие не хотят работать хорошо и работать хорошими орудиями. Рабочий наш только одно знает – напиться, как свинья, пьяный и испортит все, что вы ему дадите. Лошадей споит, сбрую хорошую оборвет, колесо шипованное сменит, пропьет, в молотилку шкворень пустит, чтобы ее сломать. Ему тошно видеть все, что не по его. От этого и спустился весь уровень хозяйства. Земли заброшены, заросли полынями или розданы мужикам, и где производили миллион, производят сотни тысяч четвертей; общее богатство уменьшилось. Если бы сделали то же, да с расчетом…

И он начал развивать свой план освобождения, при котором были бы устранены эти неудобства.

Левина не интересовало это, но, когда он кончил, Левин вернулся к первому его положению и сказал, обращаясь к Свияжскому и стараясь вызвать его на высказывание своего серьезного мнения:

– То, что уровень хозяйства спускается и что при наших отношениях к рабочим нет возможности вести выгодно рациональное хозяйство, это совершенно справедливо, – сказал он.

– Я не нахожу, – уже серьезно возразил Свияжский, – я только вижу то, что мы не умеем вести хозяйство и что, напротив, то хозяйство, которое мы вели при крепостном праве, не то что слишком высоко, а слишком низко. У нас нет ни машин, ни рабочего скота хорошего, ни управления настоящего, ни считать мы не умеем. Спросите у хозяина, – он не знает, что ему выгодно, что невыгодно.

– Итальянская бухгалтерия, – сказал иронически помещик. – Там как ни считай, как вам всё перепортят, барыша не будет.

– Зачем же перепортят? Дрянную молотилку, российский топчачок[1] ваш, сломают, а мою паровую не сломают. Лошаденку расейскую, как это? тасканской породы, что за хвост таскать, вам испортят, а заведете першеронов или хоть битюков, их не испортят. И так всё. Нам выше надо поднимать хозяйство.

– Да было бы из чего, Николай Иваныч! Вам хорошо, а я сына в университете содержи, малых в гимназии воспитывай, – так мне першеронов не купить.

– А на это банки.

– Чтобы последнее с молотка продали? Нет, благодарю!

– Я не согласен, что нужно и можно поднять еще выше уровень хозяйства, – сказал Левин. – Я занимаюсь этим, и у меня есть средства, а я ничего не мог сделать. Банки не знаю кому полезны. Я по крайней мере на что ни затрачивал деньги в хозяйстве, все с убытком: скотина – убыток, машины – убыток.

– Вот это верно, – засмеявшись даже от удовольствия, подтвердил помещик с седыми усами.

– И я не один, – продолжал Левин, – я сошлюсь на всех хозяев, ведущих рационально дело; все, за редкими исключениями, ведут дело в убыток. Ну, вы скажите, что́ ваше хозяйство – выгодно? – сказал Левин, и тотчас же во взгляде Свияжского Левин заметил то мимолетное выражение испуга, которое он замечал, когда хотел проникнуть далее приемных комнат ума Свияжского.

Кроме того, этот вопрос со стороны Левина был не совсем добросовестен. Хозяйка за чаем только что говорила ему, что они нынче летом приглашали из Москвы немца, знатока бухгалтерии, который за пятьсот рублей вознаграждения учел их хозяйство и нашел, что оно приносит убытка три тысячи с чем-то рублей. Она не помнила именно сколько, но, кажется, немец высчитал до четверти копейки.

Помещик при упоминании о выгодах хозяйства Свияжского улыбнулся, очевидно, зная, какой мог быть барыш у соседа и предводителя.

– Может быть, невыгодно, – отвечал Свияжский. – это только доказывает, или что я плохой хозяин, или что я затрачиваю капитал на увеличение ренты.

---

[1] *Российский топчанок* – молотилка с конным приводом, приводилась в движение лошадьми, «топчущимися» по кругу.

- Ах, рента! - с ужасом воскликнул Левин. - Может быть, есть рента в Европе, где земля стала лучше от положенного на нее труда, но у нас вся земля становится хуже от положенного труда, то есть что ее выпашут, - стало быть, нет ренты.

- Как нет ренты? Это закон.

- То мы вне закона: рента ничего для нас не объяснит, а, напротив, запутает. Нет, вы скажите, как учение о ренте может быть...

- Хотите простокваши? Маша, пришли нам сюда простокваши или малины, - обратился он к жене. - Нынче замечательно поздно малина держится.

И в самом приятном расположении духа Свияжский встал и отошел, видимо предполагая, что разговор окончен на том самом месте, где Левину казалось, что он только начинается.

Лишившись собеседника, Левин продолжал разговор с помещиком, стараясь доказать ему, что все затруднение происходит оттого, что мы не хотим знать свойств, привычек нашего рабочего; но помещик был, как и все люди, самобытно и уединенно думающие, туг к пониманию чужой, мысли и особенно пристрастен к своей. Он настаивал на том, что русский мужик есть свинья и любит свинство и, чтобы вывести его из свинства, нужна власть, а ее нет, нужна палка, а мы стали так либеральны, что заменили тысячелетнюю палку вдруг какими-то адвокатами и заключениями, при которых негодных, вонючих мужиков кормят хорошим супом и высчитывают им кубические футы воздуха.

- Отчего вы думаете, - говорил Левин, стараясь вернуться к вопросу, - что нельзя найти такого отношения к рабочей силе, при которой работа была бы производительна?

- Никогда этого с русским народом без палки не будет! Власти нет[1], - отвечал помещик.

- Какие же новые условия могут быть найдены? - сказал Свияжский, поев простокваши, закурив папиросу и опять подойдя к спорящим. - Все возможные отношения к рабочей силе определены и изучены, - сказал он, - Остаток варварства - первобытная община с круговою порукой сама собой распадается, крепостное право уничтожено, остается свободный труд,

---

[1] *Власти нет...* - В 1875 г. в Петербургском дворянском собрании обсуждался проект «всесословной волости» Царскосельский предводитель дворянства Платонов говорил буквально то же самое, что «старый помещик» в «Анне Карениной»: «Теперь порядка у нас нет, потому что нет власти» («Отечественные записки», 1875, V, с. 75). В сатире «Герои времени» (поэма «Современники») Некрасов пишет: «Слышны толки: «леность... пьянство... // Земство... волость... мужики...» // Это - местное дворянство // И дворяне степняки. / - «Вся беда России // В недостатке власти!» - // Говорят витии // По сословной части» («Отечественные записки», 1876, 1, с. 23).

и формы его определены и готовы, и надо брать их. Батрак, поденный, фермер – и из этого вы не выйдете.

– Но Европа недовольна этими формами.

– Недовольна и ищет новых. И найдет, вероятно.

– Я про то только и говорю, – отвечал Левин. – Почему же нам не искать с своей стороны?

– Потому что это все равно, что придумывать вновь приемы для постройки железных дорог. Они готовы, придуманы.

– Но если они нам не приходятся, если они глупы? – сказал Левин.

И опять он заметил выражение испуга в глазах Свияжского.

– Да, это: мы шапками закидаем, мы нашли то, чего ищет Европа! Все это я знаю, но, извините меня, вы знаете ли все, что сделано в Европе по вопросу об устройстве рабочих?

– Нет, плохо.

– Этот вопрос занимает теперь лучшие умы в Европе. Шульце-Деличевское направление…[1] Потом вся эта громадная литература рабочего вопроса, самого либерального лассалевского направления… [2] Мильгаузенское устройство[3] – это уже факт, вы, верно, знаете.

– Я имею понятие, но очень смутное.

– Нет, вы только говорите; вы, верно, знаете все это не хуже меня. Я, разумеется, не социальный профессор, но меня это интересовало, и, право, если вас интересует, вы займитесь.

– Но к чему же они пришли?

– Виноват…

---

[1] *Шульце-Деличевское направление…* – Герман Шульце-Делич (1808–1883), немецкий экономист и политик, в начале 50-х годов выдвинул программу устройства независимых кооперативов и ссудно-сберегательных касс. В России первые общества «по образцу уставов ссудных обществ Шульца в Германии» появились в 1865 г. (см. «Вестник Европы», 1874, I, с. 407). По мысли Шульце-Делича, его программа должна была примирить классовые интересы рабочих и хозяев.

[2] *…лассалевского направления…* – Фердинанд Лассаль (1825–1864) – немецкий политический деятель, основатель «Всеобщего германского рабочего союза». Кооперативам Шульце-Делича он противопоставлял производственную ассоциацию, получающую поддержку от государства. На этой основе он вошел в контакт с Бисмарком.

[3] *Мильгаузенское устройство…* – Общество попечения об улучшении быта рабочих, основанное фабрикантом Дольфусом в городе Мильгаузене (Эльзас), строило дома, стоимость которых рабочие выплачивали постепенно, приобретая их в свою собственность. Общество Дольфуса было коммерческим предприятием с благотворительными целями.

Помещики встали, и Свияжский, опять остановив Левина в его неприятной привычке заглядывать в то, что сзади приемных комнат его ума, пошел провожать своих гостей.

XXVIII

Левину невыносимо скучно било в этот вечер с дамами: его, как никогда прежде, волновала мысль о том, что то недовольство хозяйством, которое он теперь испытывал, есть не исключительное его положение, а общее условие, в котором находится дело в России, что устройство какого-нибудь такого отношения рабочих, где бы они работали, как у мужика на половине дороги, есть не мечта, а задача, которую необходимо решить. И ему казалось, что задачу эту можно решить и должно попытаться это сделать.

Простившись с дамами и обещав пробыть завтра еще целый день, с тем чтобы вместе ехать верхом осматривать интересный провал в казенном лесу, Левин перед сном зашел в кабинет хозяина, чтобы взять книги о рабочем вопросе, которые Свияжский предложил ему. Кабинет Свияжского была огромная комната, обставленная шкафами с книгами и с двумя столами – одним массивным письменным, стоявшим посередине комнаты, и другим круглым, уложенным звездою вокруг лампы, на разных языках последними нумерами газет и журналов. У письменного стола была стойка с подразделенными золотыми ярлыками ящиками различного рода дел.

Свияжский достал книги и сел в качающееся кресло.

– Что это вы смотрите? – сказал он Левину, который, остановившись у круглого стола, перелистывал журналы.

– Ах да, тут очень интересная статья, – сказал Свияжский про журнал, который Левин держал в руках. – Оказывается, – прибавил он с веселым оживлением, – что главным виновником раздела Польши был совсем не Фридрих. Оказывается...

И он с свойственною ему ясностью рассказал вкратце эти новые, очень важные и интересные открытия. Несмотря на то, что Левина занимала теперь больше всего мысль о хозяйстве, он, слушая хозяина, спрашивал себя: «Что там в нем сидит? И почему, почему ему интересен раздел Польши?» Когда Свияжский кончил, Левин невольно спросил: «Ну так что же?» Но ничего не было. Было только интересно то, что «оказывалось». Но Свияжский не объяснил и не нашел нужным объяснять, почему это было ему интересно.

– Да, но меня очень заинтересовал сердитый помещик, – вздохнув, сказал Левин. – Он умен и много правды говорил.

– Ах, подите! Закоренелый тайный крепостник, как они все! – сказал Свияжский.

– Коих вы предводитель...

– Да, только я их предводительствую в другую сторону, – смеясь, сказал Свияжский.

– Меня очень занимает вот что, – сказал Левин. – Он прав, что дело наше, то есть рационального хозяйства, нейдет, что идет только хозяйство ростовщическое, как у этого тихонького, или самое простое. Кто в этом виноват?

– Разумеется, мы сами. Да и потом, неправда, что оно нейдет. У Васильчикова идет.

– Завод...

– Но я все-таки не знаю, что вас удивляет. Народ стоит на такой низкой степени и материального и нравственного развития, что, очевидно, он должен противодействовать всему, что ему чуждо. В Европе рациональное хозяйство идет потому, что народ образован; стало быть, у нас надо образовать народ, – вот и все.

– Но как же образовать народ?

– Чтобы образовать народ, нужны три вещи: школы, школы и школы.

– Но вы сами сказали, что народ стоит на низкой степени материального развития. Чем же тут помогут школы?

– Знаете, вы напоминаете мне анекдот о советах больному: «Вы бы попробовали слабительное». – «Давали: хуже». – «Попробуйте пиявки». – «Пробовали: хуже». – «Ну, так уж только молитесь богу». «Пробовали: хуже». Так и мы с вами. Я говорю: политическая экономия, вы говорите – хуже. Я говорю: социализм – хуже. Образование – хуже.

– Да чем же помогут школы?

– Дадут ему другие потребности.

– Вот этого я никогда не понимал, – с горячностью возразил Левин. – Каким образом школы помогут народу улучшить свое материальное состояние? Вы говорите, школы, образование дадут ему новые потребности. Тем хуже, потому что он не в силах будет удовлетворить им. А каким образом знание сложения и вычитания и катехизиса поможет ему улучшить свое материальное состояние, я никогда не мог понять. Я третьего дня вечером встретил бабу с грудным ребенком и спросил, куда она идет. Она говорит: «К бабке ходила, на мальчика крикса напала, так носила лечить». Я спросил, как бабка лечит криксу. «Ребеночка к курам на насесть сажает и приговаривает что-то».

– Ну вот, вы сами говорите! Чтоб она не носила лечить криксу на насесть, для этого нужно… – весело улыбаясь, сказал Свияжский.

– Ах нет! – с досадой сказал Левин, – это лечение для меня только подобие лечения народа школами. Народ беден и необразован – это мы видим так же верно, как баба видит криксу, потому что ребенок кричит. Но почему от этой беды – бедности и необразования – помогут школы, так же непонятно, как непонятно, почему от криксы помогут куры на насести. Надо помочь тому, от чего он беден.

– Ну, в этом вы по крайней мере сходитесь со Спенсером[1], которого вы так любите; он говорит тоже, что образование может быть следствием большего благосостояния и удобства жизни, частых омовений, как он говорит, а не умения читать и считать…

– Ну вот, я очень рад или, напротив, очень не рад, что сошелся со Спенсером; только это я давно знаю. Школы не помогут, а поможет такое экономическое устройство, при котором народ будет богаче, будет больше досуга, – и тогда будут и школы.

– Однако во всей Европе теперь школы обязательны.

– А как же вы сами, согласны в этом со Спенсером? – спросил Левин.

Но в глазах Свияжского мелькнуло выражение испуга, и он, улыбаясь, сказал:

– Нет, эта крикса превосходна! Неужели вы сами слышали?

Левин видел, что так и не найдет он связи жизни этого человека с его мыслями. Очевидно, ему совершенно было все равно, к чему приведет его рассуждение; ему нужен был только процесс рассуждения. И ему неприятно было, когда процесс рассуждения заводил его в тупой переулок. Этого только он не любил и избегал, переводя разговор на что-нибудь приятно-веселое.

Все впечатления этого дня, начиная с мужика на половине дороги, которое служило как бы основным базисом всех нынешних впечатлений и мыслей, сильно взволновали Левина. Этот милый Свияжский, держащий при себе мысли только для общественного употребления и, очевидно, имеющий другие какие-то, тайные для Левина, основы жизни, и вместе с тем он с толпой, имя которой легион, руководящий общественным мнением чуждыми ему мыслями; этот озлобленный помещик, совершенно правый в

---

1 …в этом вы по крайней мере сходитесь со Спенсером… – Свияжский имеет в виду статью английского философа Герберта Спенсера (1820–1903) «Наше воспитание, как препятствие к правильному пониманию общественных явлений», перевод которой был напечатан в журнале «Знание» (1874, № 1, с. 91–117). Спенсер писал об эволюции общественного сознания, доказывая, что не просвещение создает благосостояние народа, а именно благосостояние является необходимым условием для развития просвещения.

своих рассуждениях, вымученных жизнью, но неправый своим озлоблением к целому классу, и самому лучшему классу России; собственное недовольство своею деятельностью и смутная надежда найти поправку всему этому – все это сливалось в чувство внутренней тревоги и ожидания близкого разрешения.

Оставшись в отведенной комнате, лежа на пружинном тюфяке, подкидывавшем неожиданно при каждом движении его руки и ноги, Левин долго не спал. Ни один разговор со Свияжским, хотя и много умного было сказано им, не интересовал Левина; но доводы помещика требовали обсуждения. Левин невольно вспомнил все его слова и поправлял в своем воображении то, что он отвечал ему.

«Да, я должен был сказать ему: вы говорите, что хозяйство наше нейдет потому, что мужик ненавидит все усовершенствования и что их надо вводить властью; но если бы хозяйство совсем не шло без этих усовершенствований, вы бы были правы; но оно идет, и идет только там, где рабочий действует сообразно с своими привычками, как у старика на половине дороги. Ваше и наше общее недовольство хозяйством доказывает, что виноваты мы или рабочие. Мы давно уже ломим по-своему, по европейски, не спрашиваясь о свойствах рабочей силы. Попробуем признать рабочую силу не идеальною рабочею *силой, а русским мужиком* с его инстинктами и будем устраивать сообразно с этим хозяйство. Представьте себе, – должен бы я был сказать ему, – что у вас хозяйство ведется, как у старика, что вы нашли средство заинтересовывать рабочих в успехе работы и нашли ту же середину в усовершенствованиях, которую они признают, – и вы, не истощая почвы, получите вдвое, втрое против прежнего. Разделите пополам, отдайте половину рабочей силе; та разность, которая вам останется, будет больше, и рабочей силе достанется больше. А чтобы сделать это, надо спустить уровень хозяйства и заинтересовать рабочих в успехе хозяйства. Как это сделать – это вопрос подробностей, но несомненно, что это возможно».

Мысль эта привела Левина в сильное волнение. Он не спал половину ночи, обдумывая подробности для приведения мысли в исполнение. Он не собирался уезжать на другой день, но теперь решил, что уедет рано утром домой. Кроме того, эта свояченица с вырезом в платье производила в нем чувство, подобное стыду и раскаянию в совершенном дурном поступке. Главное же, ему нужно было ехать не откладывая: надо успеть предложить мужикам новый проект, прежде чем посеяно озимое, с тем чтобы сеять его уже на новых основаниях. Он решил перевернуть все прежнее хозяйство.

XXIX

Исполнение плана Левина представляло много трудностей; но он бился, сколько было сил, и достиг хотя и не того, чего он желал, но того, что он мог, не обманывая себя, верить, что дело это стоит работы. Одна из главных трудностей была та, что хозяйство уже шло, что нельзя было остановить все и начать все сначала, а надо было на ходу перелаживать машину.

Когда он, в тот же вечер, как приехал домой, сообщил приказчику свои планы, приказчик с видимым удовольствием согласился с тою частью речи, которая показывала, что все делаемое до сих пор было вздор и невыгодно. Приказчик сказал, что он давно говорил это, но что его не хотели слушать. Что же касалось до предложения, сделанного Левиным, – принять участие, как пайщику, вместе с работниками во всем хозяйственном предприятии, – то приказчик на это выразил только большое уныние и никакого определенного мнения, а тотчас заговорил о необходимости назавтра свести остальные снопы ржи и послать двоить, так что Левин почувствовал, что теперь не до этого.

Заговаривая с мужиками о том и делая им предложения на новых условиях земель, он тоже сталкивался с тем главным затруднением, что они были так заняты текущей работой дня, что им некогда было обдумывать выгоды и невыгоды предприятия.

Наивный мужик Иван-скотник, казалось, понял вполне предложение Левина – принять с семьей участие в выгодах скотного двора – и вполне сочувствовал этому предприятию. Но когда Левин внушал ему будущие выгоды, на лице Ивана выражалась тревога и сожаление, что он не может всего дослушать, и он поспешно находил себе какое-нибудь не терпящее отлагательства дело: или брался за вилы докидывать сено из денника, или наливать воду, или подчищать навоз.

Другая трудность состояла в непобедимом недоверии крестьян к тому, чтобы цель помещика могла состоять в чем-нибудь другом, чем в желании обобрать их сколько можно. Они были твердо уверены, что настоящая цель его (что бы он ни сказал им) будет всегда в том, чего он не скажет им. И сами они, высказываясь, говорили многое, но никогда не говорили того, в чем состояла их настоящая цель. Кроме того (Левин чувствовал, что желчный помещик был прав), крестьяне первым и неизменным условием какого бы то ни было соглашения ставили то, чтобы они не были принуждаемы к каким бы то ни было новым приемам хозяйства и к употреблению новых орудий. Они соглашались, что плуг пашет лучше, что скоропашка работает успешнее, но они находили тысячи причин, почему нельзя было им употреблять ни то, ни другое, и хотя он и убежден был, что надо спустить уровень хозяйства, ему жалко было отказаться от усовершенствований, выгода которых была так очевидна. Но, несмотря на все эти трудности, он добился своего, и к осени дело пошло, или по крайней мере ему так казалось.

Сначала Левин думал сдать все хозяйство, как оно было, мужикам, работникам и приказчику на новых товарищеских условиях, но очень скоро убедился, что это невозможно, решился подразделить хозяйство. Скотный двор, сад, огород, покосы, поля, разделенные на несколько отделов, должны были составить отдельные статьи. Наивный Иван-скотник, лучше всех, казалось Левину, понявший дело, подобрав себе артель, преимущественно из своей семьи, стал участником скотного двора. Дальнее поле, лежавшее восемь лет в залежах под пусками, было взято с помощью умного плотика Федора Резунова шестью семьями мужиков на новых общественных основаниях, и мужик Шураев снял на тех же условиях все огороды. Остальное еще было по-старому, но эти три статьи были началом нового устройства и вполне занимали Левина.

Правда, что на скотном дворе дело шло до сих пор не лучше, чем прежде, и Иван сильно противодействовал теплому помещению коров и сливочному маслу, утверждая, что корове на холоду потребуется меньше корму и что сметанное масло спорее, и требовал жалованья, как и в старину, и нисколько не интересовался тем, что деньги, получаемые им, были не жалованье, а выдача вперед доли барыша.

Правда, что компания Федора Резунова не передвоила под посев плугами, как было уговорено, оправдываясь тем, что время коротко. Правда, мужики этой компании хотя и условились вести это дело на новых основаниях, называли эту землю не общею, а испольною, и не раз и мужики этой артели и сам Резунов говорили Левину: «Получили бы денежки за землю, и вам покойнее и нам бы развяза». Кроме того, мужики эти всё откладывали под разными предлогами условленную с ними постройку на этой земле скотного двора и риги и оттянули до зимы.

Правда, Шураев снятые им огороды хотел было раздать по мелочам мужикам. Он, очевидно, совершенно превратно и, казалось, умышленно превратно понял условия, на которых ему была сдана земля.

Правда, часто, разговаривая с мужиками и разъясняя им все выгоды предприятия, Левин чувствовал, что мужики слушают при этом только пение его голоса и знают твердо, что, что бы он ни говорил, они не дадутся ему в обман. В особенности чувствовал он это, когда говорил с самым умным из мужиков, Резуновым, и замечал ту игру в глазах Резунова, которая ясно показывала и насмешку над Левиным, и твердую уверенность, что если будет кто обманут, то уж никак не он, Резунов.

Но, несмотря на все это, Левин думал, что дело шло и что, строго ведя счеты и настаивая на своем, он докажет им в будущем выгоды такого устройства и что тогда дело пойдет само собой.

Дела эти вместе с остальным хозяйством, оставшимся на его руках, вместе с работой кабинетною над своею книгой так занимали все лето Левина, что он почти и не ездил на охоту. Он узнал к концу августа о том, что Облонские уехали в Москву, от их человека, привезшего назад седло. Он чувствовал, что, не ответив на письмо Дарьи Александровны, своею невежливостью, о которой он без краски стыда не мог вспоминать, он сжег свои корабли и никогда уж не поедет к ним. Точно так же он поступил и со Свияжским, уехав не простившись. Но он к ним тоже никогда не поедет. Теперь это ему было все равно. Дело нового устройства своего хозяйства занимало его так, как еще ничто никогда в жизни. Он перечитал книги, данные ему Свияжским, и, выписав то, чего у него не было, перечитал и политико-экономические и социалистические книги по этому предмету и, как он ожидал, ничего не нашел такого, что относилось бы до предпринятого им дела. В политико-экономических книгах, в Милле например, которого он изучал первого с большим жаром, надеясь всякую минуту найти разрешение занимавших его вопросов, он нашел выведенные из положения европейского хозяйства законы [1]; но он никак не видел, почему эти законы, не приложимые к России, должны быть общие. То же самое он видел и в социалистических книгах: или это были прекрасные фантазии, но неприложимые, которыми он увлекался, еще бывши студентом, – или поправки, починки того положения дела, в которое поставлена была Европа и с которым земледельческое дело в России не имело ничего общего. Политическая экономия говорила, что законы, по которым развилось и развивается богатство Европы, суть законы всеобщие и несомненные. Социалистическое учение говорило, что развитие по этим законам ведет к погибели. И ни то, ни другое не давало не только ответа, но ни малейшего намека на то, что ему, Левину, и всем русским мужикам и землевладельцам делать с своими миллионами рук и десятин, чтоб они были наиболее производительны для общего благосостояния.

---

[1] *...в Милле... он нашел выведенные из положения европейского хозяйства законы...* – то есть законы буржуазного европейского хозяйства, неприложимые, по мысли Толстого, к России. В 1874 г. в журнале «Вестник Европы» была напечатана статья Ю. Рассела «Джон Стюарт Милль и его школа», где, между прочим, говорилось: «У экономистов в Англии вошло а привычку принимать три фактора в производстве: рабочих, капиталистов и землевладельцев, и потому выводы их могут быть применимы лишь к тем странам, где существуют эти факторы» («Вестник Европы», 1874, IV, с. 167). Джон Стюарт Милль (1806–1873) – английский философ и социолог, автор известной в свое время книги «Основания политической экономии» (переведенной на русский язык Н. Г. Чернышевским).

Уже раз взявшись за это дело, он добросовестно перечитывал все, что относилось к его предмету, и намеревался осенью ехать за границу, чтоб изучить еще это дело на месте, с тем чтобы с ним уже не случалось более по этому вопросу того, что так часто случалось с ним по различным вопросам. Только начнет он, бывало, понимать мысль собеседника и излагать свою, как вдруг ему говорят: «А Кауфман, а Джонс, а Дюбуа, а Мичели?[1] Вы не читали их. Прочтите; они разработали этот вопрос».

Он видел теперь ясно, что Кауфман и Мичели ничего не имеют сказать ему. Он знал, чего он хотел. Он видел, что Россия имеет прекрасные земли, прекрасных рабочих и что в некоторых случаях, как у мужика на половине дороги, рабочие и земля производят много, в большинстве же случаев, когда по-европейски прикладывается капитал, производят мало, и что происходит это только оттого, что рабочие хотят работать и работают хорошо одним им свойственным образом, и что это противодействие не случайное, а постоянное, имеющее основания в духе народа. Он думал, что русский народ, имеющий призвание заселять и обрабатывать огромные незанятые пространства сознательно, до тех пор, пока все земли не заняты, держался нужных для этого приемов и что эти приемы совсем не так дурны, как это обыкновенно думают. И он хотел доказать это теоретически в книге и на практике в своем хозяйстве.

XXX

В конце сентября был свезен лес для постройки двора на отданной артели земле и было продано масло от коров и разделен барыш. В хозяйстве на практике дело шло отлично, или по крайней мере так казалось Левину. Для того же, чтобы теоретически разъяснить все дело и окончить сочинение, которое, сообразно мечтаниям Левина, должно было не только произвести переворот в политической экономии, но совершенно уничтожить эту науку и положить начало новой науке – об отношениях народа к земле, нужно было только съездить за границу и изучить на месте все, что там было сделано в этом направлении, и найти убедительные доказательства, что все то, что там сделано, – не то, что нужно. Левин ждал только поставки пшеницы, чтобы получить деньги и ехать за границу. Но начались дожди, не дававшие убрать оставшиеся в поле хлеба и картофель, и остановили все работы и даже поставку пшеницы. По дорогам была непролазная грязь; две мельницы снесло паводком, и погода все становилась хуже и хуже.

---

[1] *Кауфман, Джонс, Дюбуа, Мичели* – имена вымышленные. Перечисление этих имен пародирует склонность начетчиков аргументировать ссылками на неведомые авторитеты.

30 сентября показалось с утра солнце, и, надеясь на погоду, Левин стал решительно готовиться к отъезду. Он велел насыпать пшеницу, послал к купцу приказчика, чтобы взять деньги, и сам поехал по хозяйству, чтобы сделать последние распоряжения перед отъездом.

Переделав, однако, все дела, мокрый от ручьев, которые по кожану заливались ему то за шею, то за голенища, но в самом бодром и возбужденном состоянии духа, Левин возвратился к вечеру домой. Непогода к вечеру разошлась еще хуже, крупа так больно стегала всю вымокшую, трясущую ушами и головой лошадь, что она шла боком; но Левину под башлыком было хорошо, и он весело поглядывал вокруг себя то на мутные ручьи, бежавшие по колеям, то на нависшие на каждом оголенном сучке капли, то на белизну пятна нерастаявшей крупы на досках моста, то на сочный, еще мясистый лист вяза, который обвалился густым слоем вокруг раздетого дерева. Несмотря на мрачность окружающей природы, он чувствовал себя особенно возбужденным. Разговоры с мужиками в дальней деревне показывали, что они начинали привыкать к своим отношениям. Дворник-старик, к которому он заезжал обсушиться, очевидно, одобрял план Левина и сам предлагал вступить в товарищество по покупке скота.

«Надо только упорно идти к своей цели, и я добьюсь своего, – думал Левин, – а работать и трудиться есть из-за чего. Это дело не мое личное, а тут вопрос об общем благе. Все хозяйство, главное – положение всего народа, совершенно должно измениться. Вместо бедности – общее богатство, довольство; вместо вражды – согласие и связь интересов. Одним словом, революция, бескровная, но величайшая революция, сначала в маленьком кругу нашего уезда, потом губернии, России, всего мира. Потому что мысль справедливая не может не быть плодотворна. Да, это цель, из-за которой стоит работать. И то, что это я, Костя Левин, тот самый, который приехал на бал в черном галстуке и которому отказала Щербацкая и который так сам для себя жалок и ничтожен, – это ничего не доказывает. Я уверен, что Франклин чувствовал себя так же ничтожным[1] и так же не доверял себе, вспоминая себя всего. Это ничего не значит. И у него была, верно, своя Агафья Михайловна, которой он поверял свои планы».

В таких мыслях Левин уже в темноте подъехал к дому.

---

[1] *Я уверен, что Франклин чувствовал себя так же ничтожным.* – Вениамин Франклин (1706–1790) – американский государственный деятель и ученый. В 1865 г. появилась новая и полная биография Франклина. (Partton. Life and time of B. Franklin). Толстой высоко ценил «Записки» Франклина и рекомендовал их для народного издания (см. письмо к В. Г. Черткову; т. 86, с. 11). В молодости Толстой вел «франклиновский журнал» – дневник, в котором в целях самосовершенствования разбирал свои недостатки.

Приказчик, ездивший к купцу, приехал и привез часть денег за пшеницу. Условие с дворником было сделано, и по дороге приказчик узнал, что хлеб везде застоял в поле, так что неубранные свои сто шестьдесят копен было ничто в сравнении с тем, что было у других.

Пообедав, Левин сел, как и обыкновенно, с книгой на кресло и, читая, продолжал думать о своей предстоящей поездке в связи с книгою. Нынче ему особенно ясно представлялось все значение его дела, и само собою складывались в его уме целые периоды, выражающие сущность его мыслей. «Это надо записать, – подумал он. – Это должно составить краткое введение, которое я, прежде считал ненужным». Он встал, чтобы идти к письменному столу, и Ласка, лежавшая у его ног, потягиваясь, тоже встала и оглядывалась на него, как бы спрашивая, куда идти. Но записывать было некогда, потому что пришли начальники к наряду, и Левин вышел к ним в переднюю.

После наряда, то есть распоряжений по работам завтрашнего дня, и приема всех мужиков, имевших до него дела, Левин пошел в кабинет и сел за работу. Ласка легла под стол; Агафья Михайловна с чулком уселась на своем месте.

Пописав несколько времени, Левин вдруг с необыкновенною живостью вспомнил Кити, ее отказ и последнюю встречу. Он встал и начал ходить по комнате.

– Да нечего скучать, – сказала ему Агафья Михайловна. – Ну, что вы сидите дома? Ехали бы на теплые воды, благо собрались.

– Я и то еду послезавтра, Агафья Михайловна. Надо дело кончить.

– Ну, какое ваше дело! Мало вы разве и так мужиков наградили! И то говорят: ваш барин от царя за то милость получит. И чудно: что вам о мужиках заботиться?

– Я не о них забочусь, я для себя делаю.

Агафья Михайловна знала все подробности хозяйственных планов Левина. Левин часто со всеми тонкостями излагал ей свои мысли и нередко спорил с нею и не соглашался с ее объяснениями. Но теперь она совсем иначе поняла то, что он сказал ей.

– О своей душе, известное дело, пуще всего думать надо, – сказала она со вздохом. – Вон Парфен Денисыч, даром что неграмотный был, а так помер, что дай бог всякому, – сказала она про недавно умершего дворового. – Причастили, особоровали.

– Я не про то говорю, – сказал он. – Я говорю, что я для своей выгоды делаю. Мне выгоднее, если мужики лучше работают.

– Да уже вы как ни делайте, он коли лентяй, так все будет чрез пень колоду валить. Если совесть есть, будет работать, а нет – ничего не сделаешь.

– Ну да, ведь вы сами говорите, Иван лучше стал за скотиной ходить.

– Я одно говорю, – ответила Агафья Михайловна, очевидно не случайно, но со строгою последовательностью мысли, – жениться вам надо, вот что!

Упоминание Агафьи Михайловны о том самом, о чем он только что думал, огорчило и оскорбило его. Левин нахмурился и, не отвечая ей, сел опять за свою работу, повторив себе все то, что он думал о значении этой работы. Изредка только он прислушивался в тишине к звуку спиц Агафьи Михайловны и, вспоминая то, о чем он не хотел вспоминать, опять морщился.

В девять часов послышался колокольчик и глухое колебание кузова по грязи.

– Ну, вот вам и гости приехали, не скучно будет, сказала Агафья Михайловна, вставая и направляясь к двери. Но Левин перегнал ее. Работа его не шла теперь, и он был рад какому бы то ни было гостю.

XXXI

Сбежав до половины лестницы, Левин услыхал в передней знакомый ему звук покашливанья; но он слышал его неясно из-за звука своих шагов и надеялся, что он ошибся; потом он увидал и всю длинную, костлявую знакомую фигуру, и, казалось, уже нельзя было обманываться, но все еще надеялся, что он ошибается и что этот длинный человек, снимавший шубу и откашливавшийся, был не брат Николай.

Левин любил своего брата, но быть с ним вместе всегда было мученье. Теперь же, когда Левин, под влиянием пришедшей ему мысли и напоминания Агафьи Михайловны, был в неясном, запутанном состоянии, ему предстоящее свидание с братом показалось особенно тяжелым. Вместо того веселого, здорового, чужого, который, он надеялся, развлечет его в его душевной неясности, он должен был видеться с братом, который понимает его насквозь, который вызовет в нем все самые задушевные мысли, заставит его высказаться вполне. А этого ему не хотелось.

Сердясь на самого себя за это гадкое чувство, Левин сбежал в переднюю. Как только он вблизи увидал брата, это чувство личного разочарования тотчас же исчезло и заменилось жалостью. Как ни страшен был брат Николай своей худобой и болезненностью прежде, теперь он еще похудел, еще изнемог. Это был скелет, покрытый кожей.

Он стоял в передней, дергаясь длинною, худою шеей и срывая с нее шарф, и странно жалостно улыбался. Увидав эту улыбку, смиренную и покорную, Левин почувствовал, что судороги сжимают ему горло.

– Вот, я приехал к тебе, – сказал Николай глухим голосом, ни на секунду не спуская глаз с лица брата. – Я давно хотел, да все нездоровилось.

Теперь же я очень поправился, - говорил он, обтирая свою бороду большими худыми ладонями.

- Да, да! - отвечал Левин. И ему стало еще страшнее когда он, целуясь, почувствовал губами сухость тела брата и увидал вблизи его большие, странно светящиеся глаза.

За несколько недель пред этим Левин писал брату, что по продаже той маленькой части, которая оставалась у них неделенною в доме, брат имел получить теперь свою долю, около двух тысяч рублей.

Николай сказал, что он приехал теперь получить эти деньги и, главное, побывать в своем гнезде, дотронуться до земли, чтобы набраться, как богатыри, силы для предстоящей деятельности. Несмотря на увеличившуюся сутулость, несмотря на поразительную с его ростом худобу, движения его, как и обыкновенно, были быстры и порывисты. Левин провел его в кабинет.

Брат переоделся особенно старательно, чего прежде не бывало, причесал свои редкие прямые волосы и, улыбаясь, вошел наверх.

Он был в самом ласковой и веселом духе, каким в детстве его часто помнил Левин. Он упомянул даже и о Сергее Ивановиче без злобы. Увидав Агафью Михайловну он пошутил с ней и расспрашивал про старых слуг. Известие о смерти Парфена Денисыча неприятно подействовало на него. На лице его выразился испуг; но он тотчас же оправился.

- Ведь он уж стар был, - сказал он и переменил разговор. - Да, вот поживу у тебя месяц, два, а потом в Москву. Ты знаешь, мне Мягков обещал место, и я поступаю на службу. Теперь я устрою свою жизнь совсем иначе, - продолжал он. - Ты знаешь, я удалил эту женщину.

- Марью Николаевну? Как, за что же?

- Ах, она гадкая женщина! Кучу неприятностей мне сделала. - Но он не рассказал, какие были эти неприятности. Он не мог сказать, что он прогнал Марью Николаевну за то, что чай был слаб, главное же за то, что она ухаживала за ним, как за больным. - Потом вообще теперь я хочу совсем переменить жизнь. Я, разумеется, как и все, делал глупости, но состояние - последнее дело, я его не жалею. Было бы здоровье, а здоровье, слава богу, поправилось.

Левин слушал и придумывал и не мог придумать, что сказать. Вероятно, Николай почувствовал то же; он стал расспрашивать брата о делах его; и Левин был рад говорить о себе, потому что он мог говорить не притворяясь. Он рассказал брату свои планы и действия.

Брат слушал, но, очевидно, не интересовался этим.

Эти два человека были так родны и близки друг другу, что малейшее движение, тон голоса говорил для обоих больше, чем все, что можно сказать словами.

Теперь у них обоих была одна мысль – болезнь и близкость смерти Николая, подавлявшая все остальное. Но ни тот, ни другой не смели говорить о ней, и потому все, что бы они ни говорили, не выразив того, что одно занимало их, – все было ложь. Никогда Левин не был так рад тому, что кончился вечер и надо было идти спать. Никогда ни с каким посторонним, ни на каком официальном визите он не был так ненатурален и фальшив, как он был нынче. И сознание и раскаяние в этой ненатуральности делало его еще более ненатуральным. Ему хотелось плакать над своим умирающим любимым братом, и он должен был слушать и поддерживать разговор о том, как он будет жить.

Так как в доме было сыро и одна только комната топлена, то Левин уложил брата спать в своей же спальне за перегородкой.

Брат лег и – спал или не спал, но, как больной, ворочался, кашлял и когда не мог откашляться, что-то ворчал. Иногда, когда он тяжело вздыхал, он говорил: «Ах, боже мой!» Иногда, когда мокрота душила его, он с досадой выговаривал: «А! черт!» Левин долго не спал, слушая его. Мысли Левина были самые разнообразные, но конец всех мыслей был один: смерть.

Смерть, неизбежный конец всего, в первый раз с неотразимою силой представилась ему. И смерть эта, которая тут, в этом любимом брате, спросонков стонущем и безразлично по привычке призывавшем то бога, то черта, была совсем не так далека, как ему прежде казалось. Она была и в нем самом – он это чувствовал. Не нынче, так завтра, не завтра, так через тридцать лет, разве не все равно? А что такое была эта неизбежная смерть, – он не только не знал, не только никогда и не думал об этом, но не умел и не смел думать об этом.

«Я работаю, я хочу сделать что-то, а я и забыл, что все кончится, что – смерть».

Он сидел на кровати в темноте, скорчившись и обняв свои колени, и, сдерживая дыхание от напряжения мысли, думал. Но чем более он напрягал мысль, тем только яснее ему становилось, что это несомненно так, что действительно он забыл, просмотрел в жизни одно маленькое обстоятельство – то, что придет смерть и все кончится, что ничего и не стоило начинать и что помочь этому никак нельзя. Да, это ужасно, но это так.

«Да ведь я жив еще. Теперь-то что же делать, что делать?» – говорил он с отчаянием. Он зажег свечу и осторожно встал и пошел к зеркалу и стал смотреть свое лицо и волосы. Да, в висках были седые волосы. Он открыл рот. Зубы задние начинали портиться. Он обнажил свои мускулистые руки. Да, силы много. Но и у Николеньки, который там дышит остатками легких, было тоже здоровое тело. И вдруг ему вспомнилось, как они детьми вместе ложились спать и ждали только того, чтобы Федор Богданыч вышел за дверь, чтобы кидать друг в друга подушками и хохотать, хохотать неудержимо, так что даже страх пред Федором Богданычем не мог остановить это через край бившее и пенящееся сознание счастья жизни «А теперь эта скривившаяся пустая грудь… и я, не знающий, зачем и что со мной будет…»

– Кха! Кха! А, черт! Что ты возишься, что ты не спишь? – окликнул его голос брата.

– Так, я не знаю, бессонница.

– А я хорошо спал, у меня теперь уже нет пота. Посмотри, пощупай рубашку. Нет пота?

Левин пощупал, ушел за перегородку, потушил свечу, но долго еще не спал. Только что ему немного уяснился вопрос о том, как жить, как представился новый неразрешимый вопрос – смерть.

«Ну, он умирает, ну, он умрет к весне, ну, как помочь ему? Что я могу сказать ему? Что я знаю про это? Я и забыл, что это есть».

XXXII

Левин уже давно сделал замечание, что когда с людьми бывает неловко от их излишней уступчивости, покорности, то очень скоро сделается невыносимо от их излишней требовательности и придирчивости. Он чувствовал, что это случится и с братом. И действительно, кротости брата Николая хватило ненадолго. Он с другого же утра стал раздражителен и старательно придирался к брату, затрогивая его за самые больные места.

Левин чувствовал себя виноватым и не мог поправить этого. Он чувствовал, что если б они оба не притворялись, а говорили то, что называется говорить по душе, то есть только то, что они точно думают и чувствуют, то они только бы смотрели в глаза друг другу, и Константин только бы говорил: «Ты умрешь, ты умрешь, ты умрешь!» – а Николаи только бы отвечал: «Знаю, что умру; но боюсь, боюсь, боюсь!» И больше бы ничего они не говорили, если бы говорили только по душе. Но этак нельзя было жить, и потому Константин пытался делать то, что он всю жизнь пытался и не умел делать, и то, что по его наблюдению, многие так хорошо умели делать и без чего нельзя жить: он пытался говорить не то, что думал, и постоянно чувствовал, что это выходило фальшиво, что брат его ловит на этом и раздражается этим.

На третий день Николай вызвал брата высказать опять ему свой план и стал не только осуждать его, но стал умышленно смешивать его с коммунизмом.

– Ты только взял чужую мысль, но изуродовал ее и хочешь прилагать к неприложимому.

– Да я тебе говорю, что это не имеет ничего общего. Они отвергают справедливость собственности, капитала, наследственности, а я, не отрицая этого главного *стимула* (Левину было противно самому, что он употреблял такие слова, но с тех пор, как он увлекся своею работой, он невольно стал чаще и чаще употреблять нерусские слова), хочу только регулировать труд.

– То-то и есть, ты взял чужую мысль, отрезал от нее все, что составляет ее силу, и хочешь уверить, что это что-то новое, – сказал Николай, сердито дергаясь в своем галстуке.

– Да моя мысль не имеет ничего общего…

– Там, – злобно блестя глазами и иронически улыбаясь, говорил Николай Левин, – там по крайней мере есть прелесть, как бы сказать, геометрическая – ясности, несомненности. Может быть, это утопия. Но допустим, что можно сделать изо всего прошедшего tabula rasa:[1] нет собственности, нет семьи, то и труд устроится. Но у тебя ничего нет…

– Зачем ты смешиваешь? я никогда не был коммунистом.

– А я был и нахожу, что это преждевременно, но разумно и имеет будущность, как христианство в первые века.

– Я только полагаю, что рабочую силу надо рассматривать с естествоиспытательской точки зрения, то есть изучить ее, признать ее свойства и…

– Да это совершенно напрасно. Эта сила сама находит, по степени своего развития, известный образ деятельности. Везде были рабы, потом metayers;[2] и у нас есть испольная работа, есть аренда, есть батрацкая работа, – чего ж ты ищешь?

Левин вдруг разгорячился при этих словах, потому что в глубине души он боялся, что это было правда, – правда то, что он хотел балансировать между коммунизмом и определенными формами и что это едва ли было возможно.

– Я ищу средства работать производительно и для себя и для рабочего. Я хочу устроить… – отвечал он горячо.

– Ничего ты не хочешь устроить; просто, как ты всю жизнь жил, тебе хочется оригинальничать, показать, что ты не просто эксплуатируешь мужиков, а с идеею.

– Ну, ты так думаешь, – и оставь! – отвечал Левин, чувствуя, что мускул левой щеки его неудержимо прыгает.

---

[1] Чистую доску, то есть стереть все прошлое (*лат.*).

[2] Арендаторы (*англ.*).

- Ты не имел и не имеешь убеждений, а тебе только бы утешать свое самолюбие.

- Ну, и прекрасно, и оставь меня!

- И оставлю! И давно пора, и убирайся ты к черту! И очень жалею, что приехал!

Как ни старался потом Левин успокоить брата, Николай ничего не хотел слышать, говорил, что гораздо лучше разъехаться, и Константин видел, что просто брату невыносима стала жизнь.

Николай уже совсем собрался уезжать, когда Константин опять пришел к нему и ненатурально просил извинить, если чем-нибудь оскорбил его.

- А, великодушие! - сказал Николай и улыбнулся. - Если тебе хочется быть правым, то могу доставить тебе это удовольствие. Ты прав, но я все-таки уеду!

Пред самым только отъездом Николай поцеловался с ним и сказал, вдруг странно серьезно взглянув на брата:

- Все-таки не поминай меня лихом, Костя! - И голос его дрогнул.

Это были единственные слова, которые были сказаны искренно. Левин понял, что под этими словами подразумевалось: «Ты видишь и знаешь, что я плох, и, может быть, мы больше не увидимся». Левин понял это, и слезы брызнули у него из глаз. Он еще раз поцеловал брата, но ничего не мог и не умел сказать ему.

На третий день после отъезда брата и Левин уехал за границу. Встретившись на железной дороге с Щербацким, двоюродным братом Кити, Левин очень удивил его своею мрачностью.

- Что с тобой? - спросил его Щербацкий.

- Да ничего, так, веселого на свете мало.

- Как мало? вот поедем со мной в Париж вместо какого-то Мюлуза. Посмотрите, как весело!

- Нет, уж я кончил. Мне умирать пора.

- Вот так штука! - смеясь, сказал Щербацкий. - Я только приготовился начинать.

- Да и я так думал недавно, но теперь я знаю, что скоро умру.

Левин говорил то, что он истинно думал в это последнее время. Он во всем видел только смерть или приближение к ней. Но затеянное им дело тем более занимало его. Надо же было как-нибудь доживать жизнь, пока не пришла смерть. Темнота докрывала для него все; но именно вследствие этой темноты он чувствовал, что единственною руководительною нитью в этой темноте было его дело, и он из последних сил ухватился и держался за него.

ЧАСТЬ ЧЕТВЕРТАЯ

I

Каренины, муж и жена, продолжали жить в одном доме, встречались каждый день, но были совершенно чужды друг другу. Алексей Александрович за правило поставил каждый день видеть жену, для того чтобы прислуга не имела права делать предположения, но избегал обедов дома. Вронский никогда не бывал в доме Алексея Александровича, но Анна видала его вне дома, и муж знал это.

Положение было мучительно для всех троих, и ни один из них не в силах был бы прожить и одного дня в этом положении, если бы не ожидал, что оно изменится и что это только временное горестное затруднение, которое пройдет. Алексей Александрович ждал, что страсть эта пройдет, как и все проходит, что все про это забудут и имя его останется неопозоренным. Анна, от которой зависело это положение и для которой оно было мучительнее всех, переносила его потому, что она не только ждала, но твердо была уверена, что все это очень скоро развяжется и уяснится. Она решительно не знала, чтó развяжет это положение, но твердо была уверена, что это что-то придет теперь очень скоро. Вронский, невольно подчиняясь ей, тоже ожидал чего-то независимого от него, долженствовавшего разъяснить все затруднения.

В средине зимы Вронский провел очень скучную неделю. Он был приставлен к приехавшему в Петербург иностранному принцу[1] и должен был показывать ему достопримечательности Петербурга. Вронский сам был представителен, кроме того, обладал искусством держать себя достойно-почтительно и имел привычку в обращении с такими лицами; потому он и был приставлен к принцу. Но обязанность его показалась ему очень тяжела. Принц желал ничего не упустить такого, про что дома у него спросят, видел ли он это в России; да и сам желал воспользоваться, сколько возможно, русскими удовольствиями. Вронский обязан был руководить его в том и в

---

[1] *Он был приставлен к приехавшему в Петербург иностранному принцу.* – В 1874 г. в Петербурге гостили принцы из Германии, Англии и Дании. Это было вызвано торжествами по случаю бракосочетания принца Альфреда Эдинбургского и Марии Александровны, дочери царя Александра II (см. «Московские ведомости», 1874, январь – февраль).

другом. По утрам они ездили осматривать достопримечательности, по вечерам участвовали в национальных удовольствиях. Принц пользовался необыкновенным даже между принцами здоровьем; и гимнастикой и хорошим уходом за своим телом он довел себя до такой силы, что, несмотря на излишества, которым он предавался в удовольствиях, он был свеж, как большой зеленый глянцевитый голландский огурец. Принц много путешествовал и находил, что одна из главных выгод теперешней легкости путей сообщения состоит в доступности национальных удовольствий. Он был в Испании и там давал серенады и сблизился с испанкой, игравшей на мандолине. В Швейцарии убил *гемза*. [1] В Англии скакал в красном фраке через заборы и на пари убил двести фазанов. В Турции был в гареме, в Индии ездил на слоне и теперь в России желал вкусить всех специально русских удовольствий.

Вронскому, бывшему при нем как бы главным церемониймейстером, большого труда стоило распределять все предлагаемые принцу различными лицами русские удовольствия. Были и рысаки, и блины, и медвежьи охоты, и тройки, и цыгане, и кутежи с русским битьем посуды. И принц с чрезвычайною легкостью усвоил себе русский дух, бил подносы с посудой, сажал на колени цыганку и, казалось, спрашивал: что же еще, или только в этом и состоит весь русский дух?

В сущности, из всех русских удовольствий более всего нравились принцу французские актрисы, балетная танцовщица и шампанское с белою печатью. Вронский имел привычку к принцам, но, – оттого ли, что он сам в последнее время переменился, или от слишком большой близости с этим принцем, – эта неделя показалась ему страшно тяжела. Он всю эту неделю не переставая испытывал чувство, подобное чувству человека, который был бы приставлен к опасному сумасшедшему, боялся бы сумасшедшего и вместе, по близости к нему, боялся бы и за свой ум. Вронский постоянно чувствовал необходимость ни на секунду не ослаблять тона строгой официальной почтительности, чтобы не быть оскорбленным. Манера обращения принца с теми самыми лицами, которые, к удивлению Вронского, из кожи вон лезли, чтобы доставлять ему русские удовольствия, была презрительна. Его суждения о русских женщинах, которых он желал изучать, не раз заставляли Вронского краснеть от негодования. Главная же причина, почему принц был особенно тяжел Вронскому, была та, что он невольно видел в нем себя самого. И то, что он видел в этом зеркале, не льстило его самолюбию. Это был очень глупый, и очень самоуверенный, и очень здоровый, и очень чистоплотный человек, и больше ничего. Он был джентльмен – это была правда, и Вронский не мог отрицать этого. Он был ровен и неискателен с

---

[1] *В Швейцарии убил гемза.* – Гемзе (*нем.* Gemse) – европейская лань, серна, редкое животное Швейцарских Альп.

высшими, был свободен и прост в обращении с равными и был презрительно-добродушен с низшими. Вронский сам был таковым и считал это большим достоинством; но в отношении принца он был низший, и это презрительно-добродушное отношение к нему возмущало его.

«Глупая говядина! Неужели я такой?» – думал он. Как бы то ни было, когда он простился с ним на седьмой день, пред отъездом его в Москву, и получил благодарность, он был счастлив, что избавился от этого неловкого положения и неприятного зеркала. Он простился с ним на станции, возвращаясь с медвежьей охоты, где всю ночь у них было представление русского молодечества.

II

Вернувшись домой, Вронский нашел у себя записку от Анны. Она писала: «Я больна и несчастлива. Я не могу выезжать, но не могу долее не видать вас. Приезжайте вечером. В семь часов Алексей Александрович едет на совет и пробудет до десяти». Подумав с минуту о странности того, что она зовет его прямо к себе, несмотря на требование мужа не принимать его, он решил, что поедет.

Вронский был в эту зиму произведен в полковники, вышел из полка и жил один. Позавтракав, он тотчас же лег на диван, и в пять минут воспоминания безобразных сцен, виденных им в последние дни, перепутались и связались с представлением об Анне и мужике-обкладчике, который играл важную роль на медвежьей охоте; и Вронский заснул. Он проснулся в темноте, дрожа от страха, и поспешно зажег свечу. «Что такое? Что? Что такое страшное я видел во сне? Да, да. Мужик-обкладчик, кажется, маленький, грязный, со взъерошенной бородкой, что-то делал нагнувшись и вдруг заговорил по-французски какие-то странные слова. Да, больше ничего не было во сне, – сказал он себе. – Но отчего же это было так ужасно?» Он живо вспомнил опять мужика и те непонятные французские слова, которые произносил этот мужик, и ужас пробежал холодом по его спине.

«Что за вздор!» – подумал Вронский и взглянул на часы.

Было уже половина девятого. Он позвонил человека, поспешно оделся и вышел на крыльцо, совершенно забыв про сон и мучась только тем, что опоздал. Подъезжая к крыльцу Карениных, он взглянул на часы и увидал, что было без десяти минут девять. Высокая, узенькая карета, запряженная парой серых, стояла у подъезда. Он узнал карету Анны. «Она едет ко мне, –

подумал Вронский, – и лучше бы было. Неприятно мне входить в этот дом. Но все равно; я не могу прятаться», – сказал он себе, и с теми, усвоенными им с детства, приемами человека, которому нечего стыдиться, Вронский вышел из саней и подошел к двери. Дверь отворилась, и швейцар с пледом на руке подозвал карету. Вронский, не привыкший замечать подробности, заметил, однако, теперь удивленное выражение, с которым швейцар взглянул на него. В самых дверях Вронский почти столкнулся с Алексеем Александровичем. Рожок газа прямо освещал бескровное, осунувшееся лицо под черною шляпой и белый галстук, блестевший из-за бобра пальто. Неподвижные, тусклые глаза Каренина устремились на лицо Вронского. Вронский поклонился, и Алексей Александрович, пожевав ртом, поднял руку к шляпе и прошел. Вронский видел, как он, не оглядываясь, сел в карету, принял в окно плед и бинокль и скрылся. Вронский вошел в переднюю. Брови его были нахмурены, и глаза блестели злым и гордым блеском.

«Вот положение! – думал он. – Если б он боролся, отстаивал свою честь, я бы мог действовать, выразить свои чувства; но эта слабость или подлость… Он ставит меня в положение обманщика, тогда как я не хотел и не хочу этим быть».

Со времени своего объяснения с Анной в саду Вреде мысли Вронского много изменились. Он невольно, покоряясь слабости Анны, которая отдавалась ему вся и ожидала только от него решения ее судьбы, вперед покоряясь всему, давно перестал думать, чтобы связь эта могла кончиться, как он думал тогда. Честолюбивые планы его опять отступили на задний план, и он, чувствуя, что вышел из того круга деятельности, в котором все было определено, отдавался весь своему чувству, и чувство это все сильнее и сильнее привязывало его к ней.

Еще в передней он услыхал ее удаляющиеся шаги. Он понял, что она ждала его, прислушивалась и теперь вернулась в гостиную.

– Нет! – вскрикнула она, увидав его, и при первом звуке ее голоса слезы вступили ей в глаза, – нет, если это так будет продолжаться, то это случится еще гораздо, гораздо прежде!

– Что, мой друг?

– Что? Я жду, мучаюсь, час, два… Нет, я не буду!.. Я не могу ссориться с тобой. Верно, ты не мог. Нет, не буду!

Она положила обе руки на его плечи и долго смотрела на него глубоким, восторженным и вместе испытующим взглядом. Она изучала его лицо за то время, которое она не видала его. Она, как и при всяком свидании, сводила в одно свое воображаемое представление о нем (несравненно лучшее, невозможное в действительности) с ним, каким он был.

III

— Ты встретил его? — спросила она, когда они сели у стола под лампой. — Вот тебе наказание за то, что опоздал.

— Да, но как же? Он должен был быть в совете?

— Он был и вернулся и опять поехал куда-то. Но это ничего. Не говори про это. Где ты был? Все с принцем?

Она знала все подробности его жизни. Он хотел сказать, что не спал всю ночь и заснул, но, глядя на ее взволнованное и счастливое лицо, ему совестно стало. И он сказал, что ему надо было ехать дать отчет об отъезде принца.

— Но теперь кончилось? Он уехал?

— Слава богу, кончилось. Ты не поверишь, как мне невыносимо было это.

— Отчего ж? Ведь это всегдашняя жизнь вас всех, молодых мужчин, — сказала она, насупив брови, и, взявшись за вязанье, которое лежало на столе, стала, не глядя на Вронского, выпрастывать из него крючок.

— Я уже давно оставил эту жизнь, — сказал он, удивляясь перемене выражения ее лица и стараясь проникнуть его значение. — И признаюсь, — сказал он, улыбкой выставляя свои плотные белые зубы, — я в эту неделю как в зеркало смотрелся, глядя на эту жизнь, и мне неприятно было.

Она держала в руках вязанье, но не вязала, а смотрела на него странным, блестящим и недружелюбным взглядом.

— Нынче утром Лиза заезжала ко мне — они еще не боятся ездить ко мне, несмотря на графиню Лидию Ивановну, — вставила она, — и рассказывала про ваш афинский вечер. Какая гадость!

— Я только хотел сказать, что…

Она перебила его:

— Эта Thérèse была, которую ты знал прежде?

— Я хотел сказать…

— Как вы гадки, мужчины! Как вы не можете себе представить, что женщина этого не может забыть, — говорила она, горячась все более и более и этим открывая ему причину своего раздражения. — Особенно женщина, которая не может знать твоей жизни. Что я знаю? что я знала? — говорила она, — то, что ты скажешь мне. А почем я знаю, правду ли ты говорил мне…

— Анна! Ты оскорбляешь меня. Разве ты не веришь мне? Разве я не сказал тебе, что у меня нет мысли, которую бы я не открыл тебе?

— Да, да, — сказала она, видимо стараясь отогнать ревнивые мысли. — Но если бы ты знал, как мне тяжело! Я верю, верю тебе… Так что ты говорил?

Но он не мог сразу вспомнить того, что он хотел сказать. Эти припадки ревности, в последнее время все чаще и чаще находившие на нее, ужасали его и, как он ни старался скрывать это, охлаждали его к ней, несмотря на то, что он знал, что причина ревности была любовь к нему. Сколько раз он говорил себе, что ее любовь была счастье; и вот она любила его, как может любить женщина, для которой любовь перевесила все блага в жизни, – и он был гораздо дальше от счастья, чем когда он поехал за ней из Москвы. Тогда он считал себя несчастливым, но счастье было впереди; теперь он чувствовал, что лучшее счастье было уже назади. Она была совсем не та, какою он видел ее первое время. И нравственно и физически она изменилась к худшему. Она вся расширела, и в лице ее, в то время как она говорила об актрисе, было злое, искажавшее ее лицо выражение. Он смотрел на нее, как смотрит человек на сорванный им и завядший цветок, в котором он с трудом узнает красоту, за которую он сорвал и погубил его. И, несмотря на то, он чувствовал, что тогда, когда любовь его была сильнее, он мог, если бы сильно захотел этого, вырвать эту любовь из своего сердца, но теперь, когда, как в эту минуту, ему казалось, что он не чувствовал любви к ней, он знал, что связь его с ней не может быть разорвана.

– Ну, ну, так что ты хотел сказать мне про принца? Я прогнала, прогнала беса, – прибавила она. Бесом называлась между ними ревность. – Да, так что ты начал говорить о принце? Почему тебе так тяжело было?

– Ах, невыносимо! – сказал он, стараясь уловить нить потерянной мысли. – Он не выигрывает от близкого знакомства. Если определить его, то это прекрасно выкормленное животное, какие на выставках получают первые медали, и больше ничего, – говорил он с досадой, заинтересовавшею ее.

– Нет, как же? – возразила она. – Все-таки он многое видел, образован?

– Это совсем другое образование – их образование. Он, видно, что и образован только для того, чтобы иметь право презирать образование, как они все презирают, кроме животных удовольствий.

– Да ведь вы все любите эти животные удовольствия, – сказала она, и опять он заметил мрачный взгляд, который избегал его.

– Что это ты так защищаешь его? – сказал он, улыбаясь.

– Я не защищаю, мне совершенно все равно; но я думаю, что если бы ты сам не любил этих удовольствии, то ты мог бы отказаться. А тебе доставляет удовольствие смотреть на Терезу в костюме Евы…

– Опять, опять дьявол! – взяв руку, которую она положила на стол, и целуя ее, сказал Вронский.

– Да, но я не могу! Ты не знаешь, как я измучалась, ожидая тебя! Я думаю, что я не ревнива. Я не ревнива; я верю тебе, когда ты тут, со мной; но когда ты где-то один ведешь свою непонятную мне жизнь…

Она отклонилась от него, выпростала, наконец, крючок из вязанья, и быстро, с помощью указательного пальца, стали накидываться одна за другой петли белой, блестевшей под светом лампы шерсти, и быстро, нервически стала поворачиваться тонкая кисть в шитом рукавчике.

— Ну как же? где ты встретил Алексея Александровича? — вдруг ненатурально зазвенел ее голос.

— Мы столкнулись в дверях.

— И он так поклонился тебе?

Она, вытянув лицо и полузакрыв глаза, быстро изменила выражение лица, сложила руки, и Вронский в ее красивом лице вдруг увидал то самое выражение лица, с которым поклонился ему Алексей Александрович. Он улыбнулся, а она весело засмеялась тем милым грудным смехом, который был одною из главных ее прелестей.

— Я решительно не понимаю его, — сказал Вронский. — Если бы после твоего объяснения на даче он разорвал с тобой, если б он вызвал меня на дуэль… но этого я не понимаю: как он может переносить такое положение? Он страдает, это видно.

— Он? — с усмешкой сказала она. — Он совершенно доволен.

— За что мы все мучаемся, когда все могло бы быть так хорошо?

— Только не он. Разве я не знаю его, эту ложь, которою он весь пропитан?.. Разве можно, чувствуя что-нибудь, жить, как он живет со мной? Он ничего не понимает, не чувствует. Разве может человек, который что-нибудь чувствует, жить с своею *преступною* женой в одном доме? Разве можно говорить с ней? Говорить ей *ты?*

И опять невольно она представила его. «Ты, ma chère, ты, Анна!»

— Это не мужчина, не человек, это кукла! Никто не знает, но я знаю. О, если бы я была на его месте, если бы кто-нибудь был на его месте, я бы давно убила, я бы разорвала на куски эту жену, такую, как я, а не говорила бы: ma chère, Анна. Это не человек, это министерская машина. Он не понимает, что я твоя жена, что он чужой, что он *лишний*… Не будем, не будем говорить!..

— Ты *не* права и *не* права, мой друг, — сказал Вронский, стараясь успокоить ее. — Но все равно, не будем о нем говорить. Расскажи мне, что ты делала? Что с тобой? Что такое эта болезнь и что сказал доктор?

Она смотрела на него с насмешливою радостью. Видимо, она нашла еще смешные и уродливые стороны в муже и ждала времени, чтоб их высказать.

Он продолжал:

— Я догадываюсь, что это не болезнь, а твое положение. Когда это будет?

Насмешливый блеск потух в ее глазах, но другая улыбка - знания чего-то неизвестного ему и тихой грусти - заменила ее прежнее выражение.

- Скоро, скоро. Ты говорил, что наше положение мучительно, что надо развязать его. Если бы ты знал, как мне оно тяжело, что бы я дала за то, чтобы свободно и смело любить тебя! Я бы не мучалась и тебя не мучала бы своею ревностью... И это будет скоро, но не так, как мы думаем.

И при мысли о том, как это будет, она так показалась жалка самой себе, что слезы выступили ей на глаза, и она не могла продолжать. Она положила блестящую под лампой кольцами и белизной руку на его рукав.

- Это не будет так, как мы думаем. Я не хотела тебе говорить этого, но ты заставил меня. Скоро, скоро все развяжется, и мы все, все успокоимся и не будем больше мучаться.

- Я не понимаю, - сказал он, понимая.

- Ты спрашивал, когда? Скоро. И я не переживу этого. Не перебивай! - И она заторопилась говорить. - Я знаю это, и знаю верно. Я умру, и очень рада, что умру и избавлю себя и вас.

Слезы потекли у нее из глаз; он нагнулся к ее руке и стал целовать, стараясь скрыть свое волнение, которое, он знал, не имело никакого основания, но он не мог преодолеть его.

- Вот так, вот это лучше, - говорила она, пожимая сильным движением его руку. - Вот одно, одно, что нам осталось.

Он опомнился и поднял голову.

- Что за вздор! Что за бессмысленный вздор ты говоришь!

- Нет, это правда.

- Что, что правда?

- Что я умру. Я видела сон.

- Сон? - повторил Вронский и мгновенно вспомнил своего мужика во сне.

- Да, сон, - сказала она. - Давно уж я видела этот сон. - Я видела, что я вбежала в свою спальню, что мне нужно там взять что-то, узнать что-то; ты знаешь, как это бывает во сне, - говорила она, с ужасом широко открывая глаза, - и в спальне, в углу стоит что-то.

- Ах, какой вздор! Как можно верить...

Но она не позволила себя перебить. То, что она говорила, было слишком важно для нее.

- И это что-то повернулось, и я вижу, что это мужик маленький с взъерошенною бородой и страшный. Я хотела бежать, но он нагнулся над мешком и руками что-то копошится там...

Она представила, как он копошится в мешке. Ужас был на ее лице. И Вронский, вспоминая свой сон, чувствовал такой же ужас, наполнявший его душу.

– Он копошится и приговаривает по-французски, скоро-скоро и, знаешь, грассирует: «Il faut le batre le fer, le broyer, le pétrir...»[1] И я от страха захотела проснуться, проснулась... но я проснулась во сне. И стала спрашивать себя, что это значит. И Корней мне говорит: «Родами, родами умрете, родами, матушка...» И я проснулась...

– Какой вздор, какой вздор! – говорил Вронский, но он сам чувствовал, что не было никакой убедительности в его голосе.

– Но не будем говорить. Позвони, я велю подать чаю. Да подожди, теперь не долго я...

Но вдруг она остановилась. Выражение ее лица мгновенно изменилось. Ужас и волнение вдруг заменились выражением тихого, серьезного и блаженного внимания. Он не мог понять значения этой перемены. Она слышала в себе движение новой жизни.

IV

Алексей Александрович после встречи у себя на крыльце с Вронским поехал, как и намерен был, в итальянскую оперу. Он отсидел там два акта и видел всех, кого ему нужно было. Вернувшись домой, он внимательно осмотрел вешалку и, заметив, что военного пальто не было, по обыкновению, прошел к себе. Но, противно обыкновению, он не лег спать и проходил взад и вперед по своему кабинету до трех часов ночи. Чувство гнева на жену, не хотевшую соблюдать приличий и исполнять единственное поставленное ей условие – не принимать у себя своего любовника, не давало ему покоя. Она не исполнила его требования, и он должен наказать ее и привести в исполнение свою угрозу – требовать развода и отнять сына. Он знал все трудности, связанные с этим делом, но он сказал, что сделает это, и теперь он должен исполнить угрозу. Графиня Лидия Ивановна намекала ему, что это был лучший выход из его положения, и в последнее время практика разводов довела это дело до такого усовершенствования, что Алексей Александрович видел возможность преодолеть формальные трудности. Кроме того, беда одна не ходит, и дела об устройстве инородцев и об орошении полей Зарайской губернии навлекли на Алексея Александровича

---

[1] Надо ковать железо, толочь его, мять... *(фр.)*.

такие неприятности по службе, что он все это последнее время находился в крайнем раздражении.

Он не спал всю ночь, и гнев его, увеличиваясь в какой-то огромной прогрессии, дошел к утру до крайних пределов. Он поспешно оделся и, как бы неся полную чашу гнева и боясь расплескать ее, боясь вместе с гневом утратить энергию, нужную ему для объяснения с женою, вошел к ней, как только узнал, что она встала.

Анна, думавшая, что она так хорошо знает своего мужа, была поражена его видом, когда он вошел к ней. Лоб его был нахмурен, и глаза мрачно смотрели вперед себя, избегая ее взгляда; рот был твердо и презрительно сжат. В походке, в движениях, в звуке голоса его была решительность и твердость, каких жена никогда не видала в нем. Он вошел в комнату и, не поздоровавшись с нею, прямо направился к ее письменному столу и, взяв ключи, отворил ящик.

– Что вам нужно?! – вскрикнула она.

– Письма вашего любовника, – сказал он.

– Их здесь нет, – сказала она, затворяя ящик; но по этому движению он понял, что угадал верно, и, грубо оттолкнув ее руку, быстро схватил портфель[1], в котором он знал, что она клала самые нужные бумаги. Она хотела вырвать портфель, но он оттолкнул ее.

– Сядьте! мне нужно говорить с вами, – сказал он, положив портфель под мышку и так напряженно прижав его локтем, что плечо его поднялось.

Она с удивлением и робостью молча глядела на него.

– Я сказал вам, что не позволю вам принимать вашего любовника у себя.

– Мне нужно было видеть его, чтоб…

Она остановилась, не находя никакой выдумки.

– Я не вхожу в подробности о том, для чего женщине нужно видеть любовника.

– Я хотела, я только… – вспыхнув, сказала она. Эта его грубость раздражила ее и придала ей смелости. – Неужели вы не чувствуете, как вам легко оскорблять меня? – сказала она.

– Оскорблять можно честного человека и честную женщину, но сказать вору, что он вор, есть только la constatation d'un fait[2].

---

[1] *…грубо оттолкнув ее руку, быстро схватил портфель.* – По действующему законодательству, Каренин, как глава семьи, имел право читать корреспонденцию жены и всех своих домашних.

[2] Установление факта *(фр.).*

– Этой новой черты - жестокости я не знала еще в вас.

– Вы называете жестокостью то, что муж предоставляет жене свободу, давая ей честный кров имени только под условием соблюдения приличий. Это жестокость?

– Это хуже жестокости, это подлость, если уже вы хотите знать! - со взрывом злобы вскрикнула Анна и встав, хотела уйти.

– Нет, - закричал он своим писклявым голосом, который поднялся теперь еще нотой выше обыкновенного и, схватив своими большими пальцами ее за руку так сильно, что красные следы остались на ней от браслета, который он прижал, насильно посадил ее на место. - Подлость? Если вы хотите употребить это слово, то подлость это то, чтобы бросить мужа, сына для любовника и есть хлеб мужа!

Она нагнула голову. Она не только не сказала того, что она говорила вчера любовнику, что *он* ее муж, а муж лишний; она и не подумала этого. Она чувствовала всю справедливость его слов и только сказала тихо:

– Вы не можете описать мое положение хуже того, как я сама его понимаю, но зачем вы говорите все это?

– Зачем я говорю это? зачем? - продолжал он так же гневно. - Чтобы вы знали, что, так как вы не исполнили моей воли относительно соблюдения приличий, я приму меры, чтобы положение это кончилось.

– Скоро, скоро оно кончится и так, - проговорила она, и опять слезы при мысли о близкой, теперь желаемой смерти выступили ей на глаза.

– Оно кончится скорее, чем вы придумали с своим любовником! Вам нужно удовлетворение животной страсти...

– Алексей Александрович! Я не говорю, что это невеликодушно, но это непорядочно - бить лежачего.

– Да, вы только себя помните, но страдания человека, который был вашим мужем, вам не интересны. Вам все равно, что вся жизнь его рушилась, что он пеле... педе... пелестрадал.

Алексей Александрович говорил так скоро, что он запутался и никак не мог выговорить этого слова. Он выговорил его под конец *пелестрадал*. Ей стало смешно и тотчас стыдно за то, что ей могло быть что-нибудь смешно в такую минуту. И в первый раз она на мгновение почувствовала за него, перенеслась в него, и ей жалко стало его. Но что ж она могла сказать или сделать? Она опустила голову и молчала. Он тоже помолчал несколько времени и заговорил потом уже менее писклявым, холодным голосом, подчеркивая произвольно избранные, не имеющие никакой особенной важности слова.

– Я пришел вам сказать... - сказал он...

Она взглянула на него. «Нет, это мне показалось, - подумала она, вспоминая выражение его лица, когда он запутался на слове *пелестрадал,* - нет, разве может человек с этими мутными глазами, с этим самодовольным спокойствием чувствовать что-нибудь?»

- Я не могу ничего изменить, - прошептала она.

- Я пришел вам сказать, что я завтра уезжаю в Москву и не вернусь более в этот дом, и вы будете иметь известие о моем решении чрез адвоката, которому я поручу дело развода. Сын же мой переедет к сестре, - сказал Алексей Александрович, с усилием вспоминая то, что он хотел сказать о сыне.

- Вам нужен Сережа, чтобы сделать мне больно, - проговорила она, исподлобья глядя на него. - Вы не любите его... Оставьте Сережу!

- Да, я потерял даже любовь к сыну, потому что с ним связано мое отвращение к вам. Но я все-таки возьму его. Прощайте!

И он хотел уйти, но теперь она задержала его.

- Алексей Александрович, оставьте Сережу! - прошептала она еще раз. - Я более ничего не имею сказать. Оставьте Сережу до моих... Я скоро рожу, оставьте его!

Алексей Александрович вспыхнул и, вырвав у нее руку, вышел молча из комнаты.

V

Приемная комната знаменитого петербургского адвоката была полна, когда Алексей Александрович вошел в нее. Три дамы: старушка, молодая и купчиха, три господина: один - банкир-немец с перстнем на пальце, другой - купец с бородой, и третий - сердитый чиновник в вицмундире, с крестом на шее, очевидно, давно уже ждали. Два помощника писали на столах, скрипя перьями. Письменные принадлежности, до которых Алексей Александрович был охотник, были необыкновенно хороши, Алексей Александрович не мог не заметить этого. Один из помощников, не вставая, прищурившись, сердито обратился к Алексею Александровичу.

- Что вам угодно?

- Я имею дело до адвоката.

- Адвокат занят, - строго отвечал помощник, указывая пером на дожидавшихся, и продолжал писать.

- Не может ли он найти время? - сказал Алексей Александрович.

- У него нет свободного времени, он всегда занят. Извольте подождать.

- Так не потрудитесь ли подать мою карточку, - достойно сказал Алексей Александрович, видя необходимость открыть свое инкогнито.

Помощник взял карточку и, очевидно не одобряя ее содержания, прошел в дверь.

Алексей Александрович сочувствовал гласному суду в принципе, но некоторым подробностям его применения у нас он не вполне сочувствовал, по известным ему высшим служебным отношениям, и осуждал их, насколько он мог осуждать что-либо высочайше утвержденное. Вся жизнь его протекла в административной деятельности, и потому, когда он не сочувствовал чему-либо, то несочувствие его было смягчено признанием необходимости ошибок и возможности исправления в каждом деле. В новых судебных учреждениях он не одобрял тех условий, в которые была поставлена адвокатура.[1] Но он до сих пор не имел дела до адвокатуры и потому не одобрял ее только теоретически; теперь же неодобрение его еще усилилось тем неприятным впечатлением, которое он получил в приемной адвоката.

– Сейчас выйдут, – сказал помощник; и действительно, чрез две минуты в дверях показалась длинная фигура старого правоведа, совещавшегося с адвокатом, и самого адвоката.

Адвокат был маленький, коренастый, плешивый человек с черно-рыжеватою бородой, светлыми длинными бровями и нависшим лбом. Он был наряжен, как жених, от галстука и цепочки двойной до лаковых ботинок. Лицо было умное, мужицкое, а наряд франтовской и дурного вкуса.

– Пожалуйте, – сказал адвокат, обращаясь к Алексею Александровичу. И, мрачно пропустив мимо себя Каренина, он затворил дверь.

– Не угодно ли? – Он указал на кресло у письменного, уложенного бумагами стола и сам сел на председательское место, потирая маленькие ручки с короткими, обросшими белыми волосами пальцами и склонив набок голову. Но только что он успокоился в своей позе, как над столом пролетела моль. Адвокат с быстротой, которой нельзя было ожидать от него, рознял руки, поймал моль и опять принял прежнее положение.

– Прежде чем начать говорить о моем деле, – сказал Алексей Александрович, с удивлением проследив глазами за движением адвоката, –

---

[1] *...он не одобрял тех условий, в которые была поставлена адвокатура.* – Адвокатура в России была учреждена судебной реформой 1864 г. вместе с образованием гласного суда. Адвокат стал видной фигурой общественной жизни, а сама адвокатура – модной и весьма выгодной профессией. «Появляются фигуры иного рода... – отмечал публицист тех лет Е. Марков. – Самоуверенный взгляд; под мышкою изящный портфель, на носу золотой pince-nez. Это – адвокаты <...> Войдемте теперь на квартиру адвоката. Что, попались? Вы видите, какая мебель, бронзы, ковры, картины? Это все для вас, и вы должны заплатить за это. Перешагните в кабинет. Не правда ли, настоящий кабинет министра?» (Е. Марков. Собр. соч., т. I. СПб., 1877, с. 75–76). Каренин в кабинете адвоката – сцена, знаменательная для эпохи.

я должен заметить, что дело, о котором я имею говорить с вами, должно быть тайной.

Чуть заметная улыбка раздвинула рыжеватые нависшие усы адвоката.

- Я бы не был адвокатом, если бы не мог сохранять те тайны, которые вверены мне. Но если вам угодно подтверждение…

Алексей Александрович взглянул в его лицо и увидал, что серые умные глаза смеются и все уж знают.

- Вы знаете мою фамилию? - продолжал Алексей Александрович.

- Знаю вас и вашу полезную, - опять он поймал моль, - деятельность, как и всякий русский, - сказал адвокат, наклонившись.

Алексей Александрович вздохнул, собираясь с духом. Но, раз решившись, он уже продолжал своим пискливым голосом, не робея, не запинаясь и подчеркивая некоторые слова.

- Я имею несчастие, - начал Алексей Александрович, - быть обманутым мужем и желаю законно разорвать сношения с женою, то есть развестись, но притом так, чтобы сын не оставался с матерью.

Серые глаза адвоката старались не смеяться, но они прыгали от неудержимой радости, и Алексей Александрович видел, что тут была не одна радость человека, получающего выгодный заказ, - тут было торжество и восторг, был блеск, похожий на тот зловещий блеск, который он видал в глазах жены.

- Вы желаете моего содействия для совершения развода?

- Именно, но я должен предупредить вас, - сказал Алексей Александрович, - что я рискую злоупотребить вашим вниманием. Я приехал только предварительно посоветоваться с вами. Я желаю развода, но для меня важны формы, при которых он возможен. Очень может быть, что, если формы не совпадут с моими требованиями, я откажусь от законного искания.

- О, это всегда так, - сказал адвокат, - и это всегда в вашей воле.

Адвокат опустил глаза на ноги Алексея Александровича, чувствуя, что они видом своей неудержимой радости могут оскорбить клиента, и посмотрел на моль, пролетевшую пред его носом, и дернулся рукой, но не поймал ее из уважения к положению Алексея Александровича.

- Хотя в общих чертах наши законоположения об этом предмете мне известны, - продолжал Алексей Александрович, - я бы желал знать вообще те формы, в которых на практике совершаются подобного рода дела.

- Вы желаете, - не поднимая глаз, отвечал адвокат, не без удовольствия входя в тон речи своего клиента, - чтобы я изложил вам те пути, по которым возможно исполнение вашего желания.

И на подтвердительное наклонение головы он продолжал, изредка взглядывая только мельком на покрасневшее пятнами лицо Алексея Александровича.

– Развод по нашим законам, – сказал он с легким оттенком неодобрения к нашим законам, – возможен, как вам известно, в следующих случаях… [1] Подождать! – обратился он к высунувшемуся в дверь помощнику, но все-таки встал, сказал несколько слов и сел опять. – В следующих случаях: физические недостатки супругов, затем безвестная пятилетняя отлучка, – сказал он, загнув поросший волосами короткий палец, – затем прелюбодеяние (это слово он произнес с видимым удовольствием). Подразделения следующие (он продолжал загибать свои толстые пальцы, хотя случаи и подразделения, очевидно, не могли быть классифицированы вместе): физические недостатки мужа или жены, затем прелюбодеяние мужа или жены. – Так как все пальцы вышли, он их все разогнул и продолжал: – Это взгляд теоретический, но я полагаю, что вы сделали мне честь обратиться ко мне для того, чтоб узнать практическое приложение. И потому, руководствуясь антецедентами, я должен доложить вам, что случаи разводов все приходят к следующим: физических недостатков нет, как я могу понимать? и также безвестного отсутствия?..

Алексей Александрович утвердительно склонил голову.

– Приходят к следующим: прелюбодеяние одного из супругов и уличение преступной стороны по взаимному соглашению и, помимо такого соглашения, уличение невольное. Должен сказать, что последний случай редко встречается в практике, – сказал адвокат и, мельком взглянув на Алексея Александровича, замолк, как продавец пистолетов, описавший выгоды того и другого оружия и ожидающий выбора своего покупателя. Но Алексей Александрович молчал, и потому адвокат продолжал: – Самое обычное и простое, разумное, я считаю, есть прелюбодеяние по взаимному соглашению. Я бы не позволил себе так выразиться, говоря с человеком неразвитым, – сказал адвокат, – но полагаю, что для вас это понятно.

Алексей Александрович был, однако, так расстроен, что не сразу понял разумность прелюбодеяния по взаимному соглашению и выразил это недоумение в своем взгляде; но адвокат тотчас же помог ему:

---

[1] *Развод по нашим законам… возможен… в следующих случаях…* – Развод в данном случае был возможен. Но Каренин не хотел «уличать» Анну, считая это действием «низким, неблагородным и нехристианским», и не мог принять вину на себя потому что это было, по его понятиям, «обман перед законом Божеским и человеческим» (см. черновики романа; т. 20, с. 267). «…Закон требует таких улик, которых почти невозможно добыть, – писал обозреватель газеты «Голос» о бракоразводных процессах. – Дело обыкновенно улаживается тем, что один из супругов добровольно принимает на себя вину и, ради улик в неверности, устраивает нередко сцены, по циничности своей совершенно неудобные для описания. Способ этот имеет те неудобства, что принявший на себя вину, сверх того, что предается покаянию (покаяние по решению суда – характеристическая особенность нашего законодательства), лишается еще и права вступать в новый брак» («Голос», 1873, № 138).

– Люди не могут более жить вместе – вот факт. И если оба в этом согласны, то подробности и формальности становятся безразличны. А с тем вместе это есть простейшее и вернейшее средство.

Алексей Александрович вполне понял теперь. Но у него были религиозные требования, которые мешали допущению этой меры.

– Это вне вопроса в настоящем случае, – сказал он. – Тут только один случай возможен: уличение невольное, подтвержденное письмами, которые я имею.

При упоминании о письмах адвокат поджал губы и произвел тонкий соболезнующий и презрительный звук.

– Изволите видеть, – начал он. – Дела этого рода решаются, как вам известно, духовным ведомством; отцы же протопопы в делах этого рода большие охотники до мельчайших подробностей, – сказал он с улыбкой, показывающей сочувствие вкусу протопопов. – Письма, без сомнения, могут подтвердить отчасти; но улики должны быть добыты прямым путем, то есть свидетелями. Вообще же, если вы сделаете мне честь удостоить меня своим доверием, предоставьте мне же выбор тех мер, которые должны быть употреблены. Кто хочет результата, тот допускает и средства.

– Если так... – вдруг побледнев, начал Алексей Александрович, но в это время адвокат встал и опять вышел к двери к перебивавшему его помощнику.

– Скажите ей, что мы не на дешевых товарах! – сказал он и возвратился к Алексею Александровичу.

Возвращаясь к месту, он поймал незаметно еще одну моль. «Хорош будет мой трип к лету!» – подумал он хмурясь.

– Итак, вы изволили говорить... – сказал он.

– Я сообщу вам свое решение письменно, – сказал Алексей Александрович, вставая, и взялся за стол. Постояв немного молча, он сказал: – Из слов ваших я могу заключить, следовательно, что совершение развода возможно. Я просил бы вас сообщить мне также, какие ваши условия.

– Возможно все, если вы предоставите мне полную свободу действий, – не отвечая на вопрос, сказал адвокат. – Когда я могу рассчитывать получить от вас известия? – спросил адвокат, подвигаясь к двери и блестя и глазами и лаковыми сапожками.

– Через неделю. Ответ же ваш о том, принимаете ли вы на себя ходатайство по этому делу и на каких условиях, вы будете так добры, сообщите мне.

– Очень хорошо-с.

Адвокат почтительно поклонился, выпустил из двери клиента и, оставшись один, отдался своему радостному чувству. Ему стало так весело, что он, противно своим правилам, сделал уступку торговавшейся барыне и перестал ловить моль, окончательно решив, что к будущей зиме надо перебить мебель бархатом, как у Сигонина.

VI

Алексей Александрович одержал блестящую победу в заседании комиссии семнадцатого августа, но последствия этой победы подрезали его. Новая комиссия для исследования во всех отношениях быта инородцев была составлена и отправлена на место с необычайною, возбуждаемою Алексеем Александровичем быстротой и энергией. Через три месяца был представлен отчет. Быт инородцев был исследован в политическом, административном, экономическом, этнографическом, материальном и религиозном отношениях. На все вопросы были прекрасно изложены ответы, и ответы, не подлежавшие сомнению, так как они не были произведением всегда подверженной ошибкам человеческой мысли, но все были произведением служебной деятельности. Ответы все были результатами официальных данных, донесений губернаторов и архиереев, основанных на донесениях уездных начальников и благочинных, основанных, с своей стороны, на донесениях волостных правлений и приходских священников; и потому все эти ответы были несомненны. Все те вопросы о том, например, почему бывают неурожаи, почему жители держатся своих верований и т. п., вопросы, которые без удобства служебной машины не разрешаются и не могут быть разрешены веками, получили ясное, несомненное разрешение. И решение было в пользу мнения Алексея Александровича. Но Стремов, чувствуя себя задетым за живое в последнем заседании, употребил при получении донесений комиссии неожиданную Алексеем Александровичем тактику. Стремов, увлекши за собой некоторых других членов, вдруг перешел на сторону Алексея Александровича и с жаром не только защищал приведение в действие мер, предлагаемых Карениным, но и предлагал другие крайние в том же духе. Меры эти, усиленные еще против того, что было основною мыслью Алексея Александровича, были приняты, и тогда обнажилась тактика Стремова. Меры эти, доведенные до крайности, вдруг оказались так глупы, что в одно и то же время и государственные люди, и общественное мнение, и умные дамы, и газеты – все обрушилось на эти меры, выражая свое негодование и против самих мер, и против их признанного отца, Алексея Александровича. Стремов же отстранился, делая вид, что он только слепо следовал плану Каренина и теперь сам удивлен и возмущен тем, что сделано. Это подрезало Алексея Александровича. Но, несмотря на падающее здоровье, несмотря на семейные горести, Алексей Александрович не сдавался. В комиссии произошел раскол. Одни члены со Стремовым во главе оправдывали свою ошибку тем, что они поверили ревизионной, руководимой Алексеем Александровичем комиссии, представившей донесение, и говорили, что донесение этой комиссии есть вздор и только исписанная бумага. Алексей Александрович с партией людей, видевших опасность такого революционного отношения к бумагам, продолжал поддерживать данные, выработанные ревизионною комиссией. Вследствие этого в высших сферах и даже в обществе все спуталось, и, несмотря на то, что всех это крайне интересовало, никто не мог понять действительно ли бедствуют и погибают инородцы, или процветают. Положение Алексея Александровича вследствие этого и отчасти вследствие павшего на него презрения за неверность его жены стало весьма шатко. И в этом положении Алексей Александрович принял важное решение. Он, к удивлению комиссии, объявил, что он будет просить разрешения самому ехать на место для исследования дела. И, испросив разрешение, Алексей Александрович отправился в дальние губернии.

Отъезд Алексея Александровича наделал много шума, тем более что он при самом отъезде официально возвратил при бумаге прогонные деньги, выданные ему на двенадцать лошадей для проезда до места назначения.

- Я нахожу, что это очень благородно, - говорила про это Бетси с княгиней Мягкою. - Зачем выдавать на почтовых лошадей, когда все знают, что везде теперь железные дороги?

Но княгиня Мягкая была несогласна, и мнение княгини Тверской даже раздражило ее.

- Вам хорошо говорить, - сказала она, - когда у вас миллионы я не знаю какие, а я очень люблю, когда муж ездит ревизовать летом. Ему очень здорово и приятно проехаться, а у меня уж так заведено, что на эти деньги у меня экипаж и извозчик содержатся.

Проездом в дальние губернии Алексей Александрович остановился на три дня в Москве.

На другой день своего приезда он поехал с визитом к генерал-губернатору. На перекрестке у Газетного переулка, где всегда толпятся экипажи и извозчики, Алексей Александрович вдруг услыхал свое имя, выкрикиваемое таким громким и веселым голосом, что он не мог не оглянуться. На углу тротуара, в коротком модном пальто, с короткою модною шляпою набекрень, сияя улыбкой белых зуб между красными губами, веселый, молодой, сияющий, стоял Степан Аркадьич, решительно и настоятельно кричавший и требовавший остановки. Он держался одною рукой за окно остановившейся на углу кареты, из окна которой высовывались женская голова в бархатной шляпе и две детские головки, и улыбался и манил рукой зятя. Дама улыбалась доброю улыбкой и тоже махала рукой Алексею Александровичу. Это была Долли с детьми.

Алексей Александрович никого не хотел видеть в Москве, а менее всего брата своей жены. Он приподнял шляпу и хотел проехать, но Степан Аркадьич велел его кучеру остановиться и подбежал к нему чрез снег.

— Ну как не грех не прислать сказать! Давно ли? А я вчера был у Дюссо и вижу на доске «Каренин», а мне и в голову не пришло, что это ты! — говорил Степан Аркадьич, всовываясь с головой в окно кареты. — А то я бы зашел. Как я рад тебя видеть! — говорил он, похлопывая ногу об ногу, чтобы отряхнуть с них снег. — Как не грех не дать знать! — повторил он.

— Мне некогда было, я очень занят, — сухо ответил Алексей Александрович.

— Пойдем же к жене, она так хочет тебя видеть. Алексей Александрович развернул плед, под которым были закутаны его зябкие ноги, и, вылезши из кареты, пробрался чрез снег к Дарье Александровне.

— Что же это, Алексей Александрович, за что вы нас так обходите? — сказала Долли, грустно улыбаясь.

— Я очень занят был. Очень рад вас видеть, — сказал он тоном, который ясно говорил, что он огорчен этим. — Как ваше здоровье?

— Ну, что моя милая Анна?

Алексей Александрович промычал что-то и хотел уйти. Но Степан Аркадьич остановил его.

— А вот что мы сделаем завтра. Долли, зови его обедать! Позовем Кознышева и Песцова, чтоб его угостить московскою интеллигенцией.

— Так, пожалуйста, приезжайте, — сказала Долли, — мы вас будем ждать в пять, шесть часов, если хотите. Ну, что моя милая Анна? Как давно…

— Она здорова, — хмурясь, промычал Алексей Александрович. — Очень рад! — и он направился к своей карете.

— Будете? — прокричала Долли.

Алексей Александрович проговорил что-то, чего Долли не могла расслышать в шуме двигавшихся экипажей.

— Я завтра заеду! — прокричал ему Степан Аркадьич.

Алексей Александрович сел в карету и углубился в нее так, чтобы не видать и не быть видимым.

— Чудак! — сказал Степан Аркадьич жене и, взглянув на часы, сделал пред лицом движение рукой, означающее ласку жене и детям, и молодецки пошел по тротуару.

— Стива! Стива! — закричала Долли, покраснев. Он обернулся.

— Мне ведь нужно пальто Грише купить и Тане. Дай же мне денег!

– Ничего, ты скажи, что я отдам, – и он скрылся, весело кивнув головой проезжавшему знакомому.

VII

На другой день было воскресенье. Степан Аркадьич заехал в Большой театр на репетицию балета и передал Маше Чибисовой, хорошенькой, вновь поступившей по его протекции танцовщице, обещанные накануне коральки, и за кулисой, в дневной темноте театра, успел поцеловать ее хорошенькое, просиявшее от подарка личико. Кроме подарка коральков, ему нужно было условиться с ней о свидании после балета. Объяснив ей, что ему нельзя быть к началу балета, он обещался, что приедет к последнему акту и свезет ее ужинать. Из театра Степан Аркадьич заехал в Охотный ряд, сам выбрал рыбу и спаржу к обеду и в двенадцать часов был уже у Дюссо[1], где ему нужно было быть у троих, всех трех, как на его счастье, стоявших в одной гостинице: у Левина, остановившегося тут и недавно приехавшего из-за границы, у нового своего начальника, только что поступившего на это высшее место и ревизовавшего Москву, и у зятя Каренина, чтобы его непременно привезти обедать.

Степан Аркадьич любил пообедать, но еще более любил дать обед, небольшой, но утонченный и по еде, и питью, и по выбору гостей. Программа нынешнего обеда ему очень понравилась: будут окуни живые, спаржа и la pièce de résistance[2] – чудесный, но простой ростбиф и сообразные вины: это из еды и питья. А из гостей будут Кити и Левин, и, чтобы незаметно это было, будет еще кузина и Щербацкий молодой, и la pièce de résistance из гостей – Кознышев Сергей и Алексей Александрович. Сергей Иванович – москвич и философ[3], Алексей Александрович –

---

[1] *...в двенадцать часов был уже у Дюссо.* – Дюссо – фешенебельный французский ресторан в Москве. «У Дюссо готовят славно // Юбилейные столы. // Там обедают издавно // Триумфаторы-орлы» (Некрасов. «Современники»).

[2] Главное блюдо *(фр.)*.

[3] *Сергей Иванович – москвич и философ.* – В Кознышеве есть некоторые черты известного философа, профессора Московского университета Б. Н. Чичерина (1828-1904), автора исследований «Опыты по истории русского права» (1858), «История политических учений» (1869). Книги эти не имели успеха у современников. Они написаны «в систематизирующем и распределяющем» тоне западничества. Рационализм Чичерина вызывал у Толстого скептическое отношение к его трудам. «Чичерин, неловко с ним», – записывал Толстой в Дневнике (ср. в романе: «Левину было в деревне неловко с братом»; ч. 3, гл. 1). Об отношении Толстого к Чичерину см. подробнее в кн.: Б. М. Эйхенбаум. Л. Толстой, кн. 2. М. – Л., 1931, с. 35-36.

петербуржец и практик; да позовет еще известного чудака энтузиаста Песцова [1], либерала, говоруна, музыканта, историка и милейшего пятидесятилетнего юношу, который будет соус или гарнир к Кознышеву и Каренину. Он будет раззадоривать и стравливать их.

Деньги от купца за лес по второму сроку были получены и еще не издержаны, Долли была очень мила и добра последнее время, и мысль этого обеда во всех отношениях радовала Степана Аркадьича. Он находился в самом веселом расположении духа. Были два обстоятельства немножко неприятные; но оба эти обстоятельства тонули в море добродушного веселья, которое волновалось в душе Степана Аркадьича. Эти два обстоятельства были: первое то, что вчера он, встретив на улице Алексея Александровича, заметил, что он сух и строг с ним, и, сведя это выражение лица Алексея Александровича и то, что он не приехал к ним и не дал знать о себе, с теми толками, которые он слышал об Анне и Вронском, Степан Аркадьич догадывался, что что-то не ладно между мужем и женою.

Это было одно неприятное. Другое немножко неприятное было то, что новый начальник, как все новые начальники, имел уж репутацию страшного человека, встающего в шесть часов утра, работающего, как лошадь, и требующего такой же работы от подчиненных. Кроме того, новый начальник этот еще имел репутацию медведя в обращении и был, по слухам, человек совершенно противоположного направления тому, к которому принадлежал прежний начальник и до сих пор принадлежал сам Степан Аркадьич. Вчера Степан Аркадьич являлся по службе в мундире, и новый начальник был очень любезен и разговорился с Облонским, как с знакомым; поэтому Степан Аркадьич считал своею обязанностью сделать ему визит в сюртуке. Мысль о том, что новый начальник может нехорошо принять его, было это другое неприятное обстоятельство. Но Степан Аркадьич инстинктивно чувствовал, что все *образуется* прекрасно. «Все люди, все человеки, как и мы грешные: из чего злиться и ссориться?» - думал он, входя в гостиницу.

- Здорово, Василий, - говорил он, в шляпе набекрень проходя по коридору и обращаясь к знакомому лакею, - ты бакенбарды отпустил?

---

[1] *...позовет еще известного чудака энтузиаста Песцова...* - В черновиках романа Толстой называет «чудака энтузиаста» Юркиным. Это дает основания полагать, что прототипом Песцова был С. А. Юрьев (1821-1888), редактор журнала «Русская мысль». Математик по образованию и журналист по профессии, увлекался вагнеризмом, был известен своим чудачеством и рассеянностью. По четвергам у него обычно собирались гости, большей частью литераторы. Однажды он покинул свой журфикс и, встретив на лестнице запоздалого гостя, сказал ему: «Не ходите туда, там скучно» (см.: С. Л. Толстой. Очерки былого. Тула. 1985, с. 136-137). В Песцове, как полагает С. Л. Толстой, есть и некоторые черты В. В. Стасова (См.: С. Л. Толстой. Об отражении жизни в «Анне Карениной». - «Литературное наследство», т. 37/38. М., 1939, с. 580).

Левин - седьмой нумер, а? Проводи, пожалуйста. Да узнай, граф Аничкин (это был новый начальник) примет ли?

- Слушаю-с, - улыбаясь, отвечал Василий. - Давно к нам не жаловали.

- Я вчера был, только с другого подъезда. Это седьмой?

Левин стоял с тверским мужиком посредине номера и мерил аршином свежую медвежью шкуру, когда вошел Степан Аркадьич.

- А, убили? - крикнул Степан Аркадьич. - Славная штука! Медведица? Здравствуй, Архип!

Он пожал руку мужику и присел на стул, не снимая пальто и шляпы.

- Да сними же, посиди! - снимая с него шляпу, сказал Левин.

- Нет, мне некогда, я только на одну секундочку, - отвечал Степан Аркадьич. Он распахнул пальто, но потом снял его и просидел целый час, разговаривая с Левиным об охоте и о самых задушевных предметах.

- Ну, скажи же, пожалуйста, что ты делал за границей? где был? - сказал Степан Аркадьич, когда мужик вышел.

- Да я был в Германии, в Пруссии, во Франции, в Англии, но не в столицах, а в фабричных городах, и много видел нового. И рад, что был.

- Да, я знаю твою мысль устройства рабочего.

- Совсем нет: в России не может быть вопроса рабочего. В России вопрос отношения рабочего народа к земле; он и там есть, но там это починка испорченного, а у нас...

Степан Аркадьич внимательно слушал Левина.

- Да, да! - говорил он. - Очень может быть, что ты прав, - сказал он. - Но я рад, что ты в бодром духе; и за медведями ездишь, и работаешь, и увлекаешься. А то мне Щербацкий говорил - он тебя встретил, - что ты в каком-то унынии, все о смерти говоришь...

- Да что же, я не перестаю думать о смерти, - сказал Левин. - Правда, что умирать пора. И что все это вздор. Я по правде тебе скажу: я мыслью своею и работой ужасно дорожу, но в сущности - ты подумай об этом: ведь весь этот мир наш - это маленькая плесень, которая наросла на крошечной планете. А мы думаем, что у нас может быть что-нибудь великое, - мысли, дела! Все это песчинки.

- Да это, брат, старо, как мир!

- Старо, но знаешь, когда это поймешь ясно, то как-то все делается ничтожно. Когда поймешь, что нынче-завтра умрешь и ничего не останется, то так все ничтожно! И я считаю очень важною свою мысль, а она оказывается так же ничтожна, если бы даже исполнить ее, как обойти эту медведицу. Так и проводишь жизнь, развлекаясь охотой, работой, - чтобы только не думать о смерти.

Степан Аркадьич тонко и ласково улыбался, слушая Левина.

— Ну, разумеется! Вот ты и пришел ко мне. Помнишь, ты нападал на меня за то, что я ищу в жизни наслаждений?

Не будь, о моралист, так строг!..[1]

— Нет, все-таки в жизни хорошее есть то… — Левин запутался. — Да я не знаю. Знаю только, что помрем скоро.

— Зачем же скоро?

— И знаешь, прелести в жизни меньше, когда думаешь о смерти, — но спокойнее.

— Напротив, на последях еще веселей. Ну, однако, мне пора, — сказал Степан Аркадьич, вставая в десятый раз.

— Да нет, посиди! — сказал Левин, удерживая его. — Теперь когда же увидимся? Я завтра еду.

— Я-то хорош! Я затем приехал… Непременно приезжай нынче ко мне обедать. Брат твой будет, Каренин, мой зять, будет.

— Разве он здесь? — сказал Левин и хотел спросить про Кити. Он слышал, что она была в начале зимы в Петербурге у своей сестры, жены дипломата, и не знал, вернулась ли она, или нет, но раздумал расспрашивать. «Будет, не будет — все равно».

— Так приедешь?

— Ну, разумеется.

— Так в пять часов и в сюртуке.

И Степан Аркадьич встал и пошел вниз к новому начальнику. Инстинкт не обманул Степана Аркадьича. Новый страшный начальник оказался весьма обходительный человек, и Степан Аркадьич позавтракал с ним и засиделся так, что только в четвертом часу попал к Алексею Александровичу.

VIII

Алексей Александрович, вернувшись от обедни, проводил все утро дома. В это утро ему предстояло два дела: во-первых, принять и направить

---

[1] *Не будь, о моралист, так строг!..* — Перефразированные начальные строки стихотворения А. Фета в цикле «Из Гафиза»: «Не будь, о богослов, так строг, // Не дуйся, моралист, на всех!»

отправлявшуюся в Петербург и находившуюся теперь в Москве депутацию инородцев; во-вторых, написать обещанное письмо адвокату. Депутация, хотя и вызванная по инициативе Алексея Александровича, представляла много неудобств и даже опасностей, и Алексей Александрович был очень рад, что застал ее в Москве. Члены этой депутации не имели ни малейшего понятия о своей роли и обязанности. Они были наивно уверены, что их дело состоит в том, чтоб излагать свои нужды и настоящее положение вещей, прося помощи правительства, и решительно не понимали, что некоторые заявления и требования их поддерживали враждебную партию и потому губили все дело. Алексей Александрович долго возился с ними, написал им программу, из которой они не должны были выходить, и, отпустив их, написал письма в Петербург для направления депутации. Главным помощником в этом деле должна была быть графиня Лидия Ивановна. Она была специалистка в деле депутаций, и никто, как она, не умел муссировать и давать настоящее направление депутациям. Окончив это, Алексей Александрович написал и письмо адвокату. Он без малейшего колебания дал ему разрешение действовать по его благоусмотрению. В письмо он вложил три записки Вронского к Анне, которые нашлись в отнятом портфеле.

С тех пор, как Алексей Александрович выехал из дома с намерением не возвращаться в семью, и с тех пор, как он был у адвоката и сказал хоть одному человеку о своем намерении, с тех пор особенно, как он перевел это дело жизни в дело бумажное, он все больше и больше привыкал к своему намерению и видел теперь ясно возможность его исполнения.

Он запечатывал конверт к адвокату, когда услыхал громкий звук голоса Степана Аркадьича. Степан Аркадьич спорил со слугой Алексея Александровича и настаивал на том, чтоб о нем было доложено.

«Все равно, – подумал Алексей Александрович, – тем лучше: я сейчас объявлю о своем положении в отношении к его сестре и объясню, почему я не могу обедать у него».

– Проси! – громко проговорил он, сбирая бумаги и укладывая их в бювар.

– Но вот видишь ли, что ты врешь, и он дома! – ответил голос Степана Аркадьича лакею, не пускавшему его, и, на ходу снимая пальто, Облонский вошел в комнату. – Ну, я очень рад, что застал тебя! Так я надеюсь… – весело начал Степан Аркадьич.

– Я не могу быть, – холодно, стоя и не сажая гостя, сказал Алексей Александрович.

Алексей Александрович думал тотчас стать в те холодные отношения, в которых он должен был быть с братом жены, против которой он начинал дело развода; но он не рассчитывал на то море добродушия, которое выливалось из берегов в душе Степана Аркадьича.

Степан Аркадьич широко открыл свои блестящие, ясные глаза.

– Отчего ты не можешь? Что ты хочешь сказать? – с недоумением сказал он по-французски. – Нет, уж это обещано. И мы все рассчитываем на тебя.

– Я хочу сказать, что не могу быть у вас, потому что те родственные отношения, которые были между нами, должны прекратиться.

– Как? То есть как же? Почему? – с улыбкой проговорил Степан Аркадьич.

– Потому что я начинаю дело развода с вашею сестрой, моею женой. Я должен был…

Но Алексей Александрович еще не успел окончить своей речи, как Степан Аркадьич уже поступил совсем не так, как он ожидал. Степан Аркадьич охнул и сел в кресло.

– Нет, Алексей Александрович, что ты говоришь! – вскрикнул Облонский, и страдание выразилось на его лице.

– Это так.

– Извини меня, я не могу и не могу этому верить. Алексей Александрович сел, чувствуя, что слова его не имели того действия, которое он ожидал, и что ему необходимо нужно будет объясняться, и что, какие бы ни были его объяснения, отношения его к шурину останутся те же.

– Да, я поставлен в тяжелую необходимость требовать развода, – сказал он.

– Я одно скажу, Алексей Александрович. Я знаю тебя за отличного, справедливого человека, знаю Анну – извини меня, я не могу переменить о ней мнения – за прекрасную, отличную женщину, и потому, извини меня, я не могу верить этому. Тут есть недоразумение, – сказал он.

– Да, если б это было только недоразумение…

– Позволь, я понимаю, – перебил Степан Аркадьич. – Но, разумеется… Одно: не надо торопиться. Не надо, не надо торопиться!

– Я не торопился, – холодно сказал Алексей Александрович, – а советоваться в таком деле ни с кем нельзя. Я твердо решил.

– Это ужасно! – сказал Степан Аркадьич, тяжело вздохнув. – Я бы одно сделал, Алексей Александрович. Умоляю тебя, сделай это! – сказал он. – Дело еще не начато, как я понял. Прежде чем ты начнешь дело, повидайся с моею женой, поговори с ней. Она любит Анну, как сестру, любит тебя, и она удивительная женщина. Ради бога, поговори с ней! Сделай мне эту дружбу, я умоляю тебя!

Алексей Александрович задумался, и Степан Аркадьич с участием смотрел на него, не прерывая его молчания.

– Ты съездишь к ней?

– Да я не знаю. Я потому не был у вас. Я полагаю, что наши отношения должны измениться.

– Отчего же? Я не вижу этого. Позволь мне думать, что, помимо наших родственных отношений, ты имеешь ко мне, хотя отчасти, те дружеские чувства, которые я всегда имел к тебе… И истинное уважение, – сказал Степан Аркадьич, пожимая его руку. – Если б даже худшие предположения твои были справедливы, я не беру и никогда не возьму на себя судить ту или другую сторону и не вижу причины, почему наши отношения должны измениться. Но теперь, сделай это, приезжай к жене.

– Ну, мы иначе смотрим на это дело, – холодно сказал Алексей Александрович. – Впрочем, не будем говорить об этом.

– Нет, почему же тебе не приехать? Хоть нынче обедать? Жена ждет тебя. Пожалуйста, приезжай. И главное, переговори с ней. Она удивительная женщина. Ради бога, на коленях умоляю тебя!

– Если вы так хотите этого – я приеду, – вздохнул, сказал Алексей Александрович.

И, желая переменить разговор, он спросил о том, что интересовало их обоих, – о новом начальнике Степана Аркадьича, еще не старом человеке, получившем вдруг такое высокое назначение.

Алексей Александрович и прежде не любил графа Аничкина и всегда расходился с ним во мнениях, но теперь не мог удерживаться от понятной для служащих ненависти человека, потерпевшего поражение на службе, к человеку, получившему повышение.

– Ну что, видел ты его? – сказал Алексей Александрович с ядовтою усмешкой.

– Как же, он вчера был у нас в присутствии. Он, кажется, знает дело отлично и очень деятелен.

– Да, но на что направлена его деятельность? – сказал Алексей Александрович. – На то ли, чтобы делать дело, или переделывать то, что сделано? Несчастье нашего государства – это бумажная администрация, которой он достойный представитель.

– Право, я не знаю, что в нем можно осуждать. Направления его я не знаю, но одно – он отличный малый, – отвечал Степан Аркадьич, – Я сейчас был у него, и право, отличный малый. Мы позавтракали, и я его научил делать, знаешь, это питье, вино с апельсинами. Это очень прохлаждает. И удивительно, что он не знал этого. Ему очень понравилось. Нет, право, он славный малый.

Степан Аркадьич взглянул на часы.

– Ах, батюшки, уж пятый, а мне еще к Долговушину! Так, пожалуйста: приезжай обедать. Ты не можешь себе представить, как ты меня огорчишь и жену.

Алексей Александрович проводил шурина совсем уже не так, как он его встретил.

— Я обещал и приеду, — отвечал он уныло.

— Поверь, что я ценю, и надеюсь, ты не раскаешься, — отвечал, улыбаясь, Степан Аркадьич.

И, на ходу надевая пальто, он задел рукой по голове лакея, засмеялся и вышел.

— В пять часов, и в сюртуке, пожалуйста! — крикнул он еще раз, возвращаясь к двери.

IX

Уже был шестой час, и уже некоторые гости приехали, когда приехал и сам хозяин. Он вошел вместе с Сергеем Ивановичем Кознышевым и Песцовым, которые в одно время столкнулись у подъезда. Это были два главные представителя московской интеллигенции, как называл их Облонский. Оба были люди уважаемые и по характеру и по уму. Они уважали друг друга, по почти во всем были совершенно и безнадежно несогласны между собою — не потому, чтоб они принадлежали к противоположным направлениям, но именно потому, что были одного лагеря (враги их смешивали в одно), но в этом лагере они имели каждый свой оттенок. А так как нет ничего неспособнее к соглашению, как разномыслие в полуотвлеченностях, то они не только никогда не сходились в мнениях, но привыкли уже давно, не сердясь, только посмеиваться неисправимому заблуждению один другого.

Они входили в дверь, разговаривая о погоде, когда Степан Аркадьич догнал их. В гостиной сидели уже князь Александр Дмитриевич, тесть Облонского, молодой Щербацкий, Туровцын, Кити и Каренин.

Степан Аркадьич тотчас же увидал, что в гостиной без него дело идет плохо. Дарья Александровна, в своем парадном сером шелковом платье, очевидно озабоченная и детьми, которые должны обедать в детской одни, и тем, что мужа еще нет, не сумела без него хорошенько перемешать все это общество. Все сидели, как поповны в гостях (как выражался старый князь), очевидно в недоумении, зачем они сюда попали, выжимая слова, чтобы не молчать. Добродушный Туровцын, очевидно, чувствовал себя не в своей сфере, и улыбка толстых губ, с которою он встретил Степана Аркадьича, как словами, говорила: «Ну, брат, засадил ты меня с умными! Вот выпить и в Château des fleurs — это по моей части». Старый князь сидел молча, сбоку поглядывая своими блестящими глазками на Каренина, и Степан Аркадьич понял, что он придумал уже какое-нибудь словцо, чтоб отпечатать этого государственного мужа, на которого, как на стерлядь, зовут в гости. Кити смотрела на дверь, сбираясь с силами, чтобы не покраснеть при входе Константина Левина. Молодой Щербацкий, с которым не познакомили Каренина, старался показать, что это нисколько его не стесняет. Сам Каренин был, по петербургской привычке, на обеде с дамами во фраке и белом галстуке, и Степан Аркадьич по его лицу понял, что он приехал, только чтоб исполнить данное слово, и, присутствуя в этом обществе, совершал тяжелый долг. Он-то был главным виновником холода, заморозившего всех гостей до приезда Степана Аркадьича.

Войдя в гостиную, Степан Аркадьич извинился, объяснил, что был задержан тем князем, который был всегдашним козлом-искупителем всех его опаздываний и отлучек, и в одну минуту всех перезнакомил и, сведя Алексея Александровича с Сергеем Кознышевым, подпустил им тему об обрусении Польши, за которую они тотчас уцепились вместе с Песцовым. Потрепав по плечу Туровцына, он шепнул ему что-то смешное и подсадил его к жене и к князю. Потом сказал Кити о том, что она очень хороша сегодня, и познакомил Щербацкого с Карениным. В одну минуту он так перемесил все это общественное тесто, что стала гостиная хоть куда, и голоса оживленно зазвучали. Одного Константина Левина не было. Но это было к лучшему, потому что, выйдя в столовую, Степан Аркадьич к ужасу своему увидал, что портвейн и херес взяты от Депре, а не от Леве, и он, распорядившись послать кучера как можно скорее к Леве, направился опять в гостиную.

В столовой ему встретился Константин Левин.

– Я не опоздал?

– Разве ты можешь не опоздать! – взяв его под руку, сказал Степан Аркадьич.

– У тебя много народа? Кто да кто? – невольно краснея, спросил Левин, обивая перчаткой снег с шапки.

– Всё свои. Кити тут. Пойдем же, я тебя познакомлю с Карениным.

Степан Аркадьич, несмотря на свою либеральность, знал, что знакомство с Карениным не может не быть лестно, и потому угощал этим лучших приятелей. Но в эту минуту Константин Левин не в состоянии был чувствовать всего удовольствия этого знакомства. Он не видал Кити после памятного ему вечера, на котором он встретил Вронского, если не считать ту минуту, когда он увидал ее на большой дороге. Он в глубине души знал, что он ее увидит нынче здесь. Но он, поддерживая в себе свободу мысли, старался уверить себя, что он не знает этого. Теперь же, когда он услыхал, что она тут, он вдруг почувствовал такую радость и вместе такой страх, что ему захватило дыхание, и он не мог выговорить того, что хотел сказать.

«Какая, какая она? Та ли, какая была прежде, или та, какая была в карете? Что, если правду говорила Дарья Александровна? Отчего же и не правда?» - думал он.

- Ах, пожалуйста, познакомь меня с Карениным, - с трудом выговорил он и отчаянно-решительным шагом вошел в гостиную и увидел ее.

Она была ни такая, как прежде, ни такая, как была в карете; она была совсем другая.

Она была испуганная, робкая, пристыженная и оттого еще более прелестная. Она увидала его в то же мгновение, как он вошел в комнату. Она ждала его. Она обрадовалась и смутилась от своей радости до такой степени, что была минута, именно та, когда он подходил к хозяйке и опять взглянул на нее, что и ей, и ему, и Долли, которая все видела, казалось, что она не выдержит и заплачет. Она покраснела, побледнела, опять покраснела и замерла, чуть вздрагивая губами, ожидая его. Он подошел к ней, поклонился и молча протянул руку. Если бы не легкое дрожание губ и влажность, покрывавшая глаза и прибавившая им блеска, улыбка ее была почти спокойна, когда она сказала:

- Как мы давно не видались! - и она с отчаянною решительностью пожала своею холодною рукой его руку.

- Вы не видали меня, а я видел вас, - сказал Левин, сияя улыбкой счастья. - Я видел вас, когда вы с железной дороги ехали в Ергушово.

- Когда? - спросила она с удивлением.

- Бы ехали в Ергушово, - говорил Левин, чувствуя, что он захлебывается от счастия, которое заливает его душу. «И как я смел соединять мысль о чем-нибудь не невинном с этим трогательным существом! И да, кажется, правда то, что говорила Дарья Александровна», - думал он.

Степан Аркадьич взял его за руку и подвел к Каренину.

- Позвольте вас познакомить. - Он назвал их имена.

- Очень приятно опять встретиться, - холодно сказал Алексей Александрович, пожимая руку Левину.

- Вы знакомы? - с удивлением спросил Степан Аркадьич.

- Мы провели вместе три часа в вагоне, - улыбаясь, сказал Левин, - но вышли, как из маскарада, заинтригованные, я по крайней мере.

- Вот как! Милости просим, - сказал Степан Аркадьич, указывая по направлению к столовой.

Мужчины вышли в столовую и подошли к столу с закуской, уставленному шестью сортами водок и столькими же сортами сыров с серебряными лопаточками и без лопаточек, икрами, селедками, консервами разных сортов и тарелками с ломтиками французского хлеба.

Мужчины стояли около пахучих водок и закусок, и разговор об обрусении Польши между Сергеем Иванычем Кознышевым, Карениным и Песцовым затихал в ожидании обеда.

Сергей Иванович, умевший, как никто, для окончания самого отвлеченного и серьезного спора неожиданно подсыпать аттической соли и этим изменять настроение собеседников, сделал это и теперь.

Алексей Александрович доказывал, что обрусение Польши может совершиться только вследствие высших принципов, которые должны быть внесены русскою администрацией.

Песцов настаивал на том, что один народ ассимилирует себе другой, только когда он гуще населен.

Кознышев признавал то и другое, но с ограничениями. Когда же они выходили из гостиной, чтобы заключить разговор, Кознышев сказал, улыбаясь:

— Поэтому для обрусения инородцев есть одно средство — выводить как можно больше детей. Вот мы с братом хуже всех действуем. А вы, господа женатые люди, к особенности вы, Степан Аркадьич, действуете вполне патриотически; у вас сколько? — обратился он, ласково улыбаясь хозяину и подставляя ему крошечную рюмочку.

Все засмеялись, и в особенности весело Степан Аркадьич.

— Да, вот это самое лучшее средство! — сказал он прожевывая сыр и наливая какую-то особенного сорта водку в подставленную рюмку. Разговор действительно прекратился на шутке.

— Этот сыр недурен. Прикажете? — говорил хозяин. — Неужели ты опять был на гимнастике? — обратился он к Левину, левою рукой ощупывая ею мышцу. Левин улыбнулся, напружил руку, и под пальцами Степана Аркадьича, как круглый сыр, поднялся стальной бугор из-под тонкого сукна сюртука.

— Вот бицепс-то! Самсон!

— Я думаю, надо иметь большую силу для охоты на медведей, — сказал Алексей Александрович, имевший самые туманные понятия об охоте, намазывая сыр и прорывая тоненький, как паутина, мякиш хлеба.

Левин улыбнулся.

— Никакой. Напротив, ребенок может убить медведя, — сказал он, сторонясь с легким поклоном пред дамами, которые с хозяйкой подходили к столу закусок.

— А вы убили медведя, мне говорили? — сказала Кити, тщетно стараясь поймать вилкой непокорный, отскальзывающий гриб и встряхивая кружевами, сквозь которые белела ее рука. — Разве у вас есть медведи? — прибавила она, вполоборота повернув к нему свою прелестную головку и улыбаясь.

Ничего, казалось, не было необыкновенного в том, что она сказала, но какое невыразимое для него словами значение было в каждом звуке, в каждом движении ее губ, глаз, руки, когда она говорила это! Тут была и просьба о прощении, и доверие к нему, и ласка, нежная, робкая ласка, и обещание, и надежда, и любовь к нему, в которую он не мог не верить и которая душила его счастьем.

– Нет, мы ездили в Тверскую губернию. Возвращаясь оттуда, я встретился в вагоне с вашим бофрером[1] или вашего бофрера зятем, – сказал он с улыбкой. – Это была смешная встреча.

И он весело и забавно рассказал, как он, не спав всю ночь, в полушубке ворвался в отделение Алексея Александровича.

– Кондуктор, противно пословице, хотел по платью проводить меня вон; но тут уж я начал выражаться высоким слогом, и... вы тоже, – сказал он, забыв его имя и обращаясь к Каренину, – сначала по полушубку хотели тоже изгнать меня, но потом заступились, за что я очень благодарен.

– Вообще весьма неопределенные права пассажиров на выбор места, – сказал Алексей Александрович, обтирая платком концы своих пальцев.

– Я видел, что вы были в нерешительности насчет меня, – добродушно улыбаясь, сказал Левин, – но я поторопился начать умный разговор, чтобы загладить свой полушубок.

Сергей Иванович, продолжая разговор с хозяйкой и одним ухом слушая брата, покосился на него. «Что это с ним нынче? Таким победителем», – подумал он. Он не знал, что Левин чувствовал, что у него выросли крылья. Левин знал, что она слышит его слова и что ей приятно его слышать. И это одно только занимало его. Не в одной этой комнате, но во всем мире для него существовали только он, получивший для себя огромное значение и важность, и она. Он чувствовал себя на высоте, от которой кружилась голова, и там где-то внизу, далеко, были все эти добрые, славные Каренины, Облонские и весь мир.

Совершенно незаметно, не взглянув на них, а так, как будто уж некуда было больше посадить, Степан Аркадьич посадил Левина и Кити рядом.

– Ну, ты хоть сюда сядь, – сказал он Левину.

Обед был так же хорош, как и посуда, до которой был охотник Степан Аркадьич. Суп Мари-Луиз удался прекрасно; пирожки крошечные, тающие во рту, были безукоризненны. Два лакея и Матвей, в белых галстуках, делали свое дело с кушаньем и вином незаметно, тихо и споро. Обед с материальной стороны удался; не менее он удался и со стороны

---

[1] Деверем – beau frère (фр.).

нематериальной. Разговор, то общий, то частный, не умолкал и к концу обеда так оживился, что мужчины встали из-за стола, не переставая говорить, и даже Алексей Александрович оживился.

X

Песцов любил рассуждать до конца и не удовлетворился словами Сергея Ивановича, тем более что он почувствовал несправедливость своего мнения.

– Я никогда не разумел, – сказал он за супом, обращаясь к Алексею Александровичу, – одну густоту населения, но в соединении с основами, а не с принципами.

– Мне кажется, – неторопливо и вяло отвечал Алексей Александрович, – что это одно и то же. По моему мнению, действовать на другой народ может только тот, который имеет высшее развитие, который…

– Но в том и вопрос, – перебил своим басом Песцов, который всегда торопился говорить и, казалось, всегда всю душу полагал на то, о чем он говорил, – в чем полагать высшее развитие? Англичане, французы, немцы, – кто стоит на высшей степени развития? Кто будет национализовать один другого? Мы видим, что Рейн офранцузился, а немцы не ниже стоят! – кричал он. – Тут есть другой закон!

– Мне кажется, что влияние всегда на стороне истинного образования, – сказал Алексей Александрович, слегка поднимая брови.

– Но в чем же мы должны полагать признаки истинного образования? – сказал Песцов.

– Я полагаю, что признаки эти известны, – сказал Алексей Александрович.

– Вполне ли они известны? – с тонкою улыбкой вмешался Сергей Иванович. – Теперь признано, что настоящее образование может быть только чисто классическое[1]; но мы видим ожесточенные споры той и другой

---

[1] *Теперь признано, что настоящее образование может быть только чисто классическое…* – В 1871 г. по проекту министра народного просвещения графа Д. А. Толстого были учреждены реальные училища и классические гимназии. Разделением этих учебных заведений ограничивалось преподавание естественных наук, считавшихся источником «опасных» идей неверия и материализма. «Естествоиспытатель и демократ как-то сплелись для нас в одно неразрывное целое…» – отмечал Н. К. Михайловский («Отечественные записки», 1875, № 1, с. 142). В программах гимназий преобладала классическая филология (греческий и латинский языки), на которую возлагалась надежда, как на средство исцеления молодежи от революционных настроений. Толстой относился к школьной реформе с иронией и ясно видел ее политический смысл: «…латинский язык: чтобы отвлечь от

стороны, и нельзя отрицать, чтоб и противный лагерь не имел сильных доводов в свою пользу.

– Вы классик, Сергей Иванович. Прикажете красного? – сказал Степан Аркадьич.

– Я не высказываю своего мнения о том и другом образовании, – с улыбкой снисхождения, как к ребенку, сказал Сергей Иванович, подставляя свой стакан, – я только говорю, что обе стороны имеют сильные доводы, – продолжал он, обращаясь к Алексею Александровичу. – Я классик по образованию, но в споре этом я лично не могу найти своего места. Я не вижу ясных доводов, почему классическим наукам дано преимущество пред реальными.

– Естественные имеют столь же педагогически-развивательное влияние, – подхватил Песцов. – Возьмите одну астрономию, возьмите ботанику, зоологию с ее системой общих законов!

– Я не могу вполне с этим согласиться, – отвечал Алексей Александрович. – Мне кажется, что нельзя не признать того, что самый процесс изучения форм языков особенно благотворно действует на духовное развитие. Кроме того, нельзя отрицать и того, что влияние классических писателей в высшей степени нравственное, тогда как, к несчастью, с преподаванием естественных наук соединяются те вредные и ложные учения, которые составляют язву нашего времени.

Сергей Иванович хотел что-то сказать, но Песцов своим густым басом перебил его. Он горячо начал доказывать несправедливость этого мнения. Сергей Иванович спокойно дожидался слова, очевидно с готовым победительным возражением.

– Но, – сказал Сергей Иванович, тонко улыбаясь и обращаясь к Каренину, – нельзя не согласиться, что взвесить вполне все выгоды и невыгоды тех и других наук трудно и что вопрос о том, какие предпочесть, не был бы решен так скоро и окончательно, если бы на стороне классического образования не было того преимущества, которое вы сейчас высказали; нравственного – disons le mot [1] – антинигилистического влияния.

– Без сомнения.

– Если бы не было этого преимущества антинигилистического влияния на стороне классических наук, мы бы больше подумали, взвесили бы доводы обеих сторон, – с тонкою улыбкой говорил Сергей Иванович, – мы бы дали простор тому и другому направлению. Но теперь мы знаем, что

нигилизма» («Литературное наследство», т. 69, кн. 2, с. 60).

[1] Скажем прямо (фр.).

в этих пилюлях классического образования лежит целебная сила антинигилизма, и мы смело предлагаем их нашим пациентам... А что, как нет и целебной силы? – заключил он, высыпая аттическую соль.

При пилюлях Сергея Ивановича все засмеялись, и в особенности громко и весело Туровцын, дождавшийся, наконец, того смешного, чего он только и ждал, слушая разговор.

Степан Аркадьич не ошибся, пригласив Песцова. С Песцовым разговор умный не мог умолкнуть ни на минуту. Только что Сергей Иванович заключил разговор своей шуткой, Песцов тотчас поднял новый.

– Нельзя согласиться даже с тем, – сказал он, – чтобы правительство имело эту цель. Правительство, очевидно, руководствуется общими соображениями, оставаясь индифферентным к влияниям, которые могут иметь принимаемые меры. Например, вопрос женского образования должен бы был считаться зловредным, но правительство открывает женские курсы и университеты.

И разговор тотчас же перескочил на новую тему женского образования.[1]

Алексей Александрович выразил мысль о том, что образование женщин обыкновенно смешивается с вопросом о свободе женщин и только поэтому может считаться вредным.

– Я, напротив, полагаю, что эти два вопроса неразрывно связаны, – сказал Песцов, – это ложный круг. Женщина лишена прав по недостатку образования, а недостаток образования происходит от отсутствия прав. Надо не забывать того, что порабощение женщин так велико и старо, что мы часто не хотим понимать ту пучину, которая отделяет их от нас, – говорил он.

---

[1] *...разговор... перескочил на новую тему женского образования.* – В 1869-1870 гг. тремя изданиями на русском языке вышла книга Джона Стюарта Милля «Подчиненность женщины». «Так как подчиненность женщин мужчинам есть с незапамятных времен всемирный обычай, – пишет Милль, – то всякое уклонение от него совершенно естественно кажется неестественным» (СПб., 1869, с. 30). В защиту женского образования как начала равноправия выступали все демократические и радикальные издания. Да и само стремление женщин к самостоятельности в области духовной и общественной жизни в 70-е годы получило достаточно ясное выражение. «Не мешает мужчинам почаще брать примеры с энергических женщин, – говорилось в журнале Некрасова, – которые идут к своей цели бесстрашно и прямо, как солдат с заряженным ружьем и опущенным штыком» («Отечественные записки», 1875, I, с. 131). Против «западных идей» женской эмансипации выступал Н. И. Страхов, который в журнале «Заря», между прочим, говорил: «Все, что приносит к нам Запад по женскому вопросу, весьма мало касается нашей жизни, мало идет к ней» («Заря», 1870, № 2, с. 107-149). В 70-е годы Толстой относился скептически к женщинам, искавшим приложения своих независимых сил в работе на почте и телеграфе: «Не знаю, – писал Толстой Страхову, – почему для достоинства женщины - человека вообще выше передавать чужие депеши или писать рапорты, тем соблюдать состояние семьи и здоровье ее...» (т. 61, с. 232).

– Вы сказали – права́, – сказал Сергей Иванович, дождавшись молчания Песцова, – права́ занимания должностей присяжных, гласных, председателей управ, права́ служащего, члена парламента…

– Без сомнения.

– Но если женщины, как редкое исключение, и могут занимать эти места, то, мне кажется, вы неправильно употребили выражение «права́». Вернее бы было сказать: обязанности. Всякий согласится, что, исполняя какую-нибудь должность присяжного, гласного, телеграфного чиновника, мы чувствуем, что исполняем обязанность. И потому вернее выразиться, что женщины ищут обязанностей, и совершенно законно. И можно только сочувствовать этому их желанию помочь общему мужскому труду.

– Совершенно справедливо, – подтвердил Алексей Александрович. – Вопрос, я полагаю, состоит только в том, способны ли они к этим обязанностям.

– Вероятно, будут очень способны, – вставил Степан Аркадьич, – когда образование будет распространено между ними. Мы это видим…

– А пословица? – сказал князь, давно уж прислушиваясь к разговору и блестя своими маленькими насмешливыми глазами, – при дочерях можно: волос долог…

– Точно так же думали о неграх до их освобождения! – сердито сказал Песцов.

– Я нахожу только странным, что женщины ищут новых обязанностей, – сказал Сергей Иванович, – тогда как мы, к несчастью, видим, что мужчины обыкновенно избегают их.

– Обязанности сопряжены с правами; власть, деньги, почести: их-то ищут женщины, – сказал Песцов.

– Все равно, что я бы искал права быть кормилицей и обижался бы, что женщинам платят, а мне не хотят, – сказал старый князь.

Туровцин разразился громким смехом, и Сергей Иванович пожалел, что не он сказал это. Даже Алексей Александрович улыбнулся.

– Да, но мужчина не может кормить, – сказал Песцов, – а женщина…

– Нет, англичанин выкормил на корабле своего ребенка, – сказал старый князь, позволяя себе эту вольность разговора при своих дочерях.

– Сколько таких англичан, столько же и женщин будет чиновников, – сказал уже Сергей Иванович.

– Да, но что же делать девушке, у которой нет семьи? – вступился Степан Аркадьич, вспоминая о Чибисовой, которую он все время имел в виду, сочувствуя Песцову и поддерживая его.

– Если хорошенько разобрать историю этой девушки, то вы найдете, что эта девушка бросила семью, или свою, или сестрину, где бы она могла иметь женское дело, – неожиданно вступая в разговор, сказала с раздражительностью Дарья Александровна, вероятно догадываясь, какую девушку имел в виду Степан Аркадьич.

– Но мы стоим за принцип, за идеал! – звучным басом возражал Песцов. – Женщина хочет иметь право быть независимою, образованною. Она стеснена, подавлена сознанием невозможности этого.

– А я стеснен и подавлен тем, что меня не примут в кормилицы в воспитательный дом, – опять сказал старый князь, к великой радости Туровцына, со смеху уронившего спаржу толстым концом в соус.

XI

Все принимали участие в общем разговоре, кроме Кити и Левина. Сначала, когда говорилось о влиянии, которое имеет один народ на другой, Левину невольно приходило в голову то, что он имел сказать по этому предмету; но мысли эти, прежде для него очень важные, как бы во сне мелькали в его голове и не имели для него теперь ни малейшего интереса. Ему даже странно казалось, зачем они так стараются говорить о том, что никому не нужно. Для Кити точно так же, казалось, должно бы быть интересно то, что они говорили о правах и образовании женщин. Сколько раз она думала об этом, вспоминая о своей заграничной приятельнице Вареньке, о ее тяжелой зависимости, сколько раз думала про себя, что с ней самой будет, если она не выйдет замуж, и сколько раз спорила об этом с сестрою! Но теперь это ни сколько не интересовало ее. У них шел свой разговор с Левиным, и не разговор, а какое-то таинственное общение, которое с каждою минутой все ближе связывало их и производило в обоих чувство радостного страха пред тем неизвестным, в которое они вступали.

Сначала Левин, на вопрос Кити о том, как он мог видеть ее прошлого года в карете, рассказал ей, как он шел с покоса по большой дороге и встретил ее.

– Это было рано-рано утром. Вы, верно, только проснулись. Maman ваша спала в своем уголке. Чудное утро было. Я иду и думаю: кто это четверней в карете? Славная четверка с бубенчиками, и на мгновенье вы мелькнули, и вижу я в окно – вы сидите вот так и обеими руками держите завязки чепчика и о чем-то ужасно задумались, – говорил он, улыбаясь. – Как бы я желал знать, о чем вы тогда думали. О важном?

«Не была ли растрепана?» – подумала она; но, увидав восторженную улыбку, которую вызывали в его воспоминании эти подробности, она почувствовала, что, напротив, впечатление, произведенное ею, было очень хорошее. Она покраснела и радостно засмеялась.

– Право, не помню.

— Как хорошо смеется Туровцын! — сказал Левин, любуясь на его влажные глаза и трясущееся тело.

— Вы давно его знаете? — спросила Кити.

— Кто его не знает!

— И я вижу, что вы думаете, что он дурной человек.

— Не дурной, а ничтожный.

— И неправда! И поскорей не думайте больше так! — сказала Кити. — Я тоже была о нем очень низкого мнения, но это, это — премилый и удивительно добрый человек. Сердце у него золотое.

— Как это вы могли узнать его сердце?

— Мы с ним большие друзья. Я очень хорошо знаю его. Прошлую зиму, вскоре после того… как вы у нас были, — сказала она с виноватою и вместе доверчивою улыбкой, — у Долли дети все были в скарлатине, и он зашел к ней как-то. И можете себе представить, — говорила она шепотом, — ему так жалко стало ее, что он остался и стал помогать ей ходить за детьми. Да, и три недели прожил у них в доме и как нянька ходил за детьми.

— Я рассказываю Константину Дмитричу про Туровцына в скарлатине, — сказала она, перегнувшись к сестре.

— Да, удивительно, прелесть! — сказала Долли, взглядывая на Туровцына, чувствовавшего, что говорили о нем, и кротко улыбаясь ему. Левин еще раз взглянул на Туровцына и удивился, как он прежде не понимал всей прелести этого человека.

— Виноват, виноват, и никогда не буду больше дурю думать о людях! — весело сказал он, искренно высказывая то, что он теперь чувствовал.

XII

В затеянном разговоре о правах женщин были щекотливые при дамах вопросы о неравенстве прав в браке. Песцов во время обеда несколько раз налетал на эти вопросы, но Сергей Иванович и Степан Аркадьич осторожно отклоняли его.

Когда же встали из-за стола и дамы вышли, Песцов не следуя за ними, обратился к Алексею Александровичу и принялся высказывать главную причину неравенства. Неравенство супругов, по его мнению, состояло в том, что неверность жены и неверность мужа казнятся неравно и законом и общественным мнением.

Степан Аркадьич поспешно подошел к Алексею Александровичу, предлагая ему курить.

– Нет, я не курю, – спокойно отвечал Алексей Александрович и, как бы умышленно желая показать, что он не боится этого разговора, обратился с холодною улыбкой к Песцову.

– Я полагаю, что основания такою взгляда лежат в самой сущности вещей, – сказал он и хотел пройти в гостиную; но тут вдруг неожиданно заговорил Туровцын, обращаясь к Алексею Александровичу.

– А вы изволили слышать о Прячникове? – сказал Туровцын, оживленный выпитым шампанским и давно ждавший случая прервать тяготившее его молчание. – Вася Прячников, – сказал он с своею доброю улыбкой влажных и румяных губ, обращаясь преимущественно к главному гостю, Алексею Александровичу, – мне нынче рассказывали, он дрался на дуэли в Твери с Квытским и убил его.

Как всегда кажется, что зашибаешь, как нарочно, именно больное место, так и теперь Степан Аркадьич чувствовал, что на беду нынче каждую минуту разговор нападал на больное место Алексея Александровича. Он хотел опять отвести зятя, но сам Алексей Александрович с любопытством спросил:

– За что дрался Прячников?

– За жену. Молодцом поступил! Вызвал и убил!

– А! – равнодушно сказал Алексей Александрович и, подняв брови, прошел в гостиную.

– Как я рада, что вы пришли, – сказала ему Долли с испуганною улыбкой, встречая его в проходной гостиной, – мне нужно поговорить с вами. Сядемте здесь.

Алексей Александрович с тем же выражением равнодушия, которое придавали ему приподнятые брови, сел подле Дарьи Александровны и притворно улыбнулся.

– Тем более, – сказал он, – что я и хотел просить вашего извинения и тотчас откланяться. Мне завтра надо ехать.

Дарья Александровна была твердо уверена в невинности Анны и чувствовала, что она бледнеет и губы ее дрожат от гнева на этого холодного, бесчувственного человека, так покойно намеревающегося погубить ее невинного друга.

– Алексей Александрович, – сказала она, с отчаянною решительностью глядя ему в глаза. – Я спрашивала у вас про Анну, вы мне не ответили. Что она?

– Она, кажется, здорова, Дарья Александровна, – не глядя на нее, отвечал Алексей Александрович.

– Алексей Александрович, простите меня, я не имею права... но я, как сестру, люблю и уважаю Анну; я прошу, умоляю вас сказать мне, что такое между вами? в чем вы обвиняете ее?

Алексей Александрович поморщился и, почти закрыв глаза, опустил голову.

– Я полагаю, что ваш муж передал вам те причины, почему я считаю нужным изменить прежние свои отношения к Анне Аркадьевне, – сказал он, не глядя ей в глаза, а недовольно оглядывая проходившего через гостиную Щербацкого.

– Я не верю, не верю, не могу верить этому! – сжимая пред собой свои костлявые руки, с энергическим жестом проговорила Долли. Она быстро встала и положила свою руку на рукав Алексея Александровича. – Нам помешают здесь. Пойдемте сюда, пожалуйста.

Волнение Дарьи Александровны действовало на Алексея Александровича. Он встал и покорно пошел за нею в классную комнату. Они сели за стол, обтянутый изрезанною перочинными ножами клеенкой.

– Я не верю, не верю этому! – проговорила Долли, стараясь уловить его избегающий ее взгляд.

– Нельзя не верить фактам, Дарья Александровна, – сказал он, ударяя на слово *фактам*.

– Но что же она сделала? Что? Что? – говорила Дарья Александровна. – Что именно она сделала?

– Она презрела свои обязанности и изменила своему мужу. Вот что она сделала, – сказал он.

– Нет, нет, не может быть! Нет, ради бога, вы ошиблись! – говорила Долли, дотрагиваясь руками до висков и закрывая глаза.

Алексей Александрович холодно улыбнулся одними губами, желая показать ей и самому себе твердость своего убеждения; но эта горячая защита, хотя и не колебала его, растравляла его рану. Он заговорил с бо́льшим оживлением.

– Весьма трудно ошибаться, когда жена сама объявляет о том мужу. Объявляет, что восемь лет жизни и сын – что все это ошибка и что она хочет жить сначала, – сказал он сердито, сопя носом.

– Анна и порок – я не могу соединить, не могу верить этому.

– Дарья Александровна! – сказал он, теперь прямо взглянув в доброе взволнованное лицо Долли и чувствуя, что язык его невольно развязывается. – Как бы я дорого дал, чтобы сомнение еще было возможно. Когда я сомневался, мне было тяжело, но легче, чем теперь. Когда я сомневался, то была надежда; но теперь нет надежды, и я все-таки сомневаюсь во всем. Я сомневаюсь во всем, я ненавижу сына, я иногда не верю, что это мой сын. Я очень несчастлив.

Ему не нужно было говорить этого. Дарья Александровна поняла это, как только он взглянул ей в лицо; и ей стало жалко его, и вера в невинность ее друга поколебалась в ней.

– Ах! это ужасно, ужасно! Но неужели это правда, что вы решились на развод?

– Я решился на последнюю меру. Мне больше нечего делать.

– Нечего делать, нечего делать... – проговорила она со слезами на глазах. – Нет, не нечего делать! – сказала она.

– То-то и ужасно в этом роде горя, что нельзя, как во всяком другом – в потере, в смерти, нести крест, а тут нужно действовать, – сказал он, как будто угадывая ее мысль. – Нужно выйти из того унизительного положения, в которое вы поставлены: нельзя жить втроем.

– Я понимаю, я очень понимаю это, – сказала Долли и опустила голову. Она помолчало, думая о себе, о своем семейном горе, и вдруг энергическим жестом подняла голову и умоляющим жестом сложила руки. – Но постойте! Вы христианин. Подумайте о ней! Что с ней будет, если вы бросите ее?

– Я думал, Дарья Александровна, и много думал, – говорил Алексей Александрович. Лицо его покраснело пятнами, и мутные глаза глядели прямо на нее. Дарья Александровна теперь всею душой уже жалела его. – Я это самое сделал после того, как мне объявлен был ею же самой мой позор; я оставил все по-старому. Я дал возможность исправления, я старался спасти ее. И что же? Она не исполнила самого легкого требования – соблюдения приличий, – говорил он, разгорячаясь. – Спасать можно человека, который не хочет погибать; но если натура вся так испорчена, развращена, что самая погибель кажется ей спасением, то что же делать?

– Все, только не развод! – отвечала Дарья Александровна.

– Но что же все?

– Нет, это ужасно. Она будет ничьей женой, она погибнет!

– Что же я могу сделать? – подняв плечи и брови, сказал Алексей Александрович. Воспоминание о последнем проступке жены так раздражило его, что он опять стал холоден, как и при начале разговора. – Я очень благодарю за ваше участие, но мне пора, – сказал он, вставая.

– Нет, постойте! Вы не должны погубить ее. Постойте, я вам скажу про себя. Я вышла замуж. Муж обманывал меня; в злобе, ревности я хотела все бросить, я хотела сама... Но я опомнилась; и кто же? Анна спасла меня. И вот я живу. Дети растут, муж возвращается в семью и чувствует свою неправоту, делается чище, лучше, и я живу... Я простила, и вы должны простить!

Алексей Александрович слушал ее, но слова ее уже не действовали на него. В душе его опять поднялась вся злоба того дня, когда он решился на развод. Он отряхнулся и заговорил пронзительным, громким голосом:

— Простить я не могу, и не хочу, и считаю несправедливым. Я для этой женщины сделал все, и она затоптала все в грязь, которая ей свойственна. Я не злой человек, я никогда никого не ненавидел, но ее я ненавижу всеми силами души и не могу даже простить ее, потому что слишком ненавижу за все то зло, которое она сделала мне! — проговорил он со слезами злобы в голосе.

— Любите ненавидящих вас... — стыдливо прошептала Дарья Александровна.

Алексей Александрович презрительно усмехнулся. Это он давно знал, но это не могло быть приложимо к его случаю.

— Любите ненавидящих вас, а любить тех, кого ненавидишь, нельзя. Простите, что я вас расстроил. У каждого своего горя достаточно! — И, овладев собой, Алексей Александрович спокойно простился и уехал.

XIII

Когда встали из-за стола, Левину хотелось идти за Кити в гостиную; но он боялся, не будет ли ей это неприятно по слишком большой очевидности его ухаживанья за ней. Он остался в кружке мужчин, принимая участие в общем разговоре, и, не глядя на Кити, чувствовал ее движения, ее взгляды и то место, на котором она была в гостиной.

Он сейчас уже и без малейшего усилия исполнял то обещание, которое он дал ей, — всегда думать хорошо про всех людей и всегда всех любить. Разговор зашел об общине, в которой Песцов видел какое-то особенное начало, называемое им хоровым началом.[1] Левин был не согласен ни с Песцовым, ни с братом, который как-то по-своему и признавал и не признавал значение русской общины. Но он говорил с ними, стараясь только помирить их и смягчить их возражения. Он нисколько не интересовался тем,

---

[1] *Разговор зашел об общине, в которой Песцов видел какое-то особенное начало, называемое им хоровым началом* — Отношение к крестьянской общине как к «нравственному хору», в котором каждый отдельный голос, «подчиняясь общему строю, слышится в согласии всех голосов», — одна из самых характерных идей славянофильства. Песцов повторяет слова К. С. Аксакова о «хоровом начале общины» (см.: К. С. Аксаков. Полн. собр. соч., т. I. М., 1861, с. 292).

что он сам говорил, еще менее тем, что они говорили, но только желал одного – чтоб им и всем было хорошо и приятно. Он знал теперь то, что одно важно. И это одно было сначала там, в гостиной, а потом стало подвигаться и остановилось у двери. Он, не оборачиваясь, почувствовал устремленный на себя взгляд и улыбку и не мог не обернуться. Она стояла в дверях с Щербацким и смотрела на него.

– Я думал, вы к фортепьянам идете, – сказал он, подходя к ней. – Вот это, чего мне недостает в деревне: музыки.

– Нет, мы шли только, чтоб вас вызвать, и благодарю, – сказала она, как подарком, награждая его улыбкой, – что вы пришли. Что за охота спорить? Ведь никогда один не убедит другого.

– Да, правда, – сказал Левин, – большею частью бывает, что споришь горячо только оттого, что никак не можешь понять, что именно хочет доказать противник.

Левин часто замечал при спорах между самыми умными людьми, что после огромных усилий, огромного количества логических тонкостей и слов спорящие приходили, наконец, к сознанию того, что то, что они долго бились доказать друг другу, давным-давно, с начала спора, было известно им, но что они любят разное и потому не хотят назвать того, что они любят, чтобы не быть оспоренными. Он часто испытывал, что иногда во время спора поймешь то, что любит противник, и вдруг сам полюбишь это самое и тотчас согласишься, и тогда все доводы отпадают, как ненужные; а иногда испытывал наоборот: выскажешь, наконец, то, что любишь сам и из-за чего придумываешь доводы, и если случится, что выскажешь это хорошо и искренно, то вдруг противник соглашается и перестает спорить. Это-то самое он хотел сказать.

Она сморщила лоб, стараясь понять. Но только что он начал объяснять, она уже поняла.

– Я понимаю: надо узнать, за что он спорит, что он любит, тогда можно…

Она вполне угадала и выразила его дурно выраженную мысль. Левин радостно улыбнулся: так ему поразителен был этот переход от запутанного многословного спора с Песцовым и братом к этому лаконическому и ясному, без слов почти, сообщению самых сложных мыслей.

Щербацкий отошел от них, и Кити, подойдя к расставленному карточному столу, села и, взяв в руку мелок, стала чертить им по новому зеленому сукну расходящиеся круги.

Они возобновили разговор, шедший за обедом: о свободе, занятиях женщин. Левин был согласен с мнением Дарьи Александровны, что девушка, не вышедшая замуж, найдет себе дело женское в семье. Он подтверждал это тем, что ни одна семья не может обойтись без помощницы, что в каждой бедной и богатой семье есть и должны быть няньки, наемные пли родные.

– Нет, – сказала Кити, покраснев, но тем смелее глядя на него своими правдивыми глазами, – девушка может быть так поставлена, что не может без унижения войти в семью, а сама...

Он понял ее с намека.

– О, да! – сказал он, – да, да, да, вы правы, вы правы!

И он поуял все, что за обедом доказывал Песцов о свободе женщин, только тем, что видел в сердце Кити страх девства и униженья, и, любя ее, он почувствовал этот страх и униженье и сразу отрекся от своих доводов.

Наступило молчание. Она все чертила мелом по столу. Глаза ее блестели тихим блеском. Подчиняясь ее настроению, он чувствовал во всем существе своем все усиливающееся напряжение счастия.

– Ах! я весь стол исчертила! – сказала она и, положив мелок, сделала движенье, как будто хотела встать.

«Как же я останусь один... без нее?» – с ужасом подумал он и взял мелок. – Постойте, – сказал он, садясь к столу. – Я давно хотел спросить у вас одну вещь.

Он глядел ей прямо в ласковые, хотя и испуганные глаза.

– Пожалуйста, спросите.

– Вот, – сказал он и написал начальные буквы: к, в, м, о: *э, н, м, б, з, л, э, п, и, т*? Буквы эти значили: «когда вы мне ответили: *этого не может быть,* значило ли это, что никогда, или тогда?» Не было никакой вероятности, чтоб она могла понять эту сложную фразу; по он посмотрел на нее с таким видом, что жизнь его зависит от того, поймет ли она эти слова.

Она взглянула на него серьезно, потом оперла нахмуренный лоб на руку и стала читать. Изредка она взглядывала на него, спрашивая у него взглядом: «То ли это, что я думаю?»

– Я поняла, – сказала она, покраснев.

– Какое это слово? – сказал он, указывая на н, которым означалось слово *никогда.*

– Это слово значит *никогда,* – сказала она, – но это неправда!

Он быстро стер написанное, подал ей мел и встал. Она написала: т, я, н, м, и, о.

Долли утешилась совсем от горя, причиненного ей разговором с Алексеем Александровичем, когда она увидела эти две фигуры: Кити с мелком в руках и с улыбкой робкою и счастливою, глядящую вверх на Левина, и его красивую фигуру, нагнувшуюся над столом, с горящими глазами, устремленными то на стол, то на нее. Он вдруг просиял: он понял. Это значило: «тогда я не могла иначе ответить».

Он взглянул на нее вопросительно, робко.

– Только тогда?

— Да, — отвечала ее улыбка.

— А т... А теперь? — спросил он.

— Ну, так вот прочтите. Я скажу то, чего бы желала. Очень бы желала! — Она написала начальные буквы: ч, в, м, з, и, п, ч, б. Это значило: «чтобы вы могли забыть и простить, что было».

Он схватил мел напряженными, дрожащими пальцами и, сломав его, написал начальные буквы следующего: «мне нечего забывать и прощать, я не переставал любить вас».

Она взглянула на него с остановившеюся улыбкой.

— Я поняла, — шепотом сказала она.

Он сел и написал длинную фразу. Она все поняла и, не спрашивая его: так ли? взяла мел и тотчас же ответила.

Он долго не мог понять того, что она написала, и часто взглядывал в ее глаза. На него нашло затмение от счастия. Он никак не мог подставить те слова, какие она разумела; но в прелестных сияющих счастьем глазах ее он понял все, что ему нужно было знать. И он написал три буквы. Но он еще не кончил писать, а она уже читала за его рукой и сама докончила и написала ответ: Да.

— В секретаря играете? — сказал князь, подходя. — Ну, поедем, однако, если ты хочешь поспеть в театр.

Левин встал и проводил Кити до дверей.

В разговоре их все было сказано; было сказано, что она любит его и что скажет отцу и матери, что завтра он приедет утром.

XIV

Когда Кити уехала и Левин остался один, он почувствовал такое беспокойство без нее и такое нетерпеливое желание поскорее, поскорее дожить до завтрашнего утра, когда он опять увидит ее и навсегда соединится с ней, что он испугался, как смерти, этих четырнадцати часов, которые ему предстояло провести без нее. Ему необходимо было быть и говорить с кем-нибудь, чтобы как-нибудь не оставаться одному, чтоб обмануть время. Степан Аркадьич был бы для него самый приятный собеседник, но он ехал, как он говорил, на вечер, в действительности же в балет. Левин только успел сказать ему, что он счастлив и что он любит его и никогда, никогда не забудет то, что он для него сделал. Взгляд и улыбка Степана Аркадьича показали Левину, что он понимал как должно это чувство.

— Что ж, не пора умирать? — сказал Степан Аркадьич, с умилением пожимая руку Левина.

— Нннеет! — сказал Левин.

Дарья Александровна, прощаясь с ним, тоже как бы поздравила его, сказав:

— Как я рада, что вы встретились опять с Кити, надо дорожить старыми дружбами.

Но Левину неприятны были эти слова Дарьи Александровны. Она не могла понять, как все это было высоко и недоступно ей, и она не должна была сметь упоминать об этом.

Левин простился с ними, но, чтобы не остаться одному, прицепился к своему брату.

— Ты куда едешь?

— Я в заседание.

— Ну, и я с тобой. Можно?

— Отчего же? поедем, — улыбаясь, сказал Сергей Иванович. — Что с тобой нынче?

— Со мной? Со мной счастье! — сказал Левин, опуская окно кареты, в которой они ехали. — Ничего тебе? а то душно. Со мной счастье! Отчего ты не женился никогда?

Сергей Иванович улыбнулся.

— Я очень рад, она, кажется, славная де... — начал было Сергей Иванович.

— Не говори, не говори, не говори! — закричал Левин, схватив его обеими руками за воротник его шубы и запахивая его. «Она славная девушка» были такие простые, низменные слова, столь несоответственные его чувству.

Сергей Иванович засмеялся веселым смехом, что с ним редко бывало.

— Ну, все-таки можно сказать, что я очень рад этому.

— Это можно завтра, завтра, и больше ничего! Ничего, ничего, молчание![1] — сказал Левин и, запахнув его еще раз шубой, прибавил: — Я тебя очень люблю! Что же, можно мне быть в заседании?

— Разумеется, можно.

— О чем у вас нынче речь? — спрашивал Левин, не переставая улыбаться.

Они приехали в заседание. Левин слушал, как секретарь, запинаясь, читал протокол, которого, очевидно, сам не понимал; но Левин видел по лицу этого секретаря, какой он был милый, добрый и славный человек. Это видно было по тому, как он мешался и конфузился, читая протокол. Потом

---

[1] *Ничего, ничего, молчание!..* — Слова Поприщина из «Записок сумасшедшего» Н. В. Гоголя.

начались речи. Они спорили об отчислении каких-то сумм и о проведении каких-то труб, и Сергей Иванович уязвил двух членов и что-то победоносно долго говорил; и другой член, написав что-то на бумажке, заробел сначала, но потом ответил ему очень ядовито и мило. И потом Свияжский (он был тут же) тоже что-то сказал так красиво и благородно. Левин слушал их и ясно видел, что ни этих отчисленных сумм, ни труб, ничего этого не было и что они вовсе не сердились, а что они были все такие добрые, славные люди, и так все это хорошо, мило шло между ними. Никому они не мешали, и всем было приятно. Замечательно было для Левина то, что они все для него нынче были видны насквозь, и по маленьким, прежде незаметным признакам он узнавал душу каждого и ясно видел, что они все были добрые. В особенности его, Левина, они все чрезвычайно любили нынче. Это видно было по тому, как они говорили с ним, как ласково, любовно смотрели на него даже все незнакомые.

– Ну что же, ты доволен? – спросил у него Сергей Иванович.

– Очень. Я никак не думал, что это так интересно! Славно, прекрасно!

Свияжский подошел к Левину и звал его к себе чай пить. Левин никак не мог понять и вспомнить, чем он был недоволен в Свияжском, чего он искал от него. Он был умный и удивительно добрый человек.

– Ах, очень рад, – сказал он и спросил про жену и про свояченицу. И по странной филиации мыслей, так как в его воображении мысль о свояченице Свияжского связывалась с браком, ему представилось, что никому лучше нельзя рассказать своего счастья, как жене и свояченице Свияжского, и он очень был рад ехать к ним.

Свияжский расспрашивал его про его дело в деревне, как и всегда, не предполагая никакой возможности найти что-нибудь не найденное в Европе, и теперь это нисколько не неприятно было Левину. Он, напротив, чувствовал, что Свияжский прав, что все это дело ничтожно, и видел удивительную мягкость и нежность, с которою Свияжский избегал высказыванья своей правоты. Дамы Свияжского были особенно милы. Левину казалось, что они всё уже знают и сочувствуют ему, но не говорят только из деликатности. Он просидел у них час, два, три, разговаривая о разных предметах, но подразумевал одно то, что наполняло его душу, и не замечал того, что он надоел им ужасно и что им давно пора было спать. Свияжский проводил его до передней, зевая и удивляясь тому странному состоянию, в котором был его приятель. Был второй час. Левин вернулся в гостиницу и испугался мысли о том, как он один теперь с своим нетерпением проведет остающиеся ему еще десять часов. Не спавший чередовой лакей зажег ему свечи и хотел уйти, но Левин остановил его. Лакей этот, Егор, которого прежде не замечал Левин, оказался очень умным и хорошим, а главное, добрым человеком.

– Что же, трудно, Егор, не спать?

– Что делать! Наша должность такая. У господ покойнее; зато расчетов здесь больше.

Оказалось, что у Егора была семья, три мальчика и дочь-швея, которую он хотел отдать замуж за приказчика в шорной лавке.

Левин по этому случаю сообщил Егору свою мысль о том, что в браке главное дело любовь и что с любовью всегда будешь счастлив, потому что счастье бывает только в себе самом.

Егор внимательно выслушал и, очевидно, вполне понял мысль Левина, но в подтверждение ее он привел неожиданное для Левина замечание о том, что, когда он жил у хороших господ, он всегда был своими господами доволен и теперь вполне доволен своим хозяином, хоть он француз.

«Удивительно добрый человек», – думал Левин.

– Ну, а ты, Егор, когда женился, ты любил свою жену?

– Как же не любить, – отвечал Егор.

И Левин видел, что Егор находится тоже в восторженном состоянии и намеревается высказать все свои задушевные чувства.

– Моя жизнь тоже удивительная. Я сызмальства… – начал он, блестя глазами, очевидно заразившись восторженностью Левина, так же как люди заражаются зевотой.

Но в это время послышался звонок; Егор ушел, и Левин остался один. Он почти ничего не ел за обедом, отказался от чая и ужина у Свияжских, но не мог подумать об ужине. Он не спал прошлую ночь, но не мог и думать о сне. В комнате было свежо, но его душила жара. Он отворил обе форточки и сел на стол против форточек. Из-за покрытой снегом крыши видны были узорчатый с цепями крест и выше его – поднимающийся треугольник созвездия Возничего с желтовато-яркою Капеллой. Он смотрел то на крест, то на звезду, вдыхал в себя свежий морозный воздух, равномерно вбегающий в комнату, и, как во сне, следил за возникающими в воображении образами и воспоминаниями. В четвертом часу он услыхал шаги по коридору и выглянул в дверь. Это возвращался знакомый ему игрок Мяскин из клуба. Он шел мрачно, насупившись и откашливаясь. «Бедный, несчастный!» – подумал Левин, и слезы выступили ему на глаза от любви и жалости к этому человеку. Он хотел поговорить с ним, утешить его; но, вспомнив, что он в одной рубашке, раздумал и опять сел к форточке, чтобы купаться в холодном воздухе и глядеть на этот чудной формы, молчаливый, но полный для него значения крест и на возносящуюся желто-яркую звезду. В седьмом часу зашумели полотеры, зазвонили к какой-то службе, и Левин почувствовал, что начинает зябнуть. Он затворил форточку, умылся, оделся и вышел на улицу.

XV

На улицах еще было пусто. Левин пошел к дому Щербацких. Парадные двери были заперты, и все спало. Он пошел назад, вошел опять в номер и потребовал кофей. Денной лакей, уже не Егор, принес ему. Левин хотел вступить с ним в разговор, но лакею позвонили, и он ушел. Левин попробовал отпить кофе и положить калач в рот, но рот его решительно не знал, что делать с калачом. Левин выплюнул калач, надел пальто и пошел опять ходить. Был десятый час, когда он во второй раз пришел к крыльцу Щербацких. В доме только что встали, и повар шел за провизией. Надо было прожить еще по крайней мере два часа.

Всю эту ночь и утро Левин жил совершенно бессознательно и чувствовал себя совершенно изъятым из условий материальной жизни. Он не ел целый день, не спал две ночи, провел несколько часов раздетый на морозе и чувствовал себя не только свежим и здоровым как никогда, но он чувствовал себя совершенно независимым от тела: он двигался без усилия мышц и чувствовал, что все может сделать. Он был уверен, что полетел бы вверх или сдвинул бы угол дома, если б это понадобилось. Он проходил остальное время по улицам, беспрестанно посматривая на часы и оглядываясь по сторонам.

И что он видел тогда, того после уже он никогда по видал. В особенности дети, шедшие в школу, голуби сизые, слетевшие с крыши на тротуар, и сайки, посыпанные мукой, которые выставила невидимая рука, тронули его. Эти сайки, голуби и два мальчика были неземные существа. Все это случилось в одно время: мальчик подбежал к голубю и, улыбаясь, взглянул на Левина; голубь затрещал крыльями и отпорхнул, блестя на солнце между дрожащими в воздухе пылинками снега, а из окошка пахнуло духом печеного хлеба и выставились сайки. Все это вместе было так необычайно хорошо, что Левин засмеялся и заплакал от радости. Сделав большой круг по Газетному переулку и Кисловке, он вернулся опять в гостиницу и, положив пред собой часы, сел, ожидая двенадцати. В соседнем номере говорили что-то о машинах и обмане и кашляли утренним кашлем. Они не понимали, что уже стрелка подходит к двенадцати. Стрелка подошла. Левин вышел на крыльцо. Извозчики, очевидно, всё знали. Они с счастливыми лицами окружили Левина, споря между собой и предлагая свои услуги. Стараясь не обидеть других извозчиков и обещав с теми тоже поездить, Левин взял одного и велел ехать к Щербацким. Извозчик был прелестен в белом, высунутом из-под кафтана и натянутом на налитой, красной, крепкой шее вороте рубахи. Сани у этого извозчика были высокие, ловкие, такие, на каких Левин уже после никогда не ездил, и лошадь была хороша и старалась бежать, но не двигалась с места. Извозчик знал дом Щербацких и, особенно почтительно к седоку округлив руки и сказав «прру», осадил у подъезда. Швейцар Щербацких, наверное, все знал. Это видно было по улыбке его глаз и по тому, как он сказал:

– Ну, давно не были, Константин Дмитрич!

Не только он все знал, но он, очевидно для Левина, ликовал и делал усилия, чтобы скрыть свою радость. Взглянув в его старческие милые глаза, Левин понял даже что-то еще новое в своем счастье.

– Встали?

– Пожалуйте! А то оставьте здесь, – сказал он, улыбаясь, когда Левин хотел вернуться взять шапку. Это что-нибудь значило.

– Кому доложить прикажете? – спросил лакей. Лакей был хотя и молодой и из новых лакеев, франт, но очень добрый и хороший человек и тоже все понимал.

– Княгине… Князю… Княжне… – сказал Левин. Первое лицо, которое он увидал, была mademoiselle Linon. Она шла чрез залу, и букольки и лицо ее сияли. Он только что заговорил с нею, как вдруг за дверью послышались шаги, шорох платья, и mademoiselle Linon исчезла из глаз Левина, и радостный ужас близости своего счастья сообщился ему. Mademoiselle Linon заторопилась и, оставив его, пошла к другой двери. Только что она вышла, быстрые-быстрые легкие шаги зазвучали по паркету, и его счастье, его жизнь, он сам – лучшее его самого себя, то, чего он искал и желал так долго, быстро-быстро близилось к нему. Она не шла, но какою-то невидимою силой неслась к нему.

Он видел только ее ясные, правдивые глаза, испуганные той же радостью любви, которая наполняла и его сердце. Глаза эти светились ближе и ближе, ослепляя его своим светом любви. Она остановилась подле самого его, касаясь его. Руки ее поднялись и опустились ему на плечи.

Она сделала все, что могла, – она подбежала к нему, и отдалась вся, робея и радуясь. Он обнял ее и прижал губы к ее рту, искавшему его поцелуя.

Она тоже не спала всю ночь и все утро ждала его. Мать и отец были бесспорно согласны и счастливы ее счастьем. Она ждала его. Она первая хотела объявить ему свое и его счастье. Она готовилась одна встретить его и радовалась этой мысли, и робела, и стыдилась, и сама не знала, что она сделает. Она слышала его шаги и голос и ждала за дверью, пока уйдет mademoiselle Linon. Mademoiselle Linon ушла. Она, не думая, не спрашивая себя, как и что, подошла к нему и сделала то, что она сделала.

– Пойдемте к мама́! – сказала она, взяв его за руку.

Он долго не мог ничего сказать, не столько потому, чтоб он боялся словом испортить высоту своего чувства, сколько потому, что каждый раз, как он хотел сказать что-нибудь, вместо слов, он чувствовал, что у него вырвутся слезы счастья. Он взял ее руку и поцеловал.

– Неужели это правда? – сказал он, наконец, глухим голосом. – Я не могу верить, что ты любишь меня!

Она улыбнулась этому «ты» и той робости, с которою он взглянул на нее.

– Да! – значительно, медленно проговорила она. – Я так счастлива!

Она, не выпуская руки его, вошла в гостиную. Княгиня, увидав их, задышала часто и тотчас же заплакала и тотчас же засмеялась и таким энергическим шагом, какого не ждал Левин, подбежала к ним и, обняв голову Левина, поцеловала его и обмочила его щеки слезами.

– Так все кончено! Я рада. Люби ее. Я рада… Кити!

– Скоро устроились! – сказал старый князь, стараясь быть равнодушным; но Левин заметил, что глаза его были влажны, когда он обратился к нему.

– Я давно, всегда этого желал! – сказал он, взяв за руку Левина и притягивая его к себе. – Я еще тогда, когда эта ветреница вздумала…

– Папа! – вскрикнула Кити и закрыла ему рот руками.

– Ну, не буду! – сказал он. – Я очень, очень… ра… Ах! как я глуп…

Он обнял Кити, поцеловал ее лицо, руку, опять лицо и перекрестил ее.

И Левина охватило новое чувство любви к этому прежде чуждому ему человеку, старому князю, когда он смотрел, как Кити долго и нежно целовала его мясистую руку.

XVI

Княгиня сидела в кресле молча и улыбалась; князь сел подле нее. Кити стояла у кресла отца, все не выпуская его руку. Все молчали.

Княгиня первая назвала все словами и перевела все мысли и чувства в вопросы жизни. И всем одинаково странно и больно даже это показалось в первую минуту.

– Когда же? Надо благословить и объявить. А когда же свадьба? Как ты думаешь, Александр?

– Вот он, – сказал старый князь, указывая на Левина, – он тут главное лицо.

– Когда? – сказал Левин, краснея. – Завтра. Если вы меня спрашиваете, то, по-моему, нынче благословить и завтра свадьба.

– Ну, полно, mon cher, глупости!

– Ну, через неделю.

– Он точно сумасшедший.

– Нет, отчего же?

– Да помилуй! – радостно улыбаясь этой поспешности, сказала мать. – А приданое?

«Неужели будет приданое и все это? – подумал Левин с ужасом. – А впрочем, разве может приданое, и благословение, и все это – разве это может испортить мое счастье? Ничто не может испортить!» Он взглянул на Кити и заметил, что ее нисколько, нисколько не оскорбила мысль о приданом. «Стало быть, это нужно», – подумал он.

– Я ведь ничего не знаю, я только сказал свое желание, – проговорил он, извиняясь.

– Так мы рассудим. Теперь можно благословить и объявить. Это так.

Княгиня подошла к мужу, поцеловала его и хотела идти; но он удержал ее, обнял и нежно, как молодой влюбленный, несколько раз, улыбаясь, поцеловал ее. Старики, очевидно, спутались на минутку и не знали хорошенько, они ли опять влюблены, или только дочь их. Когда князь с княгиней вышли, Левин подошел к своей невесте и взял ее за руку. Он теперь овладел собой и мог говорить, и ему многое нужно было сказать ей. Но он сказал совсем не то, что нужно было.

– Как я знал, что это так будет! Я никогда не надеялся; но в душе я был уверен всегда, – сказал он. – Я верю, что это было предназначено.

– А я? – сказала она. – Даже тогда… – Она остановилась и опять продолжала, решительно глядя на него своими правдивыми глазами, – даже тогда, когда я оттолкнула от себя свое счастье. Я любила всегда вас одного, но я была увлечена. Я должна сказать… Вы можете забыть это?

– Может быть, это к лучшему. Вы мне должны простить многое. Я должен сказать вам…

Это было одно из того, что он решил сказать ей. Он решился сказать ей с первых же дней две вещи – то, что он не так чист, как она, и другое – что он неверующий. Это было мучительно, но он считал, что должен сказать и то и другое.

– Нет, не теперь, после! – сказал он.

– Хорошо, после, но непременно скажите. Я не боюсь ничего. Мне нужно все знать. Теперь кончено.

Он досказал:

– Кончено то, что вы возьмете меня, какой бы я ни был, не откажетесь от меня? Да?

– Да, да.

Разговор их был прерван mademoiselle Linon, которая, хотя и притворно, но нежно улыбаясь, пришла поздравлять свою любимую воспитанницу. Еще она не вышла, как с поздравлениями пришли слуги. Потом приехали родные, и начался тот блаженный сумбур, из которого Левин уже не выходил до другого дня своей свадьбы. Левину было постоянно неловко, скучно, но напряжение счастья шло, все увеличиваясь. Он постоянно чувствовал, что от него требуется многое, чего он не знает, и он делал все, что ему говорили, и все это доставляло ему счастье. Он думал, что его сватовство не будет иметь ничего похожего на другие, что обычные условия сватовства испортят его особенное счастье; но кончилось тем, что он делал то же, что другие, и счастье его от этого только увеличивалось и делалось более и более особенным, не имевшим и не имеющим ничего подобного.

– Теперь мы поедим конфет, – говорила m-lle Linon, – и Левин ехал покупать конфеты.

– Ну, очень рад, – сказал Свияжский, – Я вам советую букеты брать у Фомина.[1]

– А надо? – И он ехал к Фомину.

Брат говорил ему, что надо занять денег, потому что будет много расходов, подарки...

– А надо подарки? – И он скакал к Фульде.[2]

И у кондитера, и у Фомина, и у Фульда он видел, что его ждали, что ему рады и торжествуют его счастье так же, как и все, с кем он имел дело в эти дни. Необыкновенно было то, что его все не только любили, но и все прежде несимпатичные, холодные, равнодушные люди, восхищаясь им, покорялись ему во всем, нежно и деликатно обходились с его чувством и разделяли его убеждение, что он был счастливейшим в мире человеком, потому что невеста его была верх совершенства. То же самое чувствовала и Кити. Когда графиня Нордстон позволила к себе намекнуть о том, что она желала чего-то лучшего, то Кити так разгорячилась и так убедительно доказала, что лучше Левина ничего не может быть на свете, что графиня

---

[1] *...я вам советую букеты брать у Фомина.* – Имеется в виду цветочный магазин Фомина в Москве.

[2] *И он скакал к Фульде.* – Фульде – московская ювелирная фирма.

Нордстон должна была признать это и в присутствии Кити без улыбки восхищения уже не встречала Левина.

Объяснение, обещанное им, было одно тяжелое событие того времени. Он посоветовался со старым князем и, получив его разрешение, передал Кити свой дневник, в котором было написано то, что мучало его. Он и писал этот дневник тогда в виду будущей невесты. Его мучали две вещи: его неневинность и неверие. Признание в неверии прошло незамеченным. Она была религиозна, никогда не сомневалась в истинах религии, но его внешнее неверие даже нисколько не затронуло ее. Она знала любовью всю его душу, и в душе его она видела то, чего она хотела, а что такое состояние души называется быть неверующим, это ей было все равно. Другое же признание заставило ее горько плакать.

Левин не без внутренней борьбы передал ей свой дневник. Он знал, что между им и ею не может и не должно быть тайн, и потому он решил, что так до́лжно; но он не дал себе отчета о том, как это может подействовать, он не перенесся в нее. Только когда в этот вечер он приехал к ним пред театром, вошел в ее комнату и увидал заплаканное, несчастное от непоправимого, им произведенного горя, жалкое и милое лицо, он понял ту пучину, которая отделяла его позорное прошедшее от ее голубиной чистоты, и ужаснулся тому, что он сделал.

– Возьмите, возьмите эти ужасные книги! – сказала она, отталкивая лежавшие пред ней на столе тетради. – Зачем вы дали их мне!.. Нет, все-таки лучше, – прибавила она, сжалившись над его отчаянным лицом. – Но это ужасно, ужасно!

Он опустил голову и молчал. Он ничего не мог сказать.

– Вы не простите меня, – прошептал он.

– Нет, я простила, но это ужасно!

Однако счастье его было так велико, что это признание не нарушило его, а придало ему только новый оттенок. Она простила его; но с тех пор он еще более считал себя недостойным ее, еще ниже нравственно склонялся пред нею и еще выше ценил свое незаслуженное счастье.

XVII

Невольно перебирая в своем воспоминании впечатления разговоров, веденных во время и после обеда, Алексей Александрович возвращался в свой одинокий нумер. Слова Дарьи Александровны о прощении произвели в нем только досаду. Приложение или неприложение христианского правила к своему случаю был вопрос слишком трудный, о котором нельзя было говорить слегка, и вопрос этот был уже давно решен Алексеем

Александровичем отрицательно. Из всего сказанного наиболее запали в его воображение слова глупого, доброго Туровцына: *молодецки поступил; вызвал на дуэль и убил.* Все, очевидно, сочувствовали этому, хотя из учтивости и не высказали этого.

«Впрочем, это дело кончено, нечего думать об этом», – сказал себе Алексей Александрович. И, думая только о предстоящем отъезде и деле ревизии, он вошел в свой нумер и спросил у провожавшего швейцара, где его лакей; швейцар сказал, что лакей только вышел. Алексей Александрович велел себе подать чаю, сел к столу и, взяв Фрума[1], стал соображать маршрут путешествия.

– Две телеграммы, – сказал вернувшийся лакей, входя в комнату. – Извините, ваше превосходительство, я только что вышел.

Алексей Александрович взял телеграммы и распечатал. Первая телеграмма было известие о назначении Стремова на то самое место, которого желал Каренин. Алексей Александрович бросил депешу и, покраснев, встал и стал ходить по комнате. «Quos vult perdere dementat»[2], – сказал он, разумея под quos те лица, которые содействовали этому назначению. Ему не то было досадно, что не он получил это место, что его, очевидно, обошли; но ему непонятно, удивительно было, как они не видали, что болтун, фразер Стремов менее всякого другого способен к этому. Как они не видали, что они губили себя, свой prestige этим назначением!

«Что-нибудь еще в этом роде», – сказал он себе желчно, открывая вторую депешу. Телеграмма была от жены. Подпись ее синим карандашом, «Анна», первая бросилась ему в глаза. «Умираю, прошу, умоляю приехать. Умру с прощением спокойнее», – прочел он. Он презрительно улыбнулся и бросил телеграмму. Что это был обман и хитрость, в этом, как ему казалось в первую минуту, не могло быть никакого сомнения.

«Нет обмана, пред которым она бы остановилась. Она должна родить. Может быть, болезнь родов. Но какая же их цель? Узаконить ребенка, компрометировать меня и помешать разводу, – думал он. – Но что-то там сказано: умираю…» Он перечел телеграмму; и вдруг прямой смысл того, что было сказано в ней, поразил его. «А если это правда? – сказал он себе. – Если правда, что в минуту страданий и близости смерти она искренно раскаивается, и я, приняв это за обман, откажусь приехать? это будет не только жестоко, и все осудят меня, но это будет глупо с моей стороны».

– Петр, останови карету. Я еду в Петербург, – сказал он лакею.

---

[1] *Алексей Александрович… взяв Фрума…* – Фрум – указатель пассажирских и пароходных сообщений по России и Европе («Froom's Railway Guide for Russia & the Continent of Europe», 1870).

[2] Кого бог хочет погубить, того он лишает разума *(лат.)*.

Алексей Александрович решил, что поедет в Петербург и увидит жену. Если ее болезнь есть обман, то он промолчит и уедет. Если она действительно больна, при смерти и желает его видеть пред смертью, то он простит ее, если застанет в живых, и отдаст последний долг, если приедет слишком поздно.

Всю дорогу он не думал больше о том, что ему делать.

С чувством усталости и нечистоты, производимым ночью в вагоне, в раннем тумане Петербурга Алексей Александрович ехал по пустынному Невскому и глядел пред собою, не думая о том, что ожидало его. Он не мог думать об этом, потому что, представляя себе то, что будет, он не мог отогнать предположения о том, что смерть ее развяжет сразу всю трудность его положения. Хлебники, лавки запертые, ночные извозчики, дворники, метущие тротуары, мелькали в его глазах, и он наблюдал все это, стараясь заглушить в себе мысль о том, что ожидает его и чего он не смеет желать и все-таки желает. Он подъехал к крыльцу. Извозчик и карета со спящим кучером стояли у подъезда. Входя в сени, Алексей Александрович как бы достал из дальнего угла своего мозга решение и справился с ним. Там значилось: «Если обман, то презрение спокойное, и уехать. Если правда, то соблюсти приличия».

Швейцар отворил дверь еще прежде, чем Алексей Александрович позвонил. Швейцар Петров, иначе Капитоныч, имел странный вид в старом сюртуке, без галстука и в туфлях.

— Что барыня?

— Вчера разрешились благополучно.

Алексей Александрович остановился и побледнел. Он ясно понял теперь, с какою силой он желал ее смерти.

— А здоровье?

Корней в утреннем фартуке сбежал с лестницы.

— Очень плохо, — отвечал он. — Вчера был докторский съезд, и теперь доктор здесь.

— Возьми вещи, — сказал Алексей Александрович, и, испытывая некоторое облегчение от известия, что есть все-таки надежда смерти, он вошел в переднюю.

На вешалке было военное пальто. Алексей Александрович заметил это и спросил:

— Кто здесь?

— Доктор, акушерка и граф Вронский.

Алексей Александрович прошел во внутренние комнаты.

В гостиной никого не было; из ее кабинета на звук его шагов вышла акушерка в чепце с лиловыми лентами.

Она подошла к Алексею Александровичу и с фамильярностью близости смерти, взяв его за руку, повела в спальню.

– Слава богу, что вы приехали! Только об вас и об вас, – сказала она.

– Дайте же льду скорее! – сказал из спальни повелительный голос доктора.

Алексей Александрович прошел в ее кабинет. У ее стола боком к спинке на низком стуле сидел Вронский и, закрыв лицо руками, плакал. Он вскочил на голос доктора, отнял руки от лица и увидал Алексея Александровича. Увидав мужа, он так смутился, что опять сел, втягивая голову в плечи, как бы желая исчезнуть куда-нибудь; но он сделал усилие над собой, поднялся и сказал:

– Она умирает. Доктора сказали, что нет надежды. Я весь в вашей власти, но позвольте мне быть тут… впрочем, я в вашей воле, я при…

Алексей Александрович, увидав слезы Вронского, почувствовал прилив того душевного расстройства, которое производил в нем вид страданий других людей, и, отворачивая лицо, он, не дослушав его слов, поспешно пошел к двери. Из спальни слышался голос Анны, говорившей что-то. Голос ее был веселый, оживленный, с чрезвычайно определенными интонациями. Алексей Александрович вошел в спальню и подошел к кровати. Она лежала, повернувшись лицом к нему. Щеки рдели румянцем, глаза блестели, маленькие белые руки, высовываясь из манжет кофты, играли, перевивая его, углом одеяла. Казалось, она была не только здорова и свежа, но и в наилучшем расположении духа. Она говорила скоро, звучно и с необыкновенно правильными и прочувствованными интонациями:

– Потому что Алексей, я говорю про Алексея Александровича (какая странная, ужасная судьба, что оба Алексея, не правда ли?), Алексей не отказал бы мне. Я бы забыла, он бы простил… Да что ж он не едет? Он добр, он сам не знает, как он добр. Ах, боже мой, какая тоска! Дайте мне поскорее, поскорее воды! Ах, это ей, девочке моей, будет вредно! Ну, хорошо, ну дайте ей кормилицу. Ну, я согласна, это даже лучше. Он приедет, ему больно будет видеть ее. Отдайте ее.

– Анна Аркадьевна, он приехал. Вот он! – говорила акушерка, стараясь обратить на Алексея Александровича ее внимание.

– Ах, какой вздор! – продолжала Анна, не видя мужа. – Да дайте мне ее, девочку, дайте! Он еще не приехал. Вы оттого говорите, что не простит, что вы не знаете его. Никто не знал. Одна я, и то мне тяжело стало. Его глаза, надо знать, у Сережи точно такие, и я их видеть не могу от этого. Давали ли Сереже обедать? Ведь я знаю, все забудут. Он бы не забыл. Надо Сережу перевести в угольную и Mariette попросить с ним лечь.

Вдруг она сжалась, затихла и с испугом, как будто ожидая удара, как будто защищаясь, подняла руки к лицу. Она увидала мужа.

– Нет, нет, – заговорила она, – я не боюсь его, я боюсь смерти. Алексей, подойди сюда. Я тороплюсь оттого, что мне некогда, мне осталось жить немного, сейчас начнется жар, и я ничего уж не пойму. Теперь я понимаю, и все понимаю, я все вижу.

Сморщенное лицо Алексея Александровича приняло страдальческое выражение; он взял ее руку и хотел что-то сказать, но никак не мог выговорить; нижняя губа его дрожала, но он все еще боролся с своим волнением и только изредка взглядывал на нее. И каждый раз, как он взглядывал, он видел глаза ее, которые смотрели на него с такою умиленною и восторженною нежностью, какой он никогда не видал в них.

– Подожди, ты не знаешь… Постойте, постойте… – она остановилась, как бы собираясь с мыслями. – Да, – начинала она. – Да, да, да. Вот что я хотела сказать. Не удивляйся на меня. Я все та же… Но во мне есть другая, я ее боюсь – она полюбила того, и я хотела возненавидеть тебя и не могла забыть про ту, которая была прежде. Та не я. Теперь я настоящая, я вся. Я теперь умираю, я знаю, что умру, спроси у него. Я и теперь чувствую, вот они, пуды на руках, на ногах, на пальцах. Пальцы вот какие – огромные! Но это скоро кончится… Одно мне нужно: ты прости меня, прости совсем! Я ужасна, но мне няня говорила: святая мученица – как ее звали? – она хуже была. И я поеду в Рим, там пустыни, и тогда я никому не буду мешать, только Сережу возьму и девочку… Нет, ты не можешь простить! Я знаю, этого нельзя простить! Нет, нет, уйди, ты слишком хорош! – Она держала одною горячею рукой его руку, другою отталкивала его.

Душевное расстройство Алексея Александровича все усиливалось и дошло теперь до такой степени, что он уже перестал бороться с ним; он вдруг почувствовал, что то, что он считал душевным расстройством, было, напротив, блаженное состояние души, давшее ему вдруг новое, никогда не испытанное им счастье. Он не думал, что тот христианский закон, которому он всю жизнь свою хотел следовать, предписывал ему прощать и любить своих врагов; но радостное чувство любви и прощения к врагам наполняло его душу. Он стоял на коленах и, положив голову на сгиб ее руки, которая жгла его огнем через кофту, рыдал, как ребенок. Она обняла его плешивеющую голову, подвинулась к нему и с вызывающею гордостью подняла кверху глаза.

– Вот он, я знала! Теперь прощайте все, прощайте!.. Опять они пришли, отчего они не выходят?.. Да снимите же с меня эти шубы!

Доктор отнял ее руки, осторожно положил ее на подушку и накрыл с плечами. Она покорно легла навзничь и смотрела пред собой сияющим взглядом.

– Помни одно, что мне нужно было одно прощение, и ничего, больше я ничего не хочу… Отчего ж *он* не придет? – заговорила она, обращаясь в дверь к Вронскому, – Подойди, подойди! Подай ему руку.

Вронский подошел к краю кровати и, увидав ее, опять закрыл лицо руками.

– Открой лицо, смотри на него. Он святой, – сказала она. – Да открой, открой лицо! – сердито заговорила она. – Алексей Александрович, открой ему лицо! Я хочу его видеть.

Алексей Александрович взял руки Вронского и отвел их от лица, ужасного по выражению страдания и стыда, которые были на нем.

– Подай ему руку. Прости его.

Алексей Александрович подал ему руку, не удерживая слез, которые лились из его глаз.

– Слава богу, слава богу, – заговорила она, – теперь все готово. Только немножко вытянуть ноги. Вот так, вот прекрасно. Как эти цветы сделаны без вкуса, совсем не похоже на фиалку, – говорила она, указывая на обои. – Боже мой, боже мой! Когда это кончится? Дайте мне морфину. Доктор! дайте же морфину. Боже мой, боже мой!

И она заметалась на постели.

Доктор и доктора говорили, что это была родильная горячка, в которой из ста было 99, что кончится смертью. Весь день был жар, бред и беспамятство. К полночи больная лежала без чувств и почти без пульса.

Ждали конца каждую минуту.

Вронский уехал домой, но утром приехал узнать, и Алексей Александрович, встретив его в передней, сказал:

– Оставайтесь, может быть, она спросит вас, – и сам провел его в кабинет жены.

К утру опять началось волнение, живость, быстрота мысли и речи, и опять кончилось беспамятством. На третий день было то же, и доктор сказал, что есть надежда. В этот день Алексей Александрович вышел в кабинет, где сидел Вронский, и, заперев дверь, сел против него.

– Алексей Александрович, – сказал Вронский, чувствуя, что приближается объяснение, – я не могу говорить, не могу понимать. Пощадите меня! Как вам ни тяжело, поверьте, что мне еще ужаснее.

Он хотел встать. Но Алексей Александрович взял его за руку.

– Я прошу вас выслушать меня, это необходимо. Я должен вам объяснить свои чувства, те, которые руководили мной и будут руководить, чтобы вы не заблуждались относительно меня. Вы знаете, что я решился на развод и даже начал это дело. Не скрою от вас, что, начиная дело, я был в нерешительности, я мучался; признаюсь вам, что желание мстить вам и ей преследовало меня. Когда я получил телеграмму, я поехал сюда с теми же чувствами, скажу больше: я желал ее смерти. Но... – он помолчал в раздумье, открыть ли, или не открыть ему свое чувство. – Но я увидел ее и простил. И счастье прощения открыло мне мою обязанность. Я простил совершенно. Я хочу подставить другую щеку, я хочу отдать рубаху, когда у меня берут кафтан, и молю бога только о том, чтоб он не отнял у меня счастья прощения! – Слезы стояли в его глазах, и светлый, спокойный взгляд их поразил Вронского. – Вот мое положение. Вы можете затоптать меня в грязь, сделать посмешищем света, я не покину ее и никогда слова упрека не скажу вам, – продолжал он. – Моя обязанность ясно начертана для меня: я должен быть с ней и буду. Если она пожелает вас видеть, я дам вам знать, но теперь, я полагаю, вам лучше удалиться.

Он встал, и рыданье прервало его речь. Вронский встал и в нагнутом, невыпрямленном состоянии исподлобья глядел на него. Он был подавлен. Он не понимал чувства Алексея Александровича, но чувствовал, что это было что-то высшее и даже недоступное ему в его мировоззрении.

XVIII

После разговора своего с Алексеем Александровичем Вронский вышел на крыльцо дома Карениных и остановился, с трудом вспоминая, где он и куда ему надо идти или ехать. Он чувствовал себя пристыженным, униженным, виноватым и лишенным возможности смыть свое унижение. Он чувствовал себя выбитым из той колеи, по которой он так гордо и легко шел до сих пор. Все, казавшиеся столь твердыми, привычки и уставы его жизни вдруг оказались ложными и неприложимыми. Муж, обманутый муж, представлявшийся до сих пор жалким существом, случайною и несколько комическою помехой его счастью, вдруг ею же самой был вызван, вознесен на внушающую подобострастие высоту, и этот муж явился на этой высоте не злым, не фальшивым, не смешным, но добрым, простым и величественным. Этого не мог не чувствовать Вронский. Роли вдруг изменились. Вронский чувствовал его высоту и свое унижение, его правоту и свою неправду. Он почувствовал, что муж был великодушен и в своем горе, а он низок, мелочен в своем обмане. Но это сознание своей низости пред тем человеком, которого он несправедливо презирал, составляло только малую часть его горя. Он чувствовал себя невыразимо несчастным теперь оттого, что страсть его к Анне, которая охлаждалась, ему казалось, в последнее время, теперь, когда он знал, что навсегда потерял ее, стала сильнее, чем была когда-нибудь. Он увидал ее всю во время ее болезни, узнал ее душу, и ему казалось, что он никогда до тех пор не любил ее. И теперь-то, когда он узнал ее, полюбил, как дóлжно было любить, он был унижен пред нею и потерял ее навсегда, оставив в ней о себе одно постыдное воспоминание. Ужаснее же всего было то смешное, постыдное положение его, когда Алексей Александрович отдирал ему руки от его пристыженного лица. Он стоял на крыльце дома Карениных как потерянный и не знал, что делать.

– Извозчика прикажете? – спросил швейцар.

– Да, извозчика.

Вернувшись домой после трех бессонных ночей, Вронский, не раздеваясь, лег ничком на диван, сложив руки и положив на них голову. Голова его была тяжела. Представления, воспоминания и мысли самые странные с чрезвычайною быстротой и ясностью сменялись одна другою: то это было лекарство, которое он наливал больной и перелил чрез ложку, то белые руки акушерки, то странное положение Алексея Александровича на полу пред кроватью.

«Заснуть! Забыть!» – сказал он себе, со спокойною уверенностью здорового человека в том, что если он устал и хочет спать, то сейчас же и заснет. И действительно, в то же мгновение в голове стало путаться, и он стал проваливаться в пропасть забвения. Волны моря бессознательной жизни стали уже сходиться над его головой, как вдруг, – точно сильнейший заряд электричества был разряжен в него, – он вздрогнул так, что всем телом подпрыгнул на пружинах дивана и, упершись руками, с испугом вскочил на колени. Глаза его были широко открыты, как будто он никогда не спал. Тяжесть головы и вялость членов, которые он испытывал за минуту, вдруг исчезли.

«Вы можете затоптать в грязь», – слышал он слова Алексея Александровича и видел его пред собой, и видел с горячечным румянцем и блестящими глазами лицо Анны, с нежностью и любовью смотрящее не на него, а на Алексея Александровича; он видел свою, как ему казалось, глупую и смешную фигуру, когда Алексей Александрович отнял ему от лица руки. Он опять вытянул ноги и бросился на диван в прежней позе и закрыл глаза.

«Заснуть! заснуть!» – повторял он себе. Но с закрытыми глазами он еще яснее видел лицо Анны таким, какое оно было в памятный ему вечер до скачек.

– Этого нет и не будет, и она желает стереть это из своего воспоминания. А я не могу жить без этого. Как же нам помириться, как же нам помириться? – сказал он вслух и бессознательно стал повторять эти слова. Это повторение слов удерживало возникновение новых образов и воспоминаний, которые, он чувствовал, толпились в его голове. Но повторение слов удержало воображение ненадолго. Опять одна за другой стали представляться с чрезвычайною быстротой лучшие минуты и вместе с ними недавнее унижение. «Отними руки», – говорит голос Анны. Он отнимает руки и чувствует пристыженное и глупое выражение своего лица.

Он все лежал, стараясь заснуть, хотя чувствовал, что не было ни малейшей надежды, и все повторял шепотом случайные слова из какой-нибудь мысли, желая этим удержать возникновение новых образов. Он прислушался – и услыхал странным, сумасшедшим шепотом повторяемые слова: «Не умел ценить, не умел пользоваться; не умел ценить, не умел пользоваться».

«Что это? или я с ума схожу? – сказал он себе. – Может быть. Отчего же и сходят с ума, отчего же и стреляются?» – ответил он сам себе и, открыв глаза, с удивлением увидел подле своей головы шитую подушку работы Вари, жены брата. Он потрогал кисть подушки и попытался вспомнить о Варе, о том, когда он видел ее последний раз. Но думать о чем-нибудь постороннем было мучительно. «Нет, надо заснуть!» Он подвинул подушку и прижался к ней головой, но надо было делать усилие, чтобы держать глаза закрытыми. Он вскочил и сел. «Это кончено для меня, – сказал он себе. – Надо обдумать, что делать. Что осталось?» Мысль его быстро обежала жизнь вне его любви к Анне.

«Честолюбие? Серпуховской? Свет? Двор?» Ни на чем он не мог остановиться. Все это имело смысл прежде, но теперь ничего этого уже не было. Он встал с дивана, снял сюртук, выпустил ремень и, открыв мохнатую грудь, чтобы дышать свободнее, прошелся по комнате. «Так сходят с ума, – повторил он, – и так стреляются... чтобы не было стыдно», – добавил он медленно.

Он подошел к двери и затворил ее; потом с остановившимся взглядом и со стиснутыми крепко зубами подошел к столу, взял револьвер, оглянул его, перевернул на заряженный ствол и задумался. Минуты две, опустив голову с выражением напряженного усилия мысли, стоял он с револьвером в руках неподвижно и думал. «Разумеется», – сказал он себе, как будто логический, продолжительный и ясный ход мысли привел его к несомненному заключению. В действительности же это убедительное для него «разумеется» было только последствием повторения точно такого же круга воспоминаний и представлений, чрез который он прошел уже десятки раз в этот час времени. Те же были воспоминания счастья, навсегда потерянного, то же представление бессмысленности всего предстоящего в жизни, то же сознание своего унижения. Та же была и последовательность этих представлений и чувств.

«Разумеется», – повторил он, когда в третий раз мысль его направилась опять по тому же самому заколдованному кругу воспоминаний и мыслей, и, приложив револьвер к левой стороне груди и сильно дернувшись всей рукой, как бы вдруг сжимая ее в кулак, он потянул за гашетку. Он не слыхал звука выстрела, но сильный удар в грудь сбил его с ног. Он хотел удержаться за край стола, уронил револьвер, пошатнулся и сел на землю, удивленно оглядываясь вокруг себя. Он не узнавал своей комнаты, глядя снизу на выгнутые ножки стола, на корзинку для бумаг и тигровую шкуру. Быстрые скрипящие шаги слуги, шедшего по гостиной, заставили его опомниться. Он сделал усилие мысли и понял, что он на полу, и, увидав кровь на тигровой шкуре и у себя на руке, понял, что он стрелялся.

– Глупо! Не попал, – проговорил он, шаря рукой за револьвером. Револьвер был подле него, – он искал дальше. Продолжая искать, он потянулся в другую сторону и, не в силах удержать равновесие, упал, истекая кровью.

Элегантный слуга с бакенбардами, неоднократно жаловавшийся своим знакомым на слабость своих нерв, так испугался, увидав лежавшего на полу господина, что оставил его истекать кровью и убежал за помощью. Через час Варя, жена брата, приехала и с помощью трех явившихся докторов, за которыми она послала во все стороны и которые приехали в одно время, уложила раненого на постель и осталась у него ходить за ним.

XIX

Ошибка, сделанная Алексеем Александровичем в том, что он, готовясь на свидание с женой, не обдумал той случайности, что раскаяние ее будет искренно и он простит, а она не умрет, – эта ошибка через два месяца после его возвращения из Москвы представилась ему во всей своей силе. Но ошибка, сделанная им, произошла не оттого только, что он не обдумал этой случайности, а оттого тоже, что он до этого дня свидания с умирающею женой не знал своего сердца. Он у постели больной жены в первый раз в жизни отдался тому чувству умиленного сострадания, которое в нем вызывали страдания других людей и которого он прежде стыдился, как вредной слабости; и жалость к ней, и раскаяние в том, что он желал ее смерти, и, главное, самая радость прощения сделали то, что он вдруг почувствовал не только утоление своих страданий, но и душевное спокойствие, которого он никогда прежде не испытывал. Он вдруг почувствовал, что то самое, что было источником его страданий, стало источником его духовной радости, то, что казалось неразрешимым, когда он осуждал, упрекал и ненавидел, стало просто и ясно, когда он прощал и любил.

Он простил жену и жалел ее за ее страдания и раскаяние. Он простил Вронскому и жалел его, особенно после того, как до него дошли слухи об его отчаянном поступке. Он жалел и сына больше, чем прежде, и упрекал себя теперь за то, что слишком мало занимался им. Но к новорожденной маленькой девочке он испытывал какое-то особенное чувство не только жалости, но и нежности. Сначала он из одного чувства сострадания занялся тою новорожденною слабенькою девочкой, которая не была его дочь и которая была заброшена во время болезни матери и, наверно, умерла бы, если б он о ней не позаботился, – и сам не заметил, как он полюбил ее. Он по нескольку раз в день ходил в детскую и подолгу сиживал там, так что кормилица и няня, сперва робевшие пред ним, привыкли к нему. Он иногда по получасу молча глядел на спящее шафранно-красное, пушистое и сморщенное личико ребенка и наблюдал за движениями хмурящегося лба и за пухлыми ручонками с подвернутыми пальцами, которые задом ладоней терли глазенки и переносицу. В такие минуты в особенности Алексей Александрович чувствовал себя совершенно спокойным и согласным с собой и не видел в своем положении ничего необыкновенного, ничего такого, что бы нужно было изменить.

Но чем более проходило времени, тем яснее он видел, что, как ни естественно теперь для него это положение, его не допустят оставаться в нем. Он чувствовал, что, кроме благой духовной силы, руководившей его душой, была другая, грубая, столь же или еще более властная сила, которая руководила его жизнью, и что эта сила не даст ему того смиренного спокойствия, которого он желал. Он чувствовал, что все смотрели на него с вопросительным удивлением, что не понимали его и ожидали от него чего-то. В особенности он чувствовал непрочность и неестественность своих отношений с женою.

Когда прошло то размягченье, произведенное в ней близостью смерти, Алексей Александрович замечал, что Анна боялась его, тяготилась им и не могла смотреть ему прямо в глаза. Она как будто что-то хотела и не решалась сказать ему и, тоже как бы предчувствуя, что их отношения не могут продолжаться, чего-то ожидала от него.

В конце февраля случилось, что новорожденная дочь Анны, названная тоже Анной, заболела. Алексей Александрович был утром в детской и, распорядившись послать за доктором, поехал в министерство. Окончив свои дела, он вернулся домой в четвертом часу. Войдя в переднюю, он увидал красавца лакея в галунах и медвежьей пелеринке, державшего белую ротонду из американской собаки.

– Кто здесь? – спросил Алексей Александрович.

– Княгиня Елизавета Федоровна Тверская, – с улыбкой, как показалось Алексею Александровичу, отвечал лакей.

Во все это тяжелое время Алексей Александрович замечал, что светские знакомые его, особенно женщины, принимали особенное участие в нем и его жене. Он замечал во всех этих знакомых с трудом скрываемую радость чего-то, ту самую радость, которую он видел в глазах адвоката и теперь в глазах лакея. Все как будто были в восторге, как будто выдавали кого-то замуж. Когда его встречали, то с едва скрываемою радостью спрашивали об ее здоровье.

Присутствие княгини Тверской, и по воспоминаниям, связанным с нею, и потому, что он вообще не любил ее, было неприятно Алексею Александровичу, и он пошел прямо в детскую. В первой детской Сережа, лежа грудью на столе и положив ноги на стул, рисовал что-то, весело приговаривая. Англичанка, заменившая во время болезни Анны француженку, с вязаньем миньярдиз сидевшая подле мальчика, поспешно встала, присела и дернула Сережу.

Алексей Александрович погладил рукой по волосам сына, ответил на вопрос гувернантки о здоровье жены и спросил о том, что сказал доктор о baby[1].

– Доктор сказал, что ничего опасного нет, и прописал ванны, сударь.

– Но она все страдает, – сказал Алексей Александрович, прислушиваясь к крику ребенка в соседней комнате.

– Я думаю, что кормилица не годится, сударь, – решительно сказала англичанка.

– Отчего вы думаете? – останавливаясь, спросил он.

– Так было у графини Поль, сударь. Ребенка лечили, а оказалось, что просто ребенок голоден: кормилица была без молока, сударь.

Алексей Александрович задумался и, постояв несколько секунд, вошел в другую дверь. Девочка лежала, откидывая головку, корчась на руках кормилицы, и не хотела ни брать предлагаемую ей пухлую грудь, ни замолчать, несмотря на двойное шиканье кормилицы и няни, нагнувшейся над нею.

– Все не лучше? – сказал Алексей Александрович.

– Очень беспокойны, – шепотом отвечала няня.

– Мисс Эдвард говорит, что, может быть, у кормилицы молока нет, – сказал он.

– Я и сама думаю, Алексей Александрович.

– Так что же вы не скажете?

– Кому ж сказать? Анна Аркадьевна нездоровы все, – недовольно сказала няня.

Няня была старая слуга дома. И в этих простых словах ее Алексею Александровичу показался намек на его положение.

Ребенок кричал еще громче, закатываясь и хрипя. Няня, махнув рукой, подошла к нему, взяла его с рук кормилицы и принялась укачивать на ходу.

---

[1] Ребенке (англ.).

— Надо доктора попросить осмотреть кормилицу, – сказал Алексей Александрович.

Здоровая на вид, нарядная кормилица, испугавшись, что ей откажут, проговорила себе что-то под нос и, запрятывая большую грудь, презрительно улыбнулась над сомнением в своей молочности. В этой улыбке Алексей Александрович тоже нашел насмешку над своим положением.

— Несчастный ребенок! – сказала няня, шикая на ребенка, и продолжала ходить.

Алексей Александрович сел на стул и с страдающим, унылым лицом смотрел на ходившую взад и вперед няню.

Когда затихшего наконец ребенка опустили в глубокую кроватку и няня, поправив подушечку, отошла от него, Алексей Александрович встал и, с трудом ступая на цыпочки, подошел к ребенку. С минуту он молчал и с тем же унылым лицом смотрел на ребенка; но вдруг улыбка, двинув его волоса и кожу на лбу, выступила ему на лицо, и он так же тихо вышел из комнаты.

В столовой он позвонил и велел вошедшему слуге послать опять за доктором. Ему досадно было на жену за то, что она не заботилась об этом прелестном ребенке, и в этом расположении досады на нее не хотелось идти к ней, не хотелось тоже и видеть княгиню Бетси; но жена могла удивиться, отчего он, по обыкновению, не зашел к ней, и потому он, сделав усилие над собой, пошел в спальню. Подходя по мягкому ковру к дверям, он невольно услыхал разговор, которого не хотел слышать.

— Если б он не уезжал, я бы поняла ваш отказ и его тоже. Но ваш муж должен быть выше этого, – говорила Бетси.

— Я не для мужа, а для себя не хочу. Не говорите этого! – отвечал взволнованный голос Анны.

— Да, но вы не можете не желать проститься с человеком, который стрелялся из-за вас…

— От этого-то я не хочу.

Алексей Александрович с испуганным и виноватым выражением остановился и хотел незаметно уйти назад. Но, раздумав, что это было бы недостойно, он опять повернулся и, кашлянув, пошел к спальне. Голоса замолкли, и он вошел.

Анна в сером халате, с коротко остриженными, густою щеткой вылезающими черными волосами на круглой голове, сидела на кушетке. Как и всегда при виде мужа, оживление лица ее вдруг исчезло; она опустила голову и беспокойно оглянулась на Бетси. Бетси, одетая по крайней последней моде, в шляпе, где-то наверху парившей над ее головой, как колпачок над лампой, и в сизом платье с косыми резкими полосами на лифе с одной стороны и на юбке с другой стороны, сидела рядом с Анной, прямо держа свой плоский высокий стан, и, склонив голову, насмешливою улыбкой встретила Алексея Александровича.

– А! – сказала она, как бы удивленная. – Я очень рада, что вы дома. Вы никуда не показываетесь, и я не видала вас со времени болезни Анны. Я все слышала – ваши заботы. Да, вы удивительный муж! – сказала она с значительным и ласковым видом, как бы жалуя его орденом великодушия за его поступок с женой.

Алексей Александрович холодно поклонился и, поцеловав руку жены, спросил о ее здоровье.

– Мне кажется, лучше, – отвечала она, избегая его взгляда.

– Но у вас как будто лихорадочный цвет лица, – сказал он, налегая на слово «лихорадочный».

– Мы разговорились с нею слишком, – сказала Бетси, – я чувствую, что это эгоизм с моей стороны, и я уезжаю.

Она встала, но Анна, вдруг покраснев, быстро схватила ее за руку.

– Нет, побудьте, пожалуйста. Мне нужно сказать вам... нет, вам, – обратилась она к Алексею Александровичу, и румянец покрыл ей шею и лоб. – Я не хочу и не могу иметь от вас ничего скрытого, – сказала она.

Алексей Александрович потрещал пальцами и опустил голову.

– Бетси говорила, что граф Вронский желал быть у нас, чтоб проститься пред своим отъездом в Ташкент. – Она не смотрела на мужа и, очевидно, торопилась высказать все, как это ни трудно было ей. – Я сказала, что я не могу принять его.

– Вы сказали, мой друг, что это будет зависеть от Алексея Александровича, – поправила ее Бетси.

– Да нет, я не могу его принять, и это ни к чему не... – Она вдруг остановилась и взглянула вопросительно на мужа (он не смотрел на нее). – Одним словом, я не хочу...

Алексей Александрович подвинулся и хотел взять ее руку.

Первым движением она отдернула свою руку от его влажной, с большими надутыми жилами руки, которая искала ее; но, видимо сделав над собой усилие, пожала его руку.

– Я очень благодарю вас за ваше доверие, но... – сказал он, с смущением и досадой чувствуя, что то, что он легко и ясно мог решить сам с собою, он не может обсуждать при княгине Тверской, представлявшейся ему олицетворением той грубой силы, которая должна была руководить его жизнью в глазах света и мешала ему отдаваться своему чувству любви и прощения. Он остановился, глядя на княгиню Тверскую.

– Ну, прощайте, моя прелесть, – сказала Бетси, вставая. Она поцеловала Анну и вышла. Алексей Александрович провожал ее.

– Алексей Александрович! Я знаю вас за истинно великодушного человека, – сказала Бетси, остановившись в маленькой гостиной и особенно крепко пожимая ему еще раз руку. – Я посторонний человек, но я так люблю ее и уважаю вас, что я позволяю себе совет. Примите его. Алексей есть олицетворенная честь, и он уезжает в Ташкент.

– Благодарю вас, княгиня, за ваше участие и советы. Но вопрос о том, может ли или не может жена принять кого-нибудь, она решит сама.

Оп сказал это, по привычке с достоинством приподняв брови, и тотчас же подумал, что, какие бы ни были слова, достоинства не могло быть в его положении. И это он увидал по сдержанной, злой и насмешливой улыбке, с которой Бетси взглянула на него после его фразы.

XX

Алексей Александрович поклонился Бетси в зале и пошел к жене. Она лежала, но, услыхав его шаги, поспешно села в прежнее положение и испуганно глядела на него. Он видел, что она плакала.

– Я очень благодарен за твое доверие ко мне, – кротко повторил он по-русски сказанную при Бетси по-французски фразу и сел подле нее. Когда он говорил по-русски и говорил ей «ты», это «ты» неудержимо раздражало Анну. – И очень благодарен за твое решение. Я тоже полагаю, что, так как он едет, то и нет никакой надобности графу Вронскому приезжать сюда. Впрочем…

– Да уж я сказала, так что же повторять? – вдруг перебила его Анна с раздражением, которое она не успела удержать. «Никакой надобности, – подумала она, – приезжать человеку проститься с тою женщиной, которую он любит, для которой хотел погибнуть и погубил себя и которая не может жить без него. Нет никакой надобности!» Она сжала губы и опустила блестящие глаза на его руки с напухшими жилами, которые медленно потирали одна другую.

– Не будем никогда говорить об этом, – прибавила она спокойнее.

– Я предоставил тебе решить этот вопрос, и я очень рад видеть… – начал было Алексей Александрович.

– Что мое желание сходится с вашим, – быстро докончила она, раздраженная тем, что он так медленно говорит, между тем как она знает вперед все, что он скажет.

– Да, – подтвердил он, – и княгиня Тверская совершенно неуместно вмешивается в самые трудные семейные дела. В особенности она…

– Я ничему не верю, что об ней говорят, – быстро сказала Анна, – я знаю, что она меня искренно любит.

Алексей Александрович вздохнул и помолчал. Она тревожно играла кистями халата, взглядывая на него с тем мучительным чувством физического отвращения к нему, за которое она упрекала себя, но которого не могла преодолеть. Она теперь желала только одного – быть избавленною от его постылого присутствия.

– А я послал сейчас за доктором, – сказал Алексей Александрович.

– Я здорова; зачем мне доктора?

– Нет, маленькая кричит, и, говорят, у кормилицы молока мало.

– Для чего же ты не позволил мне кормить, когда я умоляла об этом? Все равно (Алексей Александрович понял, что значило это «все равно»), она ребенок, и его уморят. – Она позвонила и велела принести ребенка. – Я просила кормить, мне не позволили, а теперь меня же упрекают.

– Я не упрекаю…

– Нет, вы упрекаете! Боже мой! зачем я не умерла! – И она зарыдала. – Прости меня, я раздражена, я несправедлива, – сказала она, опоминаясь. – Но уйди…

«Нет, это не может так оставаться», – решительно сказал себе Алексей Александрович, выйдя от жены.

Никогда еще невозможность в глазах света его положения и ненависть к нему его жены и вообще могущество той грубой таинственной силы, которая, вразрез с его душевным настроением, руководила его жизнью и требовала исполнения своей воли и изменения его отношений к жене, не представлялись ему с такой очевидностью, как нынче. Он ясно видел, что весь свет и жена требовали от него чего-то, но чего именно, он не мог понять. Он чувствовал, что за это в душе его поднималось чувство злобы, разрушавшее его спокойствие и всю заслугу подвига. Он считал, что для Анны было бы лучше прервать сношения с Вронским, но, если они все находят, что это невозможно, он готов был даже вновь допустить эти сношения, только бы не срамить детей, но лишаться их и не изменить своего положения. Как ни было это дурно, это было все-таки лучше, чем разрыв, при котором она становилась в безвыходное, позорное положение, а он сам лишался всего, что любил. Но он чувствовал себя бессильным; он знал вперед, что все против него и что его не допустят сделать то, что казалось ему теперь так естественно и хорошо, а заставят сделать то, что дурно, но им кажется должным.

XXI

Еще Бетси не успела выйти из залы, как Степан Аркадьич, только что приехавший от Елисеева, где были получены свежие устрицы, встретил ее в дверях.

— А! княгиня! вот приятная встреча! — заговорил он. — А я был у вас.

— Встреча на минуту, потому что я уезжаю, — сказала Бетси, улыбаясь и надевая перчатку.

— Постойте, княгиня, надевать перчатку, дайте поцеловать вашу ручку. Ни за что я так не благодарен возвращению старинных мод, как за целованье рук. — Он поцеловал руку Бетси. — Когда же увидимся?

— Вы не сто́ите, — отвечала Бетси, улыбаясь.

— Нет, я очень сто́ю, потому что я стал самый серьезный человек. Я не только устраиваю свои, но и чужие семейные дела, — сказал он с значительным выражением лица.

— Ах, я очень рада! — отвечала Бетси, тотчас же поняв, что он говорит про Анну. И, вернувшись в залу, они стали в углу. — Он уморит ее, — сказала Бетси значительным шепотом. — Это невозможно, невозможно…

— Я рад, что вы так думаете, — сказал Степан Аркадьич, покачивая головой с серьезным и страдальчески-сочувственным выражением лица, — я для этого приехал в Петербург.

— Весь город об этом говорит, — сказала она. — Это невозможное положение. Она тает и тает. Он не понимает, что она одна из тех женщин, которые не могут шутить своими чувствами. Одно из двух: или увези он ее, энергически поступи, или дай развод. А это душит ее.

— Да, да… именно… — вздыхая, говорил Облонский. — Я за тем и приехал. То есть не собственно за тем… Меня сделали камергером, ну, надо было благодарить. Но, главное, надо устроить это.

— Ну, помогай вам бог! — сказала Бетси. Проводив княгиню Бетси до сеней, еще раз поцеловав ее руку выше перчатки, там, где бьется пульс, и наврав ей еще такого неприличного вздора, что она уже не знала, сердиться ли ей или смеяться, Степан Аркадьич пошел к сестре. Он застал ее в слезах.

Несмотря на то брызжущее весельем расположение духа, в котором он находился, Степан Аркадьич тотчас естественно перешел в тот сочувствующий, поэтически-возбужденный тон, который подходил к ее настроению. Он спросил ее о здоровье и как она провела утро.

— Очень, очень дурно. И день, и утро, и все прошедшие и будущие дни, — сказала она.

— Мне кажется, ты поддаешься мрачности. Надо встряхнуться, надо прямо взглянуть на жизнь. Я знаю, что тяжело, но…

- Я слыхала, что женщины любят людей даже за их пороки, - вдруг начала Анна, - но я ненавижу его за его добродетели. Я не могу жить с ним. Ты пойми, его вид физически действует на меня, я выхожу из себя. Я не могу, не могу жить с ним. Что же мне делать? Я была несчастлива и думала, что нельзя быть несчастнее, но того ужасного состояния, которое теперь испытываю, я не могла себе представить. Ты поверишь ли, что я, зная, что он добрый, превосходный человек, что я ногтя его не стою, я все-таки ненавижу его. Я ненавижу его за его великодушие. И мне ничего не остается, кроме...

Она хотела сказать смерти, но Степан Аркадьич не дал ей договорить.

- Ты больна и раздражена, - сказал он, - поверь, что ты преувеличиваешь ужасно. Тут нет ничего такого страшного.

И Степан Аркадьич улыбнулся. Никто бы на месте Степана Аркадьича, имея дело с таким отчаянием, не позволил себе улыбнуться (улыбка показалась бы грубою), но в его улыбке было так много доброты и почти женской нежности, что улыбка его не оскорбляла, а смягчала и успокоивала. Его тихие успокоительные речи и улыбки действовали смягчающе успокоительно, как миндальное масло. И Анна скоро почувствовала это.

- Нет, Стива, - сказала она. - Я погибла, погибла! Хуже чем погибла. Я еще не погибла, я не могу сказать, что все кончено, напротив, я чувствую, что не кончено. Я - как натянутая струна, которая должна лопнуть. Но еще не кончено... и кончится страшно.

- Ничего, можно потихоньку спустить струну. Нет положения, из которого не было бы выхода.

- Я думала и думала. Только один...

Опять он понял по ее испуганному взгляду, что этот один выход, по ее мнению, есть смерть, и он не дал ей договорить.

- Нисколько, - сказал он, - позволь. Ты не можешь видеть своего положения, как я. Позволь мне сказать откровенно свое мнение. - Опять он осторожно улыбнулся своей миндальною улыбкой. - Я начну сначала: ты вышла замуж за человека, который на двадцать лет старше тебя. Ты вышла замуж без любви или не зная любви. Это была ошибка, положим.

- Ужасная ошибка! - сказала Анна.

- Но я повторяю: это совершившийся факт. Потом ты имела, скажем, несчастие полюбить не своего мужа. Это несчастие; но это тоже совершившийся факт. И муж твой признал и простил это. - Он останавливался после каждой фразы, ожидая ее возражения, но она ничего нт отвечала. - Это так. Теперь вопрос в том: можешь ли ты продолжать жить с своbм мужем? Желаешь ли ты этого? Желает ли он этого?

- Я ничего, ничего не знаю.

- Но ты сама сказала, что ты не можешь переносить его.

– Нет, я не сказала. Я отрекаюсь. Я ничего не знаю и ничего не понимаю.

– Да, но позволь…

– Ты не можешь понять. Я чувствую, что лечу головой вниз в какую-то пропасть, но я не должна спасаться. И не могу.

– Ничего, мы подстелим и подхватим тебя. Я понимаю тебя, понимаю, что ты не можешь взять на себя, чтобы высказать свое желание, свое чувство.

– Я ничего, ничего не желаю… только чтобы кончилось все.

– Но он видит это и знает. И разве ты думаешь, что он не менее тебя тяготится этим? Ты мучишься, он мучится, и что же может выйти из этого? Тогда как развод развязывает все, – не без усилия высказал Степан Аркадьич главную мысль и значительно посмотрел на нее.

Она ничего не отвечала и отрицательно покачала своею остриженною головой. Но по выражению вдруг просиявшего прежнею красотой лица он видел, что она не желала этого только потому, что это казалось ей невозможным счастьем.

– Мне вас ужасно жалко! И как бы я счастлив был, если б устроил это! – сказал Степан Аркадьич, уже смелее улыбаясь. – Не говори, не говори ничего! Если бы бог дал мне только сказать так, как я чувствую. Я пойду к нему.

Анна задумчивыми блестящими глазами посмотрела на него и ничего не сказала.

XXII

Степан Аркадьич с тем несколько торжественным лицом, с которым он садился в председательское кресло в своем присутствии, вошел в кабинет Алексея Александровича. Алексей Александрович, заложив руки за спину, ходил по комнате и думал о том же, о чем Степан Аркадьич говорил с его женою.

– Я не мешаю тебе? – сказал Степан Аркадьич, при виде зятя вдруг испытывая непривычное ему чувство смущения. Чтобы скрыть это смущение, он достал только что купленную с новым способом открывания папиросницу и, понюхав кожу, достал папироску.

– Нет. Тебе нужно что-нибудь? – неохотно отвечал Алексей Александрович.

– Да, мне хотелось… мне нужно по… да, нужно поговорить, – сказал Степан Аркадьич, с удивлением чувствуя непривычную робость.

Чувство это было так неожиданно и странно, что Степан Аркадьич не поверил, что это был голос совести, говоривший ему, что дурно то, что он был намерен делать. Степан Аркадьич сделал над собой усилие и поборол нашедшую на него робость.

– Надеюсь, что ты веришь в мою любовь к сестре и в искреннюю привязанность и уважение к тебе, – сказал он, краснея.

Алексей Александрович остановился и ничего не отвечал, но лицо его поразило Степана Аркадьича бывшим на нем выражением покорной жертвы.

– Я намерен был… я хотел поговорить о сестре и о вашем положении взаимном, – сказал Степан Аркадьич, все еще борясь с непривычною застенчивостью.

Алексей Александрович грустно усмехнулся, посмотрел на шурина и, не отвечая, подошел к столу, взял с него начатое письмо и подал шурину.

– Я не переставая думаю о том же. И вот что я начал писать, полагая, что я лучше скажу письменно и что мое присутствие раздражает ее, – сказал он, подавая письмо.

Степан Аркадьич взял письмо, с недоумевающим удивлением посмотрел на тусклые глаза, неподвижно остановившиеся на нем, и стал читать.

– «Я вижу, что мое присутствие тяготит вас. Как ни тяжело мне было убедиться в этом, я вижу, что это так и не может быть иначе. Я не виню вас, и бог мне свидетель, что я, увидев вас во время вашей болезни, от всей души решился забыть все, что было между нами, и начать новую жизнь. Я не раскаиваюсь и никогда не раскаюсь в том, что я сделал; но я желал одного, вашего блага, блага вашей души, и теперь я вижу, что не достиг этого. Скажите мне вы сами, что даст вам истинное счастие и спокойствие вашей души. Я предаюсь весь вашей воле и вашему чувству справедливости».

Степан Аркадьич передал назад письмо и с тем же недоумением продолжал смотреть на зятя, не зная, что сказать. Молчание это было им обоим так неловко, что в губах Степана Аркадьича произошло болезненное содрогание в то время, как он молчал, не спуская глаз с лица Каренина.

– Вот что я хотел сказать ей, – сказал Алексей Александрович, отвернувшись.

– Да, да… – сказал Степан Аркадьич, не в силах отвечать, так как слезы подступали ему к горлу. – Да, да. Я понимаю вас, – наконец выговорил он.

– Я желаю знать, чего она хочет, – сказал Алексей Александрович.

– Я боюсь, что она сама не понимает своего положения. Она не судья, – оправляясь, говорил Степан Аркадьич. – Она подавлена, именно подавлена твоим великодушием. Если она прочтет это письмо, она не в силах будет ничего сказать, она только ниже опустит голову.

- Да, но что же в таком случае? Как объяснить... как узнать ее желание?

- Если ты позволяешь мне сказать свое мнение, то я думаю, что от тебя зависит указать прямо те меры, которые ты находишь нужными, чтобы прекратить это положение.

- Следовательно, ты находишь, что его нужно прекратить? - перебил его Алексей Александрович. - Но как? - прибавил он, сделав непривычный жест руками пред глазами, - не вижу никакого возможного выхода.

- Во всяком положении есть выход, - сказал, вставая и оживляясь, Степан Аркадьич. - Было время, когда ты хотел разорвать... Если ты убедишься теперь, что вы не можете сделать взаимного счастия...

- Счастье можно различно понимать. Но положим, что я на все согласен, я ничего не хочу. Какой же выход из нашего положения?

- Если ты хочешь знать мое мнение, - сказал Степан Аркадьич с тою же смягчающею, миндально-нежною улыбкой, с которой он говорил с Анной. Добрая улыбка была так убедительна, что невольно Алексей Александрович, чувствуя свою слабость и подчиняясь ей, готов был верить тому, что скажет Степан Аркадьич. - Она никогда не выскажет этого. Но одно возможно, одного она может желать, - продолжал Степан Аркадьич, - это - прекращения отношений и всех связанных с ними воспоминаний. По-моему, в вашем положении необходимо уяснение новых взаимных отношений. И эти отношения могут установиться только свободой обеих сторон.

- Развод, - с отвращением перебил Алексей Александрович.

- Да, я полагаю, что развод. Да, развод, - краснея, повторил Степан Аркадьич. - это во всех отношениях самый разумный выход для супругов, находящихся в таких отношениях, как вы. Что же делать, если супруги нашли, что жизнь для них невозможна вместе? Это всегда может случиться. - Алексеи Александрович тяжело вздохнул и закрыл глаза. - Тут только одно соображение: желает ли один из супругов вступить в другой брак? Если нет, так это очень просто, - сказал Степан Аркадьич, все более и более освобождаясь от стеснения.

Алексеи Александрович, сморщившись от волнения, проговорил что-то сам с собой и ничего не отвечал. Все, что для Степана Аркадьича оказалось так очень просто, тысячи тысяч раз обдумывал Алексеи Александрович. И все это ему казалось не только не очень просто, но казалось вполне невозможно. Развод, подробности которого он уже знал, теперь казался ему невозможным, потому что чувство собственного достоинства и уважение к религии не позволяли ему принять на себя обвинение в фиктивном прелюбодеянии и еще менее допустить, чтобы жена, прощенная и любимая им, была уличена и опозорена. Развод представлялся невозможным еще и но другим, еще более важным причинам.

Что будет с сыном в случае развода? Оставить его с матерью было невозможно. Разведенная мать будет иметь свою незаконную семью, в которой положение пасынка и воспитание его будут, по всей вероятности, дурны. Оставить его с собою? Он знал, что это было бы мщением с его стороны, а он не хотел этого. Но, креме этого, всего невозможнее казался развод для Алексея Александровича потому, что, согласившись на развод, он этим самым губил Анну. Ему запало в душу слово, сказанное Дарьей Александровной в Москве, о том, что, решаясь на развод, он думает о себе, а не думает, что этим он губит ее безвозвратно. И он, связав это слово с своим прощением, с своею привязанностью к детям, теперь по-своему понимал его. Согласиться на развод, дать ей свободу значило в его понятии отнять у себя последнюю привязку к жизни детей, которых он любил, а у нее – последнюю опору на пути добра и ввергнуть ее в погибель. Если она будет разведенною женой, он знал, что она соединится с Вронским, и связь эта будет незаконная и преступная, потому что жене, по смыслу закона церкви, не может быть брака, пока муж жив. «Она соединится с ним, и через год-два или он бросит ее, или она вступит в новую связь, – думал Алексей Александрович. – И я, согласившись на незаконный развод, буду виновником ее погибели». Он все это обдумывал сотни раз и был убежден, что дело развода не только не очень просто, как говорил его шурин, но совершенно невозможно. Он не верил ни одному слову Степана Аркадьича, на каждое слово его имел тысячи опровержений, но он слушал его, чувствуя, что его словами выражается та могущественная грубая сила, которая руководит его жизнью и которой он должен будет покориться.

– Вопрос только в том, как, на каких условиях ты согласишься сделать развод. Она ничего не хочет, не смеет просить, она все предоставляет твоему великодушию.

«Боже мой! Боже мой! за что?» – подумал Алексей Александрович, вспомнив подробности развода, при котором муж брал вину на себя, и тем же жестом, каким закрывался Вронский, закрыл от стыда лицо руками.

– Ты взволнован, я понимаю. Но если ты обдумаешь...

«И ударившему в правую щеку подставь левую, и снимающему кафтан отдай рубашку», – подумал Алексей Александрович.

– Да, да! – вскрикнул он визгливым голосом, – я беру на себя позор, отдаю даже сына, но... но не лучше ли оставить это? Впрочем, делай что хочешь...

И он, отвернувшись от шурина, так, чтобы тот не мог видеть его, сел на стул у окна. Ему было горько, ему было стыдно; но вместе с этим горем и стыдом он испытывал радость и умиление пред своей высотой смирения.

Степан Аркадьич был тронут. Он помолчал.

– Алексей, поверь мне, что она оценит твое великодушие, – сказал он. – Но, видно, это была воля божия, – прибавил он и, сказав это, почувствовал, что это было глупо, и с трудом удержал улыбку над своею глупостью.

Алексей Александрович хотел что-то ответить, но слезы остановили его.

– Это несчастие роковое, и надо признать его. Я признаю это несчастие совершившимся фактом и стараюсь помочь тебе и ей, – сказал Степан Аркадьич.

Когда Степан Аркадьич вышел из комнаты зятя, он был тронут, но это не мешало ему быть довольным тем, что он успешно совершил это дело, так как он был уверен, что Алексей Александрович не отречется от своих слов. К этому удовольствию примешивалось еще и то, что ему пришла мысль, что, когда это дело сделается, он жене и близким знакомым будет задавать вопрос: «Какая разница между мною и государем? Государь делает развод – и никому оттого не лучше, а я сделал развод, и троим стало лучше… Или: какое сходство между мной и государем? Когда… Впрочем, придумаю лучше», – сказал он себе с улыбкой.

XXIII

Рана Вронского была опасна, хотя она и миновала сердце. И несколько дней он находился между жизнью и смертью. Когда в первый раз он был в состоянии говорить, одна Варя, жена брата, была в его комнате.

– Варя! – сказал он, строго глядя на нее, – я выстрелил в себя нечаянно. И, пожалуйста, никогда не говори про это и так скажи всем. А то это слишком глупо!

Не отвечая на его слова, Варя нагнулась над ним и с радостною улыбкой посмотрела ему в лицо. Глаза были светлые, не лихорадочные, но выражение их было строгое.

– Ну, слава богу! – сказала она. – Не больно тебе?

– Немного здесь, – Он указал на грудь.

– Так дай я перевяжу тебе.

Он, молча сжав свои широкие скулы, смотрел на нее, пока она перевязывала его. Когда она кончила, он сказал:

– Я не в бреду; пожалуйста, сделай, чтобы не было разговоров о том, что я выстрелил в себя нарочно.

– Никто и не говорит. Только надеюсь, что ты больше не будешь нечаянно стрелять, – сказала она с вопросительною улыбкой.

– Должно быть, не буду, а лучше бы было... И он мрачно улыбнулся.

Несмотря на эти слова и улыбку, которые так испугали Варю, когда прошло воспаление и он стал оправляться, он почувствовал, что совершенно освободился от одной части своего горя. Он этим поступком как будто смыл с себя стыд и унижение, которые он прежде испытывал. Он мог спокойно думать теперь об Алексее Александровиче. Он признавал все великодушие его и уже не чувствовал себя униженным. Он, кроме того, опять попал в прежнюю колею жизни. Он видел возможность без стыда смотреть в глаза людям и мог жить, руководствуясь своими привычками. Одно, чего он не мог вырвать из своего сердца, несмотря на то, что он не переставая боролся с этим чувством, это было доходящее до отчаяния сожаление о том, что он навсегда потерял ее. То, что он теперь, искупив пред мужем свою вину, должен был отказаться от нее и никогда не становиться впредь между ею с ее раскаянием и ее мужем, было твердо решено в его сердце; но он не мог вырвать из своего сердца сожаления о потере ее любви, не мог стереть в воспоминании те минуты счастия, которые он знал с ней, которые так мало ценимы им были тогда и которые во всей своей прелести преследовали его теперь.

Серпуховской придумал ему назначение в Ташкент, и Вронский без малейшего колебания согласился на это предложение. Но чем ближе подходило время отъезда, тем тяжелее становилась ему та жертва, которую он приносил тому, что он считал должным.

Рана его зажила, и он уже выезжал, делая приготовления к отъезду в Ташкент.

«Один раз увидать ее и потом зарыться, умереть», – думал он и, делая прощальные визиты, высказал эту мысль Бетси. С этим его посольством Бетси ездила к Анне и привезла ему отрицательный ответ.

«Тем лучше, – подумал Вронский, получив это известие. – Это была слабость, которая погубила бы мои последние силы».

На другой день сама Бетси утром приехала к нему и объявила, что она получила чрез Облонского положительное известие, что Алексей Александрович дает развод и что потому он может видать ее.

Не позаботясь даже о том, чтобы проводить от себя Бетси, забыв все свои решения, не спрашивая, когда можно, где муж, Вронский тотчас же поехал к Карениным. Он взбежал на лестницу, никого и ничего не видя, и быстрым шагом, едва удерживаясь от бега, вошел в ее комнату. И не думая и не замечая того, что в комнате есть ли кто или нет, он обнял ее и стал покрывать поцелуями ее лицо, руки и шею.

Анна готовилась к этому свиданию, думала о том, что́ она скажет ему, но она ничего из этого не успела сказать; его страсть охватила ее. Она хотела утишить его, утишить себя, но уже было поздно. Его чувство сообщилось ей. Губы ее дрожали так, что долго она не могла ничего говорить.

— Да, ты овладел мною, и я твоя, — выговорила она наконец, прижимая к своей груди его руку.

— Так должно было быть! — сказал он. — Пока мы живы, это должно быть. Я это знаю теперь.

— Это правда, — говорила она, бледнея все более и более и обнимая его голову. — Все-таки что-то ужасное есть в этом после всего, что было.

— Все пройдет, все пройдет, мы будем так счастливы! Любовь наша, если бы могла усилиться, усилилась бы тем, что в ней есть что-то ужасное, — сказал он, поднимая голову и открывая улыбкою свои крепкие зубы.

И она не могла не ответить улыбкой — не словам, а влюбленным глазам его. Она взяла его руку и гладила ею себя по похолодевшим щекам и обстриженным волосам.

— Я не узнаю тебя с этими короткими волосами. Ты так похорошела. Мальчик. Но как ты бледна!

— Да, я очень слаба, — сказала он, улыбаясь. И губы ее опять задрожали.

— Мы поедем в Италию, ты поправишься, — сказал он.

— Неужели это возможно, чтобы мы были как муж с женою, одни, своею семьей с тобой? — сказала она, близко вглядываясь в его глаза.

— Меня только удивляло, как это могло быть когда-нибудь иначе.

— Стива говорит, что *он* на все согласен, но я не могу принять *его* великодушие, — сказала она, задумчиво глядя мимо лица Вронского. — Я не хочу развода, мне теперь все равно. Я не знаю только, что он решит об Сереже.

Он не мог никак понять, как могла она в эту минуту свиданья думать и помнить о сыне, о разводе. Разве не все равно было?

— Не говори про это, не думай, — сказал он, поворачивая ее руку в своей и стараясь привлечь к себе ее внимание; но она все не смотрела на него.

— Ах, зачем я не умерла, лучше бы было! — сказала она, и без рыданий слезы текли по обеим щекам; но она старалась улыбаться, чтобы не огорчить его.

Отказаться от лестного и опасного назначения в Ташкент, по прежним понятиям Вронского, было бы позорно и невозможно. Но теперь, не задумываясь ни на минуту, он отказался от него и, заметив в высших неодобрение своего поступка, тотчас же вышел в отставку.

Чрез месяц Алексей Александрович остался один с сыном на своей квартире, а Анна с Вронским уехала за границу, не получив развода и решительно отказавшись от него.

ЧАСТЬ ПЯТАЯ

I

Княгиня Щербацкая находила, что сделать свадьбу до поста, до которого оставалось пять недель, было невозможно, так как половина приданого не могла поспеть к этому времени; но она не могла не согласиться с Левиным, что после поста было бы уже и слишком поздно, так как старая родная тетка князя Щербацкого была очень больна и могла скоро умереть, и тогда траур задержал бы еще свадьбу. И потому, решив разделить приданое на две части, большое и малое приданое, княгиня согласилась сделать свадьбу до поста. Она решила, что малую часть приданого она приготовит всю теперь, большое же вышлет после, и очень сердилась на Левина за то, что он никак не мог серьезно ответить ей, согласен ли он на это, или нет. Это соображение было тем более удобно, что молодые ехали тотчас после свадьбы в деревню, где вещи большого приданого не будут нужны.

Левин продолжал находиться все в том же состоянии сумасшествия, в котором ему казалось, что он и его счастье составляют главную и единственную цель всего существующего и что думать и заботиться теперь ему ни о чем не нужно, что все делается и сделается для него другими. Он даже не имел никаких планов и целей для будущей жизни; он предоставлял решение этого другим, зная, что все будет прекрасно. Брат его Сергей Иванович, Степан Аркадьич и княгиня руководили его в том, что ему следовало делать. Он только был совершенно согласен на все, что ему предлагали. Брат занял для него денег, княгиня посоветовала уехать из Москвы после свадьбы. Степан Аркадьич посоветовал ехать за границу. Он на все был согласен. «Делайте, что хотите, если вам это весело. Я счастлив, и счастье мое не может быть ни больше, ни меньше, что бы вы ни делали», – думал он. Когда он передал Кити совет Степана Аркадьича ехать за границу, он очень удивился, что она не соглашалась на это, а имела насчет их будущей жизни какие-то свои определенные требования. Она знала, что у Левина есть дело в деревне, которое он любит. Она, как он видел, не только не понимала этого дела, но и не хотела понимать. Это не мешало ей, однако, считать это дело очень важным. И потому она знала, что их дом будет в деревне, и желала ехать не за границу, где она не будет жить, а туда, где будет их дом. Это определенно выраженное намерение удивило Левина. Но так как ему было все равно, он тотчас же попросил Степана Аркадьича, как будто это была его обязанность, ехать в деревню и устроить там все, что он знает, с тем вкусом, которого у него так много.

– Однако послушай, – сказал раз Степан Аркадьич Левину, возвратившись из деревни, где он все устроил для приезда молодых, – есть у тебя свидетельство о том, что ты был на духу?

– Нет. А что?

– Без этого нельзя венчать.

– Ай, ай, ай! – вскрикнул Левин. – Я ведь, кажется, уже лет девять не говел. Я и не подумал.

– Хорош! – смеясь, сказал Степан Аркадьич, – а меня же называешь нигилистом! Однако ведь это нельзя. Тебе надо говеть.

– Когда же? Четыре дня осталось.

Степан Аркадьич устроил и это. И Левин стал говеть. Для Левина, как для человека неверующего и вместе с тем уважающего верования других людей, присутствие и участие во всяких церковных обрядах было очень тяжело. Теперь, в том чувствительном ко всему, размягченном состоянии духа, в котором он находился, эта необходимость притворяться была Левину не только тяжела, но показалась совершенно невозможна. Теперь, в состоянии своей славы, своего цветения, он должен будет или лгать, или кощунствовать. Он чувствовал себя не в состоянии сделать ни того, ни другого. Но сколько он ни допрашивал Степана Аркадьича, нельзя ли получить свидетельство не говея, Степан Аркадьич объявил, что это невозможно.

– Да и что тебе стóит – два дня? И он премилый, умный старичок. Он тебе выдернет этот зуб так, что ты и не заметишь.

Стоя у первой обедни, Левин попытался освежить в себе юношеские воспоминания того сильного религиозного чувства, которое он пережил от шестнадцати до семнадцати лет. Но тотчас же убедился, что это для него совершенно невозможно. Он попытался смотреть на все это, как на не имеющий значения пустой обычай, подобный обычаю делания визитов; но почувствовал, что и этого он никак не мог сделать. Левин находился в отношении к религии, как и большинство его современников, в самом неопределенном положении. Верить он не мог, а вместе с тем он не был твердо убежден в том, чтобы все это было несправедливо. И поэтому, не будучи в состоянии верить в значительность того, что он делал, ни смотреть на это равнодушно, как на пустую формальность, во все время этого говенья он испытывал чувство неловкости и стыда, делая то, чего сам не понимает, и потому, как ему говорил внутренний голос, что-то лживое и нехорошее.

Во время службы он то слушал молитвы, стараясь приписывать им значение такое, которое бы не расходилось с его взглядами, то, чувствуя, что он не может понимать и должен осуждать их, старался не слушать их, а занимался своими мыслями, наблюдениями и воспоминаниями, которые с чрезвычайной живостью во время этого праздного стояния в церкви бродили в его голове.

Он отстоял обедню, всенощную и вечерние правила и на другой день, встав раньше обыкновенного, не пив чаю, пришел в восемь часов утра в церковь для слушания утренних правил и исповеди.

В церкви никого не было, кроме нищего солдата, двух старушек и церковнослужителей.

Молодой дьякон, с двумя резко обозначавшимися половинками длинной спины под тонким подрясником, встретил его и тотчас же, подойдя к столику у стены, стал читать правила. По мере чтения, в особенности при частом и быстром повторении тех же слов: «Господи помилуй», которые звучали как «помилос, помилос», Левин чувствовал, что мысль его заперта и запечатана и что трогать и шевелить ее теперь не следует, а то выйдет путаница, и потому он, стоя позади дьякона, продолжал, не слушая и не вникая, думать о своем. «Удивительно много выражения в ее руке», – думал он, вспоминая, как вчера они сидели у углового стола. Говорить им не о чем было, как всегда почти в это время, и она, положив на стол руку, раскрывала и закрывала ее и сама засмеялась, глядя на ее движение. Он вспомнил, как он поцеловал эту руку и потом рассматривал сходящиеся черты на розовой ладони. «Опять помилос», – подумал Левин, крестясь, кланяясь и глядя на гибкое движение спины кланяющегося дьякона. «Она взяла потом мою руку и рассматривала линии: – У тебя славная рука», – сказала она. И он посмотрел на свою руку и на короткую руку дьякона. «Да, теперь скоро кончится, – думал он. – Нет, кажется, опять сначала, – подумал он, прислушиваясь к молитвам. – Нет, кончается; вот уже он кланяется в землю. Это всегда пред концом».

Незаметно получив рукою в плисовом обшлаге трехрублевую бумажку, дьякон сказал, что он запишет, и, бойко звуча новыми сапогами по плитам пустой церкви, прошел в алтарь. Через минуту он выглянул оттуда и поманил Левина. Запертая до сих пор мысль зашевелилась в голове Левина, но он поспешил отогнать ее. «Как-нибудь устроится», – подумал он и пошел к амвону. Он вошел на ступеньки и, повернув направо, увидал священника. Старичок священник, с редкою полуседою бородой, с усталыми добрыми глазами, стоял у аналоя и перелистывал требник. Слегка поклонившись

Левину, он тотчас же начал читать привычным голосом молитвы. Окончив их, он поклонился в землю и обратился лицом к Левину.

— Здесь Христос невидимо предстоит, принимая вашу исповедь, — сказал он, указывая на распятие. — Веруете ли вы во все то, чему учит нас святая апостольская церковь? — продолжал священник, отворачивая глаза от лица Левина и складывая руки под епитрахиль.

— Я сомневался, я сомневаюсь во всем, — проговорил Левин неприятным для себя голосом и замолчал.

Священник подождал несколько секунд, не скажет ли он еще чего, и, закрыв глаза, быстрым владимирским на «о» говором сказал:

— Сомнения свойственны слабости человеческой, но мы должны молиться, чтобы милосердый господь укрепил нас. Какие особенные грехи имеете? — прибавил он без малейшего промежутка, как бы стараясь не терять времени.

— Мой главный грех есть сомнение. Я во всем сомневаюсь и большею частью нахожусь в сомнении.

— Сомнение свойственно слабости человеческой, — повторил те же слова священник. — В чем же преимущественно вы сомневаетесь?

— Я во всем сомневаюсь. Я сомневаюсь иногда даже в существовании бога, — невольно сказал Левин и ужаснулся неприличию того, что он говорил. Но на священника слова Левина не произвели, как казалось, впечатления.

— Какие же могут быть сомнения в существовании бога? — с чуть заметною улыбкой поспешно сказал он.

Левин молчал.

— Какое же вы можете иметь сомнение о творце, когда вы воззрите на творения его? — продолжал священник быстрым, привычным говором. — Кто же украсил светилами свод небесный? Кто облек землю в красоту ее? Как же без творца? — сказал он, вопросительно взглянув на Левина.

Левин чувствовал, что неприлично было бы вступать в философские прения со священником, и потому сказал в ответ только то, что прямо относилось к вопросу.

— Я не знаю, — сказал он.

— Не знаете? То как же вы сомневаетесь в том, что бог сотворил все? — с веселым недоумением сказал священник.

— Я не понимаю ничего, — сказал Левин, краснея и чувствуя, что его слова глупы и что они не могут не быть глупы в таком положении.

— Молитесь богу и просите его. Даже святые отцы имели сомнения и просили бога об утверждении своей веры. Дьявол имеет большую силу, и мы не должны поддаваться ему. Молитесь богу, просите его. Молитесь богу, – повторил он поспешно.

Священник помолчал несколько времени, как бы задумавшись.

– Вы, как я слышал, собираетесь вступить в брак с дочерью моего прихожанина и сына духовного, князя Щербацкого? – прибавил он с улыбкой. – Прекрасная девица!

– Да, – краснея за священника, отвечал Левин. «К чему ему нужно спрашивать об этом на исповеди?» – подумал он.

И, как бы отвечая на его мысль, священник сказал ему:

– Вы собираетесь вступить в брак, и бог, может быть, наградит вас потомством, не так ли? Что же, какое воспитание вы можете дать вашим малюткам, если не победите в себе искушение дьявола, влекущего вас к неверию? – сказал он с кроткою укоризной. – Если вы любите свое чадо, то вы, как добрый отец, не одного богатства, роскоши, почести будете желать своему детищу; вы будете желать его спасения, его духовного просвещения светом истины. Не так ли? Что же вы ответите ему, когда невинный малютка спросит у вас: «Папаша! кто сотворил все, что прельщает меня в этом мире, – землю, воды, солнце, цветы, травы?» Неужели вы скажете ему: «Я не знаю»? Вы не можете не знать, когда господь бог по великой милости своей открыл вам это. Или дитя ваше спросит вас: «Что ждет меня в загробной жизни?» Что вы скажете ему, когда вы ничего не знаете? Как же вы будете отвечать ему? Предоставите его прелести мира и дьявола? Это нехорошо! – сказал он и остановился, склонив голову набок и глядя на Левина добрыми, кроткими глазами.

Левин ничего не отвечал теперь – не потому, что он не хотел вступать в спор со священником, но потому, что никто ему не задавал таких вопросов; а когда малютки его будут задавать эти вопросы, еще будет время подумать, что отвечать.

– Вы вступаете в пору жизни, – продолжал священник, – когда надо избрать путь и держаться его. Молитесь богу, чтоб он по своей благости помог вам и помиловал, – заключил он. – «Господь и бог наш Иисус Христос, благодатию и щедротами своего человеколюбия, да простит ти чадо...» – И, окончив разрешительную молитву, священник благословил и отпустил его.

Вернувшись в этот день домой, Левин испытывал радостное чувство того, что неловкое положение кончилось, и кончилось так, что ему не пришлось лгать. Кроме того, у него осталось неясное воспоминание о том, что то, что говорил этот добрый и милый старичок, было совсем не так глупо, как ему показалось сначала, и что тут что-то есть такое, что нужно уяснить.

«Разумеется, не теперь, – думал Левин, – но когда-нибудь после». Левин, больше чем прежде, чувствовал теперь, что в душе у него что-то неясно и нечисто и что в отношении к религии он находится в том же самом положении, которое он так ясно видел и не любил в других и за которое он упрекал приятеля своего Свияжского. Проводя этот вечер с невестой у Долли, Левин был особенно весел и, объясняя Степану Аркадьичу то возбужденное состояние, в котором он находился, сказал, что ему весело, как собаке, которую учили скакать через обруч и которая, поняв наконец и совершив то, что от нее требуется, взвизгивает и, махая хвостом, прыгает от восторга на столы и окна.

II

В день свадьбы Левин, по обычаю (на исполнении всех обычаев строго настаивали княгиня и Дарья Александровна), не видал своей невесты и обедал у себя в гостинице со случайно собравшимися к нему тремя холостяками: Сергей Иванович, Катавасов, товарищ по университету, теперь профессор естественных наук, которого, встретив на улице, Левин затащил к себе, и Чириков, шафер, московский мировой судья, товарищ Левина по медвежьей охоте. Обед был очень веселый. Сергей Иванович был в самом хорошем расположении духа и забавлялся оригинальностью Катавасова. Катавасов, чувствуя, что его оригинальность оценена и понимаема, щеголял ею. Чириков весело и добродушно поддерживал всякий разговор.

– Ведь вот, – говорил Катавасов, с привычкою, приобретенною на кафедре, растягивая свои слова, – какой был способный малый наш приятель Константин Дмитрич. Я говорю про отсутствующих, потому что его уже нет. И науку любил тогда, по выходе из университета, и интересы имел человеческие; теперь же одна половина его способностей направлена на то, чтоб обманывать себя, и другая – чтоб оправдывать этот обман.

– Более решительного врага женитьбы, как вы, я не видал, – сказал Сергей Иванович.

– Нет, я не враг. Я друг разделения труда. Люди, которые делать ничего не могут, должны делать людей, а остальные – содействовать их просвещению и счастию. Вот как я понимаю. Мешать два эти ремесла есть тьма охотников, я не из их числа.[1]

---

[1] *Мешать два эти ремесла есть тьма охотников, я не из их числа.* – Катавасов цитирует слова Чацкого из комедии А. С. Грибоедова «Горе от ума».

— Как я буду счастлив, когда узнаю, что вы влюбитесь! — сказал Левин. — Пожалуйста, позовите меня на свадьбу.

— Я влюблен уже.

— Да, в каракатицу. Ты знаешь, — обратился Левин к брату, — Михаил Семеныч пишет сочинение о питании и…

— Ну, уж не путайте! Это все равно, о чем. Дело в том, что я точно люблю каракатицу.

— Но она не помешает вам любить жену.

— Она-то не помешает, да жена помешает.

— Отчего же?

— А вот увидите. Вы вот хозяйство любите, охоту, — ну посмотрите!

— А нынче Архип был, говорил, что лосей пропасть в Прудном и два медведя, — сказал Чириков.

— Ну, уж вы их без меня возьмете.

— Вот и правда, — сказал Сергей Иванович. — Да и вперед простись с медвежьею охотой, — жена не пустит!

Левин улыбнулся. Представление, что жена его не пустит, было ему так приятно, что он готов был навсегда отказаться от удовольствия видеть медведей.

— А ведь все-таки жалко, что этих двух медведей без вас возьмут. А помните в Хапилове последний раз? Чудная была бы охота, — сказал Чириков.

Левин не хотел его разочаровывать в том, что где-нибудь может быть что-нибудь хорошее без нее, и потому ничего не сказал.

— Недаром установился этот обычай прощаться с холостою жизнью, — сказал Сергей Иванович. — Как ни будь счастлив, все-таки жаль свободы.

— А признайтесь, есть это чувство, как у гоголевского жениха, что в окошко хочется выпрыгнуть?[1]

— Наверно есть, но не признается! — сказал Катавасов и громко захохотал.

— Что же, окошко открыто… Поедем сейчас в Тверь! Одна медведица, на берлогу можно идти. Право, поедем на пятичасовом! А тут как хотят, — сказал, улыбаясь, Чириков.

— Ну вот ей-богу, — улыбаясь, сказал Левин, — что не могу найти в своей душе этого чувства сожаления о своей свободе!

---

[1] — *А признайтесь, есть это чувство, как у гоголевского жениха, что в окошко хочется выпрыгнуть?* — Иван Кузьмич Подколесин («Женитьба» Н. В. Гоголя) в самый день свадьбы выпрыгнул из окошка и исчез.

– Да у вас в душе такой хаос теперь, что ничего не найдете, – сказал Катавасов. – Погодите, как разберетесь немножко, то найдете!

– Нет, я бы чувствовал хотя немного, что, кроме своего чувства (он не хотел сказать при нем – любви)… и счастия, все-таки жаль потерять свободу… Напротив, я этой-то потере свободы и рад.

– Плохо! Безнадежный субъект! – сказал Катавасов. – Ну, выпьем за его исцеление или пожелаем ему только, чтоб хоть одна сотая его мечтаний сбылась. И это уж будет такое счастье, какого не бывало на земле!

Вскоре после обеда гости уехали, чтоб успеть переодеться к свадьбе.

Оставшись один и вспоминая разговоры этих холостяков, Левин еще раз спросил себя: есть ли у него в душе это чувство сожаления о своей свободе, о котором они говорили? Он улыбнулся при этом вопросе. «Свобода? Зачем свобода? Счастие только в том, чтобы любить и желать, думать ее желаниями, ее мыслями, то есть никакой свободы, – вот это счастье!»

«Но знаю ли я ее мысли, ее желания, ее чувства?» – вдруг шепнул ему какой-то голос. Улыбка исчезла с его лица, и он задумался. И вдруг на него нашло странное чувство. На него нашел страх и сомнение, сомнение во всем.

«Что, как она не любит меня? Что, как она выходит за меня только для того, чтобы выйти замуж? Что, если она сама не знает того, что делает? – спрашивал он себя. – Она может опомниться и, только выйдя замуж, поймет, что не любит и не могла любить меня». И странные, самые дурные мысли о ней стали приходить ему. Он ревновал ее к Вронскому, как год тому назад, как будто этот вечер, когда он видел ее с Вронским, был вчера. Он подозревал, что она не все сказала ему.

Он быстро вскочил. «Нет, это так нельзя! – сказал он себе с отчаянием. – Пойду к ней, спрошу, скажу последний раз: мы свободны, и не лучше ли остановиться? Все лучше, чем вечное несчастие, позор, неверность!!» С отчаянием в сердце и со злобой на всех людей, на себя, на нее он вышел из гостиницы и поехал к ней.

Никто не ждал его. Он застал ее в задних комнатах. Она сидела на сундуке и о чем-то распоряжалась с девушкой, разбирая кучи разноцветных платьев, разложенных на спинках стульев и на полу.

– Ах! – вскрикнула она, увидав его и вся просияв от радости. – Как ты, как же вы (до этого последнего дня она говорила ему то «ты», то «вы»)? Вот не ждала! А я разбираю мои девичьи платья, кому какое…

– А! это очень хорошо! – сказал он, мрачно глядя на девушку.

– Уйди, Дуняша, я позову тогда, – сказала Кити. – Что с тобой? – спросила она, решительно говоря ему «ты», как только девушка вышла. Она заметила его странное лицо, взволнованное и мрачное, и на нее нашел страх.

– Кити! я мучаюсь. Я не могу один мучиться, – сказал он с отчаянием в голосе, останавливаясь пред ней и умоляюще глядя ей в глаза. Он уже видел по ее любящему правдивому лицу, что ничего не может выйти из того, что он намерен был сказать, но ему все-таки нужно было, чтоб она сама разуверила его. – Я приехал сказать, что еще время не ушло. Это все можно уничтожить и поправить.

– Что? Я ничего не понимаю. Что с тобой?

– То, что я тысячу раз говорил и не могу не думать… то, что я не стою тебя. Ты не могла согласиться выйти за меня замуж. Ты подумай. Ты ошиблась. Ты подумай хорошенько. Ты не можешь любить меня… Если… лучше скажи, – говорил он, не глядя на нее. – Я буду несчастлив. Пускай все говорят, что хотят; все лучше, чем несчастье… Все лучше теперь, пока есть время…

– Я не понимаю, – испуганно отвечала она, – то есть что ты хочешь отказаться… что не надо?

– Да, если ты не любишь меня.

– Ты с ума сошел! – вскрикнула она, покраснев от досады.

Но лицо его было так жалко, что она удержала свою досаду и, сбросив платья с кресла, пересела ближе к нему.

– Что ты думаешь? скажи все.

– Я думаю, что ты не можешь любить меня. За что ты можешь любить меня?

– Боже мой! что же я могу?.. – сказала она и заплакала.

– Ах, что я сделал! – вскрикнул он и, став пред ней на колени, стал целовать ее руки.

Когда княгиня через пять минут вошла в комнату, она нашла их уже совершенно помирившимися. Кити не только уверила его, что она его любит, но даже, отвечая на его вопрос, за что она любит его, объяснила ему, за что. Она сказала ему, что она любит его за то, что она понимает его всего, за то, что она знает, что́ он должен любить, и что все, что он любит, все хорошо. И это показалось ему вполне ясно. Когда княгиня вошла к ним, они рядом сидели на сундуке, разбирали платья и спорили о том, что Кити хотела отдать Дуняше то коричневое платье, в котором она была, когда Левин ей сделал предложение, а он настаивал, чтоб это платье никому не отдавать, а дать Дуняше голубое.

– Как ты не понимаешь? Она брюнетка, и ей не будет идти… У меня это все рассчитано.

Узнав, зачем он приезжал, княгиня полушуточно-полусерьезно рассердилась и усла́ла его домой одеваться и не мешать Кити причесываться, так как Шарль сейчас приедет.

– Она и так ничего не ест все эти дни и подурнела, а ты еще ее расстраиваешь своими глупостями, – сказала она ему. – Убирайся, убирайся, любезный.

Левин, виноватый и пристыженный, но успокоенный, вернулся в свою гостиницу. Его брат, Дарья Александровна и Степан Аркадьич, все в полном туалете, уже ждали его, чтобы благословить образом. Медлить некогда было. Дарья Александровна должна была еще заехать домой, с тем чтобы взять своего напомаженного и завитого сына, который должен был везти образ с невестой. Потом одну карету надо было послать за шафером, а другую, которая отвезет Сергея Ивановича, прислать назад… Вообще соображений, весьма сложных, было очень много. Одно было несомненно, что надо было не мешкать, потому что уже половина седьмого.

Из благословенья образом ничего не вышло. Степан Аркадьич стал в комически-торжественную позу рядом с женою, взял образ и, велев Левину кланяться в землю, благословил его с доброю и насмешливою улыбкой и поцеловал его троекратно; то же сделала и Дарья Александровна и тотчас же заспешила ехать и опять запуталась в предначертаниях движения экипажей.

– Ну, так вот что мы сделаем: ты поезжай в нашей карете за ним, а Сергей Иванович уже если бы был так добр заехать, а потом послать.

– Что же, я очень рад.

– А мы сейчас с ним приедем. Вещи отправлены? – сказал Степан Аркадьич.

– Отправлены, – отвечал Левин и велел Кузьме подавать одеваться.

III

Толпа народа, в особенности женщин, окружала освещенную для свадьбы церковь. Те, которые не успели проникнуть в средину, толпились около окон, толкаясь, споря и заглядывая сквозь решетки.

Больше двадцати карет уже были расставлены жандармами вдоль по улице. Полицейский офицер, пренебрегая морозом, стоял у входа, сияя своим мундиром. Беспрестанно подъезжали еще экипажи, и то дамы в цветах с поднятыми шлейфами, то мужчины, снимая кепи или черную шляпу, вступали в церковь.[1] В самой церкви уже были зажжены обе люстры и все свечи у местных образов. Золотое сияние на красном фоне иконостаса, и золоченая резьба икон, и серебро паникадил и подсвечников, и плиты пола,

---

1 *Кепи* – головной убор нового образца, введенный в русской армии при Александре II.

и коврики, и хоругви вверху у клиросов, и ступеньки амвона, и старые почерневшие книги, и подрясники, и стихари – все было залито светом. На правой стороне теплой церкви, в толпе фраков и белых галстуков, мундиров и штофов, бархата, атласа, волос, цветов, обнаженных плеч и рук и высоких перчаток, шел сдержанный и оживленный говор, странно отдававшийся в высоком куполе. Каждый раз, как раздавался писк отворяемой двери, говор в толпе затихал, и все оглядывались, ожидая видеть входящих жениха и невесту. Но дверь уже отворялась более чем десять раз, и каждый раз это был или запоздавший гость или гостья, присоединявшиеся к кружку званых, направо, или зрительница, обманувшая или умилостивившая полицейского офицера, присоединявшаяся к чужой толпе, налево. И родные и посторонние уже прошли чрез все фазы ожидания.

Сначала полагали, что жених с невестой сию минуту приедут, не приписывая никакого значения этому запозданию. Потом стали чаще и чаще поглядывать на дверь, договаривая о том, что не случилось ли чего-нибудь. Потом это опоздание стало уже неловко, и родные и гости старались делать вид, что они не думают о женихе и заняты своим разговором.

Протодьякон, как бы напоминая о ценности своего времени, нетерпеливо покашливал, заставляя дрожать стекла в окнах. На клиросе слышны были то пробы голосов, то сморкание соскучившихся певчих. Священник беспрестанно высылал то дьячка, то дьякона узнать, не приехал ли жених, и сам, в лиловой рясе и шитом поясе, чаще и чаще выходил к боковым дверям, ожидая жениха. Наконец одна из дам, взглянув на часы, сказала: «Однако это странно!» – и все гости пришли в беспокойство и стали громко выражать, свое удивление и неудовольствие. Один из шаферов поехал узнать, что случилось. Кити в это время, давно уже совсем готовая, в белом платье, длинном вуале и венке померанцевых цветов, с посаженой матерью и сестрой Львовой стояла в зале щербацкого дома и смотрела в окно, тщетно ожидая уже более получаса известия от своего шафера о приезде жениха в церковь.

Левин же между тем в панталонах, но без жилета и фрака ходил взад и вперед по своему нумеру, беспрестанно высовываясь в дверь и оглядывая коридор. Но в коридоре не видно было того, кого он ожидал, и он, с отчаянием возвращаясь и взмахивая руками, относился к спокойно курившему Степану Аркадьичу.

– Был ли когда-нибудь человек в таком ужасном дурацком положении! – говорил он.

– Да, глупо, – подтвердил Степан Аркадьич, смягчительно улыбаясь. – Но успокойся, сейчас привезут.

– Нет, как же! – со сдержанным бешенством говорил Левин. – И эти дурацкие открытые жилеты! Невозможно! – говорил он, глядя на измятый перед своей рубашки. – И что как вещи увезли уже на железную дорогу! – вскрикнул он с отчаянием.

– Тогда мою наденешь.

– И давно бы так надо.

– Нехорошо быть смешным… Погоди! *образуется.*

Дело было в том, что, когда Левин потребовал одеваться, Кузьма, старый слуга Левина, принес фрак, жилет и все, что нужно было.

– А рубашка! – вскрикнул Левин.

– Рубашка на вас, – с спокойною улыбкой ответил Кузьма.

Рубашки чистой Кузьма не догадался оставить, и, получив приказанье все уложить и свезти к Щербацким, от которых в нынешний же вечер уезжали молодые, он так и сделал, уложив все, кроме фрачной пары. Рубашка, надетая с утра, была измята и невозможна с открытой модой жилетов. Посылать к Щербацким было далеко. Послали купить рубашку. Лакей вернулся: все заперто – воскресенье. Послали к Степану Аркадьичу, привезли рубашку; она была невозможно широка и коротка. Послали, наконец, к Щербацким разложить вещи. Жениха ждали в церкви, а он, как запертый в клетке зверь, ходил по комнате, выглядывая в коридор и с ужасом и отчаянием вспоминая, что он наговорил Кити и что она может теперь думать.

Наконец виноватый Кузьма, насилу переводя дух, влетел в комнату с рубашкой.

– Только застал. Уж на ломового поднимали, – сказал Кузьма.

Через три минуты, не глядя на часы, чтобы не растравлять раны, Левин бегом бежал по коридору.

– Уж этим не поможешь, – говорил Степан Аркадьич с улыбкой, неторопливо поспешая за ним. – *Образуется, образуется…* – говорю тебе.

IV

– Приехали! – Вот он! – Который? – Помоложе-то, что ль? – А она-то, матушка, ни жива ни мертва! – заговорили в толпе, когда Левин, встретив невесту у подъезда, с нею вместе вошел в церковь.

Степан Аркадьич рассказал жене причину замедления, и гости, улыбаясь, перешептывались между собой. Левин ничего и никого не замечал: он, не спуская глаз, смотрел на свою невесту.

Все говорили, что она очень подурнела в эти последние дни и была под венцом далеко не так хороша, как обыкновенно; но Левин не находил этого. Он смотрел на ее высокую прическу с длинным белым вуалем и белыми цветами, на высоко стоявший сборчатый воротник, особенно девственно закрывавший с боков и открывавший спереди ее длинную шею, и поразительно тонкую талию, и ему казалось, что она была лучше, чем когда-нибудь, – не потому, чтоб эти цветы, этот вуаль, это выписанное из Парижа платье прибавляли что-нибудь к ее красоте, но потому, что, несмотря на эту приготовленную пышность наряда, выражение ее милого лица, ее взгляда, ее губ было все тем же ее особенным выражением невинной правдивости.

– Я думала уже, что ты хотел бежать, – сказала она и улыбнулась ему.

– Так глупо, что́ со мной случилось, совестно говорить! – сказал он, краснея, и должен был обратиться к подошедшему Сергею Ивановичу.

– Хороша твоя история с рубашкой! – сказал Сергей Иванович, покачивая головой и улыбаясь.

– Да, да, – отвечал Левин, не понимая, о чем ему говорят.

– Ну, Костя, теперь надо решить, – сказал Степан Аркадьич с притворно-испуганным видом, – важный вопрос. Ты именно теперь в состоянии оценить всю важность его. У меня спрашивают: обожженные ли свечи зажечь, или необожженные? Разница десять рублей, – присовокупил он, собирая губы в улыбку. – Я решил, но боюсь, что ты не изъявишь согласия.

Левин понял, что это была шутка, но не мог улыбнуться.

– Так как же? необожженные или обожженные? вот вопрос.

– Да, да! необожженные.

– Ну, я очень рад. Вопрос решен! – сказал Степан Аркадьич, улыбаясь. – Однако как глупеют люди в этом положении, – сказал он Чирикову, когда Левин, растерянно поглядев на него, подвинулся к невесте.

– Смотри, Кити, первая стань на ковер, – сказала графиня Нордстон, подходя. – Хороши вы! – обратилась она к Левину.

– Что, не страшно? – сказала Марья Дмитриевна, старая тетка.

– Тебе не свежо ли? Ты бледна. Постой, нагнись! – сказала сестра Кити, Львова, и, округлив свои полные прекрасные руки, с улыбкою поправила ей цветы на голове.

Долли подошла, хотела сказать что-то, но не мокла выговорить, заплакала и неестественно засмеялась.

Кити смотрела на всех такими же отсутствующими глазами, как и Левин. На все обращенные к ней речи она могла отвечать только улыбкой счастья, которая теперь была ей так естественна.

Между тем церковнослужители облачились, и священник с дьяконом вышли к аналою, стоявшему в притворе церкви. Священник обратился к Левину, что-то сказав. Левин не расслушал того, что сказал священник.

– Берите за руку невесту и ведите, – сказал шафер Левину.

Долго Левин не мог понять, чего от него требовали. Долго поправляли его и хотели уж бросить, – потому что он брал все не тою рукой или не за ту руку, – когда он понял наконец, что надо было правою рукой, не переменяя положения, взять ее за правую же руку. Когда он наконец взял невесту за руку, как надо было, священник прошел несколько шагов впереди их и остановился у аналоя. Толпа родных и знакомых, жужжа говором и шурша шлейфами, подвинулась за ними. Кто-то, нагнувшись, поправил шлейф невесты. В церкви стало так тихо, что слышалось падение капель воска.

Старичок священник, в камилавке с блестящими серебром седыми прядями волос, разобранными на две стороны за ушами, выпростав маленькие старческие руки из-под тяжелой серебряной с золотым крестом на спине ризы, перебирал что-то у аналоя.

Степан Аркадьич осторожно подошел к нему, пошептал что-то и, подмигнув Левину, зашел опять назад.

Священник зажег две украшенные цветами свечи, держа их боком в левой руке, так что воск капал с них медленно, и повернулся лицом к новоневестным. Священник был тот же самый, который исповедывал Левина. Он посмотрел усталым и грустным взглядом на жениха и невесту, вздохнул и, выпростав из-под ризы правую руку, благословил ею жениха и так же, но с оттенком осторожной нежности, наложил сложенные персты на склоненную голову Кити. Потом он подал им свечи и, взяв кадило, медленно отошел от них.

«Неужели это правда?» – подумал Левин и оглянулся на невесту. Ему несколько сверху виднелся ее профиль, и по чуть заметному движению ее губ и ресниц он знал, что она почувствовала его взгляд. Она не оглянулась, но высокий сборчатый воротничок зашевелился, поднимаясь к ее розовому маленькому уху. Он видел, что вздох остановился в ее груди и задрожала маленькая рука в высокой перчатке, державшая свечу.

Вся суета рубашки, опоздания, разговор с знакомыми, родными, их неудовольствие, его смешное положение – все вдруг исчезло, и ему стало радостно и страшно.

Красивый рослый протодьякон в серебряном стихаре, со стоящими по сторонам расчесанными завитыми кудрями, бойко выступил вперед и, привычным жестом приподняв на двух пальцах орарь, остановился против священника.

«Бла-го-сло-ви, вла-дыко!» – медленно один за другим, колебля волны воздуха, раздались торжественные звуки.

«Благословен бог наш всегда, ныне и присно и во веки веков», – смиренно и певуче ответил старичок священник, продолжая перебирать что-то на аналое. И, наполняя всю церковь от окон до сводов, стройно и широко поднялся, усилился, остановился на мгновение и тихо замер полный аккорд невидимого клира.

Молились, как и всегда, о свышнем мире и спасении, о синоде, о государе; молились и о ныне обручающихся рабе божием Константине и Екатерине.

«О еже ниспослатися им любве совершенней, мирней и помощи, господу помолимся», – как бы дышала вся церковь голосом протодьякона.

Левин слушал слова, и они поражали его. «Как они догадались, что помощи, именно помощи? – думал он, вспоминая все свои недавние страхи и сомнения. – Что я знаю? Что я могу в этом страшном деле, – думал он, – без помощи? Именно помощи мне нужно теперь».

Когда дьякон кончил ектенью, священник обратился к обручавшимся с книгой:

«Боже вечный, расстоящияся собравый в соединение, – читал он кротким певучим голосом, – и союз любве положивый им неразрушимый; благословивый Исаака и Ревекку, наследники я твоего обетования показавый: сам благослови и рабы твоя сия, Константина, Екатерину, наставляя я на всякое дело благое. Яко милостивый и человеколюбец бог еси, и тебе славу воссылаем, отцу, и сыну, и святому духу, ныне и присно и во веки веков». – «А-аминь», – опять разлился в воздухе невидимый хор.

«Расстоящияся собравый в соединение и союз любве положивый», – как глубокомысленны эти слова и как соответственны тому, что чувствуешь в эту минуту! – думал Левин. – Чувствует ли она то же, что я?»

И, оглянувшись, он встретил ее взгляд.

И по выражению этого взгляда он заключил, что она понимала то же, что и он. Но это была неправда; она совсем почти не понимала слов службы и даже не слушала их во время обручения. Она не могла слушать и понимать их: так сильно было одно то чувство, которое наполняло ее душу и все более и более усиливалось. Чувство это была радость полного совершения того, что уже полтора месяца совершилось в ее душе и что в продолжение всех этих шести недель радовало и мучало ее. В душе ее в тот день, как она в своем коричневом платье в зале арбатского дома подошла к нему молча и отдалась ему, – в душе ее в этот день и час совершился полный разрыв со всею прежнею жизнью, и началась совершенно другая, новая, совершенно неизвестная ей жизнь, в действительности же продолжалась старая. Эти шесть недель были самое блаженное и самое мучительное для нее время. Вся жизнь ее, все желания, надежды были сосредоточены на одном этом непонятном еще для нее человеке, с которым связывало ее какое-то еще более непонятное, чем сам человек, то сближающее, то отталкивающее чувство, а вместе с тем она продолжала жить в условиях прежней жизни. Живя старою жизнью, она ужасалась на себя, на свое полное непреодолимое равнодушие ко всему своему прошедшему: к вещам, к привычкам, к людям, любившим и любящим ее, к огорченной этим равнодушием матери, к милому, прежде больше всего на свете любимому нежному отцу. То она ужасалась на это равнодушие, то радовалась тому, что привело ее к этому равнодушию. Ни думать, ни желать она ничего не могла вне жизни с этим человеком; но этой новой жизни еще не было, и она не могла себе даже представить ее ясно. Было одно ожидание – страх и радость нового и неизвестного. И теперь вот-вот ожидание, и неизвестность, и раскаяние в отречении от прежней жизни – все кончится, и начнется новое. Это новое не могло быть не страшно по своей неизвестности; но страшно или не страшно – оно уже совершилось еще шесть недель тому назад в ее душе; теперь же только освящалось то, что давно уже сделалось в ее душе.

Повернувшись опять к аналою, священник с трудом поймал маленькое кольцо Кити и, потребовав руку Левина, надел на первый сустав его пальца. «Обручается раб божий Константин рабе божией Екатерине». И, надев большое кольцо на розовый, маленький, жалкий своею слабостью палец Кити, священник проговорил то же.

Несколько раз обручаемые хотели догадаться, что надо сделать, и каждый раз ошибались, и священник шепотом поправлял их. Наконец, сделав, что нужно было, перекрестив их кольцами, он опять передал Кити большое, а Левину маленькое; опять они запутались и два раза передавали кольцо из руки в руку, и все-таки выходило не то, что требовалось.

Долли, Чириков и Степан Аркадьич выступили вперед поправить их. Произошло замешательство, шепот и улыбки, но торжественно-умиленное выражение на лицах обручаемых не изменилось; напротив, путаясь руками, они смотрели серьезнее и торжественнее, чем прежде, и улыбка, с которою Степан Аркадьич шепнул, чтобы теперь каждый надел свое кольцо, невольно замерла у него на губах. Ему чувствовалось, что всякая улыбка оскорбит их.

– «Ты бо изначала создал еси мужеский пол и женский, – читал священник вслед за переменой колец, – и от тебе сочетается мужу жена, в помощь и в восприятие рода человеча. Сам убо, господи боже наш, пославый истину на наследие твое и обетование твое, на рабы твоя отцы наша, в коемждо роде и роде, избранныя твоя: призри на раба твоего Константина и на рабу твою Екатерину и утверди обручение их в вере, и единомыслии, и истине, и любви…»

Левин чувствовал все более и более, что все его мысли о женитьбе, его мечты о том, как он устроит свою жизнь, – что все это было ребячество и что это что-то такое, чего он не понимал до сих пор и теперь еще менее понимает, хотя это и совершается над ним; в груди его все выше и выше поднимались содрогания, и непокорные слезы выступали ему на глаза.

V

В церкви была вся Москва, родные и знакомые. И во время обряда обручения, в блестящем освещении церкви, в кругу разряженных женщин, девушек и мужчин в белых галстуках, фраках и мундирах, не переставал прилично-тихий говор, который преимущественно затевали мужчины, между тем как женщины были поглощены наблюдением всех подробностей столь всегда затрагивающего их священнодействия.

В кружке самом близком к невесте были ее две сестры: Долли и старшая, спокойная красавица Львова, приехавшая из-за границы.

– Что же это Мари в лиловом, точно черное, на свадьбу? – говорила Корсунская.

– С ее цветом лица одно спасенье... – отвечала Друбецкая. – Я удивляюсь, зачем они вечером сделали свадьбу. Это купечество...

– Красивее. Я тоже венчалась вечером, – отвечала Корсунская и вздохнула, вспомнив о том, как мила она была в этот день, как смешно был влюблен ее муж и как теперь все другое.

– Говорят, что кто больше десяти раз бывает шафером, тот не женится; хотел десятый быть, чтобы застраховаться, но место было занято, – говорил граф Синявин хорошенькой княжне Чарской, которая имела на него виды.

Чарская отвечала ему только улыбкой. Она смотрела на Кити, думая о том, как и когда она будет стоять с графом Синявиным в положении Кити и как она тогда напомнит ему его теперешнюю шутку.

Щербацкий говорил старой фрейлине Николаевой, что он намерен надеть венец на шиньон Кити, чтоб она была счастлива.

– Не надо было надевать шиньона, – отвечала Николаева, давно решившая, что если старый вдовец, которого она ловила, женится на ней, то свадьба будет самая простая. – Я не люблю этот фаст.[1]

Сергей Иванович говорил с Дарьей Дмитриевной, шутя уверяя ее, что обычай уезжать после свадьбы распространяется потому, что новобрачным всегда бывает несколько совестно.

– Брат ваш может гордиться. Она чудо как мила. Я думаю, вам завидно?

– Я уже это пережил, Дарья Дмитриевна, – отвечал он, и лицо его неожиданно приняло грустное и серьезное выражение.

Степан Аркадьич рассказывал свояченице свой каламбур о разводе.

---

[1] *Фаст* – избыток, великолепие (от *фр.* faste).

– Надо поправить венок, – отвечала она, не слушая его.

– Как жаль, что она так подурнела, – говорила графиня Нордстон Львовой. – А все-таки он не стоит ее пальца. Не правда ли?

– Нет, он мне очень нравится. Не оттого, что он будущий beaufrère[1], – отвечала Львова. – И как он хорошо себя держит! А это так трудно держать себя хорошо в этом положении – не быть смешным. А он не смешон, не натянут, он видно, что тронут.

– Кажется, вы ждали этого?

– Почти. Она всегда его любила.

– Ну, будем смотреть, кто из них прежде станет на ковер. Я советовала Кити.

– Все равно, – отвечала Львова, – мы все покорные жены, это у нас в породе.

– А я так нарочно первая стала с Васильем. А вы, Долли?

Долли стояла подле них, слышала их, но не отвечала. Она была растрогана. Слезы стояли у ней в глазах, и она не могла бы ничего сказать, не расплакавшись. Она радовалась на Кити и Левина; возвращаясь мыслью к своей свадьбе, она взглядывала на сияющего Степана Аркадьича, забывала все настоящее я помнила только свою первую невинную любовь. Она вспоминала не одну себя, но всех женщин, близких и знакомых ей; она вспомнила о них в то единственное торжественное для них время, когда они, так же как Кити, стояли под венцом с любовью, надеждой и страхом в сердце, отрекаясь от прошедшего и вступая в таинственное будущее. В числе этих всех невест, которые приходили ей на память, она вспомнила и свою милую Анну, подробности о предполагаемом разводе которой она недавно слышала. И она также, чистая, стояла в померанцевых цветах и вуале. А теперь что?

– Ужасно странно, – проговорила она.

Не одни сестры, приятельницы и родные следили за всеми подробностями священнодействия; посторонние женщины, зрительницы, с волнением, захватывающим дыхание, следили, боясь упустить каждое движение, выражение лица жениха и невесты и с досадой не отвечали и часто не слыхали речей равнодушных мужчин, делавших шутливые или посторонние замечания.

– Что же так заплакана? Или поневоле идет?

– Чего же поневоле за такого молодца? Князь, что ли?

– А это сестра в белом атласе? Ну, слушай, как рявкнет дьякон: «Да боится своего мужа».

---

[1] Зять (фр.).

– Чудовские?

– Синодальные.

– Я лакея спрашивала. Говорит, сейчас везет к себе в вотчину. Богат страсть, говорят. Затем и выдали.

– Нет, парочка хороша.

– А вот вы спорили, Марья Власьевна, что карналины в отлет носят. Глянь-ка у той в пюсовом, посланница, говорят, с каким подбором... Так, и опять этак.

– Экая милочка невеста-то, как овечка убранная! А как ни говорите, жалко нашу сестру.

Так говорилось в толпе зрительниц, успевших проскочить в двери церкви.

VI

Когда обряд обручения окончился, церковнослужитель постлал пред аналоем в середине церкви кусок розовой щелковой ткани, хор запел искусный и сложный псалом, в котором бас и тенор перекликались между собою, и священник, оборотившись, указал обрученным на разостланный розовый кусок ткани. Как ни часто и много слышали оба о примете, что кто первый ступит на ковер, тот будет главой в семье, ни Левин, ни Кити не могли об этом вспомнить, когда они сделали эти несколько шагов. Они не слышали и громких замечаний и споров о том, что, по наблюдению одних, он стал прежде, по мнению других, оба вместе.

После обычных вопросов о желании их вступить в брак, и не обещались ли они другим, и их странно для них самих звучавших ответов началась новая служба. Кити слушала слова молитвы, желая понять их смысл, но не могла. Чувство торжества и светлой радости по мере совершения обряда все больше и больше переполняло ее душу и лишало ее возможности внимания.

Молились «о еже податися им целомудрию и плоду чрева на пользу, о еже возвеселитися им видением сынов и дщерей». Упоминалось о том, что бог сотворил жену из ребра Адама, и «сего ради оставит человек отца и матерь и прилепится к жене, будет два в плоть едину», и что «тайна сия велика есть»; просили, чтобы бог дал им плодородие и благословение, как Исааку и Ревекке, Иосифу, Моисею и Сепфоре, и чтоб они видели сыны сынов своих. «Все это было прекрасно, – думала Кити, слушая эти слова, – все это и не может быть иначе», – и улыбка радости, сообщавшаяся невольно всем смотревшим на нее, сияла на ее просветлевшем лице.

– Наденьте совсем! – послышались советы, когда священник надел на них венцы и Щербацкий, дрожа рукою в трехпуговичной перчатке, держал высоко венец над ее головой.

– Наденьте! – прошептала она, улыбаясь.

Левин оглянулся на нее и был поражен тем радостным сиянием, которое было на ее лице; и чувство это невольно сообщилось ему. Ему стало, так же как и ей, светло и весело.

Им весело было слушать чтение послания апостольского и раскат голоса протодьякона при последнем стихе, ожидаемый с таким нетерпением постороннею публикой. Весело было пить из плоской чаши теплое красное вино с водой, и стало еще веселее, когда священник, откинув ризу и взяв их обе руки в свою, повел их при порывах баса, выводившего «Исаие ликуй», вокруг аналоя. Щербацкий и Чириков, поддерживавшие венцы, путаясь в шлейфе невесты, тоже улыбаясь и радуясь чему-то, то отставали, то натыкались на венчаемых при остановках священника. Искра радости, зажегшаяся в Кити, казалось, сообщилась всем бывшим в церкви. Левину казалось, что и священнику и дьякону, так же как и ему, хотелось улыбаться.

Сняв венцы с голов их, священник прочел последнюю молитву и поздравил молодых. Левин взглянул на Кити, и никогда он не видал ее до сих пор такою. Она была прелестна тем новым сиянием счастия, которое было на ее лице. Левину хотелось сказать ей что-нибудь, но он не знал, кончилось ли. Священник вывел его из затруднения. Он улыбнулся своим добрым ртом и тихо сказал:

– Поцелуйте жену, и вы поцелуйте мужа, – и взял у них из рук свечи.

Левин поцеловал с осторожностью ее улыбнувшиеся губы, подал ей руку и, ощущая новую, странную близость, пошел из церкви. Он не верил, не мог верить, что это была правда. Только когда встречались их удивленные и робкие взгляды, он верил этому, потому что чувствовал, что они уже были одно.

После ужина в ту же ночь молодые уехали в деревню.

VII

Вронский с Анною три месяца уже путешествовали вместе по Европе. Они объездили Венецию, Рим, Неаполь и только что приехали в небольшой итальянский город, где хотели поселиться на некоторое время.

Красавец обер-кельнер с начинавшимся от шеи пробором в густых напомаженных волосах, во фраке и с широкою белою батистовою грудью рубашки, со связкой брелок над округленным брюшком, заложив руки в карманы, презрительно прищурившись, строго отвечал что-то остановившемуся господину. Услыхав с другой стороны подъезда шаги, всходившие на лестницу, обер-кельнер обернулся и, увидав русского графа, занимавшего у них лучшие комнаты, почтительно вынул руки из карманов и, наклонившись, объяснил, что курьер был и что дело с наймом палаццо состоялось. Главный управляющий готов подписать условие.

– А! Я очень рад, – сказал Вронский. – А госпожа дома или нет?

– Они выходили гулять, но теперь вернулись, – отвечал кельнер.

Вронский снял с своей головы мягкую с большими полями шляпу и отер платком потный лоб и отпущенные до половины ушей волосы, зачесанные назад и закрывавшие его лысину. И, взглянув рассеянно на стоявшего еще и приглядывавшегося к нему господина, он хотел пройти.

– Господин этот русский и спрашивал про вас, – сказал обер-кельнер.

Со смешанным чувством досады, что никуда не уйдешь от знакомых, и желания найти хоть какое-нибудь развлечение от однообразия своей жизни, Вронский еще раз оглянулся на отошедшего и остановившегося господина; и в одно и то же время у обоих просветлели глаза.

– Голенищев!

– Вронский!

Действительно, это был Голенищев, товарищ Вронского по Пажескому корпусу. Голенищев в корпусе принадлежал к либеральной партии, из корпуса вышел гражданским чином и нигде не служил. Товарищи совсем разошлись по выходе из корпуса и встретились после только один раз.

При этой встрече Вронский понял, что Голенищев избрал какую-то высокоумную либеральную деятельность и вследствие этого хотел презирать деятельность и звание Вронского. Поэтому Вронский при встрече с Голенищевым дал ему тот холодный и гордый отпор, который он умел давать людям и смысл которого был таков: «Вам может нравиться или не нравиться мой образ жизни, но мне это совершенно все равно: вы должны уважать меня, если хотите меня знать». Голенищев же был презрительно равнодушен к тону Вронского. Эта встреча, казалось бы, еще больше должна была разобщить их. Теперь же они просияли и вскрикнули от радости, узнав друг друга. Вронский никак не ожидал, что он так обрадуется Голенищеву, но, вероятно, он сам не знал, как ему было скучно. Он забыл неприятное впечатление последней встречи и с открытым радостным лицом протянул руку бывшему товарищу. Такое же выражение радости заменило прежнее тревожное выражение лица Голенищева.

– Как я рад тебя встретить! – сказал Вронский, выставляя дружелюбною улыбкой свои крепкие белые зубы.

– А я слышу: Вронский, но который – не знал. Очень, очень рад!

– Войдем же. Ну, что ты делаешь?

– Я уже второй год живу здесь. Работаю.

– А! – с участием сказал Вронский, – Войдем же.

И по обычной привычке русских, вместо того чтоб именно по-русски сказать то, что он хотел скрыть от слуг, заговорил по-французски.

– Ты знаком с Карениной? Мы вместе путешествуем. Я к ней иду, – по-французски сказал он, внимательно вглядываясь в лицо Голенищева.

– А! Я и не знал (хотя он и знал), – равнодушно отвечал Голенищев. – Ты давно приехал? – прибавил он.

– Я? Четвертый день, – ответил Вронский, еще раз внимательно вглядываясь в лицо товарища.

«Да, он порядочный человек и смотрит на дело как должно, – сказал себе Вронский, поняв значение выражения лица Голенищева и перемены разговора. – Можно познакомить его с Анной, он смотрит как должно».

Вронский в эти три месяца, которые он провел с Анной за границей, сходясь с новыми людьми, всегда задавал себе вопрос о том, как это новое лицо посмотрит на его отношения к Анне, и большею частью встречал в мужчинах *какое должно* понимание. Но если б его спросили и спросили тех, которые понимали «как должно», в чем состояло это понимание, и он и они были бы в большом затруднении.

В сущности, понимавшие, по мнению Вронского, «как должно» никак не понимали этого, а держали себя вообще, как держат себя благовоспитанные люди относительно всех сложных и неразрешимых вопросов, со всех сторон окружающих жизнь, – держали себя прилично, избегая намеков и неприятных вопросов. Они делали вид, что вполне понимают значение и смысл положения, признают и даже одобряют его, но считают неуместным и лишним объяснять все это.

Вронский сейчас же догадался, что Голенищев был один из таких, и потому вдвойне был рад ему. Действительно, Голенищев держал себя с Карениной, когда был введен к ней, так, как только Вронский мог желать этого. Он, очевидно, без малейшего усилия избегал всех разговоров, которые могли бы повести к неловкости.

Он не знал прежде Анну и был поражен ее красотой и еще более тою простотой, с которою она принимала свое положение. Она покраснела, когда Вронский ввел Голенищева, и эта детская краска, покрывшая ее открытое и красивое лицо, чрезвычайно понравилась ему. Но особенно понравилось ему то, что она тотчас же, как бы нарочно, чтобы не могло быть недоразумений при чужом человеке, назвала Вронского просто Алексеем и сказала, что они переезжают с ним во вновь нанятый дом, который здесь называют палаццо. Это прямое и простое отношение к своему положению понравилось Голенищеву. Глядя на добродушно-веселую энергическую манеру Анны, зная Алексея Александровича и Вронского, Голенищеву казалось, что он вполне понимает ее. Ему казалось, что он понимает то, чего она никак не понимала: именно того, как она могла, сделав несчастие мужа, бросив его и сына и потеряв добрую славу, чувствовать себя энергически-веселою и счастливою.

- Он в гиде есть, - сказал Голенищев про тот палаццо, который нанимал Вронский. - Там прекрасный Тинторетто есть. Из его последней эпохи.[1]

- Знаете что? Погода прекрасная, пойдемте туда, еще раз взглянем, - сказал Вронский, обращаясь к Анне.

- Очень рада, я сейчас пойду надену шляпу. Вы говорите, что жарко? - сказала она, остановившись у двери и вопросительно глядя на Вронского. И опять яркая краска покрыла ее лицо.

Вронский понял по ее взгляду, что она не знала, в каких отношениях он хочет быть с Голенищевым, и что она боится, так ли она вела себя, как он бы хотел.

Он посмотрел на нее нежным, продолжительным взглядом.

- Нет, не очень, - сказал он.

И ей показалось, что она все поняла, главное то, что он доволен ею; и, улыбнувшись ему, она быстрою походкой вышла из двери.

Приятели взглянули друг на друга, и в лицах обоих произошло замешательство, как будто Голенищев, очевидно любовавшийся ею, хотел что-нибудь сказать о ней и не находил что, а Вронский желал и боялся того же.

- Так вот как, - начал Вронский, чтобы начать какой-нибудь разговор. - Так ты поселился здесь? Так ты все занимаешься тем же? - продолжал он, вспоминая, что ему говорили, что Голенищев писал что-то...

- Да, я пишу вторую часть «Двух начал»[2], - сказал Голенищев, вспыхнув от удовольствия при этом вопросе, - то есть, чтобы быть точным,

---

[1] *Там прекрасный Тинторетто есть. Из его последней эпохи.* - Робусти Якопо, по прозвищу Тинторетто (1518-1594) - итальянский художник венецианской школы. Его талант с наибольшей полнотой раскрылся в произведениях поздних лет жизни («Тайная вечеря», «Сбор манны» и др.). Тинторетто получил признание лишь во второй половине XIX в., когда он был как бы заново открыт. Дж. Вазари в «Жизнеописаниях наиболее знаменитых живописцев, ваятелей и зодчих» (1550) отзывался о Тинторетто отрицательно. С апологией венецианского мастера во второй половине XIX в. выступили Теофиль Готье, Джон Рёскин, Ипполит Тэн.

[2] *...я пишу вторую часть «Двух начал»...* - Основная идея Голенищева о том, что Россия является «наследницей Византии», связана с философией славянофильства. О «двух началах» («католическом» и «православном», «рациональном» и «духовном», «западном» и «посточном») писал еще И. В. Киреевский (1806-1856) в статье «О характере просвещения Европы и о его отношении к просвещению в России» (1852). «Византийское начало» в русской истории исследовал и А. С. Хомяков (1804-1860). В 1873 г. было завершено издание собрания сочинений Хомякова (А. С. Хомяков.

я не пишу еще, но подготовляю, собираю материалы. Она будет гораздо обширнее и захватит почти все вопросы. У нас, в России, не хотят понять, что мы наследники Византии, – начал он длинное, горячее объяснение.

Вронскому было сначала неловко за то, что он не знал и первой статьи о «Двух началах», про которую ему говорил автор как про что-то известное. Но потом, когда Голенищев стал излагать свои мысли и Вронский мог следить за ним, то, и не зная «Двух начал», он не без интереса слушал его, так как Голенищев говорил хорошо. Но Вронского удивляло и огорчало то раздраженное волнение, с которым Голенищев говорил о занимавшем его предмете. Чем дальше он говорил, тем больше у него разгорались глаза, тем поспешнее он возражал мнимым противникам и тем тревожнее и оскорбленнее становилось выражение его лица. Вспоминая Голенищева худеньким, живым, добродушным и благородным мальчиком, всегда первым учеником в корпусе, Вронский никак не мог понять причины этого раздражения и не одобрял его. В особенности ему не нравилось то, что Голенищев, человек хорошего круга, становился на одну доску с какими-то писаками, которые его раздражали, и сердился на них. Стоило ли это того? Это не нравилось Вронскому, но, несмотря на то, он чувствовал, что Голенищев несчастлив, и ему жалко было его. Несчастие, почти умопомешательство, видно было в этом подвижном, довольно красивом лице в то время, как он, не замечая даже выхода Анны, продолжал торопливо и горячо высказывать свои мысли.

Когда Анна вышла в шляпе и накидке и, быстрым движением красивой руки играя зонтиком, остановилась подле него, Вронский с чувством облегчения оторвался от пристально устремленных на него жалующихся глаз Голенищева и с новою любовию взглянул на свою прелестную, полную жизни и радости подругу. Голенищев с трудом опомнился и первое время был уныл и мрачен, но Анна, ласково расположенная ко всем (какою она была это время), скоро освежила его своим простым и веселым обращением. Попытав разные предметы разговора, она навела его на живопись, о которой он говорил очень хорошо, и внимательно слушала его. Они дошли пешком до нанятого дома и осмотрели его.

– Я очень рада одному, – сказала Анна Голенищеву, когда они уже возвращались. – У Алексея будет atelier хороший. Непременно ты возьми эту комнату, – сказала она Вронскому по-русски и говоря ему *ты*, так как она уже поняла, что Голенищев в их уединении сделается близким человеком и что пред ним скрываться не нужно.

Сочинения, т. I–IV. М. – Прага, 1861–1873). Тема эта для 70-х годов была очень острой. В конце романа «Анна Каренина» Толстой отмечает, что Левин «разочаровался в хомяковском учении о церкви».

– Разве ты пишешь? – сказал Голенищев, быстро оборачиваясь к Вронскому.

– Да, я давно занимался и теперь немного начал, – сказал Вронский, краснея.

– У него большой талант, – сказала Анна с радостною улыбкой. – Я, разумеется, не судья! Но судьи знающие то же сказали.

VIII

Анна в этот первый период своего освобождения и быстрого выздоровления чувствовала себя непростительно счастливою и полною радости жизни. Воспоминание несчастия мужа не отравляло ее счастия. Воспоминание это, с одной стороны, было слишком ужасно, чтобы думать о нем. С другой стороны, несчастие ее мужа дало ей слишком большое счастие, чтобы раскаиваться. Воспоминание обо всем, что случилось с нею после болезни; примирение с мужем, разрыв, известие о ране Вронского, его появление, приготовление к разводу, отъезд из дома мужа, прощанье с сыном – все это казалось ей горячечным сном, от которого она проснулась одна с Вронским за границей. Воспоминание о зле, причиненном мужу, возбуждало в ней чувство, похожее на отвращение и подобное тому, какое испытывал бы тонувший человек, оторвавший от себя вцепившегося в него человека. Человек этот утонул. Разумеется, это было дурно, но это было единственное спасенье, и лучше не вспоминать об этих страшных подробностях.

Одно успокоительное рассуждение о своем поступке пришло ей тогда, в первую минуту разрыва, и, когда она вспомнила теперь обо всем прошедшем, она вспомнила это одно рассуждение. «Я неизбежно сделала несчастие этого человека, – думала она, – но я не хочу пользоваться этим несчастием; я тоже страдаю и буду страдать: я лишаюсь того, чем я более всего дорожила, – я лишаюсь честного имени и сына. Я сделала дурно и потому не хочу счастия, не хочу развода и буду страдать позором и разлукой с сыном», Но, как ни искренно хотела Анна страдать, она не страдала. Позора никакого не было. С тем тактом, которого так много было у обоих, они за границей, избегая русских дам, никогда не ставили себя в фальшивое положение и везде встречали людей, которые притворялись, что вполне понимали их взаимное положение гораздо лучше, чем они сами понимали его. Разлука с сыном, которого она любила, и та не мучала ее первое время. Девочка, его ребенок, была так мила и так привязала к себе Анну с тех пор, как у ней осталась одна эта девочка, что Анна редко вспоминала о сыне.

Потребность жизни, увеличенная выздоровлением, была так сильна и условия жизни были так новы и приятны, что Анна чувствовала себя непростительно счастливою. Чем больше она узнавала Вронского, тем больше она любила его. Она любила его за его самого и за его любовь к ней. Полное обладание им было ей постоянно радостно. Близость его ей всегда была приятна. Все черты его характера, который, она узнавала больше и больше, был для нее невыразимо милы. Наружность его, изменившаяся в штатском платье, была для нее привлекательна, как для молодой влюбленной. Во всем, что он говорил, думал и делал, она видела что-то особенно благородное и возвышенное. Ее восхищение пред ним часто пугало ее самое: она искала и не могла найти в нем ничего непрекрасного. Она не смела показывать ему сознание своего ничтожества пред ним. Ей казалось, что он, зная это, скорее может разлюбить ее; а она ничего так не боялась теперь, хотя и не имела к тому никаких поводов, как потерять его любовь. Но она не могла не быть благодарна ему за его отношение к ней и не показывать, как она ценит его. Он, по ее мнению, имевший такое определенное призвание к государственной деятельности, в которой должен был играть видную роль, – он пожертвовал честолюбием для нее, никогда не показывая ни малейшего сожаления. Он был, более чем прежде, любовно-почтителен к ней, и мысль о том, чтоб она никогда не почувствовала неловкости своего положения, ни на минуту не покидала его. Он, столь мужественный человек, в отношении ее но только никогда не противоречил, но не имел своей воли и был, казалось, только занят тем, как предупредить ее желания. И она не могла не ценить этого, хотя эта самая напряженность его внимания к ней, эта атмосфера забот, которою он окружал ее, иногда тяготили ее.

Вронский между тем, несмотря на полное осуществление того, чего он желал так долго, не был вполне счастлив. Он скоро почувствовал, что осуществление его желания доставило ему только песчинку из той горы счастия, которой он ожидал. Это осуществление показало ему ту вечную ошибку, которую делают люди, представляя себе счастие осуществлением желания. Первое время после того, как он соединился с нею и надел штатское платье, он почувствовал всю прелесть свободы вообще, которой он не знал прежде, и свободы любви, и был доволен, но недолго. Он скоро почувствовал, что в душе его поднялись желания желаний, тоска. Независимо от своей воли, он стал хвататься за каждый мимолетный каприз, принимая его за желание и цель. Шестнадцать часов дня надо было занять чем-нибудь, так как они жили за границей на совершенной свободе, вне того круга условий общественной жизни, который занимал время в Петербурге. Об удовольствиях холостой жизни, которые в прежние поездки за границу занимали Вронского, нельзя было и думать, так как одна попытка такого рода произвела неожиданное и не соответствующее позднему ужину с знакомыми уныние в Анне. Сношений с обществом местным и русским, при неопределенности их положения, тоже нельзя было иметь. Осматривание достопримечательностей, не говоря о том, что все уже было видено, не имело для него, как для русского и умного человека, той необъяснимой значительности, которую умеют приписывать этому делу англичане.

И как голодное животное хватает всякий попадающийся предмет, надеясь найти в нем пищу, так и Вронский совершенно бессознательно хватался то за политику, то за новые книги, то за картины.

Так как смолоду у него была способность к живописи и так как он, не зная, куда тратить свои деньги, начал собирать гравюры, он остановился на живописи, стал заниматься ею и в нее положил тот незанятый запас желаний, который требовал удовлетворения.

У него была способность понимать искусство и верно, со вкусом подражать искусству, и он подумал, что у него есть то самое, что нужно для художника, и, несколько времени поколебавшись, какой он выберет род живописи: религиозный, исторический жанр или реалистический, он принялся писать. Он понимал все роды и мог, вдохновляться и тем и другим; но он не мог себе представить того, чтобы можно было вовсе не знать, какие есть роды живописи, и вдохновляться непосредственно тем, что есть в душе, не заботясь, будет ли то, что Он напишет, принадлежать к какому-нибудь известному роду. Так как он не знал этого и вдохновлялся не непосредственно жизнью, а посредственно, жизнью, уже воплощенною искусством, то он вдохновлялся очень быстро и легко и так же быстро и легко достигал того, что то, что он писал, было очень похоже на тот род, которому он хотел подражать.

Более всех других родов ему нравился французский, грациозный и эффектный, и в таком роде он начал писать портрет Анны в итальянском костюме, и портрет этот казался ему и всем, кто его видел, очень удачным.

IX

Старый, запущенный палаццо с высокими лепными плафонами и фресками на стенах, с мозаичными полами, с тяжелыми желтыми штофными гардинами на высоких окнах, вазами на консолях и каминах, с резными дверями и с мрачными залами, увешанными картинами, – палаццо этот, после того как они переехали в него, самою своею внешностью поддерживал во Вронском приятное заблуждение, что он не столько русский помещик, егермейстер без службы, сколько просвещенный любитель и покровитель искусств, и сам – скромный художник, отрекшийся от света, связей, честолюбия для любимой женщины.

Избранная Вронским роль с переездом в палаццо удалась совершенно, и, познакомившись чрез посредство Голенищева с некоторыми интересными лицами, первое время он был спокоен. Он писал под руководством итальянского профессора живописи этюды с натуры и занимался средневековою итальянскою жизнью. Средневековая итальянская жизнь в последнее время так прельстила Вронского, что он даже шляпу и плед через плечо стал носить по-средневековски, что очень шло к нему.

— А мы живем и ничего не знаем, — сказал раз Вронский пришедшему к ним поутру Голенищеву. — Ты видел картину Михайлова? — сказал он, подавая ему только что полученную утром русскую газету и указывая на статью о русском художнике, жившем в том же городе и окончившем картину, о которой давно ходили слухи и которая вперед была куплена. В статье были укоры правительству и Академии за то, что замечательный художник был лишен всякого поощрения и помощи.

— Видел, — отвечал Голенищев. — Разумеется, он не лишен дарования, но совершенно фальшивое направление. Все то же ивановско-штраусовско-ренановское отношение к Христу[1] и религиозной живописи.

— Что представляет картина? — спросила Анна.

— Христос пред Пилатом.[2] Христос представлен евреем со всем реализмом новой школы.

---

[1] *...ивановско-штраусовско-ренановское отношение к Христу...* — В 1858 г. в Петербурге была выставлена картина А. А. Иванова (1806–1858) «Явление Христа народу». С этого времени начались попытки изображать Христа «как историческое лицо» (Толстой Л. Н. Полн. собр. соч.: В 90 т. Т. 65, с. 124[В дальнейшем ссылки на это издание даются с указанием лишь тома и страницы.]). За Ивановым последовали И. Н. Крамской («Христос в пустыне»), М. М. Антокольский («Христос»). Так возникла «историческая школа», по-новому взглянувшая на традиционные церковио-религиозные сюжеты и давшая первую идею Христа «более человечественного, чем небесного» (В. В. Стасов. Собр. соч., т. 3. СПб., 1894, с. 516). К «исторической школе» в философии и истории Толстой причислял также немецкого исследователя Давида Штрауса (1808–1874), автора «Жизни Иисуса», и французского критика и философа Эрнеста Ренана (1823–1892), автора «Истории происхождения христианства». В 70-е годы к «ивановско-штраусовско-ренановскому направлению» Толстой относился отрицательно: «Для нас из христианства все человеческие унижающие реалистические подробности исчезали потому же... почему все исчезает, что не вечно» (т. 62, с. 414).

[2] *Что представляет картина?.. — Христос пред Пилатом...* — В 1872 г. была впервые выставлена картина И. Н. Крамского (1837–1887) «Христос в пустыне». В 1873 г. произошла встреча Толстого с Крамским в Ясной Поляне. Крамской тогда обдумывал новый замысел: «Хохот» («Осмеяние Христа»). По-видимому, он рассказывал об этом и Толстому. Сюжет картины Михайлова «Христос перед судом Пилата» очень близок к замыслу Крамского. «Реализм новой школы» означал прежде всего отказ от традиций «старых мастеров», которые изображали преимущественно «святых, мадонну и Христа как бога». «Так шло до последнего времени, когда начались попытки изображать его как историческое лицо («Литературное наследство», т. 37–38, с. 257). Толстой считал этот путь ошибочным. «Я полагаю, — говорит в романе Голенищев, — что если Христос сведен на степень исторического лица, то лучше... и избрать другую историческую тему, свежую, нетронутую». Толстой высоко ценил картину Н. Н. Ге (1831–1894) «Что есть истина?» (1890), которая тоже была вариацией на тему «Христос перед судом Пилата». Но в этой

И, вопросом о содержании картины наведенный на одну из самых любимых тем своих, Голенищев начал излагать:

– Я не понимаю, как они могут так грубо ошибаться. Христос уже имеет свое определенное воплощение в искусстве великих стариков. Стало быть, если они хотят изображать не бога, а революционера или мудреца, то пусть из истории берут Сократа, Франклина, Шарлотту Корде, но только не Христа. Они берут то самое лицо, которое нельзя брать для искусства, и потом…

– А что же, правда, что этот Михайлов в такой бедности? – спросил Вронский, думая, что ему, как русскому меценату, несмотря на то, хороша ли, или дурна его картина, надо бы помочь художнику.

– Едва ли. Он портретист замечательный. Вы видели его портрет Васильчиковой? Но он, кажется, не хочет больше писать портретов, и потому, может быть, что и точно он в нужде. Я говорю, что…

– Нельзя ли его попросить сделать портрет Анны Аркадьевны? – сказал Вронский.

– Зачем мой? – сказала Анна. – После твоего я не хочу никакого портрета. Лучше Ани (так она звала свою девочку). Вот и она, – прибавила она, выглянув в окно на красавицу итальянку-кормилицу, которая вынесла ребенка в сад, и тотчас же незаметно оглянувшись на Вронского. Красавица кормилица, с которой Вронский писал голову для своей картины, была единственное тайное горе в жизни Анны. Вронский, писав с нее, любовался ее красотой и средневековостью, и Анна не смела себе признаться, что она боится ревновать эту кормилицу, и поэтому особенно ласкала и баловала и ее и ее маленького сына.

Вронский взглянул тоже, в окно и в глаза Анны и, тотчас же оборотившись к Голенищеву, сказал:

– А ты знаешь этого Михайлова?

– Я его встречал. Но он чудак и без всякого образования. Знаете, один из этих диких новых людей, которые теперь часто встречаются; знаете, из тех вольнодумцев, которые d'emblée[1] воспитаны в понятиях неверия, отрицания и материализма. Прежде, бывало, – говорил Голенищев, не замечая или не желая заметить, что и Анне и Вронскому хотелось говорить, – прежде, бывало, вольнодумец был человек, который воспитался в понятиях религии, закона, нравственности и сам борьбой и трудом доходил до вольнодумства; но теперь является новый тип самородных вольнодумцев, которые вырастают и не слыхав даже, что были законы

картине он находил не церковное и не историческое, а нравственное толкование сюжета (т. 65, с. 124).

[1] Сразу (фр.).

нравственности, религии, что были авторитеты, а которые прямо вырастают в понятиях отрицания всего, то есть дикими. Вот он такой. Он сын, кажется, московского камер-лакея и не получил никакого образования. Когда он поступил в Академию и сделал себе репутацию, он, как человек неглупый, захотел образоваться. И обратился к тому, что ему казалось источником образования, – к журналам. И понимаете, в старину человек, хотевший образоваться, положим француз, стал бы изучать всех классиков: и богословов, и трагиков, и историков, и философов, и, понимаете, весь труд умственный, который бы предстоял ему. Но у нас теперь он прямо попал на отрицательную литературу, усвоил себе очень быстро весь экстракт науки отрицательной, и готов. И мало того: лет двадцать тому назад он нашел бы в этой литературе признаки борьбы с авторитетами, с вековыми воззрениями, он бы из этой борьбы понял, что было что-то другое; но теперь он прямо попадает на такую, в которой даже не удостоивают спором старинные воззрения, а прямо говорят: ничего нет, évolution [1], подбор, борьба за существование – и все. Я в своей статье…

– Знаете что, – сказала Анна, уже давно осторожно переглядывавшаяся с Вронским и знавшая, что Вронского не интересовало образование этого художника, а занимала только мысль помочь ему и заказать ему портрет. – Знаете что? – решительно перебила она разговорившегося Голенищева. – Поедемте к нему!

Голенищев опомнился и охотно согласился. Но так как художник жил в дальнем квартале, то решили взять коляску.

Через час Анна рядом с Голенищевым и с Вронским на переднем месте коляски подъехали к новому некрасивому дому в дальнем квартале. Узнав от вышедшей к ним жены дворника, что Михайлов пускает в свою студию, но что он теперь у себя на квартире в двух шагах, они послали ее к нему с своими карточками, прося позволения видеть его картины.

X

Художник Михайлов, как и всегда, был за работой, когда ему принесли карточки графа Вронского и Голенищева. Утро он работал в студии над большою картиной. Придя к себе, он рассердился на жену за то, что она не умела обойтись с хозяйкой, требовавшею денег.

---

[1] Эволюция *(фр.)*.

– Двадцать раз тебе говорил, не входи в объяснения. Ты и так дура, а начнешь по-итальянски объясняться, то выйдешь тройная дура, – сказал он ей после долгого спора.

– Так ты не запускай, я не виновата. Если б у меня были деньги…

– Оставь меня в покое, ради бога! – вскрикнул со слезами в голосе Михайлов и, заткнув уши, ушел в свою рабочую комнату за перегородкой и запер за собою дверь. «Бестолковая!» – сказал он себе, сел за стол и, раскрыв папку, тотчас с особенным жаром принялся за начатый рисунок.

Никогда он с таким жаром и успехом не работал, как когда жизнь его шла плохо, и в особенности, когда он ссорился с женой. «Ах! провалиться бы куда-нибудь!» – думал он, продолжая работать. Он делал рисунок для фигуры человека, находящегося в припадке гнева. Рисунок был сделан прежде; но он был недоволен им. «Нет, тот был лучше… Где он?» Он пошел к жене и, насупившись, не глядя на нее, спросил у старшей девочки, где та бумага, которую он дал им. Бумага с брошенным рисунком нашлась, но была испачкана и закапана стеарином. Он все-таки взял рисунок, положил к себе на стол и, отдалившись и прищурившись, стал смотреть на него. Вдруг он улыбнулся и радостно взмахнул руками.

– Так, так! – проговорил он и тотчас же, взяв карандаш, начал быстро рисовать. Пятно стеарина давало человеку новую позу.

Он рисовал эту новую позу, и вдруг ему вспомнилось с выдающимся подбородком энергическое лицо купца, у которого он брал сигары, и он это самое лицо, этот подбородок нарисовал человеку. Он засмеялся от радости. Фигура вдруг из мертвой, выдуманной стала живая и такая, которой нельзя уже было изменить. Фигура эта жила и была ясно и несомненно определена. Можно было поправить рисунок сообразно с требованиями этой фигуры, можно и должно даже было иначе расставить ноги, совсем переменить положение левой руки, откинуть волосы. Но, делая эти поправки, он не изменял фигуры, а только откидывал то, что скрывало фигуру. Он как бы снимал с нее те покровы, из-за которых она не вся была видна; каждая новая черта только больше выказывала всю фигуру во всей ее энергической силе, такою, какою она явилась ему вдруг от произведенного стеарином пятна. Он осторожно доканчивал фигуру, когда ему принесли карточки.

– Сейчас, сейчас! Он прошел к жене.

– Ну полно, Саша, не сердись! – сказал он ей, робко и нежно улыбаясь. – Ты была виновата. Я был виноват. Я все устрою. – И, помирившись с женой, он надел оливковое с бархатным воротничком пальто и шляпу и пошел в студию. Удавшаяся фигура уже была забыта им. Теперь его радовало и волновало посещение его студии этими важными русскими, приехавшими в коляске.

О своей картине, той, которая стояла теперь на его мольберте, у него в глубине души было одно суждение – то, что подобной картины никто никогда не писал. Он не думал, чтобы картина его была лучше всех Рафаелевых[1], но он знал, что того, что он хотел передать и передал в этой картине, никто никогда не передавал. Это он знал твердо и знал уже давно, с тех пор как начал писать ее; но суждения людей, какие бы они ни были, имели для него все-таки огромную важность и до глубины души волновали его. Всякое замечание, самое ничтожное, показывающее, что судьи видят хоть маленькую часть того, что он видел и этой картине, до глубины души волновало его. Судьям своим он приписывал всегда глубину понимания больше той, какую он сам имел, и всегда ждал от них чего-нибудь такого, чего он сам не видал в своей картине. И часто в суждениях зрителей, ему казалось, он находил это.

Он подходил быстрым шагом к двери своей студии, и, несмотря на свое волнение, мягкое освещение фигуры Анны, стоявшей в тени подъезда и слушавшей горячо говорившего ей что-то Голенищева и в то же время, очевидно, желавшей оглядеть подходящего художника, поразило его. Он и сам не заметил, как он, подходя к ним, схватил и проглотил это впечатление, так же как и подбородок купца, продававшего сигары, и спрятал его куда-то, откуда он вынет его, когда понадобится. Посетители, разочарованные уже вперед рассказом Голенищева о художнике, еще более разочаровались его внешностью. Среднего роста, плотный, с вертлявою походкой, Михайлов, в своей коричневой шляпе, оливковом пальто и узких панталонах, тогда как уже давно носили широкие, в особенности обыкновенностью своего широкого лица и соединением выражения робости и желания соблюсти свое достоинство, произвел неприятное впечатление.

— Прошу покорно, — сказал он, стараясь иметь равнодушный вид, и, войдя в сени, достал ключ из кармана и отпер дверь.

XI

Войдя в студию, художник Михайлов еще раз оглянул гостей и отметил в своем воображении еще выражение лица Вронского, в

---

[1] *Он не думал, чтобы картина его была лучше всех Рафаелевых...* — Рафаэль Санти (1483-1510) — великий художник итальянского Возрождения. Его кисти принадлежат картины для Сикстинской капеллы: «Сикстинская Мадонна», «Несение креста», «Преображение». «Историческая школа» стремилась преодолеть традиции церковной живописи Рафаэля. «...Он его изображал со стороны мифической, а потому все его изображения Христа никуда не годятся...» — говорил Крамской (И. Н. Крамской. Статьи. Письма, т. I, М., 1965, с. 81). Александр Иванов, напротив, был поклонником Рафаэля как художника. «Соединить Рафаэлевскую технику с идеями новой цивилизации, — говорил Иванов, — вот задача искусства в настоящее время» (М. П. Боткин. А. А. Иванов. Его жизнь и переписка. СПб., 1880, с. XXXIV).

особенности его скул. Несмотря на то, что его художественное чувство не переставая работало, собирая себе материал, несмотря на то, что он чувствовал все большее и большее волнение оттого, что приближалась минута суждений о его работе, он быстро и тонко из незаметных признаков составлял себе понятие об этих трех лицах. Тот (Голенищев) был здешний русский. Михайлов не помнил ни его фамилии, ни того, где встретил его и что с ним говорил. Он помнил только его лицо, как помнил все лица, которые он когда-либо видел, но он помнил тоже, что это было одно из лиц, отложенных в его воображении в огромный отдел фальшиво-значительных и бедных по выражению. Большие волосы и очень открытый лоб давали внешнюю значительность лицу, в котором было одно маленькое детское беспокойное выражение, сосредоточившееся над узкою переносицей. Вронский и Каренина, по соображениям Михайлова, должны были быть знатные и богатые русские, ничего не понимающие в искусстве, как и все эти богатые русские, но прикидывавшиеся любителями и ценителями. «Верно, уже осмотрели всю старину и теперь объезжают студии новых, шарлатана немца и дурака прерафаелита[1] англичанина, и ко мне приехали только для полноты обозрения», – думал он. Он знал очень хорошо манеру дилетантов (чем умнее они были, тем хуже) осматривать студии современных художников только с той целью, чтоб иметь право сказать, что искусство пало и что чем больше смотришь на новых, тем более видишь, как неподражаемы остались великие древние мастера. Он всего этого ждал, все это видел в их лицах, видел в той равнодушной небрежности, с которою они говорили между собой, смотрели на манекены и бюсты и свободно прохаживались, ожидая того, чтоб он открыл картину. Но, несмотря на это, в то время как он перевертывал свои этюды, поднимал сторы и снимал простыню, он чувствовал сильное волнение, и тем больше, что, несмотря на то, что все знатные и богатые русские должны были быть скоты и дураки в его понятии, и Вронский и в особенности Анна нравились ему.

– Вот, не угодно ли? – сказал он, вертлявою походкой отходя к стороне и указывая на картину. – Это увещание Пилатом. Матфея глава XXVII, – сказал он, чувствуя, что губы его начинают трястись от волнения. Он отошел и стал позади их.

В те несколько секунд, во время которых посетители молча смотрели на картину, Михайлов тоже смотрел на нее, и смотрел равнодушным,

---

1 *...студии... дурака прерафаелита...* – «Братство прерафаэлитов» («Preraphaelite Brotherhood») возникло в 1848 г. Группа английских художников (Д.-Г. Россети, Х. Хант, Дж.-Э. Миллес и др.) выступила против академических традиций «подражания патуре» в защиту условности в искусстве. Прерафаэлиты обратились к изучению итальянских мастеров дорафаэлевской эпохи. Особое внимание стали привлекать Джотто и Боттичелли. Теоретиком прерафаэлитов стал Джон Рёскин (1819-1900), написавший книгу «Прерафаэлитизм» (1851). Художники «исторической школы» относились к прерафаэлитам резко отрицательно.

посторонним глазом. В эти несколько секунд он вперед верил тому, что высший, справедливейший суд будет произнесен ими, именно этими посетителями, которых он так презирал минуту тому назад. Он забыл все то, что он думал о своей картине прежде, в те три года, когда он писал ее; он забыл все те ее достоинства, которые были для него несомненны, – он видел картину их равнодушным, посторонним, новым взглядом и не видел в ней ничего хорошего. Он видел на первом плане досадовавшее лицо Пилата и спокойное лицо Христа и на втором плане фигуры прислужников Пилата и вглядывавшееся в то, что происходило, лицо Иоанна. Всякое лицо, с таким исканием, с такими ошибками, поправками выросшее в нем с своим особенным характером, каждое лицо, доставлявшее ему столько мучений и радости, и все эти лица, столько раз перемещаемые для соблюдения общего, все оттенки колорита и тонов, с таким трудом достигнутые им, – все это вместе теперь, глядя их глазами, казалось ему пошлостью, тысячу раз повторенною. Самое дорогое ему лицо, лицо Христа, средоточие картины, доставившее ему такой восторг при своем открытии, все было потеряно для него, когда он взглянул на картину их глазами. Он видел хорошо написанное (и то даже не хорошо, – он ясно видел теперь кучу недостатков) повторение тех бесконечных Христов Тициана, Рафаэля, Рубенса и тех же воинов и Пилата. Все это было пошло, бедно и старо и даже дурно написано – пестро и слабо. Они будут правы, говоря притворно-учтивые фразы в присутствии художника и жалея его и смеясь над ним, когда останутся одни.

Ему стало слишком тяжело это молчание (хотя оно продолжалось не более минуты). Чтобы прервать его и показать, что он не взволнован, он, сделав усилие над собой, обратился к Голенищеву.

– Я, кажется, имел удовольствие встречаться, – сказал он ему, беспокойно оглядываясь то на Анну, то на Вронского, чтобы не проронить ни одной черты из выражения их лиц.

– Как же! мы виделись у Росси, помните, на этом вечере, где декламировала эта итальянская барышня – новая Рашель, – свободно заговорил Голенищев, без малейшего сожаления отводя взгляд от картины и обращаясь к художнику.

Заметив, однако, что Михайлов ждет суждения о картине, он сказал:

– Картина ваша очень подвинулась с тех пор, как я в последний раз видел ее. И как тогда, так и теперь меня необыкновенно поражает фигура Пилата. Так понимаешь этого человека, доброго, славного малого, но чиновника до глубины души, который не ведает, что творит. Но мне кажется…

Все подвижное лицо Михайлова вдруг просияло: глаза засветились. Он хотел что-то сказать, но не мог выговорить от волнения и притворялся, что откашливается. Как ни низко он ценил способность понимания искусства Голенищевым, как ни ничтожно было то справедливое замечание о верности выражения лица Пилата как чиновника, как ни обидно могло бы ему показаться высказывание первого такого ничтожного замечания, тогда как не говорилось о важнейших, Михайлов был в восхищении от этого замечания. Он сам думал о фигуре Пилата то же, что сказал Голенищев. То, что это соображение было одно из миллионов других соображений, которые, как Михайлов твердо знал это, все были бы верны, не уменьшило для него значения замечания Голенищева. Он полюбил Голенищева за это замечание и от состояния уныния вдруг перешел к восторгу. Тотчас же вся картина его ожила пред ним со всею невыразимою сложностью всего живого. Михайлов опять попытался сказать, что он так понимал Пилата; но губы его непокорно тряслись, и он не мог выговорить. Вронский и Анна тоже что-то говорили тем тихим голосом, которым, отчасти чтобы не оскорбить художника, отчасти чтобы не сказать громко глупость, которую так легко сказать говоря об искусстве, обыкновенно говорят на выставкам картин. Михайлову казалось, что картина и на них произвела впечатление. Он подошел к ним.

– Как удивительно выражение Христа! – сказала Анна. Из всего, что она видела, это выражение ей больше всего понравилось, и она чувствовала, что это центр картины, и потому похвала этого будет приятна художнику. – Видно, что ему жалко Пилата.

Это было опять одно из того миллиона верных соображений, которые можно было найти в его картине и в фигуре Христа. Она сказала, что ему жалко Пилата. В выражении Христа должно быть и выражение жалости, потому что в нем есть выражение любви, неземного спокойствия, готовности к смерти и сознания тщеты слов. Разумеется, есть выражение чиновника в Пилате и жалости в Христе, так как один олицетворение плотской, другой – духовной жизни. Все это и многое другое промелькнуло в мысли Михайлова. И опять лицо его просияло восторгом.

– Да, и как сделана эта фигура, сколько воздуха. Обойти можно, – сказал Голенищев, очевидно этим замечанием показывая, что он не одобряет содержания и мысли фигуры.

– Да, удивительное мастерство! – сказал Вронский. – Как эти фигуры на заднем плане выделяются! Вот техника, – сказал он, обращаясь к Голенищеву и этим намекая на бывший между ними разговор о том, что Вронский отчаивался приобрести эту технику.

– Да, да, удивительно! – подтвердили Голенищев и Анна. Несмотря на возбужденное состояние, в котором он находился, замечание о технике больно заскребло на сердце Михайлова, и он, сердито посмотрев на Вронского, вдруг насупился. Он часто слышал это слово *техника* и решительно не понимал, что такое под этим разумели. Он знал, что под этим словом разумели механическую способность писать и рисовать, совершенно независимую от содержания. Часто он замечал, как и в настоящей похвале, что технику противополагали внутреннему достоинству, как будто можно было написать хорошо то, что было дурно. Он знал, что надо было много внимания и осторожности для того, чтобы, снимая покров, не повредить самого произведения, и для того, чтобы снять все покровы; но искусства писать, техники тут никакой не было. Если бы малому ребенку или его кухарке также открылось то, что он видел, то и она сумела бы вылущить то, что она видит. А самый опытный и искусный живописец-техник одною механическою способностью не мог бы написать ничего, если бы ему не открылись прежде границы содержания. Кроме того, он видел, что если уже говорить о технике, то нельзя было его хвалить за нее. Во всем, что он писал и написал, он видел режущие ему глаза недостатки, происходившие от неосторожности, с которою он снимал покровы, и которых он теперь уже не мог исправить, не испортив всего произведения. И почти на всех фигурах и лицах он видел еще остатки не вполне снятых покровов, портившие картину.

– Одно, что можно сказать, если вы позволите сделать это замечание... – заметил Голенищев.

– Ах, я очень рад и прошу вас, – сказал Михайлов, притворно улыбаясь.

– Это то, что Он у вас человекобог, а не богочеловек. Впрочем, я знаю, что вы этого и хотели.

– Я не мог писать того Христа, которого у меня нет в душе, – сказал Михайлов мрачно.

– Да, но в таком случае, если вы позволите сказать свою мысль... Картина ваша так хороша, что мое замечание не может повредить ей, и потом это мое личное мнение. У вас это другое. Самый мотив другой. Но возьмем хоть Иванова. Я полагаю, что если Христос сведен на степень исторического лица, то лучше было бы Иванову и избрать другую историческую тему, свежую, нетронутую.

– Но если это величайшая тема, которая представляется искусству?

– Если поискать, то найдутся другие. Но дело в том, что искусство не терпит спора и рассуждений. А при картине Иванова[1] для верующего и для неверующего является вопрос: бог это или не бог? и разрушает единство впечатления.

---

1 *...искусство не терпит спора и рассуждений. А при картине Иванова...* – Имеется в виду картина «Явление Христа народу», над которой Александр Иванов работал в течение многих лет (1837–1857). Толстой находил в этой картине внутреннее противоречие между «мыслью о боге» и формой «исторического лица». «...Такое изображение, – говорил он, – вызывает спор. А спор нарушает художественное впечатление» (т. 65, с. 124).

- Почему же? Мне кажется, что для образованных людей, - сказал Михайлов, - спора уже не может существовать.

Голенищев не согласился с этим и, держась своей первой мысли о единстве впечатления, нужного для искусства, разбил Михайлова.

Михайлов волновался, но не умел ничего сказать в защиту своей мысли.

XII

Анна с Вронским уже давно переглядывались, сожалея об умной говорливости своего приятеля, и наконец Вронский перешел, не дожидаясь хозяина, к другой, небольшой картине.

- Ах, какая прелесть, что за прелесть! Чудо! Какая прелесть! - заговорили они в один голос.

«Что им так понравилось?» - подумал Михайлов. Он и забыл про эту, три года назад писанную, картину. Забыл все страдания и восторги, которые он пережил с этою картиной, когда она несколько месяцев одна неотступно день и ночь занимала его, забыл, как он всегда забывал про оконченные картины. Он не любил даже смотреть на нее и выставил только потому, что ждал англичанина, желавшего купить ее.

- Это так, этюд давнишний, - сказал он.

- Как хорошо! - сказал Голенищев, тоже, очевидно, искренно подпавший под прелесть картины.

Два мальчика в тени ракиты ловили удочками рыбу. Один, старший, только что закинул удочку и старательно выводил поплавок из-за куста, весь поглощенный этим делом; другой, помоложе, лежал в траве, облокотив спутанную белокурую голову на руки, и смотрел задумчивыми голубыми глазами на воду. О чем он думал?

Восхищение пред этою его картиной шевельнуло в Михайлове прежнее волнение, но он боялся и не любил этого праздного чувства к прошедшему, и потому, хотя ему и радостны были эти похвалы, он хотел отвлечь посетителей к третьей картине.

Но Вронский спросил, не продается ли картина. Для Михайлова теперь, взволнованного посетителями, речь о денежном деле была весьма неприятна.

- Она выставлена для продажи, - отвечал он, мрачно насупливаясь.

Когда посетители уехали, Михайлов сел против картины Пилата и Христа и в уме своем повторял то, что было сказано, и хотя и не сказано, но подразумеваемо этими посетителями. И странно: то, что имело такой вес для него, когда они были тут и когда он мысленно переносился на их точку зрения, вдруг потеряло для него всякое значение. Он стал смотреть на свою картину всем своим полным художественным взглядом и пришел в то состояние уверенности в совершенстве и потому в значительности своей картины, которое нужно было ему для того исключающего все другие интересы напряжения, при котором одном он мог работать.

Нога Христа в ракурсе все-таки была не то. Он взял палитру и принялся работать. Исправляя ногу, он беспрестанно всматривался в фигуру Иоанна на заднем плане, которой посетители и не заметили, но которая, он знал, была верх совершенства. Окончив ногу, он хотел взяться за эту фигуру, но почувствовал себя слишком взволнованным для этого. Он одинаково не мог работать, когда был холоден, как и тогда, когда был слишком размягчен и слишком видел все. Была только одна ступень на этом переходе от холодности ко вдохновению, на которой возможна была работа. А нынче он слишком был взволнован. Он хотел закрыть картину, но остановился и, держа рукой простыню, блаженно улыбаясь, долго смотрел на фигуру Иоанна. Наконец, как бы с грустью отрываясь, опустил простыню и, усталый, но счастливый, пошел к себе.

Вронский, Анна и Голенищев, возвращаясь домой, были особенно оживлены и веселы. Они говорили о Михайлове и его картинах. Слово *талант,* под которым они разумели прирожденную, почти физическую способность, независимую от ума и сердца, и которым они хотели назвать все, что переживаемо было художником, особенно часто встречалось в их разговоре, так как оно им было необходимо, для того чтобы называть то, о чем они не имели никакого понятия, но хотели говорить. Они говорили, что в таланте ему нельзя отказать, но что талант его не мог развиться от недостатка образования – общего несчастия наших русских художников. Но картина мальчиков запала в их памяти, и нет-нет они возвращались к ней.

– Что за прелесть! Как это удалось ему, и как просто! Он и не понимает, как это хорошо. Да, надо не упустить и купить ее, – говорил Вронский.

XIII

Михайлов продал Вронскому свою картинку и согласился делать портрет Анны. В назначенный день он пришел и начал работу.

Портрет с пятого сеанса поразил всех, в особенности Вронского, не только сходством, но и особенною красотою. Странно было, как мог Михайлов найти ту ее особенную красоту. «Надо было знать и любить ее, как я любил, чтобы найти это самое милое ее душевное выражение», – думал Вронский, хотя он по этому портрету только узнал это самое милое ее душевное выражение. Но выражение это было так правдиво, что ему и другим казалось, что они давно знали его.

- Я сколько времени бьюсь и ничего не сделал, - говорил он про свой портрет, - а он посмотрел и написал. Вот что значит техника.

- Это придет, - утешал его Голенищев, в понятии которого Вронский имел и талант и, главное, образование, дающее возвышенный взгляд на искусство. Убеждение Голенищева в таланте Вронского поддерживалось еще и тем, что ему нужно было сочувствие и похвалы Вронского его статьям и мыслям, и он чувствовал, что похвалы и поддержка должны быть взаимны.

В чужом доме и в особенности в палаццо у Вронского Михайлов был совсем другим человеком, чем у себя в студии. Он был неприязненно почтителен, как бы боясь сближения с людьми, которых он не уважал. Он называл Вронского - ваше сиятельство и никогда, несмотря на приглашения Анны и Вронского, не оставался обедать и не приходил иначе, как для сеансов. Анна была более, чем к другим, ласкова к нему и благодарна за свой портрет. Вронский был с ним более чем учтив и, очевидно, интересовался суждением художника о своей картине. Голенищев не пропускал случая внушать Михайлову настоящие понятия об искусстве. Но Михайлов оставался одинаково холоден ко всем. Анна чувствовала по его взгляду, что он любил смотреть на нее; но он избегал разговоров с нею. На разговоры Вронского о его живописи он упорно молчал и так же упорно молчал, когда ему показали картину Вронского, и, очевидно, тяготился разговорами Голенищева и не возражал ему.

Вообще Михайлов своим сдержанным и неприятным, как бы враждебным, отношением очень не понравился им, когда они узнали его ближе. И они рады были, когда сеансы кончились, в руках их остался прекрасный портрет, а он перестал ходить.

Голенищев первый высказал мысль, которую все имели, - именно, что Михайлов просто завидовал Вронскому.

- Положим, не завидует, потому что у него *талант;* но ему досадно, что придворный и богатый человек, еще граф (ведь они всё это ненавидят), без особенного труда делает то же, если не лучше, чем он, посвятивший на это всю жизнь. Главное, образование, которого у него нет.

Вронский защищал Михайлова, но в глубине души он верил этому, потому что, по его понятию, человек другого, низшего мира должен был завидовать.

Портрет Анны, - одно и то же и писанное с натуры им и Михайловым, должно бы было показать Вронскому разницу, которая была между ним и Михайловым; но он не видал ее. Он только после Михайлова перестал писать свой портрет Анны, решив, что это теперь было излишне. Картину же свою из средневековой жизни он продолжал. И он сам, и Голенищев, и в особенности Анна находили, что она была очень хороша, потому что была гораздо более похожа на знаменитые картины, чем картина Михайлова.

Михайлов между тем, несмотря на то, что портрет Анны очень увлек его, был еще более рад, чем они когда сеансы кончились и ему не надо было больше слушать толки Голенищева об искусстве и можно забыть про живопись Вронского. Он знал, что нельзя было запретить Вронскому баловать живописью; он знал, что он и все дилетанты имели полное право писать, что им угодно, но ему было неприятно. Нельзя запретить человеку сделать себе большую куклу из воска и целовать ее. Но если б этот человек с куклой пришел и сел пред влюбленным и принялся бы ласкать свою куклу, как влюбленный ласкает ту, которую он любит, то влюбленному было бы неприятно. Такое же неприятное чувство испытывал Михайлов при виде живописи Вронского; ему было и смешно, и досадно, и жалко, и оскорбительно.

Увлечение Вронского живописью и средними веками продолжалось недолго. Он имел настолько вкуса живописи, что не мог докончить своей картины. Кортина остановилась. Он смутно чувствовал, что недостатки ее, мало заметные при начале, будут поразительны, если он будет продолжать. С ним случилось то же, что и с Голенищевым, чувствующим, что ему нечего сказать, и постоянно обманывающим себя тем, что мысль не созрела, что он вынашивает ее и готовит материалы. Но Голенищева это озлобило и измучало, Вронский же не мог обманывать и мучать себя и в особенности озлобляться. Он со свойственною ему решительностью характера, ничего не объясняя и не оправдываясь, перестал заниматься живописью.

Но без этого занятия жизнь и его и Анны, удивлявшейся его разочарованию, показалась им так скучна в итальянском городе, палаццо вдруг стал так очевидно, стар и грязен, так неприятно пригляделись пятна на гардинах, трещины на полах, отбитая штукатурка на карнизах и так скучен стал все один и тот же Голенищев, итальянский профессор и немец-путешественник, что надо было переменить жизнь. Они решили ехать в Россию, в деревню. В Петербурге Вронский намеревался сделать раздел с братом, а Анна повидать сына. Лето же они намеревались прожить в большом родовом имении Вронского.

XIV

Левин был женат третий месяц. Он был счастлив, но совсем не так, как ожидал. На каждом шагу он находил разочарование в прежних мечтах и новое неожиданное очарование. Левин был счастлив, но, вступив в семейную жизнь, он на каждом шагу видел, что это было совсем не то, что он воображал. На каждом шагу он испытывал то, что испытал бы человек, любовавшийся плавным, счастливым ходом лодочки по озеру, после того как он бы сам сел в эту лодочку. Он видел, что мало того, чтобы сидеть ровно, не качаясь, – надо еще соображаться, ни на минуту не забывая, куда плыть, что под ногами вода и надо грести, и что непривычным рукам больно, что только смотреть на это легко, а что делать это хотя и очень радостно, но очень трудно.

Бывало, холостым, глядя на чужую супружескую жизнь, на мелочные заботы, ссоры, ревность, он только презрительно улыбался в душе. В его будущей супружеской жизни не только не могло быть, по его убеждению, ничего подобного, но даже все внешние формы, казалось ему, должны были быть во всем совершенно не похожи на жизнь других. И вдруг вместо этого жизнь его с женою не только не сложилась особенно, а, напротив, вся сложилась из тех самых ничтожных мелочей, которые он так презирал прежде, но которые теперь против его воли получали необыкновенную и неопровержимую значительность. И Левин видел, что устройство всех этих мелочей совсем не так легко было, как ему казалось прежде. Несмотря на то, что Левин полагал, что он имеет самые точные понятия о семейной жизни, он, как и все мужчины, представлял себе невольно семейную жизнь только как наслаждение любви, которой ничто не должно было препятствовать и от которой не должны были отвлекать мелкие заботы. Он должен был, по его понятию, работать свою работу и отдыхать от нее в счастии любви. Она должна была быть любима, и только. Но он, как и все мужчины, забывал, что и ей надо работать. И он удивлялся, как она эта поэтическая, прелестная Кити, могла в первые же не только недели, в первые дни семейной жизни думать, помнить и хлопотать о скатертях, о мебели, о тюфяках для приезжих, о подносе, о поваре, обеде и т. п. Еще бывши женихом, он был поражен тою определенностью, с которою она отказалась от поездки за границу и решила ехать в деревню, как будто она знала что-то такое, что нужно, и, кроме своей любви, могла еще думать о постороннем. Это оскорбило его тогда, и теперь несколько раз ее мелочные хлопоты и заботы оскорбляли его. Но он видел, что это ей необходимо. И он, любя ее, хотя и не понимал зачем, хотя и посмеивался над этими заботами, не мог не любоваться ими. Он посмеивался над тем, как она расставляла мебель, привезенную из Москвы, как убирала по-новому свою и его комнату, как вешала гардины, как распределяла будущее помещение для гостей, для Долли, как устраивала помещение своей новой девушке, как заказывала обед старику повару, как входила в препиранья с Агафьей Михайловной, отстраняя ее от провизии. Он видел, что старик повар улыбался, любуясь ею и слушая ее неумелые, невозможные приказания; видел, что Агафья Михайловна задумчиво и ласково покачивала головой на новые распоряжения молодой барыни в кладовой; видел, что Кити была необыкновенно мила, когда она, смеясь и плача, приходила к нему объявить, что девушка Маша привыкла считать ее барышней и оттого ее никто не слушает. Ему это казалось мило, но странно, и он думал, что лучше бы было без этого.

Он не знал того чувства перемены, которое она испытывала после того, как ей дома иногда хотелось капусты с квасом или конфет, и ни того, ни другого нельзя было иметь, а теперь она могла заказать, что хотела, купить груды конфет, издержать сколько хотела денег и заказать какое хотела пирожное.

Она теперь с радостью мечтала о приезде Долли с детьми, в особенности потому, что она для детей будет заказывать любимое каждым пирожное, а Долли оценит все ее новое устройство. Она сама не знала, зачем и для чего, но домашнее хозяйство неудержимо влекло ее к себе. Она, инстинктивно чувствуя приближение весны и зная, что будут и ненастные дни, вила, как умела, свое гнездо и торопилась в одно время и вить его и учиться, как это делать.

Эта мелочная озабоченность Кити, столь противоположная идеалу Левина возвышенного счастия первого времени, было одно из разочарований; и эта милая озабоченность, которой смысла он не понимал, но не мог не любить, было одно из новых очарований.

Другое разочарование и очарование были ссоры. Левин никогда не мог себе представить, чтобы между им и женою могли быть другие отношения, кроме нежных, уважительных, любовных, и вдруг с первых же дней они поссорились, так что она сказала ему, что он не любит ее, любит себя одного, заплакала и замахала руками.

Первая эта их ссора произошла оттого, что Левин поехал на новый хутор и пробыл полчаса долее, потому что хотел проехать ближнею дорогой и заблудился. Он ехал домой, только думая о ней, о ее любви, о своем счастье, и чем ближе подъезжал, тем больше разгоралась в нем нежность к ней. Он вбежал в комнату с тем же чувством и еще сильнейшим, чем то, с каким он приехал к Щербацким делать предложение. И вдруг его встретило мрачное, никогда не виданное им в ней выражение. Он хотел поцеловать ее, она оттолкнула его.

– Что ты?

– Тебе весело… – начала она, желая быть спокойно-ядовитою.

Но только что она открыла рот, как слова упреков бессмысленной ревности, всего, что мучало ее в эти полчаса, которые она неподвижно провела, сидя на окне, вырвались у ней. Тут только в первый раз он ясно понял то, чего он не понимал, когда после венца повел ее из церкви. Он понял, что она не только близка ему, но что он теперь не знает, где кончается она и начинается он. Он понял это по тому мучительному чувству раздвоения, которое он испытывал в эту минуту. Он оскорбился в первую минуту, но в ту же секунду он почувствовал, что он не может быть оскорблен ею, что она была он сам. Он испытывал в первую минуту чувство, подобное тому, какое испытывает человек, когда, получив вдруг сильный удар сзади, с досадой и желанием мести оборачивается, чтобы найти виновного, и убеждается, что это он сам нечаянно ударил себя, что сердиться не на кого и надо перенести и утишить боль.

Никогда он с такою силой после уже не чувствовал этого, но в этот первый раз он долго не мог опомниться. Естественное чувство требовало от него оправдаться, доказать ей вину ее; но доказать ей вину значило еще более раздражить ее и сделать больше тот разрыв, который был причиною всего горя. Одно привычное чувство влекло его к тому, чтобы снять с себя и на нее перенести вину; другое чувство, более сильное, влекло к тому, чтобы скорее, как можно скорее, не давая увеличиться происшедшему разрыву, загладить его. Оставаться с таким несправедливым обвинением было мучительно, но, оправдавшись, сделать ей больно было еще хуже. Как человек, в полусне томящийся болью, он хотел оторвать, отбросить от себя больное место и, опомнившись, чувствовал, что больное место – он сам. Надо было стараться только помочь больному месту перетерпеть, и он постарался это сделать.

Они помирились. Она, сознав свою вину, но не высказав ее, стала нежнее к нему, и они испытали новое, удвоенное счастье любви. Но это не помешало тому, чтобы столкновения эти не повторялись и даже особенно часто, по самым неожиданным и ничтожным поводам. Столкновения эти происходили часто и оттого, что они не знали еще, что друг для друга важно, и оттого, что все это первое время они оба часто бывали в дурном расположении духа. Когда один был в хорошем, а другой в дурном, то мир не нарушался, но когда оба случались в дурном расположении, то столкновения происходили из таких непонятных по ничтожности причин, что они потом никак не могли вспомнить, о чем они ссорились. Правда, когда они оба были в хорошем расположении духа, радость жизни их удвоялась. Но все-таки это первое время было тяжелое для них время.

Во все это первое время особенно живо чувствовалась натянутость, как бы подергиванье в ту и другую сторону той цепи, которою они были связаны. Вообще тот медовый месяц, то есть месяц после свадьбы, от которого, по преданию, ждал Левин столь многого, был не только не медовым, но остался в воспоминаниях их обоих самым тяжелым и унизительным временем их жизни. Они оба одинаково старались в последующей жизни вычеркнуть из своей памяти все уродливые, постыдные обстоятельства этого нездорового времени, когда оба они редко бывали в нормальном настроении духа, редко бывали сами собою.

Только на третий месяц супружества, после возвращения их из Москвы, куда они ездили на месяц, жизнь, их стала ровнее.

XV

Они только что приехали из Москвы и рады были своему уединению. Он сидел в кабинете у письменного стола и писал. Она, в том темно-лиловом платье, которое она носила первые дни замужества и нынче опять надела и которое было особенно памятно и дорого ему, сидела на диване, на том самом кожаном старинном диване, который стоял всегда в кабинете у деда и отца Левина, и шила broderie anglaise[1]. Он думал и писал, не переставая радостно чувствовать ее присутствие. Занятия его и хозяйством и книгой, в которой должны были быть изложены основания нового хозяйства, не были оставлены им; но как прежде эти занятия и мысли показались ему малы и ничтожны в сравнении с мраком, покрывшим всю жизнь, так точно неважны и малы они казались теперь в сравнении с тою облитою ярким светом счастья предстоящею жизнью. Он продолжал свои занятия, но чувствовал теперь, что центр тяжести его внимания перешел на другое и что вследствие этого он совсем иначе и яснее смотрит на дело. Прежде дело это было для него спасением от жизни. Прежде он чувствовал, что без этого дела жизнь его будет слишком мрачна. Теперь же занятия эти ему были необходимы, чтобы жизнь не была слишком однообразно светла. Взявшись опять за свои бумаги, перечтя то, что было написано, он с удовольствием нашел, что дело стоило того, чтобы им заниматься. Дело было новое и полезное. Многие из прежних мыслей показались ему излишними и крайними, но многие пробелы стали ему ясны, когда он освежил в своей памяти все дело. Он писал теперь новую главу о причинах невыгодного положения земледелия в России. Он доказывал, что бедность России происходит не только от неправильного распределения поземельной собственности и ложного направления, но что этому содействовали в последнее время ненормально привитая России внешняя цивилизация, в особенности пути сообщения, железные дороги, повлекшие за собою централизацию в городах, развитие роскоши и вследствие того, в ущерб земледелию, развитие фабричной промышленности, кредита и его спутника – биржевой игры, Ему казалось, что при нормальном развитии богатства в государстве все эти явления наступают, только когда на земледелие положен уже значительный труд, когда оно стало в правильные, по крайней мере в определенные условия; что богатство страны должно расти равномерно и в особенности так, чтобы другие отрасли богатства не опережали земледелия; что сообразно с известным состоянием земледелия должны быть соответствующие ему и пути сообщения, и что при нашем неправильном пользовании землей железные дороги, вызванные не экономическою, но политическою

---

[1] Английской гладью *(фр.)*.

необходимостью, были преждевременны и, вместо содействия земледелию, которого ожидали от них, опередив земледелие и вызвав развитие промышленности и кредита остановили его, и что потому, так же как одностороннее и преждевременное развитие одного органа в животном помешало бы его общему развитию, так для общего развития богатства в России кредит, пути сообщения, усиление фабричной деятельности, несомненно необходимые в Европе, где они своевременны, у нас только сделали вред, отстранив главный очередной вопрос устройства земледелия.

Между тем как он писал свое, она думала о том, как ненатурально внимателен был ее муж с молодым князем Чарским, который очень бестактно любезничал с нею накануне отъезда. «Ведь он ревнует, - думала она. - Боже мой! как он мил и глуп. Он ревнует меня! Если б он знал, что они все для меня как Петр-повар, - думала она, глядя с странным для себя чувством собственности на его затылок и красную шею. - Хоть и жалко отрывать его от занятий (но он успеет!), надо посмотреть его лицо; почувствует ли он, что я смотрю на него? Хочу, чтоб он оборотился… Хочу, ну!» - И она шире открыла глаза, желая этим усилить действие взгляда.

- Да, они отвлекают к себе все соки и дают ложный блеск, - пробормотал он, остановившись писать, и, чувствуя, что она глядит на него и улыбается, оглянулся.

- Что? - спросил он, улыбаясь и вставая.

«Оглянулся», - подумала она.

- Ничего, я хотела, чтобы ты оглянулся, - сказала она, глядя на него и желая догадаться, досадно ли ему или нет то, что она оторвала его.

- Ну, ведь как хорошо нам вдвоем! Мне то есть, - сказал он, подходя к ней и сияя улыбкой счастья.

- Мне так хорошо! Никуда не поеду, особенно в Москву.

- А о чем ты думала?

- Я? Я думала… Нет, нет, иди пиши, не развлекайся, - сказала она, морща губы, - и мне надо теперь вырезать вот эти дырочки, видишь?

Она взяла ножницы и стала прорезывать.

- Нет, скажи же, что? - сказал он, подсаживаясь к ней и следя за кругообразным движением маленьких ножниц.

- Ах, я что думала? Я думала о Москве, о твоем затылке.

- За что именно мне такое счастье? Ненатурально. Слишком хорошо, - сказал он, целуя ее руку.

- Мне, напротив, чем лучше, тем натуральнее.

- А у тебя косичка, - сказал он, осторожно поворачивая ее голову. - Косичка, Видишь, вот тут. Нет, нет, мы делом занимаемся.

Занятие уже не продолжалось, и они, как виноватые, отскочили друг от друга, когда Кузьма вошел доложить, что чай подан.

– А из города приехали? – спросил Левин у Кузьмы.

– Только что приехали, разбираются.

– Приходи же скорее, – сказала она ему, уходя из кабинета, – а то без тебя прочту письма. И давай в четыре руки играть.

Оставшись один и убрав свои тетради в новый, купленный ею портфель, он стал умывать руки в новом умывальнике с новыми, все с нею же появившимися элегантными принадлежностями. Левин улыбался своим мыслям и неодобрительно покачивал головой на эти мысли; чувство, подобное раскаянию, мучало его. Что-то стыдное, изнеженное, капуйское, как он себе называл это, было в его теперешней жизни.[1] «Жить так не хорошо, – думал он. – Вот скоро три месяца, а я ничего почти не делаю. Нынче почти в первый раз я взялся серьезно за работу, и что же? Только начал и бросил. Даже обычные свои занятия – и те я почти оставил. По хозяйству – и то я почти не хожу и не езжу. То мне жалко ее оставить, то я вижу, что ей скучно. А я-то думал, что до женитьбы жизнь так себе, кое-как, не считается, а что после женитьбы начнется настоящая. А вот три месяца скоро, и я никогда так праздно и бесполезно не проводил время. Нет, это нельзя, надо начать. Разумеется, она не виновата. Ее не в чем было упрекнуть. Я сам должен был быть тверже, выгородит свою мужскую независимость. А то этак можно самому привыкнуть и ее приучить... Разумеется, она не виновата», – говорил он себе.

Но трудно человеку недовольному не упрекать кого-нибудь другого, и того самого, кто ближе всего ему, в том, в чем он недоволен. И Левину смутно приходило в голову, что не то что она сама виновата (виноватою она ни в чем не могла быть), но виновато ее воспитание, слишком поверхностное и фривольное («этот дурак Чарский: она, я знаю, хотела, но не умела остановить его»). «Да, кроме интереса к дому (это было у нее), кроме своего туалета и кроме broderie anglaise, у нее нет серьезных интересов. Ни интереса к моему делу, к хозяйству, к мужикам, ни к музыке, в которой она довольно сильна, ни к чтению. Она ничего не делает и совершенно удовлетворена». Левин в душе осуждал это и не понимал еще, что она готовилась к тому периоду деятельности, который должен был наступить для нее, когда она будет в одно и то же время женой мужа, хозяйкой дома,

---

[1] *Что-то стыдное, изнеженное, капуйское, как он себе называл это, было в его теперешней жизни.* – Капуя – город вблизи Неаполя. Тит Ливий в «Римской истории» рассказывает о том, что зимняя стоянка Ганнибала во время Второй пунической войны изнежила воинов телесно и духовно. В Капуе армия утратила свою силу и была затем разбита неприятелем. В публицистике 70-х годов Капуей называли Париж Наполеона III. «Капуйское» – неологизм Толстого (ср. фр. délices de Capoue – «наслаждения Капуи»). В своих Дневниках Толстой называл Капуей периоды праздности и лени: «Это – Капуа, вредная для нашего брата – работника» (т. 60, с. 288).

будет носить, кормить и воспитывать детей. Он не понимал, что она чутьем знала это и, готовясь к этому страшному труду, не упрекала себя в минутах беззаботности и счастия любви, которыми она пользовалась теперь, весело свивая свое будущее гнездо.

XVI

Когда Левин вошел наверх, жена его сидела у нового серебряного самовара за новым чайным прибором и, посадив у маленького столика старую Агафью Михайловну с налитою ей чашкой чая, читала письмо Долли, с которою они были в постоянной и частой переписке.

– Вишь, посадила меня ваша барыня, велела с ней сидеть, – сказала Агафья Михайловна, дружелюбно улыбаясь на Кити.

В этих словах Агафьи Михайловны Левин прочел развязку драмы, которая в последнее время происходила между Агафьей Михайловной и Кити. Он видел, что, несмотря на все огорчение, причиненное Агафье Михайловне новою хозяйкой, отнявшею у нее бразды правления, Кити все-таки победила ее и заставила себя любить.

– Вот я и прочла твое письмо, – сказала Кити, подавая ему безграмотное письмо. – Это от той женщины, кажется, твоего брата... – сказала она. – Я не прочла. А это от моих и от Долли. Представь! Долли возила к Сарматским на детский бал Гришу и Таню; Таня была маркизой.

Но Левин не слушал ее; он, покраснев, взял письмо от Марьи Николаевны, бывшей любовницы брата Николая, и стал читать его. Это было уже второе письмо от Марьи Николаевны. В первом письме Марья Николаевна писала, что брат прогнал ее от себя без вины, и с трогательною наивностью прибавляла, что хотя она опять в нищете, но ничего не просит, не желает, а что только убивает ее мысль о том, что Николай Дмитриевич пропадет без нее по слабости своего здоровья, и просила брата следить за ним. Теперь она писала другое. Она нашла Николая Дмитриевича, опять сошлась с ним в Москве и с ним поехала в губернский город, где он получил место на службе. Но что там он поссорился с начальником и поехал назад в Москву, но дорогой так заболел, что едва ли встанет, – писала она. «Всё о вас поминали, да и денег больше нет».

– Прочти, о тебе Долли пишет, – начала было Кити улыбаясь, но вдруг остановилась, заметив переменившееся выражение лица мужа.

– Что ты? Что такое?

– Она мне пишет, что Николай, брат, при смерти! Я поеду.

Лицо Кити вдруг переменилось. Мысли о Тане маркизой, о Долли, все это исчезло.

– Когда же ты поедешь? – сказала она.

– Завтра.

– И я с тобой, можно? – сказала она.

– Кити! Ну, что это? – с упреком сказал он.

– Как что? – оскорбившись за то, что он как бы с неохотой и досадой принимает ее предложение. Отчего же мне не ехать? Я тебе не буду мешать. Я...

– Я еду потому, что мой брат умирает, – сказал Левин. – Для чего ты...

– Для чего? Для того же, для чего и ты.

«И в такую для меня важную минуту она думает только о том, что ей будет скучно одной», – подумал Левин. И эта отговорка в деле таком важном рассердила его.

– Это невозможно, – сказал он строго.

Агафья Михайловна, видя, что дело доходит до ссоры, тихо поставила чашку и вышла. Кити даже не заметила ее. Тон, которым муж сказал последние слова, оскорбил ее в особенности тем, что он, видимо, не верил тому, что она сказала.

– А я тебе говорю, что, если ты поедешь, и я поеду с тобой, непременно поеду, – торопливо и гневно заговорила она. – Почему невозможно? Почему ты говоришь, что невозможно?

– Потому, что ехать бог знает куда, по каким дорогам, гостиницам. Ты стеснять меня будешь, – говорил Левин, стараясь быть хладнокровным.

– Нисколько. Мне ничего не нужно. Где ты можешь, там и я...

– Ну, уже по одному тому, что там эта женщина, с которою ты не можешь сближаться.

– Я ничего не знаю и знать не хочу, кто там и что Я знаю, что брат моего мужа умирает и муж едет к нему, и я еду с мужем, чтобы...

– Кити! Не рассердись. Но ты подумай, дело это так важно, что мне больно думать, что ты смешиваешь чувство слабости, нежелания остаться одной. Ну, тебе скучно будет одной, ну, поезжай в Москву.

– Вот, ты *всегда* приписываешь мне дурные, подлые мысли, – заговорила она со слезами оскорбления и гнева. – Я ничего, ни слабости, ничего... Я чувствую, что мой долг быть с мужем, когда он в горе, но ты хочешь нарочно сделать мне больно, нарочно хочешь не понимать...

– Нет, это ужасно. Быть рабом каким-то! – вскрикнул Левин, вставая и не в силах более удерживать своей досады. Но в ту же секунду почувствовал, что он бьет сам себя.

– Так зачем ты женился? Был бы свободен. Зачем, если ты раскаиваешься? – заговорила она, вскочила и побежала в гостиную.

Когда он пришел за ней, она всхлипывала от слез.

Он начал говорить, желая найти те слова, которые могли бы не то что разубедить, но только успокоить ее. Но она не слушала его и ни с чем не соглашалась. Он нагнулся к ней и взял ее сопротивляющуюся руку. Он поцеловал ее руку, поцеловал волосы, опять поцеловал руку, – она все молчала. Но когда он взял ее обеими руками за лицо и сказал: «Кити!» – вдруг она опомнилась, поплакала и примирилась.

Было решено ехать завтра вместе. Левин сказал жене, что он верит, что она желала ехать, только чтобы быть полезною, согласился, что присутствие Марьи Николаевны при брате не представляет ничего неприличного; но в глубине души он ехал недовольный ею и собой. Он был недоволен ею за то, что она не могла взять на себя отпустить его, когда это было нужно (и как странно ему было думать, что он, так недавно еще не смевший верить тому счастью, что она может полюбить его, теперь чувствовал себя несчастным оттого, что она слишком любит его!), и недоволен собой за то, что не выдержал характера. Еще более он был во глубине души не согласен с тем, что ей нет дела до той женщины, которая с братом, и он с ужасом думал о всех могущих встретиться столкновениях. Уж одно, что его жена, его Кити, будет в одной комнате с девкой, заставляло его вздрагивать от отвращения и ужаса.

XVII

Гостиница губернского города, в которой лежал Николай Левин, была одна из тех губернских гостиниц которые устраиваются по новым усовершенствованным образцам, с самыми лучшими намерениями чистоты, комфорта и даже элегантности, но которые по публике посещающей их, с чрезвычайной быстротой превращаются в грязные кабаки с претензией на современные усовершенствования, и делаются этою самою претензией еще хуже старинных, просто грязных гостиниц. Гостиница эта уже пришла в это состояние; и солдат в грязном мундире, курящий папироску у входа, долженствовавший изображать швейцара, и чугунная, сквозная, мрачная и неприятная лестница, и развязный половой в грязном фраке, и общая зала с пыльным восковым букетом цветов, украшающим стол, и грязь, пыль и неряшество везде, и вместе какая-то новая современно железнодорожная самодовольная озабоченность этой гостиницы – произвели на Левиных после их молодой жизни самое тяжелое чувство, в особенности тем, что фальшивое впечатление, производимое гостиницей, никак не мирилось с тем, что ожидало их.

Как всегда, оказалось, что после вопроса о том, в какую цену им угодно нумер, ни одного хорошего нумера не было: один хороший нумер был занят ревизором железной дороги, другой - адвокатом из Москвы, третий - княгинею Астафьевой из деревни. Оставался один грязный нумер, рядом с которым к вечеру обещали опростать другой. Досадуя на жену за то, что сбывалось то, чего он ждал, именно то, что в минуту приезда, тогда как у него сердце захватывало от волнения при мысли о том, что́ с братом, ему приходилось заботиться о ней, вместо того чтобы бежать тотчас же к брату, Левин ввел жену в отведенный им нумер.

- Иди, иди! - сказала она, робким, виноватым взглядом глядя на него.

Он молча вышел из двери и тут же столкнулся с Марьей Николаевной, узнавшей о его приезде и не смевшей войти к нему. Она была точно такая же, какою он видел ее в Москве: то же шерстяное платье и голые руки и шея и то же добродушно-тупое, несколько пополневшее, рябое лицо.

- Ну, что? Как он? что?

- Очень плохо. Не встают. Они все ждали вас. Они… Вы… с супругой.

Левин не понял в первую минуту того, что смущало ее, но она тотчас же разъяснила ему.

- Я уйду, я на кухню пойду, - выговорила она. - Они рады будут. Они слышали, и их знают и помнят за границей.

Левин понял, что она разумела его жену, и не знал, что ответить.

- Пойдемте, пойдемте! - сказал он.

Но только что он двинулся, дверь его нумера отворилась, и Кити выглянула. Левин покраснел и от стыда и от досады на свою жену, поставившую себя и его в это тяжелое положение; но Марья Николаевна покраснела еще больше. Она вся сжалась и покраснела до слез и, ухватив обеими руками концы платка, свертывала их красными пальцами, не зная, что говорить и что делать.

Первое мгновение Левин видел выражение жадного любопытства в том взгляде, которым Кити смотрела на эту непонятную для нее ужасную женщину; но это продолжалось только одно мгновение.

- Ну что же? Что же он? - обратилась она к мужу и потом к ней.

- Да нельзя же в коридоре разговаривать! - сказал Левин, с досадой оглядываясь на господина, который, подрагивая ногами, как будто по своему делу шел в это время по коридору.

- Ну, так войдите, - сказала Кити, обращаясь к оправившейся Марье Николаевне; но, заметив испуганное лицо мужа, - или идите, идите и пришлите за мной, - сказала она и вернулась в нумер. Левин пошел к брату.

Он никак не ожидал того, что он увидал и почувствовал у брата. Он ожидал найти то же состояние самообманыванья, которое, он слыхал, так часто бывает у чахоточных и которое так сильно поразило его во время осеннего приезда брата. Он ожидал найти физические признаки приближающейся смерти более определенным, бо́льшую слабость, бо́льшую худобу, но все-таки почти то же положение. Он ожидал, что сам испытает то же чувство жалости к утрате любимого брата и ужаса пред смертию, которое он испытал тогда, но только в большей степени. И он готовился на это; но нашел совсем другое.

В маленьком грязном нумере, заплеванном по раскрашенным панно стен, за тонкою перегородкой которого слышался говор, в пропитанном удушливым запахом нечистот воздухе, на отодвинутой от стены кровати лежало покрытое одеялом тело. Одна рука этого тела была сверх одеяла, и огромная, как грабли, кисть этой руки; непонятно была прикреплена к тонкой и ровной от начала до середины длинной цевке. Голова лежала боком на подушке. Левину видны были потные редкие волосы на висках и обтянутый, точно прозрачный лоб.

«Не может быть, чтоб это страшное тело был брат Николай», – подумал Левин. Но он подошел ближе, увидал лицо, и сомнение уже стало невозможно. Несмотря на страшное изменение лица, Левину стоило взглянуть в эти живые поднявшиеся на входившего глаза, заметить легкое движение рта под слипшимися усами, чтобы понять ту страшную истину, что это мертвое тело было живой брат.

Блестящие глаза строго и укоризненно взглянули на входившего брата. И тотчас этим взглядом установилось живое отношение между живыми. Левин тотчас же почувствовал укоризну в устремленном на него взгляда и раскаяние за свое счастье.

Когда Константин взял его за руку, Николай улыбнулся. Улыбка была слабая, чуть заметная, и, несмотря на улыбку, строгое выражение глаз не изменилось.

– Ты не ожидал меня найти таким, – с трудом выговорил он.

– Да… нет, – говорил Левин, путаясь в словах. – Как же ты не дал знать прежде, то есть во время еще моей свадьбы? Я наводил справки везде.

Надо было говорить, чтобы не молчать, а он не знал, что говорить, тем более что брат ничего не отвечал, а только смотрел, не спуская глаз, и, очевидно, вникал в значение каждого слова. Левин сообщил брату, что жена его приехала с ним. Николай выразил удовольствие, но сказал, что боится испугать ее своим положением. Наступило молчание. Вдруг Николай зашевелился и начал что-то говорить. Левин ждал чего-нибудь особенно значительного и важного по выражению его лица, но Николай заговорил о своем здоровье. Он обвинял доктора, жалел, что нет московского знаменитого доктора, и Левин понял, что он все еще надеялся.

Выбрав первую минуту молчания, Левин встал, желая избавиться хоть на минуту от мучительного чувства, и сказал, что пойдет приведет жену.

– Ну, хорошо, а я велю подчистить здесь. Здесь грязно и воняет, я думаю. Маша! убери здесь, – с трудом сказал больной. – Да как уберешь, сама уйди, – прибавил он, вопросительно глядя на брата.

Левин ничего не ответил. Выйдя в коридор, он остановился. Он сказал, что приведет жену, но теперь, дав себе отчет в том чувстве, которое он испытывал, он решил, что, напротив, постарается уговорить ее, чтоб она не ходила к больному. «За что ей мучаться, как я?» – подумал он.

– Ну, что? как? – с испуганным лицом спросила Кити.

– Ах, это ужасно, ужасно! Зачем ты приехала? – сказал Левин.

Кити помолчала несколько секунд, робко и жалостно глядя на мужа; потом подошла и обеими руками взялась за его локоть.

– Костя! сведи меня к нему, нам легче будет вдвоем. Ты только сведи меня, сведи меня, пожалуйста, и уйди, – заговорила она. – Ты пойми, что мне видеть тебя и не видеть его тяжелее гораздо. Там я могу быть, может быть, полезна тебе и ему. Пожалуйста, позволь! – умоляла она мужа, как будто счастье жизни ее зависело от этого.

Левин должен был согласиться, и, оправившись и совершенно забыв уже про Марью Николаевну, он опять с Кити пошел к брату.

Легко ступая и беспрестанно взглядывая на мужа и показывая ему храброе и сочувственное лицо, она вошла в комнату больного и, неторопливо повернувшись, бесшумно затворила дверь. Неслышными шагами она быстро подошла к одру больного и, зайдя так, чтоб ему не нужно было поворачивать головы, тотчас же взяла в свою свежую молодую руку остов его огромной руки, пожала ее и с той, только женщинам свойственною, не оскорбляющею и сочувствующею тихою оживленностью начало говорить с ним.

– Мы встречались, но не были знакомы, в Содене, – сказала она. – Вы не думали, что я буду ваша сестра.

– Вы бы не узнали меня? – сказал он с просиявшею при ее входе улыбкой.

– Нет, я узнала бы. Как хорошо вы сделали, что дали нам знать! Не было дня, чтобы Костя не вспоминал о вас и не беспокоился.

Но оживление больного продолжалось недолго.

Еще она не кончила говорить, как на лице его установилось опять строгое укоризненное выражение зависти умирающего к живому.

– Я боюсь, что вам здесь не совсем хорошо, – сказала она, отворачиваясь от его пристального взгляда и оглядывая комнату. – Надо будет спросить у хозяина другую комнату, – сказала она мужу, – и потом чтобы нам ближе быть.

XVIII

Левин не мог спокойно смотреть на брата, не мог быть сам естествен и спокоен в его присутствии. Когда он входил к больному, глаза и внимание его бессознательно застилались, и он не видел и не различал подробностей положения брата. Он слышал ужасный запах, видел грязь, беспорядок и мучительное положение и стоны и чувствовал, что помочь этому нельзя. Ему и в голову не приходило подумать, чтобы разобрать все подробности состояния больного, подумать о том, как лежало там, под одеялом, это тело, как, сгибаясь, уложены были эти исхудалые голени, кострецы, спина и нельзя ли как-нибудь лучше уложить их, сделать что-нибудь, чтобы было хоть не лучше, но менее дурно. Его мороз пробирал по спине, когда он начинал думать о всех этих подробностях. Он был убежден несомненно, что ничего сделать нельзя ни для продления жизни, ни для облегчения страданий. Но сознание того, что он признает всякую помощь невозможною, чувствовалось больным и раздражало его. И потому Левину было еще тяжелее. Быть в комнате больного было для него мучительно, не быть еще хуже. И он беспрестанно под разными предлогами выходил и опять входил, не в силах будучи оставаться одним.

Но Кити думала, чувствовала и действовала совсем не так. При виде больного ей стало жалко его. И жалость в ее женской душе произвела совсем не то чувство ужаса и гадливости, которое она произвела в ее муже, а потребность действовать, узнать все подробности его состояния и помочь им. И так как в ней не было ни малейшего сомнения, что она должна помочь ему, она не сомневалась и в том, что это можно, и тотчас же принялась за дело. Те самые подробности, одна мысль о которых приводила ее мужа в ужас, тотчас же обратили ее внимание. Она послала за доктором, послала в аптеку, заставила приехавшую с ней девушку и Марью Николаевну месть, стирать пыль, мыть, что-то сама обмывала, промывала, что-то подкладывала под одеяло. Что-то по ее распоряжению вносили и уносили из комнаты больного. Сама она несколько раз ходила в свой нумер, не обращая внимания на проходивших ей навстречу господ, доставала и приносила простыни, наволочки, полотенцы, рубашки.

Лакей, подававший в общей зале обед инженерам, несколько раз с сердитым лицом приходил на ее зов и не мог не исполнить ее приказания, так как она с такою ласковою настоятельностью отдавала их, что никак нельзя было уйти от нее. Левин не одобрял этого всего; он не верил, чтоб из этого вышла какая-нибудь польза для больного. Более же всего он боялся, чтобы больной не рассердился. Но больной, хотя и, казалось, был равнодушен к этому, не сердился, а только стыдился, вообще же как будто интересовался тем, что она над ним делала. Вернувшись от доктора, к которому посылала его Кити, Левин, отворив дверь, застал больного в ту минуту, как ему по распоряжению Кити переменяли белье. Длинный белый остов спины с огромными выдающимися лопатками и торчащими ребрами и позвонками был обнажен, и Марья Николаевна с лакеем запутались в рукаве рубашки и не могли направить в него длинную висевшую руку. Кити, поспешно затворившая дверь за Левиным, не смотрела в ту сторону; но больной застонал, и она быстро направилась к нему.

– Скорее же, – сказала она.

– Да не ходите, – проговорил сердито больной, – я сам…

– Что говорите? – переспросила Марья Николаева.

Но Кити расслышала и поняла, что ему совести и неприятно было быть обнаженным при ней.

– Я не смотрю, не смотрю! – сказала она, поправляя руку. – Марья Николаевна, а вы зайдите с той стороны, поправьте, – прибавила она.

– Поди, пожалуйста, у меня в маленьком мешочке сткляночку, – обратилась она к мужу, – знаешь, в боковом карманчике, принеси, пожалуйста, а покуда здесь уберут совсем.

Вернувшись со стклянкой, Левин нашел уже больного уложенным и все вокруг него совершенно измененным. Тяжелый запах заменился запахом уксуса с духами, который, выставив губы и раздув румяные щеки, Кити прыскала в трубочку. Пыли нигде не было видно, под кроватью был ковер. На столе стояли аккуратно стклянки, графин и сложено было нужное белье и работа broderie anglaise Кити. На другом столе, у кровати больного, было питье, свеча и порошки. Сам больной, вымытый и причесанный, лежал на чистых простынях, на высоко поднятых подушках, в чистой рубашке с белым воротником около неестественно тонкой шеи и с новым выражением надежды, не спуская глаз, смотрел на Кити.

Привезенный Левиным и найденный в клубе доктор был не тот, который лечил Николая Левина и которым тот был недоволен. Новый доктор достал трубочку и прослушал больного, покачал головой, прописал лекарство и с особенною подробностью объяснил сначала, как принимать лекарство, потом – какую соблюдать диету. Он советовал яйца сырые или чуть сваренные и сельтерскую воду с парным молоком известной температуры. Когда доктор уехал, больной что-то сказал брату; но Левин расслышал только последние слова: «твоя Катя», по взгляду же, с которым он посмотрел на нее, Левин понял, что он хвалил ее. Он подозвал и Катю, как он звал ее.

– Мне гораздо уж лучше, – сказал он. – Вот с вами я бы давно выздоровел. Как хорошо! – Он взял ее руку и потянул ее к своим губам, но, как бы боясь, что это ей неприятно будет, раздумал, выпустил и только погладил ее. Кити взяла эту руку обеими руками и пожала ее.

– Теперь переложите меня на левую сторону и идите спать, – проговорил он.

Никто не расслышал того, что он сказал, одна Кити доняла. Она понимала, потому что не переставая следила мыслью за тем, что ему нужно было.

– На другую сторону, – сказала она мужу, – он спит всегда на той. Переложи его, неприятно звать слуг. Я не могу. А вы не можете? – обратилась она к Марье Николаевне.

– Я боюсь, – отвечала Марья Николаевна.

Как ни страшно было Левину обнять руками это страшное тело, взяться за те места под одеялом, про которые он хотел не знать, по, поддаваясь влиянию жены, Левин сделал свое решительное лицо, какое знала его жена, и, запустив руки, взялся, но, несмотря на свою силу, был поражен странною тяжестью этих изможденных членов. Пока он поворачивал его, чувствуя свою шею обнятою огромной исхудалой рукой, Кити быстро, неслышно перевернула подушку, подбила ее и поправила голову больного и редкие его волосы, опять прилипшие на виске.

Больной удержал в своей руке руку брата. Левин чувствовал, что он хочет что-то сделать с его рукой и тянет ее куда-то. Левин отдавался, замирая. Да, он притянул ее к своему рту и поцеловал. Левин затрясся от рыдания и, не в силах ничего выговорить, вышел из комнаты.

XIX

«Скрыл от премудрых и открыл детям и неразумным». Так думал Левин про свою жену, разговаривая с ней в этот вечер.

Левин думал о евангельском изречении не потому, чтоб он считал себя премудрым. Он не считал себя премудрым, но не мог не знать, что он был умнее жены и Агафьи Михайловны, и не мог не знать того, что, когда он думал о смерти, он думал всеми силами души. Он знал тоже, что многие мужские большие умы, мысли которых об этом он читал, думали об этом и не знали одной сотой того, что знала об этом его жена и Агафья Михайловна. Как ни различны были эти две женщины, Агафья Михайловна и Катя, как ее называл брат Николай и как теперь Левину было особенно приятно называть ее, они в этом были совершенно похожи. Обе несомненно знали, что такое была жизнь и что такое была смерть, и хотя никак не могли ответить и не поняли бы даже тех вопросов, которые представлялись Левину, обе не сомневались в значении этого явления и совершенно одинаково, не только между собой, но разделяя этот взгляд с миллионами людей, смотрели на это. Доказательство того, что они знали твердо, что такое была смерть, состояло в том, что они, ни секунды не сомневаясь, знали, как надо действовать с умирающими, и не боялись их. Левин же и другие, хотя и многое могли сказать о смерти, очевидно не знали, потому что боялись смерти и решительно не знали, что надо делать, когда люди умирают. Если бы Левин был теперь один с братом Николаем, он бы с ужасом смотрел на него и еще с бо́льшим ужасом ждал, и больше ничего бы не умел сделать.

Мало того, он не знал, что говорить, как смотреть, как ходить. Говорить о постороннем ему казалось оскорбительным, нельзя; говорить о смерти, о мрачном – тоже нельзя. Молчать – тоже нельзя. «Смотреть – он подумает, что я изучаю его, боюсь; не смотреть – он подумает, что я о другом думаю. Ходить на цыпочках – он будет недоволен; на всю ногу – совестно». Кити же, очевидно, не думала и не имела времени думать о себе; она думала о нем, потому что знала что-то, и все выходило хорошо. Она и про себя рассказывала и про свою свадьбу, и улыбалась, и жалела, и ласкала его, и говорила о случаях выздоровления, и все выходило хорошо; стало быть, она знала. Доказательством того, что деятельность ее и Агафьи Михайловны была не инстинктивная, животная, неразумная, было то, что, кроме физического ухода облегчения страданий, и Агафья Михайловна и Кити требовали для умирающего еще чего-то такого, более важного, чем физический уход, и чего-то такого, что не имело ничего общего с условиями физическими. Агафья Михайловна, говоря об умершем старике, сказала «Что ж, слава богу, причастили, соборовали, дай бог каждому так умереть». Катя точно так же, кроме всех забот о белье, пролежнях, питье, в первый же день успела уговорить больного в необходимости причаститься и собороваться.

Вернувшись от больного на ночь в свои два нумера, Левин сидел, опустив голову, не зная, что делать. Не говоря уже о том, чтоб ужинать, устраиваться на ночлег, обдумывать, что они будут делать, он даже и говорить с женою не мог: ему совестно было. Кити же, напротив, была деятельнее обыкновенного. Она даже была оживленнее обыкновенного. Она велела принести ужинать, сама разобрала вещи, сама помогла стлать постели и не забыла обсыпать их персидским порошком. В ней было возбуждение и быстрота соображения, которые появляются у мужчин пред сражением, борьбой, в опасные и решительные минуты жизни, те минуты, когда раз навсегда мужчина показывает свою цену и то, что все прошедшее его было не даром, а приготовлением к этим минутам.

Все дело спорилось у нее, и еще не было двенадцати, как все вещи были разобраны чисто, аккуратно, как-то так особенно, что нумер стал похож на дом, на ее комнаты: постели постланы, щетки, гребни, зеркальца выложены, салфеточки постланы.

Левин находил, что непростительно есть, спать, говорить даже теперь, и чувствовал, что каждое движение его было неприлично. Она же разбирала щеточки, но делала все это так, что ничего в этом оскорбительного не было.

Есть, однако, они ничего не могли, и долго не могли заснуть, и даже долго не ложились спать.

– Я очень рада, что уговорила его завтра собороваться, – говорила она, сидя в кофточке пред своим складным зеркалом и расчесывая частым гребнем мягкие душистые волосы. – Я никогда не видала этого, но знаю, мама мне говорила, что тут молитвы об исцелении.

– Неужели ты думаешь, что он может выздороветь? – сказал Левин, глядя на постоянно закрывавшийся, как только она вперед проводила гребень, узкий ряд назади ее круглой головки.

– Я спрашивала доктора: он сказал, что он не может жить больше трех дней. Но разве они могут знать? Я все-таки очень рада, что уговорила его, – сказала она, косясь на мужа из-за волос. – Все может быть, – прибавила она с тем особенным, несколько хитрым выражением, которое на ее лице всегда бывало, когда она говорила о религии.

После их разговора о религии, когда они были еще женихом и невестой, ни он, ни она никогда не затевали разговора об этом, но она исполняла свои обряды посещения церкви, молитвы всегда с одинаковым спокойным сознанием, что это так нужно. Несмотря на его уверения в противном, она была твердо уверена, что он такой же и еще лучше христианин, чем она, и что все то, что он говорит об этом, есть одна из его смешных мужских выходок, как то, что он говорил про broderie anglaise: будто добрые люди штопают дыры, а она их нарочно вырезывает, и т. п.

– Да, вот эта женщина, Марья Николаевна, не умела устроить всего этого, – сказал Левин. – И… должен признаться, что я очень, очень рад, что ты приехала. Ты такая чистота, что… – Он взял ее руку и не поцеловал (целовать ее руку в этой близости смерти ему казалось непристойным), а только пожал ее с виноватым выражением, глядя в ее просветлевшие глаза.

– Тебе бы так мучительно было одному, – сказала она и, подняв высоко руки, которые закрывали ее покрасневшие от удовольствия щеки, свернула на затылке косы и зашпилила их. – Нет, – продолжала она, – она не знала… Я, к счастию, научилась многому в Содене.

– Неужели там такие же были больные?

– Хуже.

– Для меня ужасно то, что я не могу не видеть его каким он был молодым… Ты не поверишь, какой он был прелестный юноша, но я не понимал его тогда.

– Очень, очень верю. Как я чувствую, мы бы дружны *были* с ним, – сказала она и испугалась за то, что сказала, оглянулась на мужа, и слезы выступили ей на глаза.

– Да, *были бы,* – сказал он грустно. – Вот именно один из тех людей, о которых говорят, что они не для этого мира.

– Однако нам много предстоит дней, надо ложиться, – сказала Кити, взглянув на свои крошечные часы.

<h1 style="text-align:center">XX</h1>

Смерть

На другой день больного причастили и соборовали. Во время обряда Николай Левин горячо молился. В больших глазах его, устремленных на поставленный на ломберном, покрытом цветною салфеткой столе образ, выражалась такая страстная мольба и надежда, что Левину было ужасно смотреть на это. Левин знал, что эта страстная мольба и надежда сделают только еще тяжелее для него разлуку с жизнью, которую он так любил. Левин знал брата и ход его мыслей; он знал, что неверие его произошло не потому, что ему легче было жить без веры, но потому, что шаг за шагом современно-научные объяснения явлений мира вытеснили верования, и потому он знал, что теперешнее возвращение его не было законное, совершившееся путем той же мысли, но было только временное, корыстное, с безумною надеждой исцеления. Левин знал тоже, что Кити усилила эту надежду еще рассказами о слышанных ею необыкновенных исцелениях. Все это знал Левин, и ему мучительно больно было смотреть на этот умоляющий, полный надежды взгляд и на эту исхудалую кисть руки, с трудом поднимающуюся и кладущую крестное знамение на туго обтянутый лоб, на эти выдающиеся плечи и хрипящую пустую грудь, которые уже не могли вместить в себе той жизни, о которой больной просил. Во время таинства Левин молился тоже и делал то, что он, неверующий, тысячу раз делал. Он говорил, обращаясь к богу: «Сделай, если ты существуешь, то, чтоб исцелился этот человек (ведь это самое повторялось много раз), и ты спасешь его и меня».

После помазания больному стало вдруг гораздо лучше. Он не кашлял ни разу в продолжение часа, улыбался, целовал руки Кити, со слезами благодаря ее, и говорил, что ему хорошо, нигде не больно и что он чувствует аппетит и силу. Он даже сам поднялся, когда ему принесли суп, и попросил еще котлету. Как ни безнадежен он был, как ни очевидно было при взгляде на него, что он не может выздороветь, Левин и Кити находились этот час в одном и том же счастливом и робком, как бы не ошибиться, возбуждении.

– Лучше. – Да, гораздо. – Удивительно. – Ничего нет удивительного. – Все-таки лучше, – говорили они шепотом, улыбаясь друг другу.

Обольщение это было непродолжительно. Больной заснул спокойно, но чрез полчаса кашель разбудил его. И вдруг исчезли все надежды и в окружающих его и в нем самом. Действительность страдания, без сомнения, даже без воспоминаний о прежних надеждах, разрушила их в Левине и Кити и в самом больном.

Не поминая даже о том, чему он верил полчаса назад, как будто совестно и вспоминать об этом, он потребовал, чтоб ему дали йоду для вдыхания в стклянке, покрытой бумажкой с проткнутыми дырочками. Левин подал ему банку, и тот же взгляд страстной надежды, с которою он соборовался, устремился теперь на брата, требуя от него подтверждения слов доктора о том, что вдыхания йода производят чудеса.

– Что, Кати нет? – прохрипел он, оглядываясь, когда Левин неохотно подтвердил слова доктора. – Нет, так можно сказать… Для нее я проделал эту комедию. Она такая милая, но уже нам с тобою нельзя обманывать себя. Вот этому я верю, – сказал он и, сжимая стклянку костлявой рукой, стал дышать над ней.

В восьмом часу вечера Левин с женою пил чай в своем нумере, когда Марья Николаевна, запыхавшись, прибежала к ним. Она была бледна, и губы ее дрожали.

– Умирает! – прошептала она. – Я боюсь, сейчас умрет…

Оба побежали к нему. Он, поднявшись, сидел, облокотившись рукой, на кровати, согнув свою длинную спину и низко опустив голову.

– Что ты чувствуешь? – спросил шепотом Левин после молчания.

– Чувствую, что отправляюсь, – с трудом, но с чрезвычайною определенностью, медленно выжимая из себя слова, проговорил Николай. Он не поднимал головы, но только направлял глаза вверх, не достигая ими лица брата. – Катя, уйди! – проговорил он еще.

Левин вскочил и повелительным шепотом заставил ее выйти.

– Отправляюсь, – сказал он опять.

– Почему ты думаешь? – сказал Левин, чтобы сказать что-нибудь.

– Потому, что отправляюсь, – как будто полюбив это выражение, повторил он. – Конец.

Марья Николаевна подошла к нему.

– Вы бы легли, вам легче, – сказала она.

– Скоро буду лежать тихо, – проговорил он, – мертвый, – сказал он насмешливо, сердито. – Ну, положите, коли хотите.

Левин положил брата на спину, сел подле него и, не дыша, глядел на его лицо. Умирающий лежал, закрыв глаза, но на лбу его изредка шевелились мускулы, как у человека, который глубоко и напряженно думает. Левин невольно думал вместе с ним о том, что такое совершается теперь в нем, но, несмотря на все усилия мысли, чтоб идти с ним вместе, он видел по выражению этого спокойного строгого лица и игре мускула над бровью, что для умирающего уясняется и уясняется то, что все так же темно остается для Левина.

– Да, да, так, – с расстановкой, медленно проговорил умирающий. – Постойте. – Опять он помолчал. – Так! – вдруг успокоительно протянул он, как будто все разрешилось для него. – О господи! – проговорил он и тяжело вздохнул.

Марья Николаевна пощупала его ноги.

– Холодеют, – прошептала она.

Долго, очень долго, как показалось Левину, больной лежал неподвижно. Но он все еще был жив и изредка вздыхал. Левин уже устал от напряжения мысли. Он чувствовал, что, несмотря на все напряжение мысли, он не мог понять то, что было так. Он чувствовал, что давно уже отстал от умирающего. Он не мог уже думать о самом вопросе смерти, но невольно ему приходили мысли о том, что теперь, сейчас, придется ему делать: закрывать глаза, одевать, заказывать гроб. И, странное дело, он чувствовал себя совершенно холодным и не испытывал ни горя, ни потери, ни еще меньше жалости к брату. Если было у него чувство к брату теперь, то скорее зависть за то знание, которое имеет теперь умирающий, но которого он не может иметь.

Он еще долго сидел так над ним, все ожидая конца. Но конец не приходил. Дверь отворилась, и показалась Кити. Левин встал, чтоб остановить ее. Но в то время как он вставал, он услыхал движение мертвеца.

– Не уходи, – сказал Николай и протянул руку. Левин подал ему свою и сердито замахал жене, чтоб она ушла.

С рукой мертвеца в своей руке он сидел полчаса, час, еще час. Он теперь уже вовсе не думал о смерти. Он думал о том, что делает Кити, кто живет в соседнем нумере, свой ли дом у доктора. Ему захотелось есть и спать. Он осторожно выпростал руку и ощупал ноги. Ноги были холодны, но больной дышал. Левин опять на цыпочках хотел выйти, но больной опять зашевелился и сказал:

– Не уходи.

. . . .

Рассвело; положение больного было то же. Левин, потихоньку выпростав руку, не глядя на умирающего, ушел к себе и заснул. Когда он проснулся, вместо известия о смерти брата, которого он ждал, он узнал, что больной пришел в прежнее состояние. Он опять, стал садиться, кашлять, стал опять есть, стал говорить и опять перестал говорить о смерти, опять стал выражать надежду на выздоровление и сделался еще раздражительнее и мрачнее чем прежде. Никто, ни брат, ни Кити, не могли успокоить его. Он на всех сердился и всем говорил неприятности, всех упрекал в своих страданиях и требовал, чтоб ему привезли знаменитого доктора из Москвы. На все вопросы, которые ему делали о том, как он себя чувствует, он отвечал одинаково с выражением злобы и упрека:

– Страдаю ужасно, невыносимо!

Больной страдал все больше и больше, в особенности от пролежней, которые нельзя уже было залечить, и больше и больше сердился на окружающих, упрекая во всем и в особенности за то, что ему не привозили доктора из Москвы. Кити всячески старалась помочь ему, успокоить его; но все было напрасно, и Левин видел, она сама и физически и нравственно была измучена, хотя и не признавалась в этом. То чувство смерти, которое было вызвано во всех его прощанием с жизнью в ту ночь, когда он призвал брата, было разрушено. Все знали, он неизбежно и скоро умрет, что он наполовину мертв уже. Все одного только желали – чтоб он как можно скорее умер, и все, скрывая это, давали ему из стклянки лекарства, искали лекарств, докторов и обманывали и себя, и друг друга. Все это была ложь, гадкая, оскорбительная и кощунственная ложь. И эту ложь, и по свойству своего характера и потому, что он больше всех любил умирающего, Левин особенно больно чувствовал.

Левин, которого давно занимала мысль о том, чтобы помирить братьев хотя пред смертью, писал брату Сергею Ивановичу и, получив от него ответ, прочел это письмо больному. Сергей Иванович писал, что не может сам ехать, но в трогательных выражениях просил прощения у брата.

Больной ничего не сказал.

– Что же мне написать ему? – спросил Левин, – Надеюсь, ты не сердишься на него?

– Нет, нисколько! – с досадой на этот вопрос отвечал Николай. – Напиши ему, чтоб он прислал ко мне доктора.

Прошли еще мучительные три дня; больной был все в том же положении. Чувство желания его смерти испытывали теперь все, кто только видел его: и лакеи гостиницы, и хозяин ее, и все постояльцы, и доктор, и Марья Николаевна, и Левин, и Кити. Только один больной не выражал этого чувства, а, напротив, сердился за то, что не привезли доктора, и продолжал принимать лекарство и говорил о жизни. Только в редкие минуты, когда опиум заставлял его на мгновение забыться от непрестанных страданий, он в полусне иногда говорил то, что сильнее, чем у всех других, было в его душе: «Ах, хоть бы один конец!» Или: «Когда это кончится!»

Страдания, равномерно увеличиваясь, делали свое дело и приготовляли его к смерти. Не было положения, в котором бы он не страдал, не было минуты, в которую бы он забылся, не было места, члена его тела, которые бы не болели, не мучали его. Даже воспоминания, впечатления, мысли этого тела теперь уже возбуждали в нем такое же отвращение, как и самое тело. Вид других людей, их речи, свои собственные воспоминания – все это было для него только мучительно. Окружающие чувствовали это и бессознательно не позволяли себе при нем ни свободных движений, ни разговоров, ни выражения своих желаний. Вся жизнь его сливалась в одно чувство страдания и желания избавиться от него.

В нем, очевидно, совершался тот переворот, который должен был заставить его смотреть на смерть как на удовлетворение его желаний, как на счастие. Прежде каждое отдельное желание, вызванное страданием или лишением, как голод, усталость, жажда, удовлетворялись отправлением тела, дававшим наслаждение; но теперь лишение и страдание не получали удовлетворения, а попытка удовлетворения вызывала новое страдание. И потому все желания сливались в одно – желание избавиться от всех страданий и их источника, тела. Но для выражения этого желания освобождения не было у него слов, и потому он не говорил об этом, а по привычке требовал удовлетворения тех желаний, которые уже не могли быть исполнены. «Переложите меня на другой бок», – говорил он и тотчас после требовал, чтобы его положили, как прежде. «Дайте бульону. Унесите бульон. Расскажите что-нибудь, что вы молчите». И как только начинали говорить, он закрывал глаза и выражал усталость, равнодушие и отвращение.

На десятый день после приезда в город Кити заболела. У нее сделалась головная боль, рвота, и она все утро не могла встать с постели.

Доктор объяснил, что болезнь произошла от усталости, волнения, и предписал ей душевное спокойствие.

После обеда, однако, Кити встала и пошла, как всегда, с работой к больному. Он строго посмотрел на нее, когда она вошла, и презрительно улыбнулся, когда она сказала, что была больна. В этот день он беспрестанно сморкался и жалобно стонал.

– Как вы себя чувствуете? – спросила она его.

– Хуже, – с трудом выговорил он. – Больно!

– Где больно?

– Везде.

– Нынче кончится, посмотрите, – сказала Марья Николаевна хотя и шепотом, но так, что больной, очень чуткий, как замечал Левин, должен был слышать ее. Левин зашикал на нее и оглянулся на больного. Николай слышал, но эти слова не произвели на него никакого впечатления. Взгляд его был все тот же укоризненный и напряженный.

– Отчего вы думаете? – спросил Левин ее, когда она вышла за ним в коридор.

– Стал обирать себя, – сказала Марья Николаевна.

– Как обирать?

– Вот так, – сказала она, обдергивая складки своего шерстяного платья. Действительно, он заметил, что во весь этот день больной хватал на себе и как будто хотел сдергивать что-то.

Предсказание Марьи Николаевны было верно. Больной к ночи уже был не в силах поднимать рук и только смотрел пред собой, не изменяя внимательно сосредоточенного выражения взгляда. Даже когда брат или Кити наклонялись над ним, так, чтоб он мог их видеть, он так же смотрел. Кити послала за священником, чтобы читать отходную.

Пока священник читал отходную, умирающий не показывал никакого признака жизни; глаза были закрыты Левин, Кити и Марья Николаевна стояли у постели. Молитва еще не была дочтена священником, как умирающий потянулся, вздохнул и открыл глаза. Священник, окончив молитву, приложил к холодному лбу крест, потом медленно завернул его в епитрахиль и, постояв еще молча минуты две, дотронулся до похолодевшей и бескровной огромной руки.

– Кончился, – сказал священник и хотел отойти; но вдруг слипшиеся усы мертвеца шевельнулись, и ясно в тишине послышались из глубины груди определенно резкие звуки:

– Не совсем… Скоро.

И через минуту лицо просветлело, под усами выступила улыбка, и собравшиеся женщины озабоченно принялись убирать покойника.

Вид брата и близость смерти возобновили в душе Левина то чувство ужаса пред неразгаданностью и вместе близостью и неизбежностью смерти, которое охватило его в тот осенний вечер, когда приехал к нему брат. Чувство это теперь было еще сильнее, чем прежде; еще менее, чем прежде, он чувствовал себя способным понять смысл смерти, и еще ужаснее представлялась ему ее неизбежность; но теперь, благодаря близости жены, чувство это не приводило его в отчаяние: он, несмотря на смерть, чувствовал необходимость жить и любить. Он чувствовал, что любовь спасала его от отчаяния и что любовь эта под угрозой отчаяния становилась еще сильнее и чище.

Не успела на его глазах совершиться одна тайна смерти, оставшаяся неразгаданной, как возникла другая, столь же неразгаданная, вызывавшая к любви и жизни.

Доктор подтвердил свои предположения насчет Кити. Нездоровье ее была беременность.

XXI

С той минуты, как Алексей Александрович понял из объяснений с Бетси и со Степаном Аркадьичем, что от него требовалось только того, чтоб он оставил свою жену в покое, не утруждая ее своим присутствием, и что сама жена его желала этого, он почувствовал себя столь потерянным, что не мог ничего сам решить, не знал сам, чего он хотел теперь, и, отдавшись в руки тех, которые с таким удовольствием занимались его делами, на все отвечал согласием. Только когда Анна уже уехала из его дома и англичанка прислала спросить его, должна ли она обедать с ним, или отдельно, он в первый раз понял ясно свое положение и ужаснулся ему.

Труднее всего в этом положении было то, что он никак не мог соединить и примирить своего прошедшего с тем, что теперь было. Не то прошедшее, когда он счастливо жил с женою, смущало его. Переход от того прошедшего к знанию о неверности жены он страдальчески пережил уже; состояние это было тяжело, но было понятно ему. Если бы жена тогда, объявив о своей неверности, ушла от него, он был бы огорчен, несчастлив, но он не был бы в том для самого себя безвыходном непонятном положении, в каком он чувствовал себя теперь. Он не мог теперь никак примирить свое недавнее прощение, свое умиление, свою любовь к больной жене и чужому ребенку с тем, что теперь было, то есть с тем, что, как бы в награду за все это, он теперь очутился один, опозоренный, осмеянный, никому не нужный и всеми презираемый.

Первые два дня после отъезда жены Алексей Александрович принимал просителей, правителя дел, ездил в комитет и выходил обедать в столовую, как и обыкновенно. Не отдавая себе отчета, для чего он это делает, он все силы своей души напрягал в эти два дня только на то, чтоб иметь вид спокойный и даже равнодушный. Отвечая на вопросы о том, как распорядиться с вещами и комнатами Анны Аркадьевны, он делал величайшие усилия над собой, чтоб иметь вид человека, для которого случившееся событие не было непредвиденным и не имеет в себе ничего выходящего из ряда обыкновенных событий, и он достигал своей цели: никто не мог заметить в нем признаков отчаяния. Но на второй день после отъезда, когда Корней подал ему счет из модного магазина, который забыла заплатить Анна, и доложил, что приказчик сам тут, Алексей Александрович велел позвать приказчика.

— Извините, ваше превосходительство, что осмеливаюсь беспокоить вас. Но если прикажете обратиться к ее превосходительству, то не благоволите ли сообщить их адрес.

Алексей Александрович задумался, как показалось приказчику, и вдруг, повернувшись, сел к столу. Опустив голову на руки, он долго сидел в этом положении, несколько раз пытался заговорить и останавливался.

Поняв чувства барина, Корней попросил приказчика прийти в другой раз. Оставшись опять один, Алексей Александрович понял, что он не в силах более выдерживать роль твердости и спокойствия. Он велел отложить дожидавшуюся карету, никого не велел принимать и не вышел обедать.

Он почувствовал, что ему не выдержать того всеобщего напора презрения и ожесточения, которые он ясно видел на лице и этого приказчика, и Корнея, и всех без исключения, кого он встречал в эти два дня. Он чувствовал, что не может отвратить от себя ненависти людей, потому что ненависть эта происходила не оттого, что он был дурен (тогда бы он мог стараться быть лучше), но оттого, что он постыдно и отвратительно несчастлив. Он чувствовал, что за это, за то самое, что сердце его истерзано, они будут безжалостны к нему. Он чувствовал, что люди уничтожат его, как собаки задушат истерзанную, визжащую от боли собаку. Он знал, что единственное спасение от людей – скрыть от них свои раны, и он это бессознательно пытался делать два дня, но теперь почувствовал себя уже не в силах продолжать эту неравную борьбу.

Отчаяние его еще усиливалось сознанием, что он был совершенно одинок со своим горем. Не только в Петербурге у него не было ни одного человека, кому бы он мог высказать все, что испытывал, кто бы пожалел его не как высшего чиновника, не как члена общества, но просто как страдающего человека; но и нигде у него не было такого человека.

Алексей Александрович рос сиротой. Их было два брата. Отца они не помнили, мать умерла, когда Алексею Александровичу было десять лет. Состояние было маленькое. Дядя Каренин, важный чиновник и когда-то любимец покойного императора, воспитал их.

Окончив курсы в гимназии и университете с медалями, Алексей Александрович с помощью дяди тотчас стал на видную служебную дорогу и с той поры исключительно отдался служебному честолюбию. Ни в гимназии, ни в университете, ни после на службе Алексей Александрович не завязал ни с кем дружеских отношений. Брат был самый близкий ему по душе человек, но он служил по министерству иностранных дел, жил всегда за границей, где он и умер скоро после женитьбы Алексея Александровича.

Во время его губернаторства тетка Анны, богатая губернская барыня, свела хотя немолодого уже человека, но молодого губернатора со своею племянницей и поставила его в такое положение, что он должен был или высказаться, или уехать из города. Алексей Александрович долго колебался. Столько же доводов было тогда за этот шаг, сколько и против, и не было того решительного повода, который бы заставил его изменить своему правилу: воздерживаться в сомнении[1]; но тетка Анны внушила ему через знакомого, что он уже компрометировал девушку и что долг чести обязывает его сделать предложение. Он сделал предложение и отдал невесте и жене все то чувство, на которое был способен.

Та привязанность, которую он испытывал к Анне, исключила в его душе последние потребности сердечных отношений к людям. И теперь изо всех его знакомых у него не было никого близкого. У него много было того, что называется связями; но дружеских отношений не было. Было у Алексея Александровича много таких людей, которых он мог позвать к себе обедать, попросить об участии в интересовавшем его деле, о протекции какому-нибудь искателю, с которыми мог обсуждать откровенно действия других лиц и высшего правительства; но отношения к этим лицам были заключены в одну твердо определенную обычаем и привычкой область, из которой невозможно было выйти. Был один университетский товарищ, с которым он сблизился после и с которым он мог бы поговорить о личном горе; но товарищ этот был попечителем в дальнем учебном округе. Из лиц же, бывших в Петербурге, ближе и возможнее всех были правитель канцелярии и доктор.

Михаил Васильевич Слюдин, правитель дел, был умный, добрый и нравственный человек, и в нем Алексей Александрович чувствовал личное к себе расположение: но пятилетняя служебная их деятельность положила между ними преграду для душевных объяснений.

Алексей Александрович, окончив подписку бумаг долго молчал, взглядывая на Михаила Васильевича, и несколько раз пытался, но не мог заговорить. Он приготовил уже фразу: «Вы слышали о моем горе?» Но кончил тем, что сказал, как и обыкновенно: «Так вы это приготовите мне», – и с тем отпустил его.

Другой человек был доктор, который тоже был хорошо расположен к нему; но между ними уже давно было молчаливым соглашением признано, что оба завалены делом и обоим надо торопиться.

О женских своих друзьях и о первейшем из них, о графине Лидии Ивановне, Алексей Александрович не думал. Все женщины, просто как женщины, были страшны и противны ему.

---

1 *...воздерживаться в сомнении...* – Буквальный перевод французской пословицы: «Dans le doute abstiens toi»; одно из любимых изречений Толстого (см.: С. Л. Толстой. Очерки былого. Тула, 1965, с. 104).

XXII

Алексей Александрович забыл о графине Лидии Ивановне, но она не забыла его. В эту самую тяжелую минуту одинокого отчаяния она приехала к нему и без доклада вошла в его кабинет. Она застала его в том положении, в котором он сидел, опершись головой на обе руки.

– J'ai forcé la consigne[1], – сказала она, входя быстрым шагом и тяжело дыша от волнения и быстрого движения. – Я все слышала! Алексей Александрович! Друг мой! – продолжала она, крепко обеими руками пожимая его руку и глядя ему в глаза своими прекрасными задумчивыми глазами.

Алексей Александрович, хмурясь, привстал и, выпростав от нее руку, подвинул ей стул.

– Не угодно ли, графиня? Я не принимаю, потому что я болен, графиня, – сказал он, и губы его задрожали.

– Друг мой! – повторила графиня Лидия Ивановна, не спуская с него глаз, и вдруг брови ее поднялись внутренними сторонами, образуя треугольник на лбу; некрасивое желтое лицо ее стало еще некрасивее; но Алексей Александрович почувствовал, что она жалеет его и готова плакать. И на него нашло умиление: он схватил ее пухлую руку и стал целовать ее.

– Друг мой! – сказала она прерывающимся от волнения голосом. – Вы не должны отдаваться горю. Горе ваше велико, но вы должны найти утешение.

– Я разбит, я убит, я не человек более! – сказал Алексей Александрович, выпуская ее руку, но продолжая глядеть в ее наполненные слезами глаза. – Положение мое тем ужасно, что я не нахожу нигде, в самом себе не нахожу точки опоры.

– Вы найдете опору, ищите ее не во мне, хотя прошу вас верить в мою дружбу, – сказала она со вздохом. – Опора наша есть любовь, та любовь, которую Он завещал нам. Бремя Его легко, – сказала она с тем восторженным взглядом, который так знал Алексей Александрович. – Он поддержит вас и поможет вам.

Несмотря на то, что в этих словах было то умиление пред своими высокими чувствами и было то, казавшееся Алексею Александровичу излишним, новое, восторженное, недавно распространившееся в Петербурге мистическое настроение, Алексею Александровичу приятно было это слышать теперь.

---

[1] Я нарушила запрет *(фр.)*.

– Я слаб. Я уничтожен. Я ничего не предвидел и теперь ничего не понимаю.

– Друг мой, – повторяла Лидия Ивановна.

– Не потеря того, чего нет теперь, не это, – продолжал Алексей Александрович. – Я не жалею. Но я не могу не стыдиться пред людьми за то положение, в котором я нахожусь. Это дурно, но я не могу, я не могу.

– Не вы совершили тот высокий поступок прощения которым я восхищаюсь и все, но Он, обитая в ваше сердце, – сказала графиня Лидия Ивановна, восторженно поднимая глаза, – и потому вы не можете стыдиться своего поступка.

Алексей Александрович нахмурился и, загнув руки, стал трещать пальцами.

– Надо знать все подробности, – сказал он тонким голосом. – Силы человека имеют пределы, графиня, и я нашел предел своих. Целый день нынче я должен был делать распоряжения, распоряжения по дому, вытекавшие (он налег на слово *вытекавшие*) из моего нового, одинокого положения. Прислуга, гувернантка, счеты… Этот мелкий огонь сжег меня, я не в силах был выдержать. За обедом… я вчера едва не ушел от обеда. Я не мог перенести того, как сын мой смотрел на меня. Он не спрашивал меня о значении всего этого, но он хотел спросить, и я не мог выдержать этого взгляда. Он боялся смотреть на меня, но этого мало…

Алексей Александрович хотел упомянуть про счет, который принесли ему, но голос его задрожал, и он остановился. Про этот счет, на синей бумаге, за шляпку, ленты он не мог вспомнить без жалости к самому себе.

– Я понимаю, друг мой, – сказала графиня Лидия Ивановна. – Я все понимаю. Помощь и утешение вы найдете не во мне, но я все-таки приехала только затем, чтобы помочь вам, если могу. Если б я могла снять с вас все эти мелкие унижающие заботы… Я понимаю, что нужно женское слово, женское распоряжение. Вы поручаете мне?

Алексей Александрович молча и благодарно пожал ее руку.

– Мы вместе займемся Сережей. Я не сильна в практических делах. Но я возьмусь, я буду ваша экономка. Не благодарите меня. Я делаю это не сама…

– Я не могу не благодарить.

– Но, друг мой, не отдавайтесь этому чувству, о котором вы говорили, – стыдиться того, что есть высшая высота христианина: *кто унижает себя, тот возвысится*. И благодарить меня вы не можете. Надо благодарить Его и просить Его о помощи. В Нем одном мы найдем спокойствие, утешение, спасение и любовь, – сказала она и, подняв глаза к небу, начала молиться, как понял Алексей Александрович по ее молчанию.

Алексей Александрович слушал ее теперь, и те выражения, которые прежде не то что были неприятны ему, а казались излишними, теперь показались естественны и утешительны. Алексей Александрович не любил этот новый восторженный дух. Он был верующий человек, интересовавшийся религией преимущественно в политическом смысле, а новое учение, позволявшее себе некоторые новые толкования, потому именно, что оно открывало двери спору и анализу, по принципу было неприятно ему. Он прежде относился холодно и даже враждебно к этому новому учению и с графиней Лидией Ивановной, увлекавшеюся им, никогда не спорил, а старательно обходил молчанием ее вызовы. Теперь же в первый раз он слушал ее слова с удовольствием и внутренне не возражал им.

– Я очень, очень благодарен вам и за дела и за слова ваши, – сказал он, когда она кончила молиться.

Графиня Лидия Ивановна еще раз пожала обе руки своего друга.

– Теперь я приступаю к делу, – сказала она с улыбкой, помолчав и отирая с лица остатки слез. – Я иду к Сереже. Только в крайнем случае я обращусь к вам. – И она встала и вышла.

Графиня Лидия Ивановна пошла на половину Сережи и там, обливая слезами щеки испуганного мальчика, сказала ему, что отец его святой и что мать его умерла.

Графиня Лидия Ивановна исполнила свое обещание. Она действительно взяла на себя все заботы по устройству и ведению дома Алексея Александровича. Но она не преувеличивала, говоря, что она не сильна в практических делах. Все ее распоряжения надо было изменять, так как они были неисполнимы, и изменялись они Корнеем, камердинером Алексея Александровича, который незаметно для всех повел теперь весь дом Каренина и спокойно и осторожно во время одеванья барина докладывал ему, что было нужно. Но помощь Лидии Ивановны все-таки была в высшей степени действительна: она дала нравственную опору Алексею Александровичу в сознании ее любви и уважения к нему и в особенности в том, что, как ей утешительно было думать, она почти обратила его в христианство, то есть из равнодушно и лениво верующего обратила его в горячего и твердого сторонника того нового объяснения христианского учения, которое распространилось в последнее время в Петербурге. Алексею Александровичу легко было убедиться в этом. Алексей Александрович, так же как и Лидия Ивановна и другие люди, разделявшие их воззрения, был вовсе лишен глубины воображения, той душевной способности, благодаря которой представления, вызываемые воображением, становятся так действительны, что требуют соответствия с другими представлениями и с действительностью. Он не видел ничего невозможного и несообразного в представлении о том, что смерть, существующая для неверующих, для него не существует, и что так как он обладает полнейшею верой, судьей меры которой он сам, то и греха уже нет в его душе, и он испытывает здесь, на земле, уже полное спасение.

Правда, что легкость и ошибочность этого представления о своей вере смутно чувствовалась Алексею Александровичу, и он знал, что когда он, вовсе не думая о том, что его прощение есть действие высшей силы, отдался этому непосредственному чувству, он испытал больше счастья, чем когда он, как теперь, каждую минуту думал, что в его душе живет Христос, и что, подписывая бумаги, он исполняет его волю; но для Алексея Александровича было необходимо так думать, ему было так необходимо в его унижении иметь ту, хотя бы и выдуманную высоту, с которой он, презираемый всеми, мог бы презирать других, что он держался, как за спасение, за свое мнимое спасение.

XXIII

Графиня Лидия Ивановна очень молодою восторженною девушкой была выдана замуж за богатого, знатного, добродушнейшего и распутнейшего весельчака. На второй месяц муж бросил ее и на восторженные ее уверения в нежности отвечал только насмешкой и даже враждебностью, которую люди, знавшие и доброе сердце графа и не видевшие никаких недостатков в восторженной Лидии, никак не могли объяснить себе. С тех пор, хотя они не были в разводе, они жили врозь, и когда муж встречался с женою, то всегда относился к ней с неизменною ядовитою насмешкой, причину которой нельзя было понять.

Графиня Лидия Ивановна давно уже перестала быть влюбленною в мужа, но никогда с тех пор не переставала быть влюбленною в кого-нибудь. Она бывала влюблена в нескольких вдруг, и в мужчин и в женщин; она бывала влюблена во всех почти людей, чем-нибудь особенно выдающихся. Она была влюблена во всех новых принцесс и принцев, вступавших в родство с царскою фамилией, была влюблена в одного митрополита, одного викарного и одного священника. Была влюблена в одного журналиста, в трех славян, в Комисарова [1]; в одного министра, одного доктора, одного

---

[1] *Была влюблена… в Комисарова…* – Комиссаров О. И. (1838–1892) – крестьянин, шапочный мастер из Костромы. В апреле 1866 г. случайно оказался возле решетки Летнего сада в Петербурге. Неудачу покушения на царя объясняли тем, что Комиссаров помешал Каракозову, стрелявшему в Александра II (см.: А. Никитенко. Дневник, т. 3. М., 1956, с. 23). Комиссарова «возвели в дворянское достоинство; он стал «фон Комиссаровым» (А. И. Герцен. Иркутск и Петербург. – Собр. соч. в 30-ти томах, т. XIX. М., 1960, с. 60). Некоторое время о нем всюду говорили и его всюду приглашали. Он стал непременным посетителем салонов, клубов, ученых собраний.

английского миссионера и в Каренина. Все эти любви, то ослабевая, то усиливаясь, наполняли ее сердце, давали ей занятие и не мешали ей в ведении самых распространенных и сложных придворных и светских отношений. Но с тех пор как она, после несчастия, постигшего Каренина, взяла его под свое особенное покровительство, с тех пор как она потрудилась в доме Каренина, заботясь о его благосостоянии, она почувствовала, что все остальные любви не настоящие, а что она истинно влюблена теперь в одного Каренина. Чувство, которое она теперь испытывала к нему, казалось ей сильнее всех прежних чувств. Анализируя свое чувство и сравнивая его с прежними, она ясно видела, что не была бы влюблена в Комисарова, если б он не спас жизни государю, не была бы влюблена в Ристич-Куджицкого[1], если бы не было славянского вопроса, но что Каренина она любила за него самого, за его высокую непонятую душу, за милый для нее тонкий звук его голоса с его протяжными интонациями, за его усталый взгляд, за его характер и мягкие белые руки с напухшими жилами. Она не только радовалась встрече с ним, но она искала на его лице признаков того впечатления, которое она производила на него. Она хотела нравиться ему не только речами, но и всею своею особою. Она для него занималась теперь своим туалетом больше, чем когда-нибудь прежде. Она заставала себя на мечтаниях о том, что было бы, если б она не была замужем и он был бы свободен. Она краснела от волнения, когда он входил в комнату, она не могла удержать улыбку восторга, когда он говорил ей приятное.

Уже несколько дней графиня Лидия Ивановна находилась в сильнейшем волнении. Она узнала, что Анна с Вронским в Петербурге. Надо было спасти Алексея Александровича от свидания с нею, надо было спасти его даже от мучительного знания того, что эта ужасная женщина находится в одном городе с ним и что он каждую минуту может встретить ее.

Лидия Ивановна через своих знакомых разведывала о том, что намерены делать эти *отвратительные люди,* как она называла Анну с Вронским, и старалась руководить в эти дни всеми движениями своего друга, чтоб он не мог встретить их. Молодой адъютант, приятель Вронского, через которого она получала сведения и который через графиню Лидию Ивановну надеялся получить концессию, сказал ей, что они кончили свои дела и уезжают на другой день. Лидия Ивановна уже стала успокоиваться, как на другое же утро ей принесли записку, почерк которой она с ужасом узнала. Это был почерк Анны Карениной. Конверт был из толстой, как лубок, бумаги;

Но постепенно Комиссаров стал спиваться и, наконец, совершенно пропал из виду.

1   *...в Ристич-Куджицкого...*   -   Ристич   Йован   (1831-1899) - сербский политический деятель, выступавший против турецкого и австрийского влияния на Сербию. Его имя было хорошо известно в России. Ристич был одним из регентов малолетнего князя Милана Обреновича.

на продолговатой желтой бумаге была огромная монограмма и от письма пахло прекрасно.

– Кто принес?

– Комиссионер из гостиницы.

Графиня Лидия Ивановна долго не могла сесть, чтобы прочесть письмо. У ней от волнения сделался припадок одышки, которой она была подвержена. Когда она успокоилась, она прочла следующее французское письмо:

«Madame la Comtesse [1] , – христианские чувства, которые наполняют ваше сердце, дают мне, я чувствую, непростительную смелость писать вам. Я несчастна от разлуки с сыном. Я умоляю о позволении видеть его один раз пред моим отъездом. Простите меня, что я напоминаю вам о себе. Я обращаюсь к вам, а не к Алексею Александровичу только потому, что не хочу заставить страдать этого великодушного человека воспоминанием о себе. Зная вашу дружбу к нему, вы поймете меня. Пришлете ли вы Сережу ко мне, или мне приехать в дом в известный, назначенный час, или вы мне дадите знать, когда и где я могу его видеть вне дома? Я не предполагаю отказа, зная великодушие того, от кого это зависит. Вы не можете себе представить ту жажду его видеть, которую я испытываю, и потому не можете представить ту благодарность, которую во мне возбудит ваша помощь.

Анна ».

Все в этом письме раздражило графиню Лидию Ивановну: и содержание, и намек на великодушие, и в особенности развязный, как ей показалось, тон.

– Скажи, что ответа не будет, – сказала графиня Лидия Ивановна и тотчас, открыв бювар, написала Алексею Александровичу, что надеется видеть его в первом часу на поздравлении во дворце.

«Мне нужно переговорить с вами о важном и грустном деле. Там мы условимся, где. Лучше всего у меня, где я велю приготовить *ваш* чай. Необходимо. Он налагает крест. Он дает и силы», – прибавила она, чтобы хоть немного приготовить его.

Графиня Лидия Ивановна писала обыкновенно по две и по три записки в день Алексею Александровичу. Она любила этот процесс

---

[1] Графиня (*фр.*).

сообщения с ним, имеющий в себе элегантность и таинственность, каких недоставало в ее личных сношениях.

XXIV

Поздравление кончалось. Уезжавшие, встречаясь, переговаривались о последней новости дня, вновь полученных наградах и перемещении важных служащих.

— Как бы графине Марье Борисовне — военное министерство, а начальником бы штаба — княгиню Ватковскую, — говорил, обращаясь к высокой красавице фрейлине, спрашивавшей у него о перемещении, седой старичок в расшитом золотом мундире.

— А меня в адъютанты, — отвечала фрейлина, улыбаясь.

— Вам уж есть назначение. Вас по духовному ведоместву. И в помощники вам — Каренина.

— Здравствуйте, князь! — сказал старичок, пожимая руку подошедшему.

— Что вы про Каренина говорили? — сказал князь.

— Он и Путятов Александра Невского получили.

— Я думал, что у него уж есть.

— Нет. Вы взгляните на него, — сказал старичок, указывая расшитою шляпой на остановившегося в двери залы с одним из влиятельных членов Государственного совета Каренина в придворном мундире с новою красною лентою через плечо. — Счастлив и доволен, как медный грош, — прибавил он, останавливаясь, чтобы пожать руку атлетически сложенному красавцу камергеру.

— Нет, он постарел, — сказал камергер.

— От забот. Он теперь все проекты пишет. Он теперь не отпустит несчастного, пока не изложит все по пунктам.

— Как постарел? Il fait des passions[1]. Я думаю, графиня Лидия Ивановна ревнует его теперь к жене.

— Ну, что! Про графиню Лидию Ивановну, пожалуйста, не говорите дурного.

— Да разве это дурно, что она влюблена в Каренина?

— А правда, что Каренина здесь?

---

[1] Он имеет успех (фр.).

– То есть не здесь, во дворце, а в Петербурге. Я вчера встретил их, с Алексеем Вронским, bras dessus, bras dessous[1], на Морской.

– C'est un homme qui n'a pas...[2] – начал было камергер, но остановился, давая дорогу и кланяясь проходившей особе царской фамилии.

Так не переставая говорили об Алексее Александровиче, осуждая его и смеясь над ним, между тем как он, заступив дорогу пойманному им члену Государственного совета и ни на минуту не прекращая своего изложения, чтобы не упустить его, по пунктам излагал ему финансовый проект.

Почти в одно и то же время, как жена ушла от Алексея Александровича, с ним случилось и самое горькое для служащего человека событие – прекращение восходящего служебного движения. Прекращение это совершилось, и все ясно видели это, но сам Алексей Александрович не сознавал еще того, что карьера его кончена. Столкновение ли со Стремовым, несчастие ли с женой, или просто то, что Алексей Александрович дошел до предела, который ему был предназначен, но для всех в нынешнем году стало очевидно, что служебное поприще его кончено. Он еще занимал важное место, он был членом многих комиссий и комитетов; но он был человеком, который весь вышел и от которого ничего более не ждут. Что бы он ни говорил, что бы ни предлагал, его слушали так, как будто то, что он предлагает, давно уже известно и есть то самое, что не нужно.

Но Алексей Александрович не чувствовал этого и, напротив того, будучи устранен от прямого участия в правительственной деятельности, яснее чем прежде видел теперь недостатки и ошибки в деятельности других и считал своим долгом указывать на средства к исправлению их. Вскоре после своей разлуки с женой он начал писать свою первую записку о новом суде из бесчисленного ряда никому не нужных записок по всем отраслям управления, которые было суждено написать ему.

Алексей Александрович не только не замечал своего безнадежного положения в служебном мире и не только не огорчался им, но больше чем когда-нибудь был доволен своею деятельностью.

«Женатый заботится о мирском, как угодить жене, неженатый заботится о господнем, как угодить господу», – говорит апостол Павел, и Алексей Александрович, во всех делах руководившийся теперь писанием, часто вспоминал этот текст. Ему казалось, что с тех пор, как он остался без жены, он этими самыми проектами более служил господу, чем прежде.

---

[1] Под руку (фр.).

[2] Это человек, у которого нет... (фр.).

Очевидное нетерпение члена Совета, желавшего уйти от него, не смущало Алексея Александровича; он перестал излагать, только когда член, воспользовавшись приходом лица царской фамилии, ускользнул от него.

Оставшись один, Алексей Александрович опустил голову, собирая мысли, потом рассеянно оглянулся и пошел к двери, у которой надеялся встретить графиню Лидию Ивановну.

«И как они все сильны и здоровы физически, – думал Алексей Александрович, глядя на могучего с расчесанными душистыми бакенбардами камергера и на красную шею затянутого в мундир князя, мимо которых ему надо было пройти. – Справедливо сказано, что все в мире есть зло», – подумал он, косясь еще раз на икры камергера.

Неторопливо передвигая ноги, Алексей Александрович с обычным видом усталости и достоинства поклонился этим господам, говорившим о нем, и, глядя в дверь, отыскивал глазами графиню Лидию Ивановну.

– А! Алексей Александрович! – сказал старичок, злобно блестя глазами, в то время как Каренин поравнялся с ним и холодным жестом склонил голову. – Я вас еще не поздравил, – сказал он, указывая на его новополученную ленту.

– Благодарю вас, – ответил Алексей Александрович. – Какой нынче *прекрасный* день, – прибавил он, по своей привычке особенно налегая на слове «прекрасный».

Что они смеялись над ним, он знал это, но он и не ждал от них ничего, кроме враждебности; он уже привык к этому.

Увидав воздымающиеся из корсета желтые плечи графини Лидии Ивановны, вышедшей в дверь, и зовущие к себе прекрасные задумчивые глаза ее, Алексей Александрович улыбнулся, открыв неувядающие белые зубы, и подошел к ней.

Туалет Лидии Ивановны стоил ей большого труда, как и все ее туалеты в это последнее время. Цель ее туалета была теперь совсем обратная той, которую она преследовала тридцать лет тому назад. Тогда ей хотелось украсить себя чем-нибудь, и чем больше, тем лучше. Теперь, напротив, она обязательно была так несоответственно годам и фигуре разукрашена, что заботилась лишь о том, чтобы противоположность этих украшений с ее наружностью была не слишком ужасна. И в отношении Алексея Александровича она достигала этого и казалась ему привлекательною. Для него она была единственным островом не только доброго к нему расположения, но любви среди моря враждебности и насмешки, которое окружало его.

Проходя сквозь строй насмешливых взглядов, он естественно тянулся к ее влюбленному взгляду, как растение к свету.

– Поздравляю вас, – сказала она ему, указывая глазами на ленту.

Сдерживая улыбку удовольствия, он пожал плечами, закрыв глаза, как бы говоря, что это не может радовать его. Графиня Лидия Ивановна знала хорошо, что это одна из его главных радостей, хотя он никогда и не призна́ется в этом.

– Что наш ангел? – сказала графиня Лидия Ивановна, подразумевая Сережу.

– Не могу сказать, чтоб я был вполне доволен им, – поднимая брови и открывая глаза, сказал Алексей Александрович. – И Ситников недоволен им. (Ситников был педагог, которому было поручено светское воспитание Сережи.) Как я говорил вам, есть в нем какая-то холодность к тем самым главным вопросам, которые должны трогать душу всякого человека и всякого ребенка, – начал излагать свои мысли Алексей Александрович по единственному, кроме службы, интересовавшему его вопросу – воспитанию сына.

Когда Алексей Александрович с помощью Лидии Ивановны вновь вернулся к жизни и деятельности, он почувствовал своею обязанностью заняться воспитанием оставшегося на его руках сына. Никогда прежде не занимавшись вопросами воспитания, Алексей Александрович посвятил несколько времени на теоретическое изучение предмета. И прочтя много книг антропологии, педагогики и дидактики, Алексей Александрович составил себе план воспитания и, пригласив лучшего петербургского педагога для руководства, приступил к делу. И дело это постоянно занимало его.

– Да, по сердце? Я вижу в нем сердце отца, и с таким сердцем ребенок не может быть дурен, – сказа графиня Лидия Ивановна с восторгом.

– Да, может быть… Что до меня, то я исполняю свой долг, – все, что я могу сделать.

– Вы приедете ко мне, – сказала графиня Лидия Ивановна, помолчав, – нам надо поговорить о грустном для вас деле. Я все бы дала, чтоб избавить вас от некоторых воспоминаний, но другие не так думают. Я получила от *нее* письмо. *Она* здесь, в Петербурге.

Алексей Александрович вздрогнул при упоминании о жене, но тотчас же на лице его установилась та мертвая неподвижность, которая выражала совершенную беспомощность в этом деле.

– Я ждал этого, – сказал он.

Графиня Лидия Ивановна посмотрела на него восторженно, и слезы восхищения пред величием его души выступили на ее глаза.

XXV

Когда Алексей Александрович вошел в маленький, уставленный старинным фарфором и увешанный портретами, уютный кабинет графини Лидии Ивановны, самой хозяйки еще не было. Она переодевалась.

На круглом столе была накрыта скатерть и стоял китайский прибор и серебряный спиртовой чайник. Алексей Александрович рассеянно оглянул бесчисленные знакомые портреты, украшавшие кабинет, и, присев к столу, раскрыл лежавшее на нем Евангелие. Шум шелкового платья графини развлек его.

- Ну вот, теперь мы сядем спокойно, - сказала графиня Лидия Ивановна, с взволнованною улыбкой поспешно пролезая между столом и диваном, - и поговорим за нашим чаем.

После нескольких слов приготовления графиня Лидия Ивановна, тяжело дыша и краснея, передала в руки Алексея Александровича полученное ею письмо.

Прочтя письмо, он долго молчал.

- Я не полагаю, чтоб я имел право отказать ей, - сказал он робко, подняв глаза.

- Друг мой! Вы ни в ком не видите зла!

- Я, напротив, вижу, что все есть зло. Но справедливо ли это?..

В лице его была нерешительность и искание совета, поддержки и руководства в деле, для него непонятном.

- Нет, - перебила его графиня Лидия Ивановна. - Есть предел всему. Я понимаю безнравственность, - не совсем искренно сказала она, так как она никогда не могла понять того, что приводит женщин к безнравственности, - но я не понимаю жестокости, к кому же? к вам! Как оставаться в том городе, где вы? Нет, век живи, век учись. И я учусь понимать вашу высоту и ее низость.

- А кто бросит камень? - сказал Алексей Александрович, очевидно довольный своею ролью. - Я все простил и потому я не могу лишать ее того, что есть потребность любви для нее - любви к сыну...

- Но любовь ли, друг мой? Искренно ли это? Положим, вы простили, вы прощаете... но имеем ли мы право действовать на душу этого ангела? Он считает ее умершею. Он молится за нее и просит бога простить ее грехи... И так лучше. А тут что он будет думать?

- Я не думал этого, - сказал Алексей Александрович, очевидно соглашаясь.

Графиня Лидия Ивановна закрыла лицо руками и помолчала. Она молилась.

– Если вы спрашиваете моего совета, – сказала она, помолившись и открывая лицо, – то я не советую вам делать этого. Разве я не вижу, как вы страдаете, как это раскрыло все ваши раны? Но, положим, вы, как всегда, забываете о себе. Но к чему же это может повести? К новым страданиям с вашей стороны, к мучениям для ребенка? Если в ней осталось что-нибудь человеческое, она сама не должна желать этого. Нет, я, не колеблясь, не советую, и, если вы разрешаете мне, я напишу к ней.

И Алексеи Александрович согласился, и графиня Лидия написала следующее французское письмо:

«Милостивая государыня,

Воспоминание о вас для вашего сына может повести к вопросам с его стороны, на которые нельзя отвечать, не вложив в душу ребенка духа осуждения к тому, что должно быть для него святыней, и потому прошу понять отказ вашего мужа в духе христианской любви. Прошу всевышнего о милосердии к вам.

Графиня Лидия».

Письмо это достигло той затаенной цели, которую графиня Лидия Ивановна скрывала от самой себя. Оно до глубины души оскорбило Анну.

С своей стороны, Алексей Александрович, вернувшись от Лидии Ивановны домой, не мог в этот день предаться своим обычным занятиям и найти то душевное спокойствие верующего и спасенного человека, которое он чувствовал прежде.

Воспоминание о жене, которая так много была виновата пред ним и пред которою он так был свят, как справедливо говорила ему графиня Лидия Ивановна, не должно было бы смущать его; но он не был спокоен: он не мог понимать книги, которую он читал, не мог отогнать мучительных воспоминаний о своих отношениях к ней, о тех ошибках, которые он, как ему теперь казалось, сделал относительно ее. Воспоминание о том, как он принял, возвращаясь со скачек, ее признание в неверности (то в особенности, что он требовал от нее только внешнего приличия, а не вызвал на дуэль), как раскаяние, мучало его. Также мучало его воспоминание о письме, которое он написал ей; в особенности его прощение, никому не нужное, и его заботы о чужом ребенке жгли его сердце стыдом и раскаянием.

И точно такое же чувство стыда и раскаяния он испытывал теперь, перебирая все свое прошедшее с нею и вспоминая неловкие слова, которыми он после долгих колебаний сделал ей предложение.

«Но в чем же я виноват?» - говорил он себе. И этот вопрос всегда вызывал в нем другой вопрос - о том, иначе ли чувствуют, иначе ли любят, иначе ли женятся эти другие люди, эти Вронские, Облонские... эти камергеры с толстыми икрами. И ему представлялся целый ряд этих сочных, сильных, не сомневающихся людей, которые невольно всегда и везде обращали на себя его любопытное внимание. Он отгонял от себя эти мысли, он старался убеждать себя, что он живет не для здешней, временной жизни, а для вечной, что в душе его находится мир и любовь. Но то, что он в этой временной, ничтожной жизни сделал, как ему казалось, некоторые ничтожные ошибки, мучало его так, как будто и не было того вечного спасения, в которое он верил. Но искушение это продолжалось недолго, и скоро опять в душе Алексея Александровича восстановилось то спокойствие и та высота, благодаря которым он мог забывать о том, чего не хотел помнить.

XXVI

- Ну что, Капитоныч? - сказал Сережа, румяный и веселый возвратившись с гулянья накануне дня своего рождения и отдавая свою сборчатую поддевку высокому, улыбающемуся на маленького человека с высоты своего роста, старому швейцару. - Что, был нынче подвязанный чиновник? Принял папа?

- Приняли. Только правитель вышли, я и доложил, - весело подмигнув, сказал швейцар. - Пожалуйте, я сниму.

- Сережа! - сказал славянин-гувернер, остановясь в дверях, ведших во внутренние комнаты. - Сами снимите.

Но Сережа, хотя и слышал слабый голос гувернера, не обратил на него внимания. Он стоял, держась рукой за перевязь швейцара, и смотрел ему в лицо.

- Что ж, и сделал для него папа, что надо? Швейцар утвердительно кивнул головой. Подвязанный чиновник, ходивший уже семь раз о чем-то просить Алексея Александровича, интересовал и Сережу и швейцара. Сережа застал его раз в сенях и слышал, как он жалостно просил швейцара доложить о себе, говоря, что ему с детьми умирать приходится.

С тех пор Сережа, другой раз встретив чиновника в сенях, заинтересовался им.

- Что ж, очень рад был? - спрашивал он.

- Как же не рад! Чуть не прыгает пошел отсюда.

- А что-нибудь принесли? - спросил Сережа, помолчав.

– Ну, сударь, – покачивая головой, шепотом сказал швейцар, – есть от графини.

Сережа тотчас понял, что то, о чем говорил швейцар, был подарок от графини Лидии Ивановны к его рожденью.

– Что ты говоришь? Где?

– К папе Корней внес. Должно, хороша штучка!

– Как велико? Этак будет?

– Поменьше, да хороша.

– Книжка?

– Нет, штука. Идите, идите. Василий Лукич зовет, – сказал швейцар, слыша приближавшиеся шаги гувернера и осторожно расправляя ручку в до половины снятой перчатке, державшую его за перевязь, и, подмигивая, показывал головой на Вунича.

– Василий Лукич, сию минуточку! – отвечал Сережа с тою веселою и любящею улыбкой, которая всегда побеждала исполнительного Василия Лукича.

Сереже было слишком весело, слишком все было счастливо, чтоб он мог не поделиться со своим другом швейцаром еще семейною радостью, про которую он узнал на гулянье в Летнем саду от племянницы графини Лидии Ивановны. Радость эта особенно важна казалась ему по совпадению с радостью чиновника и своей радостью о том, что принесли игрушки. Сереже казалось, что нынче такой день, в который все должны быть рады и веселы.

– Ты знаешь, папа получил Александра Невского?

– Как не знать! Уж приезжали поздравлять.

– Что ж, он рад?

– Как царской милости не радоваться! Значит, заслужил, – сказал швейцар строго и серьезно.

Сережа задумался, вглядываясь в изученное до малейших подробностей лицо швейцара, в особенности в подбородок, висевший между седыми бакенбардами, который никто не видал, кроме Сережи, смотревшего на него всегда не иначе, как снизу.

– Ну, а твоя дочь давно была у тебя? Дочь швейцара была балетная танцовщица.

– Когда же ходить по будням? У них тоже ученье. И вам ученье, сударь, идите.

Придя в комнату, Сережа, вместо того чтобы сесть за уроки, рассказал учителю свое предположение о том, что то, что принесли, должно быть машина. – Вы как думаете? – спросил он.

Но Василий Лукич думал только о том, что надо готовить урок из грамматики для учителя, который придет и два часа.

ЛЕВ НИКОЛАЕВИЧ ТОЛСТОЙ

- Нет, вы мне только скажите, Василий Лукич, - спросил он вдруг, уже сидя за рабочим столом и держа в руках книгу, - что больше Александра Невского? Вы знаете, папа получил Александра Невского?

Василий Лукич отвечал, что больше Александра Невского есть Владимир.

- А выше?

- А выше всего Андрей Первозванный.

- А выше еще Андрея?

- Я не знаю.

- Как, и вы не знаете? - И Сережа, облокотившись на руки, углубился в размышления.

Размышления его были самые сложные и разнообразные. Он соображал о том, как отец его получит вдруг и Владимира и Андрея, и как он вследствие этого нынче на уроке будет гораздо добрее, и как он сам, когда будет большой, получит все ордена и то, что выдумают выше Андрея. Только что выдумают, а он заслужит. Они еще выше выдумают, а он сейчас и заслужит.

В таких размышлениях прошло время, и, когда учитель пришел, урок об обстоятельствах времени и места и образа действия был не готов, и учитель был не только недоволен, но и огорчен. Это огорчение учителя тронуло Сережу. Он чувствовал себя невиноватым за то, что не выучил урока; но как бы он ни старался, он решительно не мог этого сделать: покуда учитель толковал ему, он верил и как будто понимал, но как только он оставался один, он решительно не мог вспомнить и понять, что коротенькое и такое понятное слово «вдруг» есть *обстоятельство образа действия*. Но все-таки ему жалко было то, что он огорчил учителя, и хотелось утешить его.

Он выбрал минуту, когда учитель молча смотрел в книгу.

- Михаил Иваныч, когда бывают ваши именины? - спросил он вдруг.

- Вы бы лучше думали о своей работе, а именины никакого значения не имеют для разумного существа. Такой же день, как и другие, в которые надо работать.

Сережа внимательно посмотрел на учителя, на его редкую бородку, на очки, которые спустились ниже зарубки, бывшей на носу, и задумался так, что уже ничего не слыхал из того, что ему объяснял учитель. Он понимал, что учитель не думает того, что говорит, он это чувствовал по тону, которым это было сказано. «Но для чего они все сговорились это говорить всё одним манером, всё самое скучное и ненужное? Зачем он отталкивает меня от себя, за что он не любит меня?» - спрашивал он себя с грустью и не мог придумать ответа.

XXVII

После учителя был урок отца. Пока отец не приходил, Сережа сел к столу, играя ножичком, и стал думать. В числе любимых занятий Сережи было отыскивание своей матери во время гулянья. Он не верил в смерть вообще и в особенности в ее смерть, несмотря на то, что Лидия Ивановна сказала ему и отец подтвердил это, и потому и после того, как ему сказали, что она умерла, он во время гулянья отыскивал ее. Всякая женщина, полная, грациозная, с темными волосами, была его мать. При виде такой женщины в душе его поднималось чувство нежности, такое, что он задыхался и слезы выступали на глаза. И он вот-вот ждал, что она подойдет к нему, поднимет вуаль. Все лицо ее будет видно, она улыбнется, обнимет его, он услышит ее запах, почувствует нежность ее руки и заплачет счастливо, как он раз вечером лег ей в ноги и она щекотала его, а он хохотал и кусал ее белую с кольцами руку. Потом, когда он узнал случайно от няни, что мать его не умерла, и отец с Лидией Ивановной объяснили ему, что она умерла для него, потому что она нехорошая (чему он уже никак не мог верить, потому что любил ее), он точно так же отыскивал и ждал ее. Нынче в Летнем саду была одна дама в лиловом вуале, за которой он с замиранием сердца, ожидая, что это она, следил, в то время как она подходила к ним по дорожке. Дама эта не дошла до них и куда-то скрылась. Нынче сильнее, чем когда-нибудь, Сережа чувствовал прилив любви к ней и теперь, забывшись, ожидая отца, изрезал весь край стола ножичком, блестящими глазами глядя пред собой и думая о ней.

– Папа идет! – развлек его Василий Лукич. Сережа вскочил, подошел к отцу и, поцеловав его руку, поглядел на него внимательно, отыскивая признаков радости в получении Александра Невского.

– Ты гулял хорошо? – сказал Алексей Александрович, садясь на свое кресло, придвигая к себе книгу Ветхого завета и открывая ее. Несмотря на то, что Алексей Александрович не раз говорил Сереже, что всякий христианин должен знать твердо священную историю, он сам в Ветхом завете часто справлялся с книгой, и Сережа заметил это.

– Да, очень весело было, папа, – сказал Сережа, садясь боком на стул и качая его, что было запрещено. – Я видел Наденьку (Наденька была воспитывавшаяся у Лидии Ивановны ее племянница). Она мне сказала, что вам дали звезду новую. Вы рады, папа?

– Во-первых, не качайся, пожалуйста, – сказал Алексей Александрович. – А во-вторых, дорога́ не награда, а труд. И я желал бы, чтобы ты понимал это. Вот если ты будешь трудиться, учиться для того, чтобы получить награду, то труд тебе покажется тяжел; но когда ты трудишься (говорил Алексей Александрович, вспоминая, как он поддерживал себя сознанием долга при скучном труде нынешнего утра, состоявшем в подписании ста восемнадцати бумаг), любя труд, ты в нем найдешь для себя награду.

Блестящие нежностью и весельем глаза Сережи потухли и опустились под взглядом отца. Это был тот самый давно знакомый тон, с которым отец всегда относился к нему и к которому Сережа научился уже подделываться. Отец всегда говорил с ним - так чувствовал Сережа, - как будто он обращался к какому-то воображаемому им мальчику, одному из таких, какие бывают в книжках, но совсем не похожему на Сережу. И Сережа всегда с отцом старался притвориться этим самым книжным мальчиком.

- Ты понимаешь это, я надеюсь? - сказал отец.

- Да, папа, - отвечал Сережа, притворяясь воображаемым мальчиком.

Урок состоял в выучениц наизусть нескольких стихов из Евангелия и повторении начал Ветхого завета. Стихи из Евангелия Сережа знал порядочно, но в ту минуту, как он говорил их, он загляделся на кость лба отца, которая загибалась так круто у виска, что он запутался и конец одного стиха на одинаком слове переставил к началу другого. Для Алексея Александровича было очевидно, что он не понимал того, что говорил, и это раздражило его.

Он нахмурился и начал объяснять то, что Сережа уже много раз слышал и никогда не мог запомнить, потому что слишком ясно понимал - вроде того, что «вдруг» есть обстоятельство образа действия. Сережа испуганным взглядом смотрел на отца и думал только об одном: заставит или нет отец повторить то, что он сказал, как это бывало иногда. И эта мысль так пугала Сережу, что он уже ничего не понимал. Но отец не заставил повторить и перешел к уроку из Ветхого завета. Сережа рассказал хорошо самые события, но, когда надо было отвечать на вопросы о том, что прообразовали некоторые события, он ничего не знал, несмотря на то, что был уже наказан за этот урок. Место же, где он уже ничего не мог сказать и мялся, и резал стол, и качался на стуле, было то, где ему надо было сказать о допотопных патриархах. Из них он никого не знал, кроме Еноха, взятого живым на небо. Прежде он помнил имена, но теперь забыл совсем, в особенности потому, что Енох был любимое его лицо изо всего Ветхого завета, и ко взятию Еноха живого на небо в голове его привязывался целый длинный ход мысли, которому он и предался теперь, остановившимися глазами глядя на цепочку часов отца и до половины застегнутую пуговицу жилета.

В смерть, про которую ему так часто говорили, Сережа не верил совершенно. Он не верил в то, что любимые им люди могут умереть, и в особенности в то, что он сам умрет. Это было для него совершенно невозможно и непонятно. Но ему говорили, что все умрут; он спрашивал даже людей, которым верил, и те подтверждали это; няня тоже говорила, хотя и неохотно. Но Енох не умер, стало быть, не все умирают. «И почему же и всякий не может так же заслужить пред богом и быть взят живым на небо?» – думал Сережа. Дурные, то есть те, которых Сережа не любил, те могли умереть, но хорошие все могут быть как Енох.

– Ну, так какие же патриархи?

– Енох, Енос.

– Да уж это ты говорил. Дурно, Сережа, очень дурно. Если ты не стараешься узнать того, что нужнее всего для христианина, – сказал отец, вставая, – то что же может занимать тебя? Я недоволен тобой, и Петр Игнатьич (это был главный педагог) недоволен тобой… Я должен наказать тебя.

Отец и педагог были оба недовольны Сережей, и действительно, он учился очень дурно. Но никак нельзя было сказать, чтоб он был неспособный мальчик. Напротив, он был много способнее тех мальчиков, которых педагог ставил в пример Сереже. С точки зрения отца, он не хотел учиться тому, чему его учили. В сущности же, он не мог этому учиться. Он не мог потому, что в душе его были требования, более для него обязательные, чем те, которые заявляли отец и педагог. Эти требования были в противоречии, и он прямо боролся со своими воспитателями.

Ему было девять лет, он был ребенок; но душу свою он знал, она была дорога ему, он берег ее, как веко бережет глаз, и без ключа любви никого не пускал в свою душу. Воспитатели его жаловались, что он не хотел учиться, а душа его была переполнена жаждой познания. И он учился у Капитоныча, у няни, у Наденьки, у Василия Лукича, а не у учителей. Та вода, которую отец и педагог ждали на свои колеса, давно уже просочилась и работала в другом месте.

Отец наказал Сережу, не пустив его к Наденьке, племяннице Лидии Ивановны; но это наказание оказалось к счастью для Сережи. Василий Лукич был в духе и показал ему, как делать ветряные мельницы. Целый вечер прошел за работой и мечтами о том, как можно сделать такую мельницу, чтобы на ней вертеться: схватиться руками за крылья или привязать себя – и вертеться. О матери Сережа не думал весь вечер, но, уложившись в постель, он вдруг вспомнил о ней и помолился своими словами о том, чтобы мать его завтра, к его рожденью, перестала скрываться и пришла к нему.

– Василий Лукич, знаете, о чем я лишнее, не в счет, помолился?

– Чтобы учиться лучше?

– Нет.

– Игрушки?

– Нет. Не угадаете. Отличное, но секрет! Когда сбудется, я вам скажу. Не угадали?

— Нет, я не угадаю. Вы скажите, — сказал Василий Лукич, улыбаясь, что с ним редко бывало. — Ну, ложитесь, я тушу свечку.

— А мне без свечки виднее то, что я вижу и о чем я молился. Вот чуть было не сказал секрет! — весело засмеявшись, сказал Сережа.

Когда унесли свечу, Сережа слышал и чувствовал мать. Она стояла над ним и ласкала его любовным взглядом. Но явились мельницы, ножик, все смешалось, и он заснул.

XXVIII

Приехав в Петербург, Вронский с Анной остановились в одной из лучших гостиниц. Вронский отдельно, в нижнем этаже, Анна наверху с ребенком, кормилицей и девушкой, в большом отделении, состоящем из четырех комнат.

В первый же день приезда Вронский поехал к брату. Там он застал приехавшую из Москвы по делам мать. Мать и невестка встретили его как обыкновенно; они расспрашивали его о поездке за границу, говорили об общих знакомых, но ни словом не упомянули о его связи с Анной. Брат же, на другой день приехав утром к Вронскому, сам спросил его о ней, и Алексей Вронский прямо сказал ему, что он смотрит на свою связь с Карениной как на брак; что он надеется устроить развод и тогда женится на ней, а до тех пор считает ее такою же своею женой, как и всякую другую жену, и просит его так передать матери и своей жене.

— Если свет не одобряет этого, то мне все равно, — сказал Вронский, — но если родные мои хотят быть в родственных отношениях со мною, то они должны быть в таких же отношениях с моею женой.

Старший брат, всегда уважавший суждения меньшего, не знал хорошенько, прав ли он, или нет, до тех пор, пока свет не решил этого вопроса; сам же, с своей стороны, ничего не имел против этого и вместе с Алексеем пошел к Анне.

Вронский при брате говорил, как и при всех, Анне *вы* и обращался с нею как с близкою знакомой, но было подразумеваемо, что брат знает их отношения, и говорилось о том, что Анна едет в имение Вронского.

Несмотря на всю свою светскую опытность, Вронский, вследствие того нового положения, в котором он находился, был в странном заблуждении. Казалось, ему надо бы понимать, что свет закрыт для него с Анной; но теперь в голове его родились какие-то неясные соображения, что так было только в старину, а что теперь, при быстром прогрессе (он незаметно для себя теперь был сторонником всякого прогресса), что теперь взгляд общества изменился и что вопрос о том, будут ли они приняты в общество, еще не решен. «Разумеется, – думал он, – свет придворный не примет ее, но люди близкие могут и должны понять это как следует».

Можно просидеть несколько часов сряду, поджав ноги, в одном и том же положении, если знаешь, что ничто не помешает переменить положение; но если человек знает, что он должен сидеть так с поджатыми ногами, то сделаются судороги, ноги будут дергаться и тискаться в то место, куда бы он хотел вытянуть их. Это самое испытывал Вронский относительно света. Хотя он в глубине души знал, что свет закрыт для них, он пробовал, не изменится ли теперь свет и не примут ли их. Но он очень скоро заметил, что хотя свет был открыт для него лично, он был закрыт для Анны. Как в игре в кошку-мышку, руки, поднятые для него, тотчас же опускались пред Анной.

Одна из первых дам петербургского света, которую увидел Вронский, была его кузина Бетси.

– Наконец! – радостно встретила она его. – А Анна? Как я рада! Где вы остановились? Я воображаю, как после вашего прелестного путешествия вам ужасен наш Петербург; я воображаю ваш медовый месяц в Риме. Что развод? Всё это сделали?

Вронский заметил, что восхищение Бетси уменьшилось, когда она узнала, что развода еще не было.

– В меня кинут камень, я знаю, – сказала она, – но я приеду к Анне; да, я непременно приеду. Вы не долго пробудете здесь?

И действительно, она в тот же день приехала к Анне; по тон ее был уже совсем не тот, как прежде. Она, очевидно, гордилась своею смелостью и желала, чтоб Анна оценила верность ее дружбы. Она пробыла не более десяти минут, разговаривая о светских новостях, и при отъезде сказала:

– Вы мне не сказали, когда развод. Положим, я забросила свой чепец через мельницу, но другие поднятые воротники будут вас бить холодом, пока вы не женитесь. И это так просто теперь. Ça se fait[1]. Так вы в пятницу едете? Жалко, что мы больше не увидимся.

По тону Бетси Вронский мог бы понять, чего ему надо ждать от света; но он сделал еще попытку в своем семействе. На мать свою он не надеялся. Он знал, что мать, так восхищавшаяся Анной во время своего первого знакомства, теперь была неумолима к ней за то, что она была причиной расстройства карьеры сына. Но он возлагал большие надежды на Варю, жену брата. Ему казалось, что она не бросит камня и с простотой и решительностью поедет к Анне и примет ее.

На другой же день по своем приезде Вронский поехал к ней и, застав одну, прямо высказал свое желание.

---

[1] Это обычно (фр.).

— Ты знаешь, Алексей, — сказала она, выслушав его, — как я люблю тебя и как готова все для тебя сделать; но я молчала, потому что знала, что не могу тебе и Анне Аркадьевне быть полезною, — сказала она, особенно старательно выговорив «Анна Аркадьевна». — Не думай, пожалуйста, чтобы я осуждала. Никогда; может быть, я на ее месте сделала бы то же самое. Я не вхожу и не могу входить в подробности, — говорила она, робко взглядывая на его мрачное лицо. — Но надо называть вещи по имени. Ты хочешь, чтобы я поехала к ней, принимала бы ее и тем реабилитировала бы ее в обществе; но ты пойми, что я *не могу* этого сделать. У меня дочери растут, и я должна жить в свете для мужа. Ну, я приеду к Анне Аркадьевне; она поймет, что я ее не могу звать к себе или должна это сделать так, чтобы она не встретила тех, кто смотрит иначе; это ее же оскорбит. Я не могу поднять ее…

— Да я не считаю, чтоб она упала более, чем сотни женщин, которых вы принимаете! — еще мрачнее перебил ее Вронский и молча встал, поняв, что решение невестки неизменно.

— Алексей! Не сердись на меня. Пожалуйста, пойми, что я не виновата, — заговорила Варя, с робкой улыбкой глядя на него.

— Я не сержусь на тебя, — сказал он так же мрачно, — но мне больно вдвойне. Мне больно еще то, что это разрывает нашу дружбу. Положим, не разрывает, но ослабляет. Ты понимаешь, что и для меня это не может быть иначе.

И с этим он вышел от нее.

Вронский понял, что дальнейшие попытки тщетны и что надо пробыть в Петербурге эти несколько дней, как в чужом городе, избегая всяких сношений с прежним светом, чтобы не подвергаться неприятностям и оскорблениям, которые были так мучительны для него. Одна из главных неприятностей положения в Петербурге была та, что Алексей Александрович и его имя, казалось, были везде. Нельзя было ни о чем начать говорить, чтобы разговор не свернулся на Алексея Александровича; никуда нельзя было поехать, чтобы не встретить его. Так по крайней мере казалось Вронскому, как кажется человеку с больным пальцем, что он, как нарочно, обо все задевает этим самым больным пальцем.

Пребывание в Петербурге казалось Вронскому еще тем тяжелее, что все это время он видел в Анне какое-то новое, непонятное для него настроение. То она была как будто влюблена в него, то она становилась холодна, раздражительна и непроницаема. Она чем-то мучалась и что-то скрывала от него и как будто не замечала тех оскорблений, которые отравляли его жизнь и для нее, с ее тонкостью понимания, должны были быть еще мучительнее.

XXIX

Одна из целей поездки в Россию для Анны была свидание с сыном. С того дня, как она выехала из Италии, мысль об этом свидании не переставала волновать ее. И чем ближе она подъезжала к Петербургу, тем радость и значительность этого свидания представлялись ей больше и больше. Она и не задавала себе вопроса о том, как устроить это свидание. Ей казалось натурально и просто видеть сына, когда она будет в одном с ним городе; но по приезде в Петербург ей вдруг представилось ясно ее теперешнее положение в обществе, и она поняла, что устроить свидание было трудно.

Она уж два дня жила в Петербурге. Мысль о сыне ни на минуту не покидала ее, но она еще не видала сына. Поехать прямо в дом, где можно было встретиться с Алексеем Александровичем, она чувствовала, что не имела права. Ее могли не пустить и оскорбить. Писать и входить в сношения с мужем ей было мучительно и подумать: она могла быть спокойна, только когда не думала о муже. Увидать сына на гулянье, узнав, куда и когда он выходит, ей было мало: она так готовилась к этому свиданию, ей столько нужно было сказать ему, ей так хотелось обнимать, целовать его. Старая няня Сережи могла помочь ей и научить ее. Но няня уже не находилась в доме Алексея Александровича. В этих колебаниях и в разыскиваньях няни прошло два дня.

Узнав о близких отношениях Алексея Александровича к графине Лидии Ивановне, Анна на третий день решилась написать ей стоившее ей большого труда письмо, в котором она умышленно говорила, что разрешение видеть сына должно зависеть от великодушия мужа. Она знала, что, если письмо покажут мужу, он, продолжая свою роль великодушия, не откажет ей.

Комиссионер, носивший письмо, передал ей самый жестокий и неожиданный ею ответ, что ответа не будет. Она никогда не чувствовала себя столь униженною, как в ту минуту, когда, призвав комиссионера, услышала от него подробный рассказ о том, как он дожидался и как потом ему сказали: «Ответа никакого не будет». Анна чувствовала себя униженною, оскорбленною, но она видела, что с своей точки зрения графиня Лидия Ивановна права. Горе ее было тем сильнее, что оно было одиноко. Она не могла и не хотела поделиться им с Вронским. Она знала, что для него, несмотря на то, что он был главной причиной ее несчастия, вопрос о свидании ее с сыном и покажется самою неважною вещью. Она знала, что никогда он не будет в силах понять всей глубины ее страданья; она знала, что за его холодный тон при упоминании об этом она возненавидит его. И она боялась этого больше всего на свете и потому скрывала от него все, что касалось сына.

Просидев дома целый день, она придумывала средства для свиданья с сыном и остановилась на решении написать мужу. Она уже сочиняла это письмо, когда ей принесли письмо Лидии Ивановны. Молчание графини смирило и покорило ее, но письмо, все то, что она прочла между его строками, так раздражило ее, так ей возмутительна показалась эта злоба в сравнении с ее страстною законною нежностью к сыну, что она возмутилась против других и перестала обвинять себя.

«Эта холодность — притворство чувства! — говорила она себе. — Им нужно только оскорбить меня и измучать ребенка, а я стану покоряться им! Ни за что! Она хуже меня. Я не лгу по крайней мере». И тут же она решила, что завтра же, в самый день рожденья Сережи, она поедет прямо в дом к мужу, подкупит людей, будет обманывать, но во что бы то ни стало увидит сына и разрушит этот безобразный обман, которым они окружили несчастного ребенка.

Она поехала в игрушечную лавку, накупила игрушек и обдумала план действий. Она приедет рано утром, в восемь часов, когда Алексей Александрович еще, верно, не вставал. Она будет иметь в руках деньги, которые даст швейцару и лакею, с тем чтоб они пустили ее, и, не поднимая вуаля, скажет, что она от крестного отца Сережи приехала поздравить и что ей поручено поставить игрушки у кровати. Она не приготовила только тех слов, которые она скажет сыну. Сколько она ни думала об этом, она ничего не могла придумать.

На другой день, в восемь часов утра, Анна вышла одна из извозчичьей кареты и позвонила у большого подъезда своего бывшего дома.

— Поди посмотри, чего надо. Какая-то барыня, — сказал Капитоныч, еще не одетый, в пальто и калошах, выглянув в окно на даму, покрытую вуалем, стоявшую у самой двери.

Помощник швейцара, незнакомый Анне молодой малый, только что отворил ей дверь, как она уже вошла в нее и, вынув из муфты трехрублевую бумажку, поспешно сунула ему в руку.

— Сережа... Сергей Алексеич, — проговорила она и пошла было вперед. Осмотрев бумажку, помощник швейцара остановил ее у другой стеклянной двери.

— Вам кого надо? — спросил он.

Она не слышала его слов и ничего не отвечала.

Заметив замешательство неизвестной, сам Капитоныч вышел к ней, пропустил в двери и спросил, что ей угодно.

— От князя Скородумова к Сергею Алексеичу, — проговорила она.

– Они не встали еще, – внимательно приглядываясь к ней, сказал швейцар.

Анна никак не ожидала, чтобы та, совершенно не изменившаяся, обстановка передней того дома, где она жила девять лет, так сильно подействовала на нее. Одно за другим, воспоминания, радостные и мучительные, поднялись в ее душе, и она на мгновенье забыла, зачем она здесь.

– Подождать изволите? – сказал Капитоныч, снимая с нее шубку.

Сняв шубку, Капитоныч заглянул ей в лицо, узнал ее и молча низко поклонился ей.

– Пожалуйте, ваше превосходительство, – сказал он ей.

Она хотела что-то сказать, но голос отказался произнести какие-нибудь звуки; с виноватою мольбой взглянув на старика, она быстрыми легкими шагами пошла на лестницу. Перегнувшись весь вперед и цепляясь калошами о ступени, Капитоныч бежал за ней, стараясь перегнать ее.

– Учитель там, может, раздет. Я доложу.

Анна продолжала идти по знакомой лестнице, не понимая того, что говорил старик.

– Сюда, налево пожалуйте. Извините, что нечисто. Они теперь в прежней диванной, – отпыхиваясь, говорил швейцар. – Позвольте повременить, ваше превосходительство, я загляну, – говорил он и, обогнав ее, приотворил высокую дверь и скрылся за нею. Анна остановилась, ожидая. – Только проснулись, – сказал швейцар, опять выходя из двери.

И в ту минуту, как швейцар говорил это, Анна услыхала звук детского зеванья. По одному голосу этого зеванья она узнала сына и как живого увидала его пред собою.

– Пусти, пусти, поди! – заговорила она и вошла в высокую дверь. Направо от двери стояла кровать, и на кровати сидел, поднявшись, мальчик в одной расстегнутой рубашечке и, перегнувшись тельцем, потягиваясь, доканчивал зевок. В ту минуту, как губы его сходились вместе, они сложились в блаженно-сонную улыбку, и с этою улыбкой он опять медленно и сладко повалился назад.

– Сережа! – прошептала она, неслышно подходя к нему.

Во время разлуки с ним и при том приливе любви, который она испытывала все это последнее время, она воображала его четырехлетним мальчиком, каким она больше всего любила его. Теперь он был даже не таким, как она оставила его; он еще дальше стал от четырехлетнего, еще вырос и похудел. Что это! Как худо его лицо, как коротки его волосы! Как длинны руки! Как изменился он с тех пор, как она оставила его! Но это был он, с его формой головы, его губами, его мягкою шейкой и широкими плечиками.

- Сережа! - повторила она над самым ухом ребенка.

Он поднялся опять на локоть, поводил спутанною головой на обе стороны, как бы отыскивая что-то, и открыл глаза. Тихо и вопросительно он поглядел несколько секунд на неподвижно стоявшую пред ним мать, потом вдруг блаженно улыбнулся и, опять закрыв слипающиеся глаза, повалился, но не назад, а к ней, к ее рукам.

- Сережа! Мальчик мой милый! - проговорила она, задыхаясь и обнимая руками его пухлое тело.

- Мама! - проговорил он, двигаясь под ее руками, чтобы разными местами тела касаться ее рук.

Сонно улыбаясь, все с закрытыми глазами, он перехватился пухлыми ручонками от спинки кровати за ее плечи, привалился к ней, обдавая ее тем милым сонным запахом и теплотой, которые бывают только у детей, и стал тереться лицом об ее шею и плечи.

- Я знал, - открывая глаза, сказал он. - Нынче мое рожденье. Я знал, что ты придешь. Я встану сейчас.

И, говоря это, он засыпал.

Анна жадно оглядывала его; она видела, как он вырос и переменился в ее отсутствие. Она узнавала и не узнавала его голые, такие большие теперь, ноги, выпроставшиеся из одеяла, узнавала эти похуделые щеки, эти обрезанные короткие завитки волос на затылке, в который она так часто целовала его. Она ощупывала все это и не могла ничего говорить; слезы душили ее.

- О чем же ты плачешь, мама? - сказал он, совершенно проснувшись. - Мама, о чем ты плачешь? - прокричал он плаксивым голосом.

- Я? не буду плакать... Я плачу от радости. Я так давно не видела тебя. Я не буду, не буду, - сказала она, глотая слезы и отворачиваясь. - Ну, тебе одеваться теперь, - оправившись, прибавила она, помолчав, и, не выпуская его руки, села у его кровати на стул, на котором было приготовлено платье.

- Как ты одеваешься без меня? Как... - хотела она начать говорить просто и весело, но не могла и опять отвернулась.

- Я не моюсь холодной водой, папа не велел. А Василия Лукича ты не видала? Он придет. А ты села на мое платье! - И Сережа расхохотался.

Она посмотрела на него и улыбнулась.

- Мама, душечка, голубушка! - закричал он, бросаясь опять к ней и обнимая ее. Как будто он теперь только, увидав ее улыбку, ясно понял, что случилось. - Это не надо, - говорил он, снимая с нее шляпу. И, как будто вновь увидав ее без шляпы, он опять бросился целовать ее.

- Но что же ты думал обо мне? Ты не думал, что я умерла?

— Никогда не верил.

— Не верил, друг мой?

— Я знал, я знал! — говорил он свою любимую фразу и, схватив ее руку, которая ласкала его волосы, стал прижимать ее ладонью к своему рту и целовать ее.

XXX

Василий Лукич между тем, не понимавший сначала, кто была эта дама, и узнав из разговора, что это была та самая мать, которая бросила мужа и которую он не знал, так как поступил в дом уже после нее, был в сомнении, войти ли ему, или нет, или сообщить Алексею Александровичу. Сообразив наконец то, что его обязанность состоит в том, чтобы поднимать Сережу в определенный час и что поэтому ему нечего разбирать, кто там сидит, мать или другой кто, а нужно исполнять свою обязанность, он оделся, подошел к двери и отворил ее.

Но ласки матери и сына, звуки их голосов и то, что они говорили, — все это заставило его изменить намерение. Он покачал головой и, вздохнув, затворил дверь. «Подожду еще десять минут», — сказал он себе, откашливаясь и утирая слезы.

Между прислугой дома в это же время происходило сильное волнение. Все узнали, что приехала барыня, и что Капитоныч пустил ее, и что она теперь в детской, а между тем барин всегда в девятом часу сам заходит в детскую, и все понимали, что встреча супругов невозможна и что надо помешать ей. Корней, камердинер, сойдя в швейцарскую, спрашивал, кто и как пропустил ее, и, узнав, что Капитоныч принял и проводил ее, выговаривал старику. Швейцар упорно молчал, но когда Корней сказал ему, что за это его согнать следует, Капитоныч подскочил к нему и, замахав руками пред лицом Корнея, заговорил:

— Да, вот ты бы не впустил! Десять лет служил, кроме милости, ничего не видал, да ты бы пошел теперь да и сказал: пожалуйте, мол, вон! Ты политику-то тонко понимаешь! Так-то! Ты бы про себя помнил, как барина обирать да енотовые шубы таскать!

— Солдат! — презрительно сказал Корней и повернулся ко входившей няне. — Вот судите, Марья Ефимовна: впустил, никому не сказал, — обратился к ней Корней. — Алексей Александрович сейчас выйдут, пойдут в детскую.

— Дела, дела! — говорила няня. — Вы бы, Корней Васильевич, как-нибудь задержали его, барина-то, а я побегу, как-нибудь ее уведу. Дела, дела!

Когда няня вошла в детскую, Сережа рассказывал матери о том, как они упали вместе с Наденькой, покатившись с горы, и три раза перекувырнулись. Она слушала звуки его голоса, видела его лицо и игру выражения, ощущала его руку, но не понимала того, что он говорил. Надо было уходить, надо было оставить его, – только одно это и думала и чувствовала она. Она слышала и шаги Василия Лукича, подходившего к двери и кашлявшего, слышала и шаги подходившей няни; но сидела, как окаменелая, не в силах ни начать говорить, ни встать.

– Барыня, голубушка! – заговорила няня, подходя к Анне и целуя ее руки и плечи. – Вот бог привел радость имениннику. Ничего-то вы не переменились.

– Ах, няня, милая, я не знала, что вы в доме, – на минуту очнувшись, сказала Анна.

– Я не живу, я с дочерью живу, я поздравить пришла, Анна Аркадьевна, голубушка!

Няня вдруг заплакала и опять стала целовать ее руку.

Сережа, сияя глазами и улыбкой и держась одною рукой за мать, другою за няню, топотал по ковру жирными голыми ножками. Нежность любимой няни к матери приводила его в восхищенье.

– Мама! Она часто ходит ко мне, и когда придет... – начал было он, но остановился, заметив, что няня шепотом что-то сказала матери и что на лице матери выразились испуг и что-то похожее на стыд, что так не шло к матери.

Она подошла к нему.

– Милый мой! – сказала она.

Она не могла сказать *прощай,* но выражение ее лица сказало это, и он понял. – Милый, милый Кутик! – проговорила она имя, которым звала его маленьким, – ты не забудешь меня? Ты... – но больше она не могла говорить.

Сколько потом она придумывала слов, которые она могла сказать ему! А теперь она ничего не умела и не могла сказать. Но Сережа понял все, что она хотела сказать ему. Он понял, что она была несчастлива и любила его. Он понял даже то, что шепотом говорила няня. Он слышал слова: «Всегда в девятом часу», и он понял, что это говорилось про отца и что матери с отцом нельзя встречаться. Это он понимал, но одного он не мог понять: почему на ее лице показались испуг и стыд?.. Она не виновата, а боится его и стыдится чего-то. Он хотел сделать вопрос, который разъяснил бы ему это сомнение, но не смел этого сделать: он видел, что она страдает, и ему было жаль ее. Он молча прижался к ней и шепотом сказал:

– Еще не уходи. Он не скоро придет.

Мать отстранила его от себя, чтобы понять, то ли он думает, что говорит, и в испуганном выражении его лица она прочла, что он не только говорил об отце, но как бы спрашивал ее, как ему надо об отце думать.

– Сережа, друг мой, – сказала она, – люби его, он лучше и добрее меня, и я пред ним виновата. Когда ты вырастешь, ты рассудишь.

– Лучше тебя нет!.. – с отчаянием закричал он сквозь слезы и, схватив ее за плечи, изо всех сил стал прижимать ее к себе дрожащими от напряжения руками.

– Душечка, маленький мой! – проговорила Анна и заплакала так же слабо, по-детски, как плакал он.

В это время дверь отворилась, вошел Василий Лукич. У другой двери послышались шаги, и няня испуганным шепотом сказала:

– Идет, – и подала шляпу Анне.

Сережа опустился в постель и зарыдал, закрыв лицо руками. Анна отняла эти руки, еще раз поцеловала его мокрое лицо и быстрыми шагами вышла в дверь. Алексей Александрович шел ей навстречу. Увидав ее, он остановился и наклонил голову.

Несмотря на то, что она только что говорила, что он лучше и добрее ее, при быстром взгляде, который она бросила на него, охватив всю его фигуру со всеми подробностями, чувства отвращения и злобы к нему и зависти за сына охватили ее. Она быстрым движением опустила вуаль и, прибавив шагу, почти выбежала из комнаты.

Она не успела и вынуть и так и привезла домой те игрушки, которые она с такой любовью и грустью выбирала вчера в лавке.

XXXI

Как ни сильно желала Анна свиданья с сыном, как ни давно думала о том и готовилась к тому, она никак не ожидала, чтоб это свидание так сильно подействовало на нее. Вернувшись в свое одинокое отделение в гостинице, она долго не могла понять, зачем она здесь. «Да, все это кончено, и я опять одна», – сказала она себе и, не снимая шляпы, села на стоявшее у камина кресло. Уставившись неподвижными глазами на бронзовые часы, стоявшие на столе между окон, она стала думать.

Девушка-француженка, привезенная из-за границы, вошла предложить ей одеваться. Она с удивлением посмотрела на нее и сказала:

– После.

Лакей предложил кофе.

— После, — сказала она. Кормилица-итальянка, убрав девочку, вошла с нею и поднесла ее Анне. Пухлая, хорошо выкормленная девочка, как всегда, увидав мать, подвернула перетянутые ниточками голые ручонки ладонями книзу и, улыбаясь беззубым ротиком, начала, как рыба поплавками, загребать ручонками, шурша ими по крахмаленым складкам вышитой юбочки. Нельзя было не улыбнуться, не поцеловать девочку, нельзя было не подставить ей палец, за который она ухватилась, взвизгивая и подпрыгивая всем телом; нельзя было не подставить ей губу, которую она, в виде поцелуя, забрала в ротик. И все это сделала Анна, и взяла ее на руки, и заставила ее попрыгать, и поцеловала ее свежую щечку и оголенные локотки, но при виде этого ребенка ей еще яснее было, что то чувство, которое она испытывала к нему, было даже не любовь в сравнении с тем, что она чувствовала к Сереже. Все в этой девочке было мило, но все это почему-то не забирало за сердце. На первого ребенка, хотя и от нелюбимого человека, были положены все силы любви, не получавшие удовлетворения; девочка была рождена в самых тяжелых условиях, и на нее не было положено и сотой доли тех забот, которые были положены на первого. Кроме того, в девочке все было еще ожидания, а Сережа был уже почти человек, и любимый человек; в нем уже боролись мысли, чувства; он понимал, он любил, он судил ее, думала она, вспоминая его слова и взгляды. И она навсегда не только физически, но духовно была разъединена с ним, и поправить этого нельзя было.

Она отдала девочку кормилице, отпустила ее и открыла медальон, в котором был портрет Сережи, когда он был почти того же возраста, как и девочка. Она встала и сняв шляпу, взяла на столике альбом, в котором был фотографические карточки сына в других возрастах. Она хотела сличить карточки и стала вынимать их из альбома. Она вынула их все. Оставалась одна, последняя, лучшая карточка. Он в белой рубашке сидел верхом на стуле, хмурился глазами и улыбался ртом. Это было самое особенное, лучшее его выражение. Маленькими ловкими руками, которые нынче особенно напряженно двигались своими белыми тонкими пальцами, она несколько раз задевала за уголок карточки, но карточка срывалась, и она не могла достать ее. Разрезного ножика не было на столе, и она, вынув карточку, бывшую рядом (это была карточка Вронского, сделанная в Риме, в круглой шляпе и с длинными волосами), ею вытолкнула карточку сына, «Да, вот он!» — сказала она, взглянув на карточку Вронского, и вдруг вспомнила, кто был причиной ее теперешнего горя. Она ни разу не вспоминала о нем все это утро. Но теперь вдруг, увидав это мужественное, благородное, столь знакомое и милое ей лицо, она почувствовала неожиданный прилив любви к нему.

«Да где же он? Как же он оставляет меня одну с моими страданиями?» — вдруг с чувством упрека подумала она, забывая, что она сама скрывала от него все, касавшееся сына. Она послала к нему просить его прийти к ней сейчас же; с замиранием сердца, придумывая слова, которыми она скажет ему все, и те выражения его любви, которые утешат ее, она ждала его. Посланный вернулся с ответом, что у него гость, но что он сейчас придет и приказал спросить, может ли она принять его с приехавшим в Петербург князем Яшвиным. «Не один придет, а со вчерашнего обеда он не видал меня, – подумала она, – не так придет, чтоб я могла все высказать ему, а придет с Яшвиным». И вдруг ей пришла странная мысль: что, если он разлюбил ее?

И, перебирая события последних дней, ей казалось, что во всем она видела подтверждение этой страшной мысли: и то, что он вчера обедал не дома, и то, что он настоял на том, чтоб они в Петербурге остановились врознь, и то, что он даже теперь шел к ней не один, как бы избегая свиданья с глазу на глаз.

«Но он должен сказать мне это. Мне нужно знать это. Если я буду знать это, тогда я знаю, что я сделаю», – говорила она себе, не в силах представить себе того положения, в котором она будет, убедившись в его равнодушии. Она думала, что он разлюбил ее, она чувствовала себя близкою к отчаянию, и вследствие этого она почувствовала себя особенно возбужденною. Она позвонила девушку и пошла в уборную. Одеваясь, она занялась больше, чем все эти дни, своим туалетом, как будто он мог, разлюбив ее, опять полюбить за то, что на ней будет то платье и та прическа, которые больше шли к ней.

Она услыхала звонок прежде, чем была готова.

Когда она вышла в гостиную, не он, а Яшвин встретил ее взглядом. Он рассматривал карточки ее сына, которые она забыла на столе, и не торопился взглянуть на нее.

– Мы знакомы, – сказала она, кладя свою маленькую руку в огромную руку конфузившегося (что так странно было при его громадном росте и грубом лицо) Яшвина. – Знакомы с прошлого года, на скачках. Дайте, – сказала она, быстрым движением отбирая от Вронского карточки сына, которые он смотрел, и значительно блестящими глазами взглядывая на него. – Нынешний год хороши были скачки? Вместо этих я смотрела скачки на Корсо в Риме. Вы, впрочем, не любите заграничной жизни, – сказала она, ласково улыбаясь. – Я вас знаю и знаю все ваши вкусы, хотя мало встречалась с вами.

– Это мне очень жалко, потому что мои вкусы все больше дурные, – сказал Яшвин, закусывая свой левый ус.

Поговорив несколько времени и заметив, что Вронский взглянул на часы, Яшвин спросил ее, долго ли она пробудет еще в Петербурге, и, разогнув свою огромную фигуру, взялся за кепи.

- Кажется, недолго, - сказала она с замешательством, взглянув на Вронского.

- Так и не увидимся больше? - сказал Яшвин, вставая и обращаясь к Вронскому. - Где ты обедаешь?

- Приезжайте обедать ко мне, - решительно сказала Анна, как бы рассердившись на себя за свое смущение, но краснея, как всегда, когда выказывала пред новым человеком свое положение. - Обед здесь не хорош, но по крайней мере вы увидитесь с ним. Алексей изо всех полковых никого не любит, как вас.

- Очень рад, - сказал Яшвин с улыбкой, по которой Вронский видел, что Анна очень понравилась ему.

Яшвин раскланялся и вышел, Вронский остался позади.

- Ты тоже едешь? - сказала она ему.

- Я уже опоздал, - отвечал он. - Иди! Я сейчас догоню тебя, - крикнул он Яншину.

Она взяла его за руку и, не спуская глаз, смотрела на него, отыскивая в мыслях, что бы сказать, чтоб удержать его.

- Постой, мне кое-что надо сказать, - и, взяв его короткую руку, она прижала ее к своей шее. - Да, ничего, что я позвала его обедать?

- Прекрасно сделала, - сказал он со спокойной улыбкой, открывая свои сплошные зубы и целуя ее руку.

- Алексей, ты не изменился ко мне? - сказала она, обеими руками сжимая его руку. - Алексей, я измучилась здесь. Когда мы уедем?

- Скоро, скоро. Ты не поверишь, как и мне тяжела наша жизнь здесь, - сказал он и потянул свою руку.

- Ну, иди, иди! - с оскорблением сказала она и быстро ушла от него.

XXXII

Когда Вронский вернулся домой, Анны не было еще дома. Вскоре после него, как ему сказали, к ней приехала какая-то дама, и она с нею вместе уехала. То, что она уехала, не сказав куда, то, что ее до сих пор не было, то, что она утром еще ездила куда-то, ничего не сказав ему, - все это, вместе со странно возбужденным выражением ее лица нынче утром и с воспоминанием того враждебного тона, с которым она при Яшвине почти вырвала из его рук карточки сына, заставило его задуматься. Он решил, что необходимо объясниться с ней. И он ждал ее в ее гостиной. Но Анна вернулась не одна, а привезла с собой свою тетку, старую деву, княжну Облонскую. Это была та самая, которая приезжала утром и с которою Анна ездила за покупками. Анна как будто не замечала выражения лица Вронского, озабоченного и вопросительного, и весело рассказывала ему, что она купила нынче утром. Он видел, что в ней происходило что-то особенное: в блестящих глазах, когда они мельком останавливались на нем, было напряженное внимание, и в речи и движениях была та нервная быстрота и грация, которые в первое время их сближения так прельщали его, а теперь тревожили и пугали.

Обед был накрыт на четырех. Все уже собрались, чтобы выйти в маленькую столовую, как приехал еще Тушкевич с поручением к Анне от княгини Бетси. Княгиня Бетси просила извинить, что она не приехала проститься; она была нездорова, но просила Анну приехать к ней между половиной седьмого и девятью часами. Вронский взглянул на Анну при этом определении времени, показывавшем, что были приняты меры, чтоб она никого не встретила; но Анна как будто и не заметила этого.

– Очень жалко, что я именно не могу между половиной седьмого и девятью, – сказала она, чуть улыбаясь.

– Княгиня очень будет жалеть.

– И я тоже.

– Вы, верно, едете слушать Патти?[1] – сказал Тушкевич.

– Патти? Вы мне даете мысль. Я поехала бы, если бы можно было достать ложу.

– Я могу достать, – вызвался Тушкевич.

– Я бы очень, очень была вам благодарна, – сказала Анна. – Да не хотите ли с нами обедать?

Вронский пожал чуть заметно плечами. Он решительно не понимал, что делала Анна. Зачем она привезла эту старую княжну, зачем оставляла обедать Тушкевича и, удивительнее всего, зачем посылала его за ложей? Разве возможно было думать, чтобы в ее положении ехать в абонемент Патти, где будет весь ей знакомый свет? Он серьезным взглядом посмотрел на нее, но она ответила ему тем же вызывающим, не то веселым, не то отчаянным взглядом, значение которого он не мог понять. За обедом Анна была наступательно весела: она как будто кокетничала с Тушкевичем и Яшвиным. Когда встали от обеда и Тушкевич поехал за ложей, а Яшвин пошел курить, Вронский сошел с ним вместе к себе. Посидев несколько

---

1 *Вы, верно, едете слушать Патти?..* – Патти Карлотта (1835–1889) – итальянская оперная певица, старшая сестра Аделины Патти. В 1872–1875 гг. гастролировала в России. Ее выступления производили впечатление «музыкального фейерверка» («Газета А. Гатцука», 1875, № 10). Патти не обладала такими «драматическими талантами», как Кристиана Нильсон, но неизменно привлекала внимание «искусством вокализации»: «паттисты и нильсонисты пытаются агитировать в пользу своей богини» («Голос», 1873, № 35). Споры о Патти и Нильсон очень характерны для 1870-х гг.

времени, он взбежал наверх. Анна уже была одета в светлое шелковое с бархатом платье, которое она сшила в Париже, с открытою грудью, и с белым дорогим кружевом на голове, обрамлявшим ее лицо и особенно выгодно выставлявшим ее яркую красоту.

— Вы точно поедете в театр? — сказал он, стараясь не смотреть на нее.

— Отчего же вы так испуганно спрашиваете? — вновь оскорбленная тем, что он не смотрел на нее, сказала она. — Отчего же мне не ехать?

Она как будто не понимала значения его слов.

— Разумеется, нет никакой причины, — нахмурившись, сказал он.

— Вот это самое я и говорю, — сказала она, умышленно не понимая иронии его тона и спокойно заворачивая длинную душистую перчатку.

— Анна, ради бога! что с вами? — сказал он, будя ее, точно так же как говорил ей когда-то ее муж.

— Я не понимаю, о чем вы спрашиваете.

— Вы знаете, что нельзя ехать.

— Отчего? Я поеду не одна. Княжна Варвара поехала одеваться, она поедет со мной.

Он пожал плечами с видом недоумения и отчаяния.

— Но разве вы не знаете… — начал было он.

— Да я не хочу знать! — почти вскрикнула она. — Не хочу. Раскаиваюсь я в том, что сделала? Нет, нет и нет. И если б опять то же, то было бы опять то же. Для нас, для меня и для вас, важно только одно: любим ли мы друг друга. А других нет соображений. Для чего мы живем здесь врозь и не видимся? Почему я не могу ехать? Я тебя люблю, и мне все равно, — сказала она по-русски, с особенным, непонятным ему блеском глаз взглянув на него, — если ты не изменился. Отчего же ты не смотришь на меня?

Он посмотрел на нее. Он видел всю красоту ее лица и наряда, всегда так шедшего к ней. Но теперь именно красота и элегантность ее были то самое, что раздражало его.

— Чувство мое не может измениться, вы знаете, но я прошу не ездить, умоляю вас, — сказал он опять по-французски с нежною мольбой в голосе, но с холодностью во взгляде.

Она не слышала слов, но видела холодность взгляда и с раздражением отвечала:

— А я прошу вас объявить, почему я не должна ехать.

— Потому, что это может причинить вам то… — он замялся.

– Ничего не понимаю. Яшвин n'est pas compromettant[1], и княжна Варвара ничем не хуже других. А вот и она.

XXXIII

Вронский в первый раз испытывал против Анны чувство досады, почти злобы за ее умышленное непонимание своего положения. Чувство это усиливалось еще тем, что он не мог выразить ей причину своей досады. Если б он сказал ей прямо то, что он думал, то он сказал бы: «В этом наряде, с известной всем княжной появиться в театре – значило не только признать свое положение погибшей женщины, но и бросить вызов свету, то есть навсегда отречься от него».

Он не мог сказать ей это. «Но как она может не понимать этого, и что в ней делается?» – говорил он себе. Он чувствовал, как в одно и то же время уважение его к ней уменьшалось и увеличивалось сознание ее красоты.

Нахмуренный вернулся он в свой номер и, подсев к Яшвину, вытянувшему свои длинные ноги на стул и пившему коньяк с сельтерской водой, велел себе подать того же.

– Ты говоришь, Могучий Ланковского. Это лошадь хорошая, и я советую тебе купить, – сказал Яшвин, оглянув мрачное лицо товарища. – У него вислозадина, но ноги и голова – желать лучше нельзя.

– Я думаю, что возьму, – отвечал Вронский. Разговор о лошадях занимал его, но ни на минуту он не забывал Анны, невольно прислушивался к звукам шагов по коридору и поглядывал на часы на камине.

– Анна Аркадьевна приказала доложить, что они поехали в театр.

Яшвин, опрокинув еще рюмку коньяку в шипящую воду, выпил и встал, застегиваясь.

– Что ж? поедем, – сказал он, чуть улыбаясь под усами и показывая этою улыбкой, что понимает причину мрачности Вронского, но не придает ей значения.

– Я не поеду, – мрачно отвечал Вронский.

– А мне надо, я обещал. Ну, до свиданья. А то приезжай в кресла, Красинского кресло возьми, – прибавил Яшвин, выходя.

– Нет, мне дело есть.

«С женой забота, с не-женою еще хуже», – подумал Яшвин, выходя из гостиницы.

---

[1] Не может компрометировать *(фр.)*.

Вронский, оставшись один, встал со стула и принялся ходить по комнате.

«Да нынче что? Четвертый абонемент… Егор с женою там и мать, вероятно. Это значит – весь Петербург там. Теперь она вошла, сняла шубку и вышла на свет. Тушкевич, Яшвин, княжна Варвара… – представлял он себе. – Что ж я-то? Или я боюсь, или передал покровительство над ней Тушкевичу? Как ни смотри – глупо, глупо… И зачем она ставит меня в это положение?» – сказал он, махнув рукой.

Этим движением он зацепил столик, на котором стояла бутылка сельтерской воды и графин с коньяком, и чуть не столкнул его. Он хотел подхватить, уронил и с досады толкнул ногой стол и позвонил.

– Если ты хочешь служить у меня, – сказал он вошедшему камердинеру, – то помни свое дело. Чтоб этого не было. Ты должен убрать.

Камердинер, чувствуя себя ни в чем не виноватым, хотел оправдываться, но, взглянув на барина, понял по его лицу, что надо только молчать, и, поспешно извиваясь, опустился на ковер и стал разбирать целые и разбитые рюмки и бутылки.

– Это не твое дело, пошли лакея убирать и приготовь мне фрак.

Вронский вошел в театр в половине девятого. Спектакль был во всем разгаре. Капельдинер-старичок снял шубу с Вронского и, узнав его, назвал «ваше сиятельство» и предложил не брать нумерка, а просто крикнуть Федора. В светлом коридоре никого не было, кроме капельдинеров и двух лакеев с шубами на руках, слушавших у двери. Из-за притворенной двери слышались звуки осторожного аккомпанемента стаккато оркестра и одного женского голоса, который отчетливо выговаривал музыкальную фразу. Дверь отворилась, пропуская прошмыгнувшего капельдинера, и фраза, подходившая к концу, ясно поразила слух Вронского. Но дверь тотчас же затворилась, и Вронский не слышал конца фразы и каданса, но понял по грому рукоплесканий из-за двери, что каданс кончился. Когда он вошел в ярко освещенную люстрами и бронзовыми газовыми рожками залу, шум еще продолжался. На сцене певица, блестя обнаженными плечами и бриллиантами, нагибаясь и улыбаясь, собирала с помощью тенора, державшего ее за руку, неловко перелетавшие через рампу букеты и подходила к господину с рядом посередине блестевших помадой волос, тянувшемуся длинными руками через рампу с какою-то вещью, – и вся публика в партере, как и в ложах, суетилась, тянулась вперед, кричала и хлопала. Капельмейстер на своем возвышении помогал в передаче и оправлял свой белый галстук. Вронский вошел в середину партера и, остановившись, стал оглядываться. Нынче менее, чем когда-нибудь, обратил он внимание на знакомую, привычную обстановку, на сцену, на этот шум, на все это знакомое неинтересное, пестрое стадо зрителей в битком набитом театре.

Те же, как всегда, были по ложам какие-то дамы с какими-то офицерами в задах лож; те же, бог знает кто, разноцветные женщины, и мундиры, и сюртуки; та же грязная толпа в райке, и во всей этой толпе, в ложах и в первых рядах были человек сорок *настоящих* мужчин и женщин. И на эти оазисы Вронский тотчас обратил внимание и с ними тотчас же вошел в сношение.

Акт кончился, когда он вошел, и потому он, не заходя в ложу брата, прошел до первого ряда и остановился у рампы с Серпуховским, который, согнув колено и постукивая каблуком в рампу и издалека увидав его, подозвал к себе улыбкой.

Вронский еще не видал Анны, он нарочно не смотрел в ее сторону. Но он знал по направлению взглядов, где она. Он незаметно оглядывался, но не искал ее; ожидая худшего, он искал глазами Алексея Александровича. На его счастие, Алексея Александровича нынешний раз не было в театре.

– Как в тебе мало осталось военного! – сказал ему Серпуховской. – Дипломат, артист, вот этакое что-то.

– Да, я как домой вернулся, так надел фрак, – отвечал Вронский, улыбаясь и медленно вынимая бинокль.

– Вот в этом я, признаюсь, тебе завидую. Я когда возвращаюсь из-за границы и надеваю это, – он тронул эксельбанты, – мне жалко свободы.

Серпуховской уже давно махнул рукой на служебную деятельность Вронского, но любил его по-прежнему и теперь был с ним особенно любезен.

– Жалко, ты опоздал к первому акту. Вронский, слушая одним ухом, переводил бинокль с бенуара на бельэтаж и оглядывал ложи. Подле дамы в тюрбане и плешивого старичка, сердито мигавшего в стекле подвигавшегося бинокля, Вронский вдруг увидал голову Анны, гордую, поразительно красивую и улыбающуюся в рамке кружев. Она была в пятом бенуаре, в двадцати шагах от него. Сидела она спереди и, слегка оборотившись, говорила что-то Яшвину. Постанов ее головы на красивых и широких плечах и сдержанно-возбужденное сияние ее глаз и всего лица напомнили ему ее такою совершенно, какою он увидел ее на бале в Москве. Но он совсем иначе теперь ощущал эту красоту. В чувстве его к ней теперь не было ничего таинственного, и потому красота ее, хотя и сильнее, чем прежде, привлекала его, вместе с тем теперь оскорбляла его. Она не смотрела в его сторону, но Вронский чувствовал, что она уже видела его.

Когда Вронский опять навел в ту сторону бинокль, он заметил, что княжна Варвара особенно красна, неестественно смеется и беспрестанно оглядывается на соседнюю ложу! Анна же, сложив веер и постукивая им по красному бархату, приглядывается куда-то, но не видит и, очевидно, не хочет видеть того, что происходит в соседней ложе. На лице Яшвина было то выражение, которое бывало на нем, когда он проигрывал. Он, насупившись, засовывал все глубже и глубже в рот свой левый ус и косился на ту же соседнюю ложу.

В ложе этой, слева, были Картасовы. Вронский знал их и знал, что Анна с ними была знакома. Картасова, худая, маленькая женщина, стояла в своей ложе и, спиной оборотившись к Анне, надевала накидку, подаваемую ей мужем. Лицо ее было бледно и сердито, и она что-то взволнованно говорила. Картасов, толстый, плешивый господин, беспрестанно оглядываясь на Анну, старался успокоить жену. Когда жена вышла, муж долго медлил, отыскивая глазами взгляда Анны и, видимо, желая ей поклониться. Но Анна, очевидно нарочно не замечая его, оборотившись назад, что-то говорила нагнувшемуся к ней стриженою головой Яшвину. Картасов вышел, не поклонившись, и ложа осталась пустою.

Вронский не понял того, что именно произошло между Картасовыми и Анной, но он понял, что произошло что-то унизительное для Анны. Он понял это и по тому, что видел, и более всего по лицу Анны, которая, он знал, собрала свои последние силы, чтобы выдерживать взятую на себя роль. И эта роль внешнего спокойствия вполне удавалась ей. Кто не знал ее и ее круга, не слыхал всех выражений соболезнования, негодования и удивления женщин, что она позволила себе показаться в свете и показаться так заметно в своем кружевном уборе и со своей красотой, те любовались спокойствием и красотой этой женщины и не подозревали, что она испытывала чувства человека, выставляемого у позорного столба.

Зная, что что-то случилось, но не зная, что именно Вронский испытывал мучительную тревогу и, надеясь узнать что-нибудь, пошел в ложу брата. Нарочно выбрав противоположный от ложи Анны пролет партера, он, выходя, столкнулся с бывшим полковым командиром своим говорившим с двумя знакомыми. Вронский слышал, как было произнесено имя Карениной, и заметил, как поспешил полковой командир громко назвать Вронского, значительно взглянув на говоривших.

— А, Вронский! Когда же в полк? Мы тебя не можем отпустить без пира. Ты самый коренной наш, — сказал полковой командир.

— Не успею, очень жалко, до другого раза, — сказал Вронский и побежал вверх по лестнице в ложу брата.

Старая графиня, мать Вронского, со своими стальными букольками, была в ложе брата. Варя с княжной Сорокиной встретились ему в коридоре бельэтажа.

Проводив княжну Сорокину до матери, Варя подала руку деверю и тотчас же начала говорить с ним о том, что интересовало его. Она была взволнована так, как он редко видал ее.

- Я нахожу, что это низко и гадко, и madame Картасова не имела никакого права. Madame Каренина... - начала она.

- Да что? Я не знаю.

- Как, ты не слышал?

- Ты понимаешь, что я последний об этом услышу.

- Есть ли злее существо, как эта Картасова?

- Да что она сделала?

- Мне муж рассказал... Она оскорбила Каренину, Муж ее через ложу стал говорить с ней, а Картасова сделала ему сцену. Она, говорят, громко сказала что-то оскорбительное и вышла.

- Граф, вас ваша maman зовет, - сказала княжна Сорокина, выглядывая из двери ложи.

- А я тебя все жду, - сказала ему мать, насмешливо улыбаясь. - Тебя совсем не видно.

Сын видел, что она не могла удержать улыбку радости.

- Здравствуйте, maman. Я шел к вам, - сказал он холодно.

- Что же ты не идешь faire la cour à madame Karenine?[1] - прибавила она, когда княжна Сорокина отошла. - Elle fait sensation. On oublie la Patti pour elle[2].

- Maman, я вас просил не говорить мне про это, - отвечал он, хмурясь.

- Я говорю то, что говорят все.

Вронский ничего не ответил и, сказав несколько слов княжне Сорокиной, вышел. В дверях он встретил брата.

- А, Алексей! - сказал брат. - Какая гадость! Дура, больше ничего... Я сейчас хотел к ней идти. Пойдем вместе.

Вронский не слушал его. Он быстрыми шагами пошел вниз: он чувствовал, что ему надо что-то сделать, но не знал что. Досада на нее за то, что она ставила себя и его в такое фальшивое положение, вместе с жалостью к ней за ее страдания волновали его. Он сошел вниз в партер и направился прямо к бенуару Анны. У бенуара стоял Стремов и разговаривал с нею:

- Теноров нет больше. Le moule en est brisé[3]. Вронский поклонился ей и остановился, здороваясь со Стремовым.

[1] Ухаживать за Карениной? (фр.).

[2] Она производит сенсацию. Из-за нее забывают о Патти (фр.).

[3] Они перевелись (фр.).

– Вы, кажется, поздно приехали и не слыхали лучшей арии, – сказала Анна Вронскому, насмешливо, как ему показалось, взглянув на него.

– Я плохой ценитель, – сказал он, строго глядя на нее.

– Как князь Яшвин, – сказала она, улыбаясь, – который находит, что Патти поет слишком громко.

– Благодарю вас, – сказала она, взяв в маленькую руку в длинной перчатке поднятую Вронским афишу, и вдруг в это мгновение красивое лицо ее вздрогнуло. Она встала и пошла в глубь ложи.

Заметив, что на следующий акт ложа ее осталась пустою, Вронский, возбуждая шиканье затихшего при звуках каватины театра, вышел из партера и поехал домой.

Анна уже была дома. Когда Вронский вошел к ней, она была одна в том самом наряде, в котором она была в театре. Она сидела на первом у стены кресле и смотрела пред собой. Она взглянула на него и тотчас же приняла прежнее положение.

– Анна, – сказал он.

– Ты, ты виноват во всем! – вскрикнула она со слезами отчаяния и злости в голосе, вставая.

– Я просил, я умолял тебя не ездить, я знал, что тебе будет неприятно…

– Неприятно! – вскрикнула она. – Ужасно! Сколько бы я ни жила, я не забуду этого. Она сказала, что позорно сидеть рядом со мной.

– Слова глупой женщины, – сказал он, – но для чего рисковать, вызывать…

– Я ненавижу твое спокойствие. Ты не должен был доводить меня до этого. Если бы ты любил меня…

– Анна! К чему тут вопрос о моей любви…

– Да, если бы ты любил меня, как я, если бы ты мучался, как я… – сказала она, с выражением испуга взглядывая на него.

Ему жалко было ее и все-таки досадно. Он уверял ее в своей любви, потому что видел, что только одно это может теперь успокоить ее, и не упрекал ее словами, но в душе своей он упрекал ее.

И те уверения в любви, которые ему казались так пошлы, что ему совестно было выговаривать их, она впивала в себя и понемногу успокаивалась. На другой день после этого, совершенно примиренные, они уехали в деревню.

ЧАСТЬ ШЕСТАЯ

I

Дарья Александровна проводила лето с детьми в Покровском, у сестры Кити Левиной. В ее именье дом совсем развалился, и Левин с женой уговорили ее провести лето у них. Степан Аркадьич очень одобрил это устройство. Он говорил, что очень сожалеет, что служба мешает ему провести с семейством лето в деревне, что для него было бы высшим счастьем, и, оставаясь в Москве, приезжал изредка в деревню на день и два. Кроме Облонских со всеми детьми и гувернанткой, в это лето гостила у Левиных еще старая княгиня, считавшая своим долгом следить за неопытною дочерью, находившеюся в *таком положении.* Кроме того, Варенька, заграничная приятельница Кити, исполнила свое обещание приехать к ней, когда Кити будет замужем, и гостила у своего друга. Все это были родные и друзья жены Левина. И хотя он всех их любил, ему немного жалко было своего левинского мира и порядка, который был заглушаем этим наплывом «щербацкого элемента», как он говорил себе. Из его родных гостил в это лето у них один Сергей Иванович, но и тот был не левинского, а кознышевского склада человек, так что левинский дух совершенно уничтожался.

В левинском давно пустынном доме теперь было так много народа, что почти все комнаты были заняты, и почти каждый день старой княгине приходилось, садясь за стол, пересчитывать всех и отсаживать тринадцатого внука или внучку за особенный столик. И для Кити, старательно занимавшейся хозяйством, было немало хлопот о приобретении кур, индюшек, уток, которых при летних аппетитах гостей и детей выходило очень много. Все семейство сидело за обедом. Дети Долли с гувернанткой и Варенькой делали планы о том, куда идти за грибами. Сергей Иванович, пользовавшийся между всеми гостями уважением к его уму и учености, доходившим почти до поклонения, удивил всех, вмешавшись в разговор о грибах.

- И меня возьмите с собой. Я очень люблю ходить за грибами, - сказал он, глядя на Вареньку, - я нахожу, что это очень хорошее занятие.

- Что ж, мы очень рады, - покраснев, отвечала Варенька. Кити значительно переглянулась с Долли. Предложение ученого и умного Сергея Ивановича идти за грибами с Варенькой подтверждало некоторые предположения Кити, в последнее время очень ее занимавшие. Она поспешила заговорить с матерью, чтобы взгляд ее не был замечен. После обеда Сергей Иванович сел со своею чашкой кофе у окна в гостиной, продолжая начатый разговор с братом и поглядывая на дверь, из которой должны были выйти дети, собиравшиеся за грибами. Левин присел на окне возле брата.

Кити стояла подле мужа, очевидно дожидаясь конца неинтересовавшего разговора, чтобы сказать ему что-то.

- Ты во многом переменился с тех пор, как женился, и к лучшему, - сказал Сергей Иванович, улыбаясь Кити и, очевидно, мало интересуясь начатым разговором, - но остался верен своей страсти защищать самые парадоксальные темы.

- Катя, тебе не хорошо стоять, - сказал ей муж, подвигая ей стул и значительно глядя на нее.

- Ну, да, впрочем, и некогда, - прибавил Сергей Иванович, увидав выбегавших детей.

Впереди всех боком, галопом, в своих натянутых чулках, махая корзинкой и шляпой Сергея Ивановича, прямо на него бежала Таня.

Смело подбежав к Сергею Ивановичу и блестя глазами, столь похожими на прекрасные глаза отца, она подала Сергею Ивановичу его шляпу и сделала вид, что хочет надеть на него, робкою и нежною улыбкой смягчая свою вольность.

- Варенька ждет, - сказала она, осторожно надевая на него шляпу, по улыбке Сергея Ивановича увидав, что это было можно.

Варенька стояла в дверях, переодетая в желтое ситцевое платье, с повязанным на голове белым платком.

- Иду, иду, Варвара Андреевна, - сказал Сергей Иванович, допивая из чашки кофей и разбирая по карманам платок и сигарочницу.

- А что за прелесть моя Варенька! А? - сказала Кити мужу, как только Сергей Иванович встал. Она сказала это так, что Сергей Иванович мог слышать ее, чего она, очевидно, хотела. - И как она красива, благородно красива! Варенька! - прокричала Кити, - вы будете в мельничном лесу? Мы приедем к вам.

- Ты решительно забываешь свое положение, Кити, - проговорила старая княгиня, поспешно выходя из двери. - Тебе нельзя так кричать.

Варенька, услыхав зов Кити и выговор ее матери, быстро, легкими шагами подошла к Кити. Быстрота движений, краска, покрывавшая оживленное лицо, – все показывало, что в ней происходило что-то необыкновенное. Кити знала, что было это необыкновенное, и внимательно следила за ней. Она теперь позвала Вареньку только затем, чтобы мысленно благословить ее на то важное событие, которое, по мысли Кити, должно было совершиться нынче после обеда в лесу.

– Варенька, я очень счастлива, но я могу быть еще счастливее, если случится одна вещь, – шепотом сказала она, целуя ее.

– А вы с нами пойдете? – смутившись, сказала Варенька Левину, делая вид, что не слыхала того, что ей было сказано.

– Я пойду, но только до гумна, и там останусь.

– Ну что тебе за охота? – сказала Кити.

– Нужно новые фуры взглянуть и учесть, – сказал Левин. – А ты где будешь?

– На террасе.

II

На террасе собралось все женское общество. Они и вообще любили сидеть там после обеда, но нынче там было еще и дело. Кроме шитья распашонок и вязанья свивальников, которым все были заняты, нынче там варилось варенье по новой для Агафьи Михайловны методе без прибавления воды. Кити вводила эту новую методу употреблявшуюся у них дома. Агафья Михайловна, которой прежде было поручено это дело, считая, что то, что делалось в доме Левиных, не могло быть дурно, все-таки налила воды в клубнику и землянику, утверждая, что это невозможно иначе; она была уличена в этом, и теперь варилась малина при всех, и Агафья Михайловна должна была быть приведена к убеждению, что и без воды варенье выйдет хорошо.

Агафья Михайловна с разгоряченным и огорченным лицом, спутанными волосами и обнаженными по локоть худыми руками кругообразно покачивала тазик над жаровней и мрачно смотрела на малину, от всей души желая, чтоб она застыла и не проварилась. Княгиня, чувствуя, что на нее, как на главную советницу по варке малины, должен быть направлен гнев Агафьи Михайловны старалась сделать вид, что она занята другим и не интересуется малиной, говорила о постороннем, но искоса поглядывала на жаровню.

– Я на дешевом товаре всегда платья девушкам покупаю сама, – говорила княгиня, продолжая начатый разговор… – Не снять ли теперь пенки, голубушка? – прибавила она, обращаясь к Агафье Михайловне. – Совсем тебе не нужно это делать самой, и жарко, – остановила она Кити.

– Я сделаю, – сказала Долли и, встав, осторожно стала водить ложкой по пенящемуся сахару, изредка, чтоб отлепить от ложки приставшее к ней, постукивая ею по тарелке, покрытой уже разноцветными, желто-розовыми, с подтекающими кровяным сиропом, пенками. «Как они будут это лизать с чаем!» – думала она о своих детях, вспоминая, как она сама, бывши ребенком, удивлялась, что большие не едят самого лучшего – пенок.

– Стива говорит, что гораздо лучше давать деньги, – продолжала между тем Долли начатый занимательный разговор о том, как лучше дарить людей, – но…

– Как можно деньги! – в один голос заговорили княгиня и Кити. – Они ценят это.

– Ну, я, например, в прошлом году купила нашей Матрене Семеновне не поплин, а вроде этого, – сказала княгиня.

– Я помню, она в ваши именины в нем была.

– Премиленький узор; так просто и благородно. Я сама хотела себе сделать, если бы у нее не было. Вроде как у Вареньки. Как мило и дешево.

– Ну, теперь, кажется, готово, – сказала Долли, спуская сироп с ложки.

– Когда крендельками, тогда готово. Еще поварите, Агафья Михайловна.

– Эти мухи! – сердито сказала Агафья Михайловна. – Все то же будет, – прибавила она.

– Ах, как он мил, не пугайте его! – неожиданно сказала Кити, глядя на воробья, который сел на перила и, перевернув стерженек малины, стал клевать его.

– Да, но ты бы подальше от жаровни, – сказала мать.

– A propos de Варенька[1] – сказала Кити по-французски, как они и все время говорили, чтоб Агафья Михайловна не понимала их. – Вы знаете, maman, что я нынче почему-то жду решения. Вы понимаете какое. Как бы хорошо было!

– Однако какова мастерица сваха! – сказала Долли. – Как она осторожно и ловко сводит их…

– Нет, скажите, maman, что вы думаете?

– Да что же думать? Он (они разумели Сергея Ивановича) мог всегда сделать первую партию в России; теперь он уж не так молод, но все-таки, я знаю, за него и теперь пошли бы многие… Она очень добрая, но он мог бы…

---

[1] Кстати о Вареньке (фр.).

– Нет, вы поймите, мама, почему для него и для нее лучше нельзя придумать. Первое – она прелесть! - сказала Кити, загнув один палец.

– Она очень нравится ему, это верно, – подтвердила Долли.

– Потом второе: он такое занимает положение в свете, что ему ни состояние, ни положение в свете его жены совершенно не нужны. Ему нужно одно – хорошую, милую жену, спокойную.

– Да, уж с ней можно быть спокойным, - подтвердила Долли.

– Третье, чтоб она его любила. И это есть... То есть это так бы хорошо было!.. Жду, что вот они явятся из леса, и все решится. Я сейчас увижу по глазам. Я бы так рада была! Как ты думаешь, Долли?

– Да ты не волнуйся. Тебе совсем не нужно волноваться, - сказала мать.

– Да я не волнуюсь, мама. Мне кажется, что он нынче сделает предложение.

– Ах, это так странно, как и когда мужчина делает предложение... Есть какая-то преграда, и вдруг она прорвется, - сказала Долли, задумчиво улыбаясь и вспоминая свое прошедшее со Степаном Аркадьичем.

– Мама, как вам папа сделал предложение? - вдруг спросила Кити.

– Ничего необыкновенного не было, очень просто, - отвечала княгиня, но лицо ее все просияло от этого воспоминания.

– Нет, но как? Вы все-таки его любили, прежде чем вам позволили говорить?

Кити испытывала особенную прелесть в том, что она с матерью теперь могла говорить, как с равною, об этих самых главных вопросах в жизни женщины.

– Разумеется, любила; он ездил к нам в деревню.

– Но как решилось? Мама?

– Ты думаешь, верно, что вы что-нибудь новое выдумали? Все одно: решилось глазами, улыбками...

– Как вы это хорошо сказали, мама! Именно глазами и улыбками, - подтвердила Долли.

– Но какие слова он говорил?

– Какие тебе Костя говорил?

– Он писал мелом. Это было удивительно... Как это мне давно кажется! - сказала она.

И три женщины задумались об одном и том же. Кити первая прервала молчание. Ей вспомнилась вся эта последняя пред ее замужеством зима и ее увлечение Вронским.

– Одно… это прежняя пассия Вареньки, – сказала она, по естественной связи мысли вспомнив об этом. – Я хотела сказать как-нибудь Сергею Ивановичу, приготовить его. Они, все мужчины, – прибавила она, – ужасно ревнивы к нашему прошедшему.

– Не все, – сказала Долли. – Ты это судишь по своему мужу. Он до сих пор мучается воспоминанием о Вронском. Да? Правда ведь?

– Правда, – задумчиво улыбаясь глазами, отвечала Кити.

– Только я не знаю, – вступилась княгиня-мать за свое материнское наблюдение за дочерью, – какое же твое прошедшее могло его беспокоить? Что Вронский ухаживал за тобой? Это бывает с каждою девушкой.

– Ну, да не про это мы говорим, – покраснев, сказала Кити.

– Нет, позволь, – продолжала мать, – и потом ты сама не хотела мне позволить переговорить с Вронским. Помнишь?

– Ах, мама! – с выражением страдания сказала Кити.

– Теперь вас не удержишь… Отношения твои и не могли зайти дальше, чем должно; я бы сама вызвала его. Впрочем, тебе, моя душа, не годится волноваться. Пожалуйста, помни это и успокойся.

– Я совершенно спокойна, maman.

– Как счастливо вышло тогда для Кити, что приехала Анна, – сказала Долли, – и как несчастливо для нее. Вот именно наоборот, – прибавила она, пораженная своею мыслью. – Тогда Анна так была счастлива, а Кити себя считала несчастливой. Как совсем наоборот! Я часто о ней думаю.

– Есть о ком думать! Гадкая, отвратительная женщина, без сердца, – сказала мать, не могшая забыть, что Кити вышла не за Вронского, а за Левина.

– Что за охота про это говорить, – с досадой сказала Кити, – я об этом не думаю и не хочу думать… И не хочу думать, – повторила она, прислушиваясь к знакомым шагам мужа по лестнице террасы.

– О чем это: и не хочу думать? – спросил Левин, входя на террасу.

Но никто не ответил ему, и он не повторил вопроса.

– Мне жалко, что я расстроил ваше женское царство, – сказал он, недовольно оглянув всех и поняв, что говорили о чем-то таком, чего бы не стали говорить при нем.

На секунду он почувствовал, что разделяет чувство Агафьи Михайловны, недовольство на то, что варят малину без воды, и вообще на чуждое щербацкое влияние. Он улыбнулся, однако, и подошел к Кити.

– Ну, что? – спросил он ее, с тем самым выражением глядя на нее, с которым теперь все обращались к ней.

– Ничего, прекрасно, – улыбаясь, сказала Кити, – а у тебя как?

– Да втрое больше везут, чем телега. Так ехать за детьми? Я велел закладывать.

– Что ж, ты хочешь Кити на линейке везти? – с упреком сказала мать.

– Да ведь шагом, княгиня.

Левин никогда не называл княгиню maman, как это делают зятья, и это было неприятно княгине. Но Левин, несмотря на то, что он очень любил и уважал княгиню, не мог, не осквернив чувства к своей умершей матери, называть ее так.

– Поедемте с нами, maman, – сказала Кити.

– Не хочу я смотреть на это безрассудство.

– Ну, я пешком пойду. Ведь мне здорóво. – Кити встала, подошла к мужу и взяла его за руку.

– Здорово, но все в меру, – сказала княгиня.

– Ну что, Агафья Михайловна, готово варенье? – сказал Левин, улыбаясь Агафье Михайловне и желая развеселить ее. – Хорошо по-новому?

– Должно быть, хорошо. По-нашему, переварено.

– Оно и лучше, Агафья Михайловна, не прокиснет, а то у нас лед теперь уж растаял, а беречь негде, – сказала Кити, тотчас же поняв намерение мужа и с тем же чувством обращаясь к старухе. – Зато ваше соленье такое, что мама говорит, никогда такого не едала, – прибавила она, улыбаясь и поправляя на ней косынку.

Агафья Михайловна посмотрела на Кити сердито.

– Вы меня не утешайте, барыня. Я вот посмотрю на вас с ним, мне и весело, – сказала она, и это грубое выражение *с ним,* а не с *ними* тронуло Кити.

– Поедемте с нами за грибами, вы нам местá покажете. – Агафья Михайловна улыбнулась, покачала головой, как бы говоря: «И рада бы посердиться на вас, да нельзя».

– Сделайте, пожалуйста, по моему совету, – сказала старая княгиня, – сверху положите бумажку и ромом намочите: и безо льда никогда плесени не будет.

III

Кити была в особенности рада случаю побыть с глазу на глаз с мужем, потому что она заметила, как тень огорчения пробежала на его так живо все отражающем лице в ту минуту, как он вошел на террасу и спросил, о чем говорили, и ему не ответили.

Когда они пошли пешком вперед других и вышли из виду дома на накатанную, пыльную и усыпанную ржаными колосьями и зернами дорогу, она крепче оперлась на его руку и прижала ее к себе. Он уже забыл о минутном неприятном впечатлении и наедине с нею испытывал теперь, когда мысль о ее беременности ни на минуту не покидала его, то, еще новое для него и радостное, совершенно чистое от чувственности наслаждение близости к любимой женщине. Говорить было нечего, но ему хотелось слышать звук ее голоса, так же как и взгляд, изменившегося теперь при беременности. В голосе, как и во взгляде, была мягкость и серьезность, подобная той, которая бывает у людей, постоянно сосредоточенных над одним любимым делом.

– Так ты не устанешь? Упирайся больше, сказал он.

– Нет, я так рада случаю побыть с тобою наедине, и, признаюсь, как мне ни хорошо с ними, жалко наших зимних вечеров вдвоем.

– То было хорошо, а это еще лучше. Оба лучше, – сказал он, прижимая ее руку.

– Ты знаешь, про что мы говорили, когда ты вошел?

– Про варенье?

– Да, и про варенье; но потом о том, как делают предложение.

– А! – сказал Левин, более слушая звук ее голоса, чем слова, которые она говорила, все время думая о дороге, которая шла теперь лесом, и обходя те места, где бы она могла неверно ступить.

– И о Сергее Иваныче и Вареньке. Ты заметил?.. Я очень желаю этого, – продолжала она. – Как ты об этом думаешь? – И она заглянула ему в лицо.

– Не знаю, что думать, – улыбаясь, отвечал Левин. – Сергей в этом отношении очень странен для меня, Я ведь рассказывал...

– Да, что он был влюблен в эту девушку, которая умерла...

– Это было, когда я был ребенком; я знаю это по преданиям. Я помню его тогда. Он был удивительно мил. Но с тех пор я наблюдаю его с женщинами: он любезен, некоторые ему нравятся, но чувствуешь, что они для него просто люди, а не женщины.

– Да, но теперь с Варенькой... Кажется, что-то есть...

– Может быть, и есть... Но его надо знать... Он особенный, удивительный человек. Он живет одною духовною жизнью. Он слишком чистый и высокой души человек.

– Как? Разве это унизит его?

– Нет, но он так привык жить одною духовною жизнью, что не может примириться с действительностью, а Варенька все-таки действительность.

Левин уже привык теперь смело говорить свою мысль, не давая себе труда облекать ее в точные слова; он знал, что жена в такие любовные минуты, как теперь, поймет, что он хочет сказать, с намека, и она поняла его.

– Да, но в ней нет этой действительности, как во мне; я понимаю, что он меня никогда бы не полюбил. Она вся духовная...

– Ну нет, он тебя так любит, и мне это всегда так приятно, что мои тебя любят...

– Да, он ко мне добр, но...

– Но не так, как с Николенькой покойным... вы полюбили друг друга, – докончил Левин. – Отчего не говорить? – прибавил он. – Я иногда упрекаю себя: кончится тем, что забудешь. Ах, какой был ужасный и прелестный человек... Да, так о чем же мы говорили? – помолчав, сказал Левин.

– Ты думаешь, что он не может влюбиться, – переводя на свой язык, сказала Кити.

– Не то что не может влюбиться, – улыбаясь, сказал Левин, – но у него нет той слабости, которая нужна... Я всегда завидовал ему, и теперь даже, когда я так счастлив, все-таки завидую.

– Завидуешь, что он не может влюбиться?

– Я завидую тому, что он лучше меня, – улыбаясь, сказал Левин. – Он живет не для себя. У него вся жизнь подчинена долгу. И потому он может быть спокоен и доволен.

– А ты? – с насмешливою, любовною улыбкой сказала Кити.

Она никак не могла бы выразить тот ход мыслей, который заставлял ее улыбаться; но последний вывод был тот, что муж ее, восхищающийся братом и унижающий себя пред ним, был неискренен. Кити знала, что эта неискренность его происходила от любви к брату, от чувства совестливости за то, что он слишком счастлив, и в особенности от не оставляющего его желания быть лучше, – она любила это в нем и потому улыбалась.

– А ты? Чем же ты недоволен? – спросила она с тою же улыбкой.

Ее недоверие к его недовольству собой радовало его, и он бессознательно вызывал ее на то, чтоб она высказала причины своего недоверия.

– Я счастлив, но недоволен собой... – сказал он.

– Так как же ты можешь быть недоволен, если ты счастлив?

– То есть как тебе сказать?.. Я по душе ничего не желаю, кроме того, чтобы вот ты не споткнулась. Ах, да ведь нельзя же так прыгать! – прервал он свой разговор упреком за то, что она сделала слишком быстрое движение, переступая через лежавший на тропинке сук. - Но когда я рассуждаю о себе и сравниваю себя с другими, особенно с братом, я чувствую, что я плох.

- Да чем же? - с тою же улыбкой продолжала Кити. - Разве ты тоже не делаешь для других? И твои хутора, и твое хозяйство, и твоя книга?..

- Нет, я чувствую и особенно теперь: ты виновата, - сказал он, прижав ее руку, - что это не то. Я делаю это так, слегка. Если б я мог любить все это дело, как я люблю тебя... а то я последнее время делаю, как заданный урок.

- Ну, что ты скажешь про папа́? - спросила Кити. - Что ж, и он плох, потому что ничего не делал для общего дела?

- Он? - нет. Но надо иметь ту простоту, ясность, доброту, как твой отец, а у меня есть ли это? Я не делаю и мучаюсь. Все это ты наделала. Когда тебя не было и еще не было *этого* , - сказал он со взглядом на ее живот, который она поняла, - я все свои силы клал на дело; а теперь не могу, и мне совестно; я делаю именно как заданный урок, я притворяюсь...

- Ну, а захотел бы ты сейчас променяться с Сергей Иванычем? - сказала Кити. - Захотел бы ты делать это общее дело и любить этот заданный урок, как он, и только?

- Разумеется, нет, - сказал Левин. - Впрочем, я так счастлив, что ничего не понимаю. А ты уж думаешь, что он нынче сделает предложение? - прибавил он, помолчав.

- И думаю, и нет. Только мне ужасно хочется. Вот постой. - Она нагнулась и сорвала на краю дороги дикую ромашку. - Ну, считай: сделает, не сделает предложение, - сказала она, подавая ему цветок.

- Сделает, не сделает, - говорил Левин, обрывая белые узкие продороженные лепестки.

- Нет, нет! - схватив его за руку, остановила его Кити, с волнением следившая за его пальцами. - Ты два оторвал.

- Ну, зато вот этот маленький не в счет, - сказал Левин, срывая коротенький недоросший лепесток. - Вот и линейка догнала нас.

- Не устала ли ты, Кити? - прокричала княгиня.

- Нисколько.

- А то садись, если лошади смирны, и шагом.

Но не стоило садиться. Было уже близко, и все пошли пешком.

IV

Варенька в своем белом платке на черных волосах, окруженная детьми, добродушно и весело занятая ими и, очевидно, взволнованная возможностью объяснения с нравящимся ей мужчиною, была очень привлекательна. Сергей Иванович ходил рядом с ней и не переставая любовался ею. Глядя на нее, он вспоминал все те милые речи, которые он слышал от нее, все, что знал про нее хорошего, и все более и более сознавал, что чувство, которое он испытывает к ней, есть что-то особенное, испытанное им давно-давно и один только раз, в первой молодости. Чувство радости от близости к ней, все усиливаясь, дошло до того, что, подавая ей в ее корзинку найденный им огромный на тонком корне с завернувшимися краями березовый гриб, он взглянул ей в глаза и, заметив краску радостного и испуганного волнения, покрывшую ее лицо, сам смутился и улыбнулся ей молча такою улыбкой, которая слишком много говорила.

«Если так, – сказал он себе, – я должен обдумать и решить, а не отдаваться, как мальчик, увлеченью минуты».

– Пойду теперь независимо от всех собирать грибы, а то мои приобретения незаметны, – сказал он и пошел один с опушки леса, где они ходили по шелковистой низкой траве между редкими старыми березами, в середину леса, где между белыми березовыми стволами середи стволы осины и темнели кусты орешника. Отойдя шагов сорок и зайдя за куст бересклета в полном цвету с его розово-красными сережками, Сергей Иванович, зная, что его не видят, остановился. Вокруг него было совершенно тихо. Только вверху берез, под которыми он стоял, как рой пчел, неумолкаемо шумели мухи, и изредка доносились голоса детей. Вдруг недалеко с края леса прозвучал контральтовый голос Вареньки, звавший Гришу, и радостная улыбка выступила на лицо Сергея Ивановича. Сознав эту улыбку, Сергей Иванович покачал неодобрительно головой на свое состояние и, достав сигару, стал закуривать. Он долго не мог зажечь спичку о ствол березы. Нежная пленка белой коры облепляла фосфор, и огонь тух. Наконец одна из спичек загорелась, и пахучий дым сигары колеблющеюся широкою скатертью определенно потянулся вперед и вверх над кустом под спускавшиеся ветки березы. Следя глазами за полосой дыма, Сергей Иванович пошел тихим шагом, обдумывая свое состояние.

«Отчего же и нет? – думал он. – Если б это была вспышка или страсть, если б я испытывал только это влечение – это взаимное влечение (я могу сказать *взаимное),* но чувствовал бы, что оно идет вразрез со всем складом моей жизни, если б я чувствовал, что, отдавшись этому влечению, я изменяю своему призванию и долгу... но этого нет. Одно, что я могу сказать против, это то, что, потеряв *Marie,* я говорил себе, что останусь верен ее памяти. Одно это я могу сказать против своего чувства... Это важно», – говорил себе Сергей Иванович, чувствуя вместе с тем, что это соображение для него лично не могло иметь никакой важности, а разве только портило в глазах других людей его поэтическую роль. «Но, кроме этого, сколько бы я ни искал, я ничего не найду, что бы сказать против моего чувства. Если бы я выбирал одним разумом, я ничего не мог бы найти лучше».

Сколько он ни вспоминал женщин и девушек, которых он знал, он не мог вспомнить девушки, которая бы до такой степени соединяла все, именно все качества, которые он, холодно рассуждая, желал видеть в своей жене. Она имела всю прелесть и свежесть молодости, но не была ребенком, и если любила его, то любила сознательно, как должна любить женщина: это было одно. Другое: она была не только далека от светскости, но, очевидно, имела отвращение к свету, а вместе с тем знала свет и имела все те приемы женщины хорошего общества, без которых для Сергея Ивановича была немыслима подруга жизни. Третье: она была религиозна, и не как ребенок безотчетно религиозна и добра, какою была, например, Кити; но жизнь ее была основана на религиозных убеждениях. Даже до мелочей Сергей Иванович находил в ней все то, чего он желал от жены: она была бедна и одинока, так что она не приведет с собой кучу родных и их влияние в дом мужа, как это он видел на Кити, а будет всем обязана мужу, чего он тоже всегда желал для своей будущей семейной жизни. И эта девушка, соединявшая в себе все эти качества, любила его. Он был скромен, но не мог не видеть этого. И он любил ее. Одно соображение против – были его года. Но его порода долговечна, у него не было ни одного седого волоса, ему никто не давал сорока лет, и он помнил, что Варенька говорила, что только в России люди в пятьдесят лет считают себя стариками, а что во Франции пятидесятилетний человек считает себя dans la force de l'âge [1], а сорокалетний - un jeune homme [2]. Но что значил счет годов, когда он чувствовал себя молодым душой, каким он был двадцать лет тому назад? Разве не молодость было то чувство, которое он испытывал теперь, когда, выйдя с другой стороны опять на край леса, он увидел на ярком свете косых лучей солнца грациозную фигуру Вареньки, в желтом платье и с корзинкой шедшей легким шагом мимо ствола старой березы, и когда это впечатление вида Вареньки слилось в одно с поразившим его своею красотой видом облитого косыми лучами желтеющего овсяного поля и за полем далекого старого леса, испещренного желтизною, тающего в синей дали? Сердце его радостно сжалось. Чувство умиления охватило его. Он почувствовал, что решился. Варенька, только что присевшая, чтобы поднять гриб, гибким движением поднялась и оглянулась. Бросив сигару, Сергей Иванович решительными шагами направился к ней.

---

[1] В расцвете лет (фр.).

[2] Молодым человеком (фр.).

V

«Варвара Андреевна, когда еще я был очень молод, я составил себе идеал женщины, которую я полюблю и которую я буду счастлив назвать своею женой. Я прожил длинную жизнь и теперь в первый раз встретил в вас то, чего искал. Я люблю вас и предлагаю вам руку».

Сергей Иванович говорил себе это в то время, как он был уже в десяти шагах от Вареньки. Опустившись на колени и защищая руками гриб от Гриши, она звала маленькую Машу.

– Сюда, сюда! Маленькие! Много! – своим милым грудным голосом говорила она.

Увидав подходившего Сергея Ивановича, она не поднялась и не переменила положения; но все говорило ему, что она чувствует его приближение и радуется ему.

– Что, вы нашли что-нибудь? – спросила она, из-за белого платка поворачивая к нему свое красивое, тихо улыбающееся лицо.

– Ни одного, – сказал Сергей Иванович. – А вы? Она не отвечала ему, запятая детьми, которые окружали ее.

– Еще этот, подле ветки, – указала она маленькой Маше маленькую сыроежку, перерезанную поперек своей упругой розовой шляпки сухою травинкой, из-под которой она выдиралась. Она встала, когда Маша, разломив на две белые половинки, подняла сыроежку. – Это мне детство напоминает, – прибавила она, отходя от детей рядом с Сергеем Ивановичем.

Они прошли молча несколько шагов. Варенька видела, что он хотел говорить; она догадывалась о чем и замирала от волнения радости и страха. Они отошли так далеко, что никто уже не мог бы слышать их, но он все еще не начинал говорить. Вареньке лучше было молчать. После молчания можно было легче сказать то, что они хотели сказать, чем после слов о грибах; но против своей воли, как будто нечаянно, Варенька сказала:

– Так вы ничего не нашли? Впрочем, в середине леса всегда меньше.

Сергей Иванович вздохнул и ничего не отвечал. Ему было досадно, что она заговорила о грибах. Он хотел воротить ее к первым словам, которые она сказала о своем детстве; но, как бы против воли своей, помолчав несколько времени, сделал замечание на ее последние слова.

– Я слышал только, что белые бывают преимущественно на краю, хотя я и не умею отличить белого.

Прошло еще несколько минут, они отошли еще дальше от детей и были совершенно одни. Сердце Вареньки билось так, что она слышала удары его и чувствовала, что краснеет, бледнеет и опять краснеет.

Быть женой такого человека, как Кознышев, после своего положения у госпожи Шталь представлялось ей верхом счастья. Кроме того, она почти была уверена, что она влюблена в него. И сейчас это должно было решиться. Ей страшно было. Страшно было и то, что он скажет, и то, что он не скажет.

Теперь или никогда надо было объясниться; это чувствовал и Сергей Иванович. Все, во взгляде, в румянце, в опущенных глазах Вареньки, показывало болезненное ожидание. Сергей Иванович видел это и жалел ее. Он чувствовал даже то, что ничего не сказать теперь значило оскорбить ее. Он быстро в уме своем повторял себе все доводы в пользу своего решения. Он повторял себе и слова, которыми он хотел выразить свое предложение; но вместо этих слов, по какому-то неожиданно пришедшему ему соображению, он вдруг спросил:

- Какая же разница между белым и березовым? Губы Вареньки дрожали от волнения, когда она ответила:

- В шляпке нет разницы, но в корне.

И как только эти слова были сказаны, и он и она поняли, что дело кончено, что то, что должно было быть сказано, не будет сказано, и волнение их, дошедшее пред этим до высшей степени, стало утихать.

- Березовый гриб - корень его напоминает двухдневную небритую бороду брюнета, - сказал уже покойно Сергей Иванович.

- Да, это правда, - улыбаясь, отвечала Варенька, и невольно направление их прогулки изменилось. Они стали приближаться к детям. Вареньке было и больно и стыдно, но вместе с тем она испытывала и чувство облегчения.

Возвращаясь домой и перебирая доводы, Сергей Иванович нашел, что он рассуждал неправильно. Он не мог изменить памяти Marie.

- Тише, дети, тише! - даже сердито закричал Левин на детей, становясь пред женой, чтобы защитить ее, когда толпа детей с визгом радости разлетелась им навстречу.

После детей вышли из лесу и Сергей Иванович с Варенькой. Кити не нужно было спрашивать Вареньку; она по спокойным и несколько пристыженным выражениям обоих лиц поняла, что планы ее не сбылись.

- Ну, что? - спросил ее муж, когда они опять возвращались домой.

- Не берет, - сказала Кити, улыбкой и манерой говорить напоминая отца, что часто с удовольствием замечал в ней Левин.

- Как не берет?

– Вот так, – сказала она, взяв руку мужа, поднося ее ко рту и дотрагиваясь до нее нераскрытыми губами. – Как у архиерея руку целуют.

– У кого же не берет? – сказал он, смеясь.

– У обоих. А надо, чтобы вот так…

– Мужики едут…

– Нет, они не видали.

VI

Во время детского чая большие сидели на балконе и разговаривали так, как будто ничего не случилось, хотя все, и в особенности Сергей Иванович и Варенька, очень хорошо знали, что случилось хотя и отрицательное, но очень важное обстоятельство. Они испытывали оба одинаковое чувство, подобное тому, какое испытывает ученик после неудавшегося экзамена, оставшись в том же классе или навсегда исключенный из заведения. Все присутствующие, чувствуя тоже, что что-то случилось, говорили оживленно о посторонних предметах. Левин и Кити чувствовали себя особенно счастливыми и любовными в нынешний вечер. И что они были счастливы своею любовью, это заключало в себе неприятный намек на тех, которые того же хотели и не могли, – и им было совестно.

– Попомните мое слово: Alexandre не приедет, – сказала старая княгиня.

Нынче вечером ждали с поезда Степана Аркадьича, и старый князь писал, что, может быть, и он приедет.

– И я знаю отчего, – продолжала княгиня, – он говорит, что молодых надо оставлять одних на первое время.

– Да папа и так нас оставил. Мы его не видали, – сказала Кити. – И какие же мы молодые? Мы уже такие старые.

– Только если он не приедет, и я прощусь с вами, дети, – грустно вздохнув, сказала княгиня.

– Ну, что вам, мама! – напали на нее обе дочери.

– Ты подумай, ему-то каково? Ведь теперь…

И вдруг совершенно неожиданно голос старой княгини задрожал. Дочери замолчали и переглянулись. «Maman всегда найдет себе что-нибудь грустное», – сказали они этим взглядом. Они не знали, что, как ни хорошо было княгине у дочери, как она ни чувствовала себя нужною тут, ей было мучительно грустно и за себя и за мужа с тех пор, как они отдали замуж последнюю любимую дочь и гнездо совсем опустело.

– Что вам, Агафья Михайловна? – спросила вдруг Кити остановившуюся с таинственным видом и значительным лицом Агафью Михайловну.

– Насчет ужина.

– Ну вот и прекрасно, – сказала Долли, – ты поди распоряжайся, а я пойду с Гришей повторю его урок. А то он нынче ничего не делал.

– Это мне урок! Нет, Долли, я пойду, – вскочив, проговорил Левин.

Гриша, уже поступивший в гимназию, летом должен был повторять уроки. Дарья Александровна, еще в Москве учившаяся с сыном вместе латинскому языку, приехав к Левиным, за правило себе поставила повторять с ним, хоть раз в день, уроки самые трудные из арифметики и латинского. Левин вызвался заменить ее; по мать, услыхав раз урок Левина и заметив, что это делается не так, как в Москве репетировал учитель, конфузясь и стараясь не оскорбить Левина, решительно высказала ему, что надо проходить по книге так, как учитель, и что она лучше будет опять сама это делать. Левину досадно было и на Степана Аркадьича за то, что по его беспечности не он, а мать занималась наблюдением за преподаванием, в котором она ничего не понимала, и на учителей за то, что они так дурно учат детей; но свояченице он обещался вести учение, как она этого хотела. И он продолжал заниматься с Гришей уже не по-своему, а по книге, а потому неохотно и часто забывая время урока. Так было и нынче.

– Нет, я пойду, Долли, ты сиди, – сказал он. – Мы все сделаем по порядку, по книжке. Только вот, как Стива приедет, мы на охоту уедем, тогда уж пропущу.

И Левин пошел к Грише.

То же самое сказала Варенька Кити. Варенька и в счастливом благоустроенном доме Левиных сумела быть полезною.

– Я закажу ужин, а вы сидите, – сказала она и встала к Агафье Михайловне.

– Да, да, верно, цыплят не нашли. Тогда своих… – сказала Кити.

– Мы рассудим с Агафьей Михайловной. – И Варенька скрылась с нею.

– Какая милая девушка! – сказала княгиня.

– Не милая, maman, а прелесть такая, каких не бывает.

– Так вы нынче ждете Степана Аркадьича? – сказал Сергей Иванович, очевидно не желая продолжать разговор о Вареньке. – Трудно найти двух свояков, менее похожих друг на друга, как ваши мужья, – сказал он с тонкою улыбкой. – Один подвижной, живущий только в обществе, как рыба в воде; другой, наш Костя, живой, быстрый, чуткий на все, но, как только в обществе, так или замирает, или бьется бестолково, как рыба на земле.

– Да, он легкомыслен очень, – сказала княгиня, обращаясь к Сергею Ивановичу. – Я хотела именно просить вас поговорить ему, что ей, Кити, невозможно оставаться здесь, а непременно надо приехать в Москву, Он говорит, выписать доктора…

– Maman, он все сделает, он на все согласен, – с досадой на мать за то, что она призывает в этом деле судьей Сергея Ивановича, сказала Кити.

В середине их разговора в аллее послышалось фырканье лошадей и звук колес по щебню.

Не успела еще Долли встать, чтоб идти навстречу мужу, как внизу, из окна комнаты, в которой учился Гриша, выскочил Левин и ссадил Гришу.

– Это Стива! – из-под балкона крикнул Левин. – Мы кончили, Долли, не бойся! – прибавил он и, как мальчик, пустился бежать навстречу экипажу.

– Is, ea, id, ejus, ejus, ejus[1], – кричал Гриша, подпрыгивая по аллее.

– И еще кто-то. Верно, папа! – прокричал Левин, остановившись у входа в аллею. – Кити, не ходи по крутой лестнице, а кругом.

Но Левин ошибся, приняв того, что сидел в коляске с Облонским, за старого князя. Когда он приблизился к коляске, он увидал рядом со Степаном Аркадьичем не князя, а красивого полного молодого человека в шотландском колпачке с длинными концами лент назади. Это был Васенька Весловский, троюродный брат Щербацких, – петербургско-московский блестящий молодой человек, «отличнейший малый и страстный охотник», как его представил Степан Аркадьич.

Нисколько не смущенный тем разочарованием, которое он произвел, заменив собою старого князя, Весловский весело поздоровался с Левиным, напоминая прежнее знакомство, и, подхватив в коляску Гришу, перенес его через пойнтера, которого вез с собой Степан Аркадьич.

Левин не сел в коляску, а пошел сзади. Ему было немного досадно на то, что не приехал старый князь, которого он чем больше знал, тем больше любил, и на то, что явился этот Васенька Весловский, человек совершенно чужой и лишний. Он показался ему еще тем более чуждым и лишним, что, когда Левин подошел к крыльцу, у которого собралась вся оживленная толпа больших и детей, он увидал, что Васенька Весловский с особенно ласковым и галантным видом целует руку Кити.

– А мы cousins[2] с вашей женой, да и старые знакомые, – сказал Васенька Весловский, опять крепко-крепко пожимая руку Левина.

---

[1] Он, она, оно, его, ее, его (лат.).

[2] Родственники (фр.).

– Ну что, дичь есть? – обратился к Левину Степан Аркадьич, едва поспевавший каждому сказать приветствие. – Мы вот с ним имеем самые жестокие намерения. Как же, maman, они с тех пор не были в Москве. Ну, Таня, вот тебе! Достань, пожалуйста, в коляске сзади, – на все стороны говорил он. – Как ты посвежела, Долленька, – говорил он жене, еще раз целуя ее руку, удерживая ее в своей и потрепливая сверху другую.

Левин, за минуту тому назад бывший в самом веселом расположении духа, теперь мрачно смотрел на всех, и все ему не нравилось.

«Кого он вчера целовал этими губами?» – думал он, глядя на нежности Степана Аркадьича с женой. Он посмотрел на Долли, и она тоже не понравилась ему.

«Ведь она не верит его любви. Так чему же она так рада? Отвратительно!» – думал Левин.

Он посмотрел на княгиню, которая так мила была ему минуту тому назад, и ему не понравилась та манера, с которою она, как к себе в дом, приветствовала этого Васеньку с его лентами.

Даже Сергей Иванович, который тоже вышел на крыльцо, показался ему неприятен тем притворным дружелюбием, с которым он встречал Степана Аркадьича, тогда как Левин знал, что брат его не любил и не уважал Облонского.

И Варенька, и та ему была противна тем, как она с своим видом sainte nitouche[1] знакомилась с этим господином, тогда как только и думала о том, как бы ей выйти замуж.

И противнее всех была Кити тем, как она поддалась тому тону веселья, с которым этот господин, как на праздник для себя и для всех, смотрел на свой приезд в деревню, и в особенности неприятна была тою особенною улыбкой, которою она отвечала на его улыбки.

Шумно разговаривая, все пошли в дом; но как только все уселись, Левин повернулся и вышел.

Кити видела, что с мужем что-то сделалось. Она хотела улучить минутку поговорить с ним наедине, но он поспешил уйти от нее, сказав, что ему нужно в контору. Давно уже ему хозяйственные дела не казались так важны, как нынче. «Им там все праздник, – думал он, – а тут дела не праздничные, которые не ждут и без которых жить нельзя».

---

[1] Святоши (фр.).

VII

Левин вернулся домой только тогда, когда послали звать его к ужину. На лестнице стояли Кити с Агафьей Михайловной, совещаясь о винах к ужину.

– Да что вы такой fuss[1] делаете? Подай, что обыкновенно.

– Нет, Стива не пьет... Костя, подожди, что с тобой? – заговорила Кити, поспевая за ним, но он безжалостно, не дожидаясь ее, ушел большими шагами в столовую и тотчас же вступил в общий оживленный разговор, который поддерживали там Васенька Весловский и Степан Аркадьич.

– Ну что же, завтра едем на охоту? – сказал Степан Аркадьич.

– Пожалуйста, поедем, – сказал Весловский, пересаживаясь боком на другой стул и поджимая под себя жирную ногу.

– Я очень рад, поедем. А вы уже охотились нынешний год? – сказал Левин Весловскому, внимательно оглядывая его ногу, но с притворною приятностью, которую так знала в нем Кити и которая так не шла ему. – Дупелей, не знаю, найдем ли, а бекасов много. Только надо ехать рано. Вы не устанете? Ты не устал, Стива?

– Я устал? Никогда еще не уставал. Давайте не спать всю ночь! Пойдемте гулять.

– В самом деле, давайте не спать! отлично! – подтвердил Весловский.

– О, в этом мы уверены, что ты можешь не спать и другим не давать, – сказала Долли мужу с тою чуть заметною иронией, с которою она теперь почти всегда относилась к своему мужу, – А по-моему, уж теперь пора... Я пойду, я не ужинаю.

– Нет, ты посиди, Долленька, – сказал он, переходя на ее сторону за большим столом, на котором ужинали. – Я тебе еще сколько расскажу!

– Верно, ничего.

– А ты знаешь, Весловский был у Анны. И он опять к ним едет. Ведь они всего в семидесяти верстах от вас. И я тоже непременно съезжу. Весловский, поди сюда!

Васенька перешел к дамам и сел рядом с Кити.

– Ах, расскажите, пожалуйста, вы были у нее? Как она? – обратилась к нему Дарья Александровна.

Левин остался на другом конце стола и, не переставая разговаривать с княгиней и Варенькой, видел, что между Долли, Кити и Весловским шел оживленный и таинственный разговор. Мало того, что шел таинственный

---

[1] Суматоху (англ.).

разговор, он видел в лице своей жены выражение серьезного чувства, когда она, не спуская глаз, смотрела в красивое лицо Васеньки, что-то оживленно рассказывавшего.

— Очень у них хорошо, — рассказывал Васенька про Вронского и Анну. — Я, разумеется, не беру на себя судить, но в их доме чувствуешь себя в семье.

— Что ж они намерены делать?

— Кажется, на зиму хотят ехать в Москву.

— Как бы хорошо нам вместе съехаться у них! Ты когда поедешь? — спросил Степан Аркадьич у Васеньки.

— Я проведу у них июль.

— А ты поедешь? — обратился Степан Аркадьич к жене.

— Я давно хотела и непременно поеду, — сказала Долли. — Мне ее жалко, и я знаю ее. Она прекрасная женщина. Я поеду одна, когда ты уедешь, и никого этим не стесню. И даже лучше без тебя.

— И прекрасно, — сказал Степан Аркадьич. — А ты, Кити?

— Я? Зачем я поеду? — вся вспыхнув, сказала Кити. И оглянулась на мужа.

— А вы знакомы с Анною Аркадьевной? — спросил ее Весловский. — Она очень привлекательная женщина.

— Да, — еще более краснея, отвечала она Весловскому, встала и подошла к мужу.

— Так ты завтра едешь на охоту? — сказала она. Ревность его в эти несколько минут, особенно по тому румянцу, который покрыл ее щеки, когда она говорила с Весловским, уже далеко ушла. Теперь, слушая ее слова, он их уже понимал по-своему. Как ни странно было ему потом вспоминать об этом, теперь ему казалось ясно, что если она спрашивает его, едет ли он на охоту, то это интересует ее только для того, чтобы узнать, доставит ли он это удовольствие Васеньке Весловскому, в которого она, по его понятию, уже была влюблена.

— Да, я поеду, — ненатуральным, самому себе противным голосом отвечал он ей.

— Нет, лучше пробудьте завтра день, а то Долли не видала мужа совсем, а послезавтра поезжайте, — сказала Кити.

Смысл слов Кити теперь уже переводился Левиным так: «Не разлучай меня с *ним.* Что ты уедешь — это мне все равно, но дай мне насладиться обществом этого прелестного молодого человека».

— Ах, если ты хочешь, то мы завтра пробудем, — с особенной приятностью отвечал Левин.

Васенька между тем, нисколько и не подозревая всего того страдания, которое причинялось его присутствием, вслед за Кити встал от стола и, следя за ней улыбающимся, ласковым взглядом, пошел за нею.

Левин видел этот взгляд. Он побледнел и с минуту не мог перевести дыхания. «Как позволить себе смотреть так на мою жену!» – кипело в нем.

– Так завтра? Поедем, пожалуйста, – сказал Васенька, присаживаясь на стуле и опять подворачивая ногу по своей привычке.

Ревность Левина еще дальше ушла. Уже он видел себя обманутым мужем, в котором нуждаются жена и любовник только для того, чтобы доставлять им удобства жизни и удовольствия… Но, несмотря на то, он любезно и гостеприимно расспрашивал Васеньку об его охотах, ружье, сапогах и согласился ехать завтра.

На счастье Левина, старая княгиня прекратила его страдания тем, что сама встала и посоветовала Кити идти спать. Но и тут не обошлось без нового страдания для Левина. Прощаясь с хозяйкой, Васенька опять хотел поцеловать ее руку, но Кити, покраснев, с наивною грубостью, за которую ей потом выговаривала мать, сказала, отстранив руку:

– Это у нас не принято.

В глазах Левина она была виновата в том, что она допустила такие отношения, и еще больше виновата в том, что так неловко показала, что они ей не нравятся.

– Ну что за охота спать! – сказал Степан Аркадьич, после выпитых за ужином нескольких стаканов вина пришедший в свое самое милое и поэтическое настроение. – Смотри, смотри, Кити, – говорил он, указывая на поднимавшуюся из-за лип луну, – что за прелесть! Весловский, вот когда серенаду. Ты знаешь, у него славный голос. Мы с ним спелись дорогой. Он привез с собою прекрасные романсы, новые два. С Варварой Андреевной бы спеть.

Когда все разошлись, Степан Аркадьич еще долго ходил с Весловским по аллее, и слышались их спевавшиеся на новом романсе голоса.

Слушая эти голоса, Левин насупившись сидел на кресле в спальне жены и упорно молчал на ее вопросы о том, что с ним; но когда наконец она сама, робко улыбаясь, спросила: «Уж не что ли нибудь не понравилось тебе с Весловским?» – его прорвало, и он высказал все; то, что он высказывал, оскорбляло его и потому еще больше его раздражало.

Он стоял пред ней с страшно блестевшими из-под насупленных бровей глазами и прижимал к груди сильные руки, как будто напрягая все силы свои, чтоб удержать себя. Выражение лица его было бы сурово и даже жестоко, если б оно вместе с тем не выражало страдания, которое трогало ее. Скулы его тряслись, и голос обрывался.

– Ты пойми, что я не ревную: это мерзкое слово. Я не могу ревновать и верить, чтоб… Я не могу сказать, что я чувствую, но это ужасно… Я не ревную, но я оскорблен, унижен тем, что кто-нибудь смеет думать, смеет смотреть на тебя такими глазами…

– Да какими глазами? – говорила Кити, стараясь как можно добросовестнее вспомнить все речи и жесты нынешнего вечера и все их оттенки.

Во глубине души она находила, что было что-то именно в ту минуту, как он перешел за ней на другой конец стола, но не смела признаться в этом даже самой себе, тем более не решалась сказать это ему и усилить этим его страдание.

– И что же может быть привлекательного во мне, какая я?..

– Ах! – вскрикнул он, хватаясь за голову – Ты бы не говорила!.. Значит, если бы ты была привлекательна…

– Да нет, Костя, да постой, да послушай! – говорила она, с страдальчески-соболезнующим выражением глядя на него. – Ну, что же ты можешь думать? Когда для меня нет людей, нету, нету!.. Ну, хочешь ты, чтоб я никого не видала?

В первую минуту ей была оскорбительна его ревность; ей было досадно, что малейшее развлечение и самое невинное, было ей запрещено; но теперь она охотно пожертвовала бы и не такими пустяками, а всем для его спокойствия, чтоб избавить его от страдания, которое он испытывал.

– Ты пойми ужас и комизм моего положения, – продолжал он отчаянным шепотом, – что он у меня в доме, что он ничего неприличного, собственно, ведь не сделал, кроме этой развязности и поджимания ног. Он считает это самым хорошим тоном, и потому я должен быть любезен с ним.

– Но, Костя, ты преувеличиваешь, – говорила Кити, в глубине души радуясь той силе любви к ней, которая выражалась теперь в его ревности.

– Ужаснее всего то, что ты – какая ты всегда и теперь, когда ты такая святыня для меня, мы так счастливы, так особенно счастливы, и вдруг такая дрянь… Не дрянь, зачем я его браню? Мне до него дела нет. Но за что мое, твое счастье?..

– Знаешь, я понимаю, отчего это сделалось, – начала Кити.

– Отчего? отчего?

– Я видела, как ты смотрел, когда мы говорили за ужином.

– Ну да, ну да! – испуганно сказал Левин.

Она рассказала ему, о чем они говорили. И, рассказывая это, она задыхалась от волнения. Левин помолчал, потом пригляделся к ее бледному, испуганному лицу и вдруг схватился за голову.

– Катя, я измучал тебя! Голубчик, прости меня! Это сумасшествие! Катя, я кругом виноват. И можно ли было из такой глупости так мучаться?

— Нет, мне тебя жалко.

— Меня? Меня? Что я? Сумасшедший!.. А тебя за что? Это ужасно думать, что всякий человек чужой может расстроить наше счастье.

— Разумеется, это-то и оскорбительно…

— Нет, так я, напротив, оставлю его нарочно у нас все лето и буду рассыпаться с ним в любезностях, — говорил Левин, целуя ее руки. — Вот увидишь. Завтра… Да, правда, завтра мы едем.

VIII

На другой день, дамы еще не вставали, как охотничьи два экипажа, катки и тележка, стояли у подъезда, и Ласка, еще с утра понявшая, что едут на охоту, навизжавшись и напрыгавшись досыта, сидела на катках подле кучера, взволнованно и неодобрительно за промедление глядя на дверь, из которой все еще не выходили охотники. Первый вышел Васенька Весловский в больших новых сапогах, доходивших до половины толстых ляжек, в зеленой блузе, подпоясанной новым, пахнущим кожей патронташем, и в своем колпачке с лептами, и с английским новеньким ружьем без антапок и перевязи[1]. Ласка подскочила к нему, поприветствовала его, попрыгав, спросила у него по-своему, скоро ли выйдут те, но, не получив от него ответа, вернулась на свой пост ожидания и опять замерла, повернув набок голову и насторожив одно ухо. Наконец дверь с грохотом отворилась, вылетел, кружась и повертываясь на воздухе, Крак, половопегий пойнтер Степана Аркадьича, и вышел сам Степан Аркадьич с ружьем в руках и с сигарой во рту. «Тубо, тубо, Крак!» - покрикивал он ласково на собаку, которая вскидывала ему лапы на живот и грудь, цепляясь ими за ягдташ. Степан Аркадьич был одет в поршни и подвертки[2], в оборванные панталоны и короткое пальто. На голове была развалина какой-то шляпы, но ружье новой

---

[1] *…без антапок и перевязи.* - Антапка - скобка, дужка у ружья для ремня, перевязи.

[2] *…был одет в поршни и подвертки…* - Поршни - род сандалий, но в отличие от них поршни не шьются, а гнутся из одного лоскута сырой кожи или шкуры (с шерстью). Подвертки - холст, сукно, которым обматывается нога под сапоги или лапти вместо чулок.

системы было игрушечка, и ягдташ и патронташ, хотя истасканные, были наилучшей доброты.

Васенька Весловский не понимал прежде этого настоящего охотничьего щегольства – быть в отрепках, но иметь охотничью снасть самого лучшего качества. Он понял это теперь, глядя на Степана Аркадьича, в этих отрепках сиявшего своею элегантною, откормленною и веселою барскою фигурой, и решил, что он к следующей охоте непременно так устроится.

– Ну, а хозяин наш что? – спросил он.

– Молодая жена, – улыбаясь, сказал Степан Аркадьич.

– Да, и такая прелестная.

– Он уже был одет. Верно, опять побежал к ней. Степан Аркадьич угадал. Левин забежал опять к жене спросить у нее еще раз, простила ли она его за вчерашнюю глупость, и еще затем, чтобы попросить ее, чтобы она, ради Христа, была осторожнее. Главное, от детей была бы дальше, – они всегда могут толкнуть. Потом надо было еще раз получить от нее подтверждение, что она не сердится на него за то, что он уезжает на два дня, и еще просить ее непременно прислать ему записку завтра с верховым, написать хоть только два слова, только чтоб он мог знать, что она благополучна.

Кити, как всегда, больно было на два дня расставаться с мужем, но, увидав его оживленную фигуру, казавшуюся особенно большою и сильною в охотничьих сапогах и белой блузе, и какое-то непонятное для нее сияние охотничьего возбуждения, она из-за его радости забыла свое огорчение и весело простилась с ним.

– Виноват, господа! – сказал он, выбегая на крыльцо. – Завтрак положили? Зачем рыжего направо? Ну, все равно. Ласка, брось, пошла сидеть!

– Пусти в холостое стадо, – обратился он к скотнику, дожидавшемуся его у крыльца с вопросом о валушках[1]. – Виноват, вот еще злодей идет.

Левин соскочил с катков, на которые он уже сел было, к рядчику-плотнику, с саженью шедшему к крыльцу.

– Вот вчера не пришел в контору, теперь меня задерживаешь. Ну, что?

– Прикажите еще поворот сделать. Всего три ступеньки прибавить. И пригоним в самый раз. Много покойнее будет.

– Ты бы слушал меня, – с досадой отвечал Левин. – Я говорил, установи тетивы и потом ступени врубай. Теперь не поправишь. Делай, как я велел, – руби новую.

---

1 *...с вопросом о валушках* . – Валушóк – кастрированный баран.

Дело было в том, что в строящемся флигеле рядчик испортил лестницу, срубив ее отдельно и не разочтя подъем, так что ступени все вышли покатые, когда ее поставили на место. Теперь рядчик хотел, оставив ту же лестницу, прибавить три ступени.

– Много лучше будет.

– Да куда же она у тебя выйдет с тремя ступенями?

– Помилуйте-с, – с презрительною улыбкой сказал плотник. – В самую тахту выйдет. Как, значит, возьмется снизу, – с убедительным жестом сказал он, – пойдеть, пойдеть и придеть.

– Ведь три ступеньки и в длину прибавят... Куда ж она придет?

– Так она, значит, снизу как пойдеть, так и придеть, – упорно и убедительно говорил рядчик.

– Под потолок и в стену она придет.

– Помилуйте. Ведь снизу пойдеть. Пойдеть, пойдеть и придеть.

Левин достал шомпол и стал по пыли рисовать ему лестницу.

– Ну, видишь?

– Как прикажете, – сказал плотник, вдруг просветлев глазами и, очевидно, поняв наконец дело. – Видно, приходится новую рубить.

– Ну, так так и делай, как велено! – крикнул Левин, садясь на катки. – Пошел! Собак держи, Филипп!

Левин испытывал теперь, оставив позади себя все заботы семейные и хозяйственные, такое сильное чувство радости жизнью и ожиданья, что ему не хотелось говорить. Кроме того, он испытывал то чувство сосредоточенного волнения, которое испытывает всякий охотник, приближаясь к месту действия. Если его что и занимало теперь, то лишь вопросы о том, найдут ли они что в Колпенском болоте, о том, какова окажется Ласка в сравнении с Краком и как-то самому ему удастся стрелять нынче. Как бы не осрамиться ему пред новым человеком? Как бы Облонский не обстрелял его? – тоже приходило ему в голову.

Облонский испытывал подобное же чувство и был тоже неразговорчив. Один Васенька Весловский не переставая весело разговаривал. Теперь, слушая его, Левину совестно было вспомнить, как он был не прав к нему вчера. Васенька был действительно славный малый, простой, добродушный и очень веселый. Если бы Левин сошелся с ним холостым, он бы сблизился с ним. Было немножко неприятно Левину его праздничное отношение к жизни и какая-то развязность элегантности. Как будто он считал за собой высокое несомненное значение за то, что у него были длинны ногти, и шапочка, и остальное соответствующее; но это можно было извинить за его добродушие и порядочность. Он нравился Левину своим хорошим воспитанием, отличным выговором на французском и английском языках и тем, что он был человек его мира.

Васеньке чрезвычайно понравилась степная донская лошадь на левой пристяжке. Он все восхищался ею.

— Как хорошо верхом на степной лошади скакать по степи. А? Не правда ли? — говорил он.

Что-то такое он представлял себе в езде на степной лошади дикое, поэтическое, из которого ничего не выходило; но наивность его, в особенности в соединении с его красотой, милою улыбкой и грацией движений, была очень привлекательна. Оттого ли, что натура его была симпатична Левину, или потому, что Левин старался в искупление вчерашнего греха найти в нем все хорошее, Левину было приятно с ним.

Отъехав три версты, Весловский вдруг хватился сигар и бумажника и не знал, потерял ли он их или оставил на столе. В бумажнике было триста семьдесят рублей, и потому нельзя было так оставить этого.

— Знаете что, Левин, я на этой донской пристяжной поскачу домой. Это будет отлично. А? — говорил он, уже готовясь влезать.

— Нет, зачем же? — отвечал Левин, рассчитавший, что в Васеньке должно быть не менее шести пудов веса. — Я кучера пошлю.

Кучер поехал на пристяжной, а Левин стал сам править парой.

IX

— Ну, какой же наш маршрут? Расскажи-ка хорошенько, — сказал Степан Аркадьич.

— План следующий: теперь мы едем до Гвоздева.[1] В Гвоздеве болото дупелиное по сю сторону, а за Гвоздевым идут чудные бекасиные болота, и дупеля бывают. Теперь жарко, и мы к вечеру (двадцать верст) приедем и возьмем вечернее поле; переночуем, а уже завтра в большие болота.

— А дорогой разве ничего нет?

---

[1] *...теперь мы едем до Гвоздева.* — Топографические подробности Покровского напоминают Ясную Поляну до мельчайших деталей. Гвоздевское болото — место для охоты на бекасов по речке Солове, вблизи села Карамышева, в двадцати верстах от Ясной Поляны. Болото было разделено на две части полотном железной дороги. Поэтому Левин говорит: «по сю сторону» (см.: К. С. Семенов. Отражение Ясной Поляны в произведениях Л. Н. Толстого. — В кн.: «Яснополянский сборник». Тула, 1955).

– Есть; но задержимся, и жарко. Есть славные два местечка, да едва ли есть что.

Левину самому хотелось зайти в эти местечки, но местечки были от дома близкие, он всегда мог взять их, и местечки были маленькие, – троим негде стрелять. И потому он кривил душой, говоря, что едва ли есть что. Поравнявшись с маленьким болотцем, Левин хотел проехать мимо, но опытный охотничий глаз Степана Аркадьича тотчас же рассмотрел видную с дороги мочежину.

– Не заедем ли? – сказал он, указывая на болотце.

– Левин, пожалуйста! как отлично! – стал просить Васенька Весловский, и Левин не мог не согласиться.

Не успели остановиться, как собаки, перегоняя одна другую, уже летели к болоту.

– Крак! Ласка!.. Собаки вернулись.

– Втроем тесно будет. Я побуду здесь, – сказал Левин, надеясь, что они ничего не найдут, кроме чибисов, которые поднялись от собак и, перекачиваясь на лету, жалобно плакали над болотом.

– Нет! Пойдемте, Левин, пойдем вместе! – звал Весловский.

– Право, тесно. Ласка, назад! Ласка! Ведь вам не нужно другой собаки?

Левин остался у линейки и с завистью смотрел на охотников. Охотники прошли все болотце. Кроме курочки и чибисов, из которых одного убил Васенька, ничего не было в болоте.

– Ну вот видите, что я не жалел болота, – сказал Левин, – только время терять.

– Нет, все-таки весело. Вы видели? – говорил Васенька Весловский, неловко влезая на катки с ружьем и чибисом в руках. – Как я славно убил этого! Не правда ли? Ну, скоро ли мы приедем на настоящее?

Вдруг лошади рванулись, Левин ударился головой о ствол чьего-то ружья, и раздался выстрел. Выстрел, собственно, раздался прежде, но так показалось Левину. Дело было в том, что Васенька Весловский, спуская курки, жал одну гашетку, а придерживал другой курок. Заряд влетел в землю, никому не сделав вреда. Степан Аркадьич покачал головой и посмеялся укоризненно Весловскому. Но Левин не имел духа выговорить ему. Во-первых, всякий упрек показался бы вызванным миновавшею опасностью и шишкой, которая вскочила у Левина на лбу; а во-вторых, Весловский был так наивно огорчен сначала и потом так смеялся добродушно и увлекательно их общему переполоху, что нельзя было самому не смеяться.

Когда подъехали ко второму болоту, которое было довольно велико и должно было взять много времени, Левин уговаривал не выходить, но

Весловский опять упросил его. Опять, так как болото было узко, Левин, как гостеприимный хозяин, остался у экипажей.

Прямо с прихода Крак потянул к кочкам. Васенька Весловский первый побежал за собакой. И не успел Степан Аркадьич подойти, как уж вылетел дупель. Весловский сделал промах, и дупель пересел в некошеный луг. Весловскому предоставлен был этот дупель. Крак опять нашел его, стал, и Весловский убил его и вернулся к экипажам.

– Теперь идите вы, а я побуду с лошадьми, – сказал он.

Левина начинала разбирать охотничья зависть. Он передал вожжи Весловскому и пошел в болото.

Ласка, уже давно жалобно визжавшая и жаловавшаяся на несправедливость, понеслась вперед, прямо к надежному, знакомому Левину кочкарнику, в который не заходил еще Крак.

– Что ж ты ее не остановишь? – крикнул Степан Аркадьич.

– Она не спугнет, – отвечал Левин, радуясь на собаку и спеша за нею.

В поиске Ласки, чем ближе и ближе она подходила к знакомым кочкам, становилось больше и больше серьезности. Маленькая болотная птичка только на мгновенье развлекла ее. Она сделала один круг пред кочками, начала другой и вдруг вздрогнула и замерла.

– Иди, иди, Стива! – крикнул Левин, чувствуя, как сердце у него начинает сильнее биться и как вдруг, как будто какая-то задвижка отодвинулась в его напряженном слухе, все звуки, потеряв меру расстояния, беспорядочно, но ярко стали поражать его. Он слышал шаги Степана Аркадьича, принимая их за дальний топот лошадей, слышал хрупкий звук оторвавшегося с кореньями угла кочки, на которую он наступил, принимая этот звук за полет дупеля. Слышал тоже сзади недалеко какое-то странное шлепанье по воде, в котором он не мог дать себе отчета.

Выбирая место для ноги, он подвигался к собаке.

– Пиль!

Не дупель, а бекас вырвался из-под собаки. Левин повел ружьем, но в то самое время как он целился, тот самый звук шлепанья по воде усилился, приблизился, и к нему присоединился голос Весловского, что-то странно громко кричавшего. Левин видел, что он берет ружьем сзади бекаса, но все-таки выстрелил.

Убедившись в том, что сделан промах, Левин оглянулся и увидал, что лошади с катками уже не на дороге, а в болоте.

Весловский, желая видеть стрельбу, заехал в болото и увязил лошадей.

– И черт его носит! – проговорил про себя Левин, возвращаясь к завязшему экипажу. – Зачем вы поехали? – сухо сказал он ему и, кликнув кучера, принялся выпрастывать лошадей.

Левину было досадно и то, что ему помешали стрелять, и то, что увязили его лошадей, и то, главное, что, для того чтобы выпростать лошадей, отпречь их, ни Степан Аркадьич, ни Весловский не помогали ему и кучеру, так как не имели ни тот, ни другой ни малейшего понятия, в чем состоит запряжка. Ни слова не отвечая Васеньке на его уверения, что тут было совсем сухо, Левин молча работал с кучером, чтобы выпростать лошадей. Но потом, разгоревшись работой и увидав, как старательно, усердно Весловский тащил катки за крыло, так что даже отломил его, Левин упрекнул себя за то, что он под влиянием вчерашнего чувства был слишком холоден к Весловскому, и постарался особенною любезностью загладить свою сухость. Когда все было приведено в порядок и экипажи выведены на дорогу, Левин велел достать завтрак.

– Bon appétit – bonne conscience! Ce poulet va tomber jusqu'au fond de mes bottes [1], – говорил французскую прибауточку опять повеселевший Васенька, доедая второго цыпленка. – Ну, теперь бедствия наши кончились; теперь пойдет все благополучно. Только уж за свою вину я теперь обязан сидеть на козлах. Не правда ли? А? Нет, нет, я Автомедон.[2] Посмотрите, как я вас довезу! – отвечал он, не выпуская вожжи, когда Левин просил его пустить кучера. – Нет, я должен свою вину искупить, и мне прекрасно на козлах. – И он поехал.

Левин боялся немного, что он замучает лошадей, особенно левого, рыжего, которого он не умел держать; но невольно он подчинялся его веселью, слушал романсы, которые Весловский, сидя на козлах, распевал всю дорогу, или рассказы и представления в лицах, как надо править по-английски four in band; [3] и они все после завтрака в самом веселом расположении духа доехали до Гвоздевского болота.

X

Васенька так шибко гнал лошадей, что они приехали к болоту слишком рано, так что было еще жарко.

---

[1] Хороший аппетит – значит, совесть чиста! Этот цыпленок проникает до глубины моей души (фр.).

[2] *Нет, нет, я Автомедон.* – Автомедон – возница Ахилла из «Илиады» Гомера. В ироническо-нарицательнон употреблении – ямщик, кучер: «Прикажи же колесницу // Ты запрячь Автомедону, // И с веселыми друзьями // Мы отправимся к Додону» (Медитации дачного философа Нила Адмирари. – «Голос», 1873, № 116).

[3] Четверкой (англ.).

Подъехав к серьезному болоту, главной цели поездки, Левин невольно подумывал о том, как бы ему избавиться от Васеньки и ходить без помехи. Степан Аркадьич, очевидно, желал того же, и на его лице Левин видел выражение озабоченности, которое всегда бывает у настоящего охотника пред началом охоты, и некоторой свойственной ему добродушной хитрости.

— Как же мы пойдем? Болото отличное, я вижу, и ястреба́, — сказал Степан Аркадьич, указывая на двух вившихся над осокой больших птиц. — Где ястреба́, там наверно есть.

— Ну вот видите ли, господа, — сказал Левин с несколько мрачным выражением подтягивая сапоги и осматривая пистоны на ружье. — Видите эту осоку? — Он указал на темневший черною зеленью островок в огромном, раскинувшемся по правую сторону реки, до половины скошенном мокром лугу. — Болото начинается вот здесь, прямо перед нами, видите — где зеленее. Отсюда оно идет направо, где лошади ходят; там кочки, дупеля бывают; и кругом этой осоки вон до того ольшаника и до самой мельницы. Вон там, видишь, где залив. Это лучшее место. Там я раз семнадцать бекасов убил. Мы разойдемся с двумя собаками в разные стороны и там у мельницы сойдемся.

— Ну, кто ж направо, кто налево? — сказал Степан Аркадьич. — Направо шире, идите вы вдвоем, а я налево, — беззаботно как будто сказал он.

— Прекрасно! мы его обстреляем. Ну, пойдем, пойдем! — подхватил Васенька.

Левину нельзя было не согласиться, и они разошлись.

Только что они вошли в болото, обе собаки вместе заискали и потянули к ржавчине. Левин знал этот поиск Ласки, осторожный и неопределенный; он знал и место и ждал табунка бекасов.

— Весловский, рядом, рядом идите! — замирающим голосом проговорил он плескавшемуся сзади по воде товарищу, направление ружья которого после нечаянного выстрела на Колпенском болоте невольно интересовало Левина.

— Нет, я вас не буду стеснять, вы обо мне не думайте.

Но Левин невольно думал и вспоминал слова Кити, когда она отпускала его: «Смотрите, не застрелите друг друга». Ближе и ближе подходили собаки, минуя одна другую, каждая ведя свою нить; ожидание бекаса было так сильно, что чмоканье своего каблука, вытаскиваемого изо ржавчины, представлялось Левину криком бекаса, и он схватывал и сжимал приклад ружья.

Бац! Бац! — раздалось у него над ухом. Это Васенька выстрелил в стадо уток, которые вились над болотом и далеко не в меру налетели в это время на охотников. Не успел Левин оглянуться, как уж чмокнул один бекас, Другой, третий, и еще штук восемь поднялось один за другим.

Степан Аркадьич срезал одного в тот самый момент, как он собирался начать свои зигзаги, и бекас комочком упал в трясину. Облонский неторопливо повел за другим, еще низом летевшим к осоке, и вместе со звуком выстрела и этот бекас упал; и видно было, как он выпрыгивал из скошенной осоки, биясь уцелевшим белым снизу крылом.

Левин не был так счастлив: он ударил первого бекаса слишком близко и промахнулся; повел за ним, когда уже он стал подниматься, но в это время вылетел еще один из-под ног и развлек его, и он сделал другой промах.

Покуда заряжали ружья, поднялся еще бекас, и Весловский, успевший зарядить другой раз, пустил по воде еще два заряда мелкой дроби. Степан Аркадьич подобрал своих бекасов и блестящими глазами взглянул на Левина.

– Ну, теперь расходимся, – сказал Степан Аркадьич и, прихрамывая на левую ногу и держа ружье наготове и посвистывая собаке, пошел в одну сторону. Левин с Весловским пошли в другую.

С Левиным всегда бывало так, что, когда первые выстрелы были неудачны, он горячился, досадовал и стрелял целый день дурно. Так было и нынче. Бекасов оказалось очень много. Из-под собаки, из-под ног охотников беспрестанно вылетали бекасы, и Левин мог бы поправиться; но чем больше он стрелял, тем больше срамился пред Весловским, весело палившим в меру и не в меру, ничего не убивавшим и нисколько этим не смущавшимся. Левин торопился, не выдерживал, горячился все больше и больше и дошел до того уже, что, стреляя, почти не надеялся, что убьет. Казалось, и Ласка понимала это. Она ленивее стала искать и точно с недоумением или укоризною оглядывалась на охотников. Выстрелы следовали за выстрелами. Пороховой дым стоял вокруг охотников, а в большой, просторной сетке ягдташа были только три легонькие, маленькие бекаса. И то один из них был убит Весловским и один общий. Между тем по другой стороне болота слышались не частые, но, как Левину казалось, значительные выстрелы Степана Аркадьича, причем почти за каждым следовало: «Крак, Крак, апорт!»

Это еще более волновало Левина. Бекасы не переставая вились в воздухе над осокой. Чмоканье по земле и карканье в вышине не умолкая были слышны со всех сторон; поднятые прежде и носившиеся в воздухе бекасы садились пред охотниками. Вместо двух ястребов теперь десятки их с писком вились над болотом.

Пройдя бо́льшую половину болота, Левин с Весловскнм добрались до того места, по которому длинными полосками, упирающимися в осоку, был разделен мужицкий покос, отмеченный где протоптанными полосками, где прокошенным рядком. Половина из этих полос была уже скошена.

Хотя по нескошенному было мало надежды найти столько же, сколько по скошенному, Левин обещал Степану Аркадьичу сойтись с ним и пошел со своим спутником дальше по прокошенным и непрокошенным полосам.

– Ей, охотники! – прокричал им один из мужиков, сидевших у отпряженной телеги, – иди с нами полудновать! Вино пить!

Левин оглянулся.

– Иди, ничаво! – прокричал с красным лицом веселый бородатый мужик, осклабляя белые зубы и поднимая зеленоватый, блестящий на солнце штоф.

– Qu'est ce qu'ils disent?[1] – спросил Весловский.

– Зовут водку пить. Они, верно, луга делили. Я бы выпил, – не без хитрости сказал Левин, надеясь, что Весловский соблазнится водкой и уйдет к ним.

– Зачем же они угощают?

– Так, веселятся. Право, подойдите к ним. Вам интересно.

– Allons, c'est curieux[2].

– Идите, идите, вы найдете дорогу на мельницу! – крикнул Левин и, оглянувшись, с удовольствием увидел, что Весловский, нагнувшись и спотыкаясь усталыми ногами и держа ружье в вытянутой руке, выбирался из болота к мужикам.

– Иди и ты! – кричал мужик на Левина. – Нябось! Закусишь пирожка! Во!

Левину сильно хотелось выпить водки и съесть кусок хлеба. Он ослабел и чувствовал, что насилу выдирает заплетающиеся ноги из трясины, и он на минуту был в сомненье. Но собака стала. И тотчас вся усталость исчезла, и он легко пошел по трясине к собаке. Из-под ног его вылетел бекас; он ударил и убил, – собака продолжала стоять. «Пиль!» Из-под собаки поднялся другой. Левин выстрелил. Но день был несчастный; он промахнулся, и когда пошел искать убитого, то не нашел и его. Он излазил всю осоку, но Ласка не верила, что он убил, и, когда он посылал ее искать, притворялась, что ищет, но не искала.

И без Васеньки, которого Левин упрекал в своей неудаче, дело не поправилось. Бекасов было много и тут, но Левин делал промах за промахом.

Косые лучи солнца были еще жарки; платье, насквозь промокшее от пота, липло к телу; левый сапог, полный воды, был тяжел и чмокал; по испачканному пороховым осадком лицу каплями скатывался пот; во рту

---

[1] Что они говорят? *(фр.).*

[2] Пойдемте, это любопытно *(фр.).*

была горечь, в носу запах пороха и ржавчины, в ушах непрестающее чмоканье бекасов; до стволов нельзя было дотронуться, так они разгорелись; сердце стучало быстро и коротко; руки тряслись от волнения, и усталые ноги спотыкались и переплетались по кочкам и трясине; но он все ходил и стрелял. Наконец, сделав постыдный промах, он бросил наземь ружье и шляпу.

«Нет, надо опомниться!» – сказал он себе. Он поднял ружье и шляпу, подозвал к ноге Ласку и вышел из болота. Выйдя на сухое, он сел на кочку, разулся, вылил воду из сапога, потом подошел к болоту, напился со ржавым вкусом воды, помочил разгоревшиеся стволы и обмыл себе лицо и руки. Освежившись, он двинулся опять к тому месту, куда пересел бекас, с твердым намерением не горячиться.

Он хотел быть спокойным, но было то же. Палец его прижимал гашетку прежде, чем он брал на цель птицу. Все шло хуже и хуже.

У него было пять штук в ягдташе, когда он вышел к ольшанику, где должен был сойтись со Степаном Аркадьичем.

Прежде чем увидать Степана Аркадьича, он увидал его собаку. Из-за вывороченного корня ольхи выскочил Крак, весь черный от вонючей болотной тины, и с видом победителя обнюхался с Лаской. За Краком показалась в тени ольх и статная фигура Степана Аркадьича. Он шел навстречу красный, распотевший, с расстегнутым воротом, все так же прихрамывая.

– Ну, что? Вы палили много! – сказал он, весело улыбаясь.

– А ты? – спросил Левин. Но спрашивать было не нужно, потому что он уже видел полный ягдташ.

– Да ничего.

У него было четырнадцать штук.

– Славное болото! Тебе, верно, Весловский мешал. Двум с одною собакой неловко, – сказал Степан Аркадьич, смягчая свое торжество.

XI

Когда Левин со Степаном Аркадьичем пришли в избу мужика, у которого всегда останавливался Левин, Весловский уже был там. Он сидел в средине избы и, держась обеими руками за лавку, с которой его стаскивал солдат, брат хозяйки, за облитые тиной сапоги, смеялся своим заразительно-веселым смехом.

- Я только что пришел. Ils ont été charmants[1]. Представьте себе, напоили меня, накормили. Какой хлеб, это чудо! Délicieux![2] И водка - я никогда вкуснее не пил! И ни за что не хотели взять деньги. И всё говорили: «не обсудись», как-то.

- Зачем же деньги брать? Они вас, значит, поштовали. Разве у них продажная водка? - сказал солдат, стащив наконец с почерневшим чулком замокший сапог.

Несмотря на нечистоту избы, загаженной сапогами охотников и грязными, облизывавшимися собаками, на болотный и пороховой запах, которым она наполнилась, и на отсутствие ножей и вилок, охотники напились чаю и поужинали с таким вкусом, как едят только на охоте. Умытые и чистые, они пошли в подметенный сенной сарай, где кучера приготовили господам постели.

Хотя уж смерклось, никому из охотников не хотелось спать.

Поколебавшись между воспоминаниями и рассказами о стрельбе, о собаках, о прежних охотах, разговор напал на заинтересовавшую всех тему. По случаю несколько раз уже повторенных выражений восхищения Васеньки о прелести этого ночлега и запаха сена, о прелести сломанной телеги (ему она казалась сломанною, потому что была снята с передков), о добродушии мужиков, напоивших его водкой, о собаках, лежавших каждая у ног своего хозяина, Облонский рассказал про прелесть охоты у Мальтуса, на которой он был прошлым летом. Мальтус был известный железнодорожный богач.[3] Степан Аркадьич рассказал, какие у этого Мальтуса были в Тверской губернии откуплены болота, и как сбережены, и о том, какие экипажи,

---

[1] Они были восхитительны *(фр.)*.

[2] Прелестно! *(фр.)*.

[3] *Мальтус был известный железнодорожный богач.* - Мальтус - имя вымышленное, но не без намека на известного экономиста Т.-Р. Мальтуса (1766-1834), чьи идеи о «неравномерном приросте населения» использовались буржуазными идеологами для оправдания «борьбы всех против всех» и для обоснования «права сильных». Мальтус в романе Толстого - один из «железнодорожных королей», которые в 70-е годы играли огромную роль в промышленности. Это были Губонин, Кокорев, Блиох, Поляков, фон Дервиз. «В те времена царил принцип частного железнодорожного строительства и эксплоатации. Во главе частных обществ стояло несколько лиц, про которых можно сказать, что они представляли собою железнодорожных королей, - пишет в своих «Воспоминаниях» С. Ю. Витте. - ...Так как железные дороги имели значительную часть своих капиталов, гарантированную государством, а у иных дорог и весь капитал был гарантирован государством, то, в сущности говоря, эти железнодорожные короли заняли такое положение в значительной степени благодаря случайности, своему уму, хитрости и в известной степени пройдошеству» (С. Ю. Витте. Воспоминания, т. III. М., 1921, с. 93).

догкарты, подвезли охотников, и какая палатка с завтраком была раскинута у болота.

– Не понимаю тебя, – сказал Левин, поднимаясь на своем сене, – как тебе не противны эти люди. Я понимаю, что завтрак с лафитом очень приятен, но неужели тебе не противна именно эта роскошь? Все эти люди, как наши откупщики, наживают деньги так, что при наживе заслуживают презренье людей, пренебрегают этим презреньем, а потом бесчестно нажитым откупаются от прежнего презренья.

– Совершенно справедливо! – отозвался Васенька Весловский. – Совершенно! Разумеется, Облонский делает это из bonhomie[1], а другие говорят: «Облонский ездит…»

– Нисколько, – Левин слышал, что Облонский улыбался, говоря это, – я просто не считаю его нисколько не более бесчестным, чем кого бы то ни было из богатых купцов и дворян. И те и эти нажили одинаково трудом, умом.

– Да, но каким трудом? Разве это труд, чтобы добыть концессию и перепродать?

– Разумеется, труд. Труд в том смысле, что если бы не было его или других ему подобных, то и дорог бы не было.

– Но труд не такой, как труд мужика или ученого.

– Положим, но труд в том смысле, что деятельность его дает результат – дорогу. Но ведь ты находишь, что дороги бесполезны.

– Нет, это другой вопрос; я готов признать, что они полезны. Но всякое приобретение, не соответственное положенному труду, нечестно.

– Да кто ж определит соответствие?

– Приобретение нечестным путем, хитростью, – сказал Левин, чувствуя, что он не умеет ясно определить черту между честным и бесчестным, – так, как приобретение банкирских контор, – продолжал он. – Это зло, приобретение громадных состояний без труда, как это было при откупах, только переменило форму. Le roi est mort, vive le roi![2] Только успели уничтожить откупа, как явились железные дороги, банки: тоже нажива без труда.

– Да, это все, может быть, верно и остроумно… Лежать, Крак! – крикнул Степан Аркадьич на чесавшуюся и ворочавшую все сено собаку, очевидно уверенный в справедливости своей темы и потому спокойно и неторопливо. – Но ты не определил черты между честным и бесчестным

---

[1] Добродушия (фр.).

[2] Король умер, да здравствует король! (фр.)

трудом. То, что я получаю жалованья больше, чем мой столоначальник, хотя он лучше меня знает дело, – это бесчестно?

– Я не знаю.

– Ну, так я тебе скажу: то, что ты получаешь за свой труд в хозяйстве лишних, положим, пять тысяч, а наш хозяин мужик, как бы он ни трудился, не получит больше пятидесяти рублей, точно так же бесчестно, как то, что я получаю больше столоначальника и что Мальтус получает больше дорожного мастера. Напротив, я вижу какое-то враждебное, ни на чем не основанное отношение общества к этим людям, и мне кажется, что тут зависть…

– Нет, это несправедливо, – сказал Весловский, – зависти не может быть, а что-то есть нечистое в этом деле.

– Нет, позволь, – продолжал Левин. – Ты говоришь, что несправедливо, что я получу пять тысяч, а мужик пятьдесят рублей: это правда. Это несправедливо, и я чувствую это, но…

– Оно в самом деле. За что мы едим, пьем, охотимся, ничего не делаем, а он вечно, вечно в труде? – сказал Васенька, очевидно в первый раз ясно подумав об этом и потому вполне искренно.

– Да, ты чувствуешь, но ты не отдашь ему свое именье, – сказал Степан Аркадьич, как будто нарочно задиравший Левина.

В последнее время между двумя свояками установилось как бы тайное враждебное отношение: как будто с тех пор, как они были женаты на сестрах, между ними возникло соперничество в том, кто лучше устроил свою жизнь, и теперь эта враждебность выражалась в начавшем принимать личный оттенок разговоре.

– Я не отдаю потому, что никто этого от меня не требует, и если бы я хотел, то мне нельзя отдать, – отвечал Левин, – и некому.

– Отдай этому мужику; он не откажется.

– Да, но как же я отдам ему? Поеду с ним и совершу купчую?

– Я не знаю; но если ты убежден, что ты не имеешь права…

– Я вовсе не убежден. Я, напротив, чувствую, что не имею права отдать, что у меня есть обязанности и к земле и к семье.

– Нет, позволь; но если ты считаешь, что это неравенство несправедливо, то почему же ты не действуешь так?..

– Я и действую, только отрицательно, в том смысле, что я не буду стараться увеличить ту разницу положения, которая существует между мною и им.

– Нет уж, извини меня; это парадокс.

– Да, это что-то софистическое объяснение, – подтвердил Весловский. – А! хозяин, – сказал он мужику, который, скрипя воротами, входил в сарай. – Что, не спишь еще?

— Нет, какой сон! Я думал, господа наши спят, да слышу, гуторят. Мне крюк взять тута. Не укусит она? — прибавил он, осторожно ступая босыми ногами.

— А ты где же спать будешь?

— Мы в ночное.

— Ах, какая ночь! — сказал Весловский, глядя на видневшиеся при слабом свете зари в большой раме отворенных теперь ворот край избы и отпряженных катков. — Да слушайте, это женские голоса поют, и, право, недурно. Это кто поет, хозяин?

— А это дворовые девки, тут рядом.

— Пойдемте погуляем! Ведь не заснем. Облонский, пойдем!

— Как бы это и лежать и пойти, — потягиваясь, отвечал Облонский. — Лежать отлично.

— Ну, я один пойду, — живо вставая и обуваясь, сказал Весловский. — До свиданья, господа. Если весело, я вас позову. Вы меня дичью угощали, и я вас не забуду.

— Не правда ли, славный малый? — сказал Облонский, когда Весловский ушел и мужик за ним затворил ворота.

— Да, славный, — ответил Левин, продолжая думать о предмете только что бывшего разговора. Ему казалось, что он, насколько умел, ясно высказал свои мысли и чувства, а между тем оба они, люди неглупые и искренние, в один голос сказали, что он утешается софизмами. Это смущало его.

— Так так-то, мой друг. Надо одно из двух: или признавать, что настоящее устройство общества справедливо, и тогда отстаивать свои права; или признаваться, что пользуешься несправедливыми преимуществами, как я и делаю, и пользоваться ими с удовольствием.

— Нет, если бы это было несправедливо, ты бы не мог пользоваться этими благами с удовольствием, по крайней мере я не мог бы. Мне, главное, надо чувствовать, что я не виноват.

— А что, в самом деле, не пойти ли? — сказал Степан Аркадьич, очевидно устав от напряжения мысли. — Ведь не заснем. Право, пойдем!

Левин не отвечал. Сказанное ими в разговоре слово о том, что он действует справедливо только в отрицательном смысле, занимало его. «Неужели только отрицательно можно быть справедливым?» — спрашивал он себя.

— Однако как сильно пахнет свежее сено! — сказал Степан Аркадьич, приподнимаясь. — Не засну, ни за что. Васенька что-то затеял там. Слышишь хохот и его голос? Не пойти ли? Пойдем!

— Нет, я не пойду, — отвечал Левин.

– Неужели ты это тоже из принципа? – улыбаясь, сказал Степан Аркадьич, отыскивая в темноте свою фуражку.

– Не из принципа, а зачем я пойду?

– А знаешь, ты себе наделаешь бед, – сказал он, найдя фуражку и вставая.

– Отчего?

– Разве я не вижу, как ты себя поставил с женой? Я слышал, как у вас вопрос первой важности – поедешь ли ты или нет на два дня на охоту. Все это хорошо как идиллия, но на целую жизнь этого не хватит. Мужчина должен быть независим, у него есть свои мужские интересы. Мужчина должен быть мужествен, – сказал Облонский, отворяя ворота.

– То есть что же? Пойти ухаживать за дворовыми девками? – спросил Левин.

– Отчего же и не пойти, если весело. Ça ne tire pas a conséquence[1]. Жене моей от этого не хуже будет, а мне будет весело. Главное дело – блюди святыню дома. В доме чтобы ничего не было. А рук себе не завязывай.

– Может быть, – сухо сказал Левин и повернулся на бок. – Завтра рано надо идти, и я не бужу никого, а иду на рассвете.

– Messieurs, venez vite![2] – послышался голос возвратившегося Весловского. – Charmante![3] Это я открыл. Charmante, совершенная Гретхен[4], и мы с ней уж познакомились. Право, прехорошенькая! – рассказывал он с таким одобряющим видом, как будто именно для него сделана она была хорошенькою, и он был доволен тем, кто приготовил это для него.

Левин притворился спящим, а Облонский, надев туфли и закурив сигару, пошел из сарая, и скоро голоса их затихли.

Левин долго не мог спать. Он слышал, как его лошади жевали сено, потом как хозяин со старшим малым собирался и уехал в ночное; потом слышал, как солдат укладывался спать с другой стороны сарая с племянником, маленьким сыном хозяина; слышал, как мальчик тоненьким голоском сообщил дяде свое впечатление о собаках, которые казались мальчику страшными и огромными; потом как мальчик расспрашивал, кого будут ловить эти собаки, и как солдат хриплым и сонным голосом говорил

---

[1] Это не будет иметь никаких последствий *(фр.)*.

[2] Господа, идите скорее! *(фр.)*

[3] Восхитительна! *(фр.)*

[4] *...совершенная Гретхен...* – Гретхен – возлюбленная Фауста (И.-В. Гете. Фауст).

ему, что завтра охотники пойдут в болото и будут палить из ружей, и как потом, чтоб отделаться от вопросов мальчика, он сказал: «Спи, Васька, спи, а то смотри», – и скоро сам захрапел, и все затихло; только слышно было ржание лошадей и каркание бекаса. «Неужели только отрицательно? – повторил он себе. – Ну и что ж? Я не виноват». И он стал думать о завтрашнем дне.

«Завтра пойду рано утром и возьму на себя не горячиться. Бекасов пропасть. И дупеля есть. А приду домой, будет записка от Кити. Да, Стива, пожалуй, и прав: я не мужествен с нею, я обабился… Но что ж делать! Опять отрицательно!»

Сквозь сон он услыхал смех и веселый говор Весловского и Степана Аркадьича. Он на мгновенье открыл глаза: луна взошла, и в отворенных воротах, ярко освещенные лунным светом, они стояли, разговаривая. Что-то Степан Аркадьич говорил про свежесть девушки, сравнивая ее с только что вылупленным свежим орешком, и что-то Весловский, смеясь своим заразительным смехом, повторял, вероятно сказанные ему мужиком слова: «Ты своей как можно домогайся!» Левин сквозь сон проговорил:

– Господа, завтра чем свет! – и заснул.

XII

Проснувшись на ранней заре, Левин попробовал будить товарищей. Васенька, лежа на животе и вытянув одну ногу в чулке, спал так крепко, что нельзя было от него добиться ответа. Облонский сквозь сон отказался идти так рано. Даже и Ласка, спавшая, свернувшись кольцом, в краю сена, неохотно встала и лениво, одну за другой, вытягивала и расправляла свои задние ноги. Обувшись, взяв ружье и осторожно отворив скрипучую дверь сарая, Левин вышел на улицу. Кучера спали у экипажей, лошади дремали. Одна только лениво ела овес, раскидывая его храпом по колоде. На дворе еще было серо.

– Что рано так поднялся, касатик? – дружелюбно, как к старому доброму знакомому, обратилась к нему вышедшая из избы старуха хозяйка.

– Да на охоту, тетушка. Тут пройду на болото?

– Прямо задами; нашими гумнами, милый человек, Да коноплями; стежка там.

Осторожно шагая босыми загорелыми ногами, старуха проводила Левина и откинула ему загородку у гумна.

– Прямо так и стеганешь в болото. Наши ребята туда вечор погнали.

Ласка весело бежала впереди по тропинке; Левин шел за нею быстрым, легким шагом, беспрестанно поглядывая на небо. Ему хотелось, чтобы солнце не встало прежде, чем он дойдет до болота. Но солнце не мешкало. Месяц, еще светивший, когда он выходил, теперь только блестел, как кусок ртути; утреннюю зарницу, которую прежде нельзя было не видеть, теперь надо было искать; прежде неопределенные пятна на дальнем поле теперь уже ясно были видны. Это были ржаные копны. Невидная еще без солнечного света роса в душистой высокой конопле, из которой выбраны были уже замашки, мочила ноги и блузу Левина выше пояса. В прозрачной тишине утра слышны были малейшие звуки. Пчелка со свистом пули пролетела мимо уха Левина. Он пригляделся и увидел еще другую и третью. Все они вылетали из-за плетня пчельника и над коноплей скрывались по направлению к болоту. Стежка вывела прямо в болото. Болото можно было узнать по парáм, которые поднимались из него где гуще, где реже, так что осока и ракитовые кустики, как островки, колебались на этом паре. На краю болота и дороги мальчишки и мужики, стерегшие ночное, лежали и пред зарей все спали под кафтанами. Недалеко от них ходили три спутанные лошади. Одна из них гремела кандалами. Ласка шла рядом с хозяином, просясь вперед и оглядываясь. Пройдя спавших мужиков и поравнявшись с первою мочежинкой, Левин осмотрел пистоны и пустил собаку. Одна из лошадей, сытый бурый третьяк, увидав собаку, шарахнулся и, подняв хвост, фыркнул. Остальные лошади тоже испугались и, спутанными ногами шлепая по воде и производя вытаскиваемыми из густой глины копытами звук, подобный хлопанью, запрыгали из болота. Ласка остановилась, насмешливо посмотрев на лошадей и вопросительно на Левина. Левин погладил Ласку и посвистал в знак того, что можно начинать.

Ласка весело и озабоченно побежала по колеблющейся под нею трясине.

Вбежав в болото, Ласка тотчас же среди знакомых ей запахов кореньев, болотных трав, ржавчины и чуждого запаха лошадиного помета почувствовала рассеянный по всему этому месту запах птицы, той самой пахучей птицы, которая более всех других волновала ее. Кое-где по моху и лопушкам болотным запах этот был очень силен, но нельзя было решить, в какую сторону он усиливался и ослабевал. Чтобы найти направление, надо было отойти дальше под ветер. Не чувствуя движения своих ног, Ласка напряженным галопом, таким, что при каждом прыжке она могла остановиться, если встретится необходимость, поскакала направо прочь от дувшего с востока дредрассветного ветерка и повернулась на ветер. Вдохнув в себя воздух расширенными ноздрями, она тотчас же почувствовала, что не следы только, а *они* сами были тут, пред нею, и не один, а много. Ласка уменьшила быстроту бега. Они были тут, но где именно, она не могла еще определить. Чтобы найти это самое место, она начала уже круг, как вдруг голос хозяина развлек ее. «Ласка! тут!» – сказал он, указывая ей в другую сторону. Она постояла, спрашивая его, не лучше ли делать, как она начала, но он повторил приказанье сердитым голосом, показывая в залитый водою кочкарник, где ничего не могло быть. Она послушала его, притворяясь, что ищет, чтобы сделать ему удовольствие, излазила кочкарник и вернулась к прежнему месту и тотчас же опять почувствовала их. Теперь, когда он не мешал ей, она знала, что делать, и, не глядя себе под ноги и с досадой спотыкаясь по высоким кочкам и попадая в воду, но справляясь гибкими, сильными ногами, начала круг, который все должен был объяснить ей. Запах *их* все сильнее и сильнее, определеннее и определеннее поражал ее, и вдруг ей вполне стало ясно, что один из них тут, за этою кочкой, в пяти шагах пред нею, и она остановилась и замерла всем телом. На своих низких ногах она ничего не могла видеть пред собой, но она по запаху знала, что он сидел не далее пяти шагов. Она стояла, все больше и больше ощущая его и наслаждаясь ожиданием. Напруженный хвост ее был вытянут и вздрагивал только в самом кончике. Рот ее был слегка раскрыт, уши приподняты. Одно ухо заворотилось еще на бегу, и она тяжело, но осторожно дышала и еще осторожнее оглянулась, больше глазами, чем головой, на хозяина. Он, с его привычным ей лицом, но всегда страшными глазами, шел, спотыкаясь, по кочкам, и необыкновенно тихо, как ей казалось. Ей казалось, что он шел тихо, а он бежал.

Заметив тот особенный поиск Ласки, когда она прижималась вся к земле, как будто загребала большими шагами задними ногами, и слегка раскрывала рот, Левин понял, что она тянула по дупелям, и, в душе помолившись богу, чтобы был успех, особенно на первую птицу, подбежал к ней. Подойдя к ней вплоть, он стал с своей высоты смотреть пред собою и увидал глазами то, что она видела носом. В проулочке между кочками на одной виднелся дупель. Повернув голову, он прислушивался. Потом, чуть расправив и опять сложив крылья, он, неловко вильнув задом, скрылся за угол.

– Пиль, пиль, – крикнул Левин, толкнув ее в зад. «Но я не могу идти, – думала Ласка. – Куда я пойду?

Отсюда я чувствую их, а если я двинусь вперед, я ничего не пойму, где они и кто они». Но вот он толкнул ее коленом и взволнованным шепотом проговорил: «Пиль, Ласочка, пиль!»

«Ну, так если он хочет этого, я сделаю, но я за себя уже не отвечаю теперь», – подумала она и со всех ног рванулась вперед между кочек. Она ничего уже не чуяла теперь и только видела и слышала, ничего не понимая.

В десяти шагах от прежнего места с жирным хорканьем и особенным дупелиным выпуклым звуком крыльев поднялся один дупель. И вслед за выстрелом тяжело шлепнулся белою грудью о мокрую трясину. Другой не дождался и сзади Левина поднялся без собаки.

Когда Левин повернулся к нему, он был уже далеко. Но выстрел достал его. Пролетев шагов двадцать, второй дупель поднялся кверху колом и кубарем, как брошенный мячик, тяжело упал на сухое место.

«Вот это будет толк! – думал Левин, запрятывая в ягдташ теплых и жирных дупелей. – А, Ласочка, будет толк?»

Когда Левин, зарядив ружье, тронулся дальше, солнце, хотя еще и не видное за тучками, уже взошло. Месяц, потеряв весь блеск, как облачко, белел на небе; звезд не видно было уже ни одной. Мочежинки, прежде серебрившиеся росой, теперь золотились. Ржавчина была вся янтарная. Синева трав перешла в желтоватую зелень. Болотные птички копошились на блестящих росою и клавших длинную тень кустиках у ручья. Ястреб проснулся и сидел на копне, с боку на бок поворачивая голову, недовольно глядя на болото. Галки летели в поле, и босоногий мальчишка уже подгонял лошадей к поднявшемуся из-под кафтана и почесывавшемуся старику. Дым от выстрелов, как молоко, белел по зелени травы.

Один из мальчишек подбежал к Левину.

– Дяденька, утки вчера туто были! – прокричал он ему и пошел за ним издалека.

И Левину, в виду этого мальчика, выражавшего свое одобрение, было вдвойне приятно убить еще тут же раз за разом трех бекасов.

XIII

Охотничья примета, что если не упущен первый зверь и первая птица, то поле будет счастливо, оказалась справедливою.

Усталый, голодный, счастливый, Левин в десятом часу утра, исходив верст тридцать, с девятнадцатью штуками красной дичи и одною уткой, которую он привязал за пояс, так как она уже не влезала в ягдташ, вернулся на квартиру. Товарищи его уже давно проснулись и успели проголодаться и позавтракать.

– Постойте, постойте, я знаю, что девятнадцать, – говорил Левин, пересчитывая во второй раз не имеющих того значительного вида, какой они имели, когда вылетали, скрючившихся и ссохшихся, с запекшеюся кровью, со свернутыми набок головами дупелей и бекасов.

Счет был верен, и зависть Степана Аркадьича была приятна Левину. Приятно ему было еще то, что, вернувшись на квартиру, он застал уже приехавшего посланного от Кити с запиской.

«Я совсем здорова и весела. Если ты за меня боишься, то можешь быть еще более спокоен, чем прежде. У меня новый телохранитель, Марья Власьевна (это была акушерка, новое, важное лицо в семейной жизни

Левина). Она приехала меня проведать. Нашла меня совершенно здоровою, и мы оставили ее до твоего приезда. Все веселы, здоровы, и ты, пожалуйста, не торопись, а если охота хороша, оставайся еще день».

Эти две радости, счастливая охота и записка от жены, были так велики, что две случившиеся после этого маленькие неприятности прошли для Левина легко. Одна состояла в том, что рыжая пристяжная, очевидно переработавшая вчера, не ела корма и была скучна. Кучер говорил, что она надорвана.

— Вчера загнали, Константин Дмитрич, — говорил он. — Как же, десять верст непутем гнали!

Другая неприятность, расстроившая в первую минуту его хорошее расположение духа, но над которою он после много смеялся, состояла в том, что из всей провизии, отпущенной Кити в таком изобилии, что, казалось, нельзя было ее доесть в неделю, ничего не осталось. Возвращаясь Усталый и голодный с охоты, Левин так определенно мечтал о пирожках, что, подходя к квартире, он уже слышал запах и вкус их во рту, как Ласка чуяла дичь, и тотчас велел Филиппу подать себе. Оказалось, что не только пирожков, но и цыплят уже не было.

— Ну уж аппетит! — сказал Степан Аркадьич, смеясь, указывая на Васеньку Весловского. — Я не страдаю недостатком аппетита, но это удивительно…

— Mais c'était délicieux[1], — похвалил Весловский съеденную им говядину.

— Ну, что ж делать! — сказал Левин, мрачно глядя на Весловского. — Филипп, так говядины дай.

— Говядину скушали, я кость собакам отдал, — отвечал Филипп.

Левину было так обидно, что он с досадой сказал:

— Хоть бы чего-нибудь мне оставили! — и ему захотелось плакать.

— Так выпотроши же дичь, — сказал он дрожащим голосом Филиппу, стараясь не смотреть на Васеньку, — и наложи крапивы. А мне спроси хоть молока.

Уже потом, когда он наелся молока, ему стало совестно за то, что он высказал досаду чужому человеку, и он стал смеяться над своим голодным озлоблением.

Вечером еще сделали поле, в которое и Весловский убил несколько штук, и в ночь вернулись домой.

---

[1] Но это было прелестно (фр.).

Обратный путь был так же весел, как и путь туда. Весловский то пел, то вспоминал с наслаждением свои похождения у мужиков, угостивших его водкой и сказавших ему: «Не обсудись»; то свои ночные похождения с орешками и дворовою девушкой и мужиком, который спрашивал его, женат ли он, и, узнав, что он не женат, сказал ему: «А ты на чужих жен не зарься, а пуще всего домогайся, как бы свою завести». Эти слова особенно смешили Весловского.

- Вообще я ужасно доволен нашею поездкой. А вы, Левин?

- Я очень доволен, - искренно говорил Левин, которому особенно радостно было не только не чувствовать той враждебности, которую он испытал дома к Васеньке Весловскому, но, напротив, чувствовать к нему самое дружеское расположение.

XIV

На другой день, в десять часов, Левин, обходив уже хозяйство, постучался в комнату, где ночевал Васенька.

- Entrez[1], - прокричал ему Весловский. - Вы меня извините, я еще только мои ablutions[2] кончил, - сказал он, улыбаясь, стоя пред ним в одном белье.

- Не стесняйтесь, пожалуйста. - Левин присел к окну. - Вы хорошо спали?

- Как убитый. А день какой нынче для охоты!

- Да. Вы чай или кофе?

- Ни то, ни другое. Я завтракаю. Мне, право, совестно. Дамы, я думаю, уже встали? Пройтись теперь отлично. Вы мне покажете лошадей.

Пройдясь по саду, побывав в конюшне и даже поделав вместе гимнастику на баррах, Левин вернулся с своим гостем домой и вошел с ним в гостиную.

- Прекрасно поохотились и сколько впечатлений! - сказал Весловский, подходя к Кити, которая сидела за самоваром. - Как жалко, что дамы лишены этих удовольствий!

«Ну, что же, надо же ему как-нибудь говорить с хозяйкой дома», - сказал себе Левин. Ему опять что-то показалось в улыбке, в том победительном выражении, с которым гость обратился к Кити...

---

[1] Войдите (фр.).

[2] Обливания (фр.).

Княгиня, сидевшая с другой стороны стола с Марьей Власьевной и Степаном Аркадьичем, подозвала к себе Левина и завела с ним разговор о переезде в Москву для родов Кити и приготовлении квартиры. Для Левина как при свадьбе были неприятны всякие приготовления, оскорбляющие своим ничтожеством величие совершающегося, так еще более оскорбительны казались приготовления для будущих родов, время которых как-то высчитывали по пальцам. Он старался все время не слышать этих разговоров о способе пеленания будущего ребенка, старался отворачиваться и не видеть каких-то таинственных бесконечных вязаных полос, каких-то полотняных треугольничков, которым приписывала особенную важность Долли, и т. п. Событие рождения сына (он был уверен, что сын), которое ему обещали, но в которое он не мог верить, – так оно казалось необыкновенно, – представлялось ему, с одной стороны, столь огромным и потому невозможным счастьем, с другой стороны – столь таинственным событием, что это воображаемое знание того, что будет, и вследствие того приготовление как к чему-то обыкновенному, людьми же производимому, казалось ему возмутительно и унизительно.

Но княгиня не понимала его чувств и объясняла его неохоту думать и говорить про это легкомыслием и равнодушием, а потому не давала ему покоя. Она поручала Степану Аркадьичу посмотреть квартиру и теперь позвала к себе Левина.

– Я ничего не знаю, княгиня. Делайте, как хотите, – говорил он.

– Надо решить, когда вы переедете.

– Я, право, не знаю. Я знаю, что родятся детей миллионы без Москвы и докторов… отчего же…

– Да если так…

– Да нет, как Кити хочет.

– С Кити нельзя про это говорить! Что ж ты хочешь, чтобы я напугала ее? Вот нынче весной Натали Голицына умерла от дурного акушера.

– Как вы скажете, так я сделаю, – сказал он мрачно.

Княгиня начала говорить ему, но он не слушал ее. Хотя разговор с княгиней и расстраивал его, он сделался мрачен не от этого разговора, но от того, что он видел у самовара.

«Нет, это невозможно», – думал он, изредка взглядывая на перегнувшегося к Кити Васеньку, с своею красивою улыбкой говорившего ей что-то, и на нее, красневшую и взволнованную.

Было нечистое что-то в позе Васеньки, в его взгляде, в его улыбке. Левин видел даже что-то нечистое и в позе и во взгляде Кити. И опять свет померк в его глазах. Опять, как вчера, вдруг, без малейшего перехода, он почувствовал себя сброшенным с высоты счастья, спокойствия, достоинства в бездну отчаяния, злобы и унижения. Опять все и всё стали противны ему.

- Так и сделайте, княгиня, как хотите, - сказал он, опять оглядываясь.

- Тяжела шапка Мономаха! - сказал ему шутя Степан Аркадьич, намекая, очевидно, не на один разговор с княгиней, а на причину волнения Левина, которое он заметил. - Как ты нынче поздно, Долли!

Все встали встретить Дарью Александровну. Васенька встал на минуту только и со свойственным новым молодым людям отсутствием вежливости к дамам чуть поклонился и опять продолжал разговор, засмеявшись чему-то.

- Меня замучала Маша. Она дурно спала и капризна нынче ужасно, - сказала Долли.

Разговор, затеянный Васенькой с Кити, шел опять о вчерашнем, об Анне и о том, может ли любовь стать выше условий света. Кити неприятен был этот разговор, и он волновал ее и самим содержанием, и тем тоном, которым он был веден, и в особенности тем, что она знала уж, как это подействует на мужа. Но она слишком была проста и невинна, чтоб уметь прекратить этот разговор, и даже для того, чтобы скрыть то внешнее удовольствие, которое доставляло ей очевидное внимание этого молодого человека. Она хотела прекратить этот разговор, но она не знала, что ей сделать. Все, что бы она ни сделала, она знала, будет замечено мужем, и все перетолковано в дурную сторону. И действительно, когда она спросила у Долли, что с Машей, и Васенька, ожидая, когда кончится этот скучный для него разговор, принялся равнодушно смотреть на Долли, этот вопрос показался Левину ненатурального, отвратительною хитростью.

- Что же, поедем нынче за грибами? - спросила Долли.

- Поедемте, пожалуйста, и я поеду, - сказала Кити и покраснела. Она хотела спросить Васеньку из учтивости, поедет ли он, и не спросила. - Ты куда, Костя? - спросила она с виноватым видом мужа, когда он решительным шагом проходил мимо нее. Это виноватое выражение подтвердило все его сомнения.

- Без меня приехал машинист, я еще не видал его, - сказал он, не глядя на нее.

Он сошел вниз, но не успел еще выйти из кабинета, как услыхал знакомые шаги жены, неосторожно быстро идущей к нему.

- Что ты? - сказал он ей сухо. - Мы заняты.

- Извините меня, - обратилась она к машинисту немцу, - мне несколько слов сказать мужу.

Немец хотел уйти, но Левин сказал ему:

- Не беспокойтесь.

- Поезд в три? - спросил немец. - Как бы не опоздать.

Левин не ответил ему и сам вышел с женой.

— Ну, что вы мне имеете сказать? - проговорил он по-французски.

Он не смотрел на ее лицо и не хотел видеть, что она, в ее положении, дрожала всем лицом и имела жалкий, уничтоженный вид.

— Я... я хочу сказать, что так нельзя жить, что это мученье... - проговорила она.

— Люди тут в буфете, - сказал он сердито, - не делайте сцен.

— Ну, пойдем сюда!

Они стояли в проходной комнате. Она хотела войти в соседнюю. Но там англичанка учила Таню.

— Ну, пойдем в сад!

В саду они наткнулись на мужика, чистившего дорожку. И уже не думая о том, что мужик видит ее заплаканное, его взволнованное лицо, не думая о том, что они имеют вид людей, убегающих от какого-то несчастия, они быстрым шагом шли вперед, чувствуя, что им надо высказаться и разубедить друг друга, побыть одним вместе и избавиться этим от того мучения, которое оба испытывали.

— Этак нельзя жить, это мученье! Я страдаю, ты страдаешь. За что? - сказала она, когда они добрались наконец до уединенной лавочки на углу липовой аллеи.

— Но ты одно скажи мне: было в его тоне неприличное, нечистое, унизительно-ужасное? - говорил он, становясь пред ней опять в ту же позу, с кулаками пред грудью, как он тогда ночью стоял пред ней.

— Было, - сказала она дрожащим голосом. - Но, Костя, ты веришь, что я не виновата? Я с утра хотела такой тон взять, но эти люди... Зачем он приехал? Как мы счастливы были! - говорила она, задыхаясь от рыданий, которые поднимали все ее пополневшее тело.

Садовник с удивлением видел, несмотря на то, что ничего не гналось за ними, и что бежать не от чего было, и что ничего они особенно радостного не могли найти на лавочке, - садовник видел, что они вернулись домой мимо него с успокоенными, сияющими лицами.

XV

Проводив жену наверх, Левин пошел на половину Долли. Дарья Александровна с своей стороны была в этот день в большом огорчении. Она ходила по комнате и сердито говорила стоявшей в углу и ревущей девочке:

— И будешь стоять в углу весь день, и обедать будешь одна, и ни одной куклы не увидишь, и платья тебе нового не сошью, - говорила она, не зная уже, чем наказать ее.

– Нет, это гадкая девочка! – обратилась она к Левину. – Откуда берутся у нее эти мерзкие наклонности?

– Да что же она сделала? – довольно равнодушно сказал Левин, которому хотелось посоветоваться о своем деле и поэтому досадно было, что он попал некстати.

– Она с Гришей ходила в малину и там… я не могу даже сказать, что она делала. Вот какие гадости. Тысячу раз пожалеешь miss Elliot. Эта ни за чем не смотрит, машина… Figurez vous, qu'elle…[1]

И Дарья Александровна рассказала преступление Маши.

– Это ничего не доказывает, это совсем не гадкие наклонности, а просто шалость, – успокоивал ее Левин.

– Но ты что-то расстроен? Ты зачем пришел? – спросила Долли. – Что там делается?

И в тоне этого вопроса Левин слышал, что ему легко будет сказать то, что он был намерен сказать.

– Я не был там, я был один в саду с Кити. Мы поссорились второй раз с тех пор, как… Стива приехал.

Долли смотрела на него умными, понимающими глазами.

– Ну скажи, руку на сердце, был ли… не в Кити, а в этом господине такой тон, который может быть неприятен, не неприятен, а ужасен, оскорбителен для мужа?

– То есть как тебе сказать… Стой, стой в углу! – обратилась она к Маше, которая, увидав чуть заметную улыбку на лице матери, повернулась было. – Светское мнение было бы то, что он ведет себя, как ведут себя все молодые люди. Il fait la cour à une jeune et jolie femme[2], а муж светский только может быть польщен этим.

– Да, да, – мрачно сказал Левин, – но ты заметила?

– Не только я, но Стива заметил. Он прямо после чая мне сказал: je crois que Весловский fait un petit brin de cour à Кити[3].

– Ну и прекрасно, теперь я спокоен. Я прогоню его, – сказал Левин.

– Что ты, с ума сошел? – с ужасом вскрикнула Долли. – Что ты, Костя, опомнись! – смеясь, сказала она. – Ну, можешь идти теперь к Фанни, – сказала она Маше. – Нет, уж если ты хочешь, то я скажу Стиве. Он увезет его. Можно сказать, что ты ждешь гостей. Вообще он нам не к дому.

---

[1] Представьте себе, что она… *(фр.)*.

[2] Он ухаживает за молодой и красивой женщиной *(фр.)*.

[3] Я думаю, что Весловский слегка волочится за Кити *(фр.)*.

– Нет, нет, я сам.

– Но ты поссоришься?..

– Нисколько. Мне так это весело будет, – действительно весело блестя глазами, сказал Левин. – Ну, прости ее, Долли! Она не будет, – сказал он про маленькую преступницу, которая не пошла к Фанни и нерешительно стояла против матери, исподлобья ожидая и ища ее взгляда.

Мать взглянула на нее. Девочка разрыдалась, зарылась лицом в коленях матери, и Долли положила ей на голову свою худую нежную руку.

«И что общего между нами и им?» – подумал Левин и пошел отыскивать Весловского.

Проходя через переднюю, он велел закладывать коляску, чтобы ехать на станцию.

– Вчера рессора сломалась, – отвечал лакей.

– Ну так тарантас, но скорее. Где гость?

– Они прошли в свою комнату.

Левин застал Васеньку в то время, как тот, разобрав свои вещи из чемодана и разложив новые романсы, примеривал краги, чтоб ездить верхом.

Было ли в лице Левина что-нибудь особенное, или сам Васенька почувствовал, что ce petit brin de cour[1], который он затеял, неуместен в этой семье, но он был несколько (сколько может быть светский человек) смущен входом Левина.

– Вы в крагах верхом ездите?

– Да, это гораздо чище, – сказал Васенька, ставя жирную ногу на стул, застегивая нижний крючок и весело, добродушно улыбаясь.

Он был несомненно добрый малый, и Левину жалко стало его и совестно за себя, хозяина дома, когда он подметил робость во взгляде Васеньки.

На столе лежал обломок палки, которую они нынче утром вместе сломали на гимнастике, пробуя поднять забухшие барры. Левин взял в руки этот обломок и начал обламывать расщепившийся конец, не зная, как начать.

– Я хотел… – Он замолчал было, но вдруг, вспомнив Кити и все, что было, решительно глядя ему в глаза, сказал: – Я велел вам заложить лошадей.

– То есть как? – начал с удивлением Васенька. – Куда же ехать?

– Вам, на железную дорогу, – мрачно сказал Левин, щипля конец палки.

---

[1] Этот маленький флирт *(фр.).*

– Вы уезжаете или что-нибудь случилось?

– Случилось, что я жду гостей, – сказал Левин, быстрее и быстрее обламывая сильными пальцами концы расщепившейся палки. – И не жду гостей, и ничего не случилось, а я прошу вас уехать. Вы можете объяснять как хотите мою неучтивость.

Васенька выпрямился.

– Я прошу *вас* объяснить мне… – с достоинством сказал он, поняв наконец.

– Я не могу вам объяснить, – тихо и медленно, стараясь скрыть дрожание своих скул, заговорил Левин. – И лучше вам не спрашивать.

И так как расщепившиеся концы были уже все отломаны, Левин зацепился пальцами за толстые концы, разодрал палку и старательно поймал падавший конец.

Вероятно, вид этих нервно напряженных рук, тех самых мускулов, которые он нынче утром ощупывал на гимнастике, и блестящих глаз, тихого голоса и дрожащих скул убедили Васеньку больше слов. Он, пожав плечами и презрительно улыбнувшись, поклонился.

– Нельзя ли мне видеть Облонского?

Пожатие плеч и улыбка не раздражили Левина. «Что ж ему больше остается делать?» – подумал он.

– Я сейчас пришлю его вам.

– Что это за бессмыслица! – говорил Степан Аркадьич, узнав от приятеля, что его выгоняют из дома, и найдя Левина в саду, где он гулял, дожидаясь отъезда гостя. – Mais c'est ridicule![1] Какая тебя муха укусила? Mais c'est du dernier ridicule![2] Что же тебе показалось, если молодой человек…

Но место, в которое Левина укусила муха, видно, еще болело, потому что он опять побледнел, когда Степан Аркадьич хотел объяснить причину, и поспешно перебил его:

– Пожалуйста, не объясняй причины! Я не могу иначе! Мне очень совестно пред тобой и пред ним. Но ему, я думаю, не будет большого горя уехать, а мне и моей жене его присутствие неприятно.

– Но ему оскорбительно! Et puis c'est ridicule[3].

---

[1] Ведь это смешно! *(фр.)*

[2] Ведь это в высшей степени смешно! *(фр.)*

[3] И потом это смешно *(фр.)*.

– А мне и оскорбительно и мучительно! И я ни в чем не виноват, и мне незачем страдать!

– Ну, уж этого я не ждал от тебя! On peut être jaloux, mais à ce point, c'est du dernier ridicule![1]

Левин быстро повернулся и ушел от него в глубь аллеи и продолжал один ходить взад и вперед. Скоро он услыхал грохот тарантаса и увидал из-за деревьев, как Васенька, сидя на сене (на беду, не было сиденья в тарантасе) в своей шотландской шапочке, подпрыгивая по толчкам, проехал по аллее.

«Это что еще?» – подумал Левин, когда лакей, выбежав из дома, остановил тарантас. Это был машинист, про которого совсем забыл Левин. Машинист, раскланиваясь, что-то говорил Весловскому; потом влез в тарантас, и они вместе уехали.

Степан Аркадьич и княгиня были возмущены поступком Левина. И он сам чувствовал себя не только ridicule[2] в высшей степени, но и виноватым кругом и опозоренным; но, вспоминая то, что он и жена его перестрадали, он, спрашивая себя, как бы он поступил в другой раз, отвечал себе, что точно так же.

Несмотря на все это, к концу этого дня все, за исключением княгини, не прощавшей этот поступок Левину, сделались необыкновенно оживлены и веселы, точно дети после наказанья или большие после тяжелого официального приема, так что вечером про изгнание Васеньки в отсутствие княгини уже говорилось как про давнишнее событие. И Долли, имевшая от отца дар смешно рассказывать, заставляла падать от смеха Вареньку, когда она в третий и четвертый раз, все с новыми юмористическими прибавлениями, рассказывала, как она, только что собралась надеть новые бантики для гостя и выходила уж в гостиную, вдруг услыхала грохот колымаги. И кто же в колымаге? – сам Васенька, с шотландскою шапочкой, и с романсами, и с крагами, сидит на сене.

– Хоть бы ты карету велел запрячь! Нет, и потом слышу: «Постойте!» Ну, думаю, сжалились. Смотрю, посадили к нему толстого немца и повезли... И бантики мои пропали!..

---

[1] Можно быть ревнивым, но в такой мере – это в высшей степени смешно! *(фр.)*

[2] Смешным *(фр.)*.

XVI

Дарья Александровна исполнила свое намерение и поехала к Анне. Ей очень жалко было огорчить сестру и сделать неприятное ее мужу; она понимала, как справедливы Левины, не желая иметь никаких сношений с Вронским; но она считала своею обязанностью побывать у Анны и показать ей, что чувства ее не могут измениться, несмотря на перемену ее положения.

Чтобы не зависеть от Левиных в этой поездке, Дарья Александровна послала в деревню нанять лошадей; но Левин, узнав об этом, пришел к ней с выговором.

– Почему же ты думаешь, что мне неприятна твоя поездка? Да если бы мне и было это неприятно, то тем более мне неприятно, что ты не берешь моих лошадей, – говорил он. – Ты мне ни разу не сказала, что ты решительно едешь. А нанимать на деревне, во-первых, неприятно для меня, а главное, они возьмутся, но не довезут. У меня лошади есть. И если ты не хочешь огорчить меня, то ты возьми моих.

Дарья Александровна должна была согласиться, и в назначенный день Левин приготовил для свояченицы четверню лошадей и подставу, собрав ее из рабочих и верховых, очень некрасивую, но которая могла довезти Дарью Александровну в один день. Теперь, когда лошади нужны были и для уезжавшей княгини и для акушерки, это было затруднительно для Левина, но по долгу гостеприимства он не мог допустить Дарью Александровну нанимать из его дома лошадей и, кроме того, знал, что двадцать рублей, которые просили с Дарьи Александровны за эту поездку, были для нее очень важны; а денежные дела Дарьи Александровны, находившиеся в очень плохом положении, чувствовались Левиным как свои собственные.

Дарья Александровна по совету Левина выехала до зари. Дорога была хороша, коляска покойна, лошади бежали хорошо, и на козлах, кроме кучера, сидел конторщик вместо лакея, посланный Левиным для безопасности. Дарья Александровна задремала и проснулась, только подъезжая уже к постоялому двору, где надо было переменять лошадей.

Напившись чаю у того самого богатого мужика-хозяина, у которого останавливался Левин в свою поездку к Свияжскому, и побеседовав с бабами о детях и со стариком о графе Вронском, которого тот очень хвалил, Дарья Александровна в десять часов поехала дальше. Дома ей, за заботами о детях, никогда не бывало времени думать. Зато уже теперь, на этом четырехчасовом переезде, все прежде задержанные мысли вдруг столпились в ее голове, и она передумала всю свою жизнь, как никогда прежде, и с самых разных сторон. Ей самой странны были ее мысли. Сначала она думала о детях, о которых, хотя княгиня, а главное, Кити (она на нее больше надеялась), обещала за ними смотреть, она все-таки беспокоилась. «Как бы

Маша опять не начала шалить, Гришу как бы не ударила лошадь, да и желудок Лили как бы еще больше не расстроился». Но потом вопросы настоящего стали сменяться вопросами ближайшего будущего. Она стала думать о том, как в Москве надо на нынешнюю зиму взять новую квартиру, переменить мебель в гостиной и сделать шубку старшей дочери. Потом стали представляться ей вопросы более отдаленного будущего: как она выведет детей в люди. «Девочек еще ничего, – думала она, – но мальчики?

Хорошо, я занимаюсь с Гришей теперь, но ведь это только оттого, что сама я теперь свободна, не рожаю. На Стиву, разумеется, нечего рассчитывать. И я с помощью добрых людей выведу их; но если опять роды…» И ей пришла мысль о том, как несправедливо сказано, что проклятие наложено на женщину, чтобы в муках родить чада. «Родить ничего, но носить – вот что мучительно», – подумала она, представив себе свою последнюю беременность и смерть этого последнего ребенка. И ей вспомнился разговор с молодайкой на постоялом дворе. На вопрос, есть ли у нее дети, красивая молодайка весело отвечала:

– Была одна девочка, да развязал бог, постом похоронила.

– Что ж, тебе очень жалко ее? – спросила Дарья Александровна.

– Чего жалеть? У старика внуков и так много. Только забота. Ни тебе работать, ни что. Только связа одна.

Ответ этот показался Дарье Александровне отвратителен, несмотря на добродушную миловидность молодайки, но теперь она невольно вспомнила эти слова. В этих цинических словах была и доля правды.

«Да и вообще, – думала Дарья Александровна, оглянувшись на всю свою жизнь за эти пятнадцать лет замужества, – беременность, тошнота, тупость ума, равнодушие ко всему и, главное, безобразие. Кити, молоденькая, хорошенькая Кити, и та как подурнела, а я беременная делаюсь безобразна, я знаю. Роды, страдания, безобразные страдания, эта последняя минута… потом кормление, эти бессонные ночи, эти боли страшные…»

Дарья Александровна вздрогнула от одного воспоминания о боли треснувших сосков, которую она испытывала почти с каждым ребенком. «Потом болезни детей, этот страх вечный; потом воспитание, гадкие наклонности (она вспомнила преступление маленькой Маши в малине), ученье, латынь – все это так непонятно и трудно. И сверх всего – смерть этих же детей». И опять в воображении ее возникло вечно гнетущее ее материнское сердце жестокое воспоминание смерти последнего, грудного мальчика, умершего крупом, его похороны, всеобщее равнодушие пред этим маленьким розовым гробиком и своя разрывающая сердце одинокая боль пред бледным лобиком с вьющимися височками, пред раскрытым и удивленным ротиком, видневшимся из гроба в ту минуту, как его закрывали розовою крышечкой с галунным крестом.

«И все это зачем? Что ж будет из всего этого? То, что я не имея ни минуты покоя, то беременная, то кормящая, вечно сердитая, ворчливая, сама измученная и других мучащая, противная мужу, проживу свою жизнь, и вырастут несчастные, дурно воспитанные и нищие дети. И теперь, если бы не лето у Левиных, я не знаю, как бы мы прожили. Разумеется, Костя и Кити так деликатны, что почти незаметно; но это не может продолжаться. Пойдут у них дети, им нельзя будет помогать; они и теперь стеснены. Что ж, папа, который себе почти ничего не оставил, будет помогать? Так что и вывести-то детей я не могу сама, а разве с помощью других, с унижением. Ну, да если предположим самое счастливое: дети не будут больше умирать, и я кое-как воспитаю их. В самом лучшем случае они только не будут негодяи. Вот все, чего я могу желать. Из-за всего этого сколько мучений, трудов… Загублена вся жизнь!» Ей опять вспомнилось то, что сказала молодайка, и опять ей гадко было вспомнить про это; но она не могла не согласиться, что в этих словах была и доля грубой правды.

– Что, далеко ли, Михайла? – спросила Дарья Александровна у конторщика, чтобы развлечься от пугавших ее мыслей.

– От этой деревни, сказывают, семь верст. Коляска по улице деревни съезжала на мостик. По мосту, звонко и весело переговариваясь, шла толпа веселых баб со свитыми свяслами за плечами[1]. Бабы приостановились на мосту, любопытно оглядывая коляску. Все обращенные к ней лица показались Дарье Александровне здоровыми, веселыми, дразнящими ее радостью жизни. «Все живут, все наслаждаются жизнью, – продолжала думать Дарья Александровна, миновав баб, выехав в гору и опять на рыси приятно покачиваясь на мягких рессорах старой коляски, – а я, как из тюрьмы, выпущенная из мира, убивающего меня заботами, только теперь опомнилась на мгновение. Все живут: и эти бабы, и сестра Натали, и Варенька, и Анна, к которой я еду, только не я. А они нападают на Анну. За что? Что же, разве я лучше? У меня по крайней мере есть муж, которого я люблю. Не так, как бы я хотела любить, но я его люблю, а Анна не любила своего. В чем же она виновата? Она хочет жить. Бог вложил нам это в душу. Очень может быть, что и я бы сделала то же. И я до сих пор и знаю, хорошо ли сделала, что послушалась ее в это ужасное время, когда она приезжала ко мне в Москву. Я тогда должна была бросить мужа и начать жизнь сначала. Я бы могла любить и быть любима по-настоящему. А теперь разве лучше? Я не уважаю его. Он мне нужен, – думала она про мужа, – и я его терплю. Разве это лучше? Я тогда еще могла нравиться, у меня оставалась моя

---

[1] *…со свитыми свяслами за плечами.* – Свясло – соломенный жгут для связки снопов.

красота, – продолжала думать Дарья Александровна, и ей хотелось посмотреться в зеркало. У ней было дорожное зеркальце в мешочке, и ей хотелось достать его; но, посмотрев на спины кучера и покачивавшегося конторщика, она почувствовала, что ей будет совестно, если кто-нибудь из них оглянется, и не стала доставать зеркала.

Но и не глядясь в зеркало, она думала, что и теперь еще не поздно, и она вспомнила Сергея Ивановича, который был особенно любезен к ней, приятеля Стивы, доброго Туровцына, который вместе с ней ухаживал за ее детьми во время скарлатины и был влюблен в нее. И еще был один совсем молодой человек, который, как ей шутя сказал муж, находил, что она красивее всех сестер. И самые страстные и невозможные романы представлялись Дарье Александровне. «Анна прекрасно поступила, и уж я никак не стану упрекать ее. Она счастлива, делает счастье человека и не забита, как я, а, верно, так же, как всегда, свежа, умна, открыта ко всему», – думала Дарья Александровна, и плутовская довольная улыбка морщила ее губы, в особенности потому, что, думая о романе Анны, параллельно с ним Дарья Александровна воображала себе свой почти такой же роман с воображаемым собирательным мужчиной, который был влюблен в нее. Она, так же как Анна, признавалась во всем мужу. И удивление и замешательство Степана Аркадьича при этом известии заставляло ее улыбаться.

В таких мечтаниях она подъехала к повороту с большой дороги, ведущему в Воздвиженское.

XVII

Кучер остановил четверню и оглянулся направо, на ржаное поле, на котором у телеги сидели мужики. Конторщик хотел было соскочить, но потом раздумал и повелительно крикнул на мужика, маня его к себе. Ветерок, который был на езде, затих, когда остановились; слепни облепили сердито отбивавшихся от них потных лошадей. Металлический, доносившийся от телеги звон отбоя по косе затих. Один из мужиков поднялся и пошел к коляске.

– Ишь рассохся! – сердито крикнул конторщик на медленно ступавшего по колчам ненаезженной сухой дороги босыми ногами мужика. – Иди, что ль!

Курчавый старик, повязанный по волосам лычком, с темною от пота горбатою спиной, ускорив шаг, подошел к коляске и взялся загорелою рукой за крыло коляски.

– Воздвиженское, на барский двор? к графу? – повторил он. – Вот только изволок выедешь. Налево поверток. Прямо по пришпекту, так и воткнешься. Да вам кого? самого?

– А что, дома они, голубчик? – неопределенно сказала Дарья Александровна, не зная даже у мужика как спросить про Анну.

– Должно, дома, – сказал мужик, переступая босыми ногами и оставляя по пыли ясный след ступни с пятью пальцами. – Должно, дома, – повторил он, видимо желая разговориться. – Вчера гости еще приехали. Гостей – страсть... Чего ты? – Он обернулся к кричавшему ему что-то от телеги парню. – И то! Даве тут проехали все верхами жнею смотреть. Теперь, должно, дома. А вы чьи будете?..

– Мы дальние, – сказал кучер, взлезая на козлы. – Так недалече?

– Говорю, тут и есть. Как выедешь... – говорил он, перебирая рукой по крылу коляски.

Молодой, здоровый, коренастый парень подошел тоже.

– Что, работы нет ли насчет уборки? – спросил он.

– Не знаю, голубчик.

– Как, значит, возьмешь влево, так ты и упрешься, говорил мужик, видимо неохотно отпуская проезжающих и желая поговорить.

Кучер тронул, но только что они заворотили, как мужик закричал:

– Стой! Эй, милой! Постой! – кричали два голос; Кучер остановился.

– Сами едут! Вон они! – прокричал мужик. – Виш заваливают! – проговорил он, указывая на четверых верховых и двух в шарабане, ехавших по дороге.

Это были Вронский с жокеем, Весловский и Анна верхами и княжна Варвара с Свияжским в шарабане. Они ездили кататься и смотреть действие вновь привезенных жатвенных машин.

Когда экипаж остановился, верховые поехали шагом. Впереди ехала Анна рядом с Весловским. Анна ехала спокойным шагом на невысоком плотном английском кобе со стриженою гривой и коротким хвостом. Красивая голова ее с выбившимися черными волосами из-под высокой шляпы, ее полные плечи, тонкая талия в черной амазонке и вся спокойная грациозная посадка поразили Долли.

В первую минуту ей показалось неприлично, что Анна ездит верхом. С представлением о верховой езде для дамы в понятии Дарьи Александровны соединялось представление молодого легкого кокетства, которое, по ее мнению, не шло к положению Анны; но когда она рассмотрела ее вблизи, она тотчас же примирилась с ее верховою ездой. Несмотря на элегантность, все было так просто, спокойно и достойно и в позе, и в одежде, и в движениях Анны, что ничего не могло быть естественней.

Рядом с Анной на серой разгоряченной кавалерийской лошади, вытягивая толстые ноги вперед и, очевидно, любуясь собой, ехал Васенька Весловский в шотландском колпачке с развевающимися лентами, и Дарья Александровна не могла удержать веселую улыбку, узнав его. Сзади их ехал Вронский. Под ним была кровная темно-гнедая лошадь, очевидно разгорячившаяся на галопе. Он, сдерживая ее, работал поводом.

За ним ехал маленький человек в жокейском костюме. Свияжский с княжной в новеньком шарабане на крупном вороном рысаке догоняли верховых.

Лицо Анны в ту минуту, как она в маленькой, прижавшейся в углу старой коляски фигуре узнала Долли, вдруг просияло радостною улыбкой. Она вскрикнула, дрогнула на седле и тронула лошадь галопом. Подъехав к коляске, она без помощи соскочила и, поддерживая амазонку, подбежала навстречу Долли.

— Я так и думала и не смела думать. Вот радость! Ты не можешь представить себе мою радость! — говорила она, то прижимаясь лицом к Долли и целуя ее, то отстраняясь и с улыбкой оглядывая ее.

— Вот радость, Алексей! — сказала она, оглянувшись на Вронского, сошедшего с лошади и подходившего к ним.

Вронский, сняв серую высокую шляпу, подошел к Долли.

— Вы не поверите, как мы рады вашему приезду, — сказал он, придавая особенное значение произносимым словам и улыбкой открывая свои крепкие белые зубы.

Васенька Весловский, не слезая с лошади, снял свою шапочку и, приветствуя гостью, радостно замахал ей лентами над головой.

— Это княжна Варвара, — отвечала Анна на вопросительный взгляд Долли, когда подъехал шарабан.

— А! — сказала Дарья Александровна, и лицо ее невольно выразило неудовольствие.

Княжна Варвара была тетка ее мужа, и она давно знала ее и не уважала. Она знала, что княжна Варвар; всю жизнь свою провела приживалкой у богатых родственников; но то, что она жила теперь у Вронского, у чужого ей человека, оскорбило ее за родню мужа. Анна заметила выражение лица Долли и смутилась, покраснела, выпустила из рук амазонку и споткнулась на нее.

Дарья Александровна подошла к остановившемуся шарабану и холодно поздоровалась с княжной Варварой. Свияжский был тоже знакомый. Он спросил, как поживает его чудак-приятель с молодою женой, и, осмотрев беглым взглядом непаристых лошадей и с заплатанными крыльями коляску, предложил дамам ехать в шарабаше.

– А я поеду в этом вегикуле[1], – сказал он. – Лошадь смирная, и княжна отлично правит.

– Нет, оставайтесь как вы были, – сказала подошедшая Анна, – а мы поедем в коляске, – и, взяв под руку Долли, увела ее.

У Дарьи Александровны разбегались глаза на этот элегантный, невиданный ею экипаж, на этих прекрасных лошадей, на эти элегантные блестящие лица, окружавшие ее. Но более всего ее поражала перемена, происшедша в знакомой и любимой Анне. Другая женщина, менее внимательная, не знавшая Анны прежде и в особенности не думавшая тех мыслей, которые думала Дарья Александровна дорогой, и не заметила бы ничего особенного в Анне. Но теперь Долли была поражена тою временною красотой, которая только в минуты любви бывает на женщинах и которую она застала теперь на лице Анны. Все в ее лице: определенность ямочек щек и подбородка, склад губ, улыбка, которая как бы летала вокруг лица, блеск глаз, грация и быстрота движений, полнота звуков голоса, даже манера, с которою она сердито-ласково ответила Весловскому, спрашивавшему у нее позволения сесть на ее коба, чтобы выучить его галопу с правой ноги, – все было особенно привлекательно, и, казалось, она сама знала это и радовалась этому.

Когда обе женщины сели в коляску, на обеих вдруг нашло смущение. Анна смутилась от того внимательно-вопросительного взгляда, которым смотрела на нее Долли; Долли – оттого, что после слов Свияжского о вегикуле ей невольно стало совестно за грязную старую коляску, в которую села с нею Анна. Кучер Филипп и конторщик испытывали то же чувство. Конторщик, чтобы скрыть свое смущение, суетился, подсаживая дам, но Филипп-кучер сделался мрачен и вперед готовился не подчиниться этому внешнему превосходству. Он иронически улыбнулся, поглядев на вороного рысака и уже решив в своем уме, что этот вороной в шарабане хорош только *на проминаж* [2] и не пройдет сорока верст в жару в одну упряжку.

---

[1] *...в этом вегикуле...* – Вегикул (от лат. vehiculum) – деревенская тяжелая повозка.

[2] *Проминаж* – прогулка (от *фр . promenade*).

Мужики все поднялись от телеги и любопытно и весело смотрели на встречу гостьи, делая свои замечания.

— Тоже рады, давно не видались, — сказал курчавый старик, повязанный лычком.

— Вот, дядя Герасим, вороного жеребца бы снопы возить, живо бы!

— Глянь-ка. Энта в портках женщина? — сказал один из них, указывая на садившегося на дамское седло Васеньку Весловского.

— Не, мужик. Вишь, как сигнул ловко!

— Что, ребята, спать, видно, не будем?

— Какой сон нынче! — сказал старик, искосясь поглядев на солнце. — Полдни, смотри, прошли! Бери крюки, заходи!

XVIII

Анна смотрела на худое, измученное, с засыпавшеюся в морщинки пылью лицо Долли и хотела сказать то, что она думала, — именно, что Долли похудела; но вспомнив, что она сама похорошела и что взгляд Долли сказал ей это, она вздохнула и заговорила о себе.

— Ты смотришь на меня, — сказала она, — и думаешь могу ли я быть счастлива в моем положении? Ну, и что ж! Стыдно признаться; но я… я непростительно счастлива. Со мной случилось что-то волшебное, как сон, когда сделается страшно, жутко, и вдруг проснешься и чувствуешь, что всех этих страхов нет. Я проснулась. Я пережила мучительное, страшное и теперь уже давно, особенно с тех пор, как мы здесь, так счастлива!.. — сказал; она, с робкою улыбкой вопроса глядя на Долли.

— Как я рада! — улыбаясь, сказала Долли, невольно холоднее, чем она хотела. — Я очень рада за тебя. Отчего ты не писала мне?

— Отчего?.. Оттого, что я не смела… ты забываешь мое положение…

— Мне? Не смела? Если бы ты знала, как я… Я считаю…

Дарья Александровна хотела сказать свои мысли нынешнего утра, но почему-то ей теперь это показалось не у места.

— Впрочем, об этом после. Это что же эти все строения? — спросила она, желая переменить разговор и указывая на красные и зеленые крыши, видневшиеся из-за зелени живых изгородей акации и сирени. — Точно городок.

Но Анна не отвечала ей.

— Нет, нет! Что же ты считаешь о моем положении что ты думаешь, что? — спросила она.

— Я полагаю... — начала было Дарья Александровна но в это время Васенька Весловский, наладив коба на галоп с правой ноги, грузно шлепаясь в своей коротенькой жакетке о замшу дамского седла, прогалопировал мимо них.

— Идет, Анна Аркадьевна! — прокричал он.

Анна даже и не взглянула на него; но опять Дары Александровне показалось, что в коляске неудобно начинать этот длинный разговор, и потому она сократила свою мысль.

— Я ничего не считаю, — сказала она, — а всегда любила тебя, а если любишь, то любишь всего человека какой он есть, а не каким я хочу, чтоб он был.

Анна, отведя глаза от лица друга и сощурившись (это была новая привычка, которой не знала за ней Долли) задумалась, желая вполне понять значение этих слов. И, очевидно, поняв их так, как хотела, она взглянула на Долли.

— Если у тебя есть грехи, — сказала она, — они все простились бы тебе за твой приезд и эти слова.

И Долли видела, что слезы выступили ей на глаза. Она молча пожала руку Анны.

— Так что ж эти строения? Как их много! — после минуты молчания повторила она свой вопрос.

— Это дома служащих, завод, конюшни, — отвечала Анна. — А это парк начинается. Все это было запущено, но Алексей все возобновил. Он очень любит это именье, и, чего я никак не ожидала, он страстно увлекся хозяйством. Впрочем, это такая богатая натура! За что ни возьмется, он все делает отлично. Он не только не скучает, но он со страстью занимается. Он — каким я его знаю, — он сделался расчетливый, прекрасный хозяин, он даже скуп в хозяйстве. Но только в хозяйстве. Там, где дело идет о десятках тысяч, он не считает, — говорила она с тою радостно-хитрою улыбкой, с которою часто говорят женщины о тайных, ими одними открытых свойствах любимого человека. — Вот видишь это большое строение? Это новая больница. Я думаю, что это будет стоить больше ста тысяч. Это его *dada*[1] теперь. И знаешь, отчего это взялось? Мужики у него просили уступить им дешевле луга, кажется, и он отказал, и я упрекнула его в скупости. Разумеется, не от этого, но все вместе, — он начал эту больницу, чтобы показать, понимаешь, как он не скуп. Если хочешь, c'est une petitesse[2] но

---

[1] Конек *(фр.)*.

[2] Это мелочь *(фр.)*.

я еще больше его люблю за это. А вот сейчас ты увидишь дом. Это еще дедовский дом, и он ничего не изменен снаружи.

– Как хорош! – сказала Долли, с невольным удивлением глядя на прекрасный с колоннами дом, выступающий из разноцветной зелени старых деревьев сада.

– Не правда ли, хорош? И из дома, сверху, вид удивительный.

Они въехали в усыпанный щебнем и убранный цветником двор, на котором два работника обкладывали взрыхленную цветочную клумбу необделанными ноздреватыми камнями, и остановились в крытом подъезде.

– А, они уже приехали! – сказала Анна, глядя на верховых лошадей, которых только что отводили от крыльца. – Не правда ли, хороша эта лошадь? Это коб.[1] Моя любимая. Подведи ее сюда, и дайте сахару. Граф где? – спросила она у выскочивших двух парадных лакеев. – А, вот и он! – сказала она, увидев выходившего на встречу Вронского с Весловским.

– Где вы поместите княгиню? – сказал Вронский по-французски, обращаясь к Анне, и, не дождавшись ответа еще раз поздоровался с Дарьей Александровной и теперь поцеловал ее руку. – Я думаю, в большой балконной.

– О нет, это далеко! Лучше в угловой, мы больше будем видеться. Ну, пойдем, – сказала Анна, дававшая вынесенный ей лакеем сахар любимой лошади.

– Et vous oubliez votre devoir[2], – сказала она вышедшему тоже на крыльцо Весловскому.

– Pardon, j'en ai tout plein les poches[3], – улыбаясь отвечал он, опуская пальцы в жилетный карман.

– Mais vous venez trop tard[4], – сказала она, обтирая платком руку, которую ей намочила лошадь, бравшая сахар. Анна обратилась к Долли: – Ты надолго ли? На один день? Это невозможно!

– Я так обещала, и дети... – сказала Долли, чувствуя себя смущенною и оттого, что ей надо было взять мешочек из коляски, и оттого, что она знала, что лицо ее должно быть очень запылено.

---

[1] *Коб* (от *англ.* cob) – сильная коротконогая лошадь для верховой езды.

[2] Вы забываете вашу обязанность *(фр.)*.

[3] Простите, у меня его полные карманы *(фр.)*.

[4] Но вы являетесь слишком поздно *(фр.)*.

– Нет, Долли, душенька… Ну, увидим. Пойдем, пойдем! – И Анна повела Долли в ее комнату.

Комната эта была не та парадная, которую предлагал Вронский, а такая, за которую Анна сказала, что Долли извинит ее. И эта комната, за которую надо было извинять, была преисполнена роскоши, в какой никогда не жила Долли и которая напомнила ей лучшие гостиницы за границей.

– Ну, душенька, как я счастлива! – на минутку присев в своей амазонке подле Долли, сказала Анна. – Расскажи же мне про своих. Стиву я видела мельком. Но он и не может рассказать про детей. Что моя любимица Таня? Большая девочка, я думаю?

– Да, очень большая, – коротко отвечала Дары Александровна, сама удивляясь, что она так холодно отвечает о своих детях. – Мы прекрасно живем у Левиных, – прибавила она.

– Вот если бы я знала, – сказала Анна, – что ты меня не презираешь… Вы бы все приехали к нам. Ведь Стива старый и большой друг с Алексеем, – прибавила она и вдруг покраснела.

– Да, но мы так хорошо… – смутясь, отвечала Долли.

– Да впрочем, это я от радости говорю глупости. Одно, душенька, как я тебе рада! – сказала Анна, опять целуя ее. – Ты мне еще не сказала, как и что ты думаешь обо мне, а я все хочу знать. Но я рада, что ты меня увидишь, какая я есть. Мне, главное, не хотелось бы, чтобы думали, что я что-нибудь хочу доказать. Я ничего не хочу доказывать, я просто хочу жить; никому не делать зла, кроме себя. Это я имею право, не правда ли? Впрочем, это длинный разговор, и мы еще обо всем хорошо переговорим. Теперь пойду одеваться, а тебе пришлю девушку.

XIX

Оставшись одна, Дарья Александровна взглядом хозяйки осмотрела свою комнату. Все, что она видела, подъезжая к дому и проходя через него, и теперь в своей комнате, все производило в ней впечатление изобилия и щегольства и той новой европейской роскоши, про которые она читала только в английских романах, но никогда не видала еще в России и в деревне. Все было ново, начиная от французских новых обоев до ковра, которым была обтянута вся комната. Постель была пружинная с матрасиком и с особенным изголовьем и канаусовыми наволочками на маленьких подушках. Мраморный умывальник, туалет, кушетка, столы, бронзовые часы на камине, гардины и портьеры – все это было дорогое и новое.

Пришедшая предложить свои услуги франтиха-горничная, в прическе и платье моднее, чем у Долли, была такая же новая и дорогая, как и вся комната. Дарье Александровне были приятны ее учтивость, опрятность и услужливость, но было неловко с ней; было совестно пред ней за свою, как на беду, по ошибке уложенную ей заплатанную кофточку. Ей стыдно было за те самые заплатки и заштопанные места, которыми она так гордилась дома. Дома было ясно, что на шесть кофточек нужно было двадцать четыре аршина нансуку по шестьдесят пять копеек, что составляло больше пятнадцати рублей кроме отделки и работы, и эти пятнадцать рублей были выгаданы. Но пред горничной было не то что стыдно, а неловко.

Дарья Александровна почувствовала большое облегчение, когда в комнату вошла давнишняя ее знакомая, Аннушка. Франтиха-горничная требовалась к барыне, и Аннушка осталась с Дарьей Александровной.

Аннушка была, очевидно, очень рада приезду барыни и без умолку разговаривала. Долли заметила, что ей хотелось высказать свое мнение насчет положения барыни, в особенности насчет любви и преданности графа к Анне Аркадьевне, но Долли старательно останавливала ее, как только та начинала говорить об этом.

– Я с Анной Аркадьевной выросла, они мне дороже всего. Что ж, не нам судить. А уж так, кажется, любить…

– Так, пожалуйста, отдай вымыть, если можно, – перебивала ее Дарья Александровна.

– Слушаю-с. У нас на постирушечки две женщины приставлены особо, а белье все машиной. Граф сами до всего доходят. Уж какой муж…

Долли была рада, когда Анна вошла к ней и своим приходом прекратила болтовню Аннушки.

Анна переоделась в очень простое батистовое платье. Долли внимательно осмотрела это простое платье. Она знала, что значит и за какие деньги приобретается эта простота.

– Старая знакомая, – сказала Анна на Аннушку. Анна теперь уже не смущалась. Она была совершенно свободна и спокойна. Долли видела, что она теперь вполне уже оправилась от того впечатления, которое произвел на нее приезд, и взяла на себя тот поверхностный, равнодушный тон, при котором как будто дверь в тот отдел, где находились ее чувства и задушевные мысли, была заперта.

– Ну, а что твоя девочка, Анна? – спросила Долли.

– Ани? (Так звала она дочь свою Анну.) Здорова. Очень поправилась. Ты хочешь видеть ее? Пойдем, я тебе покажу ее. Ужасно много было хлопот, – начала она рассказывать, – с нянями. У нас итальянка была кормилицей. Хорошая, но так глупа! Мы ее хотели отправить, но девочка так привыкла к ней, что все еще держим.

- Но как же вы устроились?.. - начала было Долли вопрос о том, какое имя будет носить девочка; но, заметив вдруг нахмурившееся лицо Анны, она переменила смысл вопроса. - Как же вы устроили? отняли ее уже?

Но Анна поняла.

-. Ты не то хотела спросить? Ты хотела спросить про ее имя? Правда? Это мучает Алексея. У ней нет имени. То есть она Каренина, - сказала Анна, сощурив глаза так, что только видны были сошедшиеся ресницы. - Впрочем, - вдруг просветлев лицом, - об этом мы всё переговорим после. Пойдем, я тебе покажу ее. Elle est très gentille[1]. Она ползает уже.

В детской роскошь, которая во всем доме поражала Дарью Александровну, еще больнее поразила ее. Тут были и тележечки, выписанные из Англии, и инструменты для обучения ходить, и нарочно устроенный диван вроде бильярда, для ползания, и качалки, и ванны особенные, новые. Все это было английское, прочное и добротное и, очевидно, очень дорогое. Комната была большая, очень высокая и светлая.

Когда они вошли, девочка в одной рубашечке сидела в креслице у стола и обедала бульоном, которым она облила себе всю грудку. Девочку кормила и, очевидно, с ней вместе сама ела девушка русская, прислуживавшая в детской. Ни кормилицы, ни няни не было; они были в соседней комнате, и оттуда слышался их говор на странном французском языке, на котором они только и могли между собой изъясняться.

Услыхав голос Анны, нарядная, высокая, с неприятным лицом и нечистым выражением англичанка, поспешно потряхивая белокурыми буклями, вошла в дверь и тотчас же начала оправдываться, хотя Анна ни в чем не обвиняла ее. На каждое слово Анны англичанка поспешно несколько раз приговаривала: «Yes, my lady»[2].

Чернобровая, черноволосая, румяная девочка, с крепеньким, обтянутым куриною кожей, красным тельцем, несмотря на суровое выражение, с которым она посмотрела на новое лицо, очень понравилась Дарье Александровне; она даже позавидовала ее здоровому виду. То, как ползала эта девочка, тоже очень понравилось ей. Ни одни из ее детей так не ползал. Эта девочка, когда ее посадили на ковер и подоткнули сзади платьице, была удивительно мила. Она, как зверок, оглядываясь на больших своими блестящими черными глазами, очевидно радуясь тому, что ею любуются, улыбаясь и боком держа ноги, энергически упиралась на руки и быстро подтягивала весь задок и опять вперед перехватывала ручонками.

---

[1] Она очень мила (фр.).

[2] Да, сударыня (англ.).

Но общий дух детской и в особенности англичанка очень не понравились Дарье Александровне. Только тем, что в такую неправильную семью, как Аннина, не пошла бы хорошая, Дарья Александровна и объяснила себе то, что Анна, с своим знанием людей, могла взять к своей девочке такую несимпатичную, нереспектабельную англичанку. Кроме того, тотчас же по нескольким словам Дарья Александровна поняла, что Анна, кормилица, нянька и ребенок не сжились вместе и что посещение матерью было дело необычное. Анна хотела достать девочке ее игрушку и не могла найти ее.

Удивительнее же всего было то, что на вопрос о том, сколько у ней зубов, Анна ошиблась и совсем не знала про два последние зуба.»

— Мне иногда тяжело, что я как лишняя здесь, — сказала Анна, выходя из детской и занося свой шлейф, чтобы миновать стоявшие у двери игрушки. — Не то было с первым.

— Я думала, напротив, — робко сказала Дарья Александровна.

— О нет! Ведь ты знаешь, я его видела, Сережу, — сказала Анна, сощурившись, точно вглядываясь во что-то далекое. — Впрочем, это мы переговорим после. Ты не поверишь, я как голодный, которому вдруг поставили полный обед, и он не знает, за что взяться. Полный обед — это ты и предстоящие мне разговоры с тобой, которых я ни с кем не могла иметь, и я не знаю, за какой разговор прежде взяться. Mais je ne vous ferai grâce de rien[1]. Мне все надо высказать. Да, надо тебе сделать очерк того общества, которое ты найдешь у нас, — начала она. — Начинаю с дам. Княжна Варвара. Ты знаешь ее, и я знаю твое мнение и Стивы о ней. Стива говорит, что вся цель ее жизни состоит в том, чтобы доказать свое преимущество над тетушкой Катериной Павловной; это все правда; но она добрая, и я ей так благодарна. В Петербурге была минута, когда мне был необходим un chaperon[2]. Тут она подвернулась. Но, право, она добрая. Она много мне облегчила мое положение. Я вижу, что ты не понимаешь всей тяжести моего положения... там, в Петербурге, — прибавила она. — Здесь я совершенно спокойна и счастлива. Ну, да это после. Надо перечислить. Потом Свияжский, — он предводитель, и он очень порядочный человек, но ему что-то нужно от Алексея. Ты понимаешь, с его состоянием, теперь, как мы поселились в деревне, Алексей может иметь большое влияние. Потом Тушкевич, — ты его видела, он был при Бетси. Теперь его отставили, и он приехал к нам. Он, как Алексей говорит, один из тех людей, которые очень приятны, если их принимать за то, чем они хотят казаться, et puis, comme

[1] Но я тебя нисколько не пощажу (фр.).

[2] Компаньонка (фр.).

il faut[1], как говорит княжна Варвара. Потом Весловский... этого ты знаешь. Очень милый мальчик, - сказала она, и плутовская улыбка сморщила ее губы. - Что это за дикая история с Левиным? Весловский рассказывал Алексею, и мы не верим. Il est très gentil et naïf[2], - сказала она опять с тою же улыбкой. - Мужчинам нужно развлечение, и Алексею нужна публика, поэтому я дорожу всем этим обществом. Надо, чтоб у нас было оживленно и весело и чтоб Алексей не желал ничего нового. Потом управляющий, немец, очень хороший и знает свое дело. Алексей очень ценит его. Потом доктор, молодой человек, не то что совсем нигилист, но, знаешь, ест ножом... но очень хороший доктор. Потом архитектор... Une petite cour[3].

XX

- Ну вот вам и Долли, княжна, вы так хотели ее видеть, - сказала Анна, вместе с Дарьей Александровной выходя на большую каменную террасу, на которой в тени, за пяльцами, вышивая кресло для графа Алексея Кирилловича, сидела княжна Варвара. - Она говорит, что ничего не хочет до обеда, но вы велите подать завтракать, а я пойду сыщу Алексея и приведу их всех.

Княжна Варвара ласково и несколько покровительственно приняла Долли и тотчас же начала объяснять ей, что она поселилась у Анны потому, что всегда любила ее больше, чем ее сестра, Катерина Павловна, та самая, которая воспитывала Анну, и что теперь, когда все бросили Анну, она считала своим долгом помочь ей в этот переходный, самый тяжелый период.

- Муж даст ей развод, и тогда я опять уеду в свое уединение, а теперь я могу быть полезна и исполняю свой долг, как мне это ни тяжело, не так, как другие. И как ты мила, как хорошо сделала, что приехала! Они живут совершенно как самые лучшие супруги; их будет судить бог, а не мы. А разве Бирюзовский и Авеньева... А сам Никандров, а Васильев с Мамоновой, а Лиза Нептунова... Ведь никто же ничего не говорил? И кончилось тем, что все их принимали. И потом, c'est un intérieur si joli, si comme il faut. Tout-à-fait

---

[1] И потом, он порядочен *(фр.)*.

[2] Он очень мил и простодушен *(фр.)*.

[3] Маленький двор *(фр.)*.

à l'anglaise. On se réunit le matin au breakfast et puis on se sépare[1]. Всякий делает что хочет до обеда. Обед в семь часов. Стива очень хорошо сделал, что прислал тебя. Ему надо держаться их. Ты знаешь, он через свою мать и брата все может сделать. Потом они делают много добра. Он не говорил тебе про свою больницу? Ce sera admirable[2], – все из Парижа.

Разговор их был прерван Анной, нашедшею общество мужчин в бильярдной и с ними вместе возвращавшеюся на террасу. До обеда еще оставалось много времени, погода была прекрасная, и потому было предложено несколько различных способов провести эти остающиеся два часа. Способов проводить время было очень много в Воздвиженском, и все были не те, какие употреблялись в Покровском.

– Une partie de lawn tennis[3], – улыбаясь своею красивою улыбкой, предложил Весловский. – Мы опять с нами, Анна Аркадьевна.

– Нет, жарко; лучше пройти по саду и в лодке прокатиться, показать Дарье Александровне берега, – предложил Вронский.

– Я на все согласен, – сказал Свияжский.

– Я думаю, что Долли приятнее всего пройтись, не правда ли? А потом уже в лодке, – сказала Анна.

Так и было решено. Весловский и Тушкевич пошли в купальню и там обещали приготовить лодку и подождать.

Двумя парами пошли по дорожке, Анна с Свияжским, Долли с Вронским. Долли была несколько смущена и озабочена тою совершенно новою для нее средой, в которой она очутилась. Отвлеченно, теоретически, она не только оправдывала, но даже одобряла поступок Анны. Как вообще нередко безукоризненно нравственные женщины, уставшие от однообразия нравственной жизни, она издалека не только извиняла преступную любовь, но даже завидовала ей. Кроме того, она сердцем любила Анну. Но в действительности, увидав ее в среде этих чуждых для нее людей, с их новым для Дарьи Александровны хорошим тоном, ей было неловко. В особенности неприятно ей было видеть княжну Варвару, все прощавшую им за те удобства, которыми она пользовалась.

Вообще, отвлеченно, Долли одобряла поступок Анны, но видеть того человека, для которого был сделан этот поступок, было ей неприятно. Кроме того, Вронский никогда не нравился ей. Она считала его очень гордым и не

---

[1] Это такой милый и порядочный дом. Совсем по-английски. Сходятся за утренним завтраком и потом расходятся *(фр.).*

[2] Это будет восхитительно *(фр.).*

[3] Партию в теннис *(фр.).*

видела в нем ничего такого, чем он мог бы гордиться, кроме богатства. Но, против своей воли, он здесь, у себя дома, еще более импонировал ей, чем прежде, и она не могла быть с ним свободна. Она испытывала с ним чувство, подобное тому, которое она испытывала с горничной за кофточку. Как пред горничной ей было не то что стыдно, а неловко за заплатки, так и с ним ей было постоянно не то что стыдно, а неловко за самое себя.

Долли чувствовала себя смущенною и искала предмета разговора. Хотя она и считала, что с его гордостью ему должны быть неприятны похвалы его дома и сада, она, не находя другого предмета разговора, все-таки сказала ему, что ей очень понравился его дом.

– Да, это очень красивое строение и в хорошем старинном стиле, – сказал он.

– Мне очень понравился двор пред крыльцом. Это было так?

– О нет! - сказал он, лицо его просияло от удовольствия. – Если бы вы видели этот двор нынче весной!

И он стал, сначала осторожно, а потом более и более увлекаясь, обращать ее внимание на разные подробности украшения дома и сада. Видно было, что, посвятив много труда на улучшение и украшение своей усадьбы, Вронский чувствовал необходимость похвастаться ими пред новым лицом и от души радовался похвалам Дарьи Александровны.

– Если вы хотите взглянуть на больницу и не устали, то это недалеко. Пойдемте, – сказал он, заглянув ей в лицо, чтоб убедиться, что ей точно было не скучно.

– Ты пойдешь, Анна? – обратился он к ней.

– Мы пойдем. Не правда ли? – обратилась она к Свияжскому. – Mais il ne faut pas laisser le pauvre Весловский et Тушкевич se morfondre là dans le bateau[1]. Надо послать им сказать. Да, это памятник, который он оставит здесь, – сказала Анна, обращаясь к Долли с тою же хитрою, знающею улыбкой, с которою она прежде говорила о больнице.

– О, капитальное дело! - сказал Свияжский. Но, чтобы не показаться поддакивающим Вронскому, он тотчас же прибавил слегка осудительное замечание. – Я удивляюсь, однако, граф, – сказал он, – как вы, так много делая в санитарном отношении для народа, так равнодушны к школам.

– C'est devenu tellement commun, les écoles [2] , – сказал Вронский. – Вы понимаете, не от этого, но так, я увлекся. Так сюда надо в

---

[1] Но не следует заставлять бедного Весловского и Тушкевича томиться в лодке (фр.).

[2] Школы стали слишком обычным делом (фр.).

больницу, - обратился он к Дарье Александровне, указывая на боковой выход из аллеи.

Дамы раскрыли зонтики и вышли на боковую дорожку. Пройдя несколько поворотов и выйдя из калитки, Дарья Александровна увидала пред собой на высоком месте большое красное, затейливой формы, уже почти оконченное строение. Еще не окрашенная железная крыша ослепительно блестела на ярком солнце. Подле оконченного строения выкладывалось другое, окруженное лесами, и рабочие в фартуках на подмостках клали кирпичи и заливали из шаек кладку и ровняли пра́вилами.

- Как быстро идет у вас работа! - сказал Свияжский. - Когда я был в последний раз, еще крыши не было.

- К осени будет все готово. Внутри уже почти все отделано, - сказала Анна.

- А это что же новое?

- Это помещение для доктора и аптеки, - отвечал Вронский, увидав подходившего к нему в коротком пальто архитектора, и, извинившись перед дамами, пошел ему навстречу.

Обойдя творило, из которого рабочие набирали известку, он остановился с архитектором и что-то горячо стал говорить.

- Фронтон все выходит ниже, - ответил он Анне, которая спросила, в чем дело.

- Я говорила, что надо было фундамент поднять, - сказала Анна.

- Да, разумеется, лучше бы было, Анна Аркадьевна, - сказал архитектор, - да уж упущено.

- Да, я очень интересуюсь этим, - отвечала Анна Сияжскому, выразившему удивление к ее знаниям по архитектуре. - Надо, чтобы новое строение соответствовало больнице. А оно придумано после и начато без плана.

Окончив разговор с архитектором, Вронский присоединился к дамам и повел их внутрь больницы.

Несмотря на то, что снаружи еще доделывали карнизы и в нижнем этаже красили, в верху уже почти все было отделано. Пройдя по широкой чугунной лестнице на площадку, они вошли в первую большую комнату. Стены были оштукатурены под мрамор, огромные цельные окна были уже вставлены, только паркетный пол был еще не кончен, и столяры, строгавшие поднятый квадрат, оставили работу, чтобы, сняв тесемки, придерживавшие их волоса, поздороваться с господами.

- Это приемная, - сказал Вронский. - Здесь будет пюпитр, стол, шкаф и больше ничего.

— Сюда, здесь пройдемте. Не подходи к окну, — сказала Анна, пробуя, высохла ли краска. — Алексей, краска уже высохла, — прибавила она.

Из приемной они прошли в коридор. Здесь Вронский показал им устроенную вентиляцию новой системы. Потом он показал ванны мраморные, постели с необыкновенными пружинами. Потом показал одну за другою палаты, кладовую, комнату для белья, потом печи нового устройства, потом тачки, такие, которые не будут производить шума, подвозя по коридору нужные вещи, и много другого. Свияжский оценивал все, как человек, знающий все новые усовершенствования. Долли просто удивлялась не виданному ею до сих пор и, желая все понять, обо всем подробно спрашивала, что доставляло очевидное удовольствие Вронскому.

— Да, я думаю, что это будет в России единственная вполне правильно устроенная больница, — сказал Свияжский.

— А не будет у вас родильного отделения? — спросила Долли. — Это так нужно в деревне. Я часто…

Несмотря на свою учтивость, Вронский перебил ее.

— Это не родильный дом, но больница, и назначается для всех болезней, кроме заразительных, — сказал он. — А вот это взгляните… — и он подкатил к Дарье Александровне вновь выписанное кресло для выздоравливающих. — Вы посмотрите. — Он сел в кресло и стал двигать его. — Он не может ходить, слаб еще или болезнь ног, но ему нужен воздух, и он ездит, катается…

Дарья Александровна всем интересовалась, все ей очень нравилось, но более всего ей нравился сам Вронский с этим натуральным наивным увлечением. «Да, это очень милый, хороший человек», — думала она иногда, не слушая его, а глядя на него и вникая в его выражение и мысленно переносясь в Анну. Он так ей нравился теперь в своем оживлении, что она понимала, как Анна могла влюбиться в него.

XXI

— Нет, я думаю, княгиня устала, и лошади ее не интересуют, — сказал Вронский Анне, предложившей пройти до конного завода, где Свияжский хотел видеть нового жеребца. — Вы подите, а я провожу княгиню домой, и мы поговорим, — сказал он, — если вам приятно, — обратился он к ней.

— В лошадях я ничего не понимаю, и я очень рада, — сказала несколько удивленная Дарья Александровна.

Она видела по лицу Вронского, что ему чего-то нужно было от нее. Она не ошиблась. Как только они вошли через калитку опять в сад, он посмотрел в ту сторону, куда пошла Анна, и, убедившись, что она не может ни слышать, ни видеть их, начал:

— Вы угадали, что мне хотелось поговорить с вами? — сказал он смеющимися глазами глядя на нее. — Я не ошибаюсь, что вы друг Анны. — Он снял шляпу и, достав платок, отер им свою плешивевшую голову.

Дарья Александровна ничего не ответила и только испуганно поглядела на него. Когда она осталась с ним наедине, ей вдруг сделалось страшно: смеющиеся глаза и строгое выражение лица пугали ее.

Самые разнообразные предположения того, о чем он сбирается говорить с нею, промелькнули у нее в голове: «Он станет просить меня переехать гостить к ним с детьми, и я должна буду отказать ему; или о том, чтобы я в Москве составила круг для Анны... Или не о Васеньке ли Весловском и его отношениях к Анне? А может быть, о Кити, о том, что он чувствует себя виноватым?» Она предвидела все только неприятное, но не угадала того, о чем он хотел говорить с ней.

— Вы имеете такое влияние на Анну, она так любит вас, — сказал он, — помогите мне.

Дарья Александровна вопросительно-робко смотрела на его энергическое лицо, которое то все, то местами выходило на просвет солнца в тени лип, то опять омрачалось тенью, и ожидала того, что он скажет дальше, но он, цепляя тростью за щебень, молча шел подле нее.

— Если вы приехали к нам, вы, единственная женщина из прежних друзей Анны, — я не считаю княжну Варвару, — то я понимаю, что вы сделали это не потому, что вы считаете наше положение нормальным, но потому, что вы, понимая всю тяжесть этого положения, все так же любите ее и хотите помочь ей. Так ли я вас понял? — спросил он, оглянувшись на нее.

— О да, — складывая зонтик, ответила Дарья Александровна, — но...

— Нет, — перебил он и невольно, забывшись, что он этим ставит в неловкое положение свою собеседницу, остановился, так что и она должна была остановиться. — Никто больше и сильнее меня не чувствует всей тяжести положения Анны. И это понятно, если вы делаете мне честь считать меня за человека, имеющего сердце. Я причиной этого положения, и потому я чувствую его.

— Я понимаю, — сказала Дарья Александровна, невольно любуясь им, как он искренно и твердо сказал это. — Но именно потому, что вы себя чувствуете причиной, вы преувеличиваете, я боюсь, — сказала она. — Положение ее тяжело в свете, я понимаю.

— В свете это ад! — мрачно нахмурившись, быстро проговорил он. — Нельзя представить себе моральных мучений хуже тех, которые она пережила в две недели в Петербурге... и я прошу вас верить этому.

- Да, но здесь, до тех пор, пока ни Анна... ни вы не чувствуете нужды в свете...

- Свет! - с презрением сказал он. - Какую я могу иметь нужду в свете?

- До тех пор - а это может быть всегда - вы счастливы и спокойны. Я вижу по Анне, что она счастлива, совершенно счастлива, она успела уже сообщить мне, - сказала Дарья Александровна, улыбаясь; и невольно, говоря это, она теперь усумнилась в том, действительно ли Анна счастлива.

Но Вронский, казалось, не сомневался в этом.

- Да, да, - сказал он. - Я знаю, что она ожила после всех ее страданий; она счастлива. Она счастлива настоящим. Но я?.. я боюсь того, что ожидает нас... Виноват, вы хотите идти?

- Нет, все равно.

- Ну, так сядемте здесь.

Дарья Александровна села на садовую скамейку в углу аллеи. Он остановился пред ней.

- Я вижу, что она счастлива, - повторил он, и сомнение в том, счастлива ли она, еще сильнее поразило Дарью Александровну. - Но может ли это так продолжаться? Хорошо ли, дурно ли мы поступили, это другой вопрос; но жребий брошен, - сказал он, переходя с русского на французский язык, - и мы связаны на всю жизнь. Мы соединены самыми святыми для нас узами любви. У нас есть ребенок, у нас могут быть еще дети. Но закон и все условия нашего положения таковы, что являются тысячи компликаций, которых она теперь, отдыхая душой после всех страданий и испытаний, не видит и не хочет видеть. И это понятно. Но я не могу не видеть, Моя дочь по закону - не моя дочь, а Каренина. Я не хочу этого обмана! - сказал он с энергическим жестом отрицания и мрачно-вопросительно посмотрел на Дарью Александровну.

Она ничего не отвечала и только смотрела на него. Он продолжал:

- И завтра родится сын, мой сын, и он по закону - Каренин, он не наследник ни моего имени, ни моего состояния, и как бы мы счастливы ни были в семье и сколько бы у нас ни было детей, между мною и ими нет связи. Они Каренины. Вы поймите тягость и ужас этого положения! Я пробовал говорить про это Анне. Это раздражает ее. Она не понимает, и я не могу *ей* высказать все. Теперь посмотрите с другой стороны. Я счастлив ее любовью, но я должен иметь занятия. Я нашел это занятие, и горжусь этим занятием, и считаю его более благородным, чем занятия моих бывших товарищей при дворе и по службе. И уже, без сомнения, не променяю этого дела на их дело. Я работаю здесь, сидя на месте, и я счастлив, доволен и нам ничего более не нужно для счастья. Я люблю эту деятельность. Cela n'est pas un pis-aller[1], напротив…

Дарья Александровна заметила, что в этом месте своего объяснения он путал, и не понимала хорошенько этого отступления, но чувствовала, что, раз начав говорить о своих задушевных отношениях, о которых он не мог говорить с Анной, он теперь высказывал все и что вопрос о его деятельности в деревне находился в том же отделе задушевных мыслей, как и вопрос о его отношениях к Анне.

– Итак, я продолжаю, – сказал он очнувшись. – Главное же то, что, работая, необходимо иметь убеждение, что дело мое не умрет со мной, что у меня будут наследники, – а этого у меня нет. Представьте себе положение человека, который знает вперед, что дети его и любимой им женщины не будут его, а чьи-то, кого-то того, кто их ненавидит и знать не хочет. Ведь это ужасно!

Он замолчал, очевидно, в сильном волнении.

– Да, разумеется, я это понимаю. Но что же может Анна? – сказала Дарья Александровна.

– Да, это приводит меня к цели моего разговора, – сказал он, с усилием успокоиваясь. – Анна может, это зависит от нее… Даже для того, чтобы просить государя об усыновлении, необходим развод. А это зависит от Анны. Муж ее согласен был на развод – тогда ваш муж совсем устроил это. И теперь, я знаю, он не отказал бы. Стоило бы только Анне написать ему. Он прямо отвечал тогда, что если она выразит желание, он не откажет. Разумеется, – сказал он мрачно, – это одна из этих фарисейских жестокостей, на которые способны только эти люди без сердца. Он знает, какого мучения ей стоит всякое воспоминание о нем, и, зная ее, требует от нее письма. Я понимаю, что ей мучительно. Но причины так важны, что надо passer par dessus toutes ces finesses de sentiment. Jl y va du bonheur et de l'existence d'Anne et de ses enfants[2]. Я о себе не говорю, хотя мне тяжело, очень тяжело, – сказал он с выражением угрозы кому-то за то, что ему было тяжело. – Так вот, княгиня, я за вас бессовестно хватаюсь, как за якорь спасения. Помогите мне уговорить ее писать ему и требовать развода!

– Да, разумеется, – задумчиво сказала Дарья Александровна, вспомнив живо свое последнее свидание с Алексеем Александровичем. – Да, разумеется, – сказала она решительно, вспомнив Анну.

---

[1] И не потому, что нет лучшей (фр.).

[2] Перешагнуть через все эти тонкости чувства. Дело идет о счастье и о судьбе Анны и ее детей (фр.).

- Употребите ваше влияние на нее, сделайте, чтоб она написала. Я не хочу и почти не могу говорить с нею про это.

- Хорошо, я поговорю. Но как же она сама не думает? - сказала Дарья Александровна, вдруг почему-то при этом вспоминая странную новую привычку Анны щуриться. И ей вспомнилось, что Анна щурилась, именно когда дело касалось задушевных сторон жизни. «Точно она на свою жизнь щурится, чтобы не все видеть», - подумала Долли. - Непременно, я для себя и для нее буду говорить с ней, - отвечала Дарья Александровна на его выражение благодарности.

Они встали и пошли к дому.

XXII

Застав Долли уже вернувшеюся, Анна внимательно посмотрела ей в глаза, как бы спрашивая о том разговоре, который она имела с Вронским, но не спросила словами.

- Кажется, уж пора к обеду, - сказала она. - Совсем мы не видались еще. Я рассчитываю на вечер. Теперь надо идти одеваться. Я думаю, и ты тоже. Мы все испачкались на постройке.

Долли пошла в свою комнату, и ей стало смешно. Одеваться ей было не во что, потому что она уже надела лучшее платье: но, чтоб ознаменовать чем-нибудь свое приготовление к обеду, она попросила горничную обчистить ей платье, переменила рукавчики и бантик и надела кружева на голову.

- Вот все, что я могла сделать, - улыбаясь, сказала она Анне, которая в третьем, опять в чрезвычайно простом, платье вышла к ней.

- Да, мы здесь очень чопорны, - сказала она, как бы извиняясь за свою нарядность. - Алексей доволен твоим приездом, как он редко бывает чем-нибудь. Он решительно влюблен в тебя, - прибавила она. - А ты не устала?

До обеда не было времени говорить о чем-нибудь. Войдя в гостиную, они застали там уже княжну Варвару и мужчин в черных сюртуках. Архитектор был во фраке. Вронский представил гостье доктора и управляющего. Архитектора он познакомил с нею еще в больнице.

Толстый дворецкий, блестя круглым бритым лицом и крахмаленым бантом белого галстука, доложил, что кушанье готово, и дамы поднялись. Вронский попросил Свияжского подать руку Анне Аркадьевне, а сам подошел к Долли. Весловский прежде Тушкевича подал руку княжне Варваре, так что Тушкевич с управляющим и доктором пошли одни.

Обед, столовая, посуда, прислуга, вино и кушанье не только соответствовали общему тону новой роскоши дома, но, казалось, были еще роскошнее и новее всего. Дарья Александровна наблюдала эту новую для себя роскошь и, как хозяйка, ведущая дом, – хотя и не надеясь ничего из виденного применить к своему дому, так это все по роскоши было далеко выше ее образа жизни, – невольно вникала во все подробности и задавала себе вопрос, кто и как это все сделал. Васенька Весловский, ее муж и даже Свияжский и много людей, которых она знала, никогда не думали об этом, а верили на слово тому, что всякий порядочный хозяин желает дать почувствовать своим гостям, именно, что все, что так хорошо у него устроено, не стоило ему, хозяину, никакого труда, а сделалось само собой. Дарья же Александровна знала, что само собой не бывает даже кашки к завтраку детям и что потому при таком сложном и прекрасном устройстве должно было быть положено чье-нибудь усиленное внимание. И по взгляду Алексея Кирилловича, как он оглядел стол, и как сделал знак головой дворецкому, и как предложил Дарье Александровне выбор между ботвиньей и супом, она поняла, что все это делается и поддерживается заботами самого хозяина. От Анны, очевидно, зависело все это не более, как и от Весловского. Она, Свияжский, княжна и Весловский были одинаково гости, весело пользующиеся тем, что для них было приготовлено.

Анна была хозяйкой только по ведению разговора. И этот разговор, весьма трудный для хозяйки дома при небольшом столе, при лицах, как управляющий и архитектор, лицах совершенно другого мира, старающихся не робеть пред непривычною роскошью и не могущих принимать долгого участия в общем разговоре; этот трудный разговор Анна вела со своим обычным тактом, естественностью и даже удовольствием, как замечала Дарья Александровна.

Разговор зашел о том, как Тушкевич с Весловским одни ездили в лодке, и Тушкевич стал рассказывать про последние гонки в Петербурге в Яхт-клубе. Но Анна, выждав перерыв, тотчас же обратилась к архитектору, что бы вывести его из молчания.

– Николай Иванович был поражен, – сказала она про Свияжского, – как выросло новое строение с тех пор, как он был здесь последний раз; но я сама каждый день бываю и каждый день удивляюсь, как скоро идет.

– С его сиятельством работать хорошо, – сказал с улыбкой архитектор (он был с сознанием своего достоинства, почтительный и спокойный человек). – Не то что иметь дело с губернскими властями. Где бы стопу бумаги исписали, я графу доложу, потолкуем, и в трех словах.

– Американские приемы, – сказал Свияжский, улыбаясь.

– Да-с, там воздвигаются здания рационально…

Разговор перешел на злоупотребления властей в Соединенных Штатах, но Анна тотчас же перевала его на другую тему, чтобы вызвать, управляющего из молчания.

— Ты видела когда-нибудь жатвенные машины? — обратилась она к Дарье Александровне. — Мы ездили смотреть, когда тебя встретили. Я сама в первый раз видела.

— Как же они действуют? — спросила Долли.

— Совершенно как ножницы. Доска и много маленьких ножниц. Вот этак.

Анна взяла своими красивыми, белыми, покрытыми кольцами руками ножик и вилку и стала показывать. Она, очевидно, видела, что из ее объяснения ничего не поймется, но, зная, что она говорит приятно и что руки ее красивы, она продолжала объяснение.

— Скорее ножички перочинные, — заигрывая, сказал Весловский, не спускавший с нее глаз.

Анна чуть заметно улыбнулась, но не отвечала ему.

— Не правда ли, Карл Федорыч, что как ножницы? — обратилась она к управляющему.

— O ja, — отвечал немец. — Es ist ein ganz einfaches Ding[1], — и начал объяснять устройство машины.

— Жалко, что она не вяжет. Я видел на Венской выставке, вяжет проволокой, — сказал Свияжский. — Те выгоднее бы были.

— Es kommt drauf an... Der Preis vom Draht muss ausgerechnet werden[2]. — И немец, вызванный из молчанья, обратился к Вронскому: — Das lässt sich ausrechnen, Erlaucht[3]. — Немец уже взялся было за карман, где у него был карандаш в книжечке, в которой он все вычислял, но, вспомнив, что он сидит за обедом, и заметив холодный взгляд Вронского, воздержался. — Zu complicirt, macht zu viel Klopot[4], — заключил он.

---

[1] О да. Это совсем просто (нем.).

[2] Все сводится к тому... Нужно подсчитать цену проволоки (нем.).

[3] Это можно подсчитать, ваше сиятельство (нем.).

[4] Слишком сложно, будет очень много хлопот (нем.).

- Wünscht man Dochots, so hat man auch Klopots[1], – сказал Васенька Весловский, подтрунивая над немцем. – J'adore l'allemand[2], – обратился он опять с той же улыбкой к Анне.

- Cessez[3], – сказала она ему шутливо-строго.

- А мы думали вас застать на поле, Василий Семеныч, – обратилась она к доктору, человеку болезненному, – вы были там?

- Я был там, но улетучился, – с мрачною шутливостью отвечал доктор.

- Стало быть, вы хороший моцион сделали.

- Великолепный!

- Ну, а как здоровье старухи? надеюсь, что не тиф?

- Тиф не тиф, а не в авантаже обретается.

- Как жаль! – сказала Анна и, отдав таким образом дань учтивости домочадцам, обратилась к своим.

- А все-таки, по вашему рассказу, построить машину трудно было бы, Анна Аркадьевна, – шутя сказал Свияжский.

- Нет, отчего же? – сказала Анна с улыбкой, которая говорила, что она знала, что в ее толковании устройства машины было что-то милое, замеченное и Свияжским. Эта новая черта молодого кокетства неприятно поразила Долли.

- Но зато в архитектуре знания Анны Аркадьевны удивительны, – сказал Тушкевич.

- Как же, я слышал, вчера Анна Аркадьевна говорила: в стробу и плинтусы, – сказал Весловский. – Так я говорю?

- Ничего удивительного нет, когда столько видишь и слышишь, – сказал Анна. – А вы, верно, не знаете даже, из чего делают дома?

Дарья Александровна видела, что Анна недовольна была тем тоном игривости, который был между нею и Весловским, но сама невольно впадала в него.

Вронский поступал в этом случае совсем не так, как Левин. Он, очевидно, не приписывал болтовне Весловского никакой важности и, напротив, поощрял эти шутки.

- Да ну скажите, Весловский, чем соединяют камни?

---

[1] Кто хочет иметь доходы, тот должен иметь хлопоты *(нем.)*.

[2] Обожаю немецкий язык *(фр.)*.

[3] Перестаньте *(фр.)*.

– Разумеется, цементом.

– Браво! А что такое цемент?

– Так, вроде размазни… нет, замазки, – возбуждая общий хохот, сказал Весловский.

Разговор между обедавшими, за исключением погруженных в мрачное молчание доктора, архитектора и управляющего, не умолкал, где скользя, где цепляясь и задевая кого-нибудь за живое. Один раз Дарья Александровна была задета за живое и так разгорячилась, что даже покраснела, и потом уже вспоминала, не сказано ли ею чего-нибудь лишнего и неприятного. Свияжский заговорил о Левине, рассказывая его странные суждения о том, что машины только вредны в русском хозяйстве.

– Я не имею удовольствия знать этого господина Левина, – улыбаясь, сказал Вронский, – но, вероятно, он никогда не видал тех машин, которые он осуждает. А если видел и испытывал, то кое-как, и не заграничную, а какую-нибудь русскую. А какие же тут могут быть взгляды?

– Вообще турецкие взгляды, – обратясь к Анне, с улыбкой сказал Весловский.

– Я не могу защищать его суждений, – вспыхнув, сказала Дарья Александровна, – но я могу сказать, что он очень образованный человек, и если б он был тут, он бы вам знал, что ответить, но я не умею.

– Я его очень люблю, и мы с ним большие приятели, – добродушно улыбаясь, сказал Свияжский. – Mais pardon, il est un petit peu toqué:[1] например, он утверждает, что и земство, и мировые суды – все не нужно, и ни в чем не хочет участвовать.

– Это наше русское равнодушие, – сказал Вронский наливая воду из ледяного графина в тонкий стакан на ножке, – не чувствовать обязанностей, которые налагают на нас наши права, и потому отрицать эти обязанности.

– Я не знаю человека более строгого в исполнении своих обязанностей, – сказала Дарья Александровна, раздраженная этим тоном превосходства Вронского.

– Я, напротив, – продолжал Вронский, очевидно почему-то затронутый за живое этим разговором, – я, напротив, каким вы меня видите, очень благодарен за честь, которую мне сделали, вот благодаря Николаю Иванычу (он указал на Свияжского), избрав меня почетным мировым судьей. Я считаю, что для меня обязанность отправляться на съезд, обсуждать дело мужика о лошади так же важна, как и все, что я могу сделать. И буду за честь считать, если меня выберут гласным. Я этим только могу отплатить за те выгоды, которыми я пользуюсь как землевладелец. К несчастию, не

---

[1] Но, простите, он немного с причудами (фр.).

понимают того значения, которое должны иметь в государстве крупные землевладельцы.

Дарье Александровне странно было слушать, как он был спокоен в своей правоте у себя за столом. Она вспомнила, как Левин, думающий противоположное, был так же решителен в своих суждениях у себя за столом. Но она любила Левина и потому была на его стороне.

– Так мы можем рассчитывать на вас, граф, на следующий съезд? – сказал Свияжский. – Но надо ехать раньше, чтобы восьмого уже быть там. Если бы вы мне сделали честь приехать ко мне?

– А я немного согласна с твоим beau-frère, – сказала Анна. – Только не так, как он, – прибавила она с улыбкой. – Я боюсь, что в последнее время у нас слишком много этих общественных обязанностей. Как прежде чиновников было так много, что для всякого дела нужен был чиновник, так теперь всё общественные деятели. Алексей теперь здесь шесть месяцев, и он уж член, кажется, пяти или шести разных общественных учреждений – попечительство, судья, гласный, присяжный, конской что-то. Du train que cela va[1] все время уйдет на это. И я боюсь, что при таком множестве этих дел это только форма. Вы скольких мест член, Николай Иваныч? – обратилась она к Свияжскому. – Кажется, больше двадцати?

Анна говорила шутливо, но в тоне ее чувствовалось раздражение. Дарья Александровна, внимательно наблюдавшая Анну и Вронского, тотчас же заметила это. Она заметила тоже, что лицо Вронского при этом разговоре тотчас же приняло серьезное и упорное выражение. Заметив это и то, что княжна Варвара тотчас же, чтобы переменить разговор, поспешно заговорила о петербургских знакомых, и, вспомнив то, что некстати говорил Вронский в саду о своей деятельности, Долли поняла, что с этим вопросом об общественной деятельности связывалась какая-то интимная ссора между Анной и Вронским.

Обед, вина, сервировка – все было очень хорошо, но все это было такое, какое видела Дарья Александровна на званых больших обедах и балах, от которых она отвыкла, и с тем же характером безличности и напряженности; и потому в обыкновенный день и в маленьком кружке все это произвело на нее неприятное впечатление.

После обеда посидели на террасе. Потом стали играть в lawn tennis. Игроки, разделившись на две партии, расстановились на тщательно выровненном и убитом *крокетграунде,* по обе стороны натянутой сетки с золочеными столбиками. Дарья Александровна попробовала было играть, но долго не могла понять игры, а когда поняла, то так устала, что села с княжной Варварой и только смотрела на играющих. Партнер ее Тушкевич

---

[1] Благодаря такому образу жизни *(фр.).*

тоже отстал; но остальные долго продолжали игру. Свияжский и Вронский оба играли очень хорошо и серьезно. Они зорко следили за кидаемым к ним мячом, не торопясь и не мешкая, ловко подбегали к нему, выжидали прыжок и, метко и верно поддавая мяч ракетой, перекидывали за сетку. Весловский играл хуже других. Он слишком горячился, но зато весельем своим одушевлял играющих. Его смех и крики не умолкали. Он снял, как и другие мужчины, с разрешения дам, сюртук, и крупная красивая фигура его в белых рукавах рубашки, с румяным потным лицом и порывистые движения так и врезывались в память.

Когда Дарья Александровна в эту ночь легла спать, как только она закрывала глаза, она видела метавшегося по *крокетграунду* Васеньку Весловского.

Во время же игры Дарье Александровне было невесело. Ей не нравилось продолжавшееся при этом игривое отношение между Васенькой Весловским и Анной и та общая ненатуральность больших, когда они одни, без детей, играют в детскую игру. Но, чтобы не расстроить других и как-нибудь провести время, она, отдохнув, опять присоединилась к игре и притворилась, что ей весело. Весь этот день ей все казалось, что она играет на театре с лучшими, чем она, актерами и что ее плохая игра портит все дело.

Она приехала с намерением пробыть два дня, если поживется. Но вечером же, во время игры, она решила, что уедет завтра. Те мучительные материнские заботы, которые она так ненавидела дорогой, теперь, после дня, проведенного без них, представлялись ей уже в другом свете и тянули ее к себе.

Когда после вечернего чая и ночной прогулки в лодке Дарья Александровна вошла одна в свою комнату, сняла платье и села убирать свои жидкие волосы на ночь, она почувствовала большое облегчение.

Ей даже неприятно было думать, что Анна сейчас придет к ней. Ей хотелось побыть одной с своими мыслями.

XXIII

Долли уже хотела ложиться, когда Анна в ночном костюме вошла к ней.

В продолжение дня несколько раз Анна начинала разговоры о задушевных делах и каждый раз, сказав несколько слов, останавливалась. «После, наедине все переговорим. Мне столько тебе нужно сказать», - говорила она.

Теперь они были наедине, и Анна не знала, о чем говорить. Она сидела у окна, глядя на Долли и перебирая в памяти все те, казавшиеся неистощимыми, запасы задушевных разговоров, и не находила ничего. Ей казалось в эту минуту, что все уже было сказано.

— Ну, что Кити? — сказала она, тяжело вздохнув и виновато глядя на Долли. — Правду скажи мне, Долли, не сердится она на меня?

— Сердится? Нет, — улыбаясь, сказала Дарья Александровна.

— Но ненавидит, презирает?

— О нет! Но ты знаешь, это не прощается.

— Да, да, — отвернувшись и глядя в открытое окно, сказала Анна. — Но я не была виновата. И кто виноват? Что такое виноват? Разве могло быть иначе? Ну, как ты думаешь? Могло ли быть, чтобы ты была не жена Стивы?

— Право, не знаю. Но вот что ты мне скажи...

— Да, да, но мы не кончили про Кити. Она счастлива? Он прекрасный человек, говорят.

— Это мало сказать, что прекрасный. Я не знаю лучше человека.

— Ах, как я рада! Я очень рада! Мало сказать, что прекрасный человек, — повторила она.

Долли улыбнулась.

— Но ты мне скажи про себя. Мне с тобой длинный разговор. И мы говорили с... — Долли не знала, как его назвать. Ей было неловко называть его графом и Алексей Кириллычем.

— С Алексеем, — сказала Анна, — я знаю, что вы говорили. Но я хотела спросить тебя прямо, что ты думаешь обо мне, о моей жизни?

— Как так вдруг сказать? Я, право, не знаю.

— Нет, ты мне все-таки скажи... Ты видишь мою жизнь. Но ты не забудь, что ты нас видишь летом, когда ты приехала, и мы не одни... Но мы приехали раннего весной, жили совершенно одни и будем жить одни, и лучше этого я ничего не желаю. Но представь себе, что я живу одна без него, одна, а это будет... Я по всему вижу, что это часто будет повторяться, что он половину времени будет вне дома, — сказала она, вставая и присаживаясь ближе к Долли.

— Разумеется, — перебила она Долли, хотевшую возразить, — разумеется, — я насильно не удержу его. Я и не держу. Нынче скачки, его лошади скачут, он едет, и я очень рада. Но ты подумай обо мне, представь себе мое положение... Да что говорить про это! — Она улыбнулась. — Так о чем же он говорил с тобой?

— Он говорил о том, о чем я сама хочу говорить, и мне легко быть его адвокатом: о том, нет ли возможности и нельзя ли... — Дарья Александровна запнулась, — исправить, улучшить твое положение... Ты знаешь, как я смотрю... Но все-таки, если возможно, надо выйти замуж...

– То есть развод? – сказала Анна. – Ты знаешь, единственная женщина, которая приехала ко мне в Петербурге, это была Бетси Тверская? Ты ведь ее знаешь? Au fond c'est la femme la plus dépravée qui existe[1]. Она была в связи с Тушкевичем, самым гадким образом обманывая мужа. И она мне сказала, что она меня знать не хочет, пока мое положение будет неправильно. Не думай, чтобы я сравнивала... Я знаю тебя, душенька моя. Но я невольно вспомнила... Ну, так что же он сказал тебе? – повторила она.

– Он сказал, что страдает за тебя и за себя. Может быть, ты скажешь, что это эгоизм, но такой законный и благородный эгоизм! Ему хочется, во-первых, узаконить свою дочь и быть твоим мужем, иметь право на тебя.

– Какая жена, раба, может быть до такой степени рабой, как я, в моем положении? – мрачно перебила она.

– Главное же, чего он хочет... хочет, чтобы ты не страдала.

– Это невозможно! Ну?

– Ну, и самое законное – он хочет, чтобы дети ваши имели имя.

– Какие же дети? – не глядя на Долли и щурясь, сказала Анна.

– Ани и будущие...

– Это он может быть спокоен, у меня не будет больше детей.

– Как же ты можешь сказать, что не будет?..

– Не будет, потому что я этого не хочу.

И, несмотря на все свое волнение, Анна улыбнулась, заметив наивное выражение любопытства, удивления и ужаса на лице Долли.

– Мне доктор сказал после моей болезни . . . .

– Не может быть! – широко открыв глаза, сказала Долли. Для нее это было одно из тех открытий, следствия и выводы которых так огромны, что в первую минуту только чувствуется, что сообразить всего нельзя, но что об этом много и много придется думать.

Открытие это, вдруг объяснившее для нее все те непонятные для нее прежде семьи, в которых было только по одному и по два ребенка, вызвало в ней столько мыслей, соображений и противоречивых чувств, что она ничего не умела сказать и только широко раскрытыми глазами удивленно смотрела на Анну. Это было то самое, о чем она мечтала еще нынче дорогой, но теперь, узнав, что это возможно, она ужаснулась. Она чувствовала, что это было слишком простое решение слишком сложного вопроса.

– N'est ce pas immoral?[2] —только сказала она, помолчав.

---

[1] В сущности – это развратнейшая женщина *(фр.).*

[2] Разве это не безнравственно? *(фр.)*

– Отчего? Подумай, у меня выбор из двух: или быть беременною, то есть больною, или быть другом, товарищем своего мужа, все равно мужа, – умышленно поверхностным и легкомысленным тоном сказала Анна.

– Ну да, ну да, – говорила Дарья Александровна, слушая те самые аргументы, которые она сама себе приводила, и не находя в них более прежней убедительности.

– Для тебя, для других, – говорила Анна, как будто угадывая ее мысли, – еще может быть сомнение; но для меня… Ты пойми, я не жена; он любит меня до тех пор, пока любит. И что ж, чем я поддержу его любовь? Вот этим?

Она вытянула белые руки пред животом.

С необыкновенною быстротой, как это бывает в минуты волнения, мысли и воспоминания толпились в голове Дарьи Александровны. «Я, – думала она, – не привлекала к себе Стиву; он ушел от меня к другим, и та первая, для которой он изменил мне, не удержала его тем, что она была всегда красива и весела. Он бросил ту и взял другую. И неужели Анна этим привлечет и удержит графа Вронского? Если он будет искать этого, то найдет туалеты и манеры еще более привлекательные и веселые. И как ни белы, как ни прекрасны ее обнаженные руки, как ни красив весь ее полный стан, ее разгоряченное лицо из-за этих черных волос, он найдет еще лучше, как ищет и находит мой отвратительный, жалкий и милый муж».

Долли ничего не отвечала и только вздохнула. Анна заметила этот вздох, высказывавший несогласие, и продолжала. В запасе у ней были еще аргументы, уже столь сильные, что отвечать на них ничего нельзя было.

– Ты говоришь, что это нехорошо? Но надо рассудить, – продолжала она. – Ты забываешь мое положение. Как я могу желать детей? Я не говорю про страдания, я их не боюсь. Подумай, кто будут мои дети? Несчастные дети, которые будут носить чужое имя. По самому своему рождению они будут поставлены в необходимость стыдиться матери, отца, своего рождения.

– Да ведь для этого-то и нужен развод.

Но Анна не слушала ее. Ей хотелось договорить те самые доводы, которыми она столько раз убеждала себя.

– Зачем же мне дан разум, если я не употреблю его на то, чтобы не производить на свет несчастных?

Она посмотрела на Долли, но, не дождавшись ответа, продолжала:

– Я бы всегда чувствовала себя виноватою пред этими несчастными детьми, – сказала она. – Если их нет, то они не несчастны по крайней мере, а если они несчастны, то я одна в этом виновата.

Это были те самые доводы, которые Дарья Александровна приводила самой себе; но теперь она слушала и не понимала их. «Как быть виноватою пред существами не существующими?» - думала она. И вдруг ей пришла мысль: могло ли быть в каком-нибудь случае лучше для ее любимца Гриши, если б он никогда не существовал? И это ей показалось так дико, так странно, что она помотала головой, чтобы рассеять эту путаницу кружащихся сумасшедших мыслей.

- Нет, я не знаю, это не хорошо, - только сказал она с выражением гадливости на лице.

- Да, но ты не забудь, чтó ты и чтó я... И кроме того, - прибавила Анна, несмотря на богатство своих доводов и на бедность доводов Долли, как будто все-таки сознаваясь, что это не хорошо, - ты не забудь главное, что я теперь нахожусь не в том положении, как ты. Для тебя вопрос: желаешь ли ты не иметь более детей, а для меня: желаю ли иметь я их. И это большая разница. Понимаешь, что я не могу этого желать в моем положении.

Дарья Александровна не возражала. Она вдруг почувствовала, что стала уж так далека от Анны, что между ними существуют вопросы, в которых они никогда не сойдутся и о которых лучше не говорить.

XXIV

- Так тем более тебе надо устроить свое положение если возможно, - сказала Долли.

- Да, если возможно, - сказала Анна вдруг совершенно другим, тихим и грустным голосом.

- Разве невозможен развод? Мне говорили, что муж твой согласен.

- Долли! Мне не хочется говорить про это.

- Ну, не будем, - поспешила сказать Дарья Александровна, заметив выражение страдания на лице Анны. Я только вижу, что ты слишком мрачно смотришь.

- Я? Нисколько. Я очень весела и довольна. Ты видела, je fais des passions[1]. Весловский...

- Да, если правду сказать, мне не понравился тон Весловского, - сказала Дарья Александровна, желая переменить разговор.

- Ах, нисколько! Это щекотит Алексея и больше ничего; но он мальчик и весь у меня в руках; ты понимаешь, я им управляю, как хочу. Он все равно, что твой Гриша... Долли! - вдруг переменила она речь, - ты говоришь, что я мрачно смотрю. Ты не можешь понимать. Это слишком ужасно. Я стараюсь вовсе не смотреть.

---

[1] Я имею успех (фр.).

– Но, мне кажется, надо. Надо сделать все, что можно.

– Но что же можно? Ничего. Ты говоришь, выйти замуж за Алексея и что я не думаю об этом. Я не думаю об этом!! – повторила она, и краска выступила ей на лицо. Она встала, выпрямила грудь, тяжело вздохнула и стала ходить своею легкою походкой взад и вперед по комнате, изредка останавливаясь. – Я не думаю? Нет дня, часа, когда бы я не думала и не упрекала себя за то, что думаю… потому что мысли об этом могут с ума свести. С ума свести, – повторила она. – Когда я думаю об этом, то я уже не засыпаю без морфина. Но хорошо. Будем говорить спокойно. Мне говорят – развод. Во-первых, *он* не даст мне его. *Он* теперь под влиянием графини Лидии Ивановны.

Дарья Александровна, прямо вытянувшись на стуле, со страдальчески-сочувствующим лицом следила, поворачивая голову, за ходившею Анной.

– Надо попытаться, – тихо сказала она.

– Положим, попытаться. Что это значит? – сказала она, очевидно мысли, тысячу раз передуманные и наизусть заученные. – Это значит, мне, ненавидящей его, но все-таки признающей себя виноватою пред ним, – и я считаю его великодушным, – мне унизиться писать ему… Ну, положим, я сделаю усилие, сделаю это. Или я получу оскорбительный ответ, или согласие. Хорошо, я получила согласие… – Анна в это время была в дальнем конце комнаты и остановилась там, что-то делая с гардиной окна. – Я получу согласие, а сы… сын? Ведь они мне не отдадут его. Ведь он вырастет, презирая меня, у отца, которого я бросила. Ты пойми, что я люблю, кажется, равно, но обоих больше себя, два существа – Сережу и Алексея.

Она вышла на середину комнаты и остановилась пред Долли, сжимая руками грудь. В белом пеньюаре фигура ее казалась особенно велика и широка. Она нагнула голову и исподлобья смотрела сияющими мокрыми глазами на маленькую, худенькую и жалкую в своей штопаной кофточке и ночном чепчике, всю дрожавшую от волнения Долли.

– Только эти два существа я люблю, и одно исключает другое. Я не могу их соединить, а это мне одно нужно. А если этого нет, то все равно. Все, все равно. И как-нибудь кончится, и потому я не могу, не люблю говорить про это. Так ты не упрекай меня, не суди меня ни в чем. Ты не можешь со своею чистотой понять всего того, чем я страдаю.

Она подошла, села рядом с Долли и, с виноватым выражением вглядываясь в ее лицо, взяла ее за руку.

– Что ты думаешь? Что ты думаешь обо мне? Ты не презирай меня. Я не стою презрения. Я именно несчастна. Если кто несчастен, так это я, – выговорила она и, отвернувшись от нее, заплакала.

Оставшись одна, Долли помолилась богу и легла в постель. Ей всею душой было жалко Анну в то время, как она говорила с ней; но теперь она не могла себя заставит думать о ней. Воспоминания о доме и детях с особенною, новою для нее прелестью, в каком-то новом сиянии возникали в ее воображении. Этот ее мир показался ей теперь так дорог и мил, что она ни за что не хотела вне его провести лишний день и решила, что завтра непременно уедет.

Анна между тем, вернувшись в свой кабинет, взяла рюмку и накапала в нее несколько капель лекарства, в котором важную часть составлял морфин, и, выпив и посидев несколько времени неподвижно, успокоенная, с спокойным и веселым духом пошла в спальню.

Когда она вошла в спальню, Вронский внимательно посмотрел на нее. Он искал следов того разговора, который, он знал, она, так долго оставаясь в комнате Долли должна была иметь с нею. Но в ее выражении, возбужденно-сдержанном и что-то скрывающем, он ничего не нашел, кроме хотя и привычной ему, но все еще пленяющей его красоты, сознания ее и желания, чтоб она на него действовала. Он не хотел спросить ее о том, что они говорили, но надеялся, что она сама скажет что-нибудь. Но она сказала только:

– Я рада, что тебе понравилась Долли. Не правда ли?

– Да ведь я ее давно знаю. Она очень добрая, кажется, mais excessivement terre-à-terre[1]. Но все-таки я очень был рад.

Он взял руку Анны и посмотрел ей вопросительно в глаза.

Она, иначе поняв этот взгляд, улыбнулась ему.

На другое утро, несмотря на упрашивания хозяев, Дарья Александровна собралась ехать. Кучер Левина в своем не новом кафтане и полуямской шляпе, на разномастных лошадях, в коляске с заплатанными крыльями мрачно и решительно въехал в крытый, усыпанный песком подъезд.

Прощание с княжной Варварой, с мужчинами было неприятно Дарье Александровне. Пробыв день, и она и хозяева ясно чувствовали, что они не подходят друг другу и что лучше им не сходиться. Одной Анне было грустно. Она знала, что теперь, с отъездом Долли, никто уже не растревожит в ее душе те чувства, которые поднялись в ней при этом свидании. Тревожить эти чувства ей было больно, но она все-таки знала, что это была самая лучшая часть ее души и что эта часть ее души быстро зарастала в той жизни, которую она вела.

---

1 Но слишком прозаична (фр.).

Выехав в поле, Дарья Александровна испытала приятное чувство облегчения, и ей хотелось спросить у людей, как им понравилось у Вронского, как вдруг кучер Филипп сам заговорил:

– Богачи-то богачи, а овса всего три меры дали. До петухов дочиста подобрали. Что ж три меры? только закусить. Ныне овес у дворников сорок пять копеек. У нас небось приезжим сколько съедят, столько дают.

– Скупой барин, – подтвердил конторщик.

– Ну, а лошади их понравились тебе? – спросила Долли.

– Лошади – одно слово. И пища хороша. А так мне скучно что-то показалось, Дарья Александровна, не знаю, как вам, – сказал он, обернув к ней свое красивое и доброе лицо.

– Да и мне тоже. Что ж, к вечеру доедем?

– Надо доехать.

Вернувшись домой и найдя всех вполне благополучными и особенно милыми, Дарья Александровна с большим оживлением рассказывала про свою поездку, про то, как ее хорошо принимали, про роскошь и хороший вкус жизни Вронских, про их увеселения и не давала никому слова сказать против них.

– Надо знать Анну и Вронского – я его больше узнала теперь, – чтобы понять, как они милы и трогательны, – теперь совершенно искренно говорила она, забыв то неопределенное чувство недовольства и неловкости, которое она испытывала там.

XXV

Вронский и Анна, все в тех же условиях, так же не принимая никаких мер для развода, прожили все лето и часть осени в деревне. Было между ними решено, что они никуда не поедут; но оба чувствовали, чем долее они жили одни, в особенности осенью и без гостей, что они не выдержат этой жизни и что придется изменить ее.

Жизнь, казалось, была такая, какой лучше желать нельзя: был полный достаток, было здоровье, был ребенок, и у обоих были занятия. Анна без гостей все так же занималась собою и очень много занималась чтением – и романов и серьезных книг, какие были в моде. Она выписывала все те книги, о которых с похвалой упоминалось в получаемых ею иностранных газетах и журналах, и с тою внимательностью к читаемому, которая бывает только в уединении, прочитывала их. Кроме того, все предметы, которыми занимался Вронский, она изучала по книгам и специальным журналам, так что часто он обращался прямо к ней с агрономическими, архитектурными, даже иногда коннозаводческими и спортсменскими вопросами. Он удивлялся ее знанию, памяти и сначала, сомневаясь, желал подтверждения; и она находила в книгах то, о чем он спрашивал, и показывала ему.

Устройство больницы тоже занимало ее. Она не только помогала, но многое и устраивала и придумывала сама. Но главная забота ее все-таки была она сама – она сама, насколько она дорога Вронскому, насколько она можетзаменить для него все, что он оставил. Вронский ценил это, сделавшееся единственною целью ее жизни, желание не только нравиться, но служить ему, но вместе с тем и тяготился теми любовными сетями, которыми она старалась опутать его. Чем больше проходило времени, чем чаще он видел себя опутанным этими сетями, тем больше ему хотелось не то что выйти из них, но попробовать, не мешают ли они его свободе. Если бы не это все усиливающееся желание быть свободным, не иметь сцены каждый раз, как ему надо было ехать в город на съезд, на бега, Вронский был бы вполне доволен своею жизнью. Роль, которую он избрал, роль богатого землевладельца, из каких должно состоять ядро русской аристократии, не только пришлась ему вполне по вкусу, но теперь, после того как он прожил так полгода, доставляла ему все возрастающее удовольствие. И дело его, все больше и больше занимая и втягивая его, шло прекрасно. Несмотря на огромные деньги, которых ему стоила больница, машины, выписанные из Швейцарии коровы и многое другое, он был уверен, что он не расстраивал, а увеличивал свое состояние. Там, где дело шло до доходов, продажи лесов, хлеба, шерсти, отдачи земель, Вронский был крепок, как кремень, и умел выдерживать цену. В делах большого хозяйства и в этом и в других имениях он держался самых простых, нерискованных приемов и был в высшей степени бережлив и расчетлив на хозяйственные мелочи. Несмотря на всю хитрость и ловкость немца, втягивавшего его в покупки и выставлявшего всякий расчет так, что нужно было сначала гораздо больше, но, сообразив, можно было сделать то же и дешевле и тотчас же получить выгоду, Вронский не поддавался ему. Он выслушивал управляющего, расспрашивал и соглашался с ним, только когда выписываемое или устраиваемое было самое новое, в России еще неизвестное, могущее возбудить удивление. Кроме того, он решался на большой расход только тогда, когда были лишние деньги, и, делая этот расход, доходил до всех подробностей и настаивал на том, чтоб иметь самое лучшее за свои деньги. Так что по тому, как он повел дела, было ясно, что он не расстроил, а увеличил свое состояние.

В октябре месяце были дворянские выборы в Кашинской губернии, где были имения Вронского, Свияжского, Кознышева, Облонского и маленькая часть Левина.

Выборы эти, по многим обстоятельствам и лицам, участвовавшим в них, обращали на себя общественное внимание. О них много говорили и к ним готовились. Московские, петербургские и заграничные жители, никогда не бывавшие на выборах, съехались на эти выборы.

Вронский давно уже обещал Свияжскому ехать на них.

Пред выборами Свияжский, часто навещавший Воздвиженское, заехал за Вронским.

Накануне еще этого дня между Вронским и Анной произошла почти ссора за эту предполагаемую поездку. Было самое тяжелое, скучное в деревне осеннее время, и потому Вронский, готовясь к борьбе, со строгим и холодным выражением, как он никогда прежде не говорил с Анной, объявил ей о своем отъезде. Но, к его удивлению, Анна приняла это известие очень спокойно испросила только, когда он вернется. Он внимательно посмотрел на нее, не понимая этого спокойствия. Она улыбнулась на его взгляд. Он знал эту способность ее уходить в себя и знал, что это бывает только тогда, когда она на что-нибудь решилась про себя, не сообщая ему своих планов. Он боялся этого; но ему так хотелось избежать сцены, что он сделал вид и отчасти искренно поверил тому, чему ему хотелось верить, – ее благоразумию.

– Надеюсь, ты не будешь скучать?

– Надеюсь, – сказала Анна. – Я вчера получила ящик книг от Готье.[1] Нет, я не буду скучать.

«Она хочет взять этот тон, и тем лучше, – подумал он, – а то все одно и то же».

И так и не вызвав ее на откровенное объяснение, он уехал на выборы. Это было еще в первый раз с начала их связи, что он расставался с нею, не объяснившись до конца. С одной стороны, это беспокоило его, с другой стороны, он находил, что это лучше. «Сначала будет, как теперь, что-то неясное, затаенное, а потом она привыкнет. Во всяком случае, я все могу отдать ей, но не свою мужскую независимость», – думал он.

XXVI

В сентябре Левин переехал в Москву для родов Кити. Он уже жил без дела целый месяц в Москве, когда Сергей Иванович, имевший именье в Кашинской губернии и принимавший живое участие в вопросе предстоящих выборов, собрался ехать на выборы. Он звал с собою и брата, у которого был шар по Селезневскому уезду. Кроме этого, у Левина было в Кашине крайне

---

[1] *Я вчера получила ящик книг от Готье.* – Старинный московский книжный магазин, принадлежавший В.-И. Готье. помещался на Кузнецком мосту.

нужное для сестры его, жившей за границей, дело по опеке и по получению денег выкупа.

Левин все еще был в нерешительности, но Кити, видевшая, что он скучает в Москве, и советовавшая ему ехать, помимо его заказала ему дворянский мундир, стоивший восемьдесят рублей. И эти восемьдесят рублей, заплаченные за мундир, были главной причиной, побудившей Левина ехать. Он поехал в Кашин.

Левин был в Кашине уже шестой день, посещая каждый день собрание и хлопоча по делу сестры, которое не ладилось. Предводители все были заняты выборами, и нельзя было добиться того самого простого дела, которое зависело от опеки. Другое же дело – получение денег – точно так же встречало препятствия. После долгих хлопот о снятии запрещения деньги были готовы к выдаче; но нотариус, услужливейший человек, не мог выдать талона, потому что нужна была подпись председателя, а председатель, не сдав должности, был на сессии. Все эти хлопоты, хождения из места в место, разговоры с очень добрыми, хорошими людьми, понимающими вполне неприятность положения просителя, но не могущими пособить ему, – все это напряжение, не дающее никаких результатов, произвело в Левине чувство мучительное, подобное тому досадному бессилию, которое испытываешь во сне, когда хочешь употребить физическую силу. Он испытывал это часто, разговаривая со своим добродушнейшим поверенным. Этот поверенный делал, казалось, все возможное и напрягал все свои умственные силы, чтобы вывести Левина из затруднения. «Вот что попробуйте, – не раз говорил он, – съездите туда-то и туда-то», и поверенный делал целый план, как обойти то роковое начало, которое мешало всему. Но тотчас же прибавлял: «Все-таки задержат; однако попробуйте». И Левин пробовал, ходил, ездил. Все были добры и любезны, но оказывалось, что обойденное вырастало опять на конце и опять преграждало путь. В особенности было обидно то, что Левин не мог никак понять, с кем он борется, кому выгода оттого, что его дело не кончается. Этого, казалось, никто не знал; не знал и поверенный. Если б Левин мог понять, как он понимал, почему подходить к кассе на железной дороге нельзя иначе, как становясь в ряд, ему бы не было обидно и досадно; но в препятствиях, которые он встречал по делу, никто не мог объяснить ему, для чего они существуют.

Но Левин много изменился со времени своей женитьбы; он был терпелив и если не понимал, для чего все это так устроено, то говорил себе, что, не зная всего, он не может судить, что, вероятно, так надобно, и старался не возмущаться.

Теперь, присутствуя на выборах и участвуя в них, он старался также не осуждать, не спорить, а сколько возможно понять то дело, которым с такою серьезностью и увлечением занимались уважаемые им честные и хорошие люди. С тех пор как он женился, Левину открылось столько новых, серьезных сторон, прежде, по легкомысленному к ним отношению, казавшихся ничтожными, что и в деле выборов он предполагал и искал серьезного значения.

Сергей Иванович объяснил ему смысл и значение предполагавшегося на выборах переворота. Губернский предводитель, в руках которого по закону находилось столько важных общественных дел, – и опеки (те самые, от которых страдал теперь Левин), и дворянские огромные суммы, и гимназии женская, мужская и военная, и народное образование по новому положению, и, наконец, земство, – губернский предводитель Снетков был человек старого дворянского склада, проживший огромное состояние, добрый человек, честный в своем роде, но совершенно не понимавший потребностей нового времени. Он во всем всегда держал сторону дворянства, он прямо противодействовал распространению народного образования и придавал земству, долженствующему иметь такое громадное значение, сословный характер. Нужно было на его место поставить свежего, современного, дельного человека, совершенно нового, и повести дело так, чтоб извлечь из всех дарованных дворянству, не как дворянству, а как элементу земства, прав те выгоды самоуправления, какие только могли быть извлечены. В богатой Кашинской губернии, всегда шедшей во всем впереди других, теперь набрались такие силы, что дело, поведенное здесь как следует, могло послужить образцом для других губерний, для всей России. И потому все дело имело большое значение. Предводителем на место Снеткова предполагалось поставить или Свияжского, или, еще лучше, Неведовского, бывшего профессора, замечательно умного человека и большого приятеля Сергея Ивановича.

Собрание открыл губернатор, который сказал речь дворянам, чтоб они выбирали должностных лиц не по лицеприятию, а по заслугам и для блага отечества, и что он надеется, что кашинское благородное дворянство, как и в прежние выборы, свято исполнит свой долг и оправдает высокое доверие монарха.

Окончив речь, губернатор пошел из залы, и дворяне шумно и оживленно, некоторые даже восторженно, последовали за ним и окружили его в то время, как он надевал шубу и дружески разговаривал с губернским предводителем. Левин, желая во все вникнуть и ничего не пропустить, стоял тут же в толпе и слышал, как губернатор сказал: «Пожалуйста, передайте Марье Ивановне, что жена очень сожалеет, что она едет в приют». И вслед за тем дворяне весело разобрали шубы, и все поехали в собор.

В соборе Левин, вместе с другими поднимая руку и повторяя слова протопопа, клялся самыми страшными клятвами исполнять все то, на что надеялся губернатор. Церковная служба всегда имела влияние на Левина, и когда он произносил слова «целую крест» и оглянулся на толпу этих молодых и старых людей, повторявших то же самое, он почувствовал себя тронутым.

На второй и третий день шли дела о суммах дворянских и о женской гимназии, не имевшие, как объяснил Сергей Иванович, никакой важности, и Левин, занятый своим хождением по делам, не следил за ними. На четвертый день за губернским столом шла поверка губернских сумм. И тут в первый раз произошло столкновение новой партии со старою. Комиссия, которой поручено было поверить суммы, доложила собранию, что суммы были все в целости. Губернский предводитель встал, благодаря дворянство за доверие, и прослезился. Дворяне громко приветствовали его и жали ему руку. Но в это время один дворянин из партии Сергея Ивановича сказал, что он слышал, что комиссия не поверяла сумм, считая поверку оскорблением губернскому предводителю. Один из членов комиссии неосторожно подтвердил это. Тогда один маленький, очень молодой на вид, но очень ядовитый господин стал говорить, что губернскому предводителю, вероятно, было бы приятно дать отчет в суммах и что излишняя деликатность членов комиссии лишает его этого нравственного удовлетворения. Тогда члены комиссии отказались от своего заявления, и Сергей Иванович начал логически доказывать, что надо или признать, что суммы ими поверены, или не поверены, и подробно развил эту дилемму. Сергею Ивановичу возражал говорун противной партии. Потом говорил Свияжский и опять ядовитый господин. Прения шли долго и ничем не кончились. Левин был удивлен, что об этом так долго спорили, в особенности потому, что, когда он спросил у Сергея Ивановича, предполагает ли он, что суммы растрачены, Сергей Иванович отвечал:

– О нет! Он честный человек. Но этот старинный прием отеческого семейного управления дворянскими делами надо было поколебать.

На пятый день были выборы уездных предводителей. Этот день был довольно бурный в некоторых уездах. В Селезневском уезде Свияжский был выбран без баллотирования единогласно, и у него был в этот день обед.

XXVII

На шестой день были назначены губернские выборы. Залы большие и малые были полны дворян в разных мундирах. Многие приехали только к этому дню. Давно не видавшиеся знакомые, кто из Крыма, кто из Петербурга, кто из-за границы, встречались в залах. У губернского стола, под портретом государя, шли прения.

Дворяне и в большой и в малой зале группировались лагерями, и, по враждебности и недоверчивости взглядов, по замолкавшему при приближении чуждых лиц говору, по тому, что некоторые, шепчась, уходили даже в дальний коридор, было видно, что каждая сторона имела тайны от другой. По наружному виду дворяне резко разделялись на два сорта: на старых и новых. Старые были большею частью или в дворянских старых застегнутых мундирах, со шпагами и шляпами, или в своих особенных, флотских, кавалерийских, пехотных, выслуженных мундирах. Мундиры старых дворян были сшиты по-старинному, с буфочками на плечах; они были очевидно малы, коротки в талиях и узки, как будто носители их выросли из них. Молодые же были в дворянских расстегнутых мундирах с низкими талиями и широких в плечах, с белыми жилетами, или в мундирах с черными воротниками и лаврами, шитьем министерства юстиции. К молодым же принадлежали придворные мундиры, кое-где украшавшие толпу.

Но деление на молодых и старых не совпадало с делением партий. Некоторые из молодых, по наблюдениям Левина, принадлежали к старой партии, и некоторые, напротив, самые старые дворяне шептались со Свияжским и, очевидно, были горячими сторонниками новой партии.

Левин стоял в маленькой зале, где курили и закусывали, подле группы своих, прислушиваясь к тому, что говорили, и тщетно напрягая свои умственные силы, чтобы понять, что говорилось. Сергей Иванович был центром, около которого группировались другие. Он теперь слушал Свияжского и Хлюстова, предводителя другого уезда, принадлежащего к их партии. Хлюстов не соглашался идти со своим уездом просить Снеткова баллотироваться, а Свияжский уговаривал его сделать это, и Сергей Иванович одобрял этот план. Левин не понимал, зачем было враждебной партии просить баллотироваться того предводителя, которого они хотели забаллотировать.

Степан Аркадьич, только что закусивший и выпивший, обтирая душистым батистовым с каемками платком рот, подошел к ним в своем камергерском мундире.

— Занимаем позицию, — сказал он, расправляя обе бакенбарды, — Сергей Иваныч!

И, прислушавшись к разговору, он подтвердил мнение Свияжского.

— Довольно одного уезда, а Свияжский уже, очевидно, оппозиция, — сказал он всем, кроме Левина, понятные слова.

— Что, Костя, и ты вошел, кажется, во вкус? — прибавил он, обращаясь к Левину, и взял его под руку. Левин и рад был бы войти во вкус, но не мог попять, в чем дело, и, отойдя несколько шагов от говоривших, выразил Степану Аркадьичу свое недоумение, зачем было просить губернского предводителя.

— O sancta simplicitas![1] — сказал Степан Аркадьич и кратко и ясно растолковал Левину, в чем дело.

Если бы, как в прошлые выборы, все уезды просили губернского предводителя, то его выбрали бы всеми белыми. Этого не нужно было. Теперь же восемь уездов согласны просить; если же два откажутся просить, то Снетков может отказаться от баллотировки. И тогда старая партия может выбрать другого из своих, так как расчет весь будет потерян. Но если только один уезд Свияжского не будет просить, Снетков будет баллотироваться. Его даже выберут и нарочно переложат ему, так что противная партия собьется со счета, и, когда выставят кандидата из наших, они же ему переложат.

Левин понял, но не совсем, и хотел еще сделать несколько вопросов, когда вдруг все заговорили, зашумели и двинулись в большую залу.

— Что такое? что? кого? — Доверенность? кому? что? — Опровергают? — Не доверенность. — Флерова не допускают. — Что же, что под судом? — Этак никого не допустят. Это подло. — Закон! — слышал Левин с разных сторон и вместе со всеми, торопившимися куда-то и боявшимися что-то пропустить, направился в большую залу и, теснимый дворянами, приблизился к губернскому столу, у которого что-то горячо спорили губернский предводитель, Свияжский и другие коноводы.

XXVIII

Левин стоял довольно далеко. Тяжело, с хрипом дышавший подле него один дворянин и другой, скрипевший толстыми подошвами, мешали ему ясно слышать. Он издалека слышал только мягкий голос предводителя, потом визгливый голос ядовитого дворянина и потом голос Свияжского. Они спорили, сколько он мог понять, о значении статьи закона и о значении слов: *находившегося под следствием.*

Толпа раздалась, чтобы дать дорогу подходившему к столу Сергею Ивановичу. Сергей Иванович, выждав окончания речи ядовитого дворянина, сказал, что ему кажется, что вернее всего было бы справиться со статьей закона, и попросил секретаря найти статью. В статье было сказано, что в случае разногласия надо баллотировать.

Сергей Иванович прочел статью и стал объяснять ее значение, но тут один высокий, толстый, сутуловатый, с крашеными усами, в узком мундире

---

[1] О святая простота! *(лат.)*

с подпиравшим ему сзади шею воротником помещик перебил его. Он подошел к столу и, ударив по нем перстнем, громко закричал:

— Баллотировать! На шары! Нечего разговаривать! На шары!

Тут вдруг заговорило несколько голосов, и высокий дворянин с перстнем, все более и более озлобляясь, кричал громче и громче. Но нельзя было разобрать, что он говорил.

Он говорил то самое, что предлагал Сергей Иванович; очевидно, он ненавидел его и всю его партию, и это чувство ненависти сообщилось всей партии и вызвало отпор такого же, хотя и более приличного озлобления с другой стороны. Поднялись крики, и на минуту все смешалось, так что губернский предводитель должен был просить о порядке.

— Баллотировать, баллотировать! Кто дворянин, тот понимает. Мы кровь проливаем... Доверие монарха... Не считать предводителя, он не приказчик... Да не в том дело... Позвольте, на шары! Гадость!.. — слышались озлобленные, неистовые крики со всех сторон. Взгляды и лица были еще озлобленнее и неистовее речи. Они выражали непримиримую ненависть. Левин совершенно не понимал, в чем было дело, и удивлялся той страстности, с которою разбирался вопрос о том, баллотировать или не баллотировать мнение о Флерове. Он забывал, как ему потом разъяснил Сергей Иванович, тот силлогизм, что для общего блага нужно было свергнуть губернского предводителя; для свержения же предводителя нужно было большинство шаров; для большинства же шаров нужно было дать Флерову право голоса; для признания же Флерова способным надо было объяснить, как понимать статью закона.

— А один голос может решить все дело, и надо быть серьезным и последовательным, если хочешь служить общественному делу, — заключил Сергей Иванович.

Но Левин забыл это, и ему было тяжело видеть этих уважаемых им, хороших людей в таком неприятном, злом возбуждении. Чтоб избавиться от этого тяжелого чувства, он, не дождавшись конца прений, ушел в залу, где никого не было, кроме лакеев около буфета. Увидав хлопотавших лакеев над перетиркой посуды и расстановкой тарелок и рюмок, увидав их спокойные, оживленные лица, Левин испытал неожиданное чувство облегчения, точно из смрадной комнаты он вышел на чистый воздух. Он стал ходить взад и вперед, с удовольствием глядя на лакеев. Ему очень понравилось, как один лакей с седыми бакенбардами, выказывая презрение к другим, молодым, которые над ним подтрунивали, учил их, как надо складывать салфетки. Левин только что собрался вступить в разговор со старым лакеем, как секретарь дворянской опеки, старичок, имевший специальность знать всех дворян губернии по имени и отчеству, развлек его.

- Пожалуйте, Константин Дмитрич, - сказал он ему, - вас братец ищут. Баллотируется мнение.

Левин вошел в залу, получил беленький шарик и вслед за братом Сергеем Ивановичем подошел к столу, у которого стоял с значительным и ироническим лицом, собирая в кулак бороду и нюхая ее, Свияжский. Сергей Иванович вложил руку в ящик, положил куда-то свой шар и, дав место Левину, остановился тут же. Левин подошел, но, совершенно забыв, в чем дело, и смутившись, обратился к Сергею Ивановичу с вопросом: «Куда класть?» Он спросил тихо, в то время как вблизи говорили, так что он надеялся, что его вопрос не услышат. Но говорившие замолкли, и неприличный вопрос его был услышан. Сергей Иванович нахмурился.

- Это дело убеждения каждого, - сказал он строго. Некоторые улыбнулись. Левин покраснел, поспешно сунул под сукно руку и положил направо, так как шар был в правой руке. Положив, он вспомнил, что надо было засунуть в левую руку, и засунул ее, но уже поздно, и, еще более сконфузившись, поскорее ушел в самые задние ряды.

- Сто двадцать шесть избирательных! Девяносто восемь неизбирательных! - прозвучал не выговаривающий букву *р* голос секретаря. Потом послышался смех: пуговица и два ореха нашлись в ящике. Дворянин был допущен, и новая партия победила.

Но старая партия не считала себя побежденною. Левин услыхал, что Снеткова просят баллотироваться, и увидал, что толпа дворян окружала губернского предводителя, который говорил что-то. Левин подошел ближе. Отвечая дворянам, Снетков говорил о доверии дворянства, о любви к нему, которой он не сто́ит, ибо вся заслуга его состоит в преданности дворянству, которому посвятил двенадцать лет службы. Несколько раз он повторял слова: «Служил сколько было сил, верой и правдой, ценю и благодарю», - и вдруг остановился от душивших его слез и вышел из залы. Происходили ли эти слезы от сознания несправедливости к нему, от любви к дворянству или от натянутости положения, в котором он находился, чувствуя себя окруженным врагами, но волнение сообщилось, большинство дворян было тронуто, и Левин почувствовал нежность к Снеткову.

В дверях губернский предводитель столкнулся с Левиным.

- Виноват, извините, пожалуйста, - сказал он, как незнакомому; но, узнав Левина, робко улыбнулся. Левину показалось, что он хотел сказать что-то, но не мог от волнения. Выражение его лица и всей фигуры в мундире, крестах и белых с галунами панталонах, как он торопливо шел, напомнило Левину травимого зверя, который видит, что дело его плохо. Это выражение в лице предводителя было особенно трогательно Левину, потому что вчера только он по делу опеки был у него дома и видел его во всем величии доброго и семейного человека. Большой дом со старою семейною мебелью; не щеголеватые, грязноватые, но почтительные старые лакеи, очевидно еще из прежних крепостных, не переменившие хозяина; толстая, добродушная жена в чепчике с кружевами и турецкой шали, ласкавшая хорошенькую внучку, дочь дочери; молодчик сын, гимназист шестого класса, приехавший из гимназии и, здороваясь с отцом, поцеловавший его большую руку; внушительные ласковые речи и жесты хозяина – все это вчера возбудило в Левине невольное уважение и сочувствие. Левину трогателен и жалок был теперь этот старик, и ему хотелось сказать ему что-нибудь приятное.

– Стало быть, вы опять наш предводитель, – сказал он.

– Едва ли, – испуганно оглянувшись, сказал предводитель. – Я устал, уж стар. Есть достойнее и моложе меня, пусть послужат.

И предводитель скрылся в боковую дверь.

Наступила самая торжественная минута. Тотчас надо было приступить к выборам. Коноводы той и другой партии по пальцам высчитывали белые и черные.

Прения о Флерове дали новой партии не только один шар Флерова, но еще и выигрыш времени, так что могли быть привезены три дворянина, кознями старой партии лишенные возможности участвовать в выборах. Двух дворян, имевших слабость к вину, напоили пьяными клевреты Снеткова, а у третьего увезли мундирную одежду.

Узнав об этом, новая партия успела во время прений о Флерове послать на извозчике своих обмундировать дворянина и из двух напоенных привезти одного в собрание.

– Одного привез, водой отлил, – проговорил ездивший за ним помещик, подходя к Свияжскому. – Ничего, годится.

– Не очень пьян, не упадет? – покачивая головой, сказал Свияжский.

– Нет, молодцом. Только бы тут не подпоили… Я сказал буфетчику, чтобы не давал ни под каким видом.

XXIX

Узкая зала, в которой курили и закусывали, была полна дворянами. Волнение все увеличивалось, и на всех лицах было заметно беспокойство. В особенности сильно волновались коноводы, знающие все подробности и счет всех шаров. Это были распорядители предстоящего сражения. Остальные же, как рядовые пред сражением, хотя и готовились к бою, но покамест искали развлечений. Одни закусывали, стоя или присев к столу, другие ходили, куря папиросы, взад и вперед по длинной комнате и разговаривали с давно не виденными приятелями.

Левину не хотелось есть, он не курил; сходиться со своими, то есть с Сергеем Ивановичем, Степаном Аркадьичем, Свияжским и другими, не хотел, потому что с ними вместе в оживленной беседе стоял Вронский в шталмейстерском мундире. Еще вчера Левин увидал его на выборах и старательно обходил, не желая с ним встретиться, Он подошел к окну и сел, оглядывая группы и прислушиваясь к тому, что говорилось вокруг него. Ему было грустно в особенности потому, что все, как он видел, были оживлены, озабочены и заняты, и лишь он один со старым-старым, беззубым старичком во флотском мундире, шамкавшим губами, присевшим около него, был без интереса и без дела.

— Это такая шельма! Я ему говорил, так нет. Как же! Он в три года не мог собрать, — энергически говорил сутуловатый невысокий помещик с помаженными волосами, лежавшими на вышитом воротнике его мундира, стуча крепко каблуками новых, очевидно для выборов надеваемых сапог. И помещик, кинув недовольный взгляд на Левина, круто повернулся.

— Да, нечистое дело, что и говорить, — проговорил тоненьким голосом маленький помещик.

Вслед за этими целая толпа помещиков, окружавшая толстого генерала, поспешно приблизилась к Левину. Помещики, очевидно, искали места переговорить так, чтоб их не слышали.

— Как он смеет говорить, что я велел украсть у него брюки! Он их пропил, я думаю. Мне плевать на него с его княжеством. Он не смей говорить, это свинство!

— Да ведь позвольте! Они на статье основываются, — говорили в другой группе, — жена должна быть записана дворянкой.

— А черта мне в статье! Я говорю по душе. На то благородные дворяне. Имей доверие.

— Ваше превосходительство, пойдем, fine champagne[1].

Другая толпа следом ходила за что-то громко кричавшим дворянином: это был один из трех напоенных.

— Я Марье Семеновне всегда советовал сдать в аренду, потому что она не выгадает, — приятным голосом говорил помещик с седыми усами, в полковничьем мундире старого генерального штаба. Это был тот самый помещик, которого Левин встретил у Свияжского. Он тотчас узнал его. Помещик тоже пригляделся к Левину, и они поздоровались.

---

[1] Коньяку (фр.).

— Очень приятно. Как же! Очень хорошо помню. В прошлом году у Николая Ивановича, предводителя.

— Ну, как идет ваше хозяйство? — спросил Левин.

— Да все так же, в убыток, — с покорной улыбкой, но с выражением спокойствия и убеждения, что это так и надо, отвечал помещик, останавливаясь подле. — А вы как же в нашу губернию попали? — спросил он. — Приехали принять участие в нашем coup d'état?[1] — сказал он, твердо, но дурно выговаривая французские слова. — Вся Россия съехалась: и камергеры и чуть не министры. — Он указал на представительную фигуру Степана Аркадьича в белых панталонах и камергерском мундире, ходившего с генералом.

— Я должен вам признаться, что я очень плохо понимаю значение дворянских выборов, — сказал Левин.

Помещик посмотрел на него.

— Да что ж тут понимать? Значения нет никакого. Упавшее учреждение, продолжающее свое движение только по силе инерции. Посмотрите, мундиры — и эти говорят вам: это собрание мировых судей, непременных членов и так далее, а не дворян.

— Так зачем вы ездите? — спросил Левин.

— По привычке, одно. Потом связи нужно поддержать. Нравственная обязанность в некотором роде. А потом, если правду сказать, есть свой интерес. Зять желает баллотироваться в непременные члены. Они люди небогатые, и нужно провести его. Вот эти господа для чего ездят? — сказал он, указывая на того ядовитого господина, который говорил за губернским столом.

— Это новое поколение дворянства.

— Новое-то новое. Но не дворянство. Это землевладельцы, а мы помещики. Они как дворяне налагают сами на себя руки.

— Да ведь вы говорите, что это отжившее учреждение.

— Отжившее-то отжившее, а все бы с ним надо обращаться поуважительнее. Хоть бы Снетков... Хороши мы, нет ли, мы тысячу лет росли. Знаете, придется если вам пред домом разводить садик, планировать, и растет у вас на этом месте столетнее дерево... Оно хотя и корявое и старое, а всё вы для клумбочек цветочных не срубите старика, а так клумбочки распланируете, чтобы воспользоваться деревом. Его в год не вырастишь, — сказал он осторожно и тотчас же переменил разговор. — Ну, а ваше хозяйство как?

---

[1] Государственном перевороте? *(фр.)*

– Да нехорошо. Процентов пять.

– Да, но вы себя не считаете. Вы тоже что-нибудь да сто́ите? Вот я про себя скажу. Я до тех пор, пока не хозяйничал, получал на службе три тысячи. Теперь я работаю больше, чем на службе, и, так же как вы, получаю пять процентов, и то дай бог. А свои труды задаром.

– Так зачем же вы это делаете? Если прямой убыток?

– А вот делаешь! Что прикажете? Привычка, и знаешь, что так надо. Больше вам скажу, – облокачиваясь об окно и разговорившись, продолжал помещик, – сын не имеет никакой охоты к хозяйству. Очевидно, ученый будет. Так что некому будет продолжать. А все делаешь. Вот нынче сад насадил.

– Да, да, – сказал Левин, – это совершенно справедливо. Я всегда чувствую, что нет настоящего расчета в моем хозяйстве, а делаешь… Какую-то обязанность чувствуешь к земле.

– Да вот я вам скажу, – продолжал помещик. – Сосед купец был у меня. Мы прошлись по хозяйству, по саду. «Нет, говорит, Степан Васильич, все у вас в порядке идет, но садик в забросе». А он у меня в порядке. «На мой разум, я бы эту липу срубил. Только в сок надо. Ведь их тысяча лип, из каждой два хороших лубка выйдет. А нынче лубок в цене, и струбов бы липовеньких нарубил».

– А на эти деньги он бы накупил скота или землицу купил бы за бесценок и мужикам роздал бы внаймы, – с улыбкой докончил Левин, очевидно не раз уже сталкивавшийся с подобными расчетами. – И он составит себе состояние. А вы и я – только дай бог нам свое удержать и деткам оставить.

– Вы женаты, я слышал? – сказал помещик.

– Да, – с гордым удовольствием отвечал Левин. – Да, это что-то странно, – продолжал он. – Так мы без расчета и живем, точно приставлены мы, как весталки древние, блюсти огонь какой-то.

Помещик усмехнулся под белыми усами.

– Есть из нас тоже, вот хоть бы наш приятель Николай Иваныч или теперь граф Вронский поселился, те хотят промышленность агрономическую вести; ну это до сих пор, кроме как капитал убить, ни к чему не ведет.

– Но для чего же мы не делаем как купцы? На лубок не срубаем сад? – возвращаясь к поразившей его мысли, сказал Левин.

– Да вот, как вы сказали, огонь блюсти. А то не дворянское дело. И дворянское дело наше делается не здесь, на выборах, а там, в своем углу. Есть тоже свой сословный инстинкт, что до́лжно или не должно. Вот мужики тоже, посмотрю на них другой раз: как хороший мужик, так хватает земли нанять сколько может. Какая ни будь плохая земля, все пашет. Тоже без расчета. Прямо в убыток.

– Так, так и мы, – сказал Левин. – Очень, очень приятно встретиться, – прибавил он, увидав подходившего к нему Свияжского.

– А мы вот встретились в первый раз после как у вас, – сказал помещик, – да и заговорились.

– Что ж, побранили новые порядки? – с улыбкой сказал Свияжский.

– Не без того.

– Душу отводили.

XXX

Свияжский взял под руку Левина и пошел с ним к своим.

Теперь уж нельзя было миновать Вронского. Он стоял со Степаном Аркадьичем и Сергеем Ивановичем и смотрел прямо на подходившего Левина.

– Очень рад. Кажется, я имел удовольствие встретить… у княгини Щербацкой, – сказал он, подавая руку Левину.

– Да, я очень помню нашу встречу, – сказал Левин и, багрово покраснев, тотчас же отвернулся и заговорил с братом.

Слегка улыбнувшись, Вронский продолжал говорить со Свияжским, очевидно не имея никакого желания вступать в разговор с Левиным; но Левин, говоря с братом, беспрестанно оглядывался на Вронского, придумывая, о чем бы заговорить с ним, чтобы загладить свою грубость.

– За чем же теперь дело? – спросил Левин, оглядываясь на Свияжского и Вронского.

– За Снетковым. Надо, чтоб он отказался или согласился, – отвечал Свияжский.

– Да что же он, согласился или нет?

– В том-то и дело, что ни то ни се, – сказал Вронский.

– А если откажется, кто же будет баллотироваться? – спросил Левин, поглядывая на Вронского.

– Кто хочет, – сказал Свияжский.

– Вы будете? – спросил Левин.

– Только не я, – смутившись и бросив испуганный взгляд на стоявшего подле с Сергеем Ивановичем ядовитого господина, сказал Свияжский.

– Так кто же? Неведовский? – сказал Левин, чувствуя, что он запутался.

Но это было еще хуже. Неведовский и Свияжский были два кандидата.

– Уж я-то ни в каком случае, – ответил ядовитый господин.

Это был сам Неведовский. Свияжский познакомил с ним Левина.

– Что, и тебя забрало за живое? – сказал Степан Аркадьич, подмигивая Вронскому. – Это вроде скачек. Пари можно.

– Да, это забирает за живое, – сказал Вронский. – И, раз взявшись за дело, хочется его сделать. Борьба! – сказал он, нахмурившись и сжав свои сильные скулы.

– Что за делец Свияжский! Так ясно у него все.

– О да, – рассеянно сказал Вронский.

Наступило молчание, во время которого Вронский, – так как надо же смотреть на что-нибудь, – посмотрел на Левина, на его ноги, на его мундир, потом на его лицо и, заметив мрачные, направленные на себя глаза, чтобы сказать что-нибудь, сказал:

– А как это вы, – постоянный деревенский житель, – не мировой судья? Вы не в мундире мирового судьи.

– Оттого, что я считаю, что мировой суд есть дурацкое учреждение, – отвечал мрачно Левин, все время ждавший случая разговориться с Вронским, чтобы загладить свою грубость при первой встрече.

– Я этого не полагаю, напротив, – со спокойным удивлением сказал Вронский.

– Это игрушка, – перебил его Левин. – Мировые судьи нам не нужны. Я в восемь лет не имел ни одного дела. А какое имел, то было решено навыворот. Мировой судья от меня в сорока верстах. Я должен о деле в два рубля посылать поверенного, который стоит пятнадцать.

И он рассказал, как мужик украл у мельника муку, и когда мельник сказал ему это, то мужик подал иск судье в клевете. Все это было некстати и глупо, и Левин, в то время как говорил, сам чувствовал это.

– О, это такой оригинал! – сказал Степан Аркадьич со своею самою миндальною улыбкой. – Пойдемте, однако; кажется, баллотируют…

И они разошлись.

– Я не понимаю, – сказал Сергей Иванович, заметивший неловкую выходку брата, – я не понимаю, как можно быть до такой степени лишенным всякого политического такта. Вот чего мы, русские, не имеем. Губернский предводитель – наш противник, ты с ним ami cochon [1] и

---

[1] Запанибрата (фр.).

просишь его баллотироваться. А граф Вронский… я друга себе из него не сделаю; он звал обедать, я не поеду к нему; но он наш, зачем же делать из него врага? Потом, ты спрашиваешь Неведовского, будет ли он баллотироваться. Это не делается.

– Ах, я ничего не понимаю! И все это пустяки, – мрачно отвечал Левин.

– Вот ты говоришь, что все это пустяки, а возьмешься, так все путаешь.

Левин замолчал, и они вместе вошли в большую залу.

Губернский предводитель, несмотря на то, что он чувствовал в воздухе приготовляемый ему подвох, и несмотря на то, что не все просили его, все-таки решился баллотироваться. Все в зале замолкло, секретарь громогласно объявил, что баллотируется в губернские предводители ротмистр гвардии Михаил Степанович Снетков.

Уездные предводители заходили с тарелочками, в которых были шары, от своих столов к губернскому, и начались выборы.

– Направо клади, – шепнул Степан Аркадьич Левину, когда он вместе с братом вслед за предводителем подошел к столу. Но Левин забыл теперь тот расчет, который объясняли ему, и боялся, не ошибся ли Степан Аркадьич, сказав «направо». Ведь Снетков был враг. Подойдя к ящику, он держал шар в правой, но, подумав что ошибся, перед самым ящиком переложил шар в левую руку и, очевидно, потом положил налево. Знаток дела, стоявший у ящика, по одному движению локтя узнавший, кто куда положит, недовольно поморщился. Ему не на чем было упражнять свою проницательность.

Все замолкло, и послышался счет шаров. Потом одинокий голос провозгласил число избирательных и неизбирательных.

Предводитель был выбран значительным большинством. Все зашумело и стремительно бросилось к двери. Снетков вошел, и дворянство окружило его, поздравляя.

– Ну, теперь кончено? – спросил Левин у Сергея Ивановича.

– Только начинается, – улыбаясь, сказал за Сергея Ивановича Свияжский. – Кандидат предводителя может получить больше шаров.[1]

Левин совсем опять забыл про это. Он вспомнил только теперь, что тут была какая-то тонкость, но ему скучно было вспоминать, в чем она состояла. На него нашло уныние, и захотелось выбраться из этой толпы. Так

---

[1] *Кандидат предводителя может получить больше шаров.* – Если кандидат получал больше шаров на выборах в дворянском собрании, то он и становился предводителем.

как никто не обращал на него внимания и он, казалось, никому не был нужен, он потихоньку направился в маленькую залу, где закусывали, и почувствовал большое облегчение, опять увидав лакеев. Старичок лакей предложил ему покушать, и Левин согласился. Съев котлетку с фасолью и поговорив с лакеем о прежних господах, Левин, не желая входить в залу, где ему было так неприятно, пошел пройтись на хоры.

Хоры были полны нарядных дам, перегибавшихся через перила и старавшихся не проронить ни одного слова из того, что говорилось внизу. Около дам сидели и стояли элегантные адвокаты, учителя гимназии в очках и офицеры. Везде говорилось о выборах и о том, как измучился предводитель и как хороши были прения; в одной группе Левин слышал похвалу своему брату. Одна дама говорила адвокату:

- Как я рада, что слышала Кознышева! Это стоит, чтобы поголодать. Прелесть! Как ясно. И слышно все! Вот у вас в суде никто так не говорит. Только один Майдель, и то он далеко не так красноречив.

Найдя свободное место у перил, Левин перегнулся и стал смотреть и слушать.

Все дворяне сидели за перегородочками в своих уездах, Посередине залы стоял человек в мундире и тонким, громким голосом провозглашал:

- Баллотируется в кандидаты губернского предводителя дворянства штаб-ротмистр Евгений Иванович Опухтин!

Наступило мертвое молчание, и послышался один слабый старческий голос:

- Отказался!

- Баллотируется надворный советник Петр Петрович Боль, - начинал опять голос.

- Отказался! - раздавался молодой визгливый голос. Опять начиналось то же, и опять «отказался». Так продолжалось около часа. Левин, облокотившись на перила смотрел и слушал. Сначала он удивлялся и хотел понять, что это значило; потом, убедившись, что понять этого он не может, ему стало скучно. Потом, вспомнив все то волнение и озлобление, которые он видел на всех лицах, ему стало грустно: он решился уехать и пошел вниз. Проходя через сени хор, он встретил ходившего взад и вперед унылого гимназиста с подтекшими глазами. На лестнице же ему встретилась пара: дама, быстро бежавшая на каблучках, и легкий товарищ прокурора.

- Я говорил вам, что не опоздаете, - сказал прокурор в то время, когда Левин посторонился, пропуская даму.

Левин уже был на выходной лестнице и доставал из жилетного кармана нумерок своей шубы, когда секретарь поймал его. - Пожалуйте, Константин Дмитрич, баллотируют.

В кандидаты баллотировался так решительно отказавшийся Неведовский.

Левин подошел к двери в залу: она была заперта. Секретарь постучался, дверь отворилась, и навстречу Левину проюркнули два раскрасневшиеся помещика.

— Мочи моей нет, — сказал один раскрасневшийся помещик.

Вслед за помещиком высунулось лицо губернского предводителя. Лицо это было страшно от изнеможения и страха.

— Я тебе сказал не выпускать! — крикнул он сторожу.

— Я впустил, ваше превосходительство!

— Господи! — и, тяжело вздохнув, губернский предводитель, устало шмыгая в своих белых панталонах, опустив голову, пошел по средине залы к большому столу.

Неведовскому переложили, как и было рассчитано, и он был губернским предводителем. Многие были веселы, многие были довольны, счастливы, многие в восторге, многие недовольны и несчастливы. Губернский предводитель был в отчаянии, которого он не мог скрыть. Когда Неведовский пошел из залы, толпа окружила его и восторженно следовала за ним, так же как она следовала в первый день за губернатором, открывшим выборы, и так же как она следовала за Снетковым, когда тот был выбран.

XXXI

Вновь избранный губернский предводитель и многие из торжествующей партии новых обедали в этот день у Вронского.

Вронский приехал на выборы и потому, что ему было скучно в деревне и нужно было заявить свои права на свободу пред Анной, и для того, чтоб отплатить Свияжскому поддержкой на выборах за все его хлопоты для Вронского на земских выборах, и более всего для того, чтобы строго исполнять все обязанности того положения дворянина и землевладельца, которые он себе избрал. Но он никак не ожидал, чтоб это дело выборов так заняло его, так забрало за живое и чтоб он мог так хорошо делать это дело. Он был совершенно новый человек в кругу дворян, но, очевидно, имел успех и не ошибался, думая, что приобрел уже влияние между дворянами. Влиянию его содействовало: его богатство и знатность; прекрасное помещение в городе, которое уступил ему старый знакомый, Ширков, занимавшийся финансовыми делами и учредивший процветающий банк в Кашине; отличный повар Вронского, привезенный из деревни; дружба с губернатором, который был товарищем, и еще покровительствуемым товарищем Вронского; а более всего — простые, ровные ко всем отношения, очень скоро заставившие большинство дворян изменить суждение о его мнимой гордости. Он чувствовал сам, что, кроме этого шального господина, женатого на Кити Щербацкой, который à propos de bottes[1] с смешной злобой наговорил ему кучу ни к чему нейдущих глупостей, каждый дворянин, с которым он знакомился, делался его сторонником. Он ясно видел, и другие признавали это, что успеху Неведовского очень много содействовал он. И теперь у себя за столом, празднуя выбор Неведовского, он испытывал приятное чувство торжества за своего избранника. Самые выборы так заманили его, что, если он будет женат к будущему трехлетию, он и сам подумывал баллотироваться, – вроде того, как после выигрыша приза чрез жокея ему захотелось скакать самому.

Теперь же праздновался выигрыш жокея. Вронский сидел в голове стола, по правую руку его сидел молодой губернатор, свитский генерал. Для всех это был хозяин губернии, торжественно открывавший выборы, говоривший речь и возбуждавший и уважение и раболепность в некоторых, как видел Вронский; для Вронского это был Маслов Катька, – такое было у него прозвище в Пажеском корпусе, – конфузившийся пред ним, и которого Вронский старался mettre à son aise[2]. По левую руку сидел Неведовский со своим юным, непоколебимым и ядовитым лицом. С ним Вронский был прост и уважителен.

Свияжский переносил свою неудачу весело. Это даже не была неудача для него, как он сам сказал, с бокалом обращаясь к Неведовскому: лучше нельзя было найти представителя того нового направления, которому должно последовать дворянство. И потому все честное, как он сказал, стояло на стороне нынешнего успеха и торжествовало его.

Степан Аркадьич был также рад, что весело провел время и что все довольны. За прекрасным обедом перебирались эпизоды выборов. Свияжский комически передал слезную речь предводителя и заметил, обращаясь к Неведовскому, что его превосходительству придется избрать другую, более сложную, чем слезы, поверку сумм. Другой шутливый дворянин рассказал, как выписаны были лакеи в чулках для бала губернского предводителя и как теперь их придется отослать назад, если новый губернский предводитель не даст бала с лакеями в чулках.

Беспрестанно во время обеда, обращаясь к Неведовскому, говорили ему: «наш губернский предводитель) и «ваше превосходительство».

Это говорилось с тем же удовольствием, с каким молодую женщину называют «madame» и по имени мужа. Неведовский делал вид, что он не

---

[1] Ни с того ни с сего (фр.).

[2] Ободрить (фр.).

только равнодушен, но и презирает это звание, но очевидно было, что он счастлив и держит себя под уздцы, чтобы не выразить восторга, не подобающего той новой, либеральной среде, в которой все находились.

За обедом было послано несколько телеграмм людям интересовавшимся ходом выборов. И Степан Аркадьич, которому было очень весело, послал Дарье Александровне телеграмму такого содержания: «Неведовский выбран двенадцатью шарами. Поздравляю. Передай». Он продиктовал ее вслух, заметив: «Надо их порадовать». Дарья же Длександровна, получив депешу, только вздохнула о рубле за телеграмму и поняла, что дело было в конце обеда. Она знала, что Стива имеет слабость в конце хороших обедов «faire jouer le télégraphe»[1].

Все было, вместе с отличным обедом и винами не от русских виноторговцев, а прямо заграничной разливки, очень благородно, просто и весело. Кружок людей в двадцать человек был подобран Свияжским из единомышленных, либеральных, новых деятелей и вместе остроумных и порядочных. Пили тосты, тоже полушутливые, и за нового губернского предводителя, и за губернатора, и за директора банка, и за «любезного нашего хозяина».

Вронский был доволен. Он никак не ожидал такого милого тона в провинции.

В конце обеда стало еще веселее. Губернатор просил Вронского ехать в концерт в пользу *братии,* который устраивала его жена, желающая с ним познакомиться.

– Там будет бал, и ты увидишь нашу красавицу. В самом деле замечательно.

– Not in my line[2], – отвечал Вронский, любивший это выражение, но улыбнулся и обещал приехать.

Уже пред выходом из-за стола, когда все закурили, камердинер Вронского подошел к нему с письмом на подносе.

– Из Воздвиженского с нарочным, – сказал он с значительным выражением.

– Удивительно, как он похож на товарища прокурора Свентицкого, – сказал один из гостей по-французски про комердинера, в то время как Вронский, хмурясь, читал письмо.

Письмо было от Анны. Еще прежде чем он прочел письмо, он уже знал его содержание. Предполагая, что выборы кончатся в пять дней, он обещал

---

[1] Злоупотреблять телеграфом *(фр.).*

[2] Не по моей части *(англ.).*

вернуться в пятницу. Нынче была суббота, и он знал, что содержанием письма были упреки в том, что он не вернулся вовремя. Письмо, которое он послал вчера вечером, вероятно, не дошло еще.

Содержание было то самое, как он ожидал, но форма была неожиданная и особенно неприятная ему. «Ани очень больна, доктор говорил, что может быть воспаление. Я одна теряю голову. Княжна Варвара не помощница, а помеха. Я ждала тебя третьего дня, вчера и теперь посылаю узнать, где ты и что ты? Я сама хотела ехать, но раздумала, зная, что это будет тебе неприятно. Дай ответ какой-нибудь, чтоб я знала, что делать».

Ребенок болен, а она сама хотела ехать. Дочь больна, и этот враждебный тон.

Это невинное веселье выборов и та мрачная, тяжелая любовь, к которой он должен был вернуться, поразили Вронского своею противоположностью. Но надо было ехать, и он по первому поезду, в ночь, уехал к себе.

XXXII

Перед отъездом Вронского на выборы, обдумав то, что те сцены, которые повторялись между ними при каждом его отъезде, могут только охладить, а не привязать его Анна решилась сделать над собой все возможные усилия чтобы спокойно переносить разлуку с ним. Но тот холодный, строгий взгляд, которым он посмотрел на нее, когда пришел объявить о своем отъезде, оскорбил ее, и еще он не уехал, как спокойствие ее уже было разрушено.

В одиночестве потом передумывая этот взгляд, который выражал право на свободу, она пришла, как и всегда, к одному – к сознанию своего унижения. «Он имеет право уехать, когда и куда он хочет. Не только уехать, но оставить меня. Он имеет все права, я не имею никаких. Но, зная это, он не должен был этого делать. Однако что же он сделал?.. Он посмотрел на меня с холодным, строгим выражением. Разумеется, это неопределимо, неосязаемо, но этого не было прежде, и этот взгляд многое значит, – думала она. – Этот взгляд показывает, что начинается охлаждение».

И хотя она убедилась, что начинается охлаждение, ей все-таки нечего было делать, нельзя было ни в чем изменить своих отношений к нему. Точно так же как прежде, одною любовью и привлекательностью она могла удержать его. И так же как прежде, занятиями днем и морфином по ночам она могла заглушать страшные мысли о том, что будет, если он разлюбит ее. Правда, было еще одно средство: не удерживать его, – для этого она не хотела ничего другого, кроме его любви, – но сблизиться с ним, быть в таком положении, чтобы он не покидал ее. Это средство было развод и брак.

И она стала желать этого и решилась согласиться в первый же раз, как он или Стива заговорят ей об этом.

В таких мыслях она провела без него пять дней, те самые, которые он должен был находиться в отсутствии.

Прогулки, беседы с княжной Варварой, посещения больницы, а главное, чтение, чтение одной книги за другой, занимали ее время. Но на шестой день, когда кучер вернулся без него, она почувствовала, что уже не в силах ничем заглушать мысль о нем и о том, что он там делает. В это самое время дочь ее заболела. Анна взялась ходить за нею, но и это не развлекло ее, тем более, что болезнь не была опасна. Как она ни старалась, она не могла любить эту девочку, а притворяться в любви она не могла. К вечеру этого дня, оставшись одна, Анна почувствовала такой страх за него, что решилась было ехать в город, но, раздумав хорошенько, написала то противоречивое письмо, которое получил Вронский, и, не перечтя его, послала с нарочным. На другое утро она получила его письмо и раскаялась в своем. Она с ужасом ожидала повторения того строгого взгляда, который он бросил на нее, уезжая, особенно когда он узнает, что девочка не была опасно больна. Но все-таки она была рада, что написала ему. Теперь Анна уж признавалась себе, что он тяготится ею, что он с сожалением бросит свою свободу, чтобы вернуться к ней, и, несмотря на то, она рада была, что он приедет. Пускай он тяготится, но будет тут с нею, чтоб она видела его, знала его каждое движение.

Она сидела в гостиной, под лампой, с новою книгой Тэна[1] и читала, прислушиваясь к звукам ветра на дворе и ожидая каждую минуту приезда экипажа. Несколько раз ей казалось, что она слышала звук колес, но она ошибалась; наконец послышались не только звуки колес, но и покрик кучера и глухой звук в крытом подъезде. Даже княжна Варвара, делавшая пасьянс, подтвердила это, и Анна, вспыхнув, встала, но, вместо того чтоб идти вниз, как она прежде два раза ходила, она остановилась. Ей вдруг стало стыдно за свой обман, но более всего страшно за то, как он примет ее. Чувство оскорбления уже прошло; она только боялась выражения его неудовольствия. Она вспомнила, что дочь уже второй день была совсем

---

[1] *Она сидела... с новою книгой Тэна...* – Тэн Ипполит (1828–1893) – известный французский философ, критик и писатель. В 1870 г. вышла в свет его книга «О разуме». Возможно, что именно с впечатлениями от этой книги связано восклицание Анны Карениной: «...и на то дан разум, чтоб избавиться...» (ч. VII, гл. XXXI). Несколько раньше эту фразу произносит по-французски соседка Анны по купе в вагоне: «На то дан человеку разум, чтоб избавиться от того, что его беспокоит». В черновиках романа сказано, что Анна читала сочинения Токвиля, Карлейля, Тэна: «Она прочитывала эти книги, понимая их вполне, но испытывая то обычно оставленное такими книгами чувство возбуждения и неудовлетворения жажды» (т. 20, с. 487).

здорова. Ей даже досадно стало на нее за то, что она оправилась как раз в то время, как было послано письмо. Потом она вспомнила его, что он тут, весь, со своими глазами, руками. Она услыхала его голос. И, забыв все, радостно побежала ему навстречу.

— Ну, что Ани? — робко сказал он снизу, глядя на сбегавшую к нему Анну.

Он сидел на стуле, и лакей стаскивал с него теплый сапог.

— Ничего, ей лучше.

— А ты? — сказал он, отряхиваясь.

Она взяла его обеими руками за руку и потянула ее к своей талии, не спуская с него глаз.

— Ну, я очень рад, — сказал он, холодно оглядывая ее, ее прическу, ее платье, которое он знал, что она надела для него.

Все это нравилось ему, но уже столько раз нравилось: И то строго-каменное выражение, которого она так боялась, остановилось на его лице.

— Ну, я очень рад. А ты здорова? — сказал он, отерев платком мокрую бороду и целуя ее руку.

«Все равно, — думала она, — только бы он был тут, а когда он тут, он не может, не смеет не любить меня».

Вечер прошел счастливо и весело при княжне Варваре, которая жаловалась ему, что Анна без него принимала морфин.

— Что ж делать? Я не могла спать… Мысли мешали. При нем я никогда не принимаю. Почти никогда.

Он рассказал про выборы, и Анна умела вопросами вызвать его на то самое, что веселило его, — на его успех. Она рассказала ему все, что интересовало его дома. И все сведения ее были самые веселые.

Но поздно вечером уже, когда они остались одни, Анна, видя, что она опять вполне овладела им, захотела стереть то тяжелое впечатление взгляда за письмо. Она сказала:

— А признайся, тебе досадно было получить письмо, и ты не поверил мне?

Только что она сказала это, она поняла, что, как ни любовно он был теперь расположен к ней, он этого не простил ей.

— Да, — сказал он. — Письмо было такое странное. То Ани больна, то ты сама хотела приехать.

— Это все было правда.

— Да я и не сомневаюсь.

— Нет, ты сомневаешься. Ты недоволен, я вижу.

— Ни одной минуты. Я только недоволен, это правда, тем, что ты как будто не хочешь допустить, что есть обязанности…

– Обязанности ехать в концерт…

– Но не будем говорить, – сказал он.

– Почему же не говорить? – сказала она.

– Я только хочу сказать, что могут встретиться дела, необходимость. Вот теперь мне надо будет ехать в Москву, по делу дома… Ах, Анна, почему ты так раздражаешься? Разве ты не знаешь, что я не могу без тебя жить?

– А если так, – сказала Анна вдруг изменившимся голосом, – то ты тяготишься этою жизнью… Да, ты приедешь на день и уедешь, как поступают…

– Анна, это жестоко. Я всю жизнь готов отдать…

Но она не слушала его.

– Если ты поедешь в Москву, то и я поеду. Я не останусь здесь. Или мы должны разойтись, или жить вместе.

– Ведь ты знаешь, что это одно мое желанье. Но для этого…

– Надо развод? Я напишу ему. Я вижу, что я не могу так жить… Но я поеду с тобой в Москву.

– Точно ты угрожаешь мне. Да я ничего так не желаю, как не разлучаться с тобою, – улыбаясь, сказал Вронский.

Но не только холодный, злой взгляд человека преследуемого и ожесточенного блеснул в его глазах, когда он говорил эти нежные слова.

Она видела этот взгляд и верно угадала его значение.

«Если так, то это несчастие!» – говорил этот его взгляд. Это было минутное впечатление, но она никогда уже не забыла его.

Анна написала письмо мужу, прося его о разводе, и в конце ноября, расставшись с княжной Варварой, которой надо было ехать в Петербург, вместе с Вронским переехала в Москву. Ожидая каждый день ответа Алексея Александровича и вслед за тем развода, они поселились теперь супружески вместе.

ЧАСТЬ СЕДЬМАЯ

I

Левины жили уже третий месяц в Москве. Уже давно прошел тот срок, когда, по самым верным расчетам людей, знающих эти дела, Кити должна была родить; а она все еще носила, и ни по чему не было заметно, чтобы время было ближе теперь, чем два месяца назад. И доктор, и акушерка, и Долли, и мать, и в особенности Левин, без ужаса не могший подумать о приближавшемся, начинали испытывать нетерпение и беспокойство; одна Кити чувствовала себя совершенно спокойною и счастливою.

Она теперь ясно сознавала зарождение в себе нового чувства любви к будущему, отчасти для нее уже настоящему ребенку и с наслаждением прислушивалась к этому чувству. Он теперь уже не был вполне частью ее, а иногда жил и своею независимою от нее жизнью. Часто ей бывало больно от этого, но вместе с тем хотелось смеяться от странной новой радости.

Все, кого она любила, были с нею, и все были так добры к ней, так ухаживали за нею, так одно приятное во всем предоставлялось ей, что если б она не знала и не чувствовала, что это должно скоро кончиться, она бы и не желала лучшей и приятнейшей жизни. Одно, что портило ей прелесть этой жизни, было то, что муж ее был не тот, каким она любила его и каким он бывал в деревне.

Она любила его спокойный, ласковый и гостеприимный тон в деревне. В городе же он постоянно казался беспокоен и настороже, как будто боясь, чтобы кто-нибудь не обидел его и, главное, ее. Там, в деревне, он, очевидно зная себя на своем месте, никуда не спешил и никогда не бывал не занят. Здесь, в городе, он постоянно торопился, как бы не пропустить чего-то, и делать ему было нечего. И ей было жалко его. Для других, она знала, он не представлялся жалким; напротив, когда Кити в обществе смотрела на него, как иногда смотрят на любимого человека, стараясь видеть его как будто чужого, чтоб определить себе то впечатление, которое он производит на других, она видела, со страхом даже для своей ревности, что он не только не жалок, но очень привлекателен своею порядочностью, несколько старомодною, застенчивою вежливостью с женщинами, своею сильною фигурой и особенным, как ей казалось, выразительным лицом. Но она видела его не извне, а изнутри; она видела, что он здесь не настоящий; иначе она не могла определить себе его состояние. Иногда она в душе упрекала его за то, что он не умеет жить в городе; иногда же сознавалась, что ему действительно трудно было устроить здесь свою жизнь так, чтобы быть ею довольным.

В самом деле, что ему было делать? В карты он не любил играть. В клуб не ездил. С веселыми мужчинами вроде Облонского водиться, она уже знала теперь, что́ значило… это значило пить и ехать после питья куда-то. Она без ужаса не могла подумать, куда в таких случаях ездили мужчины. Ездить в свет? Но она знала, что для этого надо находить удовольствие в сближении с женщинами молодыми, и она не могла желать этого. Сидеть дома с нею, с матерью и сестрами? Но, как ни были ей приятны и веселы одни и те же разговоры, – «Алины-Надины», как называл эти разговоры между сестрами старый князь, – она знала, что ему должно быть это скучно. Что же ему оставалось делать? Продолжать писать свою книгу? Он и попытался это делать и ходил сначала в библиотеку заниматься выписками и справками для своей книги; но, как он говорил ей, чем больше он ничего не делал, тем меньше у него оставалось времени. И, кроме того, он жаловался ей, что слишком много разговаривал здесь о своей книге и что потому все мысли о ней спутались у него и потеряли интерес.

Одна выгода этой городской жизни была та, что ссор здесь, в городе, между ними никогда не было. Оттого ли, что условия городские другие, или оттого, что они оба стали осторожнее и благоразумнее в этом отношении, в Москве у них не было ссор из-за ревности, которых они так боялись, переезжая в город.

В этом отношении случилось даже одно очень важное для них обоих событие, именно встреча Кити с Вронским.

Старуха княгиня Марья Борисовна, крестная мать Кити, всегда очень ее любившая, пожелала непременно видеть ее. Кити, никуда по своему положению не ездившая, поехала с отцом к почтенной старухе и встретила у ней Вронского.

Кити при этой встрече могла упрекнуть себя только в том, что на мгновение, когда она узнала в штатском платье столь знакомые ей когда-то черты, у ней прервалось дыхание, кровь прилила к сердцу, и яркая краска, она чувствовала это, выступила на лицо. Но это продолжалось лишь несколько секунд. Еще отец, нарочно громко заговоривший с Вронским, не кончил своего разговора, как она была уже вполне готова смотреть на Вронского, говорить с ним, если нужно, точно так же, как она говорила с княгиней Марьей Борисовной, и, главное, так, чтобы все до последней интонации и улыбки было одобрено мужем, которого невидимое присутствие она как будто чувствовала над собой в эту минуту.

Она сказала с ним несколько слов, даже спокойно улыбнулась на его шутку о выборах, которые он назвал «наш парламент». (Надо было улыбнуться, чтобы показать, что она поняла шутку.) Но тотчас же она отвернулась к княгине Марье Борисовне и ни разу не взглянула на него, пока он не встал, прощаясь; тут она посмотрела на него, но, очевидно, только потому, что неучтиво не смотреть на человека, когда он кланяется.

Она благодарна была отцу за то, что он ничего не сказал ей о встрече с Вронским; но она видела по особенной нежности его после визита, во время обычной прогулки, что он был доволен ею. Она сама была довольна собою. Она никак не ожидала, чтоб у нее нашлась эта сила задержать где-то в глубине души все воспоминания прежнего чувства к Вронскому и не только казаться, но и быть к нему вполне равнодушною и спокойною.

Левин покраснел гораздо больше ее, когда она сказала ему, что встретила Вронского у княгини Марьи Борисовны. Ей очень трудно было сказать это ему, но еще труднее было продолжать говорить о подробностях встречи, так как он не спрашивал ее, а только, нахмурившись, смотрел на нее.

— Мне очень жаль, что тебя не было, — сказала она. — Не то, что тебя не было в комнате... я бы не была так естественна при тебе... Я теперь краснею гораздо больше, гораздо, гораздо больше, — говорила она, краснея до слез. — Но что ты не мог видеть в щелку.

Правдивые глаза сказали Левину, что она была довольна собою, и он, несмотря на то, что она краснела, тотчас же успокоился и стал расспрашивать ее, чего только она и хотела. Когда он узнал все, даже до той подробности, что она только в первую секунду не могла не покраснеть, но что потом ей было так же просто и легко, как с первым встречным, Левин совершенно повеселел и сказал, что он очень рад этому и теперь уже не поступит так глупо, как на выборах, а постарается при первой встрече с Вронским быть как можно дружелюбнее.

— Так мучительно думать, что есть человек почти враг, с которым тяжело встречаться, — сказал Левин. — Я очень, очень рад.

II

— Так заезжай, пожалуйста, к Болям, — сказала Кити мужу, когда он в одиннадцать часов, пред тем, как уехать из дома, зашел к ней, — Я знаю, что ты обедаешь в клубе, папа тебя записал. А утро что ты делаешь?

— Я к Катавасову только, — отвечал Левин.

— Что же так рано?

— Он обещал меня познакомить с Метровым. Мне хотелось поговорить с ним о моей работе, это известный ученый петербургский, — сказал Левин.

— Да, это его статью ты так хвалил? Ну, а потом? — сказала Кити.

– Еще в суд, может быть, заеду по делу сестры.

– А в концерт? – спросила она.

– Да что я поеду один!

– Нет, поезжай; там дают эти новые вещи… Это тебя так интересовало. Я бы непременно поехала.

– Ну, во всяком случае, я заеду домой пред обедом, – сказал он, глядя на часы.

– Надень же сюртук, чтобы прямо заехать к графине Боль.

– Да разве это непременно нужно?

– Ах, непременно! Он был у нас. Ну что тебе стоит? Заедешь, сядешь, поговоришь пять минут о погоде, встанешь и уедешь.

– Ну, ты не поверишь, я так от этого отвык, что это-то мне и совестно. Как это? Пришел чужой человек, сел, посидел безо всякого дела, им помешал, себя расстроил и ушел.

Кити засмеялась.

– Да ведь ты делал визиты холостым? – сказала она.

– Делал, но всегда бывало совестно, а теперь так отвык, что, ей-богу, лучше два дня не обедать вместо этого визита. Так совестно! Мне все кажется, что они обидятся, скажут: зачем это ты приходил без дела?

– Нет, не обидятся. Уж я за это тебе отвечаю, – сказала Кити, со смехом глядя на его лицо. Она взяла его за руку. – Ну, прощай… Поезжай, пожалуйста.

Он уже хотел уходить, поцеловав руку жены, когда она остановила его.

– Костя, ты знаешь, что у меня уж остается только пятьдесят рублей.

– Ну что ж, я заеду возьму из банка. Сколько? – сказал он с знакомым ей выражением неудовольствия.

– Нет, ты постой. – Она удержала его за руку. – Поговорим, меня это беспокоит. Я, кажется, ничего лишнего не плачу, а деньги так и плывут. Что-нибудь мы не так делаем.

– Нисколько, – сказал он, – откашливаясь и глядя на нее исподлобья.

Это откашливанье она знала. Это был признак его сильного недовольства, не на нее, а на самого себя. Он действительно был недоволен, но не тем, что денег вышло много, а что ему напоминают то, о чем он, зная, что в этом что-то неладно, желает забыть.

– Я велел Соколову продать пшеницу и за мельницу взять вперед. Деньги будут, во всяком случае.

– Нет, но я боюсь, что вообще много…

– Нисколько, нисколько, – повторял он. – Ну, прощай, душенька.

– Нет, право, я иногда жалею, что послушалась мама́. Как бы хорошо было в деревне! А то я вас всех измучала, и деньги мы тратим…

– Нисколько, нисколько. Ни разу еще не было с тех пор, как я женат, чтоб я сказал, что лучше было бы иначе, чем как есть…

– Правда? – сказала она, глядя ему в глаза.

Он сказал это не думая, только чтоб утешить ее. Но когда он, взглянув на нее, увидал, что эти правдивые милые глаза вопросительно устремлены на него, он повторил то же уже от всей души. «Я решительно забываю ее», – подумал он. И он вспомнил то, что так скоро ожидало их.

– А скоро? Как ты чувствуешь? – прошептал он, взяв ее за обе руки.

– Я столько раз думала, что теперь ничего не думаю и не знаю.

– И не страшно?

Она презрительно усмехнулась.

– Ни капельки, – сказала она.

– Так если что, я буду у Катавасова.

– Нет, ничего не будет, и не думай. Я поеду с папа́ гулять на бульвар. Мы заедем к Долли. Пред обедом тебя жду. Ах, да! Ты знаешь, что положение Долли становится решительно невозможным? Она кругом должна, денег у нее нет. Мы вчера говорили с мама́ и с Арсением (так она звала мужа сестры Львовой) и решили тебя с ним напустить на Стиву. Это решительно невозможно. С папа́ нельзя говорить об этом… Но если бы ты и он…

– Ну что же мы можем? – сказал Левин.

– Все-таки, ты будешь у Арсения, поговори с ним; он тебе скажет, что мы решили.

– Ну, с Арсением я вперед на все согласен. Так я заеду к нему. Кстати, если в концерт, то я с Натали и поеду. Ну, прощай.

На крыльце старый, еще холостой жизни, слуга Кузьма, заведывавший городским хозяйством, остановил Левина.

– Красавчика (это была лошадь, левая дышловая, приведенная из деревни) перековали, а все хромает, – сказал он. – Как прикажете?

Первое время в Москве Левина занимали лошади, приведенные из деревни. Ему хотелось устроить эту часть как можно лучше и дешевле; но оказалось, что свои лошади обходились дороже извозчичьих, и извозчика все-таки брали.

– Вели за коновалом послать, наминка, может быть.

– Ну, а для Катерины Александровны? – спросил Кузьма.

Левина уже не поражало теперь, как в первое время его жизни в Москве, что для переезда с Воздвиженки на Сивцев Вражек нужно было запрягать в тяжелую карету пару сильных лошадей, провезти эту карету по снежному месиву четверть версты и стоять там четыре часа, заплатив за это пять рублей. Теперь уже это казалось ему натурально.

– Вели извозчику привести пару в нашу карету, – сказал он.

– Слушаю-с.

И, так просто и легко разрешив благодаря городским условиям затруднение, которое в деревне потребовало бы столько личного труда и внимания, Левин вышел на крыльцо и, кликнув извозчика, сел и поехал на Никитскую. Дорогой он уже не думал о деньгах, а размышлял о том, как он познакомится с петербургским ученым, занимающимся социологией, и будет говорить с ним о своей книге.

Только в самое первое время в Москве те странные деревенскому жителю, непроизводительные, но неизбежные расходы, которые потребовались от него со всех сторон, поражали Левина. Но теперь он уже привык к ним. С ним случилось в этом отношении то, что, говорят, случается с пьяницами: первая рюмка – коло́м, вторая соколо́м, а после третьей – мелкими пташечками. Когда Левин разменял первую сторублевую бумажку на покупку ливрей лакею и швейцару, он невольно сообразил, что эти никому не нужные ливреи, но неизбежно необходимые, судя по тому, как удивились княгиня и Кити при намеке, что без ливреи можно бы обойтись, – что эти ливреи будут стоить двух летних работников, то есть около трехсот рабочих дней от святой до заговень, и каждый день тяжкой работы с раннего утра до позднего вечера, – и эта сторублевая бумажка еще шла коло́м. Но следующая, размененная на покупку провизии к обеду для родных, стоившей двадцать восемь рублей, хотя и вызвала в Левине воспоминание о том, что двадцать восемь рублей – это десять четвертей овса, который, потея и кряхтя, косили, вязали, возили, молотили, веяли, подсевали и насыпали, – эта следующая прошла все-таки легче. А теперь размениваемые бумажки уже давно не вызывали таких соображений и летели мелкими пташечками. Соответствует ли труд, положенный на приобретение денег, тому удовольствию, которое доставляет покупаемое на них, – это соображение уж давно было потеряно. Расчет хозяйственный о том, что есть известная цена, ниже которой нельзя продать известный хлеб, тоже был забыт. Рожь, цену на которую он так долго выдерживал, была продана пятьюдесятью копейками на четверть дешевле, чем за нее давали месяц тому назад. Даже и расчет, что при таких расходах невозможно будет прожить весь год без долга, – и этот расчет уже не имел никакого значения. Только одно требовалось: иметь деньги в банке, не спрашивая, откуда они, так, чтобы знать всегда, на что завтра купить говядины. И этот расчет до сих пор у него соблюдался: у него всегда были деньги в банке. Но теперь деньги в банке вышли, и он не знал хорошенько, откуда взять их. И это-то на минуту, когда Кити напомнила о деньгах, расстроило его; но ему некогда было думать об этом. Он ехал, размышляя о Катавасове и предстоящем знакомстве с Метровым.

III

Левин в этот свой приезд сошелся опять близко с бывшим товарищем по университету, профессором Катавасовым, с которым он не видался со времени своей женитьбы. Катавасов был ему приятен ясностью и простотой своего миросозерцания. Левин думал, что ясность миросозерцания Катавасова вытекала из бедности его натуры, Катавасов же думал, что непоследовательность мысли Левина вытекала из недостатка дисциплины его ума; но ясность Катавасова была приятна Левину, и обилие недисциплинированных мыслей Левина было приятно Катавасову, и они любили встречаться и спорить.

Левин читал Катавасову некоторые места из своего сочинения, и они понравились ему. Вчера, встретив Левина на публичной лекции, Катавасов сказал ему, что известный Метров, которого статья так понравилась Левину, находится в Москве и очень заинтересован тем, что ему сказал Катавасов о работе Левина, и что Метров будет у него завтра в одиннадцать часов и очень рад познакомиться с ним.

— Решительно исправляетесь, батюшка, приятно видеть, — сказал Катавасов, встречая Левина в маленькой гостиной. — Я слышу звонок и думаю: не может быть, чтобы вовремя… Ну что, каковы черногорцы?[1] По породе воины.

— А что? — спросил Левин.

Катавасов в коротких словах передал ему последнее известие и, войдя в кабинет, познакомил Левина с невысоким, плотным, очень приятной наружности человеком. Это был Метров. Разговор остановился на короткое время на политике и на том, как смотрят в высших сферах в Петербурге на последние события. Метров передал известные ему из верного источника слова, будто бы сказанные по этому случаю государем и одним из министров. Катавасов же слышал тоже за верное, что государь сказал совсем другое. Левин постарался придумать такое положение, в котором и те и другие слова могли быть сказаны, и разговор на эту тему прекратился.

---

[1] *Ну что, каковы черногорцы?* — Черногория после войны с Турцией (1862 г.) находилась под властью султана, но борьба черногорцев против иноземного владычества не прекращалась. В 1876 г. Черногория восстала. Повстанцы объединялись в отряды (четы) и вели в горах партизанские сражения. О событиях в Черногории писали все русские газеты и журналы тех лет.

– Да вот написал почти книгу об естественных условиях рабочего в отношении к земле, – сказал Катавасов. – Я не специалист, но мне понравилось, как естественнику, то, что он не берет человечества как чего-то вне зоологических законов, а, напротив, видит зависимость его от среды и в этой зависимости отыскивает законы развития.

– Это очень интересно, – сказал Метров.

– Я, собственно, начал писать сельскохозяйственную книгу, но невольно, занявшись главным орудием сельского хозяйства, рабочим, – сказал Левин, краснея, – пришел к результатам совершенно неожиданным.

И Левин стал осторожно, как бы ощупывая почву, излагать свой взгляд. Он знал, что Метров написал статью против общепринятого политико-экономического учения, но до какой степени он мог надеяться на сочувствие в нем к своим новым взглядам, он не знал и не мог догадаться по умному и спокойному лицу ученого.

– Но в чем же вы видите особенные свойства русского рабочего? – сказал Метров. – В зоологических, так сказать, его свойствах или в тех условиях, в которых он находится?

Левин видел, что в вопросе этом уже высказывалась мысль, с которою он был несогласен; но он продолжал излагать свою мысль, состоящую в том, что русский рабочий имеет совершенно особенный от других народов взгляд на землю. И чтобы доказать это положение, он поторопился прибавить, что, по его мнению, этот взгляд русского народа вытекает из сознания им своего призвания заселить огромные, незанятые пространства на востоке.

– Легко быть введену в заблуждение, делая заключение об общем призвании народа, – сказал Метров, перебивая Левина. – Состояние рабочего всегда будет зависеть от его отношения к земле и капиталу.

И уже не давая Левину досказать свою мысль, Метров начал излагать ему особенность своего учения.

В чем состояла особенность его учения, Левин не понял, потому что и не трудился понимать: он видел, что Метров, так же как и другие, несмотря на свою статью, в которой он опровергал учение экономистов, смотрел все-таки на положение русского рабочего только с точки зрения капитала, заработной платы и ренты. Хотя он и должен был признать, что в восточной, самой большой части России рента еще нуль, что заработная плата выражается для девяти десятых восьмидесятимиллионного русского населения только пропитанием самих себя и что капитал еще не существует иначе, как в виде самых первобытных орудий, – но он только с этой точки зрения рассматривал всякого рабочего, хотя во многом и не соглашался с экономистами и имел свою новую теорию о заработной плате, которую он и изложил Левину.

Левин слушал неохотно и сначала возражал. Ему хотелось перебить Метрова, чтобы сказать свою мысль, которая, по его мнению, должна была сделать излишним дальнейшее изложение. Но потом, убедившись, что они до такой степени различно смотрят на дело, что никогда не поймут друг друга, он уже и не противоречил и только слушал. Несмотря на то, что ему теперь уж вовсе не было интересно то, что говорил Метров, он испытывал, однако, некоторое удовольствие, слушая его. Самолюбие его было польщено тем, что такой ученый человек так охотно, с таким вниманием и доверием к знанию предмета Левиным, иногда одним намеком указывая на целую сторону дела, высказывал ему свои мысли. Он приписывал это своему достоинству, не зная того, что Метров переговорив со всеми своими близкими, особенно охотно говорил об этом предмете с каждым новым человеком, да и вообще охотно говорил со всеми о занимавшем его, неясном еще ему самому предмете.

— Однако мы опоздаем, — сказал Катавасов, взглянув на часы, как только Метров кончил свое изложение.

— Да, нынче заседание в Обществе любителей в память пятидесятилетнего юбилея Свинтича [1], — сказал Катавасов на вопрос Левина. — Мы собирались с Петром Иванычем. Я обещал прочесть об его трудах по зоологии. Поедем с нами, очень интересно.

— Да, и в самом деле пора, — сказал Метров. — Поедемте с нами, а оттуда, если угодно, ко мне. Я бы очень желал прослушать ваш труд.

— Нет, что ж. Это так еще, не кончено. Но в заседание я очень рад.

— Что ж, батюшка, слышали? Подал отдельное мнение, — сказал Катавасов, в другой комнате надевавший фрак.

И начался разговор об университетском вопросе.[2]

Университетский вопрос был очень важным событием в эту зиму в Москве. Три старые профессора в совете не приняли мнения молодых;

_____

[1] _...юбилея Свинтича..._ — Ирония Толстого направлена на комическую «манию праздновать всякие юбилеи» («Отечественные записки», 1875, № 8, с. 381–416), которая была настоящим поветрием 70-х годов (ср. главу «Юбиляры и триумфаторы» в поэме Некрасова «Современники»).

[2] _...разговор об университетском вопросе._ — В январском номере «Русского вестника» за 1875 г., то есть в том самом номере, где печатались первые главы «Анны Карениной», публиковалась и статья профессора Н. Любимова «Университетский вопрос». Эта статья продолжала полемику, начатую его «Университетскими письмами» в газете «Московские ведомости». Н. Любимов выступал против «университетской автономии». «Молодые профессоры» обвиняли его в том, что он «предает университеты в руки министерской канцелярии». Имя Любимова ставилось рядом с именем Магницкого, ревизовавшего университеты еще в эпоху Николая I (см. сатирическое «Письмо Магницкого к профессору Московского университета Н. А. Любимову» в газете «Голос», 1875, № 79).

молодые подали отдельное мнение. Мнение это, по суждению одних, было ужасное, по суждению других, было самое простое и справедливое мнение, и профессора разделились на две партии.

Одни, к которым принадлежал Катавасов, видели в противной стороне подлог, донос и обман; другие – мальчишество и неуважение к авторитетам. Левин, хотя и не принадлежавший к университету, несколько раз уже в свою бытность в Москве много слышал и говорил об этом деле и имел свое составленное на этот счет мнение; он принял участие в разговоре, продолжавшемся и на улице, пока все трое дошли до здания старого университета.

Заседание уже началось… У стола, покрытого сукном, за который сели Катавасов и Метров, сидело шесть человек, и один из них, близко пригибаясь к рукописи, читал что-то. Левин сел на один из пустых стульев, стоявших вокруг стола, и шепотом спросил у сидевшего тут студента, что читают. Студент, недовольно оглядев Левина, сказал:

– Биография.

Хотя Левин и не интересовался биографией ученого, но невольно слушал и узнал кое-что интересного и нового о жизни знаменитого ученого.

Когда чтец кончил, председатель поблагодарил его и прочел присланные ему стихи поэта Мента на этот юбилей и несколько слов в благодарность стихотворцу. Потом Катавасов своим громким, крикливым голосом прочел свою записку об ученых трудах юбиляра.

Когда Катавасов кончил, Левин посмотрел на часы, увидал, что уже второй час, и подумал, что он не успеет до концерта прочесть Метрову свое сочинение, да теперь ему уж и не хотелось этого. Он во время чтения думал тоже о бывшем разговоре. Ему теперь ясно было, что хотя мысли Метрова, может быть, и имеют значение, но и его мысли также имеют значение; мысли эти могут уясниться и привести к чему-нибудь, только когда каждый будет отдельно работать на избранном пути, а из сообщения этих мыслей ничего выйти не может. И, решившись отказаться от приглашения Метрова, Левин в конце заседания подошел к нему. Метров познакомил Левина с председателем, с которым он говорил о политической новости. При этом Метров рассказал председателю то же, что он рассказывал Левину, а Левин сделал те же замечания, которые он уже делал нынче утром, но для разнообразия высказал и свое новое мнение, которое тут же пришло ему в голову. После этого начался разговор опять об университетском вопросе. Так как Левин уже все это слышал, он поторопился сказать Метрову, что сожалеет, что не может воспользоваться его приглашением, раскланялся и поехал ко Львову.

IV

Львов, женатый на Натали, сестре Кити, всю свою жизнь провел в столицах и за границей, где он и воспитывался и служил дипломатом.

В прошлом году он оставил дипломатическую службу, не по неприятности (у него никогда ни с кем не было неприятностей), и перешел на службу в дворцовое ведомство в Москву, для того чтобы дать наилучшее воспитание своим двум мальчикам.

Несмотря на самую резкую противоположность в привычках и во взглядах и на то, что Львов был старше Левина, они в эту зиму очень сошлись и полюбили друг друга.

Львов был дома, и Левин без доклада вошел к нему.

Львов в длинном сюртуке с поясом и замшевых ботинках сидел на кресле и в pince-nez с синими стеклами читал книгу, стоявшую на пюпитре, осторожно на отлете держа красивою рукой до половины испеплившуюся сигару.

Прекрасное, тонкое и молодое еще лицо его, которому курчавые блестящие серебряные волосы придавали еще более породистое выражение, просияло улыбкой, когда он увидел Левина.

- Отлично! А я хотел к вам посылать. Ну, что Кити? Садитесь сюда, спокойнее... - Он встал и подвинул качалку. - Читали последний циркуляр в «*Journal de St.-Pétersbourg*»? [1] Я нахожу - прекрасно, - сказал он с несколько французским акцентом.

Левин рассказал слышанное от Катавасова о том, что говорят в Петербурге, и, поговорив о политике, рассказал про свое знакомство с Метровым и поездку в заседание. Львова это очень заинтересовало.

- Вот я завидую вам, что у вас есть входы в этот интересный ученый мир, - сказал он. И, разговорившись, как обыкновенно, тотчас же перешел на более удобный ему французский язык. - Правда, что мне и некогда. Моя и служба и занятия детьми лишают меня этого; а потом я не стыжусь сказать, что мое образование слишком недостаточно.

- Этого я не думаю, - сказал Левин с улыбкой и, как всегда, умиляясь на его низкое мнение о себе, отнюдь не напущенное на себя из желания казаться или даже быть скромным, но совершенно искреннее.

- Ах, как же! Я теперь чувствую, как я мало образован. Мне для воспитания детей даже нужно много освежить в памяти и просто выучиться. Потому что мало того, чтобы были учителя, нужно, чтобы был наблюдатель,

---

[1] «*Journal de St.-Pétersbourg*» - русское полуофициальное издание, выходившее в Петербурге с 1842 г. на французском языке. Это издание отражало политические мнения высшего аристократического круга.

как в вашем хозяйстве нужны работники и надсмотрщик. Вот я читаю, – он показал грамматику Буслаева[1], лежавшую на пюпитре, – требуют от Миши, и это так трудно… Ну вот объясните мне. Здесь он говорит…

Левин хотел объяснить ему, что понять этого нельзя, а надо учить; но Львов не соглашался с ним.

– Да, вот вы над этим смеетесь!

– Напротив, вы не можете себе представить, как, глядя на вас, я всегда учусь тому, что мне предстоит, – именно воспитанию детей.

– Ну, уж учиться-то нечему, – сказал Львов.

– Я только знаю, – сказал Левин, – что я не видал лучше воспитанных детей, чем ваши, и не желал бы детей лучше ваших.

Львов, видимо, хотел удержаться, чтобы не высказать своей радости, но так и просиял улыбкой.

– Только бы были лучше меня. Вот все, чего я желаю. Вы не знаете еще всего труда, – начал он, – с мальчиками, которые, как мои, были запущены этою жизнью за границей.

– Это все нагоните. Они такие способные дети. Главное – нравственное воспитание. Вот чему я учусь, глядя на ваших детей.

– Вы говорите – нравственное воспитание. Нельзя себе представить, как это трудно! Только что вы побороли одну сторону, другие вырастают, и опять борьба. Если не иметь опоры в религии, – помните, мы с вами говорили, – то никакой отец одними своими силами без этой помощи не мог бы воспитывать.

Интересовавший всегда Левина разговор этот был прерван вошедшею, одетою уже для выезда, красавицей Натальей Александровной.

– А я не знала, что вы здесь, – сказала она, очевидно не только не сожалея, но даже радуясь, что перебила этот давно известный ей и наскучивший разговор. – Ну, что Кити? Я обедаю у вас нынче. Вот что, Арсений, – обратилась она к мужу, – ты возьмешь карету…

И между мужем и женой началось суждение, как они проведут день. Так как мужу надо было ехать встречать кого-то по службе, а жене в концерт и публичное заседание юго-восточного комитета, то надо было много решить и обдумать. Левин, как свой человек, должен был принимать участие в этих планах. Решено было, что Левин поедет с Натали в концерт и на публичное заседание, а оттуда карету пришлют в контору за Арсением, и он

---

[1] *…он показал грамматику Буслаева…* – Буслаев Ф. И. (1818–1897) – русский ученый, филолог, автор фундаментальных сочинений по грамматике: «Опыт исторической грамматики русского языка» (1858) и «Учебник русской грамматики, сближенной с церковнославянским» (1869).

заедет за ней и свезет ее к Кити; или же если он не кончит дел, то пришлет карету, и Левин поедет с нею.

– Вот он меня портит, – сказал Львов жене, – уверяет меня, что наши дети прекрасные, когда я знаю, что в них столько дурного.

– Арсений доходит до крайности, я всегда говорю, – сказала жена. – Если искать совершенства, то никогда не будешь доволен. И правду говорит папа, что, когда нас воспитывали, была одна крайность – нас держали в антресолях, а родители жили в бельэтаже; теперь напротив – родителей в чулан, а детей в бельэтаж. Родители уж теперь не должны жить, а все для детей.

– Что ж, если это приятнее? – сказал Львов, улыбаясь своею красивою улыбкой и дотрогиваясь до ее руки. – Кто тебя не знает, подумает, что ты не мать, а мачеха.

– Нет, крайность ни в чем не хороша, – спокойно сказала Натали, укладывая его разрезной ножик на стол в определенное место.

– Ну вот, подите сюда, совершенные дети, – сказал он входившим красавцам мальчикам, которые, поклонившись Левину, подошли к отцу, очевидно желая о чем-то спросить его.

Левину хотелось поговорить с ними, послушать, что они скажут отцу, но Натали заговорила с ним, и тут же вошел в комнату товарищ Львова но службе, Махотин, в придворном мундире, чтобы ехать вместе встречать кого-то, и начался уж неумолкаемый разговор о Герцеговине, о княжне Корзинской, о думе и скоропостижной смерти Апраксиной.

Левин и забыл про данное ему поручение. Он вспомнил, уже выходя в переднюю.

– Ах, Кити мне поручила что-то переговорить с вами об Облонском, – сказал он, когда Львов остановился на лестнице, провожая жену и его.

– Да, да, maman хочет, чтобы мы, les beaux-frères[1], напали на него, – сказал он, краснея и улыбаясь. – И потом, почему же я?

– Так я же нападу на него, – улыбаясь, сказала Львова, дожидавшаяся конца разговора в своей белой собачьей ротонде. – Ну, поедемте.

---

[1] Свояки (фр.).

V

В утреннем концерте давались две очень интересные вещи.

Одна была фантазия *«Король Лир в степи»* [1], другая был квартет, посвященный памяти Баха. Обе вещи были новые и в новом духе, и Левину хотелось составить о них свое мнение. Проводив свояченицу к ее креслу, он стал у колонны и решился как можно внимательнее и добросовестнее слушать. Он старался не развлекаться и не портить себе впечатления, глядя на махание руками белогалстучного капельмейстера, всегда так неприятно развлекающее музыкальное внимание, на дам в шляпах, старательно для концерта завязавших себе уши лентами, и на все эти лица, или ничем не занятые, или занятые самыми разнообразными интересами, но только не музыкой. Он старался избегать встреч со знатоками музыки и говорунами, а стоял, глядя вниз перед собой, и слушал.

Но чем более он слушал фантазию Короля Лира, тем далее он чувствовал себя от возможности составить себе какое-нибудь определенное мнение. Беспрестанно начиналось, как будто собиралось музыкальное выражение чувства, но тотчас же оно распадалось на обрывки новых начал музыкальных выражений, а иногда просто на ничем, кроме прихоти композитора, не связанные, но чрезвычайно сложные звуки. Но и самые отрывки этих музыкальных выражений, иногда хороших, были неприятны, потому что были совершенно неожиданны и ничем не приготовлены. Веселость, и грусть, и отчаяние, и нежность, и торжество являлись безо всякого на то права, точно чувства сумасшедшего. И, так же как у сумасшедшего, чувства эти проходили неожиданно.

Левин во все время исполнения испытывал чувство глухого, смотрящего на танцующих. Он был в совершенном недоумении, когда кончилась пиеса, и чувствовал большую усталость от напряженного и ничем не вознагражденного внимания. Со всех сторон послышались громкие рукоплескания. Все встали, заходили, заговорили. Желая разъяснить по впечатлению других свое недоумение, Левин пошел ходить, отыскивая

---

[1] *...фантазия «Король Лир в степи»...* - пародия на «программную музыку» (то есть музыку, написанную на определенный, например литературный, сюжет), к которой Толстой относился критически (см. об этом в его эстетическом трактате «Что такое искусство?»). На тему шекспировского «Короля Лира» писали М. А. Балакирев - «Король Лир» (1860) и П. И. Чайковский - «Буря» (1874). «Я помню, как я с Чайковским познакомился, - говорил Толстой, - он мне играл «Бурю» («Литературнее наследство», т. 90, кн. 2, с. 422). Толстой считал, что «необходимость же приноровить... музыкальное произведение к произведению поэзии или наоборот, есть такое предвзятое требование, при котором уничтожается всякая возможность творчества» (т. 30, с. 131).

знатоков, и рад был, увидав одного из известных знатоков в разговоре со знакомым ему Песцовым.

- Удивительно! - говорил густой бас Песцова. - Здравствуйте, Константин Дмитрич. В особенности образно и скульптурно, так сказать, и богато красками то место, где вы чувствуете приближение Корделии, где женщина, das ewig Weibliche[1], вступает в борьбу с роком. Не правда ли?

- То есть почему же тут Корделия? - робко спросил Левин, совершенно забыв, что фантазия изображала короля Лира в степи.

- Является Корделия... вот! - сказал Песцов, ударяя пальцами по атласной афише, которую он держал в руке, и передавая ее Левину.

Тут только Левин вспомнил заглавие фантазии и поспешил прочесть в русском переводе стихи Шекспира, напечатанные на обороте афиши.

- Без этого нельзя следить, - сказал Песцов, обращаясь к Левину, так как собеседник его ушел и поговорить ему больше не с кем было.

В антракте между Левиным и Песцовым завязался спор о достоинствах и недостатках вагнеровского направления музыки.[2] Левин доказывал, что ошибка Вагнера и всех его последователей в том, что музыка хочет переходить в область чужого искусства, что так же ошибается поэзия, когда описывает черты лиц, что должна делать живопись, и, как пример такой ошибки, он привел скульптора, который вздумал высекать из мрамора тени поэтических образов[3], восстающие вокруг фигуры поэта на пьедестале. «Тени эти так мало тени у скульптора, что они даже держатся о лестницу», - сказал Левин. Фраза эта понравилась ему, но он не помнил, не говорил ли он прежде эту же самую фразу и именно Песцову, и, сказав это, он смутился.

---

[1] Вечная женственность (нем.).

[2] ...вагнеровского направления музыки. - Вагнер Рихард (1813-1883) - великий немецкий композитор, теоретик и реформатор оперы. Вагнеровское направление Толстой связывал с «программной музыкой» (см. выше), а также с теорией синтетического искусства («соединение всех родов искусства»). Постановки опер Вагнера (тетралогия «Кольцо Нибелунга» и др.) в императорском театре в Байрейте отличались большой торжественностью. Вагнеризм вызвал ожесточенные споры в России и во Франции. Толстой относился к Вагнеру и ко всему «вагнеровскому направлению» критически. Высказывания Толстого о Вагнере см. в трактате «Что такое искусство?».

[3] ...вздумал высекать из мрамора тени поэтических образов... - Толстой имеет в виду проект памятника Пушкину работы скульптора М. М. Антокольского (1843-1902). В 1875 г. он был выставлен в Академии художеств. Скульптор изобразил Пушкина сидящим на скале; к нему по лестнице поднимаются герои его произведений. Памятник должен был, по мысли Антокольского, служить пластическим выражением пушкинских стихов: «И вот ко мне идет незримый рой гостей, // Знакомцы давние, плоды мечты моей». «Тени эти так мало тени, что у скульптора они даже держатся о лестницу», - иронически замечает Левин.

Песцов же доказывал, что искусство одно и что оно может достигнуть высших своих проявлений только в соединении всех родов.[1]

Второй нумер концерта Левин уже не мог слушать. Песцов, остановившись подле него, почти все время говорил с ним, осуждая эту пиесу за ее излишнюю, приторную напущенную простоту и сравнивая ее с простотой прерафаелитов в живописи. При выходе Левин встретил еще много знакомых, с которыми он поговорил и о политике, и о музыке, и об общих знакомых; между прочим, встретил графа Боля, про визит к которому он совсем забыл.

– Ну, так поезжайте сейчас, – сказала ему Львова, которой он передал это, – может быть, вас не примут, а потом заезжайте за мной в заседание. Вы застанете еще.

VI

– Может быть, не принимают? – сказал Левин, входя в сени дома графини Боль.

– Принимают, пожалуйте, – сказал швейцар, решительно снимая с него шубу.

«Экая досада, – думал Левин, со вздохом снимая одну перчатку и расправляя шляпу. – Ну, зачем я иду? ну, что мне с ними говорить?»

Проходя через первую гостиную, Левин встретил в дверях графиню Боль, с озабоченным и строгим лицом что-то приказывавшую слуге. Увидав Левина, она улыбнулась и попросила его в следующую маленькую гостиную, из которой слышались голоса. В этой гостиной сидели на креслах две дочери графини и знакомый Левину московский полковник. Левин подошел к ним, поздоровался и сел подле дивана, держа шляпу на колене.

– Как здоровье вашей жены? Вы были в концерте? Мы не могли. Мама должна была быть на панихиде.

– Да, я слышал… Какая скоропостижная смерть, – сказал Левин.

---

[1] *…в соединении всех родов.* – Оперная реформа Вагнера состояла в опыте создания особого рода синтетического искусства. «Опера самым существом своим предназначена представлять организм, в котором должны сливаться воедино все составляющие его элементы, – утверждал Вагнер, – поэзия, музыка, декорации, пластика». Толстой считал такого рода задачу в искусстве неисполнимой. «…Для того чтобы произведение одного искусства, – отмечал он, – совпало с произведением другого, нужно, чтобы случилось невозможное: чтобы два произведения разных областей были совершенно исключительно не похожи ни на что прежде бывшее и вместе с тем совпали бы и были бы совершенно похожи одно на другое» (т. 30, с. 130).

Пришла графиня, села на диван и спросила тоже про жену и про концерт.

Левин ответил и повторил вопрос про скоропостижность смерти Апраксиной.

— Она всегда, впрочем, была слабого здоровья.

— Вы были вчера в опере?

— Да, я был.

— Очень хороша была Лукка.[1]

— Да, очень хороша, — сказал он и начал, так как ему совершенно было все равно, что о нем подумают, повторять то, что сотни раз слышал об особенности таланта певицы. Графиня Боль притворялась, что слушала. Потом, когда он достаточно поговорил и замолчал, полковник, молчавший до сих пор, начал говорить. Полковник заговорил тоже про оперу и про освещение. Наконец, сказав про предполагаемую folle journée[23] у Тюрина, полковник засмеялся, зашумел, встал и ушел. Левин тоже встал, но по лицу графини он заметил, что ему еще не пора уходить. Еще минуты две надо. Он сел.

Но так как он все думал о том, как это глупо, то и не находил предмета разговора и молчал.

— Вы не едете на публичное заседание? Говорят, очень интересно, — начала графиня.

— Нет, я обещал моей belle-soeur[4] заехать за ней, — сказал Левин.

Наступило молчание. Мать с дочерью еще раз переглянулись.

«Ну, кажется, теперь пора», — подумал Левин и встал. Дамы пожали ему руку и просили передать mille choses[5] жене.

---

[1] *Очень хороша была Лукка.* — Лукка Паолина (1841–1908) — итальянка, австрийская оперная певица. Приезжала в Россию в начале 70-х годов. Большим успехом пользовалась Паолина Лукка в партиях Церлины («Дон Жуан» Моцарта) и Кармен («Кармен» Бизе).

[2] *...folle journée...* — По аналогии с комедией Бомарше «Безумный день, или Женитьба Фигаро», — «безумным днем» называли карнавалы, танцевальные вечера. Например, в 1874 г. в газете «Московские ведомости» было напечатано объявление о «танцевальном вечере» — «la folle journée» — в Московском купеческом собрании («Московские ведомости», 1874, № 33).

[3] Безумный день *(фр.).*

[4] Свояченице *(фр.).*

[5] Тысячу поклонов *(фр.).*

Швейцар спросил его, подавая шубу:

– Где изволите стоять? – и тотчас же записал в большую, хорошо переплетенную книжку.

«Разумеется, мне все равно, но все-таки совестно и ужасно глупо», – подумал Левин, утешая себя тем, что все это делают, и поехал в публичное заседание комитета, где он должен был найти свояченицу, чтобы с ней вместе ехать домой.

В публичном заседании комитета было много народа и почти все общество. Левин застал еще обзор, который, как все говорили, был очень интересен. Когда кончилось чтение обзора, общество сошлось, и Левин встретил и Свияжского, звавшего его нынче вечером непременно в Общество сельского хозяйства, где будет читаться знаменитый доклад, и Степана Аркадьича, который только что приехал с бегов, и еще много других знакомых, и Левин еще поговорил и послушал разные суждения о заседании, о новой пиесе и о процессе. Но, вероятно, вследствие усталости внимания, которую он начинал испытывать, говоря о процессе, он ошибся, и ошибка эта потом несколько раз с досадой вспоминалась ему. Говоря о предстоящем наказании иностранцу, судившемуся в России [1], и о том, как было бы неправильно наказать его высылкой за границу, Левин повторил то, что он слышал вчера в разговоре от одного знакомого.

– Я думаю, что выслать его за границу, – все равно что наказать щуку, пустив ее в воду, – сказал Левин. Уже потом он вспомнил, что эта, как будто выдаваемая им за свою, мысль, услышанная им от знакомого, была из басни Крылова и что знакомый повторил эту мысль из фельетона газеты.

Заехав за свояченицей домой и застав Кити веселою и благополучною, Левин поехал в клуб.

---

[1] *...о предстоящем наказании иностранцу, судившемуся в России...* – В октябре 1875 г. был внезапно закрыт московский ссудный коммерческий банк. Директор-распорядитель Полянский, директор иностранного отделения Ландау и члены правления были арестованы. Главным «героем» скандального процесса оказался Бетель Генри Струсберг (1823–1884), вошедший в сделку с железнодорожным королем Поляковым. Подложные операции привели к краху банка. Струсберг не признавал своей вины, но по решению суда был выслан за границу: «И щуку бросили в реку». Процесс, длившийся до ноября 1876 г., вызвал «общее негодование». Отклики на «дело Струсберга» есть не только в «Анне Карениной», но и в сатирической книге М. Е. Салтыкова-Щедрина «В среде умеренности и аккуратности». Наиболее полный отчет о сути дела и характерах участников аферы Струсберга содержится в газете «Неделя» (1876, №№ 38–41).

VII

Левин приехал в клуб в самое время. Вместе с ним подъезжали гости и члены. Левин не был в клубе очень давно, с тех пор как он еще по выходе из университета жил в Москве и ездил в свет. Он помнил клуб, внешние подробности его устройства, но совсем забыл то впечатление, которое он в прежнее время испытывал в клубе. Но только что, въехав на широкий полукруглый двор и слезши с извозчика, он вступил на крыльцо и навстречу ему швейцар в перевязи беззвучно отворил дверь и поклонился; только что он увидал в швейцарской калоши и шубы членов, сообразивших, что менее труда снимать калоши внизу, чем вносить их наверх; только что он услыхал таинственный, предшествующий ему звонок и увидал, входя по отлогой ковровой лестнице, статую на площадке и в верхних дверях третьего, состарившегося знакомого швейцара в клубной ливрее, неторопливо и не медля отворявшего дверь и оглядывавшего гостя, – Левина охватило давнишнее впечатление клуба, впечатление отдыха, довольства и приличия.

– Пожалуйте шляпу, – сказал швейцар Левину, забывшему правило клуба оставлять шляпы в швейцарской. – Давно не бывали. Князь вчера еще записали вас. Князя Степана Аркадьича нету еще.

Швейцар знал не только Левина, но и все его связи и родство и тотчас же упомянул о близких ему людях.

Пройдя первую проходную залу с ширмами и направо перегороженную комнату, где сидит фруктовщик, Левин, перегнав медленно шедшего старика, вошел в шумевшую народом столовую.

Он прошел вдоль почти занятых уже столов, оглядывая гостей. То там, то сям попадались ему самые разнообразные, и старые и молодые, и едва знакомые и близкие, люди. Ни одного не было сердитого и озабоченного лица. Все, казалось, оставили в швейцарской с шапками свои тревоги и заботы и собирались неторопливо пользоваться материальными благами жизни. Тут был и Свияжский, и Щербацкий, и Неведовский, и старый князь, и Вронский, и Сергей Иванович.

– А! что ж опоздал? – улыбаясь, сказал князь, подавая ему руку через плечо. – Что Кити? – прибавил он, поправляя салфетку, которую заткнул себе за пуговицу жилета.

– Ничего, здорова; они втроем дома обедают.

– А, Алины-Надины. Ну, у нас места нет. А иди к тому столу да занимай скорее место, – сказал князь и, отвернувшись, осторожно принял тарелку с ухою из налимов.

– Левин, сюда! – крикнул несколько дальше добродушный голос. Это был Туровцын. Он сидел с молодым военным, и подле них были два перевернутые стула. Левин с радостью подошел к ним. Он и всегда любил добродушного кутилу Туровцына, – с ним соединялось воспоминание объяснения с Кити, – но нынче, после всех напряженно умных разговоров, добродушный вид Туровцына был ему особенно приятен.

– Это вам и Облонскому. Он сейчас будет.

Очень прямо державшийся военный с веселыми, всегда смеющимися глазами был петербуржец Гагин. Туровцын познакомил их.

– Облонский вечно опоздает.

– А, вот и он.

– Ты только что приехал? – сказал Облонский, быстро подходя к ним. – Здорово. Пил водку? Ну, пойдем.

Левин встал и пошел с ним к большому столу, уставленному водками и самыми разнообразными закусками. Казалось, из двух десятков закусок можно было выбрать, что было по вкусу, но Степан Аркадьич потребовал какую-то особенную, и один из стоявших ливрейных лакеев тотчас принес требуемое. Они выпили по рюмке и вернулись к столу.

Сейчас же, еще за ухой, Гагину подали шампанского, и он велел наливать в четыре стакана. Левин не отказался от предлагаемого вина и спросил другую бутылку. Он проголодался и ел и пил с большим удовольствием и еще с бóльшим удовольствием принимал участие в веселых и простых разговорах собеседников. Гагин, понизив голос, рассказал новый петербургский анекдот, и анекдот, хотя неприличный и глупый, был так смешон, что Левин расхохотался так громко, что на него оглянулись соседи.

– Это в том же роде, как: «Я этого-то и терпеть не могу!» Ты знаешь? – спросил Степан Аркадьич. – Ах, это прелесть! Подай еще бутылку, – сказал он лакею и начал рассказывать.

– Петр Ильич Виновский просят, – перебил старичок лакей Степана Аркадьича, поднося два тоненькие стакана доигрывающего шампанского и обращаясь к Степану Аркадьичу и к Левину. Степан Аркадьич взял стакан и, переглянувшись на другой конец стола с плешивым рыжим усатым мужчиной, помахал ему, улыбаясь, головой.

– Кто это? – спросил Левин.

– Ты его у меня встретил раз, помнишь? Добрый малый.

Левин сделал то же, что Степан Аркадьич, и взял стакан.

Анекдот Степана Аркадьича был тоже очень забавен. Левин рассказал свой анекдот, который тоже понравился. Потом зашла речь о лошадях, о бегах нынешнего дня и о том, как лихо Атласный Вронского выиграл первый приз. Левин не заметил, как прошел обед.

– А! Вот и они! – в конце уже обеда сказал Степан Аркадьич, перегибаясь через спинку стула и протягивая руку шедшему к нему Вронскому с высоким гвардейским полковником. В лице Вронского светилось тоже общее клубное веселое добродушие. Он весело облокотился на плечо Степану Аркадьичу, что-то шепча ему, и с тою же веселою улыбкой протянул руку Левину.

— Очень рад встретиться, — сказал он. — А я вас тогда искал на выборах, но мне сказали, что вы уже уехали, — сказал он ему.

— Да, я в тот же день уехал. Мы только что говорили об вашей лошади. Поздравляю вас, — сказал Левин. — Это очень быстрая езда.

— Да ведь у вас тоже лошади.

— Нет, у моего отца были; но я помню и знаю.

— Ты где обедал? — спросил Степан Аркадьич.

— Мы за вторым столом, за колоннами.

— Его поздравляли, — сказал высокий полковник. — Второй императорский приз; кабы мне такое счастие в карты, как ему на лошадей.

— Ну, что же золотое время терять. Я иду в инфернальную[1], — сказал полковник и отошел от стола.

— Это Яшвин, — отвечал Туровцыну Вронский и присел на освободившееся подле них место. Выпив предложенный бокал, он спросил бутылку. Под влиянием ли клубного впечатления, или выпитого вина Левин разговорился с Вронским о лучшей породе скота и был очень рад, что не чувствует никакой враждебности к этому человеку. Он даже сказал ему между прочим, что слышал от жены, что она встретила его у княгини Марьи Борисовны.

— Ах, княгиня Марья Борисовна, это прелесть! — сказал Степан Аркадьич и рассказал про нее анекдот, который всех насмешил. В особенности Вронский так добродушно расхохотался, что Левин почувствовал себя совсем примиренным с ним.

— Что ж, кончили? — сказал Степан Аркадьич, вставая и улыбаясь. — Пойдем!

VIII

Выйдя из-за стола, Левин, чувствуя, что у него на ходьбе особенно правильно и легко мотаются руки, пошел с Гагиным через высокие комнаты к бильярдной. Проходя через большую залу, он столкнулся с тестем.

— Ну, что? Как тебе нравится наш храм праздности? — сказал князь, взяв его под руку. — Пойдем пройдемся.

---

[1] *Я иду в инфернальную...* — Инфернальная «адская» (от итал. Inferno — «ад»), игорная зала в Английском клубе.

– Я и то хотел походить, посмотреть. Это интересно.

– Да, тебе интересно. Но мне интерес уж другой, чем тебе. Ты вот смотришь на этих старичков, – сказал он, указывая на сгорбленного члена с отвислою губой, который, чуть передвигая ноги в мягких сапогах, прошел им навстречу, – и думаешь, что они так родились шлюпиками.

– Как шлюпиками?

– Ты вот и не знаешь этого названия. Это наш клубный термин. Знаешь, как яйца катают, так когда много катают, то сделается шлюпик. Так и наш брат: ездишь– ездишь в клуб и сделаешься шлюпиком. Да, вот ты смеешься, а наш брат уже смотрит, когда сам в шлюпики попадет. Ты знаешь князя Чеченского? – спросил князь, и Левин видел по лицу, что он собирается рассказать что-то смешное.

– Нет, не знаю.

– Ну, как же! Ну, князь Чеченский, известный. Ну, все равно. Вот он всегда на бильярде играет. Он еще года три тому назад не был в шлюпиках и храбрился. И сам других шлюпиками называл. Только приезжает он раз, а швейцар наш… ты знаешь, Василий? Ну, этот толстый. Он бонмотист большой.[1] Вот и спрашивает князь Чеченский у него: «Ну что, Василий, кто да кто приехал? А шлюпики есть?» А он ему говорит: «Вы третий». Да, брат, так-то!

Разговаривая и здороваясь со встречавшимися знакомыми, Левин с князем прошел все комнаты: большую, где стояли уже столы и играли в небольшую игру привычные партнеры; диванную, где играли в шахматы и сидел Сергей Иванович, разговаривая с кем-то; бильярдную, где на изгибе комнаты у дивана составилась веселая партия с шампанским, в которой участвовал Гагин; заглянули и в инфернальную, где у одного стола, за который уже сел Яшвин, толпилось много державших. Стараясь не шуметь, они вошли и в темную читальную, где под лампами с абажурами сидел один молодой человек с сердитым лицом, перехватывавший один журнал за другим, и плешивый генерал, углубленный в чтение. Вошли и в ту комнату, которую князь называл умною. В этой комнате трое господ горячо говорили о последней политической новости.

– Князь, пожалуйте, готово, – сказал один из его партнеров, найдя его тут, и князь ушел. Левин посидел, послушал; но, вспомнив все разговоры нынешнего утра, ему вдруг стало ужасно скучно. Он поспешно встал и пошел искать Облонского и Туровцына, с которыми было весело.

---

1 *Бонмотист* – острослов (от *фр.* bon mot – «острота»).

Туровцын сидел с кружкой питья на высоком диване в бильярдной, и Степан Аркадьич с Вронским о чем-то разговаривали у двери в дальнем углу комнаты.

– Она не то что скучает, но эта неопределенность, нерешительность положения, – слышал Левин и хотел поспешно отойти; но Степан Аркадьич подозвал его.

– Левин! – сказал Степан Аркадьич, и Левин заметил, что у него на глазах были не слезы, а влажность, как это всегда бывало у него, или когда он выпил, или когда он расчувствовался. Нынче было то и другое. – Левин, не уходи, – сказал он и крепко сжал его руку за локоть, очевидно ни за что не желая выпустить его.

– Это мой искренний, едва ли не лучший друг, – сказал он Вронскому. – Ты для меня тоже еще более близок и дорог. И я хочу и знаю, что вы должны быть дружны и близки, потому что вы оба хорошие люди.

– Что ж, нам остается только поцеловаться, – добродушно шутя, сказал Вронский, подавая руку.

Он быстро взял протянутую руку и крепко пожал ее.

– Я очень, очень рад, – сказал Левин, пожимая его руку.

– Человек, бутылку шампанского, – сказал Степан Аркадьич.

– И я очень рад, – сказал Вронский.

Но, несмотря на желание Степана Аркадьича и их взаимное желание, им говорить было нечего, и оба это чувствовали.

– Ты знаешь, что он не знаком с Анной? – сказал Степан Аркадьич Вронскому. – И я непременно хочу свозить его к ней. Поедем, Левин!

– Неужели? – сказал Вронский. – Она будет очень рада. Я бы сейчас поехал домой, – прибавил он, – но Яшвин меня беспокоит, и я хочу побыть тут, пока он кончит.

– А что, плохо?

– Все проигрывает, и я только один могу его удержать.

– Так что ж, пирамидку? Левин, будешь играть? Ну, и прекрасно, – сказал Степан Аркадьич. – Ставь пирамидку, – обратился он к маркеру.

– Давно готово, – отвечал маркер, уже уставивший в треугольник шары и для развлечения перекатывавший красный.

– Ну, давайте.

После партии Вронский и Левин подсели к столу Гагина, и Левин стал по предложению Степана Аркадьича держать на тузы. Вронский то сидел у стола, окруженный беспрестанно подходившими к нему знакомыми, то ходил в инфернальную проведывать Яшвина. Левин испытывал приятный отдых от умственной усталости утра. Его радовало прекращение враждебности с Вронским, и впечатление спокойствия, приличия и удовольствия не оставляло его.

Когда партия кончилась, Степан Аркадьич взял Левина под руку.

— Ну, так поедем к Анне. Сейчас? А? Она дома. Я давно обещал ей привезти тебя. Ты куда собирался вечером?

— Да никуда особенно. Я обещал Свияжскому в Общество сельского хозяйства. Пожалуй, поедем, — сказал Левин.

— Отлично, едем! Узнай, приехала ли моя карета, — обратился Степан Аркадьич к лакею.

Левин подошел к столу, заплатил проигранные им на тузы сорок рублей, заплатил каким-то таинственным образом известные старичку лакею, стоявшему у притолока, расходы по клубу и, особенно размахивая руками, пошел по всем залам к выходу.

IX

— Облонского карету! — сердитым басом прокричал швейцар. Карета подъехала, и оба сели. Только первое время, пока карета выезжала из ворот клуба, Левин продолжал испытывать впечатление клубного покоя, удовольствия и несомненной приличности окружающего; но как только карета выехала на улицу и он почувствовал качку экипажа по неровной дороге, услыхал сердитый крик встречного извозчика, увидел при неярком освещении красную вывеску кабака и лавочки, впечатление это разрушилось, и он начал обдумывать свои поступки и спросил себя, хорошо ли он делает, что едет к Анне. Что скажет Кити? Но Степан Аркадьич не дал ему задуматься и, как бы угадывая его сомнения, рассеял их.

— Как я рад, — сказал он, — что ты узнаешь ее. Ты знаешь, Долли давно этого желала. И Львов был же у нее и бывает. Хоть она мне и сестра, — продолжал Степан Аркадьич, — я смело могу сказать, что это замечательная женщина. Вот ты увидишь. Положение ее очень тяжело, в особенности теперь.

— Почему же в особенности теперь?

— У нас идут переговоры с ее мужем о разводе. И он согласен; но тут есть затруднения относительно сына, и дело это, которое должно было кончиться давно уже, вот тянется три месяца. Как только будет развод, она выйдет за Вронского. Как это глупо, этот старый обычай кружения, «Исайя ликуй», в который никто не верит и который мешает счастью людей! —

вставил Степан Аркадьич. - Ну, и тогда их положение будет определенно, как мое, как твое.

- В чем же затруднение? - сказал Левин.

- Ах, это длинная и скучная история! Все это так неопределенно у нас. Но дело в том, - она, ожидая этого развода здесь, в Москве, где все его и ее знают, живет три месяца; никуда не выезжает, никого не видит из женщин, кроме Долли, потому что, понимаешь ли, она не хочет, чтобы к ней ездили из милости; эта дура княжна Варвара - и та уехала, считая это неприличным. Так вот, в этом положении другая женщина не могла бы найти в себе ресурсов. Она же, вот ты увидишь, как она устроила свою жизнь, как она спокойна, достойна. Налево, в переулок, против церкви! - крикнул Степан Аркадьич, перегибаясь в окно кареты. - Фу, как жарко! - сказал он, несмотря на двенадцать градусов мороза распахивая еще больше свою и так распахнутую шубу.

- Да ведь у нее дочь; верно, она ею занята? - сказал Левин.

- Ты, кажется, представляешь себе всякую женщину только самкой, une couveuse[1], - сказал Степан Аркадьич. - Занята, то непременно детьми. Нет, она прекрасно воспитывает ее, кажется, но про нее не слышно. Она занята, во-первых, тем, что пишет. Уж я вижу, что ты иронически улыбаешься, но напрасно. Она пишет детскую книгу и никому не говорит про это, но мне читала, и я давал рукопись Воркуеву... знаешь, этот издатель... и сам он писатель, кажется. Он знает толк, и он говорит, что это замечательная вещь. Но ты думаешь, что это женщина-автор? Нисколько. Она прежде всего женщина с сердцем, ты вот увидишь. Теперь у ней девочка-англичанка и целое семейство, которым она занята.

- Что же, это филантропическое что-нибудь?

- Вот ты все хочешь видеть дурное. Не филантропическое, а сердечное. У них, то есть у Вронского, был тренер-англичанин, мастер своего дела, но пьяница. Он совсем запил, delirium tremens[2], и семейство брошено. Она увидала их, помогла, втянулась, и теперь все семейство на ее руках; да не так, свысока, деньгами, а она сама готовит мальчиков по-русски в гимназию, а девочку взяла к себе. Да вот ты увидишь ее.

Карета въехала на двор, и Степан Аркадьич громко позвонил у подъезда, у которого стояли сани.

И, не спросив у отворившего дверь артельщика, дома ли, Степан Аркадьич вошел в сени. Левин шел за ним, все более и более сомневаясь в том, хорошо или дурно он делает.

---

[1] Наседкой (фр.).

[2] Белая горячка (лат.).

Посмотревшись в зеркало, Левин заметил, что он красен; но он был уверен, что не пьян, и пошел по ковровой лестнице вверх за Степаном Аркадьичем. Наверху, у поклонившегося, как близкому человеку, лакея Степан Аркадьич спросил, кто у Анны Аркадьевны, и получил ответ, что господин Воркуев.

– Где они?

– В кабинете.

Пройдя небольшую столовую с темными деревянными стенами, Степан Аркадьич с Левиным по мягкому ковру вошли в полутемный кабинет, освещенный одною с большим темным абажуром лампой. Другая лампа-рефрактор горела на стене и освещала большой во весь рост портрет женщины, на который Левин невольно обратил внимание. Это был портрет Анны, деланный в Италии Михайловым. В то время как Степан Аркадьич заходил за трельяж и говоривший мужской голос замолк, Левин смотрел на портрет, в блестящем освещении выступавший из рамы, и не мог оторваться от него. Он даже забыл, где был, и, не слушая того, что говорилось, не спускал глаз с удивительного портрета. Это была не картина, а живая прелестная женщина с черными вьющимися волосами, обнаженными плечами и руками и задумчивой полуулыбкой на покрытых нежным пушком губах, победительно и нежно смотревшая на него смущавшими его глазами. Только потому она была не живая, что она была красивее, чем может быть живая.

– Я очень рада, – услыхал он вдруг подле себя голос, очевидно обращенный к нему, голос той самой женщины, которою он любовался на портрете. Анна вышла ему навстречу из-за трельяжа, и Левин увидел в полусвете кабинета ту самую женщину с портрета в темном, разноцветно-синем платье, не в том положении, не с тем выражением, но на той самой высоте красоты, на которой она была уловлена художником на портрете. Она была менее блестяща в действительности, но зато в живой было и что-то такое новое привлекательное, чего не было на портрете.

X

Она встала ему навстречу, не скрывая своей радости увидать его. И в том спокойствии, с которым она протянула ему маленькую и энергическую руку и познакомила его с Воркуевым и указала на рыжеватую хорошенькую девочку, которая тут же сидела за работой, назвав ее своею воспитанницей, были знакомые и приятные Левину приемы женщины большого света, всегда спокойной и естественной.

– Очень, очень рада, – повторила она, и в устах ее для Левина эти простые слова почему-то получили особенное значение. – Я вас давно знаю и люблю, и по дружбе со Стивой и за вашу жену… я знала ее очень мало времени, но она оставила во мне впечатление прелестного цветка, именно цветка. И она уж скоро будет матерью!

Она говорила свободно и неторопливо, изредка переводя свой взгляд с Левина на брата, и Левин чувствовал, что впечатление, произведенное им, было хорошее, и ему с нею тотчас же стало легко, просто и приятно, как будто он с детства знал ее.

– Мы с Иваном Петровичем поместились в кабинете Алексея, – сказала она, отвечая Степану Аркадьичу на его вопрос, можно ли курить, – именно затем, чтобы курить, – и, взглянув на Левина, вместо вопроса: курит ли он? подвинула к себе черепаховый портсигар и вынула пахитоску.

– Как твое здоровье нынче? – спросил ее брат.

– Ничего. Нервы, как всегда.

– Не правда ли, необыкновенно хорош? – сказал Степан Аркадьич, заметив, что Левин взглядывал на портрет.

– Я не видал лучше портрета.

– И необыкновенно похоже, не правда ли? – сказал Воркуев.

Левин поглядел с портрета на оригинал. Особенный блеск осветил лицо Анны в то время, как она почувствовала на себе его взгляд. Левин покраснел и, чтобы скрыть свое смущение, хотел спросить, давно ли она видела Дарью Александровну; но в то же время Анна заговорила:

– Мы сейчас говорили с Иваном Петровичем о последних картинах Ващенкова. Вы видели их?

– Да, я видел, – отвечал Левин.

– Но виновата, я вас перебила, вы хотели сказать…

Левин спросил, давно ли она видела Долли.

– Вчера она была у меня, она очень рассержена за Гришу на гимназию. Латинский учитель, кажется, несправедлив был к нему.

– Да, я видел картины. Они мне не очень понравились, – вернулся Левин к начатому ею разговору.

Левин говорил теперь совсем уже не с тем ремесленным отношением к делу, с которым он разговаривал в это утро. Всякое слово в разговоре с нею получало особенное значение. И говорить с ней было приятно, еще приятнее было слушать ее.

Анна говорила не только естественно, умно, но умно и небрежно, не приписывая никакой цены своим мыслям, а придавая большую цену мыслям собеседника.

Разговор зашел о новом направлении искусства, о новой иллюстрации Библии французским художником.[1] Воркуев обвинял художника в реализме, доведенном до грубости. Левин сказал, что французы довели условность в искусстве как никто и что поэтому они особенную заслугу видят в возвращении к реализму. В том, что они уже не лгут, они видят поэзию.

Никогда еще ни одна умная вещь, сказанная Левиным, не доставляла ему такого удовольствия, как эта. Лицо Анны вдруг все просияло, когда она вдруг оценила эту мысль. Она засмеялась.

– Я смеюсь, – сказала она, – как смеешься, когда увидишь очень похожий портрет. То, что вы сказали, совершенно характеризует французское искусство теперь[2], и живопись, и даже литературу: Zola, Daudet.[3] Но, может быть, это всегда так бывает, что сначала строят свои conceptions [4] из выдуманных, условных фигур, а потом – все

---

[1] *...о новой иллюстрации Библии французским художником.* – В 1875 г. в России рекламировалось новое, «роскошное Гальбергеровское издание» Библии с гравюрами Доре («Газета А. Гатцука», 1875, № 9, с. 143). Доре Гюстав (1832–1883) – французский художник, график, иллюстратор «Божественной комедии» Данте, «Дон Кихота» Сервантеса и ряда других изданий.

Толстой находил в иллюстрациях Доре к Библии лишь эстетическую трактовку темы. Доре, по его мнению, берет сюжет из Библии, как всякий другой, и «заботится только о красоте» («Литературное наследство», т. 37–38, с. 258).

[2] *...французское искусство теперь...* – В 70-е годы во Франции сложилось литературное направление – натурализм. Манифест натурализма – «Парижские письма» Эмиля Золя («Экспериментальный роман») печатались в русском журнале «Вестник Европы». «Первой чертой нового романа», по определению Золя, является «точное воспроизведение жизни и безусловное отсутствие всякого романического вымысла» («Вестник Европы», 1875, № 11, с. 402). Натуралисты выступали против «идеальных тенденций» Жорж Санд. «Условности» противопоставлялось «возвращение к реализму». Но реализм понимался как простое копирование жизни; «сцены сами по себе могут быть первые попавшиеся», «всякий вымысел изгнан» из искусства. Толстой относился к натурализму отрицательно. «...Разве это искусство? – говорил он. – А где же *одухотворяющая мысль?..* И как легко дается это писание «с натуры»! Набил себе руку – и валяй!» («Литературное наследство», т. 37–38, с. 422). Критика эстетической программы натуралистов была продолжена Толстым впоследствии в книге «Что такое искусство?».

[3] *...и даже литературу: Zola, Daudet.* – Эмиль Золя (1840–1902) опубликовал в 70-е годы свои первые романы: «Карьера Ругонов» (1871), «Добыча» (1871), «Чрево Парижа» (1873), «Завоевание Плассана» (1874). Альфонс Доде (1840–1897) был известен в те годы сборником рассказов «Письма с моей мельницы» (1869), повестью «Малыш» (1868). В 1872 г. появилась в печати первая часть его романа «Необычайные приключения Тартарена из Тараскона».

[4] Концепции *(фр.).*

combinaisons [1] сделаны, выдуманные фигуры надоели, и начинают придумывать более натуральные, справедливые фигуры.

– Вот это совершенно верно! – сказал Воркуев.

– Так вы были в клубе? – обратилась она к брату.

«Да, да, вот женщина!» – думал Левин, забывшись и упорно глядя на ее красивое подвижное лицо, которое теперь вдруг совершенно переменилось. Левин не слыхал, о чем она говорила, перегнувшись к брату, но он был поражен переменой ее выражения. Прежде столь прекрасное в своем спокойствии, ее лицо вдруг выразило странное любопытство, гнев и гордость. Но это продолжалось только одну минуту. Она сощурилась, как бы вспоминая что-то.

– Ну, да, впрочем, это никому не интересно, – сказала она и обратилась к англичанке:

– Please, order the tea in the drawing-room[2]. Девочка поднялась и вышла.

– Ну что же, она выдержала экзамен? – спросил Степан Аркадьич.

– Прекрасно. Очень способная девочка, и милый характер.

– Кончится тем, что ты ее будешь любить больше своей.

– Вот мужчина говорит. В любви нет больше и меньше. Люблю дочь одною любовью, ее – другою.

– Я вот говорю Анне Аркадьевне, – сказал Воркуев, – что если б она положила одну сотую хоть той энергии на общее дело воспитания русских детей, которую она кладет на эту англичанку, Анна Аркадьевна сделала бы большое, полезное дело.

– Да вот что хотите, я не могла. Граф Алексей Кириллыч очень поощрял меня (произнося слова *граф Алексей Кириллыч,* она просительно-робко взглянула на Левина, и он невольно отвечал ей почтительным и утвердительным взглядом) – поощрял меня заняться школой в деревне. Я ходила несколько раз. Они очень милы, но я не могла привязаться к этому делу. Вы говорите – энергию. Энергия основана на любви. А любовь неоткуда взять, приказать нельзя. Вот я полюбила эту девочку, сама не знаю зачем.

И она опять взглянула на Левина. И улыбка и взгляд ее – все говорило ему, что она к нему только обращает свою речь, дорожа его мнением и вместе с тем вперед зная, что они понимают друг друга.

---

[1] Комбинации *(фр.).*

[2] Пожалуйста, прикажите подать чай в гостиной *(англ.).*

– Я совершенно это понимаю, – отвечал Левин. – На школу и вообще на подобные учреждения нельзя положить сердца, и от этого, думаю, что именно эти филантропические учреждения дают всегда так мало результатов.

Она помолчала, потом улыбнулась.

– Да, да, – подтвердила она. – Я никогда не могла. Je n'ai pas le coeur assez large[1], чтобы полюбить целый приют с гаденькими девочками. Cela ne m'a jamais réussi[2]. Столько есть женщин, которые из этого делают position sociale[3]. И теперь тем более, – сказала она с грустным, доверчивым выражением, обращаясь по внешности к брату, но, очевидно, только к Левину. – И теперь, когда мне так нужно какое-нибудь занятие, я не могу. – И, вдруг нахмурившись (Левин понял, что она нахмурилась на самое себя за то, что говорит про себя), она переменила разговор. – Я знаю про вас, – сказала она Левину, – что вы плохой гражданин, и я вас защищала, как умела.

– Как же вы меня защищали?

– Смотря по нападениям. Впрочем, не угодно ли чаю? – Она поднялась и взяла в руку переплетенную сафьянную книгу.

– Дайте мне, Анна Аркадьевна, – сказал Воркуев, указывая на книгу. – Это очень стоит того.

– О нет, это все так неотделано.

– Я ему сказал, – обратился Степан Аркадьич к сестре, указывая на Левина.

– Напрасно сделал. Мое писанье – это вроде тех корзиночек из резьбы, которые мне продавала, бывало, Лиза Мерцалова из острогов. Она заведывала острогами в этом обществе, – обратилась она к Левину. – И эти несчастные делали чудеса терпения.

И Левин увидал еще новую черту в этой так необыкновенно понравившейся ему женщине. Кроме ума, грации, красоты, в ней была правдивость. Она от него не хотела скрывать всей тяжести своего положения. Сказав это, она вздохнула, и лицо ее, вдруг приняв строгое выражение, как бы окаменело. С таким выражением на лице она была еще красивее, чем прежде; но это выражение было новое; оно было вне того сияющего счастьем и раздающего счастье круга выражений, которые были уловлены

---

[1] У меня не настолько широкое сердце (фр.).

[2] Это мне никогда не удавалось (фр.).

[3] Общественное положение (фр.).

художником на портрете. Левин посмотрел еще раз на портрет и на ее фигуру, как она, взяв руку брата, проходила с ним в высокие двери, и почувствовал к ней нежность и жалость, удивившие его самого.

Она попросила Левина и Воркуева пройти в гостиную, а сама осталась поговорить о чем-то с братом. «О разводе, о Вронском, о том, что он делает в клубе, обо мне?» – думал Левин. И его так волновал вопрос о том, что она говорит со Степаном Аркадьичем, что он почти не слушал того, что рассказывал ему Воркуев о достоинствах написанного Анной Аркадьевной романа для детей.

За чаем продолжался тот же приятный, полный содержания разговор. Не только не было ни одной минуты, чтобы надо было отыскивать предмет для разговора, но, напротив, чувствовалось, что не успеваешь сказать того, что хочешь, и охотно удерживаешься, слушая, что говорит другой. И все, что ни говорили, не только она сама, но Воркуев, Степан Аркадьич, – все получило, как казалось Левину, благодаря ее вниманию и замечаниям, особенное значение.

Следя за интересным разговором, Левин все время любовался ею – и красотой ее, и умом, образованностью, и вместе простотой и задушевностью. Он слушал, говорил и все время думал о ней, о ее внутренней жизни, стараясь угадать ее чувства. И, прежде так строго осуждавший ее, он теперь, по какому-то странному ходу мыслей, оправдывал ее и вместе жалел и боялся, что Вронский не вполне понимает ее. В одиннадцатом часу, когда Степан Аркадьич поднялся, чтоб уезжать (Воркуев еще раньше уехал), Левину показалось, что он только что приехал. Левин с сожалением тоже встал.

– Прощайте, – сказала она ему, удерживая его за руку и глядя ему в глаза притягивающим взглядом. – Я очень рада, que la glace est rompue[1].

Она выпустила его руку и прищурилась.

– Передайте вашей жене, что я люблю ее, как прежде, и что если она не может простить мне мое положение, то я желаю ей никогда не прощать меня. Чтобы простить, надо пережить то, что я пережила, а от этого избави ее бог.

– Непременно, да, я передам... – краснея, говорил Левин.

---

[1] Что лед сломай (фр.).

XI

«Какая удивительная, милая и жалкая женщина», – думал он, выходя со Степаном Аркадьичем на морозный воздух.

– Ну, что? Я говорил тебе, – сказал ему Степан Аркадьич, видя, что Левин был совершенно побежден.

– Да, – задумчиво отвечал Левин, – необыкновенная женщина! Не то что умна, но сердечная удивительно. Ужасно жалко ее!

– Теперь, бог даст, скоро все устроится. Ну то-то, вперед не суди, – сказал Степан Аркадьич, отворяя дверцы кареты. – Прощай, нам не по дороге.

Не переставая думать об Анне, о всех тех самых простых разговорах, которые были с нею, и вспоминая при этом все подробности выражения ее лица, все более и более входя в ее положение и чувствуя к ней жалость, Левин приехал домой.

Дома Кузьма передал Левину, что Катерина Александровна здоровы, что недавно только уехали от них сестрицы, и подал два письма. Левин тут же, в передней, чтобы потом не развлекаться, прочел их. Одно было от Соколова, приказчика. Соколов писал, что пшеницу нельзя продать, дают только пять с половиной рублей, а денег больше взять неоткудова. Другое письмо было от сестры. Она упрекала его за то, что дело ее все еще не было сделано.

«Ну, продадим за пять с полтиной, коли не дают больше», – тотчас же с необыкновенною легкостью решил Левин первый вопрос, прежде казавшийся ему столь трудным. «Удивительно, как здесь все время занято», – подумал он о втором письме. Он почувствовал себя виноватым пред сестрой за то, что до сих пор не сделал того, о чем она просила его. «Нынче опять не поехал в суд, но нынче уж точно было некогда». И, решив, что он это непременно сделает завтра, пошел к жене. Идя к ней, Левин воспоминанием быстро пробежал весь проведенный день. Все события дня были разговоры: разговоры, которые он слушал и в которых участвовал. Все разговоры были о таких предметах, которыми он, если бы был один и в деревне, никогда бы не занялся, а здесь они были очень интересны. И все разговоры были хорошие; только в двух местах было не совсем хорошо. Одно то, что́ он сказал про щуку, другое – что было что-то *не то* в нежной жалости, которую он испытывал к Анне.

Левин застал жену грустною и скучающею. Обед трех сестер удался бы очень весело, но потом его ждали, ждали, всем стало скучно, сестры разъехались, и она осталась одна.

– Ну, а ты что делал? – спросила она, глядя ему в глаза, что-то особенно подозрительно блестевшие. Но, чтобы не помешать ему все рассказать, она скрыла свое внимание и с одобрительною улыбкой слушала его рассказ о том, как он провел вечер.

– Ну, я очень рад был, что встретил Вронского. Мне очень легко и просто было с ним. Понимаешь, теперь я постараюсь никогда не видаться с ним, но чтоб эта неловкость была кончена, – сказал он, и, вспомнив, что он, *стараясь никогда не видаться,* тотчас же поехал к Анне, он покраснел. – Вот мы говорим, что народ пьет; не знаю, кто больше пьет, народ или наше сословие; народ хоть в праздник, но…

Но Кити неинтересно было рассуждение о том, как пьет народ. Она видела, что он покраснел, и желала знать, почему.

– Ну, потом где ж ты был?

– Стива ужасно упрашивал меня поехать к Анне Аркадьевне.

И, сказав это, Левин покраснел еще больше, и сомнения его о том, хорошо ли, или дурно он сделал, поехав к Анне, были окончательно разрешены. Он знал теперь, что этого не надо было делать.

Глаза Кити особенно раскрылись и блеснули при имени Анны, но, сделав усилие над собой, она скрыла свое волнение и обманула его.

– А! – только сказала она.

– Ты, верно, не будешь сердиться, что я поехал. Стива просил, и Долли желала этого, – продолжал Левин.

– О нет, – сказала она, но в глазах ее он видел усилие над собой, не обещавшее ему ничего доброго.

– Она очень милая, очень, очень жалкая, хорошая женщина, – говорил он, рассказывая про Анну, ее занятия и про то, что она велела сказать.

– Да, разумеется, она очень жалкая, – сказала Кити, когда он кончил. – От кого ты письмо получил?

Он сказал ей и, поверив ее спокойному тону, пошел раздеваться.

Вернувшись, он застал Кити на том же кресле. Когда он подошел к ней, она взглянула на него и зарыдала.

– Что? что? – спрашивал он, уж зная вперед, *что.*

– Ты влюбился в эту гадкую женщину, она обворожила тебя. Я видела по твоим глазам. Да, да! Что ж может выйти из этого? Ты в клубе пил, пил, играл и потом поехал… к кому? Нет, уедем… Завтра я уеду.

Долго Левин не мог успокоить жену. Наконец он успокоил ее, только признавшись, что чувство жалости в соединении с вином сбили его и он поддался хитрому влиянию Анны и что он будет избегать ее. Одно, в чем он искреннее всего признавался, было то, что, живя так долго в Москве, за одними разговорами, едой и питьем, он ошалел. Они проговорили до трех часов ночи. Только в три часа они настолько примирились, что могли заснуть.

XII

Проводив гостей, Анна, не садясь, стала ходить взад и вперед по комнате. Хотя она бессознательно (как она действовала в это последнее время в отношении ко всем молодым мужчинам) целый вечер делала все возможное для того, чтобы возбудить в Левине чувство любви к себе, и хотя она знала, что она достигла этого, насколько это возможно в отношении к женатому честному человеку и в один вечер, и хотя он очень понравился ей (несмотря на резкое различие, с точки зрения мужчины, между Вронским и Левиным, она, как женщина, видела в них то самое общее, за что и Кити полюбила и Вронского и Левина), как только он вышел из комнаты, она перестала думать о нем.

Одна и одна мысль неотвязно в разных видах преследовала ее. «Если я так действую на других, на этого семейного, любящего человека, отчего же *он* так холоден ко мне?.. и не то что холоден, он любит меня, я это знаю. Но что-то новое теперь разделяет нас. Отчего нет его целый вечер? Он велел сказать со Стивой, что не может оставить Яшвина и должен следить за его игрой. Что за дитя Яшвин? Но положим, что это правда. Он никогда не говорит неправды. Но в этой правде есть другое. Он рад случаю показать мне, что у него есть другие обязанности. Я это знаю, я с этим согласна. Но зачем доказывать мне это? Он хочет доказать мне, что его любовь ко мне не должна мешать его свободе, Но мне не нужны доказательства, мне нужна любовь, Он бы должен был понять всю тяжесть этой жизни моей здесь, в Москве. Разве я живу? Я не живу, а ожидаю развязки, которая все оттягивается и оттягивается. Ответа опять нет! И Стива говорит, что он не может ехать к Алексею Александровичу. А я не могу писать еще. Я ничего не могу делать, ничего начинать, ничего изменять, я сдерживаю себя, жду, выдумывая себе забавы – семейство англичанина, писание, чтение, но все это только обман, все это тот же морфин. Он бы должен пожалеть меня», – говорила она, чувствуя, как слезы жалости о себе выступают ей на глаза.

Она услыхала порывистый звонок Вронского и поспешно утерла эти слезы, и не только утерла слезы, но села к лампе и развернула книгу, притворившись спокойною. Надо было показать ему, что она недовольна тем, что он не вернулся, как обещал, только недовольна, но никак не показывать ему своего горя и, главное, жалости о себе. Ей можно было жалеть о себе, но не ему о ней. Она не хотела борьбы, упрекала его за то, что он хотел бороться, но невольно сама становилась в положение борьбы.

- Ну, ты не скучала? - сказал он, оживленно и весело подходя к ней. - Что за страшная страсть - игра!

- Нет, я не скучала и давно уж выучилась не скучать. Стива был и Левин.

- Да, они хотели к тебе ехать. Ну, как тебе понравился Левин? - сказал он, садясь подле нее.

- Очень. Они недавно уехали. Что же сделал Яшвин?

- Был в выигрыше, семнадцать тысяч. Я его звал. Он совсем было уж поехал. Но вернулся опять и теперь в проигрыше.

- Так для чего же ты оставался? - спросила она, вдруг подняв на него глаза. Выражение ее лица было холодное и неприязненное. - Ты сказал Стиве, что останешься, чтоб увезти Яшвина. А ты оставил же его.

То же выражение холодной готовности к борьбе выразилось и на его лице.

- Во-первых, я его ничего не просил передавать тебе, во-вторых, я никогда не говорю неправды. А главное, я хотел остаться и остался, - сказал он, хмурясь. - Анна, зачем, зачем? - сказал он после минуты молчания, перегибаясь к ней, и открыл руку, надеясь, что она положит в нее свою.

Она была рада этому вызову к нежности. Но какая-то странная сила зла не позволяла ей отдаться своему влечению, как будто условия борьбы не позволяли ей покориться.

- Разумеется, ты хотел остаться и остался. Ты делаешь все, что ты хочешь. Но зачем ты говоришь мне это? Для чего? - говорила она, все более разгорячаясь. - Разве кто-нибудь оспаривает твои права? Но ты хочешь быть правым, и будь прав.

Рука его закрылась, он отклонился, и лицо его приняло еще более, чем прежде, упорное выражение.

- Для тебя это дело упрямства, - сказала она, пристально поглядев на него и вдруг найдя название этому раздражавшему ее выражению лица, - именно упрямства. Для тебя вопрос, останешься ли ты победителем со мной, а для меня... - Опять ей стало жалко себя, и она чуть не заплакала. - Если бы ты знал, в чем для меня дело! Когда я чувствую, как теперь, что ты враждебно, именно враждебно относишься ко мне, если бы ты знал, что это для меня значит! Если бы ты знал, как я близка к несчастию в эти минуты, как я боюсь, боюсь себя! - И она отвернулась, скрывая рыдания.

- Да о чем мы? - сказал он, ужаснувшись пред выражением ее отчаянья и опять перегнувшись к ней и взяв ее руку и целуя ее. - За что? Разве я ищу развлечения вне дома? Разве я не избегаю общества женщин?

- Еще бы! - сказала она.

- Ну, скажи, что я должен делать, чтобы ты была покойна? Я все готов сделать для того, чтобы ты была счастлива, - говорил он, тронутый ее отчаянием, – чего же я не сделаю, чтоб избавить тебя от горя какого-то, как теперь, Анна! – сказал он.

– Ничего, ничего! – сказала она. – Я сама не знаю: одинокая ли жизнь, нервы… Ну, не будем говорить. Что ж бега? ты мне не рассказал, – спросила она, стараясь скрыть торжество победы, которая все-таки была на ее стороне.

Он спросил ужинать и стал рассказывать ей подробности бегов; но в тоне, во взглядах его, все более и более делавшихся холодными, она видела, что он не простил ей ее победу, что то чувство упрямства, с которым она боролась, опять устанавливалось в нем. Он был к ней холоднее, чем прежде, как будто он раскаивался в том, что покорился. И она, вспомнив те слова, которые дали ей победу, именно: «Я близка к ужасному несчастью и боюсь себя», – поняла, что оружие это опасно и что его нельзя будет употребить другой раз. А она чувствовала, что рядом с любовью, которая связывала их, установился между ними злой дух какой-то борьбы, которого она не могла изгнать ни из его, ни, еще менее, из своего сердца.

XIII

Нет таких условий, к которым человек не мог бы привыкнуть, в особенности если он видит, что *все* окружающие его живут так же. Левин не поверил бы три месяца тому назад, что мог бы заснуть спокойно в тех условиях, в которых он был нынче; чтобы, живя бесцельною, бестолковою жизнию, притом жизнию сверх средств, после пьянства (иначе он не мог назвать того, что было в клубе), нескладных дружеских отношений с человеком, в которого когда-то была влюблена жена, и еще более нескладной поездки к женщине, которую нельзя было иначе назвать, как потерянною, и после увлечения своего этою женщиной и огорчения жены – чтобы при этих условиях он мог заснуть покойно. Но под влиянием усталости, бессонной ночи и выпитого вина он заснул крепко и спокойно.

В пять часов скрип отворенной двери разбудил его. Он вскочил и оглянулся. Кити не было на постели подле него. Но за перегородкой был движущийся свет, и он слышал ее шаги.

– Что?., что? – проговорил он спросонья. – Кити! Что?

– Ничего, – сказала она, со свечой в руке выходя из-за перегородки. – Ничего. Мне нездоровилось, – сказала она, улыбаясь особенно милою и значительною улыбкой.

– Что? началось, началось? – испуганно проговорил он. – Надо послать, – и он торопливо стал одеваться.

– Нет, нет, – сказала она, улыбаясь и удерживая его рукой. – Наверное, ничего. Мне нездоровилось только немного. Но теперь прошло.

И она, подойдя к кровати, потушила свечу, легла и затихла. Хотя ему и подозрительна была тишина ее как будто сдерживаемого дыханья и более всего выражение особенной нежности и возбужденности, с которою она, выходя из-за перегородки, сказала ему «ничего», ему так хотелось спать, что он сейчас же заснул. Только уж потом он вспомнил тишину ее дыханья и понял все, что происходило в ее дорогой милой душе в то время, как она, не шевелясь, в ожидании величайшего события в жизни женщины, лежала подле него. В семь часов его разбудило прикосновение ее руки к плечу и тихий шепот. Она как будто боролась между жалостью разбудить его и желанием говорить с ним.

– Костя, не пугайся. Ничего. Но кажется… Надо послать за Лизаветой Петровной.

Свеча опять была зажжена. Она сидела на кровати и держала в руке вязанье, которым она занималась последние дни.

– Пожалуйста, не пугайся, ничего. Я не боюсь нисколько, – увидав его испуганное лицо, сказала она и прижала его руку к своей груди, потом к своим губам.

Он поспешно вскочил, не чувствуя себя и не спуская с нее глаз, надел халат и остановился, все глядя на нее. Надо было идти, но он не мог оторваться от ее взгляда. Он ли не любил ее лица, не знал ее выражения, ее взгляда, но он никогда не видал ее такою. Как гадок и ужасен он представлялся себе, вспомнив вчерашнее огорчение ее, пред нею, какою она была теперь! Зарумянившееся лицо ее, окруженное выбившимися из-под ночного чепчика мягкими волосами, сияло радостью и решимостью.

Как ни мало было неестественности и условности в общем характере Кити, Левин был все-таки поражен тем, что обнажалось теперь пред ним, когда вдруг все покровы были сняты и самое ядро ее души светилось в ее глазах. И в этой простоте и обнаженности она, та самая, которую он любил, была еще виднее. Она, улыбаясь, смотрела на него; но вдруг бровь ее дрогнула, она подняла голову и, быстро подойдя к нему, взяла его за руку и вся прижалась к нему, обдавая его своим горячим дыханием. Она страдала и как будто жаловалась ему на свои страданья. И ему в первую минуту по привычке показалось, что он виноват. Но во взгляде ее была нежность, которая говорила, что она не только не упрекает его, но любит за эти страдания. «Если не я, то кто же виноват в этом?» – невольно подумал он, отыскивая виновника этих страданий, чтобы наказать его; но виновника не было. Хоть и нет виновника, то нельзя ли просто помочь ей, избавить ее, но и этого нельзя было, не нужно было. Она страдала, жаловалась, и торжествовала этими страданиями, и радовалась ими, и любила их. Он видел, что в душе ее совершалось что-то прекрасное, но что? – он не мог понять. Это было выше его понимания.

– Я послала к мама́. А ты поезжай скорей за Лизаветой Петровной… Костя!.. Ничего, прошло.

Она отошла от него и позвонила.

– Ну, вот иди теперь, Паша идет. Мне ничего.

И Левин с удивлением увидел, что она взяла вязанье, которое она принесла ночью, и опять стала вязать.

В то время как Левин выходил в одну дверь, он слышал, как в другую входила девушка. Он остановился у двери и слышал, как Кити отдавала подробные приказания девушке и сама с нею стала передвигать кровать.

Он оделся и, пока закладывали лошадей, так как извозчиков еще не было, опять вбежал в спальню и не на цыпочках, а на крыльях, как ему казалось. Две девушки озабоченно переставлявали что-то в спальне, Кити ходила и вязала, быстро накидывая петли, и распоряжалась.

– Я сейчас еду к доктору. За Лизаветой Петровной поехали, но я еще заеду. Не нужно ли что? Да, к Долли?

Она посмотрела на него, очевидно не слушая того, что он говорил.

– Да, да. Иди, иди, – быстро проговорила она, хмурясь и махая на него рукой.

Он уже выходил в гостиную, как вдруг жалостный, тотчас же затихший стон раздался из спальни. Он остановился и долго не мог понять.

«Да, это она», – сказал он сам себе и, схватившись за голову, побежал вниз.

– Господи, помилуй! прости, помоги! – твердил он как-то вдруг неожиданно пришедшие на уста ему слова. И он, неверующий человек, повторял эти слова не одними устами. Теперь, в эту минуту, он знал, что все не только сомнения его, но та невозможность по разуму верить, которую он знал в себе, нисколько не мешают ему обращаться к богу. Все это теперь как прах, слетело с его души. К кому же ему было обращаться, как не к тому, в чьих руках он чувствовал себя, свою душу и свою любовь?

Лошадь не была еще готова, но, чувствуя в себе особенное напряжение и физических сил и внимания к тому, что предстояло делать, чтобы не потерять ни одной минуты, он, не дожидаясь лошади, вышел пешком и приказал Кузьме догонять себя.

На углу он встретил спешившего ночного извозчика. На маленьких санках, в бархатном салопе, повязанная платком, сидела Лизавета Петровна. «Слава богу, слава богу!» – проговорил он, с восторгом узнав ее, теперь имевшее особенно серьезное, даже строгое выражение, маленькое белокурое лицо. Не приказывая останавливаться извозчику, он побежал назад рядом с нею.

– Так часа два? Не больше? – сказала она. – Вы застанете Петра Дмитрича, только не торопите его. Да возьмите опиуму в аптеке.

– Так вы думаете, что может быть благополучно? Господи, прости и помоги! – проговорил Левин, увидав свою выезжавшую из ворот лошадь. Вскочив в сани рядом с Кузьмой, он велел ехать к доктору.

XIV

Доктор еще не вставал, и лакей сказал, что «поздно легли и не приказали будить, а встанут скоро». Лакей чистил ламповые стекла и казался очень занят этим. Эта внимательность лакея к стеклам и равнодушие к совершавшемуся у Левина сначала изумили его, но тотчас, одумавшись, он понял, что никто не знает и не обязан знать его чувств и что тем более надо действовать спокойно, обдуманно и решительно, чтобы пробить эту стену равнодушия и достигнуть своей цели. «Не торопиться и ничего не упускать», – говорил себе Левин, чувствуя все больший и больший подъем физических сил и внимания ко всему тому, что предстояло сделать.

Узнав, что доктор еще не вставал, Левин из разных планов, представлявшихся ему, остановился на следующем: Кузьме ехать с запиской к другому доктору, а самому ехать в аптеку за опиумом, а если, когда он вернется, доктор еще не встанет, то, подкупив лакея или насильно, если тот не согласится, будить доктора во что бы то ни стало.

В аптеке худощавый провизор с тем же равнодушием, с каким лакей чистил стекла, печатал облаткой порошки для дожидавшегося кучера и отказал в опиуме. Стараясь не торопиться и не горячиться, назвав имена доктора и акушерки и объяснив, для чего нужен опиум, Левин стал убеждать его. Провизор спросил по-немецки совета, отпустить ли, и, получив из-за перегородки согласие, достал пузырек, воронку, медленно отлил из большого в маленький, наклеил ярлычок, запечатал, несмотря на просьбы Левина не делать этого, и хотел еще завертывать. Этого Левин уже не мог выдержать; он решительно вырвал у него из рук пузырек и побежал в большие стеклянные двери. Доктор не вставал еще, и лакей, занятый теперь постилкой ковра, отказался будить. Левин не торопясь достал десятирублевую бумажку и, медленно выговаривая слова, но и не теряя времени, подал ему бумажку и объяснил, что Петр Дмитрич (как велик и значителен казался теперь Левину прежде столь неважный Петр Дмитрич!) обещал быть во всякое время, что он, наверно, не рассердится, и потому чтобы он будил сейчас.

Лакей согласился, пошел наверх и попросил Левина в приемную.

Левину слышно было за дверью, как кашлял, ходил, мылся и что-то говорил доктор. Прошло минуты три; Левину казалось, что прошло больше часа. Он не мог более дожидаться.

— Петр Дмитрич, Петр Дмитрич! — умоляющим голосом заговорил он в отворенную дверь. — Ради бога, простите меня. Примите меня, как есть. Уже два часа.

— Сейчас, сейчас! — отвечал голос, и Левин с изумлением слышал, что доктор говорил это улыбаясь.

— На одну минутку…

— Сейчас.

Прошло еще две минуты, пока доктор надевал сапоги, и еще две минуты, пока доктор надевал платье и чесал голову.

— Петр Дмитрий! — жалостным голосом начал было опять Левин, но в это время вышел доктор, одетый и причесанный. «Нет совести в этих людях, — подумал Левин. — Чесаться, пока мы погибаем!»

— Доброе утро! — подавая ему руку и точно дразня его своим спокойствием, сказал ему доктор. — Не торопитесь. Ну-с?

Стараясь как можно быть обстоятельнее, Левин начал рассказывать все ненужные подробности о положении жены, беспрестанно перебивая свой рассказ просьбами о том, чтобы доктор сейчас же с ним поехал.

— Да вы не торопитесь. Ведь вы знаете, я и не нужен, наверное, но я обещал и, пожалуй, приеду. Но спеху нет. Вы садитесь, пожалуйста. Не угодно ли кофею?

Левин посмотрел на него, спрашивая взглядом, смеется ли он над ним. Но доктор и не думал смеяться.

— Знаю-с, знаю, — сказал доктор, улыбаясь, — я сам семейный человек; но мы, мужья, в эти минуты самые жалкие люди. У меня есть пациентка, так ее муж при этом всегда убегает в конюшню.

— Но как вы думаете, Петр Дмитрич? Вы думаете, что может быть благополучно?

— Все данные за благополучный исход.

— Так вы сейчас приедете? — сказал Левин, со злобой глядя на слугу, вносившего кофе.

— Через часик.

— Нет, ради бога!

— Ну, так дайте кофею напьюсь.

Доктор взялся за кофей. Оба помолчали.

— Однако турок-то бьют решительно. Вы читали вчерашнюю телеграмму? — сказал доктор, пережевывая булку.

— Нет, я не могу! — сказал Левин, вскакивая. — Так через четверть часа вы будете?

— Через полчаса.

— Честное слово?

Когда Левин вернулся домой, он съехался с княгиней, и они вместе подошли к двери спальни. У княгини были слезы на глазах, и руки ее дрожали. Увидав Левина, она обняла его и заплакала.

— Ну что, душенька Лизавета Петровна, — сказала она, хватая за руку вышедшую им навстречу с сияющим и озабоченным лицом Лизавету Петровну.

— Идет хорошо, — сказала она, — уговорите ее лечь. Легче будет.

С той минуты, как он проснулся и понял, в чем дело, Левин приготовился на то, чтобы, не размышляя, не предусматривая ничего, заперев все свои мысли и чувства, твердо, не расстраивая жену, а, напротив, успокоивая и поддерживая ее храбрость, перенести то, что предстоит ему. Не позволяя себе даже думать о том, что будет, чем это кончится, судя по расспросам о том, сколько это обыкновенно продолжается, Левин в воображении своем приготовился терпеть и держать свое сердце в руках часов пять, и ему это казалось возможно. Но когда он вернулся от доктора и увидал опять ее страдания, он чаще и чаще стал повторять: «Господи, прости и помоги», вздыхать и поднимать голову кверху; и почувствовал страх, что не выдержит этого, расплачется или убежит. Так мучительно ему было. А прошел только час.

Но после этого часа прошел еще час, два, три, все пять часов, которые он ставил себе самым дальним сроком терпения, и положение было все то же; и он все терпел, потому что больше делать было нечего, как терпеть, каждую минуту думая, что он дошел до последних пределов терпения и что сердце его вот-вот сейчас разорвется от сострадания.

Но проходили еще минуты, часы и еще часы, и чувства его страдания и ужаса росли и напрягались еще более.

Все те обыкновенные условия жизни, без которых нельзя себе ничего представить, не существовали более для Левина. Он потерял сознание времени. То минуты, — те минуты, когда она призывала его к себе, и он держал ее за потную, то сжимающую с необыкновенною силой, то отталкивающую его руку, — казались ему часами, то часы казались ему минутами. Он был удивлен, когда Лизавета Петровна попросила его зажечь свечу за ширмами и он узнал, что было уже пять часов вечера. Если б ему сказали, что теперь только десять часов утра, он так же мало был бы удивлен. Где он был в это время, он так же мало знал, как и то, когда что было. Он видел ее воспаленное, то недоумевающее и страдающее, то улыбающееся и успокаивающее его лицо. Он видел и княгиню, красную, напряженную, с распустившимися буклями седых волос и в слезах, которые она усиленно глотала, кусая губы, видел и Долли, и доктора, курившего толстые папиросы, и Лизавету Петровну, с твердым, решительным и успокаивающим лицом, и старого князя, гуляющего по зале с нахмуренным лицом. Но как они приходили и выходили, где они были, он не знал. Княгиня была то с доктором в спальне, то в кабинете, где очутился накрытый стол; то не она была, а была Долли. Потом Левин помнил, что его посылали куда-то. Раз его послали перенести стол и диван. Он с усердием сделал это, думая, что это для нее нужно, и потом только узнал, что это он для себя готовил ночлег. Потом его посылали к доктору в кабинет спрашивать что-то. Доктор ответил и потом заговорил о беспорядках в Думе. Потом посылали его в спальню к княгине принесть образ в серебряной золоченой ризе, и он со старою горничной княгини лазил на шкапчик доставать и разбил лампадку, и горничная княгини успокаивала его о жене и о лампадке, и он принес образ и поставил в головах Кити, старательно засунув его за подушки. Но где, когда и зачем это все было, он не знал. Он не понимал тоже, почему княгиня брала его за руку и, жалостно глядя на него, просила успокоиться, и Долли уговаривала его поесть и уводила из комнаты, и даже доктор серьезно и с соболезнованием смотрел на него и предлагал капель.

Он знал и чувствовал только, что то, что совершалось, было подобно тому, что совершалось год тому назад в гостинице губернского города на одре смерти брата Николая. Но то было горе, – это была радость. Но и то горе и эта радость одинаково были вне всех обычных условий жизни, были в этой обычной жизни как будто отверстия, сквозь которые показывалось что-то высшее. И одинаково тяжело, мучительно наступало совершающееся, и одинаково непостижимо при созерцании этого высшего поднималась душа на такую высоту, которой она никогда и не понимала прежде и куда рассудок уже не поспевал за нею.

«Господи, прости и помоги», – не переставая твердил он себе, несмотря на столь долгое и казавшееся полным отчуждение, чувствуя, что он обращается к богу точно так же доверчиво и просто, как и во времена детства и первой молодости.

Все это время у него были два раздельные настроения. Одно – вне ее присутствия, с доктором, курившим одну толстую папироску за другою и тушившим их о край полной пепельницы, с Долли и с князем, где шла речь об обеде, о политике, о болезни Марьи Петровны и где Левин вдруг на минуту совершенно забывал, что происходило, и чувствовал себя точно проснувшимся, и другое настроение – в ее присутствии, у ее изголовья, где сердце хотело разорваться и все не разрывалось от сострадания, и он не переставая молился богу. И каждый раз, когда из минуты забвения его выводил долетавший из спальни крик, он подпадал под то же самое странное заблуждение, которое в первую минуту нашло на него; каждый раз, услыхав крик, он вскакивал, бежал оправдываться, вспоминал дорогой, что он не виноват, и ему хотелось защитить, помочь. Но, глядя на нее, он опять видел, что помочь нельзя, и приходил в ужас и говорил: «Господи, прости и помоги». И чем дальше шло время, тем сильнее становились оба настроения: тем спокойнее, совершенно забывая ее, он становился вне ее присутствия, и тем мучительнее становились и самые ее страдания и чувство беспомощности пред ними. Он вскакивал, желал убежать куда-нибудь, и бежал к ней.

Иногда, когда опять и опять она призывала его, он обвинял ее. Но, увидав ее покорное, улыбающееся лицо и услыхав ее слова: «Я измучала тебя», он обвинял бога, но, вспомнив о боге, он тотчас просил его простить и помиловать.

XV

Он не знал, поздно ли, рано ли. Свечи уже все догорали. Долли только что была в кабинете и предложила доктору прилечь. Левин сидел, слушая рассказы доктора о шарлатане-магнетизере, и смотрел на пепел его папироски. Был период отдыха, и он забылся. Он совершенно забыл о том, что происходило теперь. Он слушал рассказ доктора и понимал его. Вдруг раздался крик, ни на что не похожий. Крик был так страшен, что Левин даже не вскочил, но, не переводя дыхание, испуганно-вопросительно посмотрел на доктора. Доктор склонил голову набок, прислушиваясь, и одобрительно улыбнулся. Все было так необыкновенно, что уж ничто не поражало Левина. «Верно, так надо», – подумал он и продолжал сидеть. Чей это был крик? Он вскочил, на цыпочках вбежал в спальню, обошел Лизавету Петровну, княгиню и встал на свое место, у изголовья. Крик затих, но что-то переменилось теперь. Что – он не видел и не понимал и не хотел видеть и понимать. Но он видел это по лицу Лизаветы Петровны: лицо Лизаветы Петровны было строго и бледно и все так же решительно, хотя челюсти ее немного подрагивали и глаза ее были пристально устремлены на Кити. Воспаленное, измученное лицо Кити с прилипшею к потному лицу прядью волос было обращено к нему и искало его взгляда. Поднятые руки просили его рук. Схватив потными руками его холодные руки, она стала прижимать их к своему лицу.

– Не уходи, не уходи! Я не боюсь, я не боюсь! – быстро говорила она. – Мама, возьмите сережки. Они мне мешают. Ты не боишься? Скоро, скоро, Лизавета Петровна…

Она говорила быстро, быстро и хотела улыбнуться. Но вдруг лицо ее исказилось, она оттолкнула его от себя.

– Нет, это ужасно! Я умру, умру! Поди, поди! – закричала она, и опять послышался тот же ни на что не похожий крик.

Левин схватился за голову и выбежал из комнаты.

– Ничего, ничего, все хорошо! – проговорила ему вслед Долли.

Но, что б они ни говорили, он знал, что теперь все погибло. Прислонившись головой к притолоке, он стоял в соседней комнате и слышал что-то никогда не слыханное им: визг, рев, и он знал, что это кричало то, что было прежде Кити. Уже ребенка он давно не желал. Он теперь ненавидел этого ребенка. Он даже не желал теперь ее жизни, он желал только прекращения этих ужасных страданий.

– Доктор! Что же это? Что ж это? Боже мой! – сказал он, хватая за руку вошедшего доктора.

– Кончается, – сказал доктор. И лицо доктора было так серьезно, когда он говорил это, что Левин понял *кончается* в смысле – умирает.

Не помня себя, он вбежал в спальню. Первое, что он увидал, это было лицо Лизаветы Петровны. Оно было еще нахмуреннее и строже. Лица Кити не было. На том месте, где оно было прежде, было что-то страшное и по виду напряжения и по звуку, выходившему оттуда. Он припал головой к дереву кровати, чувствуя, что сердце его разрывается. Ужасный крик не умолкал, он сделался еще ужаснее и, как бы дойдя до последнего предела ужаса, вдруг затих. Левин не верил своему слуху, но нельзя было сомневаться: крик затих, и слышалась тихая суетня, шелест и торопливые дыхания, и ее прерывающийся, живой и нежный, счастливый голос тихо произнес: «Кончено».

Он поднял голову. Бессильно опустив руки на одеяло, необычайно прекрасная и тихая, она безмолвно смотрела на него и хотела и не могла улыбнуться.

И вдруг из того таинственного и ужасного, нездешнего мира, в котором он жил эти двадцать два часа, Левин мгновенно почувствовал себя перенесенным в прежний, обычный мир, но сияющий теперь таким новым светом счастья, что он не перенес его. Натянутые струны все сорвались. Рыдания и слезы радости, которых он никак не предвидел, с такою силой поднялись в нем, колебля все его тело, что долго мешали ему говорить.

Упав на колени пред постелью, он держал пред губами руку жены и целовал ее, и рука эта слабым движением пальцев отвечала на его поцелуи. А между тем там, в ногах постели, в ловких руках Лизаветы Петровны, как огонек над светильником, колебалась жизнь человеческого существа, которого никогда прежде не было и которое так же, с тем же правом, с тою же значительностью для себя, будет жить и плодить себе подобных.

- Жив! Жив! Да еще мальчик! Не беспокойтесь! - услыхал Левин голос Лизаветы Петровны, шлепавшей дрожавшею рукой спину ребенка.

- Мама, правда? - сказал голос Кити. Только всхлипыванья княгини отвечали ей.

И среди молчания, как несомненный ответ на вопрос матери, послышался голос совсем другой, чем все сдержанно говорившие голоса в комнате. Это был смелый, дерзкий, ничего не хотевший соображать крик непонятно откуда явившегося нового человеческого существа.

Прежде, если бы Левину сказали, что Кити умерла, и что он умер с нею вместе, и что у них дети ангелы, что бог тут пред ними, - он ничему бы не удивился; но теперь, вернувшись в мир действительности, он делал большие усилия мысли, чтобы понять, что она жива, здорова и что так отчаянно визжавшее существо есть сын его. Кити была жива, страдания кончились. И он был невыразимо счастлив. Это он понимал и этим был вполне счастлив. Но ребенок? Откуда, зачем, кто он?.. Он никак не мог понять, не мог привыкнуть к этой мысли. Это казалось ему чем-то излишним, избытком, к которому он долго не мог привыкнуть.

XVI

В десятом часу старый князь, Сергей Иванович и Степан Аркадьич сидели у Левина и, поговорив о родильнице, разговаривали и о посторонних предметах. Левин слушал их и, невольно при этих разговорах вспоминая прошедшее, то, что было до нынешнего утра, вспоминал и себя, каким он был вчера до этого. Точно сто лет прошло с тех пор. Он чувствовал себя на какой-то недосягаемой высоте, с которой он старательно спускался, чтобы не обидеть тех, с кем говорил. Он говорил и не переставая думал о жене, о подробностях ее теперешнего состояния и о сыне, к мысли о существовании которого он старался приучить себя. Весь мир женский, получивший для него новое, неизвестное ему значение после того, как он женился, теперь в его понятиях поднялся так высоко, что он не мог воображением обнять его. Он слушал разговор о вчерашнем обеде в клубе и думал: «Что теперь делает она, заснула ли? Как ей? Что она думает? Кричит ли сын Дмитрий?» И в средине разговора, в средине фразы он вскочил и пошел из комнаты.

- Пришли мне сказать, можно ли к ней, - сказал князь.

- Хорошо, сейчас, - отвечал Левин и, не останавливаясь, пошел к ней.

Она не спала, а тихо разговаривала с матерью, делая планы о будущих крестинах.

Убранная, причесанная, в нарядном чепчике с чем-то голубым, выпростав руки на одеяло, она лежала на спине и, встретив его взглядом, взглядом притягивала к себе. Взгляд ее, и так светлый, еще более светлел, по мере того как он приближался к ней. На ее лице была та самая перемена от земного к неземному, которая бывает на лице покойников; но там прощание, здесь встреча. Опять волнение, подобное тому, какое он испытал в минуту родов, подступило ему к сердцу. Она взяла его руку и спросила, спал ли он. Он не мог отвечать и отворачивался, убедясь в своей слабости.

– А я забылась, Костя! – сказала она ему. – И мне так хорошо теперь.

Она смотрела на него, но вдруг выражение ее изменилось.

– Дайте мне его, – сказала она, услыхав писк ребенка. – Дайте, Лизавета Петровна, и он посмотрит.

– Ну вот, пускай папа посмотрит, – сказала Лизавета Петровна, поднимая и поднося что-то красное, странное и колеблющееся. – Постойте, мы прежде уберемся, – и Лизавета Петровна положила это колеблющееся и красное на кровать, стала развертывать и завертывать ребенка, одним пальцем поднимая и переворачивая его и чем-то посыпая.

Левин, глядя на это крошечное жалкое существо, делал тщетные усилия, чтобы найти в своей душе какие-нибудь признаки к нему отеческого чувства. Он чувствовал к нему только гадливость. Но когда его обнажили и мелькнули тоненькие-тоненькие ручки, ножки, шафранные, тоже с пальчиками, и даже с большим пальцем, отличающимся от других, и когда он увидал, как, точно мягкие пружинки, Лизавета Петровна прижимала эти таращившиеся ручки, заключая их в полотняные одежды, на него нашла такая жалость к этому существу и такой страх, что она повредит ему, что он удержал ее за руку.

Лизавета Петровна засмеялась.

– Не бойтесь, не бойтесь!

Когда ребенок был убран и превращен в твердую куколку, Лизавета Петровна перекачнула его, как бы гордясь своею работой, и отстранилась, чтобы Левин мог видеть сына во всей его красоте.

Кити, не спуская глаз, косясь, глядела туда же.

– Дайте, дайте! – сказала она и даже поднялась было.

– Что вы, Катерина Александровна, это нельзя такие движения! Погодите, я подам. Вот мы папаше покажем, какие мы молодцы!

И Лизавета Петровна подняла к Левину на одной руке (другая только пальцами подпирала качающийся затылок) это странное, качающееся и прячущее свою голову за края пеленки красное существо. Но были тоже нос, косившие глаза и чмокающие губы.

– Прекрасный ребенок! – сказала Лизавета Петровна.

Левин с огорчением вздохнул. Этот прекрасный ребенок внушал ему только чувство гадливости и жалости. Это было совсем не то чувство, которого он ожидал.

Он отвернулся, пока Лизавета Петровна устраивала его к непривычной груди.

Вдруг смех заставил его поднять голову. Это засмеялась Кити. Ребенок взялся за грудь.

– Ну, довольно, довольно! – говорила Лизавета Петровна, но Кити не отпускала его. Он заснул на ее руках.

– Посмотри теперь, – сказала Кити, поворачивая к нему ребенка так, чтобы он мог видеть его. Личико старческое вдруг еще более сморщилось, и ребенок чихнул.

Улыбаясь и едва удерживая слезы умиления, Левин поцеловал жену и вышел из темной комнаты.

Что он испытывал к этому маленькому существу, было совсем не то, что он ожидал. Ничего веселого и радостного не было в этом чувстве; напротив, это был новый мучительный страх. Это было сознание новой области уязвимости. И это сознание было так мучительно первое время, страх за то, чтобы не пострадало это беспомощное существо, был так силен, что из-за него и незаметно было странное чувство бессмысленной радости и даже гордости, которое он испытал, когда ребенок чихнул.

XVII

Дела Степана Аркадьича находились в дурном положении.

Деньги за две трети леса были уже прожиты, и, за вычетом десяти процентов, он забрал у купца почти все вперед за последнюю треть. Купец больше не давал денег, тем более что в эту же зиму Дарья Александровна, в первый раз прямо заявив права на свое состояние, отказалась расписаться на контракте в получении денег за последнюю треть леса. Все жалованье уходило на домашние расходы и на уплату мелких непереводившихся долгов. Денег совсем не было.

Это было неприятно, неловко и не должно было так продолжаться, по мнению Степана Аркадьича. Причина этого, по его понятию, состояла в том, что он получал слишком мало жалованья. Место, которое он занимал, было, очевидно, очень хорошо пять лет тому назад, но теперь уж было не то. Петров, директором банка, получал двенадцать тысяч; Свентицкий –

членом общества – получал семнадцать тысяч; Митин, основав банк, получал пятьдесят тысяч. «Очевидно, я заснул, и меня забыли», – думал про себя Степан Аркадьич. И он стал прислушиваться, приглядываться и к концу зимы высмотрел место очень хорошее и повел на него атаку, сначала из Москвы, через теток, дядей, приятелей, а потом, когда дело созрело, весной сам поехал в Петербург. Это было одно из тех мест, которых теперь, всех размеров, от тысячи до пятидесяти тысяч в год жалованья, стало больше, чем прежде было теплых взяточных мест; это было место члена от комиссии соединенного агентства кредитно-взаимного баланса южно-железных дорог[1] и банковых учреждений. Место это, как и все такие места, требовало таких огромных знаний и деятельности, которые трудно было соединить в одном человеке. А так как человека, соединяющего эти качества, не было, то все-таки лучше было, чтобы место это занимал честный, чем нечестный человек. А Степан Аркадьич был не только человек честный (без ударения), но он был че́стный человек (с ударением), с тем особенным значением, которое в Москве имеет это слово, когда говорят: че́стный деятель, че́стный писатель, честный журнал, че́стное учреждение, че́стное направление, и которое означает не только то, что человек или учреждение не бесчестны, но и способны при случае подпустить шпильку правительству. Степан Аркадьич вращался в Москве в тех кругах, где введено было это слово, считался там честным человеком и потому имел более, чем другие, прав на это место.

Место это давало от семи до десяти тысяч в год, и Облонский мог занимать его, не оставляя своего казенного места. Оно зависело от двух министров, от одной дамы и от двух евреев; и всех этих людей, хотя они были уже подготовлены, Степану Аркадьичу надо было видеть в Петербурге. Кроме того, Степан Аркадьич обещал сестре Анне добиться от Каренина решительного ответа о разводе. И, выпросив у Долли пятьдесят рублей, он уехал в Петербург.

Сидя в кабинете Каренина и слушая его проект о причинах дурного состояния русских финансов, Степан Аркадьич выжидал только минуты, когда тот кончит, чтобы заговорить о своем деле и об Анне.

– Да, это очень верно, – сказал он, когда Алексей Александрович, сняв pince-nez, без которого он не мог читать теперь, вопросительно посмотрел на бывшего шурина, – это очень верно в подробностях, но все-таки принцип нашего времени – свобода.

---

1 *...место члена от комиссии соединенного агентства кредитно-взаимного баланса южно-железных дорог...* – Пародийное название комиссии, в которой получил место Облонский, составлено из наименований двух различных учреждений, действительно существовавших в 70-е годы: «Общество взаимного поземельного кредита» и «Общество Юго-Западных железных дорог».

– Да, но я выставляю другой принцип, обнимающий принцип свободы, – сказал Алексей Александрович, ударяя на слове «обнимающий» и надевая опять pince-nez, чтобы вновь прочесть слушателю то место, где это самое было сказано.

И, перебрав красиво написанную с огромными полями рукопись, Алексей Александрович вновь прочел убедительное место.

– Я не хочу протекционной системы не для выгоды частных лиц, но для общего блага – и для низших и для высших классов одинаково, – говорил он, поверх pince-nez глядя на Облонского. – Но *они* не могут понять этого, *они* заняты только личными интересами и увлекаются фразами.

Степан Аркадьич знал, что когда Каренин начинал говорить о том, что делают и думают *они,* те самые, которые не хотели принимать его проектов и были причиною всего зла в России, что тогда уже близко было к концу и потому охотно отказался теперь от принципа свободы и вполне согласился. Алексей Александрович замолк, задумчиво перелистывая свою рукопись.

– Ах, кстати, – сказал Степан Аркадьич, – я тебя хотел попросить при случае, когда ты увидишься с Поморским, сказать ему словечко о том, что я бы очень желал занять открывающееся место члена комиссии от соединенного агентства кредитно-взаимного баланса южно-железных дорог.

Степану Аркадьичу название этого места, столь близкого его сердцу, уже было привычно, и он, не ошибаясь, быстро выговаривал его.

Алексей Александрович расспросил, в чем состояла деятельность этой новой комиссии, и задумался. Он соображал, нет ли в деятельности этой комиссии чего-нибудь противоположного его проектам. Но, так как деятельность этого нового учреждения была очень сложна и проекты его обнимали очень большую область, он не мог сразу сообразить этого и, снимая pince-nez, сказал:

– Без сомнения, я могу сказать ему; но для чего ты, собственно, желаешь занять это место?

– Жалованье хорошее, до девяти тысяч, а мои средства...

– Девять тысяч, – повторил Алексей Александрович и нахмурился. Высокая цифра этого жалованья напомнила ему, что с этой стороны предполагаемая деятельность Степана Аркадьича была противна главному смыслу его проектов, всегда клонившихся к экономии.

– Я нахожу, и написал об этом записку, что в наше время эти огромные жалованья суть признаки ложной экономической assiette [1] нашего управления.

---

[1] Политики *(фр.).*

– Да как же ты хочешь? – сказал Степан Аркадьич. – Ну, положим, директор банка получает десять тысяч, – ведь он стоит этого. Или инженер получает двадцать тысяч. Живое дело, как хочешь!

– Я полагаю, что жалованье есть плата за товар, и оно должно подлежать закону требованья и предложенья. Если же назначение жалованья отступает от этого закона, как, например, когда я вижу, что выходят из института два инженера, оба одинаково знающие и способные, и один получает сорок тысяч, а другой довольствуется двумя тысячами; или что в директоры банков общества определяют с огромным жалованьем правоведов, гусаров, не имеющих никаких особенных специальных сведений, я заключаю, что жалованье назначается не по закону требования и предложения, а прямо по лицеприятию. И тут есть злоупотребление, важное само по себе и вредно отзывающееся на государственной службе. Я полагаю…

Степан Аркадьич поспешил перебить зятя.

– Да, но ты согласись, что открывается новое, несомненно полезное учреждение. Как хочешь, живое дело! Дорожат в особенности тем, чтобы дело ведено было че́стно, – сказал Степан Аркадьич с ударением.

Но московское значение *честного* было непонятно для Алексея Александровича.

– Честность есть только отрицательное свойство, – сказал он.

– Но ты мне сделаешь большое одолжение все-таки, – сказал Степан Аркадьич, – замолвив словечко Поморскому. Так, между разговором…

– Да ведь это больше от Болгаринова зависит, кажется, – сказал Алексей Александрович.

– Болгарипов с своей стороны совершенно согласен, – сказал Степан Аркадьич, краснея.

Степан Аркадьич покраснел при упоминании о Болгаринове, потому что он в этот же день утром был у еврея Болгаринова, и визит этот оставил в нем неприятное воспоминание. Степан Аркадьич твердо знал, что дело, которому он хотел служить, было новое, живое и честное дело; но нынче утром, когда Болгаринов, очевидно нарочно, заставил его два часа дожидаться с другими просителями в приемной, ему вдруг стало неловко.

То ли ему было неловко, что он, потомок Рюрика, князь Облонский, ждал два часа в приемной у жида, или то, что в первый раз в жизни он не следовал только примеру предков, служа правительству, а выступал на новое поприще, но ему было очень неловко. В эти два часа ожидания у Болгаринова Степан Аркадьич, бойко прохаживаясь по приемной, расправляя бакенбарды, вступая в разговор с другими просителями и придумывая каламбур, который он скажет о том, как он у жида дожидался, старательно скрывал от других и даже от себя испытываемое чувство.

Но ему во все это время было неловко и досадно, он сам не знал отчего: оттого ли, что ничего не выходило из каламбура: «было дело *до жида, и я дожида- лся*», или от чего-нибудь другого. Когда же, наконец, Болгаринов с чрезвычайною учтивостью принял его, очевидно торжествуя его унижением, и почти отказал ему, Степан Аркадьич поторопился как можно скорее забыть это. И, теперь только вспомнив, покраснел.

XVIII

- Теперь у меня еще дело, и ты знаешь какое. Об Анне, - сказал, помолчав немного и стряхнув с себя это неприятное впечатление, Степан Аркадьич.

Как только Облонский произнес имя Анны, лицо Алексея Александровича совершенно изменилось: вместо прежнего оживления оно выразило усталость и мертвенность.

- Что, собственно, вы хотите от меня? - повертываясь на кресле и защелкивая свой pince-nez, сказал он.

- Решения, какого-нибудь решения, Алексей Александрович. Я обращаюсь к тебе теперь («не как к оскорбленному мужу», - хотел сказать Степан Аркадьич, но, побоявшись испортить этим дело, заменил это словами:) не как к государственному человеку (что вышло некстати), а просто как к человеку, и доброму человеку и христианину. Ты должен пожалеть ее, - сказал он.

- То есть в чем же, собственно? - тихо сказал Каренин.

- Да, пожалеть ее. Если бы ты ее видел, как я, - я провел всю зиму с нею, - ты бы сжалился над нею. Положение ее ужасно, именно ужасно.

- Мне казалось, - отвечал Алексей Александрович более тонким, почти визгливым голосом, - что Анна Аркадьевна имеет все то, чего она сама хотела.

- Ах, Алексей Александрович, ради бога, не будем делать рекриминаций![1] Что прошло, то прошло, и ты знаешь, чего она желает и ждет, - развода.

- Но я полагал, что Анна Аркадьевна отказывается от развода в том случае, если я требую обязательства оставить мне сына. Я так и отвечал и думал, что дело это кончено. И считаю его оконченным, - взвизгнул Алексей Александрович.

---

[1] *...не будем делать рекриминаций!* - То есть взаимных обвинений (от *фр.* récrimination).

– Но, ради бога, не горячись, – сказал Степан Аркадьич, дотрогиваясь до коленки зятя. – Дело не кончено. Если ты позволишь мне рекапитулировать[1], дело было так: когда вы расстались, ты был велик, как можно быть великодушным; ты отдал ей все – свободу, развод даже. Она оценила это. Нет, ты не думай. Именно оценила. До такой степени, что в эти первые минуты, чувствуя свою вину пред тобой, она не обдумала и не могла обдумать всего. Она от всего отказалась. Но действительность, время показали, что ее положение мучительно и невозможно.

– Жизнь Анны Аркадьевны не может интересовать меня, – перебил Алексей Александрович, поднимая брови.

– Позволь мне не верить, – мягко возразил Степан Аркадьич. – Положение ее и мучительно для нее и безо всякой выгоды для кого бы то ни было. Она заслужила его, ты скажешь. Она знает это и не просит тебя; она прямо говорит, что она ничего не смеет просить. Но я, мы все родные, все любящие ее просим, умоляем тебя. За что она мучается? Кому от этого лучше?

– Позвольте, вы, кажется, ставите меня в положение обвиняемого, – проговорил Алексей Александрович.

– Да нет, да нет, нисколько, ты пойми меня, – опять дотрогиваясь до его руки, сказал Степан Аркадьич, как будто он был уверен, что это прикосновение смягчает зятя. – Я только говорю одно: ее положение мучительно, и оно может быть облегчено тобой, и ты ничего не потеряешь. Я тебе все так устрою, что ты не заметить, Ведь ты обещал.

– Обещание дано было прежде. И я полагал, что вопрос о сыне решал дело. Кроме того, я надеялся, что у Анны Аркадьевны достанет великодушия… – с трудом, трясущимися губами, выговорил побледневший Алексей Александрович.

– Она и предоставляет все твоему великодушию. Она просит, умоляет об одном – вывести ее из того невозможного положения, в котором она находится. Она уже не просит сына. Алексей Александрович, ты добрый человек. Войди на мгновение в ее положение. Вопрос развода для нее, в ее положении, вопрос жизни и смерти. Если бы ты не обещал прежде, она бы помирилась с своим положением, жила бы в деревне. Но ты обещал, она написала тебе и переехала в Москву. И вот в Москве, где каждая встреча ей нож в сердце, она живет шесть месяцев, с каждым днем ожидая решения. Ведь это все равно, что приговоренного к смерти держать месяцы с петлей

---

[1] *Рекапитюлировать* – повторять (от *фр* . récapituler).

на шее, обещая, может быть, смерть, может быть, помилование. Сжалься над ней, и потом я берусь все так устроить... Vos scrupules...[1]

— Я не говорю об этом, об этом... — гадливо перебил его Алексей Александрович. — Но, может быть, я обещал то, чего я не имел права обещать.

— Так ты отказываешь в том, что обещал?

— Я никогда не отказывал в исполнении возможного, но я желаю иметь время обдумать, насколько обещанное возможно.

— Нет, Алексей Александрович! — вскакивая, заговорил Облонский, — я не хочу верить этому! Она так несчастна, как только может быть несчастна женщина, и ты не можешь отказать в такой...

— Насколько обещанное возможно. Vous professez d'être un libre penseur[2]. Но я, как человек верующий, не могу в таком важном деле поступить противно христианскому закону.

— Но в христианских обществах и у нас, сколько я знаю, развод допущен, — сказал Степан Аркадьич. — Развод допущен и нашею церковью. И мы видим///

— Допущен, но не в этом смысле.

— Алексей Александрович, я не узнаю тебя, — помолчав, сказал Облонский. — Не ты ли (и мы ли не оценили этого?) все простил и, движимый именно христианским чувством, готов был всем пожертвовать? Ты сам сказал: отдать кафтан, когда берут рубашку, и теперь...

— Я прошу, — вдруг вставая на ноги, бледный и с трясущеюся челюстью, писклявым голосом заговорил Алексей Александрович, — прошу вас прекратить, прекратить... этот разговор.

— Ах нет! Ну, прости, прости меня, если я огорчил тебя, — сконфуженно улыбаясь, заговорил Степан Аркадьич, протягивая руку, — но я все-таки, как посол, только передавал свое поручение.

Алексей Александрович подал свою руку, задумался и проговорил:

— Я должен обдумать и поискать указаний. Послезавтра я дам вам решительный ответ, — сообразив что-то, сказал он.

---

[1] Твоя щепетильность... *(фр.)*

[2] Ты слывешь человеком свободомыслящим *(фр.)*.

XIX

Степан Аркадьич хотел уже уходить, когда Корней пришел доложить:

– Сергей Алексеич!

– Кто это Сергей Алексеич? – начал было Степан Аркадьич, но тотчас же вспомнил.

– Ах, Сережа! – сказал он. – «Сергей Алексеич» – я думал, директор департамента. «Анна и просила меня повидать его», – вспомнил он.

И он вспомнил то робкое, жалостное выражение, с которым Анна, отпуская его, сказала: «Все-таки ты увидь его. Узнай подробно, где он, кто при нем. И, Стива… если бы возможно! Ведь возможно?» Степан Аркадьич понял, что означало это «если бы возможно» – если бы возможно сделать развод так, чтоб отдать ей сына… Теперь Степан Аркадьич видел, что об этом и думать нечего, но все-таки рад был увидеть племянника, и Алексей Александрович напомнил шурину, что сыну никогда не говорят про мать и что он просит его ни слова не упоминать про нее.

– Он был очень болен после того свидания с матерью, которое мы не предусмотрели, – сказал Алексей Александрович. – Мы боялись даже за его жизнь. Но разумное лечение и морские купанья летом исправили его здоровье, и теперь я по совету доктора отдал его в школу. Действительно, влияние товарищей оказало на него хорошее действие, и он совершенно здоров и учится хорошо.

– Экой молодец стал! И то, не Сережа, а целый Сергей Алексеич! – улыбаясь, сказал Степан Аркадьич, глядя на бойко и развязно вошедшего красивого широкого мальчика в синей курточке и длинных панталонах. Мальчик имел вид здоровый и веселый. Он поклонился дяде, как чужому, но, узнав его, покраснел и, точно обиженный и рассерженный чем-то, поспешно отвернулся от него. Мальчик подошел к отцу и подал ему записку о баллах, полученных в школе.

– Ну, это порядочно, – сказал отец, – можешь идти.

– Он похудел и вырос и перестал быть ребенком, стал мальчишкой; я это люблю, – сказал Степан Аркадьич. – Да ты помнишь меня?

Мальчик быстро оглянулся на отца.

– Помню, mon oncle[1], – отвечал он, взглянув на дядю, и опять потупился.

Дядя подозвал мальчика и взял его за руку.

---

[1] Дядя (фр.).

— Ну что ж, как дела? — сказал он, желая разговориться и не зная, что сказать.

Мальчик, краснея и не отвечая, осторожно потягивал свою руку из руки дяди. Как только Степан Аркадьич выпустил его руку, он, как птица, выпущенная на волю, вопросительно взглянув на отца, быстрым шагом вышел из комнаты.

Прошел год с тех пор, как Сережа видел в последний раз свою мать. С того времени он никогда не слыхал более про нее. И в этот же год он был отдан в школу и узнал и полюбил товарищей. Те мечты и воспоминания о матери, которые после свидания с нею сделали его больным, теперь уже не занимали его. Когда они приходили, он старательно отгонял их от себя, считая их стыдными и свойственными только девочкам, а не мальчику и товарищу. Он знал, что между отцом и матерью была ссора, разлучившая их, знал, что ему суждено оставаться с отцом, и старался привыкнуть к этой мысли.

Увидать дядю, похожего на мать, ему было неприятно, потому что это вызывало в нем те самые воспоминания, которые он считал стыдными. Это было ему тем более неприятно, что по некоторым словам, которые он слышал, дожидаясь у двери кабинета, и в особенности по выражению лица отца и дяди он догадывался, что между ними должна была идти речь о матери. И чтобы не осуждать того отца, с которым он жил и от которого зависел, и, главное, не предаваться чувствительности, которую он считал столь унизительною, Сережа старался не смотреть на этого дядю, приехавшего нарушать его спокойствие, и не думать про то, что он напоминал.

Но когда вышедший вслед за ним Степан Аркадьич, увидав его на лестнице, подозвал к себе и спросил, как он в школе проводит время между классами, Сережа, вне присутствия отца, разговорился с ним.

— У нас теперь идет железная дорога, — сказал он, отвечая на его вопрос. — Это, видите ли, вот как: двое садятся на лавку. Это пассажиры. А один становится стоя на лавку же. И все запрягаются. Можно и руками, можно и поясами, и пускаются чрез все залы. Двери уже вперед отворяются. Ну, и тут кондуктором очень трудно быть!

— Это который стоя? — спросил Степан Аркадьич, улыбаясь.

— Да, тут надо и смелость и ловкость, особенно как вдруг остановятся или кто-нибудь упадет.

— Да, это не шутка, — сказал Степан Аркадьич, с грустью вглядываясь в эти оживленные, материнские глаза, теперь уж не ребячьи, не вполне уже невинные. И, хотя он и обещал Алексею Александровичу не говорить про Анну, он не вытерпел.

— А ты помнишь мать? — вдруг сказал он.

– Нет, не помню, – быстро проговорил Сережа и, багрово покраснев, потупился. И уже дядя ничего более не мог добиться от него.

Славянин-гувернер через полчаса нашел своего воспитанника на лестнице и долго не мог понять, злится он или плачет.

– Что ж, верно, ушиблись, когда упали? – сказал гувернер. – Я говорил, что это опасная игра. И надо сказать директору.

– Если б и ушибся, так никто бы не заметил. Уж это наверно.

– Ну так что же?

– Оставьте меня! Помню, не помню... Какое ему дело? Зачем мне помнить? Оставьте меня в покое! – обратился он уже не к гувернеру, а ко всему свету.

<h1 style="text-align:center">XX</h1>

Степан Аркадьич, как и всегда, не праздно проводил время в Петербурге. В Петербурге, кроме дел: развода сестры и места, ему, как и всегда, нужно было освежиться, как он говорил, после московской затхлости.

Москва, несмотря на свои cafés chantants и омнибусы, была все-таки стоячее болото. Это всегда чувствовал Степан Аркадьич. Пожив в Москве, особенно в близости с семьей, он чувствовал, что падает духом. Поживя долго безвыездно в Москве, он доходил до того, что начинал беспокоиться дурным расположением и упреками жены, здоровьем, воспитанием детей, мелкими интересами своей службы; даже то, что у него были долги, беспокоило его. Но стоило только приехать и пожить в Петербурге, в том кругу, в котором он вращался, где жили, именно жили, а не прозябали, как в Москве, и тотчас все мысли эти исчезали и таяли, как воск от лица огня.

Жена?.. Нынче только он говорил с князем Чеченским. У князя Чеченского была жена и семья – взрослые пажи дети, и была другая, незаконная семья, от которой тоже были дети. Хотя первая семья была тоже хороша, князь Чеченский чувствовал себя счастливее во второй семье. И он возил своего старшего сына во вторую семью и рассказывал Степану Аркадьичу, что он находит это полезным и развивающим для сына. Что бы на это сказали в Москве?

Дети? В Петербурге дети не мешали жить отцам. Дети воспитывались в заведениях, и не было этого, распространяющегося в Москве – Львов, например, – дикого понятия, что детям всю роскошь жизни, а родителям один труд и заботы. Здесь понимали, что человек обязан жить для себя, как должен жить образованный человек.

Служба! Служба здесь тоже была не та упорная, безнаградная лямка, которую тянули в Москве; здесь был интерес в службе. Встреча, услуга, меткое слово, уменье представлять в лицах разные штуки – и человек вдруг делал карьеру, как Брянцев, которого вчера встретил Степан Аркадьич и который был первый сановник теперь. Эта служба имела интерес.

В особенности же петербургский взгляд на денежные дела успокоительно действовал на Степана Аркадьича. Бартнянский, проживающий по крайней мере пятьдесят тысяч по тому train[1], который он вел, сказал ему об этом вчера замечательное слово.

Пред обедом, разговорившись, Степан Аркадьич сказал Бартнянскому:

– Ты, кажется, близок с Мордвинским; ты мне можешь оказать услугу, скажи ему, пожалуйста, за меня словечко. Есть место, которое бы я хотел занять. Членом агентства…

– Ну, я все равно не запомню… Только что тебе за охота в эти железнодорожные дела с жидами?.. Как хочешь, все-таки гадость!

Степан Аркадьич не сказал ему, что это было живое дело; Бартнянский бы не понял этого.

– Деньги нужны, жить нечем.

– Живешь же?

– Живу, но долги.

– Что ты? Много? – с соболезнованием сказал Бартнянский.

– Очень много, тысяч двадцать.

Бартнянский весело расхохотался.

– О, счастливый человек! – сказал он. – У меня полтора миллиона и ничего нет, и, как видишь, жить еще можно!

И Степан Аркадьич не на одних словах, на деле видел справедливость этого. У Живахова было триста тысяч долгу и ни копейки за душой, и он жил же, да еще как! Графа Кривцова давно уже все отпели, а он содержал двух. Петровский прожил пять миллионов и жил все точно так же и даже заведовал финансами и получал двадцать тысяч жалованья. Но, кроме этого, Петербург физически приятно действовал на Степана Аркадьича. Он молодил его. В Москве он поглядывал иногда на седину, засыпал после обеда, потягивался, шагом, тяжело дыша, входил на лестницу, скучал с молодыми женщинами, не танцевал на балах. В Петербурге же он всегда чувствовал десять лет с костей.

Он испытывал в Петербурге то же, что говорил ему вчера еще шестидесятилетний князь Облонский, Петр, только что вернувшийся из-за границы.

---

[1] Образу жизни (фр.).

– Мы здесь не умеем жить, – говорил Петр Облонский. – Поверишь ли, я провел лето в Бадене; ну, право, я чувствовал себя совсем молодым человеком. Увижу женщину молоденькую, и мысли… Пообедаешь, выпьешь слегка – сила, бодрость. Приехал в Россию, – надо было к жене да еще в деревню, – ну, не поверишь, через две недели надел халат, перестал одеваться к обеду. Какое о молоденьких думать! Совсем стал старик. Только душу спасать остается. Поехал в Париж – опять справился.

Степан Аркадьич точно ту же разницу чувствовал, как и Петр Облонский. В Москве он так опускался, что в самом деле, если бы пожить там долго, дошел бы, чего доброго, и до спасения души; в Петербурге же он чувствовал себя опять порядочным человеком.

Между княгиней Бетси Тверской и Степаном Аркадьичем существовали давнишние, весьма странные отношения. Степан Аркадьич всегда шутя ухаживал за ней и говорил ей, тоже шутя, самые неприличные вещи, зная, что это более всего ей нравится. На другой день после своего разговора с Карениным Степан Аркадьич, заехав к ней, чувствовал себя столь молодым, что в этом шуточном ухаживанье и вранье зашел нечаянно так далеко, что уже не знал, как выбраться назад, так как, к несчастью, она не только не нравилась, но противна была ему. Тон же этот установился потому, что он очень нравился ей. Так что он уже был очень рад приезду княгини Мягкой, вовремя прекратившей их уединение вдвоем.

– А, и вы тут, – сказала она, увидав его. – Ну, что ваша бедная сестра? Вы не смотрите на меня так, – прибавила она. – С тех пор как все набросились на нее, все те, которые хуже ее во сто тысяч раз, я нахожу, что она сделала прекрасно. И не могу простить Вронскому, что он не дал мне знать, когда она была в Петербурге. Я бы поехала к ней и с ней повсюду. Пожалуйста, передайте ей от меня мою любовь. Ну расскажите же мне про нее.

– Да, ее положение тяжело, она… – начал было рассказывать Степан Аркадьич, в простоте душевной приняв за настоящую монету слова княгини Мягкой «расскажите про вашу сестру». Княгиня Мягкая тотчас же по своей привычке перебила его и стала сама рассказывать.

– Она сделала то, что все, кроме меня, делают, но скрывают; а она не хотела обманывать и сделала прекрасно. И еще лучше сделала, потому что бросила этого полоумного вашего зятя. Вы меня извините. Все говорили, что он умен, умен, одна я говорила, что он глуп. Теперь, когда он связался с Лидией и с Landau, все говорят, что он полоумный, и я бы и рада не соглашаться со всеми, но на этот раз не могу.

– Да объясните мне, пожалуйста, – сказал Степан Аркадьич, – что это такое значит? Вчера я был у него по делу сестры и просил решительного ответа. Он не дал мне ответа и сказал, что подумает, а нынче утром я вместо ответа получил приглашение на нынешний вечер к графине Лидии Ивановне.

— Ну так, так! — с радостью заговорила княгиня Мягкая. — Они спросят у Landau, что он скажет.[1]

— Как у Landau? Зачем? Что такое Landau?

— Как, вы не знаете Jules Landau, le fameux Jules Landau, le clair-voyant?[2] Он тоже полоумный, но от него зависит судьба вашей сестры. Вот что происходит от жизни в провинции, вы ничего не знаете. Landau, видите ли, commis[3] был в магазине в Париже и пришел к доктору. У доктора в приемной он заснул и во сне стал всем больным давать советы. И удивительные советы. Потом Юрия Мелединского — знаете, больного? — жена узнала про этого Landau и взяла его к мужу. Он мужа ее лечит. И никакой пользы ему не сделал, по-моему, потому что он все такой же расслабленный, но они в него веруют и возят с собой. И привезли в Россию. Здесь все на него набросились, и он всех стал лечить. Графиню Беззубову вылечил, и она так полюбила его, что усыновила.

— Как усыновила?

— Так, усыновила. Он теперь не Landau больше, а граф Беззубов. Но дело не в том, а Лидия, — я ее очень люблю, но у нее голова не на месте, — разумеется, накинулась теперь на этого Landau, и без него ни у нее, ни у Алексея Александровича ничего не решается, и поэтому судьба вашей сестры теперь в руках этого Landau, иначе графа Беззубова.

---

[1] *Они спросят у Landau, что он скажет.* — «Влиятельная сомнамбула» — характерная фигура светской жизни 70-х годов. Landau в романе напоминает Дугласа Юма, известного медиума тех лет, который выступал в Америке и в Европе, пользовался расположением Наполеона III, был известен при дворе Александра II (см.: А. Ф. Тютчева. При дворе двух императоров. М., 1924, с. 233). В России Дуглас Юм сделал удивительную карьеру: он женился на дочери графа Безбородко и стал графом. Толстой пародирует это необычайное перевоплощение скитающегося медиума в русского аристократа: «Графиню Беззубову вылечил, и она так полюбила его, что усыновила... Он теперь не Landau, а граф Беззубов» (ч. VII, гл. XX). Про Landau в романе сказано, что он прежде, в Париже, был «commis <приказчиком> в магазине». Эта подробность взята из биографии другого модного медиума тех лет — Камила Бредифа. «Француз из Парижа, торговец фарфором, пожелавший с выгодой для собственного кармана воспользоваться теми медиумическими способностями, которыми природа довольно щедро снабдила его организацию, молодой человек небольшого роста, с довольно благообразной, добродушной, хотя и несколько тривиальной физиономией, и живыми черными глазами. Понятно, что личность подобного рода внушала очень мало доверия...» («Вестник Европы», 1875, № 4, с. 861).

[2] Жюля Ландо, знаменитого Жюля Ландо, ясновидящего? *(фр.)*

[3] Приказчиком *(фр.)*.

XXI

После прекрасного обеда и большого количества коньяку, выпитого у Бартнянского, Степан Аркадьич, только немного опоздав против назначенного времени, входил к графине Лидии Ивановне.

— Кто еще у графини? Француз? — спросил Степан Аркадьич швейцара, оглядывая знакомое пальто Алексея Александровича и странное, наивное пальто с застежками.

— Алексей Александрович Каренин и граф Беззубов, — строго отвечал швейцар.

«Княгиня Мягкая угадала, — подумал Степан Аркадьич, входя на лестницу. — Странно! Однако хорошо было бы сблизиться с ней. Она имеет огромное влияние. Если она замолвит словечко Поморскому, то уже верно».

Было еще совершенно светло на дворе, но в маленькой гостиной графини Лидии Ивановны с опущенными шторами уже горели лампы.

У круглого стола под лампой сидели графиня и Алексей Александрович, о чем-то тихо разговаривая. Невысокий, худощавый человек с женским тазом, с вогнутыми в коленках ногами, очень бледный, красивый, с блестящими прекрасными глазами и длинными волосами, лежавшими на воротнике его сюртука, стоял на другом конце, оглядывая стену с портретами. Поздоровавшись с хозяйкой и с Алексеем Александровичем, Степан Аркадьич невольно взглянул еще раз на незнакомого человека.

— Monsieur Landau! — обратилась к нему графиня с поразившею Облонского мягкостью и осторожностью. И она познакомила их.

Landau поспешно оглянулся, подошел и, улыбнувшись, вложил в протянутую руку Степана Аркадьича неподвижную потную руку и тотчас же опять отошел и стал смотреть на портреты. Графиня и Алексей Александрович значительно переглянулись.

— Я очень рада видеть вас, в особенности нынче, — сказала графиня Лидия Ивановна, указывая Степану Аркадьичу место подле Каренина.

— Я вас познакомила с ним как с Landau, — сказала она тихим голосом, взглянув на француза и потом тотчас на Алексея Александровича, — но он, собственно, граф Беззубов, как вы, вероятно, знаете. Только он не любит этого титула.

— Да, я слышал, — отвечал Степан Аркадьич, — говорят, он совершенно исцелил графиню Беззубову.

– Она была нынче у меня, она так жалка! – обратилась графиня к Алексею Александровичу. – Разлука эта для нее ужасна. Для нее это такой удар!

– А он положительно едет? – спросил Алексей Александрович.

– Да, он едет в Париж. Он вчера слышал голос, – сказала графиня Лидия Ивановна, глядя на Степана Аркадьича.

– Ах, голос! – повторил Облонский, чувствуя, что надо быть как можно осторожнее в этом обществе, в котором происходит или должно происходить что-то особенное, к чему он не имеет еще ключа.

Наступило минутное молчание, после которого графиня Лидия Ивановна, как бы приступая к главному предмету разговора, с тонкою улыбкой сказала Облонскому:

– Я вас давно знаю и очень рада узнать вас ближе. Les amis de nos amis sont nos amis[1]. Но для того чтобы быть другом, надо вдумываться в состояние души друга, а я боюсь, что вы этого не делаете в отношении к Алексею Александровичу. Вы понимаете, о чем я говорю, – сказала она, поднимая свои прекрасные задумчивые глаза.

– Отчасти, графиня, я понимаю, что положение Алексея Александровича... – сказал Облонский, не понимая хорошенько, в чем дело, и потому желая оставаться в общем.

– Перемена не во внешнем положении, – строго сказала графиня Лидия Ивановна, вместе с тем следя влюбленным взглядом за вставшим и перешедшим к Landau Алексеем Александровичем, – сердце его изменилось, ему дано новое сердце, и я боюсь, что вы не вполне вдумались в ту перемену, которая произошла в нем.

– То есть я в общих чертах могу представить себе эту перемену. Мы всегда были дружны, и теперь... – отвечая нежным взглядом на взгляд графини, сказал Степан Аркадьич, соображая, с кем из двух министров она ближе, чтобы знать, о ком из двух придется просить ее.

– Та перемена, которая произошла в нем, не может ослабить его чувства любви к ближним; напротив, перемена, которая произошла в нем, должна увеличить любовь. Но я боюсь, что вы не понимаете меня. Не хотите ли чаю? – сказала она, указывая глазами на лакея, подавшего на подносе чай.

– Не совсем, графиня. Разумеется, его несчастье...

– Да, несчастье, которое стало высшим счастьем, когда сердце стало новое, исполнилось им, – сказала она, влюбленно глядя на Степана Аркадьича.

---

[1] Друзья наших друзей – наши друзья (фр.).

«Я думаю, что можно будет попросить замолвить обоим», – думал Степан Аркадьич.

– О, конечно, графиня, – сказал он, – но я думаю, что эти перемены так интимны, что никто, даже самый близкий человек, не любит говорить.

– Напротив! Мы должны говорить и помогать друг другу.

– Да, без сомнения, но бывает такая разница убеждений, и притом… – с мягкою улыбкой сказал Облонский.

– Не может быть разницы в деле святой истины.

– О да, конечно, но… – и, смутившись, Стенай Аркадьич замолчал. Он понял, что дело шло о религии.

– Мне кажется, он сейчас заснет, – значительным шепотом проговорил Алексей Александрович, подходя к Лидии Ивановне.

Степан Аркадьич оглянулся. Landau сидел у окна, облокотившись на ручку и спинку кресла, опустив голову. Заметив обращенные на него взгляды, он поднял голову и улыбнулся детски-наивною улыбкой.

– Не обращайте внимания, – сказала Лидия Ивановна и легким движением подвинула стул Алексею Александровичу. – Я замечала… – начала она что-то, как в комнату вошел лакей с письмом. Лидия Ивановна быстро пробежала записку и, извинившись, с чрезвычайною быстротой написала и отдала ответ и вернулась к столу. – Я замечала, – продолжала она начатый разговор, – что москвичи, в особенности мужчины, самые равнодушные к религии люди.

– О нет, графиня, мне кажется, что москвичи имеют репутацию быть самыми твердыми, – отвечал Степан Аркадьич.

– Да, насколько я понимаю, вы, к сожалению, из равнодушных, – с усталою улыбкой, обращаясь к нему, сказал Алексей Александрович.

– Как можно быть равнодушным! – сказала Лидия Ивановна.

– Я в этом отношении не то что равнодушен, но в ожидании, – сказал Степан Аркадьич с своею самою смягчающей улыбкой. – Я не думаю, чтобы для меня наступило время этих вопросов.

Алексей Александрович и Лидия Ивановна переглянулись.

– Мы не можем знать никогда, наступило или нет для нас время, – сказал Алексей Александрович строго. – Мы не должны думать о том, готовы ли мы, или не готовы: благодать не руководствуется человеческими соображениями; она иногда не сходит на трудящихся и сходит на неприготовленных, как на Савла.

– Нет, кажется, не теперь еще, – сказала Лидия Ивановна, следившая в это время за движениями француза.

Landau встал и подошел к ним.

– Вы мне позволите слушать? – спросил он.

– О да, я не хотела вам мешать, – нежно глядя на него, сказала Лидия Ивановна, – садитесь с нами.

– Надо только не закрывать глаз, чтобы не лишиться света, – продолжал Алексей Александрович.

– Ах, если бы вы знали то счастье, которое мы испытываем, чувствуя всегдашнее его присутствие в своей душе! – сказала графиня Лидия Ивановна, блаженно улыбаясь.

– Но человек может чувствовать себя неспособным иногда подняться на эту высоту, – сказал Степан Аркадьич, чувствуя, что он кривит душою, признавая религиозную высоту, но вместе с тем не решаясь признаться в своем свободомыслии перед особой, которая одним словом Поморскому может доставить ему желаемое место.

– То есть вы хотите сказать, что грех мешает ему? – сказала Лидия Ивановна. – Но это ложное мнение. Греха нет для верующих, грех уже искуплен. Pardon, – прибавила она, глядя на опять вошедшего с другой запиской лакея. Она прочла и на словах ответила: – Завтра у великой княгини, скажите. – Для верующего нет греха, – продолжала она разговор.

– Да, но вера без дел мертва есть, – сказал Степан Аркадьич, вспомнив эту фразу из катехизиса, одной улыбкой уже отстаивая свою независимость.

– Вот оно, из послания апостола Иакова, – сказал Алексей Александрович, с некоторым упреком обращаясь к Лидии Ивановне, очевидно как о деле, о котором они не раз уже говорили. – Сколько вреда сделало ложное толкование этого места! Ничто так не отталкивает от веры, как это толкование. «У меня нет дел, я не могу верить», тогда как это нигде не сказано. А сказано обратное.

– Трудиться для бога, трудами, постом спасать душу, – с гадливым презрением сказала графиня Лидия Ивановна, – это дикие понятия наших монахов… Тогда как это нигде не сказано. Это гораздо проще и легче, – прибавила она, глядя на Облонского с тою самою ободряющею улыбкой, с которою она при дворе ободряла молодых, смущенных новою обстановкой фрейлин.

– Мы спасены Христом, пострадавшим за нас. Мы спасены верой, – одобряя взглядом ее слова, подтвердил Алексей Александрович.

– Vous comprenez l'anglais?[1] – спросила Лидия Ивановна и, получив утвердительный ответ, встала и начала перебирать на полочке книги.

---

[1] Вы понимаете по-английски? *(фр.)*

– Я хочу прочесть «Safe and Happy»[1], или «Under the wing»[2]?[3] – сказала она, вопросительно взглянув на Каренина. И, найдя книгу и опять сев на место, она открыла ее. – Это очень коротко. Тут описан путь, которым приобретается вера, и то счастье превыше всего земного, которое при этом наполняет душу. Человек верующий не может быть несчастлив, потому что он не один. Да вот вы увидите. – Она собралась уже читать, как опять вошел лакей. – Бороздина? Скажите, завтра в два часа. – Да, – сказала она, заложив пальцем место в книге и со вздохом взглянув пред собой задумчивыми прекрасными глазами. – Вот как действует вера настоящая. Вы знаете Санину Мари? Вы знаете ее несчастье? Она потеряла единственного ребенка. Она была в отчаянье. Ну, и что ж? Она нашла этого друга, и она благодарит бога теперь за смерть своего ребенка. Вот счастье, которое дает вера!

– О да, это очень... – сказал Степан Аркадьич, довольный тем, что будут читать и дадут ему немножко опомниться. «Нет, уж, видно, лучше ни о чем не просить ее нынче, – думал он, – только бы, не напутав, выбраться отсюда».

– Вам будет скучно, – сказала графиня Лидия Ивановна, обращаясь к Landau, – вы не знаете по-английски, но это коротко.

– О, я пойму, – сказал с той же улыбкой Landau и закрыл глаза.

Алексей Александрович и Лидия Ивановна значительно переглянулись, и началось чтение.

---

[1] «Спасенный и счастливый» *(англ.)*.

[2] *«Safe and Happy»... «Under the wing»...* – «Спасенный и счастливый» и «Под крылом» – названия английских «душеспасительных» брошюр в духе «нового мистического направления», которое было связано с проповедями лорда Гренвиля Редстока (1831–1913) – о «спасении посредством веры». В 1874 г. Редсток проповедовал в великосветских салонах Петербурга, где пользовался поддержкой министра путей сообщения А. П. Бобринского. Основная идея Редстока заключалась в том, что Христос своей гибелью «искупил человечество», поэтому каждый человек – «спасенный» («грех уже искуплен», – говорит Лидия Ивановна), и для того, чтобы быть счастливым, ему нужна только «вера». Интересные сведения Толстому (по его просьбе) сообщила фрейлина двора А. А. Толстая в письме от 28 марта 1876 г., в котором она, между прочим, заметила, что проповедник «природу человеческую вовсе не знает и даже не обращает на нее внимания» («Переписка Л. Н. Толстого с гр. А. А. Толстой». СПб., 1911, с. 267).

[3] «Под крылом» *(англ.)*.

XXII

Степан Аркадьич чувствовал себя совершенно озадаченным теми новыми для него странными речами, которые он слышал. Усложненность петербургской жизни вообще возбудительно действовала на него, выводя его из московского застоя; но эти усложнения он любил и понимал в сферах, ему близких и знакомых; в этой же чуждой среде он был озадачен, ошеломлен и не мог всего обнять. Слушая графиню Лидию Ивановну и чувствуя устремленные на себя красивые, наивные или плутовские – он сам не знал – глаза Landau, Степан Аркадьич начинал испытывать какую-то особенную тяжесть в голове.

Самые разнообразные мысли путались у него в голове. «Мари Санина радуется тому, что у ней умер ребенок... Хорошо бы покурить теперь... Чтобы спастись, нужно только верить, и монахи не знают, как это надо делать, а знает графиня Лидия Ивановна... И отчего у меня такая тяжесть в голове? От коньяку или оттого, что уж очень все это странно? Я все-таки до сих пор ничего, кажется, неприличного не сделал. Но все-таки просить ее уж нельзя. Говорят, что они заставляют молиться. Как бы меня не заставили. Это уж будет слишком глупо. И что за вздор она читает, а выговаривает хорошо. Landau – Беззубов. Отчего он Беззубов?» Вдруг Степан Аркадьич почувствовал, что нижняя челюсть его неудержимо начинает заворачиваться на зевок. Он поправил бакенбарды, скрывая зевок, и встряхнулся. Но вслед за этим он почувствовал, что уже спит и собирается храпеть. Он очнулся в ту минуту, как голос графини Лидии Ивановны сказал: «Он спит».

Степан Аркадьич испуганно очнулся, чувствуя себя виноватым и уличенным. Но тотчас же он утешился, увидав, что слова «он спит» относились не к нему, а к Landau. Француз заснул так же, как Степан Аркадьич. Но сон Степана Аркадьича, как он думал, обидел бы их (впрочем, он и этого не думал, так уж ему все казалось странно), а сон Landau обрадовал их чрезвычайно, особенно графиню Лидию Ивановну.

– Mon ami [1], – сказала Лидия Ивановна, осторожно, чтобы не шуметь, занося складки своего шелкового платья и в возбуждении своем называя уже Каренина не Алексеем Александровичем, а «mon ami», – dormez lui la main. Vous voyez? [2] Шш! – зашикала она на вошедшего опять лакея. – Не принимать.

---

[1] Друг мой *(фр.)*.

[2] Дайте ему руку. Видите? *(фр.)*

Француз спал или притворялся, что спит, прислонив голову к спинке кресла, и потною рукой, лежавшею на колене, делал слабые движения, как будто ловя что-то. Алексей Александрович встал, хотел осторожно, но, зацепив за стол, подошел и положил свою руку в руку француза. Степан Аркадьич встал тоже и, широко отворяя глаза, желая разбудить себя, если он спит, смотрел то на того, то на другого. Все это было наяву. Степан Аркадьич чувствовал, что у него в голове становится все более и более нехорошо.

– Que la personne qui est arrivée la dernière, celle qui demande, qu'elle sorte! Qu'elle sorte![1] – проговорил француз, не открывая глаз.

– Vous m'excuserez, mais vous voyez... Revenez vers dix heures, encore mieux demain[2].

– Qu'elle sorte! – нетерпеливо повторил француз.

– C'est moi, n'est ce pas?[3]

И, получив утвердительный ответ, Степан Аркадьич, забыв и о том, что он хотел просить Лидию Ивановну, забыв и о деле сестры, с одним желанием поскорее выбраться отсюда, вышел на цыпочках и, как из зараженного дома, выбежал на улицу и долго разговаривал и шутил с извозчиком, желая привести себя поскорее в чувство.

Во французском театре, которого он застал последний акт, и потом у татар за шампанским Степан Аркадьич отдышался немножко свойственным ему воздухом. Но все-таки в этот вечер ему было очень не по себе.

Вернувшись домой к Петру Облонскому, у которого он останавливался в Петербурге, Степан Аркадьич нашел записку от Бетси. Она писала ему, что очень желает докончить начатый разговор и просит его приехать завтра. Едва он успел прочесть эту записку и поморщиться над ней, как внизу послышались грузные шаги людей, несущих что-то тяжелое.

Степан Аркадьич вышел посмотреть. Это был помолодевший Петр Облонский. Он был так пьян, что не мог войти на лестницу; но он велел себя поставить на ноги, увидав Степана Аркадьича, и, уцепившись за него, пошел с ним в его комнату и там стал рассказывать ему про то, как он провел вечер, и тут же заснул.

---

[1] Пусть тот, кто пришел последним, тот, кто спрашивает, пусть он выйдет! Пусть выйдет! *(фр.)*

[2] Извините меня, но вы видите... Приходите к десяти часам, еще лучше – завтра *(фр.).*

[3] Это относится ко мне, не так ли? *(фр.)*

Степан Аркадьич был в упадке духа, что редко случалось с ним, и долго не мог заснуть. Все, что он ни вспоминал, все было гадко, но гаже всего, точно что-то постыдное, вспоминался ему вечер у графини Лидии Ивановны.

На другой день он получил от Алексея Александровича положительный отказ в разводе Анны и понял, что решение это было основано на том, что вчера сказал француз в своем настоящем или притворном сне.

XXIII

Для того чтобы предпринять что-нибудь в семейной жизни, необходимы или совершенный раздор между супругами, или любовное согласие. Когда же отношения супругов неопределенны и нет ни того, ни другого, никакое дело не может быть предпринято.

Многие семьи по годам остаются на старых местах, постылых обоим супругам, только потому, что нет ни полного раздора, ни согласия.

И Вронскому и Анне московская жизнь в жару и пыли, когда солнце светило уже не по-весеннему, а по-летнему, и все деревья на бульварах давно уже были в листьях, и листья были уже покрыты пылью, была невыносима; но они, не переезжая в Воздвиженское, как это давно было решено, продолжали жить в опостылевшей им обоим Москве, потому что в последнее время согласия не было между ними.

Раздражение, разделявшее их, не имело никакой внешней причины, и все попытки объяснения не только не устраняли, но увеличивали его. Это было раздражение внутреннее, имевшее для нее основанием уменьшение его любви, для него – раскаяние в том, что он поставил себя ради ее в тяжелое положение, которое она, вместо того чтоб облегчить, делает еще более тяжелым. Ни тот, ни другой не высказывали причины своего раздражения, но они считали друг друга неправыми и при каждом предлоге старались доказать это друг другу.

Для нее весь он, со всеми его привычками, мыслями, желаниями, со всем его душевным и физическим складом, был одно – любовь к женщинам, и эта любовь, которая, по ее чувству, должна была быть вся сосредоточена на ней одной, любовь эта уменьшилась; следовательно, по ее рассуждению, он должен был часть любви перенести на других или на другую женщину, – и она ревновала. Она ревновала его не к какой-нибудь женщине, а к уменьшению его любви. Не имея еще предмета для ревности, она отыскивала его. По малейшему намеку она переносила свою ревность с одного предмета на другой. То она ревновала его к тем грубым женщинам, с которыми благодаря своим холостым связям он так легко мог войти в сношения; то она ревновала его к светским женщинам, с которыми он мог встретиться; то она ревновала его к воображаемой девушке, на которой он хотел, разорвав с ней связь, жениться. И эта последняя ревность более всего мучила ее, в особенности потому, что он сам неосторожно в откровенную минуту сказал ей, что его мать так мало понимает его, что позволила себе уговаривать его жениться на княжне Сорокиной.

И, ревнуя его, Анна негодовала на него и отыскивала во всем поводы к негодованию. Во всем, что было тяжелого в ее положении, она обвиняла его. Мучительное состояние ожидания, которое она между небом и землей прожила в Москве, медленность и нерешительность Алексея Александровича, свое уединение – она все приписывала ему. Если б он любил, он понимал бы всю тяжесть ее положения и вывел бы ее из него. В том, что она жила в Москве, а не в деревне, он же был виноват. Он не мог жить, зарывшись в деревне, как она того хотела. Ему необходимо было общество, и он поставил ее в это ужасное положение, тяжесть которого он не хотел понимать. И опять он же был виноват в том, что она навеки разлучена с сыном.

Даже те редкие минуты нежности, которые наступали между ними, не успокоивали ее: в нежности его теперь она видела оттенок спокойствия, уверенности, которых не было прежде и которые раздражали ее.

Были уже сумерки. Анна одна, ожидая его возвращения с холостого обеда, на который он поехал, ходила взад и вперед по его кабинету (комната, где менее был слышен шум мостовой) и во всех подробностях передумывала выражения вчерашней ссоры. Возвращаясь все назад от памятных оскорбительных слов спора к тому, что было их поводом, она добралась наконец до начала разговора. Она долго не могла поверить тому, чтобы раздор начался с такого безобидного, не близкого ничьему сердцу разговора. А действительно, это было так. Все началось с того, что он посмеялся над женскими гимназиями, считая их ненужными, а она заступилась за них. Он неуважительно отнесся к женскому образованию вообще и сказал, что Ганна, покровительствуемая Анной англичанка, вовсе не нуждалась в знании физики.

Это раздражило Анну. Она видела в этом презрительный намек на свои занятия. И она придумала и сказала такую фразу, которая бы отплатила ему за сделанную ей боль.

– Я не жду того, чтобы вы помнили меня, мои чувства, как может их помнить любящий человек, но я ожидала просто деликатности, – сказала она.

И действительно, он покраснел от досады и что-то сказал неприятное. Она не помнила, что она ответила ему, но только тут к чему-то он, очевидно с желанием тоже сделать ей больно, сказал:

– Мне неинтересно ваше пристрастие к этой девочке, это правда, потому что я вижу, что оно ненатурально.

Эта жестокость его, с которою он разрушал мир, с таким трудом состроенный ею себе, чтобы переносить свою тяжелую жизнь, эта несправедливость его, с которою он обвинял ее в притворстве, в ненатуральности, взорвали ее.

– Очень жалею, что одно грубое и материальное вам понятно и натурально, – сказала она и вышла из комнаты.

Когда вчера вечером он пришел к ней, они не поминали о бывшей ссоре, но оба чувствовали, что ссора заглажена, а не прошла.

Нынче он целый день не был дома, и ей было так одиноко и тяжело чувствовать себя с ним в ссоре, что она хотела все забыть, простить и примириться с ним, хотела обвинить себя и оправдать его.

«Я сама виновата. Я раздражительна, я бессмысленно ревнива. Я примирюсь с ним, и уедем в деревню, там я буду спокойнее», – говорила она себе.

«Ненатурально», – вспомнила она вдруг более всего оскорбившее ее не столько слово, сколько намерение сделать ей больно.

«Я знаю, что он хотел сказать; он хотел сказать: ненатурально, не любя свою дочь, любить чужого ребенка. Что он понимает в любви к детям, в моей любви к Сереже, которым я для него пожертвовала? Но это желание сделать мне больно! Нет, он любит другую женщину, это не может быть иначе».

И, увидав, что, желая успокоить себя, она совершила опять столько раз уже пройденный ею круг и вернулась к прежнему раздражению, она ужаснулась на самое себя. «Неужели нельзя? Неужели я не могу взять на себя? – сказала она себе и начала опять сначала. – Он правдив, он честен, он любит меня. Я люблю его, на днях выйдет развод. Чего же еще нужно? Нужно спокойствие и доверие, и я возьму на себя. Да, теперь, как он придет, я скажу, что я была виновата, хотя я и не была виновата, и мы уедем».

И чтобы не думать более и не поддаваться раздражению, она позвонила и велела внести сундуки для укладки вещей в деревню.

В десять часов Вронский приехал.

XXIV

– Что ж, весело было? – спросила она, с виноватым и кротким выражением на лице выходя к нему навстречу.

– Как обыкновенно, – отвечал он, тотчас же по одному взгляду на нее поняв, что она в одном из своих хороших расположений. Он уже привык к этим переходам и нынче был особенно рад ему, потому что сам был в самом хорошем расположении духа.

– Что я вижу! Вот это хорошо! – сказал он, указывая на сундуки в передней.

– Да, надо ехать. Я ездила кататься, и так хорошо, что в деревню захотелось. Ведь тебя ничто не задерживает?

– Только одного желаю. Сейчас я приду и поговорим, только переоденусь. Вели чаю дать.

И он прошел в свой кабинет.

Было что-то оскорбительное в том, что он сказал: «Вот это хорошо», как говорят ребенку, когда он перестал капризничать; и еще более была оскорбительна та противоположность между ее виноватым и его самоуверенным тоном; и она на мгновение почувствовала в себе поднимающееся желание борьбы; но, сделав усилие над собой, она подавила его и встретила Вронского так же весело.

Когда он вышел к ней, она рассказала ему, отчасти повторяя приготовленные слова, свой день и свои планы на отъезд.

– Знаешь, на меня нашло точно вдохновение, – говорила она. – Зачем ждать здесь развода? Разве не все равно в деревне? Я не могу больше ждать. Я не хочу надеяться, не хочу ничего слышать про развод. Я решила, что это не будет больше иметь влияния на мою жизнь. И ты согласен?

– О да! – сказал он, с беспокойством взглянув в ее взволнованное лицо.

– Что же вы там делали, кто был? – сказала она, помолчав.

Вронский назвал гостей.

– Обед был прекрасный, и гонка лодок, и все это было довольно мило, но в Москве не могут без ridicule[1]. Явилась какая-то дама, учительница плаванья шведской королевы, и показывала свое искусство.

– Как? плавала? – хмурясь, спросила Анна.

– В каком-то красном costume de natation[2], старая, безобразная. Так когда же едем?

– Что за глупая фантазия! Что же, она особенно как-нибудь плавает? – не отвечая, сказала Анна.

– Решительно ничего особенного. Я и говорю, глупо ужасно. Так когда же ты думаешь ехать?

---

[1] Сметного (*фр.*).

[2] Купальном костюме (*фр.*).

Анна встряхнула головой, как бы желая отогнать неприятную мысль.

- Когда ехать? Да чем раньше, тем лучше. Завтра не успеем. Послезавтра.

- Да... нет, постой. Послезавтра воскресенье, мне надо быть у maman, - сказал Вронский, смутившись, потому что, как только он произнес имя матери, он почувствовал на себе пристальный подозрительный взгляд. Смущение его подтвердило ей ее подозрения. Она вспыхнула и отстранилась от него. Теперь уже не учительница шведской королевы, а княжна Сорокина, которая жила в подмосковной деревне вместе с графиней Вронской, представилась Анне.

- Ты можешь поехать завтра? - сказала она.

- Да нет же! По делу, по которому я еду, доверенности и деньги не получатся завтра, - отвечал он.

- Если так, то мы не уедем совсем.

- Да отчего же?

- Я не поеду позднее. В понедельник или никогда!

- Почему же? - как бы с удивлением сказал Вронский. - Ведь это не имеет смысла!

- Для тебя это не имеет смысла, потому что до меня тебе никакого дела нет. Ты не хочешь понять моей жизни. Одно, что меня занимало здесь, - Ганна. Ты говоришь, что это притворство. Ты ведь говорил вчера, что я не люблю дочь, а притворяюсь, что люблю эту англичанку, что это ненатурально; я бы желала знать, какая жизнь для меня здесь может быть натуральна!

На мгновенье она очнулась и ужаснулась тому, что изменила своему намерению. Но и зная, что она губит себя, она не могла воздержаться, не могла не показать ему, как он был неправ, не могла покориться ему.

- Я никогда не говорил этого; я говорил, что не сочувствую этой внезапной любви.

- Отчего ты, хвастаясь своею прямотой, не говоришь правду?

- Я никогда не хвастаюсь и никогда не говорю неправду, - сказал он тихо, удерживая поднимавшийся в нем гнев. - Очень жаль, если ты не уважаешь...

- Уважение выдумали для того, чтобы скрывать пустое место, где должна быть любовь. А если ты не любишь меня, то лучше и честнее это сказать.

- Нет, это становится невыносимо! - вскрикнул Вронский, вставая со стула. И, остановившись пред ней, он медленно выговорил: - Для чего ты испытываешь мое терпение? - сказал он с таким видом, как будто мог бы сказать еще многое, но удерживался. - Оно имеет пределы.

— Что вы хотите этим сказать? — вскрикнула она, с ужасом вглядываясь в явное выражение ненависти, которое было во всем лице и в особенности в жестоких, грозных глазах.

— Я хочу сказать... — начал было он, но остановился. — Я должен спросить, чего вы от меня хотите.

— Чего я могу хотеть? Я могу хотеть только того, чтобы вы не покинули меня, как вы думаете, — сказала она, поняв все то, чего он не досказал. — Но этого я не хочу, это второстепенно. Я хочу любви, а ее нет. Стало быть, все кончено!

Она направилась к двери.

— Постой! По...стой! — сказал Вронский, не раздвигая мрачной складки бровей, но останавливая ее за руку. — В чем дело? Я сказал, что отъезд надо отложить на три дня, ты мне сказала, что я лгу, и нечестный человек.

— Да, и повторяю, что человек, который попрекает меня, что он всем пожертвовал для меня, — сказала она, вспоминая слова еще прежней ссоры, — что это хуже, чем нечестный человек, — это человек без сердца.

— Нет, есть границы терпению! — вскрикнул он и быстро выпустил ее руку.

«Он ненавидит меня, это ясно», — подумала она и молча, не оглядываясь, неверными шагами вышла из комнаты.

«Он любит другую женщину, это еще яснее, — говорила она себе, входя в свою комнату. — Я хочу любви, а ее нет. Стало быть, все кончено, — повторила она сказанные ею слова, — и надо кончить».

«Но как?» — спросила она себя и села на кресло пред зеркалом.

Мысли о том, куда она поедет теперь — к тетке ли, у которой она воспитывалась, к Долли, или просто одна за границу, и о том, что он делает теперь один в кабинете, окончательная ли это ссора, или возможно еще примирение, и о том, что теперь будут говорить про нее все ее петербургские бывшие знакомые, как посмотрит на это Алексей Александрович, и много других мыслей о том, что будет теперь, после разрыва, приходили ей в голову, но она не всею душой отдавалась этим мыслям. В душе ее была какая-то неясная мысль, которая одна интересовала ее, но она не могла ее сознать. Вспомнив еще раз об Алексее Александровиче, она вспомнила и время своей болезни после родов и то чувство, которое тогда не оставляло ее. «Зачем я не умерла?» — вспомнились ей тогдашние ее слова и тогдашнее ее чувство. И она вдруг поняла то, что было в ее душе. Да, это была та мысль, которая одна разрешала все. «Да, умереть!..»

«И стыд и позор Алексея Александровича, и Сережи, мой ужасный стыд — все спасается смертью. Умереть — и он будет раскаиваться, будет жалеть, будет любить, будет страдать за меня». С остановившеюся улыбкой сострадания к себе она сидела на кресле, снимая и надевая кольца с левой руки, живо с разных сторон представляя себе его чувства после ее смерти.

Приближающиеся шаги, его шаги, развлекли ее. Как бы занятая укладываньем своих колец, она не обратилась даже к нему.

Он подошел к ней и, взяв ее за руку, тихо сказал:

— Анна, поедем послезавтра, если хочешь. Я на все согласен.

Она молчала.

— Что же? — спросил он.

— Ты сам знаешь, — сказала она, и в ту же минуту, не в силах удерживаться более, она зарыдала.

— Брось меня, брось! — выговаривала она между рыданьями. — Я уеду завтра… Я больше сделаю. Кто я? развратная женщина. Камень на твоей шее. Я не хочу мучать тебя, не хочу! Я освобожу тебя. Ты не любишь, ты любишь другую!

Вронский умолял ее успокоиться и уверял, что нет признака основания ее ревности, что он никогда не переставал и не перестанет любить ее, что он любит больше, чем прежде.

— Анна, за что так мучать себя и меня? — говорил он, целуя ее руки. В лице его теперь выражалась нежность, и ей казалось, что она слышала ухом звук слез в его голосе и на руке своей чувствовала их влагу. И мгновенно отчаянная ревность Анны перешла в отчаянную, страстную нежность; она обнимала его, покрывала поцелуями его голову, шею, руки.

XXV

Чувствуя, что примирение было полное, Анна с утра оживленно принялась за приготовление к отъезду. Хотя и не было решено, едут ли они в понедельник, или во вторник, так как оба вчера уступали один другому, Анна деятельно приготавливалась к отъезду, чувствуя себя теперь совершенно равнодушной к тому, что они уедут днем раньше или позже. Она стояла в своей комнате над открытым сундуком, отбирая вещи, когда он, уже одетый, раньше обыкновенного вошел к ней.

— Я сейчас съезжу к maman, она может прислать мне деньги через Егорова. И завтра я готов ехать, — сказал он.

Как ни хорошо она была настроена, упоминание о поездке на дачу к матери кольнуло ее.

— Нет, я и сама не успею, — сказала она и тотчас же подумала: «Стало быть, можно было устроиться так, чтобы сделать, как я хотела». — Нет, как ты хотел, так и делай. Иди в столовую, я сейчас приду, только отобрать эти ненужные вещи, — сказала она, передавая на руку Аннушки, на которой уже лежала гора тряпок, еще что-то.

Вронский ел свой бифстек, когда она вышла в столовую.

— Ты не поверишь, как мне опостылели эти комнаты, — сказала она, садясь подле него к своему кофею. — Ничего нет ужаснее этих chambres garnies[1]. Нет выражения лица в них, нет души. Эти часы, гардины, главное обои — кошмар. Я думаю о Воздвиженском, как об обетованной земле. Ты не отсылаешь еще лошадей?

— Нет, они поедут после нас. А ты куда-нибудь едешь?

— Я хотела съездить к Вильсон. Мне ей свезти платья. Так решительно завтра? — сказала она веселым голосом; но вдруг лицо ее изменилось.

Камердинер Вронского пришел спросить расписку на телеграмму из Петербурга. Ничего не было особенного в получении Вронским депеши, но он, как бы желая скрыть что-то от нее, сказал, что расписка в кабинете, и поспешно обратился к ней.

— Непременно завтра я все кончу.

— От кого депеша? — спросила она, не слушая его.

— От Стивы, — отвечал он неохотно.

— Отчего же ты не показал мне? Какая же может быть тайна между Стивой и мной?

Вронский воротил камердинера и велел принесть депешу.

— Я не хотел показывать потому, что Стива имеет страсть телеграфировать; что ж телеграфировать, когда ничего не решено?

— О разводе?

— Да, но он пишет: ничего еще не мог добиться. На днях обещал решительный ответ. Да вот прочти.

Дрожащими руками Анна взяла депешу и прочла то самое, что сказал Вронский. В конце еще было прибавлено: надежды мало, но я сделаю все возможное и невозможное.

— Я вчера сказала, что мне совершенно все равно, когда я получу и даже получу ли развод, — сказала она, покраснев. — Не было никакой

---

[1] Меблированных комнат (фр.).

надобности скрывать от меня. – «Так он может скрыть и скрывает от меня свою переписку с женщинами», – подумала она.

– А Яшвин хотел приехать нынче утром с Войтовым, – сказал Вронский, – кажется, что он выиграл с Певцова все, и даже больше того, что тот может заплатить, – около шестидесяти тысяч.

– Нет, – сказала она, раздражаясь тем, что он так очевидно этой переменой разговора показывал ей, что она раздражена, – почему же ты думаешь, что это известие так интересует меня, что надо даже скрывать? Я сказала, что не хочу об этом думать, и желала бы, чтобы ты этим так же мало интересовался, как и я.

– Я интересуюсь потому, что люблю ясность, – сказал он.

– Ясность не в форме, а в любви, – сказала она, все более и более раздражаясь не словами, а тоном холодного спокойствия, с которым он говорил. – Для чего ты желаешь этого?

«Боже мой, опять об любви», – подумал он, морщась.

– Ведь ты знаешь для чего: для тебя и для детей, которые будут, – сказал он.

– Детей не будет.

– Это очень жалко, – сказал он.

– Тебе это нужно для детей, а обо мне ты не думаешь? – сказала она, совершенно забыв и не слыхав, что он сказал: «*для тебя* и для детей».

Вопрос о возможности иметь детей был давно спорный и раздражавший ее. Его желание иметь детей она объясняла себе тем, что он не дорожил ее красотой.

– Ах, я сказал: для тебя. Более всего для тебя, – морщась, точно от боли, повторил он, – потому что я уверен, что бóльшая доля твоего раздражения происходит от неопределенности положения.

«Да, вот он перестал теперь притворяться, и видна вся его холодная ненависть ко мне», – подумала она, не слушая его слов, но с ужасом вглядываясь в того холодного и жестокого судью, который, дразня ее, смотрел из его глаз.

– Причина не та, – сказала она, – и я даже не понимаю, как причиной моего, как ты называешь, раздражения может быть то, что я нахожусь совершенно в твоей власти. Какая же тут неопределенность положения? Напротив.

– Очень жалею, что ты не хочешь понять, – перебил он ее, с упорством желая высказать свою мысль, – неопределенность состоит в том, что тебе кажется, что я свободен.

– Насчет этого ты можешь быть совершенно спокоен, – сказала она и, отвернувшись от него, стала пить кофей.

Она подняла чашку, отставив мизинец, и поднесла ее ко рту. Отпив несколько глотков, она взглянула на него и по выражению его лица ясно поняла, что ему противны были рука, и жест, и звук, который она производила губами.

— Мне совершенно все равно, что думает твоя мать и как она хочет женить тебя, — сказала она, дрожащею рукой ставя чашку.

— Но мы не об этом говорим.

— Нет, об этом самом. И поверь, что для меня женщина, без сердца, будь она старуха или не старуха, твоя мать или чужая, не интересна, и я ее знать не хочу.

— Анна, я прошу тебя не говорить неуважительно о моей матери.

— Женщина, которая не угадала сердцем, в чем лежит счастье и честь ее сына, у той женщины нет сердца.

— Я повторяю свою просьбу: не говорить неуважительно о матери, которую я уважаю, — сказал он, возвышая голос и строго глядя на нее.

Она не отвечала. Пристально глядя на него, на его лицо, руки, она вспоминала со всеми подробностями сцену вчерашнего примирения и его страстные ласки. «Эти, точно такие же ласки он расточал и будет и хочет расточать другим женщинам!» — думала она.

— Ты не любишь мать. Это все фразы, фразы и фразы! — с ненавистью глядя на него, сказала она.

— А если так, то надо…

— Надо решиться, и я решилась, — сказала она и хотела уйти, но в это время в комнату вошел Яшвин. Анна поздоровалась с ним и остановилась.

Зачем, когда в душе у нее была буря и она чувствовала, что стоит на повороте жизни, который может иметь ужасные последствия, зачем ей в эту минуту надо было притворяться пред чужим человеком, который рано или поздно узнает же все, — она не знала; но, тотчас же смирив в себе внутреннюю бурю, она села и стала говорить с гостем.

— Ну, что ваше дело? получили долг? — спросила она Яшвина.

— Да ничего; кажется, что я не получу всего, а в середу надо ехать. А вы когда? — сказал Яшвин, жмурясь поглядывая на Вронского и, очевидно, догадываясь о происшедшей ссоре.

— Кажется, послезавтра, — сказал Вронский.

— Вы, впрочем, уже давно собираетесь.

— Но теперь уже решительно, — сказала Анна, глядя прямо в глаза Вронскому таким взглядом, который говорил ему, чтобы он и не думал о возможности примирения.

— Неужели же вам не жалко этого несчастного Певцова? — продолжала она разговор с Яшвиным.

– Никогда не спрашивал себя, Анна Аркадьевна, жалко или не жалко. Все равно как на войне не спрашиваешь, жалко или не жалко. Ведь мое все состояние тут, – он показал на боковой карман, – и теперь я богатый человек; а нынче поеду в клуб и, может быть, выйду нищим. Ведь кто со мной садится – тоже хочет оставить меня без рубашки, а я его. Ну, и мы боремся, и в этом-то удовольствие.

– Ну, а если бы вы были женаты, – сказала Анна, – каково бы вашей жене?

Яшвин засмеялся.

– Затем, видно, и не женился и никогда не собирался.

– А Гельсингфорс? – сказал Вронский, вступая в разговор, и взглянул на улыбнувшуюся Анну.

Встретив его взгляд, лицо Анны вдруг приняло холодно-строгое выражение, как будто она говорила ему: «Не забыто. Все то же».

– Неужели вы были влюблены? – сказала она Яшвину.

– О господи! сколько раз! Но, понимаете, одному можно сесть за карты, но так, чтобы всегда встать, когда придет время rendez-vous[1]. А мне можно любовью заниматься, но так, чтобы вечером не опоздать к партии. Так и устраиваю.

– Нет, я не про то спрашиваю, а про настоящее. – Она хотела сказать *Гельсингфорс;* но не хотела сказать слово, сказанное Вронским.

Приехал Войтов, покупавший жеребца; Анна встала и вышла из комнаты.

Пред тем как уезжать из дома, Вронский вошел к ней. Она хотела притвориться, что ищет что-нибудь на столе, но, устыдившись притворства, прямо взглянула ему в лицо холодным взглядом.

– Что вам надо? – спросила она его по-французски.

– Взять аттестат на Гамбетту, я продал его, – сказал он таким тоном, который выражал яснее слов: «Объясняться мне некогда, и ни к чему не поведет».

«Я ни в чем не виноват пред нею, – думал он. – Если она хочет себя наказывать, tant pis pour elle[2]. Но, выходя, ему показалось, что она сказала что-то, и сердце его вдруг дрогнуло от сострадания к ней.

– Что, Анна? – спросил он.

– Я ничего, – отвечала она так же холодно и спокойно.

---

[1] Свидания *(фр.).*

[2] Тем хуже для нее *(фр.).*

«А ничего, так tant pis», – подумал он, опять похолодев, повернулся и пошел. Выходя, он в зеркало увидал ее лицо, бледное, с дрожащими губами. Он и хотел остановиться и сказать ей утешительное слово, но ноги вынесли его из комнаты, прежде чем он придумал, что сказать. Целый этот день он провел вне дома, и когда приехал поздно, девушка сказала ему, что у Анны Аркадьевны болит голова и она просила не входить к ней.

XXVI

Никогда еще не проходило дня в ссоре. Нынче это было в первый раз. И это была не ссора. Это было очевидное признание в совершенном охлаждении. Разве можно было взглянуть на нее так, как он взглянул, когда входил в комнату за аттестатом? Посмотреть на нее, видеть, что сердце ее разрывается от отчаяния, и пройти молча с этим равнодушно-спокойным лицом? Он не то что охладел к ней, но он ненавидел ее, потому что любил другую женщину, – это было ясно.

И, вспоминая все те жестокие слова, которые он сказал, Анна придумывала еще те слова, которые он, очевидно, желал и мог сказать ей, и все более и более раздражалась.

«Я вас не держу, – мог сказать он. – Вы можете идти, куда хотите. Вы не хотели разводиться с вашим мужем, вероятно, чтобы вернуться к нему. Вернитесь. Если вам нужны деньги, я дам вам. Сколько нужно вам рублей?»

Все самые жестокие слова, которые мог сказать грубый человек, он сказал ей в ее воображении, и она не прощала их ему, как будто он действительно сказал их.

«А разве не вчера только он клялся в любви, он, правдивый и честный человек? Разве я не отчаивалась напрасно уже много раз?» – вслед за тем говорила она себе.

Весь этот день, за исключением поездки к Вильсон, которая заняла у нее два часа, Анна провела в сомнениях о том, все ли кончено или есть надежда примирения и надо ли ей сейчас уехать или еще раз увидать его. Она ждала его целый день и вечером, уходя в свою комнату, приказав передать ему, что у нее голова болит, загадала себе: «Если он придет, несмотря на слова горничной, то, значит, он еще любит. Если же нет, то, значит, все кончено, и тогда я решу, что мне делать!..»

Она вечером слышала остановившийся стук его коляски, его звонок, его шаги и разговор с девушкой: он поверил тому, что ему сказали, не хотел больше ничего узнавать и пошел к себе. Стало быть, все было кончено.

И смерть, как единственное средство восстановить в его сердце любовь к ней, наказать его и одержать победу в той борьбе, которую поселившийся в ее сердце злой дух вел с ним, ясно и живо представилась ей.

Теперь было все равно: ехать или не ехать в Воздвиженское, получить или не получить от мужа развод – все было ненужно. Нужно было одно – наказать его.

Когда она налила себе обычный прием опиума и подумала о том, что стоило только выпить всю стклянку, чтобы умереть, ей показалось это так легко и просто, что она опять с наслаждением стала думать о том, как он будет мучаться, раскаиваться и любить ее память, когда уже будет поздно. Она лежала в постели с открытыми глазами, глядя при свете одной догоравшей свечи на лепной карниз потолка и на захватывающую часть его тень от ширмы, и живо представляла себе, что он будет чувствовать, когда ее уже не будет и она будет для него только одно воспоминание. «Как мог я сказать ей эти жестокие слова? – будет говорить он. – Как мог я выйти из комнаты, не сказав ей ничего? Но теперь ее уж нет. Она навсегда ушла от нас. Она там...» Вдруг тень ширмы заколебалась, захватила весь карниз, весь потолок, другие тени с другой стороны рванулись ей навстречу; на мгновение тени сбежали, но потом с новой быстротой надвинулись, поколебались, слились, и все стало темно. «Смерть!» – подумала она. И такой ужас нашел на нее, что она долго не могла понять, где она, и долго не могла дрожащими руками найти спички и зажечь другую свечу вместо той, которая догорела и потухла. «Нет, все – только жить! Ведь я люблю его. Ведь он любит меня! Это было и пройдет», – говорила она, чувствуя, что слезы радости возвращения к жизни текли по ее щекам. И, чтобы спастись от своего страха, она поспешно пошла в кабинет к нему.

Он спал в кабинете крепким сном. Она подошла к нему и, сверху освещая его лицо, долго смотрела на него. Теперь, когда он спал, она любила его так, что при виде его не могла удержать слез нежности; но она знала, что если б он проснулся, то он посмотрел бы на нее холодным, сознающим свою правоту взглядом, и что, прежде чем говорить ему о своей любви, она должна бы была доказать ему, как он был виноват пред нею. Она, не разбудив его, вернулась к себе и после другого приема опиума к утру заснула тяжелым, неполным сном, во все время которого она не переставала чувствовать себя.

Утром страшный кошмар, несколько раз повторявшийся ей в сновидениях еще до связи с Вронским, представился ей опять и разбудил ее. Старичок-мужичок с взлохмаченною бородой что-то делал, нагнувшись над железом, приговаривая бессмысленные французские слова, и она, как и всегда при этом кошмаре (что и составляло его ужас), чувствовала, что мужичок этот не обращает на нее внимания, но делает это какое-то страшное дело в железе над нею, что-то страшное делает над ней. И она проснулась в холодном поту.

Когда она встала, ей, как в тумане, вспомнился вчерашний день.

«Была ссора. Было то, что бывало уже несколько раз. Я сказала, что у меня голова болит, и он не входил. Завтра мы едем, надо видеть его и готовиться к отъезду», – сказала она себе. И, узнав, что он в кабинете, она пошла к нему. Проходя по гостиной, она услыхала, что у подъезда остановился экипаж, и, выглянув в окно, увидала карету, из которой высовывалась молодая девушка в лиловой шляпке, что-то приказывая звонившему лакею. После переговоров в передней кто-то вошел наверх, и рядом с гостиной послышались шаги Вронского. Он быстрыми шагами сходил по лестнице. Анна опять подошла к окну. Вот он вышел без шляпы на крыльцо и подошел к карете. Молодая девушка в лиловой шляпке передала ему пакет. Вронский, улыбаясь, сказал ей что-то. Карета отъехала; он быстро взбежал назад по лестнице.

Туман, застилавший все в ее душе, вдруг рассеялся. Вчерашние чувства с новой болью защемили больное сердце. Она не могла понять теперь, как она могла унизиться до того, чтобы пробыть целый день с ним в его доме. Она вошла к нему в кабинет, чтоб объявить ему свое решение.

– Это Сорокина с дочерью заезжала и привезла мне деньги и бумаги от maman. Я вчера не мог получить. Как твоя голова, лучше? – сказал он спокойно, не желая видеть и понимать мрачного и торжественного выражения ее лица.

Она молча пристально смотрела на него, стоя посреди комнаты. Он взглянул на нее, на мгновенье нахмурился и продолжал читать письмо. Она повернулась и медленно пошла из комнаты. Он еще мог вернуть ее, но она дошла до двери, он все молчал, и слышен был только звук шуршания перевертываемого листа бумаги.

– Да, кстати, – сказал он в то время, когда она была уже в дверях, – завтра мы едем решительно? Не правда ли?

– Вы, но не я, – сказала она, оборачиваясь к нему.

– Анна, эдак невозможно жить…

– Вы, но не я, – повторила она.

– Это становится невыносимо!

– Вы… вы раскаетесь в этом, – сказала она и вышла. Испуганный тем отчаянным выражением, с которым были сказаны эти слова, он вскочил и хотел бежать за нею, но, опомнившись, опять сел и, крепко сжав зубы, нахмурился. Эта неприличная, как он находил, угроза чего-то раздражила его. «Я пробовал все, – подумал он, – остается одно – не обращать внимания», и он стал собираться ехать в город и опять к матери, от которой надо было получить подпись на доверенности.

Она слышала звуки его шагов по кабинету и столовой. У гостиной он остановился. Но он не повернул к ней, он только отдал приказание о том, чтоб отпустили без него Войтову жеребца. Потом она слышала, как подали коляску, как отворилась дверь, и он вышел опять. Но вот он опять вошел в сени, и кто-то взбежал наверх. Это камердинер вбегал за забытыми перчатками. Она подошла к окну и видела, как он не глядя взял перчатки и, тронув рукой спину кучера, что-то сказал ему. Потом, не глядя в окна, он сел в свою обычную позу в коляске, заложив ногу на ногу, и, надевая перчатку, скрылся за углом.

XXVII

«Уехал! Кончено!» - сказала себе Анна, стоя у окна; и в ответ на этот вопрос впечатления мрака при потухшей свече и страшного сна, сливаясь в одно, холодным ужасом наполнили ее сердце.

«Нет, это не может быть!» - вскрикнула она и, перейдя комнату, крепко позвонила. Ей так страшно было теперь оставаться одной, что, не дожидаясь прихода человека, она пошла навстречу ему.

- Узнайте, куда поехал граф, - сказала она. Человек отвечал, что граф поехал в конюшни.

- Они приказали доложить, что если вам угодно выехать, то коляска сейчас вернется.

- Хорошо. Постойте, Сейчас я напишу записку. Пошлите Михаила с запиской в конюшни. Поскорее.

Она села и написала:

«Я виновата. Вернись домой, надо объясниться. Ради бога, приезжай, мне страшно».

Она запечатала и отдала человеку.

Она боялась оставаться одна теперь и вслед за человеком вышла из комнаты и пошла в детскую.

«Что ж, это не то, это не он! Где его голубые глаза, милая и робкая улыбка?» - была первая мысль ее, когда она увидала свою пухлую, румяную девочку с черными волосами, вместо Сережи, которого она, при запутанности своих мыслей, ожидала видеть в детской. Девочка, сидя у стола, упорно и крепко хлопала по нем пробкой и бессмысленно глядела на мать двумя смородинами - черными глазами. Ответив англичанке, что она совсем здорова и что завтра уезжает в деревню, Анна подсела к девочке и стала пред нею вертеть пробку с графина. Но громкий, звонкий смех ребенка и движение, которое она сделала бровью, так живо ей напомнили Вронского, что, удерживая рыдания, она поспешно встала и вышла. «Неужели все кончено? Нет, это не может быть, - думала она. - Он вернется. Но как он объяснит мне эту улыбку, это оживление после того, как он говорил с ней?

Но и не объяснит, все-таки поверю. Если я не поверю, то мне остается одно, – а я не хочу».

Она посмотрела на часы. Прошло двенадцать минут. «Теперь уж он получил записку и едет назад. Недолго, еще десять минут… Но что, если он не приедет? Нет, этого не может быть. Надо, чтобы он не видел меня с заплаканными глазами. Я пойду умоюсь. Да, да, чесалась я, или нет?» – спросила она себя. И не могла вспомнить. Она ощупала голову рукой. «Да, я причесана, но когда, решительно не помню». Она даже не верила своей руке и подошла к трюмо, чтоб увидать, причесана ли она в самом деле, или нет? Она была причесана и не могла вспомнить, когда она это делала. «Кто это?» – думала она, глядя в зеркало на воспаленное лицо со странно блестящими глазами, испуганно смотревшими на нее. «Да это я», – вдруг поняла она, и, оглядывая себя всю, она почувствовала на себе его поцелуи и, содрогаясь, двинула плечами. Потом подняла руку к губам и поцеловала ее.

«Что это, я с ума схожу», – и она пошла в спальню, где Аннушка убирала комнату.

– Аннушка, – сказала она, останавливаясь пред ней и глядя на горничную, сама не зная, что скажет ей.

– К Дарье Александровне вы хотели ехать, – как бы понимая, сказала горничная.

– К Дарье Александровне? Да, я поеду.

«Пятнадцать минут туда, пятнадцать назад. Он едет уже, он приедет сейчас. – Она вынула часы и посмотрела на них. – Но как он мог уехать, оставив меня в таком положении? Как он может жить, не примирившись со мною?» Она подошла к окну и стала смотреть на улицу. По времени он уже мог вернуться. Но расчет мог быть неверен, и она вновь стала вспоминать, когда он уехал, и считать минуты.

В то время как она отходила к большим часам, чтобы проверить свои, кто-то подъехал. Взглянув из окна, она увидала его коляску. Но никто не шел на лестницу, и внизу слышны были голоса. Это был посланный, вернувшийся в коляске. Она сошла к нему.

– Графа не застали. Они уехали на Нижегородскую дорогу.

– Что тебе? Что?.. – обратилась она к румяному, веселому Михаиле, подавшему ей назад ее записку.

«Да ведь он не получил ее», – вспомнила она.

– Поезжай с этою же запиской в деревню к графине Вронской, знаешь? И тотчас же привези ответ, – сказала она посланному.

«А я сама, что же я буду делать? – подумала она. – Да, я поеду к Долли, это правда, а то я с ума сойду. Да, я могу еще телеграфировать». И она написала депешу:

«Мне необходимо переговорить, сейчас приезжайте».

Отослав телеграмму, она пошла одеваться. Уже одетая и в шляпе, она опять взглянула в глаза потолстевшей спокойной Аннушки. Явное сострадание было видно в этих маленьких добрых серых глазах.

– Аннушка, милая, что мне делать? – рыдая, проговорила Анна, беспомощно опускаясь на кресло.

– Что же так беспокоиться, Анна Аркадьевна! Ведь это бывает. Вы поезжайте, рассеетесь, – сказала горничная.

– Да, я поеду, – опоминаясь и вставая, сказала Анна. – А если без меня будет телеграмма, прислать к Дарье Александровне… Нет, я сама вернусь.

«Да, не надо думать, надо делать что-нибудь, ехать, главное уехать из этого дома», – сказала она, с ужасом прислушиваясь к страшному клокотанью, происходившему в ее сердце, и поспешно вышла и села в коляску.

– Куда прикажете? – спросил Петр, пред тем как садиться на козлы.

– На Знаменку, к Облонским.

XXVIII

Погода была ясная. Все утро шел частый, мелкий дождик, и теперь недавно прояснило. Железные кровли, плиты тротуаров, голыши мостовой, колеса и кожи, медь и жесть экипажей – все ярко блестело на майском солнце. Было три часа и самое оживленное время на улицах.

Сидя в углу покойной коляски, чуть покачивавшейся своими упругими рессорами на быстром ходу серых, Анна, при несмолкаемом грохоте колес и быстро сменяющихся впечатлениях на чистом воздухе, вновь перебирая события последних дней, увидала свое положение совсем иным, чем каким оно казалось ей дома. Теперь и мысль о смерти не казалась ей более так страшна и ясна, и самая смерть не представлялась более неизбежною. Теперь она упрекала себя за то унижение, до которого она спустилась. «Я умоляю его простить меня. Я покорилась ему. Признала себя виноватою. Зачем? Разве я не могу жить без него?» И, не отвечая на вопрос, как она будет жить без него, она стала читать вывески. «Контора и склад. Зубной врач. Да, я скажу Долли все. Она не любит Вронского. Будет стыдно, больно, но я все скажу ей. Она любит меня, и я последую ее совету. Я не покорюсь ему; я не позволю ему воспитывать себя. Филиппов, калачи. Говорят, что они возят тесто в Петербург. Вода московская так хороша. А мытищинские колодцы и блины». И она вспомнила, как давно, давно, когда ей было еще семнадцать лет, она ездила с теткой к Троице. «На лошадях еще.

Неужели это была я, с красными руками? Как многое из того, что тогда мне казалось так прекрасно и недоступно, стало ничтожно, а то, что было тогда, теперь навеки недоступно. Поверила ли бы я тогда, что я могу дойти до такого унижения? Как он будет горд и доволен, получив мою записку! Но я докажу ему… Как дурно пахнет эта краска. Зачем они все красят и строят? Моды и уборы», – читала она. Мужчина поклонился ей. Это был муж Аннушки. «Наши паразиты, – вспомнила она, как это говорил Вронский. – Наши? почему наши? Ужасно то, что нельзя вырвать с корнем прошедшего. Нельзя вырвать, но можно скрыть память о нем. И я скрою». И тут она вспомнила о прошедшем с Алексеем Александровичем, о том, как она изгладила его из своей памяти. «Долли подумает, что я оставляю второго мужа и что я поэтому, наверное, неправа. Разве я хочу быть правой! Я не могу!» – проговорила она, и ей захотелось плакать. Но она тотчас же стала думать о том, чему могли так улыбаться эти две девушки. «Верно, о любви? Они не знают, как это невесело, как низко… Бульвар и дети. Три мальчика бегут, играя в лошадки. Сережа! И я все потеряю и не возвращу его. Да, все потеряю, если он не вернется. Он, может быть, опоздал на поезд и уже вернулся теперь. Опять хочешь унижения! – сказала она самой себе. – Нет, я войду к Долли и прямо скажу ей: я несчастна, я стою того, я виновата, но я все-таки несчастна, помоги мне. Эти лошади, эта коляска – как я отвратительна себе в этой коляске – все его; но я больше не увижу их».

Придумывая те слова, в которых она все скажет Долли, и умышленно растравляя свое сердце, Анна вошла на лестницу.

– Есть кто-нибудь? – спросила она в передней.

– Катерина Александровна Левина, – отвечал лакей.

«Кити! та самая Кити, в которую был влюблен Вронский, – подумала Анна, – та самая, про которую он вспоминал с любовью. Он жалеет, что не женился на ней. А обо мне он вспоминает с ненавистью и жалеет, что сошелся со мной».

Между сестрами, в то время как приехала Анна, шло совещание о кормлении. Долли одна вышла встретит, гостью, в эту минуту мешавшую их беседе.

– А ты не уехала еще? Я хотела сама быть у тебя, – сказала она, – нынче я получила письмо от Стивы.

– Мы тоже получили депешу, – отвечала Анна, оглядываясь, чтоб увидать Кити.

– Он пишет, что не может понять, чего именно хочет Алексей Александрович, но что он не уедет без ответа.

– Я думала, у тебя есть кто-то. Можно прочесть письмо?

– Да, Кити, – смутившись, сказала Долли, – она в детской осталась. Она была очень больна.

- Я слышала. Можно прочесть письмо?

- Я сейчас принесу. Но он не отказывает; напротив, Стива надеется, - сказала Долли, останавливаясь в дверях.

- Я не надеюсь, да и не желаю, - сказала Анна. «Что ж это, Кити считает для себя унизительным встретиться со мной? - думала Анна, оставшись одна. - Может быть, она и права. Но не ей, той, которая была влюблена в Вронского, не ей показывать мне это, хотя это и правда. Я знаю, что меня в моем положении не может принимать ни одна порядочная женщина. Я знаю, что с той первой минуты я пожертвовала ему всем! И вот награда! О, как я ненавижу его! И зачем я приехала сюда? Мне еще хуже, еще тяжелее. - Она слышала из другой комнаты голоса переговаривавшихся сестер. - И что ж я буду говорить теперь Долли? Утешать Кити тем, что я несчастна, подчиняться ее покровительству? Нет, да и Долли ничего не поймет. И мне нечего говорить ей. Интересно было бы только видеть Кити и показать ей, как я всех и все презираю, как мне все равно теперь».

Долли вошла с письмом. Анна прочла и молча передала его.

- Я все это знала, - сказала она. - И это меня нисколько не интересует.

- Да отчего же? Я, напротив, надеюсь, - сказала Долли, с любопытством глядя на Анну. Она никогда не видала ее в таком странном раздраженном состоянии. - Ты когда едешь? - спросила она.

Анна, сощурившись, смотрела пред собой и не отвечала ей.

- Что ж Кити прячется от меня? - сказала она, глядя на дверь и краснея.

- Ах, какие пустяки! Она кормит, и у нее не ладится дело, я ей советовала... Она очень рада. Она сейчас придет, - неловко, не умея говорить неправду, говорила Долли. - Да вот и она.

Узнав, что приехала Анна, Кити хотела не выходить; но Долли уговорила ее. Собравшись с силами, Кити вышла и, краснея, подошла к ней и подала руку.

- Я очень рада, - сказала она дрожащим голосом.

Кити была смущена тою борьбой, которая происходила в ней, между враждебностью к этой дурной женщине и желанием быть снисходительною к ней; но как только она увидала красивое, симпатичное лицо Анны, вся враждебность тотчас же исчезла.

- Я бы не удивилась, если бы вы и не хотели встретиться со мною. Я ко всему привыкла. Вы были больны? Да, вы переменились, - сказала Анна.

Кити чувствовала, что Анна враждебно смотрит на нее. Она объясняла эту враждебность неловким положением, в котором теперь чувствовала себя пред ней прежде покровительствовавшая ей Анна, и ей стало жалко ее.

Они поговорили про болезнь, про ребенка, про Стиву, но, очевидно, ничто не интересовало Анну.

– Я заехала проститься с тобой, – сказала она, вставая.

– Когда же вы едете?

Но Анна опять, не отвечая, обратилась к Кити.

– Да, я очень рада, что увидала вас, – сказала она с улыбкой. – Я слышала о вас столько со всех сторон, даже от вашего мужа. Он был у меня, и он мне очень понравился, – очевидно с дурным намерением прибавила она. – Где он?

– Он в деревню поехал, – краснея, сказала Кити.

– Кланяйтесь ему от меня, непременно кланяйтесь.

– Непременно! – наивно повторила Кити, соболезнующе глядя ей в глаза.

– Так прощай, Долли! – И, поцеловав Долли и пожав руку Кити, Анна поспешно вышла.

– Все такая же и так же привлекательна. Очень хороша! – сказала Кити, оставшись одна с сестрой. – Но что-то жалкое есть в ней! Ужасно жалкое!

– Нет, нынче в ней что-то особенное, – сказала Долли. – Когда я ее провожала в передней, мне показалось, что она хочет плакать.

XXIX

Анна села в коляску в еще худшем состоянии, чем то, в каком она была, уезжая из дома. К прежним мучениям присоединилось теперь чувство оскорбления и отверженности, которое она ясно почувствовала при встрече с Кити.

– Куда прикажете? Домой? – спросил Петр.

– Да, домой, – сказала она, теперь и не думая о том, куда она едет.

«Как они, как на что-то страшное, непонятное и любопытное, смотрели на меня. О чем он может с таким жаром рассказывать другому? – думала она, глядя на двух пешеходов. – Разве можно другому рассказывать то, что чувствуешь? Я хотела рассказывать Долли, и хорошо, что не рассказала. Как бы она рада была моему несчастью! Она бы скрыла это; но главное чувство было бы радость о том, что я наказана за те удовольствия, в которых она завидовала мне. Кити, та еще бы более была рада. Как я ее всю вижу насквозь! Она знает, что я больше, чем обыкновенно, любезна была к ее мужу. И она ревнует и ненавидит меня. И презирает еще. В ее глазах я безнравственная женщина. Если б я была безнравственная женщина, я бы могла влюбить в себя ее мужа… если бы хотела. Да я и хотела. Вот этот доволен собой, – подумала она о толстом, румяном господине, проехавшем навстречу, принявшем ее за знакомую и приподнявшем лоснящуюся шляпу над лысою лоснящеюся головой и потом убедившемся, что он ошибся. – Он думал, что он меня знает. А он знает меня так же мало, как кто бы то ни было на свете знает меня. Я сама не знаю. Я знаю свои аппетиты, как говорят французы. Вот им хочется этого грязного мороженого. Это они знают наверное, – думала она, глядя на двух мальчиков, остановивших мороженика, который снимал с головы кадку и утирал концом полотенца потное лицо. – Всем нам хочется сладкого, вкусного. Нет конфет, то грязного мороженого. И Кити так же: не Вронский, то Левин. И она завидует мне. И ненавидит меня. И все мы ненавидим друг друга. Я Кити, Кити меня. Вот это правда. Тютькин, coiffeur… Je me fais coiffeur par Тютькин…[1] Я это скажу ему, когда он приедет, – подумала она и улыбнулась. Но в ту же минуту она вспомнила, что ей некому теперь говорить ничего смешного. – Да и ничего смешного, веселого нет. Все гадко. Звонят к вечерне, и купец этот как аккуратно крестится! – точно боится выронить что-то. Зачем эти церкви, этот звон и эта ложь? Только для того чтобы скрыть, что мы все ненавидим друг друга, как эти извозчики, которые так злобно бранятся. Яшвин говорит: он хочет меня оставить без рубашки, а я его. Вот это правда!»

На этих мыслях, которые завлекли ее так, что она перестала даже думать о своем положении, ее застала остановка у крыльца своего дома. Увидав вышедшего ей навстречу швейцара, она только вспомнила, что посылала записку и телеграмму.

– Ответ есть? – спросила она.

– Сейчас посмотрю, – отвечал швейцар и, взглянув на конторке, достал и подал ей квадратный тонкий конверт телеграммы. «Я не могу приехать раньше десяти часов. Вронский», – прочла она.

– А посланный не возвращался?

– Никак нет, – отвечал швейцар.

«А, если так, то я знаю, что мне делать, – сказала она, и, чувствуя поднимающийся в себе неопределенный гнев и потребность мести, она взбежала наверх. – Я сама поеду к нему. Прежде чем навсегда уехать, я скажу ему все. Никогда никого не ненавидела так, как этого человека!» – думала она. Увидав его шляпу на вешалке, она содрогнулась от отвращения. Она не соображала того, что его телеграмма была ответ на ее телеграмму и что он

---

[1] Парикмахер. Я причесываюсь у Тютькина… *(фр.)*

не получал еще ее записки. Она представляла его себе теперь спокойно разговаривающим с матерью и с Сорокиной и радующимся ее страданиям. «Да, надобно ехать скорее», – сказала она себе, еще не зная, куда ехать. Ей хотелось поскорее уйти от тех чувств, которые она испытывала в этом ужасном доме. Прислуга, стены, вещи в этом доме – все вызывало в ней отвращение и злобу и давило ее какою-то тяжестью.

«Да, надо ехать на станцию железной дороги, а если нет, то поехать туда и уличить его». Анна посмотрела в газетах расписание поездов. Вечером отходит в восемь часов две минуты. «Да, я поспею». Она велела заложить других лошадей и занялась укладкой в дорожную сумку необходимых на несколько дней вещей. Она знала, что не вернется более сюда. Она смутно решила себе в числе тех планов, которые приходили ей в голову, и то, что после того, что произойдет там на станции или в именье графини, она поедет по Нижегородской дороге до первого города и останется там.

Обед стоял на столе; она подошла, понюхала хлеб и сыр и, убедившись, что запах всего съестного ей противен, велела подавать коляску и вышла. Дом уже бросал тень чрез всю улицу, и был ясный, еще теплый на солнце вечер. И провожавшая ее с вещами Аннушка, и Петр, клавший вещи в коляску, и кучер, очевидно недовольный, – все были противны ей и раздражали ее своими словами и движениями.

– Мне тебя не нужно, Петр.

– А как же билет?

– Ну, как хочешь, мне все равно, – с досадой сказала она.

Петр вскочил на козлы и, подбоченившись, приказал ехать на вокзал.

XXX

«Вот она опять! Опять я понимаю все», – сказала себе Анна, как только коляска тронулась и, покачиваясь, загремела по мелкой мостовой, и опять одно за другим стали сменяться впечатления.

«Да, о чем я последнем так хорошо думала? – старалась вспомнить она. – Тютькин, coiffeur? Нет, не то. Да, про то, что говорит Яшвин: борьба за существование и ненависть – одно, что связывает людей. Нет, вы напрасно едете, – мысленно обратилась она к компании в коляске четверней, которая, очевидно, ехала веселиться за город. – И собака, которую вы везете с собой, не поможет вам. От себя не уйдете». Кинув взгляд в ту сторону, куда оборачивался Петр, она увидала полумертвопьяного фабричного с качающеюся головой, которого вез куда-то городовой. «Вот этот – скорее, – подумала она. – Мы с графом Вронским также не нашли этого удовольствия, хотя и много ожидали от него». И Анна обратила теперь в первый раз тот яркий свет, при котором она видела все, на свои отношения с ним, о которых прежде она избегала думать. «Чего он искал во мне? Любви не столько, сколько удовлетворения тщеславия». Она вспоминала его слова, выражение лица его, напоминающее покорную лягавую собаку, в первое время их связи. И все теперь подтверждало это. «Да, в нем было торжество тщеславного успеха. Разумеется, была и любовь, но бо́льшая доля была гордость успеха. Он хвастался мной. Теперь это прошло. Гордиться нечем. Не гордиться, а стыдиться. Он взял от меня все, что мог, и теперь я не нужна ему. Он тяготится мною и старается не быть в отношении меня бесчестным. Он проговорился вчера, – он хочет развода и женитьбы, чтобы сжечь свои корабли. Он любит меня – но как? The zest is gone[1]. Этот хочет всех удивить и очень доволен собой, – подумала она, глядя на румяного приказчика, ехавшего на манежной лошади. – Да, того вкуса уж нет для него во мне. Если я уеду от него, он в глубине души будет рад».

Это было не предположение, – она ясно видела это в том пронзительном свете, который открывал ей теперь смысл жизни и людских отношений.

«Моя любовь все делается страстнее и себялюбивее, а его все гаснет и гаснет, и вот отчего мы расходимся, – продолжала она думать. – И помочь этому нельзя. У меня все в нем одном, и я требую, чтоб он весь больше и больше отдавался мне. А он все больше и больше хочет уйти от меня. Мы именно шли навстречу до связи, а потом неудержимо расходимся в разные стороны. И изменить этого нельзя. Он говорит мне, что я бессмысленно ревнива, и я говорила себе, что я бессмысленно ревнива; но это неправда. Я не ревнива, а я недовольна. Но... – Она открыла рот и переместилась в коляске от волнения, возбужденного в ней пришедшею ей вдруг мыслью. – Если бы я могла быть чем-нибудь, кроме любовницы, страстно любящей одни его ласки; но я не могу и не хочу быть ничем другим. И я этим желанием возбуждаю в нем отвращение, а он во мне злобу, и это не может быть иначе. Разве я не знаю, что он не стал бы обманывать меня, что он не имеет видов на Сорокину, что он не влюблен в Кити, что он не изменит мне? Я все это знаю, но мне от этого не легче. Если он, не любя меня, из *долга* будет добр, нежен ко мне, а того не будет, чего я хочу, – да это хуже в тысячу раз даже, чем злоба! Это – ад! А это-то и есть. Он уж давно не любит меня. А где кончается любовь, там начинается ненависть. Этих улиц я совсем не знаю. Горы какие-то, и все дома, дома... И в домах все люди, люди... Сколько их, конца нет, и все ненавидят друг друга. Ну, пусть я придумаю себе то, чего я хочу, чтобы быть счастливой. Ну? Я получаю развод, Алексей Александрович отдает мне Сережу, и я выхожу замуж за Вронского».

---

[1] Вкус притупился (*англ.*).

Вспомнив об Алексее Александровиче, она тотчас с необыкновенною живостью представила себе его, как живого, пред собой, с его кроткими, безжизненными, потухшими глазами, синими жилами на белых руках, интонациями и треском пальцев, и, вспомнив то чувство, которое было между ними и которое тоже называлось любовью, вздрогнула от отвращения. «Ну, я получу развод и буду женой Вронского. Что же, Кити перестанет так смотреть на меня, как она смотрела нынче? Нет. А Сережа перестанет спрашивать или думать о моих двух мужьях? А между мною и Вронским какое же я придумаю новое чувство? Возможно ли какое-нибудь не счастье уже, а только не мученье? Нет и нет! - ответила она себе теперь без малейшего колебания. - Невозможно! Мы жизнью расходимся, и я делаю его несчастье, он мое, и переделать ни его, ни меня нельзя. Все попытки были сделаны, винт свинтился. Да, нищая с ребенком. Она думает, что жалко ее. Разве все мы не брошены на свет затем только, чтобы ненавидеть друг друга и потому мучать себя и других? Гимназисты идут, смеются. Сережа? - вспомнила она. - Я тоже думала, что любила его, и умилялась над своею нежностью. А жила же я без него, променяла же его на другую любовь и не жаловалась на этот промен, пока удовлетворялась той любовью», И она с отвращением вспоминала про то, что называла той любовью. И ясность, с которою она видела теперь свою и всех людей жизнь, радовала ее. «Так и я, и Петр, и кучер Федор, и этот купец, и все те люди, которые живут там по Волге, куда приглашают эти объявления, и везде, и всегда», - думала она, когда уже подъехала к низкому строению Нижегородской станции и к ней навстречу выбежали артельщики.

- Прикажете до Обираловки? - сказал Петр.

Она совсем забыла, куда и зачем она ехала, и только с большим усилием могла понять вопрос.

- Да, - сказала она ему, подавая кошелек с деньгами, и, взяв на руку маленький красный мешочек, вышла из коляски.

Направляясь между толпой в залу первого класса, она понемногу припоминала все подробности своего положения и те решения, между которыми она колебалась. И опять то надежда, то отчаяние по старым наболевшим местам стали растравлять раны ее измученного, страшно трепетавшего сердца. Сидя на звездообразном диване в ожидании поезда, она, с отвращением глядя на входивших и выходивших (все они были противны ей), думала то о том, как она приедет на станцию, напишет ему записку и чтó она напишет ему, то о том, как он теперь жалуется матери (не понимая ее страданий) на свое положение, и как она войдет в комнату, и чтó она скажет ему. То она думала о том, как жизнь могла бы быть еще счастлива, и как мучительно она любит и ненавидит его, и как страшно бьется ее сердце.

XXXI

Раздался звонок, прошли какие-то молодые мужчины, уродливые, наглые и торопливые и вместе внимательные к тому впечатлению, которое они производили; прошел и Петр через залу в своей ливрее и штиблетах, с тупым животным лицом, и подошел к ней, чтобы проводить ее до вагона. Шумные мужчины затихли, когда она проходила мимо их по платформе, и один что-то шепнул об ней другому, разумеется что-нибудь гадкое. Она поднялась на высокую ступеньку и села одна в купе на пружинный испачканный, когда-то белый диван. Мешок, вздрогнув на пружинах, улегся. Петр с дурацкой улыбкой приподнял у окна в знак прощания свою шляпу с галуном, наглый кондуктор захлопнул дверь и щеколду. Дама, уродливая, с турнюром (Анна мысленно раздела эту женщину и ужаснулась на ее безобразие), и девочка, ненатурально смеясь, пробежали внизу.

– У Катерины Андреевны, все у нее, ma tante![1] – прокричала девочка.

«Девочка – и та изуродована и кривляется», – подумала Анна. Чтобы не видать никого, она быстро встала и села к противоположному окну в пустом вагоне. Испачканный уродливый мужик в фуражке, из-под которой торчали спутанные волосы, прошел мимо этого окна, нагибаясь к колесам вагона. «Что-то знакомое в этом безобразном мужике», – подумала Анна. И, вспомнив свой сон, она, дрожа от страха, отошла к противоположной двери. Кондуктор отворял дверь, впуская мужа с женой.

– Вам выйти угодно?

Анна не ответила. Кондуктор и входившие не заметили под вуалем ужаса на ее лице. Она вернулась в свой угол и села. Чета села с противоположной стороны, внимательно, но скрытно оглядывая ее платье. И муж и жена казались отвратительны Анне. Муж спросил: позволит ли она курить, очевидно не для того, чтобы курить, но чтобы заговорить с нею. Получив ее согласие, он заговорил с женой по-французски о том, что ему еще менее, чем курить, нужно было говорить. Они говорили, притворяясь, глупости, только для того, чтобы она слышала. Анна ясно видела, как они надоели друг другу и как ненавидят друг друга. И нельзя было не ненавидеть таких жалких уродов.

Послышался второй звонок и вслед за ним продвиженье багажа, шум, крик и смех. Анне было так ясно, что никому нечему было радоваться, что этот смех раздражил ее до боли, и ей хотелось заткнуть уши, чтобы не слыхать его. Наконец прозвенел третий звонок, раздался свисток, визг паровика: рванулась цепь, и муж перекрестился. «Интересно бы спросить у него, что он подразумевает под этим», – с злобой взглянув на него,

---

[1] Тетя! *(фр.)*

подумала Анна. Она смотрела мимо дамы в окно на точно как будто катившихся назад людей, провожавших поезд и стоявших на платформе. Равномерно вздрагивая на стычках рельсов, вагон, в котором сидела Анна, прокатился мимо платформы, каменной стены, диска, мимо других вагонов; колеса плавнее и маслянее, с легким звоном зазвучали но рельсам, окно осветилось ярким вечерним солнцем, и ветерок заиграл занавеской. Анна забыла о своих соседях в вагоне и, на легкой качке езды вдыхая в себя свежий воздух, опять стала думать.

«Да, на чем я остановилась? На том, что я не могу придумать положения, в котором жизнь не была бы мученьем, что все мы созданы затем, чтобы мучаться, и что мы все знаем это и все придумываем средства, как бы обмануть себя. А когда видишь правду, что же делать?»

– На то дан человеку разум, чтоб избавиться от того, что его беспокоит, – сказала по-французски дама, очевидно довольная своею фразой и гримасничая языком.

Эти слова как будто ответили на мысль Анны.

«Избавиться от того, что беспокоит», – повторяла Анна. И, взглянув на краснощекого мужа и худую жену, она поняла, что болезненная жена считает себя непонятою женщиной и муж обманывает ее и поддерживает в ней это мнение о себе. Анна как будто видела их историю и все закоулки их души, перенеся свет на них. Но интересного тут ничего не было, и она продолжала свою мысль.

«Да, очень беспокоит меня, и на то дан разум, чтоб избавиться; стало быть, надо избавиться. Отчего же не потушить свечу, когда смотреть больше нечего, когда гадко смотреть на все это? Но как? Зачем этот кондуктор пробежал по жердочке, зачем они кричат, эти молодые люди в том вагоне? Зачем они говорят, зачем они смеются? Все неправда, все ложь, все обман, все зло!..»

Когда поезд подошел к станции, Анна вышла в толпе других пассажиров и, как от прокаженных, сторонясь от них, остановилась на платформе, стараясь вспомнить, зачем она сюда приехала и что намерена была делать. Все, что ей казалось возможно прежде, теперь так трудно было сообразить, особенно в шумящей толпе всех этих безобразных людей, не оставлявших ее в покое. То артельщики подбегали к ней, предлагая ей свои услуги, то молодые люди, стуча каблуками по доскам платформы и громко разговаривая, оглядывали ее, то встречные сторонились не в ту сторону. Вспомнив, что она хотела ехать дальше, если нет ответа, она остановила одного артельщика и спросила, нет ли тут кучера с запиской к графу Вронскому.

– Граф Вронский? От них сейчас тут были. Встречали княгиню Сорокину с дочерью. А кучер какой из себя?

В то время как она говорила с артельщиком, кучер Михаила, румяный, веселый, в синей щегольской поддевке и цепочке, очевидно гордый тем, что он так хорошо исполнил поручение, подошел к ней и подал записку. Она распечатала, и сердце ее сжалось еще прежде, чем она прочла.

«Очень жалею, что записка не застала меня. Я буду в десять часов», – небрежным почерком писал Вронский.

«Так! Я этого ждала!» – сказала она себе с злою усмешкой.

– Хорошо, так поезжай домой, – тихо проговорила она, обращаясь к Михаиле. Она говорила тихо, потому что быстрота биения сердца мешала ей дышать. «Нет, я не дам тебе мучать себя», – подумала она, обращаясь с угрозой не к нему, не к самой себе, а к тому, кто заставлял ее мучаться, и пошла по платформе мимо станции.

Две горничные, ходившие по платформе, загнули назад головы, глядя на нее, что-то соображая вслух о ее туалете: «Настоящие», – сказали они о кружеве, которое было на ней. Молодые люди не оставляли ее в покое. Они опять, заглядывая ей в лицо и со смехом крича что-то ненатуральным голосом, прошли мимо. Начальник станции, проходя, спросил, едет ли она. Мальчик, продавец квасу, не спускал с нее глаз. «Боже мой, куда мне?» – все дальше и дальше уходя по платформе, думала она, У конца она остановилась. Дамы и дети, встретившие господина в очках и громко смеявшиеся и говорившие, замолкли, оглядывая ее, когда она поравнялась с ними. Она ускорила шаг и отошла от них к краю платформы. Подходил товарный поезд. Платформа затряслась, и ей показалось, что она едет опять.

И вдруг, вспомнив о раздавленном человеке в день ее первой встречи с Вронским, она поняла, что́ ей надо делать. Быстрым, легким шагом спустившись по ступенькам, которые шли от водокачки к рельсам, она остановилась подле вплоть мимо ее проходящего поезда. Она смотрела на низ вагонов, на винты и цепи и на высокие чугунные колеса медленно катившегося первого вагона и глазомером старалась определить середину между передними и задними колесами и ту минуту, когда середина эта будет против нее.

«Туда! – говорила она себе, глядя в тень вагона, на смешанный с углем песок, которым были засыпаны шпалы, – туда, на самую середину, и я накажу его и избавлюсь от всех и от себя».

Она хотела упасть под поравнявшийся с ней серединою первый вагон. Но красный мешочек, который она стала снимать с руки, задержал ее, и было уже поздно: середина миновала ее. Надо было ждать следующего вагона. Чувство, подобное тому, которое она испытывала, когда, купаясь, готовилась войти в воду, охватило ее, и она перекрестилась. Привычный жест крестного знамения вызвал в душе ее целый ряд девичьих и детских воспоминаний, и вдруг мрак, покрывавший для нее все, разорвался, и жизнь предстала ей на мгновение со всеми ее светлыми прошедшими радостями.

Но она не спускала глаз с колес подходящего второго вагона. И ровно в ту минуту, как середина между колесами поравнялась с нею, она откинула красный мешочек и, вжав в плечи голову, упала под вагон на руки и легким движением, как бы готовясь тотчас же встать, опустилась на колена. И в то же мгновение она ужаснулась тому, что делала. «Где я? Что я делаю? Зачем?» Она хотела подняться, откинуться; но что-то огромное, неумолимое толкнуло ее в голову и потащило за спину. «Господи, прости мне все!» – проговорила она, чувствуя невозможность борьбы. Мужичок, приговаривая что-то, работал над железом. И свеча, при которой она читала исполненную тревог, обманов, горя и зла книгу, вспыхнула более ярким, чем когда-нибудь, светом, осветила ей все то, что прежде было во мраке, затрещала, стала меркнуть и навсегда потухла.

ЧАСТЬ ВОСЬМАЯ

I

Прошло почти два месяца. Была уже половина жаркого лета, а Сергей Иванович только теперь собрался выехать из Москвы.

В жизни Сергея Ивановича происходили за это время свои события. Уже с год тому назад была кончена его книга, плод шестилетнего труда, озаглавленная: *«Опыт обзора основ и форм государственности в Европе и в России».* Некоторые отделы этой книги и введение были печатаемы в повременных изданиях, и другие части были читаны Сергеем Ивановичем людям своего круга, так что мысли этого сочинения не могли быть уже совершенной новостью для публики; но все-таки Сергей Иванович ожидал, что книга его появлением своим должна будет произвести серьезное впечатление на общество и если не переворот в науке, то, во всяком случае, сильное волнение в ученом мире.

Книга эта после тщательной отделки была издана в прошлом году и разослана книгопродавцам.

Ни у кого не спрашивая о ней, неохотно и притворно-равнодушно отвечая на вопросы своих друзей о том, как идет его книга, не спрашивая даже у книгопродавцев, как покупается она, Сергей Иванович зорко, с напряженным вниманием следил за тем первым впечатлением, какое произведет его книга в обществе и в литературе.

Но прошла неделя, другая, третья, и в обществе не было заметно никакого впечатления; друзья его, специалисты и ученые, иногда, очевидно из учтивости, заговаривали о ней. Остальные же его знакомые, не интересуясь книгой ученого содержания, вовсе не говорили с ним о ней. И в обществе, в особенности теперь занятом другим, было совершенное равнодушие. В литературе тоже в продолжение месяца не было ни слова о книге.

Сергей Иванович рассчитывал до подробности время, нужное на написание рецензии, но прошел месяц, другой, было то же молчание.

Только в «Северном жуке» в шуточном фельетоне о певце Драбанти, спавшем с голоса, было кстати сказано несколько презрительных слов о книге Кознышева, показывавших, что книга эта уже давно осуждена всеми и предана на всеобщее посмеяние.

Наконец на третий месяц в серьезном журнале появилась критическая статья. Сергей Иванович знал и автора статьи. Он встретил его раз у Голубцова.

Автор статьи был очень молодой и больной фельетонист, очень бойкий как писатель, но чрезвычайно мало образованный и робкий в отношениях личных.

Несмотря на совершенное презрение свое к автору, Сергей Иванович с совершенным уважением приступил к чтению статьи. Статья была ужасна.

Очевидно, нарочно фельетонист понял всю книгу так, как невозможно было понять ее. Но он так ловко подобрал выписки, что для тех, которые не читали книги (а очевидно, почти никто не читал ее), совершенно было ясно, что вся книга была не что иное, как набор высокопарных слов, да еще некстати употребленных (что показывали вопросительные знаки), и что автор книги был человек совершенно невежественный. И все это было так остроумно, что Сергей Иванович сам бы не отказался от такого остроумия; но это-то было ужасно.

Несмотря на совершенную добросовестность, с которою Сергей Иванович проверял справедливость доводов рецензента, он ни на минуту не остановился на недостатках и ошибках, которые были осмеиваемы, – было слишком очевидно, что все это подобрано нарочно, – но тотчас же невольно он до малейших подробностей стал вспоминать свою встречу и разговор с автором статьи.

«Не обидел ли я его чем-нибудь?» – спрашивал себя Сергей Иванович.

И, вспомнив, как он при встрече поправил этого молодого человека в выказывавшем его невежество слове, Сергей Иванович нашел объяснение смысла статьи.

После этой статьи наступило мертвое, и печатное и изустное, молчание о книге, и Сергей Иванович видел, что его шестилетнее произведение, выработанное с такою любовью и трудом, прошло бесследно.

Положение Сергея Ивановича было еще тяжелее оттого, что, окончив книгу, он не имел более кабинетной работы, занимавшей прежде бóльшую часть его времени.

Сергей Иванович был умен, образован, здоров, деятелен и не знал, куда употребить всю свою деятельность. Разговоры в гостиных, съездах, собраниях, комитетах, везде, где можно было говорить, занимали часть его времени; но он, давнишний городской житель, не позволял себе уходить всему в разговоры, как это делал его неопытный брат, когда бывал в Москве; оставалось еще много досуга и умственных сил.

На его счастье, в это самое тяжелое для него по причине неудачи его книги время на смену вопросов иноверцев, американских друзей [1], самарского голода [2], выставки, спиритизма стал славянский вопрос [3], прежде только тлевшийся в обществе, и Сергей Иванович, и прежде бывший одним из возбудителей этого вопроса, весь отдался ему.

---

[1] *...американских друзей...* – В 1866 г., после покушения Каракозова, в Петербург прибыла американская дипломатическая миссия, и царю был поднесен адрес Вашингтонского конгресса с выражением «сочувствия и уважения всей американской нации» («Московские ведомости», 1866, № 159). «Американских друзей» приветствовали шумными встречами, обедами и раутами в столице. Среди многочисленных откликов в печати на это событие была и статья Герцена «Америка и Россия» (см.: А. И. Герцен. Собр. соч. в 30-ти томах, т. XIX. М., 1960, с. 139–140).

[2] *...самарского голода...* – В 1871 и 1872 гг. в Самарской губернии была засуха. В 1873 г. начался голод. Сборы податей разоряли крестьян. 17 августа 1873 г. Толстой опубликовал в «Московских ведомостях» (№ 207) свое «Письмо о голоде» (т. 62, с. 35–43). Были организованы комитеты для сбора пожертвований в пользу крестьян Самарской губернии. «С легкой руки графа Л. Н. Толстого, приславшего нам первые деньги на самарцев, – говорилось в редакционной заметке «Московских ведомостей», – с половины августа прошлого года по 6 января текущего в нашу контору поступило в пользу нуждающихся вследствие неурожая в Самарской губернии 76829 рублей» («Московские ведомости», 1874, № 7). Всего было собрано около двух миллионов рублей и двадцать шесть тысяч пудов хлеба.

[3] *...славянский вопрос...* – Вопрос об освобождении славянских народов от османского ига – один из самых актуальных политических вопросов 70-х годов. В 1875 г. началось восстание в Боснии и Герцеговине, в 1876 г. восстали черногорцы. В том же году Сербия объявила войну Турции. Болгария возлагала надежды на помощь России. В следующем 1877 г. Россия выступила против Турции. В правящих кругах обсуждалась возможность взятия Константинополя (Царьграда), как реванша за поражение в Крымской войне 1850-х гг.
Толстой, участвовавший в Крымской войне, понимал значение исторической борьбы славянских народов против иноземного владычества. Что же касается планов «похода на Константинополь», то эта идея не встречала у него сочувствия. В романе Толстого ощутимы пацифистские веяния. Так, Левин признается, что «при строгом исполнении… закона добра» он «не мог желать войны». Именно поэтому он так резко отозвался о той прессе, которая «проповедовала войну. Как известно, Катков отказался печатать в «Русском вестнике» восьмую часть романа из-за несогласия с Толстым в оценке добровольческого движения.

В среде людей, к которым принадлежал Сергей Иванович, в это время ни о чем другом не говорили и не писали, как о славянском вопросе и сербской войне. Все то, что делает обыкновенно праздная толпа, убивая время, делалось теперь в пользу славян. Балы, концерты, обеды, спичи, дамские наряды, пиво, трактиры – все свидетельствовало о сочувствии к славянам.

Со многим из того, что говорили и писали по этому случаю, Сергей Иванович был не согласен в подробностях. Он видел, что славянский вопрос сделался одним из тех модных увлечений, которые всегда, сменяя одно другое, служат обществу предметом занятия; видел и то, что много было людей, с корыстными, тщеславными целями занимавшихся этим делом. Он признавал, что газеты печатали много ненужного и преувеличенного, с одною целью – обратить на себя внимание и перекричать других. Он видел, что при этом общем подъеме общества выскочили вперед и кричали громче других все неудавшиеся и обиженные: главнокомандующие без армий, министры без министерств, журналисты без журналов, начальники партий без партизанов. Он видел, что много тут было легкомысленного и смешного; но он видел и признавал несомненный, все разраставшийся энтузиазм, соединивший в одно все классы общества, которому нельзя было не сочувствовать. Резня единоверцев и братьев славян вызвала сочувствие к страдающим и негодование к притеснителям. И геройство сербов и черногорцев, борющихся за великое дело, породило во всем народе желание помочь своим братьям уже не словом, а делом.

Но притом было другое, радостное для Сергея Ивановича явление: это было проявление общественного мнения. Общество определенно выразило свое желание. Народная душа получила выражение, как говорил Сергей Иванович. И чем более он занимался этим делом, тем очевиднее ему казалось, что это было дело, долженствующее получить громадные размеры, составить эпоху.

Он посвятил всего себя на служение этому великому делу и забыл думать о своей книге.

Все время его теперь было занято, так что он не успевал отвечать на все обращаемые к нему письма и требования.

Проработав всю весну и часть лета, он только в июле месяце собрался поехать в деревню к брату.

Он ехал и отдохнуть на две недели и в самой святая святых народа, в деревенской глуши, насладиться видом того поднятия народного духа, в котором он и все столичные и городские жители были вполне убеждены. Катавасов, давно собиравшийся исполнить данное Левину обещание побывать у него, поехал с ним вместе.

II

Едва Сергей Иванович с Катавасовым успели подъехать к особенно оживленной нынче народом станции Курской железной дороги и, выйдя из кареты, осмотреть подъезжавшего сзади с вещами лакея, как подъехали и добровольцы[1] на четырех извозчиках. Дамы с букетами встретили их и в сопровождении хлынувшей за ними толпы вошли в станцию.

Одна из дам, встречавших добровольцев, выходя из залы, обратилась к Сергею Ивановичу.

– Вы тоже приехали проводить? – спросила она по-французски.

– Нет, я сам еду, княгиня. Отдохнуть к брату. А вы всегда провожаете? – с чуть заметной улыбкой сказал Сергей Иванович.

– Да нельзя же! – отвечала княгиня. – Правда, что от нас отправлено уж восемьсот? Мне не верил Мальвинский.

– Больше восьмисот. Если считать тех, которые отправлены не прямо из Москвы, уже более тысячи, – сказал Сергей Иваныч.

– Ну вот. Я и говорила! – радостно подхватила дама. – И ведь правда, что пожертвований теперь около миллиона?

– Больше, княгиня.

– А какова нынешняя телеграмма? Опять разбили турок.

– Да, я читал, – отвечал Сергей Иваныч. Они говорили о последней телеграмме, подтверждавшей то, что три дня сряду турки были разбиты на всех пунктах и бежали и что назавтра ожидалось решительное сражение.

– Ах, да, знаете, один молодой человек, прекрасный, просился. Не знаю, почему сделали затруднение. Я хотела просить вас, я его знаю, напишите, пожалуйста, записку. Он от графини Лидии Ивановны прислан.

Расспросив подробности, которые знала княгиня о просившемся молодом человеке, Сергей Иванович, пройдя в первый класс, написал записку к тому, от кого это зависело, и передал княгине.

– Вы знаете, граф Вронский, известный... едет с этим поездом, – сказала княгиня с торжествующею и многозначительною улыбкой, когда он опять нашел ее и передал ей записку.

– Я слышал, что он едет, но не знал когда. С этим поездом?

---

1 *...добровольцы...* – Сразу же после начала войны в Сербии возникли славянские комитеты, вербовавшие добровольцев в России. Кадровые военные, чтобы отправиться к театру военных действий еще до того, как Россия вступила в войну, должны были выйти в отставку. Вронский и Яшвин – оба отставные. О судьбе русских добровольцев и добровольческом движении писали Ф. М. Достоевский в «Дневнике писателя» (в связи с «Анной Карениной») и Глеб Успенский в очерках «В Сербии».

- Я видела его. Он здесь; одна мать провожает его. Все-таки это - лучшее, что он мог сделать.

- О да, разумеется.

В то время как они говорили, толпа хлынула мимо них к обеденному столу. Они тоже подвинулись и услыхали громкий голос одного господина, который с бокалом в руке говорил речь добровольцам. «Послужить за веру за человечество, за братьев наших, - все возвышая голос, говорил господин. - На великое дело благословляет вас матушка Москва. *Живио!*» - громко и слезно заключил он.

Все закричали *живио!* и еще новая толпа хлынула в залу и чуть не сбила с ног княгиню.

- А! княгиня, каково! - сияя радостной улыбкой, сказал Степан Аркадьич, вдруг появившийся в середине толпы. - Не правда ли, славно, тепло сказал? Браво! И Сергей Иваныч! Вот вы бы сказали от себя так - несколько слов, знаете, ободрение; вы так это хорошо, - прибавил он с нежной, уважительной и осторожной улыбкой, слегка за руку подвигая Сергея Ивановича.

- Нет, я еду сейчас.

- Куда?

- В деревню, к брату, - отвечал Сергей Иванович.

- Так вы жену мою увидите. Я писал ей, но вы прежде увидите; пожалуйста, скажите, что меня видели и что all right[1]. Она поймет. А впрочем, скажите ей, будьте добры, что я назначен членом комиссии соединенного... Ну, да она поймет! Знаете, les petites misères de la vie humaine[2], - как бы извиняясь, обратился он к княгине. - А Мягкая-то, не Лиза, а Бибиш, посылает-таки тысячу ружей и двенадцать сестер. Я вам говорил?

- Да, я слышал, - неохотно отвечал Кознышев.

- А жаль, что вы уезжаете, - сказал Степан Аркадьич. - Завтра мы даем обед двум отъезжающим - Димер-Бартнянскии из Петербурга и наш Веселовский, Гриша. Оба едут. Веселовский недавно женился. Вот молодец! Не правда ли, княгиня? - обратился он к даме.

Княгиня, не отвечая, посмотрела на Кознышева. Но то, что Сергей Иваныч и княгиня как будто желали отделаться от него, нисколько не смущало Степана Аркадьича. Он, улыбаясь, смотрел то на перо шляпы княгини, то по сторонам, как будто припоминая что-то. Увидав

[1] Все в порядке (*англ.*).

[2] Маленькие неприятности человеческой жизни (*фр.*).

проходившую даму с кружкой, он подозвал ее к себе и положил пятирублевую бумажку.

— Не могу видеть этих кружек спокойно, пока у меня есть деньги, — сказал он. — А какова нынешняя депеша? Молодцы черногорцы!

— Что вы говорите! — вскрикнул он, когда княгиня сказала ему, что Вронский едет в этом поезде. На мгновение лицо Степана Аркадьича выразило грусть, но через минуту, когда, слегка подрагивая на каждой ноге и расправляя бакенбарды, он вошел в комнату, где был Вронский, Степан Аркадьич уже вполне забыл свои отчаянные рыдания над трупом сестры и видел в Вронском только героя и старого приятеля.

— Со всеми его недостатками нельзя не отдать ему справедливости, — сказала княгиня Сергею Ивановичу, как только Облонский отошел от них. — Вот именно вполне русская, славянская натура! Только я боюсь, что Вронскому будет неприятно его видеть. Как ни говорите, меня трогает судьба этого человека. Поговорите с ним дорогой, — сказала княгиня.

— Да, может быть, если придется.

— Я никогда не любила его. Но это выкупает многое. Он не только едет сам, но эскадрон ведет на свой счет.

— Да, я слышал.

Послышался звонок. Все затолпились к дверям.

— Вот он! — проговорила княгиня, указывая на Вронского, в длинном пальто и с широкими полями черной шляпе шедшего под руку с матерью. Облонский шел подле него, что-то оживленно говоря.

Вронский, нахмурившись, смотрел перед собою, как будто не слыша того, что говорит Степан Аркадьич.

Вероятно, по указанию Облонского он оглянулся в ту сторону, где стояли княгиня и Сергей Иванович, и молча приподнял шляпу. Постаревшее и выражавшее страдание лицо его казалось окаменелым.

Выйдя на платформу, Вронский молча, пропустив мать, скрылся в отделении вагона.

На платформе раздалось *Боже, царя храни,* потом крики: *ура!* и *живио!* Один из добровольцев, высокий, очень молодой человек с ввалившеюся грудью, особенно заметно кланялся, махая над головой войлочною шляпой и букетом. За ним высовывались, кланяясь тоже, два офицера и пожилой человек с большой бородой, в засаленной фуражке.

III

Простившись с княгиней, Сергей Иваныч вместе с подошедшим Катавасовым вошел в битком набитый вагон, и поезд тронулся.

На Царицынской станции поезд был встречен стройным хором молодых людей, певших «Славься». Опять добровольцы кланялись и высовывались, но Сергей Иванович не обращал на них внимания; он столько имел дел с добровольцами, что уже знал их общий тип, и это не интересовало его. Катавасов же, за своими учеными занятиями не имевший случая наблюдать добровольцев, очень интересовался ими и расспрашивал про них Сергея Ивановича.

Сергей Иванович посоветовал ему пройти во второй класс поговорить самому с ними. На следующей станции Катавасов исполнил этот совет.

На первой остановке он перешел во второй класс и познакомился с добровольцами. Они сидели отдельно в углу вагона, громко разговаривая и, очевидно, зная, что внимание пассажиров и вошедшего Катавасова обращено на них. Громче всех говорил высокий, со впалою грудью юноша. Он, очевидно, был пьян и рассказывал про какую-то случившуюся в их заведении историю. Против него сидел уже немолодой офицер в австрийской военной фуфайке гвардейского мундира. Он, улыбаясь, слушал рассказчика и останавливал его. Третий, в артиллерийском мундире, сидел на чемодане подле них. Четвертый спал.

Вступив в разговор с юношей, Катавасов узнал, что это был богатый московский купец, промотавший большое состояние до двадцати двух лет. Он не понравился Катавасову тем, что был изнежен, избалован и слаб здоровьем; он, очевидно, был уверен, в особенности теперь, выпив, что он совершает геройский поступок, и хвастался самым неприятным образом.

Другой, отставной офицер, тоже произвел неприятное впечатление на Катавасова. Это был, как видно, человек, попробовавший всего. Он был и на железной дороге, и управляющим, и сам заводил фабрики, и говорил обо всем, без всякой надобности и невпопад употребляя ученые слова.

Третий, артиллерист, напротив, очень понравился Катавасову. Это был скромный, тихий человек, очевидно преклонявшийся пред знанием отставного гвардейца и пред геройским самопожертвованием купца и сам о себе ничего не говоривший. Когда Катавасов спросил его, что его побудило ехать в Сербию, он скромно отвечал:

- Да что ж, все едут. Надо тоже помочь и сербам. Жалко.

- Да, в особенности ваших артиллеристов там мало, - сказал Катавасов.

- Я ведь недолго служил в артиллерии; может, и в пехоту или в кавалерию назначат.

— Как же в пехоту, когда нуждаются в артиллеристах более всего? — сказал Катавасов, соображая по годам артиллериста, что он должен быть уже в значительном чине.

— Я не много служил в артиллерии, я юнкером в отставке, — сказал он и начал объяснять, почему он не выдержал экзамена.

Все это вместе произвело на Катавасова неприятное впечатление, и когда добровольцы вышли на станцию выпить, Катавасов хотел в разговоре с кем-нибудь поверить свое невыгодное впечатление. Один проезжающий старичок в военном пальто все время прислушивался к разговору Катавасова с добровольцами. Оставшись с ним один на один, Катавасов обратился к нему.

— Да, какое разнообразие положений всех этих людей, отправляющихся туда, — неопределенно сказал Катавасов, желая высказать свое мнение и вместе с тем выведать мнение старичка.

Старичок был военный, делавший две кампании. Он знал, что такое военный человек, и, по виду и разговору этих господ, по ухарству, с которым они прикладывались к фляжке дорогой, он считал их за плохих военных. Кроме того, он был житель уездного города, и ему хотелось рассказать, как из его города пошел только один солдат бессрочный, пьяница и вор, которого никто уже не брал в работники. Но, по опыту зная, что при теперешнем настроении общества опасно высказывать мнение, противное общему, и в особенности осуждать добровольцев, он тоже высматривал Катавасова.

— Что ж, там нужны люди. Говорят, сербские офицеры никуда не годятся.

— О, да, а эти будут лихие, — сказал Катавасов, смеясь глазами. И они заговорили о последней военной новости, и оба друг перед другом скрыли свое недоумение о том, с кем назавтра ожидается сражение, когда турки, по последнему известию, разбиты на всех пунктах. И так, оба не высказав своего мнения, они разошлись.

Катавасов, войдя в свой вагон, невольно кривя душой, рассказал Сергею Ивановичу свои наблюдения над добровольцами, из которых оказывалось, что они были отличные ребята.

На большой станции в городе опять пение и крики встретили добровольцев, опять явились с кружками сборщицы и сборщики, и губернские дамы поднесли букеты добровольцам и пошли за ними в буфет; но все это было уже гораздо слабее и меньше, чем в Москве.

IV

Во время остановки в губернском городе Сергей Иванович не пошел в буфет, а стал ходить взад и вперед по платформе.

Проходя в первый раз мимо отделения Вронского, он заметил, что окно было задернуто. Но, проходя в другой раз, он увидал у окна старую графиню. Она подозвала к себе Кознышева.

– Вот еду, провожаю его до Курска, – сказала она.

– Да, я слышал, – сказал Сергей Иванович, останавливаясь у ее окна и заглядывая в него. – Какая прекрасная черта с его стороны! – прибавил он, заметив, что Вронского в отделении не было.

– Да после его несчастия что ж ему было делать?

– Какое ужасное событие! – сказал Сергей Иванович.

– Ах, что я пережила! Да заходите… Ах, что я пережила! – повторила она, когда Сергей Иванович вошел и сел с ней рядом на диване. – Этого нельзя себе представить! Шесть недель он не говорил ни с кем и ел только тогда, когда я умоляла его. И ни одной минуты нельзя было его оставить одного. Мы отобрали все, чем он мог убить себя; мы жили в нижнем этаже, но нельзя было ничего предвидеть. Ведь вы знаете, он уже стрелялся раз из-за нее же, – сказала она, и брови старушки нахмурились при этом воспоминании. – Да, она кончила, как и должна была кончить такая женщина. Даже смерть она выбрала подлую, низкую.

– Не нам судить, графиня, – со вздохом сказал Сергей Иванович, – но я понимаю, как для вас это было тяжело.

– Ах, не говорите! Я жила у себя в именье, и он был у меня. Приносят записку. Он написал ответ и отослал. Мы ничего не знали, что она тут же была на станции. Вечером, я только ушла к себе, мне моя Мери говорит, что на станции дама бросилась под поезд. Меня как что-то ударило! Я поняла, что это была она. Первое, что я сказала: не говорить ему. Но они уж сказали ему. Кучер его там был и все видел. Когда я прибежала в его комнату, он был уже не свой – страшно было смотреть на него. Он ни слова не сказал и поскакал туда. Уж я не знаю, что там было, но его привезли как мертвого. Я бы не узнала его. Prostration complète[1] говорил доктор. Потом началось почти бешенство.

– Ах, что говорить! – сказала графиня, махнув рукой. – Ужасное время! Нет, как ни говорите, дурная женщина. Ну, что это за страсти какие-то отчаянные! Это все что-то особенное доказать. Вот она и доказала. Себя погубила и двух прекрасных людей – своего мужа и моего несчастного сына.

---

[1] Полная прострация (фр.).

– А что ее муж? – спросил Сергей Иванович.

– Он взял ее дочь. Алеша в первое время на все был согласен. Но теперь его ужасно мучает, что он отдал чужому человеку свою дочь. Но взять назад слово он не может. Каренин приезжал на похороны. Но мы старались, чтоб он не встретился с Алешей. Для него, для мужа, это все-таки легче. Она развязала его. Но бедный сын мой отдался весь ей. Бросил все – карьеру, меня, и тут-то она еще не пожалела его, а нарочно убила его совсем. Нет, как ни говорите, самая смерть ее – смерть гадкой женщины без религии. Прости меня бог, но я не могу не ненавидеть память ее, глядя на погибель сына.

– Но теперь как он?

– Это бог нам помог – эта сербская война. Я старый человек, ничего в этом не понимаю, но ему бог это послал. Разумеется, мне, как матери, страшно; и главное, говорят, ce n'est pas très bien vu à Pétersbourg[1]. Но что же делать! Одно это могло его поднять. Яшвин – его приятель – он все проиграл и собрался в Сербию. Он заехал к нему и уговорил его. Теперь это занимает его. Вы, пожалуйста, поговорите с ним, мне хочется его развлечь. Он так грустен. Да на беду еще у него зубы разболелись. А вам он будет очень рад. Пожалуйста, поговорите с ним, он ходит с этой стороны.

Сергей Иванович сказал, что он очень рад, и перешел на другую сторону поезда.

V

В косой вечерней тени кулей, наваленных на платформе, Вронский в своем длинном пальто и надвинутой шляпе, с руками в карманах, ходил, как зверь в клетке, на двадцати шагах быстро поворачиваясь. Сергею Ивановичу, когда он подходил, показалось, что Вронский его видит, но притворяется невидящим. Сергею Ивановичу это было все равно. Он стоял выше всяких личных счетов с Вронским.

В эту минуту Вронский в глазах Сергея Ивановича был важный деятель для великого дела, и Кознышев считал своим долгом поощрить его и одобрить. Он подошел к нему.

Вронский остановился, вгляделся, узнал и, сделав несколько шагов навстречу Сергею Ивановичу, крепко-крепко пожал его руку.

[1] На это косо смотрят в Петербурге (фр.).

- Может быть, вы и не желали со мной видеться, - сказал Сергей Иваныч, - но не могу ли я вам быть полезным?

- Ни с кем мне не может быть так мало неприятно видеться, как с вами, - сказал Вронский. - Извините меня. Приятного в жизни мне нет.

- Я понимаю и хотел предложить вам свои услуги, - сказал Сергей Иванович, вглядываясь в очевидно страдающее лицо Вронского. - Не нужно ли вам письмо к Ристичу, к Милану?[1]

- О нет! - как будто с трудом понимая, сказал Вронский. - Если вам все равно, то будемте ходить, В вагонах такая духота. Письмо? Нет, благодарю вас; для того чтоб умереть, не нужно рекомендаций. Нешто к туркам... - сказал он, улыбнувшись одним ртом. Глаза продолжали иметь сердито-страдающее выражение.

- Да, но вам, может быть, легче вступить в сношения, которые все-таки необходимы, с человеком приготовленным. Впрочем, как хотите. Я очень рад был услышать о вашем решении. И так уж столько нападков на добровольцев, что такой человек, как вы, поднимает их в общественном мнении.

- Я, как человек, - сказал Вронский, - тем хорош, что жизнь для меня ничего не стоит. А что физической энергии во мне довольно, чтобы врубиться в каре и смять или лечь. - это я знаю. Я рад тому, что есть за что отдать мою жизнь, которая мне не то что не нужна, но постыла. Кому-нибудь пригодится. - И он сделал нетерпеливое движение скулой от непрестающей, ноющей боли зуба, мешавшей ему даже говорить с тем выражением, с которым он хотел.

- Вы возродитесь, предсказываю вам, - сказал Сергей Иванович, чувствуя себя тронутым. - Избавление своих братьев от ига есть цель, достойная и смерти и жизни. Дай вам бог успеха внешнего - и внутреннего мира, - прибавил он и протянул руку.

Вронский крепко пожал протянутую руку Сергея Ивановича.

- Да, как орудие, я могу годиться на что-нибудь. Но, как человек, я - развалина, - с расстановкой проговорил он.

Щемящая боль крепкого зуба, наполнявшая слюною его рот, мешала ему говорить. Он замолк, вглядываясь в колеса медленно и гладко подкатывавшегося по рельсам тендера.

И вдруг совершенно другая, не боль, а общая мучительная внутренняя неловкость заставила его забыть на мгновение боль зуба. При

[1] *Милан* — Милан Обренович (1852-1901) - король Сербский. В 1873 г. приезжал в Ливадию для свидания с русским царем Александром II. Уверенный в поддержке России, в 1876 г. объявил войну Турции. После долгой борьбы независимость Сербии была признана, в 1882 г. Милан Обренович стал королем.

взгляде на тендер и на рельсы под влиянием разговора с знакомым, с которым он не встречался после своего несчастия, ему вдруг вспомнилась *она,* то есть то, что оставалось еще от нее, когда он, как сумасшедший, вбежал в казарму железнодорожной станции: на столе казармы бесстыдно растянутое посреди чужих окровавленное тело, еще полное недавней жизни; закинутая назад уцелевшая голова с своими тяжелыми косами и вьющимися волосами на висках, и на прелестном лице, с полуоткрытым румяным ртом, застывшее странное, жалкое в губах и ужасное в остановившихся незакрытых глазах, выражение, как бы словами выговаривавшее то страшное слово – о том, что он раскается, – которое она во время ссоры сказала ему.

И он старался вспомнить ее такою, какою она была тогда, когда он в первый раз встретил ее тоже на станции, таинственною, прелестной, любящею, ищущею и дающею счастье, а не жестоко-мстительною, какою она вспоминалась ему в последнюю минуту. Он старался вспоминать лучшие минуты с нею, но эти минуты были навсегда отравлены. Он помнил ее только торжествующую, свершившуюся угрозу никому не нужного, но неизгладимого раскаяния. Он перестал чувствовать боль зуба, и рыдания искривили его лицо.

Пройдя молча два раза подле кулей и овладев собой, он спокойно обратился к Сергею Ивановичу:

– Вы не имели телеграммы после вчерашней? Да, разбиты в третий раз, но назавтра ожидается решительное сражение.

И, поговорив еще о провозглашении королем Милана и об огромных последствиях, которые это может иметь, они разошлись по своим вагонам после второго звонка.

VI

Не зная, когда ему можно будет выехать из Москвы, Сергей Иванович не телеграфировал брату, чтобы высылать за ним. Левина не было дома, когда Катавасов и Сергей Иванович на тарантасике, взятом на станции, запыленные, как арапы, в двенадцатом часу дня подъехали к крыльцу покровского дома. Кити, сидевшая на балконе с отцом и сестрой, узнала деверя и сбежала вниз встретить его.

– Как вам не совестно не дать знать, – сказала она, подавая руку Сергею Ивановичу и подставляя ему лоб.

– Мы прекрасно доехали и вас не беспокоили, – отвечал Сергей Иванович. – Я так пылен, что и боюсь дотронуться. Я был так занят, что и не знал, когда вырвусь. А вы по-старому, – сказал он, улыбаясь, –

наслаждаетесь тихим счастьем вне течений в своем тихом затоне. Вот и наш приятель Федор Васильич собрался наконец.

- Но я не негр, я вымоюсь - буду похож на человека, - сказал Катавасов с своею обычною шутливостью, подавая руку и улыбаясь особенно блестящими из-за черного лица зубами.

- Костя будет очень рад. Он пошел на хутор. Ему бы пора прийти.

- Все занимается хозяйством. Вот именно в затоне, - сказал Катавасов. - А нам в городе, кроме сербской войны, ничего не видно. Ну, как мой приятель относится? Верно, что-нибудь не как люди?

- Да он так, ничего, как все, - несколько сконфуженно оглядываясь на Сергея Ивановича, отвечала Кити. - Так я пошлю за ним. А у нас папа гостит. Он недавно из-за границы приехал.

И, распорядившись послать за Левиным и о том, чтобы провести запыленных гостей умываться, одного в кабинет, другого в бывшую Доллину комнату, и о завтраке гостям, она, пользуясь правом быстрых движений, которых она была лишена во время своей беременности, вбежала на балкон.

- Это Сергей Иванович и Катавасов, профессор, - сказала она.

- Ох, в жар тяжело! - сказал князь.

- Нет, папа, он очень милый, и Костя его очень любит, - как будто упрашивая его о чем-то, улыбаясь, сказала Кити, заметившая выражение насмешливости на лице отца.

- Да я ничего.

- Ты поди, душенька, к ним, - обратилась Кити к сестре, - и займи их. Они видели Стиву на станции, он здоров. А я побегу к Мите. Как на беду, не кормила уж с самого чая. Он теперь проснулся и, верно, кричит. - И она, чувствуя прилив молока, скорым шагом пошла в детскую.

Действительно, она не то что угадала (связь ее с ребенком не была еще порвана), она верно узнала по приливу молока у себя недостаток пищи у него.

Она знала, что он кричит, еще прежде, чем она подошла к детской. И действительно, он кричал. Она услышала его голос и прибавила шагу. Но чем скорее она шла, тем громче он кричал. Голос был хороший, здоровый, только голодный и нетерпеливый.

- Давно, няня, давно? - поспешно говорила Кити, садясь на стул и приготовляясь к кормлению. - Да дайте же мне его скорее. Ах, няня, какая вы скучная, ну, после чепчик завяжете!

Ребенок надрывался от жадного крика.

- Да нельзя же, матушка, - отвечала Агафья Михайловна, почти всегда присутствовавшая в детской. - Надо в порядке его убрать. Агу, агу! - распевала она над ним, не обращая внимания на мать.

Няня понесла ребенка к матери. Агафья Михайловна шла за ним с распустившимся от нежности лицом.

– Знает, знает. Вот верьте богу, матушка Катерина Александровна, узнал меня! – перекрикивала Агафья Михайловна ребенка.

Но Кити не слушала ее слов. Ее нетерпение шло так же возрастая, как и нетерпение ребенка.

От нетерпения дело долго не могло уладиться. Ребенок хватал не то, что надо, и сердился.

Наконец после отчаянного задыхающегося вскрика, пустого захлебывания дело уладилось, и мать и ребенок одновременно почувствовали себя успокоенными и оба затихли.

– Однако и он, бедняжка, весь в поту, – шепотом сказала Кити, ощупывая ребенка. – Вы почему же думаете, что он узнает? – прибавила она, косясь на плутовски, как ей казалось, смотревшие из-под надвинувшегося чепчика глаза ребенка, на равномерно отдувавшиеся щечки и на его ручку с красною ладонью, которою он выделывал кругообразные движения.

– Не может быть! Уж если б узнавал, так меня бы узнал, – сказала Кити на утверждение Агафьи Михайловны и улыбнулась.

Она улыбалась тому, что, хотя она и говорила, что он не может узнавать, сердцем она знала, что не только он узнает Агафью Михайловну, но что он все знает и понимает, и знает и понимает еще много такого, чего никто не знает и что она, мать, сама узнала и стала понимать только благодаря ему. Для Агафьи Михайловны, для няни, для деда, для отца даже, Митя был живое существо, требующее за собой только материального ухода; но для матери он уже давно был нравственное существо, с которым уже была целая история духовных отношений.

– А вот проснется, бог даст, сами увидите. Как вот этак сделаю, он так и просияет, голубчик. Так и просияет, как денек ясный, – говорила Агафья Михайловна.

– Ну, хорошо, хорошо, тогда увидим, – прошептала Кити. – Теперь идите, он засыпает.

VII

Агафья Михайловна вышла на цыпочках; няня спустила стору, выгнала мух из-под кисейного полога кроватки и шершня, бившегося о стекла рамы, и села, махая березовою вянущею веткой над матерью и ребенком.

– Жара-то, жара! Хоть бы бог дождичка дал, – проговорила она.

– Да, да, ш-ш-ш… – только отвечала Кити, слегка покачиваясь и нежно прижимая как будто перетянутую в кисти ниточкой пухлую ручку, которою Митя все слабо махал, то закрывая, то открывая глазки. Эта ручка смущала Кити: ей хотелось поцеловать эту ручку, но она боялась сделать это, чтобы не разбудить ребенка. Ручка наконец перестала двигаться, и глаза закрылись. Только изредка, продолжая свое дело, ребенок, приподнимая свои длинные загнутые ресницы, взглядывал на мать в полусвете казавшимися черными, влажными глазами. Няня перестала махать и задремала. Сверху послышался раскат голоса старого князя и хохот Катавасова.

«Верно, разговорились без меня, – думала Кити, – а все-таки досадно, что Кости нет. Верно, опять зашел на пчельник. Хоть и грустно, что он часто бывает там, я все-таки рада. Это развлекает его. Теперь он стал все веселее и лучше, чем весною.

А то он так был мрачен и так мучался, что мне становилось страшно за него. И какой он смешной!» – прошептала она, улыбаясь.

Она знала, что́ мучало ее мужа. Это было его неверие. Несмотря на то, что, если бы у нее спросили, полагает ли она, что в будущей жизни он, если не поверит, будет погублен, она бы должна была согласиться, что он будет погублен, – его неверие не делало ее несчастья; и она, признававшая то, что для неверующего не может быть спасения, и любя более всего на свете душу своего мужа, с улыбкой думала о его неверии и говорила сама себе, что он смешной.

«Для чего он целый год все читает философии какие-то? – думала она. – Если это все написано в этих книгах, то он может понять их. Если же неправда там, то зачем их читать? Он сам говорит, что желал бы верить. Так отчего ж он не верит? Верно, оттого, что много думает? А много думает от уединения. Все один, один. С нами нельзя ему всего говорить. Я думаю, гости эти будут приятны ему, особенно Катавасов. Он любит рассуждать с ним», – подумала она и тотчас же перенеслась мыслью к тому, где удобнее положить спать Катавасова, – отдельно или вместе с Сергеем Иванычем. И тут ей вдруг пришла мысль, заставившая ее вздрогнуть от волнения и даже встревожить Митю, который за это строго взглянул на нее. «Прачка, кажется, не приносила еще белья, а для гостей постельное белье все в расходе. Если не распорядиться, то Агафья Михайловна подаст Сергею Иванычу стеленное белье», – и при одной мысли об этом кровь бросилась в лицо Кити.

«Да, я распоряжусь», – решила она и, возвращаясь к прежним мыслям, вспомнила, что что-то важное душевное было не додумано еще, и она стала вспоминать что. «Да, Костя неверующий», – опять с улыбкой вспомнила она.

«Ну, неверующий! Лучше пускай он будет всегда такой, чем как мадам Шталь или какою я хотела быть тогда за границей. Нет, он уже не станет притворяться».

И недавняя черта его доброты живо возникала пред ней. Две недели тому назад было получено кающееся письмо Степана Аркадьича к Долли. Он умолял спасти его честь, продать ее имение, чтобы заплатить его долги. Долли была в отчаянье, ненавидела мужа, презирала, жалела, решалась развестись, отказать, но кончила тем, что согласилась продать часть своего имения. После этого Кити с невольною улыбкой умиления вспомнила сконфуженность своего мужа, его неоднократные неловкие подходы к занимавшему его делу и как он, наконец, придумав одно-единственное средство, не оскорбив, помочь Долли, предложил Кити отдать ей свою часть именья, о чем она прежде не догадалась.

«Какой же он неверующий? С его сердцем, с этим страхом огорчить кого-нибудь, даже ребенка! Все для других, ничего для себя. Сергей Иванович так и думает, что это обязанность Кости – быть его приказчиком. Тоже и сестра. Теперь Долли с детьми на его опеке. Все эти мужики, которые каждый день приходят к нему, как будто он обязан им служить».

«Да, только будь таким, как твой отец, только таким», – проговорила она, передавая Митю няне и притрогиваясь губой к его щечке.

VIII

С той минуты, как при виде любимого умирающего брата Левин в первый раз взглянул на вопросы жизни и смерти сквозь те новые, как он называл их, убеждения, которые незаметно для него, в период от двадцати до тридцати четырех лет, заменили его детские и юношеские верования, – он ужаснулся не столько смерти, сколько жизни без малейшего знания о том, откуда, для чего, зачем и что она такое. Организм, разрушение его, неистребимость материи, закон сохранения силы, развитие – были те слова, которые заменили ему прежнюю веру. Слова эти и связанные с ними понятия были очень хороши для умственных целей; но для жизни они ничего не давали, и Левин вдруг почувствовал себя в положении человека, который променял бы теплую шубу на кисейную одежду и который в первый раз на морозе, несомненно, не рассуждениями, а всем существом своим убедился бы, что он все равно что голый и что он неминуемо должен мучительно погибнуть.

С той минуты, хотя и не отдавая себе в том отчета и продолжая жить по-прежнему, Левин не переставал чувствовать этот страх за свое незнание.

Кроме того, он смутно чувствовал, что то, что он называл своими убеждениями, было не только незнание, но что это был такой склад мысли, при котором невозможно было знание того, что ему нужно было.

Первое время женитьба, новые радости и обязанности, узнанные им, совершенно заглушили эти мысли; но в последнее время, после родов жены, когда он жил в Москве без дела, Левину все чаще и чаще, настоятельнее и настоятельнее стал представляться требовавший разрешения вопрос.

Вопрос для него состоял в следующем: «Если я не признаю тех ответов, которые дает христианство на вопросы моей жизни, то какие я признаю ответы?» И он никак не мог найти во всем арсенале своих убеждений не только каких-нибудь ответов, но ничего похожего на ответ.

Он был в положении человека, отыскивающего пищу в игрушечных и оружейных лавках.

Невольно, бессознательно для себя, он теперь во всякой книге, во всяком разговоре, во всяком человеке искал отношения к этим вопросам и разрешения их.

Более всего его при этом изумляло и расстраивало то, что большинство людей его круга и возраста, заменив, как и он, прежние верования такими же, как и он, новыми убеждениями, не видели в этом никакой беды и были совершенно довольны и спокойны. Так что, кроме главного вопроса, Левина мучали еще другие вопросы: искренни ли эти люди? не притворяются ли они? или не иначе ли как-нибудь, яснее, чем он, понимают они те ответы, которые дает наука на занимающие его вопросы? И он старательно изучал и мнения этих людей и книги, которые выражали эти ответы.

Одно, что он нашел с тех пор, как вопросы эти стали занимать его, это было то, что он ошибался, предполагая по воспоминаниям своего юношеского, университетской круга, что религия уж отжила свое время и что ее более не существует. Все хорошие по жизни, близкие ему люди верили. И старый князь, и Львов, так полюбившийся ему, и Сергей Иваныч, и все женщины верили, и жена его верила так, как он верил в первом детстве, и девяносто девять сотых русского народа, весь тот народ, жизнь которого внушала ему наибольшее уважение, верили.

Другое было то, что, прочтя много книг, он убедился что люди, разделявшие с ним одинакие воззрения, ничего другого не подразумевали под ними и что они, ничего но объясняя, только отрицали те вопросы, без ответа на которые он чувствовал, что не мог жить, а старались разрешить совершенно другие, не могущие интересовать его вопросы, как, например, о развитии организмов, о механическом объяснении души и т. п.

Кроме того, во время родов жены с ним случилось необыкновенное для него событие. Он, неверующий, стал молиться и в ту минуту, как молился, верил. Но прошла эта минута, и он не мог дать этому тогдашнему настроению никакого места в своей жизни.

Он не мог признать, что он тогда знал правду, а теперь ошибается; потому что, как только он начинал думать спокойно об этом, все распадалось вдребезги; не мог и признать того, что он тогда ошибался, потому что дорожил тогдашним душевным настроением, а признавая его данью слабости, он бы осквернял те минуты. Он был в мучительном разладе с самим собою и напрягал все душевные силы, чтобы выйти из него.

IX

Мысли эти томили и мучали его то слабее, то сильнее, но никогда не покидали его. Он читал и думал, и чем больше он читал и думал, тем дальше чувствовал себя от преследуемой им цели.

В последнее время в Москве и в деревне, убедившись, что в материалистах он не найдет ответа, он перечитал и вновь прочел и Платона, и Спинозу, и Канта, и Шеллинга, и Гегеля, и Шопенгауера[1] – тех философов, которые не материалистически объясняли жизнь.

Мысли казались ему плодотворны, когда он или читал, или сам придумывал опровержения против других учений, в особенности против материалистического; но как только он читал или сам придумывал разрешения вопросов, так всегда повторялось одно и то же. Следуя данному определению неясных слов, как *дух, воля, свобода, субстанция,* нарочно вдаваясь в ту ловушку слов, которую ставили ему философы или он сам себе, он начинал как будто что-то понимать. Но стоило забыть искусственный ход мысли и из жизни вернуться к тому, что удовлетворяло, когда он думал, следуя данной нити, – и вдруг вся эта искусственная постройка

---

1 *...он перечитал и вновь прочел и Платона, и Спинозу, и Канта, и Шеллинга, и Гегеля, и, Шопенгауера...* – В годы, предшествовавшие работе над «Анной Карениной», и во время писания романа Толстой усиленно занимался философией. «...Философские вопросы нынешнюю весну сильно занимают меня», – говорил он Страхову в 1873 г. (т. 62, с. 25). Наибольшее внимание Толстого привлекали сочинения Платона, Канта, Шопенгауэра, Декарта и Спинозы, «тружеников независимых, страшных по своей оторванности и глубине» (т. 48, с. 126). У Канта он особенно ценил постановку основных вопросов этики: «Что я могу знать? Что я должен делать? Чего мне следует надеяться?» (т. 62, с. 219, 230). Толстой утверждал, что «философия, в личном смысле, есть знание, дающее наилучшие возможные ответы на вопросы о значении человеческой жизни и смерти» (т. 62, с. 225). Эта точка зрения Толстого накладывала отпечаток и на характер Левина, и на общий замысел романа «Анна Каренина». Толстой «рассуждает отвлеченно, – пишет В. И. Ленин, – он допускает только точку зрения «вечных» начал нравственности, вечных истин религии...» (В. И. Ленин. Полн. собр. соч., т. 20, с. 101).

завалилась, как карточный дом, и ясно было, что постройка была сделана из тех же переставленных слов, независимо от чего-то более важного в жизни, чем разум.

Одно время, читая Шопенгауэра, он подставил на место его *воли – любовь* [1], и эта новая философия дня на два, пока он не отстранился от нее, утешала его; но она точно так же завалилась, когда он потом из жизни взглянул на нее, и оказалась кисейною, негреющею одеждой.

Брат Сергей Иванович посоветовал ему прочесть богословские сочинения Хомякова. [2] Левин прочел второй том сочинений Хомякова и, несмотря на оттолкнувший его сначала полемический, элегантный и остроумный тон, был поражен в них учением о церкви. Его поразила сначала мысль о том, что постижение божественных истин не дано человеку, но дано совокупности людей, соединенных любовью, – церкви. Его обрадовала мысль о том, как легче было поверить в существующую, теперь живущую церковь, составляющую все верования людей, имеющую во главе бога и потому святую и непогрешимую, и от нее уже принять верования в бога, в творение, в падение, в искупление, чем начинать с бога, далекого, таинственного бога, творения и т. д. Но, прочтя потом историю церкви католического писателя и историю церкви православного писателя и увидав, что обе церкви, непогрешимые по сущности своей, отрицают одна другую, он разочаровался и в хомяковском учении о церкви, и это здание рассыпалось таким же прахом, как и философские постройки.

Всю эту весну он был не свой человек и пережил ужасные минуты.

«Без знания того, что я такое и зачем я здесь, нельзя жить. А знать я этого не могу, следовательно, нельзя жить», – говорил себе Левин.

---

1 *...читая Шопенгауэра, он подставил на место его воли – любовь.* – Философия немецкого мыслителя Артура Шопенгауэра (1788–1860), утверждавшего, что в мире царит «слепая воля к жизни», и привлекала и отталкивала Толстого в пору работы над романом. В черновых редакциях говорится об увлечении Левина шопенгауэровскими идеями «отречения от воли», идеями «сострадания, жизни для правды» (т. 20, с. 565). Толстой почерпнул в книге «Мир как воля и представление» первоначальную формулу эпиграфа к «Анне Карениной» («Отмщение Мое») (т. 20, с. 51), которую он потом исправил по Библии (см. об этом: Б. М. Эйхенбаум. Лев Толстой. Семидесятые годы. Л., 1960, с. 201). Вместе с тем Толстой считал воззрения Шопенгауэра «безнадежными», мрачно-пессимистическими и холодными («негреющая одежда», как говорит Левин). Отсюда и возникает «подстановка», при которой «воля» заменяется «любовью».

2 *...Сергей Иванович посоветовал ему прочесть богословские сочинения Хомякова.* – Хомяков А. С. – поэт, публицист, крупнейший представитель славянофильства, в своих богословских сочинениях («Опыт катехизисного изложения учения о церкви» и «Мысли о всеобщей истории») доказывал, что «истина недоступна для отдельного мышления» – «истина доступна только совокупности мышлений, связанных любовью».

«В бесконечном времени, в бесконечности материи, в бесконечном пространстве выделяется пузырек-организм, и пузырек этот подержится и лопнет, и пузырек этот – я».

Это была мучительная неправда, но это был единственный, последний результат вековых трудов мысли человеческой в этом направлении.

Это было то последнее верование, на котором строились все, почти во всех отраслях, изыскания человеческой мысли. Это было царствующее убеждение, и Левин из всех других объяснений, как все-таки более ясное, невольно, сам не зная когда и как, усвоил именно это.

Но это не только была неправда, это была жестокая насмешка какой-то злой силы, злой, противной и такой, которой нельзя было подчиняться.

Надо было избавиться от этой силы. И избавление было в руках каждого. Надо было прекратить эту зависимость от зла. И было одно средство – смерть.

И, счастливый семьянин, здоровый человек, Левин был несколько раз так близок к самоубийству, что спрятал шнурок, чтобы не повеситься на нем, и боялся ходить с ружьем, чтобы не застрелиться.

Но Левин не застрелился и не повесился и продолжал жить.

X

Когда Левин думал о том, что он такое и для чего он живет, он не находил ответа и приходил в отчаянье; но когда он переставал спрашивать себя об этом, он как будто знал, и что он такое и для чего он живет, потому что твердо и определенно действовал и жил; даже в это последнее время он гораздо тверже и определеннее жил, чем прежде.

Вернувшись в начале июня в деревню, он вернулся и к своим обычным занятиям. Хозяйство сельское, отношения с мужиками и соседями, домашнее хозяйство, дела сестры и брата, которые были у него на руках, отношения с женою, родными, заботы о ребенке, новая пчелиная охота, которою он увлекся с нынешней весны, занимали все его время.

Дела эти занимали его не потому, чтоб он оправдывал их для себя какими-нибудь общими взглядами, как он это делывал прежде; напротив, теперь, с одной стороны, разочаровавшись неудачей прежних предприятий для общей пользы, с другой стороны, слишком занятый своими мыслями и самым количеством дел, которые со всех сторон наваливались на него, он совершенно оставил всякие соображения об общей пользе, и дела эти занимали его только потому, что ему казалось, что он должен был делать то, что он делал, – что он не мог иначе.

Прежде (это началось почти с детства и все росло до полной возмужалости), когда он старался сделать что-нибудь такое, что сделало бы добро для всех, для человечества, для России, для губернии, для всей деревни, он замечал, что мысли об этом были приятны, но сама деятельность всегда бывала нескладная, не было полной уверенности в том, что дело необходимо нужно, и сама деятельность, казавшаяся сначала столь большою, все уменьшаясь и уменьшаясь, сходила на нет; теперь же, когда он после женитьбы стал более и более ограничиваться жизнью для себя, он, хотя не испытывал более никакой радости при мысли о своей деятельности, чувствовал уверенность, что дело его необходимо, видел, что оно спорится гораздо лучше, чем прежде, и что оно все становится больше и больше.

Теперь он, точно против воли, все глубже и глубже врезывался в землю, как плуг, так что уж и не мог выбраться, не отворотив борозды.

Жить семье так, как привыкли жить отцы и деды, то есть в тех же условиях образования и в тех же воспитывать детей, было, несомненно, нужно. Это было так же нужно, как обедать, когда есть хочется; и для этого так же нужно, как приготовить обед, нужно было вести хозяйственную машину в Покровском так, чтобы были доходы. Так же несомненно, как нужно отдать долг, нужно было держать родовую землю в таком положении, чтобы сын, получив ее в наследство, сказал так же спасибо отцу, как Левин говорил спасибо деду за все то, что он настроил и насадил. И для этого нужно было не отдавать землю внаймы, а самому хозяйничать, держать скотину, навóзить поля, сажать леса.

Нельзя было не делать дел Сергея Ивановича, сестры, всех мужиков, ходивших за советами и привыкших к этому, как нельзя бросить ребенка, которого держишь уже на руках. Нужно было позаботиться об удобствах приглашенной свояченицы с детьми и жены с ребенком, и нельзя было не быть с ними хоть малую часть дня.

И все это вместе с охотой за дичью и новой пчелиной охотой наполняло всю ту жизнь Левина, которая не имела для него никакого смысла, когда он думал.

Но кроме того, что Левин твердо знал, *что́* ему надо делать, он точно так же знал, *как* ему надо все это делать и какое дело важнее другого.

Он знал, что нанимать рабочих надо было как можно дешевле; но брать в кабалу их, давая вперед деньги, дешевле, чем они стоят, не надо было, хотя это и было очень выгодно. Продавать в бескормицу мужикам солому можно было, хотя и жалко было их; но постоялый двор и питейный, хотя они и доставляли доход, надо было уничтожить. За порубку лесов надо было взыскивать сколь возможно строже, но за загнанную скотину нельзя было брать штрафов, и хотя это и огорчало караульщиков и уничтожало страх, нельзя было не отпускать загнанную скотину.

Петру, платившему ростовщику десять процентов в месяц, нужно было дать взаймы, чтобы выкупить его; но нельзя было спустить и отсрочить оброк мужикам-неплательщикам. Нельзя было пропустить приказчику то, что лужок не был скошен и трава пропала задаром; но нельзя было и косить восемьдесят десятин, на которых был посажен молодой лес. Нельзя было простить работнику, ушедшему в рабочую пору домой потому, что у него отец умер, как ни жалко было его, и надо было расчесть его дешевле за прогульные дорогие месяцы; но нельзя было и не выдавать месячины старым, ни на что не нужным дворовым.

Левин знал тоже, что, возвращаясь домой, надо было прежде всего идти к жене, которая была нездорова; а мужикам, дожидавшимся его уже три часа, можно было еще подождать; и знал, что, несмотря на все удовольствие, испытываемое им при сажании роя, надо было лишиться этого удовольствия и, предоставив старику без себя сажать рой, пойти толковать с мужиками, нашедшими его на пчельнике.

Хорошо ли, дурно ли он поступал, он не знал и не только не стал бы теперь доказывать, но избегал разговоров и мыслей об этом.

Рассуждения приводили его в сомнения и мешали ему видеть, что́ должно и что́ не должно. Когда же он не думал, а жил, он не переставая чувствовал в душе своей присутствие непогрешимого судьи, решавшего, который из двух возможных поступков лучше и который хуже; и как только он поступал не так как надо, он тотчас же чувствовал это.

Так он жил, не зная и не видя возможности знать, что он такое и для чего живет на свете, и мучаясь этим незнанием до такой степени, что боялся самоубийства и вместе с тем твердо прокладывая свою особенную, определенную дорогу в жизни.

XI

В тот день, как Сергей Иванович приехал в Покровское, Левин находился в одном из своих самых мучительных дней.

Было самое спешное рабочее время, когда во всем народе проявляется такое необыкновенное напряжение самопожертвования в труде, какое не проявляется ни в каких других условиях жизни и которое высоко ценимо бы было, если бы люди, проявляющие эти качества, сами ценили бы их, если б оно не повторялось каждый год и если бы последствия этого напряжения не были так просты.

Скосить и сжать рожь и овес и свезти, докосить луга, передвоить пар, обмолотить семена и посеять озимое – все это кажется просто и обыкновенно; а чтобы успеть сделать все это, надо, чтобы от старого до малого все деревенские люди работали не переставая в эти три-четыре недели втрое больше, чем обыкновенно, питаясь квасом, луком и черным хлебом, молотя и возя снопы по ночам и отдавая сну не более двух-трех часов в сутки. И каждый год это делается по всей России.

Прожив бо́льшую часть жизни в деревне и в близких сношениях с народом, Левин всегда в рабочую пору чувствовал, что это общее народное возбуждение сообщается и ему.

С утра он ездил на первый посев ржи, на овес, который возил в скирды, и, вернувшись домой к вставаныю жены и свояченицы, напился с ними кофею и ушел пешком на хутор, где должны были пустить вновь установленную молотилку для приготовления семян.

Целый день этот Левин, разговаривая с приказчиком и мужиками и дома разговаривая с женою, с Долли, с детьми ее, с тестем, думал об одном и одном, что занимало его в это время помимо хозяйственных забот, и во всем искал отношения к своему вопросу: «Что же я такое? и где я? и зачем я здесь?»

Стоя в холодке вновь покрытой риги с необсыпавшимся еще пахучим листом лещинового решетника, прижатого к облупленным свежим осиновым слегам соломенной крыши, Левин глядел то сквозь открытые ворота, в которых толклась и играла сухая и горькая пыль молотьбы, на освещенную горячим солнцем траву гумна и свежую солому, только что вынесенную из сарая, то на пестроголовых белогрудых ласточек, с присвистом влетавших под крышу и, трепля крыльями, останавливавшихся в просветах ворот, то на народ, копошившийся в темной и пыльной риге, и думал странные мысли.

«Зачем все это делается? – думал он. – Зачем я тут стою, заставляю их работать? Из чего они все хлопочут и стараются показать при мне свое усердие? Из чего бьется эта старуха Матрена, моя знакомая? (Я лечил ее, когда на пожаре на нее упала матица), – думал он, глядя на худую бабу, которая, двигая граблями зерно, напряженно ступала черно-загорелыми босыми ногами по неровному жесткому току. – Тогда она выздоровела; но не нынче-завтра, через десять лет, ее закопают, и ничего не останется ни от нее, ни от этой щеголихи в красной паневе, которая таким ловким, нежным движением отбивает из мякины колос. И ее закопают, и пегого мерина этого очень скоро, – думал он, глядя на тяжело носящую брюхом и часто дышащую раздутыми ноздрями лошадь, переступающую по убегающему из-под нее наклонному колесу. – И ее закопают, и Федора подавальщика с его курчавой, полною мякины бородой и прорванной на белом плече рубашкой закопают. А он разрывает снопы, и что-то командует, и кричит на баб, и быстрым движением поправляет ремень на маховом колесе. И главное, не только их, но меня закопают, и ничего не останется. К чему?»

Он думал это и вместе с тем глядел на часы, чтобы расчесть, сколько обмолотят в час. Ему нужно было это знать, чтобы, судя по этому, задать урок на день.

«Скоро уж час, а только начали третью копну», – подумал Левин, подошел к подавальщику и, перекрикивая грохот машины, сказал ему, чтоб он реже пускал.

– Помногу подаешь, Федор! Видишь – запирается, оттого не споро. Разравнивай!

Почерневший от липнувшей к потному лицу пыли Федор прокричал что-то в ответ, но все делал не так, как хотелось Левину.

Левин, подойдя к барабану, отстранил Федора и сам взялся подавать.

Проработав до обеда мужицкого, до которого уже оставалось недолго, он вместе с подавальщиком вышел из риги и разговорился, остановившись подле сложенного на току для семян аккуратного желтого скирда жатой ржи.

Подавальщик был из дальней деревни, из той, в которой Левин прежде отдавал землю на артельном начале. Теперь она была отдана дворнику внаймы.

Левин разговорился с подавальщиком Федором об этой земле и спросил, не возьмет ли землю на будущий год Платон, богатый и хороший мужик той же деревни.

– Цена дорога, Платону не выручить, Константин Дмитрич, – отвечал мужик, выбирая колосья из потной пазухи.

– Да как же Кириллов выручает?

– Митюхе (так презрительно назвал мужик дворника), Константин Дмитрич, как не вырулить! Этот нажмет, да свое выберет. Он хрестьянина не пожалеет. А дядя Фоканыч (так он звал старика Платона) разве станет драть шкуру с человека? Где в долг, где и спустит. Ан и не доберет. Тоже человеком.

– Да зачем же он будет спускать?

– Да так, значит – люди разные; один человек только для нужды своей живет, хоть бы Митюха, только брюхо набивает, а Фоканыч – правдивый старик. Он для души живет. Бога помнит.

– Как бога помнит? Как для души живет? – почти вскрикнул Левин.

– Известно как, по правде, по-божью. Ведь люди разные. Вот хоть вас взять, тоже не обидите человека…

– Да, да, прощай! – проговорил Левин, задыхаясь от волнения, и, повернувшись, взял свою палку и быстро пошел прочь к дому.

Новое радостное чувство охватило Левина. При словак мужика о том, что Фоканыч живет для души, по правде, по-божью, неясные, но значительные мысли толпою как будто вырвались откуда-то иззаперти и, все стремясь к одной цели, закружились в его голове, ослепляя его своим светом.

XII

Левин шел большими шагами по большой дороге, прислушиваясь не столько к своим мыслям (он не мог еще разобрать их), сколько к душевному состоянию, прежде никогда им не испытанному.

Слова, сказанные мужиком, произвели в его душе действие электрической искры, вдруг преобразившей и сплотившей в одно целый рой разрозненных, бессильных отдельных мыслей, никогда не перестававших занимать его. Мысли эти незаметно для него самого занимали его и в то время, когда он говорил об отдаче земли.

Он чувствовал в своей душе что-то новое и с наслаждением ощупывал это новое, не зная еще, что это такое.

«Не для нужд своих жить, а для бога. Для какого бога? Для бога. И что можно сказать бессмысленнее того, что он сказал? Он сказал, что не надо жить для своих нужд, то есть что не надо жить для того, что мы понимаем, к чему нас влечет, чего нам хочется, а надо жить для чего-то непонятного, для бога, которого никто ни понять, ни определить не может. И что же? Я не понял этих бессмысленных слов Федора? А поняв, усумнился в их справедливости? нашел их глупыми, неясными, неточными?

Нет, я понял его и совершенно так, как он понимает, понял вполне и яснее, чем я понимаю что-нибудь в жизни, и никогда в жизни не сомневался и не могу усумниться в этом. И не я один, а все, весь мир одно это вполне понимают и в одном этом не сомневаются и всегда согласны.

Федор говорит, что Кириллов, дворник, живет для брюха. Это понятно и разумно. Мы все, как разумные существа, не можем иначе жить, как для брюха. И вдруг тот же Федор говорит, что для брюха жить дурно, а надо жить для правды, для бога, и я с намека понимаю его! И я и миллионы людей, живших века тому назад и живущих теперь, мужики, нищие духом и мудрецы, думавшие и писавшие об этом, своим неясным языком говорящие то же, – мы все согласны в этом одном: для чего надо жить и что́ хорошо. Я со всеми людьми имею только одно твердое, несомненное и ясное знание, и знание это не может быть объяснено разумом – оно вне его и не имеет никаких причин и не может иметь никаких последствий.

Если добро имеет причину, оно уже не добро; если оно имеет последствие - награду, оно тоже не добро. Стало быть, добро вне цепи причин и следствий.

И его-то я знаю, и все мы знаем.

А я искал чудес, жалел, что не видал чуда, которое бы убедило меня. А вот оно чудо, единственно возможное, постоянно существующее, со всех сторон окружающее меня, и я не замечал его!

Какое же может быть чудо больше этого?

Неужели я нашел разрешение всего, неужели кончены теперь мои страдания?» - думал Левин, шагая по пыльной дороге, не замечая ни жару, ни усталости и испытывая чувство утоления долгого страдания. Чувство это было так радостно, что оно казалось ему невероятным. Он задыхался от волнения и, не в силах идти дальше, сошел с дороги в лес и сел в тени осин на нескошенную траву. Он снял с потной головы шляпу и лег, облокотившись на руку, на сочную, лопушистую лесную траву.

«Да, надо опомниться и обдумать, - думал он, пристально глядя на несмятую траву, которая была перед ним, и следя за движениями зеленой букашки, поднимавшейся по стеблю пырея и задерживаемой в своем подъеме листом снытки. - Все сначала, - говорил он себе, отворачивая лист снытки, чтобы он не мешал букашке, и пригибая другую траву, чтобы букашка перешла на нее. - Что радует меня? Что я открыл?

Прежде я говорил, что в моем теле, в теле этой травы и этой букашки (вот она не захотела на ту траву, расправила крылья и улетела) совершается по физическим, химическим, физиологическим законам обмен материи. А во всех нас, вместе с осинами, и с облаками, и с туманными пятнами, совершается развитие. Развитие из чего? во что? Бесконечное развитие и борьба?.. Точно может быть какое-нибудь направление и борьба в бесконечном! И я удивлялся, что, несмотря на самое большое напряжение мысли по этому пути, мне все-таки не открывается смысл жизни, смысл моих побуждений и стремлений. А смысл моих побуждений во мне так ясен, что я постоянно живу по нем, и я удивился и обрадовался, когда мужик мне высказал его: жить для бога, для души.

Я ничего не открыл. Я только узнал то, что я знаю, Я понял ту силу, которая не в одном прошедшем дала мне жизнь, но теперь дает мне жизнь. Я освободился от обмана, я узнал хозяина».

И он вкратце повторил сам себе весь ход своей мысли за эти последние два года, начало которого была ясная, очевидная мысль о смерти при виде любимого безнадежно больного брата.

В первый раз тогда поняв ясно, что для всякого человека и для него впереди ничего не было, кроме страдания, смерти и вечного забвения, он решил, что так нельзя жить, что надо или объяснить свою жизнь так, чтобы она не представлялась злой насмешкой какого-то дьявола, или застрелиться.

Но он не сделал ни того, ни другого, а продолжал жить, мыслить и чувствовать и даже в это самое время женился и испытал много радостей и был счастлив, когда не думал о значении своей жизни.

Что ж это значило? Это значило, что он жил хорошо, но думал дурно.

Он жил (не сознавая этого) теми духовными истинами, которые он всосал с молоком, а думал не только не признавая этих истин, но старательно обходя их.

Теперь ему ясно было, что он мог жить только благодаря тем верованиям, в которых он был воспитан.

«Что бы я был такое и как бы прожил свою жизнь, если бы не имел этих верований, не знал, что надо жить для бога, а не для своих нужд? Я бы грабил, лгал, убивал. Ничего из того, что составляет главные радости моей жизни, не существовало бы для меня». И, делая самые большие усилия воображения, он все-таки не мог представить себе того зверского существа, которое бы был он сам, если бы не знал того, для чего он жил.

«Я искал ответа на мой вопрос. А ответа на мой вопрос не могла мне дать мысль, – она несоизмерима с вопросом. Ответ мне дала сама жизнь, в моем знании того, что хорошо и что дурно. А знание это я не приобрел ничем, но оно дано мне вместе со всеми, *дано* потому, что я ниоткуда не мог взять его.

Откуда взял я это? Разумом, что ли, дошел я до того, что надо любить ближнего и не душить его? Мне сказали это в детстве, и я радостно поверил, потому что мне сказали то, что было у меня в душе. А кто открыл это? Не разум. Разум открыл борьбу за существование и закон, требующий того, чтобы душить всех, мешающих удовлетворению моих желаний. Это вывод разума. А любить другого не мог открыть разум, потому что это неразумно».

«Да, гордость», – сказал он себе, переваливаясь на живот и начиная завязывать узлом стебли трав, стараясь не сломать их.

«И не только гордость ума, а глупость ума. А главное – плутовство, именно плутовство ума. Именно мошенничество ума», – повторил он.

XIII

И Левину вспомнилась недавняя сцена с Долли и ее детьми. Дети, оставшись одни, стали жарить малину на свечах и лить молоко фонтаном в рот. Мать, застав их на деле, при Левине стала внушать им, какого труда стоит большим то, что они разрушают, и то, что труд этот делается для них, что если они будут бить чашки, то им не из чего будет пить чай, а если будут разливать молоко, то им нечего будет есть и они умрут с голода.

И Левина поразило то спокойное, унылое недоверие, с которым дети слушали эти слова матери. Они только были огорчены тем, что прекращена их занимательная игра, и не верили ни слову из того, что говорила мать. Они и не могли верить, потому что не могли себе представить всего объема того, чем они пользуются, и потому не могли представить себе, что то, что они разрушают, есть то самое, чем они живут.

«Это все само собой, – думали они, – и интересного и важного в этом ничего нет, потому что это всегда было и будет. И всегда все одно и то же. Об этом нам думать нечего, это готово; а нам хочется выдумать что-нибудь свое и новенькое. Вот мы выдумали в чашку положить малину и жарить ее на свечке, а молоко лить фонтаном прямо в рот друг другу. Это весело и ново, и ничем не хуже, чем пить из чашек».

«Разве не то же самое делаем мы, делал я, разумом отыскивая значение сил природы и смысл жизни человека?» – продолжал он думать.

«И разве не то же делают все теории философские, путем мысли, странным, не свойственным человеку, приводя его к знанию того, что он давно знает, и так верно знает, что без этого и жить бы не мог? Разве не видно ясно в развитии теории каждого философа, что он вперед знает так же несомненно, как и мужик Федор, и ничуть не яснее его, главный смысл жизни и только сомнительным умственным путем хочет вернуться к тому, что всем известно?

Ну-ка, пустить одних детей, чтоб они сами приобрели, сделали посуду, подоили молоко и т. д. Стали бы они шалить? Они бы с голоду померли. Ну-ка, пустите нас с нашими страстями, мыслями, без понятия о едином боге и творце! Или без понятия того, что есть добро, без объяснения зла нравственного.

Ну-ка, без этих понятий постройте что-нибудь!

Мы только разрушаем, потому что мы духовно сыты. Именно дети!

Откуда у меня радостное, общее с мужиком знание, которое одно дает мне спокойствие души? Откуда взял я это?

Я, воспитанный в понятии бога, христианином, наполнив всю свою жизнь теми духовными благами, которые дало мне христианство, преисполненный весь и живущий этими благами, я, как дети, не понимая их, разрушаю, то есть хочу разрушить то, чем я живу. А как только наступает важная минута жизни, как дети, когда им холодно и голодно, я иду к нему, и еще менее, чем дети, которых мать бранит за их детские шалости, я чувствую, что мои детские попытки с жира беситься не зачитываются мне.

Да, то, что я знаю, я знаю не разумом, а это дано мне, открыто мне, и я знаю это сердцем, верою в то главное, что исповедует церковь».

«Церковь? Церковь!» - повторил себе Левин, перелег на другую сторону и, облокотившись на руку, стал глядеть вдаль, на сходившее с той стороны к реке стадо.

«Но могу ли я верить во все, что исповедует церковь? - думал он, испытывая себя и придумывая все то, что могло разрушить его теперешнее спокойствие. Он нарочно стал вспоминать те учения церкви, которые более всего всегда казались ему странными и соблазняли его. - Творение? А я чем же объяснял существование? Существованием? Ничем? - Дьявол и грех? - А чем я объясняю зло?.. Искупитель?..

Но я ничего, ничего не знаю и не могу знать, как только то, что мне сказано вместе со всеми».

И ему теперь казалось, что не было ни одного из верований церкви, которое бы нарушало главное - веру в бога, в добро как единственное назначение человека.

Под каждое верование церкви могло быть подставлено верование в служение правде вместо нужд. И каждое не только не нарушало этого, но было необходимо для того, чтобы совершалось то главное, постоянно проявляющееся на земле чудо, состоящее в том, чтобы возможно было каждому вместе с миллионами разнообразнейших людей, мудрецов и юродивых, детей и стариков - со всеми, с мужиком, с Львовым, с Кити, с нищими и царями, понимать несомненно одно и то же и слагать ту жизнь души, для которой одной стоит жить и которую одну мы ценим.

Лежа на спине, он смотрел теперь в высокое, безоблачное небо. «Разве я не знаю, что это - бесконечное пространство и что оно не круглый свод? Но как бы я ни щурился и ни напрягал свое зрение, я не могу видеть его не круглым и не ограниченным, и, несмотря на свое знание о бесконечном пространстве, я несомненно прав, когда я вижу твердый голубой свод, я более прав, чем когда я напрягаюсь видеть дальше его».

Левин перестал уже думать и только как бы прислушивался к таинственным голосам, о чем-то радостно и озабоченно переговаривавшимся между собой.

«Неужели это вера? - подумал он, боясь верить своему счастью. - Боже мой, благодарю тебя!» - проговорил он, проглатывая поднимавшиеся рыданья и вытирая обеими руками слезы, которыми полны были его глаза.

XIV

Левин смотрел перед собой и видел стадо, потом увидал свою тележку, запряженную Вороным, и кучера, который, подъехав к стаду, поговорил что-то с пастухом; потом он уже вблизи от себя услыхал звук колес и фырканье сытой лошади; но он так был поглощен своими мыслями, что он и не подумал о том, зачем едет к нему кучер.

Он вспомнил это только тогда, когда кучер, уже совсем подъехав к нему, окликнул его.

— Барыня послали. Приехали братец и еще какой-то барин.

Левин сел в тележку и взял вожжи.

Как бы пробудившись от сна, Левин долго не мог опомниться. Он оглядывал сытую лошадь, взмылившуюся между ляжками и на шее, где терлись поводки, оглядывал Ивана-кучера, сидевшего подле него, и вспоминал о том, что он ждал брата, что жена, вероятно, беспокоится его долгим отсутствием, и старался догадаться, кто был гость, приехавший с братом. И брат, и жена, и неизвестный гость представлялись ему теперь иначе, чем прежде. Ему казалось, что теперь его отношения со всеми людьми уже будут другие.

«С братом теперь не будет той отчужденности, которая всегда была между нами, — споров не будет; с Кити никогда не будет ссор; с гостем, кто бы он ни был, буду ласков и добр; с людьми, с Иваном — все будет другое».

Сдерживая на тугих вожжах фыркающую от нетерпения и просящую хода добрую лошадь, Левин оглядывался на сидевшего подле себя Ивана, не знавшего, что делать своими оставшимися без работы руками, и беспрестанно прижимавшего свою рубашку, и искал предлога для начала разговора с ним. Он хотел сказать, что напрасно Иван высоко подтянул чересседельню, но это было похоже на упрек, а ему хотелось любовного разговора. Другого же ничего ему не приходило в голову.

— Вы извольте вправо взять, а то пень, — сказал кучер, поправляя за вожжи Левина.

— Пожалуйста, не трогай и не учи меня! — сказал Левин, раздосадованный этим вмешательством кучера. Точно так же, как и всегда, такое вмешательство привело бы его в досаду, и тотчас же с грустью почувствовал, как ошибочно было его предположение о том, чтобы душевное настроение могло тотчас же изменить его в соприкосновении с действительностью.

Не доезжая с четверть версты до дома, Левин увидал бегущих ему навстречу Гришу и Таню.

— Дядя Костя! И мама идет, и дедушка, и Сергей Иваныч, и еще кто-то, — говорили они, влезая на тележку.

— Да кто?

— Ужасно страшный! И вот так руками делает, — сказала Таня, поднимаясь в тележке и передразнивая Катавасова.

- Да старый или молодой? - смеясь, сказал Левин которому представление Тани напоминало кого-то.

«Ах, только бы не неприятный человек!» - подумал Левин.

Только загнув за поворот дороги и увидав шедших навстречу, Левин узнал Катавасова в соломенной шляпе, шедшего, точно так размахивая руками, как представляла Таня.

Катавасов очень любил говорить о философии, имея о ней понятие от естественников, никогда не занимавшихся философией; и в Москве Левин в последнее время много спорил с ним.

И один из таких разговоров, в котором Катавасов, очевидно, думал, что он одержал верх, было первое, что вспомнил Левин, узнав его.

«Нет, уж спорить и легкомысленно высказывать свои мысли ни за что не буду», - подумал он.

Выйдя из тележки и поздоровавшись с братом и Катавасовым, Левин спросил про жену.

- Она перенесла Митю в Колок (это был лес около дома). Хотела устроить его там, а то в доме жарко, - сказала Долли.

Левин всегда отсоветывал жене носить ребенка в лес, находя это опасным, и известие это было ему неприятно.

- Носится с ним из места в место, - улыбаясь, сказал князь. - Я ей советовал попробовать снести его на ледник.

- Она хотела прийти на пчельник. Она думала, что ты там. Мы туда идем, - сказала Долли.

- Ну, что ты делаешь? - сказал Сергей Иванович отставая от других и равняясь с братом.

- Да ничего особенного. Как всегда, занимаюсь хозяйством, - отвечал Левин. - Что же ты, надолго? Мы тебя давно ждали.

- Недельки на две. Очень много дела в Москве.

При этих словах глаза братьев встретились, и Левин, несмотря на всегдашнее и теперь особенно сильное в нем желание быть в дружеских и, главное, простых отношениях с братом, почувствовал, что ему неловко смотреть на него. Он опустил глаза и не знал, что сказать.

Перебирая предметы разговора такие, какие были бы приятны Сергею Ивановичу и отвлекли бы его от разговора о сербской войне и славянского вопроса, на которые он намекал упоминанием о занятиях в Москве, Левин заговорил о книге Сергея Ивановича.

- Ну что, были рецензии о твоей книге? - спросил он.

Сергей Иванович улыбнулся на умышленность вопроса.

– Никто не занят этим, и я менее других, – сказал он. – Посмотрите, Дарья Александровна, будет дождик, – прибавил он, указывая зонтиком на показавшиеся над макушками осин белые тучки.

И довольно было этих слов, чтобы то не враждебное, но холодное отношение друг к другу, которого Левин так хотел избежать, опять установилось между братьями.

Левин подошел к Катавасову.

– Как хорошо вы сделали, что вздумали приехать, – сказал он ему.

– Давно собирался. Теперь побеседуем, посмотрим. Спенсера прочли?

– Нет, не дочел, – сказал Левин. – Впрочем, мне он не нужен теперь.

– Как так? Это интересно. Отчего?

– То есть я окончательно убедился, что разрешения занимающих меня вопросов я не найду в нем и ему подобных. Теперь…

Но спокойное и веселое выражение лица Катавасова вдруг поразило его, и ему так стало жалко своего настроения, которое он, очевидно, нарушал этим разговором, что он, вспомнив свое намерение, остановился.

– Впрочем, после поговорим, – прибавил он. – Если на пчельник, то сюда, по этой тропинке, – обратился он ко всем.

Дойдя по узкой тропинке до нескошенной полянки, покрытой с одной стороны сплошной яркой иван-да-марьей, среди которой часто разрослись темно-зеленые высокие кусты чемерицы, Левин поместил своих гостей в густой свежей тени молодых осинок, на скамейке и обрубках, нарочно приготовленных для посетителей пчельника, боящихся пчел, а сам пошел на осек, чтобы принести детям и большим хлеба, огурцов и свежего меда.

Стараясь делать как можно меньше быстрых движений и прислушиваясь к пролетавшим все чаще и чаще мимо него пчелам, он дошел по тропинке до избы. У самых сеней одна пчела завизжала, запутавшись ему в бороду, но он осторожно выпростал ее. Войдя в тенистые сени, он снял со стены повешенную на колышке свою сетку и, надев ее и засунув руки в карманы, вышел на огороженный пчельник, в котором правильными рядами, привязанные к кольям лычками, стояли среди выкошенного места все знакомые ему, каждый с своей историей, старые ульи, а по стенкам плетня молодые, посаженные в нынешнем году. Перед лётками ульев рябили в глазах кружащиеся и толкущиеся на одном месте, играющие пчелы и трутни, и среди их, всё в одном направлении, туда, в лес на цветущую липу, и назад, к ульям, пролетали рабочие пчелы с взяткой и за взяткой.

В ушах не переставая отзывались разнообразные звуки то занятой делом, быстро пролетающей рабочей пчелы, то трубящего, празднующего трутня, то встревоженных, оберегающих от врага свое достояние, сбирающихся жалить пчел-караульщиц. На той стороне ограды старик строгал обруч и не видал Левина. Левин, не окликая его, остановился на середине пчельника.

Он рад был случаю побыть одному, чтобы опомниться от действительности, которая уже успела так принизить его настроение.

Он вспомнил, что уже успел рассердиться на Ивана, выказать холодность брату и легкомысленно поговорить с Катавасовым.

«Неужели это было только минутное настроение и оно пройдет, не оставив следа?» – подумал он.

Но в ту же минуту, вернувшись к своему настроению, он с радостью почувствовал, что что-то новое и важное произошло в нем. Действительность только на время застилала то душевное спокойствие, которое он нашел; но оно было цело в нем.

Точно так же, как пчелы, теперь вившиеся вокруг него, угрожавшие и развлекавшие его, лишая его полного физического спокойствия, заставляли его сжиматься, избегая их, так точно заботы, обступив его с той минуты, как он сел в тележку, лишали его свободы душевной; но это продолжалось только до тех пор, пока он был среди них. Как, несмотря на пчел, телесная сила была вся цела в нем, так и цела была вновь сознанная им его духовная сила.

XV

– А ты знаешь, Костя, с кем Сергей Иванович ехал сюда? – сказала Долли, оделив детей огурцами и медом. – С Вронским! Он едет в Сербию.

– Да еще не один, а эскадрон ведет на свой счет! – сказал Катавасов.

– Это ему идет, – сказал Левин. – А разве всё едут еще добровольцы? – прибавил он, взглянув на Сергея Ивановича.

Сергей Иванович, не отвечая, осторожно вынимал ножом-тупиком из чашки, в которой лежал углом белый сот меду, влипшую в подтекший мед живую еще пчелу.

– Да еще как! Вы бы видели, что вчера было на станции! – сказал Катавасов, звонко перекусывая огурец.

– Ну, это-то как понять? Ради Христа, объясните мне, Сергей Иванович, куда едут все эти добровольцы, с кем они воюют? – спросил старый князь, очевидно продолжая разговор, начавшийся еще без Левина.

– С турками, – спокойно улыбаясь, отвечал Сергей Иванович, выпроставший беспомощно двигавшую ножками, почерневшую от меда пчелу и ссаживая ее с ножа на крепкий осиновый листок.

– Но кто же объявил войну туркам? Иван Иваныч Рагозов и графиня Лидия Ивановна с мадам Шталь?

— Никто не объявлял войны, а люди сочувствуют страданиям ближних и желают помочь им, – сказал Сергей Иванович.

— Но князь говорит не о помощи, – сказал Левин, заступаясь за тестя, – а об войне. Князь говорит, что частные люди не могут принимать участия в войне без разрешения правительства.

— Костя, смотри, это пчела! Право, нас искусают! – сказала Долли, отмахиваясь от осы.

— Да это и не пчела, это оса, – сказал Левин.

— Ну-с, ну-с, какая ваша теория? – сказал с улыбкой Катавасов Левину, очевидно вызывая его на спор. – Почему частные люди не имеют права?

— Да моя теория та: война, с одной стороны, есть такое животное, жестокое, ужасное дело, что ни один человек, не говорю уже христианин, не может лично взять на свою ответственность начало войны, а может только правительство, которое призвано к этому и приводится к войне неизбежно. С другой стороны, и по науке и по здравому смыслу, в государственных делах, в особенности в деле войны, граждане отрекаются от своей личной воли.

Сергей Иванович и Катавасов с готовыми возражениями заговорили в одно время.

— В том-то и штука, батюшка, что может быть случай, когда правительство не исполняет воли граждан, и тогда общество заявляет свою волю, – сказал Катавасов.

Но Сергей Иванович, очевидно, не одобрял этого возражения. Он нахмурился на слова Катавасова и сказал другое:

— Напрасно ты так ставишь вопрос. Тут нет объявления войны, а просто выражение человеческого, христианского чувства. Убивают братьев, единокровных и единоверцев. Ну, положим даже не братьев, не единоверцев, а просто детей, женщин, стариков; чувство возмущается, и русские люди бегут, чтобы помочь прекратить эти ужасы. Представь себе, что ты бы шел по улице и увидал бы, что пьяные бьют женщину или ребенка; я думаю, ты не стал бы спрашивать, объявлена или не объявлена война этому человеку, а ты бы бросился на него и защитил бы.

— Но не убил бы, – сказал Левин.

— Нет, ты бы убил.

— Я не знаю. Если бы я увидал это, я бы отдался своему чувству непосредственному; но вперед сказать я не могу. И такого непосредственного чувства к угнетению славян нет и не может быть.

— Может быть, для тебя нет. Но для других оно есть, – недовольно хмурясь, сказал Сергей Иванович. – В народе живы предания о православных людях, страдающих под игом «нечестивых агарян». Народ услыхал о страданиях своих братий и заговорил.

- Может быть, - уклончиво сказал Левин, - но я не вижу этого; я сам народ, и я не чувствую этого.

- Вот и я, - сказал князь. - Я жил за границей, читал газеты и, признаюсь, еще до болгарских ужасов никак не понимал, почему все русские так вдруг полюбили братьев славян, а я никакой к ним любви не чувствую? Я очень огорчался, думал, что я урод или что так Карлсбад на меня действует. Но, приехав сюда, я успокоился, вижу, что и кроме меня есть люди, интересующиеся только Россией, а не братьями славянами. Вот и Константин.

- Личные мнения тут ничего не значат, - сказал Сергей Иваныч, - нет дела до личных мнений, когда вся Россия - народ выразил свою волю.

- Да извините меня. Я этого не вижу. Народ и знать не знает, - сказал князь.

- Нет, папа... как же нет? А в воскресенье в церкви? - сказала Долли, прислушивавшаяся к разговору. - Дай, пожалуйста, полотенце, - сказала она старику, с улыбкой смотревшему на детей. - Уж не может быть, чтобы все...

- Да что же в воскресенье в церкви? Священнику велели прочесть. Он прочел. Они ничего не поняли, вздыхали, как при всякой проповеди, - продолжал князь. - Потом им сказали, что вот собирают на душеспасительное дело в церкви, ну они вынули по копейке и дали. А на что - они сами не знают.

- Народ не может не знать; сознание своих судеб всегда есть в народе, и в такие минуты, как нынешние, оно выясняется ему, - сказал Сергей Иванович, взглядывая на старика пчельника.

Красивый старик с черной с проседью бородой и густыми серебряными волосами неподвижно стоял, держа чашку с медом, ласково и спокойно с высоты своего роста глядя на господ, очевидно ничего не понимая и не желая понимать.

- Это так точно, - значительно покачивая головой, сказал он на слова Сергея Ивановича.

- Да вот спросите у него. Он ничего не знает и не думает, - сказал Левин. - Ты слышал, Михайлыч, об войне? - обратился он к нему. - Вот что в церкви читали? Ты что же думаешь? Надо нам воевать за христиан?

- Что ж нам думать? Александра Николаич, император, нас обдумал, он нас и обдумает во всех делах. Ему видней... Хлебушка не принесть ли еще? Парнишке еще дать? - обратился он к Дарье Александровне, указывая на Гришу, который доедал корку.

– Мне не нужно спрашивать, – сказал Сергей Иванович, – мы видели и видим сотни и сотни людей, которые бросают все для того, чтобы послужить правому делу, приходят со всех концов России и прямо и ясно выражают свою мысль и цель. Они приносят свои гроши или сами идут и прямо говорят зачем. Что же это значит?

– Значит, по-моему, – сказал начинавший горячиться Левин, – что в восьмидесятимиллионном народе всегда найдутся не сотни, как теперь, а десятки тысяч людей, потерявших общественное положение, бесшабашных людей, которые всегда готовы – в шайку Пугачева, в Хиву, в Сербию...

– Я тебе говорю, что не сотни и не люди бесшабашные, а лучшие представители народа! – сказал Сергей Иваныч с таким раздражением, как будто он защищал последнее свое достояние. – А пожертвования? Тут уж прямо весь народ выражает свою волю.

– Это слово «народ» так неопределенно, – сказав Левин. – Писаря волостные, учителя и из мужиков, один на тысячу, может быть, знают, о чем идет дело, Остальные же восемьдесят миллионов, как Михайлыч, не только не выражают своей воли, но не имеют ни малейшего понятия, о чем им надо бы выражать свою волю. Какое же мы имеем право говорить, что это воля народа?

XVI

Опытный в диалектике Сергей Иванович, не возражая, тотчас же перенес разговор в другую область.

– Да, если ты хочешь арифметическим путем узнать дух народа, то, разумеется, достигнуть этого очень трудно. И подача голосов не введена у нас и не может быть введена, потому что не выражает воли народа; но для этого есть другие пути. Это чувствуется в воздухе, это чувствуется сердцем. Не говорю уже о тех подводных течениях, которые двинулись в стоячем море народа и которые ясны для всякого непредубежденного человека; взгляни на общество в тесном смысле. Все разнообразнейшие партии мира интеллигенции, столь враждебные прежде, все слились в одно. Всякая рознь кончилась, все общественные органы говорят одно и одно, все почуяли стихийную силу, которая захватила их и несет в одном направлении.

– Да это газеты все одно говорят, – сказал князь. – Это правда. Да уж так-то всё одно, что точно лягушки перед грозой. Из-за них и не слыхать ничего.

– Лягушки ли, не лягушки, – я газет не издаю и защищать их не хочу, но я говорю о единомыслии в мире интеллигенции, – сказал Сергей Иванович, обращаясь к брату.

Левин хотел отвечать, но старый князь перебил его.

– Ну, про это единомыслие еще другое можно сказать, – сказал князь. – Вот у меня зятек, Степан Аркадьич, вы его знаете. Он теперь получает место члена от комитета комиссии и еще что-то, я не помню. Только делать там нечего – что ж, Долли, это не секрет! – а восемь тысяч жалованья. Попробуйте, спросите у него, полезна ли его служба, – он вам докажет, что самая нужная. И он правдивый человек, но нельзя же не верить в пользу восьми тысяч.

– Да, он просил меня передать о получении места Дарье Александровне, – недовольно сказал Сергей Иванович, полагая, что князь говорит некстати.

– Так-то и единомыслие газет. Мне это растолковали: как только война, то им вдвое дохода. Как же им не считать, что судьбы народа и славян… и все это?

– Я не люблю газет многих, но это несправедливо, – сказал Сергей Иванович.

– Я только бы одно условие поставил, – продолжал князь. – Alphonse Karr прекрасно это писал перед войной с Пруссией.[1] «Вы считаете, что война необходима? Прекрасно. Кто проповедует войну – в особый, передовой легион и на штурм, в атаку, впереди всех!»

– Хороши будут редакторы, – громко засмеявшись, сказал Катавасов, представив себе знакомых ему редакторов в этом избранном легионе.

– Да что ж, они убегут, – сказала Долли, – только помешают.

– А коли побегут, так сзади картечью или казаков с плетьми поставить, – сказал князь.

– Да это шутка, и нехорошая шутка, извините меня князь, – сказал Сергей Иванович.

– Я не вижу, чтобы это была шутка, это… – начал было Левин, но Сергей Иванович перебил его.

– Каждый член общества призван делать свое, свойственное ему дело, – сказал он. – И люди мысли исполняют свое дело, выражая общественное мнение. И единодушное и полное выражение общественного мнения есть заслуга прессы и вместе с тем радостное явление. Двадцать лет тому назад мы бы молчали, а теперь слышен голос русского народа, который готов встать, как один человек, и готов жертвовать собой для угнетенных братьев; это великий шаг и задаток силы.

---

[1] *Alphonse Karr прекрасно это писал перед войной с Пруссией.* – Карр Альфонс (1808–1890) – французский журналист и писатель. Издавал сатирические сборники «Осы». Накануне войны с Пруссией печатал памфлеты в «L'opinion national».

— Но ведь не жертвовать только, а убивать турок, - робко сказал Левин. - Народ жертвует и всегда готов жертвовать для своей души, а не для убийства, - прибавил он, невольно связывая разговор с теми мыслями, которые так его занимали.

— Как для души? Это, понимаете, для естественника затруднительное выражение. Что же это такое душа? - улыбаясь, сказал Катавасов.

— Ах, вы знаете!

— Вот, ей-богу, ни малейшего понятия не имею! - с громким смехом сказал Катавасов.

— «Я не мир, а меч принес», говорит Христос, - с своей стороны возразил Сергей Иваныч, просто, как будто самую понятную вещь, приводя то самое место из Евангелия, которое всегда более всего смущало Левина.

— Это так точно, - опять повторил старик, стоявший около них, отвечая на случайно брошенный на него взгляд.

— Нет, батюшка, разбиты, разбиты, совсем разбиты! - весело прокричал Катавасов.

Левин покраснел от досады, не на то, что он был разбит, а на то, что он не удержался и стал спорить.

«Нет, мне нельзя спорить с ними, - подумал он, - на них непроницаемая броня, а я голый».

Он видел, что брата и Катавасова убедить нельзя, и еще менее видел возможности самому согласиться с ними. То, что они проповедывали, была та самая гордость ума, которая чуть не погубила его. Он не мог согласиться с тем, что десятки людей, в числе которых и брат его, имели право, на основании того, что им рассказали сотни приходивших в столицы краснобаев-добровольцев, говорить, что они с газетами выражают волю и мысль народа, и такую мысль, которая выражается в мщении и убийстве. Он не мог согласиться с этим, потому что и не видел выражения этих мыслей в народе, в среде которого он жил, и не находил этих мыслей в себе (а он не мог себя ничем другим считать, как одним из людей, составляющих русский народ), а главное потому, что он вместе с народом не знал, не мог знать того, в чем состоит общее благо, но твердо знал, что достижение этого общего блага возможно только при строгом исполнении того закона добра, который открыт каждому человеку, и потому не мог желать войны и проповедывать для каких бы то ни было общих целей. Он говорил вместе с Михайлычем и народом, выразившим свою мысль в предании о призвании варягов: «Княжите и владейте нами. Мы радостно обещаем полную покорность. Весь труд, все унижения, все жертвы мы берем на себя; но не мы судим и решаем». А теперь народ, по словам Сергей Иванычей, отрекался от этого, купленного такой дорогой ценой права.

Ему хотелось еще сказать, что если общественное мнение есть непогрешимый судья, то почему революция, коммуна не так же законны, как и движение в пользу славян? Но все это были мысли, которые ничего не могли решить. Одно несомненно можно было видеть – это то, что в настоящую минуту спор раздражал Сергея Ивановича, и потому спорить было дурно; и Левин замолчал и обратил внимание гостей на то, что тучки собрались и что от дождя лучше идти домой.

XVII

Князь и Сергей Иваныч сели в тележку и поехали; остальное общество, ускорив шаг, пешком пошло домой.

Но туча, то белея, то чернея, так быстро надвигалась, что надо было еще прибавить шага, чтобы до дождя поспеть домой. Передовые ее, черные и низкие, как дым с копотью, облака с необыкновенною быстротой бежали по небу. До дома еще было шагов двести, а уже поднялся ветер, и всякую секунду можно было ждать ливня.

Дети с испуганным и радостным визгом бежали впереди. Дарья Александровна, с трудом борясь с своими облепившими ее ноги юбками, уже не шла, а бежала, не спуская с глаз детей. Мужчины, придерживая шляпы, шли большими шагами. Они были уже у самого крыльца, как большая капля ударилась и разбилась о край железного желоба. Дети и за ними большие с веселым говором вбежали под защиту крыши.

- Катерина Александровна? - спросил Левин у встретившей их в передней Агафьи Михайловны с плащами и пледами.

- Мы думали, с вами, – сказала она.

- А Митя?

- В Колке, должно, и няня с ними.

Левин схватил пледы и побежал в Колок.

В этот короткий промежуток времени туча уже настолько надвинулась своей серединой на солнце, что стало темно, как в затмение. Ветер упорно, как бы настаивая на своем, останавливал Левина и, обрывая листья и цвет с лип и безобразно и странно оголяя белые сучья берез, нагибал все в одну сторону: акации, цветы, лопухи, траву и макушки дерев. Работавшие в саду девки с визгом пробежали под крышу людской. Белый занавес проливного дождя уже захватил весь дальний лес и половину ближнего поля и быстро подвигался к Колку. Сырость дождя, разбивавшегося на мелкие капли, слышалась в воздухе.

Нагибая вперед голову и борясь с ветром, который вырывал у него платки, Левин уже подбегал к Колку и уже видел что-то белеющееся за дубом, как вдруг все вспыхнуло, загорелась вся земля и как будто над головой треснул свод небес. Открыв ослепленные глаза, Левин сквозь густую завесу дождя, отделившую его теперь от Колка, с ужасом увидал прежде всего странно изменившую свое положение зеленую макушу знакомого ему дуба в середине леса. «Неужели разбило?» – едва успел подумать Левин, как, все убыстряя и убыстряя движение, макута дуба скрылась за другими деревьями, и он услыхал треск упавшего на другие деревья большого дерева.

Свет молнии, звук грома и ощущение мгновенно обданного холодом тела слились для Левина в одно впечатление ужаса.

– Боже мой! Боже мой, чтоб не на них! – проговорил он.

И хотя он тотчас же подумал о том, как бессмысленна его просьба о том, чтоб они не были убиты дубом, который уже упал теперь, он повторил ее, зная, что лучше этой бессмысленной молитвы он ничего не может сделать.

Добежав до того места, где они бывали обыкновенно, он не нашел их.

Они были на другом конце леса, под старою липой, и звали его. Две фигуры в темных платьях (они были в светлых), нагнувшись, стояли над чем-то. Это были Кити и няня. Дождь уже переставал, и начинало светлеть, когда Левин подбежал к ним. У няни подол был сух, но на Кити платье промокло насквозь и всю облепило ее. Хотя дождя уже не было, они все еще стояли в том же положении, в которое они стали, когда разразилась гроза. Обе стояли, нагнувшись над тележкой с зеленым зонтиком.

– Живы? Целы? Слава богу! – проговорил он, шлепая по неубравшейся воде сбивавшеюся, полною воды ботинкой и подбегая к ним.

Румяное и мокрое лицо Кити было обращено к нему и робко улыбалось из-под изменившей форму шляпы.

– Ну, как тебе не совестно! Я не понимаю, как можно быть такой неосторожной! – с досадой напал он на жену.

– Я, ей-богу, не виновата. Только что хотели уйти, тут он развозился. Надо было его переменить. Мы только что… – стала извиняться Кити.

Митя был цел, сух и не переставая спал.

– Ну, слава богу! Я не знаю, что говорю!

Собрали мокрые пеленки; няня вынула ребенка и понесла его. Левин шел подле жены, виновато за свою досаду, потихоньку от няни, пожимая ее руку.

XVIII

В продолжение всего дня за самыми разнообразными разговорами, в которых он как бы только одной внешней стороной своего ума принимал участие, Левин, несмотря на разочарование в перемене, долженствовавшей произойти в нем, не переставал радостно слышать полноту своего сердца.

После дождя было слишком мокро, чтобы идти гулять; притом же и грозовые тучи не сходили с горизонта и то там, то здесь проходили, гремя и черня, по краям неба. Все общество провело остаток дня дома.

Споров более не затевалось, а, напротив, после обеда все были в самом хорошем расположении духа.

Катавасов сначала смешил дам своими оригинальными шутками, которые всегда так нравились при первом знакомстве с ним, но потом, вызванный Сергеем Ивановичем, рассказал очень интересные свои наблюдения о различии характеров и даже физиономий самок и самцов комнатных мух и об их жизни. Сергей Иванович тоже был весел и за чаем, вызванный братом, изложил свой взгляд на будущность восточного вопроса, и так просто и хорошо, что все заслушались его.

Только одна Кити не могла дослушать его, – ее позвали мыть Митю.

Через несколько минут после ухода Кити и Левина вызвали к ней в детскую.

Оставив свой чай и тоже сожалея о перерыве интересного разговора и вместе с тем беспокоясь о том, зачем его звали, так как это случалось только при важных случаях, Левин пошел в детскую.

Несмотря на то, что недослушанный план Сергея Ивановича о том, как освобожденный сорокамиллионный мир славян должен вместе с Россией начать новую эпоху в истории, как нечто совершенно новое для него, очень заинтересовал его, несмотря на то, что и любопытство и беспокойство о том, зачем его звали, тревожили его, – как только он остался один, выйдя из гостиной, он тотчас же вспомнил свои утренние мысли. И все эти соображения о значении славянского элемента во всемирной истории показались ему так ничтожны в сравнении с тем, что делалось в его душе, что он мгновенно забыл все это и перенесся в то самое настроение, в котором он был нынче утром.

Он не вспоминал теперь, как бывало прежде, всего хода мысли (этого не нужно было ему). Он сразу перенесся в то чувство, которое руководило им, которое было связано с этими мыслями, и нашел в душе своей это чувство еще более сильным и определенным, чем прежде. Теперь с ним не было того, что бывало при прежних придумываемых успокоениях, когда надо было восстановить весь ход мысли для того, чтобы найти чувство.

Теперь, напротив, чувство радости и успокоения было живее, чем прежде, а мысль не поспевала за чувством.

Он шел через террасу и смотрел на выступавшие две звезды на потемневшем уже небе и вдруг вспомнил: «Да, глядя на небо, я думал о том, что свод, который я вижу, не есть неправда, и при этом что-то я не додумал, что-то я скрыл от себя, – подумал он. – Но что бы там ни было, возражения не может быть. Стоит подумать – и все разъяснится!»

Уже входя в детскую, он вспомнил, что такое было то, что он скрыл от себя. Это было то, что если главное доказательство божества есть его откровение о том, что есть добро, то почему это откровение ограничивается одною христианскою церковью? Какое отношение к этому откровению имеют верования буддистов, магометан, тоже исповедующих и делающих добро?

Ему казалось, что у него есть ответ на этот вопрос; но он не успел еще сам себе выразить его, как уже вошел в детскую.

Кити стояла с засученными рукавами у ванны над полоскавшимся в ней ребенком и, заслышав шаги мужа, повернув к нему лицо, улыбкой звала его к себе. Одною рукой она поддерживала под голову плавающего на спине и корячившего ножонки пухлого ребенка, другою она, равномерно напрягая мускул, выжимала на него губку.

– Ну вот, посмотри, посмотри! – сказала она, когда муж подошел к ней. – Агафья Михайловна права. Узнает.

Дело шло о том, что Митя с нынешнего дня, очевидно, несомненно уже узнавал всех своих.

Как только Левин подошел к ванне, ему тотчас же был представлен опыт, и опыт вполне удался. Кухарка, нарочно для этого призванная, заменила Кити и нагнулась к ребенку. Он нахмурился и отрицательно замотал головой. Кити нагнулась к нему, – он просиял улыбкой, уперся ручками в губку и запрукал губами, производя такой довольный и странный звук, что не только Кити и няня, но и Левин пришел в неожиданное восхищение.

Ребенка вынули на одной руке из ванны, окатили водой, окутали простыней, вытерли и после пронзительного крика подали матери.

– Ну, я рада, что ты начинаешь любить его, – сказала Кити мужу, после того как она с ребенком у груди спокойно уселась на привычном месте. – Я очень рада. А то это меня уже начинало огорчать. Ты говорил, что ничего к нему не чувствуешь.

– Нет, разве я говорил, что я не чувствую? Я только говорил, что я разочаровался.

– Как, в нем разочаровался?

– Не то что разочаровался в нем, а в своем чувстве; я ждал больше. Я ждал, что, как сюрприз, распустится во мне новое приятное чувство. И вдруг вместо этого – гадливость, жалость…

Она внимательно слушала его через ребенка, надевая на тонкие пальцы кольца, которые она снимала, чтобы мыть Митю.

– И главное, что гораздо больше страха и жалости, чем удовольствия. Нынче после этого страха во время грозы я понял, как я люблю его.

Кити просияла улыбкой.

– А ты очень испугался? – сказала она. – И я тоже, но мне теперь больше страшно, как уж прошло. Я пойду посмотреть дуб. А как мил Катавасов! Да и вообще целый день было так приятно. И ты с Сергеем Иванычем так хорош, когда ты захочешь… Ну, иди к ним. А то после ванны здесь всегда жарко и пар…

XIX

Выйдя из детской и оставшись один, Левин тотчас же опять вспомнил ту мысль, в которой было что-то неясно.

Вместо того чтобы идти в гостиную, из которой слышны были голоса, он остановился на террасе и, облокотившись на перила, стал смотреть на небо.

Уже совсем стемнело, и на юге, куда он смотрел, не было туч. Тучи стояли с противной стороны. Оттуда вспыхивала молния и слышался дальний гром. Левин прислушивался к равномерно падающим с лип в саду каплям и смотрел на знакомый ему треугольник звезд в на проходящий в середине его Млечный Путь с его разветвлением. При каждой вспышке молнии не только Млечный Путь, но и яркие звезды исчезали, но, как только потухала молния, как будто брошенные какой-то меткой рукой, опять появлялись на тех же местах.

«Ну, что же смущает меня?» – сказал себе Левин, вперед чувствуя, что разрешение его сомнений, хотя он не знает еще его, уже готово в его душе.

«Да, одно очевидное, несомненное проявление божества – это законы добра, которые явлены миру откровением, и которые я чувствую в себе, и в признании которых я не то что соединяюсь, а волею-неволею соединен с другими людьми в одно общество верующих, которое называют церковью. Ну, а евреи, магометане, конфуцианцы, буддисты – что же они такое? – задал он себе тот самый вопрос, который и казался ему опасен.

– Неужели эти сотни миллионов людей лишены того лучшего блага, без которого жизнь не имеет смысла? – Он задумался, но тотчас же поправил себя. - Но о чем же я спрашиваю? - сказал он себе. - Я спрашиваю об отношении к божеству всех разнообразных верований всего человечества. Я спрашиваю об общем проявлении бога для всего мира со всеми этими туманными пятнами. Что же я делаю? Мне лично, моему сердцу, открыто, несомненно, знание, непостижимое разумом, а я упорно хочу разумом и словами выразить это знание.

Разве я не знаю, что звезды не ходят? - спросил он себя, глядя на изменившую уже свое положение к высшей ветке березы яркую планету. - Но я, глядя на движение звезд, не могу представить себе вращения земли, и я прав, говоря, что звезды ходят.

И разве астрономы могли бы понять и вычислить что-нибудь, если бы они принимали в расчет все сложные разнообразные движения земли? Все удивительные заключения их о расстояниях, весе, движениях и возмущениях небесных тел основаны только на видимом движении светил вокруг неподвижной земли, на том самом движении, которое теперь передо мной и которое было таким для миллионов людей в продолжение веков и было и будет всегда одинаково и всегда может быть поверено. И точно так же, как праздны и шатки были бы заключения астрономов, не основанные на наблюдениях видимого неба по отношению к одному меридиану и одному горизонту, так праздны и шатки были бы и мои заключения, не основанные на том понимании добра, которое для всех всегда было и будет одинаково и которое открыто мне христианством и всегда в душе моей может быть поверено. Вопроса же о других верованиях и их отношениях к божеству я не имею права и возможности решить».

- А, ты не ушел? - сказал вдруг голос Кити, шедшей тем же путем в гостиную. - Что, ты ничем не расстроен? - сказала она, внимательно вглядываясь при свете звезд в его лицо.

Но она все-таки не рассмотрела бы его лица, если б опять молния, скрывшая звезды, не осветила его. При свете молнии она рассмотрела все его лицо и, увидав, что он спокоен и радостен, улыбнулась ему.

«Она понимает, - думал он, - она знает, о чем я думаю. Сказать ей или нет? Да, я скажу ей». Но в ту минуту, как он хотел начать говорить, она заговорила тоже.

- Вот что, Костя! Сделай одолжение, - сказала она, - поди в угловую и посмотри, как Сергею Ивановичу все устроили. Мне неловко. Поставили ли новый умывальник?

- Хорошо, я пойду непременно, - сказал Левин, вставая и целуя ее.

«Нет, не надо говорить, – подумал он, когда она прошла вперед его. – Это тайна, для меня одного нужная, важная и невыразимая словами.

Это новое чувство не изменило меня, не осчастливило, не просветило вдруг, как я мечтал, – так же как и чувство к сыну. Никакого тоже сюрприза не было. А вера – не вера – я не знаю, что это такое, – но чувство это так же незаметно вошло страданиями и твердо засело в душе.

Так же буду сердиться на Ивана-кучера, так же буду спорить, буду некстати высказывать свои мысли, так же будет стена между святая святых моей души и другими, даже женой моей, так же буду обвинять ее за свой страх и раскаиваться в этом, так же буду не понимать разумом, зачем я молюсь, и буду молиться, – но жизнь моя теперь, вся моя жизнь, независимо от всего, что может случиться со мной, каждая минута ее – не только не бессмысленна, какою была прежде, но имеет несомненный смысл добра, который я властен вложить в нее!»

ОГЛАВЛЕНИЕ